GERO BARTSCH

Staat gegen Staat

Schriften zum Öffentlichen Recht

Band 1371

Staat gegen Staat

Eingeschränkter Zugang zu
verwaltungsgerichtlichem Rechtsschutz

Von

Gero Bartsch

Duncker & Humblot · Berlin

Die Rechts- und Wirtschaftswissenschaftliche Fakultät
der Universität Bayreuth hat diese Arbeit
im Jahr 2017 als Dissertation angenommen.

Bibliografische Information der Deutschen Nationalbibliothek

Die Deutsche Nationalbibliothek verzeichnet diese Publikation in
der Deutschen Nationalbibliografie; detaillierte bibliografische Daten
sind im Internet über http://dnb.d-nb.de abrufbar.

Fremddatenübernahme: Textforma(r)t Daniela Weiland, Göttingen
Druck: CPI buchbücher.de gmbh, Birkach
Printed in Germany

ISSN 0582-0200
ISBN 978-3-428-15367-1 (Print)
ISBN 978-3-428-55367-9 (E-Book)
ISBN 978-3-428-85367-0 (Print & E-Book)

Gedruckt auf alterungsbeständigem (säurefreiem) Papier
entsprechend ISO 9706 ♾

Internet: http://www.duncker-humblot.de

Vorwort

Wenn Streitigkeiten zwischen Teilen des Staates vor Gericht ausgetragen werden, vermengen sich in der Praxis Probleme des Verwaltungsorganisationsrechts mit verwaltungsprozessualen Fragen. Einige weit verbreitete Ansichten zur Prozesskonstellation „Staat gegen Staat" beruhen auf Vorstellungen von der Struktur des Staates, die über einhundert Jahre alt sind. Sie stehen deswegen zum Teil im Widerspruch zu den Entwicklungen im Verwaltungsrecht seit Geltung des Grundgesetzes. In dieser Arbeit werden deswegen einige üblicherweise wenig hinterfragte vermeintliche Gewissheiten kritisch untersucht. Die Erkenntnisse führen in der Regel nicht zu grundlegend anderen Ergebnissen als denjenigen der Rechtsprechung. Vielmehr ergeben sich vereinfachte, strukturiertere und zugleich intuitivere, und damit leichter nachzuvollziehende Lösungswege.

Die Probleme an der Schnittstelle von Verwaltungsorganisations- und Verwaltungsprozessrecht sind in erheblichem Maße praxisrelevant. Sie sind aber bisher wissenschaftlich nur teilweise aufgearbeitet, was insbesondere dann deutlich wird, wenn der Fokus nicht auf bestimmte Fallgruppen, sondern wie hier auf die Konstellation „Staat gegen Staat" insgesamt gelegt wird. Die vorliegende Arbeit wurde verfasst, um die wissenschaftliche Aufarbeitung zu leisten, die zur überzeugend begründeten Lösung von Fällen in der Praxis vielfach notwendig wäre und soll damit einen Nutzen sowohl für die Wissenschaft als auch für die Praxis bringen.

An dieser Stelle möchte ich Herrn Prof. Dr. Stephan Rixen dafür danken, dass er es mir ermöglicht hat, mich intensiv mit dem Thema auseinanderzusetzen und die vorliegende Arbeit zu erstellen – indem er die Betreuung der Arbeit übernommen und mir gleichzeitig die Gelegenheit zur Mitarbeit an seinem Lehrstuhl gegeben hat. Ebenfalls danken möchte ich Frau Prof. Dr. Eva Lohse, dass sie sich bereit erklärt hat, das Zweitgutachten zu erstellen. Auch bei Frau Hess und Frau Albrecht sowie Herrn Wünschmann, die im Jahr 2013 am VG Ansbach als Richterinnen und Richter tätig waren, möchte ich mich bedanken, da der Anstoß, mich mit dem Thema zu befassen, letztlich aus der Zeit herrührt, in der ich als Referendar von ihnen betreut wurde und das vorliegende Werk damit ohne sie und die angenehmen Fachdiskussionen mit ihnen nicht entstanden wäre. Dank gebührt außerdem Tobias Kaden für die druck- und medientechnische Hilfe in Gestaltungsfragen und nicht zuletzt Matthias Bartsch, der – obwohl fachfremd – die gesamte Arbeit bereits im Entwurfsstadium Korrektur gelesen hat. Meiner Frau danke ich für ihre Unterstützung und ihre Geduld.

Noch eine Anmerkung vorweg: Obwohl die Möglichkeit zum Setzen von Fußnoten mitunter eingehend genutzt wurde, ist der Haupttext so konzipiert, dass er auch ohne ihre Lektüre verständlich sein sollte.[1]

Gero Bartsch

---

[1] In der Wissenschaft – auch in der Rechtswissenschaft – gibt es einen interessanten Diskurs über Fußnoten – siehe dazu die Kritik an der Fußnote im Allgemeinen bei *K. F. Röhl/H. C. Röhl,* Rechtslehre, S. V m. w. N. (Fußnoten als „Krebsleiden" der juristischen Literatur).

Die Fußnoten dienen hier nicht nur dem wissenschaftlichen Nachweis der Urheber von Gedanken, sondern auch als weiterführende Hinweise zur Vertiefung und zur Verknüpfung der Gedanken, welche die notwendig lineare Darstellung im Haupttext unterbrochen hätten.

Inhaltsübersicht

Kapitel 5

Übrige Sachentscheidungsvoraussetzungen   414

Kapitel 6

Schlussfolgerungen und Ausblick   449

Inhaltsverzeichnis

Kapitel 3

Das subjektive Recht im Verwaltungsprozess 147

Kapitel 4

Das subjektive Recht im Verhältnis Staat gegen Staat 258

Die Prozesskonstellation Staat gegen Staat

Mit dem Ausdruck Prozesskonstellation Staat gegen Staat sind gerichtliche Verfahren gemeint, in denen ein Teil des Staates gegen einen anderen Teil des Staates streitet.[1] Solche Fälle kommen in der Praxis auch im Bereich des Verwaltungsrechts immer wieder vor.[2] Es gibt einige Arten solcher Streitigkeiten, die in der Literatur ausgiebig erörtert wurden, wie etwa der sogenannte verwaltungsrechtliche Organstreit[3] und die Klage einer Selbstverwaltungskörperschaft gegen Maßnahmen der Aufsicht. Die vorliegende Arbeit beschränkt sich jedoch nicht auf bestimmte Fallgruppen verwaltungsrechtlicher Streitigkeiten zwischen Teilen des Staates, sondern versucht eine einheitliche Analyse aus einem Blickwinkel, der eine Gesamtübersicht über die Konstellation Staat gegen Staat verspricht.

A. Fallbeispiele aus der Praxis

Einen plastischen Eindruck, welche Fälle von Streitigkeiten zwischen Teilen des Staates auftreten, können die folgenden Beispiele vermitteln. Die Wahl fiel hier bewusst auf zwei Sachverhalte, in denen sich der Streit einmal zwischen juristischen Personen des öffentlichen Rechts und einmal innerhalb einer solchen entzündet. Es wurden gezielt atypische Konstellationen aufgegriffen, die sich nicht altbekannten Fallgruppen wie dem verwaltungsrechtlichen Organstreit oder der Klage gegen Maßnahmen der Aufsicht über eine juristische Person des öffentlichen Rechts der mittelbaren Staatsverwaltung zuordnen lassen.

I. Klage eines Bundeslandes gegen eine
denkmalschutzrechtliche Genehmigung einer kreisfreien Stadt

In einem in Bayern spielenden Fall[4] wandte sich der Freistaat, der Eigentümer eines mit einem denkmalgeschützten Gebäude (Orangerie) bebauten Grundstücks

---

[1] Vgl. noch zum Begriff der Verwaltungseinheit unten unter C.II.

[2] Dazu unten unter B.II. m.w.N.

[3] Zu dieser Terminologie, die eine inhaltliche Ungenauigkeit transportiert, unten Kapitel 4, C.II.1. bei Fn. 433, S. 330. Da der Begriff „verwaltungsrechtlicher Organstreit" weit verbreitet ist, wird er (einstweilen) auch hier verwendet.

[4] Der Fall wurde zur Vereinfachung leicht abgewandelt. Der Originalfall ist noch nicht entschieden, vgl. http://ansbachplus.de/die-stadt-informiert/pumpenhaus-awean-zum-stand-des-

ist, gegen eine Baugenehmigung für ein fensterloses Technikgebäude auf dem Nachbargrundstück. Nach Landesrecht ist eine denkmalschutzrechtliche Genehmigung für bauliche Anlagen erforderlich, die sich auf das Erscheinungsbild von Denkmälern auswirken können. Diese Genehmigung wird von der baurechtlichen Genehmigung eingeschlossen. Da sich das Grundstück auf dem Gebiet einer kreisfreien Stadt befindet, war diese für die Erteilung der Genehmigung zuständig. Im Gegensatz zu der staatlichen Behörde, die für die Verwaltung der Orangerie zuständig ist, ging die Stadt nicht davon aus, dass das Erscheinungsbild des Denkmals beeinträchtigt würde. Die für die Verwaltung des Denkmals zuständige Behörde erhob eine Anfechtungsklage gegen die Baugenehmigung, welche die kreisfreie Stadt erteilt hatte.

II. Klage einer Stadt gegen sich selbst wegen eines die Beigeladene begünstigenden Bescheids

In einem vom BVerwG entschieden Fall[5] wurde der Beigeladenen von der Beklagten, der Stadt Chemnitz[6] – Amt zur Regelung offener Vermögensfragen –[7] auf Grundlage des Gesetzes zur Regelung offener Vermögensfragen (VermG)[8] und des Investitionsvorranggesetzes (InVorG) ein Bescheid mit dem Inhalt erteilt, dass der Erlös aus dem Verkauf eines in der DDR verstaatlichten Grundstücks an sie ausgekehrt wird. Das Eigentum an dem betreffenden Grundstück wurde 1980 an einen Volkseigenen Betrieb übertragen und fiel nach der Wiedervereinigung

---

gerichtsverfahrens-und-den-vorwuerfen-des-fdp-kreisvorsitzenden – zul. abgerufen am 27.09. 2016, wird aber wohl in der Sache auch nicht entschieden werden, vgl. https://freifunk-ansbach. de/wp-content/uploads/2015/01/Ansbach_Neujahrsrede_OB_2015.pdf (S. 8) – abgerufen am 27.09.2016. Zu dem Fall finden sich jedoch in der Presse reichlich Informationen, vgl. z.B. den Artikel „Pumphaus neben der Orangerie?" in den Nürnberger Nachrichten vom 26.09.2013, S. 15. Vgl. auch http://www.pressemeldung-bayern.de/ansbach-innenministerium-rechtsanspruch-auf-baugenehmigung-fuer-pumphaus-auf-der-inselwiese-18458/ – abgerufen am 27.09.2016.

[5] BVerwG, Urt. v. 28.03.1996, Az.: 7 C 35/95, BVerwGE 101, 47–51: Klagebefugnis, aber kein Rechtsschutzbedürfnis; anders Vorinstanz VG Chemnitz, Urt. v. 12.04.1995, Az.: 4 K 2271/94, VIZ 1996, 159–161 (vgl. eine entgegengesetzte Entscheidung des VG Schwerin, Urt. v. 03.08.1995, Az.: 3 A 295/93, VIZ 1996, 161 ff. Zur Rspr. vor der Entscheidung des BVerwG auch m. w. N. A. Wiese, Beteiligung, S. 196 ff., insb. dort. Fn. 1100 ff.).

[6] Obwohl die Stadt im Urteil des BVerwG mit C abgekürzt ist, ergibt sich eindeutig, dass Klägerin und Beklagte die Stadt Chemnitz war. Nach § 28 VermG i. d. F. vom 02.12.1994 konnten Ämter für offene Vermögensfragen nur bei kreisfreien Städten bestehen. Im Bezirk des VG Chemnitz gab es 1996 nur eine kreisfreie Stadt mit C. Im Tatbestand heißt es weiter, dass das Eigentum an dem betreffenden Grundstück 1980 an den VEB Gebäudewirtschaft K, also Karl-Marx-Stadt, übertragen wurde. Die Umbenennung einer Stadt von K. in C. ist im Gebiet des VG Chemnitz einmalig.

[7] Interessant an diesem Fall ist auch, dass das BVerwG Klägerin und Beklagte wie hier immer mit dem Namen der Stadt und dem Namen des Amtes in Parenthese bezeichnet.

[8] Vgl. dazu A. Wiese, Beteiligung, S. 192 ff.

der Stadt Chemnitz zu. Die Klägerin, die Stadt Chemnitz – Rechtsamt –, veräußerte das Grundstück (wohl rechtmäßig) auf Grundlage des InVorG an einen Dritten, einen Investor. Gegen den Bescheid der Beklagten, der feststellte, dass die Beigeladene Berechtigte an dem Grundstück gewesen sei und deswegen nun ihr der Erlös aus dem Verkauf an den Investor zustünde, erhob die Stadt Chemnitz – Rechtsamt – nach erfolgloser Durchführung eines Vorverfahrens Anfechtungsklage. In Streit stand, ob die Voraussetzungen für eine Rückübertragung des Grundstücks an die Beigeladene, und damit auch für eine Auskehr des Erlöses, tatsächlich bestanden. Ebenfalls diskutiert wurde allerdings auch, ob ein unzulässiger Insichprozess gegeben, die Klägerin klagebefugt, und ob ein Rechtsschutzbedürfnis der Klägerin gegeben sei.

Bei dieser Konstellation besteht der Streit zwischen verschiedenen Teilen einer einzigen juristischen Person. Trotzdem ist sie nach herkömmlicher Ansicht nicht mit einem Kommunalverfassungsstreit gleichzusetzen, da nicht um sogenannte Organrechte gestritten wurde.[9]

B. Ziele der Arbeit

In der Literatur gibt es, soweit ersichtlich, noch keine alle Fallvarianten umfassende Betrachtung der Prozesskonstellation Staat gegen Staat. Streitigkeiten zwischen juristischen Personen des öffentlichen Rechts werden vor allem in der Rechtsprechung manchmal auch gar nicht als solche thematisiert. Daraus folgt das Ziel dieser Arbeit, einerseits eine Debatte in der Rechtswissenschaft über die Prozesskonstellation Staat gegen Staat im Ganzen anzustoßen und andererseits auch für die Praxis Rechtsanwendungshilfen zu geben. Nicht zuletzt kann eine Betrachtung der Konstellation Staat gegen Staat im Allgemeinen für die Diskussion um die spezielleren verwaltungsrechtlichen Organstreitigkeiten, die einen Ausschnitt des Themenbereiches bilden, zumindest positive Impulse geben.

Streitigkeiten auf verfassungsrechtlicher Ebene, auf der ebenfalls verschiedene Teile des Staates gegeneinander streiten können, sind für diese Arbeit höchstens für Vergleiche relevant,[10] und zwar nicht nur aufgrund der bewussten Eingrenzung des Themengebietes: Das Grundgesetz und die Verfassungen der Länder regeln im Zusammenspiel mit einfachgesetzlichen Ausgestaltungen wie dem BVerfGG relativ genau, wer gegen wen aus welchem Recht klagen kann, oder es gibt zumindest eine klare Rechtsprechung. Beides ist hinsichtlich der verwaltungsrechtlichen Prozessordnungen nicht in gleichem Maße der Fall.[11] Bei verwaltungsrechtlichen Streitigkeiten zwischen Teilen des Staates besteht daher ein höherer Klärungsbedarf.

---

[9] Zur Kontrasttheorie unten Kapitel 2, B.I.5.

[10] Siehe z.B. unten Kapitel 4, A.I.2., S. 263 sowie B.I., S. 271 und II., S. 273.

[11] In diesem Sinne auch *D. Th. Tsatsos*, Organstreit, S. 43.

I. Das Bewusstsein für das Thema stärken

Die Aufmerksamkeit für die rechtlichen Probleme, die bei verwaltungsrechtlichen Streitigkeiten zwischen Teilen des Staates auftreten, ist in Wissenschaft
und Praxis zwischen einigen typischen Varianten ungleich verteilt. In der Literatur
wird oftmals ein „Nachholbedarf bei der Aufarbeitung der Rechtsverhältnisse des
Innenbereiches"[12] bzw. eine „Vernachlässigung organisationsrechtlicher Problemstellungen"[13] beklagt, jedoch häufig nur im Zusammenhang mit Beiträgen, die darauf abzielen, die festgestellte „dogmatische Unterbilanz"[14] im engen Teilgebiet des
verwaltungsrechtlichen Organstreites zu beseitigen. Zu diesem gibt es eine Vielfalt
an Literatur.[15] Seine Grundform ist der sogenannte Kommunalverfassungsstreit,
dessen Konstruktionselemente im Laufe der Entwicklung auf weitere juristische
Personen, wie Universitäten und Rundfunkanstalten, übertragen wurden.[16] Gerade
in der Literatur werden viel häufiger solche verwaltungsrechtlichen Organstreitigkeiten erörtert, als Probleme von Prozessen zwischen Teilen des Staates allgemein.
Meist wird der Blickwinkel bewusst verengt.[17] Demgegenüber werden Streitigkeiten zwischen Behörden in der unmittelbaren Staatsverwaltung oft mit nur knapper
Begründung als grundsätzlich unzulässig angesehen.[18] In der Praxis gibt es zwar
auch immer wieder Fälle, in denen sich im Verwaltungsprozess nicht Organe des
gleichen „Rechtsträgers", sondern verschiedene juristische Personen des öffentlichen Rechts gegenüberstehen – diese Konstellation genießt allerdings ebenfalls
weit weniger Beachtung als der verwaltungsrechtliche Organstreit. Ausgehend von
der Annahme, dass eine „vollrechtsfähige" juristische Person kaum anders behandelt werden kann, als eine natürliche Person, ergibt sich die Versuchung, den Streit
wie einen solchen im Staat-Bürger-Verhältnis zu behandeln und Besonderheiten
und spezifische Probleme auszublenden.

Die Diskussion über Streitigkeiten innerhalb einer juristischen Person hat sich
im Laufe der Zeit zusätzlich dadurch verengt, dass der sogenannte Insichprozess
aus dem Fokus geraten ist. Der Insichprozess wurde und wird zwar in aller Regel

---

[12] *H. Bethge*, DVBl. 1980, 308, 308 m. w. N.

[13] *F. E. Schnapp*, AöR 105 (1980), 243, 244 (m. w. N. für das Bedauern in der Literatur über
diesen Zustand in dort. [= dortiger] Fn. 3); *ders.*, Amtsrecht, S. 85 m. w. N. in Fn. 11; vgl. auch
M. Ruffert, DÖV 1998, 897, 906 m. w. N. in dort. Fn. 102.

[14] *H. Bethge*, DVBl. 1980, 308, 308.

[15] Stellvertretend sei hier nur die über eintausendseitige Arbeit von *W. Roth*, Verwaltungsrechtliche Organstreitigkeiten (zur Klage über ein dogmatisches Defizit bei verwaltungsrechtlichen Organstreitigkeiten a.a.O. S. 1 m. w. N.), genannt sowie der recht neue Aufsatz von
T. Rottenwallner, VerwArch 105 (2014), 212 ff., der aufzeigt, dass die Probleme hier noch nicht
gelöst sind. Weitere Nachweise bspw. in Fn. 23, S. 23. Zur Rechtsprechung zu diesem Themengebiet unten Fn. 31, S. 25.

[16] *H. Bethge*, DVBl. 1980, 308, 308. *A. Wiese*, Beteiligung, S. 154 m.N. aus der Rspr.

[17] Bspw. *W. Roth*, Organstreitigkeiten, S. 92 f.; vgl. zusätzl. die Nachw. in Kapitel 2, Fn. 153,
Fn. 154, S. 74 zur Abgrenzung sogenannter verwaltungsrechtlicher Organstreitigkeiten vom
Insichprozess.

[18] Vgl. unten Kapitel 2, B. I. 5., S. 69 ff.; vgl. auch Kapitel 4 Fn. 355, S. 318.

als Streitigkeit innerhalb einer juristischen Person des öffentlichen Rechts[19] und nicht als Streitigkeit innerhalb des Staates insgesamt definiert, sodass auch eine Befassung mit dem Insichprozess jedenfalls nicht alle Konstellationen im Verhältnis Staat gegen Staat abdecken würde. Jedoch erfasste er eine größere Bandbreite von Fällen, als der Begriff des verwaltungsrechtlichen Organstreits. Als der Insichprozess in den 1960er Jahren thematisiert wurde, ging es im Wesentlichen um die Frage, ob Streitigkeiten innerhalb einer juristischen Person des öffentlichen Rechts überhaupt vor Gericht geführt werden können[20] – obwohl sich die Ausführungen bereits damals stark auf bestimmte Konstellationen wie Klagen gegen Entscheidungen weisungsfreier Ausschüsse und Kommunalverfassungsstreitigkeiten konzentrierten.[21] Später wurden verwaltungsrechtliche Organstreitigkeiten explizit aus dem Bereich des Insichprozesses ausgenommen,[22] wodurch die Intensität der Befassung mit Letzterem zurückging, weil sich die Diskussion fast nur noch um verwaltungsrechtliche Organstreitigkeiten drehte.[23]

Andere Streitigkeiten zwischen Teilen der Verwaltung werden höchstens im Hinblick auf spezielle Konstellationen erörtert.[24] Während auf materiell-recht-

---

[19] *G. Kisker,* Insichprozeß, S. 11; *R. Kintz* in: Posser/Wolff, BeckOK VwGO, § 63 Rn. 9; *W.-R. Schenke,* Verwaltungsprozessrecht, Rn. 528: Behörde gegen andere Behörde des gleichen Rechtsträgers oder gegen den Rechtsträger; letztlich auch Konstellationen innerhalb juristischer Personen meint *H. Geßler,* DÖV 1961, 891, 891; stark differenzierend jedoch *H.-H. Becker-Birck,* Insichprozess, S. 11 ff., der verschiedene Arten von Insichprozessen ausmacht, unter anderem auch den „Insichprozeß im funktionalen Sinne", bei dem sich zwei verschiedene Träger öffentlicher Verwaltung gegenüberstehen.

[20] Zum damaligen Streitstand bspw. *H.-H. Becker-Birck,* Insichprozess, S. 23 f.; *G. Kisker,* Insichprozeß, S. 23 ff.; *H. Geßler,* DÖV 1961, 891, 891.

[21] Klagen von Verwaltungsträgern gegen Bürger begünstigende Entscheidungen weisungsfreier Ausschüsse waren laut *H.-H. Becker-Birck,* Insichprozess, S. 62 der Anlass für die Beschäftigung mit dem Insichprozess; Laut *T. Elbel,* DVBl. 2008, 432, 434 seien die meisten Meinungsäußerungen zum Insichprozess Beiträge zum Kommunalverfassungsstreit gewesen (was bspw. bei *G. Kisker,* Insichprozeß, S. 17 ff. zutrifft).
Eine Ausnahme bildet (allerdings auch nur eine spezifische Entscheidung des VG München zum Anlass nehmend) *H. Geßler,* DÖV 1961, 891 ff.

[22] Dazu unten Kapitel 2, B. I. 5.

[23] Vgl. u. a. *S. Barth,* Subjektive Rechte von Gemeinderatsmitgliedern im Kommunalverfassungsstreit, Diss. jur. Regensburg 1997; *H. Bethge,* Grundfragen organisationsrechtlichen Rechtsschutzes, DVBl. 1980, 309 ff.; *H.-J. Papier,* Die verwaltungsgerichtliche Organklage, DÖV 1980, 292 ff.; *W. Roth,* Verwaltungsrechtliche Organstreitigkeiten, 2000; *T. Rottenwallner,* VerwArch 2014, 212 ff.; *J.-A. Trésoret,* Die Geltendmachung von Grundrechten im verwaltungsinternen Organstreitverfahren, 2011.
Aus der Ausbildungsliteratur: *H.-U. Erichsen/C. Biermann,* Der Kommunalverfassungsstreit, Jura 1997, 157 ff.; *T. Franz,* Der Kommunalverfassungsstreit, Jura 2005, 156 ff.; *J. Martensen,* Grundfälle zum Kommunalverfassungsstreit, JuS 1995, 989 ff.; *F. Schoch,* Jura 2008, 826 ff.; *ders.,* JuS 1987, 783 ff.

[24] Z. B. *D. Ehlers,* Der gerichtliche Rechtsschutz der Gemeinde gegenüber Verwaltungsakten des Finanzamtes im Gewerbesteuerverfahren, Berlin 1986; *W. Hoppe/M. Schulte,* Rechtsschutz der Länder in Planfeststellungsverfahren des Bundes, 1993 (die sich im Wesentlichen mit zwei vom BVerwG entschiedenen Fällen beschäftigen); *C. Hug,* Gemeindenachbarklagen im öffentlichen Baurecht, 2008; *J.-W. Kirchberg/M. Boll/P. Schütz,* Der Rechtsschutz von Gemein-

licher Ebene einzelne Probleme wie die Polizeipflicht von Hoheitsträgern[25] oder die generelle Möglichkeit, Verwaltungsakte gegen andere Hoheitsträger zu erlassen,[26] thematisiert werden, ist keine allgemeine Debatte über verwaltungsprozessrechtliche Probleme in der Konstellation Staat gegen Staat zu verzeichnen.

Dabei treten hier interessante Fragen im Schnittpunkt zwischen Verwaltungsprozessrecht und Verwaltungsorganisationsrecht[27] zu Tage: Im Rahmen der Klagebefugnis ist oft problematisch, auf welche Rechte sich Teile des Staates berufen können. Die Frage, wer genau sich eigentlich als Teil des Staates auf diese Rechte berufen und welche Stelle diese für „den Staat" geltend machen kann, hat eine gewisse Bearbeitung bei den verwaltungsrechtlichen Organstreitigkeiten erfahren, aber eben nur im Hinblick auf Bürgermeister,[28] Gemeinderäte etc., die verbreitet als Sonderfälle behandelt werden. Solche Fragen stellen sich aber auch, wenn andere Teile des Staates am Verwaltungsprozess beteiligt sind. Darüber hinaus ist im Rahmen des Rechtsschutzbedürfnisses fraglich, ob der Staat bzw. seine Teile nicht, anders als Bürger, über Mittel und Wege verfügt, schneller und einfacher zu seinem „Recht" zu kommen, als im Wege der verwaltungsrechtlichen Klage.

Viele der angesprochenen Fragen sind noch nicht hinreichend geklärt, zum Teil sogar – zumindest in der Literatur – hinsichtlich einiger Teile der Verwaltung kaum überhaupt ausführlich thematisiert. Denn zwar wurden losgelöst vom Thema der verwaltungsrechtlichen Organstreitigkeiten sowohl das Problem der staatlichen Binnenorganisation als auch das subjektive Recht ausführlich beleuchtet und jeweils sehr gute Problembeschreibungen geleistet.[29] Eine intensive Zu-

---

den in der Fachplanung, NVwZ 2002, 550 ff. Auch das Werk von *A. Wiese,* Zur Beteiligung des Staates im Verwaltungsprozess, ist stark auf die Konstellation der Geltendmachung privatrechtlicher Rechte des Staates im Verwaltungsprozess und auf die Kritik der Rspr. des BVerwG (etwa im hiesigen zweiten Fallbeispiel oben S. 20) zu diesem speziellen Aspekt fokussiert: (vgl. a.a.O. S. 2 bei dort. Fn. 4 und S. 201). Obwohl das Buch – insofern thematisch sogar etwas weiter als hier – auf die Beteiligung von Teilen des Staates insgesamt ausgerichtet ist, werden viele der hier behandelten Fragen kaum angesprochen, etwa die Rechtsfähigkeit von Teilen juristischer Personen oder die Fiskustheorie (vgl. hiesiges Kap. 4 Fn. 337 – obwohl die Fiskustheorie thematisch zum von *Wiese* behandelten Kernproblem gehört). Zur kritischen Auseinandersetzung mit den Thesen *Wieses* vgl. insb. Kapitel 6 bei Fn 32, S. 462.

[25] Exemplarisch *M. Borowski,* VerwArch 2010, 58 ff.; *G. Britz,* DÖV 2002, 891 ff.; *W. Rudolf,* Polizei gegen Hoheitsträger, 1965; *F. Schoch,* Polizeipflichtigkeit von Hoheitsträgern, Jura 2005, 324 ff.; vgl. auch BVerwG, Urt. v. 25.07.2002, Az.: 7 C 24/01, BVerwGE 117, 1–7 = NVwZ 2003, 346 ff.

[26] *V. Jungkind,* Verwaltungsakte zwischen Hoheitsträgern, 2008.

[27] Vgl. *H.-H. Becker-Birck,* Insichprozess, S. 137: „Die Verwaltungsorganisation zeigt, ob und wann Streitigkeiten innerhalb der Verwaltung zu Insichprozessen führen, sie bestimmt die Art des Insichprozesses und ist für deren Zulässigkeit wichtig."

[28] Wo immer in dieser Arbeit (aus Gründen der besseren Verständlichkeit) die männliche Form eines Wortes und keine geschlechtsneutrale Formulierung gebraucht wurde, ist auch der weibliche Teil der Personengruppe gemeint.

[29] Vor allem dann, wenn auch die historische Perspektive, welche die Wurzel vieler Probleme darstellt, berücksichtigt wurde, vgl. die Aufstellung von Nachw. unten Kapitel 2, A.II. in Fn. 13, S. 50.

sammenführung der Themenbereiche ist aber bisher kaum erfolgt.[30] In diese Lücke soll die vorliegende Arbeit stoßen und möglichst eine das gesamte Themengebiet erfassende Diskussion anregen.

II. Probleme für die Rechtsanwender aufbereiten

Der Nachholbedarf für eine Aufarbeitung der Probleme in der Prozesskonstellation Staat gegen Staat besteht gerade angesichts einer nicht zu unterschätzenden praktischen Bedeutung des Themenfeldes. Verwaltungsrechtliche Organstreitigkeiten kommen immer wieder vor Gericht,[31] genauso wie Fälle, in denen eine kommunale Gebietskörperschaft Rechte aus Art. 28 Abs. 2 GG geltend macht.[32] Aber auch andere Konstellationen treten immer wieder auf,[33] und vor allem dort werden die für die Prozesskonstellation Staat gegen Staat typischen Probleme zum Teil überhaupt nicht angesprochen.[34]

Wichtig ist es, bei der Beschäftigung mit diesen Fragen im Bewusstsein zu behalten, dass sich die Rechtsschutzkonstellationen im Verhältnis Staat gegen Staat in einem von historisch gewachsenen Wertungsgesichtspunkten geprägten Umfeld aus früher das öffentliche Recht dominierenden Vorstellungen von Einheit und Impermeabilität der Verwaltung, subjektivem öffentlichem Recht und allgemeinem Gewaltverhältnis im Sinne eines vorrechtlichen Machtanspruches des Staates bewegt.[35] Eine Problembehandlung und auch die Lösung eines praktischen

---

[30] Als Ausnahmen seien hier *H. Bauer,* Subjektive öffentliche Rechte des Staates, DVBl. 1986, 208–219 (durch die Aufsatzform nicht so ausführlich wie hier) und *W. Roth,* Verwaltungsrechtliche Organstreitigkeiten (der sich allerdings auf die im Titel bezeichneten Konstellationen beschränkt) genannt.

[31] Vgl. aus neuerer Zeit etwa OVG Bautzen, Beschl. v. 13.06.2016, Az.: 2 A 262/15 (juris); BVerwG, Urt. v. 04.02.2016, Az.: 5 C 12/15 (juris); OVG Saarlouis, Beschl. v. 22.04.2016, Az.: 2 B 61/16 (juris); VGH München, Beschl. v. 20.11.2015, Az.: 4 ZB 15.1510 (juris); OVG Lüneburg, Urt. v. 29.09.2015, Az.: 10 LB 25/14, NdsVBl. 2016, 43; BVerwG, Beschl. v. 02.06.2014, Az.: 8 B 98/13 (juris). Die praktische Bedeutung verwaltungsrechtlicher Organstreitigkeiten betont auch *T. Rottenwallner,* VerwArch 105 (2014), 212, 213.

[32] Aus neuerer Zeit etwa OVG Koblenz, Beschl. v. 21.04.2016, Az.: 1 A 11091/15 (juris); VGH Mannheim, Urt. v. 03.02.2016, Az.: 5 S 787/14, DVBl. 2016, 583; OVG Bautzen, Urt. v. 24.09.2015, Az.: 1 A 467/13, SächsVBl. 2016, 63 (vgl. insb. juris Rn. 21).

[33] Neben den Fallbeispielen oben (Kapitel 1, A., S. 19): BVerwG, Urt. v. 25.07.2002, Az.: 7 C 24/01, BVerwGE 117, 1, wo die Polizeipflichtigkeit von Hoheitsträgern thematisiert, die Frage der Zulässigkeit der Klage aber nicht einmal angesprochen wird; VGH München, Urt. v. 10.12.2015, Az.: 4 B 15.1831 (juris), wo es um die (öffentlich-rechtliche) Rückzahlung staatlicher Fördermittel durch eine Gemeinde geht. Vgl. auch die zahlreichen Fälle, in denen ein Teil des Staates Rechte aus Eigentum gegen andere Teile des Staates geltend gemacht hat in Kapitel 4, F. I., Fn. 806 ff., S. 395.

[34] Vgl. dazu die beiden in Fn. 33 zitierten Urteile; vgl. auch *V. Jungkind,* Verwaltungsakte, S. 78 bei dort. Fn. 43: Zur Verwaltungsaktsqualität von Maßnahmen gegen Hoheitsträger werde häufig nichts ausgeführt.

[35] Zu diesen Wertungsgesichtspunkten Kapitel 2, B., S. 52.

Falles kann nur erfolgen, wenn diese Einflüsse wahrgenommen und kritisch über-prüft werden. Es geht gerade darum, hergebrachte Glaubenssätze argumentativ zu hinterfragen. In dieser Arbeit sollen nicht nur Alternativen vorgebracht, son-dern insbesondere soll das Verständnis gefördert werden, wo diese einflussreichen Grundannahmen herkommen, um zumindest einen transparenten Umgang mit ih-nen zu ermöglichen. In der Rechtsprechung wird die in der Literatur verbreitete Grundhaltung, Prozesse innerhalb juristischer Personen des öffentlichen Rechts grundsätzlich abzulehnen, allerdings manchmal auch gar nicht übernommen.[36]

Durch die erweiterte Perspektive auf verwaltungsgerichtliche Streitigkeiten zwischen allen Arten von Verwaltungseinheiten soll keinesfalls eine neue Katego-rie der Streitigkeiten Staat gegen Staat ausgerufen werden, die aufgrund einheit-licher Rechtsgedanken in immer der gleichen Weise zu lösen sein sollen, wie das etwa die Verwendung des Begriffes Kommunalverfassungsstreit manchmal sugge-rieren kann.[37] Vielmehr soll die vorliegende Arbeit Anregungen zu differenzieren-dem Vorgehen sowie Impulse geben, den Sinn mancher solcher das Denken un-ter Umständen blockierender Begriffe zu hinterfragen[38]. Dabei ist das vorliegende Werk nicht primär für Genießer rechtswissenschaftlicher Prosa konzipiert, sondern soll auch als Erkenntnisquelle zur Lösung praktischer Probleme dienen. Wissen-schaftliche Beschäftigung mit Problemen und praktische Rechtsanwendung sind kein Gegensatz.[39]

Die im Verhältnis stärkere Beachtung von verwaltungsrechtlichen Organstrei-tigkeiten führt in der Praxis dazu, dass spezifische Probleme anderer Sachver-haltskonstellationen zum Teil nicht gesehen oder zumindest nicht angesprochen werden. Aufmerksamkeit auf diese Konstellationen zu lenken, könnte hier Ab-hilfe schaffen.[40] Für atypische Konstellationen wie die beiden eingangs geschil-derten Fallbeispiele[41] soll diese Arbeit Probleme, auch für die Praxis, gedanklich vorstrukturieren. Die entscheidenden Fragen sind vor allem in solchen atypischen, wenig thematisierten Fällen nicht zufriedenstellend zu beantworten, ohne die his-torischen Hintergründe und Wertungsgesichtspunkte zu verstehen, welche die ty-pischen Fallkonstellationen beherrschen.

---

[36] Das ergibt bspw. ein Abgleich der Entscheidungsgründe des BVerwG im oben beschrie-benen zweiten Fallbeispiel mit der im 2. Kapitel beschriebenen Tendenz der Literatur, Streitig-keiten innerhalb juristischer Personen außer bei verwaltungsrechtlichen Organstreitigkeiten ab-zulehnen.

[37] So etwa bei *W. Roth*, Organstreitigkeiten, S. 58.

[38] Vgl. etwa unten Kapitel 2, B.I.4 zum Begriff des „Insichprozesses" und Kapitel 2, B.I.3., S. 60 zur „Einheit der Verwaltung".

[39] Nicht umsonst ist ein Studium der Rechtswissenschaft Voraussetzung für juristische Be-rufe. Vgl. dazu *F.E. Schnapp*, Amtsrecht, S. 17.

[40] Auch wenn dieses Werk realistisch betrachtet dazu nur einen kleinen Beitrag leisten kann, da die Quote der Praktiker, die regelmäßig Hochschulschriften lesen, gering sein dürfte. Vgl. *J.-A. Trésoret*, Geltendmachung, S. 1: Sie beklagt, dass die Einflüsse der Wissenschaft auf die Praxis auch im Bereich des Kommunalverfassungsstreits sehr begrenzt seien.

[41] Oben unter Kapitel 1, A.

III. Übergreifende Lösungsansätze finden

Der neue, hier verfolgte Ansatz, Streitigkeiten im Verhältnis Staat gegen Staat fallgruppenübergreifend zu betrachten, soll dabei helfen, Wertungswidersprüche aufzudecken und neue Erkenntnisse hervorzubringen. Im sogenannten Innenbereich des Staates spielen die Grundrechte, ein bedeutender Motor für die Fortentwicklung des Verwaltungsrechts, keine Rolle, sodass sich veraltete Grundannahmen und Wertungen dort halten konnten und partiell der Eindruck entstehen kann, der berühmte Satz Otto Mayers „Verfassungsrecht vergeht, Verwaltungsrecht besteht",[42] habe auf diesem Feld eine Berechtigung.[43] Auf der anderen Seite werden einzelne Konstellationen im Verhältnis Staat gegen Staat wie etwa verwaltungsrechtliche Organstreitigkeiten von Praktikabilitätserwägungen dominiert, welche die hergebrachten Grundsätze punktuell durchbrechen. Dadurch entstehen bei Prozessen der Konstellation Staat gegen Staat, im Wege einer separaten Beurteilung verschiedener Fallgruppen, Wertungswidersprüche zwischen dem historischen, vermeintlichen dogmatischen Fundament und der durch Praktikabilitätserwägungen geleiteten Problemlösung. Neben diesen Widersprüchen sollen hier auch Alternativen zu den veralteten Denkstrukturen aufgezeigt werden. Letztere führen weniger dazu, dass die Ergebnisse der Praxis umgeworfen würden. Vielmehr vereinfachen sie die Lösungswege, weil die nicht immer nötige Zersplitterung in verschiedene Fallgruppen aufgegeben und Konstruktionen, die nur der Kompatibilität der praktischen Lösung mit längst überholten Grundannahmen dienen, vermieden werden können. Um die angedeuteten Widersprüche aufzudecken, eignet sich ein Vergleich der verschiedenen Bereiche wie Insichprozess, verwaltungsrechtlicher Organstreit und Streitigkeit zwischen juristischen Personen besonders. Wenn dabei einige überholte Grundannahmen zurück gelassen werden, kann der verworrene sogenannte Innenbereich des Staates durchschaubarer gemacht werden.

Während es bei Streitigkeiten zwischen juristischen Personen des öffentlichen Rechts eher nötig ist, das Bewusstsein zu schärfen, dass es sich auch hier um eine Konstellation zwischen Verwaltungseinheiten handelt, wird den verwaltungsrechtlichen Organstreitigkeiten bereits traditionell eine Sonderrolle zugeschrieben. Obwohl jedoch der verwaltungsrechtliche Organstreit, insbesondere der Kommunalverfassungsstreit, schon Gegenstand unzähliger Abhandlungen geworden ist und bereits einen Klassiker in der Ausbildungsliteratur darstellt,[44] ist die Debatte um die verwaltungsrechtlichen Organstreitigkeiten noch nicht beendet.[45] So

---

[42] *O. Mayer,* Vorwort zur 3. Aufl. des Deutschen Verwaltungsrechts Bd. 1; zu *O. Mayer* auch noch bspw. Kapitel 4, B.IV.1. bei Fn. 191, S. 290 und Fn. 108 (Kapitel 2), S. 66; hinsichtlich subjektiver öffentlicher Rechte Kapitel 4, Fn. 149, Fn. 152 (S. 283 und 284).

[43] Dazu, dass dies nicht der Fall ist, unten Kapitel 2, insb. bei Fn.19, S. 52.

[44] Vgl. oben Fn. 23, S. 23, a. E.

[45] *T. Rottenwallner,* VerwArch 2014, 212, 216: Die Habilitationsschrift von *W. Roth,* Verwaltungsrechtliche Organstreitigkeiten, sei kein Schlusspunkt der Debatte; *H. Maurer,* A. Verwal-

ist beispielsweise streitig, ob bei Kommunalverfassungsstreitigkeiten eine Anfechtungsklage statthafte Klageart sein kann[46] oder nach welcher Nummer des
§ 61 VwGO (gegebenenfalls analog) die „Organe" beteiligungsfähig sein sollen.[47]
Zwar ist es nicht das Ziel, diese Probleme umfassend zu erörtern. Allerdings kann
der gewählte allgemeinere Fokus der Prozesskonstellation Staat gegen Staat auch
für die Diskussion zu verwaltungsrechtlichen Organstreitigkeiten Anregungen
bieten.

Subjektive Rechte spielen im Verwaltungsprozess eine herausragende Rolle.
Auch Teile des Staates müssen in der Regel solche geltend machen, wollen sie
einen Verwaltungsprozess anstrengen. Mit H. Bauer ist festzustellen, dass die Betrachtung der Konstellation Staat gegen Staat deswegen auch etwas zur Diskussion um das subjektive öffentliche Recht beitragen kann.[48] Da das subjektive Recht
einen komplexen Themenbereich darstellt, ist es allerdings nicht möglich, in dieser Arbeit eine geschlossene Theorie des subjektiven Rechts zu präsentieren oder
beispielsweise die Schutznormtheorie zu bestätigen oder unter Angebot einer Alternative in Frage zu stellen.

IV. Forschungsfrage

Als kurze Forschungsfrage formuliert, lautet das Anliegen der vorliegenden
Arbeit:

Welche Besonderheiten bestehen bei Streitigkeiten Staat gegen Staat – übergrei-
fend betrachtet für alle Prozesskonstellationen, etwa solchen innerhalb und zwischen juristischen Personen – im Gegensatz zu Prozessen im Verhältnis Bürger gegen Staat?

Dabei geht es insbesondere darum zu trennen, welche Besonderheiten tatsächlich bestehen und wo vermeintliche Besonderheiten zu Unrecht als solche gekennzeichnet werden.

---

tungsrecht, § 21 Rn. 28: „Die verschiedenen Probleme, die das Verhältnis von Außenrecht und
Innenrecht aufwirft, insbesondere ihre unterschiedliche Qualität, ihre Abgrenzung, ihr Inein-
andergreifen usw., sind in der Literatur allenfalls ansatzweise erörtert [...]"; eine Problemanalyse, warum trotz intensiver Beschäftigung mit ihnen verwaltungsrechtliche Organstreitigkeiten noch ein Feld von Ungereimtheiten und Inkonsistenzen darstellen, nimmt *W. Roth*,
Organstreitigkeiten, S. 2 ff. vor. Den Ausführungen ist hinzuzufügen, dass es eine große Rolle
spielt, dass historisch geprägte, aber überholte Wertungen einen starken Einfluss ausüben; dazu
unten Kapitel 2. Vgl. zum Ganzen auch Kapitel 2, Fn. 137, S. 71.

[46] Dafür „entgegen der h. M." *W.-R. Schenke*, Verwaltungsprozessrecht, Rn. 228.

[47] *W. Roth*, Organstreitigkeiten, S. 909 zählt hier vierzehn verschiedene Ansichten.

[48] Vgl. *H. Bauer*, DVBl. 1986, 208, 213 f.

V. Vorgehen

Um die geschilderten Ziele zu erreichen, werden in Kapitel 2 zunächst die Wertungsgesichtspunkte untersucht, die in der Prozesskonstellation Staat gegen Staat eine Rolle bei der Interpretation und Anwendung von Prozessrechtsnormen spielen. Aufgrund der Bedeutung der historischen Entwicklung[49] für die hier relevanten Themenfelder wird auf bestimmte Leitgedanken, die in Kapitel 2 entwickelt werden, im Verlauf der Arbeit unter verschiedenen Aspekten immer wieder zurückzukommen sein. Dadurch ergibt sich, so bleibt zu hoffen, ein geschlossenes Gesamtbild der Streitigkeiten in der Konstellation Staat gegen Staat. In Kapitel 3 wird untersucht, was Rechte im Sinne der verwaltungsrechtlichen Prozessordnungen sind, und in Kapitel 4, welche Teile des Staates welche Rechte vor Gericht geltend machen können. Ohne eine Vorstellung davon, was subjektive Rechte sind, kann auch keine Aussage darüber getroffen werden, ob Teile des Staates diese inne haben können. Kapitel 5 widmet sich den übrigen Voraussetzungen für eine gerichtliche Sachentscheidung. Kapitel 6 bildet mit Schlussfolgerungen und Ausblick den Abschluss. Die Orientierung am Prozessrecht ist der Bedeutung dieser Materie für den Zugang zu verwaltungsgerichtlichem Rechtsschutz geschuldet (dazu unten D.), dient aber auch der Strukturierung sowie dem Ziel der praktischen Verwertbarkeit der Erkenntnisse. Da das subjektive Recht im Verwaltungsprozess eine herausragende Rolle spielt, nimmt es auch in dieser Arbeit den meisten Platz ein.

Die Konzentration auf die VwGO als Muster soll nicht bedeuten, dass SGG und FGO als besondere Gebiete des Verwaltungsprozessrechts[50] völlig aus den Augen verloren würden.[51] Die Regelwerke des Verwaltungsprozessrechts sind sich in den Grundstrukturen ähnlich und die hier gefundenen Erkenntnisse sind grundsätzlich in allen Gebieten des Verwaltungsrechts gleichermaßen anwendbar.

C. Staat im Sinne dieser Arbeit

Die Beschäftigung mit der Prozesskonstellationen Staat gegen Staat setzt zumindest eine ungefähre Vorstellung voraus, was der Staat ist. Vor allem aber ist nötig zu klären, was die Begriffe bedeuten, die den Staat oder seine Teile bezeichnen. Die Analyse muss soweit reichen, dass genaue Aussagen für den Verwaltungsprozess zwischen ihnen getroffen werden können.

---

[49] Dazu noch ausführlich Kapitel 2, A. II., S. 50.

[50] Vgl. § 1 SGG und § 1 FGO, dazu *W. Keller* in: Meyer-Ladewig/Keller/Leitherer, SGG, § 1 Rn. 1.

[51] Dass bspw. der sogenannte verwaltungsrechtliche Organstreit auch im Sozialrecht Bedeutung hat, zeigt BSG, Urt. v. 14.04.2014, Az.: B 6 KA 29/13 R, BSGE 116, 15–25 – dazu *M. Wallerath*, SGb 2015, 484–493.

I. Der Staat als eine Vielzahl von Rechtssubjekten

Bedeutete das schon im 15. Jahrhundert bekannte[52] Wort „Staat" ursprünglich, von lat. „status" abgeleitet, „Stand", „Rang", „Zustand" oder später auch „Pracht" (vgl. „Sonntagsstaat"), geht die heute geläufigere Bedeutung „respublica, governo, dominio"[53] auf das französische Wort „état"[54] zurück.[55] Die Umschreibungen im Grimm'schen Wörterbuch für die modernere Bedeutung reichen von „politisches Regiment" über „selbständige politische Einheit" bis zur organischen „Gemeinschaft von Menschen".[56] Die Entwicklung der Bedeutung des Wortes Staat folgte also den politischen und gesellschaftlichen Entwicklungen,[57] vor allem in Frankreich, und sie begleitete die Entstehung des modernen Staates selbst.[58]

Die erschöpfende Auseinandersetzung mit dem Begriff „Staat", also die umfassende Klärung der Frage, was der Staat ist, muss der Literatur der allgemeinen Staatslehre bzw. Staatstheorie überlassen bleiben.[59] Für die weiteren Überlegungen ist jedoch wichtig, welcher Begriff des Staates zugrunde gelegt wird, wenn „der Staat" als Beteiligter im Verwaltungsprozess auftritt – welchen Gegenstand der Wirklichkeit[60] der Begriff Staat also im Sinne eines Zurechnungsbegriffes in der hier folgenden rechtlichen Betrachtung bezeichnen soll.[61] Dass der Staat grundsätzlich als Rechtssubjekt auftreten kann,[62] ist dabei nicht (mehr) zweifelhaft, denn die aus dem 19. Jahrhundert stammende Lehre, dass der Staat eine juristische Person

---

[52] *M. Heyne u. a.* in: Deutsches Wörterbuch von Jacob und Wilhelm Grimm Bd. 17, Sp. 270.

[53] Vgl. *M. Heyne u. a.* in: Deutsches Wörterbuch von Jacob und Wilhelm Grimm Bd. 17, Sp. 280.

[54] Das aber ursprünglich (und z. T. noch heute) eine Bedeutung in Richtung Vermögen bzw. Berechnung und Aufzeichnung desselben hatte, vgl. *M. Heyne u. a.* in: Deutsches Wörterbuch von Jacob und Wilhelm Grimm Bd. 17, Sp. 276.

[55] *E. Seebold* in: F. Kluge (Begr.), Etymologisches Wörterbuch der deutschen Sprache, 25. Aufl., Berlin/Boston 2011, S. 873.

[56] *M. Heyne u. a.* in: Deutsches Wörterbuch von Jacob und Wilhelm Grimm Bd. 17, Sp. 280.

[57] W. Pfeifer (Hrsg.), Etymologisches Wörterbuch Bd. 3, S. 1688.

[58] *C. Möllers*, Staat, S. 217 m. w. N.; zur Entstehung des modernen Staats a. a. O. S. 214 ff., S. 220 ff.

[59] Mit dem Verhältnis der Begriffe des Staates in der Staatstheorie und in rechtsdogmatischen Zusammenhängen befasst sich *C. Möllers*, Staat, passim., etwa S. 1 ff., S. 121, S. 140 f.; zum Verhältnis von Staat und Verfassung S. 171 ff.

[60] Der Begriff Staat wird heute überwiegend zur Bezeichnung eines Phänomens der erfahrbaren Welt gebraucht, vgl. dazu *C. Möllers*, Staat, S. 131: „Der Staatsbegriff wird als Medium zur Ermittlung von „Wirklichkeit" für das öffentliche Recht verstanden." – *Möllers* steht dieser Orientierung allerdings kritisch gegenüber (S. 132 f.).

[61] Dazu *C. Möllers*, Staat, S. 425: Die „begrifflichen Stärken des Staatsbegriffs […] zeigen sich in einem juristischen Kontext gerade dort, wo der Begriff dogmatisch auf eine Dichotomie reduziert werden kann, […], so bei der Konstruktion des Staates als juristische Person […]. Seine Funktion kann der Staatsbegriff freilich auch hier nur erfüllen, wenn er von staatstheoretischem Ballast befreit und auf ein Zurechnungssubjekt reduziert wird."

[62] Zur Notwendigkeit, Teile des Staates als rechtsfähige Gebilde anzusehen, um Rechtsbeziehungen rechtlich fassen zu können *H. Bauer*, Bundestreue, S. 281 f. m. w. N.

sei,[63] hat sich zwischenzeitlich durchgesetzt.[64] Die insbesondere in der Person des absolutistischen Monarchen konzentrierte Herrschaftsgewalt („L'État c'est moi") wurde in einer dessen Macht immer mehr begrenzenden Entwicklung im Verlauf der Geschichte durch Verfassungen auf einen Punkt übertragen, der unabhängig von konkreten Personen besteht.[65] G. Jellinek, der auch für die Drei-Elemente-Lehre (Staatsvolk, Staatsgebiet, Staatsgewalt) bekannt ist,[66] definierte im Hinblick auf einen „juristische[n] Staatsbegriff" den Staat als ein „Rechtssubjekt", als eine „Gebietskörperschaft".[67] Er nutzte also die Rechtspersönlichkeit als Merkmal, um den rechtlichen vom faktischen Staatsbegriff zu unterscheiden.[68]

Allerdings liegt in der Bezeichnung des Staates als juristischer Person zumindest heute nur die halbe Wahrheit, denn bei realistischer Betrachtung der historisch gewachsenen und im Grundgesetz festgeschriebenen Gegebenheiten ist „der Staat" in Deutschland nicht eine, sondern viele juristische Personen.[69] Bei genauerer Betrachtung findet sich eine Vielzahl juristischer Personen des öffentlichen Rechts, es gibt nicht nur die primär auf Gebiete bezogenen Einheiten Bundesrepublik Deutschland – Bundesländer – Gemeindeverbände – Gemeinden, sondern es existieren daneben weitere Körperschaften, Anstalten und Stiftungen des öffentlichen Rechts[70] wie Industrie- und Handels-, Rechtsanwalts-, Handwerkskammern, Handwerksinnungen etc. sowie Krankenkassen und Verbände

---

[63] Die Begründung dieser Auffassung wird der Maurenbrecher-Rezension von *W. E. Albrecht* von 1837 zugeschrieben, *J. Ipsen*, Staatsrecht I, Rn. 13; *C. Gröpl*, Staatsrecht I, Rn. 92; *F. E. Schnapp*, Amtsrecht, S. 32; *M. Stolleis*, Geschichte Bd. 2, S. 108; *E.-W. Böckenförde* in: FS H. J. Wolff, S. 273; *B. Schlink*, Amtshilfe, S. 75: „Von Albrecht skizziert, von von Gerber und Laband weiterentwickelt […]" (m. w. N.); auf den (historischen) Streit, ob der Staat eine Fiktion oder eine reale Person mit einem überindividuellen Willen ist (dazu komprimiert *R. Zippelius*, Allgemeine Staatslehre: Politikwissenschaft, 16. Aufl., München 2010, S. 80), kommt es hier nicht an.

[64] *C. Möllers*, Staat, S. 151 m. zahlr. Nachw.; kritisch aber aus neuerer Zeit *E.-W. Böckenförde* in: FS H. J. Wolff, S. 281.

[65] Vgl. die zusammenfassenden Ausführungen bei *F. E. Schnapp*, Amtsrecht, S. 27 ff., prägnant insb. S. 37; vgl. dazu auch *M. Stolleis*, Geschichte Bd. 2, S. 107 f.; vgl. *H. H. Rupp*, Grundfragen, S. 2 f., zum „fortschwelenden Widerstreit zwischen Volks- und Fürstensouveränität" (S. 3): Einerseits sei „gerade im konstitutionellen Deutschland" die Ansicht „herrschend" gewesen, „alle Staatsgewalt nach wie vor in der Person des Monarchen verankert[..]" zu sehen (S. 2), andererseits habe man die „juristische Person Staat […] als solche mit dem Attribut der Souveränität umkleidet[..]" (S. 3), vgl. zu unterschiedlichen Ansichten auch dort. Fn. 12.

[66] Dazu, insb. zur Unterscheidung *G. Jellineks* zwischen normativer und faktischer Seite des Staatsbegriffs, *C. Möllers*, Staat, S. 12 ff.

[67] *G. Jellinek*, Staatslehre, S. 183.

[68] So *C. Möllers*, Staat, S. 17, S. 23, der dem folgt – vgl. auch S. 151: „Inbegriff" der „rechtlichen Natur" des Staates sei „die Rechtspersönlichkeit".

[69] Dieses Phänomen bestand auch schon zu Zeiten von *G. Jellinek* und war ihm auch bewusst, vgl. die Ausführungen zur Gliederung des Staates in *G. Jellinek*, Staatslehre, S. 637 ff. (Selbstverwaltung), S. 647 ff. (Länder).

[70] Und auch juristische Personen des Privatrechts, die dem Staat zuzurechnen sind. Zur Systematik der juristischen Personen des öffentlichen Rechts bspw. *A. Wiese*, Beteiligung, S. 53 ff.

von Krankenkassen[71], Berufsgenossenschaften und Unfallkassen, die Bundes-agentur für Arbeit[72] etc. und öffentlich-rechtliche Sparkassen, kommunale Zweck-verbände etc. – es ließen sich hier noch unzählige Beispiele finden. Gemeinsam ist diesen juristischen Personen des öffentlichen Rechts, dass sie Staatsgewalt im Sinne des Art. 20 Abs. 2 S. 1 GG ausüben (können)[73] und grundsätzlich nach Art. 1 Abs. 3 GG grundrechtsgebunden sind.[74] Als „der Staat" wird diese Vielheit[75] von juristischen Personen also zumindest dadurch verklammert, dass sie alle in ihrer Eigenschaft als Träger hoheitlicher Gewalt der Geltung des Grundgesetzes unter-worfen sind.[76]

Es ist auch, zumindest in Bezug auf die Rechtsordnung des Grundgesetzes, nicht korrekt, von dem Staat als (nur) einem Staat zu sprechen. Nach überkom-mener Auffassung sind sowohl Bund als auch Länder Staaten, und die Staats-gewalt der Länder ist nicht vom Bund abgeleitet;[77] nur die übrigen juristischen Personen des öffentlichen Rechts – als selbständige Verwaltungseinheiten Teile dieser Staaten –, leiten ihre Hoheitsgewalt von ihnen ab.[78] Trotz ihrer Eigenschaft

---

[71] Die nach § 207 Abs. 1 S. 2 SGB V auch – wie die Krankenkassen selbst (§ 4 Abs. 1 SGB V) – Körperschaften des öffentlichen Rechts sind. Zu Problemen der Rechtsfähigkeit im Bereich des SGB V ausführlich *S. Rixen* in: FS F. E. Schnapp, S. 527 ff.

[72] Die nach dem Wortlaut des § 367 Abs. 1 SGB III eine Körperschaft des öffentlichen Rechts ist, aber auch als Anstalt bezeichnet wird, vgl. *C. Wendtland* in: A. Gagel (Begr.)/ K.-J. Bieback/S. Knickrehm (Hrsg.), SGB II/SGB III, Stand: 62. EL, § 367 SGB III Rn. 11.

[73] *B. Grzeszick* in: Maunz/Dürig, GG, Art. 20 (II. Demokratie) Rn. 94: Das sei bei allen juris-tischen Personen des öffentlichen Rechts mit Ausnahme der Religions- und Weltanschauungs-gemeinschaften der Fall. *C. Möllers*, Staat, S. 272: Hoheitsgewalt als „differentia specifica des Staates unter allen gesellschaftlichen Organisationen".

[74] Vgl. *W. Höfling* in: Sachs, GG, Art. 1 Rn. 87: Alle juristischen Personen des öffent-lichen Rechts, die Träger öffentlicher Gewalt sind, sind grundrechtsverpflichtet. *C. Hillgru-ber* in: Epping/Hillgruber (Hrsg.), BeckOK GG, Art. 1 Rn. 66 nennt explizit auch Kammern, Sozialversicherungsträger und Sparkassen. Einen Sonderfall stellt die Ausnahmetrias von Kir-chen, Universitäten und Rundfunkanstalten dar. Kirchen sind nicht grundrechtsverpflichtet, bei Rundfunkanstalten ist das für den Bereich, in dem sie nicht selbst Träger des Grundrechts aus Art. 5 Abs. 1 S. 2 GG sind, umstritten, vgl. *C. Hillgruber* in: Epping/Hillgruber (Hrsg.), BeckOK GG, Art. 1 Rn. 67.

[75] Die Betonung der Vielheit der Untergliederungen des Staates an dieser Stelle mag ein we-nig an *O. v. Gierkes* Vorstellung des Staates als Organismus, als reale Verbandspersönlichkeit erinnern, dazu zusammenfassend *M. Stolleis*, Geschichte Bd. 2, S. 359 ff, vgl. auch zu *Hugo Preuss* a. a. O. S. 363 – diese Theorie (vgl. dazu noch Kapitel 2, Fn. 22, S. 52 und Fn. 44, S. 56) ist hier aber nicht gemeint – zur Zeit *Gierkes* waren die Entwicklungen im Bereich der mittelbaren Staatsverwaltung noch stark im Fluss, vgl. unten Kapitel 2 C. II. 3. a), ab S. 121.

[76] Daneben ist auch zu beobachten, dass „der Staat" auch in der Bevölkerung als Einheit wahrgenommen wird. So sagt man, jemand bekomme „Stütze" (oder „Hartz IV") „vom Staat", oder jemand arbeite „beim Staat". Ob diejenige oder derjenige mit Bund oder Land, ob mit un-mittelbarer oder mittelbarer Staatsverwaltung in Verbindung steht, spielt dabei häufig keine Rolle. Zum Erleben des Bürgers auch *M. Oldiges*, NVwZ 1987, 737, 742 m. w. N.; vgl. auch *W. Leisner*, Verwaltung, S. 181 f.

[77] *C. Gröpl*, Staatsrecht I, Rn. 601; *C. Degenhart*, Staatsrecht I Staatsorganisationsrecht, 31. Aufl., Heidelberg 2015, Rn. 474. Vgl. dazu auch *C. Möllers*, Staat, S. 153 f.

[78] *H. Maurer*, A. Verwaltungsrecht, § 21 Rn. 7 f. (S. 534).

als separate Staaten sind aber auch die Länder und ihre Verwaltungen nach Art. 1 Abs. 3 GG an das Grundgesetz gebunden, was zu einer gewissen Verklammerung führt.[79] Für die Beurteilung einer Prozesskonstellation, in der verschiedene Teile des Staates miteinander streiten, spielt es in der Regel keine Rolle, zu welchem Staat die Beteiligten genau gehören, und auch die Eigenschaft der Staaten selbst, ursprüngliche Herrschaftsgewalt zu besitzen, hat im Verwaltungsprozess rechtlich prinzipiell keine Bedeutung, weil auch ein Staat – aus rechtsstaatlichen Gründen – als „normale" juristische Person des öffentlichen Rechts und in dieser Hinsicht grundsätzlich ohne Sonderprivilegien gedacht wird.

„Der Staat" zieht praktisch immer in Form der Verwaltung – verstanden als der Teil des Staates, der im Sinne des Art. 20 Abs. 3 GG nicht gesetzgebende oder rechtsprechende Gewalt ausübt –[80] vor die Verwaltungsgerichtsbarkeit, auch deswegen, weil sonst in der Regel eine verfassungsrechtliche Streitigkeit vorläge. „Staat gegen Staat" bedeutet für den Verwaltungsprozess also, dass der Streit innerhalb des Bereiches der Verwaltung besteht.

Jedenfalls die in den eingangs wiedergegebenen Fallbeispielen genannten Gebietskörperschaften Bundesland und Gemeinde fallen unter den hier verwendeten Begriff Staat; auf juristische Personen des öffentlichen Rechts einschließlich des Bundes und der Länder und ihre Untergliederungen sind die nachfolgenden Ausführungen auch hauptsächlich ausgerichtet.[81] „Staat" ist in dieser Arbeit also schlicht eine Sammelbezeichnung für diejenigen juristischen Personen des öffent-

---

[79] Noch weitergehend *M. Oldiges,* NVwZ 1987, 737, 740: Nach der Staatsordnung des Grundgesetzes bildeten die „Gliedstaaten mit dem Zentralstaat ein einheitliches Gefüge" (m. w. N.).

[80] Zu den Schwierigkeiten, die Verwaltung als solche zu beschreiben und überhaupt zu identifizieren *W. Leisner,* Verwaltung, S. 15 ff. (insb. S. 16, 53, 63, 79, 93 ff., S. 190 leider, wie das gesamte Buch, ohne Nachweise). Die Zweifel, ob eine Verwaltung als solche überhaupt existiert, können aber im Ergebnis aufgrund der entsprechenden Normen im Grundgesetz nicht geteilt werden (*Leisner* selbst gibt zu, dass das Grundgesetz von der Existenz einer Zweiten Gewalt ausgeht, a. a. O., S. 203 f.). Die herkömmliche Subtraktion, bei der zur Definition der Verwaltung vom „Staat" die Gesetzgebung (die den Maßstab für eine Überprüfung von Maßnahmen im Verhältnis Staat gegen Staat im Verwaltungsprozess setzt) und die Rechtsprechung (die solche Streitigkeiten neutral entscheidet) abgegrenzt werden, genügt für die Zwecke dieser Arbeit vollkommen. Aufgrund der Generalklausel des § 40 VwGO wird ein Streit vor Verwaltungsgerichten jedenfalls nicht daran scheitern, dass ein Teil des Staates nicht unter einen bestimmten Begriff der Verwaltung fällt, sondern es kommt nur ein Vorrang der Verfassungsgerichtsbarkeit in Betracht, der aber keine großen Probleme aufwirft.
Vgl. auch *A. Wiese,* Beteiligung, S. 47 f., wobei offen bleibt, welcher Begriff der Verwaltung dort zu Grunde gelegt wird.
Zur Problematik, dass auch die Staatsregierung funktional von der übrigen Verwaltung unterschieden werden muss, *W. Leisner,* a. a. O., S. 28 ff. Im Verwaltungsprozess spielt eher die „eigentliche Verwaltung" (Formulierung bei *Leisner,* a. a. O., S. 30) eine Rolle.

[81] Ob Ergebnisse auf Konstellationen, in denen bspw. hoheitliche Aufgaben durch juristische Personen des Privatrechts erfüllt werden (dann sind diese ebenfalls grundrechtsgebunden, *M. Herdegen* in: Maunz/Dürig, GG, Art. 1 Abs. 3 Rn. 95), übertragen werden können, soll hier offen bleiben.

lichen Rechts, die im Verwaltungsrecht als staatliche Rechtssubjekte allgemein anerkannt sind.[82] Es soll jedenfalls durch die Verwendung des Wortes „Staat" nicht der Eindruck entstehen, die mittelbare Staatsverwaltung werde ausgeklammert.

II. Teile des Staates

Der Staat kann also als grundrechtsgebundene, Staatsgewalt ausübende Vielheit von juristischen Personen beschrieben werden. Auch wenn die Fixierung auf die juristische Person kritisiert wird[83] und verschiedene Probleme mit sich bringt,[84] kann diese Art der Gliederung der Verwaltung als Fixpunkt der Verwaltungsorganisation nicht ignoriert werden, vor allem weil auch das Gesetz immer wieder an sie anknüpft. Es stellt sich die weitere Frage, wie Untergliederungen solcher juristischer Personen, die selbst Teile des Staates sind, genannt werden können. Nicht nur der Staat selbst ist schwer durch einen einzigen Begriff genau zu fassen, auch für seine Teile gibt es viele unterschiedliche Bezeichnungen mit teils verschwommenem Bedeutungsinhalt.

Geläufig ist der Begriff des „Organs" im Sinne der von H. J. Wolff geprägten[85] Organtheorie. Danach handelt der Staat durch Organe, die als Zuständigkeitskomplexe gedacht werden,[86] wobei „Zurechnungsendsubjekt"[87] der Rechte und Pflichten regelmäßig die juristische Person selbst bleibt. Problematisch an diesem Begriff des Organs ist, dass er auch als statisch (miss-)verstanden werden kann,[88] indem davon ausgegangen wird, dass die nächste Untergliederung nach der juristischen Person immer das Organ sei, das seinerseits immer aus Organteilen besteht.[89] Bei jeder juristischen Person wären dann in jeder Situation die gleichen Untergliederungen Organ, bei Gemeinden beispielsweise Gemeinderat und Bürgermeister.

---

[82] Dazu, dass diese Anerkennung im Verwaltungsrecht inzwischen selbstverständlich und gesetzlich verankert ist *C. Möllers,* Staat, S. 152 f.

[83] *E.-W. Böckenförde* in: FS H. J. Wolff, passim., etwa S. 281: „[...] Ungeeignetheit des Begriffs der Juristischen Person zur rechtlichen Erfassung der Einheit der staatlichen Organisation."

[84] Etwa wenn mit ihr bestimmte Einheits- und Impermeabilitätsvorstellungen verbunden werden, dazu unten Kapitel 2, B. I. 2. und 3., ab S. 56.

[85] Vgl. dazu die Ausführungen bei *E.-W. Böckenförde* in: FS H. J. Wolff, S. 270.

[86] *H. J. Wolff,* Organschaft Bd. 2, S. 224 ff., insb. S. 236.

[87] *H. J. Wolff,* Organschaft Bd. 1, S. 150, vgl. auch S. 187 ff. (S. 199).

[88] So (statisch auf die juristische Person bezogen) unter Berufung auf *H. J. Wolff* bei *E.-W. Böckenförde* in: FS H. J. Wolff, S. 274, S. 283 f. (einige der von *Böckenförde* in dort. Fn. 18 genannten Nachw. lassen aber auch eine andere Interpretation zu); vgl. auch *F. E. Schnapp,* Amtsrecht, S. 94 ff.; vgl. *A. Wiese,* Beteiligung, S. 153, S. 155; zur Kritik des verbreitet statischen Gebrauchs der Terminologie vor allem im Zusammenhang mit verwaltungsrechtlichen Organstreitigkeiten unten Kapitel 2, B. I. 5. b), bei Fn. 147, S. 73.

[89] Vgl. als Bsp. die Ausführungen bei *W. Roth,* Organstreitigkeiten, S. 29 ff., die einseitig auf den Gemeinderat als „Organ" und die Gemeinderatsmitglieder als „Organteile" zugeschnitten zu sein scheinen.

Für die kleinste denkbare Einheit des Staates, das Amt,[90] das ein Beamter bekleidet,[91] scheint der Begriff des Organs aus diesem Blickwinkel vielfach nicht zu passen; der Sachbearbeiter in der unmittelbaren Staatsverwaltung, beispielsweise bei einer Regierung,[92] wird häufig nicht als „Organ" oder „Organteil" des Staates bezeichnet.[93] Trotzdem wird sein Handeln (über die Behörde, der das Amt zugeordnet ist) der juristischen Person zugerechnet und seine Position innerhalb der Verwaltung ist daher aus dieser Perspektive als die eines Organs zu beschreiben.[94]

Daneben gibt es noch den Begriff der Behörde, der mehrere Bedeutungen hat.[95] § 1 Abs. 4 VwVfG[96] definiert die Behörde für den Anwendungsbereich des VwVfG im funktionalen Sinn als „jede Stelle, die Aufgaben der öffentlichen Verwaltung wahrnimmt". Zu den Merkmalen einer Behörde im organisatorischen Sinn gehört aber nach herrschender Meinung eine hinreichende organisatorische Selbständigkeit und die Befugnis, in eigener Zuständigkeit und im eigenen Namen mit öffentlicher Autorität nach außen zu handeln.[97] Die Behörde wird auch als „eigentliche[..] Kernzelle staatlicher Verwaltungstätigkeit" bezeichnet.[98]

Das Verhältnis zwischen dem Begriff der Behörde und dem Begriff des Organs wird, je nach Fundstelle in der Literatur, nicht immer gleich bestimmt: Einerseits soll es „mehr Behörden als Organe" geben,[99] andererseits soll jede Behörde immer zugleich ein Organ der juristischen Person sein, die ihr sogenannter Rechtsträger

---

[90] In der beamtenrechtlichen Terminologie: Amt im konkret-funktionalen Sinn, wobei eine beamtenrechtliche Perspektive nicht dazu verleiten darf, das Organ mit dem Beamten als Privatperson gleichzusetzen, vgl. Kapitel 4, C.II.2.a), S. 332; zu den verschiedenen Bedeutungsrichtungen von „Amt" auch *B. Kastner* in: Fehling/ders./Störmer, Verwaltungsrecht, § 1 VwVfG Rn. 12.

[91] Vgl. *T. Groß* in: Hoffmann-Riem/Schmidt-Aßmann/Voßkuhle, Grundlagen Bd. 1, § 13 Rn. 85.

[92] Die Benennung der Behörden und kommunalrechtlichen Institutionen folgt hier dem bayerischen Schema; bspw. heißt nicht in jedem Bundesland die Gemeindevertretung „Gemeinderat" und es gibt auch nicht überall eine mittlere Staatsbehörde mit dem Namen „Regierung" oder „Regierungspräsidium".

[93] Vgl. die Ausführungen bei *H. Maurer,* A. Verwaltungsrecht, § 21 Rn. 37 (S. 545): Amt nur als „organinterne Einheit".

[94] *F.E. Schnapp,* Amtsrecht, S. 97. Es besteht aber vielfach eine Abneigung, den Begriff des Organs in der unmittelbaren Staatsverwaltung zu verwenden, vgl. dazu kritisch unten Kapitel 2, B.I.5.b), ab S. 71.

[95] *H.P. Bull/V. Mehde,* A. Verwaltungsrecht, Rn. 385; vgl. auch *T. Groß* in: Hoffmann-Riem/Schmidt-Aßmann/Voßkuhle, Grundlagen Bd. 1, § 13 Rn. 85.

[96] Ebenso § 1 Abs. 2 SGB X und § 6 Abs. 1 AO.

[97] Allgemein: *T. Groß* in: Hoffmann-Riem/Schmidt-Aßmann/Voßkuhle, Grundlagen Bd. 1, § 13 Rn. 85; *H. Schmitz* in: Stelkens/Bonk/Sachs, VwVfG, § 1 Rn. 227; für § 1 Abs. 4 VwVfG: *U. Ramsauer* in: Kopp/Ramsauer, VwVfG, § 1 Rn. 51; *M. Ronellenfitsch* in: J. Bader/M. Ronellenfitsch, BeckOK VwVfG, § 1 VwVfG Rn. 68; für § 1 Abs. 1 S. 1 IFG: *M. Rossi,* Informationsfreiheitsgesetz, 2006, § 1 Rn. 40 mit besonderer Betonung der organisatorischen Selbständigkeit in Rn. 41.

[98] *D. Lorenz,* AöR 93 (1968), 308, 317.

[99] *H.P. Bull/V. Mehde,* A. Verwaltungsrecht, Rn. 385.

ist.[100] Der Begriff des Organs wird eher bei der Beschreibung von Selbstverwaltungskörperschaften,[101] der der Behörde bei der unmittelbaren Staatsverwaltung benutzt, ohne dass diese Aufteilung häufig thematisiert würde.[102] Hinzu kommt, dass der Begriff des Organs in geschriebenen Rechtsnormen kaum vorkommt, sondern lediglich in der Rechtslehre entwickelt wurde, in Gesetzen aber eher die Begriffe Behörde, Amt und Dienststelle verwendet werden.[103]

Es ist vorzugswürdig, den Begriff des Organs, der sich auf die Funktion innerhalb einer größeren Einheit bezieht,[104] relativ zu sehen, sodass ein und das selbe Gebilde je nach Perspektive Organ, Organteil oder keines von beidem sein kann.[105] Er kennzeichnet die Zurechnung von Verhalten und Rechten und Pflichten, nicht aber eine bestimmte Struktureinheit der Verwaltung, und muss daher parallel und unabhängig von der statischen Beschreibung eines Organisationsaufbaus auch auf Behörden und gegebenenfalls die kleinste Einheit, das Amt, angewendet werden. In der Folge ist der Begriff des Organs dann allerdings nicht mehr geeignet, einen Teil des Staates als Prozessakteur zu bestimmen.[106]

Ein durch seine Allgemeinheit praktikabler Begriff ist der der Verwaltungseinheit. Er kennzeichnet im hier verwendeten Sinne jeden Teil der Verwaltung.[107] Das umfasst von der juristischen Person über Behörden bis zum Amt, das nur von einer Person bekleidet wird und dadurch kaum mehr teilbar ist,[108] alle Untergliederungen des Staates auf Ebene der Verwaltung.

---

[100] *B. Kastner* in: Fehling/Kastner/Störmer, Verwaltungsrecht, § 1 VwVfG Rn. 11; *H. Maurer*, A. Verwaltungsrecht, § 21 Rn. 32 (S. 544): begrifflicher Unterfall des Organs; vgl. *T. Groß* in: Hoffmann-Riem/Schmidt-Aßmann/Voßkuhle, Grundlagen Bd. 1, § 13 Rn. 85; dem kann insoweit zugestimmt werden, als jede Behörde aus einer bestimmten Perspektive als Organ gesehen werden kann.

[101] Was schon daran zu erkennen ist, dass (nur) Streitigkeiten innerhalb von juristischen Personen des öffentlichen Rechts mit Selbstverwaltungsrechten als „verwaltungsrechtliche Organstreitigkeiten" bezeichnet werden.

[102] Vgl. aber unten unter Kapitel 2, B. I. 5. b), ab S. 71.

[103] *H. Maurer*, A. Verwaltungsrecht, § 21 Rn. 30.

[104] Organ als die Bezeichnung eines Teils einer größeren Organisation, der für die Organisation handelt, oder: durch den die Organisation handelt.

[105] Vgl. *F. E. Schnapp*, AöR 105 (1980), 243, 255 f. m. w. N.; dazu auch *ders.*, Amtsrecht, S. 96 (vgl. auch S. 140 f.): „Eine Institution, d. h. ein Zuständigkeitskomplex einschließlich persönlicher und sachlicher Mittel, ist eben nicht ein für allemal Organ oder Organteil, sondern nur nach Maßgabe der sie jeweils betreffenden Rechtssätze"; vgl. auch *E.-W. Böckenförde* in: FS H. J. Wolff, S. 275.

[106] Dazu auch noch unten Kapitel 4, C. II. 1., S. 328.

[107] Ebenso verwendet *F. Barbirz*, Befangenheit, S. 36 f. den Begriff der Verwaltungseinheit, weil er Interessen beschreiben möchte, die jedem Teil der Verwaltung zugeordnet werden können und nicht nur bspw. Behörden; ob die Formel bei *W. Krebs* in: Isensee/Kirchhof, HStR, Bd. 5, § 108 Rn. 36 „jede Stelle [...], der durch organisationsrechtliche Rechtssätze Verwaltungsaufgaben zur Erledigung zugewiesen sind" tatsächlich dem verfahrensrechtlichen Behördenbegriff entspricht, oder *Barbirz* a. a. O. Fn. 42 schreibt, oder *Krebs* das gleiche meint wie *Barbirz*, kann hier dahinstehen.

[108] Vgl. *W. Krebs* in: Isensee/Kirchhof, HStR Bd. 5, § 108 Rn. 36: „Die kleinste Verwaltungseinheit ist der auf einen einzelnen Menschen zugeschnittene Aufgabenkreis".

Alle genannten Teile der vollziehenden Gewalt im Sinne des Art. 20 Abs. 3 GG, vom Amt über die Behörde bis zur juristischen Person, sind ein Stück eines Staates – sei es Bund oder Land – und letztlich auch Teil der Gesamtorganisation,[109] die man den deutschen Staat nennt, die mit juristischen Methoden und der herkömmlichen Orientierung an der juristischen Person aber kaum zu greifen ist.[110] Und als Teile des Staates sollen sie auch – trotz ihrer Heterogenität – in dieser Arbeit bezeichnet werden, auch wenn das als eine verkürzte Ausdrucksweise angesehen werden kann.

D. Sachentscheidungsvoraussetzungen als Hindernisse für den Zugang zu verwaltungsgerichtlichem Rechtsschutz

Schon dem Namen nach verhindern Sachentscheidungsvoraussetzungen[111] eine Entscheidung in der Sache, wenn sie nicht erfüllt sind. In einer Konstellation, in der sich ausschließlich Teile des Staates vor einem Verwaltungsgericht gegenüberstehen, sind dabei die Klagebefugnis (vgl. unten Kapitel 3 und Kapitel 4) und das Rechtsschutzbedürfnis (Kapitel 5, D.) von besonderer Bedeutung.[112] Teilen des Staates stehen nicht die selben Rechte zu wie Privaten; und weil der Staat eine strukturierte Organisation ist, kann es sein, dass eine Streitigkeit intern einfacher und effektiver zu lösen ist, als durch eine Klage vor dem Verwaltungsgericht.

---

[109] Wird mit *E.-W. Böckenförde* in: FS H. J. Wolff, S. 292 ff. der Staat mehr als Organisation betrachtet, denn als bloßes System aus juristischen Personen, dann kann die Bundesrepublik Deutschland auch als Einheit gesehen werden; schon nach dem Grundgesetz ist ein Mitwirken der Länder, z. B. bei der Gesetzgebung in den meisten Bereichen, aber auch bei der Verwaltung, vorgesehen. Gegen eine zu starke Ablösung von den juristischen Personen, die den Staat bilden, aber *H. Bauer,* Bundestreue, S. 281 f. Vgl. zur Orientierung des deutschen Verwaltungsrechts an der juristischen Person noch Kapitel 6, A., S. 449 und D., S. 466.

[110] Vgl. auch *H. H. Rupp,* Grundfragen, S. 22 f. Diese die Wirklichkeit beschreibende Darstellung soll aber nicht in Richtung einer Konstruktion eines dreigliedrigen Bundesstaates gehen (dazu *H. Bauer,* Bundestreue, S. 282; *J. Ipsen,* Staatsrecht I, Rn. 535); dass politische und gesellschaftliche Systeme in Deutschland im kaum trennbaren Zusammenwirken von Bundes- und Landesebene funktionieren, kann aber wohl kaum bestritten werden; vgl. auch Fn. 109.

[111] Mit dem Begriff der Sachentscheidungsvoraussetzungen werden nach inzwischen weit verbreiteter Ansicht die Voraussetzungen für eine Entscheidung in der Sache (Begründetheit) bezeichnet, bestehend aus den Punkten Verwaltungsrechtsweg und Zuständigkeit des Gerichts – bei deren Fehlen jeweils eine Verweisung statt einer Abweisung als unzulässig geschieht (§ 17a Abs. 2 GVG, § 83 VwGO) – und der Zulässigkeit. Vgl. dazu *F. Hufen,* Verwaltungsprozessrecht, § 10 Rn. 1; *H. A. Wolff* in: ders./A. Decker, Studienkommentaer VwGO VwVfG, 3. Aufl. 2012, vor § 40 VwGO, Rn. 2; a. A. zur Terminologie *M. Heidebach,* Vorprüfung, Sachentscheidungsvoraussetzungen oder Zulässigkeit?, JURA 2009, 172, 175 f. und deutlich *J. Rozek,* Verwaltungsrechtsweg als Vorbemerkung?, JuS 1996, 87 f.; zum Begriff auch noch unten D. I., S. 39.

[112] In diesem Sinne (Klagebefugnis und Rechtsschutzbedürfnis als entscheidender Faktor, zumindest bei Streitigkeiten innerhalb eines Rechtsträgers) auch *W.-R. Schenke* in: Kopp/Schenke, VwGO, § 63 Rn. 7. Ebenso *A. Wiese,* Beteiligung, S. 126, S. 129.

Bevor aber konkrete Aussagen zu diesen wichtigen Sachentscheidungsvoraussetzungen getroffen werden können, ist es wichtig, Zweck und Funktionsweise
von Sachentscheidungsvoraussetzungen zu untersuchen. Wenn es um die Wertungsgesichtspunkte geht, die innerhalb der Sachentscheidungsvoraussetzungen
eine Rolle spielen, können zwei miteinander in Verbindung stehende Vorfragen
auseinandergehalten werden: Warum sollen einige Fälle keiner gerichtlichen Entscheidung zugeführt werden, wozu gibt es also die Sachentscheidungsvoraussetzungen – sprich: Welche Wertungen werden ausgedrückt, wenn die verwaltungsrechtlichen Prozessordnungen Voraussetzungen für eine Sachentscheidung
normieren? Danach – dazu Kapitel 2 – stellt sich die Frage, was eigentlich für und
gegen die Austragung von Streitigkeiten in der Konstellation Staat gegen Staat in
einem Verwaltungsgerichtsprozess spricht. Erst darauf aufbauend kann ein Abgleich stattfinden, welche Wertungsgesichtspunkte in das System der Sachentscheidungsvoraussetzungen bei der Interpretation und Anwendung der gesetzlichen Voraussetzungen integrierbar sind. Die Analyse der gesetzesimmanenten
Zwecke der Sachentscheidungsvoraussetzungen ist umso wichtiger, als in der Vergangenheit beim Einbringen von Wertungselementen in die Beurteilung der Zulässigkeit von Streitigkeiten im Verhältnis Staat gegen Staat zum Teil keine oder nur
eine geringe Rückbindung an die Normen des Verwaltungsprozessrechts bestand.
Beispielsweise im Begriff des „unzulässigen Insichprozesses", auf den später einzugehen sein wird, spiegelt sich wider, dass in der Vergangenheit gesetzliche und
außergesetzliche Wertungen oft vermischt wurden.[113] Verschiedenste, nicht unbedingt aus dem Gesetz abgeleitete und häufig nicht in Frage gestellte, aus der Vergangenheit überlieferte Prämissen waren der Grund, die Zulässigkeit von Verwaltungsprozessen zwischen Teilen des Staates entweder strikt zu verneinen oder als
unproblematisch zulässig anzusehen. Gesichtspunkte wie die Einheit der Verwaltung oder die Vollrechtsfähigkeit juristischer Personen des öffentlichen Rechts ließen die Prüfung von Sachentscheidungsvoraussetzungen dabei in den Hintergrund
treten.[114] Es wird zu untersuchen sein, ob die Tendenzen, die oft für eine Zulassung oder Ablehnung von Prozessen in der Konstellation Staat gegen Staat ausschlaggebend waren und es bei der interpretierenden Anwendung der verwaltungsgerichtlichen Sachentscheidungsvoraussetzungen teilweise unterschwellig noch
sind, eine tragfähige Basis auch vor dem Hintergrund der geschriebenen Regelungen der verwaltungsrechtlichen Prozessordnungen haben.[115] Es stellt sich aber zuerst die Frage, was Sachentscheidungsvoraussetzungen sind, wo sie herkommen
und welche Zwecke der Gesetzgeber mit ihnen verfolgt.

---

[113] *W. Roth,* Organstreitigkeiten, S. 92: Schon der Begriff „Insichprozess" trage die Konnotation der Unzulässigkeit in sich; ähnlich *H. Bethge,* DVBl. 1980, 309, 310/314. Beispiele, in denen der Begriff in dieser Weise gebraucht wird in Kapitel 2, Fn. 124, S. 68; zum Insichprozess ausführlich unten Kapitel 2, B. I. 4., S. 64.

[114] Dazu Kapitel 2, B., S. 52 ff.

[115] Kapitel 2.

I. Begriff und Geschichte der Sachentscheidungsvoraussetzungen

Der Begriff „Sachentscheidungsvoraussetzung" ist nicht unumstritten.[116] In der zivil- und verwaltungsprozessrechtlichen Literatur tauchen die Begriffe Sachentscheidungsvoraussetzung,[117] Sachurteilsvoraussetzung,[118] Zulässigkeitsvoraussetzung,[119] Prozessvoraussetzung,[120] etc.[121] nebeneinander auf und werden zum Teil kontrovers diskutiert. Da der Streit um die Terminologie für die Erreichung der hier verfolgten Ziele wenig gewinnbringend ist, werden die Begriffe „Sachentscheidungsvoraussetzungen" und „Zulässigkeit" nebeneinander verwendet,[122] mit der erwähnten Bedeutung, dass es sich um die Voraussetzungen handelt, die erfüllt sein müssen, bevor ein Gericht über die Frage der Begründetheit entscheiden kann.[123]

Die Zweiteilung in Zulässigkeit und Begründetheit bestand im Zivilprozessrecht schon, lange bevor SGG, VwGO und FGO entstanden sind: Oskar Bülow schrieb 1868, also noch vor Erlass der Reichsjustizgesetze,[124] der „Dualismus des Prozeß-

---

[116] Vgl. grds. zum Begriff Kapitel 1, Fn. 111.

[117] *F. Hufen*, Verwaltungsprozessrecht, § 10 Rn. 1; *P. J. Tettinger/V. Wahrendorf*, Verwaltungsprozessrecht, 3. Aufl. 2005, § 6 Rn. 1; *W. Schmitt Glaeser/H.-D. Horn*, Verwaltungsprozeßrecht, Rn. 29; bei *W.-R. Schenke*, Verwaltungsprozessrecht, Rn. 58 wird „Sachentscheidungsvoraussetzung" und „Zulässigkeitsvoraussetzung" gleichwertig verwendet.

[118] *M. Redeker* in: Redeker/von Oertzen, VwGO, § 109 Rn. 3; *K. Rennert* in: Eyermann, VwGO, vor § 40 Rn. 1; *K. Bacher* in: Vorwerk/Wolf (Hrsg.), BeckOK ZPO, Stand: 20. Ed. 01.03.2016, § 253 Rn. 7: Prozessvoraussetzung und Sachurteilsvoraussetzung als gleichwertige Begriffe.

[119] *D. Ehlers* in: Schoch/Schneider/Bier, VwGO, vor § 40 Rn. 3, allerdings mit gleichwertiger Verwendung von „Sachentscheidungsvoraussetzung" in Rn. 7 ff.; *J. v. Abedyll* in: Bader u. a., VwGO, vor §§ 40 Rn. 1: „Zulässigkeitsvoraussetzung" gleichwertig mit „Sachurteilsvoraussetzung" – ebenso *S. Detterbeck*, A. Verwaltungsrecht, Rn. 1317.

[120] Nach *H.-J. Sauer*, Reihenfolge, S. 1 geht dieser Begriff auf die Schrift von *O. Bülow*, Prozeßeinreden, zurück (vgl. dort S. 6 und S. 7 unten). *U. Foerste* in: Musielak/Voit, ZPO, vor §§ 253 ff. Rn. 1: „Prozessvoraussetzung" – Sachurteilsvoraussetzung habe sich nicht durchsetzen können; *E. Becker-Eberhard* in: Krüger/Rauscher, MüKo ZPO Bd. 1, vor §§ 253 ff. Rn. 1 ff., der zwar den (in der ZPO verwendeten) Begriff der Zulässigkeit grds. anerkennt, aber die Begriffe Prozessvoraussetzung und Prozesshindernis bevorzugt. In der zivilprozessrechtlichen Literatur taucht häufig auch die Wendung auf, die Zulässigkeit einer Klage setze voraus, dass die Prozessvoraussetzungen gegeben sind (so *I. Saenger* in: ders. (Hrsg.), Hk-ZPO, 6. Aufl. 2015, vor §§ 253 ff. Rn. 8). Aus dem öffentlichen Recht *D. Ehlers* in: Ehlers/Schoch (Hrsg.), Rechtsschutz im öffentlichen Recht, Berlin 2009, § 21 Rn. 2: „Prozessvoraussetzungen (Zulässigkeitsvoraussetzungen)".

[121] Vgl. *H.-J. Sauer*, Reihenfolge, S. 6 m. w. N.

[122] Ähnlich wie bei *W.-R. Schenke*, Verwaltungsprozessrecht, Rn. 58 ff.; auf § 17a Abs. 2 GVG, § 83 VwGO, § 98 SGG und § 70 FGO (dazu oben Fn. 111) kommt es in dieser Arbeit nicht an.

[123] Die nach h. M. bestehende Rangfolge, die bewirkt, dass die Begründetheit erst geprüft werden darf, wenn die Sachentscheidungsvoraussetzungen gegeben sind, wurde in der Vergangenheit auch angezweifelt, vgl. zu dem Streit einführend *H.-J. Sauer*, Reihenfolge, S. 2 mit weiteren Nachweisen.

[124] Die Reichsjustizgesetze bestehen unter anderem aus den heute noch (mit Änderungen) geltenden Gesetzen GVG, ZPO und StPO und traten am 01.10.1879 in Kraft, vgl. *O. R. Kissel*, NJW 2004, 2872, 2872.

verhandlungsstoffes" sei „von jeher für die Gliederung des gerichtlichen Verfahrens bestimmend gewesen".[125] Bereits im römischen Recht gab es ein Vorbereitungs- verfahren, das vor der Klärung des eigentlichen Streites stattfand („in iure"),[126] wo die Voraussetzungen für die Einsetzung des Streitverfahrens geprüft wurden, wie das Vorliegen der Gerichtsbarkeit, die fehlende anderweitige Behandlung in einem anderen Prozess, oder das Bereitstehen einer actio für das klägerische Begehren[127] – alles Gegenstände, die in moderner Form auch von Verwaltungs- richtern als Sachentscheidungsvoraussetzungen geprüft werden.[128] Zwar ist der römische Formularprozess nicht mit dem Prozess nach heutigen Verfahrensord- nungen gleichzusetzen,[129] die grundsätzlich vorhandene Zweiteilung in Sachent- scheidungsvoraussetzungen und Begründetheit entwickelte sich aber bis zum Er- lass der ZPO immer weiter[130] und hat sich damit bis heute gehalten.[131]

Da sich die VwGO, wie auch SGG[132] und FGO, grundsätzlich an der ZPO orien- tiert,[133] wie schon aus den vielfältigen Verweisungen auf die ZPO zu entnehmen ist,[134] verwundert es nicht, dass auch hier vor der Begründetheit Sachentschei-

---

[125] *O. Bülow*, Prozeßeinreden, S. 7.

[126] *O. Bülow*, Prozeßeinreden, S. 7 f.; vgl. aber auch S. 13 f.: Die h. L. zu Zeiten Bülows sys- tematisierte die (fehlenden) „Prozessvoraussetzungen" lediglich als – wenn auch von Amts we- gen zu beachtende – Einreden des Prozessgegners.

[127] *M. Kaser/K. Hackl*, Zivilprozessrecht, S. 70.

[128] Allerdings ergibt sich daraus, dass die Sachentscheidungsvoraussetzungen heute vom gleichen Gericht geprüft werden, ein Unterschied: Im Formularprozess wurde, wenn die Vor- aussetzungen vorlagen, ein Urteilsgericht („iudicium") eingesetzt (*M. Kaser/K. Hackl*, Zivil- prozessrecht, S. 113 ff.) – den eigentlichen Rechtsstreit entschied also nicht der Prätor, der die Voraussetzungen für die „litis contestatio" und die Einsetzung des Urteilsgerichts geprüft hatte.

[129] Siehe *H.-J. Sauer*, Reihenfolge, S. 21 m. w. N.: Insbesondere wurden im ersten Teil („in iure") auch dilatorische Einreden, also aus heutiger Sicht materielles Recht, geprüft und im zweiten Teil („in iudicio") in bestimmten Fällen auch aus heutiger Sicht prozessuale Fragen.

[130] *H.-J. Sauer*, Reihenfolge, S. 23 sieht bereits im nachklassischen Recht sehr große Ähnlich- keiten mit dem heutigen Zivilprozess.

[131] Versuche, zumindest eine Gleichwertigkeit der Prüfung von Sachentscheidungsvoraus- setzungen und Begründetheit herzustellen (dazu Fn. 123), haben sich nicht durchgesetzt. Vgl. *V. Stein*, Sachentscheidungsvoraussetzung, S. 13: „Es zählt zu den gesicherten Erkenntnissen des Verwaltungsprozeßrechts wie des Prozeßrechts insgesamt, daß bei jedem Rechtsbehelf zwi- schen Zulässigkeit und Begründetheit zu differenzieren ist."

[132] Obwohl das SGG früher (nach § 224 Abs. 1 SGG in der im BGBl. I 1953 S. 1239 ff. ver- kündeten Fassung am 01.01.1954) in Kraft trat als die VwGO (nach § 195 Abs. 1 VwGO in der im BGBl. I 1960 S. 17 ff. verkündeten Fassung am 01.04.1960), lehnte sich der Regierungs- entwurf des SGG an den der VwGO an (Begründung zum Regierungsentwurf des SGG vom 19.05.1953, BT.-Drs. 1/4357, S. 21). Zur Entstehung der VwGO vgl. bspw. *A. Wiese*, Betei- ligung, S. 42 f.

[133] Ebenso wie die Vorgänger der VwGO, so *C.-F. Menger*, System, S. 1; zu diesen Rechts- normen (Militärregierungsverordnung Nr. 165, VGG, u. a., dazu auch noch Kapitel 2 Fn. 52, S. 57), die verwaltungsgerichtliche Verfahren in der Zeit nach dem zweiten Weltkrieg regel- ten, ausführlich *ders.* S. 3 ff.

[134] Vgl. §§ 54 Abs. 1, 56 Abs. 2, 57 Abs. 2, 62 Abs. 4, 64, 98, 105, 123 Abs. 3, 153 Abs. 1, 159 S. 1, 165a, 166 Abs. 1–3, 167, 173, 183 S. 3 VwGO, ähnliche Verweise auch im SGG (exem- plarisch: § 198 Abs. 1 SGG) und in der FGO (exemplarisch § 155 S. 1 FGO).

dungsvoraussetzungen geprüft werden müssen – zumal sie wie beispielsweise Klagebefugnis, Beteiligungs- und Prozessfähigkeit und Klagefrist überwiegend auch ausdrücklich geregelt sind. Bereits als ab dem 19. Jahrhundert zur Administrativjustiz langsam auch unabhängige Verwaltungsgerichte hinzutraten, gab es schon Voraussetzungen, die vor einem Urteil in der Sache erfüllt sein mussten – hervorzuheben sind hier das Enumerationsprinzip und, vorwiegend in Süddeutschland, die Voraussetzung der Verletzung eines subjektiven Rechts.[135] Eine Teilung der gerichtlichen Prüfung in Zulässigkeit und Begründetheit entspricht also einer langen Tradition, und es ist davon auszugehen, dass der Gesetzgeber sie bei der Normierung von VwGO, SGG und FGO als selbstverständlich in seinen Willen aufgenommen hat, was auch an den Regelungen, die Sachentscheidungsvoraussetzungen enthalten, zu erkennen ist.

II. Zweck der Sachentscheidungsvoraussetzungen

Was genau der Zweck von Sachentscheidungsvoraussetzungen ist, wird kaum allgemein, sondern meist nur für spezifische Sachentscheidungsvoraussetzungen erörtert (sogleich unter 1.). Das lässt sich unter anderem damit erklären, dass Sachentscheidungsvoraussetzungen zum Teil unterschiedlichen Zwecken dienen, die auch im Laufe der Zeit einem Wandel unterliegen können.[136] Es lassen sich aber bestimmte allgemeine Zwecke abstrahieren (unten unter 2.).

1. Einzelne Sachentscheidungsvoraussetzungen

Das Erfordernis der Prozessfähigkeit schützt den Prozessunfähigen vor den Folgen seiner eigenen Handlungen, gleichzeitig aber auch die Interessen des Prozessgegners und sogar des Gerichts an einem geordneten Verfahrensgang.[137] Der Par-

---

[135] F. Hufen, Verwaltungsprozessrecht, § 2 Rn. 12 ff.; zur Entwicklung hin zu unabhängigen Verwaltungsgerichten Rn. 6 ff. Ausführlich zur Entwicklung der Verwaltungsgerichtsbarkeit A. Wiese, Beteiligung, S. 5 ff., insb. zu Unterschieden zwischen den Ländern bei Enumerationsprinzip und Rechtsverletzung als Zulässigkeitsvoraussetzung S. 24 ff.

[136] Zum Wandel der Funktion bspw. der Klagebefugnis vgl. Kapitel 4, B.IV.5., S. 299. Die gesamte beschriebene Zweiteilung des Verfahrens diente schon im römischen Recht im Verlauf der Zeit zum Teil verschiedenen Zwecken. So wird vermutet, dass die Entwicklung vom Legisaktionen- zum Formularverfahren zunächst dadurch in Gang gesetzt wurde, dass es ein Bedürfnis gab, auch Nichtrömern eine Klagemöglichkeit zu geben. Später nutzte man wahrscheinlich die dadurch eröffnete Möglichkeit, Klagen zu erheben, die es im Bestand der Klageformeln noch nicht gab, und schließlich bot das neue Verfahren den Vorteil, dass man es nicht bloß aufgrund eines Versprechers beim Aufsagen der Klageformel verlieren konnte („certa verba") – dazu W. Kunkel/M. J. Schermaier, Römische Rechtsgeschichte, 14. Aufl. Köln u. a. 2005, S. 112 ff.; U. Manthe, Geschichte des römischen Rechts, München 2000, S. 66 ff.

[137] W. F. Lindacher in: Krüger/Rauscher, MüKo ZPO Bd. 1, § 52 Rn. 2; ebenso S. Weth in: Musielak/Voit, ZPO, § 52 Rn. 1. Interessanterweise wird die Frage des Normzwecks in Kom-

teifähigkeit (bzw. Beteiligungsfähigkeit im Verwaltungsgerichtsverfahren) kann eine Entlastungsfunktion zugeschrieben werden, denn mit Verfahren ohne geeignete Beteiligte braucht sich das Gericht nicht lange zu beschäftigen.[138] Ein Prozess ist aber nicht bloß aufwändiger, sondern ganz unmöglich, wenn mangels geeigneter Beteiligter ein Ansprechpartner für das Gericht bzw. den Gegner fehlt.

Die Voraussetzung der Einhaltung der Klagefrist bzw. das Institut der Bestandskraft dienen der Rechtssicherheit, dem Rechtsfrieden[139] und rechtlich geschützten Interessen Dritter, die auf den Bestand der angegriffenen Akte vertrauen.[140]

Zum Schutzzweck des § 42 Abs. 2 VwGO wird immer wieder geäußert,[141] die Voraussetzung Klagebefugnis diene dem Ausschluss von Popularklagen.[142] Allerdings beschreibt dies nur eine der Folgen des Erfordernisses, geltend zu machen, in eigenen Rechten verletzt zu sein.[143] Im Grunde ist § 42 Abs. 2 VwGO Ausdruck der Ausrichtung des Systems der VwGO auf die Verletztenklage statt auf die Interessentenklage[144] – der Interessent ist kein „quivis ex populo".[145] Der Sinn, die VwGO auf den Schutz nur gegen Verletzungen von eigenen Rechten des Rechtsschutzbegehrenden auszurichten, könnte zwar darin zu sehen sein, die Gerichte vor Überlastung[146] und den Beklagten „vor unnötiger Inanspruchnahme zu schützen".[147] Mit diesen Argumenten könnte aber auch der Ausschluss jeglichen Rechtsschutzes gerechtfertigt werden. Dazu kommt, dass die Inanspruchnahme eines Gerichtes jedenfalls dann in der Regel nicht überflüssig und auch aus Sicht des Gegners grundsätzlich nicht unfair ist, wenn der Rechtsschutzsuchende in der Sache Recht hat. Die Frage ist daher vielmehr, ob die Interessen des Gegners und

---

mentaren bei §§ 61 f. VwGO selten thematisiert, allerdings sind die Normen an §§ 50 ff. ZPO angelehnt (*W. Bier* in: Schoch/Schneider/Bier, VwGO, § 61 Rn. 2; *C. Feldmüller,* Rechtsstellung, S. 118: „nach allgemeiner Auffassung"; für § 62 VwGO *D. Krausnick* in: Gärditz, VwGO, § 62 Rn. 1) – und dürften daher ähnliche Schutzzwecke haben.

[138] *W. F. Lindacher* in: Krüger/Rauscher, MüKo ZPO Bd. 1, § 50 Rn. 2.

[139] *W.-R. Schenke* in: Kopp/Schenke, VwGO, § 74 Rn. 1.

[140] *D. Krausnick* in: Gärditz, VwGO, § 74 Rn. 1.

[141] *R. Wahl/P. Schütz* in: Schoch/Schneider/Bier, VwGO, § 42 Abs. 2, Rn. 7: „fast gebetsmühlenartig" – wahrscheinlich weil die Begründung zum Regierungsentwurf verlauten lässt, Abs. 2 stelle „nur eine Abgrenzung zur Popularklage" dar, vgl. Regierungsentwurf vom 05.12.1957, BT.-Drs. 3/55, S. 32.

[142] *C. Feldmüller,* Rechtsstellung, S. 127 m. w. N.; *W.-R. Schenke/R. P. Schenke* in: Kopp/Schenke, VwGO, § 42 Rn. 59.

[143] Dazu *W. Roth,* Organstreitigkeiten, S. 288 f.

[144] *H. Sodan* in: ders./Ziekow, VwGO, § 42 Rn. 365; *R. Wahl/P. Schütz* in: Schoch/Schneider/Bier, VwGO, § 42 Abs. 2, Rn. 6, 8, 9; im Ergebnis dann auch *C. Feldmüller,* Rechtsstellung, S. 128; *A. Scherzberg* in: Ehlers/Pünder, A. Verwaltungsrecht, § 12 Rn. 7: Ausschluss von Popularklagen und Interessentenklagen, ebenso *A. Wiese,* Beteiligung, S. 114 f.; etwas a. A. aber wegen § 113 Abs. 1 S. 1 VwGO *K. F. Gärditz* in: ders., VwGO, § 42 Rn. 48: lediglich „Verschiebung von Prüfungspunkten zwischen Zulässigkeit und Begründetheit einer Klage".

[145] *R. Wahl/P. Schütz* in: Schoch/Schneider/Bier, VwGO, § 42 Abs. 2 Rn. 7.

[146] *R. Wahl/P. Schütz* in: Schoch/Schneider/Bier, VwGO, § 42 Abs. 2 Rn. 2.

[147] *W.-R. Schenke/R. P. Schenke* in: Kopp/Schenke, VwGO, § 42 Rn. 59.

des Gemeinwesens nicht auch in diesem Fall das Interesse an einer Klagemöglichkeit überwiegen.[148] Diese Wertung hat der Gesetzgeber für Interessentenklagen mit deren Ausschluss durch § 42 Abs. 2 VwGO getroffen. Deswegen wird auch geäußert, § 42 Abs. 2 VwGO solle sicher stellen, dass es keine weitere Klageberechtigung gibt als von Art. 19 Abs. 4 GG gefordert[149] – denn diese Vorschrift schreibt die Wertung auf höchster Ebene im Grundgesetz fest, dass jedenfalls bei einer Verletzung in eigenen Rechten das Interesse an einer Rechtsschutzmöglichkeit überwiegt.

2. Zwecke von Sachentscheidungsvoraussetzungen allgemein

Es kristallisiert sich heraus, dass Sachentscheidungsvoraussetzungen Kriterien sind, die den Zugang zu verwaltungsgerichtlichem Rechtsschutz unabhängig davon, ob der Rechtsschutzsuchende in der Sache Recht hat, begrenzen.[150] Dies bezweckt den Schutz der Beteiligten und auch den Schutz öffentlicher Interessen. Es wird zum einen sicher gestellt, dass der Konflikt überhaupt mit den Mitteln des Verwaltungsprozessrechts bewältigt werden kann, etwa durch die Voraussetzung, ein bestimmtes Klagebegehren schriftlich zu fixieren,[151] oder das Erfordernis, dass tauglich Beteiligte vorhanden sein müssen, die an ein Urteil gebunden sein können und gegen die gegebenenfalls vollstreckt werden kann. Die Sachentscheidungsvoraussetzungen lenken also den Prozess in zur Konfliktbereinigung mit den Mitteln staatlicher Rechtsprechung geeignete Bahnen.

Zum anderen wird aber auch die Zahl der Prozesse reduziert, wie das Beispiel des Ausschlusses der Interessentenklage durch § 42 Abs. 2 VwGO zeigt. Zweck des Ausschlusses von Klagen unabhängig von der Rechtslage in der Sache kann nicht primär sein, das Gericht (also den Staat) oder den Gegner von Kosten zu verschonen – die Kosten werden, soweit keine Kostenfreiheit herrscht, grundsätzlich ohne-

---

[148] *W.-R. Schenke,* Verwaltungsprozessrecht, Rn. 497: eine niedrige Schwelle für Klagen im Hinblick auf Entscheidungen, die einem Dritten einen Vorteil verschaffen, sei keine Patentlösung, weil einerseits die „öffentlichen Interessen an einem zügigen und effizienten Gesetzesvollzug" beeinträchtigt würden und andererseits damit „zugleich eine Schwächung der Rechtsposition derjenigen Personen verbunden [sei], für welche das hoheitliche Handeln eine Begünstigung beinhaltet hat."

[149] *R. Wahl/P. Schütz* in: Schoch/Schneider/Bier, VwGO, § 42 Abs. 2 Rn. 2. Eine ähnlich enge Verbindung zieht *A. Wiese,* Beteiligung, S. 114, S. 101 (die dabei *Wahl* zitiert). Zu dieser These kritisch unten Kapitel 4., B. III. 2., S. 282. Zu Art. 19 Abs. 4 GG auch unten Kapitel 3, A. I., S. 147.

[150] Auch falls unter einer Sachentscheidungsvoraussetzung etwas anderes verstanden wird, als unter einer Zulässigkeitsvoraussetzung: Den Zugang zu Rechtsschutz zum konkreten Gericht verwehren beide. Und auch die Voraussetzungen Verwaltungsrechtsweg und Zuständigkeit lenken den Streit in Bahnen, durch welche die Gerichte in die Lage versetzt werden, die Prozesse zu bewältigen (dazu sogleich).

[151] Für die VwGO § 82 Abs. 1 S. 1 VwGO, § 81 Abs. 1 VwGO, § 88 VwGO; in der ZPO: § 253 Abs. 2 ZPO.

hin vom unterliegenden Beteiligten getragen;[152] das kann zwar auch der Klagegegner sein, dann war das Anliegen in der Sache aber auch berechtigt und es besteht
idealiter kein schützenswertes Interesse, die Kosten für eine gerichtliche Klärung
nicht tragen zu müssen. Im Hinblick auf die Kosten kann aber ein volkswirtschaftlicher Aspekt berechtigterweise angeführt werden:[153] Klagen kosten immer Geld,
und volkswirtschaftlich kann es besser sein, eventuelle Missstände ohne die Möglichkeit einer Korrektur durch Gerichte bestehen zu lassen, als sie durch ein auf-
wändiges gerichtliches Verfahren zu beseitigen[154] – zumal sich herausstellen kann,
dass das Anliegen des Rechtsschutzbegehrenden unberechtigt war bzw. vom Gericht für unberechtigt gehalten werden kann. Der volkswirtschaftliche Aspekt ist
ein sehr bedenkenswerter Gesichtspunkt bei der Abwägung durch den Gesetzgeber
der Verfahrensordnungen, in welchen Fällen die (öffentlichen und privaten) Interessen am Ausschluss der Klagemöglichkeit die Interessen des Rechtsschutzsuchenden überwiegen.[155] Ebenfalls relevant könnte beim Verwaltungsprozess aber auch
die Überlegung sein, dass ohne die Überprüfung durch ein Gericht die Verwaltung letztverbindlich über die Fragen entscheidet, die sonst im gerichtlichen Verfahren (nochmals) zu klären wären. Der Rechtsprechung wird also durch die Sachentscheidungsvoraussetzungen, die Klagemöglichkeiten einschränken, die Macht
zur letztverbindlichen Entscheidung genommen und der Exekutive zugewiesen.[156]
Damit ist es auch zu erklären, dass unabhängige Verwaltungsgerichte in der Geschichte erst spät eingerichtet wurden. Die bloße Selbstkontrolle der Verwaltung
stellte ein Mittel dar, der Exekutive Macht zur Entscheidung vorzubehalten.[157] Die
damals fortschrittlichen Rechtsjustizgesetze bezogen sich nach § 13 GVG nur auf
die ordentliche Gerichtsbarkeit. Dass sich der vom Monarchen regierte Staat von
unabhängigen Richtern kontrollieren lässt, war 1879 zwar nicht unvorstellbar,
denn das Preußische Oberverwaltungsgericht existierte beispielsweise bereits,[158]

---

[152] Kostenlast des unterliegenden Teils: § 154 Abs. 1 VwGO, § 135 Abs. 1 FGO; Kostenfreiheit: § 183 SGG, vgl. aber auch § 193 Abs. 1 S. 1 SGG. Bei der Kostenfreiheit im Sozialrecht
handelt es sich innerhalb der verwaltungsrechtlichen Prozessordnungen um einen Sonderfall,
aus dem keine allgemeinen Argumente abgeleitet werden können.

[153] Zu diesem volkswirtschaftlichen Aspekt noch ausführlicher Kapitel 2, C. I. 4., S. 101.

[154] Die Grenzen solcher volkswirtschaftlichen Überlegungen liegen natürlich da, wo die Verfassung (Art. 19 Abs. 4 GG) die Nachprüfbarkeit von Verwaltungsentscheidungen vorschreibt
(zum monetären Wert gerichtlicher Überprüfung auch noch unten Kapitel 2 bei Fn. 313, S. 103).

[155] Zu den Kosten der Einführung einer Klagemöglichkeit wird bspw. Stellung genommen in:
Gesetzentwurf v. 27.11.1997, BT.-Drs. 13/9323, S. 2 und v. 04.02.2015, BT.-Drs. 18/3921.

[156] Das ist allerdings kein Aspekt der Gewaltenteilung, da die Rechtsprechung Entscheidungen der Verwaltung immer nur überprüft und auch eine Überprüfung aller Verwaltungsentscheidungen nicht zu einer Aufhebung der Gewaltenteilung führen würde, dazu noch unten Kapitel 2, nach Fn. 292, S. 99.

[157] *C. Ackermann*, Bedeutung, S. 47: Eine auf bestimmte Behördenentscheidungen beschränkte Rechtsschutzmöglichkeit konnte die Akzeptanz der Einrichtung des PrOVG bei kon-
servativen Entscheidungsträgern fördern.

[158] Am 03.07.1875 wurde das PrOVG gegründet, am 20.11.1875 fand die erste nichtöffent-
liche, am 25.04.1876 die erste öffentliche Sitzung statt, so *C. Ackermann*, Bedeutung, S. 32

aber unter anderem wegen des Enumerationsprinzips[159] gab es keine so weitgehende Kontrolle, wie sie heute durch Art. 19 Abs. 4 GG vorgegeben und mit der Generalklausel des § 40 Abs. 1 S. 1 VwGO umgesetzt ist.[160] Die Frage, wer letztverbindlich entscheidet, berührte auch den Machtanspruch des Monarchen.[161] Sachentscheidungsvoraussetzungen schließen aber auch heute noch Klagemöglichkeiten endgültig aus, und haben also – im Fall der Verwaltungsgerichtsbarkeit – immer noch den Effekt, den Gerichten Letztentscheidungsbefugnisse vorzuenthalten und der Verwaltung zu belassen. Jedoch existiert heute kein Monarch mehr, dessen exekutivischen Befugnisse geschont werden müssten, sodass dieser Aspekt hinter dem volkswirtschaftlichen Argument der Vermeidung von Kosten zurücktritt.

III. Sachentscheidungsvoraussetzungen auch bei Prozessen Staat gegen Staat

Die VwGO ist (ebenso wie FGO und SGG) primär auf das Verhältnis zwischen Staat und Bürger zugeschnitten.[162] Daraus kann sich die Frage ergeben, ob die Sachentscheidungsvoraussetzungen dieser Prozessordnungen auf Streitigkeiten im Verhältnis „Staat gegen Staat" überhaupt Anwendung finden können. Plausibel ist das schon deswegen, weil die Vorschriften etwa der VwGO zwar Voraussetzungen aufstellen, wann eine Klage zulässig ist, aber nicht danach differenzieren, wer sie erfüllen muss. Trotz Ausrichtung auf das Verhältnis Bürger – Staat sind Streitigkeiten zwischen Teilen des Staates nicht explizit ausgeschlossen.

---

m.w.N; schon 1863 gab es den badischen Verwaltungsgerichtshof, ebd. S. 30. Dazu ausführlich auch *A. Wiese,* Beteiligung, S. 21 ff.

[159] *A. Wiese,* Beteiligung, S. 25; differenzierter *C. Ackermann,* Bedeutung, S. 48: gemischtes System aus Generalklausel und Enumeration.

[160] *O. R. Kissel,* NJW 2004, 2872, 2873: Wir haben „heute unter dem Art. 19 Absatz IV GG den umfassenden Rechtsschutz auch für alle Streitigkeiten des Bürgers um seine Rechte gegenüber der öffentlichen Gewalt, für 1879 etwas Unvorstellbares"; vgl. zur dürftigen personellen und sachlichen Ausstattung des PrOVG in der Anfangszeit *C. Ackermann,* Bedeutung, S. 33: Räumlichkeiten im zweiten Stock eines Privathauses oberhalb einer Gastwirtschaft.

[161] Vgl. *H. Bauer,* Grundlagen, S. 46 f.; zur historischen Entwicklung vom Absolutismus hin zur konstitutionellen Monarchie vgl. schon oben unter C. I., S. 30: Dadurch, dass der Monarch innerhalb der Verfassung stand, wurde seine umfassende Macht beschränkt, dazu *F. E. Schnapp,* Amtsrecht, S. 37. Zwar wurde der Monarch selbst nicht durch Oberverwaltungsgericht oder Verwaltungsgerichtshof kontrolliert, wohl aber die ihm unterstehende Verwaltung, sodass hierin ein weiterer Schritt hin zum modernen Rechtsstaat gesehen werden kann, vgl. *C. Ackermann,* Bedeutung, S. 26 m. w. N.: richterliche Kontrolle der Verwaltung als „Einhegung der königlichen Macht". (Kritisch gegenüber einem „Bild eines linearen Verrechtlichungsprozesses" aber *F. E. Schnapp,* Amtsrecht, S. 27 [mit weiterführender Literatur in Fn. 20] – der allerdings im Folgenden auf die Zeit vor dem Absolutismus eingeht); zur Abschottung der Verwaltung zur Machterhaltung des Monarchen vom Kapitel 2, B. I. 2. und 3., S. 56 ff.

[162] So etwa *H. Bethge,* DVBl. 1980, 309, 309 f.; *D. Ehlers,* NVwZ 1990, 105, 105; *H.-U. Erichsen* in: ders./Hoppe/von Mutius, FS Menger, S. 213, der a. a. O. auf S. 220 als Urheber dieser Feststellung *W. Hoppe* benennt (vgl. *W. Hoppe,* Organstreitigkeiten, S. 33). Vgl. auch *A. Wiese,* Beteiligung, S. 129, S. 152.

Die Gesetzesbegründung zur VwGO, die jedenfalls keine rechtlich bindende Wirkung entfaltet, spricht zwar explizit davon, dass gerade nicht zu Gunsten von „Behörden desselben Rechtsträgers durch die Verleihung der Parteifähigkeit die Möglichkeit zur Führung von Verwaltungsprozessen gegeneinander" geschaffen worden sei, da es „in einem solchen Falle an einem wirklichen Rechtsschutzbedürfnis" fehle.[163] Unabhängig davon, was mit „Rechtsschutzbedürfnis" genau gemeint ist: Diese viel zitierte[164] Passage geht von dem durch die breite Anerkennung des verwaltungsrechtlichen Organstreites[165] überholten Standpunkt aus, dass Streitigkeiten innerhalb einer juristischen Person des öffentlichen Rechts sinnlos seien und kein Bedarf dafür bestünde. Gerade mit diesem Bedarf wurde jedoch die Zulässigkeit des Kommunalverfassungsstreites anfänglich begründet.[166]

Darüber hinaus gibt es beispielsweise in der VwGO auch gesetzliche Anhaltspunkte dafür, dass auch ein Prozess denkbar ist, der sich nur zwischen Verwaltungseinheiten abspielt, etwa in § 50 Abs. 1 Nr. 1 VwGO[167] oder § 47 Abs. 2 S. 1 VwGO.[168]

Jedenfalls sind aber die in den Prozessordnungen normierten Sachentscheidungsvoraussetzungen diejenigen, welche erfüllt werden müssen, damit in die Begründetheitsprüfung eingetreten werden kann: Dass das nur bei Prozessen zwischen Staat und Bürger der Fall sein kann, ist ihnen nicht zu entnehmen. Dem entsprechend ist auch die Möglichkeit der Austragung von Prozessen zwischen zwei juristischen Personen des öffentlichen Rechts oder von verwaltungsrechtlichen Organstreitigkeiten nach den Regeln der VwGO allgemein anerkannt. Das bedeutet, dass es auf die gesetzlich geregelten Sachentscheidungsvoraussetzungen ankommt, die wie bei jeder anderen Klage auch zu prüfen sind.[169]

---

[163] Entwurf einer Verwaltungsgerichtsordnung (VwGO) der Bundesregierung vom 05.12. 1957, BT.-Drs. 3/55, S. 37: Es bestehe „kein Anlaß dazu, für Behörden desselben Rechtsträgers durch die Verleihung der Parteifähigkeit die Möglichkeit zur Führung von Verwaltungsgerichtsprozessen gegeneinander zu schaffen. Es fehlt in einem solchen Falle an einem wirklichen Rechtsschutzbedürfnis."

[164] Etwa *H.-U. Erichsen* in: ders./Hoppe/von Mutius, FS Menger, S. 212 f.

[165] Dazu unten Kapitel 2, B. I. 5., S. 69 ff.

[166] Unten Kapitel 2, Fn. 130, S. 69.

[167] § 50 Abs. 1 Nr. 1 VwGO: „Das Bundesverwaltungsgericht entscheidet im ersten und letzten Rechtszug [..] über öffentlich-rechtliche Streitigkeiten nichtverfassungsrechtlicher Art zwischen dem Bund und den Ländern und zwischen verschiedenen Ländern".

[168] Nach § 47 Abs. 1 S. 1 VwGO kann auch eine Behörde einen Antrag auf eine Normenkontrolle stellen. Da sich der Antrag nach S. 2 gegen die juristische Person richtet, welche die Rechtsvorschrift erlassen hat, kommt es so zu einer Streitigkeit Staat gegen Staat. Zum Ganzen ausführlich *W. Roth*, Organstreitigkeiten, S. 537 ff.

[169] Bereits *D. Lorenz*, AöR 93 (1968), 308, 312 stellte fest, dass „die auf einen Insichprozeß hinauslaufende Klage ein Rechtsschutzbegehren wie jede andere Klage enthält, dem sich das Gericht nur dann versagen kann, wenn sich aus bestimmten Gründen der Prozeßordnung seine Unzulässigkeit ergibt."; ähnlich *F. E. Schnapp*, Amtsrecht, S. 137: Das „Problem der Zulässigkeit verwaltungsgerichtlicher Klagen [sei] mit Hilfe der einschlägigen prozessualen Bestimmungen zu lösen". Ähnlich *A. Wiese*, Beteiligung, S. 129.

Kapitel 2

Wertungen bei Streitigkeiten
zwischen Teilen des Staates

Nicht nur aufgrund der hohen Bedeutung von Wertungen bei der Rechtsanwendung allgemein (dazu A.) erscheint eine Beschäftigung mit den Aspekten, die für oder gegen verwaltungsrechtliche Prozesse im Verhältnis Staat gegen Staat sprechen, angezeigt. Gerade bei Prozesskonstellationen, in denen sich zwei Verwaltungseinheiten streiten, tritt teilweise eine deutliche Prägung der einschlägigen Äußerungen in Literatur und Rechtsprechung durch bestimmte Vorstellungen und Wertungsgesichtspunkte in Form von Vorverständnissen, die ihre Wurzeln weit in der Vergangenheit haben, zu Tage (unter B.).

Bei der Analyse der historischen Einflüsse, die in der Gegenwart weiter wirken, bleibt die nachfolgende Betrachtung aber nicht stehen, denn es sollen auch noch weitere Wertungsgesichtspunkte aufgezeigt werden, die als Argumentationsmuster im Rahmen der Gesetzesinterpretation eine Rolle spielen könnten, bislang aber weniger Beachtung finden (dazu C.), beispielsweise die Interessenpluralität in der Verwaltung.[1] Eine Schlüsselfrage ist, ob Gründe, die gegen die Austragung von Streitigkeiten innerhalb juristischer Personen des öffentlichen Rechts immer noch angeführt werden, nicht auch gegen Gerichtsprozesse zwischen solchen sprechen müssten – was unter anderem davon abhängt, welche Unterscheidungskraft die Differenzierung in einen Innen- und einen Außenbereich juristischer Personen des öffentlichen Rechts hat (vgl. D.).

Es geht im Folgenden insbesondere darum darzustellen, welche teils stark vom Gesetz abgelösten historischen Vorverständnisse bei der Interpretation von Prozessrechtsnormen des Verwaltungsrechts in Konstellationen Staat gegen Staat eine bedeutende Rolle spielten und teils immer noch spielen und diesen herkömmlichen Wertungsgesichtspunkten andere entgegenzustellen, mit denen in vielen Fällen eine entgegengesetzte Argumentation hinsichtlich der Auslegung der Prozessrechtsnormen und damit der Zulässigkeit von Klagen in der Konstellation Staat gegen Staat möglich wäre.

---

[1] Vgl. zum Begriff *M. Ruffert,* DÖV 1998, 897, 897: „innerhalb der Verwaltung wirkende Pluralität der Interessen".

A. Einfluss von Wertungsgesichtspunkten und ihrer historischen Entwicklung auf die Rechtsanwendung

Gerade bei der Rechtsanwendung im Bereich der Streitigkeiten zwischen Teilen des Staates spielen Wertungsgesichtspunkte – als Argumente für eine bestimmte rechtliche Lösung – eine große Rolle, die nur aufgrund ihrer historischen Entwicklung verständlich sind.

I. Bedeutung von Wertungen bei der Rechtsanwendung

Wertungen zu treffen, ist ein bestimmendes Element der praktischen Rechtsanwendung.[2] Daher ist es wichtig zu ermitteln, welche Wertungsgesichtspunkte bei der Beurteilung und Entscheidung von Streitigkeiten zwischen Teilen der Verwaltung vor Verwaltungsgerichten eine Rolle spielen.

Bei der Lösung von rechtlichen Fällen dient das Gesetz als grundsätzlicher Ankerpunkt und Leitfaden, denn die Gerichte[3] sind an Recht und Gesetz gebunden, Art. 20 Abs. 3 GG.[4] Beispielsweise zur Beantwortung der Frage, ob die Klage in einer Sache, in der sich zwei Teile der Verwaltung streiten, zulässig ist, sind schlicht die Voraussetzungen der Normen der einschlägigen Prozessordnung zu prüfen. Die Feststellung, ob Tatbestandsmerkmale einer Norm gegeben sind, ist aber häufig mit einer Beurteilung bzw. Deutung verbunden und selten bloß ein exakter, logisch völlig durch die Norm vorgezeichneter Vorgang.[5] In Konstellationen,

---

[2] Etwa *F. Reimer,* Juristische Methodenlehre, Baden-Baden 2016, Rn. 475 ff. (S. 219 ff.); sehr weitgehend *F. Müller/R. Christensen,* Methodik Bd. 1, Rn. 248 ff. (insb. Rn. 256): Vom Normtext zu trennende Rechtsnorm wird erst durch juristische Argumentation erzeugt – a. a. O. Rn. 269: „Eine Jurisprudenz ohne Entscheidung und Wertung wäre weder praktisch noch real."; Vgl. *K. F. Röhl/H. C. Röhl,* Rechtslehre, S. 62: die „heute herrschende Lehre [...] [charakterisiere] sich selbst als Wertungsjurisprudenz" – a. a. O. S. 169 ff., S. 176: Rechtswissenschaft sei (wie jede Wissenschaft) auf Werturteile angewiesen; zur „Wertungsjurisprudenz" *K. Larenz,* Methodenlehre, S. 117 ff.; inhaltlich schließt sich *Larenz* hier an, S. 205 ff.

[3] Auf deren Perspektive kommt es bei der Rechtsanwendung wesentlich an, vgl. *K. F. Röhl/ H. C. Röhl,* Rechtslehre, S. 604.

[4] Vgl. die Formulierung in BVerfG, Beschl. v. 07.04.1997, Az.: 1 BvL 11/96, NJW 1997, 2230, juris Rn. 11: „[...]; im Wege der Auslegung darf einem nach Wortlaut und Sinn eindeutigen Gesetz nicht ein entgegengesetzter Sinn verliehen, der normative Gehalt der auszulegenden Norm nicht grundlegend neu bestimmt oder das gesetzgeberische Ziel nicht in einem wesentlichen Punkt verfehlt werden" m. w. N., ähnlich BVerfG, Beschl. v. 16.12.2014, Az.: 1 BvR 2142/11, BVerfGE 138, 64, juris Rn. 86: „Anderenfalls könnten die Gerichte der rechtspolitischen Entscheidung des demokratisch legitimierten Gesetzgebers vorgreifen oder diese unterlaufen".

[5] *K. Larenz,* Methodenlehre, S. 206. Es ist immer wieder zu lesen, dass die Unentbehrlichkeit des Vorgangs der Beurteilung bei der Rechtsanwendung nicht auf sog. unbestimmte Rechtsbegriffe, Typenbegriffe oder Begriffe mit ausfüllungsbedürftigen Wertmaßstäben begrenzt

in denen Verwaltungseinheiten miteinander streiten, ist es also einerseits richtig, dass genauso wie bei Rechtsstreitigkeiten, die von Privaten angestrengt wurden, die Sachentscheidungsvoraussetzungen geprüft werden müssen.[6] Das ist jedoch nur eine Seite der Medaille, denn bei der Feststellung, ob diese Voraussetzungen erfüllt sind, spielen Kriterien eine Rolle, die vor allem mit der Vorstellung von der Beschaffenheit des Staates zusammenhängen. Das Bild vom Staat und seiner Organisation wirkt bei jeder Entscheidung über eine Streitigkeit im Verhältnis Staat gegen Staat als Wertungsgesichtspunkt mit. Wie abhängig von Wertungen die Beurteilung ist, ob Voraussetzungen prozessualer Normen erfüllt sind, wird insbesondere bei Vorschriften wie § 42 Abs. 2 VwGO deutlich, die als sehr unklares Tatbestandsmerkmal das subjektive Recht enthalten – darauf wird noch zurückzukommen sein.[7]

Das bedeutet aber nicht, dass der Richter nach Gutdünken entscheiden könnte und Rechtsanwendung zwangsläufig beliebig und unvorhersehbar wäre. Es ist auch nicht kunstgerecht, praktische Fälle ausschließlich mit bestimmten Wertungsgesichtspunkten zu lösen, ohne sich am Gesetz zu orientieren.[8] Das widerspräche Art. 20 Abs. 3 GG und soll hier durch die bloß vorangestellte Analyse tatsächlicher und potenzieller Wertungsgesichtspunkte bei der Rechtsanwendung nicht impliziert werden. Eine zu weitgehende Orientierung an Wertungsgesichtspunkten, die keinen oder kaum einen Ankerpunkt in der jeweils geprüften Norm haben, hat den entscheidenden Nachteil der mangelnden Rechtssicherheit: Je mehr die Rechtsanwendung in der Abwägung diffuser Prinzipien besteht, desto kasuistischer und weniger vorhersehbarer wird sie. Je mehr einzelne Wertungsgesichtspunkte verabsolutiert werden, um solche Abwägungen zu vermeiden, desto höher ist die Wahrscheinlichkeit, dass ein konkreter Einzelfall auftritt, in dem die Notwendigkeit einer Ausnahme nicht zu leugnen ist. Das richtige Maß zwischen formeller und materieller Gerechtigkeit[9] sowie zwischen Gesetzesbindung und Freiraum des Richters im Einzelfall bestimmt am besten der Gesetzgeber selbst, der dazu durch die Verfassung berufen ist.

Für eine an Recht und Gesetz orientierte und Rechtssicherheit schaffende Rechtsanwendung kommt es vor allem darauf an, die getroffenen Beurteilungen und Wertungen sowie die einzelnen abgewogenen Argumente und Wertungs-

---

ist, etwa *Larenz,* a.a.O.: „Es ist daher eine Täuschung zu glauben, die Anwendung selbst solcher Normen, deren Tatbestand begrifflich ausgeformt ist, erschöpfe sich in dem logischen Vorgang der ‚Subsumtion'" (näher erläutert a.a.O. S. 207ff.); ähnlich auch *F.E. Schnapp,* Amtsrecht, S. 177 m.w.N.; vgl. auch die Nachw. in Fn. 2.

[6] Oben Kapitel 1, D.III., S. 45.

[7] Ausführlich in Kapitel 3.

[8] Das bedeutet nicht, dass in der Vergangenheit nicht manchmal so vorgegangen worden wäre, vgl. unten bei Fn. 85, S. 62.

[9] Zur formellen und materiellen Gerechtigkeit trotz Adressierung an Jura-Anfänger lesenswert *J. Braun,* Einführung in die Rechtswissenschaft, 4. Aufl., Tübingen 2011, S. 67ff., S. 81ff.

gesichtspunkte transparent und nachvollziehbar zu machen,[10] insbesondere durch die Begründung einer gerichtlichen Entscheidung, die auch und gerade den Zweck hat, das eigene Urteil kritisch zu hinterfragen.[11] Kann die Bedeutung von Wertungen bei der Gesetzesanwendung nicht ignoriert werden, so ist es umso wichtiger, diese Wertungen und ihre Entstehung offen zu legen, um die Akzeptanz der Ergebnisse von Rechtswissenschaft und Praxis zu fördern.[12] Dem Ziel, eine solche Transparenz der Wertungen zu ermöglichen, dient dieses Kapitel.

II. Einfluss der historischen Entwicklung

Das starke Eingehen auf rechtshistorische Zusammenhänge ist eine Notwendigkeit und keinesfalls eine Eigenheit allein der vorliegenden Arbeit: Zu fast allen hier angesprochenen Themenkreisen findet sich eine Vielzahl von Werken, die Zusammenhänge aus der Geschichte heraus erklären, vor allem mit Fokus auf den deutschen Konstitutionalismus.[13] Wird der Begriff Pfadabhängigkeit, der als eine Art Modeerscheinung mit wechselnden Bedeutungsinhalten verwendet wird, lediglich als „History-matters-Argument" verstanden,[14] dann besteht für den Bereich

---

[10] Vgl. *K. Larenz,* Methodenlehre, S. 206; dazu, dass Methodenlehre etwas ist, was in der Praxis durchaus Bedeutung hat *K. F. Röhl/H. C. Röhl,* Rechtslehre, S. 608 f.

[11] Zur Bedeutung der Entscheidungsgründe trotz der (nicht idealen) praktischen Möglichkeit von Auseinanderfallen der Gründe für eine Entscheidung und ihrer Begründung *K. F. Röhl/H. C. Röhl,* Rechtslehre, S. 610 f.

[12] *F. Müller/R. Christensen,* Methodik Bd. 1, Rn. 269: „Die Forderung nach Objektivität meint nicht das Beseitigen, sondern das *Offenlegen der* erforderlichen und der tatsächlich erfolgenden *Wertungen.*" m. w. N. (Hervorh. i. O.).

[13] Nachw. zu Lit. aus versch. Themenbereichen bspw. in Fn. 73, S. 60, Fn. 592, S. 143 (je Kapitel 2); Fn. 340, S. 203 f., Fn. 447, S. 220, Fn. 584, S. 243, Fn. 602, S. 246 (je Kapitel 3); Fn. 162, S. 285 f., (Kapitel 4); bspw. auch *H. Bauer,* DVBl. 1986, 208, 208 ff.; *W. Leisner,* Verwaltung, S. 40 f., insb. S. 117 ff., insb. S. 137; *F. E. Schnapp,* Amtsrecht, S. 82; *T. Rottenwallner,* VerwArch 2014, 212, 239: „noch immer an bereits überwunden geglaubten Relikten haftende[s] Rechtsdenken"; auch *Rupp,* (nachfolgende) Fn. 16; vgl. zur Bedeutung der geschichtlichen Entwicklung von geltendem Recht *R. Wahl,* Herausforderungen, S. 12 ff., insb. S. 14: „Nur wer weiß, woher er kommt, kann überhaupt bewußt entscheiden, ob er den bisherigen Weg fortsetzen will oder nicht."

Allgemein (nicht auf den Konstitutionalismus bezogen) zur Bedeutung einer „Entwicklungsperspektive" in der Rechtswissenschaft, insb. im Zusammenhang mit der Schutznormtheorie *A. K. Mangold/R. Wahl,* DV 2015, 1, 25 Fn. 94.

[14] Dazu bspw. *R. Ackermann,* Pfadabhängigkeit, Institution und Regelform, Diss. Freiburg i.B. 1999, S. 17 ff. Bei der Entwicklung einer rechtlichen Dogmatik gibt es jedenfalls keine vollkommene Inflexibilität i. S. einer irgendwann eintretenden Verfestigung einer bestimmten Tendenz – die aber für eine echte Pfadabhängigkeit Voraussetzung wäre (dazu *Ackermann,* a. a. O., S. 16) –, weil es in der Rechtswissenschaft möglich ist, auch vermeintlich Feststehendes gänzlich wieder zu verwerfen – auch unter dem Einfluss einer weitgehenden Entscheidungsfreiheit des Gesetzgebers. Dies kann Zweifel wecken, ob man es bei Entwicklungen in der Rechtswissenschaft wirklich mit Pfadabhängigkeiten zu tun hat, oder ob damit nicht einfach die Tatsache gemeint ist, dass auch juristische Lösungswege immer in ihrem historischen Kontext entstehen. Das hängt wie gesagt davon ab, wie Pfadabhängigkeit verstanden wird.

der Streitigkeiten zwischen Teilen des Staates eine solche Pfadabhängigkeit. Und zwar in dem Sinne, dass heutige Äußerungen in Rechtsprechung und Literatur teilweise noch stark von Wertungsgesichtspunkten geprägt sind, deren Ursprung bereits als überholt gilt und die ohne die in der Wissenschaft stets notwendige Anbindung an frühere Erkenntnisse heute aufgrund einer geänderten Rechtslage vielleicht so nicht mehr geäußert werden würden.[15] Allein der Begriff „Pfadabhängigkeit" bringt für die folgenden Betrachtungen keinen Gewinn. Historische Wertungsgesichtspunkte haben jedoch auf verschiedenen hier interessierenden Themengebieten Einfluss auf Rechtswissenschaft und Praxis, wie beispielsweise beim subjektiven Recht, der Schutznormtheorie oder bei den „Innenverhältnissen" des Staates.

Da das moderne Verwaltungsrecht im Konstitutionalismus entstand, sind es vor allem Einflüsse der „Verfassungsordnung des monarchischen Prinzips", die das Verwaltungsrecht in sich aufgenommen hat und die bis heute fortwirken.[16] Bei unvoreingenommener, ahistorischer Betrachtung wären nämlich viele Prozesskonstellationen im Verhältnis Staat gegen Staat recht unproblematisch. Aus dieser Sicht mag ein zwangloser Umgang mit Prozessen, in denen Teile des Staates Rechte gegen andere Teile geltend machen, selbstverständlich erscheinen. Diese Perspektive wird durch die zahllosen praktischen Beispiele verwaltungsgerichtlicher Streitigkeiten zwischen Verwaltungseinheiten bestätigt. Für andere liegt aber, überspitzt ausgedrückt, allein in der Annahme, dass der Staat überhaupt vor Gericht einklagbare Rechte inne haben kann, eine revolutionäre Umwälzung, die mit geltendem Recht nicht zu vereinbaren ist. Für jede Seite gibt es Ansätze in Literatur und Rechtsprechung. Um das Bewusstsein für beide Sichtweisen zu schärfen, ist eine genauere Analyse des Themenfeldes notwendig.

Vor allem in der Literatur kann in bestimmten Fallkonstellationen verstärkt eine gewisse Zurückhaltung gegenüber der Zulassung von Prozessen zwischen Teilen des Staates, insbesondere der Anerkennung der dafür notwendigen subjektiven Rechte von Verwaltungseinheiten, festgestellt werden. Es scheint ein (oft unausgesprochener) vorherrschender Gedanke in der Rechtswissenschaft gewesen zu sein, dass Streitigkeiten zwischen Teilen des Staates grundsätzlich nicht zuläs-

---

Zu dem Aspekt, dass die Macht, Systeme bewusst zu gestalten, Pfadabhängigkeit i. e. S. ausschließt, *Ackermann,* a. a. O., S. 36 ff.

[15] Solche – wenn man sie so nennen möchte – Pfadabhängigkeiten werden übrigens auch durch einen in der Rechtswissenschaft ab und zu anzutreffenden Schreibstil, der stark mit dem in-den-Raum-Stellen von Begriffen und dem Auslösen subtextlicher Assoziationen arbeitet (siehe bspw. die in Kapitel 6, C. II., S. 461 diskutierte Entscheidung des BVerwG, wo der Begriff des Insichprozesses in den Raum gestellt wird), verstärkt, weil gerade solche Assoziationen durch das Vermeiden einer eindeutig festlegbaren Aussage Traditionen dadurch konservieren, dass sich die geschichtliche Verankerung und ein Widerspruch zu neueren Entwicklungen nicht genau darlegen lassen.

[16] *H. H. Rupp,* Grundfragen, S. 1; auch S. 6; ähnlich denken viele Autoren, vgl. die Nachw. in Fn. 13.

sig sein sollen. Diese Skepsis geht vor allem auf Einflüsse Otto Mayers zurück.[17] Das Verwaltungsrecht sollte in dieser Hinsicht[18] aber nicht ewig auf diesem Stand stehen bleiben, denn für eine Verwirklichung des berühmten, oben bereits zitierten Mayer'schen Satzes „Verfassungsrecht vergeht, Verwaltungsrecht besteht"[19] betreffen die verwaltungsrechtlichen Grundannahmen aus der Zeit des Konstitutionalismus zu stark die verfassungsrechtlich geregelte Organisation des Staates, die sich durch das Grundgesetz definitiv verändert hat. Jedoch muss, wer das Recht anwendet, mit den hergebrachten und noch immer präsenten Bedenken in Rechtsprechung und Literatur gegen Streitigkeiten im Verhältnis Staat gegen Staat umgehen.

B. Staat gegen Staat innerhalb von und zwischen juristischen Personen im Vergleich

Wenn Folgen für die Anwendung der verwaltungsprozessrechtlichen Sachentscheidungsvoraussetzungen aus der Tatsache abgeleitet werden sollen, dass sich in einem Verwaltungsprozess zwei Teile des Staates gegenüberstehen bzw. wenn Kriterien für solche Fälle aufgestellt werden, dann müssten sie konsequenterweise auch für alle Arten der Konstellation Staat gegen Staat gelten. Darum ist es bemerkenswert, dass es – wie im Folgenden beschrieben – eine bereits historisch angelegte Diskrepanz zwischen der Bewertung von Streitigkeiten innerhalb einer juristischen Person und solchen zwischen juristischen Personen des öffentlichen Rechts gibt.

Nachdem sich die Lehre durchgesetzt hatte, der Staat sei eine juristische Person,[20] wurden gerade aus dieser Eigenschaft des Staates Folgerungen gezogen, die Streitigkeiten innerhalb des Staates als unmöglich erscheinen ließen.[21] So wie mit dem Wort „Staat" oft nur die unmittelbare Staatsverwaltung assoziiert wird, geht die Impermeabilitätslehre (zu dieser sogleich) im Grundsatz von einem einheitlichen Staatsgebilde aus, was aufgrund der Nähe der Impermeabilitätstheorie zum Modell des Staates als juristischer Person nicht weiter verwunderlich ist.[22]

---

[17] Dazu etwa unten Kapitel 4, B. IV. 1. bei Fn. 191, S. 290; vgl. allgemein zur Rückanknüpfung an die „älteren Traditionen des deutschen Rechtsdenkens" nach 1945 und deren Gründe *R. Wahl,* Herausforderungen, S. 18 f.

[18] Die Äußerungen an dieser Stelle sollen nicht so verstanden werden, als ob das Verwaltungsrecht insgesamt sich seit *O. Mayer* nicht weiter entwickelt hätte; auch im Bereich innerhalb des Staates gab es Fortschritte, dazu etwa *E.-W. Böckenförde* in: FS H. J. Wolff 1973, S. 269 ff. – gemeint sind hier die unten erläuterten Grundannahmen, mit denen das Verwaltungsrecht heute noch belastet ist.

[19] *O. Mayer,* Vorwort zur 3. Aufl. des Deutschen Verwaltungsrechts Bd. 1 (oben Kapitel 1, B. III., Fn. 42, S. 27); dazu auch noch Fn. 108 (Kapitel 2), S. 66.

[20] Oben Kapitel 1, C. I., ab S. 30, bei Fn. 65.

[21] Unten B. I. 2. und 3., S. 56; vgl. auch *H. H. Rupp,* Grundfragen, S. 22 f.

[22] Dass der Staat insgesamt eine juristische Person sei, ist eine Prämisse der Impermeabilitätstheorie. Aus historischer Sicht ist das auch naheliegend, denn die Lehre von der Rechtspersönlichkeit des Staates wurde zu einem Zeitpunkt entwickelt, zu dem sich die Vorstellung von der Souveränität der Landesfürsten – im Sinne des Innehabens einer eigenen, einheitlichen Staats-

Die Gründung juristischer Personen des öffentlichen Rechts wie Universitäten, gewerbliche und berufliche Kammern und Sozialversicherungen in zwei Reformphasen (zu Beginn des 19. Jahrhunderts und ab circa 1873), jeweils als Reaktion auf das Wirken neuer gesellschaftlicher Kräfte,[23] wurde dagegen bei den allgemeinen staatsrechtlichen Überlegungen derselben Zeit oft ignoriert. Noch heute hat die Unterteilung des Staates in juristische Personen einen großen Einfluss auf die je nach Fallgruppe zum Teil sehr unterschiedliche rechtliche Handhabung von verschiedenen verwaltungsrechtlichen Streitigkeiten zwischen Teilen des Staates.

I. Innerhalb einer juristischen Person –
kein grundsätzlich unzulässiger Insichprozess

Es besteht insgesamt die Gefahr, überholte Bilder und Vorstellungen unreflektiert auf Überlegungen zu Sachentscheidungsvoraussetzungen verwaltungsgerichtlicher Klagen im Verhältnis Staat gegen Staat zu übertragen, sodass sie zu bestimmenden Wertungselementen werden. Eine Abneigung gegenüber Streitigkeiten zwischen Teilen des Staates zeigt sich beispielsweise auch bei der später noch genauer zu erörternden Frage, ob das, was Teile des Staates in Gerichtsprozessen geltend machen, nur Kompetenzen sind, oder ob hier von „Rechten" gesprochen werden kann.[24] Besonders ausgeprägt ist die historisch bedingte Abneigung gegen Prozesse in der Konstellation Staat gegen Staat aber in Form einer vorherrschenden, eher grundsätzlichen Ablehnung von Streitigkeiten innerhalb juristischer Personen des öffentlichen Rechts.[25]

---

gewalt – überhaupt erst richtig durchgesetzt hatte, vgl. *F. E. Schnapp*, Amtsrecht, S. 32. Allerdings gab es auch Gegenströmungen: Besonders zu nennen ist hier Otto Gierke mit seiner Idee von der realen Verbandspersönlichkeit; zu diesen Gegenströmungen *M. Stolleis*, Geschichte Bd. 2, S. 369.

[23] Dazu *K.-J. Bieback*, Quaderni Fiorentini 11/12 (1982–83), 860f. und *ders.*, Die öffentliche Körperschaft, Berlin 1976, S. 83ff. und 329ff.; zur mittelbaren Staatsverwaltung unten C. II. 3. a), S. 121.

[24] Vgl. *M. Pöschl* in: 16. ÖJT Bd. I/2, S. 8; Vgl. *F. E. Schnapp*, Amtsrecht, S. 143: „Die Scheu davor [...] anzuerkennen, daß [...] Organe und Ämter Rechtsfähigkeit und folglich Rechte und Pflichten haben können," lasse sich u. a. „aus einem unterschwelligen Fortwirken von Impermeabilitätsvorstellungen erklären". Inhaltlich zu der Frage der subjektiven Rechte des Staates unten Kapitel 4., S. 258ff. – um diese Frage klären zu können, muss später zunächst einmal erörtert werden, was Rechte überhaupt sind, vgl. Kapitel 3, B., S. 152ff.

[25] *Hufen*, Verwaltungsprozessrecht, 9. Aufl., § 21 Rn. 2: „[...] werden aus dem überkommenen Verständnis des Innenrechtsstreits zahlreiche Probleme mitgeschleppt, die für eine moderne verwaltungsprozessuale Organklage eigentlich nicht bestehen müssten."; ähnlich *H. Bethge*, DVBl. 1980, 308, 310: „ideengeschichtliche[r] Ballast". Es ist aber nicht unnötig, sich bei der Prüfung von Klagebefugnis und Rechtsschutzbedürfnis Gedanken über den Verwaltungsaufbau zu machen.
Hinsichtlich der Abneigung von Streitigkeiten gerade innerhalb juristischer Personen ist aber auch zu beachten, dass sich keine ganz homogene Entwicklung ausmachen lässt: So waren „Kommunalverfassungsstreitigkeiten" schon im 19. Jh. durch die Enumerationssysteme in verschiedenen Prozessrechtsordnungen vorgesehen, auch wenn diese in der Regel nicht zwischen

1. Abneigung gegen Streitigkeiten innerhalb juristischer Personen

Gerade weil die Sachentscheidungsvoraussetzungen Klagemöglichkeiten ausschließen, liegt es nahe, allgemeine, auch außerrechtliche oder unreflektiert aus der Tradition übernommene, Bedenken gegen die Austragung von Streitigkeiten in der Konstellation Staat gegen Staat vor den Verwaltungsgerichten unter der Überschrift einer Sachentscheidungsvoraussetzung anzubringen.[26] Ungeachtet der Problematik, in wieweit eine solche Vorgehensweise überhaupt guter juristischer Methodik entspricht,[27] stellt sich die Frage, ob das historisch überlieferte Unbehagen noch berechtigt ist. Das lässt sich, um es hier vorwegzunehmen, aus zwei Gründen verneinen, die im Folgenden näher ausgeführt werden: Die grundsätzliche Skepsis gegenüber Streitigkeiten innerhalb juristischer Personen beruht auf weitgehend obsoleten Vorstellungen des Konstitutionalismus und ist angesichts der einhelligen Zulassung verwaltungsrechtlicher Organstreitigkeiten nicht besonders konsequent.

Doch zunächst zur Herkunft der Abneigung gegen Prozesse zwischen Verwaltungseinheiten: Die strenge Position, dass sich (bestimmte) Teile des Staates grundsätzlich nicht vor Gericht streiten können,[28] hat verschiedene Wurzeln, die sich getrennt identifizieren lassen,[29] deren Grenzen aber nicht immer ganz scharf zu ziehen sind. Mit Fokus auf den Innenbereich von juristischen Personen des öffentlichen Rechts ist eine Entwicklung zu erkennen, wenn als Ausgangspunkte die Impermeabilitätslehre[30] und der Grundsatz der Einheit der Verwaltung gewählt werden: Die dort verankerte Ablehnung von Streitigkeiten innerhalb der Verwaltung wurde im Laufe der Zeit immer mehr an konkreten Sachentscheidungsvoraussetzungen der nach und nach eingeführten Verwaltungsprozessordnungen mit Generalklauseln festgemacht, wie im Folgenden (ab 2.) genauer erläutert werden soll. So ist es heute – zumindest für den Bereich von Streitigkeiten innerhalb juristischer Personen des öffentlichen Rechts – keine ganz neue Erkenntnis, dass für den Verwaltungsprozess die Sachentscheidungsvoraussetzungen der Klagebefugnis und des Rechtsschutzbedürfnisses entscheidend sind,[31] also eine Klage nicht mehr nur mit der pauschalen Bezeichnung als „Insichprozess" als unzulässig abgewiesen werden kann.[32]

---

den Beteiligten innerhalb der Gemeinde ausgetragen, sondern auf die Ebene eines Streites zwischen Gemeinde und Rechtsaufsicht übergeleitet wurden (vgl. *W. Roth*, Organstreitigkeiten, S. 524 ff.; für Preußen *C. Ackermann*, Bedeutung, S. 54 f.).

[26] Was auch sehr häufig getan wurde, vgl. *H.-H. Becker-Birck*, Insichprozess, S. 23 f. m. w. N.

[27] Vgl. zur Rolle von Wertungen bei der Rechtsanwendung oben Kapitel 2, A. I., S. 48.

[28] Nachw. im Folgenden, siehe etwa Fn. 32.

[29] So bemüht sich auch *M. Oldiges*, NVwZ 1987, 737, 743 um eine Abgrenzung zwischen Impermeabilitätstheorie und Grundsatz der Einheit der Verwaltung.

[30] Vgl. *W. Löwer*, VerwArch 68 (1977), 327, 327: Die Impermeabilitätstheorie ist auch dort „dogmengeschichtlicher Ausgangspunkt".

[31] In diesem Sinne (Klagebefugnis und Rechtsschutzbedürfnis als entscheidender Faktor bei „sog In-sich-Prozeß von Organen, Behörden usw innerhalb desselben Rechtsträgers") auch *W.-R. Schenke* in: Kopp/Schenke, VwGO, § 63 Rn. 7.

[32] So aber noch 1988 *E. Eyermann/L. Fröhler*, VwGO, 9. Aufl., § 61 Rn. 9b: „Dem Hoheitsträger ist ein Insichprozess begrifflich fremd"; OVG Hamburg, Urt. v. 04.07.1950,

Bei der Entwicklung des Umgangs mit Streitigkeiten innerhalb juristischer Personen wurde allerdings die Gültigkeit der Prämissen oftmals nicht in Frage gestellt. Der Begriff des unzulässigen Insichprozesses[33] in seiner Rolle als „Einwand"[34] steht hierbei für eine gewisse Kontinuität.[35] Die Lehre vom unzulässigen Insichprozess war früher viel stärker akzeptiert, als sie es heute ist,[36] wird aber jedenfalls noch beachtet[37] – und bietet den Ausgangspunkt für die „Kontrasttheorie",[38] mit der die Möglichkeit verwaltungsrechtlicher Organstreitigkeiten – noch immer als Ausnahme – gerechtfertigt wird. Die Zulassung verwaltungsrechtlicher Organstreitigkeiten ist also, wie im Folgenden gezeigt werden soll, eher als Festhalten an einer grundsätzlichen Ablehnung von Verwaltungsgerichtsprozessen in der Konstellation Staat gegen Staat denn als Bruch mit ihr zu verstehen.

Az.: Bf I 361/50, DVBl. 1951, 479, 479: „[…] Grundsatz des allgemeinen Verwaltungsrechts, daß Angehörige des gleichen Rechtsträgers nicht miteinander prozessieren können" (m. w. N.); LVG Hannover, Urt. v. 14.09.1949, Az.: A I 147/49, DVBl. 1950, 94, 94: „[…] Grundsatz jeder geordneten Verwaltung, daß Organe einer Behörde eine Einheit darstellen und nicht befugt sind, gegeneinander die Gerichte […] anzurufen"; bereits viel differenzierter die Zulässigkeit eines Insichprozesses in der VwGO ablehnend OVG Berlin, Urt. v. 06.05.1963 – Az.: II B 35/62, NJW 1963, 1939 1939 f.; die Möglichkeit eines Insichprozesses bejahend VGH München, Urt. v. 20.03.1963, Az.: 60 II 61, NJW 1964, 218, 218; Vgl. *F. E. Schnapp,* VerwArch 78 (1987), 407, 418 m. w. N. zu beiden Ansichten in dortiger Fn. 43.

[33] Zum Begriff vgl. schon oben Kapitel 1, B.I., S. 22; die im Folgenden angedeutete Verbindung des Begriffs des unzulässigen Insichprozesses mit der Impermeabilitätstheorie sieht auch *F. Hufen,* Verwaltungsprozessrecht, § 21 Rn. 1.

[34] Vgl. *T. Würtenberger,* Verwaltungsprozessrecht, Rn. 664: „Einwand des In-Sich-Prozesses".

[35] Vgl. *M. Oldiges,* NVwZ 1987, 737, 743: Die Vorstellung von der Einheit der Verwaltung habe sich auch im „abwehrenden Begriff des ‚Insichprozesses'" niedergeschlagen.

[36] *M. Redeker* in: Redeker/von Oertzen, VwGO, § 63 Rn. 8: „Der In-sich-Prozess wird überwiegend unter bestimmten Voraussetzungen für zulässig erachtet."; Die Kommentarliteratur bezieht sich, wie *J. v. Abedyll* in: Bader u. a., VwGO, § 63 Rn. 4 auf die Rspr. des BVerwG (bspw. BVerwG, Urt. v. 21.06.1974, Az.: IV C 17.72, NJW 1974, 1836 (vgl. juris Rn. 17 f.: Zweiparteienprinzip lasse sich nicht einfach auf das Verwaltungsrecht übertragen); BVerwG, Urt. v. 06.11.1991, Az.: 8 C 10/90, NJW 1992, 927 (vgl. juris Rn. 12: das Verwaltungsprozessrecht verhalte sich nicht ausdrücklich zum Insichprozess); BVerwG, Urt. v. 28.11.1994, Az.: 7 C 57/93, NJW 1995, 674).

Vgl. *T. Würtenberger,* Verwaltungsprozessrecht, Rn. 664, der den „Einwand des In-Sich-Prozesses" unkritisch übernimmt (vgl. auch Rn. 665: bei Organstreitigkeiten handele „es sich nicht um unzulässige In-Sich-Prozesse" – zur verbreiteten Unterscheidung zwischen Insichprozess und Organstreit unten B.I.5.b), S. 71).

[37] Vgl. BVerwG, Urt. v. 28.03.1996, Az.: 7 C 35/95, BVerwGE 101, 47–51, juris Rn. 10 (das ist der Fall, der dem zweiten Fallbeispiel zu Grunde liegt, Kapitel 1, A.II., S. 20); vgl. OVG Lüneburg, Urt. v. 20.03.2003, Az.: 7 KS 4179/01, BeckRS 2003, 22223, juris Rn. 28; *H. Bethge,* DVBl. 1980, 308, 310 nennt den „unzulässigen Insichprozess[..]" einen „zählebigen Ladenhüter[..]" der verwaltungsprozessualen Dogmatik"; vgl. bspw. die Ausführungen bei *W.-R. Schenke* in: Kopp/Schenke, VwGO, § 63 Rn. 7 und *R. Kintz* in: Posser/Wolff, BeckOK VwGO, § 63 Rn. 9; vgl. auch Kapitel 1, Fn. 114.

[38] Dazu unten unter I.5., S. 69.

2. Impermeabilitätstheorie

Die Impermeabilitätstheorie soll hier den Ausgangspunkt der Betrachtung bilden.[39] Sie wird P. Laband und G. Jellinek zugeschrieben[40] und hat den Inhalt, dass der Staat – als juristische Person – nicht von rechtlichen Regelungen durchdrungen (das heißt impermeabel) sei: „Das Recht besteht in der Abgrenzung der Befugnisse und Pflichten der einzelnen Subjekte gegeneinander; es setzt seinem Wesen nach eine Mehrheit von Willensträgern voraus […]" – der Staat sei aber nur eine einzige, einheitliche Rechtsperson.[41] Verhaltensregelungen, die sich der Staat selbst gebe, seien daher keine Rechtsvorschriften.[42] Insbesondere Laband kam, schon nach damaliger Meinung, eine überragende und prägende Bedeutung in der Staatsrechtslehre nach 1871 zu,[43] sodass die Impermeabilitätstheorie als damalige herrschende Auffassung bezeichnet werden kann.[44]

Die Impermeabilitätstheorie ist aber nur vor dem Hintergrund der stark von politischen Überlegungen beeinflussten Staatsrechtslehre der zweiten Hälfte des 19. Jahrhunderts zu verstehen.[45] Es ging darum, wie viel Macht in Form von Gesetzgebungskompetenzen das Parlament haben und wie viel gesetzesfreier Einflussbereich dem Monarchen[46] verbleiben[47] solle.[48] Die Impermeabilitätstheorie

---

[39] Das wird auch andernorts so gehandhabt, vgl. oben Fn. 30.

[40] *F. E. Schnapp*, Amtsrecht, S. 66 f.; *D. Lorenz*, AöR 93 (1968), 308, 314; *W. Löwer*, VerwArch 68 (1977), 327, 327; *Laband* hervorgehoben nennend *H.-H. Becker-Birck*, Insichprozess, S. 42; vgl. auch die weiteren Nachweise bei *W. Roth*, Organstreitigkeiten, S. 165 dort. Fn. 1.

[41] *P. Laband*, Staatsrecht Bd. 2, S. 181; vgl. auch S. 73: Recht habe ausschließlich die Funktion, „die durch das gesellige Zusammenleben der Menschen gebotenen Schranken und Grenzen der natürlichen Handlungsfreiheit des Einzelnen zu bestimmen."; ähnlich bspw. *G. Jellinek*, System, S. 194; zum Inhalt der Impermeabilitätstheorie auch *W. Roth*, Organstreitigkeiten, S. 165 m. zahlr. Nachw. in dort. Fn. 2.

[42] *P. Laband*, Staatsrecht Bd. 2, S. 181; vgl. aber zusammenfassend zu Einschränkungen dieser allgemeinen Aussage *E.-W. Böckenförde*, Gesetz, S. 235 f; noch weiter einschränkend die Analyse von *Roth*, vgl. Fn. 58 – Regelungen gegenüber Beamten in Form von Rechtsvorschriften schloss *Laband* danach nicht aus. Zur Ansicht *Jellineks* vgl. *C. Möllers*, Staat, S. 25 ff.

[43] *M. Stolleis*, Geschichte Bd. 2, S. 341.

[44] Vgl. *W. Löwer*, VerwArch 68 (1977), 327, 329: „das System Labandschen Denkens" habe sich „uneingeschränkt durchgesetzt"; zu Gegenströmungen vgl. oben Fn. 22, S. 52, vgl. auch Kapitel 1 Fn. 75, S. 32.

[45] *H. H. Rupp*, Grundfragen, S. 4; *M. Stolleis*, Geschichte Bd. 2, S. 370 f.

[46] *J. Ipsen*, A. Verwaltungsrecht, Rn. 53: im konstitutionellen Staat war der Monarch Träger der Regierung und der Verwaltung.

[47] Vgl. bei *P. Laband*, Staatsrecht Bd. 2, S. 175 die – noch heute verwendete – negative Bestimmung des Bereichs der Administrative im Sinne *Montesquieu*'scher Gewaltenteilung und die Schlussfolgerung, „pouvoir administratif" sei „der Machtbereich des Landesherrn, der frei ist von der Mitwirkung der Volksvertretung und unbeschränkt durch die Gesetzesauslegung der Gerichte"; zur Tendenz, dem Monarchen mit der Exekutive einen von anderen Einflüssen freien Machtbereich zu sichern, auch oben Kapitel 1, D. II. 2. bei Fn. 161, S. 45.

[48] *W. Krebs* in: Isensee/Kirchhof, HStR Bd. 5, § 108 Rn. 32; vgl. auch *W. Leisner*, Verwaltung, S. 40 f.; *M. Stolleis*, Geschichte Bd. 2, S. 371: „Im Grunde ging es […] speziell um den Grad der für richtig gehaltenen Parlamentarisierung."

verhinderte, indem sie den Innenbereich der Verwaltung für mit rechtlichen Regelungen undurchdringbar erklärte, eine Mitbestimmung des Parlaments im Bereich der Verwaltung durch Erlass von Gesetzen, und erhielt dem Monarchen damit seine exekutivische Macht.[49] Dieser konnte dann in „seinem" Bereich[50] ganz allein Verordnungen erlassen, die eben nur nicht als Rechtsnormen qualifiziert wurden.

Aus der These der Impermeabilität des Staates für rechtliche Regelungen könnte abgeleitet werden, dass Streitigkeiten innerhalb des Staates keine Rechtsstreitigkeiten seien und damit auch nicht durch Verwaltungsgerichte entschieden werden könnten – zu dem erst viel später in Kraft getretenen § 40 Abs. 1 S. 1 VwGO wird dies in der Ausbildungsliteratur unter dem Tatbestandsmerkmal „Streitigkeit" gelegentlich immer noch diskutiert.[51] Allerdings spielte die Impermeabilitätstheorie im Verwaltungsprozessrecht im Hinblick auf die Möglichkeit von Teilen des Staates, Verwaltungsrechtsschutz zu bekommen, bereits vor Einführung der verwaltungsgerichtlichen Generalklauseln[52] keine wirkliche Rolle:[53] Als im 19. Jahrhundert schrittweise unabhängige Verwaltungsgerichte eingesetzt wurden, existierten Enumerationssysteme, die zum Teil sogar Streitigkeiten zwischen Verwaltungseinheiten aufführten[54] – jedenfalls erübrigte sich durch die Aufzählungen eine Diskussion über die Zulässigkeit von Streitigkeiten, die von ihnen nicht genannt wurden,

---

[49] *H. H. Rupp*, Grundfragen, S. 4. Vgl. die Ausführungen bei *G. Jellinek*, Gesetz, S. 371 ff., der wortreich das „inhaltlich freie[..] Verordnungsrecht[..]" des Monarchen verteidigte. Es ging also auch hier um die Frage, wer entscheiden soll (vgl. die Ausführungen zu den Sachentscheidungsvoraussetzungen oben unter Kapitel 1, D. II. 2.) – aber nicht um eine Verteilung der Entscheidungsgewalt aus Verwaltungseffizienzgründen, sondern aus bloßen Gründen des politischen Machterhaltes.

[50] Nach *E.-W. Böckenförde*, Gesetz, S. 232 z. B.: „Beamten- und Disziplinarrecht, die Haushalts- und Rechnungskontrolle, alle besonderen Gewaltverhältnisse".

[51] Jedoch ausschließlich bei Kommunalverfassungsstreitigkeiten, bspw. *M. Wienbracke*, Verwaltungsprozessrecht, 2. Aufl., Heidelberg u. a. 2014, Rn. 486; *U. Becker* in: Becker/Heckmann/Kempen/Manssen, Ö. Recht, 2. Teil Rn. 273; *H.-U. Erichsen/C. Biermann*, Jura 1997, 157, 158.

[52] Gemeint ist die Zeit vor 1945, da ab dann die verwaltungsprozessualen Generalklauseln eingeführt wurden, vgl. *H.-H. Becker-Birck*, Insichprozess, S. 23 insb. dort. Fn. 1 – er verweist auf § 22 Militärregierungsverordnung (MRVO) Nr. 165 (Geltung in der britischen Zone), § 22 VGG (Geltung in Ländern der amerikanischen Zone) und später § 40 Abs. 1 S. 1 VwGO. Zu diesen Vorschriften ausführlich *C.-F. Menger*, System, S. 3 ff., zu ihrer Entstehung ausführlich *A. Wiese*, Beteiligung, S. 38 ff. Die „Verordnung 165 über die Verwaltungsgerichtsbarkeit in der britischen Zone" sowie zugehörige Gesetze und Verordnungen über die Gerichtsorganisation sind abgedruckt bei O. v. Werder/W. Labs/P. P. Ortmann, Das Verfahren vor den Verwaltungsgerichten, Oldenburg 1949; die Gesetzestexte der (sehr ähnlichen) VGG von Bayern, Hessen und Württemberg-Baden und eine Synopse von VGG und MRVO Nr. 165 sind abgedruckt bei E. Eyermann/L. Fröhler, Verwaltungsgerichtsgesetz, 2. Aufl., München/Berlin 1955.

[53] Vgl. *D. Lorenz*, AöR 93 (1968), 308, 313 f. m. w. N. (vgl. dort bei Fn. 42: es könne „nicht mehr bestritten werden, daß auch das staatliche ‚Innensphäre' vom Recht geformt ist") – allerdings ist es schon bemerkenswert, dass *Lorenz* es dann für notwendig erachtete, der Impermeabilitätstheorie so viel Raum zu widmen.

[54] Ausführlich und m. w. N. *W. Roth*, Organstreitigkeiten, S. 524 bis 532; ebenso *W. Löwer*, VerwArch 68 (1977), 327, 328 f.; *W. Henrichs*, Kommunalverfassungsstreitverfahren vor den

was einen Rückgriff auf die Impermeabilitätstheorie überflüssig machte. Spätestens als § 40 VwGO eingeführt wurde, war die Impermeabilitätstheorie in ihrer ursprünglichen Form nicht mehr verbreitet,[55] sodass die Darstellung, es gäbe die Ansicht, dass wegen der rechtlichen Impermeabilität des Staates keine Streitigkeit im Sinne des § 40 Abs. 1 S. 1 VwGO vorläge,[56] genau genommen nicht ganz[57] korrekt ist.[58]

Im Rahmen der Lehre von den besonderen Gewaltverhältnissen,[59] nach der für Regelungen beispielsweise für Beamte, Schüler und Strafgefangene kein Gesetzesvorbehalt gilt, weil diese Teil des Staates seien, spielte der Gedanke der rechtlichen Impermeabilität der Verwaltung die tragende Rolle.[60] Zwar kann zumindest die Folgerung, dass eine gesetzliche Rechtsgrundlage für hoheitliches Handeln in

---

Verwaltungsgerichten, DVBl. 1959, 548, 549: Es gab auch schon Kommunalverfassungsstreitverfahren „im Zeitalter des Enumerationsprinzips".

[55] Deswegen wurde auf andere Figuren wie die Einheit der Verwaltung (dazu sogleich 3. und weiter unter 4.) zurückgegriffen, um die Ansicht zu stützen, ein Insichprozess sei generell unzulässig; vgl. die Aufzählung bei *H.-H. Becker-Birck*, Insichprozess, S. 23 m. w. N.

[56] Nachweis für diese Beschreibung in Fn. 51; vgl. auch die Nebenbemerkung bei *M. Heinrich*, Streitigkeiten, S. 22: „Die These von der Impermeabilität des Staates, wie sie offenbar noch der Rspr. zugrunde liegt [...]" – ohne jedoch eine solche Rechtsprechung als Beleg der Äußerung anzuführen; vgl. *H.-U. Erichsen* in: ders./Hoppe/von Mutius, FS Menger, S. 219 – die dort angeführten Bsp. aus der Rspr. stammen aus der Zeit vor Erlass der VwGO; vgl. *W. Löwer*, VerwArch 68 (1977), 327, 329, der ebenfalls keine Nachweise aus der relevanten Zeit angibt; mangels genauer Fundstellenangabe ist auch das Zitat bei *T. Rottenwallner*, VerwArch 105 (2014), 212, 213 nicht nachzuvollziehen, und in dem Werk (J. Mang/T. Maunz/F. Mayer/K. Obermayer, Staats- u. Verwaltungsrecht, 2. Aufl.) ist an der wahrscheinlich gemeinten Stelle (2. Kap., A. III., S. 118) ein Verweis auf § 40 VwGO auch nicht ersichtlich (vgl. auch *K. Obermayer* in: J. Mang/T. Maunz/F. Mayer/ders., Staats- u. Verwaltungsrecht, 2. Aufl., S. 310 dort. Fn. 8 [erweitert in der 3. Aufl., S. 328]: Dass an dieser Stelle vertreten würde, der Verwaltungsrechtsweg sei nicht gegeben, ist nicht zu erkennen). Ohne Nachweis auch *A. Wiese*, Beteiligung, S. 107.

[57] Vgl. aber die Bemerkung von *D. Th. Tsatsos*, Organstreit, S. 42, der die Rechtsbeziehungen im verwaltungsinternen Raum für die unmittelbare Staatsverwaltung leugnet und sich auf § 40 Abs. 1 VwGO bezieht – freilich mit dem Hauptzweck, den Charakter verwaltungsrechtlicher Organstreitigkeiten – abgrenzend – als Rechtsstreitigkeiten darzulegen; dazu noch Fn. 115, S. 67.

[58] Vgl. auch *H.-U. Erichsen* in: ders./Hoppe/von Mutius, FS Menger, S. 219 f.: In den ersten Kommentaren zur VwGO seien die Probleme nicht bei § 40 VwGO behandelt worden; noch weiter gehend und mit viel Aufwand den Versuch unternehmend zu begründen, warum selbst im Konstitutionalismus die Impermeabilitätstheorie gar nicht vertreten worden sei („Unterstellung"), *W. Roth*, Organstreitigkeiten, S. 173 bis 201.

[59] Auch Sonderstatusverhältnisse genannt, vgl. *Schmidt-Aßmann* in: Maunz/Dürig, GG, Art. 19 Abs. 4 Rn. 84.

[60] Die Übertragung der rechtlichen Impermeabilität der Verwaltung auch auf die Verhältnisse von Schülern, Beamten, Soldaten und Strafgefangenen hat allerdings nicht schon *P. Laband*, sondern erst *O. Mayer* vollzogen, so *F. E. Schnapp*, Amtsrecht, S. 49, S. 55. Auch wenn im Laufe der Zeit die Auffassung aufgegeben wurde, die diese Beziehungen regelnde Vorschriften seien keine Rechtsnormen, so wirkte in Form der Ausklammerung der Grundrechte der Gedanke vom (für Grundrechte) impermeablen Staat hier fort.

solchen Rechtsverhältnissen überflüssig sei, seit der Strafgefangenenentscheidung des BVerfG aus dem Jahr 1972[61] nicht mehr gezogen werden; der Impermeabilitätsvorstellungen transportierende Begriff des besonderen Gewaltverhältnisses ist aber bis heute nicht ganz untergegangen.[62]

Heute hat – wegen Art. 20 Abs. 3 GG – die Impermeabilitätstheorie aber keine Existenzberechtigung mehr, denn durch den Vorrang des Gesetzes haben die Parlamente (von Bund und Ländern) in jedem Bereich die Möglichkeit, nahezu beliebig (nur durch die Verfassung begrenzt) Gesetze zu erlassen, an welche die Exekutive gebunden ist.[63] Eine Abgrenzung der Machtbereiche durch die Abgrenzung der Sphären, in denen die Gewalten Vorschriften erlassen können, ist unnötig.[64]

Es ergibt sich also ein zwiespältiges Bild: Einerseits gilt die Impermeabilitätstheorie als längst überwunden,[65] andererseits besteht die Gefahr, diese bei der Vorstellung vom „Innenraum" des Staates – der Begriff trägt die Konnotation des Abgeschlossenen, Impermeablen in sich – unterbewusst mit einfließen zu lassen.[66] So

---

[61] BVerfG, Beschl. v. 14.03.1972, Az.: 2 BvR 41/71, BVerfGE 33, 1–18.

[62] Bspw. bei *E. Schmidt-Aßmann* in: Maunz/Dürig, GG, Art. 19 Abs. 4 Rn. 84; *U. Battis*, BBG, § 4 Rn. 23 m.w.N; vgl. *F. E. Schnapp*, Amtsrecht, S. 13: „Das sogenannte besondere Gewaltverhältnis […] ist totgesagt, als fossile Kategorie verworfen […]. Gleichwohl ist gegenüber diesen optimistischen Thesen festzustellen, daß es in der faktischen Rechtslandschaft teilweise noch ein recht kräftiges Leben führt." (Zur Beibehaltung als „didaktische[r] Begriff" a. a. O., S. 63); zur Grundrechtsgeltung im Sonderstatusverhältnis etwa *J.-A. Trésoret*, Geltendmachung, S. 72.

[63] „Das Ausmaß der Bindung richtet sich allein nach dem formellen und materiellen Gesetzesumfang der jeweiligen Rechtsnormen", so *H. Schulze-Fielitz* in: Dreier, GG Bd. 2, Art. 20 (Rechtsstaat), Rn. 92.

[64] Auch Art. 80 GG verdeutlicht, dass eine eigenständige Rechtsetzung der Exekutive durch die Verfassung heute ausgeschlossen ist, vgl. zu den historischen Wurzeln der Bestimmung bis auf die bei Fn. 48 angesprochene Problematik des Grades der Parlamentarisierung in der konstitutionellen Monarchie *H. Bauer* in: Dreier, GG Bd. 2, Art. 80 Rn. 1. Zur (trotz Kernbereich exekutiver Eigenverantwortung etc.) unbeschränkten Möglichkeit des Parlaments, Gesetze zu erlassen auch *B. Grzeszick* in: Maunz/Dürig, GG, Art. 20 Rn. 103.

[65] *J. Ipsen*, A. Verwaltungsrecht, Rn. 355; *C. Möllers*, Staat, S. 157; *W. Roth*, Organstreitigkeiten, S. 167 m. w. N.; *H. Bethge*, DVBl. 1980, 308, 311: „[…] scheint das Impermeabilitätstrauma im allgemeinen überwunden […]"; *D. Lorenz*, AöR 93 (1968), 308, 314; *F. E. Schnapp*, AöR 105 (1980), 243, 250 m. w. N.; dahingehend schon *G. Kisker*, Insichprozeß, S. 9; die Langlebigkeit der Impermeabilitätstheorie zeigt jedoch der Aufsatz von *R. Gross*, Die Rechtsqualität der Sonderverordnungen für besondere Gewaltverhältnisse und der Organisationsbestimmungen, NJW 1969, 2186 f., in dem der Autor sich zwar von der Vorstellung der rechtlichen Impermeabilität des Staates zunächst distanziert, aber die von *Laband* verfochtene These vom gesetzesfreien Raum des Landesherrn (hiesige Fn. 47) auf die Exekutive unter dem Grundgesetz überträgt, und eine Anwendbarkeit des Art. 80 GG – u. a. im Hinblick auf die Organisationsgewalt als „Hausgut der Exekutive" verneint (dazu kritisch *H. H. Rupp*, Ministerial-Erlasse – Ausdruck originärer Rechtssetzung der Exekutive?, NJW 1970, 412, 412 f.).

[66] Siehe dazu die Äußerung von *M. Heinrich*, Streitigkeiten, S. 22 (oben Fn. 56) – die mangels Nachweisen wohl eher das Gefühl des Autors wiedergibt, die Rechtsprechung verharre in alten Denkmustern; deutlich wird der Einfluss etwa bei *V. Jungkind*, Verwaltungsakte, S. 147.

wurde der Impermeabilitätstheorie vereinzelt trotz der allgemeinen Anerkennung ihrer Obsoleszenz eine gewisse Wirkung bescheinigt.[67]

3. Grundsatz der Einheit der Verwaltung

Ähnlich liegt auch im Grundsatz der Einheit der Verwaltung zumindest die Tendenz, durch Implikationen rechtliche Bewertungen vorzuprägen.[68] Er wird häufig als Ersatz für eine Begründung gebraucht und teilweise sogar zum apriorischen Prinzip stilisiert.[69] Beide Figuren, Impermeabilität und Einheit der Verwaltung, stehen sich nahe,[70] denn schon bei der Entwicklung der Impermeabilitätstheorie wurde auf den mit dem Grundsatz der Einheit der Verwaltung verwandten Grundsatz der Einheit des Staates[71] zurückgegriffen. So hat Laband zur Herleitung der Impermeabilitätstheorie die „Einheitlichkeit des Staates" und einen „Begriff der Souveränität, der die Unteilbarkeit [Anm.: des Staates] in sich schließt", regelrecht beschworen.[72] Im Konstitutionalismus war die Einheit des Staates, aber insbesondere auch der Verwaltung, ebenfalls geeignet, dem Monarchen die Macht zu erhalten,[73]

---

[67] Etwa *F. E. Schnapp,* AöR 105 (1980), 243, 245; vgl. die Analyse hinsichtlich der Dogmatik des Beamtenverhältnisses in *ders.,* Amtsrecht, S. 125; *W. Krebs* in: Isensee/Kirchhof, HStR Bd. 5, § 108 Rn. 33: „Man sollte allerdings in der Auswechselung der rechtstheoretischen Etiketten noch keine Überwindung der Impermeabilitätstheorie sehen."; vgl. dazu auch im weiteren Verlauf der hiesigen Arbeit, etwa unter Kapitel 2, C. III. 2., S. 126, D., S. 135; Kapitel 4, B. II., ab S. 273, wo auf die Impermeabilitätstheorie zurückzukommen ist.

[68] Vgl. *A. Wiese,* Beteiligung, S. 26: Die Vorstellung von der Einheit der Staatsverwaltung habe zu einer beschränkten Zulassung von Streitigkeiten durch das PrOVG geführt.

[69] Vgl. *G. Haverkate,* VVDStRL 46 (1987), 217, 220f., insb. dort. Fn. 11, der der fehlenden normativen Verankerung des Grundsatzes der Einheit der Verwaltung genauso skeptisch gegenübersteht wie einer von ihm angenommenen fehlenden normativen Verankerung der Pluralität (zur Interessenpluralität in der Verwaltung unten C. II., S. 104, wo eine solche normative Verankerung versucht wird).

[70] Vgl. *J. Ipsen,* A. Verwaltungsrecht, Rn. 282: Einheit der Verwaltung als „Relikt des konstitutionellen Staatsdenkens".

[71] Dass diese Grundsätze eng zusammenhängen, führt *M. Oldiges,* NVwZ 1987, 737, 737f. näher aus – man kann den Grundsatz der Einheit der Verwaltung in einem seiner Bedeutungsinhalte (dazu sogleich) als einen Aspekt des Grundsatzes der Einheit des Staates ansehen. Vgl. aber *G. F. Schuppert,* DÖV 1987, 757, 760: „Für die ‚Normalsituation' können daher auch aus dem Begriff der Einheit der Staatsgewalt keine Folgerungen für die Einheit der Verwaltung gezogen werden." Zu unterschiedlichen Konzeptionen der staatlichen Einheit *C. Möllers,* Staat, S. 228 ff.

[72] *P. Laband,* Staatsrecht Bd. 2, S. 74. Mit „Impermeabilitätstheorie" ist die Aussage an der zitierten Stelle gemeint, die gesetzgebende Gewalt könne der Exekutive keine Vorschriften machen (sondern höchstens den einzelnen Beamten), also nicht im Bereich der Exekutive mit Gesetzen Macht ausüben.

[73] Vgl. dazu *B. Schlink,* Amtshilfe, S. 70 f. – auf S. 69 f. wird aber auch ein anderer Aspekt der „Einheit" beschrieben, als im Vormärz die Einheit mit der Hoffnung auf mehr Freiheit verknüpft war; auf S. 63 konstatiert *Schlink,* die Begriffe von der Einheit der Staatsgewalt „dienten immer wieder dazu, politische Positionen zu behaupten [...]"; *G.-C. v. Unruh,* DVBl. 1979, 761, 761: Einheit der Verwaltung im Dienst der Machtstärkung der Landesfürsten.

und zwar durch den mit letzterem Grundsatz implizierten Anspruch, mit unbeschränkten Durchgriffsrechten die Exekutive frei von inneren Differenzen kontrollieren zu können.[74]

Der Grundsatz der Einheit der Verwaltung hat jedoch die Impermeabilitätstheorie überlebt[75] und behält, trotz Kritik, einen gewissen Reiz. Intuitiv wäre zu erwarten, dass in einer effizient organisierten Staatsverwaltung Meinungsverschiedenheiten und Konflikte erst gar nicht entstehen können oder zumindest schnell intern bereinigt werden – Behörden sollten doch in der Lage sein, sich sachlich untereinander auszutauschen und im Dialog gemeinsam die beste Lösung für ein Problem zu finden. Die Worte „Einheit der Verwaltung" haben also einen suggestiven Effekt, denn „Einheit" ist ein überaus positiver Begriff, der nach Konsens, Vollkommenheit und – im Zusammenhang mit der Verwaltung – effizienter Aufgabenerledigung ohne Reibungsverluste klingt.[76]

Abgesehen von dem Problem, dass eine solche Verwaltung realistisch gesehen wohl nur ein Idealbild bleiben kann, ist der Grundsatz der „Einheit der Verwaltung" jedoch ein Begriff, der in vielen Zusammenhängen verwendet wird und unter anderem dadurch keinen einheitlichen Bedeutungsinhalt hat. Teils wird er grundlegend zur Bestimmung des Begriffs Staat,[77] teils deskriptiv[78] oder als Modellvorstellung für die Gestaltung von Verwaltungsorganisation[79] und teils normativ bzw. als Argumentationstopos zur Lösung von Rechtsfragen verwendet.[80]

---

[74] Vgl. dazu *W. Leisner,* Verwaltung, S. 202 (der allerdings auf den „Einheitsstaat[..] französisch-revolutionärer Prägung" und nicht auf den Monarchen als Oberhaupt abstellt; zur hierarchischen Weisung auch unten C. III., S. 124).

[75] So hält *G. Kisker,* Insichprozeß, auf S. 10 einerseits die Impermeabilitätstheorie für „falsch oder zumindest verwirrend mehrdeutig", geht aber auf S. 24 unten bis S. 28 davon aus, innerhalb der Verwaltung gäbe es grundsätzlich nur „auf dasselbe Gemeininteresse eingeschworene[..]" „Funktionäre" eines „gemeinsamen Herrn" – wobei mit letzterer Formulierung (evtl. unbewusst) die Verwurzelung dieser Ansicht in der konstitutionalistischen Staatsrechtslehre angedeutet ist, wenn im „Herrn" der Monarch wiedererkannt wird.

[76] Mit blumiger Sprache *G.-C. v. Unruh,* DVBl. 1979, 761, 761; ähnlich *M. Oldiges,* NVwZ 1987, 737, 737.

[77] Dass Einheit und Staat bei *G. Jellinek, H. Kelsen, C. Schmitt, H. Heller* und *R. Smend* in Zusammenhang stehen schildert *C. Möllers,* Staat, S. 116.

[78] Wobei man aber mit *B.-O. Bryde,* VVDStRL 46 (1987), 182, 182 (m. w. N.) sagen muss, dass die Verwaltung in Deutschland alles andere als einheitlich erscheint.

[79] Vgl. die Ausführungen bei *G. Püttner,* Verwaltungslehre, 4. Aufl., München 2007, § 7 Rn. 48 ff.; *G.-C. v. Unruh,* DVBl. 1979, 761 behandelt nur die Einheit der Verwaltung als Organisationsmaßstab, wie schon aus dem Untertitel der Abhandlung hervorgeht, und räumt dementsprechend konkreten Verwaltungsreformen viel Platz ein; ähnlich widmet sich *M. Sachs,* NJW 1987, 2238 überwiegend der „Einheit der Verwaltung als Organsiationsmaxime"; ähnliche Einschränkung bei *W. Krebs* in: Isensee/Kirchhof, HstR Bd. 5, § 108 Rn. 16 bis 26.

[80] *M. Oldiges,* NVwZ 1987, 737, 737, der im Beitrag ausführlich die einzelnen Bedeutungsvarianten und deren Herleitungszusammenhänge und Ausprägungen erläutert; ebenso *G. F. Schuppert,* DÖV 1987, 757 ff., der allen diesen Ausprägungen kritisch gegenüber steht; vgl. *W. Krebs* in: Isensee/Kirchhof, HstR Bd. 5, § 108 Rn. 16: „[...] historisch beladene[..], zwischen

Unabhängig davon, dass diese Aspekte auch zusammenhängen,[81] ist hier vor allem der letzte Aspekt von Interesse, also die Frage, ob „dem Grundsatz der Einheit der Verwaltung normative Funktion zukomm[t]".[82] Dies ist – mit der wohl inzwischen überwiegenden Zahl von Autoren – zu verneinen.[83] Der Grundsatz der Einheit der Verwaltung ist nicht als „juristisches Axiom"[84] aufzufassen, mit dem rechtliche Probleme gelöst werden könnten, wie das bis in die 1960er Jahre versucht wurde, als teilweise – in freier Rechtsfindung ohne Bezug zu einer Gesetzesnorm – allein aufgrund eines als gegeben vorausgesetzten Grundsatzes der Einheit der Verwaltung Verwaltungsgerichtsprozesse zwischen Teilen einer juristischen Person des öffentlichen Rechts als unzulässig angesehen wurden.[85]

Dass dem Grundsatz der Einheit der Verwaltung jegliche normative Kraft fehlt, ist vor allem damit zu begründen, dass der Begriff sogar in seiner Verwendung als angeblicher Rechtsgrundsatz gar keine einheitliche Bedeutung hat,[86] sondern ungenau und vieldeutig ist.[87] Es ist daher überhaupt nicht möglich zu bestimmen,

---

Verfassungstheorie, Verwaltungspolitik, Verwaltungswissenschaft und Rechtsdogmatik changierende[..] Beschwörungsformel [...]".

[81] Zu Ableitungen aus der vom Grundgesetz vorausgesetzten Staatlichkeit der Bundesrepublik Deutschland unten Kapitel 2, C. I. 1., S. 96.

[82] So die Formulierung der Frage bei *M. Oldiges*, NVwZ 1987, 737, 737.

[83] So wohl auch das Ergebnis der Untersuchung von *M. Oldiges*, NVwZ 1987, 737, 744; sehr deutlich *G. F. Schuppert*, DÖV 1987, 757, 757 m. w. N., 767; vgl. auch a. a. O. S. 761: „Der Begriff der Einheit der Verwaltung ist daher eher geeignet, Sachprobleme zu verdunkeln"; *J. Ipsen*, A. Verwaltungsrecht, Rn. 282: Einheit der Verwaltung sei kein Rechtsprinzip; vgl. *B. Schlink*, Amtshilfe, S. 71: „Schon bei *Lorenz von Stein* ist der Begriff der Einheit der Staatsgewalt entleert."; Zweifel am Aussagegehalt der Konzeptionen der Einheit des Staates meldet *C. Möllers*, Staat, S. 243 f. an – jedenfalls sollen sich keine juristischen Folgerungen ziehen lassn (S. 251 f., S. 254).

[84] Begriff bei *M. Oldiges*, NVwZ 1987, 737, 741; *G. Haverkate*, VVDStRL 46 (1987), 217, 220 f. konstatiert, dass „[...] das Modell der Einheit der Verwaltung und das Modell der Pluralität [...] weitgehend auf eine normative Herleitung verzichtet haben; sie argumentieren nicht aus der Verfassung, sie treten nahezu apriorisch auf".

[85] *H.-H. Becker-Birck*, Insichprozess, S. 76 unter Bezugnahme auch auf den Grundsatz der Über- und Unterordnung der Behörden, der auf S. 75 aber mit dem Grundsatz der Einheit der Verwaltung als identisch identifiziert wird (vgl. auch S. 90; insofern widersprüchlich zu S. 88 f.); OVG Münster, Urt. v. 21.04.1953, Az.: VII A 658/52, NJW 1953, 1647, 1648 (mit Verweis auf Urt. v. 19.04.1950, Az.: III A 320/49): „Es würde dem Grundsatz der Einheit der gesamten Staatsverwaltung widersprechen und jede geordnete Verwaltung unmöglich machen, wenn übergeordnete und nachgeordnete Behörden gegeneinander prozessieren könnten"; LVG Düsseldorf, Urt. v. 15.02.1951, Az.: 1 K 591/50, DVBl. 1951, 480, 481: „Ein solches Klagerecht würde gegen das Prinzip der Einheit der Verwaltung verstoßen; die Verwaltung würde in sich gespalten und gegeneinander gestellt."

[86] *G. F. Schuppert*, DÖV 1987, 757, 757: „[...] so unterschiedliche Bedeutungen, wie sie ein Rechtsbegriff eigentlich nicht haben sollte"; *B. Schlink*, Amtshilfe, S. 76: „Der Begriff der Einheit der Staatsgewalt und die mit ihm verwandten Einheitsbegriffe begegnen historisch als polemische Begriffe mit wechselnden Inhalten." *C. Möllers*, Staat, S. 228 f. weist auf die Bedeutungsvielfalt allein des Begriffs Einheit hin.

[87] Sogar *G. Jellinek*, Gesetz, S. 236 spricht schon vom „fliessenden Begriff der Einheit der Verwaltung"; vgl. *M. Sachs*, NJW 1987, 2338, 2338: „schillernder Begriff"; vgl. auch die leer-

welche Umstände mit dem Grundsatz der Einheit der Verwaltung in Konflikt geraten würden und was er fordert – eben welchen normativen Inhalt er haben könnte. Dies verdeutlichen folgende, aleatorisch gewählte Beispiele: Durch die Existenz kommunaler und berufsständischer Selbstverwaltung[88] soll der Grundsatz der Einheit der Verwaltung nicht berührt werden, wenn er als Gebot der Staatlichkeit aller öffentlichen Verwaltung verstanden wird.[89] Ganz sicher aber durchbricht die Schaffung einer mittelbaren Staatsverwaltung die Einheit der Verwaltung, wenn sie als Zurechnungszusammenhang begriffen wird:[90] Die Handlungen der dort tätigen Menschen werden eben nicht mehr der einen juristischen Person Staat, sondern einer anderen, weiteren juristischen Person zugerechnet. In diesem Sinne könnte höchstens eine Einheit der jeweiligen juristischen Person des öffentlichen Rechts bestehen.[91] Auch bemerkenswert ist, dass die „Einheit der Verwaltung" nicht dazu führt, dass die Kenntnis anderer Verwaltungsangehöriger, als die des nach innerbehördlicher Geschäftsverteilung zuständigen Sachbearbeiters – enger kann der Kreis der relevanten Personen gar nicht gefasst werden –, im Rahmen der §§ 48 f. VwVfG dem Verwaltungsträger zugerechnet wird.[92] Ebenso soll die inzwischen allgemein anerkannte Möglichkeit eines verwaltungsrechtlichen Organstreits vor Verwaltungsgerichten die Einheit der Verwaltung „ungefährdet" lassen[93] – obwohl Rechtsprechung und Literatur früher oft genau das Gegenteil behauptet haben.[94]

Noch einen Schritt weiter gehend ist festzustellen, dass eine Einheit der Verwaltung im Staat des Grundgesetzes überhaupt nicht besteht, durch das Grundgesetz nicht gefordert bzw. teilweise (zum Beispiel durch Art. 28 Abs. 2 GG) ausgeschlossen wird[95] und daher auch kein normativer Grundsatz einer Einheit der

---

formelartigen Ausführungen zur Einheit der Verwaltung bei *E. Forsthoff,* Verwaltungsrecht Bd. 1, S. 16.

[88] Siehe auch oben Kapitel 1, C.I., S. 30; vgl. zur Entstehung der mittelbaren Staatsverwaltung unten Kapitel 2, C.II.3.a), S. 121.

[89] *M. Oldiges,* NVwZ 1987, 737, 740; vgl. *B.-O. Bryde,* VVDStRL 46 (1987), 182, 189: „Mit der Verankerung in einer Staatsgewalt ist die Einheit der Verwaltung hergestellt, allerdings eher theoretisch anspruchsvoll als folgenreich".

[90] Dazu ausführlich *M. Oldiges,* NVwZ 1987, 737, 739.

[91] *G. Kisker,* Insichprozeß, S. 9 Fn. 2, der das erkennt, aber am Grundsatz der Einheit der Verwaltung festhält; vgl. *W. Leisner,* Verwaltung, S. 206 (Auflösung der Einheit durch Föderalisierung; *Leisner* weist darauf hin, dass die Zersplitterung durch die Bundesstaatlichkeit schon seit 1871 gegeben ist), S. 212 ff. (Kommunalisierung).

[92] *M. Oldiges,* NVwZ 1987, 737, 742 mit Verweis auf BVerwG, Beschl. v. 19.12.1984, Az.: GrSen 1/84, 2/84, BVerwGE 70, 356–365; so (im Hinblick auf die Zurechnungsfrage) auch BVerwG, Urt. v. 24.01.2001, Az.: 8 C 8/00 juris Rn. 17 und BVerwG, Urt. v. 18.08.2010, Az.: 8 C 39/09, juris Rn. 21; *U. Ramsauer* in: Kopp/Ramsauer, VwVfG, § 48 Rn. 158.

[93] *M. Oldiges,* NVwZ 1987, 737, 743; diese Aussage ist der Entwicklung der Kontrasttheorie geschuldet, vgl. unten I.5., S. 69.

[94] Siehe Fn. 85, S. 62.

[95] Vgl. *W. Leisner,* Verwaltung, S. 196, S. 207: „Man könnte sogar so weit gehen, diese derart an der Spitze wie in allen ihren organisatorischen Einheiten aufgelöste Zweite Gewalt als eine ‚Gewalt der Gewaltenauflösung' zu begreifen. Was geschehen konnte, um organisationsrecht-

Verwaltung existiert. Schon die verfassungsrechtlichen Vorgaben im Grundgesetz zwingen zu einer Pluralisierung der Verwaltung: die „Verteilung der Verwaltungs-funktion auf Bund, Länder und Kommunen" ist kein Zeugnis einer Forderung nach Einheit der Verwaltung.[96]

Zusammenfassend lässt sich zum Grundsatz der Einheit der Verwaltung sagen, dass er oft als inhaltsleeres Schlagwort gebraucht wurde. Wo immer also der Be-griff der Einheit der Verwaltung im Zusammenhang mit der Lösung von Rechts-problemen bemüht wird, ist ihm mit Misstrauen zu begegnen, da er, zumindest außerhalb der Beschreibung vorhandener Zustände oder verwaltungsorganisato-rischer Kategorien, ein reiner Suggestivbegriff ist, oder, wie Schuppert es formu-lierte: „So aber wie der Begriff häufig oder überwiegend verwendet wird, nämlich als ein unabgeleiteter, statischer Wertbegriff der Verwaltungsorganisation, gehört er in den Bereich der Mythen der Verwaltung."[97]

4. Vom „Insichprozess" zur Anknüpfung an Sachentscheidungsvoraussetzungen

Im Laufe der Zeit wurden die Begründungen zur Ablehnung von Streitigkeiten im Verhältnis Staat gegen Staat differenzierter, wahrscheinlich weil die bloße Pos-tulation des Ergebnisses allein auf Grundlage eines Grundsatzes der Einheit der Verwaltung wenig Überzeugungskraft hat.[98] In der jungen Bundesrepublik war die Zulässigkeit von Verwaltungsgerichtsverfahren in der Konstellation Staat gegen Staat,[99] vor allem wenn es nicht um Klagen juristischer Personen ging, generell stark umstritten; als Argumente gegen ihre Zulässigkeit wurden häufig mehrere Argumentationsstränge bemüht.[100] Neben den Grundsatz der Einheit der Verwaltung

---

lich eine funktional bereits nicht erkennbare Einheit der Verwaltung auch organisationsrecht-lich zu beseitigen, ist wohl auf diesem Weg der Verwaltungszersplitterung erfolgt."; auch *M. Sachs,* NJW 1987, 2338, 2334 (allerdings nur im Hinblick auf die Einheit der Verwaltung als Organisationsmaxime); zur Interessenpluralität der Verwaltung vgl. unten C.II., S. 104.

[96] *B.-O. Bryde,* VVDStRL 46 (1987), 182, 186 f., wörtliches Zitat von dort. Siehe auch *C. Möllers,* Staat, S. 245 f.

[97] *G. F. Schuppert,* DÖV 1987, 757, 761; ganz a.A. *M. Oldiges,* NVwZ 1987, 737, 743: „Sol-chen Assoziationen läßt sich nicht einfach mit dem Hinweis begegnen, es handele sich hierbei um einen anachronistischen Rückfall in die Vorstellungswelt der sonst längst zum Schrottplatz der Verfassungsgeschichte getragenen Impermeabilitätstheorie." – zur Differenzierung sollen die Ausführungen unten unter C.II. und III., S. 104 ff. beitragen.

[98] Zur methodischen Fragwürdigkeit eines solchen Vorgehens schon oben A. bei Fn. 8, S. 49.

[99] Hervorzuheben sind die sogenannten Fiskusklagen, Klagen gegen Entscheidungen wei-sungsfreier Ausschüsse und verwaltungsrechtliche Organklagen, vgl. *H.-U. Erichsen* in: ders./ Hoppe/von Mutius, FS Menger, S. 211.

[100] Einige Argumente der Gegner für den konkreten Fall abwehrend OVG Münster, Urt. v. 28.11.1952, Az.: VI A 480/52, NJW 1953, 1158, 1160 (Keine generelle Unzulässigkeit von

trat oft auch die nackte Behauptung, dass der sogenannte Insichprozess seinem Wesen nach nicht zulässig sein könne.[101]

Wurde anfangs die Ablehnung von Insichprozessen oft noch mit eher nebulösen Grundsätzen,[102] sogar bisweilen mit dem Grundsatz der Einheit der Verwaltung selbst,[103] begründet,[104] sodass konkrete Sachentscheidungsvoraussetzungen eine geringe Rolle spielten,[105] wurde nach und nach die Ablehnung von (oder die Zustimmung zu) Prozessen in der Konstellation Staat gegen Staat immer mehr an konkreten, gesetzlich normierten Sachentscheidungsvoraussetzungen festgemacht.[106] Diese Entwicklung wurde sicherlich dadurch beschleunigt, dass ab den 1960er Jahren mit VwGO, SGG[107] und FGO bundeseinheitliche Prozessordnungen zur Verfügung standen, an denen die rechtswissenschaftliche Debatte einheitlichen Halt finden konnte, sodass für eine länderübergreifende Diskussion (innerhalb

---

Prozessen zwischen Behörden, sei es aufgrund des Grundsatzes der Einheit der Verwaltung, sei es aufgrund des Zweiparteienprinzips und auch keine Möglichkeit der Weisungsbefugnis, daher auch Rechtsschutzbedürfnis gegeben); zur anderen Ansicht die folgenden Fußnoten.

[101] OVG Hamburg, Urt. v. 04.07.1950, Az.: Bf. I 361/50, DVBl. 1951, 479, 480: „Es ist ein Grundsatz allgemeinen Verwaltungsrechts, daß Angehörige des gleichen Rechtsträgers nicht miteinander prozessieren können"; vgl. W. Löwer, VerwArch 68 (1977), 327, 335: „Verbreitet wird in der Rechtsprechung und Literatur so argumentiert, als sei aus der Erkenntnis, daß eine ISP-Konstellation vorliegt, der Schluß auf deren prozessuale Unzulässigkeit erlaubt."; vgl. auch BVerwG, Urt. v. 14.02.1969, Az.: IV C 215.65, BVerwGE 31, 263, juris Rn. 16: eine Klage zwischen Behörden komme „[...] schon wegen des grundsätzlichen Verbots des Insichprozesses nicht in Betracht", was in BVerwG, Urt. v. 21.06.1974, Az.: IV C 17/72, NJW 1974, 1836, 1836 etwas relativiert wird; ein Grundsatz des verbotenen Insichprozesses war aber auch nie unumstritten, vgl. E. K. v. Turegg, DÖV 1953, 681, 681. Vgl. auch A. Wiese, Beteiligung, S. 102 f.

[102] Siehe Fn. 101; deutlich auch bei K. A. Bettermann, VVDStRL 17 (1958), 118, 171 f.: Klagen von Verwaltungsbehörden gegen Entscheidungen weisungsfreier Ausschüsse seien „eine Perversion der Verwaltungsgerichtsbarkeit", die „dem Rechtsschutzantrag des Bürgers zu dienen bestimmt ist und nicht dem Austrag eines Behördenkriegs"; vgl. auch BVerwG, Urt. v. 13.06.1955, Az.: III C 41.54, NJW 1955, 1410, 1410, das – ohne dies zu begründen – von einem „an sich der Verwaltungsgerichtsbarkeit nicht gemäße[n] ,Insichprozeß'" spricht, diesen aber aufgrund gesetzlicher Spezialregelungen im konkreten Fall für zulässig hält.

[103] Vgl. M. Oldiges, NVwZ 1987, 737, 743: „Vorstellung von der Einheit der Verwaltung" schlage sich „nicht zuletzt auch in dem abwehrenden Begriff des ,Insichprozesses' nieder[...]".

[104] W. Löwer, VerwArch 68 (1977), 327, 337: „Die Zulässigkeit des ISP wird z. T. als ein prinzipielles Problem angesehen, und dieses wird dann mit Prinzipien erledigt".

[105] „Insichprozesse" wurden auch zugelassen, ohne allzu sehr auf konkrete Sachentscheidungsvoraussetzungen einzugehen, vgl. VGH München, Urt. v. 20.03.1963, Az.: 60 II 61, NJW 1964, 218, wo der VGH unter Heranziehung von der Fiskustheorie sehr nahestehenden Überlegungen das Vorliegen eines Insichprozesses nach der Definition des BVerwG (vgl. Fn. 126, S. 68) ablehnt.

[106] Zuweilen wird es aber noch für nötig gehalten zu erläutern, dass es darauf ankommt, ob die in der VwGO normierten Sachentscheidungsvoraussetzungen gegeben sind, vgl. F. Schoch, Jura 2008, 826, 826; auch OVG Berlin, Urt. v. 18.02.2004, Az.: 1 B 23.03, OVGE BE 25, 213, juris Rn. 24.

[107] Zu VwGO und SGG oben Kapitel 1, Fn. 132 und Fn. 133, S. 40.

Deutschlands) nicht mehr auf hergebrachte[108] Rechtsgrundsätze zurückgegriffen werden musste.[109]

Dabei wurde häufig an das Rechtsschutzbedürfnis angeknüpft, was zum Teil auch noch sehr deutlich mit dem Grundsatz der Einheit der Verwaltung verbunden wurde; teilweise wurde der Begriff des Rechtsschutzbedürfnisses auch noch so verwendet, dass nicht klar war, ob nicht ein Bedürfnis für Rechtsschutz im untechnischen Sinn gemeint ist.[110] Ein weiterer Anknüpfungspunkt war das Zweiparteienprinzip bzw. §§ 61, 63 VwGO: Da in einem Prozess Kläger und Beklagter existieren müssen, sollte ein Prozess, bei dem Kläger und Beklagter identisch waren, unzulässig sein – eine solche Identität wurde angenommen, wenn die streitenden Behörden dem selben Rechtsträger angehörten.[111] Diese Ansicht wurde nach der Einführung der VwGO noch mit dem Argument unterfüttert, aus der Nichterwähnung von Insichprozessen bzw. Organstreitigkeiten im Gesetzestext[112] und

---

[108] Es gab lange die Tendenz, das deutsche Verwaltungsrecht anhand solcher Grundsätze zu entwickeln; zur Beharrungskraft des deutschen Verwaltungsrechts vor allem gegenüber Verfassungsrecht und dem Satz *Otto Mayers* „Verfassungsrecht vergeht, Verwaltungsrecht besteht" (Vorwort zur 3. Aufl. des Deutschen Verwaltungsrechts, Bd. 1): *R. Gröschner* in: Isensee/Kirchhof, HStR Bd. 2, § 23 Rn. 54; vgl. auch *G. Haverkate*, VVDStRL 46 (1987), 217, 219 Fn. 3 a.E.; *J. Ipsen*, A. Verwaltungsrecht, Rn. 71 ff; dazu auch *F. Ossenbühl* in: Erichsen/Ehlers, A. Verwaltungsrecht, 12. Aufl., § 6 Rn. 2.

[109] Auch das BVerwG hatte an der Entwicklung einen Anteil, vgl. *W. Löwer*, VerwArch 68 (1977), 327, 337: „Anders ist von Anfang an das BVerwG vorgegangen: Das BVerwG prüft in Fällen, die sich als ISP darstellen, die Prozeßvoraussetzungen ganz schulmäßig durch und kommt erst bei dem prozeßrechtlich relevanten Punkt auf das Problem zu sprechen".

[110] *H. Hoffmann*, Die Beiladung des Staates – ein Problem des Insichprozesses, BayVBl. 1959, 324, 324: „[…] lehnt eine Mehrzahl dieser Gerichte den Insichprozeß unter Hinweis auf den Grundsatz der Einheit der Verwaltung ab, verneint also für den Insichprozeß das Vorliegen eines Rechtsschutzbedürfnisses"; *W. Löwer*, VerwArch 68 (1977), 327, 336 meint, das Argument der Einheit der Verwaltung stehe „unausgesprochen auch hinter der Meinung, die die Zulässigkeit des ISP an dem dafür fehlenden Rechtsschutzbedürfnis scheitern lässt" – vgl. auch bei Fn. 69, S. 60 zur Tendenz, hergebrachte Grundsätze in geschriebene Sachentscheidungsvoraussetzungen zu integrieren. Die Unklarheit, ob mit dem Terminus Rechtsschutzbedürfnis die Sachentscheidungsvoraussetzung gemeint ist, korrespondiert mit der unklaren Gesetzesbegründung zur VwGO (dazu sogleich Fn. 113).

[111] OVG Lüneburg, Urt. v. 15.01.1952, Az.: II OVG A 221/51, MDR 1952, 250, 250: „Der Streit zwischen Behörden desselben verwaltungsrechtlichen Rechtssubjekts […] gehört nach dem Recht der MRVO Nr. 165 nicht vor die Verwaltungsgerichte. Das geltende Verwaltungsprozeßrecht setzt voraus, daß verschiedene Rechtssubjekte miteinander streiten und schließt einen In-sich-Prozeß innerhalb des gleichen Verwaltungträgers aus"; VG Kassel, Urt. v. 17.05.1956, Az.: II 107/55, DÖV 1957, 836, 837, zu § 52 VGG: „Es ist ein allg. Grundsatz des gesamten Prozeßrechts, daß niemand mit sich selbst prozessieren kann."; OVG Berlin, Urt v. 06.05.1963, Az.: OVG II B 35/62, NJW 1963, 1939; vgl. auch die weiteren Nachweise bei *W. Löwer*, VerwArch 68 (1977), 327, 336; vgl. auch *E. K. v. Turegg*, DÖV 1953, 861 ff.; zur Frage der Inhaberschaft von Rechten und der Parteirollen von Teileinheiten des Staates vgl. unten Kapitel 4, C.I.2., S. 318 und Kapitel 5, B., S. 415. Insbesondere zum Problem der Personenidentität Kapitel 4, C.III.3., S. 344.

[112] Zu diesem Argument *W. Roth*, Organstreitigkeiten, S. 102 ff.

zusätzlich aus dem Wortlaut der Gesetzesbegründung[113] ergebe sich, dass solche Prozesse nicht zulässig seien.[114] Zum Teil wurde auch im Rahmen des § 40 Abs. 1 S. 1 VwGO beim Tatbestandsmerkmal „Streitigkeiten" danach gefragt, ob sich die gegeneinander prozessierenden Teile des Staates auf Rechte berufen können, was Voraussetzungen für echte Rechtsbeziehungen in der „verwaltungsinternen Sphäre" sei.[115] Oftmals wurden auch mehrere Sachentscheidungsvoraussetzungen gleichzeitig für einen Ausschluss der Klagemöglichkeit bemüht.[116]

Spätestens[117] seit der Entscheidung BVerwGE 45, 207,[118] konzentrierten sich die Überlegungen aber immer mehr auf die Klagebefugnis, also auf die Frage, ob der Teil der Verwaltung, der vor das Verwaltungsgericht zieht, geltend machen kann, in eigenen Rechten verletzt zu sein. Bemerkenswert an dieser Entscheidung ist, wie das BVerwG zwar in Abkehr von einer Äußerung in einem früheren Urteil[119] ablehnt, „daß dem Bundesrecht ein allgemeiner Grundsatz des Inhalts zu entnehmen sei, daß ohne Ausnahme Insichprozesse stets unzulässig sind", und feststellt, dies sei auch insbesondere nicht dem Zweiparteienprinzip zu entnehmen, aber dennoch (ohne Begründung) von „gebotene[r] Zurückhaltung gegenüber der Zulassung von Insichprozessen" spricht.[120] Ebenso bemerkenswert ist, dass das BVerwG die Be-

---

[113] Vgl. BT.-Drs. 3/55, S. 37 (Kapitel 1, Fn. 163, S. 46 mit wörtl. Zitat); auch hier (wie bei den zitierten Stellen in Fn. 110) liegt es nahe, dass die Formulierung „Rechtsschutzbedürfnis" untechnisch gebraucht wurde.

[114] Ausführlich OVG Berlin, Urt. v. 06.05.1963, Az.: OVG II B 35/62, NJW 1963, 1939, 1939; noch zu VGG und MRVO Nr. 165: *E. K. v. Turegg,* NJW 1953, 1647; explizit dagegen erst BVerwGE 45, 207 (Fn. 118).

[115] Allerdings meist eher bei den Autoren, die die Zulässigkeit verwaltungsrechtlicher Organstreitigkeiten darlegen wollten, so bspw. *D. Th. Tsatsos,* Organstreit, S. 40 ff., der den Charakter als Streitigkeit zumindest für Organstreitigkeiten nicht verneint; ähnlich *D. Ehlers/J.-P. Schneider* in: Schoch/Schneider/Bier, VwGO, § 40 Rn. 93 f.; dazu schon oben Fn. 57, S. 58. Es liegt nahe zu folgern, dass die These von der rechtlichen Impermeabilität der unmittelbaren Staatsverwaltung künstlich bestätigt wurde, obwohl sie so kaum mehr vertreten wurde, um darzustellen, dass die Zulassung verwaltungsrechtlicher Organstreitigkeiten als Ausnahme selbst mit dem radikalen Gegenkonzept vereinbar wäre (dazu unten B.I.5., S. 69) und um damit die Akzeptanz für diese neue Theorie zu erhöhen.

[116] OVG Hamburg, Urt. v. 04.07.1950, Az.: Bf. I 361/50, DVBl. 1951,479 f.: Zweiparteienprinzip, Schlichtungsmöglichkeit durch höhere administrative Instanz, keine Rechte i. S. d. § 23 VO Nr. 165 (Klagebefugnis); *E. K. v. Turegg,* NJW 1953, 1647: Kombination von Parteifähigkeit, Zweiparteienprinzip und (angeblich) fehlender Erwähnung eines Prozesses Staat gegen Staat in der VwGO.

[117] Vgl. schon *D. Lorenz,* AöR 93 (1968), 308, 312; Die Frage der Möglichkeit der Verletzung in eigenen Rechten von Teilen des Staates wurde auch bereits noch früher diskutiert, vgl. OVG Hamburg in Fn. 116. Zu dem Prozess hin zur Wahrnehmung der Klagebefugnis als wesentliche Sachentscheidungsvoraussetzung hat wahrscheinlich auch die unten unter B.I.5., S. 69 geschilderte Entwicklung beigetragen, die schon vor dem Urteil des BVerwG einsetzte.

[118] BVerwG, Urt. v. 21.06.1974, Az.: IV C 17.72, BVerwGE 45, 207 = NJW 1974, 1836.

[119] Fn. 101, S. 65.

[120] BVerwG, Urt. v. 21.06.1974, Az.: IV C 17.72, BVerwGE 45, 207, juris Rn. 18; vgl. dazu auch VGH Mannheim, Urt. v. 08.11.1989, Az.: 11 S 320/89, VBlBW 1990, 192–195, juris Rn. 19: Einerseits sei es „ein Grundsatz des gesamten Prozeßrechtes, daß niemand mit sich

denken aufgrund des Zweiparteienprinzips gerade mit der Überlegung wegwischt, bei einer möglichen eigenen Rechtsverletzung sei ein Insichprozess zulässig – die von der Vorinstanz aufgrund des § 61 VwGO in Verbindung mit dem Zweiparteienprinzip abgelehnte Zulässigkeit der Klage also damit bejaht, dass eine andere Sachentscheidungsvoraussetzung gegeben sei.[121] Durch die Konzentration auf die Klagebefugnis wurden die anderen, früher angeführten Hinderungsgründe für Insichprozesse in den Hintergrund gedrängt[122] – außer dem Rechtsschutzbedürfnis, wo das nicht ganz so stark der Fall war.[123]

Aber auch die Definition des – meist noch heute mit dem Etikett der Unzulässigkeit versehenen –[124] Insichprozesses wandelte sich. Dabei fällt auf, dass der nie einheitlich verstandene Begriff des Insichprozesses oft so umrissen wurde, dass seine Definitionsmerkmale genau die waren, die zu seiner Unzulässigkeit führen sollten.[125] Besonders deutlich wird das bei der zweiteiligen Definition des Insichprozesses bei Löwer, die er aus verschiedenen Quellen zusammenträgt:[126] Ein Insichprozess soll danach vorliegen, wenn entweder „beide Prozeßstandschafter ge-

---

selbst prozessieren kann", andererseits sei im konkreten Fall eine Ausnahme zu machen; vgl. OVG Lüneburg, Urt. v. 20.03.2003, Az.: 7 KS 4179/01, juris Rn. 28, das in diesem Urteil immer noch von einem Grundsatz des unzulässigen Insichprozesses ausgeht.

[121] A. a. O., juris Rn. 18. Damit war das BVerwG aber nicht allein: Ähnliches (Bejahung der Parteifähigkeit nur aufgrund des ebenfalls bejahten Rechtsschutzbedürfnisses) kritisiert *E. K. v. Turegg*, NJW 1953, 1647 an der dort kommentierten Gerichtsentscheidung; eher in Richtung des BVerwG äußert sich aber *W.-R. Schenke*, Verwaltungsprozessrecht, Rn. 531: Falls ein subjektives Recht zur Verfügung steht, lasse der Gesetzgeber erkennen, dass das Rechtsschutzbedürfnis nicht wegen der Möglichkeit entfalle, den Streit durch eine übergeordnete Behörde beizulegen; anders (Geltendmachung eigener Rechte, aber fehlendes Rechtsschutzbedürfnis – wobei auf die Frage, inwieweit Rechte vorlagen, nicht ganz genau eingegangen wurde) BVerwG, Urt. v. 06.11.1991, Az.: 8 C 10/90, NJW 1992, 927, juris Rn. 13 f. Zur Interdependenz von Sachentscheidungsvoraussetzungen Kapitel 5, A., S. 414.

[122] Und zwar zu Recht, vgl. unten Kapitel 5, S. 414.

[123] Vgl. etwa VGH München, Urt. v. 21.12.2004, Az.: 8 B 03.1404, BayVBl. 2005, 405–409, juris Rn. 22; vgl. oben Fn. 31, S. 54; *W. Löwer*, VerwArch 68 (1977), 327, 336 konstatiert dagegen: „Die ganz überwiegende Meinung verneint die Zulässigkeit [Anm.: von Insichprozessen], weil Behörden untereinander keine subjektiven Rechte im Sinne von § 42 Abs. 1 VwGO zustehen können sollen" (m. w. N.) und stimmt auf S. 337 dieser These zu.

[124] *K. Buchwald*, Organstreit, S. 17; noch 2003 OVG Lüneburg, Urt. v. 20.03.2003, Az.: 7 KS 4179/01, juris Rn. 28: „grundsätzlich verbotener Insichprozess". Weitere Nachw. oben Kapitel 1 in Fn. 113, S. 38.

[125] Deutlich der Zusammenhang zwischen Definition und Grund für die Ablehnung eines Insichprozesses bei *F. Schoch*, Jura 2008, 826, 827 (rechte Spalte).

[126] *W. Löwer*, VerwArch 68 (1977), 327, 330 f (m. w. N.); ähnlich *H. Geßler*, DÖV 1961, 891, 891; zum ersten Teil der Definition vgl. auch *G. Kisker*, Insichprozeß, S. 11: Streit zwischen „Organen ein und derselben juristischen Person bzw. zwischen einer juristischen Person einerseits und einem ihrer Organe andererseits"; ähnlich *D. Lorenz*, AöR 93 (1968), 308, 309, der sich gegen die Definition in BVerwGE 2, 147 wendet; die zweite Konstellation ist von der Definition des BVerwG abgeleitet, vgl. BVerwG, Urt. v. 13.06.1955, Az.: III C 41/54, BVerwGE 2, 147 ff. = NJW 1955, 1410, 1410: „[...] ein an sich der Verwaltungsgerichtsbarkeit nicht gemäßer ‚Insichprozeß', das heißt ein Verwaltungsrechtsstreit zweier derselben Aufsichtsinstanz unterstehender Parteien [...]".

geneinander für denselben Rechtsträger tätig werden wollen" – dahinter steht das Zweiparteienprinzip bzw. §§ 61, 63 VwGO – oder wenn die Kontrahenten einer gemeinsamen Aufsichtsinstanz („hierarchische Subjektion") unterstehen – was das Rechtsschutzbedürfnis betrifft.[127]

5. Einstufung verwaltungsrechtlicher Organstreitigkeiten als Ausnahme

Diese Verknüpfung zwischen Definition und Rechtsfolge führte dann auch dazu, dass mit der steigenden Anerkennung der Möglichkeit, verwaltungsrechtliche Organstreitigkeiten auszutragen, diese vielfach begrifflich aus dem Bereich der Insichprozesse herausgenommen, also nicht mehr als solche bezeichnet wurden. Der Grund für diese Herausnahme und der Grund der Zulassung von Organstreitigkeiten decken sich: Der verwaltungsrechtliche Organstreit wurde wegen der zu dieser Zeit verbreiteten pauschalen Vermutung für eine Unzulässigkeit des Insichprozesses als etwas nicht mit diesem Vergleichbares definiert, um ihn – als Ausnahme – „in der nachdämmernden Vorstellungswelt der Impermeabilitätstheorie"[128] überhaupt zu ermöglichen, was im Folgenden dargelegt werden soll.

a) Kontrasttheorie

Um die gerichtliche Austragung zunächst von Kommunalverfassungsstreitigkeiten, später aller verwaltungsrechtlicher Organstreitigkeiten, zu ermöglichen, wurde zunächst von der Rechtsprechung[129] zum Teil offen dahingehend argumentiert, dass es ein unabweisbares Bedürfnis für die Zulassung solcher Streitigkeiten gebe, und mit diesem Argument wurde die bisherige Dogmatik – und in den Augen der Gegner von Insichprozessen auch das Gesetz – quasi beiseite geschoben.[130] Auf Basis dieses Ergebnisses wurden dann jedoch nach und nach in der Literatur – hervorgehoben genannt wird hier oft Kisker –[131] die Argumente der Rechtspre-

---

[127] Zum Rechtsschutzbedürfnis noch unten Kapitel 5, D., S. 427.

[128] Formulierung bei *H. Bethge*, DVBl. 1980, 308, 310.

[129] Die Rspr. leitete die Entwicklung ein, so *K. Buchwald,* Organstreit, S. 13 (vgl. auch S. 28 ff. wo die Anfänge der Entwicklung genauer beschrieben sind, ebenso bei *H.-U. Erichsen* in: ders./Hoppe/von Mutius, FS Menger, S. 213 f.); vgl. *H. Bethge,* DVBl. 1980, 308, 308: Die Etablierung des Organstreites sei „vor allem der prätorischen Leistungskraft der Verwaltungsgerichtsbarkeit [...] zu verdanken".; *H.-J. Papier,* DÖV 1980, 292, 292 nennt zwei Entscheidungen des OVG Lüneburg und des OVG Münster als Startpunkt.

[130] *W. Hoppe,* Organstreitigkeiten, S. 26, insb. Fn. 5; ähnlich *F. Schoch,* JuS 1987, 783, 784: Anerkennung des Organstreites aus angenommener praktischer Notwendigkeit und Vernachlässigung dogmatischer Fragen.

[131] Seine Schrift „Insichprozeß und Einheit der Verwaltung" wird häufig mit der Etablierung von Organstreitigkeiten in Zusammenhang gebracht, so bei *J. Greim/F. Michl,* NVwZ 2013, 775, 777 Fn. 19 und *T. Rottenwallner,* VerwArch 105 (2014), 212, 214; auf Kisker beziehen

chung zur sogenannten „Kontrasttheorie"[132] ausdifferenziert. Heute entspricht es der herrschenden Meinung, dass verwaltungsrechtliche Organstreitigkeiten zulässig sind. Und auch die Herleitung dieses Ergebnisses mit der Kontrasttheorie ist unangefochten.[133]

Verwaltungsrechtliche Organstreitigkeiten wie den Kommunalverfassungsstreit zuzulassen wurde – und wird – durch die Kontrasttheorie damit begründet, dass die Organe einer Selbstverwaltungskörperschaft vom Gesetzgeber in ein „politische[s] Kräftespiel", „in ein System von ‚Checks and Balances' hineingestellt" worden seien, mithin „Kontrastorgan[e]" darstellten, und die Zuerkennung gerichtlich wehrfähiger Rechte „Voraussetzung für die Sicherung des systemimmanenten Gleichgewichtes" sei.[134] Damit liege eine Klagebefugnis vor, weswegen solche Klagen zulässig seien. Damit ist aber im Prinzip auch nichts anderes gesagt, als dass man verwaltungsrechtliche Organstreitigkeiten aufgrund eines als gegeben angesehenen praktischen Bedürfnisses zulassen möchte.[135] Das praktische Bedürfnis wird aus der Organisations- und Funktionsstruktur hergeleitet und lediglich diese ist gesetzlich verankert.

Dadurch ergibt sich ein Zirkelschluss, weil die Struktur der Organisation und die Funktion der Organe auch und insbesondere dadurch geprägt ist, dass diese einklagbare Rechte haben. Was „zuerst" da war, das Organrecht oder die Kontrastrolle, lässt sich nicht sagen, weil die Kontrastrolle des Organs wesentlich dadurch bedingt ist, dass es Rechte hat, die es in die Lage versetzen, eine Kontraststellung einzunehmen. Erst die Zuerkennung von Rechten im Gesetz versetzt beispielsweise das einzelne Gemeinde- oder Stadtratsmitglied in die Lage, statt für

---

sich auch *W. Schmitt Glaeser/H.-D. Horn*, Verwaltungsprozessrecht, Rn. 169. Zwar gab es auch schon vorher Ansätze für die Zulassung verwaltungsrechtlicher Organstreitigkeiten, aber für die Verbreitung der Kontrasttheorie war *Kiskers* Arbeit sicherlich bedeutsam.

[132] Begriff bspw. bei *J. Greim/F. Michl*, NVwZ 2013, 775, 776; anders *K. Buchwald*, Organstreit, S. 53 ff., die den Begriff der „Interessentheorien" wählt und sehr stark nach einzelnen Autoren auffächert, vgl. aber dortige Fn. 123 zu den Gemeinsamkeiten der Literaturmeinungen, vgl. auch S. 80, wo von der „ganz überwiegend vertretene[n] Interessentheorie" die Rede ist.

[133] *H. Bethge*, DVBl. 1980, 308, 313 (im Anschluss an *Kisker*); *A. Herbert*, DÖV 1994, 108, 111; schon 1970 hat *W. Hoppe*, Organstreitigkeiten, S. 25 konstatiert, dass die Zulässigkeit von Organstreitigkeiten „in den einschlägigen Darstellungen als rechtlich unbestritten hingestellt" werde; *W. Löwer*, VerwArch 68 (1977), 327, 334; *W.-R. Schenke*, Verwaltungsprozessrecht, Rn. 530; explizit unter Bezugnahme auf die Kontrasttheorie *R. Wahl/P. Schütz* in: Schoch/Schneider/Bier, VwGO, § 42 Abs. 2 Rn. 96; vgl. auch die Nachw. in Fn. 137, S. 71.

[134] *G. Kisker*, Insichprozeß, S. 38.

[135] Vgl. *J. Greim/F. Michl*, NVwZ 2013, 775, 777: „Der überwiegend deskriptiv-illustrierende Charakter der ‚Kontrasttheorie' darf nicht übersehen werden."; vgl. auch die im Vergleich relativ neue Schrift (1998) von *K. Buchwald*, Organstreit, passim., bspw. S. 20 f., wo der Schwerpunkt wieder deutlich auf die praktische Notwendigkeit gelegt wird; auch sehr theoretisch ausgerichtete Analysen gehen aus praktischen Beweggründen von einem bestimmten Ergebnis aus: *W. Hoppe*, Organstreitigkeiten, S. 26 konstatiert, die Austragung von Organstreitigkeiten sei ein „praktisch[..] und rechtspolitisch wünschenswerte[s] Ergebnis[..]".

sich nachteilige Entscheidungen des Gemeinderates einfach hinnehmen zu müssen, eigene rechtliche Positionen durchsetzen zu können. „Checks and Balances" bedeutet ähnliche Macht auf beiden Seiten und gegenseitige Kontrolle – und das wird im rechtlichen Kontext durch Rechte auf beiden Seiten oder durch Rechte gegen den prinzipiell Stärkeren erst ermöglicht. Die Beobachtung, dass zwischen den Organen von Selbstverwaltungskörperschaften eine Art Machtgleichgewicht herrsche, war zur Zeit der Entstehung der Kontrasttheorie darüber hinaus auch umstritten, da aufgrund der verschiedenen Leitungsfunktionen des (Ersten) Bürgermeisters auch ein „Verhältnis der Über- und Unterordnung" angenommen werden kann.[136] Im Zuge der Anerkennung der Kontrasttheorie hat sich aber auch ihre Prämisse allgemein durchgesetzt, was ein weiteres Indiz für die Zirkularität der Argumentation ist.

Auffällig ist, dass der Schwerpunkt der Argumentation der Kontrasttheorie – bis heute – auf der gerade zur Zeit des Durchbruchs der verwaltungsrechtlichen Organstreitigkeiten für die Behandlung des Insichprozesses als wesentlich angesehenen Frage der Klagebefugnis, also dem Innehaben subjektiver Rechte (der Organe), liegt, und andere Sachentscheidungsvoraussetzungen keine wirkliche Rolle spielen – mit der (meist unausgesprochenen) Begründung, dass jedenfalls im Ergebnis Einigkeit herrsche.[137] Unter anderem daran zeigt sich, wie sehr die Kontrasttheorie ein Kind der Zeit ist, in der sie entstand.

b) Verwaltungsrechtlicher Organstreit als neue Kategorie

Was die (allerdings auch umstrittene) Herausnahme von Organstreitigkeiten aus der Kategorie der Insichprozesse betrifft, so verdeutlicht dieser radikale Schritt, wie fragil die Argumentation der Kontrasttheorie ist. Ausgehend von der oben genannten Definition des Insichprozesses[138] wäre eigentlich zuzugeben, dass sich auch ein verwaltungsrechtlicher Organstreit innerhalb eines einzigen Rechtsträ-

---

[136] So für das bayerische Kommunalrecht K. Obermayer in: J. Mang/T. Maunz/F. Mayer/ ders., Staats- u. Verwaltungsrecht, 3. Aufl., S. 327 mit Hinweis auf die a. A. in dort. Fn. 18.

[137] Vgl. W. Roth, Organstreitigkeiten, passim., bspw. S. 906: Wenn Verwaltungsrechtsweg und Klagebefugnis gegeben sind, bleibe nur die Frage nach dem Wie verwaltungsrechtlicher Organstreitigkeiten, nicht nach dem Ob, S. 908 f.: Austragung von Organstreitigkeiten zwischen den Organen selbst sei „konsentierte[s] Ergebnis"; vgl. zur allgemein bejahten, aber meist nicht begründeten Beteiligtenfähigkeit D. Th. Tsatsos, Organstreit, S. 38 mit Nachweisen aus der Rspr. in den dortigen Fn. 81 f.; eine Fixierung auf das Ergebnis ohne Bearbeitung von Einzelfragen identifiziert W. Hoppe, Organstreitigkeiten, S. 25 ff. (vgl. konkret auch S. 50); vgl. auch H. Bethge, DVBl. 1980, 308, 308, der zwar von einer allgemeinen Anerkennung verwaltungsrechtlicher Organstreitigkeiten spricht, aber gleichzeitig (m. w. N.) eine „nicht unerhebliche dogmatische Unterbilanz" beklagt; Tsatsos (ab S. 33), Hoppe, Roth (auf 1020 Seiten) und einige andere haben versucht, die sich stellenden Einzelfragen auch abseits der sogenannten Organrechte zu lösen, aber regelmäßig nur mit verengtem Blick auf den verwaltungsrechtlichen Organstreit und mit dem bereits feststehenden Endergebnis seiner Zulässigkeit.

[138] Oben bei Fn. 126, S. 68.

gers abspielt und ein solcher daher als Insichprozess zu qualifizieren wäre,[139] wie das in der Entstehungszeit der Figur der verwaltungsrechtlichen Organstreitigkeiten auch häufig getan wurde.[140] Trotzdem entspricht es, wie oben angesprochen, einer später entwickelten, wohl überwiegenden Meinung,[141] dass dem nicht so sei.[142]

Die Begründung dafür fällt nicht ganz homogen aus, beispielsweise Löwer argumentiert aber, es gäbe „keine gemeinsame Grundproblematik" von Insichprozess und Organstreit – und führt dies auf die Herleitung der Zulässigkeit des verwaltungsrechtlichen Organstreits, die Kontrasttheorie, zurück,[143] die wie beschrieben zirkulär ist und keine Erklärung liefern kann. A. Wiese erläutert die Abgrenzung damit, dass beim Organstreit um Innenrecht, beim Insichprozess aber um Außenrecht gestritten werde – es bleibt jedoch insbesondere unklar, warum Berechtigungen, die auch innerhalb eines Rechtsträgers gelten können, dann eindeutig dem Außenrecht zuzuordnen sein können.[144] Außerdem wird die Abgrenzung des Organstreits vom Insichprozess damit begründet, dass bei letzterem die materielle Richtigkeit einer Behördenentscheidung in Frage gestellt werde, während es beim Organstreit um die Einhaltung des „organschaftlichen Funktions-

---

[139] Einige Autoren, die dies bestreiten, beziehen sich auch auf eine fehlende „gemeinsame Verwaltungsspitze […], die zur Streitentscheidung autorisiert ist" (etwa *T. Rottenwallner,* VerwArch 105 (2014), 212, 217) – und verkennen dabei, dass das nach obiger Definition nur eine alternative Fallgestaltung eines Insichprozesses ist. Ebenso wird dabei nicht beachtet, dass durch Rechtsaufsicht ebenfalls eine Einbindung von Selbstverwaltungskörperschaften in den hierarchischen Verwaltungsaufbau gegeben ist, dort aber kein unzulässiger Insichprozess angenommen wird, vgl. zu solchen Parallelen noch unten Kapitel 4, D. III. 1., S. 366. Vgl. Kapitel 5, D. I., S. 427.

[140] *G. Kisker,* Insichprozeß, S. 21 f. – bemerkenswert, da er selbst maßgeblich an der Entwicklung der Kontrasttheorie beteiligt war (vgl. oben Fn. 131); vgl. die Bestandsaufnahme bei *D. Th. Tsatsos,* Organstreit, S. 15, der selbst a. A. ist.

[141] Zugegebenermaßen wird der Insichprozess heute oft gar nicht mehr, oder nur kurz erwähnt, da er aufgrund der Zulassung verwaltungsrechtlicher Organstreitigkeiten an Bedeutung eingebüßt hat, weswegen die Frage auch häufig gar nicht erörtert wird, vgl. aber die Nachweise in der folgenden Fn. 142.

[142] Grundlegend *D. Th. Tsatsos,* Organstreit, S. 31; *W. Schmitt Glaeser/H.-D. Horn,* Verwaltungsprozessrecht, Rn. 95; *W. Löwer,* VerwArch 68 (1977), 327, 335 f. m. w. N. in Fn. 42; *M. Redeker* in: Redeker/von Oertzen, VwGO, § 63 Rn. 8; *F. Schoch,* Jura 2008, 826, 828; *T. Würtenberger,* Verwaltungsprozessrecht, Rn. 665; vgl. auch *A. Wiese,* Beteiligung, S. 103, S. 107, S. 158; a. A. *G. Kisker,* JuS 1975, 704, 705 Fn. 1; außerdem a. A. die in Fn. 154 Genannten.

[143] *W. Löwer,* VerwArch 68 (1977), 327, 335, zumindest im Hinblick auf den „Kompetenzstreit".

[144] *A. Wiese,* Beteiligung, S. 103, S. 107, und insb. S. 158. Zur Kritik der Unterscheidung zwischen Innenrecht und Außenrecht Kapitel 2, D., S. 135 ff. Unklar bleibt bei *Wiese* auf S. 107, warum Organstreit und Insichprozess „zu trennen sind" auch deswegen, weil eine Beteiligung „innerorganisatorische[r] Funktionssubjekte einer juristischen Person" (bei *Wiese* den Erläuterungen zum Organstreit zugeordnet) und eine Ausstattung „mit speziellen Rechten" (bei *Wiese* den Erläuterungen zum Insichprozess zugeordnet) in beiden Fällen Voraussetzung für einen Rechtsstreit ist (was letztendlich auch den Ausführungen *Wieses* selbst zu entnehmen ist).

ablaufs" gehe.[145] Erstens handelt es sich bei dieser Begründung aber um nicht mehr als eine phänomenologische Beschreibung, aus der sich ein echter Grund für eine verwaltungsprozessuale Ungleichbehandlung nicht ergibt: Dass im Bereich der verwaltungsrechtlichen Organstreitigkeiten überwiegend solche Rechte bestehen, die eine bestimmte Verfahrensposition absichern sollen, bedeutet weder automatisch, dass diesen Rechten bestimmte Eigenschaften anhaften, die sie von anderen Rechten dahingehend abheben, dass nur sie gerichtlich durchsetzbar sein können (das wird auch, soweit ersichtlich, nirgends erläutert oder hergeleitet), noch dass in sonstigen Konstellationen von Streitigkeiten im Verhältnis Staat gegen Staat solche Verfahrensrechte nicht existieren können. Und zweitens ist die Argumentation zirkulär, weil mit dem Abstellen auf die Verteidigung von „Organrechten" im Kern wieder auf die Kontrasttheorie zurückgegriffen wird.[146] Schließlich ist auch die Begründung zu lesen, das Organstreitverfahren dürfe nicht mit dem Insichprozeß „vermengt" werden, es stünden sich bei letzterem nicht Organe, sondern Behörden gegenüber.[147] Das ist aber keine stimmige Begründung, denn ausgehend vom Begriff des Organs als Zuständigkeitskomplex, der für seinen Rechtsträger handelt,[148] ist jede Behörde auch ein Organ.[149] Hier wird durch nicht exakt gebrauchte Begrifflichkeiten ein nicht existenter Gegensatz suggeriert, und zwar darauf aufbauend, dass im Bereich der unmittelbaren Staatsverwaltung in der Regel von Behörden die Rede ist, während bei Selbstverwaltungskörperschaften – im Bereich der Kontrasttheorie – regelmäßig der Begriff „Organ" gebraucht wird, weil die Untergliederungen solcher Körperschaften häufig (mangels hinreichender organisatorischer Selbständigkeit) nicht „Behörden" genannt werden. Es handelt sich bei der – kaum je weiter begründeten – Behauptung, es sei etwas völlig anderes, wenn um Organrechte gestritten werde, jedoch um eine petitio principii: Weil die Bezeichnung „Organ" in einem bestimmten Bereich geläufiger ist, prägt sie nicht nur die Terminologie („Organstreit"), sondern es werden auch rechtliche Folgerungen aus ihr abgeleitet; sicherlich hat aber gerade die Etablierung des Organstreites zumindest dazu beigetragen, die Bezeichnung Organ gerade in dem Bereich der mittel-

---

[145] *M. Redeker* in: Redeker/von Oertzen, VwGO, § 63 Rn. 8; für bestimmte Fallgestaltungen auch *Löwer*, VerwArch 68 (1977), 327, 335; dieses Argument findet auch *A. Herbert*, DÖV 1994, 108, 109 nicht überzeugend; dazu auch noch unten C. II. 2., S. 115.

[146] Das Argument *Löwers* (Fn. 143), beim Insichprozess liege der Akzent auf dem Selbstschutz der gesamten juristischen Person, beim Organstreit aber auf dem Schutz von Organrechten und den dahinter stehenden verschiedenen Interessen, heißt zusammengefasst nichts anderes, als dass es nur bei Organstreitigkeiten einen echten Interessengegensatz gäbe, bei Insichprozessen jedoch nicht (wieder: Kontrasttheorie) – Rechte also in Insichprozesskonstellationen per se nicht vorkommen könnten. Eine Begründung, warum man innerhalb anderer als Selbstverwaltungskörperschaften keine Interessengegensätze finden soll, gibt er nicht. Eine genauere Untersuchung, ob doch wehrfähige Rechte vorhanden sein könnten, wird so abgeblockt. Zur Interessenpluralität in der Verwaltung unten C. II., S. 104.

[147] *W. Schmitt Glaeser/H.-D. Horn*, Verwaltungsprozessrecht, Rn. 95; ähnlich *T. Rottenwallner*, VerwArch 105 (2014), 212, 217.

[148] Vgl. oben Kapitel 1, C. II., S. 34. Dazu auch Kapitel 4, C. II. 1., S. 328 und III. 1., S. 341.

[149] So auch *S. Detterbeck*, A. Verwaltungsrecht, Rn. 209 – der zutreffend auf die Ausnahme der Beliehenen hinweist (Rn. 210); ebenso *H. Maurer*, A.Verwaltungsrecht, § 21 Rn. 32.

baren Staatsverwaltung häufiger zu verwenden, obwohl jede Behörde und jede sonstige Verwaltungseinheit der unmittelbaren Staatsverwaltung ebenso als Organ bezeichnet werden kann.[150] Die Terminologie, aus der Rechtsfolgen abgeleitet werden sollen, beruht also maßgeblich auf ebendiesen Rechtsfolgen.

Die Beobachtung an sich, dass im Bereich der mittelbaren Staatsverwaltung mehr Rechte existent sind, ist jedoch nicht zu leugnen, und hier liegt der wahre Kern der Abgrenzung verwaltungsrechtlicher Organstreitigkeiten vom Bereich der unmittelbaren Staatsverwaltung. Das ist jedoch kein Ausdruck eines allgemeinen Prinzips der Impermeabilität und Einheit der Verwaltung, auf dem die Kontrasttheorie aufbaut, indem sie es lediglich als Ausnahme durchbricht. Ein Recht ist ein Recht, ganz gleich welche Art der Verwaltungseinheit es inne hat. Und auch innerhalb der unmittelbaren Staatsverwaltung wäre ein subjektives Recht eines Teils der Verwaltung nicht prinzipiell unmöglich, wenn der Gesetzgeber ein solches normiert – darauf wird in aller Ausführlichkeit noch einmal zurückzukommen sein,[151] wenn genauer erläutert ist, was ein subjektives Recht überhaupt ist.[152]

An dieser Stelle genügt es jedenfalls zunächst, festzuhalten, dass durch die Abgrenzung des Organstreites vom Insichprozess das für richtig gehaltene Ergebnis besser gerechtfertigt werden sollte. Man wollte den verwaltungsrechtlichen Organstreit aus dem Dunstkreis des mit dem Beigeschmack des Unzulässigen behafteten Insichprozesses herausholen.[153] Ein anderer Vorteil ist gegenüber der ebenfalls vertretenen Auffassung, verwaltungsrechtliche Organstreitigkeiten seien ein (zulässiger) Unter- bzw. Sonderfall des (grundsätzlich unzulässigen) Insichprozesses,[154] nicht zu erkennen. Damit löste man jedoch die inhaltlichen Fragen nicht, sondern lenkte allenfalls von ihnen ab, was zum vielfach beklagten[155] Zustand der Anhäufung ungeklärter dogmatischer Probleme wesentlich beigetragen ha-

---

[150] Oben Kapitel 1, C.II., S. 34.

[151] Unten Kapitel 4, C.I.2., ab S. 318.

[152] Kapitel 3, S. 147 ff.; zu Rechten des Staates Kapitel 4, 258 ff.

[153] Vgl. *D. Th. Tsatsos*, Organstreit, S. 31: Obwohl er die Abhandlung nur auf Streitigkeiten in mitgliedschaftlichen Körperschaften beschränken will (S. 15), stützt er seine These der Abgrenzung maßgeblich auf die Prämisse, dass Insichprozesse (ohne weitere Begründung oder Beschäftigung mit dem Problem) unzulässig seien (vgl. S. 15, auch S. 42); aufschlussreich auch *W. Roth*, Organstreitigkeiten, S. 91 f., der Organstreitigkeiten als Insichprozesse einordnet, den Begriff Insichprozess allerdings wegen seiner Verknüpfung „mit dem Verdikt unzulässig" nicht benutzen möchte. Vgl. schon Fn. 115, S. 67.

[154] *D. Krausnick* in: Gärditz, VwGO, § 63 Rn. 12; auch Fn. 140; z.T. fallen diese Bekenntnisse aber halbherzig aus, vgl. *W. Hoppe*, Organstreitigkeiten, S. 27, der auf S. 28 die Organstreitigkeiten als homogenes Problem im „sehr vielschichtig[en]" Bereich des Insichprozesses beschreibt und seine Arbeit deshalb auf ersteres beschränkt; vgl. *F. Schoch*, Jura 2008, 826, 828, der – sich etwas windend – feststellt „dass es sich auch beim verwaltungsrechtlichen Organstreit, der verwaltungsgerichtlich ausgetragen wird, streng genommen um einen Insichprozess (i.w.S.) handelt."

[155] *H. Bethge*, DVBl. 1980, 308, 308: „nicht unerhebliche dogmatische Unterbilanz"; *W. Roth*, Organstreitigkeiten, S. 2 m.w.N.; *T. Rottenwallner*, VerwArch 2014, 212, 212, vgl. auch S. 219: „Minimalkonsens […], der sich unterkomplex auf den Innenrechtsstreit beschränkt".

ben mag. Es wäre wohl besser gewesen, sich Gedanken darüber zu machen, ob die Prämissen noch stimmten, ob also innerhalb des Staates, wie im Konstitutionalismus aus den dargelegten Gründen angenommen, tatsächlich keine Streitigkeiten möglich sind, statt dies als gegeben hinzunehmen, den Bereich außerhalb der Organstreitigkeiten bewusst thematisch auszublenden,[156] und eine Ausnahme zu konstruieren, die ursprünglich gar nicht vorhanden war, weil der Organstreit begrifflich dem Insichprozess unterfiel.[157] Aufgrund der dadurch ungeklärt gebliebenen Grundsatzfragen verwundert es nicht, dass man sich, wie oben erwähnt, auf die Frage des Innehabens von Rechten konzentrierte und andere Punkte wie das Zweiparteienprinzip und die Frage, wer genau die Beteiligten sein sollen, als vorgebliche Nebensächlichkeiten in den Hintergrund traten.[158]

c) Verwaltungsrechtlicher Organstreit als Gegenpol zum Insichprozess

Unabhängig davon, ob der verwaltungsrechtliche Organstreit als Unterfall des Insichprozesses oder als von ihm losgelöste Erscheinung dargestellt wird – der verwaltungsrechtliche Organstreit wird durch die Kontrasttheorie als Gegenpol zu (sonstigen) Insichprozessen hingestellt. Eine grundsätzliche Unzulässigkeit des Insichprozesses bildet den Ausgangspunkt für die Notwendigkeit einer Ausnahme und wird nicht angezweifelt – obwohl die Ansicht, dass Insichprozesse grundsätzlich unzulässig sind, höchstens noch vereinzelt explizit vertreten wird.[159] Indem die Auflösung der Figur des unzulässigen Insichprozesses durch die Kontrasttheorie auf die mittelbare Staatsverwaltung beschränkt wurde und mit der Kontrasttheorie diese Beschränkung bis heute fortgeführt wird, werden überkommene Vorstellungen von der Impermeabilität und Einheit der Verwaltung unausgesprochen bestätigt[160] –

---

[156] Nachw. in Fn. 153, Fn. 154; vgl. auch oben Kapitel 1, Fn. 17, S. 22.

[157] Vgl. nochmals oben Fn. 140, S. 72.

[158] *F. Schoch*, Jura 2008, 826, 827: „Umstritten ist insoweit nicht mehr das ‚Ob‘, sondern nur noch das ‚Wie‘"; vgl. auch Fn. 137 (hinsichtlich des Insichprozesses in genau entgegengesetzter Richtung Fn. 121); vgl. dazu *A. Herbert*, DÖV 1994, 108, 110: Aufgrund der Interdependenz vieler Sachentscheidungsvoraussetzungen seien die Differenzen, wo man das Vorliegen klagebewehrter Rechtspositionen diskutiere (m. w. N.), „von untergeordneter Bedeutung". Auch *Herbert* stellt vorwiegend auf das Vorliegen von subjektiven Rechten ab.

[159] Siehe oben bei Fn. 31 f., S. 54; dazu hat sicher die Rspr. des BVerwG beigetragen, vgl. BVerwG, Urt. v. 06.11.1991, Az.: 8 C 10/90, NJW 1992, 927, 927: „[…] das Verwaltungsprozeßrecht [verhält] sich nicht (ausdrücklich) zum Insichprozeß […]; ein solcher Insichprozeß wird um seiner selbst willen vom Verwaltungsprozeßrecht weder zugelassen noch ausgeschlossen.". Dass das Gericht diese Bemerkung im Hinblick auf die anerkannte Zulässigkeit von Organstreitigkeiten macht und damit „konsequent" ist, wie *A. Herbert*, DÖV 1994, 108, 109 meint, ist jedoch nicht erkennbar.

[160] Ursprünglich auch ausdrücklich, wie etwa bei *G. Kisker*, Insichprozeß, passim., bspw. S. 9, S. 26, S. 41, wo er explizit von einer Geltung eines Grundsatzes der Einheit der Verwaltung ausgeht; deutlich S. 10 f.: ausdrückliche Übernahme von Thesen der Staatsrechtslehre des 19. Jhs. bzw. von deren Prämissen, die den Hintergrund der weiteren Ausführungen bilden.

denn Ausnahmen, die als solche gehandhabt werden, bestätigen die Regel immer mit.

Dazu trägt auch die Berufung der Vertreter der Kontrasttheorie auf Parallelen zum Verfassungsorganstreit bei. Die Zulassung von Streitigkeiten zwischen Staatsorganen wurde in der Staatsrechtslehre des Konstitutionalismus[161] ebenfalls als Ausnahme, als „Fiktion nicht bestehender Rechtsverhältnisse", mit der der Gesetzgeber eine zweckmäßige Staatsorganisation sicherstellen wollte, hingestellt.[162] Indem die Vertreter der Kontrasttheorie sich explizit auf die Vergleichbarkeit der Interessenlagen bei verwaltungsrechtlichem und verfassungsrechtlichem Organstreit berufen und betonen, dass beide Arten von Streitigkeiten im politischen Betrieb beheimatet seien,[163] übernimmt der verwaltungsrechtliche Organstreit bei ihnen den Charakter einer Ausnahmeerscheinung vom verfassungsrechtlichen Organstreit. Das geht so weit, dass einige Autoren behaupten, Rechte von Organen von Selbstverwaltungskörperschaften seien keine Rechte im Sinne des § 42 Abs. 2 VwGO, und eine Klagebefugnis sei nur analog § 42 Abs. 2 VwGO gegeben.[164]

6. Schlussfolgerungen und Ableitungen für das zweite Fallbeispiel

Es lässt sich also eine vom übrigen Innenbereich juristischer Personen des öffentlichen Rechts, vor allem der unmittelbaren Staatsverwaltung, entkoppelte Entwicklung des verwaltungsrechtlichen Organstreites feststellen, durch die sich Vor-

---

[161] Vgl. zur Impermeabilitätstheorie oben Kapitel 2., B.I.2, S. 56.

[162] Dies beschreibt *H. Bethge*, DVBl. 1980, 308, 310 m. w. N., wörtl. Zit. von dort; dazu ausführlich noch unten Kapitel 4, B.II., S. 273.

[163] So *G. Kisker*, Insichprozeß, S. 38 ff.; vgl. *W. Roth*, Organstreitigkeiten, S. 117 ff.; vgl. *D. Th. Tsatsos*, Organstreit, S. 16 und S. 20 f., auch S. 43, S. 53; vgl. *H. Bethge*, DVBl. 1980, 308, 312.

[164] Noch heute *T. Rottenwallner*, VerwArch 105 (2014), 212, 218 unter sinnverfälschendem Zitat von BVwG, Beschl. v. 30.07.1990, Az.: 7 B 71/90, NVwZ 1991, 470 (wo es in Wirklichkeit um die analoge Anwendbarkeit bei der Feststellungsklage geht), auch S. 236 (ohne Nachw.). Ebenso *A. Wiese*, Beteiligung, S. 156, S. 171. Vgl. zu dieser Frage *W. Roth*, Organstreitigkeiten, S. 540, der viel Platz darauf verwendet, zu zeigen, dass Organrechte „normale" subjektive Rechte sind (S. 329 ff.); die Frage nach direkter oder analoger Anwendung des § 42 Abs. 2 VwGO taucht deswegen auf, weil Teilen der staatlichen Verwaltung oftmals nicht zugebilligt wurde, subjektive öffentliche Rechte innehaben zu können (bspw. *E. Forsthoff*, Verwaltungsrecht Bd. 1, S. 452), und daher auch die Qualifizierung von Organrechten als subjektive öffentliche Rechte nur vorsichtig vorgenommen wurde; zur Vielfalt der gebrauchten Umschreibungen *W. Roth*, Organstreitigkeiten, S. 303 f. m. w. N. („wehrfähige"/„klagbare" Rechtspositionen", „quasi-subjektive öffentliche Rechte" etc.); die Diskussion der Frage, ob Teile juristischer Personen des öffentlichen Rechts subjektive öffentliche Rechte haben können, verlief in den Bereichen der unmittelbaren und mittelbaren Staatsverwaltung – aufgrund der verbreiteten Annahme, dass Organstreitigkeiten nichts mit Insichprozessen zu tun haben – ebenfalls z.T. entkoppelt, vgl. *G. Kisker*, JuS 1975, 704, 706 (linke Spalte unten); zu dem Thema noch ausführlich unten Kapitel 4, B.II., S. 273.

stellungen von der Unangemessenheit von Rechtsstreitigkeiten zwischen Teilen einer einzigen juristischen Person in der Rechtswissenschaft hartnäckig halten. Diese Vorstellungen lassen sich historisch bis auf die längst überholte Impermeabilitätstheorie und die als Rechtsgrundsatz untaugliche Wendung von der Einheit der Verwaltung zurückverfolgen, haben demnach ihre Wurzeln ursprünglich weniger im Gedanken der Verwaltungseffizienz als im Ziel des Machterhaltes des Monarchen. Obwohl sie also überholt sind, wurden die Impermeabilitätstheorie und der Grundsatz der Einheit der Verwaltung für den Bereich der Streitigkeiten innerhalb juristischer Personen des öffentlichen Rechts nicht vollständig aufgegeben,[165] sondern durch die – lediglich vom Ergebnis her argumentierende – Kontrasttheorie nur als für in bestimmten Fällen ausnahmsweise nicht einschlägig angesehen.[166] Es handelt sich dabei jedoch um eine Fehlentwicklung, weil es für einen Machterhalt der Spitze der Exekutive gegenüber der Legislative durch Ausschluss von Klagemöglichkeiten unter dem Grundgesetz, aufgrund dessen die Exekutive ohnehin an die Gesetze gebunden ist (Art. 20 Abs. 3 GG), keinen zwingenden Grund mehr gibt.[167]

Auch die mit der Konnotation des Unzulässigen versehene Wendung vom Insichprozess ist auf diese Art und Weise nicht vollständig verschwunden, sondern lebt in der verwaltungsprozessualen Dogmatik, vor allem durch die Abgrenzung zur Konstellation des Organstreits, fort – ohne dass es eine sehr klare Definition des Insichprozesses gäbe. Zwar wurde – insbesondere aufgrund der Rechtsprechung des BVerwG –[168] die Vorstellung aufgegeben, es könne nur mit dem Verdikt des Insichprozesses die Unzulässigkeit einer Klage begründet werden, sodass sich die Diskussion in allen Bereichen auf die konkreten Sachentscheidungsvoraussetzungen der Klagebefugnis und des Rechtsschutzbedürfnisses konzentriert. Durch eine Argumentation vom Ergebnis her[169] bleiben aber viele Fragen ungelöst.

Wichtigstes Ergebnis bis hierher ist, dass bestimmte Wertungsgesichtspunkte – Impermeabilität und Einheit der Verwaltung –, die nicht in Rechtsnormen ver-

---

[165] Vgl. auch *F. E. Schnapp,* AöR 105 (1980), 243, 244 f. allgemein zur „Vernachlässigung organisationsrechtlicher Problemstellungen": Die Wirkung der Impermeabilitätstheorie sei „nicht ganz abgeklungen".

[166] Dass sich das nicht einmal nur auf den Grundsatz der Einheit der Verwaltung beschränkt, sondern auch die Impermeabilitätstheorie durchaus nicht überall konsequent aufgegeben wurde, zeigen die Äußerungen von *D. Th. Tsatsos,* Organstreit, S. 42, „Das Bedenken Friesenhahns gegenüber Rechtsbeziehungen im verwaltungsinternen Raum [könne] ohne Vorbehalt bezüglich der unmittelbaren Staatsverwaltung und der Anstaltsverwaltung geteilt werden."

[167] Zu diesem Aspekt (der Verteilung der Entscheidungsmacht zwischen Exekutive und Judikative) schon oben Kapitel 1, D. II. 2., bei Fn. 161, S. 45. Vgl. auch Kapitel 4, D. III. 1. d), S. 371.

[168] Vgl. Fn. 118, Fn. 120, S. 67 und Fn. 159, S. 75.

[169] Vgl. oben Kapitel 2, B. I. 5. a), S. 69; vgl. Fn. 158, Fn. 137, Fn. 130 und Fn. 121; auch *W. Hoppe,* Organstreitigkeiten, S. 26 konstatiert: Die Austragung von Organstreitigkeiten sei ein „praktisch[..] und rechtspolitisch wünschenswerte[s] Ergebnis[..]"; deutlich erkennbar auch im Fazit von *D. Th. Tsatsos,* Organstreit, S. 55.

ankert sind, einen Einfluss auf die Beurteilung haben, ob Sachentscheidungsvoraussetzungen verwaltungsrechtlicher Klagen vorliegen. Die Möglichkeit eines
solchen bestimmenden Einflusses einzelner Wertungsgesichtspunkte auf die
Rechtsanwendung wurde oben bereits aus theoretischer Perspektive vermutet[170]
und hat sich am Beispiel der Gegenüberstellung von Insichprozess und Organstreit
bestätigt.[171] Die Geschichte des Insichprozesses zeigt,[172] wie es hergebrachte, aber
durch die verfassungsrechtlichen Entwicklungen weitgehend obsolete, diffuse
Grundsätze geschafft haben, sich als Hintergrundannahme bei der Anwendung von
gesetzlich geregelten Sachentscheidungsvoraussetzungen entscheidend bemerkbar
zu machen – wenn auch in der Vergangenheit in noch höherem Maße als heute.

Dass dies aber auch gegenwärtig noch Folgen hat, ist nicht nur am Streit um
die Terminologie bei Rechten von Organen, die in Organstreitigkeiten geltend gemacht werden,[173] zu sehen, sondern auch daran, dass ein „Insichprozess" von einigen Autoren immer noch als „grundsätzlich unzulässig[..]" angesehen wird.[174]
Diese Tendenzen werden weit überwiegend[175] nur durch die hergebrachten, aber
– wie oben beschrieben –[176] in ihrem apriorischen Geltungsanspruch obsoleten
Staatsvorstellungen des Konstitutionalismus befeuert, sind „ideengeschichtliche[r]
Ballast" im Sinne Bethges.[177] Aber auch im Hinblick auf die Kontrasttheorie ist zu
fragen, ob gleichzeitig an ihr festgehalten und dieser Ballast über Bord geworfen
werden kann: Indem Kisker „nur unterschiedliche Auffassungen […], was das […]
Gemeininteresse zu tun gebietet" mit einem „regelmäßig unerwünschten ‚Ressortinteresse'" kontrastiert und diese Bedenken außerhalb des Organstreites ausdrücklich bestehen lässt, stellt er die Verbindung zum Grundsatz der Einheit der Verwaltung her und belässt es außerhalb der Kontrasttheorie bei dieser Doktrin.[178] Und
das, obwohl im Sinne eines Henne-Ei-Problems gar nicht festzustellen ist, ob die

---

[170] Kapitel 2, A., S. 48.

[171] Bei Fn. 26, S. 54.

[172] Oben B. I. 4., S. 64.

[173] Dazu noch unten Kapitel 4, B. II., S. 273.

[174] So etwa *F. Schoch*, Jura 2008, 826, 827. Vgl. auch *A. Wiese*, Beteiligung, S. 103: „Insichprozesse […] sind nur ausnahmsweise nach Maßgabe der zugewiesenen Kompetenzen zulässig"; s. a. a. a. O. S. 158 ff.

[175] Dazu noch unten C. I. 1., S. 96.

[176] Oben B. I. 2. und 3., S. 56 ff.

[177] *H. Bethge*, DVBl. 1980, 308, 310, allgemein bezogen auf ungeklärte Rechtsfragen im Innenbereich juristischer Personen des öffentlichen Rechts; zum Fortwirken überkommener Vorstellungen schon oben Fn. 69, S. 60.

[178] *G. Kisker*, Insichprozeß, S. 26 (im Kontrast zu S. 38) – er spricht im Hinblick auf die Verwaltung die „Idee ihrer Einheit" auch offen an und bezweifelt sie nicht, sondern macht sie zur
Grundlage seiner Überlegungen (passim., etwa S. 9, S. 26, S. 41); vgl. schon *G. Jellinek*, Staatslehre, S. 564: „Ressortpartikularismus" widerspreche dem Grundsatz, dass Organe (im Gegensatz zu den Amtswaltern, S. 561 f.) in keiner Rechtsbeziehung zum Staate stünden (S. 560) –
wobei eine bemerkenswerte Reibung mit den Ausführungen besteht, nach denen der Grundsatz
der Einheit des Staates nicht unbedingt die Vereinigung der Staatsgewalt in einer Person bedingen soll (a. a. O., S. 551 ff.); zur Interessenpluralität in der Verwaltung noch unten C. II. 1.,
S. 106 ff., und insb. C. II. 2., S. 115.

Rechte ursächlich für eine Kontraststellung, oder die Kontraststellung ursächlich für die Rechte sind, die Kontrasttheorie also gar kein Argument für eine Sonderrolle bietet, sondern nur die Feststellung darstellt, dass es in einem bestimmten Bereich Rechte gibt.

Es ist zwar eine Eigenheit des deutschen Verwaltungsrechts, auf hergebrachte Prinzipien zurückzugreifen,[179] es sollte hier jedoch deutlich geworden sein, dass ein grundsätzliches Misstrauen gegenüber Streitigkeiten innerhalb juristischer Personen in der heutigen Zeit nicht mehr ohne weiteres begründbar ist. Die entsprechende unterschwellige Zurückhaltung sollte für alle Arten von Streitigkeiten im Verhältnis Staat gegen Staat aufgegeben werden, nicht nur deswegen, weil die zugrundeliegenden Staatsvorstellungen des Konstitutionalismus veraltet sind, sondern auch weil es angesichts der nicht sehr überzeugenden Argumente für eine Ausnahmestellung der verwaltungsrechtlichen Organstreitigkeiten nur konsequent wäre.

Mit diesem Befund ist noch keine definitive Lösung der weitergehenden Probleme gefunden, denn einerseits ist die Möglichkeit zur Austragung verwaltungsrechtlicher Organstreitigkeiten im Ergebnis allgemein akzeptiert, andererseits stellt sich beispielsweise die Frage, warum im Bereich der unmittelbaren Staatsverwaltung wenig bis gar keine Rechte zu finden sind bzw. ob ohne den Grundansatz eines rechtlich weitgehend impermeablen Innenraums juristischer Personen des öffentlichen Rechts grundsätzlich jeder Beamte gegen jede dienstliche Weisung von Vorgesetzten mit dem Argument, sie verletze ihn in seinen Rechten, vorgehen kann – was, jedenfalls im Ergebnis, mit großer Einigkeit von der Rechtswissenschaft verneint wird.[180] Diese Probleme werden jedoch an passenderer Stelle zu erörtern sein.[181]

Für das eingangs geschilderte zweite Fallbeispiel der Klage einer Stadt – Rechtsamt – gegen sich selbst – Amt zur Regelung offener Vermögensfragen –[182] bedeuten die bisherigen Erkenntnisse Folgendes: Allein daraus, dass es sich mangels Kontrastrolle der beteiligten Teile der Verwaltung nicht um einen Kommunalverfassungsstreit oder einen sonstigen verwaltungsrechtlichen Organstreit handelt, können keine Schlüsse auf eine Unzulässigkeit der Klage gezogen werden. Diese ist also nicht per se zum Scheitern verurteilt, weil im Innenraum einer juristischen Person des öffentlichen Rechts, aber nicht um Organrechte gestritten wird.[183] Das Schlagwort des Insichprozesses in den Raum zu werfen, bringt die Antwort auf die

---

[179] Nachw. insb. in Fn. 108, S. 66. Zur Tendenz, hergebrachte Grundsätze in geschriebene Sachentscheidungsvoraussetzungen zu integrieren auch Fn. 69, S. 60 und zum subjektiven Recht Kapitel 3, Fn. 360, S. 207.

[180] Vgl. etwa *W. Roth*, Organstreitigkeiten, S. 226: „Ausschluss der gerichtlichen Überprüfbarkeit hierarchischer Weisungen" als „unangefochtene[s] Ergebnis".

[181] Unten Kapitel 4, C. II. 2. b), S. 336.

[182] Oben Kapitel 1, A. II. S. 20.

[183] In BVerwG, Urt. v. 28.03.1996, Az.: 7 C 35/95, BVerwGE 101, 47, wurde ein Vergleich zum verwaltungsrechtlichen Organstreit gar nicht erst gezogen.

Frage, ob eine Klage zulässig ist, auch kein Stück näher.[184] Auch wenn aufgrund der Lektüre von Literatur und Rechtsprechung eine Neigung entstehen kann, der Zulässigkeit dieser Klage skeptisch gegenüber zu stehen, ist der Versuchung zu widerstehen, mit unklaren, vermeintlichen Grundsätzen wie dem der Einheit der Verwaltung zu argumentieren. Die Sachentscheidungsvoraussetzungen sind unbefangen zu prüfen. Sicherlich sind hierbei die Klagebefugnis und die Frage nach den subjektiven Rechten entscheidende Punkte. Es ist aber auch notwendig, sich mit anderen Fragen zu beschäftigen, beispielsweise dem Rechtsschutzbedürfnis oder dem Problem, dass die sich streitenden Teile der Verwaltung keine „Rechtsträger" im herkömmlichen Sinn sind, sondern der gleichen juristischen Person des öffentlichen Rechts angehören, es also bereits fraglich ist, ob die Beteiligtenfähigkeit gegeben ist.[185] Allen diesen Fragen wird in den nächsten Kapiteln dieser Arbeit weiter nachgegangen.

II. Zwischen juristischen Personen – Prozesse mit oft übersehenen Besonderheiten

Solche Vorbehalte gegenüber Rechtsstreitigkeiten zwischen Teilen des Staates, wie sie für den Innenbereich juristischer Personen des öffentlichen Rechts festzustellen sind, bestehen für das Verhältnis zwischen diesen grundsätzlich nicht. Hier herrschen umgekehrte Verhältnisse: Streitigkeiten werden ganz häufig als eigentlich unproblematisch angesehen und deswegen werden keine prozessrechtlichen Probleme thematisiert, die sich daraus ergeben könnten, dass es sich um Streitigkeiten im Verhältnis Staat gegen Staat handelt. Davon, dass eine Streitigkeit gar nicht vor Gericht gebracht werden könnte, etwa aufgrund eines Grundsatzes der Einheit der Verwaltung, ist schon gar keine Rede.[186] Lediglich bei einzel-

---

[184] Vgl. aber die Entscheidungsgründe a. a. O. (Fn. 183), juris Rn. 10, wo der Begriff des Insichprozesses gebraucht wird, ohne dass richtig klar würde, welche Funktion er dort hat.

[185] Soweit diese Probleme mit der Klagebefugnis und der Möglichkeit zur Innehabung von Rechten korrelieren, wird dies auch hier im Rahmen der Frage, ob der Staat Rechte haben kann (vgl. unten Kapitel 4.), diskutiert: Insofern ist der Aussage zur Interdependenz von Sachentscheidungsvoraussetzungen von *Herbert* in Fn. 158, S. 75 teilweise zuzustimmen. Dies darf aber nicht so verstanden werden, dass verschiedene Sachentscheidungsvoraussetzungen nicht auch unabhängig voneinander verneint werden könnten (dazu unten Kapitel 5, A., S. 414).

[186] Deutlich wird das vor allem bei Entscheidungen, in denen zwar die Tatsache, dass es sich um eine Konstellation Staat gegen Staat handelte, irgendwelche Auswirkungen hatte, wo diese Probleme aber eher auf materieller Ebene angesiedelt und von ganz anderer Art sind als die Probleme, die bei Streitigkeiten innerhalb einer juristischen Person diskutiert werden, vgl. etwa BVerwG, Urt. v. 25.07.2002, Az.: 7 C 24/01, BVerwGE 117, 1: Dort wird zwar die Polizeipflichtigkeit von Hoheitsträgern (dazu Fn. 187) diskutiert (und bejaht, was Hoheitsträger in der konkreten immissionsschutzrechtlichen Frage Bürgern gleich stellt), die Frage nach der Zulässigkeit der Klage, Rechten des Staates oder der Verwaltungsaktsqualität wird aber gar nicht angesprochen; ähnlich (mit Vertrauensschutz bei Rücknahme eines VA als materiellem Problem) OVG Koblenz., Urt. v. 17.11.1987, Az.: 7 A 21/87, DÖV 1988, 309; auf eine ganz eigentümliche Weise wird die Besonderheit der Konstellation Staat gegen Staat in VGH München,

nen Problemen wird die Eigenschaft juristischer Personen des öffentlichen Rechts, Teil des Staates zu sein, für die Sachentscheidungsvoraussetzungen einer verwaltungsgerichtlichen Klage als relevant angesehen: etwa bei der Frage, ob gegen Aufsichtsakte, insbesondere fachaufsichtliche Weisungen, der Rechtsweg beschritten werden kann.[187]

1. Juristische Personen des öffentlichen Rechts als reguläre Rechtssubjekte

Es wird gelegentlich auch anders gesehen,[188] aber eigentlich bedarf es keiner Erklärung mehr, dass[189] alle öffentlich-rechtlichen juristischen Personen die Fähigkeit haben, als Kläger vor Verwaltungsgerichten aufzutreten, und dass sie in Analogie zu juristischen Personen des Privatrechts[190] und damit genau wie diese „Zuordnungssubjekte von Rechten und Pflichten sind".[191] Juristische Personen des öffentlichen Rechts können eine ganz ähnliche Stellung wie ein Bürger einnehmen. Das ist heute so selbstverständlich, dass sie als Adressaten von Verwal-

---

Urt. v. 20.07.1993, Az.: 5 B 92.3624, BayVBl. 1994, 243 behandelt: Dort wird im Rahmen des Rechtsschutzbedürfnisses nach der Verwaltungsaktsbefugnis gefragt, ein Vorgehen, das sich nicht von demjenigen im Fall einer Klage Staat gegen Bürger unterscheidet; vgl. auch Fn. 218.

[187] Ein ebenfalls häufig angesprochenes Themengebiet ist die (formelle und materielle) Polizeipflicht(-igkeit) von Hoheitsträgern (dazu etwa *M. Borowski*, VerwArch 2010, 58 ff.; sehr lesenswert *G. Britz*, DÖV 2002, 891 ff.; *V. Jungkind*, Verwaltungsakte, S. 121 ff., *A. Wiese*, Beteiligung, S. 143 ff.), die allerdings nicht die Möglichkeit des Rechtsschutzes im Hinblick auf die Erfüllung von Sachentscheidungsvoraussetzungen betrifft, sondern vielmehr die Wirksamkeit hoheitlicher Maßnahmen gegen einen anderen Hoheitsträger, also materielle Themen, die dafür entscheidend sind, ob ein Recht, das davon unabhängig vorliegen muss, auch wirklich verletzt ist. Die Polizeipflichtigkeit von Hoheitsträgern hat aber nichts damit zu tun, ob und wie Klagen vor die Verwaltungsgerichte gebracht werden können, sodass dieses Thema hier ausgespart wird.

[188] Dazu *K. F. Röhl/H. C. Röhl*, Rechtslehre, S. 378: „Die herrschende Auffassung im Verwaltungsrecht will die Frage [Anm.: ob der Staat ‚auch positiv' Träger von subjektiven Rechten sein kann'] verneinen und reserviert den Begriff des subjektiv-öffentlichen Rechts für Individualrechte.", die diese Ansicht inhaltlich aber kritisch beleuchten – die oft getroffene Differenzierung zwischen Rechten allgemein und subjektiven öffentlichen Rechten wird dort allerdings nicht beachtet.

Zum Ganzen auch noch unten in Kapitel 4, S. 258 ff., insb. A. I., S. 259.

S. Storr, Staat, S. 465 meint allerdings, die Rechtsfähigkeit im Zivilrecht sei für den Staat „aber keineswegs selbstverständlich" – zu Zweifeln an der Privatrechtsfähigkeit von Teilen des Staates a. a. O. S. 467 ff. m. w. N.

[189] Die Frage, welche Rechte den verschiedenen Teilen der Verwaltung zustehen können, ist dagegen schon problematischer, dazu unten Kapitel 4, B. und C., S. 270 und 310.

[190] Zur Ableitung der juristischen Person des öffentlichen Rechts aus dem Zivilrecht *E. Forsthoff,* Verwaltungsrecht Bd. 1, S. 484.

[191] *J. Ipsen,* A. Verwaltungsrecht, Rn. 208; dass juristische Personen des öffentlichen Rechts Rechte haben, schreibt (im Rahmen der Abgrenzung zu Grundrechten) auch *W.-R. Schenke/ R. P. Schenke* in: Kopp/Schenke, VwGO, § 42 Rn. 127. *F. E. Schnapp*, Amtsrecht, S. 211: „Daß ‚künstliche' Funktionsträger überhaupt Träger von subjektiven Rechten sein können, ist im Prinzip unbestritten, und zwar nicht erst in neuerer Zeit."

tungsakten in Betracht kommen, und dass eine Ausnahme davon im Falle fachaufsichtlicher Weisungen beispielsweise damit begründet wird, dass sie dann nicht
„in [ihrer] Qualität als eigenständige Rechtspersönlichkeit in Anspruch genommen" werden.[192]

Den Weg dafür hat – für den Bereich des Zivilrechtsverkehrs –[193] die Fiskustheorie[194] bereitet, die in einer ursprünglichen Form[195] zunächst ein privatrechtliches
Rechtssubjekt neben dem Herrscher anerkannte, das in Rechtsverkehr mit dem Bürger eintreten und von ihm auch verklagt werden konnte. Zeitweise war die Klage
gegen den Fiskus vor den ordentlichen Gerichten nach dem Prinzip dulde und liquidiere grundsätzlich die einzige Möglichkeit, um gerichtlich gegen Akte des Staates
vorgehen zu können.[196] Später, als der Staat die Gestalt einer vom Herrscher los-
gelösten juristischen Person[197] annahm[198] und die Trennung zwischen öffentlichem
Recht und Zivilrecht etabliert wurde,[199] wurde die Person des Fiskus neben den öffentlich-rechtlichen Rechtssubjekten beibehalten.[200] Das hatte zur Folge, dass der

---

[192] *V. Jungkind*, Verwaltungsakte, S. 50 ff. (wörtl. Zit. S. 50, hier ohne die Hervorh. i.O.). Aus
der Einschränkung, in „Zweifelsfällen" müsse „weniger auf die formale Verwaltungsorganisation als auf die Funktion des Verwaltungsaktes abgestellt werden" (a. a. O., S. 68), wird zwar
die Klarheit der Indizfunktion der Eigenschaft als juristische Person abgeschwächt; es wird
aber deutlich, von welchem Grundsatz hier ausgegangen wird und dass die fachaufsichtlichen
Weisungen eine Ausnahme darstellen.

[193] Vgl. *O. Mayer*, Verwaltungsrecht Bd. 1, S. 47: Etablierung des Fiskus als Etappe zur Trennung von Zivilrecht und öffentlichem Recht.

[194] Die Fiskustheorie hat sich im Laufe der Zeit gewandelt, sodass es schwierig ist, einen genauen Ursprung anzugeben. *O. Mayer*, Verwaltungsrecht Bd. 1, S. 49 schreibt: „Für den Begriff
des Fiskus hat das römische Recht die Grundlagen geliefert." *R. Uerpmann*, Interesse, S. 127
gibt Nachweise für die These an, die „Blütezeit dieser Theorie" sei der Spätabsolutismus gewesen, liefert aber auch Nachweise für Gegenstimmen (dortige Fn. 17 und 18).

[195] Vgl. auch *S. Storr*, Staat, S. 465: „Genauer gesagt handelt es sich bei der Fiskustheorie
eher um ein ganzes Sammelsurium an Theorien, was nicht zuletzt an den sich wandelnden Aufgaben lag, die die Fiskustheorie(n) zu erfüllen hatte(n)."; vgl. *D. Ehlers*, Verwaltung in Privatrechtsform, Berlin 1984, S. 75, der m. w. N. vier verschiedene Fiskustheorien identifiziert, wobei er (S. 77) denjenigen (hier nicht erläuterten), bei denen „unter dem Fiskus nichts weiter als
der Name der Verwaltung in bestimmten Angelegenheiten zu verstehen" ist, „nur eine rein de-
skriptive Bedeutung ohne jede normative Verbindlichkeit" zuschreibt.

[196] Vgl. *O. Mayer*, Verwaltungsrecht Bd. 1, S. 52 f.; vgl. *A. Wiese*, Beteiligung, S. 10 und
J. W. Winterfeld, Grenzen, S. 139 f.

[197] Dazu oben Kapitel 1, bei Fn. 65, S. 31.

[198] Ausführlich bereits *O. Mayer*, Verwaltungsrecht Bd. 1, S. 47 ff., auch die zeitliche Entwicklung darstellend – S. 50: Der Fiskus sei „jetzt eine Seite des Staates; aber diese Seite des
Staates ist anerkannt und ausgebildet als juristische Person, bevor noch der Staat im übrigen als
juristische Person gedacht wurde."; *M. Stolleis*, Geschichte Bd. 2, S. 107 f.

[199] Dazu etwa *A. Wiese*, Beteiligung, S. 12 f.

[200] *S. Storr*, Staat, S. 465: „Doppelpersönlichkeit". In der auch bei *O. Mayer*, a. a. O., S. 50
geschilderten (aus seiner Sicht bereits rechtshistorischen) Zweiteilung des Staates in den Fiskus und den „eigentlichen Staat" liegt auch kein Widerspruch zur These des Staates als impermeabler, einheitlicher juristischer Person (vgl. oben B. I. 2. und 3., S. 56 ff.): Der „eigentliche
Staat" bleibt einheitlich, und nur im Hinblick auf seine hoheitliche Machtausübung (unter Ausklammerung fiskalischer Betätigung) sind die o. g. Theorien entwickelt worden.

„eigentliche Staat", der „Polizeistaat", dem Fiskus als „„gewöhnliche[m] Privatmann'", als „Untertan", Befehle erteilen konnte,[201] wodurch auch Rechtsstreitigkeiten zwischen Teilen des Staates ausgefochten werden konnten.[202] Der Fiskus als Staat, der nicht selbst hoheitlich tätig wird bzw. gerade keine Hoheitsgewalt ausübt, wurde schlicht so behandelt wie ein Bürger. Die Figur des Fiskus war zeitweise der Ausgleich dafür, dass sich der Staat ansonsten als impermeabler, allmächtiger monolithischer Block darstellte, zu dem normale Rechtsbeziehungen des Bürgers kaum möglich erschienen. Als sich dies wandelte und die Verwaltungsgerichtsbarkeit eingeführt wurde, brauchte man die Figur des Fiskus, der ein rechtliches Gegenüber des Staates für den Bürger darstellte,[203] eigentlich nicht mehr.[204] Mit der (wohl immer noch nicht vollständig vollzogenen)[205] Aufgabe der Fiskustheorie[206] (in der beschriebenen Form) mussten dann Eigenschaften des Fiskus im Staat als

---

[201] *O. Mayer,* Verwaltungsrecht Bd. 1, S. 50f. – *Mayer* selbst (a. a. O. S. 119 ff.) war allerdings gegen einen Begriff des Fiskus als selbständiger Rechtsperson, wollte ihn aber dann verwenden, wenn „der Staat der guten Ordnung halber unter Umständen sein eigenes Untertanenrecht auf sich selbst angewendet haben will.", wodurch die Beseitigung der gesonderten Rechtspersönlichkeit des Fiskus kaum einen praktischen Unterschied für die hier interessierenden Probleme machen dürfte – insoweit treffen die in Fn. 205 dargestellten Bedenken zu (*Mayer* wandte sich im Wesentlichen gegen die Ansicht, Rechtsschutz gegen den Staat sei nur zivilrechtlich gegen den Fiskus zu erlangen, und gegen den daraus abgeleiteten Grds. „dulde und liquidiere", a. a. O., S. 53).

[202] Vgl. PrOVG, Endurth. v. 05.05.1877, PrOVGE 2, 399 ff., wo die Ortspolizeibehörde gegen den Militärfiskus eine Verfügung erließ, wonach das Schießen auf einem Schießplatz unter Androhung von Zwangsgeld untersagt wurde. Das PrOVG löste die Rechtsfragen auf materieller Ebene (das Stichwort wäre heute: Polizeipflicht von Hoheitsträgern), stellte aber auf S. 407 heraus, der „Staat als Subjekt von Privatrechten, der Fiskus als solcher, [nehme] regelmäßig keine Ausnahmestellung" ein – wobei die Anordnung gegen die Militärverwaltung neben einer fehlenden örtlichen Zuständigkeit maßgeblich deswegen als unzulässig angesehen wurde, weil sie den Staat nicht als Fiskus betroffen habe (militärische Übungen als „Funktion des Staatsdienstes"); vgl. das in Fn. 105, S. 65 zitierte Urteil des VGH München, wo dieser die Klagemöglichkeit im Verhältnis Staat gegen Staat noch mit der Fiskustheorie ähnelnden Überlegungen rechtfertigt.

[203] Vgl. *R. Uerpmann,* Interesse, S. 127: Vermögensrechtliche Streitigkeiten gegen den Staat waren auf diese Weise vor ordentlichen Gerichten möglich; Steuerzahlungen, Gehaltszahlungen an Beamte und Enteignungsentschädigungen wurden als privatrechtliche Vorgänge eingestuft (m. w. N.).

[204] *S. Storr,* Staat, S. 466: „Fiskus" sei daher nur noch ein anderer Name für den Staat, mit dem der privatrechtliche Bezug betont werden solle.

[205] Vgl. etwa das Urteil des VGH München in Fn. 105, S. 65: Der VGH geht zwar auch davon aus, es bestehe eine „rechtliche Einheit zwischen Staat als Hoheitsträger und als Fiskus", letzterer sei „rechtlich unselbständig" (NJW 1964, 218) – aber die Berufung auf zwei voneinander unabhängige Seiten des Staates führt zu dem gleichen Ergebnis, wie die Figur getrennter juristischer Personen. Vgl. zu einem Wiederaufleben der Fiskustheorie kritisch *D. Lorenz,* AöR 93 (1968), 308, 323; vgl. BayVerfGH, Urt. v. 02.03.2001, Az.: Vf. 1-VII-99, VerfGHE BY 54, 1–6. juris Rn. 22 f., wonach eine Grundrechtsberechtigung von kommunalen Gebietskörperschaften bei „fiskalische[r] Tätigkeit" möglich ist, ansonsten aber nicht.

[206] Siehe bspw. *J. Burmeister,* VVDStRL 45 (1986), 256 (Aussprache); *R. Uerpmann,* Interesse, S. 127; Vgl. *S. Storr,* Staat, S. 465: „Bereits das Aufgreifen der Fiskustheorie muß sich heute vorwerfen lassen, auf Tätigkeiten und Begrifflichkeit des 19. Jahrhunderts zurückzugreifen."

einheitlicher juristischer Person des öffentlichen Rechts integriert werden.[207] Juristische Personen des öffentlichen Rechts werden auch „Verwaltungträger" genannt,[208] sie bilden einen Zurechnungspunkt nicht nur für die Handlungen ihrer Organe, sondern auch für die sachliche Ausstattung und die Finanzmittel, also für das Vermögen,[209] was früher Funktion des Fiskus war. Zu Recht stellt daher Schnapp heraus, dass die Figur der juristischen Person des öffentlichen Rechts nicht nur vom positiven Gesetzesrecht verwendet wird, sondern grundsätzlich auch notwendig ist, „um dem einzelnen Bürger eine handlungs-, haftungs-, und/oder rechtsfähige Einheit zur Verfügung zu stellen".[210]

Betont man dabei den Aspekt der früheren Funktionen des Fiskus bzw. der „Vollrechtsfähigkeit"[211] und die Gemeinsamkeiten mit privaten juristischen Personen,[212] dann scheint es keine Besonderheiten in der prozessrechtlichen Konstellation Staat gegen Staat zu geben: Der Staat als „Betroffener" wird wie ein Bürger behandelt.[213] Juristische Personen sind ohne Unterscheidung, ob sie solche des privaten oder öffentlichen Rechts sind, nach § 61 Nr. 1 VwGO beteiligtenfähig. Vertreter, welche die Handlungsfähigkeit herstellen, sind wie im Zivilrecht durch Gesetz vorgesehen und eine Rechtsinhaberschaft ist ohne weiteres möglich – häufig anzutreffen ist neben den subjektiven Rechten des Privatrechts auch das Selbstverwaltungsrecht der kommunalen Gebietskörperschaften, Art. 28 Abs. 2 GG. Die bei Streitigkeiten innerhalb juristischer Personen des öffentlichen Rechts oft heiklen

---

[207] Zur Privatrechtsfähigkeit der juristischen Personen des öffentlichen Rechts auch unten Kapitel 4, C. I. 1., S. 313; vgl. dagegen *K. A. Schachtschneider,* Staatsunternehmen und Privatrecht: Kritik der Fiskustheorie, exemplifiziert an § 1 UWG, Belin/New York 1986, S. 6 ff., der unter (substantieller) Fiskustheorie die Praxis versteht, dass der Staat (unter dem Namen Fiskus) auch privatrechtlich – auch unter Rückgriff auf Regeln, die sonst die Privatautonomie der Bürger verwirklichen – handeln kann, und dieser Handhabung insgesamt in seinem Buch kritisch gegenübersteht (S. 455 ff.).

[208] *H. Maurer,* A.Verwaltungsrecht, § 21 Rn. 1; vgl. auch *V. Jungkind,* Verwaltungsakte, S. 147.

[209] Etwa *J. Ipsen,* A. Verwaltungsrecht, Rn. 206.

[210] *F. E. Schnapp,* Amtsrecht, S. 106: Der von ihm als Beispiel eines an die juristische Person anknüpfenden Gesetzes in Bezug genommene Art. 19 Abs. 3 GG ist aber kein treffendes Beispiel, da Art. 19 Abs. 3 GG zwar von juristischen Personen spricht, sich aber jedenfalls nicht auf solche des öffentlichen Rechts beschränkt bzw. diese gar nicht erfasst und darüber hinaus auch anderen Personengruppen, die keine juristischen Personen bilden, Grundrechtsfähigkeit zugesprochen wird, vgl. exemplarisch *P. M. Huber* in: v. Mangoldt/Klein/Starck, GG Bd. 1, Art. 19 Abs. 3 Rn. 239.

[211] Diesen Begriff verwendet z. B. *H. Maurer,* A. Verwaltungsrecht, § 21 Rn. 6; zu diesem Begriff noch unten, Kapitel 4. C. I.1, S. 313 und Kapitel 4, C. I. 2. b), S. 322.

[212] Gemeint sind hier damit jedenfalls solche, die nicht vom Staat selbst kontrolliert oder gehalten werden, vgl. dazu *M. Goldhammer,* JuS 2014, 891 ff. Die dort angesprochenen Probleme sollen hier nicht Thema sein (vgl. auch *R. Uerpmann,* Interesse, S. 31).

[213] Vgl. *A. Gern,* Kommunalrecht, Rn. 828: „Die Gemeinden können, wie jede andere natürliche oder juristische Person bei Vorliegen einer öffentlich-rechtliche Streitigkeit nicht verfassungsrechtlicher Art Klage vor dem Verwaltungsgericht erheben". Vgl. aber auch *A. Wiese,* Beteiligung, S. 58 zu Sonderregeln, bspw. im Vollstreckungsrecht – diese Regelungen sind jedoch nur deswegen vorhanden, weil Teile des Staates i. Ü. wie Bürger behandelt werden.

Sachentscheidungsvoraussetzungen scheinen hier grundsätzlich keine Probleme zu bereiten.[214] Durch die Einteilung in verschiedene juristische Personen werden innerhalb des Staates „Außenrechtsbeziehungen" zwischen seinen Teilen fingiert. Selbst eine rechtliche Impermeabilität der einzelnen Rechtsträger hätte keinen Einfluss auf die Zulässigkeit von Streitigkeiten zwischen ihnen.

Die leichte Handhabung von Verwaltungsprozessen zwischen juristischen Personen des öffentlichen Rechts steht in auffälligem Gegensatz zu den oben beschriebenen Tendenzen im Bereich der Streitigkeiten innerhalb juristischer Personen. Warum etwa der Grundsatz der Einheit der Verwaltung nur ein Grundsatz der „Einheit des jeweils zur Diskussion stehenden (kommunalen, länder- oder bundesstaatlichen) Herrschaftsapparates"[215] sein soll, lässt sich aus seiner eigenen Kernaussage heraus nicht erschließen.[216] Durch die Fiktion von Außenrechtsbeziehungen zwischen juristischen Personen werden Besonderheiten der Konstellation Staat gegen Staat leicht verdeckt.

2. Besonderheiten bei Streitigkeiten zwischen juristischen Personen

Es darf jedoch nicht vergessen werden, dass es sich bei juristischen Personen des öffentlichen Rechts dennoch um Teile des Staates im eingangs erörterten Sinne[217] handelt. Zwar sind keine zwei Fälle identisch, und Besonderheiten werden auch – mit wechselnder Aufmerksamkeit – berücksichtigt,[218] aber es stechen

---

[214] Vgl. etwa zu sogenannten Gemeindenachbarklagen: *W.-R. Schenke*, Der Rechtsschutz von Nachbargemeinden im Bauplanungsrecht, VerwArch 98 (2007), 448 ff. und 561 ff., der zwar gelegentlich auf prozessuale Fragen eingeht, die aber keine Besonderheiten gegenüber Klagen natürlicher Personen darstellen (vorbeugender Rechtsschutz, Normenkontrolle gegen Flächennutzungspläne) – i. Ü. geht es aber in der Abhandlung um materielles Baurecht, die Möglichkeit der Gemeinden zur Klage wird vorausgesetzt; *C. Hug*, Gemeindenachbarklagen, S. 182: „Die Zulässigkeit eines solchen [Anm.: Normenkontroll-]Antrages der Nachbargemeinde ist deshalb in rechtlicher Hinsicht regelmäßig unproblematisch."; ähnlich verwaltungsorganisationsrechtliche Bezüge aussparend das „Krabbenkamp"-Urt. des BVerwG v. 08.09.1972, Az.: IV C 17.71, BVerwGE 40, 323, juris Rn. 25 bis 32.

[215] *G. Kisker*, Insichprozeß, S. 9, dortige Fn. 2.

[216] Auf Widersprüche, die sich durch eine Fixierung auf den Staat als Einheit und als juristische Person ergeben, weist auch *E.-W. Böckenförde* in: FS H. J. Wolff, S. 280 f. hin.

[217] Vgl. oben Kapitel 1, C., S. 29.

[218] Vgl. etwa BVerwG, Urt. v. 11.04.1986, Az.: 4 C 51/83, NJW 1986, 2447, 2447 ff., wo das Gericht sehr lang ausführt, warum es einen Akt der Bundesrepublik Deutschland (Bundesminister der Verteidigung), gegen den Gemeinden geklagt hatten, als Verwaltungsakt ansieht; letztlich kam es dem Gericht aber auch hier maßgeblich auf die Beeinträchtigung des Art. 28 Abs. 2 GG (vgl. sogleich unter a)) an (zur Interdependenz von Sachentscheidungsvoraussetzungen vgl. auch Fn. 158 und unten Kapitel 5, A. S. 414); ähnlich BVerwG, Urt. v. 20.11.1987, Az.: 4 C 39/84, NVwZ 1988, 731, 731, wo auf das Rechtsschutzbedürfnis aufgrund des konkreten Falles, nicht im Hinblick auf das Verwaltungsorganisationsrecht eingegangen wurde und der Schwerpunkt der Überlegungen auf einer Rechtsverletzung der Gemeinde lag.

nur zwei Aspekte heraus, denen in der Regel intensivere Beachtung geschenkt wird.[219] Zum einen wird in Konstellationen, in denen es um die spezifische Einbindung von Teilen des Staates in den Gesamtstaat geht – also bei Klagen gegen Aufsichtsmaßnahmen – deutlich, dass der Staat mit dem Bürger bzw. juristischen Personen des Privatrechts in Bürgerhand nicht gleichzusetzen ist,[220] und in diesen speziellen Fällen wird das regelmäßig auch berücksichtigt. Zum anderen stehen juristischen Personen des öffentlichen Rechts besondere Rechte zu, die zur Begründung der Klagebefugnis herangezogen werden können und auch bevorzugt herangezogen werden.[221]

a) Suche nach einem Recht im Sinne des § 42 Abs. 2 VwGO

So wie sich im Rahmen der Diskussion verwaltungsgerichtlicher Streitigkeiten innerhalb juristischer Personen der Blick auf subjektive Rechte und die Klagebefugnis verengte,[222] so spielt auch bei der Betrachtung von Streitigkeiten zwischen juristischen Personen des öffentlichen Rechts häufig die Suche nach dem subjektiven Recht im Sinne des § 42 Abs. 2 VwGO eine so wichtige Rolle, dass andere Fragen in den Hintergrund treten.[223] Entsprechend wurde – soweit ersichtlich – die Definition des Insichprozesses als Prozess zwischen zwei derselben Aufsichtsinstanz unterstehenden Teilen des Staates[224] nicht auf Streitigkeiten zwischen juristischen Personen angewandt[225] – obwohl zu überlegen ist, ob beispielsweise ein

---

[219] Vgl. *M. Burgi*, Kommunalrecht, § 9 Rn. 8: „keine Besonderheiten bestehen, wenn es nicht um staatliche Aufsichtsmaßnahmen einschließlich Weisungen geht"; vgl. auch Fn. 213, Fn. 214 und Fn. 218.

[220] Besonders zeigt sich das bei der Fachaufsicht, dazu sogleich unter b.; gegen bestimmte Weisungen konnten sich jedoch bspw. die Gemeinden (in Preußen) schon seit Ende des 19. Jhs. wehren und ähnlich wie Bürger vor Verwaltungsgerichte ziehen, vgl. *W. Kahl*, Staatsaufsicht, S. 184 – durch die Enumeration im preußischen Zuständigkeitsgesetz waren Unterschiede im Vergleich zum Rechtsschutz von Bürgern wenig bedeutsam.

[221] Dazu sogleich a).

[222] Vgl. oben unter B. I. 4., S. 64.

[223] Vgl. (exemplarisch) BSG, Urt. v. 28.04.1967, Az.: 3 RK 26/63, NJW 1968, 1109 in einem Fall mit einer sehr interessanten Konstellation: Eine Handwerkskammer hatte auf Erlass einer Aufsichtsverfügung gegen eine Krankenkasse geklagt. Das BSG konzentrierte sich auf die Frage, ob die Rechtsgrundlage für Aufsichtsmaßnahmen drittschützend ist – was bei einer Klage eines (privaten) Handwerksbetriebs ebenso zu klären gewesen wäre, sodass Besonderheiten der Konstellation Staat gegen Staat eigentlich nicht angesprochen wurden.

[224] Vgl. BVerwG, oben Fn. 126.

[225] Vgl. etwa BVerwG Urt. v. 14.02.1969, Az.: IV C 215.65, juris Rn. 16, wo das BVerwG zwar obiter dictum für den Streit zwischen Behörden ausführt, Prozesse zwischen solchen würden „wegen des grundsätzlichen Verbots des Insichprozesses nicht in Betracht" kommen, aber auf die damit genommenen Probleme für den eigentlichen Fall nicht eingeht, sondern aufgrund des Innehabens von Rechten und der Klagebefugnis der Gemeinde die Zulässigkeit ihrer Klage bejaht (vgl. allgemein zu Schlüssen von Rechten auf die Zulässigkeit insgesamt oben unter B. I. 4., S. 64). Dass der Begriff des Insichprozesses (mit Bezug auf eine gemeinsame Aufsichtsinstanz) bei Streitigkeiten zwischen juristischen Personen nicht verwendet wurde,

Ministerium des Inneren eines Landes oder eine Landesregierung nicht aufgrund der staatlichen Aufsichtsmöglichkeiten beispielsweise über Kommunen in manchen Fällen als eine solche gemeinsame übergeordnete Instanz gelten könnten.[226]

Bei einer Konzentration auf die Klagebefugnis ist die Bejahung der Zulässigkeit einer Klage oft leicht, weil den der mittelbaren Staatsverwaltung zuzuordnenden juristischen Personen des öffentlichen Rechts im Streit mit der juristischen Person Staat, deren Trabanten sie sind, häufig entsprechende Rechte zugestanden werden. Wie erwähnt, gibt es mit Art. 28 Abs. 2 GG ein Recht,[227] das bei Klagen von kommunalen Gebietskörperschaften häufig eine Klagebefugnis vermitteln kann. Im Gefolge dieser Vorschrift wird auch einer Reihe fachlicher Normen, wie etwa § 36 BauGB, drittschützende Wirkung zugesprochen.[228] Die Frage der Klagebefugnis ist so – im Falle der Klage einer kommunalen Gebietskörperschaft – häufig kein allzu großes Problem.[229] Ebenfalls ein Feld meist unproblematisch zulässiger Klagen zwischen juristischen Personen des öffentlichen Rechts sind Sozialgerichtsprozesse, in denen Leistungsträger Erstattungsansprüche nach §§ 102 ff. SGB X gegeneinander einklagen. § 114 SGB X ist zu entnehmen, dass der Gesetzgeber davon ausgeht, dass die den Leistungsträgern zustehenden Geldansprüche eine Klagebefugnis vermitteln, sonst hätte die Rechtswegzuweisung keine sinnvolle Funktion.

b) Fachaufsichtliche Weisungen

Wenn sich juristische Personen des öffentlichen Rechts gegen Weisungen und Aufsichtsakte wehren, dann tritt in diesen Konstellationen zu Tage, dass sie in die Gesamtorganisation des Staates eingebunden sind, das heißt dass durch die gesetzlich auferlegte Pflicht zum Gehorsam gegenüber anderen Teilen des Staates ihre Selbständigkeit, die sie durch die Rechtsform der juristischen Person besitzen, begrenzt wird.[230] Es existiert speziell bei Selbstverwaltungskörperschaften eine

---

liegt wahrscheinlich auch daran, dass er, wie oben beschrieben (B. I. 4.), häufig benutzt wurde, um die Annahme der Unzulässigkeit des Prozesses zu untermauern, bei Streitigkeiten zwischen juristischen Personen aber, wie gerade dargelegt (unter B. II. 1.), die entsprechenden grundsätzlichen Vorbehalte gegenüber einem verwaltungsgerichtlichen Rechtsstreit nicht vorhanden sind.

[226] Dazu noch unten beim Rechtsschutzbedürfnis unter Kapitel 5, D. III. 1, S. 438.

[227] Dazu, dass es sich hier um ein subjektives Rechte handelt, das vor Verwaltungsgerichten durchgesetzt werden kann, unten Kapitel 4, B. I., S. 271.

[228] Vgl. (exemplarisch) BVerwG, Urt. v. 20.11.1987, Az.: 4 C 39/84, NVwZ 1988, 731, 732 zu Informationspflichten nach dem LuftVG, die der Sicherung der Rechte der Gemeinden aus Art. 28 Abs. 2 GG dienen sollen. Vgl. A. Wiese, Beteiligung, S. 167; bei Wiese, a. a. O. S. 150, ist darüber hinaus die Rede von einfachgesetzlichen Selbstverwaltungsrechten von Innungen, Sozialversicherungsträgern, Stiftungen des öffentlichen Rechts u. a.

[229] A. Wiese, Beteiligung, S. 264 sieht daher eine „Sonderstellung" der Gemeinden.

[230] Die Begrenzung der Selbständigkeit tritt nicht nur aufgrund einer Weisungsgebundenheit ein, sondern auch ganz allgemein durch die Grundrechts- (Art. 1 Abs. 3 GG) und Gesetzesbindung (Art. 20 Abs. 3 GG), die bspw. auch dazu führt, dass anderen Teilen des Staates zu-

Dialektik zwischen rechtlicher Verselbständigung sowie mitgliedschaftlicher Selbstbestimmung in Richtung einer Autonomie vom Staat einerseits und einer Einbindung in öffentliche Aufgabenerfüllung und Staatsstruktur sowie Legitimation durch und Bindung an staatliche Gesetze andererseits.[231]

So wird beispielsweise in Bundesländern mit Kommunalgesetzen mit dualistischem Modell, zum Teil aber auch bei monistischem Modell,[232] hinsichtlich der Aufgaben des übertragenen Wirkungskreises bzw. Pflichtaufgaben zur Erfüllung nach Weisung eine Klage der Gemeinde gegen Weisungen der Aufsicht grundsätzlich für unzulässig gehalten; dieses Ergebnis wird aber heute in der Regel nicht etwa aufgrund eines Grundsatzes der Einheit der Verwaltung oder eines Hierarchieverhältnisses angenommen,[233] sondern letztlich[234] dem Fehlen subjektiver Rechte und damit der fehlenden Klagebefugnis nach § 42 Abs. 2 VwGO zu-

---

gewiesene öffentliche Aufgaben mit örtlichem Bezug nicht durch die Gemeinden wahrgenommen werden dürfen. Vgl. dazu auch *W. Krebs* in: Isensee/Kirchhof, HStR Bd. 5, § 108 Rn. 28 (Bindung auch durch organisationsrelevante Kompetenzen, „einheitliche Sachprogramme", Verwaltungsverfahren etc.); wobei die Aufsicht wiederum auch sicherstellt, dass die gesetzlichen Anforderungen auch eingehalten werden (*W. Kluth,* Funktionale Selbstverwaltung: Verfassungsrechtlicher Status – verfassungsrechtlicher Schutz, Tübingen 1997, S. 273; *W. Kahl,* Staatsaufsicht, S. 495 ff., insb. 498 f.); vgl. auch *A. Heusch* in: W. Kluth, Handbuch, § 15 Rn. 10.

[231] *K.-J. Bieback,* Quaderni Fiorentini 1982/83, S. 860; vgl. auch *H.-G. Henneke* in: Schmidt-Bleibtreu/Hofmann/Henneke, GG, Art. 28 Rn. 40: „verwaltungsorganisatorische und politisch-demokratische Funktion"; vgl. auch *U. Scheuner* in: H. Conrad u. a., GS Hans Peters, S. 798 f., der die Gemeinden ungeachtet ihrer Selbständigkeit durch Selbstverwaltung als stärker eingebunden betrachtet als die übrigen Selbstverwaltungskörperschaften.

[232] Vor allem bei Gemeinden in Ländern mit monistischem Modell ist streitig, ob nicht doch Selbstverwaltungsrechte (Art. 28 Abs. 2 GG) auch bei Weisungen hinsichtlich der Pflichtaufgaben geltend gemacht werden können, vgl. (selbst ablehnend) *W.-R. Schenke/R. P. Schenke* in: Kopp/Schenke, VwGO, § 42 Rn. 139 m. w. N. in Fn. 389 bis 391; ebenfalls ablehnend *M. Burgi,* Kommunalrecht, § 9 Rn. 18; vgl. auch *A. Heusch* in: W. Kluth, Handbuch, § 15 Rn. 85 (m. w. N.), der für alle Kammern eine Rechtsschutzmöglichkeit bei fachaufsichtlichen Weisungen bejaht.

[233] Vgl. aber BVerwG, Beschl. v. 28.12.1957, Az.: VII B 9/57, DVBl. 1958, 283, 284, wo auf einen Grundsatz der Über-/Unterordnung abgestellt wird und dieser auch für den unmittelbaren Staatsverwaltung auf die Erledigung von Auftragsangelegenheiten übertragen wird – die fehlende Anfechtungsmöglichkeit der Weisung wird auch unter Rückgriff auf die in Fn. 85 (S. 62) zitierte Rspr. des OVG Münster und damit implizit auf die Figur der Einheit der Verwaltung gegründet; anders bereits BVerwGE, Urt. v. 09.07.1964, Az.: VIII C 29.63, BVerwGE 19, 121–125, juris Rn. 17, wo nur festgestellt wird, bei fachaufsichtlichen Weisungen könne die Gemeinde „im allgemeinen nicht in ihren Rechten verletzt sein"; vgl. auch *A. Heusch* in: W. Kluth, Handbuch, § 15 Rn. 85, der sich (allerdings ohne Nachweise) auf eine Ansicht bezieht, nach der bei der Wahrnehmung übertragener Aufgaben ein „Verhältnis behördlicher Über- und Unterordnung" bestehe, was Klagen gegen fachaufsichtliche Maßnahmen ausschließe.

[234] Häufig wird auch die Frage diskutiert, ob Weisungen Verwaltungsakte darstellen; dieses Problem wird aber oft über die Frage der subjektiven Rechte gelöst und die Klagebefugnis ist für die Entscheidung, ob eine Klage scheitert, wichtiger (*M. Burgi,* Kommunalrecht, § 9 Rn. 12; vgl. auch *W.-R. Schenke* in: Kopp/Schenke, VwGO, Anh. § 42 Rn. 77 f.); BVerwG, Beschl. v. 27.02.1978, Az.: VII B 36.77, NJW 1978, 1820, juris Rn. 3; vgl. BVerwG, Urt. v. 14.12.1994, Az.: 11 C 4/94, DÖV 1995, 512, juris Rn. 11, wo das BVerwG m. w. N. äußert: „Nach der Rechtsprechung des Bundesverwaltungsgerichts können fachaufsichtliche Weisungen gegenüber einer Gemeinde von dieser im allgemeinen nicht angefochten werden, weil ihnen das für die

geschrieben,[235] unter Betonung eines Kontrastes zu den Aufgaben, die im Bereich der von Art. 28 Abs. 2 GG subjektiv-rechtlich geschützten Selbstverwaltung wahrgenommen werden.[236]

Durch die Festlegung auf den Aspekt der subjektiven Rechte sind dann auch verschiedene Ausnahmen im Bereich der übertragenen Aufgaben bzw. der Pflichtaufgaben zur Erfüllung nach Weisung anerkannt worden, in denen trotz grundsätzlicher Weisungsgebundenheit der Gemeinde durch eine (fachaufsichtliche) Weisung in Rechte eingegriffen wird.[237] So etwa, wenn aufgrund der „Intensität der staatlichen Maßnahme" die Personal- oder Finanzhoheit beeinträchtigt wird und sich die (fachaufsichtliche) Weisung damit doch auf die Selbstverwaltungsrechte auswirkt,[238] oder wenn es ein subjektives Recht gibt, auf das sich die Gemeinde auch im Rahmen der Erfüllung übertragener Aufgaben bzw. Pflichtaufgaben zur Erfüllung nach Weisung berufen kann.[239]

Annahme eines Verwaltungsakts notwendige Merkmal der unmittelbaren Außenwirkung fehlt, jedenfalls aber keine Verletzung in eigenen Rechten möglich ist".

[235] Vgl. etwa *J. Prandl/H. Zimmermann/H. Büchner/M. Pahlke*, Kommunalrecht, Art. 109 GO Rn. 12: „Grundsätzlich gilt die Regel, dass Gemeinden in Angelegenheiten des übertragenen Wirkungskreises nicht gegen Maßnahmen der Aufsichtsbehörde klagen können, weil es an einer möglichen Rechtsverletzung der Gemeinde fehlt"; *M. Burgi,* Kommunalrecht, § 9 Rn. 16; *A. Gern,* Kommunalrecht, Rn. 837: Maßnahmen der Fachaufsicht bzw. Weisungen „sind nach der Rechtsprechung durch die Gemeinden grundsätzlich nicht anfechtbar, da diese im Regelfall subjektive Rechtspositionen der Gemeinde nicht berühren" (m. w. N. aus der Rspr.).

[236] Bspw. *W.-R. Schenke/R. P. Schenke* in: Kopp/Schenke, VwGO, § 42 Rn. 139.

[237] Dazu (für Bayern) *J. Prandl/H. Zimmermann/H. Büchner/M. Pahlke*, Kommunalrecht, Art. 120 GO Rn. 3.

[238] *M. Burgi,* Kommunalrecht, § 9 Rn. 16; vgl. auch *W.-R. Schenke/R. P. Schenke* in: Kopp/Schenke, VwGO, § 42 Rn. 139: „wenn Weisungen die Selbstverwaltungsgarantie in einer Weise berühren, daß sich hieraus besondere Anforderungen ergeben"; BVerwG, Beschl. v. 22.01.2001, Az.: 8 B 258/00, DVBl. 2001, 918, juris Rn. 4; vgl. auch VGH München, Urt. v. 13.08.2001, Az.: 11 B 98.1058, BayVBl 2002, 336, juris Rn. 18, wo es zwar nicht um eine Klage gegen eine fachaufsichtliche Weisung ging, aber eine Verletzung in Art. 28 Abs. 2 GG deswegen für möglich gehalten wurde, weil das Landratsamt im Bereich übertragener Aufgaben eine Anordnung erließ, für die die Gemeinde zuständig gewesen wäre.
Es ergeben sich schwierige Abgrenzungsfragen, da wahrscheinlich fast jede Weisung den Einsatz von Personal und Finanzmitteln beeinflusst. Vgl. dazu *A. Wiese,* Beteiligung, S. 220 ff., die m.N. verschiedene Ansichten zur Reichweite der Finanzhoheit darstellt und selbst vertritt, dass die Finanzhoheit nur verletzt sein kann, wenn die „aufgabenadäquate Finanzausstattung" gefährdet ist.

[239] Vgl. BVerwG, Urt. v. 14.12.1994, Az.: 11 C 4/94, DÖV 1995, 512, juris Rn. 13, wo § 45 Abs. 1b S. 1 Nr. 5 Alt. 2 StVO als die Gemeinde und ihr Planungskonzept (und damit ihre gemeindliche Selbstverwaltung) auch gegen fachaufsichtliche Weisungen schützende Norm zur Begründung der Klagebefugnis herangezogen wird; vgl. BVerwG, Urt. v. 29.05.2002, Az.: 8 C 15/01, BVerwGE 116, 273, juris Rn. 16, wo zwar eine Klagebefugnis einer Gemeinde gegen einen die eigene Entscheidung abändernden Widerspruchsbescheid grundsätzlich verneint, aber eine mögliche Verletzung der Finanzhoheit wegen finanziellen Belastungen bejaht wird – es handelt sich hier nicht um eine Verletzung durch Intensität wie bei Fn. 238, sondern das Vermögen der Gemeinde wird schon bei geringer Belastung über Art. 28 Abs. 2 GG geschützt (a. A., d. h. Verletzung der Finanzhoheit nur durch erhebliche Beeinträchtigungen, *A. Wiese,* Beteiligung, S. 169 m. N.).

Daher erscheint bei der Anwendung der oft wiederholten[240] Regel, gegen (fach-aufsichtliche) Weisungen gebe es keinen Rechtsschutz, Vorsicht geboten – es ist trotzdem immer im Einzelfall zu prüfen, ob die Möglichkeit einer Rechtsverlet-zung besteht.[241] Die fachaufsichtliche Natur einer Weisung kann nur eine typische Wahrscheinlichkeit des Vorliegens eines Rechts der angewiesenen juristischen Person indizieren, nicht aber das Ergebnis präjudizieren. Ist jedoch ohnehin in je-dem Einzelfall das Vorliegen eines Rechts zu prüfen, bringt auch die vermeintliche Regel keine wirkliche Erleichterung für die Rechtsanwendung.

c) Zwischenergebnis

Genau wie bei Streitigkeiten innerhalb einer juristischen Person des öffent-lichen Rechts muss also auch bei Verwaltungsprozessen zwischen solchen die Be-sonderheit beachtet werden, dass juristische Personen des öffentlichen Rechts in die staatliche Organisation eingebunden sind.

Vor allem wenn sich eine selbständige juristische Person des öffentlichen Rechts gegen Aufsichtsmaßnahmen wehrt, rückt in Rechtswissenschaft und Praxis diese Eingebundenheit in den Fokus und wird im Rahmen der Prüfung der Sach-entscheidungsvoraussetzungen von verwaltungsgerichtlichen Klagen vor allem bei der Suche nach einem Recht im Sinne des § 42 Abs. 2 VwGO als Besonderheit berücksichtigt. Im Bereich der bloßen Rechtsaufsicht wird eine Klagebefugnis in der Regel über die Berufung auf subjektiv-rechtliche Selbstverwaltungsrechte oder Fachnormen, die deren einfachrechtlicher Ausgestaltung dienen, begründet.[242] Für den Bereich des Sozialrechts hat § 54 Abs. 3 SGG daher höchstens deklaratorische Funktion.[243] Aber auch im Bereich der Fachaufsicht spielen subjektive Rechte der

---

[240] Vgl. etwa Fn. 235; ähnlich *W.-R. Schenke/R. P. Schenke* in: Kopp/Schenke, VwGO, § 42 Rn. 139.

[241] In diese Richtung auch *H. C. Röhl* in: F. Schoch, B. Verwaltungsrecht, 1. Kap. – Kom-munalrecht, Rn. 72; ähnlich *W. Kahl,* Staatsaufsicht, S. 563 m. w. N.

[242] Hinsichtlich kommunaler Selbstverwaltungskörperschaften siehe Fn. 236, hinsichtlich bspw. der Handwerkskammern *A. Heusch* in: W. Kluth, Handbuch, § 15 Rn. 84; kein Recht erwähnend, aber trotzdem die Möglichkeit einer Anfechtungsklage gegen Aufsichtsmaßnah-men bejahend *J. Möllering* in: Frentzel/Jäkel/Junge, Industrie- und Handelskammergesetz, 7. Aufl., Köln 2009, § 11 Rn. 25. Einfach-gesetzliche Selbstverwaltungsrechte von juristischen Personen des öffentlichen Rechtes, die eine Klagebefugnis vermitteln, zählt *K. F. Gärditz* in: ders., VwGO, § 42 Rn. 100 a. E. auf; Rundfunkanstalten und Universitäten können Rechte aus Art. 5 Abs. 1 S. 2 Var. 2 bzw. Abs. 3 S. 1 GG anführen.

[243] § 54 Abs. 3 SGG hat den Inhalt, dass bei Verletzung eines Selbstverwaltungsrechtes gegen aufsichtliche Maßnahmen geklagt werden kann (vgl. *S. Mink* in: Rolfs/Giesen/Kreikebohm/ Udsching, BeckOK Sozialrecht, § 54 SGG Rn. 8; *W. Keller* in: Meyer-Ladewig/ders./Leitherer, SGG, § 54 Rn. 18), dazu *U. Wenner* in: Knickrehm/Kreikebohm/Waltermann, Kommentar zum Sozialrecht, 4. Aufl., München 2015, Rn. 10: „Dass Selbstverwaltungskörperschaften sich ge-richtlich gegen Maßnahmen der staatlichen Aufsichtsbehörden zur Wehr setzen können, ist eine Selbstverständlichkeit".

juristischen Personen des öffentlichen Rechts eine entscheidende Rolle für die Zulässigkeit einer Klage, sodass sich dort kein prinzipieller Unterschied in der Vorgehensweise ergibt.

3. Folgerungen für das erste Fallbeispiel

Weniger deutlich wird die Eingebundenheit in die staatliche Organisation allerdings, wenn wie im ersten Fallbeispiel[244] keine typische Aufsichtskonstellation vorliegt. Den Kläger als juristische Person einem Bürger gleichzustellen, läge auf den ersten Blick nahe, und es besteht die Versuchung, die Sachentscheidungsvoraussetzungen der Klage vorschnell zu bejahen.

Wie noch zu zeigen sein wird,[245] darf jedoch nicht außer Acht gelassen werden, dass hier kein Bürger, sondern ein Teil des Staates handelt. Auf der einen Seite sind juristische Personen des öffentlichen Rechts zwar selbständige „Rechtsträger", auf der anderen Seite unterliegen auch sie als Exekutive hoheitlicher Gewalt der Gesetzesbindung nach Art. 20 Abs. 3 GG und sind in die staatliche Organisationshierarchie eingebunden. Dies kann im Rahmen der Sachentscheidungsvoraussetzungen bedeutsam werden, wie noch ausführlicher erläutert wird.[246] Durch die formale Gleichsetzung juristischer Personen des öffentlichen Rechts mit privaten juristischen Personen können Unterschiede außerhalb der klassischen[247] Aufsichtskonstellationen aus dem Fokus geraten, sodass es vor allem bei der praktischen Fallbearbeitung nötig ist, bewusst auf solche zu achten.

III. Zwischenfazit

Die Analyse der in Rechtswissenschaft und Praxis präsenten Wertungsgesichtspunkte ergibt ein gemischtes Bild. Zum einen gibt es bestimmte historische Grundannahmen, welche die Rechtsanwendung beeinflussen, die jedoch im Kern obsolet sind. Zum anderen ist dieser Einfluss je nach Fallgestaltung aber vollkommen unterschiedlich stark ausgeprägt.

---

[244] Oben Kapitel 1, A. I., S. 19.

[245] Ein endgültiger Lösungsvorschlag folgt am Ende der Arbeit, Kapitel 6, C. I., S. 456.

[246] Insb. zum Rechtsschutzbedürfnis Kapitel 5, D., S. 427.

[247] Es handelt sich beim ersten Fallbeispiel um eine umgekehrte Aufsichtskonstellation, d. h. der Kläger hat die Aufsicht über die Beklagte, dazu unten bei der Auflösung des Falles Kapitel 6, C. I., ab S. 456.

1. Unterschiedliche Präsenz hergebrachter organisationsrechtlicher Grundannahmen

Es gibt eine Tendenz, die Austragung von Streitigkeiten innerhalb juristischer Personen des öffentlichen Rechts vor Verwaltungsgerichten als grundsätzlich problematisch anzusehen, was seinen Ursprung in der Vorstellung von einer abgeschlossenen, einheitlichen Sphäre der Verwaltung hat. Dagegen scheinen die Schwierigkeiten bei Prozessen zwischen juristischen Personen des öffentlichen Rechts bedeutend kleiner zu sein, obwohl sich die Konflikte in diesen Konstellationen ebenfalls in der Sphäre der Verwaltung abspielen. Hier spielt eine maßgebliche Rolle, dass in der letztgenannten Konstellation Rechtsträger zur Verfügung stehen, denen eigenständiges Handeln von der Rechtsordnung in die Wiege gelegt wurde, und die nach traditioneller Auffassung originärer Kristallisationspunkt von Rechten und Pflichten sind. Die Unterteilung des Staates in verschiedene juristische Personen hat eine lange Tradition und ist nach allgemeiner Auffassung juristisch überaus relevant.[248]

Die Unterschiede in diesen Bereichen sind jedoch geringer, als man zunächst annehmen könnte. Die Probleme bei Streitigkeiten zwischen juristischen Personen des öffentlichen Rechts werden im Vergleich zu denen innerhalb juristischer Personen meist unterschätzt, obwohl es sich in allen Fällen um Streitigkeiten im Verhältnis Staat gegen Staat handelt.

2. Historisch bedingte Wertungsgesichtspunkte weitgehend obsolet

Daraus folgt jedoch auch, dass es schon deswegen zweifelhaft ist, dass im geltenden Recht ein Grundsatz der Einheit der Verwaltung als entscheidungstragender Rechtsgedanke existiert, weil er höchstens als „Einheit des jeweils zur Diskussion stehenden" Verwaltungsträgers[249] umgesetzt wird. Es ist jedoch fraglich, welche Daseinsberechtigung ein Grundsatz hat, der den Anspruch erhebt, die ganze Verwaltung zu erfassen, aber bei genauerem Hinsehen durch die Fragmentierung der Verwaltung in verschiedenste juristische Personen nur in ganz bestimmten Fallkonstellationen Anwendung finden soll. Zu den oben geltend gemachten Kritikpunkten gegen einen für die Rechtsanwendung relevanten Grundsatz der Einheit der Verwaltung kommt also noch der Verdacht der Inkonsequenz hinzu.

Aber auch ohne diese Überlegung ist eine grundsätzliche Ablehnung gerichtlicher Streitigkeiten innerhalb juristischer Personen, wie gezeigt, kritisch zu sehen – nicht nur, weil die Staatsvorstellungen des Konstitutionalismus, auf denen sie beruht, in ihrer Absolutheit nicht zum Grundgesetz passen. Das aus dem 19. Jahr-

---

[248] Dazu und zu Widersprüchen, die sich aus der Orientierung an der juristischen Person ergeben, Kapitel 6, A., S. 449.

[249] *G. Kisker,* Insichprozeß, S. 9 dort. Fn. 2.

hundert stammende, vermeintliche dogmatische Fundament, das bei Streitigkeiten Staat gegen Staat teilweise für einschlägig gehalten wird, ist insgesamt in vielen Belangen überholt – auch wenn mit der Existenz juristischer Personen noch Bestandteile dieses Modells in der Rechtsordnung fortexistieren.[250] Die Lösung von Fällen ist dagegen häufig von Praktikabilitätsüberlegungen bestimmt, wie an der Existenz und der Entstehungsgeschichte des verwaltungsrechtlichen Organstreits zu sehen ist, ebenso wie an der häufig wiederkehrenden Aussage, man sei sich über das Ergebnis seiner Zulässigkeit einig, aber die Begründung sei streitig. Durch die allgemeine Akzeptanz verwaltungsrechtlicher Organstreitigkeiten und durch die Schaffung immer weiterer juristischer Personen des öffentlichen Rechts wurden die vermeintlichen Grundprinzipien ausgehöhlt, jedoch leider ohne diese Altlasten im angezeigten Maße hinter sich zu lassen. Die hergebrachten Grundannahmen wurden lediglich immer dann zur Seite geschoben, wenn dies opportun erschien. Im Verlauf dieser Arbeit wird sich noch an einigen Stellen zeigen, dass sich die dadurch nie aufgegebenen historischen Vorstellungen vom Staat aus dem Konstitutionalismus an vielen Stellen Bahn brechen und die heutige Rechtsanwendung beeinflussen, ohne dass es dafür noch sachliche Gründe gäbe.[251] Ein überzeugender Grund für die unterschiedliche Bewertung verschiedener Fallgruppen von Konstellationen im Verhältnis Staat gegen Staat ist im Verlauf der vorliegenden Untersuchung bisher noch nicht zu Tage getreten.

3. Konzentration auf subjektive Rechte

Der Vergleich der Prozesskonstellationen ergibt, dass es für die Zulässigkeit der Klage stark darauf ankommt, ob der jeweiligen klagenden Verwaltungseinheit ein subjektives Recht zusteht, das sie geltend machen kann – ganz gleich ob es sich um eine juristische Person des öffentlichen Rechts handelt oder um einen Teil von ihr.[252] Die Differenzierung zwischen juristischer Person und Organ[253] – die vor allem darin besteht, dass Organe innerhalb „transitorischer Wahrnehmungszuständigkeiten"[254]

---

[250] Dazu, dass nur juristische Personen des öffentlichen Rechtes Rechte aus dem Zivilrecht inne haben können unten Kapitel 4, C.I.2.b), S. 322: Nur diese sind das rechtliche Gegenüber für Bürger, was seinen Ursprung in der Fiskustheorie hat (dazu auch Kapitel 4, C.I.1., S. 313). Zur Fixierung des deutschen Verwaltungsrechts auf die juristische Person und deren Ambivalenz unten Kapitel 6, A., S. 449. Vgl. auch Kapitel 6, C.I.2.b), S. 460.

[251] Etwa bei der Frage, ob subjektive Rechte des Staates als solche bezeichnet werden können, Kapitel 4, B.II., S. 273.

[252] Ebenso existiert in beiden Konstellationen eine Einbindung in die Organisation des Staates – sei es durch Weisungsbefugnisse im beamtenrechtlichen Verhältnis innerhalb juristischer Personen, sei es durch Weisungsbefugnisse der Aufsicht gegenüber juristischen Personen des öffentlichen Rechtes.

[253] Zur Kritik der Kontrastierung von „Behörde" und „Organ" oben unter B.I.5.b), S. 71; zum Begriff des Organs Kapitel 1, C.II., S. 34.

[254] Vgl. *W. Roth,* Organstreitigkeiten, S. 27 m.w.N.

für juristische Personen, denen sie angehören, tätig werden –[255] führt also nicht zu grundsätzlichen Auswirkungen hinsichtlich der Herangehensweise an verwaltungsprozessrechtliche Fragen, wenn ein Teil einer juristischen Person prozessbeteiligt ist, sondern es kann auch hier geschehen, dass alle Sachentscheidungsvoraussetzungen vorliegen, die deshalb gründlich zu prüfen sind.[256] Es muss nur sorgfältig unterschieden werden, ob die Verwaltungseinheit selbst eine Rechtsposition hat, oder ob diese nur für die juristische Person ausgeübt wird. Diese Besonderheit ist jedenfalls nicht durch einen Grundsatz der Einheit der Verwaltung, sondern durch die Konstruktion der juristischen Person bedingt.[257]

Es bleibt jedoch noch die Frage zu klären, welche Rechte welchen Teilen der Verwaltung überhaupt zustehen können. Durch den Satz „Prinzipiell stehen Behörden untereinander subjektiv-öffentliche Rechte nicht zu."[258] könnte nämlich das bisher gefundene Ergebnis auch relativiert werden: Wenn die Inhaberschaft konkreter Rechte prinzipiell verneint würde, führt dies zum gleichen Ergebnis wie die Ablehnung der Klagemöglichkeit mit dem Argument des unzulässigen Insichprozesses oder mit ähnlichen pauschalen Gesichtspunkten. Dass sich in der Radikalität dieser Formulierung jedoch lediglich eine grundsätzliche Abneigung gegen „Insichprozesse" im Gewand des Erfordernisses der Klagebefugnis nach § 42 Abs. 2 VwGO Bahn bricht,[259] wird erst deutlich, wenn die Frage der subjektiven Rechte im Verhältnis zwischen Teilen des Staates geklärt wurde. Dies wird hier noch aufgeschoben.[260] Zunächst soll die thematisch enger mit den vorstehenden Ausführungen verbundene Frage geklärt werden, ob es außer den festgestellten unberechtigten Vorbehalten gegen Prozesse in der Konstellation Staat gegen Staat andere denkbare, sachlich begründete Gesichtspunkte gibt, die für oder gegen verwaltungsgerichtliche Prozesse im Verhältnis Staat gegen Staat sprechen.

---

[255] Zur Relativität des Organbegriffs unten Kapitel 4, C. II. 1., S. 328. Dazu, dass Teile des Staates, die keine juristischen Personen sind, keine Rechte aus dem Zivilrecht inne haben können Kapitel 4, C. I. 2. b), S. 322.

[256] Dazu noch ausführlich unten unter Kapitel 4, C. II. 1., S. 328. Dem verwaltungsrechtlichen Organstreit wird nach h. M. auch keine eigenständige Klageart zugeordnet (vgl. m. w. N. D. Ehlers, Die Klagearten und besonderen Sachentscheidungsvoraussetzungen im Kommunalverfassungsstreitverfahren, NVwZ 1990, 105, 106, dazu noch unten Kapitel 5, C., S. 418), was gut mit der hier gefundenen, prinzipiellen Erkenntnis zusammenpasst, dass die vorhandenen Voraussetzungen für Klagen sorgsam geprüft werden müssen.

[257] M. Oldiges, NVwZ 1987, 737, 743.

[258] W. Löwer, VerwArch 68 (1977), 327, 339 m. Nachw., der diese Ansicht als „herrschende Lehre" bezeichnet; ähnlich auch H. H. Rupp, Grundfragen, S. 99.

[259] Zur Gefahr, (sachlich nicht gerechtfertigt) Tendenzen in Sachentscheidungsvoraussetzungen zu integrieren oben Kapitel 2, A. und B. I., ab S. 48.

[260] Diese Fragen werden ausführlich in Kapitel 4 behandelt, dazu insb. noch dort C. I. 3., S. 325.

C. Arbeitsfähigkeit, Interessenpluralität, Weisungshierarchie

Die historisch überlieferten Grundsätze der Impermeabilität und Einheit der Verwaltung sind nicht die einzigen Aspekte, die für oder gegen Streitigkeiten im Verhältnis Staat gegen Staat sprechen.[261] Aus im Grundgesetz geregelten bzw. vorausgesetzten Prinzipien kann beispielsweise ein Postulat der Funktionsfähigkeit der Verwaltung abgeleitet werden.[262] Ein weiterer Gesichtspunkt ist die Interessenpluralität in der Verwaltung,[263] die einen Gegenpol zu den tradierten Einheitsvorstellungen bildet, aber bislang – soweit erkennbar – als Wertungsgesichtspunkt im hier interessierenden Themenkreis keine wahrnehmbare Rolle spielt[264] und jedenfalls in der Rechtspraxis keine Erwähnung gefunden hat, sondern eher in der Literatur abstrakt oder im Hinblick auf andere Themenkreise dargestellt wird.

I. Arbeitsfähigkeits- und Kostenargumente

Sowohl die Stimmen, die Streitigkeiten innerhalb der Verwaltung mit Unbehagen[265] sehen und beispielsweise als unnötigen „Behördenkrieg"[266] empfinden, als auch diejenigen, die in Bezug auf verwaltungsrechtliche Organstreitigkeiten ein praktisches „Bedürfnis" für ihre Zulassung sehen,[267] begründen dies in der Regel nicht weiter.[268] Mit beiden Aussagen ist zumindest implizit auch die Arbeitsfähigkeit der jeweiligen übergeordneten Verwaltungseinheit angesprochen,[269] innerhalb derer sich der Streit entzündet, und zwar – was eine Schwäche dieser Begründung offenbart – sowohl als Argument gegen Streitigkeiten zwischen Ver-

---

[261] Außer den im Folgenden genannten gibt es auch solche, die speziell bei der Frage, ob der Staat Rechte haben kann, eine Rolle spielen, vgl. unten Kapitel 4, A.I., S. 259 und B.IV., S. 289.

[262] Dazu sogleich I.

[263] Dazu unten II., S. 104.

[264] Vgl. aber *W. Roth,* Organstreitigkeiten, S. 478 ff.

[265] *K. Buchwald,* Organstreit, S. 46 weist darauf hin, dass solch ein „Unbehagen" auch gegenüber verwaltungsrechtlichen Organstreitigkeiten nicht selten sei.

[266] Formulierung bei *Bettermann,* vgl. hiesige Fn. 102, S. 65; vgl. *K.-P. Dolde* in: Erichsen/ Hoppe/von Mutius, FS Menger, S. 438: „Zudem würde dadurch die mit der Einheit der Verwaltung und ihrem hierarchischen Aufbau nicht vereinbare ‚Organpopularklage' und damit der allgemeine ‚Behördenkrieg' ermöglicht."

[267] Vgl. oben Kapitel 2, B.I.5.a), S. 69; vgl. auch *H. Bethge,* DVBl. 1980, 308, 312: „Die Umpolung der organschaftlichen Kompetenz zum subjektiven öffentlichen Recht des Organs ist notwendig."

[268] Oder aber nicht besonders überzeugend, vgl. etwa *G. Kisker,* Insichprozeß, S. 9 f., wo die grundsätzliche Ablehnung von Streitigkeiten im Verwaltungsrecht mit fehlenden Interessengegensätzen und Ideen der Staatsrechtslehre des 19. Jhs. begründet wird, vgl. dazu oben bei Fn. 160, S. 75 und unten Kapitel 2, C.II.2, S. 115.

[269] Deutlich etwa bei *W. Roth,* Organstreitigkeiten, S. 28 f.

waltungseinheiten allgemein[270] als auch für verwaltungsrechtliche Organstreitigkeiten.[271] Auf empirischen Fakten beruhende Beweise für den Grad der Beeinträchtigung der Arbeit der Verwaltung sind jedoch in der Regel nicht zu finden.
Doch auch ohne empirisches Datenmaterial lohnt es sich, einen Überblick zu gewinnen, was die praktischen Vor- und Nachteile von Streitigkeiten zwischen Verwaltungseinheiten sein können – unabhängig von der Frage, ob bloße praktische
Bedürfnisse für die Rechtsanwendung wirklich ausschlaggebend sein sollten.

1. Staatlichkeit und Gewaltmonopol

Als negativer Aspekt von Prozessen vor Verwaltungsgerichten zwischen Verwaltungseinheiten fällt ganz allgemein eine nicht zu leugnende Hemmung von
Entscheidungsprozessen ins Gewicht. Eine Lähmung der Verwaltung ist wohl
auch die Befürchtung, die hinter dem Gebrauch des Wortes „Behördenkrieg" steht.
Durch die zusätzliche Befassung einer weiteren Instanz in Form eines oder – aufgrund des Instanzenzuges – mehrerer Gerichte mit einer Rechts- und/oder Sachfrage wird die Zeitspanne bis zu einer endgültigen Entscheidung stark verlängert.
Wenn hinter einigen der oben beschriebenen historischen Argumente die Überlegung steht, dass die Funktionsfähigkeit der Verwaltung gewährleistet bleibt,[272]
wirft das die Frage auf, ob die Impermeabilitätstheorie oder der Grundsatz der
Einheit der Verwaltung durch ein Postulat der Funktionsfähigkeit der Verwaltung
einen auch unter dem Grundgesetz noch gültigen, wahren Kern haben. Denn es
gibt einige Vorgaben im Grundgesetz, die eine gewisse Einheitlichkeit der Verwaltung bedingen:[273] Die von der Verfassung vorausgesetzte[274] Staatlichkeit impliziert,

---

[270] Ausdrücklich auf diese Weise die ablehnende Haltung gegenüber Insichprozessen begrün-
dend OVG Münster, Urt. v. 21.04.1953, Az.: VII A 658/52, NJW 1953, 1647, 1648 und LVG
Düsseldorf, Urt. v. 15.02.1951, Az.: 1 K 591/50, DVBl. 1951, 480, 481 (schon oben mit Aus-
zug aus dem Wortlaut in Fn. 85, S. 62).

[271] Vgl. etwa *G. Kisker,* Insichprozeß, S. 38 f.: Klage als (notwendiges) Mittel zur „Sicherung
des systemimmanenten Gleichgewichtes" der „Checks and Balances", ohne das die innerorganisatorische Willensbildung schlechter funktionieren würde.

[272] Dieses Argument wurde oft im Zusammenhang mit Insichprozess und Organstreit genannt, etwa (sehr pauschal und ohne tiefgehende Begründung) *H.-H. Becker-Birck,* Insichprozess, S. 76.

[273] Die folgenden Aspekte haben bspw. beschrieben: *B.-O. Bryde,* VVDStRL 46 (1987), 182,
189 ff.; *M. Oldiges,* NVwZ 1987, 737, 738 f.; *G. F. Schuppert,* DÖV 1987, 757, 759, der auf
S. 761 ff. noch den Aspekt der Handlungsfähigkeit betont; *G. Haverkate,* VVDStRL 46 (1987),
217, 242 ff. bringt zusätzlich Art. 19 Abs. 4 GG, Art. 2 Abs. 2 GG, Art. 35 GG in Zusammenhang mit der Einheit der Verwaltung – kritisch zu Ableitungen für die Amtshilfe *B. Schlink,*
Amtshilfe, S. 77.

[274] Art. 20 Abs. 1 GG, Art. 20 Abs. 2 S. 1 GG; vgl. *B.-O. Bryde,* VVDStRL 46 (1987), 182,
189. Zur Wirkung staatstheoretischer Überlegungen aus der Zeit des Konstitutionalismus und
der Weimarer Republik auf die Konzeption des Grundgesetzes *C. Möllers,* Staat, S. 123 ff.
einerseits und S. 129 ff. andererseits.

dass alles Verwaltungshandeln grundsätzlich staatlich sein muss;[275] das Demokratieprinzip verlangt grundsätzlich eine Verantwortlichkeit der gesamten Verwaltung gegenüber dem demokratisch gewählten Parlament;[276] das Rechtsstaatsprinzip und der Schutz der Grundrechte machen es erforderlich, dass die Verwaltung effizient und vor allem widerspruchsfrei arbeitet. Der faktische Aspekt der Arbeitsfähigkeit der Verwaltung wird dadurch zu einem rechtlichen Problem und sogar zu einem verfassungsrechtlichen Postulat.

Weder die im Grundgesetz vorausgesetzte Staatlichkeit noch das staatliche Gewaltmonopol lassen sich jedoch überzeugend als Argument gegen Streitigkeiten innerhalb des Staates heranziehen. Staatlichkeit existiert nach der Ausgestaltung des Grundgesetzes auch dann, wenn der Staat keine streng einheitliche Person ist,[277] und Staatlichkeit ist auch in hohem Maße unabhängig von der Frage der Effizienz. Das Grundgesetz geht jedenfalls davon aus, dass trotz der Besonderheit, dass die Bundesländer sogar eine eigene Staatlichkeit besitzen, mit der verfassungsrechtlichen Gesamtorganisation eine funktionsfähige staatliche Struktur gebildet ist.[278] Auch das staatliche Gewaltmonopol, das nicht mit einem allgemeinen Gewaltverhältnis verwechselt werden darf,[279] besagt nicht mehr, als dass der Staat grundsätzlich der einzige ist, der physischen bzw. körperlichen Zwang legitim ausübt[280] – eine funktionierende Verwaltung ist allerdings eine Folgerung aus diesem Grundsatz, weil sie eine Voraussetzung für das staatliche Gewaltmonopol darstellt.[281] Die Funktion der Verwaltung ist zwar nur sichergestellt, wenn ihre Teile nicht unbegrenzt gegeneinander arbeiten können, also wenn die Kompetenzen eindeutig abgegrenzt sind, damit keine „Gegengewalt" entsteht.[282] Wie der Staat ansonsten genau organisiert sein muss, ergibt sich nicht aus dem Gewaltmonopol. Dass das Gewaltmonopol keine staatliche Einheitsstruktur erfordert, macht die im Grundgesetz vorgesehene Aufteilung der Staatsgewalt auf unterschiedliche juristische

---

[275] Zum historischen Zusammenhang von modernem Staat und Gewaltmonopol *C. Möllers,* Staat, S. 215 f.; vgl. auch a. a. O. S. 224.

[276] Art. 20 Abs. 2 GG, Stichwort: Legitimationskettenmodell des BVerfG, vgl. BVerfG, Beschl. v. 15.02.1978, Az.: 2 BvR 134, 268/76, BVerfGE 47, 253, 275 (Rn. 65); *E.-W. Böckenförde* in: Isensee/Kirchhof, HStR Bd. 2, § 24 Rn. 11 ff.; *W. Krebs* in: Isensee/Kirchhof, HStR Bd. 5, § 108 Rn. 40 – die Anforderungen des Demokratieprinzips setzt *G. Haverkate,* VVDStRL 46 (1987), 217, 222 ff. quasi gleich mit Anforderungen aus einem von ihm nicht in Frage gestellten Grundsatz der Einheit der Verwaltung: „‚Einheit der Verwaltung' kann dann nur meinen: Die rechtliche Bedeutung dieser im Demokratieprinzip begründeten Einheit des Staates speziell für die Verwaltung" (S. 222).

[277] Vgl. oben bei Fn. 95, S. 63.

[278] Zur Gliederung der Bundesrepublik Deutschland auch oben Kapitel 1, C. I., S. 30.

[279] Dazu (insb. dass die Figur des allgemeinen Gewaltverhältnisses überholt ist) Kapitel 3, bei Fn. 443, Fn. 445, S. 219 und 220.

[280] Gegen eine zu eng verstandene Verknüpfung von Gewaltmonopol und Staatlichkeit (aus einer historischen Betrachtung heraus) *C. Möllers,* Staat, S. 226 f., s. a. a. a. O. S. 272 ff.

[281] *J. Isensee* in: Isensee/Kirchhof, HStR Bd. 2, § 15 Rn. 53, 86, vgl. auch dort. Rn. 100: gewisse staatliche Einheit als Voraussetzung für das Gewaltmonopol.

[282] *W. Loschelder* in: Isensee/Kirchhof, HStR Bd. 5, § 107 Rn. 17. Dazu noch unten III., S. 124.

Personen des öffentlichen Rechts deutlich.[283] Und Streitigkeiten zwischen einzelnen Teilen des Staates sind nach der Konzeption des Grundgesetzes unschädlich, was schon an Art. 93 GG ablesbar ist.

2. Demokratieprinzip und Gewaltenteilung

Ein gewisses zwingendes Erfordernis einer einheitlichen bzw. einer streng hierarchischen und effizienten Verwaltung könnte zwar auf Basis des Demokratieprinzips abgeleitet werden,[284] wenn der Monarch gedanklich gegen einen anderen Konzentrationspunkt der Staatsgewalt, unter dem Grundgesetz nach Art. 20 Abs. 2 S. 1 GG notwendig das Volk, ausgetauscht wird.[285] Der Unterschied im historischen Vergleich ist jedoch, dass das Volk im Sinne des Grundgesetzes nicht als ein Punkt gedacht werden kann,[286] und daher keine so starke Einheit der Verwaltung notwendig ist, wie bei einem Monarchen als Endpunkt einer Hierarchie der Exekutive. Das Grundgesetz fordert laut Bundesverfassungsgericht, dass „das Volk einen effektiven Einfluß auf die Ausübung der Staatsgewalt" hat und dies geschieht „vor allem durch die Wahl des Parlaments", aber es gibt „unterschiedliche Formen" der Legitimation[287] und es ist nur ein „bestimmtes Legitimationsniveau" notwendig.[288] Nicht nur, dass es für jeden Bundesbürger und jede Bundesbürgerin gleich zwei Parlamente[289] gibt, auf die sich im Sinne einer „Legitimationskette" Staatsgewalt zurückführen lässt. Außer der „Legitimationskette" mit dem Endpunkt Parlament gibt es auch noch andere, hybride Formen der demokratischen Legitimation, die im Grundgesetz selbst durch die Gewährleistung funktionaler Selbstverwaltung

---

[283] Wobei hier bemerkenswert ist, dass insbesondere die physische Gewaltanwendung weitgehend bei Bund und Ländern monopolisiert ist, also eine so starke Streuung der Befugnisse zu physischer Gewalt, wie sie für hoheitliche Machtausübung als Ganzes vorgesehen ist, vermieden wird.

[284] Siehe dazu auch *C. Möllers,* Staat, S. 246 ff.

[285] In diese Richtung tendieren die Ausführungen bei *W. Loschelder* in: Isensee/Kirchhof, HStR Bd. 5, § 107 Rn. 18, Rn. 38 ff.

[286] *H.-H. Trute* in: Hoffmann-Riem/Schmidt-Aßmann/Voßkuhle, Grundlagen Bd. 1, § 6 Rn. 5, Rn. 23; zum Problem des monistischen oder pluralistischen Verständnisses des Staatsvolkes ausführlich *ders.,* a. a. O., S. 17 ff.

[287] Zum Begriff der demokratischen Legitimation *H.-H. Trute* in: Hoffmann-Riem/Schmidt-Aßmann/Voßkuhle, Grundlagen Bd. 1, § 6 Rn. 1 f. - in der hiesigen Ausarbeitung ist der normative Aspekt gemeint; zu den Formen der Legitimation *ders.,* a. a. O., Rn. 7 ff., 42 ff.

[288] BVerfG, Urt. v. 31.10.1990, Az.: 2 BvF 3/89, BVerfGE 83, 60–81, juris Rn. 37; BVerfG, Beschl. v. 24.05.1995, Az.: 2 BvF 1/92, BVerfGE 93, 37–85, juris Rn. 135; BVerfG, Beschl. v. 05.12.2002, Az.: 2 BvL 5/98, 2 BvL 6/98, BVerfGE 107, 59–103, juris Rn. 131 f. („Lippeverband"); BVerfG, Urt. v. 28.01.2014, Az.: 2 BvR 1561/12 u. a., BVerfGE 135, 155–234, juris Rn. 157 (wörtl. Zitate aus den wiederkehrenden Textbausteinen des BVerfG); zum Ganzen, aus neuerer Zeit *S. Rixen,* Legitimationsdefizite des Lebensmittelrechts: Zur demokratischen Legitimation der Deutschen Lebensmittelbuch-Kommission, DVBl. 2014, 949, 952 und 955 f.

[289] Gemeint sind die Parlamente von Bund und Land; die Einordnung des europäischen Parlamentes kann hier offen bleiben, vgl. aber *B. Grzeszick* in: Maunz/Dürig, GG, Art. 20 Rn. 105.

angelegt sind.[290] Demokratische Legitimation entsteht also über viele Ebenen, und diese Vielschichtigkeit ist ein Element, das gerade die fehlende Einheitlichkeit des Staates und der Verwaltung berücksichtigt und damit in gewisser Weise auch perpetuiert. Effizienzdefizite werden stillschweigend in Kauf genommen.[291] Das drückt sich auch darin aus, dass die hierarchische Organisation in der Verwaltung nicht das alleinige Strukturprinzip darstellt.[292] Das Demokratieprinzip fordert also keine bestmögliche Effizienz der Verwaltungsstrukturen, sodass auch Streitigkeiten zwischen Teilen des Staates nicht ausgeschlossen sind.

Auch kollidieren Verwaltungsgerichtsprozesse der Konstellation Staat gegen Staat nicht grundsätzlich mit dem Gewaltenteilungsprinzip. Auch Verwaltungsgerichte sind staatlich, sie sind an die vom demokratisch legitimierten Gesetzgeber erlassenen Normen gebunden. Ihre Aufgabe, die Klärung von Rechtsfragen, ist ihnen durch das Grundgesetz selbst aufgetragen, und durch die Klärung von Streitigkeiten zwischen Teilen der Verwaltung werden Widersprüche auch im Verhältnis zum Bürger abgebaut. Auch bei Streitigkeiten zwischen juristischen Personen des öffentlichen Rechts oder bei Organstreitigkeiten wird die Gewaltenteilung nicht (mehr) als problematisch angesehen. Das hat den Grund, dass die Gerichte auch in Konstellationen, in denen sich zwei Teile des Staates streiten, bei einem Rechtsstreit, der gesetzlich vorgesehen ist, keine Kompetenzen an sich ziehen, die sie sonst nicht hätten, und keine andere Aufgabe erfüllen, als ihnen aufgrund der Verfassung zukommt: Auch bei Klagen von Bürgern gegen Verwaltungshandeln wird die Letztentscheidungskompetenz einem Gericht aufgetragen;[293] es ist gerade die Funktion der Verwaltungsgerichtsbarkeit, Verwaltungshandeln zu kontrollieren und ggf. zu korrigieren.[294]

---

[290] BVerfG, Beschl. v. 05.12.2002, Az.: 2 BvL 5/98, 2 BvL 6/98, BVerfGE 107, 59–103, juris Rn. 143 f.; BVerfG, Urt. v. 28.01.2014, Az.: 2 BvR 1561/12 u. a., BVerfGE 135, 155–234, juris Rn. 158; dazu auch *H.-H. Trute* in: Hoffmann-Riem/Schmidt-Aßmann/Voßkuhle, Grundlagen Bd. 1, § 6 Rn. 79 ff.

[291] Zu Vor- und Nachteilen etwa des Föderalismus (die Überlegungen lassen sich aber zumindest z. T. auch auf die kommunale Eben übertragen) *M. Rodi*, Ökonomische Analyse des Öffentlichen Rechts, Berlin/Heidelberg 2014, S. 86 ff.

[292] Zur Hierarchie noch unten C. III., S. 124.

[293] Vgl. *E. Schmidt-Aßmann* in: Maunz/Dürig, GG, Art. 19 Abs. 4 Rn. 117b: Ausweitung von Kontrollmöglichkeiten durch Verwaltungsgerichte ist „keine Verletzung der grundgesetzlichen Gewaltenteilung".

[294] Anders *K. A. Bettermann*, VVDStRL 17 (1958), 118, 172 (vgl. Fn. 102, S. 65 mit wörtl. Zitat), der die Funktion der Verwaltungsgerichtsbarkeit grds. auf die Gewährung von Rechtsschutz für den Bürger beschränkt, dies aber ohne weitere Begründung (auch der Verweis auf *K. A. Bettermann*, Verwaltungsakt und Richterspruch in: W. Jellinek/O. Bachof/M. Drath, Forschungen und Berichte aus dem öffentlichen Recht: Gedächtnisschrift für Walter Jellinek, München 1955, S. 388 bringt keine Klarheit); vgl. auch *R. Wahl* in: Schoch/Schneider/Bier, VwGO, Vorb § 42 Abs. 2 Rn. 3: Beschränkung auf subjektiven Rechtsschutz als Sicherung der Gewaltenteilung; ähnlich *J. Krüper*, Gemeinwohl, S. 146 – dass sie der Meinung wären, dass eine Kontrolle im Verhältnis Staat gegen Staat gegen die Gewaltenteilung verstoßen würde, lässt sich allerdings weder den Ausführungen von *Wahl* noch von *Krüper* entnehmen.

3. Arbeitsfähigkeit und Verwaltungseffizienz

Ein bestimmtes Niveau der Geschlossenheit der Verwaltung oder ein Postulat eines Maßes an Arbeitseffizienz über ein absolutes Minimum hinaus, das Streitigkeiten zwischen Teilen des Staates entgegenstünde, ist also weder aus dem Demokratieprinzip noch aus dem Rechtsstaatsprinzip zu entnehmen,[295] schon allein wegen der gegenläufigen Vorgaben des Grundgesetzes in Richtung Pluralität der Verwaltung,[296] auf die noch ausführlich einzugehen sein wird.[297] Es ist zur Lösung von Rechtsproblemen kein Rückgriff auf einen Grundsatz der Einheit der Verwaltung, sondern höchstens auf die genannten, in der Verfassung verankerten, einheitsstiftenden Vorgaben – zu denen auch die Grundrechts- und Gesetzesbindung der Verwaltung gezählt werden muss –[298] möglich. Eine „Uneinheit" der Verwaltung ist jedoch kein Problem, wo die Erfüllung der grundgesetzlichen Anforderungen auch auf andere Weise als durch eine strenge Einheit der Verwaltung gewährleistet ist.[299] Die genannten verfassungsrechtlichen Vorgaben können auch nicht unter dem Titel der Einheit der Verwaltung zusammengefasst werden, was sich am Beispiel des Demokratieprinzips zeigen lässt: Selbstverwaltung ist beispielsweise meist demokratisch organisiert, aber gerade kein Ausdruck von Einheit der Verwaltung.[300]

Würden verfassungsrechtliche Prinzipien, wie sie hier erörtert wurden, Streitigkeiten im Verhältnis Staat gegen Staat entgegenstehen, beispielsweise weil sie ein Maß an Arbeitsfähigkeit verlangen, das unter Zulassung solcher Streitigkeiten nicht mehr erreicht wird, dann müsste das gleichermaßen auch im Verhältnis zwischen juristischen Personen des öffentlichen Rechts und für Organstreitigkeiten gelten. Rechtsstreitigkeiten zwischen juristischen Personen des öffentlichen Rechts sowie verwaltungsrechtliche Organstreitigkeiten werden aber allgemein nicht als mit dem Grundgesetz kollidierend eingeordnet. Im Bereich der Organstreitigkeiten wurden durch deren Zulassung nicht nur die Vorbehalte hinsichtlich der Arbeitsfähigkeit über Bord geworfen, sondern sie wurden sogar mit dem

---

[295] *G. F. Schuppert,* DÖV 1987, 757, 760; ähnlich *E. Schmidt-Aßmann* in: Hoffmann-Riem/ders./Schuppert, Reform, S. 51.

[296] *B.-O. Bryde,* VVDStRL 46 (1987), 182, 193.

[297] Unten C. II., S. 104.

[298] Aus Art. 1 Abs. 3 GG, Art. 20 Abs. 3 GG; *B.-O. Bryde,* VVDStRL 46 (1987), 182, 190.

[299] *B.-O. Bryde,* VVDStRL 46 (1987), 182, 192; vgl. BVerfG, Beschl. v. 05.12.2002, Az. 2 BvL 5/98, 2 BvL 6/98, BVerfGE 107, 59–103, juris Rn. 143 („Lippeverband"); wohl noch etwas weitergehend hinsichtlich des Demokratiegebotes *H.-H. Trute* in: Hoffmann-Riem/Schmidt-Aßmann/Voßkuhle, Grundlagen Bd. 1, §6 Rn. 16: Demokratieprinzip nur als „Optimierungsgebot".

[300] Der Satz bei *G. Haverkate,* VVDStRL 46 (1987), 217, 238: „Demokratisch legitimierte Selbstverwaltung steht nicht im Gegensatz zur – demokratisch interpretierten – Einheit der Verwaltung, sondern trägt zu ihr bei." (vgl. auch Fn. 276, S. 97) ist eher nicht auf alle anderen Bedeutungsvarianten des Begriffs „Einheit der Verwaltung" (vgl. bei Fn. 89 und Fn. 90, S. 63) anwendbar, und damit ein deutliches Zeichen für seine oben bei Fn. 86, S. 62 angesprochene Nebulösität.

Argument einer erhöhten bzw. in Teilen überhaupt erst ermöglichten Funktionsfähigkeit der Verwaltung etabliert.[301]

Über die Gründe, ohne weiteres von einer Lähmung des Verwaltungsapparates auszugehen, wenn Streitigkeiten vor Gericht ausgetragen werden, kann aufgrund der regelmäßig mangelnden weiteren Begründung[302] und aufgrund der aufgedeckten Inkonsistenz des Arguments nur spekuliert werden. Wahrscheinlich hat es sich als Axiom aus dem Konstitutionalismus erhalten, wo es den Machterhalt des Monarchen in Form seines Letztentscheidungsrechts rechtfertigen sollte – er hielt die Verwaltung mit Mitteln von Kontrolle und Weisung zusammen und sorgte damit erst für ihre Funktionsfähigkeit, sodass Widerspruch diese gefährdete.[303] Das Funktionsfähigkeitsargument speist sich in diesem Fall direkt aus der Vorstellung von einer impermeablen und einheitlichen Verwaltung konstitutionalistischer Prägung.

4. Das Kostenargument

Durch Prozesse „Staat gegen Staat" werden die Verwaltungsgerichte stärker belastet, es entstehen also zusätzliche Kosten für die Allgemeinheit;[304] und es wird nicht nur die Arbeitskraft von Richtern und anderem Gerichtspersonal eingesetzt, sondern auch diejenige der Teile der Verwaltung, die sich vor Gericht streiten und in dieser Zeit nicht ihren übrigen Verwaltungsaufgaben nachgehen können.[305] Allerdings wird nicht jede theoretische Möglichkeit zur Klage auch immer genutzt, sondern es werden regelmäßig die Erfolgsaussichten berücksichtigt. In der Verwaltung, für welche die Bindung an Recht und Gesetz aus Art. 20 Abs. 3 GG gilt und in der geschultes Personal Verantwortung trägt, könnte sogar zu erwarten sein, dass von Klagemöglichkeiten noch zurückhaltender und vernünftiger Gebrauch gemacht wird, als durchschnittliche Bürger dies tun würden, sodass der Anteil sinnlos aufgewandter Kosten für erfolglose Gerichtsprozesse etwas niedriger sein könnte. Jedoch kann auch bei einer falschen Entscheidung einer Verwaltungseinheit gegenüber einer anderen, die letztlich vom Gericht aufgehoben werden würde, der finanzielle Aufwand ihrer Kontrolle durch Gerichtsverfahren den Schaden übersteigen, den es verursacht hätte, das rechtswidrige Verwaltungshandeln einfach unangetastet zu lassen – eine gerichtliche Korrektur kann sich also auch einfach nicht lohnen.[306]

---

[301] Vgl. oben B.I.5.a), ab S. 69.

[302] Oben Fn. 268, S. 95.

[303] Zum Ziel des Machterhalts des Monarchen im Konstitutionalismus bspw. schon oben Kapitel 1, D.II.2., Fn. 161, S. 45; Kapitel 2, B.I.6., S. 76. Vgl. auch Kapitel 4, D.III.1.d), S. 371.

[304] Vgl. *K. F. Röhl/H. C. Röhl*, Rechtslehre, S. 391.

[305] Vgl. *D. Schmidtchen/C. Bier* in: Bork/Eger/Schäfer, Ö. Analyse, S. 76: Kosten der Beteiligten müssen bei der Betrachtung der Kosten einer Justiz mit berücksichtigt werden.

[306] Vgl. *D. Schmidtchen/C. Bier* in: Bork/Eger/Schäfer, Ö. Analyse, S. 76f.; zu Nachteilen der Subjektivierung von Recht (und damit der Schaffung von Möglichkeiten, zu prozessieren) auch *W. Roth*, Organstreitigkeiten, S. 580ff.

Den Kosten steht allerdings grundsätzlich ein positiver Aspekt der Überprüfung von Entscheidungen einer Verwaltungseinheit im Wege eines Prozesses, der von einer anderen Verwaltungseinheit angestrengt wird, gegenüber: Nicht dem Gesetz entsprechende Verwaltungsentscheidungen können korrigiert und damit die Durchsetzung von Recht und Gesetz (Art. 20 Abs. 3 GG) gefördert werden.[307] Zwar wird das Ziel der Verwirklichung absoluter Gerechtigkeit[308] im Verhältnis zwischen Teilen des Staates im Vergleich zu Streitigkeiten zwischen Bürger und Staat eine schwächere Rolle spielen. Jedoch kann eine Handlung einer Verwaltungseinheit gegenüber einer anderen sehr wohl Auswirkungen auch auf das Leben der Bürger und solche öffentlichen Güter wie die Umwelt haben.[309] Die gerichtliche Verteidigung bestimmter, einer Verwaltungseinheit zugeordneter Interessen kann als für die Verwirklichung des Gemeinwohl förderlich angesehen werden.[310] Weniger beachtete Interessen, die aber gesetzlich geschützt sind, können so besser zur Geltung gebracht werden.

Es könnte hier zwar eingewendet werden, dass es theoretisch gerade wegen der Bindung auch der Verwaltung an Recht und Gesetz keinen Unterschied machen kann, ob ein Gericht oder ein Teil der Verwaltung das Gesetz anwendet, unter anderem weil Gerichte ebenfalls wiederum Fehler machen können. Allerdings kann ein Gericht unter Umständen eine Rechts- und/oder Sachfrage neutraler entscheiden als eine Verwaltungseinheit, die jedenfalls wegen ihrer Stellung als Sachwalter bestimmter Interessen geneigt sein kann, diese zu stark zu gewichten.[311] Die stärkere Neutralität der Verwaltungsgerichte ist schließlich auch ein Aspekt, dem im Rahmen des Art. 19 Abs. 4 GG bei der Überprüfung von Verwaltungshandeln gegenüber dem Bürger große Bedeutung zukommt. Da also mit dem Verwaltungsgericht eine Instanz entscheidet, die in die eigentliche Streitfrage nicht mit ihr speziell zugeordneten Interessen involviert sein kann, ergibt sich eine höhere Richtigkeitsgewähr bei der Beantwortung der Sach- und Rechtsfragen.

Eine Überprüfung von Verwaltungshandeln im Verhältnis Staat gegen Staat ist also nicht so unnötig und lediglich Kosten verursachend, wie es intuitiv vielleicht erscheinen mag.[312] Zusammengefasst steht nämlich – ganz ähnlich wie beim Rechtsschutz für Bürger, der aber in der Regel nicht zur Debatte steht, weil und so-

---

[307] Vgl. *K. Buchwald*, Organstreit, S. 22 (allerdings primär bezogen auf Organstreitigkeiten): Es würde verhindert, dass „im Innern der Verwaltungsorganisation eine Art ‚rechtsfreier Raum‘" entstehe; ähnlich sieht *W. Roth*, Organstreitigkeiten, S. 561 ff. die bessere Rechtsdurchsetzung als Vorteil von Rechtsstreitigkeiten.

[308] Vgl. *D. Schmidtchen/C. Bier* in: Bork/Eger/Schäfer, Ö. Analyse, S. 77.

[309] Zu Teilen des Staates als Träger von Interessen unten C. II., S. 104.

[310] *B.-O. Bryde*, VVDStRL 46 (1987), 182, 196 (zunächst auch nicht ausdrücklich nur auf Organstreitigkeiten bezogen): „Die Pluralisierung der Verwaltung mag gerichtliche Hilfe bei der Zusammenführung unterschiedlicher öffentlicher Interessen verstärkt notwendig machen.", der dies allerdings gleich wieder einschränkt: „Aber diese Notwendigkeit sollte nicht überschätzt werden. Nicht jedes ‚Kontrastorgan‘ bedarf gerichtlichen Schutzes".

[311] Dazu unten Kapitel 2, C. II. 1. b) (ab S. 111).

[312] Dies wurde bereits oben unter B. I. 3., S. 60 angesprochen.

weit Grundrechte und Art. 19 Abs. 4 GG im Raum stehen – der größere Aufwand eines Gerichtsprozesses der potenziell höheren Richtigkeit bzw. Qualität der endgültigen Entscheidung gegenüber. Es handelt sich letztlich um die ökonomische Frage: Rechtfertigen die prinzipiell besseren Ergebnisse der Gerichtsverfahren die Kosten, die vom Steuerzahler bezahlt werden müssen? Zur Beantwortung dieser Frage wäre unter anderem der monetäre Wert einer höheren Umsetzung der Gesetzesbindung zu quantifizieren, und dieser ist wahrscheinlich schwer zu messen.[313] Es ist hier auch nicht die Stelle, ein Plädoyer für eine Seite zu halten.[314] Es genügt festzuhalten, dass die Kosten von Streitigkeiten zwischen Verwaltungseinheiten jedenfalls kein schlagendes Argument gegen ihre Zulässigkeit sind.

5. Zwischenergebnis

Auch wenn hier keine abschließende Betrachtung aller Aspekte möglich ist, so kann zusammengefasst werden, dass die Zulassung von Streitigkeiten zwischen Teilen des Staates nicht nur Nachteile hat und auch die manchmal als durchschlagend dargestellten Argumente keinesfalls zu zwingenden Schlüssen führen. Weder das Argument eines „praktischen Bedürfnisses" für Streitigkeiten innerhalb der Verwaltung noch das Szenarium der drohenden chaotischen und lähmenden Zustände kann für sich in Anspruch nehmen, bei der Auslegung des Prozessrechts eine plausible Rolle spielen zu können. Insofern hat der Grundsatz der Einheit der Verwaltung in dieser Hinsicht keinen „wahren Kern", auch nicht unter Berücksichtigung des Demokratieprinzips oder anderer Grundsätze der Verfassung. Eine Abwägung der faktischen Vor- und Nachteile verwaltungsgerichtlicher Streitigkeiten zwischen Teilen des Staates ergibt also kein Argument gegen ihre Zulassung – auch nicht im Hinblick auf zusätzliche Kosten und die Arbeitsfähigkeit der Verwaltung.

---

[313] Zum „Problem der Messung des Nutzens der Justiz" *D. Schmidtchen/C. Bier* in: Bork/Eger/Schäfer, Ö. Analyse, S. 57: „Der Nutzen [einer durch die Justiz durchgesetzten Rechtsordnung] bestünde in den vermiedenen Kosten des Rückfalls in die Anarchie. Leider dürfte das Anarchie-Sozialprodukt nicht zu ermitteln sein." – Was im Großen für die gesamte Rechtsordnung gilt, dürfte umso mehr im Kleinen für die Einhaltung einzelner Teile gelten.

[314] Die Frage, ob Rechtsschutz „gut" oder „schlecht" ist, und wie viel die Einhaltung von Gesetzen wert ist, geht auch in den Bereich des Politischen hinein. Im Verlauf der Arbeit wird noch deutlich werden, dass der Gesetzgeber, der vorrangig zur Klärung solcher Fragen berufen ist, mit dem Instrument der Verleihung subjektiver Rechte eine Möglichkeit hat, diese Fragen auch zu entscheiden. Indem er Rechte für Teile der Verwaltung schafft, schützt er gesetzlich bestimmte Sonderinteressen in generalisierter Weise. Offensichtlicher Verschwendung von Mitteln durch Gerichtsprozesse in extremen Einzelfällen kann auf Ebene des Verwaltungsprozesses über den Aspekt des Rechtsschutzbedürfnisses vorgebeugt werden.

II. Organisatorische Differenzierung und Interessenpluralität innerhalb der Verwaltung

Dem Grundsatz der Einheit und der Impermeabilität der Verwaltung lässt sich sogar ein Kontrastkonzept entgegenstellen: die Interessenpluralität innerhalb der Verwaltung. Um zu verstehen, wie es dazu kommen kann, dass sich zwei Teile des Staates, seien es juristische Personen des öffentlichen Rechts, seien es andere Untergliederungen, im Verwaltungsprozess gegenüber stehen, muss man erkennen, dass es auch innerhalb des Staates Interessenkonflikte[315] geben kann. Diese Erkenntnis legt schon auf verfassungsrechtlicher Ebene Art. 93 Abs. 1 Nr. 1 GG nahe, nach dem im Organstreitverfahren Teile des Staates, bei denen es sich um oberste Bundesorgane oder deren Teile handeln kann, grundgesetzlich als existent anerkannte Interessenkonflikte vor einem Gericht austragen können. Auch auf Ebene der Verwaltungsgerichtsbarkeit ist die Zulässigkeit von Streitigkeiten „Staat gegen Staat" inzwischen allgemein anerkannt, seien es verwaltungsrechtliche Organstreitigkeiten,[316] seien es Streitigkeiten, bei denen sich eine Körperschaft gegen aufsichtliche Akte wehrt.[317] Für das Sozialrecht ist eine Klagemöglichkeit zwischen Verwaltungseinheiten in § 54 Abs. 3 SGG sogar ausdrücklich normiert, und auch § 47 Abs. 2 S. 1 VwGO setzt voraus, dass es Streitigkeiten innerhalb der Verwaltung geben kann, wodurch ebenfalls die Existenz von Interessenkonflikten implizit gesetzlich anerkannt wird.

Die Verwaltung ist eine plurale und hochkomplexe Organisation, wie man zumindest im neueren Schrifttum lesen kann.[318] Sie muss unterschiedlichste Funk-

---

[315] Zum Begriff des Interesses noch ausführlich unten unter Kapitel 3, B. I. 3. d), S. 169.

[316] Schon 1970 hat *W. Hoppe,* Organstreitigkeiten, S. 25 konstatiert, dass die Zulässigkeit von Organstreitigkeiten „in den einschlägigen Darstellungen als rechtlich unbestritten hingestellt" werde. Die Austragung von Organstreitigkeiten sei ein „praktisch[..] und rechtspolitisch wünschenswerte[s] Ergebnis[..]" (S. 26).

[317] Dass (bestimmte) Streitigkeiten innerhalb des Staates trotz aller generellen Vorbehalte inzwischen als normal angesehen werden, sollte auch in Kapitel 2 unter B., S. 52 ff. deutlich geworden sein.

[318] Vgl. *H.P. Bull/V. Mehde,* A. Verwaltungsrecht, Rn. 23: „höchst vielschichtige öffentliche Verwaltung"; vgl. auch *H. Maurer,* A. Verwaltungsrecht, § 1 Rn. 13 ff.: „Vielgestaltigkeit" – er zählt unter anderem auch eine Vielzahl von Funktionen der Verwaltung auf; so auch schon *G. F. Schuppert,* DÖV 1987, 757, 758 m. w. N. („Pluralisierung der Verwaltung"); noch viel weitergehend, nämlich die Verwaltung nicht als eine Einheit betrachtend (sehr ausführlich) *W. Leisner,* Verwaltung, S. 194 ff. (S. 194: „tiefgreifende, letztlich nicht aufhebbare organisationsrechtliche Zersplitterung"), S. 225 ff.: unterschiedliche Formen der Autonomisierung, vgl. auch das wörtl. Zit. oben Fn. 95, S. 63; selbst *M. Oldiges,* NVwZ 1987, 737, 742, ansonsten ein Verfechter der Einheit der Verwaltung, konzediert, dass der Bürger „die Verwaltung durchaus nicht immer als Einheit, sondern häufig auch als ein strukturiertes Gefüge erlebt."

Vgl. demgegenüber *E. Forsthoff,* Verwaltungsrecht Bd. 1, S. 16: „Unbeschadet ihrer Aufgliederung in eine Vielzahl von Behörden und Tätigkeiten […] stellt die Verwaltung […] gleichwohl ein einheitliches Gefüge dar." – mehr als eine Behauptung ist das nicht, hier soll eine Berufung auf die Autorität des Begriffs der „Einheit der Verwaltung" eine genauere Begründung ersetzen.

tionen erfüllen. Die dafür erforderlichen sachlichen Mittel und personellen Ressourcen, aber auch die rechtlichen Aufgaben, Zuständigkeiten und Befugnisse, sind auf vielfältige Weise gebündelt. Statt einer „Einheit der Verwaltung" existiert also eine „pluralistische Gesamtheit von Verwaltungseinheiten".[319] Der Wandel des Bildes von der Verwaltung als „monolithischem Block", von der einheitlichen Verwaltung hin zu einem pluralen Gebilde, auch, aber nicht nur durch die Schaffung von selbständigen juristischen Personen und die Übertragung von Aufgaben auf diese, ist kein neues Phänomen[320] und auch nicht abgeschlossen.[321] Der Grund für diese „Pluralisierung der Verwaltung"[322] kann darin gesehen werden, dass der Umgang mit der immer komplexeren Realität aufgrund gesellschaftlicher, technologischer und wirtschaftlicher Entwicklungen auch eine differenzierte und spezialisierte Verwaltung erfordert,[323] wenn die Funktionen der Verwaltung beibehalten werden sollen bzw. die Erfüllung neuer Aufgaben als notwendig angesehen wird.[324]

Die Vielgestaltigkeit der Verwaltung betrifft aber nicht nur die organisatorische Verwaltungsstruktur. Mit jeder der Verwaltung zugewiesenen Aufgabe wird ein besonderes Interesse geschützt oder gefördert. Nicht selten, sondern in der Regel, ist einer besonderen Aufgabe – und damit einem besonderen Interesse – auch eine eigene Verwaltungseinheit zugeordnet.

---

[319] W. Krebs in: Isensee/Kirchhof, HStR Bd. 5, § 108 Rn. 16; ähnlich E. Schmidt-Aßmann in: Hoffmann-Riem/ders./Schuppert, Reform, S. 52: Verwaltung als plurale Organisation; T. Groß in: Hoffmann-Riem/Schmidt-Aßmann/Voßkuhle, Grundlagen Bd. 1, § 13 Rn. 63; vgl. auch schon oben bei Fn. 80, S. 61. Vgl. A. Wiese, Beteiligung, S. 47 (deutlicher S. 261) – vgl. auch unten Fn. 381, S. 113.

[320] Sichtbar bspw. an der stark in der Geschichte verwurzelten Entstehung juristischer Personen des öffentlichen Rechts, dazu unten C. II. 3. a), S. 121, oder an der Aufgabe des Grundsatzes des Insichprozesses und der Zulassung von Organstreitigkeiten, dazu oben B. I., ab S. 53.

[321] Vgl. W. Kahl, Staatsaufsicht, S. 1 f.; die Darstellung bei W. Leisner, Verwaltung, S. 254 ff., dass die Verwaltung in „Kleingewalten" zerfällt und sich ein „Muftismus" breit macht, ist wohl eher ein zur Verdeutlichung eines Grundprinzips bzw. zur Erschütterung hergebrachter Gedankengebäude überzeichnetes Bild als eine echte Zustandsbeschreibung oder Erwartung künftiger Entwicklungen.

[322] G. F. Schuppert, DÖV 1987, 757, 758, der eine ganze Reihe von Verwaltungseinheiten beispielhaft aufzählt und weitere Nachweise aus der Literatur anführt.

[323] Vgl. B.-O. Bryde, VVDStRL 46 (1987), 182, 182 f.: Die „Anforderungen einer hochkomplexen Umwelt" seien nur durch einen „ausreichenden Grad innerer Differenzierung" zu bewältigen; W. Krebs, Isensee/Kirchhof, HStR Bd. 5, § 108 Rn. 24: „Verselbständigung als organisatorische Ausdifferenzierung ist auch Reaktion auf die anwachsende Komplexität von Verwaltungsaufgaben"; ähnlich B. Schlink, Amtshilfe, S. 78 ff., insb. S. 80; ebenso D. Lorenz, AöR 93 (1968), 308, 317.

[324] Ob eine Veränderung der Verwaltungsaufgaben nur aufgrund einer veränderten Wahrnehmung geschieht (in diese Richtung S. Baer in: Hoffmann-Riem/Schmidt-Aßmann/Voßkuhle, Grundlagen Bd. 1, § 11 Rn. 15), oder ob nicht aus einer längeren historischen Perspektive betrachtet Entwicklungen wie bspw. die industrielle oder die sog. digitale Revolution mit ihren vielfältigen Folgen auch ganz tatsächlich andere Anforderungen an die Verwaltung herangetragen haben und herantragen, kann hier dahinstehen.

1. Interessenpluralität

Zwar wird allgemein gesagt, die Funktion der Verwaltung sei es, dem „öffentlichen Interesse" zu dienen,[325] was auf den ersten Blick der These widerspricht, Teile der Verwaltung dürften bestimmte, abgrenzbare Interessen verfolgen. Allerdings ist die Existenz von einzelnen öffentlichen Belangen, die vom „öffentlichen Interesse" im Sinne eines Allgemeinwohls zu trennen sind, durchaus anerkannt.[326] Schon allein wegen Art. 28 Abs. 2 GG wird klar, dass es Verwaltungseinheiten gibt, die bestimmte, von denen anderer Verwaltungseinheiten unterscheidbare Ziele verfolgen, denn sonst wäre es nicht nötig, den kommunalen Gebietskörperschaften im Rahmen von Interessenkonflikten einklagbare Rechte[327] zu verleihen. Im Mechanismus des Ausgleichs verschiedener Interessen, der mit zunehmender Komplexität der zu bewältigenden Wirklichkeit immer anspruchsvoller wird, können verschiedene Teile der Verwaltung jeweils Hüter verschiedener öffentlicher Belange sein.

a) Allgemeinwohl und öffentliche Belange

Die Frage ist also, ob es so etwas wie „das Gemeinwohl",[328] dem alle Teile des Staates verpflichtet sind und das eine Interessenpluralität innerhalb der Verwaltung ausschließen könnte, überhaupt gibt.[329] Begriffe wie „öffentliches Interesse",[330] „Gemeinwohl"[331] und „öffentliche Belange"[332] bzw. „Interessen der Allgemeinheit"[333] tauchen in Gesetzen häufig auf.[334] Die Begrifflichkeiten sind allerdings zum

---

[325] Vgl. *H. J. Wolff/O. Bachof,* Verwaltungsrecht Bd. 1, 9. Aufl., S. 167; vgl. auch den Befund bei *M. Ruffert,* DÖV 1998, 897, 897 (rechte Spalte).

[326] *M. Ruffert,* DÖV 1998, 897, 899.

[327] Dazu auch unten Kapitel 4, B. I., S. 271 ff.

[328] *F. Ossenbühl,* VR 1983, 301, 302 weist darauf hin, dass der Begriff des Gemeinwohls in vielen wissenschaftlichen Disziplinen verwendet wird. Das, und die Offenheit des Begriffs für eine ideologische Aufladung, macht die Antwort auf die Frage, was das Gemeinwohl ist, nicht einfacher. Auf andere als juristische Begriffsverwendungen kann hier nicht eingegangen werden. Vgl. auch *J. Isensee* in: ders./Kirchhof, HStR Bd. 4, § 71 Rn. 3, der auf die Abstraktheit der Idee des Gemeinwohls verweist und Handhabungsschwierigkeiten daraus ableitet.

[329] Wie bei Impermeabilitätstheorie und Einheit der Verwaltung handelt es sich beim „Gemeinwohl" um ein tradiertes Konzept, denn die Vorstellung von einem absolut gesetzten Allgemeinwohl ist etwas, was es jedenfalls auch schon in der Monarchie gab: Der aufgeklärte Monarch sollte zum Wohle seines Volkes handeln, also gegen private Einzelinteressen das umsetzen, was von ihm als gemeinwohlfördernd erkannt wurde, vgl. *P. Häberle,* Interesse, S. 17, S. 39 f.; vgl. auch *F. Ossenbühl,* VR 1983, 301, 302.

[330] § 80 Abs. 2 Nr. 4 VwGO.

[331] Art. 109 Abs. 2 S. 2 Nr. 1 der bayerischen Gemeindeordnung (GO); vgl. auch Art. 14 Abs. 2 S. 2 GG bzw. Art. 14 Abs. 3 S. 1 GG: Wohl der Allgemeinheit.

[332] § 35 Abs. 1 BauGB.

[333] Art. 14 Abs. 3 S. 3 GG.

[334] *W. Martens,* Öffentlich, S. 170: „Das geltende Recht verwendet die genannten Begriffe überaus häufig."; Beispiele auch bei *R. Uerpmann,* Interesse, S. 2.

Teil verwirrend, da eine Vielzahl sprachlicher Varianten benutzt wird,[335] sodass sich eine Bedeutungsklärung anbietet. Die Bestandteile „Allgemein-", „Gemein-" und „öffentlich" werden in diesem Zusammenhang in der Regel ohne Bedeutungsunterschied benutzt.[336] Auch wird „Interesse", „Wohl" und „Belang" überwiegend keine abgestufte Bedeutung im Hinblick auf Subjektivität oder Objektivität beigemessen.[337] Jedoch lassen sich zwei Gruppen von Begriffen unterscheiden: Auf der einen Seite gibt es „das Wohl" bzw. „das Interesse" der Allgemeinheit,[338] auf der anderen Seite gibt es viele „Belange", „Gründe" bzw. „Interessen"[339] (im Plural)[340]. Der Belang oder der Grund hat immer etwas Partikulares, das „Wohl" meist etwas Zusammenfassendes, Singuläres an sich.[341]

Interessanterweise wird der Begriff „des einen Gemeininteresses" auch im Zusammenhang mit dem oben[342] kritisierten Grundsatz der Einheit der Verwaltung genannt.[343] Das „Gemeinwohl" war zur Zeit des absolutistischen Obrigkeitsstaates ein Kampfbegriff, der mit dem privaten Einzelinteresse kontrastiert wurde und mit dem belastende obrigkeitsstaatliche Eingriffe gerechtfertigt wurden.[344] Das zeigt schon, dass die Vorstellung von einem Gemeinwohl, das vom Monarchen oder einer ähnlichen solitären Spitze der Verwaltung erkannt, festgelegt und durch-

---

[335] Einen Überblick über die möglichen sprachlichen Varianten gibt *R. Uerpmann*, Interesse, S. 23.

[336] Vgl. *W. Martens*, Öffentlich, S. 169; vgl. auch *F. Ossenbühl*, VR 1983, 301, 302, der eine im Kern identische Bedeutung u. a. von „Gemeinwohl", „Wohl der Gesamtheit", „öffentliches Wohl" und „das gemeine Beste" feststellt; vgl. auch unten Kapitel 3, Fn. 436, S. 218.

[337] *R. Uerpmann*, Interesse, S. 23 ff.; auf S. 25 weist er darauf hin, dass in der Rspr. sogar Mischbegriffe existieren, vgl. BVerwG, Urt. v. 11.07.2001, Az.: 11 C 14/00, NVwZ 2002, 350, 354 (Genehmigung nach LuftVG, Rechtfertigung der planerischen Ermessensentscheidung): „Allgemeinwohlinteresse"; dort wird auch der Begriff „Allgemeinwohlgründe" benutzt; vgl. auch BVerfG, Beschl. v. 23.01.1968, Az.: 1 BvR 709/66, BVerfGE 23, 50–61, juris Rn. 30, BVerfG, Urt. v. 28.03.2006, Az.: 1 BvR 1054/01, BVerfGE 115, 276–320, juris Rn. 112: „Interessen des Gemeinwohls"; vgl. auch *P. Häberle*, Interesse, S. 38, der das öffentliche Interesse mit dem Gemeinwohl gleichsetzt.

[338] Vgl. *W. Martens*, Öffentlich, S. 169: öffentliches Interesse, Interesse der Allgemeinheit, öffentliches Wohl und Wohl der Allgemeinheit als Begriffe mit gleichem Inhalt.

[339] Vgl. *R. Uerpmann*, Interesse, S. 25 m. w. N. in Fn. 17: Es würden „öffentliche Belange und öffentliche Interessen teilweise ausdrücklich als synonym bezeichnet."

[340] Die Benutzung des Wortes „Interessen" kann hier also zu einer begrifflichen Verkomplizierung führen: „das öffentliche Interesse" kann i. d. R. nur mit dem Gemeinwohl gleichgesetzt werden, allerdings kann „öffentliche Interessen" im Plural nicht nur im Sinne von einzelnen öffentlichen Belangen, sondern auch im Sinne einer Zusammenfassung dieser Interessen, die in Richtung der Bedeutung „Allgemeinwohl" rückt, verstanden werden (bspw. § 20 Abs. 1 Nr. 2 BeamtStG: „[...], wenn öffentliche Interessen es erfordern").

[341] Vgl. *R. Uerpmann*, Interesse, S. 26; vgl. *H. Schulze-Fielitz* in: Hoffmann-Riem/Schmidt-Aßmann/Voßkuhle, Grundlagen Bd. 1, § 12 Rn. 20.

[342] Vgl. oben, B. I. 3., S. 60.

[343] So bei *G. Kisker*, Insichprozeß, S. 26, woher auch das Zitat in Anführungszeichen stammt; vgl. auch *P. Häberle*, Interesse, S. 69.

[344] *P. Häberle*, Interesse, S. 69; laut *Häberle*, a. a. O. lassen sich Spuren dieses Verständnisses auch heute noch finden. Vgl. oben Fn. 328 f.

gesetzt wird, nicht mehr zeitgemäß ist. Es passt besser in die heutige Zeit, „[d]as Gemeinwohl als Synthese aller betroffenen Gemeinwohlbelange" bzw. „der relevanten öffentlichen Interessen" ansehen,[345] aber – wie es schon bei Rousseau anklingt[346] – nicht im Sinne einer bloßen Addition von Einzelinteressen bzw. Belangen, sondern im Sinne eines konfliktlösenden Abwägungsergebnisses.[347] „Gemeinwohl" ist damit eine Formel, die im Sinne des Ergebnisses eines Prozesses die „richtige" Auflösung eines Interessenkonfliktes[348] umschreibt. Denn einen einzelnen öffentlichen Belang zu identifizieren, bereitet oft nicht viele Schwierigkeiten[349] – nicht umsonst gibt es gesetzliche Vorschriften, die öffentliche Belange als solche abstrakt benennen.[350] Welche Lösung jedoch im Fall eines Interessenkonfliktes dem Gemeinwohl entspricht, also den Interessenkonflikt „richtig" auflöst, ist dagegen ein sehr schwieriges Erkenntnisproblem. Daher wird auch geäußert, dass im rechtlichen Kontext das öffentliche Interesse immer je nach Sinn und

---

[345] *R. Uerpmann*, Interesse, S. 27; *H. J. Wolff/O. Bachof*, Verwaltungsrecht Bd. 1, 9. Aufl., S. 170; vgl. *F. Ossenbühl*, VR 1983, 301, 302: „Bündelungsbegriff, der viele öffentliche Spezialinteressen zusammenbindet"; *M. Ruffert*, DÖV 1998, 897, 899: „Außer Streit steht jedoch, daß es auch innerhalb dieses öffentlichen Interesses Teil- oder Unterinteressen gibt […]"; vgl. auch *F. Barbirz*, Befangenheit, S. 48 m. w. N.

[346] Hierzu *R. Uerpmann*, Interesse, S. 35, der weitere Nachweise zu der These gibt, dass das Gemeinwohl nicht einfach die Summe der öffentlichen Belange sei; Rousseau kann zum Thema des Allgemeinwohls aber nur mit Vorsicht als Beleg angeführt werden: *J.-J. Rousseau*, Vom Gesellschaftsvertrag, Reclam Ausgabe Stuttgart 2011, S. 32 (zweites Buch, drittes Kapitel): „Es gibt oft einen beträchtlichen Unterschied zwischen dem Gesamtwillen und dem Gemeinwillen; dieser sieht nur auf das Gemeininteresse, jener auf das Privatinteresse und ist nichts anderes als eine Summe von Sonderwillen: aber nimm von ebendiesen das Mehr oder das Weniger weg, das sich gegenseitig aufhebt, so bleibt als Summe der Unterschiede der Gemeinwille." Obwohl es so klingt, als gebe Rousseau hier ein Rezept, wie das Gemeinwohl zu finden sei, wird die Frage nicht ganz in der hier angesprochenen Richtung behandelt. Mit seiner Unterscheidung zwischen volonté de tous und volonté générale wollte *Rousseau* im Kern etwas anderes zeigen, nämlich die (staatliche) Souveränität des Volkes mithilfe des Begriffes des Gemeinwillens im Unterschied zum Gesamtwillen als unteilbar und unveräußerlich darstellen (da man einen einheitlichen Willen nicht veräußern oder Teilen kann). Da der Wille stark mit Souveränität gleichgesetzt wird, ist es fraglich, ob der volonté générale mit einem (anderen bzw. modernen) Gemeinwohlbegriff gleichgesetzt werden kann.

[347] *H. Schulze-Fielitz* in: Hoffmann-Riem/Schmidt-Aßmann/Voßkuhle, Grundlagen Bd. 1, § 12 Rn. 21 f., der darauf hinweist, dass die „Gemeinwohlbestimmung" „nicht beim Staat monopolisiert" sei; vgl. auch *J. Schapp*, Recht, S. 171 f., der sich eindringlich dagegen wendet, in Gesetzen eine Synthese von Interessen zu erblicken, sondern sie als Konfliktentscheidung verstanden wissen will.

[348] *R. Uerpmann*, Interesse, S. 36 – in den Interessenausgleich einzustellen sind danach grds. öffentliche und private Interessen (dazu, ob sich diese Trennen lassen, nächste Fn. 349); vgl. auch *W. Roth*, Organstreitigkeiten, S. 477.

[349] Etwas a. A. *F. Barbirz*, Befangenheit, S. 57 – zuzustimmen ist ihm, soweit er meint, Entscheidungen seien durch das Gesetz oft nicht genau vorprogrammiert; *R. Uerpmann*, Interesse, S. 132 ff., insb. S. 132 f. und S. 140, weist auf die Schwierigkeit hin, zu ermitteln, ob ein Belang privat oder öffentlich ist; die Möglichkeit einer „trennscharfe[n] Scheidung" privater und öffentlicher Belange verneinen *J. Krüper*, Gemeinwohl, S. 135 f. m. w. N. und *M. Reiling*, DÖV 2004, 181, 186. Dazu auch unten Kapitel 3 Fn. 448, S. 220.

[350] Bspw. § 35 Abs. 3 BauGB, § 1 Abs. 6 BauGB.

Zusammenhang der Norm, die den Begriff verwendet, bestimmt werden müsse.[351] Die Bestimmung des Allgemeinwohls erfolgt also jeweils situationsbezogen.[352] Schon damit wird das Bild vom Allgemeinwohl als universalem Anspruch relativiert.[353] Außerdem variieren Gemeinwohlinteressen je nachdem, welches Gebilde jeweils als das Gemeinwesen angesehen wird:[354] Was gut für eine Stadt ist, muss nicht gut für das Land oder die Welt sein. Daneben ergibt sich das Problem, dass die Auflösung von Interessenkonflikten sehr oft mit Wertungen verbunden ist, die je nach Blickwinkel oder auch je nach Grad der Sachverhaltskenntnis anders getroffen werden könnten.[355] Darüber hinaus kann es bei sehr komplexen Zusammenhängen oft auch unmöglich sein, alle relevanten Gesichtspunkte an einer Stelle zu sammeln und von einem einzigen Menschen abwägen zu lassen.[356] Deswegen wird der Begriff des Allgemeinwohls nur dann wirklich handhabbar, wenn es nicht als objektiv vorgegebenes, sondern innerhalb der Grenzen von Zuständigkeit und Verfahren[357] unter Beachtung verfassungsrechtlicher Grenzen gefundenes Abwägungsergebnis verstanden wird.[358] „Gemeinwohl" wird dann zum Synonym

---

[351] W. Martens, Öffentlich, S. 195 f.

[352] R. Uerpmann, Interesse, S. 26; So versteht man die Formel vom „Wohl der Allgemeinheit" bspw. im Beamtenrecht (vgl. § 33 Abs. 1 S. 2 BeamtStG) im Sinne der Trennung von persönlichen Interessen eines Amtswalters von seiner Tätigkeit, vgl. R. Uerpmann, Interesse, S. 47 ff., insb. S. 57; ähnlich M. Ruffert, DÖV 1998, 897, 899.

[353] Vgl. auch F. Ossenbühl, VR 1983, 301, 302: „Mit einem ‚Gemeinwohl' an sich ist juristisch wenig anzufangen." (Hervorh. i. O.); ähnlich H. Schulze-Fielitz in: Hoffmann-Riem/ Schmidt-Aßmann/Voßkuhle, Grundlagen Bd. 1, § 12 Rn. 21; vgl. J. Krüper, Gemeinwohl, S. 238: überwiegende Auffassung lehnt eindeutige „Festlegung dessen, was Gemeinwohl ist," ab.

[354] K. Buchwald, Organstreit, S. 134: „äußere Pluralität"; ähnlich W. Roth, Organstreitigkeiten, S. 478 f.: „erforderliche Festlegung des Allgemeininteresse ist [...] notwendig partikular".

[355] Ob es eine „richtige" Lösung nicht gibt, oder ob die objektiv vorhandene Ideallösung, das absolute, materielle Allgemeinwohl, nur nicht zweifelsfrei zu erkennen ist, ist hier wenig relevant und kann an dieser Stelle auch nicht vertieft werden.

[356] W. Brohm, VVDStRL 30 (1971), 245, 293 m. Nachw. aus der organisationssoziologischen Forschung; das leuchtet vor allem dort ein, wo verschiedene Belange erst auf Ministerebene in einer gemeinsamen Spitze zusammengefasst werden, vgl. W. Loschelder in: Isensee/Kirchhof, HStR Bd. 5, § 107 Rn. 43 – dass die Staatsleitung nicht sämtliche Verwaltungsvorgänge überblicken kann, ist der Grund für eine gegliederte Verwaltung.

[357] Die Zuständigkeit kann, wie insbesondere bei R. Uerpmann, Interesse, S. 175 ff., auch im Hinblick auf die Gewaltenteilung betrachtet werden. Für die Verwaltung ergibt sich dann, wenn – wie im Regelfall – das Gemeinwohl im Tatbestand einer anzuwendenden Norm nicht vorkommt (Häberle, Martens und Uerpmann [vgl. vorangegangene Fn.] beschäftigen sich jedoch intensiv mit diesem Fall), dass eine doppelte Rückbindung an die bereits vom Gesetzgeber getroffenen Entscheidungen besteht: Das Normprogramm gibt schon teilweise vor, wie Konflikte gelöst werden sollen, und die gesetzlich bestimmten Zuständigkeiten bzw. Verfahrensvorschriften bestimmen, wer die Konkretisierung des Gesetzes im Einzelfall auf welche Weise vornehmen soll.

[358] F. Ossenbühl, VR 1983, 301, 302: „‚Gemeinwohl' ist das, was die hierfür zuständige Instanz in einem allgemein anerkannten Verfahren und unter Beachtung verfassungsrechtlich vorgegebener Grenzen als ‚Gemeinwohl' erklärt."; vgl. P. Häberle, Interesse, S. 95 f.; M. Ruffert, DÖV 1998, 897, 899: Gemeinwohl als „Ergebnis [einer] politischen oder rechtlichen Konfliktentscheidung"; die Frage der Kompetenz besonders betonend: R. Uerpmann, Interesse,

für den strukturierten Versuch, die bestmögliche Lösung von Interessenkonflikten zu finden.

Weil „das Gemeinwohl" als singuläre Wahrheitserscheinung zumindest in rechtlicher Hinsicht nicht objektiv vorhanden bzw. feststellbar ist,[359] sondern sich erst in
der Entscheidung des jeweiligen Verwaltungsträgers findet, kann es auch nicht alle
verschiedenen Teile der Verwaltung von vornherein binden, sondern letztlich ist es
die getroffene Entscheidung, die innerhalb der normalen Mechanismen des Rechts
für andere Teile der Verwaltung beachtlich ist.[360] Es könnte lediglich der Fall sein,
dass jeder Teil der Verwaltung alle öffentlichen Belange zu beachten hat.[361] Dabei ergibt sich aber zumindest das Erkenntnisproblem, wie alle Teile der Verwaltung alle öffentlichen Belange erkennen (und abwägen) können sollen. Wie oben
erläutert,[362] sind organisatorische Differenzierung und Spezialisierung zur Bewältigung der Aufgaben der Verwaltung gerade deswegen zwingend notwendig, weil
es ausgeschlossen ist, dass alle Verwaltungseinheiten alle öffentlichen Interessen
im Blick haben können. Letztlich würde eine Pflicht zur Beachtung aller öffentlichen Belange durch alle Verwaltungseinheiten darauf hinauslaufen, eine Bindung
an ein – mit der Zusammenfassung aller einzelner Belange umschriebenes – Allgemeinwohl zu postulieren. In der Regel stellt sich dieses Problem jedoch auch gar
nicht, da die von der Verwaltung zu berücksichtigenden öffentlichen Interessen im
Normprogramm[363] des jeweiligen (Fach-)Rechts determiniert sind.[364]

S. 141 ff. (m. w. N.) und S. 317 (unten) ff.; vgl. auch *H. J. Wolff/O. Bachof*, Verwaltungsrecht
Bd. 1, 9. Aufl., S. 171, „Die Existenz einer Autorität, die verbindliche Entscheidungen trifft, ist
daher selbst ein Erfordernis des wahren Gemeininteresses." – a. a. O. S. 172 f.: auch wenn nicht
nur „wahre öffentliche Interessen" verfolgt würden, entspreche die Entscheidung des zuständigen Entscheidungsträgers dem Gemeinwohl, da die Einhaltung der Rechtsordnung ein fast immer überwiegendes öffentliches Interesse sei; vgl. *J. Isensee* in: ders./Kirchhof, HStR Bd. 4,
§ 71 Rn. 92, der als Urheber des Gedankens der „Legitimation aus Kompetenz" *T. Hobbes*
(Rn. 89) und des Gedankens der „Legitimation durch Verfahren" bzw. der Erzeugung der Wahr-
heit durch Verfahren *N. Luhmann* nennt.

[359] Vgl. auch *F. Barbirz*, Befangenheit, S. 48 m. w. N.; vgl. *T. Streit*, Entscheidung in eigener
Sache, Berlin 2006, S. 91 ff., insb. S. 102, S. 106: Gemeinwohl beinhaltet nur Pluralismus und
dessen (Selbst-)Erhalt; insoweit differenzierender *J. Isensee* in: ders./Kirchhof, HStR Bd. 4,
§ 71 Rn. 93: Die Idee des Gemeinwohls könne durch das Verfahren (des Interessenausgleichs)
nicht ersetzt werden, was durch die Aussage in Rn. 94, das Gemeinwohl sei auf demokratische
Legitimation angewiesen (vgl. auch Rn. 18), jedoch wieder relativiert wird; vgl. *W. Roth*, Organstreitigkeiten, S. 476 f.

[360] Vgl. *J. Isensee* in: ders./Kirchhof, HStR Bd. 4, § 71 Rn. 18, der das Gemeinwohl zwar als
in ethischer Hinsicht existierend ansieht (vgl. die Rdnrn. davor), aber eine Rechtsverbindlich-
keit nur aus dem „staatlichen Normbefehl" folgert.

[361] In diese Richtung *M. Ruffert*, DÖV 1998, 897, 899.

[362] Vgl. bei Fn. 323.

[363] Durch die Gesetzgebung findet ein ebenfalls das Allgemeinwohl näher bestimmender
Interessenausgleich statt, vgl. *W. Roth*, Organstreitigkeiten, S. 477 f.; *F. Barbirz*, Befangenheit,
S. 49 m. w. N.

[364] Dies gilt bspw. auch für Normen, die ein Ermessen einräumen, weil § 40 VwVfG vorschreibt, dass das „Ermessen entsprechend dem Zweck der Ermächtigung auszuüben" ist (und
··ht entsprechend dem Zweck der Allgemeinwohlverwirklichung). Selbst wenn das Gesetz so

Es gibt also verschiedene öffentliche Interessen, und nicht jeder Teil der Verwaltung muss bzw. kann alle diese Belange gleichermaßen im Blick haben.

b) Teile der Verwaltung als Sachwalter einzelner öffentlicher Interessen

Die von der Verwaltung verfolgten Interessen sind außerordentlich vielfältig[365] und häufig im Ansatz konträr. Das liegt wie erwähnt unter anderem daran, dass die Bewältigung ihrer Aufgaben angesichts der komplexen Realität von der Verwaltung Differenzierung und Spezialisierung erfordert.[366] Dadurch werden die in der Gesellschaft vorhandenen Interessenkonflikte zum Teil auch in der Verwaltung abgebildet.[367] Beispielsweise ist Umweltschutz genauso ein öffentliches Interesse wie Wirtschaftswachstum,[368] und beide Ziele werden von der Verwaltung verfolgt und entsprechende Maßnahmen umgesetzt. Die Verwaltung ist also nicht nur im Hinblick auf ihre Organisation plural, sondern auch hinsichtlich der von ihr verfolgten Interessen.

Der Schluss darauf, dass vielen öffentlichen Interessen auch eine entsprechende Verwaltungseinheit zugeordnet ist, die sich um die jeweiligen öffentlichen Belange kümmert, liegt nahe.[369] Beispielsweise bei Wasserwirtschaftsämtern, Autobahn-

---

offen formuliert ist, dass es das „Allgemeinwohl" als Tatbestandsmerkmal enthält, sollen nur Belange Berücksichtigung finden können, die im Zusammenhang mit der Kompetenz (bzw. gesetzlichen Aufgabe) der jeweiligen Verwaltungseinheit stehen, vgl. *R. Uerpmann*, Interesse, insb. S. 215 f., vgl. auch a. a. O. S. 152, 317, 319.

[365] Vgl. *M. Ruffert*, DÖV 1998, 897, 898: „innerhalb der Verwaltung wirkende[..] Pluralität der Interessen" mit Verweis auf *H.-H. Trute*, Die Verwaltung und das Verwaltungsrecht zwischen gesellschaftlicher Selbstregulierung und staatlicher Steuerung, DVBl. 1996, 950, 963, der mit „Pluralisierung der Verwaltungsorganisation" allerdings eher die „Überschneidung staatlicher und privater Organisation" meint (S. 962).

[366] Vgl. bei Fn. 323, S. 105.

[367] Vgl. *M. Ruffert*, DÖV 1998, 897, 898: „Fortsetzung von Interessenkonflikten und ihre Penetration in den Bereich der Verwaltung"; ähnlich *B.-O. Bryde*, VVDStRL 46 (1987), 182, 183: „Der für die pluralistische Demokratie kennzeichnende Prozeß der Gemeinwohlkonkretisierung durch Konflikt wird in die Verwaltung hineinverlagert."; ähnlich *G. Haverkate*, VVDStRL 46 (1987), 217, 239.

[368] Weitere Beispiele wären: Steuererhebung und Wirtschaftswachstum, Freiheit und Sicherheit der Bürger, etc. Damit soll nicht gesagt sein, dass in jedem denkbaren Fall ein Gegensatz zwischen diesen Interessen besteht, ebensowenig, dass es immer nur zwei Interessengegensätze sind, die zusammengebracht werden müssen: *R. Uerpmann*, Interesse, S. 26 nennt als Beispiel das sog. „magische Viereck" (§ 1 des Gesetzes zur Förderung der Stabilität und des Wachstums der Wirtschaft [StabG]) aus den konträren Zielen Stabilität des Preisniveaus, hoher Beschäftigungsstand, außenwirtschaftliches Gleichgewicht und angemessenes Wirtschaftswachstum.

[369] Vgl. *W. Leisner*, Verwaltung, S. 223, der der Ansicht ist, durch eine „Autonomisierung" der Verwaltung werde eine „Freiheitsträgerschaft [...] in die Verwaltungsorganisation selbst getragen", die dazu führe, dass diese Freiheit gegen übergeordnete Instanzen verteidigt werde. Vgl. *W. Roth*, Verwaltungsrechtliche Organstreitigkeiten, S. 478 f., der auch darauf hinweist, dass aus Sicht einer Untergliederung ein „Allgemeininteresse" bestehen kann, das sich aus

direktionen, staatlichen Bauämtern und staatlichen Park- und Schlösserverwaltungen[370] ist schon anhand des Namens darauf zu schließen, dass dort – auch innerhalb der unmittelbaren Staatsverwaltung – spezielle öffentliche Interessen verfolgt werden.[371] Aber selbst innerhalb von – durch eine gewisse Selbständigkeit gekennzeichneten –[372] Behörden gibt es Untergliederungen in Abteilungen, Referate, etc., bei denen sich häufig bestimmte, abgrenzbare öffentliche Interessen als zur Wahrnehmung übertragen einfach identifizieren lassen.

Öffentliche Interessen und Aufgaben, die Verwaltungseinheiten zugeordnet sind, stehen im Zusammenhang, sind aber nicht miteinander gleichzusetzen, denn letztere sind durch „prospektive Zielorientierung und [...] Handlungstendenz" gekennzeichnet.[373] Der Grund für eine Zuweisung von Aufgaben an spezialisierte Verwaltungseinheiten liegt darin, dass viele Funktionen nur mit einem gewissen Grad an Fachkompetenz, eventuell auch besonderer technischer Ausstattung, erfüllt werden können und dass Spezialisierung die Effizienz von Handlungsabläufen fördern kann.[374] Da Verwaltungsaufgaben in der Regel im Zusammenhang mit dem Schutz bzw. der Förderung von öffentlichen Interessen stehen,[375] ergibt sich mit höherer Spezialisierung hinsichtlich der Verwaltungsaufgaben auch eine stärkere Aufteilung der öffentlichen Belange auf Verwaltungsträger.[376] Deswegen gibt es viele verschiedene „Träger unterschiedlicher öffentlicher Interessen in der Verwaltung".[377] Das Gesetz selbst geht bei Planungsprozessen, beispielsweise in § 4 Abs. 1 S. 1 BauGB mit dem Begriff der Träger öffentlicher Belange,[378] davon aus, dass „im Grundsatz also jeder öffentliche Belang auch [...] einen administra-

---

der Perspektive einer Gesamtorganisation als Partikularinteresse darstellt; a.A. *M. Ruffert*, DÖV 1998, 897, 899. Skeptisch gegenüber einer Zuordnung von Interessen zu Verwaltungsträgern (ohne darauf einzugehen, dass dies schon längst der Fall ist) *A. Wiese*, Beteiligung, S. 87.

[370] Die Beispiele beziehen sich auf Bayern, wo die genannten Verwaltungseinheiten Behörden sind, die neben dem allgemeinen Behördenaufbau stehen und z.T. direkt einem Ministerium untergeordnet sind.

[371] Vgl. *D. Lorenz*, AöR 93 (1968), 308, 319 f.: Behörden nehmen in ihrem Sachbereich öffentliche Interessen wahr.

[372] Vgl. Kapitel 1, Fn. 97, S. 35.

[373] *S. Baer* in: Hoffmann-Riem/Schmidt-Aßmann/Voßkuhle, Grundlagen Bd. 1, § 11 Rn. 11.

[374] Vgl. *T. Groß* in: Hoffmann-Riem/Schmidt-Aßmann/Voßkuhle, Grundlagen Bd. 1, § 13 Rn. 65; die Notwendigkeit zur Spezialisierung zur Bewältigung der Anforderungen betont schon *D. Lorenz*, AöR 93 (1968), 308, 317.

[375] Vgl. *F. Barbirz*, Befangenheit, passim., etwa S. 25, S. 45 f., S. 59, wobei dieser zwischen Interessen der Organisation als solcher und extern durch Gesetz zugewiesenen Interessen unterscheidet.

[376] Vgl. *B.-O. Bryde*, VVDStRL 46 (1987), 182, 183 f.

[377] *B.-O. Bryde*, VVDStRL 46 (1987), 182, 183 m. w. N.; vgl. dazu auch *W. Roth*, Organstreitigkeiten, S. 617 ff.

[378] Die gemeinten öffentlichen Belange sind (nicht abschließend) in § 1 Abs. 6 BauGB aufgelistet – es ist nicht zwingend, dass mit den „Trägern" in § 4 Abs. 1 BauGB nur „Rechtsträger" ͏nt sind.

tiven Träger hat".[379] Zwar kann das nicht vollständig generalisiert werden, denn je kleiner eine Verwaltungseinheit ist, desto geringer sind die Möglichkeiten zur Differenzierung und desto eher kann es sein, dass einem einzelnen Amtswalter mehrere, unter Umständen widerstreitende Interessen zuzuordnen sind, und auch bei leitenden Positionen treffen ebenfalls viele Aufgaben – und damit Interessen – zusammen.[380] Es kommt eben darauf an, welcher Teil der Verwaltung in welcher Relation betrachtet wird.

Es wird aber verständlich, wieso innerhalb der Verwaltung Konflikte entstehen können.[381] Wenn Verwaltungseinheiten niemals Sachwalter bestimmter Interessen wären, könnten unterschiedliche Interessen kaum aufeinanderprallen. Allerdings ist nicht davon auszugehen, dass jede Verwaltungseinheit „ihre" öffentlichen Interessen verfolgt bzw. verfolgen darf,[382] wie ein Privater seine Interessen verfolgt. Teile der Verwaltung haben nicht in diesem Sinne Eigeninteressen. Denn aufgrund des Rechtsstaatsprinzips, Art. 20 Abs. 3 GG, kann jeder Teil der Verwaltung Ziele nur innerhalb seiner Zuständigkeiten[383] unter Einsatz seines gesetzlich geregelten Handlungsinstrumentariums verfolgen.[384] Die gesetzlichen Regelungen geben den Teilen der Verwaltung jedoch – obwohl wie oben beschrieben keine Bindung an ein umfassendes „Gemeinwohl" existiert – zumeist auf, unter Berücksichtigung auch anderer Interessen zu handeln. Darüber hinaus sind Koordination und Interessenausgleich meist nötig, um das ebenfalls aus dem Rechtsstaatsprinzip folgende Postulat des Verbots der Widersprüchlichkeit staatlichen Verhaltens[385] gegenüber dem Bürger, das alle Verwaltungseinheiten bindet, zu

---

[379] *G. F. Schuppert*, DÖV 1987, 757, 763; *Schuppert* zeigt auf S. 764 (rechte Spalte unten), wie die Koordination im Planungsprozess funktioniert: Jede Verwaltungseinheit ist „Anwalt" eines Belangs, es wird im Wege der „negativen Koordination" der „kleinste[..] gemeinsame[..] Nenner" (S. 765 oben) gefunden.

[380] Dazu noch unten III., S. 124.

[381] Vgl. *M. Ruffert*, DÖV 1998, 897, 897 f.: „Was liegt den zahlreichen sachlichen Streitigkeiten zwischen Ministerien oder den Fachabteilungen großer Verwaltungen untereinander anderes zugrunde als Interessenkonflikte, die das Parlament im zu vollziehenden Gesetz offengelassen hat?" Dazu, dass die bestehenden Interessenkonflikte innerhalb der Verwaltung der Rspr. aus einer historischen Perspektive als fremd erscheinen *P. Häberle*, Interesse, S. 420 ff. Dass eine Notwendigkeit der Austragung von Streitigkeiten zwischen Teilen des Staates aus einer organisatorischen Gliederung entstehen kann, beschreibt auch *A. Wiese*, Beteiligung, S. 47 (deutlicher S. 261), die daraus aber keine weiteren Schlüsse zieht.

[382] Vgl. jedoch *B.-O. Bryde*, VVDStRL 46 (1987), 182, 182, der als mögliches Beispiel, „daß offen mit unterschiedlicher Zielsetzung gegeneinander gearbeitet wird", Polizei und Sozialarbeiter im Hinblick auf die Rauschgiftbekämpfung nennt. In diesem Beispiel ist klar, dass eine Behinderung der Strafverfolgung nicht gesetzmäßig wäre.

[383] Klare gesetzlich geregelte Zuständigkeiten sind ein Postulat des Rechtsstaates, vgl. *E. Schmidt-Aßmann* in: Isensee/Kirchhof, HStR Bd. 2, § 26 Rn. 79.

[384] Dass jeder Teil der Verwaltung grundsätzlich überhaupt nur in seinem Zuständigkeitsbereich tätig werden kann und sich diese i. d. R. (was durch das Rechtsstaatsprinzip geboten ist, vgl. *E. Schmidt-Aßmann* in: Isensee/Kirchhof, HStR Bd. 2, § 26 Rn. 79) nicht überlappen, dürfte schon den Großteil der möglichen Konflikte innerhalb der Verwaltung eliminieren.

[385] Vgl. *K.-P. Sommermann* in: v. Mangoldt/Klein/Starck, GG Bd. 2, Art. 20 Abs. 3, Rn. 298.

erfüllen. Wegen der Bindung an Recht und Gesetz aus Art. 20 Abs. 3 GG darf auch ein Teil der Verwaltung die ihm zugeordneten öffentlichen Interessen nicht derart vehement durchsetzen, dass es einem anderen Teil unmöglich gemacht wird, seine Aufgabe zu erfüllen.

Dennoch ist daraus nicht zu folgern, dass es in der Verwaltung keine Einzelinteressen gäbe.[386] Dort, wo im Konfliktfall ein Ausgleich zwischen verschiedenen Interessen gefunden werden muss, wird eine Zuordnung von verschiedenen Interessen zu unterschiedlichen Verwaltungseinheiten höchstwahrscheinlich (wenn auch wohl in wechselndem Ausmaß) dazu führen, dass jeder Teil eine andere Lösung als geboten ansieht, um einen Interessenausgleich zu bewerkstelligen.[387] Beispielsweise durch eine stärkere kognitive Durchdringung des eigenen Fachgebietes können Prioritäten anders gesetzt und daher im Konfliktfall unterschiedliche Lösungen favorisiert werden – die jeweiligen öffentlichen Belange werden anders betont. Die in der jeweiligen Verwaltungseinheit arbeitenden Personen entwickeln regelmäßig eine gewisse Anteilnahme an den ihnen zugeordneten Belangen und werden daher geneigt sein, diese durchsetzen zu wollen.[388] Zum Teil kann es sein, dass durch die Existenz einer Verwaltungseinheit bestimmte Belange (wie Denkmalschutz und Umweltschutz) überhaupt erst in den Blick rücken,[389] die anders eventuell allenfalls am Rande berücksichtigt worden wären.[390]

---

[386] A. A. *U. Ramsauer* in: Kopp/Ramsauer, VwVfG, § 20 Rn. 10: „keine speziellen Eigeninteressen" – ob der Verweis auf die Entscheidung des BVerwG trägt (vgl. hiesige Fn. 387), kann dahinstehen. Es ist nämlich schon fraglich, ob die Differenzierung in § 20 Rn. 9, dass Rechtsträger eigene Sonderinteressen haben können, Behörden bzw. Organe aber keine speziellen Eigeninteressen, sachlich begründbar ist. In Rn. 12b werden dann auch Rechtsträger und Behörden gleichwertig genannt.

[387] Vgl. *H. H. Rupp*, Grundfragen, S. 49: „[…] eine einheitliche Meinung darüber, ob der Gesamtorganismus verpflichtet sei und wie die Verpflichtung befolgt werden solle," sei „eigentlich unmöglich". Hätte die Zuweisung von bestimmten Aufgaben an Verwaltungseinheiten keine Folgen für die rechtlichen Entscheidungen der dort tätigen Personen, dann müsste das BVerwG auch bei Aufeinanderfallen von Vorhabenträger und Planfeststellungsbehörde nicht fordern, dass eine organisatorische und personelle Trennung innerhalb der Behörde besteht, damit die Interessen von drittbetroffenen Bürgern ausreichend beachtet werden, vgl. BVerwG, Urt. v. 24.11.2011, Az.: 9 A 23/10, BVerwGE 141, 171, juris Rn. 20 m.w.N – hier ist das Problem der „institutionellen Befangenheit" bzw. der „institutionellen Eigeninteressen" angesprochen, dazu *F. Barbirz*, Befangenheit, insb. S. 44 ff.

[388] Vgl. *F. Barbirz*, Befangenheit, S. 60f. m. w. N.; mit dieser Prämisse arbeitet für den Bereich der verwaltungsrechtlichen Organstreitigkeiten die Kontrasttheorie (vgl. oben B. I. 5.a), S. 69), vgl. etwa *D. Th. Tsatsos*, Organstreit, S. 55; vgl. auch die kritischen Ausführungen von *W. Löwer*, VerwArch 68 (1977), 327, 342 f.; kritisch demgegenüber aber *E.-W. Fuss*, Verwaltungsrechtliche Streitigkeiten im Universitäts-Innenbereich, WissR 5 (1972), 97, 112 f., der sich jedoch nur dagegen wendet, dass in den Gremien der Universität Partikularinteressen von Studenten, Professoren etc. vertreten seien und der Interessenvertretung insgesamt als hinderlich ansieht – hier scheinen aber praktisch-politische Überlegungen bestimmend zu sein.

[389] Dies ist auch dann der Fall, wenn ein Belang nicht einer eigenständigen juristischen Person oder einer Behörde, sondern nur einer Untergliederung einer Behörde zugeordnet ist.

[390] *G. F. Schuppert*, DÖV 1987, 757, 763: „Belange, die in der Verwaltungsorganisation Anwalt finden, sind tendenziell durchsetzungsschwach"; vgl. *M. Ruffert*, DÖV 1998,

Öffentliche Belange sind also in der Regel speziellen Verwaltungseinheiten zugeordnet. Diese werden im Gesetz daher manchmal als Träger öffentlicher Interessen bezeichnet. Durch ihre Spezialisierung und durch Fachkenntnisse werden sie zu Sachwaltern bzw. Anwälten[391] einzelner öffentlicher Interessen, sodass Konflikte innerhalb der Verwaltung über den gebotenen Interessenausgleich entstehen können.

2. Keine echte Sonderrolle sogenannter verwaltungsrechtlicher Organstreitigkeiten

Nun stellt sich die Frage, ob nicht die Kontrasttheorie[392] genau diese Interessenpluralität in der Verwaltung aufgreift und mit den verwaltungsrechtlichen Organstreitigkeiten das Prinzip der Interessenpluralität in der Verwaltung hinreichende Berücksichtigung findet. Ein Zusammenhang zwischen Interessenpluralität und Kontrasttheorie besteht, denn Organrechte sind solche, mit denen Teile des Staates bestimmte ihnen zugehörige bzw. sich angeeignete Interessen geltend machen. Insofern können verwaltungsrechtliche Organstreitigkeiten als Beispiel von Interessenpluralität in der Verwaltung betrachtet werden, auch wenn das verschiedentlich mit dem Argument bezweifelt wird, bei Organstreitigkeiten würde nur das „Interesse[..] der organisierten Einheit" geltend gemacht.[393] Das ist jedoch nicht überzeugend, weil dann nicht erklärbar ist, wie ein Interessenkonflikt, der zum Streit führt, überhaupt zu Stande kommen sollte und weil auch innerhalb von Selbstverwaltungskörperschaften das „Gesamtinteresse" gerade durch das Zusammenwirken der Akteure entsteht bzw. gefunden wird.[394] In der Aussage, Teile einer Organisation würden nur das Interesse der gesamten Organisation verfolgen, macht sich eine Orientierung am Gemeinwohl und der Einheit der Verwaltung, beschränkt auf eine bestimmte juristische Person, bemerkbar.[395]

897, 900 f., der soweit geht zu sagen: „Indem das Organisationsrecht die Berücksichtigung und Wahrnehmung bestimmter Interessen einzelnen Ressorts zuweist, bewältigt es die rechtliche Einbindung dieser Interessen in ähnlicher Weise, wie nach der überkommenen Schutznormlehre rechtlich geschützte Interessen einzelnen Rechtssubjekten als subjektiv-öffentliche Rechte zugewiesen werden."

[391] Den Begriff verwendet *G. F. Schuppert,* DÖV 1987, 757, 763.

[392] Vgl. oben B. I. 5. a), S. 69.

[393] *E.-W. Böckenförde* in: FS H. J. Wolff, S. 303; *W. Hoppe,* Organstreitigkeiten, S. 195 ff.

[394] Gegen die Leugnung von Partikularinteressen innerhalb einer Organisation beim verwaltungsrechtlichen Organstreit auch *H.-U. Erichsen* in: ders./Hoppe/von Mutius, FS Menger, S. 227 f.; *W. Roth,* Organstreitigkeiten, S. 498 ff.; hier lassen sich Überlegungen zum Allgemeinwohl auf die Figur eines Organisationswohls übertragen, zu Ersterem schon oben C. II. 1. a), S. 106, zu Letzterem unten Kapitel 4, Fn. 508, S. 342.

[395] Die im Abstreiten der Existenz von Partikularinteressen enthaltene Skepsis gegenüber Rechten von Teilen der Verwaltung drückt sich auch darin aus, dass Rechtspositionen zwar als gerichtlich durchsetzbar anerkannt, aber nicht als subjektive Rechte bezeichnet werden (bspw. bei *Böckenförde,* Fn. 393) – zu dieser Frage der Bezeichnung von Rechtspositionen ausführlich unten Kapitel 4, B. II., S. 273.

Aber auch wo die Interessenpluralität im Falle von verwaltungsrechtlichen Organstreitigkeiten anerkannt wird, ist das häufig auf diese Fallkonstellation beschränkt. Im Zusammenhang mit der Kontrasttheorie ist zu lesen, „organisatorische Institutionalisierung von Interessenpluralität" sei „nur in Teilbereichen der mittelbaren Staatsverwaltung – Gemeinde, Universität, Rundfunkanstalt u. ä. – üblich",[396] der übrigen (vor allem der unmittelbaren Staats-) Verwaltung wird dadurch also eine – sich in den Organisationsgegebenheiten widerspiegelnde – Interessenpluralität abgesprochen.[397] Dies kann jedoch als Ausdruck der schon oben dargestellten Tendenz bewertet werden, ausgehend von einem nicht in Frage gestellten Grundsatz der Einheit der Verwaltung verwaltungsrechtliche Organstreitigkeiten als Sondererscheinungen darzustellen, um diese durch Abgrenzung zu rechtfertigen.[398] Schon in organisatorischer Hinsicht ist selbst innerhalb der unmittelbaren Staatsverwaltung eine starke Pluralität zu erkennen,[399] die sich auch im Hinblick auf die unterschiedlichsten Interessen bestätigt, die in der unmittelbaren Staatsverwaltung beheimatet sind.[400]

Ein Unterschied der Interessenpluralität in Selbstverwaltungsgremien zu derjenigen in der übrigen Verwaltung könnte darin gesehen werden, dass sich in Selbstverwaltungsgremien konfligierende Interessen nicht aufgrund verschiedener gesetzlicher Aufgabenzuweisungen wiederfinden,[401] sondern in Vertreterversammlungen wie beispielsweise Stadt- und Gemeinderäten die Interessenpluralität in materieller Hinsicht, also auf das inhaltliche Ergebnis von Entscheidungen bezogen, durch das Wahlergebnis konstituiert wird. Jedes Mitglied des Selbstverwaltungsgremiums kann potenziell jedes öffentliche – und auch private – Interesse vertreten.[402] Zum einen gilt das allerdings in dieser generellen Form schon nicht mehr beispielsweise für Streitigkeiten zwischen der Gemeindevertretung als Ganzer und dem Bürgermeister.[403] Trotzdem wurde und wird hier von der Zulässig-

---

[396] M. Oldiges, NVwZ 1987, 737, 743.

[397] Vgl. etwa bei D. Th. Tsatsos, Organstreit, S. 18 ff; vgl. auch G. Kisker, Insichprozeß, S. 9 sowie bei Fn. 178; ganz deutlich H. Bethge, DVBl. 1980, 309, 313.

[398] Vgl. oben B. I. 5.c), S. 75.

[399] W. Krebs in: Isensee/Kirchhof, HStR Bd. 5, § 108 Rn. 19: „Allenfalls die […] Kommunalverwaltungen vermitteln nach außen noch halbwegs das Bild von der ‚Einheit der Verwaltung' als einer geschlossenen Verwaltungsorganisation."

[400] Vgl. oben bei Fn. 370, S. 112 – sämtliche dort genannten Beispiele sind Behörden der unmittelbaren Staatsverwaltung.

[401] Wobei hier noch angemerkt werden muss, dass auch Selbstverwaltungskörperschaften (Gremien mit Interessenvertretern kommen meist als Organe juristischer Personen des öffentlichen Rechtes in der mittelbaren Staatsverwaltung vor) in der Regel besondere öffentliche Belange zugeordnet sind; bei kommunalen Gebietskörperschaften etwa sind es die Interessen der jeweiligen örtlichen Gemeinschaft (sonst würde auch das Element der Selbstverwaltung kaum Sinn machen). Hier ist aber zunächst die Interessenvielfalt innerhalb von Gremien, deren Willensbildung i. d. R. im Wege der Abstimmung vor sich geht, gemeint.

[402] Vgl. D. Th. Tsatsos, Organstreit, S. 20 f.: Die Interessendifferenzierung entsteht aus dem Mitgliederverband heraus.

[403] Bei D. Th. Tsatsos, Organstreit, S. 22 scheint sich nämlich der Gedanke der „Ermöglichung einer Dialektik der körperschaftsinternen Interessengegensätze als besondere Art der

keit eines verwaltungsrechtlichen Organstreits ausgegangen.[404] Zum anderen ist es weitgehend anerkannt, dass bei verwaltungsrechtlichen Organstreitigkeiten nicht um die inhaltliche Richtigkeit von Entscheidungen nach außen, sondern nur um die Einhaltung der Regeln des organschaftlichen Funktionsablaufs gestritten werden kann.[405] Darauf beruht auch die Kontrasttheorie inhaltlich.[406] Dass also eine Interessenpluralität durch Wahl unterschiedlicher Vertreter, die verschiedene inhaltliche Ziele verfolgen, entsteht, kann nicht der eigentliche rechtliche[407] Grund für die Zulässigkeit gerade von Kommunalverfassungsstreitigkeiten sein und folglich auch nicht als ein entscheidendes Differenzierungsmerkmal herangezogen werden. Die über die Wahl verschiedener Vertreter entstandene Interessenpluralität spielt nur mittelbar eine Rolle.

Eine weitere Überlegung ist daher, Organstreitigkeiten in der mittelbaren Staatsverwaltung als solche, in denen es um Entscheidungsbeteiligung und -zuständigkeiten sowie Verfahrensfragen geht, von Streitigkeiten innerhalb der unmittelbaren Staatsverwaltung um das richtige materielle Ergebnis abzugrenzen und nur erstere als legitim anzusehen.[408] In der Tatsache, dass bei verwaltungsrechtlichen Organstreitigkeiten lediglich der Ablauf der Entscheidungsfindung beanstandet werden kann, liegt jedoch kein systematischer Unterschied zu einer Interessenpluralität in anderen Teilen der Verwaltung. Erstens können auch abseits des verwaltungsrechtlichen Organstreits Verfahrensrechte vorkommen.[409] Und zweitens ist es eine Frage der Ausstattung mit Rechten,[410] wie die Interessenpluralität im Ergebnis in einem Streit zur Geltung kommt, und daher eine Frage der Ausgestaltung durch das Gesetz.[411] Die Interessen können direkt mit Rechten geschützt werden, die eine bestimmte inhaltliche Entscheidung erzwingbar machen, aber auch nur mittelbar, wie bei den verwaltungsrechtlichen Organstreitigkeiten durch die Sicherung des Verfahrens mit Beteiligungsrechten. Wie oben geschildert, ist die Kontrasttheorie

---

Entstehung des definitiven Körperschaftswillens" nur auf die Willensbildung in Gemeindeversammlungen bzw. Stadträten u. ä. zu beziehen, vgl. auch die vorherige Fn 402.

[404] Vgl. *J. Greim/F. Michl*, NVwZ 2013, 775, 777: „Am bedeutendsten ist gewiss die Interessen- und Machtbalance zwischen Bürgermeister und Gemeinderat".

[405] *T. Kingreen*, Die Bedeutung der gemeinderechtlichen Beanstandung für die Zulässigkeit des Kommunalverfassungsstreitverfahrens, DVBl. 1995, 1337, 1338 m. w. N. in dort. Fn. 16; *W. Löwer*, VerwArch 68 (1977), 327, 334; *M. Redeker* in: Redeker/von Oertzen, VwGO, § 63 Rn. 8.

[406] Vgl. schon oben B. I. 5. b), S. 71.

[407] Streitigkeiten auch über Zuständigkeiten und Abläufe entstehen letztendlich nur, wenn ein Beteiligter mit dem inhaltlichen Ergebnis nicht zufrieden ist. Das dürfte auch zur Verwechslung bzw. Vermischung der beiden Aspekte beitragen.

[408] Bspw. *W. Löwer*, VerwArch 68 (1977), 327, 334 f.

[409] Auch *W. Löwer*, VerwArch 68 (1977), 327, 335 räumt (wenn auch nicht so deutlich) ein, dass es einen „Kompetenzstreit" auch abseits verwaltungsrechtlicher Organstreitigkeiten geben kann.

[410] Zur Bedeutung von subjektiven Rechten für den Verwaltungsprozess unten Kapitel 3, A., S. 147.

[411] Zur Rechtssatzabhängigkeit subjektiver Rechte, die i. d. R. Voraussetzung für verwaltungsrechtliche Klagen sind, unten Kapitel 3, B. I. 3. b), S. 165.

eher eine phänomenologische Beschreibung für typische Fallgestaltungen als eine Erklärung für Unterschiede etwa zwischen Selbstverwaltung und unmittelbarer Staatsverwaltung. Denn wenn eine Interessenpluralität in inhaltlicher Hinsicht, wie bei Organstreitigkeiten, erst durch die freie Wahl bestimmter Positionen entsteht, kann der Gesetzgeber die verschiedenen Interessen gar nicht von vornherein durch materielle Rechte sichern, sondern es bleibt nur, das Interesse an der korrekten Verfahrensbeteiligung gerichtlich durchsetzbar zu machen. Auch daraus ergibt sich, dass die Interessen von Organen beim verwaltungsrechtlichen Organstreit Eigeninteressen sind, und die Organe nicht nur das Gesamtinteresse der Organisation (an deren Funktionsfähigkeit, mit der Kommunalverfassungsstreitigkeiten mitunter gerechtfertigt wurden) verfolgen:[412] Denn auch das Interesse an gesetzmäßiger Beteiligung am Verfahrensablauf ist primär als eigenes Interesse des Organs anzusehen – sonst würde es nicht von ihm gerichtlich geltend gemacht.[413]

Interessenpluralität kann in verschiedenen Formen auftreten. Auch innerhalb der unmittelbaren Staatsverwaltung kann es vorkommen, dass zum mittelbaren Schutz bestimmter Interessen eine Beteiligung verschiedener Stellen an einem Verfahren vorgesehen ist.[414] Streitigkeiten im Verhältnis Staat gegen Staat sind aber auch nicht ausschließlich hinsichtlich einer Beteiligung einer Verwaltungseinheit an einem Verfahren denkbar, wie Art. 28 Abs. 2 GG zeigt, der es kommunalen Gebietskörperschaften ermöglicht, Behördenentscheidungen auch inhaltlich, vom Ergebnis her, anzugreifen. Zudem wird beispielsweise beim Streit um den Sitzungsausschluss eines Mitglieds eines Gremiums einer kommunalen Selbstverwaltungskörperschaft im Kern um die materielle Rechtmäßigkeit dieser Maßnahme gestritten. Es kommt also auch entscheidend auf den Blickwinkel an, was man als Verfahrens-, und was als materiellen Aspekt ansieht. Vor allem ist kein Grund erkennbar, der Interessenpluralität, die bei verwaltungsrechtlichen Organstreitigkeiten eine Rolle spielt, eine stärkere Bedeutung zukommen zu lassen und allein hier verwaltungsgerichtliche Streitigkeiten zu erlauben.[415] Es bietet sich eher ein Erst-Recht-Schluss an: Wenn durch Gesetz bestimmte materielle Interessen bestimmten Verwaltungseinheiten zugewiesen sind, dann ist das stärker zu gewichten als eine Pluralität aus Interessen, die erst von an das Gesetz gebundenen Teilen der Verwaltung ge- bzw. erfunden wurden.

---

[412] So aber etwa die in Fn. 393, S. 115 Zitierten.

[413] Zur Ansicht, dass sämtliche Rechte durch Organe nur in transitorischer Wahrnehmungszuständigkeit geltend gemacht würden noch unten Kapitel 4, C. II. 1., S. 328.

[414] Vgl. *A. Herbert*, DÖV 1996, 108, 108 f. Vgl. auch bspw. hinsichtlich des Verfahrens der Aufstellung eines Bebauungsplanes § 4 BauGB, der zwar nach allg. M. kein Recht verleiht, aber eine Norm ist, die die Beteiligung von Behörden auch der unmittelbaren Staatsverwaltung, denen bestimmte Interessen zugewiesen sind, vorschreibt; dazu *M. Ruffert*, DÖV 1998, 897, 902 f.

[415] Wie oben erläutert, wurde das, weil die Rechtsprechung anfing, kommunale Verfassungsstreitigkeiten aus einem praktischen Bedürfnis heraus zu akzeptieren, nur deswegen getan, um eine dogmatische Erklärung für dieses Ergebnis in Abgrenzung zum unzulässigen Insichprozess herzuleiten (oben B. I. 5., S. 69 ff.).

Die Zuweisung unterschiedlicher Kompetenzen an Organe wie Gemeindevertretung und Bürgermeister[416] ist im Hinblick auf eine Interessenpluralität in der Verwaltung vergleichbar mit der Situation in anderen Teilen der Verwaltung, nur dass hier von Behörden, dort von Organen gesprochen wird.[417] Die Art bzw. Herkunft der Interessengegensätze ändert jedenfalls nichts an dem oben gefundenen Ergebnis, dass sich Interessengegensätze überall in der Verwaltung finden lassen.[418] Das Bundesverwaltungsgericht jedenfalls ließ im zweiten, oben als Beispiel geschilderten Fall[419] durchblicken, dass es einen Interessengegensatz innerhalb der juristischen Person trotz hierarchischer Verwaltungsstruktur, also auch ohne die typischen Merkmale der Organisation der Selbstverwaltung, anerkennen würde.[420] Die oben schon[421] kritisierte Gegenüberstellung von „unerwünschten ‚Ressortinteresse[n]‘"[422] und legitimen mitgliedschaftlichen Interessen, das „systemimmanente[..] Gleichgewicht[..]" zu wahren,[423] lässt sich nicht durch einen angeblichen „Interessenmonismus"[424] in der Verwaltung rechtfertigen, weil dieser nicht existiert.[425] Die Kontrastierung von Organrechten mit nicht zu Rechten verdichtbaren „Ressortinteressen" ist nicht überzeugend, denn auch Ressorts sind gerade Instrumente, Interessen zu bündeln[426] und eine institutionalisierte Gegenüberstellung zu

---

[416] W. Roth, Organstreitigkeiten, S. 37 ff.: Organpluralismus (der zu Zuständigkeitsstreitigkeiten führt) als Ursache für verwaltungsrechtliche Organstreitigkeiten.

[417] Dazu, dass diese Terminologie oft falsch verwendet wird, um nicht vorhandene Gegensätze zu suggerieren, oben B.I.5.b) ab S. 71; zur Besonderheit, die in der unmittelbaren Staatsverwaltung zum Fehlen von Rechten führt, unten C.III., S. 124 und Kapitel 4, D.III.1., S. 366.

[418] Daher kritisch zu sehen sind die Ausführungen bei A. Herbert, DÖV 1994, 108, 111, die ansonsten sehr beachtenswert sind: Dieser möchte Gremien auch der unmittelbaren Staatsverwaltung, denen „ein Aspekt des Gesamtinteresses zur Betreuung zugewiesen" ist, in Abgrenzung anderer Verwaltungseinheiten der unmittelbaren Staatsverwaltung als klageberechtigt darstellen und argumentiert damit wie die Vertreter der Kontrasttheorie, indem er den Grundsatz der Einheit der Verwaltung nicht anzweifelt und über eine Abgrenzung das eigene Ergebnis als Ausnahme rechtfertigt.

[419] Oben Kapitel 1, A.II., S. 20.

[420] BVerwG, Urt. v. 28.03.1996, Az.: 7 C 35/95, BVerwGE 101, 47–51, juris Rn. 10: Im Fall der Weisungsgebundenheit eines Teils einer juristischen Person an eine andere, außerhalb dieser juristischen Person stehende Stelle. Das Ergebnis dieser Überlegungen ist jedoch aus anderen Gründen zu kritisieren, dazu Kapitel 6, C.II., S. 461.

[421] Bei Fn. 178, S. 78.

[422] G. Kisker, Insichprozeß, S. 26.

[423] G. Kisker, Insichprozeß, S. 38 f.

[424] Vgl. D. Th. Tsatsos, Organstreit, S. 30: Die Rechtsordnung halte „das Vorhandensein solcher Interessen innerhalb der unmittelbaren Staatsverwaltung [...] nicht für typisch" (ohne weitere Begründung dieser These); M. Oldiges, NVwZ 1987, 737, 743; auch H. Bethge, DVBl. 1980, 308, 313 (linke Spalte unten), der sich ansonsten (S. 310) gegen die Nachwirkungen von Impermeabilitätstheorie und gegen die Figur des unzulässigen Insichprozesses wendet, geht davon aus, dass ein solcher Interessenmonismus im Grundsatz (im Bsp. bei berufsständischen Körperschaften) besteht.

[425] So auch K. Buchwald, Organstreit, S. 136.

[426] Vgl. D. Lorenz, AöR 93 (1968), 308, 317: Behörden als die dem Bürger gegenübertretende Stelle und als der Ort, in dem sich die eigentliche Willensbildung des Staates vollzieht.

anderen Interessen zu ermöglichen,[427] wie schon allein das Beispiel eines Umweltministeriums zeigt. Wird die Zulässigkeit von Organstreitigkeiten also mit einer organisatorisch institutionalisierten Interessenpluralität begründet,[428] so ist das nicht konsequent auf den Bereich der Organstreitigkeiten beschränkbar.

Damit soll nicht gesagt sein, dass jeder Verwaltungseinheit, die Sachwalter eines bestimmten öffentlichen Belangs ist, auch subjektive Rechte zustehen, die sie in einem Verwaltungsprozess geltend machen kann – die Behandlung dieses Problems muss jedoch noch aufgeschoben werden.[429] Die hier aufgeworfene Frage nach der Pluralität der Interessen in der Verwaltung muss jedoch so beantwortet werden: Der Mechanismus des Organpluralismus ist nicht der einzige Ort von Interessengegensätzen, sondern nur ein Mittel von vielen zur Lösung der überall in der Verwaltung auftretenden bzw. zu bewältigenden Interessenkonflikte.[430] Eine Sonderrolle haben verwaltungsrechtliche Organstreitigkeiten nur insofern, als sie aus historischen Gründen verbreiteter vor Gericht kommen, als andere Fallkonstellationen, sodass die Rechtspraxis ihre vermeintliche Ausnahmestellung perpetuiert. Eine Interessenpluralität herrscht aber überall in der Verwaltung.

3. Rolle der juristischen Personen des öffentlichen Rechts für die Interessenpluralität

Die Bestandsaufnahme, dass innerhalb der Verwaltung vielfältige Interessen existieren, könnte dazu verleiten, in einem großen historischen Bogen die Entstehung von juristischen Personen des öffentlichen Rechts, im Rahmen einer allgemeinen Tendenz der Verrechtlichung des staatlichen Bereichs[431] bis hin zur rechtsstaatlichen Ordnung des Grundgesetzes, als gezielt eingesetztes – und eventuell primäres – Mittel zur Pluralisierung der Verwaltung aufgrund steigender Anforderungen an die Bewältigung komplexer Verwaltungsaufgaben aufzufassen.[432] Bei näherer Betrachtung ergibt sich allerdings ein differenzierteres Bild.

---

[427] *M. Ruffert,* DÖV 1998, 897, 900 f.

[428] So bei *M. Oldiges,* NVwZ 1987, 737, 743.

[429] Welchen Teilen des Staates welche Rechte zustehen, wird unten in Kapitel 4, S. 258 behandelt; zu einer wichtigen Besonderheit in der unmittelbaren Staatsverwaltung Kapitel 2, C. III., S. 124.

[430] Zu anderen Mechanismen *M. Ruffert,* DÖV 1998, 897, 900 bis 904.

[431] Vgl. *R. Wahl,* Herausforderungen, S. 40: „Als durchgehende Grundlinie und abstraktestes Kennzeichen des deutschen Entwicklungspfads läßt sich die fortschreitende Verrechtlichung und Judizialisierung nennen."; vgl. auch *W. Roth,* Organstreitigkeiten, S. 523: „gesamte Entwicklungstendenz der Rechtsordnung zu einem immer größeren Maß an Verrechtlichung"; Gegen ein solches Bild einer konstanten Verrechtlichungstendenz wendet sich *F. E. Schnapp,* Amtsrecht, S. 27 (vgl. auch oben Kapitel 1, Fn. 161, S. 45). Dazu auch Fn. 521, S. 132.

[432] In diese Richtung *A. Wiese,* Beteiligung, S. 52.

a) Entstehung juristischer Personen
der mittelbaren Staatsverwaltung

Städte als politische Einheiten, teilweise mit Merkmalen großer Unabhängigkeit, etwa eigener Gerichtsbarkeit und Polizeigewalt,[433] gab es schon im Mittelalter, ebenso wie Zünfte, die als die Vorläufer der berufsständischen Selbstverwaltungskörperschaften angesehen werden können. Beide wurden aber erst ab Ende des 18. Jahrhunderts schrittweise als „privilegierte Korporationen" eingeordnet, wobei diese Kategorie nicht zwischen öffentlichen und privaten Korporationen unterschied.[434] Das Verständnis der Verwaltungseinheiten der mittelbaren Staatsverwaltung als juristischen Personen des öffentlichen Rechts näherte sich erst im Laufe des 19. Jahrhunderts weitgehend dem heutigen Bild.[435] Ebenfalls im Laufe des 19. Jahrhunderts wurden viele heute existierende Körperschaften[436] des öffentlichen Rechts erst gegründet, und zwar in zwei Gründungsschüben: zu Beginn des 19. Jahrhunderts beispielsweise Gemeinden und Universitäten, ab 1873 beispielsweise gewerbliche und berufliche Kammern und Sozialversicherungen.[437] Die rechtstechnische Ausformung und die wesentliche Entstehung der meisten juristischen Personen des öffentlichen Rechts in der mittelbaren Staatsverwaltung verliefen also etwa zeitlich parallel.[438] Der Grund für die Gründung von Selbstverwaltungskörperschaften war der Wunsch, die gesellschaftlichen Kräfte, die gegen die bestehenden Herrschaftsverhältnisse der jeweiligen Zeit arbeiteten, zu kanalisieren und zu bremsen, zu integrieren und für die Zwecke des Staates zu nutzen[439] – was mit einem Kompromiss bewerkstelligt wurde: Einerseits wurden beispielsweise Mitwirkungsrechte und Selbstverwaltung gewährt, andererseits staatliche Aufsicht vorbehalten und Pflichtmitgliedschaft auferlegt.[440]

Zu Beginn der Weimarer Republik verloren dann die Selbstverwaltungskörperschaften ihre Sonderstellung als Einheiten mit besonderer demokratischer Legitimation, weil sich auch der übrige Staat demokratisierte – das Bestehen selbständiger juristischer Personen des öffentlichen Rechts wurde immer mehr eine Frage der Zweckmäßigkeit im Hinblick auf eine Dezentralisierung der Verwaltung.[441]

---

[433] Vgl. *W. Leisner,* Verwaltung, S. 212 f.; zur Entwicklung des Rechts der Städte und Gemeinden in Bayern *K. Obermayer* in: J. Mang/T. Maunz/F. Mayer/ders., Staats- u. Verwaltungsrecht, 3. Aufl., S. 320 f.

[434] *U. Scheuner* in: H. Conrad u. a., GS Hans Peters, S. 799.

[435] *K.-J. Bieback,* Quaderni Fiorentini 1982/83, S. 859; vgl. *U. Scheuner* in: H. Conrad u. a., GS Hans Peters, S. 800 f.

[436] Zu Anstalten vgl. zusammenfassend *M. Stolleis,* Geschichte Bd. 2, S. 359 ff, 417; vgl. auch *K.-J. Bieback,* Quaderni Fiorentini 1982/83, S. 871.

[437] *K.-J. Bieback,* Quaderni Fiorentini 1982/83, S. 861.

[438] Vgl. *U. Scheuner* in: H. Conrad u. a., GS Hans Peters, S. 798; vgl. *K.-J. Bieback,* Quaderni Fiorentini 1982/83, S. 869; vgl. auch *M. Stolleis,* Geschichte Bd. 2, S. 416.

[439] Es ist bspw. an die Sozialversicherungsträger zu denken, mit deren Schaffung durch den Staat Bismarck nach 1871 die Arbeiterbewegungen bremsen wollte.

[440] Vgl. ausführlich *K.-J. Bieback,* Quaderni Fiorentini 1982/83, S. 862 ff.

[441] *K.-J. Bieback,* Quaderni Fiorentini 1982/83, S. 877.

b) Bündelung von Interessen nicht ausschließlich
durch juristische Personen des öffentlichen Rechts

Damit ergibt sich ein differenziertes Bild: vor allem bei Selbstverwaltungskörperschaften lag der Grund ihrer Schaffung nicht etwa darin, die Verfolgung bestimmter öffentlicher Interessen in einer selbständigen Verwaltungseinheit zu bündeln, sondern durch Verwaltungsorganisation bestimmte gesellschaftliche Bedürfnisse, etwa nach mehr Demokratie und Partizipation, zu befriedigen. Trotzdem sind juristische Personen des öffentlichen Rechts oft „Hüter" spezieller öffentlicher Interessen, etwa die kommunalen Gebietskörperschaften, die sich zumindest auch um die Belange der örtlichen Gemeinschaft kümmern. Allerdings sind auch Behörden innerhalb der unmittelbaren Staatsverwaltung oft Sachwalter bestimmter öffentlicher Interessen. So sind die oben[442] beispielhaft angesprochenen Wasserwirtschaftsämter, Autobahndirektionen, staatlichen Bauämter und staatlichen Park- und Schlösserverwaltungen meistens keine eigenständigen juristischen Personen. Und auch der ebenfalls oben bereits zitierte[443] § 4 Abs. 1 S. 1 BauGB spricht von „Behörden und sonstigen Träger[n] öffentlicher Belange".

Es gibt auch keine zwingenden Gründe, bestimmte öffentliche Belange ausschließlich juristischen Personen des öffentlichen Rechts im Ganzen zuzuordnen. Einerseits sind heute fast alle juristischen Personen des öffentlichen Rechts ohnehin stark in die Organisation der als Gesamtheit begreifbaren Verwaltung eingebunden: Das Beamten- und Besoldungsrecht ist sehr einheitlich, es gibt eine staatliche Haushaltskontrolle und durch die Knappheit der Finanzen verbleibt wenig Spielraum für Eigeninitiativen; es gelten einheitliche Verwaltungsverfahrensgesetze und Regeln der Amtshaftung, es gibt eine zunehmend exaktere Normierung der Aufgaben und – nicht zuletzt – das Recht der staatlichen Aufsicht.[444] Andererseits kann eine verhältnismäßig große Selbständigkeit auch ohne Zuteilung der Eigenschaft, juristische Person zu sein, erreicht werden.[445] Schon normale Behörden zeichnen sich durch eine gewisse organisatorische Selbständigkeit aus,[446] welche die Konzentration auf bestimmte Belange fördert. Bei der Bestimmung, welche Belange mit dem Tatbestandsmerkmal „öffentliches Interesse" in Gesetzen gemeint sind, wird als Einschränkung der zu berücksichtigenden Interessen auf die Kompetenz beziehungsweise Aufgabe der jeweils zuständigen Verwaltungseinheit und nicht etwa auf alle Kompetenzen der juristischen Person, der

---

[442] Vgl. oben II.1.b), ab S. 111.

[443] Vgl. bei Fn. 378, S. 112.

[444] *K.-J. Bieback,* Quaderni Fiorentini 1982/83, S. 881 ff.

[445] *W. Krebs in:* Isensee/Kirchhof, HStR Bd. 5, § 108 Rn. 25: „[…] gewollte oder ungewollte Ausgliederungseffekte [können] auch durch andere Organisationstechniken unterhalb und außerhalb der Verleihung von Rechtsfähigkeit an Verwaltungseinheiten erzielt werden"; a. a. O. Rn. 26: „Die ,Rechtsfähigkeit' gibt daher nur begrenzt Aufschluß über das Ausmaß der (Un-) Abhängigkeit einer Verwaltungseinheit von einer anderen."; ähnlich *H.-H. Trute* in: Hoffmann-Riem/Schmidt-Aßmann/Voßkuhle, Grundlagen Bd. 1, § 6 Rn. 66; vgl. auch Fn. 448.

[446] Vgl. oben Kapitel 1, C. II. bei Fn. 97, S. 35.

die Verwaltungseinheit zugeordnet ist, abgestellt.[447] Die Qualifizierung eines Verwaltungsträgers als juristische Person spielt dort also keine Rolle. Die Zuordnung öffentlicher Interessen kann zu Behörden genauso gut erfolgen wie zu juristischen Personen.[448] Wenn eine Verwaltungseinheit mit dem Merkmal der Selbständigkeit einer juristischen Person ausgestattet ist, kann man dem daher auch im Grundsatz – wie noch genauer zu zeigen sein wird –[449] keine weitere Bedeutung beimessen,[450] als dass sie die Fähigkeit hat, Träger von Rechten und Pflichten aus dem Zivilrecht zu sein.

Da also eher historisch gewachsen ist, welche öffentlichen Interessen juristischen Personen der mittelbaren Staatsverwaltung zugeordnet sind, als dass von einer planvollen Auslagerung der Wahrnehmung öffentlicher Belange in juristische Personen des öffentlichen Rechts gesprochen werden kann, sind auch umgekehrt keine Rückschlüsse auf die Wichtigkeit oder sonstige Eigenschaften öffentlicher Interessen aus der Tatsache herzuleiten, dass Sachwalter dieses öffentlichen Interesses eine selbständige juristische Person des öffentlichen Rechts ist. Die Gründe für die Schaffung juristischer Personen „variieren auf breitester Skala".[451] Eine verstärkte Berücksichtigung verschiedener Belange kann eben nicht nur durch ihre Zuweisung an juristische Personen, sondern auch durch Bildung von Behörden, Ressortbildung[452] oder andere verwaltungsorganisatorische Mittel erreicht werden.

---

[447] *R. Uerpmann,* Interesse, insb. S. 215 f., vgl. auch S. 152, S. 317, S. 319.

[448] Vgl. auch *B.-O. Bryde,* VVDStRL 46 (1987), 182, 194: „Nur wenig verallgemeinernd kann man sagen, daß es zu fast allen Typen rechtsfähiger verselbständigter Verwaltungseinheiten Parallelerscheinungen ohne (Voll-)Rechtsfähigkeit innerhalb der unmittelbaren Bundes- und Landesverwaltung gibt. Unabhängige Beratung, quasi-judizielle Funktionen, die Einbeziehung der Betroffenen in den Verwaltungsvollzug oder kulturelle Autonomie können sowohl mit eigener Rechtspersönlichkeit ausgestattet, als Behörde organisiert oder innerhalb einer solchen eingerichtet werden." – diese Aussage kann auch auf die allgemeine Funktion, öffentliche Interessen wahrzunehmen, übertragen werden.

[449] Dazu unten Kapitel 4, C.I.2.b), S. 322. Zur Rechtsfähigkeit ausführlich noch unten Kapitel 4, C.I., S. 312 ff. (insb. 1., S. 313 ff. zur juristischen Person des öffentlichen Rechts).

[450] *K.-J. Bieback,* Quaderni Fiorentini 1982/83, S. 889: „keine essentielle, auf ein vorstaatliches Substrat verweisende, sondern eine rein rechtstechnische Bedeutung. [...] eines von vielen anderen Elementen, die rechtlich-organisatorische Selbständigkeit von Verwaltungseinheiten abzusichern."; vgl. dazu Fn. 448.

[451] *W. Loschelder* in: Isensee/Kirchhof, HStR Bd. 5, § 107 Rn. 53.

[452] Vgl. *M. Ruffert,* DÖV 1998, 897, 900 bis 904.

4. Zwischenergebnis

Statt einer Einheit der Verwaltung herrscht also organisatorische Differenzie-rung[453] und Pluralität der Interessen in der Verwaltung, wobei öffentliche Be-lange verschiedensten Verwaltungseinheiten zugeordnet sind, auch wenn es in der Rechtswissenschaft noch Tendenzen gibt, diese Tatsache in den Hintergrund zu drängen und sich am Bild des „Gemeinwohlstaat[s] der Monarchie" zu orien-tieren.[454] Die Gemeinwohlkonkretisierung i. S. eines Interessenausgleichs erfolgt, soweit sie innerhalb der Staatsfunktion Exekutive stattfindet,[455] oft notwendig ar-beitsteilig im Zusammenspiel der verschiedenen Verwaltungseinheiten, die Sach-walter jeweils bestimmter öffentlicher Belange sind.[456] Die Funktionsfähigkeit der Verwaltung wird gerade durch Interessenpluralität gewährleistet.[457] Die Interessen-bündelung findet dabei nicht zwangsläufig durch juristische Personen statt,[458] ge-nauso wenig wie Organen von Selbstverwaltungskörperschaften in dieser Bezie-hung eine echte Sonderrolle zukommt.

III. Weisungshierarchie als ein „Bauprinzip der Exekutive"

Allerdings gibt es einen Aspekt, der – als gesetzliche Wertung wahrgenom-men – gegen Streitigkeiten im Verhältnis Staat gegen Staat sprechen könnte, und der wiederum auf die Staatsorganisation des Konstitutionalismus zurückgeht: die vor allem im Bereich der mittelbaren Staatsverwaltung vorhandene, auch als „zen-trale[s] Bauprinzip der Exekutive" bezeichnete[459] Weisungshierarchie.

1. Hierarchie als Mittel der Lösung von Interessenkonflikten

Dass es innerhalb der Verwaltung eine Interessenpluralität gibt, bedeutet näm-lich nicht, dass alle Arten von Streitigkeiten zwischen allen Teilen der Verwaltung gerichtlich ausgetragen werden könnten. Aus der Weisungshierarchie können des-

---

[453] Vgl. *W. Krebs* in: Isensee/Kirchhof, HStR Bd. 5, § 108 Rn. 24 (wörtl. Zitat in hies. Fn. 323, S. 105).

[454] Dazu ausführlich *P. Häberle,* Interesse, S. 421 f., wörtl. Zit. von S. 421.

[455] Aufgaben des Interessenausgleichs, also der Gemeinwohlkonkretisierung, liegen primär beim Gesetzgeber – zumeist vollzieht die Verwaltung dessen Ergebnisse nur noch bzw. konkre-tisiert sie weiter, vgl. auch Fn. 357, S. 109.

[456] In diese Richtung *F. Barbirz,* Befangenheit, S. 61 f, wobei er gerade die Grenzen der Kon-zentration auf bestimmte öffentliche Belange in den Blick nimmt.

[457] Oben Fn. 323, S. 105.

[458] Manchmal aber schon, was etwa bei Art. 28 Abs. 2 GG deutlich wird, durch den die spe-ziell auf die örtliche Gemeinschaft bezogenen Interessen rechtlich besonders geschützt werden.

[459] *W. Loschelder* in: Isensee/Kirchhof, HStR Bd. 5, § 107 Rn. 23, (ähnlich Rn. 3); zum klassi-schen Blick auf die Verwaltung als zentral gesteuertem, monolithischen Block auch *H.-H. Trute* in: Hoffmann-Riem/Schmidt-Aßmann/Voßkuhle, Grundlagen Bd. 1, § 6 Rn. 13.

wegen Einschränkungen für gerichtlichen Rechtsschutz folgen,[460] weil die sie im Beamtenrecht konstituierenden Elemente, Folgepflicht und Remonstrationsmöglichkeit, ein Mittel zur Konfliktlösung sind. Arbeitsteilung, Differenzierung und Spezialisierung, die dem Gedanken der Interessenpluralität folgend prinzipiell als Rechtfertigung für gerichtliche Streitigkeiten dienen können, sind Grundgedanken auch von Hierarchie, auch wenn die Weisungshierarchie meist eher mit der Einheit der Verwaltung in Verbindung gebracht wird[461] – durch die Hierarchie wird eine Spezialisierung der Aufgaben verschiedener Verwaltungseinheiten umsetzbar und beherrschbar.[462]

Die Weisungshierarchie ist ein hergebrachtes beamtenrechtliches Mittel, die Amtsausübung von Organwaltern in bestimmte von einer Spitze vorgegebene Bahnen zu lenken.[463] Die Folgepflicht, früher Gehorsamspflicht genannt,[464] welche die Weisungshierarchie konstituiert, ist „zusammen mit dem Institut der Remonstration" das Mittel, das Kompetenzen zur Entscheidung verteilt und damit ein Funktionieren der Verwaltung sicherstellt.[465] Streitigkeiten können nicht nur im Wege der klageweisen Durchsetzung von Interessen geklärt werden, sondern auch durch hierarchische Entscheidung bzw. Zusammenfassung von Interessengegensätzen in einer Position, der Spitze der Hierarchie.[466] Die Weisungshierarchie ist primär ein beamtenrechtliches Konstrukt; denn es sind die Regelungen des Beamtenrechts, welche die Beamten verpflichten, die dienstlichen Anordnungen ihrer Vorgesetzten auszuführen und deren allgemeine Richtlinien zu befolgen.[467] Die Folgepflicht der Beamten wird auch als „für die Funktionsfähigkeit der Verwaltung unverzichtbar[..]" bezeichnet.[468] Hierarchie im Sinne von „vertikaler Gliederung arbeitsteiliger, formalisierter Leistungssysteme" mit „einer festen Stufenfolge von oben nach unten"[469] kann aber auch außerhalb beamtenrechtlicher Weisungsketten hergestellt werden, etwa wenn staatliche Aufsicht über die mittelbare Staatsverwaltung ebenfalls als Element hierarchischer Struktur angesehen wird.

---

[460] Dazu insb. unten Kapitel 5, D., S. 427; dass Rechte des Staates aber durch das Hierarchieprinzip nicht zwingend ausgeschlossen werden: Kapitel 4, D. III. 1., S. 366.

[461] Dazu noch unten bei Fn. 500, S. 130.

[462] W. Loschelder in: Isensee/Kirchhof, HStR Bd. 5, § 107 Rn. 6, Rn. 33 f.

[463] Vgl. H. H. Rupp, Grundfragen, S. 54 f.

[464] H. Günther, Maßgaben der beamtenrechtlichen Folgepflicht bei fachlicher Weisung, VerwArch 2007, 356, 356.

[465] F. E. Schnapp, Amtsrecht, S. 133; ebd.: „Instrument zur Klarlegung der Kompetenz zur letztverbindlichen Entscheidung".

[466] M.a.W.: Die Chefin oder der Chef entscheidet im Falle von Streitigkeiten. Zu dieser Art der Auflösung von Interessengegensätzen M. Ruffert, DÖV 1998, 897, 901 f. und 904.

[467] Etwa § 35 S. 2 BeamtStG, wiederholend § 62 Abs. 1 S. 2 BBG.

[468] U. Battis, BBG, § 62 Rn. 3.

[469] W. Loschelder in: Isensee/Kirchhof, HStR Bd. 5, § 107 Rn. 3.

2. Hierarchie als überliefertes Strukturprinzip
aus der Zeit des Konstitutionalismus

Die Organisation der Verwaltung über Weisungen, generelle oder einzelfall-
bezogene, ist insbesondere vor dem Hintergrund der Impermeabilität und Einheit
der Verwaltung naheliegend, welche die Vorstellungen vom Staat im Konstitutionalismus beherrschten.[470] Da im Inneren der Verwaltung keine rechtlichen Regelungen für möglich gehalten wurden, bot sich eine Organisation durch die Bindung
über eine persönliche Ebene an – eben durch die beamtenrechtlichen Regelungen, die primär auf das Verhältnis zwischen dem Staat und dem Beamten als natürlicher, in die Pflicht genommener Person ausgerichtet sind. Dass die Weisungsgebundenheit auch als „Gehorsamspflicht" bezeichnet wird,[471] geht auf die frühere
Einordnung des Beamtenverhältnisses als besonderes Gewaltverhältnis zurück,
bei dem die Beamten als Teil des Staates verstanden wurden, um bestimmte Regelungen – später vor allem Grundrechte – nicht anwenden zu müssen – eine Re-
miniszenz an die Impermeabilitätstheorie.[472] Auch gibt es in einem System stren-
ger Hierarchie eine Spitze der Pyramide, und diese „Zentralinstanz" erscheint „als
der grundsätzliche Träger aller Kompetenzen"[473] – hier spiegelt sich der Grundsatz
der Einheit der Verwaltung wieder: Der Monarch wurde im Konstitutionalismus
als eine solche Zentralinstanz der Verwaltung gedacht. Aus historischer Sicht ist es
also kein Wunder, dass verbreitet die Frage, ob eine nach Außenrecht gesetzeswidrige Weisung befolgt werden muss, also nach dem Rangverhältnis zwischen Gesetzesrecht und Weisung, tendenziell zu Gunsten der Weisung und damit der höheren Autonomie der Exekutive beantwortet wird.[474]

Das Beamtenrecht, das die Weisungshierarchie für das heutige Recht maßgeblich bewahrt hat, kann als „eine wesentliche Brücke vorrevolutionärer, vorgrund-
rechtlicher Verwaltung zu moderner Administration"[475] bezeichnet werden. Eine
Beibehaltung bzw. bloße Fortentwicklung der „hergebrachten Grundsätze des
Berufsbeamtentums" ist in Art. 33 Abs. 5 GG nicht nur angelegt, sondern vor-
geschrieben.[476] Davon ist auch die Gehorsamspflicht erfasst, die auf dem öffentlich-rechtlichen Dienst- und Treueverhältnis beruht und zu diesen hergebrachten

---

[470] Vgl. *W. Leisner,* Verwaltung, S. 199: „Seit ihrem historischen Entstehen in der Zeit des
Absolutismus ist Verwaltung als eine wesentlich über Direktiven hierarchisierte Gewalt verstanden und weitgehend, zuzeiten vollständig, in dieser Weise auch organisiert worden."

[471] *U. Battis,* BBG, § 62 Rn. 3.

[472] Zum besonderen Gewaltverhältnis oben B. I. 2. bei Fn. 59, S. 58.

[473] *W. Loschelder* in: Isensee/Kirchhof, HStR Bd. 5, § 107 Rn. 3.

[474] Zum Problem etwa *H. H. Rupp,* Grundfragen, S. 44 ff., S. 75, der eine Bindung des einzelnen Amtswalters an Recht, das zwischen Staat und Bürger gilt, ablehnt; vgl. auch *W. Leisner,*
Verwaltung, S. 200.

[475] *W. Leisner,* Verwaltung, S. 122; vgl. auch S. 199.

[476] Vgl. zur Weisungshierarchie etwa auch Art. 55 Nr. 4, Nr. 5, Nr. 6 der Bayerischen Verfassung.

Grundsätzen des Berufsbeamtentums gehört.[477] Das Grundgesetz hat die bereits lange vorher existierende Hierarchie der Verwaltung übernommen,[478] zumindest in einzelnen Teilen.

3. Hierarchie als Mittel zum Auffüllen von Lücken im Gesetz

Der sogenannte Innenbereich des Staates ist „relativ spärlich durchnormiert",[479] vor allem was die Strukturen innerhalb juristischer Personen des öffentlichen Rechts angeht. Auch innerhalb von juristischen Personen, Behörden und anderen Teilen der Verwaltung muss es jedoch eine Verteilung von Aufgaben und Entscheidungszuständigkeiten sowie eine Steuerung der Abläufe geben; das ergibt sich aus der Natur der Sache.[480] Die Umsetzung dieser Organisation erfolgt durch Organisations- und Stellenpläne sowie Weisungen, vermittelt über die Amtswahrnehmungspflicht und die Gehorsamspflicht der Beamten – also über im Beamtenrecht, bzw. bei Amtswaltern im Arbeitnehmerverhältnis über im Arbeitsverhältnis verankerte Einzelmaßnahmen, und gerade nicht durch gesetzliche Regelungen.[481] Da, wo im Gesetz Handlungsmöglichkeiten nicht vorgezeichnet sind, erfüllt die Weisungshierarchie außerdem die Aufgabe, die von einer übergeordneten Stelle entwickelten Handlungskonzepte auch in die unteren Ebenen zu tragen.[482]

Die Weisungshierarchie ist also ein Mittel, Lücken in den formellen, vom Parlament erlassenen Gesetzen aufzufüllen:[483] sowohl was organisatorische Aspekte als auch inhaltlich-programmatische Einflüsse auf Verwaltungsentscheidungen betrifft. Die Abwesenheit organisationsrechtlicher Regelungen und das teilweise Übertragen der Lösungsfindung auf einen rechtlich nicht vorgezeichneten, von individuellen Personen abhängigen black-box-Prozess kann als „Restbestand spätkonstitutioneller Impermeabilität des Verwaltungsinneren" bezeichnet werden.[484]

---

[477] *U. Battis*, BBG, § 62 Rn. 3; *W. Loschelder* in: Isensee/Kirchhof, HStR Bd. 5, § 107 Rn. 2.

[478] Vgl. *W. Krebs* in: Isensee/Kirchhof, HStR Bd. 5, § 108 Rn. 38.

[479] *F. E. Schnapp*, Amtsrecht, S. 88.

[480] Vgl. *W. Loschelder* in: Isensee/Kirchhof, HStR Bd. 5, § 107 Rn. 49.

[481] *W. Loschelder* in: Isensee/Kirchhof, HStR Bd. 5, § 107 Rn. 49; vgl. zum Spannungsfeld von durch das Grundgesetz (zumindest auf Ressortebene) geduldeter Verwaltungsorganisation ohne Parlamentsgesetz und der Tatsache, dass bereits durch eine solche Organisation grundrechtswesentliche Folgen für Bürger eintreten können: *M. Ruffert,* DÖV 1998, 897, 905 f.

[482] *W. Loschelder* in: Isensee/Kirchhof, HStR Bd. 5, § 107 Rn. 74.

[483] *F. E. Schnapp*, Amtsrecht, S. 88: „Die so festzustellenden Lücken lassen sich oft nur durch den Rückgriff auf die Weisungsgebundenheit des Amtswalters schließen."; sehr ähnlicher Wortlaut *F. E. Schnapp,* AöR 105 (1980), 243, 247.

[484] *M. Ruffert,* DÖV 1998, 897, 901, bezogen auf die interministerielle Koordination. In eine andere Richtung gehen allerdings die Ausführungen bei *H.-H. Trute* in: Hoffmann-Riem/ Schmidt-Aßmann/Voßkuhle, Grundlagen Bd. 1, § 6 Rn. 3: Aufgrund einer „Erosion eines zu eng geführten Konzepts repräsentativer Demokratie" seien in der Bundesrepublik Deutschland „die Eigenständigkeit der Verwaltung, ihre Gestaltungsfunktion und damit das Politische der Verwaltung zunehmend in den Vordergrund" getreten.

Zwar kann das Gesetz nicht alle Einzelfälle vorzeichnen, jedoch könnten beispielsweise Inhalte der Verwaltungsprogrammatik auf oberster Ebene der Hierarchie[485] genauso auch durch Gesetz festgesetzt werden. Weisungen sind „ihrem Wesen nach [...] extranormativ", sie kongruieren nicht unbedingt mit dem Gesetz bzw. füllen die Spielräume aus, die es lässt, sodass auch eigene, durch die Spitze der Hierarchie autonom generierte politische Einflüsse im Wege der Weisung auf die einzelnen Amtswalter einwirken können.[486] Eine demokratische Rückbindung findet nur über die Verantwortlichkeit gegenüber dem Parlament, unter Umständen vermittelt durch eine lange Legitimations- und Weisungskette, statt. Aufgrund des oben erwähnten Vorranges der Weisung vor dem materiellen Gesetz, der nur durch die Remonstrationsmöglichkeit und äußerste Grenzen, wie etwa in § 36 Abs. 2 S. 4 BeamtStG normiert, limitiert wird, können sich also in der hierarchischen Verwaltung Gestaltungsmöglichkeiten entfalten, die sich vom Gesetz ablösen.

Die Weisungshierarchie füllt also nicht unbedingt nur Lücken, die systemimmanent notwendig bestehen, sondern auch solche, die durch formelle Gesetze ebenso gut – oder vielleicht sogar besser –[487] geschlossen werden könnten. Es lässt sich sogar eine Wechselwirkung zwischen der Existenz solcher Lücken als „Erbschaft des Konstitutionalismus"[488] und ihrer Bewältigung durch die Weisungshierarchie identifizieren: Da die Weisungshierarchie die Lücken traditionell so stopft, dass die Verwaltung funktioniert, erscheint es nicht notwendig, sie mit formellen Gesetzen zu füllen. Unter anderem Art. 33 Abs. 5 GG, der das Fortbestehen der Weisungshierarchie festschreibt, führt also dazu, dass in manchen Fällen keine Notwendigkeit zur (weiteren) Verrechtlichung der Binnenstruktur der Verwaltung zu erkennen ist und in der Tradition der Impermeabilitätstheorie rechtlich allenfalls dünn geregelte Bereiche unangetastet bestehen bleiben.

Je nach Betrachtungsweise kann in dieser Situation die Anerkennung bereits seit dem Konstitutionalismus bestehender Strukturen durch das Grundgesetz, an denen nicht gerüttelt werden kann, erblickt werden; oder es kann darin einfach eine „Lücke" vor allem im System der verwaltungsorganisatorischen Regelungen gesehen werden, die – möglicherweise in gewissem Grad auch nur vorläufig – durch die beamtenrechtliche Weisungshierarchie aufgefüllt wird. Dafür, dass eher Letzteres der Fall ist, spricht folgende Überlegung: Die Hierarchie ist stets auch mit der Vorstellung verbunden, dass die Person an der Spitze am besten weiß, wie das Gemeinwohl zu verwirklichen ist.[489] Das ist schon deswegen nicht mehr zeitgemäß,

---

[485] Dazu ausführlich *W. Loschelder* in: Isensee/Kirchhof, HStR Bd. 5, § 107 Rn. 74 ff.

[486] *W. Leisner,* Verwaltung, S. 200 f. (wörtl. Zitate S. 200).

[487] „Angesichts der eminenten Bedeutung des Organisationsrechts" stellt *F. E. Schnapp,* Amtsrecht, S. 114 einen Verbesserungsbedarf hinsichtlich der Ausdifferenzierung verwaltungsorganisationsrechtlicher Regelungen fest; zur Bedeutung des Organisationsrechts ebd. S. 107 ff.

[488] Hinsichtlich des Organisationsrechtes *F. E. Schnapp,* Amtsrecht, S. 85.

[489] Das wird bspw. bei *W. Loschelder* in: Isensee/Kirchhof, HStR Bd. 5, § 107 Rn. 10 deutlich, der Hierarchie und Gemeinwohl in Verbindung bringt.

weil es ein feststehendes, absolut gedachtes Gemeinwohl überhaupt nicht gibt, und außerdem ist nach der Konzeption des Grundgesetzes aufgrund des Rechtsstaats- und Demokratieprinzips immer primär der Gesetzgeber berufen, den notwendigen Interessenausgleich zu vollführen.[490] Darüber hinaus ist es manchmal auch völlig unmöglich, dass ein Mensch an der Spitze eines vielfältig gegliederten und mit spezialisierten Untereinheiten versehenen Verwaltungsapparates alle notwendigen Aspekte erfassen und selbst abwägen kann.[491] Und so ist die Verwaltungshierarchie auch kein durchgehendes Prinzip mehr, denn sie wird durch Gliederungen der Exekutive zumindest abgeschwächt und auch innerhalb konkreter Einheiten gelockert,[492] was im Folgenden aufzuzeigen ist. Festzuhalten bleibt, dass das Weisungsrecht und die Weisungsgebundenheit von Amtswaltern Instrumente zur Füllung von Lücken sind, die durch fehlende Normierung innerhalb der staatlichen Organisation entstehen.[493]

4. Fehlende Durchgängigkeit der hierarchischen Organisation

Die Hierarchie im Verwaltungsaufbau ist auch nicht lückenlos, es gibt verschiedene Durchbrechungen.[494] Ein Postulat der vollständigen Weisungsgebundenheit unter der Spitze einer Hierarchiepyramide in Form einer einzigen Regierung[495] nach konstitutionalistischem Vorbild wird auch durch das Demokratieprinzip des Grundgesetzes nicht aufgestellt.[496] Die Vorstellung einer streng hierarchischen Verwaltung ist schon im Hinblick auf die praktisch existierende Verwaltung höchstens ein „Idealbild",[497] das allerdings „[i]n der heutigen komplexen und pluralisierten Verwaltung mit einer Vielzahl ineinandergreifender, multilateral verbundener Subsysteme, Kontroll- und Entscheidungsmechanismen […] zunehmend an rea-

---

[490] Dazu schon oben C. II. 1. a), S. 106, zur Rolle des Gesetzgebers insb. Fn. 357, S. 109; Fn. 363, S. 110. Dazu, dass Befugnisse der Parlamente erst im historischen Prozess der vom Monarchen gesteuerten Exekutive abgetrotzt wurden Fn. 48, S. 56.
  Der von *M. Ruffert,* DÖV 1998, 897, 901 angesprochene, seiner Meinung nach „für die Wahrnehmung der Regierungsfunktion unentbehrliche[..] Entscheidungsfreiraum" dürfte in der Praxis auf Ebene der Regierung vor allem bei der Erarbeitung von Gesetzesentwürfen eine größere Rolle spielen.

[491] Dazu schon oben Kapitel 2, C. II. 1. a), bei Fn. 356, S. 109.

[492] *W. Loschelder* in: Isensee/Kirchhof, HStR Bd. 5, § 107 Rn. 16.

[493] *F. E. Schnapp,* AöR 105 (1980), 243, 247; zur Folge dieser Funktion der Weisungshierarchie für die Existenz von Rechten von Teilen des Staates unten Kapitel 4, D. III. 1., S. 366.

[494] Vgl. *W. Loschelder* in: Isensee/Kirchhof, HStR Bd. 5, § 107 Rn. 52 ff.

[495] In diese Richtung tendieren die Ausführungen bei *W. Loschelder* in: Isensee/Kirchhof, HStR, Bd. 5, § 107 Rn. 39 f. (Rn. 40: „Weil alle Aufgaben und Befugnisse der Verwaltung präzise geordnet bei der Regierung zusammenlaufen, vermag diese das Geschehen in jedem Sektor und auf jeder Ebene dem Parlament gegenüber zu vertreten, kann von ihm dafür zur Verantwortung gezogen werden.") – insofern mindestens vom Grundgedanken her konträr zur in Fn. 494 zitierten Stelle.

[496] Zum Demokratieprinzip schon oben Kapitel 2, C. I. 2., S. 98, insb. Fn. 276 auf S. 97.

[497] *W. Loschelder* in: Isensee/Kirchhof, HStR Bd. 5, § 107 Rn. 52.

lem Bezug" verliert,[498] sprich: Die oben dargelegte organisatorische Pluralität der Verwaltung[499] ist kein Zeichen „strikter hierarchisch-zentraler Steuerung"[500].

Eine streng hierarchische Verwaltung ist aber nicht einmal ein „Idealbild" i. S. eines rechtlichen Postulats. Letztlich stehen hinter einer starken Betonung der Hierarchie zumeist die kritisch zu hinterfragenden Gedanken der Einheit der Verwaltung,[501] der Verfolgung eines als umfassend und absolut gedachten Gemeinwohls[502] und der Gegenüberstellung von Staat und Gesellschaft.[503] Die Einheit der Verwaltung besteht aber eben, wie gezeigt, nicht in dem im Konstitutionalismus angenommenen Ausmaß, und Interessenpluralität sowie Differenzierung der Verwaltung sind neben dieses hergebrachte Prinzip getreten und verdrängen es zumindest teilweise. Korrespondierend zum Phänomen der „Einheit des jeweils zur Diskussion stehenden" Verwaltungsträgers[504] ist zumindest die beamtenrechtlich fundierte Weisungshierarchie ebenfalls nur eine solche, die in der Regel an den Grenzen einer juristischen Person halt macht. Und wie bereits oben deutlich gemacht,[505] ist auch das Volk im Sinne des Art. 20 Abs. 2 GG, an dem letztlich die Spitze der Hierarchie der Verwaltung durch die Verantwortlichkeit der Regierung gegenüber dem Parlament modellhaft aufgehängt werden soll, kein einheitliches Gebilde, sodass es auch nicht notwendig ist, die Existenz nur einer einzigen Spitze zu fordern. Außerdem wohnt auch der Entscheidung von Gremien kommunaler Selbstverwaltung mit direkt gewählten Vertretern eine besondere demokratische Legitimation inne.[506] Dem Demokratieprinzip entspricht es darüber hinaus noch stärker, wenn organisatorische Vorkehrungen oder inhaltliche Ergebnisse durch

---

[498] *F. E. Schnapp,* Amtsrecht, S. 103; vgl. auch *W. Brohm,* VVDStRL 30 (1971), 245, 293 f., der die am hierarchischen System ausgerichtete Dogmatik wegen des konstatierten Bedeutungsverlustes kritisiert; *W. Loschelder* in: Isensee/Kirchhof, HStR Bd. 5, § 107 Rn. 16: „In der weiteren Konsequenz wird die hierarchisch gegliederte Organisation durch Gegengewichte und Aufteilung abgeschwächt."

[499] Oben unter C. II. insb. bei Fn. 323, S. 105 und unter C. II. 1. b), S. 111.

[500] *W. Loschelder* in: Isensee/Kirchhof, HStR Bd. 5, § 107 Rn. 52; vgl. auch Fn. 528, S. 134.

[501] Vgl. die in diese Richtung gehenden Ausführungen bei *W. Loschelder* in: Isensee/Kirchhof, HStR Bd. 5, § 107 Rn. 7 ff. (passim.), etwa Rn. 10, wo davon die Rede ist, „das Gesamtschicksal nach dem Maßstab des Gemeinwohls zu lenken", Rn. 56: „die staatlichen Gesamtinteressen" dürften im Kern nicht berührt werden, oder Rn. 57: „Einheitlichkeit der staatlichen Verwaltung" – oder auch die Ausführungen in Rn. 61–64, die die datenschutzrechtliche Sicht in den Hintergrund drängen und zumindest nicht darauf eingehen, dass die Datenweitergabe auch in der Verwaltungshierarchie nicht einfach nur auf Funktionsfähigkeitsargumente gestützt werden kann, sondern eines wiederum an Art. 1 Abs. 1, 2 Abs. 1 GG zu messenden Gesetzes bedarf.

[502] Dazu schon oben C. II. 1. a), S. 106.

[503] Vgl. *W. Loschelder* in: Isensee/Kirchhof, HStR Bd. 5, § 107 Rn. 65; zur Abgrenzung von Staat und Gesellschaft noch kritisch unten Kapitel 4, B. IV. 5., S. 299.

[504] Dazu oben bei Fn. 249, S. 92.

[505] Kapitel 2, C. I. 1., S. 96.

[506] Dazu, allerdings mit kritischer Tendenz, *H.-H. Trute* in: Hoffmann-Riem/Schmidt-Aßmann/Voßkuhle, Grundlagen Bd. 1, § 6 Rn. 54 f.; vgl. zur Rspr. des BVerfG schon oben, Fn. 290, S. 99.

formelles Parlamentsgesetz vorgegeben sind, als wenn solche Entscheidungen nur durch – wenn auch über das Hierarchieprinzip und die Verantwortung der Regierung gegenüber dem Parlament mit ihm verbundene – Teile der Exekutive getroffen werden.[507] Jedenfalls zwischen Bund und Ländern gibt es – von den Regelungen der Art. 84 f. GG abgesehen – auf Ebene der Exekutive kein grundsätzliches Rangverhältnis und keine Weisungshierarchie.[508] Aber auch die übrigen juristischen Personen des öffentlichen Rechts unterstehen nur einer – jeweils verschieden stark ausgeprägten – Aufsicht. Dies stellt eine Lockerung des Hierarchieprinzips dar: Zumindest bei der Rechtsaufsicht ist sie inhaltlich beschränkt und dient lediglich der Einhaltung der – die Verwaltungseinheiten ohnehin bindenden – demokratisch zu Stande gekommenen Gesetze; die Aufsicht wird nur im Einzelfall und auf Anstoß tätig und sie beherrscht die Verwaltungsvorgänge nicht in der Weise generell, wie das bei der beamtenrechtlich organisierten Hierarchie in der Regel der Fall ist.[509] Zudem können, mindestens[510] gegenüber der Rechtsaufsicht, sogar eigene Rechte gegen Aufsichtsakte in Stellung gebracht werden.[511]

Selbst innerhalb einzelner juristischer Personen und selbst innerhalb der unmittelbaren Staatsverwaltungen wird die Hierarchie zuweilen unterbrochen und existieren Teile der Verwaltung, die keinen Weisungen unterliegen, wie beispielsweise beamtenrechtlich geregelte[512] Personalausschüsse.[513] Auch die Mitglieder der Bundesprüfstelle für jugendgefährdende Medien sind nach § 19 Abs. 4 JuSchG beispielsweise nicht an Weisungen gebunden.

Darüber hinaus ist einer gesetzlichen Zuständigkeitsverteilung, wie sie trotz allem in weiten Teilen der Verwaltung herrscht,[514] eine Beschränkung der Hierarchie immanent. Eine Zuständigkeitsverteilung löst nämlich in der hierarchischen Verwaltung automatisch Beschränkungen für Instrumente wie insbesondere den Selbsteintritt aus, da eine bestimmte Zuständigkeitsverteilung nur dann eingehalten wird, wenn Geschäfte auch inhaltlich durch die vorgesehene Stelle erledigt werden,[515] das heißt je stärker eine Spezialisierung und Differenzierung ausgeprägt

---

[507] Die Rolle des Gesetzes hinsichtlich der demokratischen Legitimation betont auch *H.-H. Trute* in: Hoffmann-Riem/Schmidt-Aßmann/Voßkuhle, Grundlagen Bd. 1, § 6 Rn. 11 f.

[508] *W. Leisner,* Verwaltung, S. 206 f., für den diese Art der föderalen Gewaltenteilung auf Exekutivebene ein Gegengewicht zur vereinheitlichenden Wirkung des Art. 31 GG darstellt und der vorschlägt, die „derart an der Spitze wie in allen ihren organisatorischen Einheiten aufgelöste Zweite Gewalt als eine ‚Gewalt der Gewaltenauflösung' zu begreifen."

[509] *W. Leisner,* Verwaltung, S. 219.

[510] In Bayern etwa wird aus Art. 109 Abs. 2 S. 2 BayGO i. V. m. Art. 116 Abs. 1 S. 2, 3 BayGO herausgelesen, dass auch gegen fachaufsichtliche Weisungen Rechte geltend gemacht werden können (Nachw. unten Kapitel 4, D. III. 1. a), Fn. 663, S. 369). Zu fachaufsichtlichen Weisungen schon oben Kapitel 2, B. II. 2. b), S. 87.

[511] Zu Fach- und Rechtsaufsicht insgesamt noch unten, Kapitel 4, D. III. 1., S. 366.

[512] Deren Unabhängigkeit ist etwa in § 119 Abs. 2 BBG und Art. 112 S. 2 BayBG gesetzlich festgelegt.

[513] *W. Loschelder* in: Isensee/Kirchhof, HStR Bd. 5, § 107 Rn. 52, 58 f. m.w. Bsp.

[514] *T. Groß* in: Hoffmann-Riem/Schmidt-Aßmann/Voßkuhle, Grundlagen Bd. 1, § 13 Rn. 81.

[515] Vgl. *W. Loschelder* in: Isensee/Kirchhof, HStR Bd. 5, § 107 Rn. 48.

und gesetzlich geregelt[516] ist, desto mehr werden auch die Möglichkeiten, durch hierarchische Weisungen „von oben nach unten" tatsächlichen Einfluss zu nehmen, zumindest bis zu einem gewissen Grade beschränkt, genauso wie durch langsameren Befehls- und Informationsfluss in längeren Weisungsketten.[517]

Die Bedeutung der lediglich durch hierarchische Weisungen organisierten Bereiche der Verwaltung nimmt mit zunehmender gesetzlicher Normierung ab. Quasi als logische Folge des Untergangs der Impermeabilitätstheorie sind inzwischen viele Angelegenheiten, die der monarchischen Exekutive vorbehalten waren, inhaltlich durch demokratisch zu Stande gekommenes Gesetz geregelt.[518] Nicht die Spitze der Verwaltung ist es im Kern, die öffentliche Belange definiert und Vorgaben für einen Ausgleich von Interessen macht, sondern diese Funktion erfüllt inzwischen zum größten Teil das demokratisch zu Stande gekommene Gesetz.[519] Aufgrund des Rechtsstaatsprinzips bedarf es auf Ebene der Exekutive auch keiner einem Monarchen gleichen, alles steuernden Zentralinstanz mehr, solange Gesetze durch die Verwaltung auch ohne eine solche eingehalten werden. In der Literatur wird neben einer „allgemeine[n] Tendenz zu einer Autonomisierung der Verwaltungen"[520] auch ein Trend zur „Verrechtlichung" ausgemacht.[521] Wichtige Orga-

---

[516] An dieser Stelle taucht das oben erwähnte Problem des Rangverhältnisses von Weisungen und Gesetz (oben Fn. 474, S. 126) auf, denn es ist die Frage, ob eine Weisung, die der gesetzlich geregelten Kompetenzordnung widerspricht, zu befolgen ist. Hier ist mit *Rupp* danach zu fragen, in welchem Verhältnis die jeweilige Norm gilt. Eine Kompetenznorm richtet sich aber wohl auch bzw. vor allem an Teile des Staates, sodass man hier entgegen der oben festgestellten Tendenz, der Weisung den Vorrang einzuräumen, auch von einem Vorrang des Gesetzes und damit einer Unbeachtlichkeit der Weisung ausgehen könnte – obwohl es sicher auch gewichtige (eher rein praktische) Gründe dagegen gibt, etwa die Befürchtung, dass dann innerhalb hierarchischer Verwaltung laufend Weisungen mit dem Argument der Unzuständigkeit missachtet würden.

[517] Zu den Nachteilen einer hierarchisch organisierten Verwaltung *H. Lecheler,* Verwaltungslehre, Stuttgart u. a. 1988, S. 144 f. (Stichwort „Kontrollspanne": Ein Vorgesetzter kann nicht beliebig viele nachgeordnete Beschäftigte kontrollieren, sodass bei arbeitsintensiveren Aufgaben entsprechend viele Zwischenebenen eingezogen werden müssen).

[518] Zum historischen Hintergrund, dass Regelungsbefugnisse des Parlaments der monarchischen Exekutive abgetrotzt werden mussten, oben bei Fn. 48, S. 56.

[519] Explizit anders *W. Loschelder* in: Isensee/Kirchhof, HStR Bd. 5, § 107 Rn. 78 – die Ausführungen in Rn. 77 erwecken jedoch fast den Anschein, als sei die „Regierung" der in seiner verfassungsrechtlichen Stellung unveränderte Nachfolger des Monarchen des 19. Jhs., der „das Gemeinwohl in eigener Kompetenz definiert." (zum Zusammenhang von Gemeinwohl und konstitutionalistischer Staatsrechtslehre vgl. oben Fn. 454, S. 124, auch unten Kapitel 3 Fn. 447, S. 220 und Kapitel 4, Fn. 166, S. 286). Das ist, wie bereits herausgearbeitet, jedenfalls nicht die Sichtweise des Grundgesetzes.

[520] *W. Leisner,* Verwaltung, S. 203 (ausführlich erläutert a. a. O., S. 205 ff.).

[521] *R. Wahl,* Herausforderungen, S. 40 f.; *W. Roth,* Organstreitigkeiten, S. 523 (*Wahl* und *Roth* sind bereits in Fn. 431, S. 120 wörtl. zitiert).
   Ein Beispiel für die kontinuierliche Verrechtlichung ist das erst relativ spät erlassene VwVfG v. 25.05.1976 (BGBl. I 1976 Nr. 59, S. 1253 ff.) bzw. die entspr. Landesgesetze (vgl. dazu die Begr. z. Gesetzesentw. der Bundesreg., BT.-Drs. 7/910 v. 18.07.1973, S. 29 (6.2): Die Verrechtlichung des Verwaltungsverfahrens sei auch ein Postulat des Grundgesetzes – wobei der danach

nisationsentscheidungen wie die Gründung eigenständiger juristischer Personen des öffentlichen Rechts unterliegen einem Gesetzesvorbehalt.[522] Gleichzeitig gibt es aber auch eine Vielzahl solcher, mehr über das Gesetz als über eine Weisungshierarchie disziplinierter, rechtlich unabhängiger Verwaltungsträger. Diese beiden Entwicklungen, die Autonomisierung und Verrechtlichung der Verwaltung, korrespondieren miteinander und führen zu einer „Enthierarchisierung"[523].

Eine strenge Verwaltungshierarchie ist also weder aktuell durchgängig ausgebildet, noch ein verfassungsrechtliches Postulat. Im Gegenteil: Die Ansätze aus dem Konstitutionalismus zu einer streng hierarchischen Verwaltung sind auf dem Rückzug. Vollständig kann und wird die Verwaltungsorganisation durch hierarchische Weisungsverhältnisse jedoch nicht verschwinden, weil sie ein Element der organisatorischen Flexibilität darstellt, die für das Funktionieren der Verwaltung notwendig ist.[524] Ebenso behält die hierarchische Struktur, insbesondere was die Kontrolle der Einhaltung der Gesetze durch Aufsicht betrifft, eine Bedeutung für die demokratische Legitimation des Verwaltungshandelns. Da auch organisatorische Entscheidungen Einfluss auf das Verhalten der Verwaltung gegenüber dem Bürger haben, ist eine Verrechtlichung der Verwaltungsorganisation aber jedenfalls keine Frage von kompletter Beliebigkeit.[525] Das Strukturprinzip der Weisungshierarchie ist jedoch auch deswegen nicht völlig entbehrlich, weil das Gesetz immer der Konkretisierung durch Anwendung im konkreten Fall bedarf, es notwendig lückenhaft ist,[526] und eine Koordinierung von Aufgaben, die nicht in einer Person erledigt werden können, unter Umständen am effektivsten durch Hierarchie zu verwirklichen ist.

---

mangelhafte Zustand aufgrund der bereits damals erheblichen Geltungsdauer des GG schon bemerkenswert lange anhielt).

[522] Hinsichtlich der Gründung juristischer Personen W. *Loschelder* in: Isensee/Kirchhof, HStR Bd. 5, § 107 Rn. 54; *H.-H. Trute* in: Hoffmann-Riem/Schmidt-Aßmann/Voßkuhle, Grundlagen Bd. 1, § 6 Rn. 63.

[523] Begriff bei W. *Leisner,* Verwaltung, S. 221: Er spricht von einer „Enthierarchisierung" einmal durch Gründung selbständiger juristischer Personen und zum anderen auch durch „innerorganisatorische Verselbständigung der Verwaltungseinheiten".

[524] W. *Leisner,* Verwaltung, S. 201: In Weisungen „drückt sich, mehr als in jenen [Anm.: formell erlassenen Normen], ständiges Wandlungsbedürfnis laufender Verwaltungswirklichkeit aus."; *M. Ruffert,* DÖV 1998, 897, 905 spricht davon, es gebe keinen „die Verwaltung in ihrer Eigenständigkeit einschnürenden und einer funktionsgerechten Organstruktur entgegenstehenden organisatorischen Totalvorbehalt[..]".

[525] Vgl. zur Frage der Übertragung des Wesentlichkeitskriteriums auf organisationsrechtliche Entscheidungen (vorsichtig formulierend) *M. Ruffert,* DÖV 1998, 897, 904 f.

[526] *H.-H. Trute* in: Hoffmann-Riem/Schmidt-Aßmann/Voßkuhle, Grundlagen Bd. 1, § 6 Rn. 3 (S. 344 f.): vollständig durch Gesetz determinierte Verwaltung als „Illusion"; vgl. auch a. a. O., Rn. 32.

5. Zwischenergebnis

Es ist zusammenfassend festzustellen, dass eine hierarchische Organisation ein vom Grundgesetz für Teile der Verwaltung anerkanntes und übernommenes Erbe des Konstitutionalismus ist, das beispielsweise beamtenrechtlich durch Art. 33 Abs. 5 GG abgesichert und für die Verwirklichung des Demokratieprinzips bzw. Art. 20 Abs. 2 GG genutzt wird. Insofern ist die hierarchische Organisation ein Bauprinzip der Exekutive. Aufgrund einer „organisationsrechtliche[n] Zersplitterung der Zweiten Gewalt in Föderalisierung, Kommunalisierung und, nicht zuletzt, in allgemeiner Tendenz zu einer Autonomisierung der Verwaltungen",[527] auch vorgegeben durch die Zerklüftung der Legitimationsbasis der Exekutive, die dem Grundgesetz immanent ist, ist die hierarchische Organisation aber nicht das einzige strukturelle Element, das die Verwaltung beherrscht.[528] Es füllt vielmehr nur noch die Lücken da, wo der Gesetzgeber keine Regelungen getroffen hat oder treffen konnte. Insofern kann die Interessenpluralität in der Verwaltung nicht durch die Weisungshierarchie – ein Mittel zu ihrer Beherrschung – erstickt werden. Allerdings ist die Existenz dieser Lücken zum Teil ein noch lebendiges Erbe des Konstitutionalismus.

Erst wenn Struktur und Funktion der subjektiven Rechte beleuchtet wurden,[529] kann das Verhältnis zwischen Hierarchieprinzip und der Möglichkeit von Teilen des Staates, Rechte inne zu haben, näher analysiert werden.[530] Um es schon einmal vorwegzunehmen: In Bereichen der Verwaltung, die vom Hierarchieprinzip beherrscht werden, gibt es einfach keine gesetzlichen Regelungen, denen Rechte für Verwaltungseinheiten zu entnehmen wären. Das ist der Grund, warum Streitigkeiten vor Gericht in diesem Bereich nicht möglich sind. Aber dort, wo Rechte bestehen, kann das Hierarchieprinzip nur im Rahmen des Rechtsschutzbedürfnisses relevant werden.[531] Das Hierarchieprinzip und Rechte schließen sich nicht per se aus.

---

[527] *W. Leisner,* Verwaltung, S. 203 (ausführlich erläutert a. a. O., S. 205 ff.).

[528] A. A. wohl *W. Loschelder* in: Isensee/Kirchhof, HStR Bd. 5, § 107 Rn. 72, für den es sich bei den existierenden Einschränkungen der hierarchischen Struktur der Verwaltung nur um partielle Durchbrechungen handelt, und der auch keine Entwicklung weg von diesem Prinzip erkennt; das ist insofern allerdings etwas widersprüchlich, als er zwar die Weisungshierarchie als das grds. einzig zur Verwirklichung des Demokratieprinzips geeignete Mittel sehr hoch hält, (passim., etwa Rn. 40, Rn. 72), andererseits aber eine „institutionelle Eigenständigkeit der Verwaltung – auch nach oben, der Staatsleitung gegenüber" (Rn. 84), anerkennt und somit die Bedeutung der Verantwortlichkeit der Minister gegenüber dem Parlament auch für Handeln der nachgeordneten Stellen relativiert. M. E. wird hier nicht genügend zwischen dem Demokratieprinzip und der Weisungshierarchie getrennt und in konstitutionalistischer Tradition der Einfluss des Gesetzes unterschätzt (vgl. auch Fn. 519, Fn. 502).

[529] Dazu Kapitel 3, S. 147.

[530] Unten Kapitel 4, D. III. 1., S. 366; vgl. zur Reihenfolge der Darstellung auch Kapitel 4, Fn. 2, S. 258.

[531] Dazu unten Kapitel 5, D., S. 427.

D. Unterscheidung zwischen Innen- und Außenrechtskreis

Im Zusammenhang mit den rechtlichen Verhältnissen zwischen Verwaltungsein-heiten fallen häufig die Stichworte „Innenrechtskreis" und „Außenrechtskreis".[532]

I. Anklang an die Impermeabilitätstheorie

Diese Kategorisierung erinnert schon auf den ersten Blick an die Impermeabili-tätstheorie, die an sich längst nicht mehr vertreten wird,[533] auf die die Trennung in Innenrechtskreis und Außenrechtskreis im Verwaltungsrecht aber zurückgeht[534] – sie hatte dort keinen anderen Zweck, als den rechtsfreien Raum innerhalb des als juristische Person beschriebenen Staates zu kennzeichnen.[535] Mit der Teilung in In-nen- und Außenrechtskreis korrespondiert auch die Vorstellung von einer Einheit der Verwaltung und vom Innenrecht, das einen Bereich regelt, in dem es keine le-gitimen Interessengegensätze gibt, im Gegensatz zum Außenrecht als dem Recht zwischen Willenszentren[536] – zur Kritik wurde bereits genug gesagt.[537] Die Para-doxie, bei der Einheit der Verwaltung nur auf eine „Einheit des jeweils zur Diskus-sion stehenden" Verwaltungsträgers[538] abzustellen, wird auch in der Regel bei der Trennung zwischen Innenrecht und Außenrecht fortgesetzt. Denn mit der Unter-scheidung zwischen Innen- und Außenrechtskreis ist meist keine Abgrenzung zwi-schen Bürgern und Verwaltungsorganisation angesprochen, ist in der Regel keine Unterscheidung zwischen Recht, das innerhalb des Staates, und solchem, das die Beziehungen zum Bürger regelt, gemeint. Die Trennlinie verläuft vielmehr – weit-hin anerkannt – entlang der Grenzen der juristischen Personen des öffentlichen Rechts – und „damit quer durch die Verwaltungsorganisation".[539] Und so werden verwaltungsrechtliche Organstreitigkeiten auch als „Innenrechtsstreitigkeiten"[540]

---

[532] W. *Krebs* in: Isensee/Kirchhof, HStR Bd. 5, § 108 Rn. 32: „Zu den das Verwaltungsrecht bis heute kennzeichnenden Dichotomien gehört die des Innen- und Außenrechts." Vgl. bspw. A. *Wiese*, Beteiligung, passim., etwa S. 106 und S. 158.

[533] Dazu oben B. I. 2., S. 56.

[534] C. *Möllers,* Staat, S. 157.

[535] W. *Krebs* in: Isensee/Kirchhof, HStR Bd. 5, § 108 Rn. 32; *F. E. Schnapp,* Amtsrecht, S. 19 f.

[536] Sehr deutlich bei G. *Kisker,* Insichprozeß, S. 9 f.

[537] Zur Einheit der Verwaltung oben B. I. 3., S. 60; die fehlende Mehrheit der Willenszen-tren ist auch ein Motiv der Impermeabilitätstheorie, dazu B. I. 2., S. 56.

[538] Dazu oben bei Fn. 249, S. 92. Parallelen sind auch bei der Hierarchie in der Verwaltung vorhanden (vgl. bei Fn. 504, S. 130).

[539] W. *Krebs* in: Isensee/Kirchhof, HStR Bd. 5, § 108 Rn. 34; vgl. M. *Oldiges,* NVwZ 1987, 737, 742: Obwohl er dem Grundsatz der Einheit der Verwaltung insgesamt positiv gegenüber-zustehen scheint, gibt er zu, dass die Verwaltung dem Bürger durchaus als „strukturiertes Ge-füge" gegenübertritt.
Deutlich in diesem Sinne verwendet „Innen und Außen" W. *Hoppe,* Organstreitigkeiten, S. 132 f.

[540] A. *Herbert,* DÖV 1994, 108, 110.

oder Streitigkeiten im „Innenrechtsbereich"[541] oder im „Innenraum"[542] bezeichnet – die Möglichkeit der Austragung von Streitigkeiten innerhalb juristischer Personen erscheint so, ganz im Geiste der Impermeabilitätstheorie, auch mit Hilfe der Unterscheidung von Innenrecht und Außenrecht als rechtfertigungsbedürftig.[543] Die Unterscheidung in Innen- und Außenrecht ist somit Ausdruck der Tatsache, dass Streitigkeiten im Inneren von juristischen Personen des öffentlichen Rechts im Gegensatz zu Streitigkeiten zwischen solchen aus historischen Gründen als grundsätzlich problematisch angesehen werden.[544] Da wie oben dargestellt die historischen Grundannahmen, die dieser Unterteilung zu Grunde liegen, in ihrem apriorischen Geltungsanspruch obsolet sind, ist die Unterteilung in Innen- und Außenrechtskreis kritisch zu sehen.[545]

II. Unklarheit von Bedeutungsgehalt und Folgen
der Unterscheidung

Zum Teil wird diese Unterteilung aber auch für unproblematisch gehalten, wenn die Begriffe Innenrecht und Außenrecht nur als „systematisch-didaktische[..]" Unterscheidung angesehen werden, die keine dogmatischen Lösungsansätze speichern.[546] Das Problem ist jedoch, dass die Terminologie – bewusst oder unbewusst – suggeriert, dass das Recht im Innenbereich eine andere Qualität hat oder sonst anders beschaffen ist, als das Recht im Außenbereich.[547] Ein wesentlicher Unterschied zwischen Innen- und Außenbereich juristischer Personen des öffentlichen Rechts ist sicher, dass die oben beschriebene „Lücke" im Sinne des Bereiches, der aufgrund mangelnder gesetzlicher Regelungen nur aufgrund – insbesondere – beamtenrechtlicher Instrumente wie Weisungen organisiert wird, gerade dort existiert. Dies betrifft aber eventuell in diesem Innenbereich geltendes Recht,

---

[541] *W. Hoppe,* Organstreitigkeiten, bspw. S. 33, S. 132 f.

[542] *G. Kisker,* Insichprozeß, S. 11.

[543] Dazu, dass die bei ihrer Etablierung verwaltungsrechtliche Organstreitigkeiten vor dem Hintergrund des ansonsten grundsätzlich unzulässigen Insichprozesses rechtfertigungsbedürftig erschienen, schon oben B. I. 5., S. 69.

[544] Dazu oben B. III. 1., S. 92.

[545] Eher kritisch auch *T. Rottenwallner,* VerwArch 2014, 212, 219. Nach *J. Ipsen,* A. Verwaltungsrecht, Rn. 172 ist es auch „wesentliches Anliegen der Rechtsverhältnislehre [...], in Abkehr von der Impermeabilitätstheorie und der Differenzierung von Innen- und Außenrechtsbeziehungen den Blick auf die Vielfalt der Rechtsbeziehungen im Verwaltungsrecht zu öffnen."

[546] *F. E. Schnapp,* AöR 105 (1980), 243, 251; *ders.,* S. 161: „hinreichend präzise [...] als Arbeitsbegriffe". Ähnlich *C. Möllers,* Staat, S. 157: „von eigenem, wenn auch beschränktem dogmatischen Wert", wobei offen bleibt, worin dieser Wert liegen soll.

[547] Diese Gefahr sieht auch *F. E. Schnapp,* AöR 105 (1980), 243, 251, wenn er schreibt, es dürfe die „Zweiteilung von Innenrecht und Außenrecht [...] nicht dahingehend mißverstanden werden, als deute der ‚Dualismus der Rechtskreise innerhalb des Staates' auf zwei voneinander geschiedene Rechtsmassen, die sich ‚gleichsam antithetisch' gegenüberstehen; als seien Innenrechtssätze eben doch etwas qualitativ anderes als Außenrechtssätze und als folgten die beiden so bezeichneten Rechtskreise je anderen Regeln." (Sehr ähnlicher Wortlaut *ders.,* Amtsrecht, S. 161).

soweit es die Lücke füllt,[548] nicht. Recht bleibt Recht, ganz gleich welche Beziehungen es regelt.[549] Im Übrigen gibt es für einen Innenbereich weder eine spezielle Handlungsformenlehre,[550] noch gelten dort grundsätzlich andere Sachentscheidungsvoraussetzungen für verwaltungsgerichtliche Klagen.[551] Auch das spricht gegen eine ausgeprägte Sonderstellung von sogenanntem Innenrecht.

Die Unterscheidung von Innenrecht und Außenrecht steht nicht nur in der Kritik, weil sie Assoziationen zu einer impermeablen Verwaltung weckt, sondern ist auch deswegen problematisch, weil es sich nicht um inhaltlich klare Begriffe handelt.[552] Das fängt schon dort an, wo die Rechtsverhältnisse von Beamten, die dem Staat eigentlich in ihrer Rolle als Bürger als Externe gegenüberstehen, undifferenziert insgesamt als zum Innenbereich zugehörig angesehen werden.[553] Es ist auch selbst bei gegebenem Umriss eines Rechtskreises[554] häufig unklar, ob Rechtsnormen dem Innen- oder Außenrechtskreis zuzurechnen sind. Denn es herrscht immer eine Notwendigkeit der Verknüpfung von Innenrecht und Außenrecht, und schon deswegen lassen sich diese Rechtsbereiche nicht immer leicht trennen.[555] Die Notwendigkeit der Verknüpfung entsteht dadurch, dass alle diejenigen, die letztlich für den Staat in ihrer Rolle als Teil des Staates handeln, das Recht, das gegenüber den Bürgern als Außenstehenden gilt, irgendwie berücksichtigen müssen, sonst wären die den Staat als solchen bindenden Normen letztlich wirkungslos.[556] Innen- und

---

[548] Zu beachten ist, ob Rechtsnormen auch gerade in diesem Verhältnis gelten – so kann sich ein Teil der Verwaltung nicht unbedingt auf Rechtsnormen berufen, die die Beziehungen zum Bürger regeln, vor allem wenn diese Beziehungen nur mit der Organisation bestehen, der der betreffende Teil der Verwaltung angehört (vgl. auch oben Fn. 474, S. 126; zur Relativität der Organfunktion unten Kapitel 4, C. II. 1., S. 328; vgl. zur Notwendigkeit der Differenzierung der Regelungswirkung einer Norm *H. H. Rupp,* Grundfragen, S. 15, S. 18).

[549] Ähnlich *Schnapp,* Fn. 547; „dogmatische Folgerungen für nachgelagerte Fragestellungen" wollen jedoch *J. Greim/F. Michl,* NVwZ 2013, 775, 776, ableiten. Zu mit Aufgabe der Impermeabilitätstheorie überwundenen Zweifeln an der Rechtsqualität von Regelungen im Bereich der Verwaltung ausführlich *H. H. Rupp,* Grundfragen, S. 19 ff.

[550] *T. Rottenwallner,* VerwArch 2014, 212, 219.

[551] Dazu oben Kapitel 1, D. III., S. 45.

[552] *H.-U. Erichsen* in: ders./Hoppe/von Mutius, FS Menger, S. 214. Vgl. die Definitionen einerseits bei *F. E. Schnapp,* Amtsrecht, S. 160: Innenrecht lasse sich „bestimmen als Gesamtheit der amtsadressierten Rechtssätze, Außenrecht als Inbegriff der personenbezogenen Rechtssätze." und andererseits bei *H. H. Rupp,* Grundfragen, S. 34: Innenbeziehungen seien solche, die „ausschließlich den organschaftlichen Funktionsablauf zwischen Organwaltern, Organen und Organismus betreffen; [...] Außenrechtsverhältnis [sei] dagegen der Komplex von Rechtsrelationen, durch welche das Verhältnis von Verwaltungsorganisation einerseits zu Subjekten, die nicht in der Wahrnehmung einer Organfunktion begriffen sind, andererseits bestimmt wird."

[553] Dagegen etwa *F. E. Schnapp,* AöR 105 (1980), 243, 251. Zur Notwendigkeit der Trennung der Rollen von Beamten als Bürger und als Teil des Staates unten Kapitel 4, C. II. 2., S. 332.

[554] Dazu sogleich unter III.

[555] *W. Roth,* Organstreitigkeiten, S. 157: „ineinander übergehende Rechtskreise"; *F. E. Schnapp,* Amtsrecht, S. 160, S. 164 ff.

[556] *H. H. Rupp,* Grundfragen, S. 54; ähnlich *F. E. Schnapp,* Amtsrecht, S. 145; für *Schnapp* ist die Schnittstelle die *Amtswahrnehmungspflicht,* die von der Gehorsamspflicht im Hinblick auf Weisungen zu trennen ist (a. a. O., S. 134).

Außenrecht müssen also, ganz gleich in welcher Relation, logisch zwingend einen Schnittpunkt haben. Außenrecht hat also immer auch Wirkungen im Innenbereich.

Regelungen des Innenbereiches, etwa der Zuständigkeitsverteilung, haben aber auch Wirkungen nach Außen:[557] Beispielsweise müssen sich Bürger mit Anträgen immer an die zuständige Stelle wenden, auf die Wahl lediglich des richtigen Rechtsträgers kommt es nicht immer an. Wer bei der Polizei eine Gewerbeerlaubnis beantragt, wird nur eine Abweisung ernten, selbst wenn die zuständige Gewerbeaufsichtsbehörde eine staatliche und Teil der gleichen juristischen Person ist. Im Widerspruch dazu spielt für die Unterscheidung zwischen „Innen" und „Außen" häufig eine große Rolle, dass viele Rechte – im Falle der Rechte der Bürger grundsätzlich sämtliche Rechte –, gegen die juristische Person des öffentlichen Rechts gerichtet sind[558] und keinesfalls gegen die handelnden Organe oder Behörden. Wenn aber die körperschaftsinterne Zuständigkeit auch eine große Rolle im Verhältnis zwischen Staat und Bürger spielt, wird dadurch deutlich, dass das sogenannte Rechtsträgerprinzip[559] nicht in jeder rechtlichen Frage durchschlagend ist.

Hinsichtlich Streitigkeiten zwischen Teilen des Staates kann die Funktion der juristischen Person, dem Bürger eine handlungs- und haftungsfähige Einheit zur Verfügung zu stellen,[560] jedoch ohnehin zurücktreten.[561] Das macht eine Einteilung in Innen- und Außenrecht für Streitigkeiten zwischen Teilen des Staates überflüssig. Dementsprechend gibt es Rechtsprechung, in der der Kreis der juristischen Person rechtlich durchbrochen wird, etwa indem die Klage eines Bürgermeisters[562] oder eines Gemeinde- bzw. Stadtratsmitgliedes[563] – nicht der Kommune selbst – gegen eine rechtsaufsichtliche Verfügung gegenüber der Gemeinde für zulässig gehalten wurde. Der Hessische Verwaltungsgerichtshof äußerte in einer anderen Konstellation sogar, „[s]oweit keine funktionale Identität der Aufgabenerfüllung vorlieg[e], können Regelungen mit Außenwirkung von einer Behörde auch ge-

---

[557] So auch (mit dem Beispiel der Datenweitergabe innerhalb des Staates) *M. Oldiges*, NVwZ 1987, 737, 742 f.

[558] Vgl. *F. E. Schnapp*, Amtsrecht, S. 97: Die Rechtsfigur der juristischen Person des öffentlichen Rechts dient auch dazu, dem Bürger ein bestimmtes handlungs- und haftungsfähiges Gebilde gegenüber zu stellen; zur Organtheorie schon oben Kapitel 1, C. II., S. 34.

[559] Dazu auch noch unten Kapitel 4, E. II., S. 385.

[560] Siehe Fn. 558.

[561] Vgl. *F. E. Schnapp*, Amtsrecht, S. 97.

[562] VGH München, Beschl. v. 20.10.2011, Az. 4 CS 11.1927, BayVBl. 2012, 340, Rn. 10: das aus Art. 46 Abs. 2 BayGO abgeleitete Recht des ersten Bürgermeisters, Sitzungen des Gemeinderates einzuberufen, wird dort so interpretiert, dass es auch ein Recht gegen die Rechtsaufsicht darstellt (die Problemanalyse ist aber zumindest recht knapp).

[563] OVG Münster, Urt. v. 30.03.2004, Az. 15 A 2360/02, DÖV 2004, 973, Rn. 26 ff.

Zu beiden Entscheidungen (auch der in Fn. 562 genannten) kritisch *J. Greim/F. Michl*, NVwZ 2013, 775, 777 ff. – problematisch ist zwar nicht eine Missachtung der Grenzen von Innen und Außen, wie *Greim/Michl* ausführen – unten (Kapitel 4 E. II. 1., S. 385 und F. III., S. 401) wird aber noch erklärt, warum die Rspr. des VGH München (Fn. 562) und des OVG Münster dennoch kritisch zu sehen ist.

genüber dem eigenen Rechtsträger getroffen werden".[564] Hier werden die Grenzen zwischen Innen und Außen vollends aufgelöst und bedeutungslos.

III. Relativität der Grenze zwischen Innen und Außen

Zu erklären sind die Unschärfen in der Einteilung von Innen und Außen mit der oftmals nicht bewusst gemachten Relativität dieser Kategorien.[565] Was „Innen" und was „Außen" ist, richtet sich nach der jeweils betrachteten Rechtsbeziehung – so sind aus Sicht des Völkerrechts alle Regelungen eines Staates solche seines Innenbereiches und Beziehungen zu seinen Bürgern Innenbeziehungen.[566] Skaliert man den Maßstab vom Verhältnis zwischen zwei Staaten über das Staat-Bürger-Verhältnis und das Verhältnis zwischen juristischen oder natürlichen Personen auf das Verhältnis verschiedener Teile von juristischen Personen des öffentlichen Rechts hinab, stellt sich dieses unter Umständen ebenfalls als Außenverhältnis dar. Dann ist nämlich beispielsweise das Verhältnis des Gemeinde- bzw. Stadtrates zum Bürgermeister ein solches außerhalb der Sphäre des Rates. Eine relative Betrachtung der Unterscheidung zwischen Innen- und Außenrecht passt auch am besten zu einer relativ verstandenen Organtheorie.[567]

Ein Rückzug darauf, dass mit der Einteilung in Innenrecht und Außenrecht immer die Grenzziehung entlang von juristischen Personen des öffentlichen Rechts gemeint ist, wäre zwar möglich und wird auch, wie oben erläutert, häufig angestrebt.[568] Allerdings wird dies vielfach nicht konsequent durchgehalten. Beispielsweise ist es inkonsequent, für die Notwendigkeit der Unterscheidung zwischen Innenrecht und Außenrecht Besonderheiten der gesamten staatlichen Organisa-

---

[564] VGH Kassel, Beschl. v. 03.12.2002, Az.: 8 TG 2177/02, NVwZ-RR 2003, 345, Rn. 4; die Festsetzung von Veranstaltungen nach § 69 Abs. 1 GewO durch einen Rechtsträger zu seinen eigenen Gunsten sieht auch *U. Schönleiter* in: Landmann/Rohmer, Gewerbeordnung, § 69 Rn. 26 als Verwaltungsakt an; a.A. *J.-C. Pielow* in: ders., BeckOK Gewerberecht, Stand: 34. Ed. 15.05.2016, § 69 GewO Rn. 21; vgl. zu solchen Konstellationen m.w.N. und weiterer Bsp. *V. Jungkind*, Verwaltungsakte, S. 46 ff.: Verwaltungsakt bei Inanspruchnahme als selbständiger Rechtsträger, auch wenn diese durch eine eigene Behörde erfolgt.

[565] Vgl. *W. Krebs* in: Isensee/Kirchhof, HStR Bd. 5, § 108 Rn. 34: Innenrecht und Außenrecht als „Relationsbegriffe"; ähnliche Formulierung, aber ohne konsequente Umsetzung: *J. Greim/F. Michl*, NVwZ 2013, 775, 776.

[566] *H.H. Rupp*, Grundfragen, S. 21.

[567] Dazu bereits oben Kapitel 1, C.II., S. 34; auch unten Kapitel 4, C.II.1., S. 328; dass diese beiden Themenkreise zusammenhängen, zeigt sich auch bei *H.-U. Erichsen* in: ders./Hoppe/von Mutius, FS Menger, S. 215, wo jedoch auf eine Abhängigkeit der Kategorien Innen- und Außenrecht und der Organfunktion vom jeweils betrachteten Rechtsverhältnis nicht eingegangen wird.

[568] Vgl. etwa *H.-U. Erichsen* in: ders./Hoppe/von Mutius, FS Menger, S. 215 – zum dort anklingenden, aber abzulehnenden statischen Organbegriff oben Kapitel 1, C.II., S. 34 und Kapitel 4, C.II.1., S. 328.

tion anzuführen,[569] wenn Streitigkeiten juristischer Personen untereinander – wie jedoch üblich –[570] als relativ unproblematisch angesehen werden und die Trennlinie zwischen Innen und Außen folglich innerhalb des Staates und nicht an seiner Grenze verläuft.

Ein starkes Anzeichen dafür, dass die Kategorisierung zwischen Innen- und Außenbereich nicht konsequent anhand der Grenzen von juristischen Personen durchgeführt wird, ist auch die Debatte um die Außenwirkung im Sinne des § 35 S. 1 VwVfG[571] bei fachaufsichtlichen Weisungen gegenüber kommunalen Gebietskörperschaften, die nicht von allen als Verwaltungsakte anerkannt werden.[572] § 35 S. 1 VwVfG greift, ebenso wie § 9 VwVfG, die Kategorien von Innen und Außen auf, indem als Tatbestandsmerkmal des Verwaltungsakts die Eigenschaft konstituiert wird, „auf unmittelbare Rechtswirkung nach außen gerichtet" zu sein. Bei Erlass dieser Normen hatte der Gesetzgeber vornehmlich die Beziehungen zwischen Staat und Bürgern im Blick,[573] und auch heute wird häufig auf das Staat-Bürger-Verhältnis abgestellt.[574] Inzwischen wird allerdings, wie die Qualifizierung von Akten der Rechtsaufsicht zeigt, die Trennlinie jedenfalls nicht mehr ausschließlich zwischen Staat und Bürger, sondern anscheinend eher entlang der juristischen Personen des öffentlichen Rechts gezogen, denn rechtsaufsichtliche Verfügungen werden als Verwaltungsakte eingeordnet.[575] Wird allerdings – wie verbreitet – angenommen, dass fachaufsichtliche Weisungen keine Verwaltungsakte sind,[576] dann

---

[569] So aber bei *H. H. Rupp*, Grundfragen, S. 4: „Innenbeziehungen" als „Rechtskomplexe […], die kraft geltenden Rechts hinsichtlich Erzeugung, Erzeugungszuständigkeit oder Beziehungsgeltung bestimmte Kriterien aufweisen und sich insofern sehr wesentlich von jenen Rechtskomplexen unterscheiden, die das Verhältnis des verwaltenden Staates zu seinen Bürgern umschließen." – trotz der von ihm verwendeten, auf die „Staatsperson" abstellenden Definition für Innenbereich und Außenbereich (hies. Fn. 552, S. 137). Die vermeintlichen Unterschiede werden i. Ü. nicht näher erläutert und es ist dadurch nicht ganz klar, worin nun genau der Unterschied zwischen Innenrecht und Außenrecht liegen soll (außer in einer Geltung in anderen Rechtsbeziehungen).

[570] Dazu oben Kapitel 2, B. II. 1., S. 81.

[571] Bzw. der entsprechenden Ländergesetze.

[572] Vgl. *U. Becker* in Becker/Heckmann/Kempen/Manssen, Ö. Recht, 2. Teil Rn. 607; für eine Anerkennung fachaufsichtlicher Weisungen als Verwaltungsakte jedoch *J. Prandl/H. Zimmermann/H. Büchner/M. Pahlke*, Kommunalrecht, Art. 120 GO Rn. 3 m. w. N.; dazu auch noch unten Kapitel 5, C., S. 418.

[573] Vgl. die Begr. z. Gesetzesentw. der Bundesreg., BT.-Drs. 7/910 v. 18.07.1973, zu § 9 (S. 41 f.) und zu § 31 – heute § 35 – (S. 56 f.): Dort werden beamtenrechtliche Weisungen im „Betriebsverhältnis" gerade ausgegrenzt, ebenso wie „verwaltungsinterne Weisungen" – es wird hier auf die ganze Verwaltung abgestellt, die Außenwirkung scheint danach – anders als in der heutigen Rechtspraxis angenommen – nur im Sinne einer Wirkung gegenüber den Bürgern gemeint gewesen zu sein.

[574] *V. Jungkind*, Verwaltungsakte, S. 36 f.

[575] *W. Krebs* in: Isensee/Kirchhof, HStR Bd. 5, § 108 Rn. 34; *V. Jungkind*, Verwaltungsakte, S. 36 f., 40 f. – weitere Beispiele für Konstellationen, in denen ein Verwaltungsakt zwischen juristischen Personen des öffentlichen Rechtes angenommen wird bei *Jungkind*, a. a. O., S. 38 f.

[576] Dazu *V. Jungkind*, Verwaltungsakte, S. 50 ff. m. N.; zu einer ähnlichen Fallgestaltung OVG Münster, Urt. v. 14.05.1992, Az.: 10 A 279/98, NVwZ-RR 1993, 123–135, juris Rn. 43 ff.: An

wird auch diese Grenzziehung nicht anerkannt, denn Maßnahmen zwischen juristischen Personen sind dann auf einmal keine solchen mit Außenwirkung. Stattdessen wird zur Bestimmung der Außenwirkung in Konstellationen, in denen sich eine Verwaltungseinheit gegen fachaufsichtliche Weisungen wehrt, auf Rechte abgestellt – sie soll nur vorliegen, wenn solche verletzt sind.[577] Wird dieses Kriterium aber konsequent angewendet, müssten auch bei verwaltungsrechtlichen Organstreitigkeiten – geht man hier von einem Streit um Rechte aus –[578] Außenrechtsstreitigkeiten vorliegen,[579] ein Ergebnis, das der klassischen Terminologie völlig widerspricht.[580] Die Idee, für die Feststellung der Außenwirkung auf „Außenrechte" in Abgrenzung von anderen Rechten abzustellen, führt lediglich zu einem sehr plumpen Zirkelschluss. Festzustellen ist jedenfalls, dass ein konsequent statischer Gebrauch der Kategorien Innen und Außen, etwa anhand der Grenzen juristischer Personen des öffentlichen Rechts, nicht festzustellen ist. Ebensowenig scheint jedoch eine breite Sensibilität für die Relativität der Unterscheidung vorzuliegen. Schon deswegen überzeugt es, aus einer Kategorisierung in Innen- und Außenrecht keine Schlussfolgerungen zu ziehen[581] bzw. diese ganz zu vermeiden. Für § 35 S. 1 VwVfG wurde daher schon geäußert, es handele sich bei dem Tatbestandsmerkmal um einen „Blankettbegriff".[582] Aufgrund ihrer Relativität haben die Begriffe Innen und Außen sehr wenig Aussagekraft bzw. es entstehen Probleme bei ihrer Auslegung dadurch, dass unklar ist, auf welche Rechtsrelation sie abstellen.[583]

Aber auch bei einer konsequenten Orientierung an den Grenzen juristischer Personen des öffentlichen Rechts bliebe offen, welche Folgerungen aus der Unterscheidung gezogen werden können, wenn der Impermeabilitätstheorie nicht ge-

---

Gemeinde gerichteter Bescheid eines Landesministers als „Verwaltungsinternum" (Rn. 47) – an dieser Entscheidung kann kritisiert werden (vgl. auch Fn. 577), dass sie nicht hinreichend berücksichtigt, dass die Beeinträchtigung von Rechten der Gemeinde nicht zwingend von der Wahl des rechtlichen Instruments abhängt – bei fachaufsichtlichen Weisungen ist die Möglichkeit der Rechtsverletzung schließlich auch verbreitet anerkannt (dazu sogleich).

[577] V. Jungkind, Verwaltungsakte, S. 50, S. 53; U. Ramsauer in: Kopp/Ramsauer, VwVfG, § 35 Rn. 126, Rn. 156; vgl. auch A. Wiese, Beteiligung, S. 148 f. Anders aber U. Stelkens in: Stelkens/Bonk/Sachs, VwVfG, § 35 Rn. 181, der sich gegen entsprechende Rspr. des BVerwG wendet. Eine umgekehrte Schlussfolgerung zieht OVG Münster, Urt. v. 14.05.1992, Az.: 10 A 279/98, NVwZ-RR 1993, 123–135, juris Rn. 52: „Hat nach alledem die beanstandete Entscheidung des Beklagten keinen auf unmittelbare Außenwirkung gerichteten Regelungscharakter, so kann die Klägerin durch sie auch nicht in ihren Rechten verletzt sein." – das ist bedenklich, weil dies impliziert, nur gegen Verwaltungsakte sei Rechtsschutz möglich.

[578] Dazu unten Kapitel 4, B.II., S. 273.

[579] Dazu noch unten Kapitel 5, C.III., S. 423.

[580] Vgl. oben bei Fn. 540, S. 135: sogenannte Organstreitigkeiten als Innenrechtsstreitigkeiten; dazu vor allem im Hinblick auf die richtige Klageart noch unten Kapitel 5, C., S. 418.

[581] Siehe oben Fn. 546, S. 136.

[582] V. Jungkind, Verwaltungsakte, S. 37. U. Stelkens in: P. Stelkens/Bonk/Sachs, VwVfG, § 35 Rn. 146.

[583] Zur Unterscheidung von Innenrecht und Außenrecht bei sogenannten Organrechten auch unten Kapitel 4, C.II.1., S. 328.

folgt wird. Inhaltlich ist durch eine Einteilung von Innen- und Außenrecht nichts ausgedrückt. Zwar handelt es sich bei Rechtsnormen, die Teile von juristischen Personen betreffen, tatsächlich partiell um solche, die – abgesehen von der oben geschilderten Verschränkung der Regelungsbereiche – in anderen Rechtsbeziehungen nicht gelten. Das gleiche Phänomen lässt sich aber auch über verschiedene Staat-Bürger-Verhältnisse, oder über Staat-Bürger-Verhältnisse im allgemeinen im Vergleich zu Rechtsbeziehungen im staatlichen Innenbereich sagen – Beispiel sind hier die Grundrechte, die grundsätzlich nur zwischen Staat und Bürger gelten. Die nicht nur traditionell wichtigere Trennlinie verläuft – heute wegen der Grundrechte –[584] jedenfalls zwischen den Bürgern und dem Staat.[585]

IV. Zwischenergebnis

Die Unterscheidung zwischen Innenbereich und Außenbereich ist also trotz der Tatsache, dass sie gesetzlich aufgegriffen wird, problematisch, weil sie gewisse Implikationen der rechtlichen Impermeabilität von Verwaltungseinheiten enthält und weil eine Sensibilität für die Relativität dieser Kategorien nicht gegeben ist, etwa dann, wenn trotz einer Orientierung an den Grenzen der juristischen Person mit Besonderheiten der staatlichen Sphäre insgesamt argumentiert wird. Jedenfalls sind aus der Kategorisierung in Innenrecht und Außenrecht keine konkreten Ableitungen möglich.[586] Letztlich muss unabhängig von einer Benennung als Innen- oder Außenrechtsbereich bei jeder Rechtsnorm genau analysiert werden, in welcher rechtlichen Beziehung sie gilt.

Die Relativität der Kategorien von Innen und Außen kommt dann voll zur Geltung, wenn zur Unterscheidung auf die Beeinträchtigung von Rechten abgestellt wird, wie das in bestimmten Fällen verbreitet der Fall ist.[587] Damit wird eine Verknüpfung von Erkenntnissen dieses Kapitels mit denen der nächsten Kapitel sichtbar: Es kommt auch für Streitigkeiten im Verhältnis Staat gegen Staat nicht darauf an, ob es sich hier um „Innenrechtsstreitigkeiten" im Inneren einer als Einheit gedachten Verwaltung handelt, sondern darauf, ob Verwaltungseinheiten Rechte zustehen, die sie geltend machen können. Rechte, die vor Gericht geltend gemacht werden können, sind nur dann ausschließlich „Erscheinungen des Außenbereiches",[588]

---

[584] Dazu, dass die Grundrechte die Funktion des subjektiven öffentlichen Rechtes übernommen haben unten Kapitel 4, B. III. 1., S. 280.

[585] Zum Verhältnis der Abgrenzungen zwischen juristischen Personen und zwischen den Bürgern und dem Staat weiterführend unten Kapitel 6, D., S. 466.

[586] W. *Krebs* in: Isensee/Kirchhof, HStR Bd. 5, § 108 Rn. 35: „Alles andere wäre auch nur eine moderne Fortsetzung der Impermeabilitätstheorie."; vgl. dagegen P. *Lerche* in: FS Knöpfle, S. 174: „Unterscheidung zwischen Innen- und Außenverhältnis" „in bestimmten Richtungen unerlässlich[..]" – eine Begründung dafür ist allerdings nicht erkennbar.

[587] Siehe Fn. 577.

[588] So H.-U. *Erichsen* in: ders./Hoppe/von Mutius, FS Menger, S. 226, der damit ausdrücken will, dass es Rechte nicht innerhalb juristischer Personen des öffentlichen Rechtes geben könne.

wenn man letzteren über die Existenz von Rechten definiert – das Vorliegen eines „Innenbereiches" schließt jedenfalls Rechte nicht aus.

Die Eigenschaften einer juristischen Person führen nicht dazu, dass eine Trennung zwischen Innen- und Außenbereich zwingend gerade hier zu ziehen wäre. Die juristische Person hat – um es hier vorwegzunehmen – im Hinblick auf die Rechtsträgerschaft nur die Besonderheit, dass lediglich sie Trägerin subjektiver Rechte des Privatrechts sein kann.[589] Rechte aus dem öffentlichen Recht können allen Verwaltungseinheiten zugewiesen sein,[590] wie der verwaltungsrechtliche Organstreit zeigt.[591]

E. Zusammenfassung und Schlussfolgerungen

Wertungen spielen bei der Rechtsanwendung eine große Rolle, sind aber möglichst offen zu legen. Bei Streitigkeiten im Verhältnis Staat gegen Staat wird jedoch nicht immer deutlich, welchen Ursprung die Wertungen haben, welche die Grundlage für die jeweilige Rechtsansicht bilden. Teilweise wird die Anwendung der verwaltungsgerichtlichen Sachentscheidungsvoraussetzungen von subtil wirkenden, historischen Vorstellungen des Staatsaufbaus beherrscht,[592] auf denen ein verbreitetes Unbehagen gegenüber Streitigkeiten in der Konstellation Staat gegen Staat, vor allem im Bereich der Streitigkeiten innerhalb juristischer Personen des öffentlichen Rechts, beruht. Da Sachentscheidungsvoraussetzungen Klagemöglichkeiten ausschließen, fließen diese Elemente oft kaum merklich in rechtliche Bewertungen ein und führen zu einer Ablehnung der Zulässigkeit der Klage. Ein Grund, warum sich auf Grundsätze wie die Impermeabilität und Einheit der Verwaltung zurückgehende Ansichten in Wissenschaft und Praxis lange halten konnten, kann darin gesehen werden,[593] dass die Veränderungen für das Verwaltungsrecht, die durch das Grundgesetz bedingt waren,[594] im Innenbereich des Staates nicht in gleichem Maße relevant wurden wie im Staat-Bürger-Verhältnis, auf dem aufgrund der enormen Bedeutung der Grundrechte ein Hauptaugenmerk der Rechtsentwicklung lag.[595]

---

[589] Unten Kapitel 4, C. I. 2. b), S. 322.

[590] Kapitel 4, C. I. 2. a), S. 318.

[591] Dass dieser keine Sonderstellung einnimmt, wurde oben schon geschildert, B. I. 5., S. 69, C. II. 2., S. 115.

[592] Vgl. auch die Ausführungen bei *R. Bartlsperger* in: Baumeister/Roth/Ruthig, FS Schenke, S. 23 ff., S. 42 f., der der herrschenden Meinung in Bezug auf das subjektive öffentliche Recht (vgl. § 42 Abs. 2 VwGO und ähnliche Prozessrechtsnormen) vorwirft, von den Staatsvorstellungen des Konstitutionalismus beherrscht zu sein; vgl. zur Kritik an *Bartlsperger* aber auch unten Kapitel 3, B. II. 3. c), ab S. 242.

[593] Vgl. zu weiteren Gründen auch Fn. 108, S. 66.

[594] Vgl. dazu *F. Ossenbühl* in: Erichsen/Ehlers, A. Verwaltungsrecht, 12. Aufl., § 6 Rn. 2 f.

[595] Vgl. *H. Bethge* in: Depenheuer u. a., FS Isensee, S. 613: Der dort geschilderte „unaufhaltsame[..] Prozeß der materiellen Konstitutionalisierung der Rechtsordnung" ist grundrechtlich bedingt.

Wo immer beispielsweise mit dem Grundsatz der Einheit der Verwaltung argumentiert wird, ist Skepsis angebracht, da es sich hier nicht um eine Kategorie handelt, die zur Entscheidung von Rechtsfragen geeignet ist. Aber auch im Grundgesetz verankerte Grundsätze wie Demokratieprinzip und Gewaltenteilung schließen Streitigkeiten zwischen Teilen des Staates nicht aus, ebensowenig wie Kostenargumente, weil letzteren eine potenziell stärkere Befolgung von Gesetzen entgegengehalten werden kann, die aufgrund des Rechtsstaatsprinzips aus Sicht des Grundgesetzes ein legitimes Ziel darstellt. Auch aus einer Unterteilung von Recht in Innen- und Außenrecht können – insbesondere wegen der Relativität dieser Kategorien – keine Ableitungen getroffen werden. Die Motive Impermeabilität und Einheit der Verwaltung, strikte Hierarchie, sowie Beschwörung eines einheitlichen, feststehenden „Gemeinwohls" waren im Konstitutionalismus Argumente, um dem Monarchen einen Machtbereich zu erhalten und seine Befugnisse gegenüber Einflüssen durch das Parlament möglichst unangetastet zu lassen. Dies ist heute obsolet. Zusätzlich sind viele der genannten Prinzipien zumindest heutzutage paradox, weil sie sich höchstens auf einzelne Verwaltungsträger beziehen lassen, obwohl sie den Anspruch haben, die gesamte Verwaltung zu erfassen. Zwar bauen beispielsweise die Staatlichkeit der Bundesrepublik Deutschland, das Demokratieprinzip und das in Art. 33 Abs. 5 GG verankerte beamtenrechtliche Hierarchieprinzip teilweise auf gewissen Bausteinen dieser hergebrachten Prinzipien auf, aber diese werden keinesfalls mehr im vollen Umfang verwirklicht. Es gelten nun allein die im Grundgesetz angelegten Prinzipien, die Streitigkeiten zwischen Verwaltungseinheiten, wie gesagt, nicht ausschließen.

Dass Einheit und Impermeabilität der Verwaltung genauso wenig wie das Demokratieprinzip ein schlagendes Argument gegen Streitigkeiten zwischen verschiedenen Verwaltungseinheiten liefern können, wird schon durch den Befund der Interessenpluralität in der Verwaltung deutlich: Indem verschiedene öffentliche Belange unterschiedlichen Verwaltungseinheiten zugeordnet sind, können Interessenkonflikte zwischen Teilen des Staates entstehen. Die diese Zuordnung bedingende Spezialisierung der Verwaltungseinheiten durch arbeitsteilige Zuweisung von Aufgaben ist jedoch notwendig, um den Prozess der Gemeinwohlkonkretisierung unter den Anforderungen an die moderne Verwaltung bewerkstelligen zu können. Die Lösung von Interessenkonflikten sowie die notwendige Rückbindung der Verwaltung an das Parlament wird nicht etwa dadurch erreicht, dass sie als monolithischer Block angesehen wird, sondern zum großen Teil durch die Gesetzesbindung, die vor allem das materielle Handlungsprogramm bestimmt, und durch ebenfalls gesetzlich geregelte Aufsichts- und Weisungsrechte. Das Hierarchieprinzip ist zwar ein Mittel der Konfliktlösung, es ist aber weder aus der Konzeption des Grundgesetzes heraus lückenlos zu gestalten noch völlig streng verwirklicht, sodass Raum für Streitigkeiten zwischen Teilen der Verwaltung bleibt. Es ist auch nur ein Mittel zum Füllen von Lücken, die dadurch entstehen, dass eine Regelung durch formelles Gesetz nicht gegeben ist oder aus praktischen Gründen nicht erlassen werden kann. Es schließt jedenfalls Rechtsstreitigkeiten zwischen Teilen der Verwaltung nicht per se aus,[596] das heißt: Aufgrund der bestehenden Balance zwischen demokratischer Rückbindung einerseits und Differenzierung, Spezialisierung und Interessenpluralität der Verwaltung andererseits, besteht Raum für die Austragung gerichtlicher Streitigkeiten zwischen Verwaltungseinheiten. Aus Sicht des Grundgesetzes ist das auch folgerichtig: Es würde seinen Grundaussagen widersprechen, die Exekutive durch eine strenge Hierarchie in die Lage zu versetzen, als einheitliche und damit übermäßig schlagkräftige Gewalt aufzutreten. Interessenpluralität, die nicht erstickt wird, sondern – auch durch interne Streitigkeiten – zu einer gewissen Schwächung der Exekutive führt, stärkt die Bedeutung der anderen beiden Gewalten und ist ein Beitrag zur Verwirklichung des Rechtsstaates, gerade wenn solche Streitigkeiten gerichtlich ausgetragen werden, denn die Richter entscheiden unabhängig auf Grundlage des Gesetzes.

Da ein darüber hinausgehendes, bloßes Unbehagen gegenüber Streitigkeiten in der Konstellation Staat gegen Staat als rechtliches Argument unbrauchbar ist, bleibt nur, sich auf die im Gesetz auffindbaren Sachentscheidungsvoraussetzungen zu konzentrieren. Das teilweise beklagte Defizit an speziellen Regelungen für die Zulässigkeit von Klagen zwischen Verwaltungseinheiten[597] können nebulöse Grundsätze wie der der „Einheit der Verwaltung" nicht kompensieren.

Dieser Befund gilt für alle Bereiche der Verwaltung und umfasst die mittelbare und unmittelbare Staatsverwaltung und die Beziehungen innerhalb und zwischen juristischen Personen gleichermaßen. Die Gründe, die gegen Streitigkeiten zwischen Verwaltungseinheiten sprechen, etwa Zeit- und Kosteneffizienz, wären schließlich ebenso bei Streitigkeiten zwischen juristischen Personen des öffentlichen Rechts relevant, wie bei solchen zwischen ihren Teilen. Sie schlagen aber nirgends durch. Umgekehrt herrscht eine Interessenpluralität ebenfalls in der gesamten Verwaltung. Und bei entsprechender Ausstattung mit subjektiven Rechten können die dadurch entstehenden Konflikte in der Regel auch ausgetragen werden.

Die Sachentscheidungsvoraussetzungen spielen in allen Fällen – ob verwaltungsrechtlicher Organstreit, Streit zwischen juristischen Personen oder sonstige Streitigkeiten innerhalb juristischer Personen – eine ähnliche Rolle; die Unterschiede sind nicht prinzipieller Natur. Das schematische Abstellen auf Besonderheiten von verwaltungsrechtlichen Organstreitigkeiten führt genauso weg von der gebotenen, genauen Prüfung der Voraussetzungen der verwaltungsrechtlichen Prozessordnungen, wie die Vereinfachungen, welche die „Vollrechtsfähigkeit" der juristischen Personen des öffentlichen Rechts scheinbar bietet. Es besteht die Gefahr, überholten Mustern des Konstitutionalismus innerhalb der Sachentscheidungs-

---

[596] Dazu auch noch unten Kapitel 4, D. III. 1., S. 366.

[597] Es wird darauf hingewiesen, dass die VwGO hauptsächlich auf das „Außenverhältnis", als die Staat-Bürger-Beziehung, zugeschnitten ist, vgl. etwa *H. Bethge,* DVBl. 1980, 309, 309 f.; vgl. *H.-U. Erichsen* in: ders./Hoppe/von Mutius, FS Menger, S. 213 (zum Thema schon oben Kapitel 1 bei Fn. 164).

voraussetzungen wieder Raum zu geben. Die Loslösung von ihnen geschieht eher langsam und ist nicht überall abgeschlossen.

Streitigkeiten werden zwischen juristischen Personen des öffentlichen Rechts in der Praxis genauso ausgetragen, wie solche innerhalb einer einzigen juristischen Person des öffentlichen Rechts. Interessengegensätze bestehen aber nicht nur innerhalb von Selbstverwaltungskörperschaften, wie es die „Kontrasttheorie" suggeriert. Das soll nicht heißen, dass sich nicht aufgrund spezifischer gesetzlicher Regelungen für einzelne Arten der Verwaltung typische Besonderheiten feststellen lassen können, wie der weitere Verlauf dieser Untersuchung ergeben wird.[598] Lediglich die These, dass Rechte von Teilen juristischer Personen außer bei Selbstverwaltungskörperschaften prinzipiell undenkbar sind, kann nicht überzeugen – hierauf wird unter dem Stichwort der Relativität der Rechtsfähigkeit noch zurückzukommen sein.[599] Es liegt nahe, dass Organe nicht deswegen Rechte haben können, weil diese „Kontrastorgane" sind, sondern dass umgekehrt zum Beispiel die Organe kommunaler Selbstverwaltungskörperschaften gerade deshalb in einem Verhältnis der Machtbalance und gegenseitigen Kontrolle stehen, weil sie subjektive Rechte gegenüber anderen Organen haben, die sie notfalls gerichtlich geltend machen können und die sie erst in die Lage versetzen, sich gegenseitig zu kontrollieren. Das mag sich so anhören, als ob die hier geäußerte Kritik an der Kontrasttheorie nur marginal und rabulistisch sei, weil das Vorhandensein von Rechten als wesentliches Ergebnis nicht angegriffen wird. Die Kritik wendet sich jedoch im Wesentlichen gegen die Implikation, dass Verwaltungseinheiten, die keine Kontrastorgane sind, keine gerichtlich durchsetzbaren Rechte haben können. Eine solche pauschale Ablehnung ist zu undifferenziert.

Für die oben geschilderten Fallbeispiele[600] bedeutet dies alles, dass es keinen Grund gibt, die Zulässigkeit der Klagen a priori abzulehnen oder die Sachentscheidungsvoraussetzungen der Klagen nicht unbefangen und ergebnisoffen zu betrachten. Im zweiten Fallbeispiel die Zulässigkeit der Klage allein deswegen zu verneinen, weil eine Streitigkeit innerhalb einer juristischen Person des öffentlichen Rechts ausgetragen werden soll, die keinen verwaltungsrechtlichen Organstreit darstellt, wäre zu simpel gedacht.

---

[598] Insbesondere hinsichtlich subjektiver Rechte unten Kapitel 4, C. I. 2. b), S. 322.
[599] Vgl. unten Kapitel 4, C. I. 2. a), S. 318.
[600] Vgl. oben Kapitel 1, A., ab S. 19.

Kapitel 3

Das subjektive Recht im Verwaltungsprozess

Nachdem nun geklärt ist, dass sich die Herangehensweise an verwaltungsprozessuale Fragestellungen in der Konstellation Staat gegen Staat nicht grundsätzlichen von derjenigen bei Klagen des Bürgers gegen den Staat unterscheidet, ist in
den folgenden Kapiteln zu untersuchen, wann bei unvoreingenommener Anwendung der allgemeinen prozessualen Regeln, allen voran § 42 Abs. 2 VwGO bzw.
§ 40 Abs. 2 FGO und § 54 Abs. 1 S. 2, Abs. 2 S. 1 SGG, eine Klage zwischen Verwaltungseinheiten zulässig oder unzulässig sein kann – welche typischen Besonderheiten sich in dieser Konstellation also, insbesondere unter Berücksichtigung
der bis hierher herausgearbeiteten Ergebnisse, ergeben können.

A. Rechte des Staates als Voraussetzung
für verwaltungsgerichtlichen Rechtsschutz

Da das subjektive Recht ein zentrales Element des Verwaltungsprozessrechts
ist, spielt es auch in der Konstellation Staat gegen Staat eine bedeutende Rolle.[1] Allerdings kann, angesichts des Standes der Literatur zum Staats- und Verwaltungsrecht, nicht wie selbstverständlich von Rechten des Staates gesprochen werden.

I. Subjektives Recht als zentrales Element
des Verwaltungsprozessrechts

Der Begriff „subjektives Recht" ist nicht nur im Privatrecht zentral,[2] sondern
wird – auch aufgrund von Art. 19 Abs. 4 GG – als „Eckpfeiler im gesamten System
des öffentlichen Rechts" bezeichnet.[3] Subjektive Rechte spielen jedenfalls für die

---

[1] Vgl. *C. Hug,* Gemeindenachbarklagen, der auf S. 33 konstatiert, die Rechtsschutzmöglichkeiten (in den Konstellationen der Gemeindenachbarklagen, die Streitigkeiten zwischen
zwei Teilen der Verwaltung darstellen) hingen vom Vorliegen subjektiver Rechte ab, und dann
nach solchen Rechten sucht; *D. Lorenz,* AöR 93 (1968), 308, 312 f.: Entscheidend für die Zulassung verwaltungsgerichtlicher Insichprozesse sei, ob ein subjektives Recht geltend gemacht
würde.

[2] *M. Wolf/J. Neuner,* BGB AT, § 20 Rn. 1: „zentrale Rolle".

[3] *E. Schmidt-Aßmann* in: Maunz/Dürig, GG, Art. 19 Abs. 4 Rn. 117; dies zitiert *W. Krebs*
in: Erichsen/Hoppe/von Mutius, FS Menger, S. 200 wörtlich; ähnlich *J. Masing,* Mobilisierung,
S. 55.

Zulässigkeit[4] fast aller verwaltungsgerichtlicher Klagen[5] die tragende Rolle.[6] Die Frage nach den subjektiven Rechten hat auch Auswirkungen auf andere Sachentscheidungsvoraussetzungen wie das Rechtsschutzbedürfnis und die Beteiligten- und Prozessfähigkeit.[7] Die größte Bedeutung hat das subjektive Recht aber für die Klagebefugnis. So ist nach § 42 Abs. 2 VwGO[8] eine Anfechtungs- oder Verpflichtungsklage „nur zulässig, wenn der Kläger geltend macht, [...] in seinen Rechten verletzt zu sein." Diese Norm wird – weitgehend einhellig – analog auch auf die allgemeine Leistungsklage angewendet.[9] Für die Feststellungsklage ist dies zwar umstritten,[10] und die Normenkontrolle nach § 47 VwGO nimmt eine Sonderstellung zwischen subjektivem Rechtsschutz und objektiver Rechtskontrolle ein.[11] Dennoch wird allgemein gesagt, dass die VwGO auf den Schutz subjektiver

---

[4] Und für die Begründetheit, vgl. § 113 Abs. 1 S. 1, Abs. 5 S. 1 VwGO, vgl. § 100 Abs. 1 S. 1 FGO, § 101 S. 1 FGO – § 131 SGG trifft keine entsprechende Regel, vgl. aber *W. Keller* in: Meyer-Ladewig/Keller/Leitherer, SGG, § 131 Rn. 2; vgl. auch *U. Ramsauer,* AöR 111 (1986), 502, 503.

Das Verhältnis von Klagebefugnis und Erfordernis der Rechtsverletzung in der Begründetheit ist nicht ganz unumstritten, auch wenn die sog. Möglichkeitstheorie ganz herrschend ist, vgl. *K. Gierth,* Klagebefugnis und Popularklage, DÖV 1980, 893 ff., der den Unterschied zwischen Sach- und Prozessurteil für marginal hält und daher für eine Abschaffung des § 42 Abs. 2 VwGO oder eine Durchbrechung des Vorrangs der Zulässigkeitsvoraussetzungen („‚Durchstarten' zum Klagegrund") plädiert; kritisch ggü. der Klagebefugnis auch *H. H. Rupp,* DVBl. 1982, 144 ff., *W. Henke,* Recht, S. 135 ff., insb. S. 138 und *K. F. Röhl/H. C. Röhl,* Rechtslehre, S. 393 f. sowie *U. G. Berger,* Grundfragen, S. 109 ff.

[5] Ebenso bei Anträgen im einstweiligen Rechtsschutz, vgl. *F. Schoch* in: ders./Schneider/ Bier, VwGO, § 80 Rn. 462 f. sowie § 123 Rn. 107.

[6] *J. Krüper,* Gemeinwohl, S. 146 m. w. N.: „zentrale Sachurteilsvoraussetzung"; *A. Scherzberg* in: Ehlers/Pünder, A. Verwaltungsrecht, § 12 Rn. 28: Zulässigkeit verwaltungsgerichtlicher Klagen durchweg an die Geltendmachung subjektiver Rechte geknüpft; dementsprechend wurde die Sachentscheidungsvoraussetzung Klagebefugnis auch für den verwaltungsgerichtlichen Organstreit zentral, dazu oben Kapitel 2, B. I. 4., insb. bei Fn. 118, S. 67.

[7] Dazu noch unten Kapitel 5, A., S. 414.

[8] Vgl. auch § 40 Abs. 2 FGO, vgl. § 54 Abs. 1 S. 2, Abs. 2 S. 1 SGG – der Wortlaut weicht zwar von § 42 Abs. 2 VwGO ab, die Normen werden aber so interpretiert, dass sie im Wesentlichen einen gleichen Inhalt haben (so BVerfG, Beschl. v. 09.01.1991, Az.: 1 BvR 207/87, NJW 1991, 1878, 1878 m.N. aus der Rspr. des BSG, vgl. auch *W. Keller* in: Meyer-Ladewig/Keller/ Leitherer, SGG, § 54 Rn. 9, 14 ff.). Der Einfachheit halber konzentrieren sich die nachfolgenden Ausführungen auf die VwGO.

[9] *F. Hufen,* Verwaltungsprozessrecht, § 14 Rn. 57 (S. 235): „heute nahezu unbestritten"; vgl. auch *W.-R. Schenke,* Verwaltungsprozessrecht, Rn. 492; dagegen aber *H. H. Rupp,* DVBl. 1982, 144, 146 f. Zum Anwendungsbereich des § 42 Abs. 2 VwGO insgesamt ausführlich *A. Wiese,* Beteiligung, S. 115 ff.

[10] Zu Leistungs- und Feststellungsklage ausführlich *D. Ehlers,* VerwArch 84 (1993), 139, 142 ff.

[11] So auch die Begründung zum Regierungsentwurf des Sechsten Gesetzes zur Änderung der Verwaltungsgerichtsordnung und anderer Gesetze (6. VwGOÄndG) v. 06.03.1996, BT-Drs. 13/3993, S. 10, wo klargestellt wird, dass eine § 42 Abs. 2 VwGO vergleichbare Klagebefugnis vorliegen muss; vgl. auch *N. Panzer* in: Schoch/Schneider/Bier, VwGO, § 47 Rn. 3; vgl. zur bis 1996 geltenden Fassung des § 47 VwGO *W. Krebs* in: Erichsen/Hoppe/von Mutius, FS Menger, S. 198 m. w. N.

Rechte ausgerichtet ist.[12] Verwaltungsgerichtlichen Rechtsschutz kann grundsätzlich also nur beanspruchen, wer ein subjektives Recht geltend machen kann,[13] also wer klagebefugt ist.[14]

Trotz der grundsätzlichen Feststellung, dass die Sachentscheidungsvoraussetzungen auch bei Streitigkeiten zwischen Verwaltungseinheiten zu beachten sind,[15] könnten an der Bedeutung der Klagebefugnis beziehungsweise an der Ausrichtung auf den Schutz subjektiver Rechte aber aufgrund des in § 47 Abs. 2 S. 1 VwGO normierten sogenannten „Behördenprivilegs"[16] Zweifel gerade für die Konstellation Staat gegen Staat entstehen. Für den Normenkontrollantrag einer Behörde genügt es, dass sie die angegriffene Rechtsnorm bei ihrer Tätigkeit zu beachten hat;[17] subjektive Rechte sind grundsätzlich nicht relevant.[18] Allerdings handelt es sich beim Behördenprivileg um eine Ausnahme, die nichts über den Rechtsschutz für Verwaltungseinheiten im Allgemeinen aussagt. Das Behördenprivileg trägt zur Verwirklichung des Rechtsstaatsprinzips bei und soll es Behörden ermöglichen, trotz mangelnder Normverwerfungskompetenz als rechtswidrig erkanntes untergesetzliches Recht nicht anwenden zu müssen.[19] Die auf subjektive Rechte gerich-

---

[12] W. Krebs in: Erichsen/Hoppe/von Mutius, FS Menger, S. 198: „Modell des subjektiven Rechtsschutzes weitgehend, aber nicht ausnahmslos verwirklicht"; weitergehend A. Scherzberg in: Ehlers/Pünder, A. Verwaltungsrecht, § 12 Rn. 7: „verwaltungsgerichtlicher Rechtsschutz [...] durchweg auf den Schutz subjektiver Rechte angelegt", vgl. a. a. O. Rn. 28; R. Uerpmann, Interesse, S. 88.

[13] Nach G. Roellecke, AöR 114 (1989), 589, 596 „herrschende[..] Lehre" (ohne den hier verwendeten Zusatz „grundsätzlich"); E. Schmidt-Aßmann/W. Schenke in: Schoch/Schneider/Bier, VwGO, Einl. Rn. 21, 167: „Systementscheidung für den Individualrechtsschutz"; W. Roth, Organstreitigkeiten, S. 287 m. w. N., S. 296; für alle Klagearten außer der Normenkontrolle ähnlich K. F. Röhl/H. C. Röhl, Rechtslehre, S. 395.

[14] Klagebefugnis nach VwGO, SGG und FGO und subjektives Recht stehen in einer besonderen wechselwirkenden Beziehung, die über die Rolle des subjektiven Rechtes als gewöhnliches Tatbestandsmerkmal hinausgeht, was z. B. daran deutlich wird, dass bei M. Wolf/J. Neuner, BGB AT, § 20 Rn. 1 – einem Lehrbuch des Zivilrechts – § 42 Abs. 2 VwGO erwähnt wird; über die Klagebefugnis wird das subjektive Recht zu einem Zentralpunkt des Prozessrechts, was nicht ohne Rückwirkung auf den Begriff selbst bleiben kann.

[15] Vgl. oben Kapitel 1, D. III., ab S. 45; vgl. auch zur Frage, ob für Verwaltungseinheiten mangels subjektiver Rechte § 42 Abs. 2 VwGO analog auf sogenannte Organrechte (auch als quasi-subjektive Rechte bezeichnet) angewendet werden muss, oben in Kapitel 2 bei Fn. 164, S. 76 sowie Kapitel 4, B. II., S. 273.

[16] Bezeichnung etwa in BVerwG, Beschl. v. 14.08.1995, Az.: 4 NB 43/94, NVwZ-RR 1996, 141, 142.

[17] Diese nicht im Wortlaut des § 47 Abs. 2 S. 1 VwGO enthaltene Einschränkung entspricht nach N. Panzer in: Schoch/Schneider/Bier, VwGO, § 47 Rn. 78 der „allg. M." und wird häufig der Voraussetzung des Rechtsschutzinteresses (J. Schmidt in: Eyermann, VwGO, § 47 Rn. 56) oder eines „objektiven Kontrollinteresses" (W.-R. Schenke in: Kopp/Schenke, VwGO, § 47 Rn. 82) zugeordnet.

[18] W.-R. Schenke in: Kopp/Schenke, VwGO, § 47 Rn. 82.

[19] L. Giesberts in: Posser/Wolff, BeckOK VwGO, § 47 Rn. 42; sehr weitgehend K. F. Röhl/H. C. Röhl, Rechtslehre, S. 385, die die Normenkontrolle „nicht mehr als Rechtsprechung im materiellen Sinne [...], sondern als eine in das Normsetzungsverfahren eingebaute objektive Kontrolle" ansehen – dann erübrigt sich die Frage, ob Rückschlüsse auf andere Arten von Klagen aus der fehlenden Bedeutung subjektiver Rechte bei diesem Verfahren zu ziehen sind.

tete Funktion des verwaltungsgerichtlichen Rechtsschutzes im Übrigen wird dadurch nicht berührt.

Es macht auch keinen Unterschied, dass für Teile des Staates aufgrund fehlender Grundrechtsfähigkeit[20] die Rechtsschutzgarantie des Art. 19 Abs. 4 GG nicht gelten soll.[21] Zwar ist Art. 19 Abs. 4 GG ein Orientierungspunkt für die Ausrichtung der Verwaltungsprozessordnungen in Richtung eines Systems des subjektiven Rechtsschutzes.[22] Jedoch berechtigt Art. 19 Abs. 4 GG Grundrechtsträger nur, und schließt andere Rechtssubjekte nicht in einem Umkehrschluss vom Rechtsschutz aus. Begünstigt Art. 19 Abs. 4 GG ein Rechtssubjekt nicht, hat das grundsätzlich keine Auswirkungen, und zwar aufgrund der einfachgesetzlichen Ausgestaltung der Prozessordnungen, die nicht lediglich auf Grundrechtsschutz ausgerichtet sind.[23] Wie oben beschrieben, müssen die verwaltungsprozessrechtlichen Sachentscheidungsvoraussetzungen erfüllt werden,[24] ganz gleich welches Rechtssubjekt gegen welches andere klagt – und hierfür genügt auch die Geltendmachung von Rechten, die keine Grundrechte sind. Das BVerwG hat unlängst die Bedeutung von subjektiven Rechten auch für Klagen von Teilen der Verwaltung bekräftigt.[25]

---

[20] W. Roth, Organstreitigkeiten, S. 105 m. zahlr. Nachw.; zur fehlenden Grundrechtsfähigkeit von Verwaltungseinheiten unten Kapitel 4, D. III. 2., S. 372.

[21] Vgl. E. Schmidt-Aßmann/W. Schenke in: Schoch/Schneider/Bier, VwGO, Einl. Rn. 171; grundsätzlich ähnlich K. F. Röhl/H. C. Röhl, Rechtslehre, S. 379.

Zur fehlenden Anwendbarkeit des Art. 19 Abs. 4 GG auf Teile des Staates P. M. Huber in: v. Mangoldt/Klein/Starck, GG Bd. 1, Art. 19 Abs. 4 Rn. 383; M. Ibler in: Friauf/Höfling, Art. 19 Abs. 4 Rn. 10; H.-J. Papier in: Isensee/Kirchhof, HStR Bd. 8, § 177 Rn. 26 m. w. N.; a. A. speziell für verwaltungsrechtliche Organstreitigkeiten R. Streinz, Die Rechtsstellung der Mitglieder kommunaler Ausschüsse in Bayern, BayVBl. 1983, 744, 746; BVerwG, Beschl. v. 05.11.1971, Az.: VII B 35.70, DÖV 1972, 359; vgl. auch W. Hoppe, Organstreitigkeiten, S. 78, der die später z. T. aufgegebene Rspr. der 1950er Jahre (vgl. dort S. 50, 57, 63 f., 77 (Fn. 14) m. N.) kritisiert, die seiner Meinung nach unreflektiert bei Organstreitigkeiten Art. 19 Abs. 4 GG heranzog.

A. A. hinsichtlich der Geltung von Art. 19 Abs. 4 GG (zu Gunsten der Länder anwendbar): W. Hoppe/M. Schulte, Rechtsschutz, S. 51 f. m. N. Zum Meinunsstreit auch A. Wiese, Beteiligung, S. 71 ff. m. umfangr. Nachw.

[22] Vgl. W. Krebs in: Erichsen/Hoppe/von Mutius, FS Menger, S. 197; E. Schmidt-Aßmann/W. Schenke in: Schoch/Schneider/Bier, VwGO, Einl. Rn. 21; J. Krüper, Gemeinwohl, S. 143, 145, m. w. N. A. Wiese, Beteiligung, S. 64, S. 227.

[23] Vgl. V. Stein, Sachentscheidungsvoraussetzung, S. 32: „Schutzbereich des Art. 19 Abs. 4 GG [...] nicht deckungsgleich mit dem Tätigkeitsfeld der Verwaltungsgerichtsbarkeit". Das konzediert auch A. Wiese, Beteiligung, S. 82, weswegen es kritisch zu sehen ist, dass sie ansonsten so starke Verbindungen zwischen dem Rechtsschutz (des Staates) nach der VwGO und Art. 19 Abs. 4 GG zieht. Zur im Gegenteil auch rechtsschutzbegrenzenden Rolle von einfachrechtlichen subjektiven Rechten im Rahmen von § 42 Abs. 2 VwGO und ähnlichen Pozessrechtsnormen noch unten Kapitel 3, B. I. 2. d), S. 159 und B. I. 3. g) bb), S. 188 sowie Kapitel 4, B. IV. 5., S. 299.

[24] Vgl. oben Kapitel 1., D. III., ab S. 45.

[25] BVerwG, Urt. v. 02.12.2015, Az.: 10 C 18.14, DÖV 2016, 490, juris Rn. 17 (zur Frage, ob bei § 43 VwGO neben dem Feststellungsinteresse auch eine Klagebefugnis zu fordern ist): „Unabhängig davon sind Feststellungsklagen von Trägern hoheitlicher Befugnisse nur zulässig, wenn diese die Möglichkeit einer Verletzung in Rechtspositionen geltend machen, die als

Für die oben geschilderten Fallbeispiele[26] bedeutet dies, dass bei der Frage der Zulässigkeit der Klagen in erster Linie nach einem Recht im Sinne des § 42 Abs. 2 VwGO gesucht werden muss, das von der jeweiligen klagenden Verwaltungseinheit geltend gemacht werden kann.

II. Rechte des Staates als Problembereich mit Widersprüchen

Wer nach Rechten von Teilen des Staates sucht bzw. sich mit solchen beschäftigt, stößt auf einen Wertungswiderspruch: Einerseits sind verwaltungsgerichtliche Prozesse zwischen (bestimmten) Teilen des Staates vollkommen anerkannt,[27] andererseits sollen Positionen, die in Prozessen geltend gemacht werden, keine echten Rechte darstellen[28] – oder es werden Rechte und Kompetenzen kontrastiert und in ein Ausschlussverhältnis gestellt, sodass aufgrund der Kompetenzen, die den Teilen des Staates zugewiesen sind, die Inhaberschaft von Rechten verneint wird.[29] Wenn aber, wie gerade beschrieben, für sämtliche verwaltungsgerichtlichen Prozesse im Verhältnis zwischen Teilen des Staates subjektive Rechte eine zentrale Voraussetzung bilden, kollidiert die verbreitete Zulassung solcher Prozesse mit einer ablehnenden Haltung gegenüber Rechten des Staates, die unter anderem in der fehlenden Bereitschaft zum Ausdruck kommt, in Prozessen geltend gemachte Positionen auch als subjektive Rechte zu bezeichnen.

Um zu klären, wie dieser Widerspruch jeweils im konkreten Anwendungsfall aufgelöst werden kann, ob sich bei der Ablehnung von Rechten des Staates nur einige der in Kapitel 2 beschriebenen Wertungsgesichtspunkte – selektiv und mit einseitiger Tendenz – Bahn brechen und ob der Schlüssel zur Auflösung des Problems in einer Differenzierung nach der Art des Teils der Verwaltung[30] liegt, ist insbesondere zu untersuchen, was ein Recht ist und ob es dessen strukturelle Beschaffenheit tatsächlich nicht erlaubt, von Rechten des Staates zu sprechen. Ohne die Rolle des subjektiven Rechts im Verwaltungsrechtsprozessrecht zu beleuchten, können auch keine Aussagen zur Geltendmachung von Rechten durch Teile des

---

subjektive Rechte ausgestaltet sind. Andernfalls könnten Differenzen aus dem Binnenbereich der Exekutive beliebig vor die Verwaltungsgerichte getragen und so die aufgabenangemessene Gestaltung von Verwaltungsstrukturen erschwert werden, ohne dass dies durch Vorschriften des materiellen Rechts veranlasst wäre."

[26] Kapitel 1., A., ab S. 19.

[27] Dazu schon oben unter Kapitel 2, B. II. 1., S. 81; anerkannt sind Streitigkeiten nicht nur zwischen juristischen Personen des öffentlichen Rechtes, wie etwa bei Streitigkeiten auf dem Gebiet der Kommunalaufsicht (vgl. dazu auch unten Kapitel 4, C. I. 1., S. 313), sondern auch innerhalb juristischer Personen, wie bspw. Kommunalverfassungsstreitigkeiten.

[28] Vgl. unten Kapitel 4, B. II, S. 273.

[29] Dazu unten Kapitel 4., A. I. 1., S. 260.

[30] Vgl. zu den verschiedenen Arten der Untergliederung der Verwaltung oben Kapitel 1, C. II., S. 34; zu den Fallgruppen auch unten Kapitel 4, A. II., S. 268.

Staates getroffen werden. Denn wie bereits einleitend beschrieben,[31] liegen die Probleme der verwaltungsgerichtlichen Prozesse in der Konstellation Staat gegen Staat im Schnittpunkt zwischen Verwaltungsorganisations- und Verwaltungsprozessrecht: Die bestimmenden Problembereiche werden durch die rechtliche Struktur des Staates genauso wie durch das subjektive Recht gebildet. Gerade weil die Klagebefugnis eine zentrale Sachentscheidungsvoraussetzung ist und die Sachentscheidungsvoraussetzungen auch in Prozessen zwischen Teilen des Staates erfüllt sein müssen,[32] ist es wichtig zu wissen, ob und welche subjektiven Rechte Verwaltungseinheiten zustehen können. Zuerst wird in diesem Kapitel daher die hochumstrittene Frage, was subjektive Rechte sind und wie diese ermittelt werden, zumindest grob betrachtet, um im zweiten Schritt Aussagen treffen zu können, welche Teile des Staates Rechte haben können und gegen wen sie sich richten (dazu Kapitel 4).

B. Ermittlung subjektiver Rechte
im Sinne der Prozessordnungen

Wie nachfolgend näher zu erläutern, ist das Grundproblem des Begriffs „Recht" im Sinne des subjektiven Rechts, wie er in den verwaltungsrechtlichen Prozessordnungen, zum Beispiel in § 42 Abs. 2 VwGO, § 113 Abs. 1 S. 1 VwGO, oder § 113 Abs. 5 S. 1 VwGO verwendet wird, dass es auch nach mehr als einem Jahrhundert des Streites über diesen Begriff keine echte subsumtionsfähige Definition des Rechts gibt, die bei der Auslegung der Normen des Verwaltungsprozessrechts auch wirklich herangezogen würde – für verschiedene Fallgruppen wie Adressaten- oder Drittschutzkonstellationen werden jeweils ganz verschiedene Regeln für die Suche nach subjektiven Rechten verwendet.[33] Aber die Frage, was ein Recht ist, muss trotzdem beleuchtet werden, um Aussagen für Rechte des Staates treffen zu können (nachfolgend unter I.). Im zweiten Schritt stellt sich dann aber die Frage, wie trotz des Fehlens einer exakten Definition des subjektiven Rechts ermittelt werden kann, ob ein solches vorliegt (später unter II.). Zweifel, ob sich diese Aspekte immer haargenau trennen lassen,[34] sind zwar berechtigt, aber die Unterscheidung gibt den Überlegungen eine Struktur. Nicht unbestritten, aber sehr weitgehend anerkannt ist, dass die Ermittlung eines subjektiven Rechts nur durch die Auslegung einer Rechtsnorm daraufhin geschehen kann, ob sie ein solches ver-

---

[31] Oben Kapitel 1, B. I., S. 22.

[32] Dazu oben Kapitel 1, D. III., S. 45.

[33] Dazu, dass statt dem hergebrachten methodischen Vorgehen, einen Begriff erst zu definieren und dann darunter zu subsumieren, beim „Recht" in den verwaltungsrechtlichen Prozessordnungen (bspw. bei § 42 Abs. 2 VwGO) andere Wege eingeschlagen werden – wie die Heranziehung der Adressatentheorie und der Schutznormtheorie – noch ausführlicher unten Kapitel 3, B. I. 2. b), S. 156, und Kapitel 3, B. II. 1., S. 202.

[34] Dazu noch unter B. I. 2. b), ab S. 156.

leiht.[35] Damit sind in jedem Streitfall aufs Neue zwei in einem Wechselwirkungs-verhältnis stehende Auslegungsfragen zu lösen:[36] wie die einschlägige Norm des Prozessrechts, beispielsweise § 42 Abs. 2 VwGO, auszulegen ist, wenn sie von „seinen Rechten" spricht – und wie die Norm zu interpretieren ist, die darauf un-tersucht wird, ob sie ein solches Recht enthält.

I. Begriff des subjektiven Rechts

Trotz aller Schwierigkeiten zu benennen, was ein subjektives Recht ist,[37] ist es aufgrund der Ausrichtung des Verwaltungsprozesses auf den Schutz subjek-tiver Rechte notwendig, mit diesem Begriff umzugehen. Deswegen werden hier nach wenigen, aber notwendigen Vorbemerkungen (unter 1. und 2.) einige Kon-zepte zur Beschreibung der Struktur des subjektiven Rechts vorgestellt (dazu 3.). Es darf aber auch nicht vergessen werden zu beleuchten, welche Besonderheiten bzw. Einschränkungen des allgemeinen Begriffs des subjektiven Rechts durch § 42 Abs. 2 VwGO gerechtfertigt sind (dazu unter 4.).

1. Erster Anhaltspunkt: Subjektives und objektives Recht

Ein erster Anhaltspunkt für die Beschreibung des subjektiven Rechts ist das Verhältnis zum Gegenbegriff des objektiven Rechts. Beide Perspektiven sind im Wort „Recht" selbst schon angelegt. Neben den Bedeutungsrichtungen „Wahr-heit", „Gerechtigkeit" (vgl. auch Art. 20 Abs. 3 GG: „Gesetz und Recht") sowie „Gesamtheit der Gesetze, Rechtsordnung"[38], die beide eher etwas Umfassendes meinen, kann „Recht" darüber hinaus auch noch eine Bedeutung im Sinne von „Zustehendes", „Anspruch", „Gebot, Pflicht" haben,[39] also etwas Einzelnes sein, das bestimmten Subjekten zugeordnet ist. Zur besseren Abgrenzung der Bedeu-tungsrichtungen wird von einem subjektiven Recht und vom objektiven Recht ge-sprochen.[40] Damit ist schon angesprochen, dass auch subjektive Rechte Teil der

---

[35] *K. F. Röhl/H. C. Röhl,* Rechtslehre, S. 374; *W. Roth,* Organstreitigkeiten, S. 552 ff.; *R. Sto-ber* in: Wolff/Bachof/Stober/Kluth, Verwaltungsrecht Bd. 1, § 43 Rn. 12; *A. Wiese,* Beteiligung, passim., etwa S. 67, S. 87 ff. Insb. zu alternativen Ansätzen noch unter B. II. 3., ab S. 234.

[36] Dazu noch unten B. I. 3. g) cc), S. 189.

[37] Zu diesen Schwierigkeiten sogleich 2.

[38] *W. Pfeifer* (Hrsg.), Etymologisches Wörterbuch Bd. 3, S. 1387; *E.-W. Böckenförde,* Der Rechtsbegriff in seiner geschichtlichen Entwicklung in: Archiv für Begriffsgeschichte 12 (1968), S. 145 ff. weist darauf hin, dass der Begriffsinhalt des Wortes „Recht" auch eine erhebliche ge-schichtliche Veränderung erfahren hat: von etwas göttlich Gegebenem zu einem bewusst ein-setzbaren Mittel der Gestaltung der Gesellschaft bzw. der Abgrenzung von Freiheitssphären.

[39] *W. Pfeifer* (Hrsg.), Etymologisches Wörterbuch Bd. 3, S. 1387.

[40] Vgl. *W. Henke,* DÖV 1980, 621, 622; *A. Scherzberg* in: Ehlers/Pünder, A. Verwaltungs-recht, § 12 Rn. 1. Die Unterscheidung ist schon im nichtfachlichen Sprachgebrauch des Wortes „Recht" angelegt, vgl. *M. Heyne u. a.* in: Deutsches Wörterbuch von Jacob und Wilhelm Grimm

Rechtsordnung sind[41] und dass eine Zuordnung bzw. Individualität eine wesentliche Rolle spielt. Es wird keine Trennlinie zwischen objektivem und subjektivem Recht gesucht, auch wenn entsprechende Formulierungen nahe liegen, sondern das Problem ist, wann eine Norm des objektiven Rechts auch subjektive Rechte verleihen kann, und zwar einer konkreten Person. Auf die konkrete Person kommt es an, weil ein Rechtssatz eine Person schützen kann, während eine andere Person sich nicht auf die Norm berufen können soll.[42] Die nachfolgend näher untersuchte Frage, ob es eine Trennlinie zwischen bloß objektivem und – auch – subjektivem Recht gibt, und wo sie verläuft, gehört jedoch zu den ungelösten Problemen in der Rechtswissenschaft.

2. Zur Möglichkeit der Definition subjektiver Rechte

Obwohl es sich beim subjektiven Recht um eine äußerst relevante Kategorie handelt, ist nicht abschließend geklärt, was ein subjektives Recht ist[43] – und es gibt hierzu eine Flut von Literatur.[44] Die im Schrifttum vorhandenen Positionen sind in der Mehrzahl schon über einhundert Jahre alt.[45]

Bd. 14, Sp. 365 ff.: „I. Recht, als subjectiver begriff" in Abgrenzung zu „II. Recht, in objectivem sinne" und „III. [...] recht in dem engeren juristischen sinne der rechtsnorm und des daraus folgenden".

[41] Dazu m. Nachw. auch noch unten B. I. 3. b), S. 165.

[42] Zur Notwendigkeit einer Begrenzung von Rechtsschutz unten B. I. 2. d), S. 159; zur auch rechtsschutzbegrenzenden Rolle von einfachrechtlichen subjektiven Rechten im Rahmen von § 42 Abs. 2 VwGO und ähnlichen Pozessrechtsnormen unten B. I. 3. g) bb), S. 188 sowie Kapitel 4, B. IV. 5., S. 299.

[43] Vgl. *G. Roellecke,* AöR 114 (1989), 589, 589: „Wie alle Grundbegriffe ist auch der des subjektiven Rechts dunkel und unklar."; vgl. auch die Formulierung bei *W. Henke,* Recht, S. 40: „[...] trotz vieler Bemühungen nicht zu einer klaren Erscheinung gebracht [...]"; *W. Roth,* Organstreitigkeiten, S. 346: „bislang kein befriedigend normierbares Begriffsverständnis"; vgl. *M. Wolf/J. Neuner,* BGB AT, § 20 Rn. 2; die Vagheit des Begriffs des subjektiven Rechts ist keine Ausnahmeerscheinung, vgl. *K. F. Röhl/H. C. Röhl,* Rechtslehre, S. 18, die darauf hinweisen, dass viele Begriffe des Rechts nicht eindeutig sind.

[44] Vgl. außer den hier zitierten Werken etwa die Nachweise bei *O. Bachof* in: GS W. Jellinek, S. 291 Fn. 16.

[45] *H. Bauer,* Grundlagen, S. 44 f.: Der Begriff sei von Beginn an umstritten gewesen, vgl. S. 5 (auch S. 12): „das noch vorherrschende Schulverständnis" gehe „in wesentlichen Punkten" auf das 19. bzw. beginnende 20. Jh. zurück; vgl. S. 69: schon im Spätkonstitutionalismus sei die Literatur zum subjektiven öffentlichen Recht unübersichtlich gewesen; *R. Dubischar,* Grundbegriffe, S. 31 f.: Schon *v. Jhering* habe alle heute diskutierten Merkmale angesprochen; vgl. *H.-M. Müller-Laube,* Empfangszuständigkeit, S. 31 f: „Auf der Syntheseformel – ‚Willensmacht zum Zweck des Interessenschutzes' – bewegt sich seit dem Ausgang des 19. Jahrhunderts die deutsche Privatrechtsdoktrin."; ähnlich *J. Schapp,* Recht, S. 86; vgl. *E. Wolf,* WissR 3 (1970), 193, 202; vgl. die Ausführungen von 1914 zum Zivilrecht bei *O. Bühler,* Rechte, S. 10 ff. – die dort geschilderten Positionen lassen sich heute auch noch auffinden.

a) Zwischen Unmöglichkeit und Notwendigkeit

Dass über die Natur des subjektiven Rechts keine wirkliche Einigkeit erzielt wurde,[46] dürfte daran liegen, dass das subjektive Recht beispielsweise komplexe Fragen nach dem Verhältnis des Einzelnen zur Gesellschaft betrifft.[47] In der Literatur wird daher teilweise bezweifelt, dass eine Definition möglich sei[48] oder dass die Verwendung eines einheitlichen Begriffes des subjektiven Rechts zur Bezeichnung der dahinterstehenden Fragen sinnvoll[49] bzw. als Anknüpfungspunkt für rechtliche Überlegungen geeignet sei.[50] Sich auf diese Position zurückzuziehen, ist aber zumindest im Rahmen der Anwendung des geltenden Verwaltungsprozessrechts, das in der Regel die Verletzung eigener Rechte verlangt, nicht möglich.[51] Das gilt auch und gerade für die Prozesskonstellation Staat gegen Staat: Ohne eine gewisse Vorstellung, was subjektive Rechte sind, können keine Aussagen darüber getroffen werden, ob eine Position einer Verwaltungseinheit eine Klagemöglichkeit vermitteln kann.[52]

---

[46] Im Gegenteil ist schon länger davon die Rede, dass sich das subjektive öffentliche Recht in der Krise befinde, so *H. Bauer,* Grundlagen, S. 14 mit Verweis auf *M. Zuleeg,* DVBl. 1976, 509, 509.

[47] Eine lange Auflistung solcher Fragen in unterschiedlichen Nuancen findet sich bei *F. Kasper,* Recht, S. 163 f.; vgl. die Ausführungen bei *W. Henke,* Recht, S. 40 ff.; vgl. auch die Auflistung von Stichworten, die im Zusammenhang mit dem subjektiven öffentlichen Recht stehen bei *H. Bauer,* Grundlagen, S. 119.

[48] So *K. Larenz,* BGB AT, S. 210; skeptisch auch *W. Henke* in: FS Weber, S. 498 hinsichtlich des subjektiven Rechts im Allgemeinen.

[49] *F. Kasper,* Recht, S. 157, S. 159 f.; skeptisch auch *G. Ress* in: FS Antoniolli, S. 118 f.; häufig werden daher subjektive Rechte nach Kategorien behandelt und z. T. auch einzelne Teildefinitionen gebildet, vgl. etwa die aus solchen Teildefinitionen zusammengesetzte Definition des subjektiven Rechts bei *E. Schulev-Steindl,* Rechte, S. 159 f.

[50] *H.-M. Müller-Laube,* Empfangszuständigkeit, S. 12; vgl. auch S. 34: Aufgrund der vielen „Sinnzusammenhänge, in denen die Grundfragen des Rechts schlechthin sichtbar" würden, erscheine es „nahezu ausgeschlossen, den Begriff des subjektiven Rechts auf einen für die rechtstechnischen Bedürfnisse der Rechtsanwendung brauchbaren Inhalt festzulegen, ohne den gesamten Denkzusammenhang aufzulösen oder zu beschneiden."; vgl. auch *A. Reinach,* Die apriorischen Grundlagen des bürgerlichen Rechts, S. 759 f. im Hinblick auf eine Definition des subjektiven Rechts: „Es ist ein Zeichen philosophischer Unbildung, Definitionen da zu verlangen, wo sie nicht möglich sind oder nichts zu leisten vermögen." – diese Aussage ist umso erstaunlicher, als es dem Verfasser gerade darum geht, apriorische, vom positiven Recht unabhängige „rechtliche Gebilde" zu untersuchen (S. 688 ff.); weitere Nachweise für die grundsätzliche Skepsis gegenüber dem subjektiven Recht bei *E. Schulev-Steindl,* Rechte, S. 56, dort. Fn. 220.

[51] Möglich wäre es höchstens, ungefähr wie es *W. Henke,* Recht, insb. S. 133 f. vorschlägt, die Bedeutung des § 42 Abs. 2 VwGO und des subjektiven öffentlichen Rechts insgesamt zu reduzieren (ggf. de lege ferenda) und andere Mittel der Einschränkung von Klagemöglichkeiten als Ersatz zu installieren – vgl. dazu noch unten unter B. II. 3., S. 234, insb. c), S. 242.

[52] Ähnlich für den verwaltungsrechtlichen Organstreit auch *W. Roth,* Organstreitigkeiten, S. 329.

b) Unterscheidung zwischen Begriffsmerkmal und Auslegungsregel

Eine grundlegende Schwierigkeit ist die Frage nach einer Trennung von konstitutiven Elementen des Begriffs „subjektives Recht" und Auslegungsregeln für Rechtssätze, die zur Ermittlung des Vorliegens eines Rechts dienen. Theoretisch sollte eine Definition eines im Gesetz verwendeten Begriffs subsumtionsfähige Elemente enthalten, von denen dann grundsätzlich sämtliche erfüllt sein müssen, um von einem Vorliegen des jeweiligen Tatbestandsmerkmals ausgehen zu können – entsprechend dem Grundgedanken, dass man nicht wissen kann, ob ein subjektives Recht vorliegt, solange man nicht weiß, was ein subjektives Recht ist. Deswegen dürfte es gar keine parallele Existenz von Begriffsmerkmalen und Formeln zum Auffinden subjektiver Rechte geben, sondern beide müssten theoretisch kongruent sein. Beim subjektiven Recht ist das jedoch im Regelfall nicht so. Die einzelnen Elemente des subjektiven Rechts und der Schutznormtheorie werden erst im Folgenden erläutert, zur Illustration sei jedoch bereits der Unterschied in der Verwendung der Merkmale des subjektiven Rechts zwischen herrschender Kombinationstheorie[53] und herrschender Schutznormtheorie[54] genannt: Das noch näher zu erläuternde Interessenkriterium[55] wird einheitlich einerseits durch die herrschende Kombinationstheorie als Definitionsmerkmal des subjektiven Rechts an sich benannt, und andererseits auch für die Schutznormtheorie, die eher den Charakter einer allgemeinen Regel zur Auslegung möglicherweise subjektive Rechte enthaltender Rechtsnormen besitzt,[56] verwendet. Im Gegensatz dazu beschränkt sich insbesondere die Schutznormtheorie zum Auffinden subjektiver Rechte häufig auf dieses Interessenkriterium,[57] während nach der herrschenden Kombinationstheorie ein subjektives Recht nur bei Hinzutreten eines Willens- bzw. Rechtsmachtelements[58] bestehen kann. Weil für die Suche nach einem subjektiven Recht aber nur auf die Schutznormtheorie und nicht auf die Definition des subjektiven Rechts zurückgegriffen wird, spielt das Definitionsmerkmal der Rechts- oder Willensmacht bei der Suche nach einem subjektiven Recht in der Praxis kaum eine Rolle.

---

[53] Dazu B. I. 3. a), S. 162.

[54] Dazu B. II. 2., S. 203.

[55] Dazu unten B. I. 3. d), S.169.

[56] Vgl. *H. Bauer*, AöR 113 (1988), 582, 611: Schutznormtheorie als Werkzeug zur Ermittlung subjektiver öffentlicher Rechte, das von der Rspr. benutzt wird, ohne sich mit den Grundsatzfragen des subjektiven öffentlichen Rechtes auseinanderzusetzen; *J. Krüper*, Gemeinwohl, S. 129: „Auslegungsmaßstab"; vgl. *J. Masing*, Mobilisierung, S. 107.

[57] Vgl. *J. Krüper*, Gemeinwohl, S. 113: „Schlüsselbegriff des Schutznormmerkmals ist der des Interesses"; zur Prägung der Schutznormtheorie durch die Interessentheorie auch unten Kapitel 3, B. II. 2. d), S. 212, insb. bei Fn. 427, S. 217.

Vgl. aber als Ausnahme *A. Scherzberg* in: Ehlers/Pünder, A. Verwaltungsrecht, § 12 Rn. 9, der sowohl das Willens- als auch das Interessenkriterium und zusätzlich ein Merkmal der „objektive[n] Verhaltenspflicht" als Inhalt auch der Schutznormtheorie (er spricht explizit von der Ermittlung subjektiver Rechte) ausweist.

[58] Dazu unten B. I. 3. f), S. 179.

Die Unterscheidung zwischen Definition und Regeln, subjektive Rechte aufzufinden, wird selten explizit thematisiert,[59] und eine Auseinandersetzung mit
der Frage, ob eine Trennung der Regeln, mit denen sich subjektive Rechte auffinden lassen, von den Begriffsmerkmalen überhaupt möglich oder sinnvoll ist, ist –
soweit ersichtlich – noch nicht erfolgt. Die Bedeutung der Unterscheidung zwischen Merkmalen subjektiver Rechte und Regeln, sie aufzufinden, besteht darin,
dass letztere theoretisch sowohl kumulativ als auch alternativ sowie fakultativ angewendet werden können, während ein Begriffsmerkmal grundsätzlich in jedem
Fall gegeben sein muss, wenn ein subjektives Recht vorliegen soll. Die Schutznormtheorie etwa wird selten in anderen als Drittschutzkonstellationen herangezogen,[60] bei der Klage eines Adressaten wird eher nicht nach der Interessenrichtung
einer Norm gefragt. Solange nicht weitgehend geklärt ist, welches die begriffsbil-
denden Merkmale sind, ist es nicht zu ändern, dass es auch bloße Regeln zum Auffinden subjektiver Rechte geben kann, die möglicherweise nicht allen Begriffsmerkmalen des subjektiven Rechts entsprechen.[61] Wie gesagt, konzentriert sich
beispielsweise die Schutznormtheorie auf ein relativ anerkanntes Begriffsmerkmal, nämlich das des Interesses, blendet aber andere aus – was der Reduktion von
Komplexität dient und damit die Handhabbarkeit des subjektiven Rechts fördert.[62]
Deshalb wird auch geäußert, praktisch bedeutsam sei eher das Vorliegen, nicht die
„wahre" Natur des subjektiven Rechts.[63] Diese Aussage widerspricht dem eben
benannten Grundgedanken, dass das Vorliegen genau genommen nicht zuverlässig ohne das Wissen um die Natur des subjektiven Rechts ermittelt werden kann,
macht aber das Dilemma deutlich, trotz der Unsicherheiten hinsichtlich des Begriffs, subjektive Rechte bestimmen zu müssen.

---

[59] Vgl. aber *W. Henke* in: FS Weber, S. 498: Die Schwierigkeiten der Literatur bei der Beantwortung von Fragen hinsichtlich des subjektiven Rechts seien „vor allem darin begründet, daß
sie diese beiden Problembereiche nicht trennt"; weniger deutlich bei *J. Krüper*, Gemeinwohl,
S. 127 f., S. 129, S. 138, S. 163; vgl. auch *M. Reiling*, DÖV 2004, 181, 182: „Entstehensele-
ment" und „Begriffselement", wobei die Terminologie etwas unklar bleibt und auch nur punktuell verwendet wird; bei *O. Bühler*, Rechte, S. 15 ist bemerkenswert, dass die Unterscheidung
zwischen gesetzlichem oder rechtsgeschäftlichem Recht ausdrücklich nur als relevant für die
Entstehung, nicht für die Frage, was ein subjektives Recht *ist*, angesehen wird, die Unterscheidung zwischen Entstehung, Ermittlung und Wesensbeschreibung des subjektiven öffentlichen
Rechts aber für die übrigen im folgenden erarbeiteten Definitionsmerkmale des subjektiven
Rechts nicht explizit getroffen wird – mit der Aussage, dass die Behandlung der Frage der Entstehung nur aufgrund der Üblichkeit dieses Vorgehens erfolgt, wird deutlich, dass *Bühler* selbst
wohl nicht zwischen Definition im engeren Sinne und Ermittlung des Vorliegens eines subjektiven Rechtes unterschied (ähnlich *S. König*, Drittschutz, S. 30). Diese fehlende Differenzierung
wird häufig unkritisch übernommen, vgl. etwa *M. Ruffert*, DVBl. 1998, 69, 69.

[60] Vgl. dazu *H. Bauer*, DVBl. 1986, 208, 213. Weitere Nachw. unten in Fn. 332, S. 202.

[61] Vgl. dazu die Ausführungen bei *W. Henke*, DÖV 1980, 621, 621: Für die Praxis sind die
Fragen nach der genauen Natur des subjektiven öffentlichen Rechts oft irrelevant, sie kommt
auch ohne die Erörterung dieser Probleme zu Lösungen. Der logische Schluss daraus ist, dass
diese Lösungen auf andere Weise als durch Subsumtion unter eine exakte Definition des subjektiven Rechts gefunden worden sein müssen.

[62] Vgl. dazu *J. Krüper*, Gemeinwohl, S. 129.

[63] Vgl. *M. Sachs* in: K. Stern, Staatsrecht III/1, S. 534.

Es besteht die Gefahr, den umgekehrten Schluss zu ziehen, nämlich einer Regel zur Ermittlung subjektiver Rechte, die allgemein akzeptiert wird, die Bedeutung einer Definition zuzumessen, also beispielsweise von der Prämisse, dass sich das Interessenkriterium im Rahmen der Schutznormtheorie praktisch bewährt hat, darauf zu schließen, dass es auch Begriffsmerkmal des subjektiven Rechts sein muss.[64] Das ist aber zumindest dann ein falscher Schluss, wenn es Ausnahmen gibt, in denen die Regel nicht zutrifft – es sei denn, das subjektive Recht wird als Typusbegriff betrachtet,[65] dessen Merkmale (vereinfacht ausgedrückt) nur *in der Regel* gegeben sein müssen. Dann wird jedoch die faustregelartige Handhabung aufgrund der Begriffsunsicherheit lediglich auf den gesamten Begriff des subjektiven Rechts erweitert, was praktisch die Probleme zwar nicht verschlimmert, aber auch nicht weiterhilft.

c) Starker Bezug des Begriffs zur Rechtsphilosophie

Darüber hinaus können sich Unschärfen ergeben, wenn nicht unterschieden wird, ob ein Merkmal für das subjektive Recht begrifflich konstitutiv sein soll, ob es sich nur um ein regelmäßig auftretendes, aber nicht notwendiges Merkmal oder ob es sich nur um ein Ziel von subjektiven Rechten handelt. Subjektive Rechte könnten beispielsweise einerseits nur als Mittel angesehen werden, mit denen der Wille eines Individuums in die reale Welt umgesetzt werden kann; das Willenselement könnte aber andererseits auch als wesentliches Merkmal des subjektiven Rechts selbst aufgefasst werden.[66]

Solche Einordnungen hängen unter anderem vom rechtsphilosophischen Fundament einer Ansicht ab, und so ist auch die Bestimmung des Begriffes „subjektives Recht" häufig rechtsphilosophisch geprägt.[67] Das subjektive Recht wird beispielsweise als Element der individuellen Freiheit in der Gesellschaft im aufklärerischen Sinn[68] beziehungsweise historisch im „Bann der Alternative von Indi-

---

[64] Vgl. *W. Roth,* Organstreitigkeiten, S. 417: „Versuch, die regelmäßige Erscheinungsform subjektiver Rechte zum Begriff des subjektiven Rechts zu überhöhen", sei gescheitert.

[65] Dazu *K. Larenz,* Methodenlehre, S. 211 ff., 443 ff.; *H.-M. Pawlowski,* Methodenlehre für Juristen, 3. Aufl., Rn 146 ff. m. w. N.

[66] Zum Willenselement noch unten unter B. I. 3. f), S. 179.

[67] *E. Gassner,* DÖV 1981, 615, 616; *H.-M. Müller-Laube,* Empfangszuständigkeit, S. 31: „Der Ursprung des Begriffs wurzelt in der Rechtsphilosophie"; vgl. *F. Kasper,* Recht, S. 101 ff., der auf eine Reihe von Autoren (*R. Stammler, A. Reinach, G. Radbruch, G. del Vecchio*) eingeht und deren rechtsphilosophisch geprägte Aussagen zum subjektiven Recht zusammenfasst; vgl. *A. Vonlanthen,* Streit, S. 90: „die Welt des Rechtsphilosophen" als „wahre begriffliche Heimstätte" des subjektiven Rechts.

[68] Vgl. *H.-M. Müller-Laube,* Empfangszuständigkeit, S. 31; vgl. *E. Schulev-Steindl,* Rechte, S. 17 f.; vgl. auch die Ausführungen bei *E. Schmidt-Aßmann* in: Maunz/Dürig, GG, Art. 19 Abs. 4 Rn. 117, kritisch zur Bedeutung der individuellen Freiheit *G. Roellecke,* AöR 114 (1989), 589, 598, vgl. auch S. 599; vgl. dazu auch *F. Kasper,* Recht, S. 98; vgl. auch die Ausführungen bei *M. Wolff/J. Neuner,* BGB AT, § 20 Rn. 7; zu anderen rechtsphilosophischen An-

vidualismus und Sozialismus"[69] gesehen. Es wird geäußert, das subjektive Recht sei eine „Sammelbezeichnung der Anforderungen von Gerechtigkeit für das Individuum gegenüber dem Recht",[70] oder auch, es habe seine Vorläufer im Naturrecht.[71] Aus rechtssoziologischer Perspektive[72] erscheint das Recht auch als Produkt gesellschaftlicher Entwicklung hin zu „funktionaler Differenzierung als Strukturprinzip der Gesellschaft" in dem Sinne, dass das Recht aus der Reziprozität primitiver Tauschbeziehung abstrahiert wird.[73]

Die Frage, welche Elemente tatsächlich notwendig sind, um das subjektive Recht in der Rechtspraxis handhabbar zu machen, und welche nur einen rechtsphilosophischen Hintergrund bilden, ist nicht unbeeinflusst durch rechtsphilosophische Überlegungen zu beantworten. Das subjektive Recht mag ein „philosophischer Begriff von fundamentaler Bedeutung" sein.[74] Die kaum vermeidbare,[75] mindestens latente rechtsphilosophische Aufladung erhöht die Komplexität der Suche nach einer Definition des subjektiven Rechts aber leider noch zusätzlich.

d) Subjektives Recht zwischen Abstraktion und Funktionserfüllung

Diese Überlegungen zeigen einige Schwierigkeiten einer Bestimmung des Begriffs „subjektives Recht", welche die folgenden Ausführungen begleiten werden. Hinzu kommt: Je genauer man den Begriff des subjektiven Rechts definieren möchte, desto fehleranfälliger wird diese Definition. Außerdem existieren viele verschiedene Arten von subjektiven Rechten, was eine gemeinsame Definition erschwert.[76] Das veranlasst einige Stimmen zu äußern, ein so grundlegender Begriff wie der des subjektiven Rechts müsse notwendig verhältnismäßig inhaltsarm sein.[77]

---

sätzen als der Gleichsetzung von subjektivem Recht und liberalem Freiheitsbegriff *J. Schapp*, Recht, S. 118 f. m. w. N., ausführliche Diskussion der Ansätze S. 123 ff.

[69] *W. Henke*, DÖV 1980, 621, 623.

[70] *F. Kasper*, Recht, S. 179.

[71] *G. Roellecke*, AöR 114 (1989), 589, 599 – vgl. auch S. 600: Es sei bis heute „die naturrechtliche Begründung des [Anm.: subjektiven] Rechtes [...] nicht völlig über Bord geworfen" worden; das wird deutlich etwa bei *R. Dubischar*, Grundbegriffe, S. 30; vgl. auch den historischen Überblick bei *W. Henke*, Recht, S. 9 ff.

[72] Zu rechtssoziologischen Betrachtungen *J. Krüper*, Gemeinwohl, S. 217 ff. m. w. N.

[73] *N. Luhmann*, JbRSozRTh 1 (1970), 321 ff. (wörtl. Zitat S. 326); vgl. auch *K. F. Röhl/ H. C. Röhl*, Rechtslehre, S. 354 f. (mit wörtl. Zitat von *Luhmann*).

[74] So *F. Kasper*, Recht, S. 102.

[75] Vgl. *F. Kasper*, Recht, S. 103: „es würde sich in dem jeweiligen Begriff des ‚subjektiven Rechts' stets aufs Neue die philosophische Grundanschauung seines Schöpfers widerspiegeln".

[76] Vgl. dazu *K. Larenz*, BGB AT, S. 210; vgl. *E. Schulev-Steindl*, Rechte, S. 10, die deswegen meint, die Kombinationstheorie erfasse gar nicht alle subjektiven Rechte.

[77] *W. Roth*, Organstreitigkeiten, S. 419 f; vgl. auch *H. Bauer*, DVBl. 1986, 208, 217: Subjektives Recht als „offener und verschiedenen inhaltlichen Variationen zugänglicher Rahmenbegriff"; vgl. auch *K. Larenz*, FS Sontis, S. 130: „Rahmenbegriff" aufgrund der Unmöglichkeit einer abgeschlossenen Definition, vgl. auch dort S. 142.

Auf der anderen Seite kann ein inhaltsarmer Begriff seine Funktion nur schwer erfüllen. Im öffentlichen Recht hat der Begriff des subjektiven Rechts durch seine enge Verbindung mit der Klagebefugnis heute[78] die Funktion, durch die Begrenzung des Rechtsschutzes auf bestimmte Normen[79] Klagemöglichkeiten einzuschränken.[80] Dieser Einschränkung dienen viele mit dem subjektiven Recht in Zusammenhang stehende Formeln, wie die des Rechtsreflexes und der Individualität ebenso wie die Schutznormtheorie insgesamt.[81] Klagemöglichkeiten vor Gerichten müssen eingeschränkt werden,[82] weil die Ressource Justiz nicht unendlich vorhanden ist[83] und die Prozessgegner bzw. begünstigte Dritte ein berechtigtes Interesse haben, von der Belastung durch einen Prozess verschont zu werden,[84] zumindest vor dem Hintergrund der Möglichkeit, völlig grundlos in den Prozess verwickelt zu werden.[85] Deswegen kann es keinen allgemeinen Gesetzesvollziehungsanspruch geben.[86] Je weiter und abstrakter der Begriff des subjektiven Rechts gefasst ist, desto weniger Inhalt und damit auch Nutzen hat er und desto weniger kann beispielsweise die Sachentscheidungsvoraussetzung des § 42 Abs. 2 VwGO ihre Funktion erfüllen, Klagemöglichkeiten auszuschließen.

---

[78] Zur historischen Wandlung dieser Funktion vgl. unten Kapitel 4, B.III.2., S. 282 und Kapitel 4, B.IV.5., S. 299 ff.

[79] Zum Verhältnis zwischen objektivem und subjektivem Recht noch unten I.3.b), S. 165.

[80] Vgl. *G. Ress* in: FS Antoniolli, S. 109 – zwischen der Lage in Österreich und Deutschland besteht insoweit kein Unterschied; kritisch zu dieser These aber *W. Roth*, Organstreitigkeiten, S. 356, der die Funktion des subjektiven Rechts an sich nicht in der Rechtsschutzbeschränkung sieht, sondern das subjektive Recht nur als Mittel des Gesetzgebers, der „eine derartige Begrenzung vielfach intendiert"; vgl. dazu auch unten B.I.3.g)bb), S. 188 und Kapitel 4, B.IV.5., S. 299.

[81] Vgl. *G. Roellecke*, AöR 114 (1989), 589, 596.

[82] Eine Beschränkung des Erfolgs von Klagen bei Verletzung subjektiver Rechte (ob die Zulässigkeit oder Begründetheit verneint wird, macht hier keinen entscheidenden Unterschied) schließt die Erhebung von Klagen im Übrigen, also wegen Verletzung nur objektiven (oder gar keines) Rechts, theoretisch zwar nicht aus (wo sonst sollte die fehlende Klageberechtigung geprüft werden, als im Prozess). Aber fehlende Erfolgsaussichten können die Zahl der Klagen prinzipiell zurückgehen lassen, weil die Kläger (zumindest teilweise) einen drohenden Misserfolg antizipieren. Allein auf diesen faktischen Effekt kann eine *rechtliche* Beschränkung von Klagemöglichkeiten ausgerichtet sein.

[83] *D. Ehlers*, VerwArch 84 (1993), 139, 1171; *G. Roellecke*, AöR 114 (1989), 589, 596: „Jede Gesellschaft muß den Zugang zu den Gerichten begrenzen."

[84] Vgl. *K.F. Röhl/H.C. Röhl*, Rechtslehre, S. 391; *G. Roellecke*, AöR 114 (1989), 589, 596.

[85] Es gibt aber auch kritische Stimmen zu dieser Rolle der subjektiven Rechte, die aus rechtspolitischer Sicht ein Mehr an gerichtlichem Rechtsschutz fordern und die Bedeutung des subjektiven Rechts zurückdrängen wollen, vgl. dazu *S. König*, Drittschutz, S. 102 m.w.N.

[86] So auch *W. Henke*, Recht, S. 57 – auch nach seiner Konzeption kann nicht jeder die Einhaltung des objektiven Rechtes fordern, sondern es ist eine individuelle Betroffenheit nötig (S. 60 f.).

e) Kaum vermeidbare Unschärfen

Aufgrund der dargestellten Schwierigkeiten wird die Frage, was ein subjektives Recht ist, meist jeweils mit unterschiedlichen Akzentsetzungen beantwortet. Dabei findet zum Teil keine exakte Trennung zwischen den einzelnen, in Frage kommenden Merkmalen[87] des subjektiven Rechts statt. Die einzelnen Begriffselemente variieren in ihrer Bedeutung bei unterschiedlichen Autoren und nähern sich auch zum Teil gegenseitig an.[88] Das kann seinen Grund unter anderem darin haben, dass häufig ein Merkmal unter Zuhilfenahme eines anderen besser beschrieben werden kann.[89] Teilweise ist aber auch eine weitere Erläuterung eines Begriffes – augenfällig vor allem beim Interesse – überhaupt nur sehr schwer möglich.[90] Häufig wird auch – manchmal jedoch nicht ausdrücklich – zwischen einzelnen Arten von Rechten, wie beispielsweise zwischen sogenannten Herrschaftsrechten einerseits und Forderungsrechten andererseits, unterschieden, oder die Begriffsmerkmale werden jeweils spezifisch im Hinblick auf eine bestimmte Art von Recht formuliert.[91]

Viele dieser Nuancen können hier nicht genauer dargestellt werden. Auch der Versuch einer abschließenden Definition des subjektiven Rechts würde den Rahmen dieser Arbeit sprengen. Nicht umsonst wird über das Bemühen der Rechtswissenschaft, das Wesen des subjektiven Rechts zu beschreiben, geäußert, das subjektive Recht sei „im Reich der juristischen Wirklichkeiten das Bekannteste" und zugleich „in seinem inneren Sein das Verborgenste."[92] Allerdings ist es unumgänglich, einige Merkmale des bzw. Konzepte vom subjektiven Recht vorzustellen und das subjektive Recht so weit wie möglich zu beschreiben. Das wird genügen, um später die nötigen Schlüsse für die Konstellation Staat gegen Staat zu ziehen.

---

[87] Dazu im Folgenden B.I.3., insb. b., d., e., und f.

[88] Als Bsp. *M. Reiling,* DÖV 2004, 181, 182 (linke Spalte 2. Absatz), der nicht genau zwischen Interesse, Individualität und rechtlichem Schutz trennt.

[89] Bspw. *J. Krüper,* Gemeinwohl, S. 138: Zur Untersuchung der Zuweisung wird der Begriff des Interesses herangezogen.

[90] Dazu unten unter B.I.3.d), ab S. 169.

[91] Bewusst so vorgehend *K. Larenz,* BGB AT, S. 211; deutlich wird das bei *W. Roth,* Organstreitigkeiten, S. 446f., S. 448ff.: Während „Ausübung" eher zu absoluten Rechten passt, gehört „Geltendmachung" eher zu relativen Rechten – diese Unterscheidung wird aber nicht angesprochen, die beiden Merkmale wirken dadurch leicht redundant; vgl. zum Problem auch *W. Henke,* DÖV 1980, 621, 624f.; vgl. auch *W. Krebs* in: Erichsen/Hoppe/von Mutius, FS Menger, S. 201f., der deswegen an der Sinnhaftigkeit eines gemeinsamen Oberbegriffs für alle subjektiven Rechte zweifelt.

[92] *A. Vonlanthen,* Streit, S. 10; dort heißt es weiter: „Vor das nackte Dasein des subjektiven Rechts gestellt, weiß der Geist der Rechtswissenschaft sein Sosein nicht zu erschließen." – vgl. auch a.a.O. S. 89.

3. Elemente der Begriffsbestimmungen

§ 42 Abs. 2 VwGO und andere Prozessrechtsnormen sprechen ihrem Wortlaut nach nur von einem Recht, nicht von einem subjektiven öffentlichen Recht. Zunächst ist daher zu klären, was ein Recht im Allgemeinen kennzeichnet, bevor auf die Besonderheiten im öffentlichen Recht eingegangen werden kann.[93] Der moderne Begriff des subjektiven öffentlichen Rechts wurde jedoch ohnehin im 19. Jahrhundert unter Anleihen an das Zivilrecht entwickelt,[94] sodass die Frage, was die Strukturmerkmale eines subjektiven Rechts im Allgemeinen sind, in den beiden Rechtsgebieten nicht grundsätzlich unterschiedlich diskutiert wird. Entsprechend der historischen Herkunft des subjektiven – und insbesondere des subjektiven öffentlichen – Rechts ist noch heute eine „Belastung dieses Begriffs mit historischen Vorstellungen" festzustellen,[95] was aufgrund der bereits geschilderten Tendenzen im Verwaltungsrecht nicht verwundert.[96] Dagegen haben europarechtliche Einflüsse,[97] die zur Entwicklung von Ansätzen zur Modifizierung des Begriffs des subjektiven öffentlichen Rechts führten,[98] bisher noch keine Veränderungen auf breiter Ebene erbracht.[99]

a) „Herrschende Meinung": Kombinationstheorie

Für das Problem der Definition des subjektiven Rechts scheint die sowohl für das Zivilrecht[100] als auch für das öffentliche Recht[101] häufig als „herrschend" bezeichnete so genannte „Kombinationstheorie" eine Antwort bereit zu halten. Sie wird – für das öffentliche Recht – häufig Ottmar Bühler[102] oder auch Georg Jel-

---

[93] Zu den Besonderheiten im öffentlichen Recht unten B. I. 4., S. 191.

[94] S. *König*, Drittschutz, S. 112 f. m. w. N.: Man habe „beim Aufbau einer öffentlichrechtlichen Dogmatik ganz allgemein dazu [geneigt], vom Privatrecht als der ‚reiferen Schwester' zu lernen."; vgl. *W. Roth*, Organstreitigkeiten, S. 343, S. 463 m. w. N.; vgl. *A. Wiese*, Beteiligung, S. 18.

[95] *O. Bachof* in: GS W. Jellinek, S. 292.

[96] Vgl. zum Einfluss von aufgrund verfassungsrechtlicher Entwicklungen überholten Ansätzen schon oben unter Kapitel 2, B. I. 2. und 3., S. 56 ff. und (in Kapitel 2) Fn. 108, S. 66, Kapitel 2, B. III. 2., S. 92 sowie unten bspw. auch Kapitel 4, B. IV., S. 289; zur Relevanz der Geschichte allgemein oben Kapitel 2, A. II., insb. Fn. 13, S. 50.

[97] Dazu etwa *M. Ruffert*, DVBl. 1998, 69, 70 ff; *R. Stober* in: Wolff/Bachof/Stober/Kluth, Verwaltungsrecht Bd. 1, § 43 Rn. 2.

[98] Vgl. dazu *E. Schmidt-Aßmann* in: Maunz/Dürig, GG, Art. 19 Abs. 4 Rn. 117a m. w. N.; dazu auch *A. K. Mangold/R. Wahl*, DV 2015, 1, 12 f. m.N.

[99] *K. F. Röhl/H. C. Röhl*, Rechtslehre, S. 377; *W. Roth*, Organstreitigkeiten, S. 580 m. w. N. in dort. Fn. 158; *R. Stober* in: Wolff/Bachof/Stober/Kluth, Verwaltungsrecht Bd. 1, § 43 Rn. 27 ff.; vgl. auch unten – auf die Schutznormtheorie bezogen – B. II. 3. a), S. 235.

[100] *A. Scherzberg* in: Ehlers/Pünder, A. Verwaltungsrecht, § 12 Rn. 4; *J. Schapp*, Recht, S. 86.

[101] *W.-R. Schenke*, Verwaltungsprozessrecht, Rn. 496 (S. 155); siehe auch Fn. 102.

[102] *W. Krebs* in: Erichsen/Hoppe/von Mutius, FS Menger, S. 201: „Begriffsbestimmung, die Bühler entwickelt, Bachof verfeinert und die wohl überwiegende Auffassung akzeptiert hat" – jeweils m. Nachw.

linek[103] zugeschrieben. Obwohl insbesondere der Definition Bühlers[104] eine bis in die Gegenwart reichende Wirkung beigemessen und sie auch gelegentlich noch wortwörtlich zitiert wird,[105] haben sich die heute gebräuchlichen Formeln von ihrem Wortlaut zum Teil nicht unerheblich entfernt. Die Konstante ist allerdings die Kombination der noch zu erläuternden Elemente der Willens- bzw. Rechtsmacht und des Interesses.

Von den Vertretern der Kombinationstheorie wird zum Teil die Willens- oder Rechtsmacht als formales Element und das (individuelle) Interesse als das materielle Element des subjektiven Rechts gekennzeichnet;[106] teilweise wird aber auch die Rechts- oder Willensmacht als Inhalt, die Interessenbefriedigung als Zweck des subjektiven Rechts beschrieben.[107] Kritiker der Kombinationstheorie monieren entweder, dass es „nicht zulässig" sei, entgegengesetzte Positionen in einer Formel zusammenzufassen[108] – das Element der Willensmacht wurde zeitlich vor dem Interessenkriterium in der Rechtswissenschaft herausgearbeitet, und von Jhering wandte sich gegen die seinerzeit herrschende Auffassung –[109]; oder sie bemängeln, dass die Verwendung beider Elemente der Kombinationstheorie je für sich nicht überzeugend sei und „[d]ie Sache [...] auch dadurch nicht besser [werde], daß man

---

[103] W. Roth, Organstreitigkeiten, S. 342, der auf G. Jellinek, System der subjektiven öffentlichen Rechte, verweist; vgl. S. König, Drittschutz, S. 29, der auf G. Jellinek und Bühler verweist; J. Schapp, Recht, S. 148, der aber auch Bühler eine wesentliche Weiterentwicklung der Lehre Jellineks zuschreibt; E. Schulev-Steindl, Rechte, S. 10/20 schreibt diese E. Bernatzik zu; K. F. Röhl/H. C. Röhl, Rechtslehre, S. 358 weisen darauf hin, dass im Zivilrecht schon das Pandektenlehrbuch von Regelsberger eine solche Kombinationsformel enthielt; F. Kasper, Recht, S. 49 schreibt diese für das Zivilrecht E. I. Bekker (System des heutigen Pandektenrechts, Bd. 1, Weimar 1886) zu; E. Wolf, WissR 3 (1970), 193, 202 verweist auf A. Thon.

[104] O. Bühler, Rechte, S. 224: „Subjektives öffentliches Recht ist diejenige rechtliche Stellung des Untertanen zum Staat, in der er auf Grund eines Rechtsgeschäftes oder eines zwingenden, zum Schutz seiner Individualinteressen erlassenen Rechtssatzes, auf den er sich der Verwaltung gegenüber soll berufen können, vom Staat etwas verlangen kann oder ihm gegenüber etwas tun darf."

[105] H. Bauer, DVBl. 1986, 208, 212, M. Reiling, DÖV 2004, 181, 181; s. a. A. Wiese, Beteiligung, S. 65. Weitere, zahlreiche Nachweise für die Bedeutung der Formel Bühlers bei S. König, Drittschutz, S. 29 Fn. 41, 42 und 43.

[106] A. Scherzberg in: Ehlers/Pünder, A. Verwaltungsrecht, § 12 Rn. 4; so schon G. Jellinek, System, S. 45; dass es eine Neigung gibt, die Willens- oder Rechtsmacht als Klagemöglichkeit zu deuten, ist vor dem Hintergrund, dass auch von Jhering schon zwischen Interesse als „substantiellem" und Rechtsschutz als „formalem" Element des subjektiven Rechts differenziert hatte (R. von Jhering, Geist, Teil 3 Bd. 1, S. 339 – vgl. S. 327 ff. gegenüber S. 351 ff.) erklärbar: So konnte die Willenstheorie leicht in die Interessentheorie integriert werden (ähnlich erläutert dies E. Schulev-Steindl, Rechte, S. 66).

[107] O. Bachof in: GS W. Jellinek, S. 292.

[108] E. Wolf, WissR 3 (1970), 193, 202; sehr differenziert J. Schapp, Recht, S. 88, der nur die moderne Handhabung der Kombination der Theorien rügt, sie aber nicht für im Grunde unvereinbar hält (vgl. S. 86: eigentlicher Erkenntnisgewinn seien nicht die Formeln von Willens- und Interessentheorie, sondern deren Herleitung).

[109] So W. Roth, Organstreitigkeiten, S. 339; vgl. R. von Jhering, Geist, Teil 3 Bd. 1, S. 327 ff., insb. S. 336, S. 338.

die beiden verschiedenen Definitionen miteinander kombiniert".[110] Ob Willenskriterium und Interessenkriterium allerdings wirklich konträr sind, hängt maßgeblich davon ab, was unter ihnen zu verstehen ist – so wird etwa das Interesse manchmal auch mit einem individuellen Wollen umschrieben[111] und wäre daher mit dem Willenskriterium quasi gleich zu setzen.

Das wirklich Problematische an der Kombinationstheorie ist, dass es unter diesem Namen eine Vielzahl von Formulierungen[112] mit unterschiedlichen Akzentsetzungen[113] gibt und die eigentlichen Streitpunkte, die sich in scheinbar geringfügigen Abweichungen der Formulierungen nur schwach manifestieren, durch die vordergründige Einstimmigkeit verdeckt werden.[114] Hierzu zählt vor allem die Frage, ob die (gerichtliche) Durchsetzbarkeit ein wesentliches Merkmal des subjektiven Rechts ist – durch die Beschreibung der Kombinationstheorie als Verbindung von Willens- und Interessenkriterium wird diese Frage zunächst nicht deutlich, obwohl sie in einzelnen Formulierungen anklingt. Ebenso ist die Frage der Zuordnung und Individualität, die von Willens- und Interessenkriterium genau genommen unterscheidbar ist, in vielen Varianten der Kombinationstheorie enthalten,[115] sodass hier – wenn auch nur bei manchen Autoren – ein zusätzliches Element hinzutritt. Eine Betrachtung der einzelnen Begriffselemente des subjektiven

---

[110] *K. Larenz,* BGB AT, S. 212; ähnlich *W. Roth,* Organstreitigkeiten, S. 345 f. und S. 416; vgl. *A. Scherzberg* in: Ehlers/Pünder, A. Verwaltungsrecht, § 12 Rn. 4: „Jedenfalls für das öffentliche Recht erweist sich diese Begriffsbestimmung indes nicht als weiterführend."; *E. Schulev-Steindl,* Rechte, S. 149; differenzierend jedoch *A. Vonlanthen,* Streit, S. 42 ff.

[111] *M. Reiling,* DÖV 2004, 181, 184: Im Interesse „vereinen sich individuelles Wollen und gesellschaftliche Imperative"; Gemeinsamkeiten von Willens- und Interessentheorie betont auch *J. Schapp,* Recht, S. 84 f, S. 86 ff.

[112] Vgl. *W.-R. Schenke,* Verwaltungsprozessrecht, Rn. 496: Nach der Kombinationstheorie sei ein subjektives Recht gegeben, „wenn die Norm ein Interesse eines Rechtssubjektes schützen soll und diesem zur Durchsetzung dieses Interesses eine Rechts- oder Willensmacht eingeräumt wird."; *W. Krebs* in: Erichsen/Hoppe/von Mutius, FS Menger, S. 201: Es „muß der ein subjektives öffentliches Recht begründende Rechtssatz dem einzelnen die Rechtsmacht verleihen, sein persönliches Interesse an der Einhaltung der einem Hoheitsträger durch den öffentlichen Rechtssatz auferlegten Verhaltenspflicht auch durchsetzen zu können."; *E. Schmidt-Aßmann* in: Maunz/Dürig, GG, Art. 19 Abs. 4 Rn. 118: „Mithin ist das subjektive Recht eine personalisierte und individualisierte Rechtsmacht, die Rechtsordnung zur Verfolgung eigener Interessen in Bewegung setzen zu können."; zu weiteren Definitionen *H. Bauer,* Grundlagen, S. 17 m.w.N; vgl. auch den Vorschlag von *W. Roth,* Organstreitigkeiten, S. 421 für eine Umschreibung des subjektiven Rechts, der sich ebenfalls in das Spektrum der herrschenden Ansicht einordnen lässt: „absolute oder relative Herrschaftsbefugnis, [...] Erlaubnis", durch „Rechtssatz" bestimmt, die „einem individuellen Rechtssubjekt zugewiesen" ist und die sich durch „Ausübbarkeit" und Zuweisung der „Zuständigkeit zu seiner Geltendmachung" auszeichnet.

[113] Nach *F. Kasper,* Recht, S. 7 ist die Bezeichnung der Kombinationstheorie als herrschende Lehre „abkürzend"; vgl. *A. Vonlanthen,* Streit, S. 40 ff., der solche Unterschiede schon quasi in der Geburtsstunde der Kombinationstheorie ausmacht.

[114] Vgl. *W. Roth,* Organstreitigkeiten, S. 329 (S. 346): „Formelkompromisse".

[115] Vgl. Fn. 112.

Rechts, die im Folgenden geschehen soll, ist also selbst dann unvermeidbar, wenn man sich an der „herrschenden Meinung" orientieren möchte – denn eine solche gibt es streng genommen inhaltlich nicht.

b) Zwingender Rechtssatz des objektiven Rechts und Begünstigung

Es besteht breite Übereinstimmung[116] darin, dass – wie oben bereits beschrieben –[117] mindestens der Inhalt des subjektiven Rechts in einem Rechtssatz des objektiven Rechts normiert sein muss,[118] was auch als „Normativität" der subjektiven öffentlichen Rechte bezeichnet wird.[119] Subjektive Rechte und objektives Recht[120] sind also kein Gegensatz, sondern subjektive Rechte sind ein Teilausschnitt des objektiven Rechts, gekennzeichnet durch besondere Merkmale.[121] Da objektives und subjektives Recht diese Gemeinsamkeit haben können, wird die Bestimmung der übrigen Begriffsmerkmale des subjektiven Rechts oft in die Form der Abgrenzung von bloß objektivem und subjektivem Recht eingekleidet.

Es wird auch, in der Regel ohne dies überhaupt zu problematisieren, davon ausgegangen, dass subjektive Rechte eine Begünstigung enthalten.[122] Auf Normen, die keinerlei Begünstigung enthalten, beruft sich auch niemand, sodass sie im Kontext des § 42 Abs. 2 VwGO und ähnlicher Prozessrechtsnormen irrelevant sind. Das Element der Begünstigung ist jedoch nicht geeignet, aus der Menge der Normen

---

[116] Die Diskussion, die teilweise unter dem verkürzenden Stichwort „Gesetzesabhängigkeit – Gesetzesunabhängigkeit des subjektiven Rechts" geführt wurde, zielte nicht dahin, das subjektive öffentliche Recht völlig unabhängig von Gesetzesverletzungen zu konstruieren (vgl. *R. Wahl,* DÖV 1975, 373, 376 f.), sondern es ging darum zu klären, ob die Antwort auf die Frage, ob eine in einer Rechtsnorm geregelte Verhaltenspflicht kehrseitig mit einem subjektiven Recht korrespondiert, außerhalb dieser Rechtsnorm zu suchen ist – vgl. zur Diskussion um die Rolle der „faktischen Betroffenheit" unten unter B. II. 3.c), S. 242.

[117] Oben B. I. 1., S. 153.

[118] *W. Krebs* in: Erichsen/Hoppe/von Mutius, FS Menger, S. 201: „kleinste[r] und zumindest weitgehend gemeinsame[r] Nenner"; *E. Schmidt-Aßmann* in: Maunz/Dürig, GG, Art. 19 Abs. 4 Rn. 120 Fn. 6: „h. M." m.w.N, auch a. a. O. Rn. 131; *A. Scherzberg* in: Ehlers/Pünder, A. Verwaltungsrecht, § 12 Rn. 1: „weitgehende Einigkeit", dass das subjektive Recht „anhand der objektiven Rechtsordnung zu bestimmen ist" m. w. N.; *R. Stober* in: Wolff/Bachof/Stober/Kluth, Verwaltungsrecht Bd. 1, § 43 Rn. 32; *K. F. Röhl/H. C. Röhl,* Rechtslehre, S. 380: „nur eine andere Darstellungsweise des objektiven Rechts"; davon geht auch schon *O. Bühler,* Rechte, aus, vgl. etwa S. 21, S. 42; a. A. oder zumindest missverständlich in dieser Hinsicht *J. Krüper,* Gemeinwohl, S. 224.

[119] Etwa *M. Reiling,* DÖV 2004, 181, 182; *E. Schmidt-Aßmann* in: Maunz/Dürig, GG, Art. 19 Abs. 4 Rn. 118.

[120] Vgl. zu dem Begriffspaar schon oben unter B. I.1, S. 153.

[121] *F. Kasper,* Recht, S. 47. Die entscheidende Frage ist, welche diese besonderen Merkmale sind.

[122] Vgl. *O. Bachof* in: GS W. Jellinek, S. 299, der dort Rechte mit Rechtsreflexen vergleicht, indem er danach fragt, ob Begünstigungen gewollt sind, und nicht, ob solche überhaupt vorliegen.

des objektiven Rechts subjektive Rechte herauszufiltern, denn auch bloß objektives Recht kann Begünstigungen enthalten.[123] Wenn das der Fall ist, dann wird diese Begünstigung als „Rechtsreflex" bezeichnet.[124] Der Erfinder der Figur des Rechtsreflexes war übrigens bereits von Jhering,[125] und die Existenz dieser Figur wird, soweit ersichtlich, von niemandem angezweifelt. Die Abgrenzung zwischen subjektiven Rechten und bloß objektivem Recht wird daher auch begrifflich in die Abgrenzung von Rechten und Rechtsreflexen eingekleidet, was der Grund dafür ist, dass der Begriff „Rechtsreflex"[126] so häufig im Zusammenhang mit der Bestimmung subjektiver Rechte auftaucht.[127] Mit diesem Begriff ist also die Abgrenzung zwischen für eine Person vorteilhaften Normen des objektiven Rechts und solchen Normen, die subjektive Rechte enthalten, angesprochen. Die Beschränkung des Rechtsschutzes nur auf die Verletzung bestimmter Rechtsnormen, das heißt der Ausschluss eines allgemeinen Gesetzesvollziehungsanspruchs, ist im öffentlichen Recht tief verwurzelt.[128]

In der Definition Bühlers[129] kommt noch das Adjektiv „zwingend" zu „Rechtssatz" vor. Dass nur Rechtssätze, die auch eingehalten werden müssen, ein subjektives Recht gewähren können, ist auch heute noch richtig;[130] allerdings meinte Bühler damit, dass eine Ermessensnorm kein subjektives Recht enthalten kann.[131] Seine Ausführungen diesbezüglich sind weitgehend überholt,[132] da die gesetzlichen

---

[123] Vgl. auch die etwas andere Argumentation von *E. Schulev-Steindl,* Rechte, S. 61 f.: Auch das bloß objektive Recht begünstige einen Berechtigten, nämlich die Gesamtheit der Bürger – wenn alles Recht begünstigt, kann mit dieser Begründung ebenfalls die Begünstigung als differenzierendes Merkmal zwischen subjektivem und bloß objektivem Recht abgelehnt werden.

[124] *O. Bachof* in: GS W. Jellinek, S. 287 schon im Titel: „Reflexwirkungen".

[125] So *O. Bachof* in: GS W. Jellinek, S. 288; vgl. *R. von Jhering,* Geist, Teil 3 Bd. 1, S. 351 f., wo er das berühmte Beispiel der Schutzzölle anführt, die zwar den Interessen der inländischen Fabrikanten entsprechen, deren Erhebung diese aber nicht einfordern können; vgl. dazu auch *K. F. Röhl/H. C. Röhl,* Rechtslehre, S. 374.

[126] Zum früher ebenfalls verwendeten Begriff „Reflexrecht" kritisch *O. Bachof* in: GS W. Jellinek, S. 291.

[127] Schon bei *R. von Jhering,* Geist, Teil 3 Bd. 1, S. 351 und *O. Bühler,* Rechte, S. 21; *O. Bachof* in: GS W. Jellinek, S. 287 ff.; *J. Krüper,* Gemeinwohl, S. 133 f.; vgl. *A. Scherzberg* in: Ehlers/Pünder, A. Verwaltungsrecht, § 12 Rn. 3: subjektives Recht als „Recht auf Normvollzug"; deutlich bei *R. Stober* in: Wolff/Bachof/Stober/Kluth, Verwaltungsrecht Bd. 1, § 43 Rn. 9; vgl. auch *W. Henke,* DÖV 1980, 621, 621.

[128] *R. Wahl* in: Schoch/Schneider/Bier, VwGO, Vorb. § 42 Abs. 2 VwGO Rn. 70: „entspricht materiell dem Strukturprinzip des öffentlichen Rechts"; ähnlich *W. Henke,* DÖV 1980, 621, 622 und *R. Stober* in: Wolff/Bachof/Stober/Kluth, Verwaltungsrecht Bd. 1, § 43 Rn. 10; zur rechtsschutzbeschränkenden Funktion des subjektiven öffentlichen Rechts schon oben B.I.2.d), S. 159.

[129] Oben Fn. 104.

[130] *W. Henke,* Recht, S. 2; vgl. auch *E. Schmidt-Aßmann* in: Maunz/Dürig, GG, Art. 19 Abs. 4 Rn. 135.

[131] *O. Bühler,* Rechte, S. 21 ff.

[132] *M. Reiling,* DÖV 2004, 181, 182.

Grenzen des Ermessens von der Verwaltung eingehalten werden müssen und in dieser Hinsicht subjektive Rechte möglich sind.[133]

c) Verhaltenspflicht

Subjektive Rechte sind in Rechtssätzen normiert, die immer eine Rechtsfolge enthalten, und wie alles Recht sind subjektive Rechte letztlich auf die Steuerung von menschlichem Verhalten ausgerichtet.[134] Es wird allerdings bestritten, dass subjektive Rechte auf die Formel konzentriert werden können, dass diese die rechtliche Möglichkeit verschaffen, ein bestimmtes Verhalten von einem anderen zu verlangen:[135] Es gebe eben nicht nur Anspruchsrechte, und gerade die im öffentlichen Recht wichtigen Grundrechte hätten keine Anspruchsstruktur, sondern Verhaltenspflichten entstünden dort erst durch das Hinzutreten weiterer Umstände.[136]

Zur Verdeutlichung des Problems sei das Eigentum im Zivilrecht als Beispiel herangezogen: Der Eigentümer kann nach § 903 S. 1 BGB „mit der Sache nach Belieben verfahren und andere von jeder Einwirkung ausschließen". Es ist zwar auch möglich anzunehmen, die konkrete Verhaltenspflicht, etwa einen Stift nicht ohne Zustimmung des Eigentümers zu benutzen, entspringt direkt dem Eigentum selbst bzw. § 903 S. 1 BGB – immerhin ist dort auch der Ausschluss der Ein-

---

[133] *O. Bachof* in: GS W. Jellinek, S. 295; *C. Grabenwarter* in: 16. ÖJT Bd. I/1, S. 26 f.; zum Ermessen kritisch etwa *H. H. Rupp*, Grundfragen, S. 177 ff. (S. 178: Verwaltungsermessen „nicht von ungefähr historisch am Anfang und in der Mitte der deutschen Verwaltungsrechtslehre" – Aus historischer Perspektive seien „Verwaltungsermessen und subjektive öffentliche Rechte des Staatsbürgers gegen die Verwaltung Antinomien"; S. 180: Probleme des Ermessens noch nicht gelöst).

[134] *A. Scherzberg* in: Ehlers/Pünder, A. Verwaltungsrecht, § 12 Rn. 1: „Essentielles Element dieses Normbefehls ist seine verhaltenssteuernde Wirkkraft."

[135] So aber überwiegend in der Kommentarliteratur zu § 42 Abs. 2 VwGO (wo die Auseinandersetzung mit dem Begriff des subjektiven Rechts aber mitunter nicht ganz so vertieft erfolgt), bspw. *K. F. Gärditz* in: ders., VwGO, § 42 Rn. 50; *M. Happ* in: Eyermann, VwGO, § 42 Rn. 83; *T. Schmidt-Kötters* in: Posser/Wolff, BeckOK VwGO, § 42 Rn. 143. Dass eine Gleichsetzung von subjektivem Recht und Anspruch nahe liegt, wird an der Formulierung bei *W. Henke*, DÖV 1980, 621, 625 deutlich: „Das materielle Recht betrifft das Daß und den Inhalt dessen, was einer von einem anderen verlangen kann, [...]" (ähnlich auch *ders.*, Recht, S. 108); Nachw. zur Kritik Fn. 136.

[136] Vgl. *O. Bachof* in: GS W. Jellinek, S. 293; *H.-W. Laubinger*, VerwArch 80 (1989), 261, 291; *W. Krebs* in: Erichsen/Hoppe/von Mutius, FS Menger, S. 201; vgl. auch *A. Scherzberg* in: Ehlers/Pünder, A. Verwaltungsrecht, § 12 Rn. 5, der darauf hinweist, dass deswegen vereinzelt absoluten bzw. Herrschaftsrechten die Rechtsqualität abgesprochen wird (m. N.); vgl. *E. Schulev-Steindl*, Rechte, S. 101, die zusammenfassend äußert, dem Anspruch entspreche eine Pflicht, und der subjektivrechtlichen Erlaubnis ein „Nicht-Recht" – es können aber Zweifel an dieser auf *W. N. Hohfeld* zurückgehenden Gegenüberstellung aufkommen, da auch bei Ansprüchen das „Nicht-Recht" bei anderen Personen besteht, und man unter „Nicht-Recht" einfach die Tatsache verstehen kann, dass Rechte immer jemandem zugewiesen sind; vgl. auch zu der (in der frühen Bundesrepublik und in anderem Zshg. vertretenen) Ansicht, nur Ansprüche seien subjektive Rechte *W. Roth*, Organstreitigkeiten, S. 315 f. m. N.

wirkung Dritter erwähnt. Aber dann wäre fraglich, wozu es die §§ 985, 1004 bzw. 987 ff., 832 BGB gibt. Daher wird geäußert, konkrete Abwehransprüche stünden dem Eigentümer nach Maßgabe dieser Vorschriften zu[137] – was aber trotzdem nicht ausschließt, das Eigentum als etwas zu betrachten, das letztlich Verhaltenspflichten Dritter verursacht:[138] entweder, weil das Eigentum mittelbar Verhaltenspflichten bewirkt, oder weil die §§ 985, 1004 und 987 ff. den Inhalt des Eigentums mitregeln und die durch sie aufgestellten Verhaltenspflichten eigentlich solche aus dem Eigentum selbst sind. Die Regelungen des BGB erscheinen jedenfalls wie eine historisch bedingte Momentaufnahme des Verhältnisses zwischen absolutem Recht und Abwehranspruch,[139] wenn sie mit den moderneren Regelungen der Grundrechte verglichen werden, bei denen diese Fragen in noch höherem Maße offen gelassen sind. Für diese gibt es nämlich größtenteils keine geschriebenen „grundrechtlichen Schutzansprüche",[140] beispielsweise keine geschriebene öffentlich-rechtliche Entsprechung zu § 1004 BGB, und daher ist umstritten, wie ein entsprechender öffentlich-rechtlicher Unterlassungsanspruch herzuleiten ist:[141] In Analogie zu oder aus dem Rechtsgedanken des § 1004 BGB, also mittels einer „Umschaltnorm",[142] oder – anders als beim Eigentum im Zivilrecht – aus den Grundrechten selbst.[143] Für letzteres spricht, dass der Staat beispielsweise aufgrund des Art. 2 Abs. 2 S. 1 GG schon die Pflicht hat, grundsätzlich Eingriffe in die körperliche Unversehrtheit zu unterlassen (was auch ein Verhalten darstellt), ohne dass es etwa noch eines weiteren Willensaktes der geschützten Person in Form der Geltendmachung bedürfte.[144] Im Übrigen ist auch die Frage umstritten, aus welcher

---

[137] Vgl. *H. Schulte-Nölke* in: Schulze u. a. (Hrsg.), Bürgerliches Gesetzbuch, 8. Aufl., Baden-Baden 2014, § 903 Rn. 1 BGB; *J. Wilhelm,* Sachenrecht, 4. Aufl., Berlin/New York 2010, Rn. 940.

[138] *M. Wolf/J. Neuner,* BGB AT, § 20 Rn. 52: „Ein absolutes Recht ordnet dem Berechtigten ein bestimmtes Gut im Verhältnis zu allen anderen zu, sodass jeder andere dazu verpflichtet ist, ihm dieses Gut zu lassen und es nicht zu beeinträchtigen."

[139] Vgl. dazu auch *R. Dubischar,* Grundbegriffe, S. 34: Die Streitfrage lasse sich so formulieren: „Erwirbt man einen Anspruch, weil man schon Träger eines subjektiven Rechts ist (zu dessen Schutz der Anspruch dient), oder ist man (reflexiv) Berechtigter, weil einem die Rechtsordnung Ansprüche zum Schutz eines bestimmten Interesses verleiht [...]"; vgl. S. 35 f., wo verschiedene Ansichten vorgestellt werden; vgl. zum Problem auch *K. F. Röhl/H. C. Röhl,* Rechtslehre, S. 363 ff.

[140] So der Terminus bei *F. Ossenbühl/M. Cornils,* Staatshaftungsrecht, S. 352.

[141] Vgl. dazu ausf. und m. w. N. *H.-W. Laubinger,* VerwArch 80 (1989), 261, 289 ff. – zur Rspr. S. 268 ff.; die Begründungen sind prinzipiell die selben, wie beim Folgenbeseitigungsanspruch, zu diesem etwa *F. Ossenbühl/M. Cornils,* Staatshaftungsrecht, S. 360 ff. m. w. N.; BVerwG, Urt. v. 29.04.1988, Az.: 7 C 33/87, BVerwGE 79, 254, juris Rn. 12 hat die genaue Rechtsgrundlage mangels Entscheidungsrelevanz offen gelassen.

[142] *H.-W. Laubinger,* VerwArch 80 (1989), 261, 292.

[143] Dafür *K. Windthorst* in: S. Detterbeck/K. Windthorst/H.-D. Sproll, Staatshaftungsrecht, München 2000, § 13 Rn. 10; für den Folgenbeseitigungsanspruch ebenso *W.-R. Schenke/ R. P. Schenke* in: Kopp/Schenke, VwGO, § 113 Rn. 81 m. w. N.

[144] Hier wird auch deutlich, dass es stark auf die Art des Rechts ankommt. Bei der körperlichen Unversehrtheit ist es in unserer Gesellschaft anerkannt, dass diese nicht bzw. nur in Ausnahmefällen beeinträchtigt werden darf, und was eine Beeinträchtigung wäre, ist im Regelfall of-

Norm der Anspruch des Bürgers entspringt, dass ein seine Grundrechte verletzender Verwaltungsakt aufgehoben wird.[145]

Letztlich lässt sich nicht genau sagen, ob jedem Recht auch eine Verhaltenspflicht einer Person entspricht. Ganz plastisch treten Zweifel bei Gestaltungsrechten,[146] wie etwa bei den Anfechtungsrechten im Sinne der §§ 119 ff. BGB, auf – die Ausübung eines solchen Rechts ändert zunächst nur die Rechtslage, Verhaltenspflichten ergeben sich erst aus anderen, dadurch eventuell entstehenden oder geänderten Rechten. Und doch ist beispielsweise bei Larenz zu lesen, immer entspreche „der Berechtigung des einen, dem etwas rechtens gebührt, eine Verpflichtung oder doch eine ‚Gebundenheit‘ eines oder mehrerer oder aller anderen".[147]

Aber auch wenn anerkannt wird, dass Verhaltenssteuerung zumindest das Endziel letztlich auch aller subjektiven Rechte ist, bleibt immer noch das Problem, dass – zumindest im öffentlichen Recht – nicht jede durch eine Norm aufgestellte Verhaltenspflicht auch mit einem subjektiven Recht korrespondiert[148] – wo das nicht der Fall ist, handelt es sich um einen sogenannten Rechtsreflex, wie oben schon angesprochen. Für die Abgrenzung des subjektiven Rechts von bloß objektivem Recht vermag also das Merkmal der Verhaltenspflicht nichts beizutragen, es geht in der Normativität der subjektiven Rechte auf.

d) Interesse

Das Wort Interesse, das hier bereits mehrfach gebraucht wurde,[149] hat seine Wurzeln im Lateinischen und bezeichnete ursprünglich neben „dazwischen sein" oder „gegenwärtig sein" das, was zwischen zwei Vermögenszuständen liegt, also beispielsweise „Vermögensschaden" (vgl. noch heute im Schadensrecht beispielsweise „Erfüllungsinteresse") sowie auch „Zinsen" (vgl. noch heute Englisch „interest"), und entwickelte später daneben Bedeutungen wie „Belang", „Nutzen",

---

fensichtlich. Dadurch ist eine Konkretisierung durch Geltendmachung für das Entstehen einer Verhaltenspflicht nicht notwendig. Etwas anders sieht es bspw. beim Grundeigentum aus: Den einen stört es nicht, wenn ab und zu ein Wanderer über seinen Hof läuft, der andere hält Werbung in seinem Briefkasten für eine Eigentumsverletzung. Gerade am Bsp. des Art. 2 Abs. 2 GG wird außerdem offensichtlich, dass naturrechtlich vorgeprägte Vorstellungen oft nicht ganz auszublenden sind.

[145] Vgl. zu diesem Problem *M. Schmidt-Preuß*, Privatinteressen, S. 442 ff.; *E. Schmidt-Aßmann* in: Maunz/Dürig, GG, Art. 19 Abs. 4, Rn. 281 ff.; *M. Gerhardt* in: Schoch/Schneider/Bier, VwGO, § 113 VwGO Rn. 5.

[146] Dafür, dass es auch im öffentlichen Recht Beherrschungsrechte, Ansprüche und Gestaltungsrechte gibt *O. Bachof* in: GS W. Jellinek, S. 293; ebenso *R. Stober* in: Wolff/Bachof/Stober/Kluth, Verwaltungsrecht Bd. 1, § 43 Rn. 5 ff.

[147] *K. Larenz* in: FS Sontis, S. 146.

[148] *W.-R. Schenke*, Verwaltungsprozessrecht, Rn. 495; genau entgegengesetzt *K. F. Röhl/H. C. Röhl*, Rechtslehre, S. 382: „Jede Verpflichtung ist das Spiegelbild einer Berechtigung." – allerdings aus erkennbar zivilrechtlich geprägter Sicht.

[149] Etwa in Kapitel 2, C. II. 1., S. 106.

„Vorteil", „Bedürfnis", „Neigung", „Anteilnahme", „Aufmerksamkeit".[150] Das Interesse wird auch als „das zentrale Definiens innerhalb des überlieferten Begriffs
des subjektiven Rechts" bezeichnet.[151] Für von Jhering war das Interesse im Sinne
von „Nutzen, Vortheil, Gewinn" der „Kern" des subjektiven Rechts.[152]

Durch die Weite des Begriffs Interesse,[153] der sogar als inhaltsloser „Blankettbegriff" kritisiert wird,[154] verliert aber das subjektive Recht gleichfalls an Kontur, wenn das Interesse stark in den Mittelpunkt gestellt wird, und ein unterschiedliches Verständnis des Begriffes Interesse führt zu verschiedenen Ansichten über
das subjektive Recht selbst. Beispielsweise gehen die Meinungen, ob das Interesse etwas nur rein Subjektives ist,[155] oder ob ihm auch ein Element der Rationalität innewohnt,[156] auseinander. Wird das Interesse mit Attributen wie „vernünftig",
„schützenswert", „öffentlich" oder „privat" versehen,[157] ist trotzdem nichts über
die Bedeutung des Begriffs „Interesse" ausgesagt. Es wird aber durch die Häufigkeit der Verwendung konkretisierender Zusätze erkennbar, dass das „Interesse" jedenfalls alleine nicht ausreicht, um zu klären, was subjektive Rechte sind.

Auf der anderen Seite wird bezweifelt, dass das Interesse tatsächlich zum Inhalt
des subjektiven Rechts gehört, weil der Schutz von Interessen letztlich auch nur
das bloße Motiv des Gesetzgebers sein könnte, Rechte einzuräumen, und subjektive Rechte nur Mittel der Interessenförderung sein könnten.[158] Damit verbliebe für

---

[150] *W. Pfeifer* (Hrsg.), Etymologisches Wörterbuch Bd. 2, S. 747; vgl. auch *M. Heyne u. a.*
in: Deutsches Wörterbuch von Jacob und Wilhelm Grimm Bd. 10, Sp. 2147 f.: „Interesse [...]
aus dem lateinischen, in verschiedenen bedeutungen ausgebildet [..] 1) zufrühst in der Rechts-
sprache"; zur Wortbedeutung ausführlich m. N. *M. Reiling,* DÖV 2004, 181, 182 f.; vgl. auch
H. Bauer in: Heckmann/Meßerschmidt, Gegenwartsfragen, S. 125 m. N.

[151] Vgl. *F. E. Schnapp,* VerwArch 78 (1987), 407, 422 f.

[152] *R. von Jhering,* Geist, Teil 3 Bd. 1, S. 339.

[153] *M. Reiling,* DÖV 2004, 181, 183; vgl. *K. F. Röhl/H. C. Röhl,* Rechtslehre, S. 265 f., die auf
verschiedene Interessenbegriffe (wie objektives und subjektives Interesse) eingehen.

[154] *H. Bauer,* AöR 113 (1988), 582, 593 f.: „ein blasser, juristisch gehaltloser Blankettbegriff,
der aus sich selbst heraus keine Grundlage für nachvollziehbare rechtliche Problemlösungen
abgibt [...]" (m. w. N.); *Dubischar,* Grundbegriffe, S. 43: „Gemeinplatznatur"; ähnlich *W. Martens,* Öffentlich, S. 173; gegen diese Kritik wendet sich *M. Reiling,* DÖV 2004, 181, 185.

[155] Dass *R. von Jhering,* Geist, Teil 3 Bd. 1, S. 356 f. juristischen Personen die Fähigkeit abspricht, Interessen zu haben, deutet auf ein Verständnis in diese Richtung, vgl. *W. Roth,* Organstreitigkeiten, S. 467, vgl. auch *F. E. Schnapp,* VerwArch 78 (1987), 407, 422 f.; sehr deutlich
in diese Richtung *W. Martens,* Öffentlich, S. 173: „bestimmte Gefühlsdisposition", „individual-
psychisches Phänomen".

[156] Dafür *M. Reiling,* DÖV 2004, 181, 185 (183 ff.): „Interesse meint historisch [Anm.: aus
der Begriffsrichtung „Zins", „Schaden"] aus dem weiten Bereich menschlicher Leidenschaften
einen Kernbereich [Anm.: menschl. Gewinnstreben i. S. ökonom. Theorien], dem ein Element
der Kalkulierbarkeit und Rationalität zugeschrieben werden kann."

[157] Vgl. *M. Reiling,* DÖV 2004, 181, 185.

[158] Vgl. *K. Larenz,* BGB AT, S. 212: subjektives Recht nur als Form, in der ein Interesse geltend gemacht wird; *L. Richter,* AöR 47 (1925), 1, 32 f.; ähnlich kritisch *W. Roth,* Organstreitigkeiten, S. 351 f. m. w. N., der darauf hinweist, dass schon nach der *v. Jhering'schen* Konzeption des subjektiven Rechts das Interesse nicht Inhalt, sondern Zweck des subjektiven Rechts

das Interesse nur die Rolle des Indikators zum Auffinden subjektiver Rechte[159]: Wo ein Interesse besteht und es eventuell erkennbar vom Gesetzgeber als schutzwürdig angesehen wurde, da ist – gegebenenfalls unter Beachtung anderer Indizien – von der Zuerkennung eines subjektiven Rechts auszugehen.[160]

Als Gegenargument gegen die Relevanz eines isolierten Interessenkriteriums insgesamt, gerade im öffentlichen Recht, lässt sich anführen, dass § 42 Abs. 2 VwGO nach einer weit verbreiteten Ansicht die Funktion hat, (bloße) Interessentenklagen auszuschließen und die Klagemöglichkeit auf Inhaber subjektiver Rechte zu beschränken.[161] Wäre das Interesse das zentrale bzw. einzige Merkmal des subjektiven Rechts, wäre dies tautologisch.[162] Zudem könnte jeder unter Berufung auf ein beliebiges Interesse, zum Beispiel ein Affektionsinteresse an der Durchsetzung der objektiven Rechtsordnung, ein subjektives Recht konstruieren – § 42 Abs. 2 VwGO hätte keinen Sinn. In eine ähnliche Richtung geht die Kritik, die anführt, letztlich diene jedes Gesetz innerhalb der Rechtsordnung zumindest mittelbar auch dem Schutz von (individuellen) Gütern und Interessen.[163] Damit wird im Ergebnis angezweifelt, dass sich das Kriterium des Interesses überhaupt eignet, subjektive Rechte innerhalb der Masse der objektiven Rechtssätze zu identifizieren.[164] Das Interessenkriterium geht unter diesem Blickwinkel ebenfalls in der Normativität der subjektiven Rechte auf. Ein weiterer Kritikpunkt am Merkmal des Interesses ist seine mangelnde Unterscheidungskraft im Bezug auf den Rechtsreflex, das heißt der Unterscheidung zwischen subjektivem Recht und solchem bloß objektivem Recht, das auch – sei es auch nur faktisch – subjektive Interessen schützt. Da ein Interesse sowohl durch bloß objektives als auch durch ein subjektives Recht geschützt sein kann, kann der Begriff des Interesses allein das Problem dieser Unterscheidung nicht lösen.[165] Jeder kann außerdem an allem ver-

---

sein sollte; vgl. auch *K. F. Röhl/H. C. Röhl,* Rechtslehre, S. 381; vgl. schon *O. Bühler,* Rechte, S. 42: keine Identität von Recht und Interesse; zum Problem schon oben B.I.2.c), S. 158; anzumerken ist allerdings, dass die Formel „Interessenschutz als bloßes Motiv für Einräumung von Rechten" schnell zur Gleichsetzung von Recht und Durchsetzbarkeit (dazu unten f)) führt.

[159] Die Unterscheidung zwischen Begriffsdefinition und Formel zur Ermittlung subjektiver Rechte wurde oben unter B.I.2.b), S. 156 schon angesprochen.

[160] Das entspräche dann – vergröbernd gesagt – der Schutznormtheorie, zu dieser B.II.2., S. 203.

[161] Vgl. oben Kapitel 1., D.II.1., ab S. 41.

[162] Zugegebenermaßen wäre dann aber auch zu fragen, ob die Prämisse, namentlich die Bestimmung des Schutzzweckes (Ausschluss von Interessentenklagen), zutreffend sein kann.

[163] *E. Schulev-Steindl,* Rechte, S. 66 (m. w. N.), vgl. vor allem dort. Fn. 262; *A. Scherzberg* in: Ehlers/Pünder, A. Verwaltungsrecht, § 12 Rn. 4 m. w. N. in Fn. 17, die von *Scherzberg* außerdem vorgebrachte Kritik, dass es auch subjektive Rechte ohne eigene Interessen gäbe, widerspricht nicht der These, dass alles Recht letztlich Interessen dient – sondern betrifft die Zuordnung, dazu noch unten e).

[164] Vgl. *W. Roth,* Organstreitigkeiten, S. 353.

[165] Vgl. *E. Schulev-Steindl,* Rechte, S. 65: Eine Begünstigung i. S. d. v. *Jhering'*schen Interessentheorie kann auch durch Rechtsnormen gegeben sein, die keine subjektiven Rechte für den Begünstigten enthalten. Paradoxerweise führte *von Jhering,* der den Schwerpunkt des subjektiven Rechts auf das Interesse legte, die Figur des Rechtsreflexes selbst ein (oben Fn. 125,

schiedene Interessen haben, aber ob er auch ein subjektives Recht hat, ist dadurch nicht vorgezeichnet. Das Interesse kann, wie sich andeutet, sehr leicht in die Nähe der rechtlichen Begünstigung gerückt werden, die wie oben beschrieben nicht allein Kennzeichen subjektiver Rechte ist.

Dass der Begriff „Interesse" wenig greifbaren Inhalt hat, der sich für eine Unterscheidung von bloß objektivem und subjektivem Recht eignet, könnte auch der Grund dafür sein, dass unter dem Stichwort „Interesse" inhaltlich häufig von diesem unterscheidbare Gesichtspunkte wie Zuordnung und Individualität diskutiert werden, und zwar im Wege der schon erwähnten Zuordnung von Attributen zum Interesse. Beispielsweise in Diskussionen über die Abgrenzung privater und öffentlicher Interessen wird häufig auf den Begriff des Interesses gar nicht eingegangen.[166] Auch das ist ein Zeichen dafür, dass sich aus dem Begriff des Interesses für subjektive Rechte im Grunde nichts ableiten lässt und er nur ein Füllbegriff ist. Daraus ist dann aber auch zu folgern, dass die Attribute, die dem Interesse gewöhnlich beigeordnet werden, nicht als Zusätze zu sehen sind, sondern als das Merkmal, auf das es wesentlich ankommt. Bei Betrachtung der Kombinationstheorie ist also in der Regel nicht das Interesse an sich von Bedeutung, sondern die Attribute, die dem Interesse – zum Teil unterschiedlich – zugeordnet werden. Der Verweis auf die einheitliche Nennung des Interesses in allen Formulierungen der Kombinationstheorie ist somit wie gesagt lediglich geeignet, Meinungsverschiedenheiten zu verdecken.

e) Zuordnung, Individualität, Finalität

Als Merkmal des subjektiven Rechts war schon in der Definition Bühlers[167] zentral, dass der Rechtssatz „zum Schutz seiner [Anm.: des Untertanen] Individualinteressen erlassen" worden sein muss.[168] Es muss sich also um solche Interessen handeln, die zum einen einer einzelnen Person identifizierbar zugeordnet werden können und zum anderen dem Rechtssubjekt auch wirklich zugeordnet sind. Vor allem das Merkmal der Individualität ist auch zentral für die Schutznormtheorie geworden.[169]

S. 166). Damit hat er selbst eine Figur geschaffen, die das von ihm eingeführte Kriterium des Interesses für eine Unterscheidung von bloß objektivem und subjektivem Recht wirkungslos macht.

[166] So die Analyse von *M. Reiling,* DÖV 2004, 181, 185 f.

[167] Vgl. oben Fn. 104, S. 163.

[168] *W. Roth,* Organstreitigkeiten, S. 353 weist darauf hin, dass auch bei *v. Jhering* das individuelle, abgrenzbare Interesse gemeint gewesen sei, was an seinem Beispiel der Reflexwirkung der Schutzzölle (vgl. Fn. 125, S. 166) deutlich werde.

[169] Zur Schutznormtheorie unten unter B. II. 2., ab S. 203. Zur Überschneidung von Schutznormtheorie und Definition des subjektiven Rechts schon oben B. I. 2. b), S. 156.

aa) Zuordnung und Individualität beim subjektiven Recht
und beim Interesse

Zuordnung und Individualität[170] scheinen dem subjektiven Recht per se immanent zu sein: Es muss einen Berechtigten geben.[171] Daraus lässt sich auch ableiten, dass ein subjektives Recht eine gewisse Privilegierung bedeutet: „Was jedermann ‚darf‘, weil es niemandem verboten ist, dazu hat keiner ein gerade auf seine Person bezogenes ‚subjektives Recht‘ [...] was allen verboten ist, darauf kann niemand ein subjektives Recht haben."[172] Nur bei einer Privilegierung gegenüber anderen, wenn das objektive Recht etwas zugesteht, was nicht für alle selbstverständlich ist, kann danach ein subjektives Recht vorliegen. Das subjektive Recht kann also als eine Herausgehobenheit aus der Gesamtheit der Rechtssubjekte verstanden werden,[173] was mit dem Konsens in der Rechtswissenschaft korrespondiert, dass es keinen allgemeinen Gesetzesvollziehungsanspruch gibt.[174] Gegenüber dem oben erwähnten Element der Begünstigung[175] wird hier also eine gewisse Exklusivität angesprochen. Es gibt daher auch Stimmen, die als kennzeichnendes Merkmal des subjektiven Rechts nicht vornehmlich ein Interesse oder eine Willensmacht ansehen, sondern die Zuweisung bzw. Zuordnung zu einem Rechtssubjekt;[176] das heißt,

---

[170] Zur Abgrenzung dieser Merkmale noch unten e)cc), S. 176.

[171] Eindrücklich E. Schulev-Steindl, Rechte, S. 58; vgl. R. Stober in: Wolff/Bachof/Stober/Kluth, Verwaltungsrecht Bd. 1, § 43 Rn. 37ff.; Zweifel an der Notwendigkeit des Kriteriums der Zuordnung zu einem Rechtssubjekt auf der Ebene des subjektiven Rechts selbst können aber aufkommen, wenn zugestanden wird, dass es zumindest zeitweilig subjektive Rechte ohne Subjekt geben kann, dazu M. Wolf/J. Neuner, BGB AT, § 20 Rn. 12f.: „als Übergangszustand nicht zu vermeiden"; etwas weniger deutlich K. Larenz, BGB AT, S. 214 Fn. 12.

[172] K. Larenz in: FS Sontis, S. 138 f.; kritisch dazu E. Schulev-Steindl, Rechte, S. 151 f.

[173] W. Roth, Organstreitigkeiten, S. 419.

[174] Kein allgemeiner Gesetzesvollziehungsanspruch: H.-H. Becker-Birck, Insichprozess, S. 60 m.N.; W. Krebs in: Erichsen/Hoppe/von Mutius, FS Menger, S. 205; K.F. Röhl/H.C. Röhl, Rechtslehre, S. 383; F. Schoch in: Hoffmann-Riem/Schmidt-Aßmann/Voßkuhle, Grundlagen Bd. 3, § 50 Rn. 143; R. Stober in: Wolff/Bachof/Stober/Kluth, Verwaltungsrecht Bd. 1, § 43 Rn. 10; einen allgemeinen Gesetzesvollziehungsanspruch lehnt auch W. Henke, Recht, S. 57 ab.

[175] Oben B.I.3.b), S. 165.

[176] H. Bauer, DVBl. 1986, 208, 217; J. Krüper, Gemeinwohl, S. 140f. (mit Nachw. auch zu Kritik am Zuweisungsbegriff); E. Schulev-Steindl, Rechte, S. 58, S. 105; die Zuordnung spielt auch bei W. Roth, Organstreitigkeiten, S. 356ff. eine wesentliche Rolle; vgl. auch E. Wolf, WissR 3 (1970), 193, 205: „Ein subjektives Recht ist ein rechtliches Verhältnis mit dem Inhalt, daß ein daran Beteiligter (der Berechtigte) für eine Entscheidung zuständig ist." – hier ist freilich auch ein Kriterium der „Entscheidung" enthalten, vgl. dazu unter f).
Das Kriterium der Zuordnung ist allerdings kein hinreichendes für ein subjektives Recht, weil auch Vorteile aus Rechtsreflexen einer Person zugeordnet werden können – Autoren, die die Zuordnung betonen, stellen subjektive Rechte auffällig häufig ausführlich nach Kategorien dar, vgl. etwa K. Larenz, BGB AT, S. 214ff., E. Schulev-Steindl, Rechte, S. 101ff., was den Eindruck macht, dass das subjektive Recht als solches (in erster Linie) doch eher durch diese Fallgruppen definiert wird.

„daß jemand ein ‚subjektives Recht' hat, besagt, daß ihm etwas [...] rechtens zukommt oder gebührt".[177]

Dieses Grundprinzip der als gesellschaftlich (und für das Recht) notwendig angesehenen[178] Individualität wurde auf das als zentral anerkannte Merkmal des subjektiven Rechts, das Interesse,[179] übertragen, da viele andere Merkmale des subjektiven Rechts keine Abgrenzung von bloß objektivem Recht und subjektiven Rechten bringen konnten. Da das Interesse ein diffuser Begriff ist, ist es kein Wunder, dass das Entscheidende am Interessenelement der Kombinationstheorie meist die Zuordnung und Individualität ist.[180]

Allerdings besagen auch die Kennzeichen der Zuordnung und Individualität des subjektiven Rechts und des Interesses zunächst nicht viel mehr, als dass nicht alles objektive Recht ein subjektives Recht enthält. Dass jemandem ein unbestimmtes „etwas" zukommt, kann ebenfalls als bloße Umschreibung für die Trennung von subjektivem und bloß objektivem Recht aufgefasst werden. Die Frage von Zuordnung und Individualität des subjektiven Rechts wurde zwar auf das Interesse übertragen, jedoch das Problem der Trennung von bloß objektivem und subjektivem Recht nicht gelöst. Entscheidend ist, wann eine (hinreichende) Zuordnung bzw. Individualität vorliegt.[181]

bb) Zuordnung des Interesses

An dem Postulat der Zuordnung des Interesses zum Berechtigten wird jedoch auch Kritik geübt: So gebe es auch subjektive Rechte, bei denen dem Anspruchsberechtigten nicht notwendig ein eigenes Interesse zustehen müsse, etwa bei § 3 Abs. 1 UIG oder § 1 Abs. 1 S. 1 IFG – zumindest sei der Gesetzgeber frei, Rechte zu verleihen, die nur Interessen Dritter schützen.[182] Demgegenüber kann jedoch eingewendet werden, der Berechtigte habe immer zumindest ein Affektionsinte-

---

[177] *K. Larenz* in: FS Sontis, S. 147.

[178] Vgl. *E. Schmidt-Aßmann* in: Maunz/Dürig, GG, Art. 19 Abs. 4 Rn. 117.

[179] Zum Teil wird aber auch das zweite Kriterium, das der Rechtsmacht, mit dem Attribut individuell versehen, vgl. *E. Schmidt-Aßmann* in: Maunz/Dürig, GG, Art. 19 Abs. 4 Rn. 136, der dort aber Interesse und Rechtsmacht stark vermischt.

[180] Vgl. *M. Reiling*, DÖV 2004, 181, 188: „Interessenträgerschaft"; vgl. *W. Roth*, Organstreitigkeiten, S. 353 f. (vgl. auch Fn. 168).

[181] Dazu sind im Rahmen der Schutznormtheorie verschiedene Kriterien entwickelt worden, unten B. II. 2. d), S. 212.

[182] *A. Scherzberg* in: Ehlers/Pünder, A. Verwaltungsrecht, § 12 Rn. 4; vgl. auch *W. Roth*, Organstreitigkeiten, S. 359; *E. Schulev-Steindl*, Rechte, S. 75 f. (mit Bezug auf das österreichische Recht); vgl. *K. F. Röhl/H. C. Röhl*, Rechtslehre, S. 381: als Bsp. werden die richterliche Unabhängigkeit (Art. 97 GG) und Verbandsklagerechte genannt, die gerade nicht eigene Interessen der Berechtigten schützen sollen; schon *G. Jellinek*, System, S. 71 schrieb, dass der Gesetzgeber geschützte Ansprüche auch dort schaffen könne, „wo ein Individualinteresse gar nicht vorliegen kann".

resse, sonst würde er sein Recht nicht ausüben wollen. Beispielsweise möchte ein Auskunftsberechtigter nach § 3 UIG, etwa wenn er Umweltaktivist ist und die Informationen veröffentlichen will, die Informationen auch aus eigenem Interesse erlangen, nämlich um sein persönliches Ziel, zum Umweltschutz beizutragen, zu verfolgen. Es gibt so vielfältige Interessen, dass auch das Motiv, einem Dritten oder der Allgemeinheit zu helfen, als ein Eigeninteresse angesehen werden kann. Wird allerdings das Interesse so weit verstanden, kann es nicht mehr zur Abgrenzung von subjektivem Recht und Rechtsreflex herangezogen werden, weil jemand, der sich auf eine Rechtsnorm beruft, in diesem Sinne immer ein eigenes Interesse an der Einhaltung der Rechtsnorm hat.[183]

Hinter der Berufung auf bloß objektives Recht kann aber, wird das Merkmal der Zuordnung so weit gefasst, ebenfalls ein eigenes Interesse stehen – so gesehen ist das Kriterium des eigenen Interesses zur Abgrenzung von subjektivem Recht und bloß objektivem Recht untauglich. Anders gewendet: Ob tatsächlich ein eigenes Interesse vorhanden ist, das mit der Rechtswirkung einer Norm gleichläuft, ist bei dieser Betrachtungsweise ein Umstand der inneren Vorstellungswelt, der nur vom Berechtigten selbst festgestellt werden kann.[184] Damit hätte es der Berechtigte in der Hand, mittels der Behauptung eines eigenen Interesses aus jedem objektiven Rechtssatz ein subjektives Recht zu entnehmen.

Ist also vom Vorliegen eines eigenen Interesses nicht zuverlässig auf die Existenz eines subjektiven Rechts und vom Fehlen eines persönlichen Interesses an der Rechtsfolge nicht auf das Nichtvorhandensein eines subjektiven Rechts zu schließen, so ist das Kriterium der Zuordnung des Interesses für die Unterscheidung eines subjektiven Rechts von bloß objektivem Recht jedenfalls allein nicht weiterführend. Es wird daher auch befürwortet, das Vorliegen eines eigenen Interesses nicht als elementares Merkmal des subjektiven Rechts anzusehen, da es schlüssiger sei, das subjektive Recht als rechtliche Entscheidung, als „normative Verknüpfung" nur zwischen Rechtsfolge des Gesetzes und der Willensentscheidung des Berechtigten anzusehen und zumindest den Schutz irgendeines Interesses genügen zu lassen.[185]

---

[183] Hier ergibt sich ein Zusammenhang mit der oben in Fn. 163, S. 171 (unter d)) erwähnten Sichtweise, dass letztlich alles Recht, auch das bloß objektive, irgendwelche Interessen schützt.

[184] *K. F. Röhl/H. C. Röhl,* Rechtslehre, S. 381.

[185] *A. Scherzberg* in: Ehlers/Pünder, A. Verwaltungsrecht, § 12 Rn. 11. Dann wäre – ganz gleich ob man davon ausgeht, alles Recht schütze Interessen, oder davon, dass Interessen etwas rein Subjektives sind, das die Rechtsordnung gar nicht objektiv schützen kann – das Interessenmerkmal nach dem bisher Gesagten, auch mit dem erläuternden Zusatz der Zuordnung, überflüssig.

cc) Herausgehobenheit, Individualität und Abgrenzbarkeit des Interesses

Wohl aufgrund der Uneindeutigkeit des Merkmals der Zuordnung des Interesses zum Rechtsinhaber wird von denen, die ein eigenes Interesse als essentielles Merkmal eines subjektiven Rechts ansehen, daneben zumeist noch etwas damit Zusammenhängendes, Zusätzliches gefordert, nämlich die Individualität des Interesses,[186] also eine Abgrenzbarkeit des Interesses des Berechtigten von anderen Interessen.[187] Auch dieses Merkmal dient der Unterscheidung des „Rechtsreflexes" vom subjektiven Recht.[188]

Neben den Schwierigkeiten bei der Anwendung des Kriteriums der Individualität[189] ergibt sich jedoch auch ein Kritikpunkt auf theoretischer Ebene: Es wird angeführt, dass der Gesetzgeber auch jedem einzelnen ein subjektives Recht zur Durchsetzung solcher Interessen verleihen kann, die allen Mitgliedern der Rechtsgemeinschaft eigen sind.[190] Diese Zweifel an der Relevanz des Individualitätskriteriums als essentielles Merkmal lassen sich auf der Ebene des subjektiven Rechts selbst fortsetzen: Wird zum Beispiel die allgemeine Handlungsfreiheit des Art. 2 Abs. 1 GG betrachtet, so bleibt auf den ersten Blick offen, worin bei diesem Grundrecht die Herausgehobenheit aus der Menge der übrigen Rechtssubjekte bestehen soll.[191]

Zwar ist diesbezüglich sorgfältig darauf zu achten, welches Interesse betrachtet wird: Bei den Grundrechten etwa haben nicht alle Bürger die selben Interessen, sondern nur gleiche, jeweils auf sich selbst bezogene Interessen,[192] und sie haben nicht alle das selbe Recht, sondern nur jeweils ein gleiches Recht, das aber inhaltlich auf den Einzelnen bezogen ist. Grundrechte stehen nicht allen zu, denn keiner kann die Grundrechte des Nachbarn geltend machen, sondern jeder hat inhaltlich auf sich selbst bezogene Grundrechte. Trotzdem gewährleistet Art. 2 Abs. 1 GG mit der allgemeinen Handlungsfreiheit etwas, was allen gleichermaßen zusteht:

---

[186] Im Sinne einer „Individualisierung des Subjekts", so *G. Roellecke,* AöR 114 (1989), 589, 596.

[187] Etwa *O. Bachof* in: GS W. Jellinek, S. 296f.; geradezu als Kern des subjektiven Rechts erscheint die „Individualisierung" bei *G. Roellecke,* AöR 114 (1989), 589, 596; vgl. auch die Nachw. in Lit. und Rspr. bei *W. Roth,* Organstreitigkeiten, S. 353f., Fn. 22–28.

[188] So bei *E. Schmidt-Aßmann* in: Maunz/Dürig, GG, Art. 19 Abs. 4 Rn. 136.

[189] Dazu noch unten bei der Schutznormtheorie, B. II. 2., ab S. 203, die zumindest vordergründig maßgeblich auf dem Kriterium der Individualität aufbaut.

[190] *A. Scherzberg* in: Ehlers/Pünder, A. Verwaltungsrecht, § 12 Rn. 9; *W. Roth,* Organstreitigkeiten, S. 355, der auf S. 356 darauf hinweist, dass zwar der Gesetzgeber subjektive Rechte i. d. R. auf einen begrenzten Kreis von Personen beschränkt, dies aber nicht denklogisch dem Wesen des subjektiven Rechts entsprechen muss.

[191] Vgl. *E. Schulev-Steindl,* Rechte, S. 77f.; hierzu wird unten unter Kapitel 3, B. II. 2. d) cc) (2), ab S. 218 noch mehr auszuführen sein.

[192] Das ist es wohl, was *O. Bachof* in: GS W. Jellinek, S. 297 mit der sogleich hier im Text bei Fn. 195 wörtl. zitierten Aussage meint.

Individualität wird durch die bloße Anknüpfung an das Individuum sehr weit verstanden. Auch die inhaltliche Weite des Schutzes der Grundrechte weckt Zweifel an der Unterscheidungskraft des Kriteriums der Individualität der Interessen. Die Gewährleistung einer allgemeinen Handlungsfreiheit bedeutet, dass grundsätzlich alle Arten von Interessen geschützt sind und daher ebenfalls beispielsweise die Verfolgung von Zielen, die auch im Interesse anderer sind – dass es solche gemeinsamen Interessen gibt, wurde eben schon angesprochen. Durch die Weite des Art. 2 Abs. 1 GG muss also auch die Auffassung davon, was ein Individualinteresse innerhalb eines Rechts darstellt, entsprechend weit sein, denn Art. 2 Abs. 1 GG ist als subjektives Recht anerkannt. Bei einem so weiten Verständnis von Individualität bzw. Herausgehobenheit stellt sich jedoch die Frage, welchen Sinn dieses Abgrenzungskriterium noch hat: Wird nämlich der Gedanke auf die Spitze getrieben, dass jeder im Prinzip nur für ihn spezifische, also individuelle Interessen, auch an gemeinschaftlichen Belangen, verfolgt, dann gibt es nur noch individuelle, abgrenzbare Interessen, da jeder auch an einem gemeinsamen Ziel nur ein auf sich bezogenes und damit individuelles Interesse haben kann.[193] Mit anderen Worten: Wenn die Individualität wie bei den Grundrechten durch das Individuum bedingt ist, weil ohne diese Argumentation anzuerkennen wäre, dass Grundrechte, insbesondere die allgemeine Handlungsfreiheit, auch allgemeine, und nicht nur individuelle Interessen schützen, dann führt das dazu, dass alle Interessen als individuell anzuerkennen sind, weil jedes Individuum nur eigene und damit individuelle Interessen verfolgt, auch wenn es sie mit anderen teilt. Das Merkmal der Individualität eines Interesses ist dann ohne Aussagegehalt bzw. nicht zur Unterscheidung zwischen Rechtsreflex und subjektivem Recht geeignet. Es hat also aus ähnlichen Gründen prinzipiell wenig Unterscheidungskraft, wie das der Zuordnung.

Eine Begründung dafür, warum eine über die bloße Zuordnung hinausgehende Individualität für den Begriff des subjektiven Rechts bedeutsam sein soll, lässt sich nur in dem Bestreben erblicken, Rechtsschutzmöglichkeiten in höherem Maße als nur über den Aspekt der Zuordnung zu begrenzen. Die Begrenzung von Rechtsschutzmöglichkeiten kann aber genauso durch eine beschränkte Zuerkennung von subjektiven Rechten im jeweiligen Einzelfall geschehen[194] – dafür muss der Begriff des subjektiven Rechts selbst nicht verengt werden. Für den Begriff des subjektiven Rechts ist eine über die Zuordnung hinausgehende Individualität nicht notwendig und eine Bestimmung, wann eine solche in hinreichendem Maße vorliegt, auch kaum möglich. Mit anderen Worten: „Auch ein Rechtssatz, der ‚alle‘ schützt, kann jeden einzelnen schützen".[195]

---

[193] Zum Allgemeininteresse schon oben Kapitel 2, C.II.1.a), S. 106 und unten Kapitel 3., B.II.2.d)cc)(2), S. 218.

[194] Dazu unten, Kapitel 3, B.II., ab S. 202.

[195] *O. Bachof* in: GS W. Jellinek, S. 297; vgl. auch *K. F. Gärditz* in: ders., VwGO, § 42 Rn. 59: „Vor allem darf nicht aus dem Blick verloren gehen, dass auch das Individuum Teil der Allgemeinheit ist".

dd) Finalität des Interessenschutzes

In der Regel wird deshalb bei der Ermittlung subjektiver Rechte auch nicht danach gefragt, ob ein konkret zugeordnetes individuelles Interesse bloß vorliegt
(auch wenn das ein Anhaltspunkt sein kann), sondern danach, ob ein Rechtssatz des objektiven Rechts einem individuellen Interesse zu dienen bestimmt ist.
Kernpunkt der Figur des Rechtsreflexes ist nämlich, dass die meisten Rechtssätze
gleichzeitig mehrere Interessen befördern. Mit der Ermittlung der „beabsichtig-
ten" Schutzrichtung des Rechtssatzes soll herausgefiltert werden, welcher tatsächlich vorhandene Interessenschutz relevant sein soll. Die übrigen – oder alle –
Schutzwirkungen[196] der Norm werden dann als Rechtsreflex qualifiziert.[197]

Damit befindet man sich allerdings schon mitten im Zentrum der Schutznormtheorie, die nicht dazu dient zu definieren, was ein subjektives Recht ist, sondern
subjektive Rechte im objektiven Recht ausfindig zu machen.[198] Die Intention des
Gesetzgebers bzw. des Gesetzes, auf die es bei der Schutznormtheorie ankommt,
kann nicht begriffliches Merkmal des subjektiven Rechts sein, sondern ist eine
Frage der Auslegung des jeweiligen Rechtssatzes, ob er ein subjektives Recht
enthält.

ee) Zwischenergebnis

Das subjektive Recht ist also zumindest etwas, das sich von bloß objektivem
Recht unterscheidet und einem Rechtssubjekt zugeordnet ist. Das Interesse kann
den Begriff des Rechts aber nicht zuverlässig weiter i. S. einer Definition konkre-
tisieren, auch wenn ihm die üblichen Attribute zugeordnet werden – vielmehr handelt es sich beim Rückgriff auf das Interesse meist um Formeln, in der Regel in
Form der Schutznormtheorie, die dem Auffinden von subjektiven Rechten in typischen Konstellationen dienen. Zu diesen ist später noch mehr auszuführen.[199]

Auch das Merkmal der Zuweisung des Rechts an einen Rechtsinhaber ist jedoch, wo immer es genannt wird, lediglich als offener Hinweis auf die „Notwendigkeit eines juridischen Abwägungsvorgangs" zu sehen,[200] und zwar in dem oben
beschriebenen Sinne, dass sich darin lediglich der Sachzwang ausdrückt, Rechte
zu begrenzen und einen allgemeinen Gesetzesvollziehungsanspruch auszuschlie-

---

[196] Die landläufige Unterscheidung zwischen rechtlich und faktisch geschütztem Interesse
(vgl. bspw. *E. Schmidt-Aßmann* in: Maunz/Dürig, GG, Art. 19 Abs. 4 Rn. 119) geht dabei übrigens sprachlich fehl, da auch bloße Rechtsreflexe Schutzwirkungen des geltenden Rechts sind.

[197] Vgl. zu Rechtsreflex und Tatsachenreflex noch weitergehend *R. Stober* in: Wolff/Bachof/
Stober/Kluth, Verwaltungsrecht Bd. 1, § 43 Rn. 10.

[198] Zur Schutznormtheorie unten Kapitel 3, B.II.2., S. 203; vgl. auch Kapitel 3, B.I.2.b),
S. 156.

[199] Kapitel 3, B.II., S. 202.

[200] *J. Krüper*, Gemeinwohl, S. 141.

ßen. Ähnlich verhält es sich mit den Merkmalen der Individualität und Finalität der Rechtszuweisung.

Es ergibt sich also folgendes Ergebnis: Subjektive Rechte sind ein Teil des objektiven Rechts, der durch Auslegung der betreffenden Rechtsnormen vom übrigen Recht unterschieden werden muss, wobei so offene Beschreibungen wie Interesse, Zuordnung und Individualität als bloße Platzhalter für die Wertungsfrage, ob ein subjektives Recht vorliegt, verstanden werden können. Leitlinien und Kriterien für diesen Wertungsvorgang können diese Begriffe eventuell in begrenztem Maße bereitstellen, aber als Definitionsmerkmale, die für alle subjektiven Rechte gleichermaßen Geltung beanspruchen, sind sie eher nicht geeignet. Auch nach der bisherigen Diskussion von Merkmalen des subjektiven Rechts bleibt weitgehend offen, was ein subjektives Recht ausmacht.

f) Willens- bzw. Rechtsmacht, gerichtliche Durchsetzbarkeit

Wird als Wesenselement des subjektiven Rechts die Zuweisung von etwas anerkannt, stellt sich die Frage, was außer dem Recht selbst (was bei der Beschreibung des Rechts wenig weiter hilft) dem Rechtsinhaber zugewiesen sein könnte, wenn das Interesse als Bezugspunkt für die Zuweisung nicht plausibel ist. Als zweiten Begriff neben dem Interesse enthält die Kombinationstheorie das Merkmal der „Macht", entweder als „Willensmacht" oder als „Rechtsmacht".[201] Dieses Element ist nicht unumstritten,[202] nicht zuletzt deshalb, weil auch unter den Begriffen Willens- oder Rechtsmacht jeweils ganz unterschiedliche Dinge verstanden werden können.[203]

---

[201] Vgl. zum Zivilrecht *F. Kasper,* Recht, S. 7 mit zahlreichen Nachweisen; zur Bedeutung des Elements der Macht bei der Definition des subjektiven Rechts in Philosophie und Moraltheologie *A. Vonlanthen,* Streit, S. 14 ff.

[202] Willensmacht als zentrales Element: *O. Bachof,* VVDStRL 12 (1953), 37, 73; das Element der Rechtsmacht hebt auch *A. Scherzberg* in: Ehlers/Pünder, A. Verwaltungsrecht, § 12 Rn. 4 stark hervor. Vgl. *H.-U. Erichsen* in: ders/Ehlers, A. Verwaltungsrecht, 12. Aufl., § 11 Rn. 33: Das Element der Rechtsmacht werde „häufig nicht mehr erwähnt" (m.N.), weil ihm regelmäßig keine eigenständige Bedeutung mehr zukomme, es sei aber „nicht […] von vornherein entbehrlich".

Das Rechtsmachtelement hält *R. Stober* in: Wolff/Bachof/Stober/Kluth, Verwaltungsrecht Bd. 1, § 43 Rn. 44 dagegen für überflüssig; ablehnend auch *K. Larenz,* BGB AT, S. 212; ebenso *E. Wolf,* WissR 3 (1970), 193, 202 f.: Das subjektive Recht sei „ein Artbegriff des Gattungsbegriffs Recht, nicht des Gattungsbgriffs Macht", und es gäbe „Recht ohne entsprechende Macht und Machtausübung ohne Recht."

[203] Vgl. *K. Larenz* in: FS Sontis, S. 147: Der „abstrakt-allgemeine[..] Begriff der ‚Willensmacht' […] verdeckt […] durch seine Farblosigkeit nur die tatsächlich sich dahinter verbergende Vielfältigkeit".

aa) Rolle des Willens für das subjektive Recht

Die Beschreibung des subjektiven Rechts als Willensmacht[204] wird Friedrich Carl von Savigny zugerechnet.[205] In ihr ist die auf Immanuel Kant zurückgehende Auffassung verwurzelt, dass das Recht der Abgrenzung der Freiheitssphären der Menschen in einer Gesellschaft dient.[206] Dem subjektiven Recht wohnt ein Element der Autonomie und freien Entfaltung der Persönlichkeit inne, indem es einen „Freiheitsraum" gewährt,[207] in dem der Wille des Rechtssubjekts „herrscht".[208]

Die Abgrenzung von Freiheitssphären zur Bewältigung von Interessenkonflikten und zur Ermöglichung eines friedlichen Zusammenlebens ist allerdings kein Kennzeichen allein des subjektiven Rechts, sondern des Rechts überhaupt. Was das Merkmal der Willensmacht für das subjektive Recht gegenüber dem bloß objektiven Recht hinzufügt, ist das Element der Möglichkeit, die dem freien Willen eingeräumt wird und die auch ungenutzt bleiben kann: „ein rechtliches Können, ein Handeln-Dürfen im Rahmen der Rechtsordnung, aufgrund einer Ermächtigung".[209]

Die Charakterisierung des Rechts als Willensmacht, als Handeln-Dürfen, wirft jedoch die Frage auf, ob der Wille dann Element des Rechts ist, oder das subjektive Recht nur die Grundlage bildet, damit sich ein Wille betätigen kann – das subjektive Recht an sich also als Möglichkeit nur die Voraussetzung schafft, dass sich ein davon unterscheidbarer Wille entfalten kann.[210] Wird das subjektive Recht dergestalt nur als einer Person zugewiesene Möglichkeit verstanden, sich zu entscheiden, ihren Willen auszuüben,[211] dann gerät diese Beschreibung auch in die Nähe der Gleichsetzung des subjektiven Rechts mit einer Zuweisung.[212] An der Willenstheorie wurde schon früh kritisiert, dass es gerade nicht der Wille sein kann, der

---

[204] Vgl. auch etwa *O. Bachof,* VVDStRL 12 (1953), 37, 73; *H.-U. Erichsen* in: ders./Ehlers, A. Verwaltungsrecht, 12. Aufl., § 11 Rn. 30.

[205] *K. F. Röhl/H. C. Röhl,* Rechtslehre, S. 356; *E. Schulev-Steindl,* Rechte, S. 12; vgl. Fn. 208.

[206] Vgl. *K. F. Röhl/H. C. Röhl,* Rechtslehre, S. 356f., die *Kant* und *Savigny* in Verbindung bringen; *W. Roth,* Organstreitigkeiten, S. 338 schreibt auch *Hegel* einen Einfluss auf *Savigny* zu – kritisch zu dieser These *C. Mährlein,* Volksgeist und Recht: Hegels Philosophie der Einheit und ihre Bedeutung in der Rechtswissenschaft, Würzburg 2000, S. 126f.

[207] Vgl. *K. Larenz* in: FS Sontis, S. 132.

[208] *F. C. von Savigny,* System des heutigen Römischen Rechts, Bd. 1, fotomech. Nachdr. d. Ausg. v. 1849, Darmstadt 1956, S. 7 (§ 4): „[...] ein Gebiet, worin ihr [Anm.: der einzelnen Person] Wille herrscht [...] Diese Macht nennen wir ein Recht dieser Person, gleichbedeutend mit Befugniß: Manche nennen es das Recht im subjectiven Sinn".

[209] *K. Larenz* in: FS Sontis, S. 146f.; davon ist auch *W. Roth,* Organstreitigkeiten, S. 446ff., nicht weit entfernt, wenn er als wesentliche Merkmale des subjektiven Rechts die Ausübbarkeit und die Möglichkeit zur Geltendmachung bestimmt.

[210] Vgl. schon *R. von Jhering,* Geist, Teil 3 Bd. 1, S. 311: „das Recht bietet nicht den Stoff, sondern die Voraussetzung des Wollens, und was von dem Recht gilt, gilt auch von den Rechten."

[211] Vgl. *E. Schulev-Steindl,* Rechte, S. 18: Es werde „nahezu einhellig in der Literatur das Merkmal der Ausübbarkeit eines Rechts als unverzichtbarer Bestandteil desselben betrachtet".

[212] Vgl. oben I. 3. e) aa), bei Fn. 176, S. 173.

das Recht ausmacht, wie sich am Beispiel von Kindern und Willensunfähigen zeigt: Derjenige, der als Vertreter einen Willen ausübt, ist nicht notwendig die gleiche Person, der das Recht zugewiesen ist; Möglichkeit der Willensbetätigung und Rechtsinhaberschaft fallen auseinander.[213] Häufig wird daher auch nicht der Begriff der Willens- sondern der Rechtsmacht verwendet.[214] Mit dieser Rechtsmacht ist allerdings der Inhalt des Rechts und nicht die Möglichkeit zur Übertragung eines Rechts gemeint, die im Übrigen auch kein Wesensmerkmal des subjektiven Rechts darstellt.[215]

bb) Mehrdeutigkeit des Begriffs Rechtsmacht

Auch auf Basis der Charakterisierung als Rechtsmacht gehen die Vorstellungen, was das durch ein subjektives Recht vermittelte rechtliche Können ausmacht, auseinander, und zwar auf zwei Ebenen: Zum einen variiert der Charakter des rechtlichen Könnens, unter anderem je nach Art des Rechts, das bewusst oder unbewusst für die jeweilige Modellvorstellung in den Blick genommen wird.[216] Zum anderen gehen die Meinungen darüber auseinander, ob das Wesen dieses rechtlichen Könnens mit der gerichtlichen Durchsetzbarkeit gleichzusetzen ist (dazu unten unter cc)).

Das erste Problem, das zwar zu komplex ist, um hier umfassend behandelt zu werden, das aber in einigen Aspekten bereits gestreift wurde, ist der Grund für die oben beschriebene generelle Ablehnung eines einheitlichen Begriffs des subjektiven Rechts durch einige Autoren.[217] Es geht hier darum, ob und wie eine Gemeinsamkeit von unterschiedlichen Arten von Rechten wie Ansprüchen, Herrschafts-

---

[213] Sehr deutlich schon *R. von Jhering*, Geist, Teil 3 Bd. 1, S. 332 f.; ausführlich dazu *W. Roth,* Organstreitigkeiten, S. 347 ff. m. w. N.

[214] Vgl. etwa *A. Scherzberg* in: Ehlers/Pünder, A. Verwaltungsrecht, § 12 Rn. 4 – allerdings aus einem anderen Grund, nämlich weil der Staat, der das Recht letztlich durchsetzt, nicht einem fremden Willen, sondern dem objektiven Recht unterworfen sei.

[215] Mit einer angeblich immer gegebenen Verfügbarkeit und Verzichtbarkeit subjektiver Rechte argumentieren aber *E. Klein* in: Benda/ders., Verfassungsprozessrecht, Rn. 990 (S. 398) und *W. Löwer* in: Isensee/Kirchhof, HStR Bd. 3, § 70 Rn. 9; diese Schlussfolgerung ist stark vom zivilrechtlichen Normalfall beeinflusst; dagegen *K. Larenz,* BGB AT, S. 213 f.; *W. Roth,* Organstreitigkeiten, S. 481 m. w. N.; ausführlich *E. Schulev-Steindl,* Rechte, S. 26 ff., die darauf hinweist, dass gerade im öffentlichen Recht die Übertragbarkeit von Rechten eher die Ausnahme ist und die die Möglichkeit zur Übertragung als „eigenständigen Typus subjektiver Berechtigungen" (S. 29) und nicht als Teil von Rechten ansieht; – schon an Art. 1 Abs. 1 S. 1 GG und Art. 2 Abs. 2 S. 1 GG ist ersichtlich, dass eine Übertragbarkeit nicht zwingend ein Wesensmerkmal von Rechten ist.

[216] Treffend *K. Larenz* in: FS Sontis, S. 147: „Dabei denkt man dann bald nur an ein ‚Erlaubtsein' bestimmter, rein tatsächlicher Handlungen, bald an die Möglichkeit, Handlungen vorzunehmen, die ihre Wirkung nur innerhalb der Sphäre des Rechts entfalten, bald an einen rechtlich gegen andere abgeschirmten (‚geschützten') Wirkungsbereich, bald an die Klagebefugnis, bald an die (nicht immer gegebene) Möglichkeit des Berechtigten, über sein Recht zu verfügen".

[217] Vgl. oben B. I. 2., S. 154.

rechten und Gestaltungsrechten begründet werden kann. Im Einzelnen stellen sich unter anderem die Fragen, ob und wie „Umschaltnormen" Teil von absoluten bzw. Herrschaftsrechten sind und ob bestimmte Rechte erst durch die Verletzung von Verhaltenspflichten entstehen[218] sowie ob absolute bzw. Freiheits- oder Herrschaftsrechte dem Rechtssubjekt, das diese Rechte inne hat, eine Möglichkeit verleihen, die es sonst nicht hätte, oder ob sie nur schon vorgegebene Möglichkeiten vor Angriffen oder Verletzungen Dritter schützen.[219] In diesen Problemkreis gehört auch die Debatte um die Imperativentheorie[220] und die Frage, ob es ein rechtliches Dürfen geben kann[221] bzw. um das Bild der Rechtsordnung als Zwangsordnung.[222]

Beispielsweise kann ein rechtliches Können, das jeweils das Eigentum, die Gewerbe- oder die Berufsfreiheit vermittelt, auch als Ausübbarkeit bezeichnet werden,[223] nämlich indem die durch das jeweilige Recht geschützten oder gewährten Verhaltensweisen verfolgt werden, während auf Sozialleistungs-, Schadensersatz- oder Herausgabeansprüche nicht so sehr der Begriff der Ausübung, sondern eher der Begriff der Geltendmachung zu passen scheint. Dass es sich hier nicht lediglich um eine terminologische Frage handelt, ist daran erkennbar, dass Rechte auf ein Verhalten anderer Personen auch ohne Mitwirkung des Berechtigten existieren und erfüllt werden können, es einer Ausübung hier also gar nicht bedarf, selbst wenn die Geltendmachung als eine Unterform der Ausübung anzusehen wäre.[224]

---

[218] Dazu schon oben B. I. 3. c), bei Fn. 143, S. 168; zum Problemkreis auch *W. Henke* in: FS Weber, S. 499 ff.; *K. F. Röhl/H. C. Röhl,* Rechtslehre, S. 387 f.; vgl. schon *G. Jellinek,* System, S. 86 mit der Gegenüberstellung von „status" und subjektivem Recht (vgl. dazu *E. Schulev-Steindl,* Rechte, S. 10 ff.); *H. H. Rupp,* Grundfragen, S. 161 ff. (insb. S. 162, S. 171): Aus dem „status", der kein Recht ist, entstehen bei Verletzung Rechte – auch zivilrechtliches Eigentum sieht *Rupp* nicht als subjektives Recht an (S. 166); vgl. dazu, auch zum „materiell-rechtlichen Aufhebungsanspruch", *M. Schmidt-Preuß,* Privatinteressen, S. 442 ff.

[219] Vgl. zu dieser Frage unter der Bezeichnung „Recht am eigenen Verhalten" *E. Schulev-Steindl,* Rechte, S. 14 f., S. 23 ff., S. 79 ff.

[220] Zu Geschichte und Inhalt der Imperativentheorie einführend *K. F. Röhl/H. C. Röhl,* Rechtslehre, S. 230 ff., die selbst Verfechter dieser Theorie sind.

[221] Kritisch zur Imperativentheorie und für ein rechtliches „Dürfen" als „eigenständige Kategorie" *K. Larenz* in: FS Sontis, S. 137 ff. m. w. N.

[222] Dazu etwa *E. Schulev-Steindl,* Rechte, S. 45 ff. – die Imperativentheorie und die These von der Rechtsordnung als Zwangsordnung beziehen sich aber auf das gesamte, auch auf das bloß objektive Recht und nicht primär auf die hier thematisierte Abgrenzung von subjektivem und bloß objektivem Recht.

[223] Vgl. *E. Schulev-Steindl,* Rechte, S. 18, die die Ausübbarkeit mit der Willensmacht gleichsetzt – dementsprechend ist aber bei ihr die Ausübbarkeit auch ein Kennzeichen aller Rechte; vgl. aber auch a. a. O. S. 112: Rechtsmacht nicht als Durchsetzbarkeit, sondern als „die Befugnis zur Rechtssetzung".

[224] Vgl. *E. Schulev-Steindl,* Rechte, S. 18 f.; a. A. *W. Roth,* Organstreitigkeiten, S. 448 ff., der ausdrücklich beide Merkmale für alle Arten von Rechten als passend ansieht und der im Übrigen diese Elemente auch eher als Gegenentwurf zum Element der Willens- oder Rechtsmacht sieht. Als Ausübung von Forderungsrechten sieht *Roth* die Entgegennahme der Leistungen an, was allerdings künstlich wirkt und dahingehend zweifelhaft ist, dass die Ausübung im normalen Sprachgebrauch eine Tätigkeit darstellt, die Erfüllung einer Forderung aber auch ohne die Mitwirkung des Gläubigers geschehen kann (das Geld wird auf das Konto überwiesen),

Diese Fragen werden für verschiedene Rechte, etwa absolute Rechte des Zivilrechts im Vergleich zu Grundrechten, wie oben ebenfalls schon anklang,[225] zum Teil unterschiedlich beantwortet.[226] Das subjektive Recht als Freiheitsraum der Handlungsmöglichkeiten zu begreifen, liegt jedenfalls bei absoluten Rechten des Zivilrechts und bei Grundrechten näher als etwa bei Zahlungsansprüchen aus Kauf- oder Mietvertrag.

cc) Subjektives Recht als gerichtliche Durchsetzbarkeit von Verhaltenspflichten

Insbesondere aus diesen Unklarheiten heraus stellt sich wie soeben erwähnt die Frage, was die Rechtsmacht im Grunde anderes sein kann als die Möglichkeit, die Rechtsordnung zur Umsetzung der eigenen Ziele in Bewegung zu setzen, also letztlich den eigenen Willen, eigene Interessen, gerichtlich durchsetzen zu können. Denn das Recht eröffnet nur insoweit wirklich einen Handlungsspielraum, als es andere Rechtssubjekte an den Willen des Berechtigten bindet und das Verhalten dieser anderen damit den Handlungsspielraum nicht zerstören kann. Diese Bindung ist nur dann vollkommen, wenn das dem Recht entsprechende Verhalten der anderen durch den Berechtigten auch erzwungen werden kann,[227] was unter der Prämisse des staatlichen Gewaltmonopols in der Regel die gerichtliche Durchsetzbarkeit bedeutet.[228] Deswegen sehen viele die gerichtliche Durchsetzbarkeit als das wesentliche Merkmal des subjektiven Rechts an.[229] Aber auch Vertreter der Inter-

---

es folgerichtig Rechte gibt, deren Kennzeichen nicht die so verstandene Ausübbarkeit sein kann (vgl. aber *K. Larenz* in: FS Sontis, S. 137, der ebenfalls die Entgegennahme einer Leistung als Ausübung des Rechts ansieht). Die Geltendmachung kann hingegen dann kein Kennzeichen absoluter Rechte sein, wenn sehr strikt zwischen dem absoluten Recht selbst (etwa dem Eigentum) und Ansprüchen zu seiner Durchsetzung (wie §§ 1004, 985 BGB) getrennt wird.

[225] Im Hinblick auf das zivilrechtliche Eigentum, vgl. oben B. I. 3. c), S. 167.

[226] Zu den Gemeinsamkeiten und Unterschieden zwischen zivilrechtlichem und subjektiven öffentlichen Recht noch unten unter Kapitel 3, B. I. 4. b), S. 192 und Kapitel 4, B. IV. 7., S. 304.

[227] Vgl. *O. Bachof* in: GS W. Jellinek, S. 300: „Denn welche stärkere Rechtsmacht könnte dem Träger eines Interesses wohl verliehen sein, als diejenige, es im Wege gerichtlicher Klage durchzusetzen?" (*Bachof* lehnt im Übrigen die Gleichsetzung von subjektivem Recht und gerichtlicher Durchsetzbarkeit aber ab, vgl. dazu *W. Henke,* Recht, S. 2).

[228] Vgl. *Sachs* in: K. Stern, Staatsrecht III/1, S. 535: Rechtsmacht „praktisch mit der Klagebefugnis gleichzusetzen[..]"; vgl. *G. Ress* in: FS Antoniolli, S. 127: „Die Rechtsmacht […] wird in der Regel […] mit der Klagebefugnis gleichgesetzt."

[229] Etwa *K. F. Gärditz* in: ders., VwGO, § 42 Rn. 51, der betont, dass es sich daher um ein Problem der Kompetenzverteilung zwischen Verwaltung und Rechtsprechung handele; *J. Krüper,* Gemeinwohl, S. 220; *K. F. Röhl/H. C. Röhl,* Rechtslehre, S. 381 f., vgl. S. 354: „Subjektive Rechte sind klagbare Ansprüche, deren Ausübung von dem Willen des Berechtigten abhängt."; bei *W. Roth,* Organstreitigkeiten, S. 363 als überwiegende Ansicht bezeichnet; bei *S. König,* Drittschutz, S. 32 als frühere Ansicht dargestellt (m.N.) – ähnlich, aber unklar *M. Reiling,* DÖV 2004, 181, 182; nach *J. Krüper,* Gemeinwohl, S. 112 besteht zwischen Rechtsschutz und subjektivem öffentlichen Recht eine „engste Verknüpfung", was er auf die Ableitung aus dem Zivilrecht zurückführt. Vgl. Fn. 228.

essentheorie waren der Meinung, dass der gerichtliche Rechtsschutz Wesensmerkmal des subjektiven Rechts sei.[230]

Dies wird aber unter Hinweis auf Bernhard Windscheid und die „Überwindung des actionenrechtlichen Denkens" kritisiert.[231] Die geltenden Prozessordnungen, also das formelle Recht, würden subjektive Rechte gerade voraussetzen,[232] die Frage des gerichtlichen Rechtsschutzes kann dann wiederum nicht durch das materielle Recht, in dem subjektive Rechte normiert sind, geregelt sein. Damit wird zugleich auf einen Zirkelschluss hingewiesen, der zumindest für das öffentliche Recht droht, wenn das subjektive Recht mit der Möglichkeit zu gerichtlichem Rechtsschutz gleichgesetzt wird:[233] Beispielsweise nach § 42 Abs. 2 VwGO ist die Geltendmachung eines subjektiven Rechts eine Voraussetzung für den Erfolg der Klage. Ist das subjektive Recht wesentlich über die gerichtliche Durchsetzbarkeit definiert, dann ist die Rechtsfolge des § 42 Abs. 2 VwGO, die gerichtliche Durchsetzbarkeit, die Voraussetzung für das subjektive Recht, das selbst wiederum die Voraussetzung für § 42 Abs. 2 VwGO bildet – das subjektive Recht wird über § 42 Abs. 2 VwGO und die übrigen prozessrechtlichen Normen, die ein subjektives Recht verlangen, eine Voraussetzung für sein eigenes Existieren. § 42 Abs. 2 VwGO und andere Vorschriften wären sicher in anderer Weise erlassen worden, wenn der Gesetzgeber davon ausgegangen wäre, dass sich das subjektive Recht nicht unabhängig von der gerichtlichen Durchsetzbarkeit bestimmen lässt. Ebenso beruht übrigens Art. 19 Abs. 4 S. 1 GG auf dem Gedanken, dass subjektive Rechte gedanklich getrennt von ihrer gerichtlichen Durchsetzbarkeit existieren können, denn sonst hätte diese Bestimmung gar keinen Sinn.[234]

Darüber hinaus wird auch ein Zusammenhang zwischen subjektivem Recht und gerichtlichem Rechtsschutz deswegen bestritten, weil nicht jedes subjektive Recht auch gerichtlich durchsetzbar sei:[235] Zum einen sei die Erzwingung allen Rechts

---

[230] Vgl. schon *R. von Jhering*, Geist, Teil 3 Bd. 1, S. 339: „Zwei Momente sind es, die den Begriff des Rechts konstituiren, [...], und ein formales, welches sich zu jenem Zweck bloß als Mittel verhält, nämlich der Rechtsschutz, die Klage."; vgl. auch *K. Larenz*, BGB AT, S. 212, und *E. Schulev-Steindl*, Rechte, S. 34, die ebenfalls auf den Zusammenhang zwischen Interessentheorie und Rechtsschutz hinweisen.

[231] *A. Scherzberg* in: Ehlers/Pünder, A. Verwaltungsrecht, § 12 Rn. 4 m.N. in Fn. 27, Fn. 2 zu Rn. 1; anders aber *K. F. Röhl/H. C. Röhl*, Rechtslehre, S. 386 f., die diese Zurückweisung als „Missverständnis" bezeichnen: Die Klagemöglichkeit sei lediglich selbstverständlich geworden, aber nicht als Element des subjektiven Rechts verschwunden; zu den Ansichten *Windscheids* vgl. *W. Henke*, Recht, S. 5 ff.

[232] *K. Larenz*, BGB AT, S. 211; *R. Stober* in: Wolff/Bachof/Stober/Kluth, Verwaltungsrecht Bd. 1, § 43 Rn. 44; *M. Wolf/J. Neuner*, BGB AT, § 20 Rn. 2.

[233] Vgl. dazu *O. Bachof* in: GS W. Jellinek, S. 300; *W. Henke*, Recht, S. 2 ff. ; *G. Ress* in: FS Antoniolli, S. 127; *E. Schulev-Steindl*, Rechte, S. 54, S. 11, S. 157.

[234] Vgl. *O. Bachof* in: GS W. Jellinek, S. 300; vgl. auch *S. König*, Drittschutz, S. 32: Es sei „unter der Herrschaft von Art. 19 IV GG dieses Merkmal als Abgrenzungskriterium überholt" (m. w. N.).

[235] Bspw. *E. Wolf*, WissR 3 (1970), 193, 202; vgl. auch *E. Schulev-Steindl*, Rechte, S. 10, die verschiedene Positionen aufzählt, die sie als Rechte ansieht, die aber aufgrund fehlender gerichtlicher Durchsetzbarkeit nach der Kombinationstheorie nicht als Rechte anzusehen seien.

ohnehin eine bloße Fiktion, denn „sobald auch nur signifikante Minderheiten (koordiniert) Rechtsbruch begehen", sei aufgrund der „Begrenztheit der (staatlichen) Machtmittel" „das Erzwingbarkeitspostulat [...] gänzlich irreal"; außerdem gebe es auch in der positiven Rechtsordnung, zum Beispiel wegen § 888 Abs. 3 ZPO, subjektive Rechte, die nicht im Klageweg durchgesetzt werden könnten.[236] Und schließlich wird auch geäußert, dass die gerichtliche Durchsetzbarkeit letztlich keine Rechtsmacht gegenüber dem durch das Recht Verpflichteten sei, sondern ein selbständiger Anspruch auf fremdes Verhalten, nämlich auf das Handeln der Staatsorgane, die gegen den Verpflichteten tätig werden[237] – was bedeutet, dass damit die Rechtsmacht kein Kennzeichen des Rechts gegenüber einem anderen Bürger wäre.

Lässt sich also nach verbreiteter Ansicht die Rechtsmacht „nur als materiellrechtliche Berechtigung verstehen",[238] stellt sich immer noch die Frage, was die Rechtsmacht als strukturelles Merkmal des subjektiven Rechts eigentlich kennzeichnet.[239] Hierzu wird geäußert, die Rechtsmacht liege „in der für das subjektive Recht [...] konstitutiven Berechtigung, einen Normbefehl gegenüber einem Verpflichteten geltend zu machen"[240] oder kurz: in einem Verlangen- oder Fordernkönnen.[241] Etwas zu verlangen oder zu fordern ist aber auch dann möglich und nicht verboten, wenn ein subjektives Recht auf das Verlangte nicht besteht – man kann auch zu Unrecht alles Mögliche fordern.[242] Mit dem Verlangenkönnen ist also in Wirklichkeit gemeint, dass das Verlangen oder Fordern (bzw. das Verhalten bei Freiheitsrechten) zu Recht erfolgt, was nichts anderes bedeutet, als dass eine ent-

---

[236] Sehr ausführlich *W. Roth*, Organstreitigkeiten, S. 365 ff., (Zitate S. 366 f.); als weiteres, allerdings eher auf das Recht als Ganzes bezogenes, gegen *Kant* gewendetes Argument nennt *Roth*, dass das Recht darauf angelegt sei, um seines Wesens Willen, also aufgrund von Rechtstreue, freiwillig befolgt zu werden – er nennt auch noch weitere Beispiele von geschriebenen Rechten, die nicht zwangsweise durchgesetzt werden können; die Durchsetzung des Rechtes sei „nur eine Frage seiner Glaubwürdigkeit, nicht seiner Wesensnatur" (S. 407). Die Argumentation *Roths* ist allerdings ihrerseits leicht angreifbar: Zum einen ist sie sehr positivistisch, denn wenn die Rechtsordnung zusammenbricht, weil sie nicht eingehalten wird, kann man genauso gut davon sprechen, dass es überhaupt keine Rechte mehr gibt, deren Durchsetzung unmöglich wäre; zum anderen lassen sich die wenigen und seltenen Ausnahmen, in denen die Durchsetzung von Rechten gesetzlich unmöglich ist, auch als Bestätigung der Regel betrachten.

[237] *E. Schulev-Steindl*, Rechte, S. 37 f.; damit in Verbindung stehen die weiteren Ausführungen ebd. S. 51 f., dass viele Pflichten gar nicht „durchgesetzt" werden könnten, sondern es letztlich oft „nur um eine Substitution des an sich geschuldeten Verhaltens geht."

[238] *A. Scherzberg* in: Ehlers/Pünder, A. Verwaltungsrecht, § 12 Rn. 4; vgl. auch *R. Wahl* in: Schoch/Schneider/Bier, VwGO, Vorb. § 42 Abs. 2 VwGO Rn. 45.

[239] Auch *E. Schulev-Steindl*, Rechte, S. 21 weist darauf hin, dass eine weitere Umschreibung der Rechtsmacht bisher kaum befriedigend geglückt ist.

[240] *A. Scherzberg* in: Ehlers/Pünder, A. Verwaltungsrecht, § 12 Rn. 4.

[241] Vgl. *R. Wahl* in: Schoch/Schneider/Bier, VwGO, Vorb. § 42 Abs. 2 VwGO Rn. 46: „Durch Einräumung von Rechtsmacht wird faktische Begünstigung zu einem dem Rechtssubjekt durch die Rechtsordnung gewährten Handeln-Dürfen, zu einem rechtlichen Können und damit zum subjektiven Recht."; weitere Nachw. bei *E. Schulev-Steindl*, Rechte, S. 22 f., dort Fn. 79 ff.

[242] *E. Schulev-Steindl*, Rechte, S. 24 ff., S. 55.

sprechende Berechtigung besteht, wie in der obigen Definition schon anklingt. Da eine rechtlich geregelte Beziehung zwischen Rechtssubjekten auch durch bloß objektives Recht entsteht, und die Möglichkeit zu einem Tun also auch auf der Grundlage von objektivem Recht bestehen kann, kann das Verlangen- oder Fordernkönnen folglich nur darin bestehen, dass diese Berechtigung nicht objektivrechtlich, sondern subjektivrechtlich fundiert ist – das Element der Rechtsmacht ist auf diese Weise zirkulär bzw. nichtssagend. Einzig auf den bloßen Akt des Verlangens oder Forderns abzustellen, wäre nicht stimmig, weil – wie dargestellt – nicht alle Rechte durch eine Aufforderung bedingt sind, wie etwa das Recht auf körperliche Unversehrtheit zeigt. Zwar ist eine Rechtsmacht genau wie ein subjektives Recht eine Begünstigung durch die Rechtsordnung, es gibt aber eben unstreitig auch Begünstigungen, die nicht durch ein subjektives Recht gewährt werden – für die Abgrenzung vom Rechtsreflex kann eine materiell verstandene Rechtsmacht also nichts leisten. Einziges, am Ende beschreib- und erkennbares Alleinstellungsmerkmal des subjektiven Rechts bleibt dessen praktische Auswirkung, die gerichtliche Durchsetzbarkeit.[243]

Keinen Ausweg weist die Verlagerung des Fokus auf die „Intentionalität" der Norm, indem gesagt wird, nicht die gerichtliche Durchsetzbarkeit selbst, sondern der erkennbare Wille des Gesetzgebers bzw. der erkennbare Schutzzweck einer Norm, eine solche gerichtliche Durchsetzbarkeit zu schaffen, sei Kennzeichen der Rechtsmacht und damit des subjektiven Rechts.[244] Die Frage der finalen Richtung der Norm betrifft nicht die Struktur des subjektiven Rechts selbst, sondern nur die Frage seiner Ermittlung,[245] ist also eher mit der Schutznormtheorie[246] in Verbindung zu bringen. Die Ermittlung des Willens des Gesetzgebers oder des Schutzzwecks der Norm – ob sie ein subjektives Recht gewähren soll –, und das Problem, was ein solches Recht überhaupt ist, sind zu trennen. Die finale Richtung der Norm beantwortet nur die Frage, ob ein subjektives Recht in ihr enthalten ist, wenn vor der Untersuchung der Intention feststeht, was ein subjektives Recht ist. Dabei hilft es auch nichts, dass die Verlagerung des Fokus auf die Intention auch das Phänomen gerichtlich nicht durchsetzbarer Rechte erklären würde, indem auf einen Schutzzweck in Richtung grundsätzlicher Durchsetzbarkeit abgestellt wird. Die gerichtliche Durchsetzbarkeit kann ohnehin immer nur als prinzipiell verstanden werden, denn sonst würde jede Einrede oder jedes prozessuale Hindernis, wie etwa ein fehlendes Rechtsschutzbedürfnis, im Einzelfall dem subjektiven Recht die Rechtsqualität rauben.[247] Zu sagen, das subjektive Recht werde

---

[243] Vgl. *J. Krüper*, Gemeinwohl, S. 220: „Entscheidender Unterschied zwischen subjektivrechtlichen Normen und solchen des [Anm.: nur] objektiven Rechts ist die Möglichkeit ihrer Durchsetzung durch Private."; vgl. *K. F. Röhl/H. C. Röhl*, Rechtslehre, S. 381: „Aber die Klagbarkeit bleibt letztlich das einzige unverwechselbare Kennzeichen des subjektiven Rechts."

[244] *M. Sachs* in: K. Stern, Staatsrecht III/1, S. 536f. mit Hinweis u.A. auf *O. Bachof* in: GS W. Jellinek, S. 300, dort. Fn. 51.

[245] Vgl. zu dem Problem schon oben, Kapitel 3, B.I.2.b), ab S. 156.

[246] Zu dieser unten Kapitel 3, B.II.2., ab S. 203.

[247] Vgl. *C. Grabenwarter* in: 16. ÖJT Bd. I/1, S. 16.

durch eine rein materiell verstandene Rechtsmacht gekennzeichnet, die darin besteht, dass es auf die gerichtliche Durchsetzbarkeit gerichtet ist, wäre darüber hinaus widersprüchlich, weil dann eben nicht mehr auf materielle Kriterien, sondern auf die Durchsetzbarkeit abgestellt würde. Die Verbindung zwischen Rechtsmacht und Rechtsschutzorientierung wird nicht durch das Einfügen eines Zwischenschritts der Intention gelöst.

Die Willens- oder Rechtsmacht bietet daher keinen Fixpunkt, der dem Begriff des subjektiven Rechts Kontur verleihen könnte: Sie lässt sich am ehesten als gerichtliche Durchsetzbarkeit verstehen, was aber aufgrund § 42 Abs. 2 VwGO und anderer prozessualer Normen, die ein subjektives Recht voraussetzen, zu Zirkelschlüssen führt.

g) Schlussfolgerungen

Es kristallisiert sich heraus, dass viele Versuche einer Definition oder einer Beschreibung der Struktur des subjektiven Rechts in Zirkelschlüssen münden;[248] zumindest ist jede Auffassung, die über die Aussage hinausgeht, dass subjektive Rechte Teil des objektiven Rechts und Rechtssubjekten zugewiesen sind, unter bestimmten Aspekten angreifbar.[249] Am schwierigsten erweist sich die Aufgabe, Merkmale zu finden, die das subjektive Recht begrifflich vom bloß objektiven Recht unterscheiden, insbesondere von denjenigen Rechtssätzen, die Begünstigungen in Form von sogenannten Rechtsreflexen enthalten, ohne subjektive Rechte zu sein. Wichtige Gründe für die Schwierigkeiten sind die Diversität der in der geschichtlichen Entwicklung als subjektive Rechte anerkannten rechtlichen Phänomene und die ebenfalls historisch gewachsene Trennung von Prozessrecht und materiellem Recht. Das subjektive Recht ist also in seiner Struktur nicht erfassbar und eine allgemeingültige Angabe von Merkmalen des subjektiven Rechts kaum möglich.

aa) Das subjektive Recht als Platzhalter für Wertungsfragen

Deswegen treten – unabhängig von einer genauen Beschreibung des subjektiven Rechts – die Wertungsfragen, für die das subjektive Recht steht, in den Vor-

---

[248] Eine Kritik jedes einzelnen Merkmals, das zur Beschreibung subjektiver Rechte üblich ist, findet sich auch bei *W. Roth,* Organstreitigkeiten, S. 347 ff.

[249] Zu diesem Ergebnis kommt auch *W. Roth,* Organstreitigkeiten, S. 416 f. – wobei die Vorschläge von *Roth* die Probleme der Unterschiedlichkeit der einzelnen subjektiven Rechte, der Wechselwirkung aus Prozessrecht und materiellem Recht und der Abgrenzung der Rechtsreflexe von subjektiven Rechten nicht in geringerem, aber auch nicht in höherem Maße plausibel lösen, als die hergebrachten Ansätze, vgl. dazu hiesige Fn. 209, S. 180 und Fn. 224, S. 182.

dergrund. Mehr noch: Es drängt sich die Erkenntnis auf, dass der Begriff des subjektiven Rechts kaum mehr sein kann als ein Platzhalter für die Wertungsfragen, die sich hinter der jeweiligen Norm verbergen, die das subjektive Recht als Tatbestandsmerkmal verwendet[250] – zumindest soweit eine so große Unklarheit über die Struktur des subjektiven Rechts besteht, wie sie bis hierher geschildert wurde. Dass die Anwendung von Recht mit Wertungen verbunden ist, ist dabei keine überraschende Erkenntnis.[251] Wenn die Wertungsfrage aber lautet: Enthält die Norm ein subjektives Recht?, und zu den subjektiven Rechten nicht viel mehr gesagt werden kann, als dass sie einen Teilbereich des objektiven Rechts bilden und einem Rechtsinhaber zugewiesen sind, dann ist die Wertung notwendig sehr offen in dem Sinne, dass erst einmal nur wenige greifbare Anhaltspunkte für eine Entscheidung in die eine oder andere Richtung existieren. Oder anders ausgedrückt: Das Tatbestandsmerkmal subjektives Recht, wie es in § 42 Abs. 2 VwGO und ähnlichen Prozessrechtsnormen vorkommt, verlangt eine Wertung, die ungewöhnlich schwach durch Kriterien determiniert ist, weil es als Rechtsbegriff selbst kaum Konturen hat.[252]

bb) Wertung innerhalb der Norm, die das subjektive Recht als Tatbestandsmerkmal verwendet

Die Wertung kann darum, wenn sie rational erfolgen soll, nur eingebettet in den Kontext der Norm erfolgen, deren Tatbestandsvoraussetzung das subjektive Recht ist. Leitlinie könnte dann vor allem die Rechtsfolge dieser Norm sein, wenn wie bei § 42 Abs. 2 VwGO kaum andere Tatbestandsmerkmale vorhanden sind; die Frage lautet dort wie anderswo im Verwaltungsprozessrecht: Soll sich der Kläger auf eine bestimmte Norm im Prozess berufen können, das heißt, die Einhaltung der Rechtsnorm durch ein Gerichtsverfahren erzwingen können?

Die Funktion der subjektiven Rechte kann also auf die Funktion der Rechtsnormen zurückgeführt werden, innerhalb derer sie den Platzhalter für Wertungsfragen darstellen. Damit ist auch zu erklären, warum nach verbreiteter Ansicht das subjektive Recht im öffentlichen Recht die Funktion der Begrenzung von Klagemöglichkeiten hat:[253] Das subjektive Recht kommt in den Prozessordnungen als Voraussetzung für die Zulässigkeit oder Begründetheit von Klagen vor und übernimmt daher

---

[250] In diese Richtung wohl auch W. Henke in: FS Weber, S. 512, S. 514; vgl. auch J. Krüper, Gemeinwohl, S. 134, S. 214: „Letztlich erfassbar ist diese Wertung [Anm.: ob ein subjektives Recht vorliegt] in den Begriffen des Rechts kaum."

[251] Zur Bedeutung von Wertungsentscheidungen schon oben Kapitel 2, A.I., S. 48.

[252] Ähnliches stellt F.E. Schnapp, Amtsrecht, S. 216f. für den Spezialfall der Organrechte fest: Ob die entsprechenden Normen des Organisationsrechtes Rechte enthielten, sei nicht aus diesen Normen zu entnehmen und daher „rechtswissenschaftlich unentscheidbar". Er überlässt die Entscheidung daher vollständig dem Rechtsanwender.

[253] Oben unter B.I.2.d), S. 159 – vgl. dort auch zur Begründung, warum Klagemöglichkeiten begrenzt werden müssen (m.N.); dazu auch Kapitel 4, B.IV.5., S. 299.

dort diese Funktion beispielsweise von der Sachentscheidungsvoraussetzung Klagebefugnis,[254] die der Begrenzung von Klagemöglichkeiten dient.[255] Nicht zufällig werden gerade im öffentlichen Recht etwa mit der Figur der Rechtsreflexe, der Schutznormtheorie und der Individualitätsformel im Zusammenhang mit subjektiven Rechten vorrangig Instrumente bemüht, mit denen sich eine Einschränkung von Klagemöglichkeiten begründen lässt.[256] Und nicht umsonst richtete sich Kritik, die im Prinzip ein Mehr an Klagemöglichkeiten (im Umweltbereich) forderte, gegen die in Drittschutzkonstellationen Rechtsschutz beschränkende Schutznormtheorie und damit implizit auch gegen die Funktion des subjektiven Rechts in den Prozessrechtsnormen des öffentlichen Rechts.[257]

Die verbreitete Orientierung an der Klagbarkeit beim subjektiven Recht muss also nicht unbedingt auf dem Begriff des subjektiven Rechts selbst beruhen, sondern sie kann auch – vor allem im öffentlichen Recht – auf die Rechtsnormen zurückzuführen sein, in denen das subjektive Recht als Tatbestandsmerkmal vorkommt.

cc) Funktion der Norm, die das subjektive Recht enthält

Allerdings kann sich die Funktion des subjektiven Rechts im Rahmen der Prozessrechtsnormen nicht darin erschöpfen, Klagemöglichkeiten nur zu begrenzen, denn sonst wären – konsequent gedacht – sämtliche Klagen ausgeschlossen. Klagen müssen selektiv auch möglich sein. Für die Beantwortung der durch den Begriff des subjektiven Rechts in den Prozessrechtsnormen des öffentlichen Rechts repräsentierten Frage, ob sich ein Kläger auf eine bestimmte Norm berufen können soll, bedeutet das, dass eine – oben schon angedeutete –[258] Wechselwirkung zweier Fragen zu beachten ist, und zwar zwischen der Wertungsfrage, ob eine Klagemöglichkeit gegeben sein soll, und der Auslegung der betreffenden Norm des materiellen Rechts.[259] Denn ob eine Klagemöglichkeit gegeben ist, kann letztlich nur vom Inhalt der Norm abhängen, auf die der Kläger sich beruft.[260] Der Wertungsvorgang bezieht sich letztlich vor allem auf diese Norm. Nichts anderes

---

[254] Etwas anders begründet die Funktion der subjektiven Rechte *G. Roellecke,* AöR 114 (1989), 589, 596: Seine Ausführungen lassen sich eher so verstehen, dass, weil subjektive Rechte der Zugangsbegrenzung zu Rechtsschutz dienen, sie in den Prozessordnungen als Voraussetzung von Klagen aufgenommen wurden.

[255] Dazu oben Kapitel 1, D. II. 1. und 2., S. 41 und 43.

[256] So sieht auch *G. Roellecke,* AöR 114 (1989), 589, 596 die Funktion dieser Instrumente.

[257] Vgl. *S. König,* Drittschutz, S. 102 m. w. N.

[258] Einleitend unter Kapitel 3, B., S. 152.

[259] Zur Verbindung zwischen Prozessrecht und materiellem Recht auch *A. K. Mangold/ R. Wahl,* DV 2015, 1, 5 f.; vgl. hinsichtlich dieses Aspekts speziell zur Schutznormtheorie unten Fn. 391, S. 211.

[260] Zum Verhältnis von prozessualem und materiellem Recht im Zusammenhang mit dem subjektiven Recht vertiefend unten Kapitel 3, B. II. 2. c), S. 210.

ist damit gesagt, dass die betreffende Norm, die ein subjektives Recht enthalten könnte, dahingehend ausgelegt werden muss, ob sie ein subjektives Recht verleihen soll.[261] Eine Beschränkung oder selektive Zulassung von Klagen, die mit der Ablehnung eines allgemeinen Gesetzesvollziehungsanspruchs[262] automatisch einhergeht, kann letztlich gar nicht allein durch das subjektive Recht als rein prozessuale Voraussetzung geschehen, weil der Umfang des Rechtsschutzes dann immer noch wesentlich von Zahl und Umfang der zuerkannten subjektiven Rechte abhängt.[263]

Ist in einer Norm die Wertung enthalten, dass ein bestimmter Bürger sich gegen ihre Verletzung wehren können sollen, dann ist die Frage nach der Klagemöglichkeit, für die das Tatbestandsmerkmal des subjektiven Rechts steht, in positivem Sinne entschieden. Besonders deutlich tritt das bei den Grundrechten hervor, die aus ihrer historischen Entwicklung heraus jedenfalls auch darauf gerichtet sind, dem Bürger wirksamen gerichtlichen Rechtsschutz zu vermitteln,[264] was durch Art. 19 Abs. 4 GG unterstützt und festgeschrieben wird. Es kommt allerdings häufiger vor, dass nicht klar ist, ob eine Norm ein subjektives Recht enthält, es also bei der Wertung an Indizien, die eindeutig erkennbar sind, fehlt.[265]

dd) Kasuistik durch Offenheit der Wertung

Als Kontrollüberlegung für die Richtigkeit der bisherigen Ausführungen kann ein Abgleich mit der täglichen Praxis der Rechtsprechung hilfreich sein: Wenn Normen eine sehr offene Wertung enthalten, entsteht in der Rechtsprechung häufig eine unübersichtliche Kasuistik. Und in der Tat wird im öffentlichen Recht im Bereich des § 42 Abs. 2 VwGO und anderer prozessrechtlicher Normen, die das subjektive Recht als Tatbestandsmerkmal enthalten, häufig eine unübersichtliche Kasuistik beklagt.[266] Diese ist gut mit der Offenheit der sich hinter dem subjekti-

---

[261] Dazu schon oben Kapitel 3, B. bei Fn. 35, S. 153.

[262] Oben Fn. 174, S. 173.

[263] Zu dem Problem noch unten bei der Schutznormtheorie, Kapitel 3, B. II. 2. d) cc) (3), S. 222.

[264] Zur Eigenschaft der Grundrechte als subjektive Rechte auch noch unten B. II. 3. b) bei Fn. 544, S. 237.

[265] *R. Stober* in: Wolff/Bachof/Stober/Kluth, Verwaltungsrecht Bd. 1, § 43 Rn. 9; *K. F. Röhl/ H. C. Röhl,* Rechtslehre, S. 374; vgl. auch unten (auf die Schutznormtheorie bezogen) Fn. 368, S. 208.

[266] *H. Maurer,* A. Verwaltungsrecht, § 8 Rn. 9; die Kritik konzentriert sich vor allem auf den Bereich des verwaltungsrechtlichen Drittschutzes, vgl. *S. König,* Drittschutz, S. 25 m. N. in dort. Fn. 11, vgl. auch S. 111. Häufig richtet sich die Kritik explizit auch nur gegen die Schutznormtheorie, vgl. *H. Bauer,* AöR 113 (1988), 582, 585; *M. Zuleeg,* DVBl. 1976, 509, 511 m. w. N., der auf S. 511 ff. zahlreiche Beispiele für widersprüchliche Rspr. anführt. Die Kasuistik nicht negativ sehen *A. K. Mangold/R. Wahl,* DV 2015, 1, 15: „Kasuistik als methodische Helferin", vgl. dortige Fn. 55: „Kasuistik unerlässlich und unumgänglich".

ven Recht verbergenden Wertung und der Tendenz des Problems zur Zirkularität[267] zu erklären.[268]

Zwar wurden unter anderem mit der Schutznormtheorie Leitlinien aufgestellt, die weitere Wertungs- bzw. Auslegungskriterien bereitstellen. Diese beschreiben aber nicht mehr das subjektive Recht selbst und werden daher weiter unten behandelt.[269] Es wird aber deutlich, warum bei der Diskussion um das subjektive Recht häufig die Schutznormtheorie und das Interesse mit seinen Attributen so stark im Vordergrund stehen: Diese geben Leitlinien und Kriterien für die ansonsten außerordentlich offene Wertung.

4. Das subjektive Recht im Kontext des Verwaltungsprozessrechts

Ausgangspunkt der bisherigen Überlegungen war es herauszufinden, was unter „seinen Rechten" zu verstehen ist, deren Verletzung ein Kläger im Verwaltungsrecht für die Zulässigkeit seiner Klage geltend machen muss (vgl. § 42 Abs. 2 VwGO[270]) und die in der Regel vorliegen müssen, damit seine Klage begründet ist (vgl. etwa § 113 Abs. 1 S. 1 VwGO). Der Wortlaut deutet dabei darauf hin, dass subjektive Rechte in ihrer Gesamtheit gemeint sind (dazu a)). Jedoch wird der Wortlaut des § 42 Abs. 2 VwGO und ähnlicher Prozessrechtsnormen verbreitet eingeschränkt. Es sollen nur sogenannte subjektive öffentliche Rechte unter diese Bestimmungen fallen, was zum einen die Frage aufwirft, was ein subjektives öffentliches Recht ist (dazu b)), und zum anderen, ob Rechte aus dem Privatrecht dann keine Klagemöglichkeiten in Verwaltungsprozessen verleihen können (dazu d), S. 196).

a) Wortlaut: „seinen Rechten"

Das Possessivpronomen „seinen" stellt eine andere Voraussetzung auf, als das Wort „Rechte". Durch die Zuordnung wird die Popularklage ausgeschlossen, während durch das Wort „Rechte" die bloße Interessentenklage verhindert wird.[271] Dabei geht die Klagebefugnis über den auch im Zivilrecht bestehenden Aspekt der aktiven Prozessführungsbefugnis hinaus.[272] Während die Zuordnung zur konkreten Person keine theoretischen Probleme, sondern eher praktische Fragen im Einzel-

---

[267] Vgl. dazu oben Kapitel 3, B.I.3.f)cc), S. 183.

[268] Nicht umsonst kritisiert *F. Kasper,* Recht, S. 10 die Bestimmung des subjektiven Rechts von der Rechtsfolge her als Ausweichen „utilitaristisch in den Einzelfall" und als Bedeutungsverlust für das subjektive Recht.

[269] Unter Kapitel 3, B.II.2.d), ab S. 212.

[270] Siehe auch Fn. 8 (Kapitel 3), S. 148.

[271] Vgl. schon oben Kapitel 1, D.II.1., S. 41.

[272] Deswegen, weil die Klagebefugnis anders als im Zivilrecht, wo die Abgrenzung von Recht und Rechtsreflex keine besondere Rolle spielt, auch dem Ausschluss von Klagemöglichkeiten

fall aufwirft, deren Bewältigung überwiegend mit der Schutznormtheorie versucht wird,[273] gibt es unterschiedliche Ansichten, wie der Terminus „seinen Rechten" im Hinblick auf die vom Wortlaut erfassten Rechtspositionen zu verstehen ist. Nach allgemeiner Ansicht sind hier primär subjektive Rechte gemeint, auch wenn ein solches Verständnis aus historischer Perspektive nicht einmal unbedingt zwingend wäre und auch ein allgemeiner Eingriff in den Lebenskreis des betroffenen Individuums gemeint sein könnte.[274] Es handelt sich aber beim Verständnis, dass subjektive Rechte verletzt sein müssen, um die gebotene Auslegung, da der Wortlaut der Vorschriften von „Rechten" spricht und nicht lediglich von sozialen und individuell-psychologischen Erscheinungen wie Interessen und Belangen, die etwa für § 43 Abs. 1 VwGO genügen. Gleichzeitig bezieht sich die Klagebefugnis auf dem Kläger zugewiesene Rechte, also innerhalb der Dichotomie von bloß objektivem und (auch) subjektivem Recht[275] eindeutig auf subjektive Rechte.[276]

b) Subjektive öffentliche Rechte – Unterart der subjektiven Rechte

Bislang wurden die im Privatrecht und im öffentlichen Recht geregelten subjektiven Rechte nicht getrennt behandelt, was einigen Leserinnen und Lesern vielleicht als unzulässige Vermischung dieser rechtlichen Figuren erscheinen mag. Denn in der öffentlich-rechtlichen Literatur ist sehr häufig nur vom subjektiven öffentlichen Recht, nicht vom subjektiven Recht allgemein die Rede. Und das, obwohl der Begriff „subjektives öffentliches Recht" in den Normen des Verwaltungsprozessrechts überhaupt nicht auftaucht.

Zunächst fällt allerdings auf, dass es zwei Bezeichnungen gibt: subjektives öffentliches Recht[277] und subjektiv-öffentliches Recht[278]. In der Verwendung gibt es

---

dient; dazu *W.-R. Schenke/R. P. Schenke* in: Kopp/Schenke, § 42 Rn. 60; *R. Wahl/P. Schütz* in: Schoch/Schneider/Bier, VwGO, § 42 Abs. 2 Rn. 18; kritisch *W. Henke,* Recht, S. 133 f.

[273] Zu dieser unten B. II., S. 202.

[274] Zu einer ähnlichen Formulierung in § 127 des Preußischen Gesetzes über die allgemeine Landesverwaltung vom 30.07.1883 *W. Henke,* Recht, S. 63: Dort habe diese Formulierung lediglich bedeutet, dass „irgendwie" in den „Lebenskreis des klagenden Individuums eingegriffen" worden sein muss.

[275] Vgl. dazu oben Kapitel 3, B. I. 3. b), S. 165.

[276] Vgl. etwa *M. Happ* in: Eyermann, VwGO, § 42 Rn. 72; *R. v. Groll* in: Gräbner (Begr.), Finanzgerichtsordnung, 7. Aufl., München 2010, § 40 Rn. 56: „wirtschaftliches Interesse an dem Ausgang des Steuerprozesses genügt nicht"; vgl. *H. Maurer,* A. Verwaltungsrecht, § 8 Rn. 5. (S. 174): Bloße Interessen müssen „rechtlich geschützt und damit zu subjektiven Rechten erstarkt" sein; zum Aspekt der Zuweisung bei subjektiven Rechten oben Kapitel 3, B. I. 3. e) aa), S. 173.

[277] So bspw. bei *H. Bauer,* DVBl. 1986, 208 ff.; *W. Henke,* DÖV 1980, 621 ff.; *M. Sachs* in: K. Stern, Staatsrecht III/1, S. 511 ff.; *A. Wiese,* Beteiligung, S. 66 ff.

[278] So bspw. bei *M. Reiling,* DÖV 2004, 181 ff.; *M. Ruffert,* DVBl. 1998, 69 ff.; *A. Voßkuhle/ A.-B. Kaiser,* Das subjektiv-öffentliche Recht, JuS 2009, 16, 17.

keinen ersichtlichen Bedeutungsunterschied. Sowohl Bühler[279] als auch Jellinek[280] verwendeten jedoch die Form ohne Bindestrich, sie scheint die originale Bezeichnung zu sein. Bei der Bezeichnung „subjektives öffentliches Recht" beziehen sich beide Adjektive auf das Recht. Es ist danach begrifflich sowohl ein subjektives als auch ein öffentliches Recht. Bei der Wendung „subjektiv-öffentliches Recht" kann es jedoch nicht anders sein: Würde „subjektiv" nicht zur Beschreibung des Rechts, sondern zur Erläuterung des das Recht beschreibenden Adjektivs „öffentlich" dienen, hieße das, dass es ein Recht gäbe, das nur aus subjektiver Sicht, nicht aber objektiv gesehen, öffentlich ist – das wäre kein sinnvoller Bedeutungszusammenhang. Obwohl durch die Schreibweise mit Bindestrich auch grammatikalisch korrekt ausgedrückt werden kann, dass beide Adjektive auf das Substantiv bezogen sind,[281] wird zur Vermeidung von Missverständnissen hier der Ausdruck „subjektives öffentliches Recht" bevorzugt.

Das subjektive öffentliche Recht ist schon begrifflich dadurch gekennzeichnet, dass es sich um ein subjektives Recht handelt. Wenn es sich bei subjektiven öffentlichen Rechten und subjektiven Rechten des Zivilrechts nicht jeweils um subjektive Rechte handeln würde, „wäre die Nomenklatur widersinnig und schleunigst aufzugeben."[282] Klarheit über die Struktur des subjektiven Rechts allgemein kann also auch der Klarheit über das subjektive öffentliche Recht dienen. Die Erkenntnis, dass das subjektive Recht eine Umschreibung für Wertungsfragen ist, die im Kontext der Norm stehen, innerhalb derer es als Tatbestandsmerkmal vorkommt, lässt sich übertragen. Was aber ist das spezifisch Öffentliche am subjektiven öffentlichen Recht? Zwar wurde das subjektive öffentliche Recht unter Anleihen aus der zivilrechtlichen Dogmatik entwickelt,[283] es wäre also möglich, davon auszugehen, dass die Besonderheit des subjektiven öffentlichen Rechts darin besteht, statt

---

Beide Bezeichnungen verwendet *R. Stober* in: Wolff/Bachof/Stober/Kluth, Verwaltungsrecht Bd. 1, § 43 Rn. 1 ff. (etwa Rn. 5, 15, 24 einerseits und Rn. 24, 26 andererseits); beide Bezeichnungen finden sich auch bei *J.-A. Trésoret*, Geltendmachung, S. 53.

[279] *O. Bühler*, Rechte, passim., etwa S. 224.

[280] *G. Jellinek*, System der subjektiven öffentlichen Rechte, passim., bspw. schon im Buchtitel.

[281] Vgl. *M. Wermke* [Vors.Hrsg.]/*A. Klosa* [Red.], Der Duden in 12 Bänden – Grammatik (Bd. 6), 6. Aufl., Mannheim u. a. 1998, S. 291 f. (Rn. 502): Mehrere attributive Adjektive, die sich auf das gleiche Substantiv beziehen, werden grds. gleich gebeugt (wie „subjektives öffentliches Recht"), können aber auch mit Bindestrich geschrieben werden (weitere Bsp.: blau-rotes Kleid, schaurig-schöne Erzählung, ruhig-ernste Art) – damit wird aber auch ausgedrückt, dass sich in den Adjektiven eine bestimmte Gesamtvorstellung verbindet, ähnlich wie bei Sätzen mit einem ungebeugten Adjektiv ohne Bindestrich, etwa bei *Uhland* („in mondlos stillen Nächten"). Dass, wie noch zu zeigen sein wird, die Vorstellung vom subjektiv-öffentlichen Recht als bestimmter, fester Rechtsfigur eine veraltete Vorstellung ist, weil das subjektive öffentliche Recht nichts weiter als ein subjektives Recht ist, das im öffentlichen Recht geregelt ist (dazu insb. Kapitel 4, B. IV. 7., S. 304), stellt einen weiteren gewichtigen Grund dar, nicht vom subjektiv-öffentlichen Recht zu sprechen.

[282] *O. Bachof* in: GS W. Jellinek, S. 292.

[283] Oben Fn. 94, S. 162.

im Privatrecht im Rechtsgebiet des öffentlichen Rechts geregelt zu sein.[284] Auf der anderen Seite gibt es im öffentlichen Recht die Besonderheit, dass – anders als im Privatrecht – nicht jeder Pflicht eines Rechtssubjekts ein Recht eines anderen Rechtssubjekts entspricht,[285] also die Figur des Rechtsreflexes nur dort eine signifikante Rolle spielt[286] – mit der Folge, dass im Privatrecht, soweit ersichtlich, Figuren wie die Schutznormtheorie, die Frage der Individualität etc. nicht so stark diskutiert werden. Es scheint also Besonderheiten zu geben, die das subjektive öffentliche Recht kennzeichnen. Die Frage ist nur, ob diese eine grundsätzlich abweichende Behandlung des subjektiven öffentlichen Rechts erfordern.[287]

Nicht auf diese Besonderheiten stellt hingegen die wohl als herrschend zu bezeichnende Ansicht ab, die dem Terminus „subjektive öffentliche Rechte" eine Bedeutung beilegt, die nur Rechte von Bürgern gegen den Staat umfasst.[288] Diese Anschauung ist historisch gewachsen, weil das subjektive öffentliche Recht als Recht des Bürgers gegen den Staat entstanden ist.[289] Entsprechend seiner ursprünglichen

---

[284] Vgl. *K. F. Gärditz* in: ders., VwGO, § 42 Rn. 53; *M. Happ* in: Eyermann, VwGO, § 42 Rn. 83: „[…] das subjektiv-öffentliche Recht […], also ein subjektives Recht kraft einer Norm des öffentlichen Rechts"; vgl. schon die Formulierung bei *W. Jellinek,* Verwaltungsrecht, S. 201: Das subjektive öffentliche Recht als „eine dem öffentlichen Rechte angehörige Willensmacht, die dem Willensträger in seinem eigenen Interesse verliehen ist."

[285] *O. Bachof* in: GS W. Jellinek, S. 290; vgl. *S. König,* Drittschutz, S. 113: Es könne im bürgerlichen Recht „fast automatisch von einer rechtlichen Begünstigung auf ein subjektives Recht geschlossen werden."; *M. Schmidt-Preuß* in: Depenheuer u. a., FS Isensee, S. 599; vgl. *R. Stober* in: Wolff/Bachof/Stober/Kluth, Verwaltungsrecht Bd. 1, § 43 Rn. 9: „im Privatrecht [korrespondieren] Verpflichtungen und Berechtigungen einander fast stets".

[286] Nicht umsonst führt *R. von Jhering,* Geist, Teil 3 Bd. 1, S. 351 mit seinem Beispiel der Schutzzölle einen Anwendungsfall ein, der nach heutigem Verständnis im öffentlichen Recht beheimatet wäre.

[287] Dazu, dass das subjektive öffentliche Recht abgesehen von der verbreitet angenommenen Einschränkung, nur Recht des Bürgers gegen den Staat sein zu können, keine klaren Konturen hat, und daher im Vergleich zum subjektiven Recht keine strukturellen Besonderheiten aufweist, unten Kapitel 4, B. IV. 4., S. 296 ff.

[288] *J. v. Abedyll* in: Bader u. a., VwGO, § 42 Rn. 71; *D. Ehlers,* VerwArch 84 (1993), 139, 145; *vgl. W. Henke,* Recht, S. 1: „Die Frage nach dem subjektiven öffentlichen Recht ist heute die Frage, wie man gegenüber dem Staat recht haben und zu seinem Recht kommen kann." (vgl. auch Kapitel 4 bei Fn. 149, S. 283) – der aber selbst anderer Meinung ist, *ders.,* DÖV 1980, 621, 623; deutlich bei *W. Löwer,* VerwArch 68 (1977), 327, 339 (m. N. u. a. zur Rspr.); *R. Wahl* in: Schoch/Schneider/Bier, VwGO, Vorb. § 42 Abs. 2 Rn. 42, Rn. 118, wobei es bemerkenswert ist, dass zwischen subjektiven öffentlichen Rechten, „Rechtspositionen im organschaftlichen Rechtskreis" und (zusätzlich!) sonstigen Rechten unterschieden wird, die aber alle § 42 Abs. 2 VwGO unterfallen: Das wirkt künstlich und es wird nicht klar, wozu diese Unterscheidung eigentlich dienen soll (dazu unten Kapitel 4, B. II., S. 273); *R. Wahl/P. Schütz* in: Schoch/Schneider/Bier, VwGO, § 42 Abs. 2 Rn. 43, wo als Rechte nur „die staatsgerichteten subjektiven öffentlichen Rechte der Bürger" und „die Rechtspositionen im organschaftlichen Rechtskreis" (als „subjektive öffentliche Rechte im weiteren Sinne"), zu denen aber auch „Rechtspositionen von Gemeinden" zählen sollen, genannt werden – am (vermeintlichen) Grundsatz, nur Rechte der Bürger gegen den Staat seien erfasst, wird hier also festgehalten.

[289] Dazu ausführlich unten Kapitel 4, B. III. 2., S. 282.

Ausrichtung auf solche gerichtlichen Prozesse, in denen sich ein Bürger gegen Maßnahmen des Staates wehrt,[290] wird verbreitet auch vertreten, dass nur subjektive öffentliche Rechte eine Klagebefugnis begründen können.[291]

Für den Regelfall der Klage des Bürgers gegen den Staat ergeben sich dadurch keine Auswirkungen. Die Annahmen, subjektive öffentliche Rechte seien nur solche der Bürger gegen den Staat, und § 42 Abs. 2 VwGO erfasse nur solche Rechte, schließt aber Prozesse, die von Teilen des Staates angestrengt werden, aus. Wenn jedoch Teile der Verwaltung gegen andere Teile der Verwaltung klagen können, wie das etwa bei verwaltungsrechtlichen Organstreitigkeiten[292] oder auch im Verhältnis zwischen juristischen Personen[293] anerkannt ist, werden Inkonsistenzen deutlich:[294] Entweder ist die Ausrichtung des Begriffs „subjektives öffentliches Recht" ausschließlich auf Rechte des Bürgers gegen den Staat nicht stimmig, oder § 42 Abs. 2 VwGO und ähnliche Prozessrechtsnormen können nicht nur exklusiv subjektive öffentliche Rechte erfassen (oder beides ist nicht der Fall). Gerade durch die Betrachtung von Streitigkeiten zwischen Teilen der Verwaltung ergibt sich, wie unten noch ausführlich zu erläutern sein wird,[295] dass das subjektive öffentliche Recht nicht ausschließlich als Bezeichnung für Rechtspositionen von Bürgern, sondern in einem allgemeineren Sinne für Rechte, die im öffentlichen Recht geregelt sind, verwendet werden sollte. Vorläufig genügt es allerdings, an dieser Stelle festzuhalten, dass in der Rechtswissenschaft eine Ausrichtung des subjektiven öffentlichen Rechts auf das Bürger-Staat-Verhältnis herrscht. Eine Aufgabe dieser Fixierung würde aber jedenfalls für Streitigkeiten, bei denen sich ein Bürger gegen Akte des Staates wehrt, keinen Unterschied machen, da der hergebrachte Begriff des subjektiven öffentlichen Rechts lediglich erweitert würde.

c) Subjektive öffentliche Rechte und subjektive Rechte aus dem öffentlichen Recht

Durch die weitgehende Einschränkung, die durch die Fixierung auf das subjektive öffentliche Recht als Recht des Bürgers gegen den Staat bedingt ist, stellt sich auch die Frage, ob es noch andere Rechtspositionen als subjektive öffentliche

---

[290] Für die VwGO *H. Bethge*, DVBl. 1980, 308, 308 f. m. w. N. in dort. Fn. 12; *G. Kisker*, Insichprozeß, passim., etwa S. 57; vgl. auch Kapitel 1, Fn. 162, S. 45.

[291] Bspw. *U. Ramsauer*, AöR 111 (1986), 502, 503; vgl. außerdem die Fundstellen in Kapitel 4, Fn. 132, S. 281.

[292] Oben Kapitel 2, B. I. 5., S. 69 ff. Die additive Zuordnung von Rechten der Verwaltungseinheiten innerhalb der Klagebefugnis neben die subjektiven Rechte ist abzulehnen, dazu noch unten Kapitel 4, B. II., S. 273.

[293] Oben Kapitel 2, B. II., S. 80.

[294] Dazu auch schon oben A. II., S. 151 – angezweifelt wird teilweise die Möglichkeit, dass Teile des Staates subjektive öffentliche Rechte inne haben können, und teilweise auch, dass sie überhaupt Rechte besitzen. Zum Ganzen auch ausführlich unten Kapitel 4, A. und B., ab S. 258.

[295] Kapitel 4, B. III. und IV., ab S. 280.

Rechte gibt,[296] die von § 42 Abs. 2 VwGO und ähnlichen Prozessrechtsnormen erfasst werden und eine Klagebefugnis begründen können. Verschiedentlich wird geäußert, Rechte im Sinne des § 42 Abs. 2 VwGO und ähnlicher Prozessrechtsnormen könnten nur solche aus dem öffentlichen Recht sein.[297] Diese beiden Ansichten, die begrifflich nicht weit voneinander entfernt sind, aber jeweils auf subjektive öffentliche Rechte und subjektive Rechte aus dem öffentlichen Recht Bezug nehmen, sind zu trennen: Wenn subjektive öffentliche Rechte nur Rechte des Bürgers gegen den Staat umfassen, wäre es nicht ausgeschlossen, dass „subjektive öffentliche Rechte" nicht „alle Rechte aus dem öffentlichen Recht" bedeutet.[298] Dann könnte es noch andere Rechte aus dem öffentlichen Recht geben, als subjektive öffentliche Rechte der Bürger, nämlich insbesondere Rechte des Staates – auch wenn zur Zeit der historischen Entwicklung des Begriffs „subjektives öffentliches Recht" solche vielleicht nicht vorkamen.[299] Wird eine solche Unterscheidung akzeptiert,[300] bedeutet es also etwas anderes, zu sagen, nach § 42 Abs. 2 VwGO könnten subjektive Rechte aus dem öffentlichen Recht geltend gemacht werden, als darunter nur subjektive öffentliche Rechte zu fassen, denn dann könnten beispielsweise Rechte des Staates als Rechte aus dem öffentlichen Recht neben den subjektiven öffentlichen Rechten der Bürger im Verwaltungsrecht geltend gemacht werden.[301] Die meisten Autoren stellen allerdings im Verwaltungsprozessrecht, wie bereits geschildert, auf den engen Begriff der subjektiven öffentlichen Rechte als Rechte der Bürger gegen den Staat ab.

d) Keine Begrenzung auf subjektive Rechte aus dem öffentlichen Recht

Aber unabhängig davon, ob der Wendung „seinen Rechten" in § 42 Abs. 2 VwGO und in ähnlichen Prozessrechtsnormen die Bedeutung zugemessen wird, nur subjektive öffentliche Rechte zu erfassen, oder ob sie so verstanden wird, dass nur

---

[296] Zur verneinenden Ansicht Fn. 291, S. 195.

[297] *W. -R. Schenke/R. P. Schenke* in: Kopp/Schenke, § 42 Rn. 81; *T. Schmidt-Kötters* in: Posser/Wolff, BeckOK VwGO, § 42 Rn. 144; vgl. auch *F. Hufen,* Verwaltungsprozessrecht, § 14 Rn. 72: Es könnten „nur öffentlich-rechtliche Normen die Klagebefugnis gegen hoheitliche Entscheidungen vermitteln" (aber ohne Bezug auf das subjektive öffentliche Recht); siehe auch *M. Happ* in: Eyermann, VwGO, § 42 Rn. 83: Diese Ansicht sei „weit verbreitet" (m. w. N.).

[298] Die Begriffsbildung wird vielfach so durchgeführt, dazu auch unten Kapitel 4, B. II., S. 273; allerdings wird unten dargestellt, warum der Begriff des subjektiven öffentlichen Rechts nichts anderes bedeutet, als „Recht aus dem öffentlichen Recht", Kapitel 4, B. IV., ab S. 289.

[299] Zu dieser Entwicklung Kapitel 4, B. III. 2., S. 282.

[300] Davon kann man allerdings jedenfalls nicht bei allen in Fn. 297 genannten Autoren ohne Weiteres ausgehen.

[301] Letztlich wird sich in Kapitel 4 allerdings zeigen, dass subjektive öffentliche Rechte mit Rechten aus dem öffentlichen Recht gleichzusetzen sind und auch Rechte des Staates unter diese Begriffe fallen.

subjektive Rechte aus dem öffentlichen Recht geltend gemacht werden können, schließt das eine Geltendmachung von privatrechtlichen Rechtspositionen im Verwaltungsprozess generell aus. Und so wird auch explizit vertreten, dass Rechte aus dem Privatrecht (jedenfalls allein, ohne Grundrechtsschutz) die Klagebefugnis im Verwaltungsprozess nicht verleihen könnten.[302]

Nach einer ausführlichen Begründung für diese These, abseits des Verweises auf die „herrschende" Auffassung,[303] sucht man aber in der Literatur häufig vergeblich.[304] Die Argumentation bei A. Wiese, bei Einbeziehung privatrechtlicher Rechte in § 42 Abs. 2 VwGO werde der Schutzbereich des Art. 14 GG umgangen,[305] leuchtet nicht ein: Diese Ansicht würde darauf hinauslaufen, dass es Regelungsgegenstand des Eigentumsgrundrechts ist, die gerichtliche Geltendmachung im Gesetz an anderer Stelle normierter Rechte in einem bestimmten Gerichtszweig auszuschließen. Es wirkt sehr konstruiert, einen solchen Einfluss des Art. 14 GG

---

[302] *J. v. Abedyll* in: Bader u. a., VwGO, § 42 Rn. 74: „Allgemein wird vertreten, dass subjektive private Rechte keine Klagebefugnis begründen."; *K. F. Gärditz* in: ders., VwGO, § 42 Rn. 53: keine „ausschließlich private[n] Rechte"; *F. Hufen,* Verwaltungsprozessrecht, § 14 Rn. 72: Es vermittelten „nur öffentlich-rechtliche Normen die Klagebefugnis gegen hoheitliche Entscheidungen"; *W. -R. Schenke/R. P. Schenke* in: Kopp/Schenke, § 42 Rn. 81: „Beeinträchtigung lediglich privater Rechte oder Rechtspositionen genügt nicht". Ebenso *A. Wiese,* Beteiligung, S. 123, S. 188 ff., S. 214 (weitere Nachw. zu beiden Ansichten a. a. O. S. 214 dort. Fn. 1183 einerseits und S. 215 dort. Fn. 1191 andererseits).

[303] Vgl. *T. Schmidt-Kötters* in: Posser/Wolff, BeckOK VwGO, § 42 Rn. 144, *A. Wiese,* hiesige Fn. 302; vgl. aber demgegenüber *M. Zuleeg,* DVBl. 1976, 509, 509: Es sei „überwiegend anerkannt [...], daß subjektive Rechte des Privatrechts vor den Verwaltungsgerichten verteidigt werden können."

[304] Vgl. aber die Begründung bei *D. Ehlers,* VerwArch 84 (1993), 139, 144 f.: Es kämen „nur subjektive *öffentliche* Rechte in Betracht, da nur diese die Träger von Staatsgewalt berechtigen oder verpflichten" könnten (Hervorh. i. O.) – diese Aussage ist erkennbar darauf ausgerichtet, dass der Verwaltungsprozess nur aufgrund einer Klage eines Bürgers gegen den Staat stattfinden kann, was stimmt – und außerdem ist sie nicht korrekt, da sich der Staat auch in Privatrechtsform betätigen und durch privatrechtliche Normen gebunden sein kann (ähnlich kritisch dazu auch *W. Roth,* Organstreitigkeiten, S. 289 f.).

Die Begründung, die *W. -R. Schenke/R. P. Schenke* in: Kopp/Schenke, § 42 Rn. 81 geben (nur subjektive öffentliche Rechte könnten einen VA bzw. dessen Unterlassen rechtswidrig machen), lässt außer Acht, dass die Klagebefugnis in großem Umfang auch auf andere Klagearten als Anfechtungs- und Verpflichtungsklagen angewendet wird und dass insbesondere bei Planfeststellungsbeschlüssen anerkanntermaßen auch die Nichtbeachtung privatrechtlichen Eigentums zu einer Rechtswidrigkeit eines Verwaltungsakts führen kann.

Die Begründung, warum Rechte aus dem Privatrecht bei § 113 Abs. 1 S. 1 VwGO nicht herangezogen werden können, bei *H. H. Rupp,* Grundfragen, S. 223 ff. (vgl. insb. S. 238) beruht auf seiner speziellen Konstruktion der subjektiven Rechte, insbesondere auf der Ablehnung von Freiheitsrechten insgesamt, auch im öffentlichen Recht (dazu auch *J. Schapp,* Recht, S. 164 ff.).

[305] *A. Wiese,* Beteiligung, S. 125. Der Hinweis auf die Rspr. auf S. 188 ff. wirkt ebenfalls etwas konstruiert (siehe dazu ausführlich Kapitel 6 bei Fn. 32, S. 462). Ebenso nicht überzeugend ist der Hinweis auf S. 125 auf Art. 14 Abs. 3 GG: Dort wird nicht zwischen der Möglichkeit, sich überhaupt auf das Eigentum zu berufen und einer Vollüberprüfung getrennt (zur Rolle von Art. 14 Abs. 3 GG noch unten Kapitel 4, F. I., S. 394 ff.) und auf den Grundsatz der Freiheit von ungesetzlichem Zwang wird nicht näher eingegangen.

auf die Auslegung des § 42 Abs. 2 VwGO anzunehmen. Nur um die Auslegung des
§ 42 Abs. 2 VwGO geht es aber letztlich im Kern. Auch soweit A. Wiese auf einen
„Zusammenhang zwischen rechtswidriger Handlung und der Rechtsverletzung
des Betroffenen" abstellt,[306] überzeugt das nicht: Das hieße, dass eine öffentlich-
rechtliche Handlung nur öffentlich-rechtlich geregelte Rechte und eine zivilrechtliche Handlung nur zivilrechtlich geregelte Rechte beeinträchtigen könnte, was
nicht zutrifft. Beim Zurechnungszusammenhang geht es nicht um Rechtsgebiete,
sondern um rechtliche Verantwortlichkeit. Dabei nach Rechtsgebieten zu trennen
wäre ein Rückfall in die Fiskustheorie.[307]

Im Ergebnis läuft die enge, auf Rechte aus dem öffentlichen Recht fixierte Auslegung darauf hinaus, die Generalklausel des § 40 Abs. 1 S. 1 VwGO mit in § 42
Abs. 2 VwGO hineinzulesen.[308] Da für eine verwaltungsgerichtliche Klage der Verwaltungsrechtsweg eröffnet sein muss, wird es tatsächlich häufig so sein, dass das
Recht, das im Rahmen der Klagebefugnis herangezogen wird, auf einer Norm des
öffentlichen Rechts beruht.[309] Es ist aber ein Unterschied zu äußern, andere Rechte
als solche aus dem öffentlichen Recht spielten keine große Rolle, oder zu sagen, die
Klagebefugnis könne nur aufgrund subjektiver öffentlicher Rechte gegeben sein.

Gegen einen Ausschluss von Rechten aus dem Privatrecht spricht schon der Wortlaut des § 42 Abs. 2 VwGO und ähnlicher Prozessrechtsnormen: Eine Einschränkung auf bestimmte Rechte wird dort, abseits der konkreten Zuordnung zu einem
Kläger, nicht vorgenommen.[310] Die Integration der Prüfung in § 42 Abs. 2 VwGO,
ob die Norm, die das subjektive Recht enthalten soll, auch ausschließlich Träger hoheitlicher Gewalt in dieser Eigenschaft verpflichtet,[311] ist außerdem zu
§ 40 Abs. 1 S. 1 VwGO redundant: Sicherzustellen, dass nur öffentlich-rechtliche Streitigkeiten vor den Verwaltungsgerichten ausgefochten werden, ist nicht
Normzweck des § 42 Abs. 2 VwGO. Als systematisches Argument ausgedrückt:
Die getrennte Normierung von § 40 Abs. 1 S. 1 VwGO und § 42 Abs. 2 VwGO
zeigt doch, dass deren Voraussetzungen nicht zu vermischen sind.[312] Außerdem würde die Regelung der §§ 17 Abs. 1, 17a Abs. 2 S. 1 GVG, dass Gerichte
an eine einmal getroffene Rechtswegentscheidung gebunden sind und den Fall
unter allen rechtlichen Gesichtspunkten zu prüfen haben, konterkariert, wenn die

---

[306] A. Wiese, Beteiligung, S. 125.

[307] Zur Fiskustheorie schon Kapitel 2, B. II. 1. bei Fn. 205 ff., S. 83.

[308] Vgl. A. Wiese, Beteiligung, S. 125, die explizit in diese Richtung argumentiert.

[309] Ebenso W. Roth, Organstreitigkeiten, S. 290.

[310] Auch im Wortlaut des § 113 Abs. 1 S. 1, Abs. 5 S. 1 VwGO findet sich, anders als von
A. Wiese, Beteiligung, S. 125 suggeriert, kein textlicher Anknüpfungspunkt dafür, dass nur
Rechtspositionen des öffentlichen Rechts erfasst wären – es ist nur von „seinen Rechten"
die Rede. Es leuchtet auch nicht ein, warum eine hoheitliche Handlung nicht privatrechtliche
Rechte verletzen können soll (S. 125 f.).

[311] So bei K. F. Gärditz in: ders., VwGO, § 42 Rn. 53 unter explizitem Verweis auf Ausführungen zu § 40 VwGO.

[312] Nicht zuzustimmen ist daher A. Wiese, Beteiligung, S. 104, die § 40 Abs. 1 S. 1 VwGO nur
erfüllt sieht, wenn ein subjektives öffentliches Recht vorliegt (s. a. a. a. O. S. 125 f.).

Verwaltungsgerichte über den Umweg der Klagebefugnis letztlich doch Erwägungen anstellen könnten, die zur Prüfung des Rechtsweges gehören.[313] Denn dann könnte ein Verwaltungsgericht, an das ein Rechtsstreit über ein Recht aus dem Zivilrecht verwiesen wurde, die Klage genau mit dem Argument abweisen (nämlich dass nicht um ein Recht aus dem öffentlichen Recht gestritten wird), mit dem es sonst schon den Rechtsweg verneinen würde, obwohl es solche Überlegungen nach § 17a Abs. 2 S. 3 GVG nicht anstellen darf.

Nicht ins Bild passt die Konzentration auf Rechte aus dem öffentlichen Recht auch, wenn die vielfach gezogene Verbindung zwischen Art. 19 Abs. 4 GG und § 42 Abs. 2 VwGO in der relevanten Richtung betrachtet wird:[314] Rechte im Sinne der Verfassungsbestimmung sollen auch private Rechte sein;[315] dann können aufgrund des Vorrangs des Grundgesetzes die Normen der Prozessrechtsordnungen aber nicht dazu führen, dass diese vor Gericht nicht geltend gemacht werden können, weil sie nicht unter § 42 Abs. 2 VwGO fallen.[316]

Es sprechen also die besseren Gründe dafür, dass die verwaltungsrechtlichen Prozessordnungen mit den durch den Wortlaut nicht näher eingegrenzten[317] „Rechten" alle subjektiven Rechte meinen;[318] solche des öffentlichen Rechts genauso wie des Privatrechts.[319] Und so hat auch das BVerwG schon privatrechtliches Eigen-

---

[313] *W. Roth,* Organstreitigkeiten, S. 290f.

[314] Verbindung zwischen Art. 19 Abs. 4 GG und § 42 Abs. 2 VwGO etwa bei *A. Wiese,* Beteiligung, S. 101 – die gleichzeitig aber einräumt, dass Art. 19 Abs. 4 GG nur Mindestanforderungen enthält. Zum Ganzen unten Kapitel 4., B. IV. 3., S. 295 – dort wird die vielfach gezogene Verbindung in umgekehrter Richtung kritisch betrachtet. Zu kritisieren ist, dass § 42 Abs. 2 VwGO häufig ohne Grund auf die von Art. 19 Abs. 4 GG erfassten subjektiven Rechte (des Bürgers gegen den Staat) verengt wird; dass andersherum eine Einschränkung bei § 42 Abs. 2 VwGO durchaus nicht dazu führen darf, dass Rechte i. S. d. Art. 19 Abs. 4 GG nicht vor Gericht durchsetzbar sind, liegt am Vorrang der Verfassung.

[315] *C. Enders* in: Epping/Hillgruber, BeckOK GG, Art. 19 Rn. 62: „nach überkommener Auffassung […] auch Privatrechtspositionen" m. w. N.; *E. Schmidt-Aßmann* in: Maunz/Dürig, GG, Art. 19 Abs. 4 Rn. 134; *E. Schmidt Aßmann/W. Schenke* in: Schoch/Schneider/Bier, VwGO, Einl. Rn. 18.

[316] Es kann nicht eingewendet werden, dass diese Rechte auf dem Privatrechtsweg geltend gemacht werden könnten: Ist der Verwaltungsrechtsweg eröffnet, verleiht aber das geltend gemachte Recht keine Klagebefugnis, ist dieser Weg versperrt (hier zeigt sich erneut, wie suboptimal es ist, Überlegungen zum Rechtsweg in andere Sachentscheidungsvoraussetzungen zu verlegen – dazu schon im Text bei Fn. 313).

[317] Außer durch die konkrete Zuordnung zu einem Kläger mittels des Zusatzes „seinen".

[318] Dafür spricht übrigens ebenso die Tatsache, dass auch bloße als nur rechtsähnlich angesehene Rechtspositionen von Teilen des Staates, wie sogenannte Organrechte, verbreitet als von § 42 Abs. 2 VwGO erfasst angesehen werden (vgl. unten Kapitel 4, B. II., S. 273) – wenn der Wortlaut der Normen im Verwaltungsprozessrecht von „seinen Rechten" spricht, warum sollten dann Positionen, die keine Rechte sein sollen, darunter fallen, „echte", aber eben „nur" privatrechtliche Rechte aber nicht?

[319] *W. Roth,* Organstreitigkeiten, S. 291; ohne explizite Einschränkungen auf subjektive öffentliche Rechte auch *M. Happ* in: Eyermann, VwGO, § 42 Rn. 72, 82; vgl. schon zur MRVO OVG Münster, Beschl. v. 17.09.1957, Az.: II A 986/55, NJW 1958, 606, 607: „Die frühere enge Auffassung, daß Rechte i. S. dieser Vorschrift nur subjektiv öffentliche Rechte seien, ist seit langem

tum, auch ohne einen dahinterstehenden Schutz durch Art. 14 Abs. 1 GG, als für
§ 42 Abs. 2 VwGO relevant anerkannt.[320]

5. Zwischenfazit

Ganz gleich, ob und welche zusätzlichen Merkmale zur Einschränkung des Begriffs des Rechts in § 42 Abs. 2 VwGO und ähnlichen Prozessrechtsnormen gegenüber dem allgemeinen Begriff des subjektiven Rechts befürwortet werden: Er ist
schwer zu fassen, seine Struktur kaum zu beschreiben. Umso mehr zeigt sich die
Notwendigkeit, das subjektive Recht nicht als Begriff mit einem im Grunde unklaren, durch historische Überlieferung nur auf Basis von bestimmten Fallgruppen
gewachsenen Inhalt zu sehen,[321] sondern sich an den aufgeworfenen Wertungsfragen zu orientieren. Diese Wertungsfragen, die mit dem subjektiven Recht im Kontext der verwaltungsrechtlichen Prozessordnungen verbunden sind, kreisen nicht
allein um die Stellung des Einzelnen in der Gesellschaft, sondern um Zuordnung
und Individualität im Rahmen des gesamten objektiven Rechts allgemein. Die
Menge der subjektiven Rechte ist ein Ausschnitt aus dem objektiven Recht, im verwaltungsprozessualen Zusammenhang der Ausschnitt, auf den sich Kläger berufen
können sollen. Um Rechtsschutz zu begrenzen, muss theoretisch auch die Zahl der
durch ein subjektives Recht Begünstigten begrenzt sein, sie müssen sich zumindest
grundsätzlich von der Gesamtheit der Rechtssubjekte unterscheiden.

Wie gezeigt[322] ist aber nicht einmal der Aspekt der Herausgehobenheit des Rechtsinhabers aus der Menge der Rechtssubjekte generalisierbar. Der Staat ist nicht gehindert, ein bestimmtes Recht allen zu verleihen.[323] Daraus folgt nicht zwingend,
dass für die Lösung der Frage, ob sich jemand als Kläger auf einen Rechtssatz berufen kann, ein komplett anderes Kriterium zu suchen ist, als das der Individualität.[324]

---

dahin berichtigt, daß darunter auch subjektiv private Rechte fallen, aber auch alle übrigen
rechtlich geschützten Interessen" (m. w. N.), allerdings mit sehr weitgehendem Verständnis von
rechtlich geschützten Interessen – kritisch *W. Löwer,* VerwArch 68 (1977), 327, 340; für Rechte
aus dem Zivilrecht als Rechte i. S. d. § 42 Abs. 2 VwGO *W.-R. Schenke,* Verwaltungsprozessrecht, Rn. 498a; *M. Zuleeg,* DVBl. 1976, 509, 509: Das sei „überwiegend anerkannt".

[320] Hinsichtlich privatrechtlichen Eigentums einer Gemeinde in der Planfeststellung BVerwG,
Urt. v. 27.03.1992, Az.: 7 C 18/91, BVerwGE 90, 96–103 – juris Rn. 23 (darauf, dass Art. 14 GG
nicht einschlägig ist, wird explizit eingegangen); in ähnlicher Konstellation BVerwG, Urt. v.
29.01.1991, Az.: 4 C 51/89, BVerwGE 87, 332–392 – juris Rn. 445: Schutz des gemeindlichen Eigentums „auf der Ebene des einfachen Gesetzes"; vgl. dazu auch unten Kapitel 4,
F. I., S. 394, Kapitel 6, bei Fn. 37, S. 463 sowie *A. Wiese,* Beteiligung, S. 199 ff. m. w. N. (die
allerdings selbst a. A. ist).

[321] Vgl. *O. Bachof* in: GS W. Jellinek, S. 292. Siehe dazu auch unten Kapitel 3, Fn. 661, S. 256.

[322] Zum Aspekt der Individualität bei Rechten vgl. oben Kapitel 3, B. I. 3. e) cc), ab S. 176.

[323] *O. Bachof* in: GS W. Jellinek, S. 297; *W. Roth,* Organstreitigkeiten, S. 354 f.

[324] Auch das Kriterium der faktischen Betroffenheit (vgl. unten Kapitel 3, B. II. 3. c), ab
S. 242) beruht letztlich auf dem Gedanken einer Individualität, indem nur die, die am stärksten betroffen sind, sich gegen eine Beeinträchtigung wehren können sollen.

Alles deutet aber darauf hin, dass es kein globales Kriterium für das Vorliegen von subjektiven Rechten gibt, das in allen Fällen gültig ist, sondern dass jede Norm einzeln auf die Wertung hin, ob eine Klagemöglichkeit aufgrund dieser Vorschrift besteht, untersucht werden muss. Gerade weil der Begriff des subjektiven Rechts sehr offen ist, erlaubt er, vielfältige Phänomene als subjektive Rechte zu integrieren – so wie, was noch zu zeigen sein wird,[325] die Rechtspositionen von Teilen des Staates.

Da keine Einigkeit besteht, was ein subjektives Recht ist, und die Definitionen, die auf Bühler zurückgehen, im Grunde keine einheitliche „herrschende Meinung" widerspiegeln,[326] konzentriert sich insbesondere die Praxis auf (Hilfs-)Regeln, die dem Auffinden von subjektiven Rechten dienen, statt nach der Methode vorzugehen, das subjektive Recht zu definieren und dann unter diese Definition zu subsumieren.[327] Damit wird nicht ausgedrückt, dass die Wertung völlig frei erfolgen kann. Primär ist sie – jedenfalls nach herrschender Auffassung – mit der Auslegung der Norm verbunden, die ein Recht des Klägers vermitteln soll.[328] Die Schwierigkeit im öffentlichen Recht liegt aber gerade darin, dass die Normen nur selten überhaupt selbst Anhaltspunkte dafür enthalten, ob sie ein subjektives Recht verleihen.[329] Zusätzliche Wertungskriterien werden dadurch notwendig. Und da es (soweit ersichtlich) kein Merkmal gibt, mit dem alle subjektiven Rechte zuverlässig identifiziert werden könnten, ist es die zwangsläufige Folge, dass es eine Vielzahl dieser Wertungskriterien gibt, die Anhaltspunkte für die Frage geben, ob sich ein Kläger auf eine bestimmte Norm berufen können soll.[330] Die gängigsten dieser Wertungskriterien sollen im Folgenden untersucht werden.

---

[325] Kapitel 4, A. und B., ab S. 258.

[326] Vgl oben Kapitel 3, B.I.3.a), ab S. 162.

[327] Zum Unterschied zwischen einer echten Definition subjektiver Rechte und Regeln zum Auffinden solcher Rechte oben Kapitel 3, B.I.2.b), S. 156.

[328] Vgl. oben Kapitel 3, B.I.3.g)cc), ab S. 189 und Kapitel 3, B. bei Fn. 35, S. 153. Zur Diskussion um die Gesetzesabhängigkeit bzw. Gesetzesunabhängigkeit des subjektiven öffentlichen Rechtes unten II.3.b) und c), ab S. 236.

[329] *K. F. Röhl/H. C. Röhl*, Rechtslehre, S. 374; *R. Stober* in: Wolff/Bachof/Stober/Kluth, Verwaltungsrecht Bd. 1, § 43 Rn. 9.

[330] An dieser Stelle könnte die Frage gestellt werden, inwiefern die Antwort auf die Frage, ob sich ein Kläger auf eine Norm berufen kann, in allen Fällen vom Gesetzgeber vorgezeichnet sein kann und inwieweit letztlich der Gesetzesanwender eine eigene Entscheidung treffen darf, denn das Heranziehen zusätzlicher Wertungsgesichtspunkte bringt die Gesetzesanwendung, zumindest auf den ersten Blick, ein Stück weit vom Gesetz ab. Die Kriterien, wie sie etwa in der Schutznormtheorie enthalten sind, können aber auch als Kriterien gerade der Auslegung der Normen, die möglicherweise ein subjektives Recht verleihen, angesehen werden. Denn letztlich ist jede Auslegung eines Gesetzes auch eine eigene Wertung bzw. Entscheidung des Rechtsanwenders. Das Verhältnis zwischen Determination durch das Gesetz und Auslegungsbedürftigkeit (und damit Freiheit des Rechtsanwenders zu eigener Entscheidung) zu klären, ist hier allerdings nicht der richtige Ort.

II. Ermittlung von Rechten im Sinne
der verwaltungsrechtlichen Prozessrechtsnormen

Während die Frage, was das Wesen eines subjektiven öffentlichen Rechts ausmacht, vorwiegend in der Literatur diskutiert wird, ist es für die Rechtsprechung naturgemäß wichtiger festzustellen, wann ein subjektives Recht beispielsweise im Sinne des § 42 Abs. 2 VwGO vorliegt.[331] Dafür hat sie für unterschiedliche Anwendungsfälle verschiedene Formeln entwickelt (dazu 1.), die häufig – entsprechend verbreiteter Gewohnheit in der Rechtswissenschaft – auch „Theorien" genannt werden, so etwa die Schutznormtheorie (zu ihr 2.) und die sogenannte Adressatentheorie (unter 4.). Als Alternative für diese Lösungsansätze wurde auch vorgeschlagen, eine faktische Betroffenheit in eigenen Belangen als ausschlaggebend für eine Klagebefugnis anzusehen (unten 3. c)). Grundrechtliche Ansätze wurden teilweise als Alternative vorgebracht, sind aber als Kriterium zur Suche nach subjektiven Rechten auch im Rahmen der herkömmlichen Vorgehensweisen weitgehend anerkannt (unten 3. b)). Gering geblieben ist dagegen der Einfluss des Europarechts (unten 3. a)).

1. Fallgruppenabhängiges Vorgehen in Wissenschaft und Praxis

Wie an Schutznormtheorie und Adressatentheorie zu erkennen ist, unterscheiden sich die Kriterien, welche die Rechtsprechung für die Ermittlung eines subjektiven Rechts, das heißt zur Beantwortung der Frage, ob sich ein Kläger auf eine Norm berufen können soll, heranzieht, in unterschiedlichen Fallkonstellationen. Die Schutznormtheorie wird heute praktisch nur in Drittschutzkonstellationen überhaupt erwähnt,[332] obwohl ihr Ursprung die von Bühler formulierte Definition für das subjektive öffentliche Recht ist[333] und sie ursprünglich also den universalen Anspruch hatte, alle subjektiven Rechte zu erfassen.[334] Ihr Anwen-

---

[331] Zum Verhältnis der Definition des subjektiven Rechts und Regeln zum Auffinden von subjektiven Rechten oben Kapitel 3, B. I. 2. b), S. 156.

[332] Vgl. *S. König*, Drittschutz, S. 35: „Der eigentliche Anwendungsbereich der Schutznormtheorie ist daher heute der Drittschutz."; *A. Wiese*, Beteiligung, S. 120. kritisch zur (auch von ihm angenommenen) Spezialisierung der Schutznormtheorie auf Drittschutzkonstellationen *H. Bauer*, DVBl. 1986, 208, 212 f.; *R. Wahl*, DVBl. 1996, 641, 641; a. A. (keine Spezialisierung auf Drittschutzkonstellationen) *M. Schmidt-Preuß*, Privatinteressen, S. 193. Vom Ansatz her ist die Schutznormtheorie nicht auf Drittschutzkonstellationen beschränkt – da aber die schwierigen Probleme in der Praxis genau dort auftreten und mithilfe der Schutznormtheorie gelöst werden, und außerhalb von Drittschutzkonstellationen wegen Evidenz des Ergebnisses (größtenteils aufgrund der Adressatentheorie) kaum mehr auf sie zurückgegriffen wird, kann eine Spezialisierung der Schutznormtheorie auf Drittschutzkonstellationen durchaus beobachtet werden; zur Erklärung der Beschränkung auf Drittschutzkonstellationen auch unten Fn. 660, S. 255.

[333] Dazu sogleich unter 2.; Definition oben in Fn. 104, S. 163 wörtl. wiedergegeben.

[334] Vgl. die Ausführungen bei *H. Bauer*, AöR 113 (1988), 582, 588 f.: *Bühlers* Formel war ursprünglich nicht nur für die „Zweifelsfälle" gedacht, sondern als für alle subjektiven öffentlichen Rechte gültig.

dungsbereich überschneidet sich aber heute nicht mehr mit dem der sogenannten Adressatentheorie. Unabhängig davon, ob Rechtspositionen von Teilen juristischer Personen beim verwaltungsrechtlichen Organstreit als subjektive Rechte
anerkannt werden,[335] könnte sogar die Kontrasttheorie[336] als Formel zum Auffinden subjektiver Rechte oder einklagbarer Rechtspositionen eingeordnet werden.
Denn in ihrer Konzeption als Rechtfertigung von sogenannten Organstreitigkeiten
gegenüber der ansonsten[337] vermeintlich bestehenden Impermeabilität der Verwaltung kommt sie in ganz bestimmten Sonderfällen zur Anwendung, in denen weder
auf die Adressatentheorie noch auf die Schutznormtheorie zurückgegriffen wird.
Es scheint jedoch aufgrund der in Kapitel 2 gewonnenen Erkenntnisse vorzugswürdig, der Kontrasttheorie keine solche herausragende Stellung einzuräumen.[338]

Die im Folgenden zu analysierende Unterschiedlichkeit der Mittel zum Auffinden subjektiver Rechte im Sinne der verwaltungsrechtlichen Prozessordnungen
und die Beschränkung der Schutznormtheorie auf Drittschutzkonstellationen bestätigt auch die These, dass es keine subsumtionsfähige Definition des subjektiven
Rechts gibt, denn sonst würde eine solche verwendet bzw. wäre die Schutznormtheorie nach Bühler als Definition so weiterentwickelt worden, dass sich aus ihr in
allen denkbaren Fallkonstellation passende Antworten entwickeln lassen. Die oben
aus theoretischer Sicht hergeleitete Tendenz zur Kasuistik wird auf diese Weise
noch zusätzlich verstärkt, weil in unterschiedlichen Fällen unterschiedliche Kriterien herangezogen werden, was die Komplexität des Problems noch weiter erhöht.

Wie sogleich zu zeigen sein wird, ist allerdings selbst die Schutznormtheorie
keine einheitliche Theorie, innerhalb derer nur ein bestimmtes Kriterium vorkäme,
auch wenn die häufig als zentral angesehene Abgrenzung von Individualinteressen
und Allgemeininteressen dies zu implizieren scheint.

2. Schutznormtheorie

Bereits die Definition des subjektiven Rechts von Bühler[339] enthielt Formulierungen, die der Schutznormtheorie gleichen.[340] Allerdings hat sich die Schutznorm-

---

[335] Dazu unten Kapitel 4, insb. B.II., S. 273.

[336] Zu dieser oben Kapitel 2, B.I.5.a), S. 69.

[337] Dagegen oben Kapitel 2, C.II.2., S. 115.

[338] Das ist vor allem damit zu begründen, dass den sogenannten Organstreitigkeiten die durch
die Kontrasttheorie implizierte Ausnahmestellung nicht zukommt, dazu oben Kapitel 2, B.I.5.,
S. 69 und C.II.2., S. 115. Zum Ganzen weiterführend unten Kapitel 4, D.III.3., S. 374.
Auch Rechte im Rahmen sogenannter Organstreitigkeiten sind also wie alle anderen Rechte
des Staates auch zu ermitteln, wofür Anleihen an die Schutznormtheorie genommen werden
können, dazu Kapitel 4, D. ab S. 355.

[339] Def. im Wortlaut in Fn. 104, S. 163.

[340] Die Schutznormtheorie geht also auf den Spätkonstitutionalismus zurück, so *H. Bauer,*
AöR 113 (1988), 582, 587; vgl. *K.F. Röhl/H.C. Röhl,* Rechtslehre, S. 373: *Bühler* habe mit
seiner Definition die Schutznormtheorie „formuliert, die bis heute als Test für die Anerkennung

theorie im Laufe der Zeit auch weiterentwickelt.[341] Aufgrund ihrer historischen Herkunft wird nicht immer deutlich, dass die Schutznormtheorie überwiegend als Regel zum Auffinden subjektiver Rechte in ganz bestimmten Fallkonstellationen verwendet wird.[342] Laut einer heute häufig gebrauchten Formulierung besteht ein die Klagebefugnis begründendes subjektives Recht nach der Schutznormtheorie dann, wenn „die in Frage stehenden Rechtssätze [...] zumindest auch dem Schutz von Individualinteressen zu dienen bestimmt sind."[343] Die Schutznormtheorie (auch „Schutznormlehre"[344]) wird von der ganz herrschenden Meinung in Schrifttum und Rechtsprechung akzeptiert und angewandt.[345]

Genauso wenig allerdings, wie die Kombinationstheorie für das subjektive Recht eine homogene herrschende Meinung abbildet, kann die Schutznormtheorie als eine einheitliche Ansicht angesehen werden. Ihre Kernformulierung, wonach abzugrenzen ist, ob eine Norm auch Individualinteressen oder nur Allgemeininteressen schützt, wird zwar immer wieder aufgegriffen und ist dadurch auch der Anknüpfungspunkt für die Wahrnehmung als einheitliche, herrschende Meinung.[346] Aber auch hier gibt es unterschiedlich starke Nuancen (dazu a)), sodass die Schutznormtheorie eher als eine Sammlung unterschiedlicher Kriterien zur Ermittlung subjektiver Rechte erscheint (dazu b)), die unter einer einheitlichen, auf die Ab-

---

subjektiver Rechte gilt"; *M. Sachs* in: K. Stern, Staatsrecht III/1, S. 534: „,Schutznormlehre' O. Bühlers"; vgl. auch B VerfG, Beschl. v. 17.12.1969, Az.: 2 BvR 23/65, B VerfGE 27, 297 ff., juris Rn. 29, wo auf *Bühler* explizit Rekurs genommen wird.

[341] *R. Wahl* in: Schoch/Schneider/Bier, VwGO, Vorb. § 42 Abs. 2 Rn. 95.

[342] Dass sie aber ein solches „Werkzeug" darstellt, legt *J. Krüper,* Gemeinwohl, S. 138 dar; zu verschiedenen Variationen, die mit mehr Elementen der Kombinationstheorie den Eindruck erwecken, eine universale Definition des subjektiven Rechtes darzustellen *C. Grabenwarter* in: 16. ÖJT Bd. I/1, S. 20 f.

[343] Statt vieler (vgl. auch die Nachweise in den folgenden Fußnoten): *W.-R. Schenke/ R. P. Schenke* in: Kopp/Schenke, § 42 Rn. 83 m. w. N. Mit dieser Formulierung wird übrigens verkannt, dass alle Rechtsnormen auch Gemeininteressen dienen (dazu unten Fn. 440, S. 219). Dass davon ausgegangen wird, dass Rechtssätze auch allein Individualinteressen dienen können, ergibt sich aus dem Wort „zumindest" in der oft gebrauchten Wendung „zumindest auch Individualinteressen zu dienen bestimmt". Wer davon ausgeht, dass alle Rechtsnormen zumindest auch Gemeininteressen schützen, braucht lediglich zu schreiben, dass eine Norm dann ein Recht enthält, wenn es auch Individualinteressen schützt. Mehr als ein Auch-Schützen des Individualinteresses kann es nicht geben, wenn alle Rechtsnormen auch im Gemeininteresse erlassen sind.

[344] Etwa bei *J. Pietzcker* in: Depenheuer u. a., FS Isensee, S. 577; *T. Schmidt-Kötters* in: Posser/Wolff, BeckOK VwGO, § 42 Rn. 151; zu weiteren Bezeichnungen *H. Bauer* in: Heckmann/Meßerschmidt, Gegenwartsfragen, S. 113, Fn. 1 m.N.: etwa „Schutzzwecktheorie" oder „Schutzgesetzlehre".

[345] *R. Stober* in: Wolff/Bachof/Stober/Kluth, Verwaltungsrecht Bd. 1, § 43 Rn. 24: „von der Verwaltungsrechtsprechung durchgängig praktiziert" und „auch im Schrifttum weitgehend anerkannt"; vgl. *Sachs* in: K. Stern, Staatsrecht III/1, S. 534 Fn. 247 mit sehr umfangreichen Nachweisen zu Rspr. und Lit.; bspw. in B VerwG, Urt. v. 30.03.1995, Az.: 3 C 8/94, B VerwGE 98, 118, juris Rn. 40 wird die Schutznormtheorie als „herrschend[..]" bezeichnet; vgl. auch die Nachweise bei *S. König,* Drittschutz, S. 119, dort. Fn. 453.

[346] *K. F. Gärditz* in: ders., VwGO, § 42 Rn. 54; *M. Happ* in: Eyermann, VwGO, § 42 Rn. 86.

grenzung der Interessenrichtungen gerichteten Formulierung zusammengefasst sind und die – wie oben für das subjektive Recht im Verwaltungsprozessrecht beschrieben – dem Ausschluss von Klagemöglichkeiten dienen (dazu c); zu den einzelnen Kriterien unter d)).

a) Verschiedene Formulierungen im Detail und variierender Inhalt

Als Zeichen für inhaltliche Unklarheiten können die sprachlichen Abweichungen gelten, die bei der Wiedergabe der Schutznormtheorie immer wieder auftreten. Schon hinsichtlich der Formulierung, dass eine Norm auch Individualinteressen und nicht nur Allgemeininteressen zu dienen bestimmt sein müsse, finden sich bei genauerem Hinsehen unterschiedliche sprachliche Nuancen. So werden als Kontrast zu den Individualinteressen allgemeine Interessen,[347] das „Gemeininteresse"[348] oder auch das öffentliche Interesse[349] genannt. Diese Variationen können deswegen als erheblich angesehen werden, weil das Gemeinwohl und einzelne öffentliche Interessen etwas völlig Unterschiedliches sind.[350] Teils werden die Interessen des Einzelnen auch nicht mit dem Zusatz „Individual-" versehen.[351]

Aber auch inhaltlich gibt es innerhalb der Schutznormtheorie erhebliche Differenzen in unterschiedlicher Hinsicht.[352] Hinter der starken Betonung der Abgrenzung von Allgemeininteressen und Individualinteressen steckt der Einfluss der Interessentheorie beim subjektiven Recht,[353] die sich im Rahmen der Schutznormtheorie in den Vordergrund gedrängt hat. Manchmal brechen sich aber auch andere Einflüsse Bahn. Während einige Autoren nur die oben zitierte Formulierung des Schutzes auch von Individualinteressen[354] verwenden, werden von anderen auch in neuerer Zeit fast alle Elemente der Bühler'schen Definition als von der

---

[347] *W.-R. Schenke/R. P. Schenke* in: Kopp/Schenke, § 42 Rn. 83.

[348] *O. Bachof* in: GS W. Jellinek, S. 296.

[349] *H. Maurer*, A.Verwaltungsrecht, § 8 Rn. 8.

[350] Dazu schon oben Kapitel 2, C. II. 1. a), S. 106; teils ist auch aus solchen Formulierungen nicht ersichtlich, ob sie im Bewusstsein verwendet wurden, dass es dahingehend Unterschiede geben kann.

[351] BVerwG, Urt. v. 30.03.1995, Az.: 3 C 8/94, BVerwGE 98, 118, juris Rn. 40: „Auf der Grundlage der herrschenden Schutznormtheorie [...] vermitteln Drittschutz nur solche Vorschriften, die nach dem in ihnen enthaltenen, durch Auslegung zu ermittelnden Entscheidungsprogramm auch der Rücksichtnahme auf die Interessen des betreffenden Dritten dienen."

[352] So auch *H. Bauer*, AöR 113 (1988), 582, 592: „beachtliche Bandbreite der mit der ‚Schutznormtheorie' verbundenen Vorstellungen"; auch *P. Kunig* in: GS Martens, S. 601. Ähnliches stellt *A. Wiese*, Beteiligung, S. 33 schon für die Zeit der Weimarer Republik fest.

[353] Vgl. *C. Grabenwarter* in: 16. ÖJT Bd. I/1, S. 21; zur Interessentheorie und ihrer Stellung innerhalb der Kombinationstheorie oben Kapitel 3, B. I. 3. a), S. 162, zum Begriff des Interesses B. I. 3. d), S. 169.

[354] Etwa *W.-R. Schenke/R. P. Schenke*, Fn. 343; für *M. Schmidt-Preuß* in: Depenheuer u. a., FS Isensee, S. 606 f. liegt hierin eine geschichtliche Entwicklung von einer „dreigliedrigen" zu einer „eingliedrigen" Formel – diese Betrachtung ist aber nicht differenziert genug: Es wird vor allem nicht berücksichtigt, dass auch heute noch die Durchsetzung vor Gericht häufig eine

Schutznormtheorie umfasst angesehen, also beispielsweise auch das Rechtsmacht-kriterium.[355] Zudem unterscheiden manche – aber keineswegs alle – Autoren zwischen einer alten und einer neuen Schutznormtheorie, wobei sie aber gerade nicht an den soeben angesprochenen verschiedenen Grad der Übernahme von Formulierungen Bühlers anknüpfen, sondern an die Kriterien der Ermittlung des Schutzzweckes. Während bei der „alten" Schutznormtheorie, wie sie auf Bühler zurückgeht, der Wille des historischen Gesetzgebers[356] für wesentlich gehalten worden sei, soll die „neue" Schutznormtheorie sich dadurch auszeichnen, dass die Grundrechte als Auslegungsmaßstab eine große Rolle bei der Beantwortung der Frage spielen, ob ein subjektives Recht vorliegt.[357] Auch die Rechtsprechung konzentriert sich zwar auf die auch in der Literatur meist zentrale Abgrenzung zwischen Individual- und Allgemeininteressen, fügt jedoch gelegentlich unterschiedliche Akzente hinzu, wie etwa den Aspekt der Durchsetzbarkeit.[358] Neben dem Element des Schutzes von Individualinteressen taucht in der Rechtsprechung auch noch ein weiteres Merkmal auf, nämlich das des abgrenzbaren Kreises potenziell Berechtigter, das gleichberechtigt neben die Abgrenzung von Allgemein- und Individualinteresse tritt.[359]

Am gewichtigsten ist jedoch, dass variiert, was mit dem Schutz von Individualinteressen gemeint ist, dass die Interessenschutzformel also inhaltlich unterschied-

---

wichtige Rolle spielt; ähnlich wie *Schmidt-Preuß* aber *M. Reiling,* DÖV 2004, 181, 181 f.; vgl. zu *Schmidt-Preuß* noch unten B. II. 2. d) dd), S. 229.

[355] So etwa *A. Scherzberg* in: Ehlers/Pünder, A. Verwaltungsrecht, § 12 Rn. 9, vgl. auch die dortige modifizierende Weiterentwicklung in Rn. 11; zur sonst üblichen Trennung von Definition und bloßen Formeln zur Ermittlung subjektiver Rechte Kapitel 3, B. I. 2. b), S. 156.

[356] Vgl. zur Rolle des Willens des historischen Gesetzgebers i.R.d. Schutznormlehre auch *S. König,* Drittschutz, S. 115 f.

[357] *H. Bauer,* AöR 113 (1988), 582, 587 ff. (sehr ähnlich sind die Ausführungen *dess.* in: Heckmann/Meßerschmidt, Gegenwartsfragen, S. 122 ff.); vgl. auch *W.-R. Schenke/R. P. Schenke* in: Kopp/Schenke, § 42 Rn. 83; dass hingegen nur die neuere Schutznormtheorie einen „Kanon von Methoden und Regeln" darstellt, ist eher zweifelhaft: Schon *Bühler* hat die verschiedenen Aspekte des Wortlauts und der historischen Interpretation herangezogen und bei faktischem Zugutekommen eine Quasi-Vermutungsregel aufgestellt (wie auch *Bauer,* AöR 113 [1988], 582, 588 f. schreibt).

[358] Auf diesem Wege das Rechtsmachtkriterium mit aufnehmend BVerwG, Urt. v. 17.06.1993, Az.: 3 C 3/89, BVerwGE 92, 313, Rn. 32 m. w. N.: „Eine Norm des öffentlichen Rechts hat nach der allgemein verbreiteten Schutznormtheorie nur dann drittschützenden Charakter, wenn sie nicht nur öffentlichen Interessen, sondern – zumindest auch – Individualinteressen derart zu dienen bestimmt ist, daß die Träger der Individualinteressen die Einhaltung des Rechtssatzes sollen verlangen können"; vgl. auch Fn. 359.

[359] BVerwG, Urt. v. 07.05.1996, Az.: 1 C 10/95, BVerwGE 101, 157, juris Rn. 31: „Einer Vorschrift kommt drittschützender Charakter zu, wenn sie nicht nur öffentlichen Interessen, sondern auch Individualinteressen Dritter zu dienen bestimmt ist und sich aus den Tatbestandsmerkmalen der anzuwendenden Norm ein Personenkreis bestimmen läßt, der sich von der Allgemeinheit unterscheidet (vgl. BVerwGE 94, 151 <158>)"; Besondere Beachtung verdient hier das Wort „und". Beide Kriterien als gleichberechtigt nebeneinander nennt auch *F. Hufen,* Verwaltungsprozessrecht, § 14 Rn. 73; zur Bedeutung des Merkmals der Abgrenzbarkeit des Personenkreises noch II. 2. d) cc) (3), S. 222.

lich ausgefüllt wird. Subjektive Rechte erscheinen dem einen dann im öffentlichen Recht als Ausnahme vom Regelfall des Rechtsreflexes,[360] dem anderen als Normalfall, von dem bei „alle[n] objektivrechtlich[..] gewährten und gewollten Begünstigungen des öffentlichen Rechts" auszugehen ist.[361] Es ist zu beobachten, dass sich häufig nicht die Formulierung unterscheidet und die Wendung „auch Individualinteressen zu dienen bestimmt" im Großen und Ganzen einheitlich verwendet wird, sondern dass die Kriterien, nach denen sich die Schutzrichtung ermitteln lassen soll, variieren. Aber auch abweichende Formulierungen lassen sich damit erklären, dass teilweise Kriterien der Ermittlung der Schutzrichtung, die für besonders wichtig gehalten werden – wie die Abgrenzbarkeit des Kreises der begünstigten Personen –, als expliziter Bestandteil in die Schutznormlehre neben die hergebrachte Formulierung integriert werden.[362]

Die Schutznormtheorie ist also, wie die Bezeichnung Kombinationstheorie für den Begriff des subjektiven Rechts selbst,[363] ein einheitlicher Name für eigentlich inhaltlich teils abweichende Positionen. Gemeinsamkeiten sind aber das Abstellen auf die Schutzrichtung einer Norm und die weitgehende Beschränkung des Anwendungsgebietes der Schutznormtheorie auf sogenannte Drittschutzkonstellationen,[364] also Fälle, in denen sich zwar der Staat und (in der Regel)[365] ein Bürger gegenüberstehen, in denen der Streit zwischen diesen aber auch unweigerlich Auswirkungen auf Dritte hat (etwa im baurechtlichen Nachbarverhältnis oder bei Konkurrentenklagen). Es ist einerseits mit der Ausblendung der Unterschiede und andererseits mit diesen Gemeinsamkeiten zu erklären, dass es auch grundsätzliche inhaltliche Kritik an „der Schutznormtheorie" als solcher gibt und nicht nur differenzierte Kritik an einzelnen Strömungen innerhalb dieser.[366]

---

[360] *F. Hufen,* Verwaltungsprozessrecht, § 14 Rn. 72; nach *H. H. Rupp,* DVBl. 1982, 144, 147 ist diese ablehnende Haltung gegenüber subjektiven Rechten auf „tradierte Vorstellungen", nämlich die „hergebrachte[..] deutsche[..] Verwaltungsrechtsdogmatik Otto Mayers" zurückzuführen.

[361] *O. Bachof* in: GS W. Jellinek, S. 299.

[362] Etwa BVerwG in Fn. 358 und Fn. 359; zum Kriterium der Abgrenzbarkeit des Kreises potenzieller Kläger ausführlich unten B. II. 2. d) cc) (3), S. 222.

[363] Insb. zur Kombinationstheorie, die keine einheitliche Meinung darstellt, B. I. 3. a), S. 162.

[364] *H. Bauer,* DVBl. 1986, 208, 213 m. w. N.; vgl. etwa *R. Stober* in: Wolff/Bachof/Stober/ Kluth, Verwaltungsrecht Bd. 1, § 43 Rn. 18; *R. Wahl/P. Schütz* in: Schoch/Schneider/Bier, VwGO, § 42 Abs. 2 Rn. 45; skeptisch dazu *M. Schmidt-Preuß,* Privatinteressen, S. 210, S. 706, nach dessen Konzept die Schutznormtheorie wohl durch seine Konfliktschlichtungsformel, die alle Drittschutzfälle erfasst, komplett ersetzt werden würde (wovon *Schmidt-Preuß* selbst aber nicht ausgeht, weil er meint, der Anwendungsbereich der Schutznormtheorie erstrecke sich nicht im Wesentlichen auf Drittschutzkonstellationen, dazu Fn. 332, S. 202) – zu *Schmidt-Preuß* noch unter B. II. 2. d) dd), S. 229.

[365] Zu Drittschutz in Konstellationen Staat gegen Staat unten Kapitel 4, F. II., S. 399.

[366] Zu drei Richtungen der Kritik (abseits des Punktes der mangelnden Vorhersehbarkeit und Kasuistik, dazu die Nachw. bei *H.-U. Erichsen* in: ders./Ehlers, A. Verwaltungsrecht, 12. Aufl., § 11 Rn. 35 und hiesige Fn. 266, S. 190): *H.-U. Erichsen,* a. a. O., Rn. 35 ff. m. N.; *J. Krüper,* Gemeinwohl, S. 150 ff. m. N.; ähnlich *M. Ruffert,* DVBl. 1998, 69, 69 m. N.; *M. Schmidt-Preuß,* Privatinteressen, S. 190 ff.

Ob eine Norm einen Kläger schützt, ist in den Fällen, in denen die Schutznormtheorie im Verwaltungsprozessrecht herangezogen wird, prinzipiell nur eine Varia-
tion der Frage, ob er sich im Prozess auf sie berufen kann, also der Wertungsfrage,
die mit der Erwähnung des subjektiven Rechts in den jeweiligen Normen des Verwaltungsprozessrechts verbunden ist. Weil die Schutznormtheorie in ihrer verbreiteten Formulierung noch keinen Anhaltspunkt liefert, wie zu ermitteln ist, ob ein
Individualinteresse geschützt wird, wird häufig an ihr kritisiert, dass sie eigentlich inhaltsleer sei und „keine Lösung [biete], sondern [...] nur die Fragestellung
[formuliere]."[367] Die Formulierung, dass eine Rechtsnorm dem Individualinteresse
zu dienen bestimmt sein muss, ergibt als allgemeine Regel dann am meisten Sinn,
wenn sich in den Gesetzen, zumindest in den Gesetzesmaterialien, ein ausdrücklicher Hinweis findet, der Antwort auf diese Frage gibt – was aber meist nicht der
Fall ist.[368] Die Schutznormtheorie, wie sie in der Regel zum Tragen kommt, reformuliert also das Problem des subjektiven Rechts als Frage nach der Ermittlung der Schutzrichtung der Norm, also als Frage, „wer zur Geltendmachung eines
bestimmten Interesses zuständig sein soll".[369] Die häufig benutzte Formulierung
„zumindest auch den Individualinteressen zu dienen bestimmt" bringt die Lösung
dieser Frage aber noch nicht weiter. Kern der Schutznormtheorie sind also die im
zweiten Schritt herangezogenen Werkzeuge, die dazu dienen, die Schutzrichtung
konkret zu bestimmen.

b) Schutznormtheorie als Sammlung von Kriterien
zur Ermittlung einer drittschützenden Norm

Daher ist die Schutznormtheorie nicht als ein einzelnes „Werkzeug zur Auffin-
dung von Interessenzuweisungen durch das Recht"[370] zu verstehen. Sie ist vielmehr „eine Sammelbezeichnung für einen Kanon von Methoden und Regeln,
nach denen der subjektiv-rechtliche Gehalt eines Rechtssatzes erschlossen werden

---

Die Einteilung in Kategorien der Kritik sieht meist etwa so aus: 1. Die Auslegung einer
Norm sei nicht entscheidend: Rechtsschutz solle dann gewährt werden, wenn ein Bürger in
erheblicher Weise in seinen eigenen Angelegenheiten betroffen ist (dazu unten B. II. 3. c),
S. 242); 2. Rückgriff (allein) auf Grundrechte (unten B. II. 3. b), S. 236); 3. stärkere Berück-
sichtigung der Natur von Dreiecksverhältnissen Bürger-Staat-Bürger (unten B. II. 2. d) dd),
S. 229).

[367] *K. F. Röhl/H. C. Röhl*, Rechtslehre, S. 375; ähnlich *W. Roth*, Organstreitigkeiten, S. 554 f.
m. w. N.; vgl. *P. Kunig* in: GS Martens, S. 601: „Die Kategorie der ‚Schutznorm' ist mehr eine
Überschrift für Probleme des verwaltungsgerichtlichen Drittschutzes als daß sich hinter ihr eine
kohärente, geschweige denn dogmatisch anerkannte Lehre verbergen würde."

[368] *R. Wahl*, DVBl. 1996, 641, 645; ähnlich schon *O. Bachof* in: GS W. Jellinek, S. 294;
O. Bühler, Rechte, S. 43 ff. stellt bei seiner Definition des subjektiven öffentlichen Rechts noch
explizit auf eine ausdrückliche Normierung des Drittschutzes (S. 43 f.) und die Gesetzesmaterialien (S. 45) ab, gesteht aber bereits zu, dass es eine erhebliche Zahl von Zweifelsfällen gibt
(S. 44 f.) – zu *Bühler*: *H. Bauer*, AöR 113 (1988), 582, 589.

[369] *J. Krüper*, Gemeinwohl, S. 138.

[370] So die Formulierung bei *J. Krüper*, Gemeinwohl, S. 138.

soll".[371] Dies ist schon in der ursprünglichen Fassung Bühlers angelegt gewesen, der ebenfalls aufgrund von „erheblichen Anwendungsproblemen" verschiedene Auslegungsgesichtspunkte genannt hatte.[372]

Häufig wird betont, dass primär die normalen Auslegungsmethoden zu diesem Kanon von Regeln gehören, sodass der Schutzzweck einer Norm vorrangig unter Anwendung der grammatischen, systematischen, teleologischen und historischen Auslegung zu ermitteln sei.[373] Die Schutznormtheorie stellt sich insoweit als Regel dar, mit den normalen Auslegungsmethoden den Schutzzweck einer Norm und damit die Wertung, ob sich ein Kläger auf sie berufen kann, festzustellen – und hat daher in dieser Hinsicht gar keine große Aussagekraft über die allgemeine juristische Methodik hinaus.[374] Da aber die herkömmlichen Auslegungsregeln oft zu keinem Ergebnis führen, gibt es noch weitere, speziellere „Auslegungsdirektiven".[375] Das führt dazu, dass die Schutznormtheorie auch als „Auslegungsregel für den Zweifelsfall" außerhalb des tradierten Methodenkanons gesehen wird.[376] Diese zusätzlichen Auslegungsregeln können aber auch als Wertungskriterien verstanden werden, die im Rahmen einer systematischen und/oder teleologischen Analyse des Rechtssatzes, der ein subjektives Recht enthalten könnte, Hilfestellungen geben.

Von diesen sekundären Hilfskriterien gibt es allerdings eine ganze Reihe, und ihre Anwendung scheint in der Praxis von Fall zu Fall zu schwanken, sodass das Arsenal der Regeln im Rahmen der Schutznormtheorie kein homogener, feststehender Kanon ist.[377] Für die Rechtsanwendung wird daher oft die „Kenntnis der wichtigsten Fallgruppen" für „unabdingbar" gehalten,[378] womit gemeint ist, dass man mit der höchstrichterlichen Rechtsprechung vertraut sein sollte. Der Trend zur Kasuistik, der oben als kaum vermeidbare Folge der Verwendung des unklaren Begriffs des subjektiven Rechts im Rahmen der Prozessrechtsnormen dargestellt wurde,[379] setzt sich damit innerhalb der Schutznormtheorie fort, was häufig scharf

---

[371] *E. Schmidt-Aßmann* in: Maunz/Dürig, GG, Art. 19 Abs. 4 Rn. 128.

[372] *H. Bauer,* AöR 113 (1988), 582, 589.

[373] Vgl. *J. Pietzcker* in: Depenheuer u. a., FS Isensee, S. 578; *U. Ramsauer,* AöR 111 (1986), 502, 511; vgl. *K. F. Röhl/H. C. Röhl,* Rechtslehre, S. 374 f.; *R. Uerpmann,* Interesse, S. 93 m. w. N.; *R. Wernsmann,* DV 2003, 67, 90.

[374] *H. Bauer,* AöR 113 (1988), 582, 596 ff. kritisiert, dass die Abkehr von der historischen Interpretation (vgl. bei Fn. 357) eine Modifikation des herkömmlichen Methodenkanons sei – plausibler ist aber die Ansicht, dass die historische Interpretation allgemein in ihrer Bedeutung zurückgedrängt wurde und sich das lediglich auch bei der Schutznormtheorie widerspiegelt (in diese Richtung *Pietzcker* Fn. 373); vgl. aber auch *S. König,* Drittschutz, S. 119: Es sei „methodologisch unehrlich, die Drittschutzrechtsprechung allein als Ergebnis einer ,sorgfältigen Auslegung' der in Betracht kommenden Normen darzustellen".

[375] So die Bezeichnung bei *H. Bauer,* AöR 113 (1988), 582, 599; zu diesen unten B. II. 2. d), ab S. 212.

[376] *E. Schulev-Steindl,* Rechte, S. 74 f.

[377] *H. Bauer,* AöR 113 (1988), 582, 599 ff.

[378] *F. Hufen,* Verwaltungsprozessrecht, § 14 Rn. 74.

[379] Vgl. oben Kapitel 3, B. I. 3. g) dd), S. 190.

kritisiert[380] wird: Die Schutznormtheorie habe sich in der Rechtspraxis wegen ihrer unsystematischen Kasuistik nicht als brauchbar erwiesen,[381] und die Bestimmung des Schutzzwecks sei meist nur spekulativ.[382]

Die Schutznormtheorie reformuliert also die Wertungsfrage, die mit der Verwendung des Begriffs des subjektiven Rechts in den Prozessrechtsnormen verbunden ist, weist auf die Notwendigkeit der Beachtung der Wertung des Gesetzes, dessen Verletzung geltend gemacht werden soll, hin und bündelt einige nicht immer nach festen Mustern angewendete Argumentationslinien, die bei Uneindeutigkeit der gesetzlichen Wertung zur Anwendung kommen. Diese teilweise Systematisierung der Kasuistik durch wiederkehrende Kriterien wird von den zahlreichen Kritikern der Schutznormtheorie[383] als unzureichend,[384] von anderen hingegen als praxistauglich angesehen.[385]

c) Rechtsschutzbegrenzung als Zweck der Kriterien der Schutznormtheorie

In Drittschutzkonstellationen, in denen die Schutznormtheorie meist herangezogen wird, besteht immer ein Interessengegensatz zwischen dem Kläger und einem Dritten, der vom angegriffenen Verwaltungshandeln ebenfalls betroffen ist.[386] Die Schutznormtheorie befindet sich damit im Spannungsbereich zwischen dem Vertrauen des Adressaten in den Bestand einer begünstigenden Maßnahme, in der Regel eines Verwaltungsaktes,[387] und dem Interesse eines Dritten, von den belastenden Wirkungen eben dieses Verwaltungsaktes verschont zu bleiben, und leistet einen Beitrag zur Entscheidung zwischen diesen gegensätzlichen Positionen.[388]

---

[380] Teilweise wird die entstandene Kasuistik aber auch als unvermeidlich akzeptiert, vgl. *K. F. Gärditz* in: ders., VwGO, § 42 Rn. 58. Weitere Nachw. oben in Fn. 266, S. 190.

[381] *H. Bauer*, AöR 113 (1988), 582, 604 mit sehr zahlr. Nachw.

[382] Etwa *H. H. Rupp*, DVBl. 1982, 144, 147; *M. Zuleeg*, DVBl. 1976, 509, 511.

[383] Vgl. *H. Bauer* in: Heckmann/Meßerschmidt, Gegenwartsfragen, S. 116, der in Fn. 15 über 20 Autoren aufzählt, die sich zur Schutznormtheorie kritisch geäußert haben.

[384] *H. Bauer*, AöR 113 (1988), 582, 604: „dogmatisches Fundament für subjektive Beliebigkeiten des Rechtsanwenders"; vgl. auch a. a. O. S. 607: es sei „häufig nicht mehr vorhersehbar, mit welchem Ergebnis von der Schutznormtheorie Gebrauch gemacht wird."

[385] *U. G. Berger*, Grundfragen, S. 100: „im großen und ganzen sachgerechte Ergebnisse"; *J. Pietzcker* in: Depenheuer u. a., FS Isensee, S. 595: „[...] ist die Schutznormlehre zutreffend und ‚zukunftsfähig‘".

[386] Auf dem Gedanken der kollidierenden Interessen in einem horizontalen Verhältnis beruht die Arbeit von *M. Schmidt-Preuß*, Kollidierende Privatinteressen im Verwaltungsrecht, (hier zit. i. d. 2. Aufl.) – vgl. dort S. 1; er findet sich aber auch schon bspw. bei *W. Löwer*, DVBl. 1981, 528, 533; vgl. auch *R. Wahl* in: Schoch/Schneider/Bier, VwGO, Vorb. § 42 Abs. 2 Rn. 97.

[387] *U. G. Berger*, Grundfragen, S. 99 m. w. N.; skeptisch gegenüber der Schutzwürdigkeit des Interesses an einem rechtswidrigen Verwaltungsakt aber *S. König*, Drittschutz, S. 120 ff.; ähnlich *R. Wernsmann*, DV 2003, 67, 89 f. – hier spielt jedoch das Risiko eine Rolle, auch zu Unrecht in einen Prozess verwickelt werden zu können.

[388] *U. G. Berger*, Grundfragen, S. 99; *W. Löwer*, DVBl. 1981, 528, 533.

Damit ist es auch zu erklären, dass viele der Kriterien oder „Auslegungsdirektiven", die als Argumentationsmuster Teil der Schutznormtheorie sind, darauf gerichtet sind, die Rechtsschutzmöglichkeiten des Klägers zu begrenzen, weil sie so kehrseitig einen Vertrauensschutz des Genehmigungsinhabers bewirken können.[389] Die Rechtsschutzbegrenzung steht bei der Schutznormtheorie, wie beim subjektiven öffentlichen Recht insgesamt,[390] häufig im Vordergrund.

Zu Problemen führt dabei allerdings die Zwischenstellung zwischen formellem und materiellem Recht, die das subjektive Recht einnimmt und in der sich damit auch die Schutznormtheorie befindet.[391] Denn das Erfordernis der Klagebefugnis soll Popular- und Interessentenklagen ausschließen[392] – die Funktion der Rechtsschutzbegrenzung ist damit auf der Ebene des formellen, des Prozessrechts angesiedelt. Die Einschränkung der Rechtsschutzmöglichkeiten kann aber nur auf der materiellrechtlichen Ebene gelingen, nämlich nur dann, wenn die Normen des materiellen Rechts lediglich selektiv Klagemöglichkeiten vermitteln,[393] oder anders formuliert: Nicht das Erfordernis des subjektiven Rechts selbst, sondern die Reichweite der Anerkennung von subjektiven Rechten ist für die Erreichung des Ziels der Verhinderung von Popular- und Interessentenklagen entscheidend. Der Inhalt der Rechtsnormen, die ein subjektives Recht enthalten könnten, kann aber nicht ausschließlich im Hinblick auf prozessuale Ziele bestimmt werden, sodass der materielle Gehalt einer Norm, wenn er in der Ermöglichung von Rechtsschutz – vor allem für eine Vielzahl von Begünstigten und Anwendungsfällen – besteht, mit dem prozessualen Ziel der Rechtsschutzbegrenzung kollidieren kann. Die Frage ist dann, inwieweit „die prozeßrechtliche Grundentscheidung für den Individualrechtsschutz [...] auf die Bestimmung subjektiv-öffentlicher Rechte im ma-

---

[389] Die Kritik von M. *Schmidt-Preuß*, Privatinteressen, S. 706 an der Schutznormtheorie, „strikt bipolar" zu sein, trifft daher nicht vollkommen zu; zu *Schmidt-Preuß* unten II. 2. d) dd), S. 229.

[390] Vgl. dazu oben B. I. 2. d), S. 159, B. I. 3. g) bb), S. 188 und unten Kapitel 4, B. IV. 5., S. 299; für die Schutznormtheorie R. *Uerpmann*, Interesse, S. 89; mit der wachsenden Bedeutung komplizierter Interessenkonstellationen im Verlauf der historischen Entwicklung wie etwa bei Planfeststellungen, im Immissionsschutzrecht etc. (vgl. dazu auch P. *Kunig* in: GS Martens, S. 599) wuchs naturgemäß auch die Bedeutung der Schutznormtheorie.

[391] H. *Bauer*, AöR 113 (1988), 582, 584: Es sei „zweifelhaft, ob diese Theorie dem Verwaltungsprozeßrecht oder dem materiellen öffentlichen Recht zuzuordnen ist" (m.N. für beide Ansichten); vgl. R. *Wahl*, DVBl. 1996, 641, 641: Subjektives öffentliches Recht als „Institut des materiellen allgemeinen Verwaltungsrechts", das „vor allem unter prozeßrechtlichen Vorzeichen erörtert" wird; vgl. auch W. *Henke*, Recht, S. 37, S. 133 f., der der h. M. vorhält, das subjektive Recht vorwiegend prozessual zu betrachten und seine Lösung als materielle dagegenstellt (zu *Henke* noch unten unter B. II. 3. c), ab S. 242).

[392] Dazu oben Kapitel 1, D. II. 1., S. 41.

[393] Anschaulich bei R. *Uerpmann*, Interesse, S. 91; in eine ähnliche Richtung geht W. *Roth*, Organstreitigkeiten, S. 356, wobei allerdings seine Aussage, dass das subjektive Recht an sich nicht der Rechtsschutzbegrenzung diene, nach dem hiesigen Verständnis des subjektiven Rechts aufgrund der Verquickung von formellem und materiellem Recht und der festzustellenden Wechselwirkungen kritisch zu betrachten ist.

teriellen Recht" zurückwirken kann:[394] Also inwieweit die prozessual angelegten zusätzlichen Kriterien, die „Auslegungsdirektiven", auch hinsichtlich ihrer Implikationen materieller Art überzeugen können.

d) Einzelne Kriterien im Rahmen der Schutznormtheorie

So manche Wertungskriterien, die im Rahmen der Schutznormtheorie angeführt werden, werden auch in der Diskussion um die systematische Beschreibung der subjektiven Rechte allgemein genannt, beispielsweise als Attribute zum Interesse, wie etwa die für die Schutznormtheorie zentralen Aspekte der Zuordnung und Individualität.[395] Verschiedene Argumentationslinien innerhalb der Schutznormtheorie orientieren sich stark an der Interessentheorie, aber auch am Merkmal der Rechtsmacht, sodass sich die Konfrontation zwischen Willens- und Interessentheorie auch innerhalb der Schutznormtheorie unter einheitlichem Namen fortsetzt – ohne dass die Differenzen dort offen angesprochen würden. Im Folgenden werden einige argumentative Bausteine, die im Rahmen der Schutznormtheorie wiederholt auftauchen, exemplarisch analysiert.

aa) Intention des Gesetzes – beabsichtigter Schutz, tatsächlicher Schutz

Die Schutznormtheorie enthält schon ihrem Wortlaut nach („zu dienen bestimmt") ein Element der Intention, der Finalität.[396] Das kann als Reaktion auf die Notwendigkeit der Abgrenzung von subjektiven Rechten und bloßen Rechtsreflexen, also Normen, die Rechtssubjekte begünstigen und andere verpflichten, ohne dass damit ein Recht verbunden wäre, verstanden werden. Dabei ergibt sich aber nicht nur das Problem, wessen Intention festzustellen ist: die des historischen Gesetzgebers, oder in objektiv-teleologischer Auslegung die des Gesetzes selbst,[397] hinsichtlich dessen nur bildhaft von einer Intention gesprochen werden kann. Es stellt sich auch insgesamt die Frage, wie diese „Intention" zu ermitteln ist. Hier spiegelt sich in der Formulierung der Schutznormtheorie die Tatsache wieder, dass sie die Fragestellung im Grunde wiederholt. Darüber hinaus birgt das Kriterium, dass die Norm dem Schutz bestimmter Interessen zu dienen bestimmt sein muss, im Grunde eine Ausrichtung auf die gerichtliche Durchsetzbarkeit:[398] Interessen

---

[394] Auf diese Wechselwirkung macht *R. Uerpmann*, Interesse, S. 90 f. aufmerksam (wörtl. Zitat von dort).

[395] Vgl. oben Kapitel 3, B. I. 3. e), S. 172 ff.

[396] Bei *J. Pietzcker* in: Depenheuer u. a., FS Isensee, S. 577 f. als „Kern" der Schutznormlehre bezeichnet; *R. Uerpmann*, Interesse, S. 93; vgl. dazu auch oben Kapitel 3, B. I. 3. e) dd), S. 178.

[397] Dazu schon oben II.2.a) bei Fn. 357, S. 206.

[398] Vgl. dazu auch schon Kapitel 3., B. I. 3. f) cc), bei Fn. 244, S. 186; die Aussage, dass das „Dritte" Kriterium *Bühlers* (dass der Untertan sich der Verwaltung gegenüber auf die Norm be-

oder Belange bestimmter Personen können kaum besser geschützt werden, als sie vor Gericht einklagbar auszugestalten.[399] Für die Intention, ein Interesse zu schützen, gibt es also keinen stärkeren Anhaltspunkt, als eine Ausgestaltung als gerichtlich durchsetzbare Rechtsposition. Auch das Element der Intention – der Frage, welchen Interessen eine Norm „zu dienen bestimmt" ist – verweist also so gesehen nur wieder auf die ursprüngliche Wertungsfrage, ob sich ein Kläger auf eine bestimmte Norm in einem Prozess berufen können soll, und wirft die oben beschriebenen Methodenfragen auf – einschließlich der Kontroverse um das Gewicht der historischen Auslegung.

Im Zusammenhang mit der Abgrenzung von subjektivem Recht und Rechtsreflex wird immer wieder Bachof zitiert,[400] der ein weitergehendes Argument zur Diskussion gestellt hat: Das Problem des Rechtsreflexes sei dahingehend zu lösen, „daß unter der Verfassungsordnung des GG *alle* objektivrechtlichen gewährten und gewollten Begünstigungen des öffentlichen Rechts zu subjektiven Rechten geworden seien".[401] Der Staat könne nicht dem Einzelnen Begünstigungen gewähren, diese aber nur unverbindlich halten, indem er sie „nach seinem Belieben zu bloßen Reflexen objektiven Rechts" erklärt,[402] weil der Begünstigte ohne gerichtliche Durchsetzbarkeit „bloßes Objekt der Rechtsordnung" sei.[403] Dies folge „aus der Gesamtkonzeption des GG mit seinem Bekenntnis zum Primat der menschlichen Persönlichkeit und der menschlichen Freiheit [...]".[404] Dieses Argument kann als Bestandteil einer systematischen – nämlich grundgesetzkonformen – Auslegung verstanden werden.[405]

Bachof darf aber nicht dahingehend missverstanden werden, dass er jeglichen gesetzlich gewährten Vorteil zu einem subjektiven Recht erklären und das Kriterium der Intention (des Gesetzgebers oder des Gesetzes) für irrelevant erklären wollte.[406] Vielmehr unterscheidet er „gewollte Begünstigungen" und „rein tatsäch-

---

rufen können muss, vgl. die Definition in Fn. 104, S. 163) nicht mehr relevant sei – etwa bei *R. Uerpmann,* Interesse, S. 93 – muss also kritisch gesehen werden. Hier kommt wohl eher die oben beschriebene Uneinigkeit zum Ausdruck, ob der Schwerpunkt auf die Rechtsmacht oder das Interesse zu legen ist: Wer das Interesse betont, hält die gerichtliche Durchsetzbarkeit unter Umständen für nicht so wichtig, wähnt sich aber diesbezüglich nur deswegen in einer Mehrheitsposition, weil der Streit aufgrund der Ähnlichkeit der gebräuchlichen Formulierungen nicht mehr so offen ausgetragen wird (dazu, dass die Kombinationstheorie die Differenzen verdeckt oben Kapitel 3, B.I.3.a), S. 162).

[399] Vgl. schon oben Kapitel 3, B.I.3.f)cc), S. 183.

[400] Etwa *J. Krüper,* Gemeinwohl, S. 133; *G. Ress* in: FS Antoniolli, S. 123 Fn. 84; *H. H. Rupp,* Grundfragen, S. 170 f. (dort Fn. 199).

[401] *O. Bachof* in: GS W. Jellinek, S. 299 (sic, Herv. i.O.) mit Verweis auf *dens.,* VVDStRL 12 (1953), 37, 73 f.

[402] *O. Bachof* in: GS W. Jellinek, S. 302.

[403] *O. Bachof* in: VVDStRL 12 (1953), 37, 74.

[404] *O. Bachof* in: GS W. Jellinek, S. 301.

[405] Dazu auch noch unten bei Fn. 548, S. 237.

[406] So scheint aber *H. H. Rupp,* DVBl. 1982, 144, 147 *Bachofs* Äußerungen zu verstehen; ähnlich wohl *K. F. Röhl/H. C. Röhl,* Rechtslehre, S. 375.

liche, ungewollte und mehr oder minder zufällige Begünstigungen".[407] Es geht
eher darum, dass dem Staat nicht erlaubt sei, etwas, das sich eindeutig als Recht
identifizieren lassen würde, den subjektiv-rechtlichen Charakter ausdrücklich zu
nehmen,[408] und nicht darum, eine (unwiderlegliche) Vermutung[409] für ein subjektives Recht hinsichtlich aller Begünstigungen aufzustellen.[410] Die Konstruktion Bachofs ist nur auf Freiheitsrechte, politische Rechte und insbesondere auf sozial-
rechtliche Leistungsansprüche ausgelegt,[411] bei denen heute – zum Teil anders als
früher – kaum jemand noch die Rechtsqualität bezweifeln dürfte. Einen weitergehenden Vorschlag für die Abgrenzung zwischen „gewollten" und „mehr oder
minder zufällige[n]"[412] Begünstigungen macht Bachof nicht, sodass genau genommen nur das Kriterium der Intention, ein Recht zu verleihen, übrig bleibt – das der
Schutznormtheorie schon ihrer Formulierung nach immanent ist.

Aus dem tatsächlichen Schutz eines Interesses durch einen Rechtssatz allein
ist jedenfalls keine Vermutung für das Vorliegen von subjektiven Rechten heraus-
zulesen.[413] Dass dies so sein muss und es auf die Intention zum Schutz der Interessen ankommt, wird schon daran deutlich, dass das Strafrecht zwar Leben und Ge-
sundheit von Menschen schützt, aber grundsätzlich keine subjektiven Rechte auf
eine Bestrafung von Angriffen auf diese wichtigen Rechtsgüter gewährt.[414] Gäbe
es eine Vermutung für ein subjektives Recht aufgrund des Schutzes von Interessen,
müsste außerdem jedes Gesetz, das eine Begünstigung gewährt, ausdrücklich erkennen lassen, dass kein subjektives Recht normiert wird, wenn es keines enthalten soll. Weil das regelmäßig nicht der Fall ist, würde die Vermutung dazu führen,
dass es weitgehend keine Schutzwirkungen mehr gäbe, die bloße Rechtsreflexe
sind. Eine solche Ausweitung von Rechtsschutzmöglichkeiten wäre mit dem im
deutschen Verwaltungsrecht verwurzelten[415] Prinzip des Individualrechtsschutzes

---

[407] *O. Bachof* in: GS W. Jellinek, S. 299.

[408] So versteht auch *Sachs* in: K. Stern, Staatsrecht III/1, S. 538 die Äußerungen *Bachofs,* die
er aber inhaltlich ablehnt und geltend macht, es gebe auch Gegenbeispiele aus der Praxis.

[409] Davon, dass eine Vermutung bei der gewollten Gewährung von Begünstigungen besteht,
geht *O. Bachof* in: GS W. Jellinek, S. 303 ff. aus; die Vermutungen (widerleglich oder unwider-
leglich) beziehen sich bei ihm allerdings nur auf wirklich gewollte Begünstigungen.

[410] Differenzierend (ohne Bezug auf *Bachof*) zu dieser Frage *M. Happ* in: Eyermann, VwGO,
§ 42 Rn. 86a; zurückhaltend auch BVerwG, Urt. v. 14.06.1968, Az.: IV C 44. 66, NJW 1968,
2393, juris Rn. 11; zur Vermutung aufgrund des Einflusses des Grundgesetzes auch *H. Bauer,*
AöR 113 (1988), 582, 600, sowie unten II. 3. b), S. 236; zur Frage, ob hier überhaupt auf
Art. 19 Abs. 4 GG abzustellen ist, oder ob dieser nicht Rechte wie die Grundrechte nur voraussetzt, Fn. 548, S. 237.

[411] *O. Bachof,* VVDStRL 12 (1953), 37, 73, wo er die Konstruktion zuerst entfaltet hat.

[412] Siehe Fn. 407.

[413] Dazu noch unten unter II. 3. c), S. 242 – auch die dort genannten Autoren verzichten nicht
völlig auf den Rückgriff auf das Gesetz., wenn sie danach fragen, ob die Rechtsnorm eigene
Angelegenheiten des Klägers regelt.

[414] So *E. Schulev-Steindl,* Rechte, S. 74; vgl. dazu auch *R. Uerpmann,* Interesse, S. 101.

[415] Vgl. oben A. I., insb. bei Fn. 13, S. 149.

jedenfalls dann nicht vereinbar, wenn man jedes Interesse – wie bloße Affektionsinteressen – ausreichen lässt.

bb) Schutzwürdigkeit

Diese Schwierigkeit könnte ausgeräumt werden, wenn nur bestimmte Interessen, die von einer Norm geschützt werden, das Vorliegen eines subjektiven Rechts ermöglichen würden. Das schwer handhabbare Merkmal der Intention könnte dann durch eine Vermutung für ein subjektives Recht umgangen und die Schwierigkeiten bei der Ermittlung der Intention entschärft werden. Ein Kriterium, das auf die Einschränkung der für den Schutz durch ein subjektives Recht in Frage kommenden Interessen zugeschnitten ist, wird innerhalb der Schutznormtheorie diskutiert, nämlich das der Schutzwürdigkeit der geschützten Interessen[416] – ein Kriterium, das allerdings durch große Wertungsspielräume[417] selbst wieder Unsicherheiten erzeugen würde.

Die Orientierung an der Schutzwürdigkeit kann allerdings eine Abkehr vom Primat der Auslegung der Norm bedeuten, die das subjektive Recht enthalten soll. Ist nämlich der Schutz eines nicht schutzwürdigen Interesses durch eine Norm absichtlich gewährt, würde das Kriterium der Schutzwürdigkeit die Wertung der Norm überspielen und die Bindung der Rechtsanwender an das Gesetz aushebeln.[418] Auch der Grundannahme der Schutznormtheorie, dass sich ein subjektives Rechte aus der Auslegung der betreffenden Rechtsnorm ergeben muss, entspricht das nicht. Damit ist das Kriterium der Schutzwürdigkeit eines Interesses aber für die Bestimmung eines subjektiven Rechts im Rahmen der Schutznormtheorie nicht automatisch völlig außen vor: Wenn ein Interesse besonders schützenswert ist, könnte dies ein Indiz sein, dass ein vom Gesetz gewährter Schutz auch intendiert ist.[419]

Der Vorrang der Wertung des Gesetzes bedeutet aber in letzter Konsequenz auch, dass einem vom Gesetz absichtlich geschützten Interesse nicht die Schutzwürdigkeit abgesprochen werden kann, gerade weil die Einstufung durch das Gesetz für die Rechtsanwender bindend ist. Es ist also von einem intendierten Schutz auf die Schutzwürdigkeit eines Interesses zurückzuschließen. Damit wird die

---

[416] Die Rechtsprechung argumentiert häufig mit der Schutzwürdigkeit, vgl. die Nachw. bei *F. Hufen*, Verwaltungsprozessrecht, § 14 Rn. 62.

[417] Für das Kriterium der Schutzwürdigkeit *J. Krüper*, Gemeinwohl, S. 134: Es müsse eine Wertung getroffen werden, ob ein durch eine Rechtsnorm geschütztes Interesse sowohl individuell als auch schutzwürdig ist.

[418] Deswegen ablehnend gegenüber einer Orientierung an der Schutzwürdigkeit *O. Bachof* in: GS W. Jellinek, S. 296: „Die Beurteilung der Schutzwürdigkeit eines Interesses ist eine wertende Tätigkeit, die in erster Linie dem Gesetzgeber obliegt."

[419] *O. Bachof* in: GS W. Jellinek, S. 296.

Indizwirkung aufgrund einer angenommenen Schutzwürdigkeit eines Interesses wieder in Frage gestellt, weil die Rechtsanwender im Prinzip gar keine eigene, vom Gesetz abweichende Bewertung des Interesses vornehmen dürften. Das Kriterium der Schutzwürdigkeit eines Interesses darf daher nur als absolute ultima ratio angesehen werden, das lediglich dann zum Einsatz kommen kann, wenn sich zur Intention des Gesetzes überhaupt keine Anhaltspunkte finden lassen. Dann aber heißt der Rückgriff auf die Schutzwürdigkeit, den Rechtsanwendern eine eigene Wertung an Stelle des Gesetzes zu erlauben.[420] Rechtssicherheit durch vorhersehbare Rechtsanwendung kann also nur erreicht werden, wenn das Kriterium der Schutzwürdigkeit keine allzu große Rolle spielt.

cc) Individualität der Schutzwirkung einer Norm

Ein wichtiges Kriterium bzw. ein wichtiger „Argumentationstopos"[421] der Schutznormtheorie, das in ihren verschiedenen Formulierungen als „Interesse einzelner Bürger"[422] oder „Individualinteressen"[423] auch explizit angesprochen wird, ist das der Individualität bzw. Abgrenzbarkeit[424]. Damit ist gemeint, dass nicht nur Voraussetzung ist, dass das durch die Rechtsnorm geschützte Interesse dem Kläger irgendwie zu eigen ist, sondern dass es sich dabei um ein ganz individuelles, von denen anderer unterscheidbares Interesse handeln muss. Die Individualität bzw. Abgrenzbarkeit wird auch als Attribut zum Interesse bei der Beschreibung des subjektiven Rechts insgesamt verwendet,[425] und an der zentralen Stellung,[426] die es im Rahmen der Schutznormtheorie einnimmt, zeigt sich, wie stark diese von der

---

[420] Hinter dem Problem des Spannungsfeldes zwischen auf die Rechtsanwender zurückgehender Anschauung von Schutzwürdigkeit und auf das Gesetz bzw. den Gesetzgeber zurückgehender Intention steht steht die schwierige allgemeine Frage nach dem Verhältnis der in letzter Konsequenz immer rechtsschöpferischen Tätigkeit der Rechtsanwender und der Bindung des Richters an das Gesetz. Dem kann hier nicht weiter nachgegangen werden.

[421] *E. Schulev-Steindl,* Rechte, S. 77.

[422] *H. Maurer,* A.Verwaltungsrecht, § 8 Rn. 8 (S. 175 f.).

[423] Vgl. schon die Formulierung in der Definition bei *O. Bühler,* Rechte, S. 224 (Def. im Wortlaut in Fn. 104, S. 163); *W.-R. Schenke/R. P. Schenke* in: Kopp/Schenke, § 42 Rn. 78, Rn. 83; auch BVerfG, Beschl. v. 17.12.1969, Az.: 2 BvR 23/65, BVerfGE 27, 297 ff., juris Rn. 29 (mit Verweis auf Bühler); BVerwG, Urt. v. 04.10.1988, Az.: 1 C 72/86, BVerwGE 80, 259, juris Rn. 28 m. w. N.

[424] Zur Eingrenzung des Drittschutzes auf einen „abgrenzbaren, nicht übermäßig weiten Kreis von Personen" *S. König,* Drittschutz, S. 119 m. w. N. aus Rspr. und Lit. in dort. Fn. 453; *W.-R. Schenke/R. P. Schenke* in: Kopp/Schenke, § 42 Rn. 84.

[425] Vgl. oben B. I. 3. e) cc), ab S. 176.

[426] *K. F. Gärditz* in: ders., VwGO, § 42 Rn. 54: Ob eine Norm drittschützenden Charakter i. S. d. Schutznormlehre habe, bestimme sich „vornehmlich anhand des Kreises der geschützten Personen, der gegenüber der Allgemeinheit hinreichend klar abgrenzbar, sprich: individualisierbar, sein muss."; vgl. *P. Kunig* in: GS Martens, S. 605 f.: Ohne das „Kriterium der Bestimmbarkeit" verfehle „die Schutznormtheorie ihren Sinn"; *R. Uerpmann,* Interesse, S. 93: Das Kriterium stehe „Häufig [...] im Vordergrund".

Interessentheorie beeinflusst ist.[427] Das bedeutet aber auch, dass sich an der Schutznormtheorie ähnliche Gesichtspunkte kritisieren lassen, wie bei einem auf das Interesse ausgerichteten Begriff des subjektiven Rechts.[428]

(1) Bewertung von Interessen als Kern

Das Kriterium der Individualität wirkt aus einer anderen Richtung als die Frage nach der Intention einer Norm: Angenommen, es steht fest, was eine Norm bezweckt, dann kann sich immer noch die Frage stellen, ob der absichtlich gewährte Vorteil bzw. das geschützte Interesse des Einzelnen individuell genug ist, um ein subjektives Recht anzunehmen. Es geht daher nur mittelbar um eine Abgrenzung zwischen Rechtsreflex, das heißt bloß objektiv-rechtlichem Vorteil aus einer Norm, und subjektivem Recht, denn es wird nicht danach gefragt, was durch die Norm intendiert wird, sondern das von der Norm Geschützte wird rechtlich bewertet: Ist der Vorteil nicht individuell (genug), wird ihm die Eigenschaft als echter, anerkennenswerter Vorteil abgesprochen. Der vom Geschützten als solcher empfundene Vorteil ist in solchen Fällen kein berücksichtigungsfähiger Vorteil, weil das nicht hinreichend individuelle Interesse an ihm kein anerkennenswertes Interesse ist. Dahinter steht der Gedanke, dass etwas, das allen zusteht, kein Recht sein kann.[429] Ein Rechtsreflex wird dadurch quasi vermieden,[430] da kein (berücksichtigungsfähiger) Vorteil aus einer objektivrechtlichen Norm besteht.

Es geht also im Kern um eine Bewertung des Vorteils bzw. Interesses, das der Rechtsschutzsuchende für sich als durch die Norm, auf die er sich berufen möchte, gewährt empfindet. Folge und Ziel der Bewertung ist es nicht nur, die Popularklage auszuschließen,[431] indem ein abgrenzbarer Kreis von Berechtigten[432] ermittelt wird – das subjektive Recht hat auch immer etwas mit einer Herausgehoben-

---

[427] Jedenfalls im Rahmen der starken Strömung, die vorrangig auf die Individualität abstellt. Zum Verhältnis von Interessentheorie und Willenstheorie im Rahmen der Schutznormtheorie schon oben, B.II.2.d), S. 212.

[428] Vgl. dazu schon oben Kapitel 3, B.I.3.e) bb). und cc), S. 174 ff.

[429] Dazu oben Kapitel 3, B.I.3.e) aa). bei Fn. 172, S. 173.

[430] Vgl. *M. Reiling*, DÖV 2004, 181, 187: (Um-)Qualifizierung als öffentliches Interesse verhindert Rechtsschutz; deswegen wird auch bei *O. Bachof* in: GS W. Jellinek, S. 301 (vgl. bei hiesiger Fn. 401, S. 213) die Unterscheidung zwischen subjektivem Recht und Rechtsreflex nicht aufgehoben: Mit seiner Unterscheidung zwischen den Arten von Rechtsreflexen (a.a.O., S. 299) teilt er ebenfalls die Vorteile in anerkennenswerte und nicht berücksichtigungsfähige (aus seiner Sicht: da nicht beabsichtigte) ein.

[431] Vgl. *P. Kunig* in: GS Martens, S. 605 f.

[432] Vgl. *O. Bachof* in: GS W. Jellinek, S. 297: „Wohl aber muß der Kreis der Interessenten hinreichend bestimmt sein."; vgl. *P. Kunig* in: GS Martens, S. 605 m.w.N. in Fn. 27, vgl. auch a.a.O. S. 616: es müssen „gebündelte Individualinteressen und Kollektivinteressen noch unterscheidbar" sein; vgl. auch BVerwG, Urt. v. 04.10.1988, Az.: 1 C 72/86, BVerwGE 80, 259, juris Rn. 28: Die Norm muss „einen deutlich abgegrenzten Kreis von hierdurch Berechtigten erkennen" lassen.

heit aus der Menge der Rechtssubjekte zu tun –[433], sondern darüber hinaus auch noch weitergehend Klagemöglichkeiten einzuschränken,[434] nämlich soweit, dass der Kreis der möglichen Kläger im Dreiecksverhältnis zwischen der jeweiligen Verwaltungseinheit, einem Begünstigten und den beschwerten Dritten für den Begünstigten überschaubar bleibt.[435]

(2) Allgemeininteressen und Individualinteressen

Wenn einem Interesse der Charakter als schützenswertes Individualinteresse abgesprochen wird, wird das in der Regel sprachlich dadurch umrahmt, dass das Interesse des Klägers als – dann nicht ihm zugeordnetes – Allgemeininteresse bzw. öffentliches Interesse[436] dargestellt wird. Es findet also eine Abgrenzung zwischen öffentlichen Interessen und Individualinteressen statt.[437] Der Begriff der Allgemeininteressen hat dabei zwei meist miteinander verknüpfte Bedeutungsrichtungen: Einerseits handelt es sich um Belange, die dem Staat zugeordnet werden, andererseits um Belange, welche die Öffentlichkeit betreffen und sich damit in einer gewissen Unbestimmtheit verlieren. Diese Aspekte verschmelzen dann eng, wenn der Staat – wie zumeist – als Sachwalter allgemeiner, öffentlicher Interessen ver-

---

[433] Vgl. oben Kapitel 3, B. I. 3. e) aa), ab S. 173.

[434] *G. Roellecke,* AöR 114 (1989), 589, 596.

[435] Vgl. oben, B. II. 2. c), S. 210; zum Baurecht *S. König,* Drittschutz, S. 120, S. 38 m.N. aus der Rspr.

[436] Dazu, dass „Allgemeininteresse" und „öffentliches Interesse" i. d. R. nichts Verschiedenes meinen schon oben Kapitel 2, B. II. 1. a), S. 106.
   Nach Ansicht von *W. Roth,* Organstreitigkeiten, S. 469 f. sind hinsichtlich subjektiver Rechte die Begriffspaare allgemein und individuell sowie öffentlich und privat strikt zu trennen. Das wird deswegen häufig nicht beachtet, weil jedenfalls im Hinblick auf die geschützten Interessen die Attribute „allgemein" und „öffentlich" gleich gesetzt werden, da eine Identität der (allen in der Gesellschaft gemeinen) allgemeinen und der (vom Staat verfolgten bzw. zu verfolgenden) öffentlichen Interessen angenommen wird. Im Kern hat *Roth* recht, wenn er hier Ungenauigkeiten moniert, so etwa eine Gleichsetzung von „individuell" mit „privat". Letztlich ist allerdings keine terminologische Trennung zwischen allgemein und öffentlich notwendig, sondern eine Trennung zwischen der Vorstellung von einzelnen öffentlichen bzw. allgemeinen Belangen und dem Bild eines als umfassend gedachten Gemeinwohls (dazu sogleich). Zudem ist auch zu beachten, dass Attribute wie privat und öffentlich bei Rechten und Interessen jeweils unterschiedliche Bedeutungen haben: Bspw. sind öffentliche Rechte solche, die im öffentlichen Recht geregelt sind, und das können auch solche Rechte sein, die Bürgern zur Verfolgung privater Interessen zustehen. Fragen wirft eine ungenaue Handhabung der Attribute etwa bei *A. Wiese,* Beteiligung, S. 177 f. auf: Dort bleibt unklar, wie eine Gemeinde als Teil des Staates „in ihren privaten […] Belangen beeinträchtigt werden" kann (gemeint sind wahrscheinlich privatrechtliche Rechte) und welche privaten Zwecke eine Gemeinde verfolgen können soll.

[437] Schon bei *O. Bühler,* Rechte, S. 21, S. 44; so auch in der ganz überwiegend von der Rspr. verwendeten Formulierung, etwa BVerfG, Beschl. v. 17.12.1969, Az.: 2 BvR 23/65, BVerfGE 27, 297 ff., juris Rn. 29: „nicht nur öffentlichen Interessen, sondern – zumindest auch – Individualinteressen zu dienen bestimmt"; BVerwG, Urt. v. 04.10.1988, Az.: 1 C 72/86, BVerwGE 80, 259, juris Rn. 28.

standen wird.[438] Mit dem Allgemeininteresse kann aber jedenfalls nicht das Gemeinwohl im Sinne des optimalen Ausgleichs von Interessen[439] gemeint sein, sondern es können nur einzelne Belange angesprochen sein, die bei einer Entscheidung eines Verwaltungsträgers aufgrund des objektiven Rechts zu berücksichtigen sind: Letztlich dienen nämlich alle Normen dem Gemeinwohl, indem sie kollidierende Interessen zum Ausgleich bringen[440] – selbst wenn dabei am Ende ein bestimmtes Individualinteresse bevorzugt wird –, sodass sich mit einem Rückgriff auf das Wohl der Allgemeinheit gar keine Unterscheidung zwischen bloß objektivem und subjektivem Recht bewerkstelligen ließe. Sinnvoller erscheint es, zwischen einzelnen öffentlichen Belangen und privaten Interessen abzugrenzen.

Die Frage, ob die Formulierung der Schutznormtheorie das Allgemeinwohl oder einzelne öffentliche Belange meint, wird aber eher nicht thematisiert, obwohl Missverständnisse hier ausgeschlossen sein sollten. Der Begriff des Allgemeininteresses taucht in der im Konstitutionalismus entstandenen Schutznormtheorie nicht zufällig auf, ist er doch ein Kampfbegriff dieser Zeit, mit dem das Interesse von Untertanen beeinträchtigende Maßnahmen des Staates legitimiert werden konnten, indem mit der Qualifizierung staatlicher Akte als im höheren, (vom Monarchen definierten,) öffentlichen Interesse liegend, Einzelinteressen zurückgedrängt wurden.[441] Wird das Allgemeininteresse so verstanden, setzt sich die Abgrenzung von Allgemeininteresse und Individualinteresse in der Tradition Bühlers[442] dem Verdacht aus, noch im allgemeinen Gewaltverhältnis konstitutionalistischer Prägung – im Sinne eines Urrechts des Staates auf Gehorsam –[443] zu wurzeln,[444] welches nicht zum Verständnis der Rollen von Staat und Bürger im Grundgesetz passt

---

[438] Dazu, dass Verwaltungseinheiten nur Sachwalter bestimmter Interessen oder Belange sein können, oben Kapitel 2, C. II. 1. b), S. 111.

[439] Dazu oben Kapitel 2., C. II. 1. a), S. 106.

[440] So schon (auf das öffentliche Recht beschränkt) O. Bühler, Rechte, S. 44; H. Kelsen, Hauptprobleme, S. 269; vgl. R. Zippelius, Grundbegriffe der Rechts- und Staatssoziologie, 2. Aufl. München 1991, S. 82: Es gehöre „zu den Binsenwahrheiten", dass „Rechtsnormen die Befriedigung der Interessen in gemeinverträglicher Weise zu regulieren haben."

[441] Vgl. P. Häberle, Interesse, S. 69 (vgl. oben Fn. 344); weniger die Zurückdrängung von Einzelinteressen betont J. Masing, Mobilisierung, S. 66 f., der den Schwerpunkt eher darauf legt, dass durch die Konzentration auf das Individualinteresse klargestellt worden sei, dass Bürger keinen Einfluss auf die von der Krone verwalteten allgemeinen, politischen Angelegenheiten haben konnten, und hier eine Parallele zur „politische[n] Bescheidung der Volksvertretungen auf die Verteidigung der bürgerlichen Rechte" zieht.

[442] Vgl. Fn. 340, (S. 203), und Fn. 437.

[443] Nicht verwechselt werden darf das allgemeine Gewaltverhältnis mit dem staatlichen Gewaltmonopol, das nach wie vor anerkannt ist. Sonst schlügen die Bedenken O. Bachofs gegen die Aufgabe der Figur des allgemeinen Gewaltverhältnisses durch: „Wer die Staatsgewalt und ihre zwangsläufige Konsequenz, das Gewaltverhältnis, abschaffen will, müßte verlangen, Art. 20 II 1 GG – ‚Alle Staatsgewalt geht vom Volke aus' – zu streichen und stattdessen zu sagen: ‚Die Staatsgewalt ist abgeschafft. Es lebe die Anarchie!'" (O. Bachof, VVDStRL 45 (1986), S. 259 f. (Aussprache)); vgl. zum Gewaltmonopol auch Kapitel 2, C. I. 1., S. 96.

[444] Diesen Vorwurf erhebt für die subjektiven öffentlichen Rechte allgemein H. Bauer, DVBl. 1986, 208, 215.

und längst überholt ist.[445] Alles in Allem ist das Gemeinwohl also nicht nur ein Begriff, der häufig missverstanden wird, weil es das Allgemeinwohl nur als Ergebnis eines Entscheidungsverfahrens geben kann,[446] sondern auch ein Begriff, der dazu einlädt, wenig reflektiert bestimmten Interessen den Vorrang zu geben.[447]

Aber auch eine Trennung nach Interessenrichtungen, die mit einzelnen öffentlichen Interessen operiert und diese von Individualinteressen unterscheiden möchte, sieht sich Kritik ausgesetzt. Diese geht vor allem dahin, dass sich Individualinteressen und öffentliche Interessen nicht unterscheiden lassen,[448] weil in der Regel an jedem öffentlichen Belang bestimmte Bürger ebenfalls interessiert sind. Damit ist nicht nur gemeint, dass auch an so (vermeintlich) allgemeinen Belangen wie zum Beispiel dem Umweltschutz ein Affektionsinteresse einzelner Bürger bestehen kann, die ihre politische Überzeugung gerne in die Verwaltungspraxis umgesetzt sehen möchten.[449] Das Beispiel Umweltschutz zeigt auch, dass ganz handfeste individuelle Interessen von öffentlichen Belangen umfasst werden: Anwohner, aber auch andere Menschen, haben ein durch grundrechtliche Schutzpflichten aus Art. 2 Abs. 2 GG grundsätzlich rechtlich anerkanntes Interesse, von

---

[445] Dass das allgemeine Gewaltverhältnis überholt ist, legt *H. Bauer,* DVBl. 1986, 208, 216 ausführlich m. w. N. dar; ähnlich *W. Henke,* DÖV 1980, 621, 624; *A. Scherzberg* in: Ehlers/Pünder, A. Verwaltungsrecht, § 12 Rn. 27: „allgemeines Gewaltverhältnis im Sinne einer vorrechtlichen Unterworfenheit des Bürgers unter den Staat unter dem Grundgesetz nicht anzuerkennen"; ähnlich *F. E. Schnapp.* Amtsrecht, S. 39 f., S. 42; vgl. auch *K. Hesse,* Grundzüge des Verfassungsrechts der Bundesrepublik Deutschland, 20. Aufl. Heidelberg 1995, § 6 I Rn. 186, nach dem das Rechtsstaatsprinzip nicht lediglich eine nachträgliche Umgebung einer unbegrenzten Macht mit Schranken, sondern Normierung von rechtlichen Regeln auch für staatliche Macht selbst sein soll; strikt gegen ein allgemeines Gewaltverhältnis auch *R. Gröschner* in: Isensee/Kirchhof, HStR Bd. 2, § 23 Rn. 54, der a. a. O. in Rn. 56 jedoch von „möglicherweise auch heute noch bestehende[m] Ressentiment gegen die Abschaffung des Gewaltverhältnisses" spricht (ohne Nachw.); gegen eine Abschaffung des allgemeinen Gewaltverhältnisses als Begriff (aber seine Konstituierung durch Rechtsnormen anerkennend und damit Prämissen des Konstitutionalismus ebenfalls negierend) *O. Bachof* (Fn. 443); ähnlich zweifelnd, aber am Begriff festhaltend schon *C. H. Ule,* VVdStRL 15 (1956), 133, 144 f.

[446] Oben Kapitel 2, C. II. 1. a), S. 106.

[447] Auch *P. Häberle,* Interesse, S. 69, warnt im Hinblick auf das Gemeinwohl als „polemische[m] Begriff" des Konstitutionalismus, es ließen sich „Spuren solchen Denkens [...] bis in allgemeine Staatslehren der Gegenwart hinein verfolgen."

[448] Vgl. *H. Bauer,* AöR 113 (1988), 582, 595: Dies sei schon seit „den Anfängen des Schutznormdenkens bekannt" (mit Verw. u. a. auf *O. Bühler,* Rechte, S. 44 (vgl. hiesige Fn. 440)); *S. König,* Drittschutz, S. 117 ff.; *J. Krüper,* Gemeinwohl, S. 135 ff.; *M. Reiling,* DÖV 2004, 181, 186; *A. Scherzberg* in: Ehlers/Pünder, A. Verwaltungsrecht, § 12 Rn. 9: Anknüpfung an die Schutzrichtung könne „konzeptionell nicht überzeugen"; zweifelnd auch *E. Schmidt-Aßmann* in: Maunz/Dürig, GG, Art. 19 Abs. 4 Rn. 117a; *M. Schmidt-Preuß,* Privatinteressen, S. 194 ff.; *F. E. Schnapp,* Amtsrecht, S. 100; *R. Uerpmann,* Interesse, S. 102, 105 (vgl. auch S. 94), S. 132 ff., insb. S. 132 f. und S. 140.

Kritisch gegenüber einer Abgrenzung von Individualinteresse und öffentlichem Interesse auch *N. Luhmann,* JbRSozRTh 1 (1970), 321, 322 f. Dazu auch schon oben Kapitel 2 Fn. 349, S. 108.

[449] *S. König,* Drittschutz, S. 118, merkt mit einigem Recht an, dass der Ausschluss solcher Interessen durch die Rspr. „ein dezisionistischer Akt" sei, der der Auslegung von Normen vorgegeben sei und nicht weiter hinterfragt werde.

gesundheitsschädlichem Rauch, Lärm, etc. – eben Umweltverschmutzung – verschont zu werden. Man spricht daher auch von öffentlichen Interessen als „aggregierte[n] Individualinteressen",[450] deren Verfolgung „der öffentlichen Verwaltung als Auftrag überantwortet wird".[451]

Es zeigt sich, dass auch von Normen, die nach gefestigter Rechtsprechung nur Allgemeininteressen schützen sollen, fast immer einzelne Personen profitieren, die deswegen ein Interesse an ihrer Einhaltung haben können.[452] Darüber hinaus kann sogar fast jeder Mensch an der Einhaltung fast jeder Norm ein Interesse haben:[453] Jeder Kläger hat natürlich ein *Eigen*-Interesse zumindest in irgendeiner Form daran, dass die in Rede stehende Norm eingehalten wird, auch wenn sie kein subjektives Recht enthält, sonst würde er nicht klagen.[454] Von der anderen Seite des Problems aus betrachtet ist festzustellen, dass Normen normalerweise überhaupt nicht nur die Interessen Einzelner schützen können, weil sie abstrakt und generell sind und damit immer der Allgemeinheit dienen.[455] Die Unterscheidung zwischen Rechtsreflex und subjektivem Recht wird also durch die Begriffe der Allgemeininteressen und individuellen Interessen höchstens umschrieben, die Zuordnung der Schutzwirkung einer Rechtsnorm zu diesen Kategorien ergibt sich aber letztlich nur aus einer Wertung, für die die Begriffe Allgemeininteresse und Individualinteresse mangels Trennbarkeit im Einzelfall wenig Anhaltspunkte liefern können.[456] Das ist auch daran erkennbar, dass Träger öffentlicher Belange öffentliche Interessen unter Umständen auch gerichtlich geltend machen können, der Aspekt des Allgemeininteresses für das Vorliegen eines subjektiven Rechts dann also keine Rolle spielt.[457] Andererseits können auch nicht-individuelle Interessen zu Rechten ausgeformt sein.[458] Keine Lösung des Problems bewirkt die Formulierung der Schutznormtheorie, dass eine Norm „auch" Individualinteressen zu dienen bestimmt sein müsse, es also akzeptiert wird, wenn das Individualinteresse nur neben Allgemeininteressen geschützt wird, denn dadurch entfällt nicht die Notwendigkeit, die Trennung zwischen den Interessenrichtungen vorzunehmen,[459] um Individualinteressen

---

[450] *A. Scherzberg* in: Ehlers/Pünder, A. Verwaltungsrecht, § 12 Rn. 9.

[451] *M. Reiling,* DÖV 2004, 181, 186 f.

[452] *H. Kelsen,* Hauptprobleme, S. 269.

[453] Vgl. *J. Krüper,* Gemeinwohl, S. 136: Es sei möglich, „dass das Interesse des Individuums Güter zum Gegenstand hat, welche nicht oder oder nicht ausschließlich eigen-, sondern durchaus fremdnützig sein können."

[454] Eine Popularklage, bei der der Kläger kein eigenes Interesse verfolgt, kann es daher kaum geben (so aber bspw. *R. Uerpmann,* Interesse, S. 89).

[455] Vgl. *M. Schmidt-Preuß,* Privatinteressen, S. 198.

[456] Vgl. *R. Uerpmann,* Interesse, S. 104 f.

[457] Vgl. *R. Uerpmann,* Interesse, S. 97 f. mit Verweis auf BVerwG, Urt. v. 15.07.1987, Az.: 4 C 56.83, BVerwGE 78, 40 (vgl. dort juris Rn. 14 a. E.) und OVG Greifswald, Urt. v. 29.06.1995, Az.: 3 M 27/95, NuR 1996, 158.

[458] *A. Scherzberg* in: Ehlers/Pünder, A. Verwaltungsrecht, § 12 Rn. 9 (S. 379).

[459] Vgl. *S. König,* Drittschutz, S. 119, der (wohl nicht ganz zu Unrecht) unterstellt, diese nur auf den ersten Blick offene Formulierung sei von den „Väter[n] der klassischen Schutznormtheorie" aufgrund der schon damals erkannten Unsicherheiten verwendet worden.

zu identifizieren. Vor dem Hintergrund, dass es zu fast jeder Norm auch individuelle Interessen geben kann, die von ihr faktisch geschützt werden, und weil trotzdem noch auf die Abgrenzung von Interessenrichtungen abgestellt wird, ist die einschränkende Formulierung „auch" nutzlos. Jede Rechtsnorm schützt „auch" individuelle Interessen, wenn solche vorhanden sind – was immer der Fall ist, wenn sie vor Gericht geltend gemacht werden.

Daraus kann gefolgert werden, dass letztlich nicht isoliert auf eine Abgrenzung zwischen Allgemeininteressen und Individualinteressen Bezug genommen wird, sondern häufig die Intention der Norm im Vordergrund steht.[460] Es wird weniger die Frage aufgeworfen, welche Interessen von der Norm gefördert bzw. geschützt werden, als diejenige, welche der faktisch geförderten Belange nach der Konzeption der Norm auch geschützt werden sollen.[461] Dem liegt wieder die ursprüngliche Wertungsfrage zu Grunde, ob sich ein Kläger in einem Prozess auf die Norm berufen können soll.[462] Die Frage der Individualität tritt immer nur neben diese wenig vorstrukturierte Wertungsfrage bzw. formuliert diese neu.

(3) Lösung über die Begrenztheit des Kreises der Begünstigten

Zur Ermittlung der Interessenschutzrichtung, also zur Bestimmung, wann Individualinteressen geschützt werden sollen, wird häufig als Kriterium die Begrenztheit des Personenkreises,[463] welcher von einer Norm profitiert, herangezogen.[464] Genau genommen handelt es sich dann nicht mehr um die Frage, ob ein Individualinteresse vorliegt, sondern ob das Interesse einer Gruppe individuell genug ist.[465] Es wird in dieser Logik ein Gruppeninteresse für ausreichend gehalten und statt nach der Beschaffenheit der Interessen nach der Größe der Gruppe gefragt, die von einer Norm in einer bestimmten Weise profitiert. Dabei wird der Fokus auf eine bestimmte Art von Interesse gelegt und nicht danach gefragt, wie viele Personen insgesamt von einer Norm profitieren. Hat nur ein begrenzter Personenkreis

---

[460] R. Uerpmann, Interesse, S. 93 m. w. N.

[461] Vgl. dazu auch W. Roth, Organstreitigkeiten, S. 356 f.

[462] Vgl oben II.2.d) aa), S. 212.

[463] Es muss begrifflich zwischen einer Bestimmbarkeit oder Möglichkeit zur Zuordnung, d. h., dass ein Interesse oder Recht einem bestimmten Rechtssubjekt zugeordnet werden kann, und der Frage der Individualität im Sinne einer Begrenztheit des Personenkreises unterschieden werden. Letzteres meint, dass der Personenkreis, den eine Norm schützen soll, eng genug ist, um davon sprechen zu können, dass die Schutzwirkung der Norm auch jedem einzelnen Mitglied des Personenkreises individuell zukommt.

[464] Vgl. M. Happ in: Eyermann, VwGO, § 42 Rn. 87: „Von der Allgemeinheit unterschiedener Personenkreis"/„Bestimmung eines abgrenzbaren Personenkreises"; vgl. die Nachweise aus der Rspr. bei W. Roth, Organstreitigkeiten, S. 354.

[465] Vgl. P. Kunig in: GS Martens, S. 616: Es genüge, „wenn gebündelte Individualinteressen von Kollektivinteressen noch unterscheidbar" seien.

ein ganz bestimmtes Interesse an der Einhaltung der Norm, liegt nach diesem Kriterium eine Schutznorm vor.

Dabei wurden früher zum Teil vor allem in der Rechtsprechung so restriktive Anforderungen zur Bestimmbarkeit des Kreises der Berechtigten formuliert, dass das als Abgrenzung über eine Limitierung der absoluten Zahl der Berechtigten verstanden wurde,[466] wobei das BVerwG eine frühere, sehr strenge Rechtsprechungspraxis schon vor längerer Zeit aufgegeben hat.[467] Die restriktive Handhabung des Kriteriums war ersichtlich stark von der prozessrechtlichen Orientierung hin zu einem überschaubaren Kreis potenzieller Kläger in Drittschutzkonstellationen geprägt.[468] In der Literatur wird dieser Ansatz kritisiert, weil es auch Rechte geben könne, die einer unübersehbaren Vielzahl von Rechtssubjekten zustehen,[469] also „Individualinteressen […] ihren Charakter nicht dadurch verlieren [könnten], daß ein[e] größere Zahl von Individuen Träger dieses Interesses ist",[470] weil von einem kleinen Kreis von Profiteuren einer Norm auch nicht auf ein subjektives Recht zurückgeschlossen werden könne[471] und weil es eine unlösbare Abgrenzungsfrage sei, ab wann die Zahl der begünstigten Personen so hoch ist, dass von einem subjektiven Recht nicht mehr die Rede sein könne.[472]

Diese Kritik daran, Allgemeininteressen von Individualinteressen über die bloße (möglichst geringe) Anzahl an Interessenträgern zu trennen, lässt sich auf das Kriterium der Begrenztheit des Personenkreises insgesamt übertragen, und somit auch auf die von der Rechtsprechung verwendete Formel, es müsse „sich aus […] der Norm ein Personenkreis entnehmen [lassen], der sich von der Allgemeinheit unterscheidet."[473] Wenn keine bestimmte Zahl die Grenze bilden kann, dann kann es auch nicht auf eine Überschaubarkeit des Personenkreises oder eine sonstige Abgrenzung der Träger der geschützten Interessen zur Allgemeinheit über die Größe der Gruppe ankommen. Ein Beispiel untermauert dies: Werden nur wenige

---

[466] Vgl. etwa *O. Bachof* in: GS W. Jellinek, S. 297, vgl. dort auch Fn. 40a.

[467] So *S. König,* Drittschutz, S. 123; vgl. auch *H.-U. Erichsen* in: ders./Ehlers, A. Verwaltungsrecht, 12. Aufl., § 11 Rn. 32; *M. Happ* in: Eyermann, VwGO, § 42 Rn. 87; *W. Rieger,* UPR 2015, 241, 242. Das BVerwG spricht in der abweichenden Entscheidung davon, die eigene Rspr. zu „modifizieren", vgl. BVerwG, Urt. v. 19.09.1986, Az.: 4 C 8/84, NVwZ 1987, 409, juris Rn. 12.

[468] Ausführlich zum Zweck der Rechtsschutzbegrenzung in diesem Zusammenhang *R. Uerpmann,* Interesse, S. 98 ff.; vgl. auch oben II. 2. c), S. 210.

[469] Vgl. dazu ausführlich Kapitel 3., B. I. 3. e) cc), S. 176, insb. bei Fn. 195.

[470] *S. König,* Drittschutz, S. 123.

[471] *W. Roth,* Organstreitigkeiten, S. 356 f., der sich auf das von *v. Jhering* stammende Beispiel der Fabrikanten und Schutzzölle (vgl. hiesige Fn. 194, S. 177) bezieht.

[472] *W. Roth,* Organstreitigkeiten, S. 354; weiterhin wird kritisiert, dass das Kriterium rein ergebnisorientiert sei, dazu *S. König,* Drittschutz, S. 120; weiteren Nachw. zur Kritik bei *König* a.a.O in dortiger Fn. 455; zur Kritik jüngst auch *W. Rieger,* UPR 2015, 241, 242 m. w. N.

[473] Vgl. etwa BVerwG, Urt. v. 19.09.1986, Az.: 4 C 8/84, NVwZ 1987, 409, juris Rn. 12; BVerwG, Urt. v. 15.07.1987, Az.: 4 C 56.83, BVerwGE 78, 40, Rn. 12; BVerwG, Urt. v. 18.11.2007, Az.: 6 C 44/06, BVerwGE 130, 39, Rn. 11; weitere Nachw. zur Rspr. bei *S. König,* Drittschutz, S. 119 dortige Fn. 453; vgl. auch hiesige Fn. 464.

Personen – etwa von einer emittierenden Industrieanlage, die hochgiftige Stoffe freigibt – betroffen, können diese sich ohne weiteres vor Gericht auf die sie vor dieser Beeinträchtigung schützenden Normen berufen; ist eine Beeinträchtigung von Interessen jedoch so groß, dass sie eine unübersehbare Vielzahl von Personen gleich intensiv betrifft, könnten diese sich nach dieser Logik nicht mehr gegen die Beeinträchtigung ihrer Interessen wehren, das heißt gerade gegen die Beeinträchtigung größeren Ausmaßes wäre kein Rechtsschutz möglich.[474] Dementsprechend wird beispielsweise im Atomrecht aufgrund des Risikos von Gesundheitsschäden bei weiten Teilen der Bevölkerung die Klagebefugnis gegen Anlagen in großzügigerem Ausmaß zugestanden,[475] was teilweise als „Einführung der Popularklage" kritisiert wurde.[476] Bei konsequenter Anwendung liefert der Aspekt der Größe einer Gruppe der Interessenträger also keine überzeugenden Ergebnisse und kann somit höchstens ein Anhaltspunkt zur Lösung der Wertungsfrage sein, ob sich jemand auf eine Norm berufen können soll – aber kein definitives Kriterium.

Häufig findet jedoch ohnehin keine gedankliche Trennung zwischen dem Aspekt der Größe der Gruppe der Interessenträger und der qualitativen Betrachtung der Eigenschaften von Interessen statt. Folglich wird auch in der Praxis letztendlich zumeist nicht auf die bloße Zahl der Interessenträger abgestellt, sondern darauf, ob der Kläger in seinen Interessen „in herausgehobener Weise betroffen ist"[477] – wobei unausgesprochen eine kleine Größe des Kreises der Betroffenen als Indiz für die Individualität der Betroffenheit herangezogen wird.[478] Durch letzteres entsteht die Vermischung zwischen qualitativer Analyse der Interessen und quantitativer Analyse des Kreises ihrer Träger. Durch ein solches Abstellen auf eine herausgehobene Betroffenheit wird allerdings letztlich unter Ausblendung des Inhalts der Norm, die ein subjektives Recht enthalten könnte, isoliert auf den Zweck prozessrechtlicher Normen wie des § 42 Abs. 2 VwGO[479] abgestellt.[480] Das geht auf den Gedanken zurück, dass aus der Perspektive des Gewaltenteilungsgrundsatzes grundsätzlich die Verwaltung für die Konkretisierung des in den Gesetzen vorgezeichneten Ausgleichs der konträren Interessen aller (der „Allgemeinheit")

---

[474] S. König, Drittschutz, S. 123.

[475] Dieser weite Drittschutz wird dadurch erreicht, dass verschiedene Voraussetzungen des § 7 Abs. 2 AtG als drittschützend angesehen werden, vgl. etwa BVerwG, Urt. v. 09.07.1982, Az.: 7 C 54/79, juris Rn. 16, W.-R. Schenke/R. P. Schenke in: Kopp/Schenke, § 42 Rn. 107 m. w. N.

[476] F. Ossenbühl, Kernenergie im Spiegel des Verfassungsrechts, DÖV 1981, 1, 6 f. (wörtl. Zitat S. 7); dazu R. Uerpmann, Interesse, S. 91.

[477] R. Uerpmann, Interesse, S. 104; vgl. auch a. a. O., S. 103 f.: „Die Frage geht allein dahin, [...] ob er sich in einer herausgehobenen Stellung befindet, in der er Interessen geltend macht, die er allenfalls mit wenigen anderen teilt und die ihn von der Masse der übrigen Menschen abheben."; vgl. P. Kunig in: GS Martens, S. 614 f.

[478] Hierzu kritisch W. Roth, Organstreitigkeiten, S. 358: „Vermutung" aus der Zahl der Betroffenen nicht legitim.

[479] Dazu oben allgemein Kapitel 1, D. II. 1., S. 41. Zur prozessualen Natur der Eingrenzung von Rechtsschutzmöglichkeiten Kapitel 3, B. II. 2. c), S. 210.

[480] Vgl. R. Uerpmann, Interesse, S. 95.

zuständig ist,[481] und die Gerichte eben nur Individualrechtsschutz gewähren, also solchen Personen helfen sollen, deren Interessen eventuell nicht hinreichend im Entscheidungsprozess Berücksichtigung gefunden haben könnten, weil sich ihre Interessen von denen anderer signifikant unterscheiden.[482] Herausgehoben betroffen kann aber nicht nur derjenige sein, der Träger singulärer Interessen ist, sondern auch derjenige, der in einem allen gemeinsamen Interesse besonders stark beeinträchtigt ist.[483]

Im Abstellen auf eine herausgehobene Betroffenheit liegt aber die Gefahr, sich nicht mehr an einer konkreten Rechtsnorm zu orientieren, also nicht nach einem subjektiven Recht zu suchen, sondern nur noch auf den konkreten Einzelfall abzustellen[484] – denn ob im einzelnen Anwendungsfall viele geschützt werden oder

---

[481] Zur Gewaltenteilung vgl. auch *K. F. Gärditz* in: ders., VwGO, § 42 Rn. 51 f. Die verbreitete Argumentation mit Rechtssicherheit, Vertrauensschutz und Schutz der Gerichte vor Überlastung (dazu *R. Uerpmann*, Interesse, S. 98 ff.) geht in diesem Aspekt letztlich auf: Die Gewaltenteilung hat nämlich auch die Funktion, Aufgaben so zu teilen, dass keine Institution überfordert ist und Entscheidungen der Verwaltung auch grds. definitive Rechtswirkungen entfalten können, wodurch eine gewisse Rechtssicherheit schon aufgrund der Verwaltungsentscheidung eintritt.

[482] Ausführlich *R. Uerpmann*, Interesse, S. 103. Gegen die von *Uerpmann* skizzierte Begründung lassen sich allerdings auch einige Gegenargumente finden, etwa dass Betroffene bspw. nach Planfeststellungsverfahren aufgrund der Präklusionsvorschriften im Gegenteil überhaupt nur klagen können, wenn sie ihre Argumente im Entscheidungsprozess vorgetragen haben, und dass es so vielfältige Gründe für die Nichtberücksichtigung von Interessen geben kann, dass – da man davon ausgehen muss, dass auch Entscheidungen zu Ungunsten einer Vielzahl von Betroffenen falsch sein können – die bloße Wahrscheinlichkeit der angemessenen Berücksichtigung nicht ausreichen kann, die Durchsetzbarkeit legitimer Interessen zu verneinen – Verwaltungsprozesse dienen auch und gerade dazu, Fehler der Verwaltung zu korrigieren.

[483] Die Unterscheidung zwischen Fällen der Betroffenheit singulärer Interessen und der herausgehobenen Betroffenheit in allgemeinen Interessen (bei *Uerpmann* a. a. O. zumindest nicht hinreichend deutlich) ergibt eine Möglichkeit differenzierter Betrachtung: Ist wie bei Grundrechten schon aufgrund der oberflächlichen Auslegung einer Norm klar, dass es sich um ein subjektives Recht handeln muss, wird eher auf die herausgehobene Betroffenheit abgestellt, die (dazu sogleich) sich eher auf materieller Ebene auswirkt – ist dagegen nach Ausschöpfung aller anderen Erkenntnismöglichkeiten noch unklar, ob ein subjektives Recht vorliegt, kann der Schutz eines Interesses eines potenziell unbegrenzt weiten Personenkreises ein (u. U. ausschlaggebendes) Indiz sein, dass die Norm kein subjektives Recht enthält.

[484] Augenscheinlich wird das bei der Rechtsprechung zum Rücksichtnahmegebot (das – obwohl einen Sonderfall darstellend – aus Platzgründen nicht gesondert behandelt werden kann, zu diesem jüngst *W. Rieger,* UPR 2015, 241), vgl. grundlegend BVerwG, Urt. v. 25.02.1977, Az.: 4 C 22/75 („Schweinemästerfall"), vgl. auch BVerwG, Urt. v. 5.12.2013, Az.: 4 C 5.12, BVerwGE 148, 290, Rn. 21: „Drittschutz wird gewährt, wenn in qualifizierter und individualisierter Weise auf schutzwürdige Interessen eines erkennbar abgegrenzten Kreises Dritter Rücksicht zu nehmen ist." – Mit dem anschließenden Satz, es komme „darauf an, dass sich aus den individualisierten Tatbestandsmerkmalen der Norm ein Personenkreis entnehmen lässt, der sich von der Allgemeinheit unterscheidet (vgl. Fn. 473), wird also Widersprüchliches formuliert: Während die Abgrenzung Allgemeininteresse – Individualinteresse eher auf die Beschaffenheit des von einer Norm geschützten Interesses abzielt, betrifft die Zahl der Interessenträger zumindest beim Rücksichtnahmegebot eher ein quasi äußeres Merkmal, das nicht von der Art des von der Norm generell aufgegriffenen Interesses, sondern vom Einzelfall abhängt.

nur wenige herausgehoben Betroffene, hängt oft nur in geringem Maße von der Auslegung der Norm ab, sondern vorrangig von der konkreten Sachlage.[485] Der Vorwurf, dadurch (im Rahmen beispielsweise des § 42 Abs. 2 VwGO) Definition und Subsumtion zu vermischen[486] und sich der Position derjenigen Kritiker der Schutznormtheorie anzunähern,[487] die zur Lösung der Frage des Drittschutzes statt auf eine Auslegung der Rechtsnormen allein auf die faktische Betroffenheit abstellen wollen,[488] ist daher in vielen Fällen berechtigt. Die von den Vertretern der Schutznormtheorie postulierte Rückbindung an das Gesetz[489] wird hier schleichend aufgegeben und die Funktion von Rechtsnormen, Rechtssicherheit zu schaffen und die Exekutive und Judikative an Entscheidungen des Gesetzgebers zu binden, in den Hintergrund gedrängt.

Im Grunde zeigt sich hier nur das oben[490] bereits beschriebene Spannungsverhältnis zwischen materiellem und Prozessrecht: Während aus prozessrechtlicher Sicht Rechtsschutzmöglichkeiten eingedämmt werden müssen, kann das materielle Recht auch einer unbestimmten Vielzahl von Personen Rechte verleihen. Da das materielle Recht nicht ignoriert werden kann, kann die Begrenztheit des Personenkreises – ein Merkmal, das ohnehin nur bei alleiniger Konzentration auf den konkreten Sachverhalt konsequent angewandt werden kann –[491] auch

---

Aus der Formulierung des BVerwG wird allerdings deutlich, dass es selbst nicht darauf abzielt, statt auf die Auslegung einer Norm auf den konkreten Einzelfall abzustellen, vgl. BVerwG, Urt. v. 19.09.1986, Az.: 4 C 8/84, NVwZ 1987, 409, juris Rn. 13: „die Auslegung einer Vorschrift, die im Grundsatz Drittschutz vermitteln will, kann durchaus zu dem Ergebnis führen, daß Drittschutz nur zu gewähren ist, wenn eine bestimmte Schwelle der Beeinträchtigungen erreicht wird" – an dieser Formulierung wird die Schwierigkeit offenbar, zu identifizieren, wann lediglich auf den konkreten Einzelfall abgestellt wird, und wann das Ergebnis, ob Drittschutz gewährt wird, noch auf einer Auslegung der Norm beruht: Es ist nämlich immer möglich, zu behaupten, dass eine Norm selbst aus ihrem eigenen Regelungsgehalt heraus in dem ganz konkreten Fall keinen Drittschutz gewähren soll; es ist theoretisch denkbar, für beliebig viele Fallkonstellationen beliebig viele Aussagen zum Drittschutz aus der Norm selbst herzuleiten. Das mündet in die Aussage, Regelungsinhalt der Norm sei, in diesem Fall Rechtsschutz zu vermitteln und in jenem Fall nicht. Angesichts der Schwierigkeiten, die bei der Bestimmung der Schutzrichtung von Normen insgesamt bestehen, ist eine solch differenzierte Auslegung von Normen (ohne Anhaltspunkte in Wortlaut oder Systematik) aber wenig überzeugend.

[485] Auch eine Norm, die typischerweise nur eine begrenzte oder herausgehoben betroffene Gruppe von Personen schützt, kann in einem atypischen Anwendungsfall eine unübersehbare Vielzahl von Personen schützen (und umgekehrt, vgl. dazu auch Fn. 491).

[486] S. König, Drittschutz, S. 123 ff., speziell zur Rechtsprechung zum baurechtlichen Gebot der Rücksichtnahme; entgegengesetzt M. Schmidt-Preuß, Privatinteressen, S. 179, der in bestimmten Konstellationen eine Annäherung der Auslegung an die konkrete Anwendung im Einzelfall für „notwendig" hält.

[487] H. Bauer, AöR 113 (1988), 582, 610.

[488] Dazu noch unten Kapitel 3, B. II. 3. c), S. 242.

[489] Vgl. oben II. 2. b), S. 208.

[490] Unter II. 2. c), S. 211 bei Fn. 393.

[491] Vgl. das Bsp. bei W. Roth, Organstreitigkeiten, S. 356 f. (siehe auch hiesige Fn. 194, S. 177): Kann durch Erlass eines Schutzzolls erkennbar nur ein bestimmter Fabrikant geschützt werden

kein definitives Kriterium zur Ermittlung subjektiver Rechte sein. Das Argument, Popularklagen würden das Gefüge der Gewaltenteilung zwischen Verwaltung und Rechtsprechung verschieben, kann in vielen Fällen – wie bei Grundrechten – letztlich nur auf materieller Ebene, bei der Bestimmung der Reichweite von Rechten, berücksichtigt werden.[492] Im Immissionsschutzrecht, wo die Vielzahl derer, die von einer Anlage betroffen sind, gegen diese klagen kann, dafür aber im Gegensatz zur Baugenehmigung öffentliche Bekanntmachungen erfolgen und wo es Präklusionsvorschriften gibt, spielt das Kriterium der herausgehobenen Betroffenheit eine viel geringere Rolle als etwa im Baurecht[493] – kein Zeichen dafür, dass es generell geeignet ist, subjektive Rechte zu identifizieren.

(4) Schlussfolgerungen und Zwischenergebnis

Es stellt sich heraus, dass die Individualität der von einer Norm bezweckten Schutzwirkung nur sehr schwer festgestellt werden kann. Versuche, eine Lösung über die Abgrenzung des Allgemeinen vom Individuellen zu erreichen, sind prinzipiell zum Scheitern verurteilt, denn Allgemeininteressen sind selbst nur aggregierte Individualinteressen, und auch eine unbestimmte Vielzahl von Personen besteht letztlich aus einzelnen Rechts- und Interessenträgern, die im Falle einer Klage auch eindeutig der Personengruppe zugeordnet werden können. Die Analyse der Interessenlage sagt auch in qualitativer Hinsicht nur wenig über den Schutzgehalt der Norm aus, denn „[m]it einem wie auch immer gearteten ‚Wesen' der betroffenen Interessen lassen sich die Eingrenzungsversuche beim Rechtsschutz […] nicht erklären."[494]

Hinter der Frage nach der Individualität verbirgt sich letztlich die Erkenntnis, dass es bestimmte Belange gibt, deren Wahrnehmung (auch mittels staatlicher Rechtsdurchsetzungsinstrumente) dem Bürger entzogen sein soll (Rechtsreflex), und dass – aus Vereinfachungs- und Entlastungsgründen – stattdessen der Staat allein die entsprechenden Interessen zwischen den Bürgern auszugleichen hat.[495] Aufgrund der Dominanz der Interessentheorie werden Formulierungen verwendet, die vordergründig auf eine qualitative Einordnung der geltend gemachten Interessen abzielen, aber in Wahrheit werden – eigentlich tatsächlich individuelle –

(etwa bei einem staatlichen Monopol), ist eine individualisierte Schutzwirkung sicher (es ist kaum möglich zu argumentieren, diese Schutzwirkung sei nicht intendiert, dazu sogleich unter (4)), anders als bei Schutzzöllen für einen Wirtschaftszweig, der aus einer Vielzahl von Betrieben besteht – es kann höchstens behauptet werden, bei Schutzzollgesetzen allgemein sei typischerweise kein Individualschutz bezweckt, aber eine konsequente Anwendung eines Individualitätskriteriums wäre das nicht. Es ist daher immer eine Frage des konkreten Sachverhalts (der Beschaffenheit der konkret begünstigten Gruppe), ob eine Schutzwirkung individuell ist.

[492] R. Uerpmann, Interesse, S. 91.
[493] J. Pietzcker in: Depenheuer u. a., FS Isensee, S. 581.
[494] R. Uerpmann, Interesse, S. 103.
[495] M. Reiling, DÖV 2004, 181, 186f.

Interessen als in der konkreten Prozesskonstellation nicht berücksichtigungsfähig bewertet.[496] Es geht dabei im Grunde um die Frage, ob eine Interessenwahrnehmung durch den Einzelnen „sinnvoll" ist, oder ob seine Belange, die er vor Gericht durchsetzen möchte, besser nur durch den Staat wahrgenommen werden sollten.[497] Das Dilemma ist jedoch, dass es aus Sicht des Einzelnen immer sinnvoller ist, wenn er – zumindest zusätzlich zum Handeln der Verwaltung – selbst seine Belange gerichtlich durchsetzen kann, während aus Sicht der Gemeinschaft oft (wenn auch nicht immer) das Gegenteil der Fall ist. Die Frage nach dem Grad der Individualität von Interessen sowie der Abgrenzung von Allgemeininteressen und Individualinteressen mündet ohne großen Erkenntnisgewinn durch diese Umschreibungen zumeist wieder in der durch die Koexistenz von subjektivem Recht und Rechtsreflex bedingten, offenen Wertungsfrage ein, ob sich ein Kläger auf die jeweilige Norm berufen können soll.

Um auf das betagte Beispiel der Schutzzölle[498] zurückzukommen: Im Konstitutionalismus war es undenkbar, dass sich ein Bürger dadurch in die Angelegenheiten der Exekutive einmischen konnte, dass er die richtige Anwendung der Schutzzollgesetze vor einem Gericht einklagt, weswegen die Wertung, dass es sich bei den Vorteilen für einzelne Fabrikanten nur um einen Rechtsreflex handelt, für damalige Juristen wohl glasklar nachzuvollziehen gewesen sein dürfte – sonst hätte R. von Jhering das Beispiel wohl kaum verwendet. Sofern heute, wo Schutzzölle hierzulande keine nationale Angelegenheit mehr sind, an dieser Wertung festgehalten würde,[499] obwohl Zölle von ihrer Wirkung aus betrachtet nur mittelbar auch dem Erhalt von Arbeitsplätzen, Steuereinnahmen etc., primär aber der Be-

---

[496] *M. Reiling*, DÖV 2004, 181, 188: „Die Frage der Interessenträgerschaft wird sich in Grenzfällen oft nur so beantworten lassen, ob es aus Sicht des darüber Befindenden ‚sinnvoll' ist, eine Interessenträgerschaft des einzelnen anzunehmen; dann aber ist es einfacher, das dergestalt gefundene Ergebnis mit mangelnden oder vorhandenen Interessen privater Natur zu belegen, als die Kriterien des eigentlichen Wertungsvorgangs offenzulegen."

[497] *M. Reiling*, DÖV 2004, 181, 188 f., wobei dieser meint, eine Wahrnehmung nur durch den Staat sei bspw. bei baulichen Gestaltungsvorschriften „unausgesprochen deswegen [sinnvoll], weil die Handlungsweise des nach mehr Einkommen oder größerem Marktanteil strebenden Menschen einschätzbar ist, die des ästhetische oder religiöse Interessen verfolgenden Menschen nicht in gleicher Weise."; Zweifel an der Plausibilität der These *Reilings* weckt aber das sogleich zu erläuternde Beispiel der Schutzzölle (hier geht es um finanzielle und damit berechenbare Interessen).

Vgl. *A. Scherzberg* in: Ehlers/Pünder, A. Verwaltungsrecht, § 12 Rn. 9: Aufgabenerfüllung „in zweckmäßiger Weise" durch öffentliche Organisation, wobei die Aufgabenerfüllung „in die besonderen Befugnis- und Kontrollstrukturen des öffentlichen Rechts" überführt würde, wodurch „nicht zuletzt auch eine Entlastungsfunktion" eintrete – wobei an der Entlastung des Bürgers allein durch fehlende Klagemöglichkeiten gezweifelt werden kann, da eine Klagemöglichkeit schließlich nicht bedeutet, dass die Verwaltung nicht auch von selbst einschreiten muss (Bsp.: Anspruch auf sicherheitsrechtliches Einschreiten).

[498] Vgl. oben Fn. 491, S. 226 f., Fn. 194, S. 177.

[499] Dass auch eine andere Wertung getroffen werden könnte, legen auch die Ausführungen von *M. Sachs* in: K. Stern, Staatsrecht III/1, S. 538 nahe.

wahrung der betreffenden einzelnen[500] Unternehmen durch die Ermöglichung von Absatzgeschäften dienen, läge das eher daran, dass es als zweckmäßig angesehen wird, wenn der Staat seine Beziehungen nach außen (wozu auch das Erheben von Zöllen gehört) gestalten kann, ohne dass private Unternehmen auf diesem Gebiet ein bestimmtes Verhalten erzwingen können. Mit einer (fehlenden) Individualisierbarkeit von Personen oder Interessen hat das aber eher nichts zu tun.

dd) Öffentliches Recht als Ausgleich kollidierender Privatinteressen

Die Argumentation mit der Trennung zwischen Individualinteresse und Allgemeininteressen leidet, wie gezeigt, darunter, dass es sich bei öffentlichen Interessen nur um aggregierte Individualinteressen handelt, die lediglich der Verwaltung zur alleinigen Wahrnehmung übertragen sind, also keine qualitativen Abgrenzungsmerkmale vorhanden sind. Darüber hinaus ist es inzwischen anerkannt, dass das öffentliche Recht auch dazu dient, individuelle, rein private Interessen untereinander zum Ausgleich zu bringen[501] – wobei solche individuellen, privaten Interessen dann ebenfalls zunächst einmal dem Staat zur Wahrnehmung übertragen sind,[502] etwa wenn wegen Verstoßes gegen Nachbarrechte eine Baugenehmigung verweigert wird. Gegen Entscheidungen, welche die Verwaltung zum Ausgleich privater Interessen trifft, ist dann unter Umständen Rechtsschutz möglich.

Für solche *Drittschutz*konstellationen (von ihm multipolares Rechtsverhältnis genannt) möchte M. Schmidt-Preuß mit seiner „*Konfliktschlichtungsformel*"[503] die Schutznormtheorie ersetzen,[504] wobei, wie oben erwähnt, und wovon Schmidt-Preuß

---

[500] Um die Bestimmbarkeit als Indiz heranzuziehen, müsste man sagen: Bewahrung von in Statistiken, Registern und Steuerakten bis auf den kleinsten Betrieb einzeln erfassten und damit nicht zu einer unbestimmten Vielzahl, sondern zu einer abgegrenzten Gruppe von Rechtssubjekten gehörenden Unternehmen.

[501] Grundlegend (hier immer in der 2. Aufl. zitiert) *M. Schmidt-Preuß*, Kollidierende Privatinteressen im Verwaltungsrecht; dazu auch *ders.* in: Depenheuer u. a., FS Isensee, S. 600: „Streitigkeiten zwischen Privaten" als „eine zentrale Dimension des Verwaltungsrechts"; zustimmend etwa *E. Schmidt-Aßmann* in: Maunz/Dürig, GG, Art. 19 Abs. 4 Rn. 140; vgl. auch *A. Wiese*, Beteiligung, S. 162, die jedoch nicht die hier daraus gezogenen Schlüsse zieht; vgl. zu *Schmidt-Preuß* auch noch unten Kapitel 4, Fn. 234, S. 297.

[502] Wenn allerdings solche ursprünglich privaten Interessen vom Staat wahrgenommen werden, stellt sich die Frage, ob er sie sich dann nicht zu eigen macht und sie damit zu öffentlichen Interessen werden (zu den Begrifflichkeiten „öffentlich" – „privat" vgl. schon oben Fn. 436, S. 218).

[503] *M. Schmidt-Preuß*, Privatinteressen, S. 246 f.

[504] Die Kritik von *Schmidt-Preuß* an der Schutznormtheorie richtet sich sehr verengt gegen die von *Bachof* geprägten Formulierungen und insbesondere gegen dessen „Vermutung" (*M. Schmidt-Preuß* in: Depenheuer u. a., FS Isensee, S. 606 f.), die *Schmidt-Preuß* aber nicht so differenziert betrachtet, wie es hier versucht wird (vgl. oben bei Fn. 406, S. 213: versteht man die Äußerungen wie hier, ist die Kritik von *Schmidt-Preuß* wenig nachvollziehbar) – außerdem werden andere (neuere) Strömungen innerhalb der Schutznormtheorie ausgeblendet.

selbst jedoch nicht ausgeht,[505] die Schutznormtheorie ihren Hauptanwendungs-bereich genau dort hat.[506] Die *Konfliktschlichtungsformel* besagt: „Notwendige, aber auch hinreichende Voraussetzung für das Vorliegen eines subjektiven öf-fentlichen Rechts im multipolaren Verwaltungsrechtsverhältnis ist, daß eine Ord-nungsnorm die kollidierenden Privatinteressen in ihrer Gegensätzlichkeit und Ver-flochtenheit wertet, begrenzt, untereinander gewichtet und derart in ein normatives Konfliktschlichtungsprogramm einordnet, daß die Verwirklichung der Interessen des einen Privaten notwendig auf Kosten des anderen geht."[507] Hintergrund der *Konfliktschlichtungsformel,* auf die inzwischen auch in der Kommentarliteratur hingewiesen wird,[508] ist die Überlegung, dass in *Drittschutz*konstellationen die bei-den rechtlichen Verhältnisse zwischen im Nachgang klagendem Bürger und Staat und zwischen dem vom Staat begünstigten Bürger und dem Staat herkömmlich zu Unrecht isoliert betrachtet würden („Annahme separater, nebeneinander stehender bipolarer Verwaltungsrechtsverhältnisse").[509]

Letztlich ist aber der Kern auch der Konfliktschlichtungsformel, die man für Streitigkeiten zwischen Teilen der Verwaltung hinsichtlich des Abstellens auf „Privatinteressen" ohnehin modifizieren müsste, die Suche nach einem von einer Norm erfassten Individualinteresse, das gegenüber einem konkurrierenden oder entgegenstehenden Individualinteresse durchgesetzt werden soll, und damit ist die Konfliktschlichtungsformel nicht weit von den Formulierungen entfernt, die im Rahmen der Schutznormtheorie üblich sind.[510] Der Unterschied besteht im We-sentlichen darin, dass nicht nur danach geforscht werden muss, ob die Norm den Interessen des Klägers, sondern auch danach, ob sie unter Umständen auch denen eines weiteren Beteiligten dient (weil diese Interessen in der Norm im Sinne eines

---

[505] Vgl. *M. Schmidt-Preuß,* Privatinteressen, S. 2, S. 193.

[506] Vgl. oben (Kapitel 3) B. II. 1. bei Fn. 332, S. 202.

[507] *M. Schmidt-Preuß,* Privatinteressen, S. 247; vgl. auch *M. Schmidt-Preuß* in: Depenheuer u. a., FS Isensee, S. 608.

[508] Etwa *E. Schmidt-Aßmann* in: Maunz/Dürig, GG, Art. 19 Abs. 4 Rn. 140; *R. Wahl* in: Schoch/Schneider/Bier, VwGO, Vorb. § 42 Abs. 2 Rn. 96.

[509] *M. Schmidt-Preuß,* Privatinteressen, S. 84. Direkte Ansprüche zwischen Bürgern im öf-fentlichen Recht soll es aber nicht geben, „materiell-rechtliches Pflichtsubjekt" sei stets der Staat (a. a. O., S. 134 f.) – wodurch eine gewisse „Separation" zwischen den Rechtsbeziehungen jeweils der Bürger mit dem Staat erhalten bleibt (vgl. die Trennung in die Ebene der „Rechts-zuweisung" und die „Ebene der Anspruchsrichtung" bei *M. Schmidt-Preuß* in: Depenheuer u. a., FS Isensee, S. 601).

[510] Das ist bspw. daran erkennbar, dass letztlich – wie bei der Schutznormtheorie – „anhand der Auslegung des Entscheidungsprogramms der Normen ermittelt werden" müsse, ob eine drittschützende Norm vorliegt und hierbei „auch die norminterne Wirkung der Grundrechte zu beachten" sei (*M. Schmidt-Preuß* in: Depenheuer u. a., FS Isensee, S. 608) – außerdem werden Anhaltspunkte für subjektive Recht genauso bewertet, wie das bei der Schutznormtheorie der Fall wäre, was daran deutlich wird, dass zur Klärung des „multipolar-normativ[en] Umfeld[s]" auf Rspr. und Lit. aus dem Schutznormtheoriebereich zurückgegriffen wird (Siehe *M. Schmidt-Preuß,* Privatinteressen, S. 165 ff.).

„Konfliktschlichtungsprogramms"[511] ausgeglichen werden). Da die Schutznormtheorie – worauf Schmidt-Preuß, soweit erkennbar, nicht eingeht – ohnehin nur
ein inhomogener „Kanon von Methoden und Regeln" ist,[512] kann der Kerngedanke
der Konfliktschlichtungsformel, die Interessenlage auf der „Hypotenuse"[513] zu
berücksichtigen, als Ergänzung in jene mit aufgenommen werden.[514] Allerdings
bleibt unklar, inwieweit die Konfliktschlichtungsformel helfen kann, das Problem
der Abgrenzung von subjektivem Recht und Rechtsreflex zu lösen: Unter der Prämisse, dass alles (also auch bloß objektives) Recht letztlich dem Ausgleich von Interessen dient,[515] und auch öffentliche Interessen nur aggregierte Individualinteressen sind, also alle Rechtsnormen Interessen von Individuen zum Ausgleich
bringen, ist bei konsequenter Anwendung des Grundgedankens der Konfliktschlichtungsformel fraglich, wo noch Rechtsreflexe existieren können. Außerdem
bleibt auch hier das Problem bestehen, zu identifizieren, ob und welche „privaten"
Interessen durch eine Norm zum Ausgleich gebracht werden. Auch mit der Konfliktschlichtungsformel ist daher die Wertungsfrage, ob sich jemand vor Gericht
auf eine Norm berufen können soll, abseits der bereits gerichtlich entschiedenen
Fallkonstellationen[516] schwierig zu beantworten.[517]

---

[511] *M. Schmidt-Preuß*, Privatinteressen, S. 8: „Hierunter wird in dieser Arbeit jene tatbestandliche Ausprägung des Horizontalverhältnisses einer Ordnungsnorm verstanden, die […] subjektive öffentliche Rechte im multipolaren Verwaltungsrechtsverhältnis begründet."

[512] Siehe oben (Kapitel 3) B. II. 2. b), S. 208; es ist eben nicht so, dass ein eine scharf kon-
turierte, „überkommene Schutznormtheorie" gibt, die „auf einer Freiheitsvermutung" beruht
(so aber *M. Schmidt-Preuß* in: Depenheuer u. a., FS Isensee, S. 611). Wörtl. zit. Formulierung
bspw. bei *E. Schmidt-Aßmann/W. Schenke* in: Schoch/Schneider/Bier, VwGO, Einl. Rn. 20.

[513] *M. Schmidt-Preuß* in: Depenheuer u. a., FS Isensee, S. 600.

[514] Vgl. *K. F. Gärditz* in: ders., VwGO, § 42 Rn. 57, der konstatiert, die Mehrpoligkeit der
Interessenlagen werde von der Rspr. bereits beachtet; ähnlich, wenn auch etwas zurückhaltender als hier *E. Schmidt-Aßmann* in: Maunz/Dürig, GG, Art. 19 Abs. 4 Rn. 136. Die Berücksichtigung der Interessen und Rechte in allen Richtungen (unter Aufgabe eines obrigkeitlichen
Staatsverständnisses) ist auch das Anliegen der sog. Rechtsverhältnislehre (ausführlich m. w. N.
H. Bauer, AöR 113 (1988), 582, 610 ff. – skeptisch, ob die Rechtsverhältnislehre zur Lösung
der Probleme des subjektiven Rechts „etwas beizutragen vermag" *R. Bartlsperger* in: Baumeis-
ter/Roth/Ruthig, FS Schenke, S. 40); jedenfalls kann – und muss – grundsätzlich eine Berücksichtigung des „gesamten […] Normenmaterial[s]" (*Bauer*, a. a. O., S. 612) auch innerhalb der
Schutznormtheorie im Rahmen einer systematischen Auslegung erfolgen.

[515] Vgl. oben (Kapitel 3) Fn. 163, S. 171; vgl. auch *K. F. Röhl/H. C. Röhl*, Rechtslehre, S. 268:
„Recht als eine Veranstaltung zur vergleichenden Bewertung widerstreitender Interessen", wobei die Autoren darauf hinweisen, dass die Schwierigkeiten bei der Ermittlung von Interessen
und das Problem des ungeklärten Rangverhältnisses von verschiedenen Interessen ein Grundproblem des Rechts ist und bleibt.

[516] Vgl. *K. F. Gärditz* in: ders., VwGO, § 42 Rn. 57, der die Beobachtung trifft, die Rechtsprechung würde die Interessenlagen in multipolaren Konstellationen bereits berücksichtigen, die
Schutznormtheorie habe sich „als hinreichend anpassungsfähig erwiesen."

[517] Da der Grundgedanke der Berücksichtigung aller rechtlichen Beziehungen in mehrpoligen
Rechtsverhältnissen in die Schutznormtheorie integrierbar ist, bleibt ein darüber hinausgehender Nutzen der Konfliktschlichtungsformel deswegen fraglich.

ee) Typische Anhaltspunkte für subjektive Rechte

Auf Basis der Formulierung, die auf eine Trennung des Allgemeininteresses vom Individualinteresse abstellt, orientiert sich vor allem die Rechtsprechung für die dahinterstehende Wertung, ob sich ein Kläger auf eine Norm berufen können soll, an weiteren Anhaltspunkten auf einem niedrigeren Abstraktionsniveau. Es handelt sich dabei um Begründungselemente der Gerichte, die bereits von anderen Gerichten in ähnlichen Fällen aufgegriffen wurden, also um typische Phänomene der im Bereich des subjektiven Rechts vorherrschenden Kasuistik.[518] Diese Begründungselemente werden in der Literatur in der Regel nur punktuell angesprochen, aber etwa im Fall des Antragsrechts auch „Theorie" genannt.[519]

Wird beispielsweise durch ein Gesetz ein Antragsrecht eingeräumt, soll dies ein Indiz dafür sein, dass auf das Beantragte auch ein subjektives öffentliches Recht besteht.[520] Für die Abgrenzung zwischen Allgemeininteresse und Individualinteresse soll auch darauf abgestellt werden können, ob in der Norm ein abgegrenzter Personenkreis wie etwa die „Nachbarschaft" wörtlich erwähnt wird.[521]

Auf der anderen Seite sollen Verfahrenspositionen[522] keinen Rückschluss auf materielle subjektive Rechte erlauben,[523] und allgemein gehaltene Zweckbestimmungen in Gesetzen, wie § 1 BImSchG, sollen trotz Anhaltspunkten für einen Schutz individueller Interessen nicht auf die Auslegung der übrigen Normen in diesen Gesetzen ausstrahlen können.[524] In Fällen wirtschaftlicher Konkurrenz wird zwischen rechtlichen und wirtschaftlichen Interessen abgegrenzt, wobei letztere regelmäßig kein Indiz für subjektive Rechte darstellen sollen.[525]

---

[518] Vgl. oben (Kapitel 3) B. I. 3. g) dd), S. 190 und B. II. 2. b), S. 208.

[519] Vgl. etwa *U. Ramsauer,* JuS 2012, 769, 774; die Erwähnung der „Antragstheorie" neben und gesondert von der Schutznormtheorie hat wahrscheinlich den Grund, dass antragsgebundene Leistungen der Verwaltung nicht allein (aber auch, vgl. *H. Maurer,* A. Verwaltungsrecht, § 9 Rn. 50) in Drittschutzkonstellationen vorkommen – trotzdem wird der Antrag durchaus im Bereich der Schutznormtheorie behandelt, vgl. *R. Uerpmann,* Interesse, S. 94; zum Verhältnis von Drittschutzkonstellationen und Schutznormtheorie oben (Kapitel 3), Fn. 332, S. 202.

[520] *R. Uerpmann,* Interesse, S. 94: Ein Antragsrecht sei „ein deutlicher Hinweis, daß dem einzelnen die Rechtsmacht zur Durchsetzung seiner Interessen eingeräumt werden soll."

[521] *A. Scherzberg* in: Ehlers/Pünder, A. Verwaltungsrecht, § 12 Rn. 9; vgl. *M. Schmidt-Preuß,* Privatinteressen, S. 170 m. w. N.; gerade beim Begriff der Nachbarschaft stellt sich die Frage, wer darunter fällt und (wenn man wie im Immissionsschutzrecht die Nachbarn durch den Einwirkungsbereich definiert,) ob es sich dabei in jedem Fall noch um einen abgegrenzten Personenkreis handelt; die oben angesprochenen Probleme tauchen dann wieder auf.

[522] Verfahrenspositionen können selbst subjektive Rechte sein, vgl. *F. Hufen,* Verwaltungsprozessrecht, § 14 Rn. 90, u. U. aber auch allein keine Klagebefugnis begründen, so (aber weiter differenzierend) *F. Schoch* in: Hoffmann-Riem/Schmidt-Aßmann/Voßkuhle, Grundlagen Bd. 1, § 50 Rn. 170 ff.

[523] *R. Stober* in: Wolff/Bachof/Stober/Kluth, Verwaltungsrecht Bd. 1, § 43 Rn. 65; *M. Schmidt-Preuß,* Privatinteressen, S. 174 ff. m. w. N., z. T. auch für die a. A.

[524] Hinsichtlich § 1 und § 3 BImSchG *P. Kunig* in: GS Martens, S. 603; vgl. auch *M. Schmidt-Preuß,* Privatinteressen, S. 166 m. w. N. in Fn. 9.

[525] *C. Grabenwarter* in: 16. ÖJT Bd. I/1, S. 23 f.

Solche Kriterien, nach denen die Rechtsprechung in der Vergangenheit Drittschutz angenommen oder Rechtsschutz verweigert hat, können in der Praxis eine Orientierung im Einzelfall bieten, sind aber nicht verallgemeinerbar. Sie helfen also hier kaum weiter.

e) Zwischenergebnis Schutznormtheorie

Als Zwischenergebnis lässt sich – trotz zum Teil erheblicher Meinungsunterschiede im Detail – festhalten, dass es sich bei der sogenannten Schutznormtheorie um eine ganze Sammlung von Wertungsleitlinien handelt, mit denen versucht wird, die Frage, ob sich ein Kläger auf eine Rechtsnorm berufen können soll, zu lösen. Dabei konzentriert sich der Bereich der Anwendung der Schutznormtheorie auf Drittschutzkonstellationen, und es wird häufig der Funktion des subjektiven Rechts zur Begrenzung von Rechtsschutz in erheblichem Maße Rechnung getragen. Dadurch bildet die Schutznormtheorie (als mit dem subjektiven Recht korrespondierendes Phänomen) aber auch ein Bindeglied zwischen materiellem und Prozessrecht, da sich eine Einschränkung von Klagemöglichkeiten nur über das materielle Recht erreichen lässt.

Im Zentrum der Schutznormtheorie dreht sich vordergründig meist alles darum, welchen Interessen eine Norm faktisch nützt und welcher Schutz von der Norm auch intendiert ist – im Kern wird die Frage gestellt, ob die Auslegung der Norm ergibt, dass der Kläger sich in einem Gerichtsprozess auch auf ihre Verletzung berufen können soll. Diese Wertungsfrage wird, schon dem Namen „Schutznormtheorie" nach, von ihr aufgegriffen und reformuliert. Innerhalb der Schutznormtheorie existiert zur Lösung dieser reformulierten Wertungsfrage eine Vielzahl von Wertungskriterien, wie etwa der Schutz von Individualinteressen in Abgrenzung zu Allgemeininteressen, die sich aber häufig im Kreis drehen, innere Widersprüche erzeugen und damit zur Lösung der Frage wenig beitragen. Es geht darum zu bewerten, welche Entscheidungen der Verwaltung sinnvollerweise noch einmal gerichtlich überprüft werden sollten bzw. in welchen Bereichen sie das letzte Wort haben sollte. Es fällt auf, dass die verschiedenen im Rahmen der Schutznormtheorie immer wieder bemühten Kriterien nur partiell, also in bestimmten Konstellationen diskutiert werden. Denn ist, wie bei Grundrechten, allgemein anerkannt, dass eine Norm subjektive Rechte verleiht (oder eben keine), wird die Schutznormtheorie auch insgesamt nicht zur Begründung herangezogen. Ohne die Schutznormtheorie gefundene Ergebnisse werden nicht mit dieser begründet oder anhand dieser überprüft. Die Schutznormtheorie hat, auch aufgrund der Vielfalt der in ihr enthaltenen Begründungselemente, keinen generalisierbaren, operablen inhaltlichen Kern,[526] außer dass die Antwort auf die Frage, ob sich jemand auf die

---

[526] Vgl. *J. Krüper*, Gemeinwohl, S. 138: Die Bestimmung, „wer zur Geltendmachung eines bestimmten Interesses zuständig sein soll" (vgl. auch oben bei Fn. 369, S. 208), erfolge „zum Teil durch den erklärten gesetzgeberischen Willen, ansonsten aber erst durch den Willen des

Verletzung einer Norm berufen können soll, grundsätzlich aus dieser Norm entnommen werden soll. Aufgrund dieser fehlenden inhaltlichen Substanz und wegen der vielfältigen Ansatzpunkte und Meinungsverschiedenheiten, vor allem aber
auch angesichts der mangelnden Aussagekraft der Unterscheidung zwischen Indi-
vidual- und Allgemeininteressen, ist im Bereich der Schutznormtheorie eine vielfältige Rechtsprechungs-Kasuistik entstanden.

Der Schutznormtheorie als solcher wurde schon oft ein Bedeutungsverlust attes-
tiert.[527] Aber gerade weil die Schutznormtheorie selbst nur wenig generalisierbaren Inhalt hat, kann sie durch ihre dadurch bewirkte Offenheit und Anpassungsfähigkeit neue Ansätze in sich aufnehmen.[528] Sie ist – genauso wie das Abstellen
auf „Individualinteressen" der Formulierung nach – wahrscheinlich deswegen bis
heute trotz aller Kritik uneingeschränkt verbreitet.[529]

3. Grundrechte und faktische Betroffenheit – Versuche zur Verdrängung der Schutznormtheorie

Trotzdem gab und gibt es immer wieder Strömungen, welche die Tragfähig-
keit der Schutznormtheorie anzweifeln. Vor allem ihr Grundansatz, die Fokussierung auf die Auslegung einer Norm des einfachen Rechts, wurde immer wieder in
Frage gestellt. Die Antwort auf die Frage, ob sich jemand auf die Verletzung einer
bestimmten Norm berufen können soll, wird also teilweise außerhalb dieser Norm
gesucht.

Dafür gibt es verschiedene Ansatzpunkte: Europarecht, die Grundrechte des
Grundgesetzes, insbesondere Art. 2 Abs. 1 GG in Verbindung mit der sogenannten
Adressatentheorie, und ein allgemeiner Grundsatz, von einer rechtswidrigen Be-
einträchtigung in eigenen Angelegenheiten durch den Staat verschont zu werden.

Rechtsanwenders selbst […]. Die Schutznormtheorie fingiert also letztlich die Rationalität der
Zuschreibung im Wege juristischer Konvention."; vgl. dazu auch oben (Kapitel 3) Fn. 418,
Fn. 420, S. 215 und 216 sowie Fn. 449, S. 220.

[527] *P. Kunig* in: GS Martens, S. 601: „[…] jede Variante, die insbesondere das Bundesverwaltungsgericht ins Gespräch gebracht hat, führte alsbald zu erneuten Schwanengesängen auf die
Schutznormtheorie."; vgl. etwa *U. Ramsauer,* JuS 2012, 769, 769: „obwohl sie in der Praxis
ihre prägende Kraft mehr und mehr einbüßt."

[528] *J. Pietzcker* in: Depenheuer u.a., FS Isensee, S. 584, 594f.; *A. K. Mangold/R. Wahl,*
DV 2015, 1, 25.

[529] Die Schutznormtheorie wird meist als „h. M." bezeichnet, bspw. von *M. Happ* in: Eyermann,
VwGO, § 42 Rn. 86; vgl. auch *H. Bauer,* AöR 113 (1988), 582, 586, der (schon) 1988 eine „Re-
naissance" der Schutznormtheorie konstatierte.

a) Verhältnis zwischen Schutznormtheorie und Europarecht

Das Europarecht mit seinem Anwendungsvorrang und dem Grundsatz des effet utile bewirkt, dass europarechtlich vorgegebene Rechtspositionen der Bürger nicht durch nationale Verfahrensregeln konterkariert werden dürfen.[530] Mangels Kompetenz der Europäischen Union zum Erlass verwaltungsprozessrechtlicher Regelungen erfolgt eine Korrektur des nationalen Rechts aber immer nur im Einzelfall.[531] Trotzdem wurde verschiedentlich konstatiert, es gebe zwischen dem deutschen und dem europäischen Recht unüberwindbare Brüche, die einen Systemwandel im nationalen Recht zur Folge haben müssten.[532]

Die Diskussion konzentriert sich dabei aber meist auf einen Spezialfall, nämlich auf Verbandsklagen im Umweltrecht,[533] die aber ohnehin als gesetzliche Ausnahme (vgl. § 42 Abs. 2 VwGO: „Soweit gesetzlich nichts anderes bestimmt ist, [...]") neben dem herkömmlichen System des subjektiven Rechtsschutzes bestehen könnten,[534] wobei im Einzelnen jedoch umstritten ist, ob alle Verbandsklagen derzeit so einzuordnen sind.[535] Unabhängig davon werden durchgreifende Veränderungen an der Schutznormtheorie in grundsätzlicher, methodischer Hinsicht durch das Europarecht letztlich nicht erzwungen:[536] Weil der Begriff des subjektiven Rechts selbst, wie dargelegt, so unklar ist und sich die Versuche einer Konkretisierung auf die Ebene des Auffindens von Rechten konzentrieren, können europarechtliche Anforderungen mit den national üblichen Begriffen des Verwaltungsprozessrechts erfüllt werden. Verleiht eine europarechtliche Norm ein subjektives Recht, kann sie als Schutznorm betrachtet werden.[537] Und nationale Nor-

---

[530] Zum Ganzen ausführlich *A. K. Mangold/R. Wahl,* DV 2015, 1, 5 ff.

[531] *A. K. Mangold/R. Wahl,* DV 2015, 1, 8 f.

[532] Dazu ausführlich *J. Pietzcker* in: Depenheuer u. a., FS Isensee, S. 586 ff. m.N., ebenfalls dazu *R. Stober* in: Wolff/Bachof/Stober/Kluth, Verwaltungsrecht Bd. 1, § 43 Rn. 27 m.N.

[533] Vgl. *A. K. Mangold/R. Wahl,* DV 2015, 1, 18 ff.; *M. Ruffert,* DV 2015, 547, 558: „Zentrales Referenzgebiet: Umweltrecht".

[534] Vgl. *W.-R. Schenke/R. P. Schenke* in: Kopp/Schenke, § 42 Rn. 180 f.

[535] Dazu *A. K. Mangold/R. Wahl,* DV 2015, 1, 22 f. – ob der Unterschied zwischen der Lösung, bestimmten Organisationen ohne Klagebefugnis eine Klage zuzugestehen, oder diesen Organisationen ein Recht zur vollumfänglichen gerichtlichen Überprüfung bestimmter Behördenentscheidungen aufgrund bestimmter Rechte zu gewähren, wirklich groß ist, kann bezweifelt werden. Gemeinwohl und Individualinteresse sind nicht derart trennbar (vgl. oben B. II. 2. d) cc) (2), S. 218 ff.), dass nicht gesagt werden könnte, auch Umweltverbände verfolgten mit einer Klagemöglichkeit, die außerhalb des § 42 Abs. 2 VwGO steht, gewisse spezielle Interessen, die sie sich zu eigen gemacht haben – auch wenn deren Verwirklichung (wie jedoch auch die aller anderen Interessen) ein Aspekt des Allgemeininteresses ist.

[536] *A. K. Mangold/R. Wahl,* DV 2015, 1, 27: „Im Ergebnis bringt das Unionsrecht mit seiner zu konstatierenden Orientierung an einem Schutznormdenken also nichts grundsätzlich und grundlegend Neues oder Anderes."; *M. Ruffert,* DV 2015, 547, 565: „Keine Totenglocken für die Schutznormtheorie"; vgl. auch *K. F. Gärditz,* Funktionswandel der Verwaltungsgerichtsbarkeit unter dem Einfluss des Unionsrechts?, NJW-Beil. 2016, 41, 45; zum europarechtlichen Einfluss auf das subjektive Recht an sich oben B. I. 3. bei Fn. 97 ff., S. 162.

[537] Vgl. *W.-R. Schenke/R. P. Schenke* in: Kopp/Schenke, § 42 Rn. 152.

men können dahingehend europarechtskonform ausgelegt werden, dass ein Kläger sich auf ihre Verletzung berufen kann. Der Einfluss des Europarechts ist dadurch darauf beschränkt, eine zusätzliche Quelle für Schutznormen zu sein und in europarechtlich geprägten Fällen unter Umständen ein weiteres – wenn auch wichtiges, weil letztlich unter Umständen zwingendes – Wertungskriterium innerhalb der Schutznormtheorie vorzugeben.

b) Rolle der Grundrechte und ihr Verhältnis zum einfachen Recht

Gewissermaßen prototypisch für die Diskussion um den Einfluss des Europarechts auf die Schutznormtheorie ist diejenige Debatte, die hinsichtlich der Grundrechte geführt wurde.[538] Die Grundrechte binden nach Art. 1 Abs. 3 GG nicht nur die Gesetzgebung, sondern auch die vollziehende Gewalt und insbesondere die Rechtsprechung und haben Vorrang vor dem einfachen Gesetz. Aus dieser großen Bedeutung der Grundrechte erklärt sich ein mitunter geäußerter Kritikpunkt an der Schutznormtheorie, Grundrechte würden nicht ausreichend beachtet bzw. ihre Rolle würde verkannt.[539]

Diese Kritik hat aber mindestens ein Stück ihrer Grundlage verloren. Eine Aufnahme der Grundrechte in die Argumentationsstrukturen der Schutznormtheorie ist sowohl hinsichtlich der normexternen[540] Wirkung (direkter Rückgriff)[541] als auch der norminternen Wirkung der Grundrechte möglich[542] – auch wenn die Herleitung von Rechten gerade aus Normen, die staatliche Eingriffe legitimieren, eines gewissen Konstruktionsaufwandes bedarf.[543] Sie ist auch großflächig erfolgt,

---

[538] Eine Verbindung ziehen auch *A. K. Mangold/R. Wahl*, DV 2015, 1, 2 ff., insb. S. 4 f.

[539] *S. König*, Drittschutz, S. 108 ff. m. w. N. (dortige Fn. 403 bis 406); vgl. auch die hiesige Fn. 366, S. 207.

[540] Zur Differenzierung zwischen norminterner und normexterner Wirkung der Grundrechte anschaulich *R. Wahl*, DVBl. 1996, 641, 647; viele Nachweise bei *A. Köpfler*, Bedeutung, S. 20 (dortige Fn. 17 und Fn. 18).

[541] Wobei etwa *H. Bauer*, AöR 113 (1988), 582, 591 es als Merkmal gerade neuerer Varianten der Schutznormtheorie ansieht, dass die normexterne Wirkung der Grundrechte zurückgedrängt wird; vgl. dazu aber auch *R. Wahl*, DVBl. 1996, 641, 644, der die Abkehr der Berufung auf Art. 14 GG einer wachsenden gesetzlichen Regelungsdichte zuschreibt.
Dazu, dass sich die praktische Bedeutung des direkten Rückgriffs verringert hat, auch unten Fn. 560, S. 239 und Fn. 657, S. 255; kritisch zum direkten Rückgriff auf Grundrechte *R. Wahl*, DVBl. 1996, 641, 648, der darin nur die Schaffung von Richterrecht sieht und keine unmittelbare Geltung der Grundrechte (was im Wesentlichen die Auswirkung hat, dass Richterrecht im Fachrecht den Gesetzgeber hinsichtlich Veränderungen an den Normen nicht binden kann); dazu wiederum kritisch *J. Pietzcker* in: Depenheuer u. a., FS Isensee, S. 579, der anmerkt, bei völligem Fehlen von gesetzlichen Grundlagen oder in Fällen von Art. 3 Abs. 1 GG seien die Grundrechte als subjektive Rechte auch im Verwaltungsrecht unentbehrlich.

[542] *K. F. Gärditz* in: ders., VwGO, § 42 Rn. 56. Zur norminternen und normexternen Wirkung auch *A. Wiese*, Beteiligung, S. 122 f.

[543] *U. Ramsauer*, AöR 111 (1986), 502, 511 f. argumentiert, Eingriffsnormen enthielten automatisch durch ihre Voraussetzungen Beschränkungen, wodurch sie selbst Rechte vermitteln

denn bei der Ermittlung subjektiver Rechte von Bürgern spielen heute die Grundrechte, die selbst subjektive Rechte sind,[544] eine große Rolle.[545] Dadurch gibt es kein striktes Exklusivitätsverhältnis zwischen Schutznormtheorie und Grundrechten in diesem Sinne (mehr).[546] Hinsichtlich der norminternen Wirkung der Grundrechte erfolgt ihre Berücksichtigung über die systematische Auslegung, die als klassische Auslegungsmethode in die Schutznormtheorie integriert ist,[547] indem die Norm als im grundgesetzlichen Ordnungsrahmen eingebettet erkannt[548] und grundrechtskonform ausgelegt wird.[549] Dabei wurde auch die These aufgestellt, aus einer Grundrechtsberührung folge eine Vermutung, dass eine Norm im Zweifel als drittschützend anzusehen sei.[550]

---

können; zum verwandten Fragenkreis „Umschaltnorm" bei absoluten Rechten oben Kapitel 3, B.I.3.f)cc) bei Fn. 218, S. 182.

[544] Vgl. etwa *J. Krüper*, Gemeinwohl, S. 113 mit zahlr. Nachw. aus Rspr. u. Lit. in dort. Fn. 503; *M. Pöschl* in: 16. ÖJT Bd. I/2, S. 9: „So uneinig sich die Lehre ist und immer war, was überhaupt ein subjektives Recht ist, so sehr hat man sich heute doch auf eines verständigt: dass die Grundrechte subjektive öffentliche Rechte sind"; *M. Schmidt-Preuß* in: Depenheuer u.a., FS Isensee, S. 602: „Grundrechte sind subjektive Rechte par excellence."; *M. Sachs* in: K. Stern, Staatsrecht III/1, S. 540: „Ihr Charakter als subjektive[..] Rechte wird [...] mit größter Selbstverständlichkeit vorausgesetzt."; *A. Wiese*, Beteiligung, S. 66.

[545] *J. Pietzcker* in: Depenheuer u.a., FS Isensee, S. 580: „Die Bedeutung der Grundrechte für die Auslegung des einfachen Gesetzesrechtes auch im Hinblick auf ihren Schutznormcharakter ist unbestritten."

[546] Z.B. hier zeigt sich die oben (bei Fn. 528) bereits erwähnte Anpassungsfähigkeit der Schutznormtheorie.

Kritisch zu dieser Aussage jedoch *P. Kunig* in: GS Martens, S. 602; vgl. auch *R. Bartlsperger* in: Baumeister/Roth/Ruthig, FS Schenke, S. 41: „unaufhebbare Kollision [...] zwischen der verwaltungsrechtlichen Tradition der Schutznormtheorie in all deren wie weit auch immer gehenden Modifikationen" und vom GG vorgesehener Stellung des Einzelnen; zu *Bartlsperger* noch unten II.3.c), S. 242; zum Rückgriff auf Grundrechte im Einzelfall auch unten B.II.4., S. 249.

[547] Vgl. oben B.II.2.b), S. 208.

[548] Vgl. *O. Bachof* in: GS W. Jellinek, S. 301 – dass der z.T. als Argumentationsgrundlage neben oder statt Grundrechten herangezogene Art. 19 Abs. 4 GG (vgl. *K.F. Gärditz* in: ders., VwGO, §42 Rn. 61f.), weil er Rechte voraussetzt und nicht schafft, für die Frage nach subjektiven Rechten wenig Gewinn bringt (*M. Happ* in: Eyermann, VwGO, §42 Rn. 86a; *C.-F. Menger*, VerArch 69 (1978), 313, 315; *E. Schmidt-Aßmann* in: Maunz/Dürig, GG, Art. 19 Abs. 4 Rn. 143; *R. Wernsmann*, DV 2003, 67, 91), räumt *Bachof* entgegen früherer Äußerungen (vgl. *O. Bachof*, VVDStRL 12 (1953), 37, 74) an dieser Stelle ein; vgl. i.Ü. *R. Bartlsperger* in: Baumeister/Roth/Ruthig, FS Schenke, S. 45f., der Art. 19 Abs. 4 GG eine sehr herausgehobene Stellung zumisst, sich aber gerade nicht denen anschließt, die auf Grundrechte zurückgreifen, dazu kritisch unten unter II.3.c), S. 242ff. (insb. Fn. 602).

[549] Etwa *U. Ramsauer*, AöR 111 (1986), 502, 503, der deswegen einen direkten Rückgriff auf Grundrechte, wie er im Baurecht zeitweise von der Rspr. praktiziert wurde, für überflüssig erklärt; *E. Schmidt-Aßmann* in: Maunz/Dürig, GG, Art. 19 Abs. 4 Rn. 123; *R. Wernsmann*, DV 2003, 67, 90; dazu auch *H. Bauer*, AöR 113 (1988), 582, 590.

[550] *M. Happ* in: Eyermann, VwGO, §42 Rn. 86a; *H.H. Rupp*, DVBl. 1982, 144, 147f.; vgl. BVerfG, Beschl. v. 05.02.1963, Az.: 2 BvR 21/60, BVerfGE 15, 275, juris Rn. 17 (allerdings primär unter Berufung auf Art. 19 Abs. 4 GG, dazu Fn. 548 – das BVerfG beruft sich hier auf *Bachof*, der Art. 19 Abs. 4 GG später aber nicht mehr in den Vordergrund rückte); zur

Diese Bemühungen wurden aber teilweise als nicht ausreichend eingeschätzt. Es wurde gefordert, subjektive Rechte ausschließlich aus den Grundrechten abzuleiten und nicht mehr auf das einfache Gesetz abzustellen: Der Bürger könne sich bei durch ein Gesetz nicht gerechtfertigten Belastungen immer auf Grundrechte berufen.[551] Die Rolle des einfachen Gesetzes beschränkt sich nach dieser Ansicht darauf, mit materiellen Regelungen die Grundrechte einschränken zu können, während die Antwort auf die Frage nach subjektiven Rechten nicht mehr dem einfachen Recht zu entnehmen wäre. Die zumindest grundsätzlich an der potenziell drittschützenden Norm orientierte[552] Schutznormtheorie würde damit völlig aufgegeben, was sehr weitgehende Rechtsschutzmöglichkeiten für Grundrechtsberechtigte eröffnen, und zum Beispiel auch die eben angesprochene Vermutung zu Gunsten eines subjektiven Rechts aufgrund Verfassungsrechts überflüssig machen würde.[553]

Am direkten Rückgriff auf Grundrechte lässt sich aber kritisieren, dass er die Frage nach der Durchsetzbarkeit von Rechtsnormen in Verwaltungsgerichtsprozessen nur auf den ersten Blick einfacher macht: Soll keine Popularklage ermöglicht werden, müssen insbesondere bei Art. 2 Abs. 1 GG[554] Abgrenzungskriterien gefunden werden, wann gefühlte Beeinträchtigungen im Schutzbereich auch rechtlich als Eingriffe in diesen anzuerkennen sind, denn wenn Schutzbereich und Eingriff so weit als denkbar gezogen würden, könnte letztlich die Einhaltung jeder Rechtsnorm von jedem überprüft werden.[555] Es muss also zwangsweise[556] eine Begrenzung der Möglichkeit zur Berufung auf Grundrechte mit Abgrenzungskriterien, etwa der Erheblichkeit der Beeinträchtigung, der Schutzwürdigkeit der verfolgten Interessen, etc., bewerkstelligt werden.[557] Das letztlich ebenfalls auf der

---

„Vermutung", die *Bachof* aufgestellt haben soll, oben Fn. 406, S. 213 (vgl. auch Fn. 504, S. 229); es kann hier der Eindruck entstehen, die von *Bachof* wie oben beschrieben gar nicht ganz klar so gemeinte „Vermutungsregel" habe sich verselbständigt.

[551] *M. Zuleeg*, DVBl. 1976, 509, 514 f.: Insbesondere aus einem immer möglichen Rückgriff auf Art. 2 Abs. 1 GG folge, „daß es auf eine Schutznorm nicht mehr ankommt, das ganze Gewirr der Schutznormtheorie kann beiseite gewischt werden."; zahlreiche Nachweise bei *M. Schmidt-Preuß*, Privatinteressen, S. 191 f. dort. Fn. 35 ff. und *ders.* in: Depenheuer u. a., FS Isensee, S. 603 dort. Fn. 34; zur Frage des Anwendungsvorrangs von Grundrechten oder einfachem Recht allgemein *H.-D. Horn*, Verwaltung, S. 204 ff.

[552] Oben B. II. 2. b), S. 208.

[553] Vgl. *M. Zuleeg*, DVBl. 1976, 509, 515, der sich auf die Vermutung nach Art. 19 Abs. 4 GG bezieht (vgl. dazu jedoch hiesige Fn. 548, Fn. 550).

[554] Dazu noch unten bei der Adressatentheorie unter B. II. 4., S. 249.

[555] Das Problem wird auch bei *W. Brohm*, VVDStRL 30 (1971), 245, 272 f. deutlich angesprochen, aber im Ergebnis offen gelassen. Es ist mit dem Problem verwandt, dass jeder an der Einhaltung jeder Norm ein individuelles Interesse haben kann, dazu oben Kapitel 3, B. I. 3. e) bb), S. 174 – vgl. auch cc), S. 176.

[556] Dazu, dass zum Charakter des subjektiven Rechts auch die Herausgehobenheit aus der Menge der Rechtssubjekte gehört, oben B. I. 3. e) aa), S. 173; i. Ü. würden die Klagemöglichkeiten einschränkenden Normen des Prozessrechts, die subjektive Rechte in ihren Tatbeständen haben, sonst keinen Sinn haben.

[557] Vgl. auch *J. Pietzcker* in: Depenheuer u. a., FS Isensee, S. 578, der hinsichtlich *Zuleegs* Vorschlag des universalen Rückgriffs auf Art. 2 Abs. 1 GG (siehe hiesige Fn. 551) konstatiert,

materiellen Ebene angesiedelte[558] Kernproblem der Schutznormtheorie, die Reichweite der Schutzwirkung von Normen zu ermitteln, verlagert sich dann auf die Ebene der Grundrechte, die zwar als subjektive Rechte anerkannt sind, aber deren Reichweite und Schutzwirkung im Einzelfall sehr unklar[559] sein kann.

Es bleibt also offen, ob ein direkter Rückgriff auf die Grundrechte einen echten Gewinn bringt. Auf der anderen Seite verlagert dieser aber das Verhältnis von Gesetzgebung und Rechtsprechung, berührt also das im Grundgesetz verankerte Gewaltenteilungsprinzip. An der aus dem direkten Rückgriff auf sie folgenden Dominanz der Grundrechte gibt es daher auch erhebliche Kritik, wobei die sie stützenden Argumente teilweise sogar gegen jeglichen Rückgriff auf Grundrechte, sei es auch nur ausnahmsweise und im Einzelfall,[560] vorgebracht werden.[561] Die Substitution der Schutznormtheorie durch die primäre Anwendung von Grundrechten auch in Drittschutzkonstellationen[562] verkenne die „Konfliktschlichtungsprärogative" des einfachen Gesetzgebers, die auch die Befugnis zur Regelung der Frage einschließe, ob sich ein Kläger auf eine Norm berufen können soll.[563] Es müsse primär auf das einfache Recht zurückgegriffen werden, weil aufgrund der unklaren Inhalte der Grundrechte ein „Fortdenken der Verfassung nötig" sei, und das setze den „verfassungsrechtlich gebotenen Respekt voraus für die Ausgestaltung grund-

---

er komme „nicht ohne die normative Begrenzung der ‚konkreten Betroffenheit' und ‚eigenen Angelegenheiten' aus".

[558] Vgl. oben B. II. 2. c), S. 210.

[559] Vgl. zu diesem Problem *J. Pietzcker* in: Depenheuer u. a., FS Isensee, S. 582 ff. m. N.

[560] Vor allem in der Rspr. besteht grds. ein Nebeneinander zwischen Herleitung der Klagebefugnis aus dem einfachen Recht und den Grundrechten als „Lückenbüßer", auch wenn sich die Bedeutung des direkten Rückgriffs wieder verkleinert hat, so *U. Ramsauer,* AöR 111 (1986), 502, 506 f. und 515 ff. (wörtl. Zitat S. 507); Grundrechte sollen immer dann einschlägig sein, wenn der Kläger durch die staatliche Maßnahme „schwer und unerträglich" betroffen ist (BVerwG, Urt. v. 13.06.1969, Az.: IV C 234.65, BVerwGE 32, 173, juris Rn. 18, BVerwG, Urt. v. 26.03.1976, Az.: IV C 7.74, BVerwGE 50, 282, juris Rn. 23 f. – den hier zitierten Entscheidungen misst *Ramsauer,* a. a. O., S. 516, erhöhte Bedeutung zu, weil sie ansatzweise eine Begründung für die Formel der schweren und unerträglichen Betroffenheit liefern). Nach *H. Dreier,* DV 2003, 67, 119 f. kommt dem Ansatz aber in der Praxis keine Bedeutung mehr zu; ähnlich *T. Koch,* Grundrechtsschutz, S. 231 (vgl. auch unten Fn. 657, S. 255); zum Rückgriff auf Grundrechte im Einzelfall auch unten B. II. 4., S. 249.

[561] Vgl. die Gegenüberstellung der Autoren, die eine strikte Gesetzesorientierung, und solchen, die einen strikten Rückgriff auf Grundrechte befürworten bei *A. Köpfler,* Bedeutung, S. 19 f.; teilweise wird ein Rückgriff auf Grundrechte auch für überflüssig erklärt, weil das gleiche Ergebnis auch mittels einer grundrechtskonformen Auslegung des einfachen Rechts zu erreichen sei, etwa *U. Ramsauer,* AöR 111 (1986), 502, 502 f.; ähnlich *A. Köpfler,* Bedeutung, S. 49 f.

[562] *M. Zuleeg,* DVBl. 1976, 509, 514 ff. zielt gerade auf eine Übertragung der Adressatentheorie (dazu unten 4., S. 249) auf die Drittschutzkonstellationen ab.

[563] *M. Schmidt-Preuß* in: Depenheuer u. a., FS Isensee, S. 603 f.; *ders.,* Privatinteressen, S. 425 ff.; ihm zustimmend *J. Krüper,* Gemeinwohl, S. 151; zu multipolaren Konfliktlagen im Übrigen oben II.2.d.dd), S. 229.

rechtlicher Garantien durch den Gesetzgeber".[564] Dahinter steht die Sorge, dass uferlos angewendete Grundrechte aufgrund ihrer Vorrangstellung das einfache Recht quasi aufsaugen, es überspielen und bedeutungslos machen würden. Zwar muss hier zwischen der materiellen Regelung des Konflikts und der Frage, ob sich jemand auf die Einhaltung des Gesetzes berufen kann, unterschieden werden:[565] Die eigentliche Konfliktschlichtung, also die Frage, wer beispielsweise im baurechtlichen Nachbarverhältnis was tun darf, kann schließlich weiterhin durch den Gesetzgeber durch materiell-inhaltliche Regelungen vorgenommen werden, auch wenn im Prozess eine Berufung direkt auf Grundrechte erfolgt – Ziel des Gerichtsprozesses kann in jedem Fall die Überprüfung der Einhaltung der gesetzlichen Normen, die Grundrechte einschränken, bleiben (falls die Normen selbst grundgesetzkonform sind). Nur die Fähigkeit zur Regelung, ob ein Kläger die Verletzung der Rechtsnorm auch geltend machen können soll, würde durch einen direkten Rückgriff auf Grundrechte dem Gesetzgeber entzogen.[566] Das scheint an-

---

[564] *P. Kunig* in: GS Martens, S. 602, S. 617; ähnlich kritisch *E. Gassner,* DÖV 1981, 615, 619 f., *A. Scherzberg* in: Ehlers/Pünder, A. Verwaltungsrecht, § 12 Rn. 10 m. w. N. und *R. Stober* in: Wolff/Bachof/Stober/Kluth, Verwaltungsrecht Bd. 1, § 43 Rn. 25; vgl. *R. Wahl,* DVBl. 1996, 641, 642: Gesetz als „Konkretisierung grundrechtlicher Gehalte", nur „rahmenartige Bindung" der Grundrechte, (vgl. auch S. 644 f.). Für einen „Vorrang der einfachen Rechtsordnung" auch *A. Wiese,* Beteiligung, passim., etwa S. 121, S. 141 f. (eine normexterne Wirkung der Grundrechte wird allerdings nicht ausgeschlossen, a. a. O. S. 121 f.).

Für eine primäre Anwendung des einfachen Rechts spricht übrigens auch, dass ausweislich des Art. 100 Abs. 1 GG auch das Grundgesetz konzeptionell davon ausgeht, dass zunächst einmal das einfachgesetzliche Recht angewendet werden muss und die Grundrechte vorrangig einen Korrekturmechanismus darstellen; gegen die vorgebrachten Argumente und für eine Heranziehung von Grundrechten im Einzelfall *R. Wernsmann,* DV 2003, 67, 90 ff.

[565] Diese Aspekte werden bei *Schmidt-Preuß* (Fn. 563) nicht sauber getrennt: Bei der Frage, ob (allein) der Gesetzgeber regeln darf, ob die Einhaltung einer Norm eingeklagt werden kann, handelt es sich nämlich viel weniger um „Austarierung" oder „Balance" (a. a. O. FS Isensee, S. 602 f.) als bei der materiell-inhaltlichen Regelung des Konfliktes, da entweder eine Klagemöglichkeit zu Gunsten des einen besteht, oder diese zu Gunsten des anderen verwehrt wird; unterschieden wird bei *A. Köpfler,* Bedeutung, S. 33, S. 35 ff.; ausführliche Erläuterung bei *U. Ramsauer,* AöR 111 (1986), 502, 510 f.

[566] Es dürfte Konsens sein, dass das einfache Recht nicht komplett durch die Grundrechte vorgegeben ist und der Gesetzgeber einen eigenen Spielraum für politische Überlegungen hat, vgl. *A. Köpfler,* Bedeutung, S. 27 ff. Es geht letztlich (nur) um die Frage, ob die materiell-inhaltliche Ebene, bei der aus Gewaltenteilungsgründen wohl kaum auf den Gesetzgeber zu verzichten ist, indem alle Konfliktlösungen richterlich aus Grundrechten abgeleitet werden, und die Ebene, ob jemand die Einhaltung einer Norm einklagen können soll, unterschiedlich zu behandeln ist. Dafür (d. h. für einen direkten Rückgriff auf Grundrechte auf Ebene der Klagbarkeit) spricht der Charakter der Grundrechte als subjektive Rechte, die gerade dazu dienen, den Bürger zur Rechtsdurchsetzung zu befähigen. Dagegen (d. h. für eine Regelungskompetenz des Gesetzgebers in beiden Fragen) spricht, dass letztlich keine Veranlassung besteht, auf der materiell-inhaltlichen Ebene und der Rechtsschutz-Ebene den Grundrechten unterschiedlich weite Grenzen zu ziehen, da die Grundrechte auch wichtige materiell-inhaltliche Gehalte haben, die, wie gesagt, ebenfalls nicht dazu führen können, den Gesetzgeber vollkommen auszuschalten; vgl. dazu *R. Wernsmann,* DV 2003, 67, 91, der den Gesetzgeber aus der Entscheidung für oder gegen subjektive Rechte heraushalten will.

gesichts der regelmäßigen Schweigsamkeit des Gesetzgebers zu dieser Frage keinen großen Unterschied zu machen, da es häufig so wirkt, als seien es praktisch im Kern die Gerichte, welche diese Wertung am Ende vornehmen.[567] Allerdings wäre kaum erklärbar, warum es dem Gesetzgeber möglich sein sollte, die inhaltlichen Fragen so zu regeln, dass sich ein Vorteil für einen Bürger nicht ergibt, aber unmöglich, den gleichen Vorteil ohne Instrumente zu seiner Durchsetzung zu gewähren.[568]

Wahrscheinlich ist die Frage der Bedeutung der Grundrechte – auch innerhalb der Schutznormlehre – in der Theorie aber gerade deswegen so umstritten,[569] weil sie eingebettet ist in das – hier nicht zu lösende – generelle Problem des Verhältnisses von demokratischer Gesetzgebung und Grundrechten, der Macht des Parlaments und der Judikative einschließlich des Bundesverfassungsgerichts – denn ist den Grundrechten in einem Aspekt der Vorrang eingeräumt, schwächt dies den demokratischen Gesetzgeber, und umgekehrt.[570] Dass verschiedene Ansichten, wieweit die Bindung der Grundrechte reicht und wie viel Gestaltungsspielraum der Gesetzgeber hat, auf die Frage des Verhältnisses zwischen Grundrechten und Schutznorm durchschlagen,[571] verwundert nicht. Auch die These, dass von den Grundrechten eine Vermutungswirkung für das Vorliegen eines subjektiven Rechts ausgehe, ist deshalb Gegenstand einer Kontroverse.[572] Ein weiterer Grund für die Meinungsverschiedenheiten ist aber sicher, dass die Befürworter des Rückgriffs auf die Grundrechte von dem Wunsch getrieben sind, mehr Rechtsschutz zu ermöglichen (den zu realisieren unter Rückgriff auf die Grundrechte möglich erscheint) und dass dieses Ziel nicht alle Stimmen teilen.[573]

Auch wenn die Integration der Grundrechte in die Schutznormtheorie nicht im Einzelnen geklärt ist,[574] haben sie also aufgrund ihrer Vorrangstellung eine wich-

---

[567] Zum Verhältnis zwischen Gesetz und Rechtsanwendung oben Kapitel 3, Fn. 420, S. 216.

[568] A. *Köpfler*, Bedeutung, S. 33, der aus diesem Ansatz eine Lösung gewinnt, die in der Regelung eines Vorteils ohne subjektives Recht eine Einschränkung der Grundrechte dahingehend sieht, dass eine Klagemöglichkeit durch letztere nicht mehr vermittelt wird (S. 36 f.). Vgl. aber dazu auch Kapitel 3, B. II. 2. d) aa), S. 212.

[569] Zu den grundsätzlichen Positionen R. *Wahl*, DVBl. 1996, 641, 641 f.

[570] Dazu auch H. *Bethge* in: Depenheuer u. a., FS Isensee, S. 627 ff., der die Gefahr einer „Juridikationsstaatlichkeit" sieht; ganz prinzipiell entgegengesetzt T. *Koch*, Grundrechtsschutz, S. 255 f.

[571] Vgl. zu den Zusammenhängen auch J. *Pietzcker* in: Depenheuer u. a., FS Isensee, S. 579.

[572] Nach U. G. *Berger*, Grundfragen, S. 100 (allerdings noch 1982) sehe die Rspr. keine Veranlassung, aufgrund des Art. 14 GG großflächig den Nachbarschutz von Normen zu bejahen; bei multipolaren Konfliktlagen ablehnend E. *Schmidt-Aßmann* in: Maunz/Dürig, GG, Art. 19 Abs. 4 Rn. 144; vehement dagegen auch M. *Schmidt-Preuß*, Privatinteressen, S. 205 ff.; Die Subjektivierung aufgrund von Grundrechten („auch für mehrseitige Verwaltungsrechtsverhältnisse") bejaht M. *Happ* in: Eyermann, VwGO, § 42 Rn. 86a; vgl. dazu auch oben Fn. 410, S. 214; nach H. *Bauer*, AöR 113 (1988), 582, 600 ist die Frage der „verfassungsrechtlichen Vermutung" „nicht abschließend geklärt".

[573] Zur „befürchtete[n] Überlastung der Gerichte" M. *Zuleeg*, DVBl. 1976, 509, 516.

[574] Vgl. H. *Bauer*, AöR 113 (1988), 582, 584; vgl. auch die Unsicherheit beim Autor selbst, die im Vergleich deutlich wird zwischen a.a.O. S. 613 Fn. 168 einerseits („pauschale Rück-

tige Bedeutung für die Ermittlung subjektiver Rechte. Die Forderung, nur noch auf diese abzustellen und damit die Schutznorm als Angelpunkt der Frage aufzugeben, ob sich jemand auf eine Rechtsverletzung berufen können soll, ist allerdings eine Extremposition geblieben.[575] Da wo Grundrechte keine Rolle spielen, etwa regelmäßig in den Prozesskonstellationen Staat gegen Staat,[576] wäre aber ohnehin auf die potenziell drittschützende Norm abzustellen[577] – auch ein direkter Rückgriff auf Grundrechte im Verhältnis Staat-Bürger würde nicht dazu führen, dass subjektive Rechte von Teilen der Verwaltung nicht existieren könnten.[578]

c) Auslegung des Rechts oder faktische Betroffenheit

Eng verwandt mit dem direkten Rückgriff auf Grundrechte ist die – jedoch häufig als separater Alternativvorschlag zur Schutznormtheorie benannte –[579] These, dass nicht auf Rechtsnormen abzustellen sei, um zu bestimmen, ob eine Klagemöglichkeit gegeben ist, sondern auf eine faktische Betroffenheit des Klägers in

---

griffe auf das Verfassungsrecht zu vermeiden") und dem mit dieser Note versehenen Satz andererseits („in manchen Regelungsbereichen sogar in erster Linie am Verfassungsrecht ansetzen"); ausführlich, auch m.N. zu einzelnen Positionen in der Literatur *H. Dreier,* DV 2003, 67, 121 f., der allerdings die hier im Text bei Fn. 566 beschriebene Unterscheidung in seinem Aufsatz nicht erkennen lässt; *J. Krüper,* Gemeinwohl, S. 114; vgl. aber bspw. die beachtenswerten Lösungsvorschläge bei *A. Köpfler,* Bedeutung, S. 42 ff. einerseits und *R. Wahl,* DVBl. 1996, 641, 648 f. andererseits (zum Unterschied zwischen beiden *Köpfler,* a.a.O., S. 50), wobei *Köpfler* die von ihm vorgestellte einfache, aber grds. gute Idee, wie Gesetze und Grundrechte zu einem balancierten Ausgleich zu bringen sind (Rückgriff auf Grundrechte grds. immer möglich, es sei denn, ein Gesetz fungiert insofern als Schranke des Grundrechtes, als dass es durch seine objektiv-rechtliche Natur [zu bestimmen mit der Schutznormtheorie] eine Berufung auf seine Verletzung ausschließt), leider u.a. durch seine eher weniger überzeugende Bezugnahme auf die Popularklage (S. 124) und das Abstellen auf Allgemeininteressen (S. 126 f.) teilweise quasi wieder zurücknimmt; ansatzweise ähnlich wie *Köpfler: W.-R. Schenke,* Verwaltungsprozessrecht, Rn. 498 m.w.N.

[575] *R. Bartlsperger* in: Baumeister/Roth/Ruthig, FS Schenke, S. 39: „Eher vereinzelt [...] vertreten"; *U. Ramsauer,* AöR 111 (1986), 502, 506: „hat sich bisher nicht durchsetzen können".

[576] Spätestens seit BVerfG, Beschl. v. 08.07.1982, Az.: 2 BvR 1187/80, BVerfGE 61, 82–118 („Sasbach", vgl. juris Rn. 66 ff.) geht die h.M. davon aus, dass Teile des Staates grundsätzlich keine Träger von Grundrechten sein können (auch nicht in der mittelbaren Staatsverwaltung), vgl. auch *B. Remmert* in: Maunz/Dürig, GG, Art. 19 Abs. 3 Rn. 45; für den Kommunalverfassungsstreit auch *J.-A. Trésoret,* Geltendmachung, S. 12 f.; dazu noch unten Kapitel 4, D. III. 2., S. 372.

[577] *M. Zuleeg,* DVBl. 1976, 509, 518, sieht gerade die Konstellation Staat gegen Staat auch bei direktem Rückgriff auf Grundrechte als verbliebenen Anwendungsfall für die Schutznormtheorie – er billigt im Übrigen dem im Verwaltungsrecht beheimateten subjektiven Recht und damit der Schutznormtheorie insgesamt nur noch begrenzte Bedeutung (in vermeintlichen Randbereichen) zu.

[578] Das sieht auch *Zuleeg* (Fn. 577) so. Zur Möglichkeit des Staates, Rechte inne zu haben, unten Kapitel 4, A. I., ab S. 259 und B., ab S. 270.

[579] Dazu Fn. 366, S. 207.

seinen eigenen Angelegenheiten.[580] Verwandt ist diese Ansicht mit dem direkten Rückgriff auf Grundrechte deswegen, weil hier wie dort auf die Suche nach Wertungen der einfachgesetzlichen, potenziellen Schutznorm verzichtet werden soll. Das Kriterium der Betroffenheit in eigenen Angelegenheiten könnte auch als Versuch interpretiert werden, die Reichweite der Grundrechte, insbesondere Art. 2 Abs. 1 GG, zu bestimmen;[581] ihre Vertreter richten die These allerdings in der Regel nicht auf die Grundrechte aus.[582] Stattdessen stellen sie zum Teil die Verbindung her zwischen dem Begriff der subjektiven Rechte in den Prozessrechtsnormen und einem philosophischen Begriff vorrechtlicher Rechte,[583] die mit dem Terminus der eigenen Angelegenheiten umschrieben werden.

Erklärtes Ziel der Verfechter des Kriteriums der Betroffenheit in eigenen Angelegenheiten ist es, das „subjektive öffentliche Recht unabhängig von dem jeweiligen besonderen Willen des Gesetzgebers zu begründen",[584] unter anderem weil eine „prinzipielle individualrechtliche Ausrichtung" (vgl. insbesondere Art. 19 Abs. 4 GG)[585] des dem einfachen Gesetz vorgehenden Grundgesetzes dies verlange.[586]

---

[580] Etwa bei *R. Bartlsperger* in: Baumeister/Roth/Ruthig, FS Schenke, S. 41 m. w. N.: „Grundlage und Substanz subjektiver öffentlicher (Abwehr-)Rechte sind also die ‚eigenen Angelegenheiten des Bürgers'; Individualrechte gegenüber dem Staat entstehen, wenn dieser eine die betreffenden Angelegenheiten objektiv regelnde Rechtsnorm verletzt."

[581] Die beiden Ansichten werden etwa bei *W.-R. Schenke/R. P. Schenke* in: Kopp/Schenke, § 42 Rn. 119 einheitlich behandelt; vgl. *M. Zuleeg*, DVBl. 1976, 509, 516, der genau dies für seinen Vorschlag, den Schutz des Art. 2 Abs. 1 GG auf alle Konstellationen zu erstrecken, in Betracht zieht und mit dem Abstellen auf „die konkrete Betroffenheit" (neben Erheblichkeit der Störung, Schutzwürdigkeit des Belangs, Zurückfahren des gerichtlichen Kontrollmaßstabs) eine Begrenzung von Klagemöglichkeiten auch bei der Berufung auf Grundrechte erreichen will; vgl. zu älteren Ansichten, die beides verbinden, *W. Löwer*, DVBl. 1981, 528, 532f. m. w. N. in dort. Fn. 39.

[582] Vgl. *R. Bartlsperger* in: Baumeister/Roth/Ruthig, FS Schenke, S. 39 (vgl. auch S. 41), der auch denen, die die Grundrechte berücksichtigen wollen, vorwirft, „das konstitutionelle und positivistische Erbe" (subjektive Rechte der Bürger nur als Begrenzung der staatlichen Allmacht) nicht zu überwinden; vgl. *W. Henke* in: FS Weber, S. 502: Nicht alle Rechte im Verwaltungsrecht könnten „als Ausflüsse der Grundrechte und abhängige Ansprüche zu deren Durchsetzung" betrachtet werden – a. a. O. S. 513: kein Rückgriff auf Grundrechte, sondern auf das Rechtsstaatsprinzip (ähnlich *ders.*, Recht, S. 103 ff.); in der Betonung von Art. 19 Abs. 4 GG (etwa *R. Bartlsperger*, DVBl. 1971, 723, 723) zeigen sich auch Parallelen zu *Bachof*, vgl. oben B. II. 2. d) aa), S. 212 und unten Fn. 612.

[583] *R. Bartlsperger* in: Baumeister/Roth/Ruthig, FS Schenke, S. 46, 46 ff.; eine Analyse dieses Ansatzes in rechtsphilosophischer Hinsicht muss hier unterbleiben, aber die These, dass auf die faktische Betroffenheit abgestellt werden muss, ist so, wie sie beim Autor unterbreitet wird, nur plausibel, wenn die Existenz vorrechtlicher Rechte akzeptiert wird.

[584] *W. Henke*, Recht, S. 4.

[585] Vgl. *R. Bartlsperger*, DVBl. 1971, 723, 723.

[586] *R. Bartlsperger* in: Baumeister/Roth/Ruthig, FS Schenke, S. 41; bei *W. Henke*, Recht, S. 59 f. insofern ähnlich, als dass dieser darstellt, das subjektive öffentliche Recht habe den „Charakter einer eingeschränkten Popularklagebefugnis" und es müsse unter Aufgabe der Beschränkung der Stellung des Bürgers als „Glied des Ganzen", d. h. des Staates, auf das (echte) materielle subjektive Recht gegen gesetzeswidrige Beeinträchtigungen in eigenen Angelegenheiten zurückgegriffen werden – letzteres hat dadurch ebenfalls eine vorrechtliche Anmutung.

Deswegen wird der Rückgriff auf eine Betroffenheit in eigenen Angelegenheiten auch unter dem Stichwort der „Gesetzes(un)abhängigkeit" des subjektiven öffentlichen Rechts diskutiert.[587] Dabei ist diese Terminologie verkürzend, und der genaue Inhalt der These wird manchmal auch missverstanden.[588] Das Gesetz an sich wird nicht komplett entbehrlich, denn es geht in Verwaltungsgerichtsprozessen immer primär darum, die Einhaltung von Rechtsnormen durchzusetzen, das heißt eine Gesetzesverletzung ist in der Regel Voraussetzung für den Rechtsschutz,[589] weil es sonst nichts gäbe, wovor zu schützen wäre.[590] Aber auch hinsichtlich der Frage, ob eine Berufung auf diese verletzte Norm möglich ist, wird auf dieselbe abgestellt, indem gefragt wird, ob die Norm objektiv auch eigene Angelegenheiten des Klägers regelt.[591] Die Analyse der faktischen Betroffenheit in eigenen Angelegenheiten zerfällt zwingend in mehrere Teile: Vom Gesetz unabhängig ist die Untersuchung, welche Angelegenheiten faktisch betroffen sind; durch Gesetzesauslegung zu beantworten ist dagegen die Frage, ob die betroffenen Angelegenheiten Gegenstand der verletzten gesetzlichen Regelung sind;[592] schließlich ist auch zu klären, ob es sich dabei auch um eigene Angelegenheiten des Bürgers handelt.[593] Indem also bei der Frage nach dem subjektiven Recht eine vollständige Loslösung von der Norm, auf die sich der Kläger berufen möchte, überhaupt nicht erfolgt[594] und der rechtsphilosophische Anspruch, der Rückgriff auf vorrechtliche Rechts-

---

[587] Begriff etwa bei *M. Schmidt-Preuß,* Privatinteressen, S. 190; bei *E. Schmidt-Aßmann* in: Maunz/Dürig, GG, Art. 19 Abs. 4 Rn. 118: „spezifische Normativität oder Rechtssatzabhängigkeit".

[588] *W. Henke* in: FS Weber, S. 510: „Mißverständnis", m.N. zu den Stimmen, die aus seiner Sicht einem Irrtum erliegen.

[589] Dazu auch oben im Text bei Fn. 565, S. 240.

[590] Zumindest dann, wenn für eine bestimmte Maßnahme Gesetze existieren. Falls das nicht der Fall ist, stellt sich die hier nicht zu vertiefende Frage, ob eine Rechtsverletzung allein aus einem nicht durch Gesetz gedeckten Eingriff oder aber aus der Verletzung einer Norm ergibt, die beinhaltet, dass Eingriffe nur aufgrund Gesetzes erlaubt sind (das Problem gehört zum oben in Kapitel 3, B. I. 3. f) bb)., S. 181 bereits angeschnitten Themenkomplex).

Hierzu parallel ist die Frage, ob ein subjektives Recht auf Einhaltung der Gesetze aus diesen oder aus Grundrechten hergeleitet werden sollte, vgl. oben bei Fn. 566, S. 240.

[591] *W. Henke,* Recht, S. 60: „Derjenige, dessen Angelegenheiten in dem Gesetz mit den öffentlichen Angelegenheiten zum Ausgleich und zur höheren Einheit gebracht worden sind, und den darum das Gesetz betrifft [...] besitzt [...] im Rechtsstaat ein subjektives öffentliches Recht." (wenn durch gesetzwidriges Verhalten der Verwaltung diese Angelegenheiten betroffen sind); vgl. auch *R. Wahl,* DÖV 1975, 373, 377.

[592] *W. Henke* in: FS Weber, S. 511: „objektive[..] Interpretation des Gesetzesinhalts, nämlich ob die betroffenen Angelegenheiten Gegenstand seiner Regelung sind oder nicht."

[593] *W. Henke* in: FS Weber, S. 512, wo eine Abgrenzungsformel in Anlehnung an die Frank'sche Formel aus dem Strafrecht formuliert wird.

[594] *S. König,* Drittschutz, S. 169: „Der Versuch, Drittschutz allein aus der (faktischen) Betroffenheit ‚in eigenen Angelegenheiten' zu gewinnen [...] [wurde] genau betrachtet [...] allerdings auch noch nie in aller Konsequenz gewagt."; ähnlich die Analyse bei *J. Pietzcker* in: Depenheuer u. a., FS Isensee, S. 578 und *E. Schmidt-Aßmann* in: Maunz/Dürig, GG, Art. 19 Abs. 4 Rn. 120.

positionen, nicht eingelöst wird, kann jedenfalls die Kritik,[595] dass nicht auf eine normative Bestimmung des subjektiven Rechts verzichtet werden könne,[596] nicht greifen.

Die Kritik an dem Ziel, den Gesetzgeber aus der Entscheidung für oder gegen Rechtsschutz herauszuhalten, ist jedoch berechtigt: Bei Ausschaltung des Gesetzgebers wird die Verantwortung und Entscheidungsmacht in der spezifischen Frage des Rechtsschutzes vollständig auf den Richter übertragen,[597] und das ohne weitere Vorteile,[598] wie sie beispielsweise beim direkten Rückgriff auf Grundrechte bestehen, für den zumindest die Effektivierung ihrer Schutzfunktion spräche. Die Herleitung des Kriteriums der faktischen Betroffenheit aus dem Grundgesetz ohne Rückgriff auf Grundrechte[599] unter Kritik des bestehenden Systems von subjektiven Rechten, das als zu begrenzt empfunden wird,[600] hat außerdem die argumentative Schwäche, dass sich die Ausrichtung auf Individualrechtsschutz im Grundgesetz doch vorrangig durch die Grundrechte zeigt, und die anderen, die „prinzipielle individualrechtliche Ausrichtung" ausdrückenden Vorschriften wie Art. 1 Abs. 3, 19 Abs. 4, 93 Abs. 1 Nr. 4a GG,[601] sich zumindest vorrangig auf diese beziehen und daher kaum als Indiz für eine noch weitergehende Tendenz

---

[595] Die Kritik in etwas anderer Nuance als sogleich dargestellt bei *W. Löwer,* DVBl. 1981, 528, 532 f., dass die Prozessrechtsordnungen mit „Rechten" wahrscheinlich solche im Sinne *Bühlers* gemeint haben, konzentriert sich stark auf eine historische Auslegung und negiert, dass sich Rechtsbegriffe auch entwickeln können – die Überzeugungskraft des Arguments hängt völlig von der Zustimmung zu dieser Sichtweise auf die Gesetzesauslegung ab.

[596] *C.-F. Menger,* VerArch 69 (1978), 313, 316; *W.-R. Schenke,* Verwaltungsprozessrecht, Rn. 497; *A. Scherzberg* in: Ehlers/Pünder, A. Verwaltungsrecht, § 12 Rn. 10; *E. Schmidt-Aßmann* in: Maunz/Dürig, GG, Art. 19 Abs. 4 Rn. 120; jeweils mit verschiedener Begründung im Einzelnen.

[597] Insofern sprechen die gleichen Argumente gegen das Kriterium der faktischen Betroffenheit wie gegen den direkten Rückgriff auf Grundrechte, vgl. oben II. 3. b), ab S. 236, insb. bei Fn. 563 f. und Fn. 569 f.

[598] Es bleibt eben gerade offen, was an der Entscheidung des Richters besser und weniger willkürlich sein soll als an der von *R. Bartlsperger,* DVBl. 1971, 723, 723 so genannten „willkürliche[n] Entscheidung des Gesetzgebers"; es bleibt auch offen, warum dem Gesetzgeber zugetraut werden kann, inhaltlich durch Rechtsnormen die „höhere Einheit, von öffentlichem Wohl und [...] individueller Freiheit, wie sie im Gesetz gegeben ist" vorzuzeichnen (*W. Henke,* Recht, S. 60), aber nicht, zu bestimmen, wann Rechtsschutz möglich sein soll (vgl. dazu auch hiesige Fn. 565, Fn. 566); zuzustimmen ist *E. Schmidt-Aßmann* in: Maunz/Dürig, GG, Art. 19 Abs. 4 Rn. 130: Einer „Einzelfalljudikatur" nach sachlicher Betroffenheit sei die „Einzelnormjudikatur" der Schutznormlehre vorzuziehen.

[599] Dazu oben Fn. 582.

[600] Vgl. *W. Henke,* Recht, S. 59 f.; vgl. auch *R. Bartlsperger* in: Baumeister/Roth/Ruthig, FS Schenke, S. 38 f.: Auch bei Berücksichtigung der Grundrechte entstehe der „Eindruck mangelnder Folgerichtigkeit und Entschiedenheit" (allerdings mit erkennbarer Sympathie auch für die Lösung des konsequenten direkten Rückgriffs auf Grundrechte, auf die der Autor aber nicht zurückgreift).

[601] Diese führt *R. Bartlsperger* in: Baumeister/Roth/Ruthig, FS Schenke, S. 41 Fn. 95, zur Begründung seiner These an (wörtl. Zitat aus dem Satz, an dem die dort. Fn. angebracht ist).

gelten können.[602] Werden Klagemöglichkeiten ausschließlich auf Basis von angeblich durch das Grundgesetz anerkannten vorrechtlichen Rechten des Menschen hergeleitet, stellt sich außerdem die Frage, wie dann subjektive Rechte für juristische Personen begründet werden können, und wie dieser Grundansatz damit zusammenpasst, dass auch Teile des Staates Rechte haben können,[603] wie sich beispielsweise in Art. 28 Abs. 2 GG, Art. 93 Abs. 1 Nr. 4b GG oder auch Art. 93 Abs. 1 Nr. 1 GG zeigt – vorrechtliche Rechte spielen sowohl bei Teilen des Staates als auch bei privaten juristischen Personen wohl kaum eine Rolle. Das Grundgesetz enthält also auch sehr viele Gegenindizien gegen den Begründungsansatz derer, die auf die faktische Betroffenheit abstellen.

Im Ergebnis zeigen sich aber abgesehen vom Grundansatz – gerade weil dieser nicht konsequent umgesetzt ist – kaum Unterschiede zur Schutznormtheorie.[604] Wie oben gezeigt, dient die Schutznormtheorie der Klärung der Frage, ob sich jemand auf die Verletzung einer Norm berufen können soll, also ob ein subjektives Recht oder ein bloßer Rechtsreflex vorliegt. Die Auslegung der Norm steht dabei im Vordergrund und zumeist wird gefragt, welche Interessen durch die Norm geschützt werden und ob dieser Schutz auch intendiert ist, ohne dass dadurch genau vorgezeichnet wäre, wann subjektive Rechte anzunehmen sind.[605] Auch das Abstellen auf die faktische Betroffenheit soll nicht dazu führen, dass die Unterscheidung zwischen Recht und Rechtsreflex aufgehoben wird.[606] Ob das Gesetz daraufhin untersucht wird, ob es eigene Angelegenheiten des Klägers regelt oder dessen Interessen schützt, läuft deswegen auf das gleiche hinaus, weil der Kläger immer nur klagen wird, wenn er meint, die verletzte Norm regele seine eigenen

---

[602] Der Grundannahme, dass staatsrechtliche Konstruktionen des Konstitutionalismus bis heute fortwirken (vgl. etwa *R. Bartlsperger* in: Baumeister/Roth/Ruthig, FS Schenke, S. 43), ist zwar grds. zuzustimmen (bspw. oben Kapitel 2, E., S. 143, hinsichtlich subjektiver Rechte noch unten Kapitel 4, B. III. 2., S. 282 und B. IV. 1., S. 290), jedoch gehen die Folgerungen zu weit: Auch das Grundgesetz geht davon aus, dass Individualrechte gegen den (wie im Konstitutionalismus als übermächtig angesehenen) Staat aus besonderen gesetzlichen Vorschriften notwendig und nicht gegenüber einem inzwischen anzuerkennenden vorrechtlichen „Primat des subjektiven Rechts" (*ders.*, a. a. O., S. 46) überflüssig sind, sonst wären schließlich im Grundgesetz keine solchen einzelnen Rechte normiert. Art. 19 Abs. 4 GG hat nicht diesen weiten Inhalt, der die Grundrechte entbehrlich machen würde (Nachw. dazu oben in Fn. 548, S. 237). Bei den Befürwortern der Gesetzesunabhängigkeit subjektiver Rechte schlägt eine liberalistische Tendenz in das andere, der Staatsrechtslehre des Konstitutionalismus entgegengesetzte Extrem um.

[603] Dazu noch unten unter Kapitel 4, S. 258 ff.

[604] Dass zwischen „eigenen Angelegenheiten" und eigenem „Interesse" Parallelen bestehen, räumt auch *W. Henke,* Recht, S. 61, ein.

[605] Oben II. 2. e), S. 233.

[606] *W. Henke* in: FS Weber, S. 510: Es gebe Gesetze, die „niemandes eigene, sondern nur amtliche („öffentliche") Angelegenheiten regeln, z. B. die Gesetze des Haushaltswesens [...]" und solche, „von denen zweifelhaft ist, ob neben den Angelegenheiten des unmittelbar Beteiligten, z. B. eines Bauherrn [...] auch die eines indirekt Betroffenen Dritten Gegenstand der gesetzlichen Regelung sind".

Angelegenheiten in seinem Sinne, also ihn schützend.[607] Die Bewertung, ob eine Norm eigene oder öffentliche Angelegenheiten[608] regelt bzw. (zumindest auch) ein Individualinteresse oder nur ein Allgemeininteresse schützt, dürfte ähnlich und damit gleich schwierig vorzunehmen sein.

Es läge zwar nahe anzunehmen, dass mit dem Rückgriff auf die faktische Betroffenheit zumindest der Weg verbaut ist, auf die Intention der Norm[609] zurückzugreifen. Auch dann unterscheidet sich die Argumentation jedoch nicht grundlegend von derjenigen, die im Rahmen der Schutznormtheorie zur Anwendung kommt. Um nicht allen, die behaupten, eine Norm regele ihre Angelegenheiten, die Berufung auf die Norm zu erlauben, also den Rechtsreflex beibehalten zu können, wird auch im Rahmen der Feststellung der faktischen Betroffenheit eine Bewertung[610] vorgenommen, ob die für sich reklamierten Angelegenheiten auch wirklich solche des Klägers sind, also „ob die Behörde dem durch ihr Handeln oder Nichthandeln berührten Bürger sagen kann: ‚Das ist nicht deine Sache; das machen wir schon', oder ob umgekehrt der Bürger sagen kann: ‚das ist auch meine Sache'."[611] Durch die Bewertung, wessen Angelegenheit etwas ist, wird die durch die Ablehnung der Schutznormtheorie ausgeschaltete Möglichkeit, die Berufung auf eine Norm mit der fehlenden Schutzintention derselben abzulehnen, kompensiert. Gleichzeitig bleibt aber unter Umständen auch die Möglichkeit, den Kläger darauf zu verweisen, dass die Angelegenheit, in der er sich betroffen fühlt, von der Norm eigentlich gar nicht geregelt wird.[612] Zur Verdeutlichung der Parallelität der Argumentation sei ein Beispiel genannt: Möchte ein Bürger aus München gegen einen Offshore-

---

[607] Kritisch zum Begriff der Betroffenheit *E. Schmidt-Aßmann* in: Maunz/Dürig, GG, Art. 19 Abs. 4 Rn. 120: „Betroffenheit ist ein schillernder Begriff, der […] eine einsehbare rechtlich Antwort aus sich heraus nicht gibt." – das ist eine ähnliche Kritik, wie sie oben zum Begriff des Interesses vorgebracht wurde (B. I. 3. d), S. 169).

[608] Diesen Begriff verwendet bspw. auch *Henke*, hiesige Fn. 606.

[609] Zu dieser bei der Schutznormtheorie oben B. II. 2. d) aa), S. 212.

[610] *R. Bartlsperger*, DVBl. 1971, 723, 723: „Den Ausschlag für oder gegen das subjektive öffentliche Recht gibt somit nicht ein Interpretations-, sondern ein Bewertungsvorgang […]" – wie oben für die Schutznormtheorie gezeigt, lassen sich zumindest dort Interpretation und Wertung kaum voneinander trennen, ein Indiz, dass das Abstellen auf die faktische Betroffenheit nicht unähnlich zur Schutznormtheorie ist.

[611] *W. Henke* in: FS Weber, S. 512. Auffällig ist die Parallele zur Schutznormtheorie bei der Einteilung in die Kategorien: Dort gibt es ebenfalls ausschließlich öffentliche Interessen schützende und *auch* Individualinteressen dienende Vorschriften.

[612] Zwar soll nicht auf den Willen des Gesetzgebers abgestellt werden (vgl. oben Fn. 584), das bedeutet aber in erster Linie nur eine Abkehr von der historischen Auslegung, denn letztlich muss auch bei einem Rückgriff auf die faktische Betroffenheit die Norm daraufhin ausgelegt werden, was sie eigentlich regelt – ähnlich wie bei der Schutznormtheorie, wo auch objektiv ausgelegt werden könnte, was sie schützt; eine Abwendung von der historischen Auslegung ist übrigens auch innerhalb der Schutznormtheorie zu beobachten, vgl. oben B. II. 2. a), bei Fn. 356, S. 206; ein Unterschied ergibt sich in erster Linie in den seltenen Fällen, in denen der Gesetzgeber eine Möglichkeit zur Berufung auf eine Norm ausschließt, die aber genau die Angelegenheiten regelt, wegen denen Klage erhoben würde – dass dem Gesetzgeber ein solcher Ausschluss verwehrt ist, entspricht der Meinung von *Bachof* (vgl. oben B. II. 2. d) aa), S. 212).

Windenergiepark in der Nordsee klagen, weil dessen Errichtung seinen politischen Ansichten widerspricht, ist zum einen zu konstatieren, dass es sich bei den politischen zwar natürlich um eigene Interessen des Klägers handelt, diese aber im Rahmen der Schutznormtheorie wohl nicht als eigene, sondern als Allgemeininteressen eingeordnet würden. Zum anderen wäre festzustellen, dass sie von der eventuell verletzten Norm auch gar nicht geschützt werden. Bei der Frage, ob der Windpark gebaut werden soll, handelt es sich auch nicht um eine eigene Angelegenheit des Klägers, sondern aus dessen objektiv verstandener Perspektive um eine öffentliche Angelegenheit. Selbst wenn es möglich wäre, im Zusammenhang mit persönlichen allgemeinpolitischen Vorstellungen von Angelegenheiten eines Bürgers zu sprechen, wäre ebenfalls zu verneinen, dass diese von der verletzten Norm geregelt werden. Egal ob Schutznormtheorie oder faktische Betroffenheit in eigenen Angelegenheiten: Der Bau berührt nicht berücksichtigungsfähige private Interessen bzw. nur öffentliche Angelegenheiten, er widerspricht jedoch keinem objektiven, anerkennenswerten Interesse des Klägers und ist keine eigene Angelegenheit. Wo die Grenze zwischen eigenen und fremden Angelegenheiten jenseits des genannten Extrembeispiels verläuft, bleibt jedoch ebenso problematisch wie die Frage nach der Schutzrichtung und der Unterscheidung zwischen individuellen und öffentlichen Interessen bei der Schutznormtheorie.

Die beiden Aspekte, ob erstens eine Angelegenheit oder ein Interesse des Klägers vorliegt und ob es zweitens auch von der Norm geregelt bzw. geschützt wird, hängen im Übrigen auch zusammen, was daran zu erkennen ist, dass beide Fragen dazu dienen, beispielsweise bloße Affektionsinteressen auszusortieren. Außerdem geht es, egal ob das Vorliegen oder der Schutz von Interessen durch eine Norm angezweifelt wird, am Ende häufig um die Frage ihrer Zuordnung,[613] genau wie auch die Zuordnung der Angelegenheiten bei der faktischen Betroffenheit eine große Rolle spielt. Der Versuch, die Wertungsprobleme unter Rückgriff auf faktische Gegebenheiten zu lösen, kommt im Übrigen auch im Rahmen der Schutznormtheorie vor, was unter dem Stichwort „Vermischung von Definition und Subsumtion" auch dort kritisiert wird.[614]

Indem sich einige Überschneidungen zwischen Schutznormtheorie und dem Ansatz, allein auf eine faktische Betroffenheit in eigenen Angelegenheiten abzustellen, gezeigt haben, und die Wertungsfrage, ob sich jemand auf eine verletzte

---

[613] *M. Reiling,* DÖV 2004, 181, 188; vgl. auch oben B. II. 2. d) cc) (2), (bei Fn. 450, S. 221) und B. II. 2. d) cc) (4), S. 227: aggregierte Individualinteressen, die aber zur Wahrnehmung nur noch dem Staat zugeordnet werden.

[614] Vgl. oben B. II. 2. d) cc) (3) bei Fn. 486, S. 226. Vor allem die Rechtsprechung stellt dann ganz massiv auf faktische Gegebenheiten ab, um zu ermitteln, ob eine Norm drittschützend ist, wenn sie im Baurecht mit dem Gebot der Rücksichtnahme argumentiert (grundlegend bspw. BVerwG, Urt. v. 25.02.1977, Az.: IV C 22.75, BVerwGE 52, 122–131, juris Rn. 28), zum Vorgehen der Rspr. *S. König,* Drittschutz, S. 124: „Noch augenfälliger ist dieses Vermengen von Auslegung und Subsumtion beim Drittschutz aus dem Gebot der Rücksichtnahme."; kritisch auch *C.-F. Menger,* VerwArch 69 (1978), 313, 317.

Norm berufen können soll, letztlich identisch ist, ergeben sich Zweifel, ob wirklich eine „unaufhebbare Kollision" mit der Schutznormtheorie[615] besteht. Auf den Gesetzgeber kann jedenfalls in der Frage der subjektiven Rechte niemals vollständig verzichtet werden, und es sprechen die besseren Gründe dafür, ihm grundsätzlich auch die Regelung der Frage, ob sich jemand auf eine Norm berufen kann, zu überlassen. Eine Übertragung des Ansatzes (des ausschließlichen Rückgriffs auf die faktische Betroffenheit) auf Streitigkeiten zwischen Teilen des Staates wäre im Übrigen zumindest mit der theoretischen, auf naturrechtliche Vorstellungen zurückgehenden Grundlegung dieser Theorie unvereinbar. Die faktische Beeinträchtigung von öffentlichen Interessen, Belangen oder Angelegenheiten allein reicht daher – unabhängig von der Bewertung dieser Theorie – jedenfalls nicht aus, um subjektive Rechte von Teilen des Staates zu begründen[616] – es muss aus dem Gesetz erkennbar sein, ob die Verletzung einer Rechtsnorm gerügt werden kann.[617]

4. Adressatentheorie – Art. 2 Abs. 1 GG

Die in Rechtsprechung und Literatur herrschende[618] Adressatentheorie ist im Ergebnis gegenüber der Schutznormtheorie eine Art Abkürzung der Suche nach subjektiven Rechten, denn sie ermöglicht durch weniger komplexe Überlegungen eine Antwort auf die Frage, ob sich jemand im Verwaltungsprozess auf die Verletzung einer Norm berufen können soll. Nach der Adressatentheorie soll der Adressat eines belastenden Verwaltungsakts sich immer zumindest auf eine Verletzung der allgemeinen Freiheitsgewährleistung des Art. 2 Abs. 1 GG berufen können, sodass er – in Kombination mit der Möglichkeitstheorie, die von der Verpflichtung entbindet, die Rechtswidrigkeit des belastenden Verwaltungsakts schon in der Klagebefugnis prüfen zu müssen – automatisch klagebefugt sein soll.[619] Durch ihre Verankerung in Art. 2 Abs. 1 GG spielt die Adressatentheorie aber im Verwaltungsprozess auch in der Begründetheit eine Rolle, wo regelmäßig eine Rechtsverletzung des Klägers Voraussetzung ist (vgl. etwa § 113 Abs. 1 S. 1 VwGO): Dort genügt aufgrund der Adressatentheorie letztlich die bloße Rechtswidrigkeit des Verwaltungsaktes, die automatisch zu einer Verletzung des Art. 2 Abs. 1 GG führen soll.[620]

---

[615] *R. Bartlsperger* in: Baumeister/Roth/Ruthig, FS Schenke, S. 41.

[616] Vgl. oben Kapitel 2, C. II. 1. b), S. 111: Teile der Verwaltung als Sachwalter einzelner öffentlicher Interessen – es ist also davon auszugehen, dass bestimmten Teilen des Staates bestimmte Belange zugeordnet sind, die sie als „eigene" verwalten.

[617] Vgl. zur Wirkungsweise der Rechtsnorm, die potenziell ein subjektives Recht verleiht, auch Kapitel 3, B. I. 3. g) cc), ab S. 189 und Kapitel 3, B. bei Fn. 35, S. 153.

[618] *A. Köpfler*, Bedeutung, S. 110 f. m. umfangr. N., der selbst aber gegen die Argumente zur Herleitung dieser Theorie Stellung nimmt (S. 111 ff.).

[619] *W.-R. Schenke/R. P. Schenke* in: Kopp/Schenke, § 42 Rn. 69 m. w. N.; siehe bspw. auch BVerwG, Urt. v. 21.08.2003, Az.: 3 C 15/03, NJW 2004, 698, juris Rn. 18.

[620] *H. A. Wolff* in: Sodan/Ziekow, VwGO, § 113 Rn. 36: „jeder Rechtsverstoß" könne gerügt werden; dem folgt *M. Knauff* in: Gärditz, VwGO, § 113 Rn. 16.

Bei der Adressatentheorie handelt es sich um eine Sonderform der Berufung auf Grundrechte, nämlich konzentriert auf Art. 2 Abs. 1 GG, und sie steht damit der oben geschilderten Literaturmeinung, die einen konsequenten Rückgriff auf Grundrechte statt der Suche nach subjektiven Rechten im einfachen Recht befürwortet,[621] besonders nahe – mit dem Unterschied, dass die Adressatentheorie viel stärker akzeptiert ist. Eine Beschränkung auf Art. 2 Abs. 1 GG hat dabei keine gravierenden Auswirkungen, wird die allgemeine Handlungsfreiheit doch auch als Auffanggrundrecht bezeichnet, das prinzipiell immer einschlägig sein kann, weswegen der Grundrechtsschutz in seiner Gesamtheit auch als lückenlos angesehen wird.[622] Die eigentliche Beschränkung im Vergleich zum oben beschriebenen ausschließlichen direkten Rückgriff auf Grundrechte geschieht durch die Eingrenzung auf Fälle, in denen sich Adressaten gegen einen sie belastenden Verwaltungsakt wehren.[623] Diese Beschränkung wird durch einen Rückblick auf die historische Entwicklung erklärbar. Der Gedanke, dass ein Adressat einer rechtswidrigen, das heißt von einer gesetzlichen Grundlage nicht gedeckten oder mit irgendeiner anderen Rechtswidrigkeit behafteten Verfügung immer in seinen Rechten verletzt ist und sich gegen diese wehren kann, ist älter als Art. 2 Abs. 1 GG, auf dem die Adressatentheorie beruht, und war schon im 19. Jahrhundert unter dem Stichwort „Freiheit von gesetzwidrigem Zwange" vorhanden.[624] Damals wurde aber eben nur Bezug auf den staatlichen, finalen „Zwang" genommen,[625] der übrigens auch ein Merkmal des klassischen Eingriffsbegriffes in der allgemeinen Grundrechtslehre bildet.[626] Als die Freiheit von ungesetzlichem Zwang ihre Heimat in Art. 2

---

[621] Oben II.3.b), S. 236; vgl. insb. Fn. 551, S. 238.

[622] *U. Di Fabio* in: Maunz/Dürig, GG, Art. 2 Abs. 1 Rn. 21; *C. Hillgruber* in: Isensee/Kirchhof, HStR Bd. 9, § 200 Rn. 37 f. Die Etablierung der Lückenlosigkeit des Grundrechtsschutzes wird dem Elfes-Urteil des BVerfG (v. 16.01.1957, Az.: 1 BvR 253/56, BVerfGE 6, 32) zugeordnet (vgl. etwa *H. Bethge* in: Depenheuer u. a., FS Isensee, S. 614 f.); die Vollständigkeit des Schutzes hängt theoretisch aber davon ab, ob die speziellen Freiheitsrechte eine Sperrwirkung gegenüber Art. 2 Abs. 1 GG entfalten, dazu *M. Cornils* in: Isensee/Kirchhof, HStR Bd. 7, § 168 Rn. 64 ff. (Rn. 65: Die praktische Bedeutung des Streites tendiere „gegen Null").

[623] *W.-R. Schenke/R. P. Schenke* in: Kopp/Schenke, § 42 Rn. 69 wollen allerdings eine Beschränkung nicht lediglich auf den formellen Adressaten vornehmen, sondern den Adressaten inhaltlich bestimmen – dadurch modifizieren sie die Adressatentheorie nicht unerheblich und hierdurch stellen sich, wie sie selbst einräumen, schwierige Abgrenzungsprobleme; diese verlaufen übrigens parallel zu den sogleich erörterten Fragen der Reichweite von Art. 2 Abs. 1 GG.

[624] *G. Jellinek*, System, S. 103 f., der den einzelnen Freiheitsrechten aufgrund dieses Prinzips die Relevanz abspricht – vgl. zu *Jellinek C. Möllers*, Staat, S. 24; vgl. auch *W. Henke*, Recht, S. 65, der m.N. darlegt, dass bereits die Rspr. des PrOVG den Adressaten rechtswidriger Verfügungen aufgrund der Eigenschaft, Adressat zu sein, Rechtsschutz gewährt habe; *W. Löwer*, DVBl. 1981, 528, 530, Fn. 14; zum Prinzip der Freiheit von gesetzeswidrigem Zwang im deutschen Konstitutionalismus allgemein *H.-D. Horn*, Verwaltung, S. 222 ff.

[625] Vgl. aber auch *T. Koch*, Grundrechtsschutz, S. 36 f.: Auch das preußische OVG habe nicht ausschließlich Adressaten von Verfügungen Rechtsschutz gewährt (S. 41, S. 63), allerdings habe es durchaus Beschränkungen beim Rechtsschutz von Nichtadressaten gegeben (S. 36 ff.).

[626] *C. Hillgruber* in: Isensee/Kirchhof, HStR Bd. 9, § 200 Rn. 89: „Der sogenannte klassische Eingriffsbegriff zeichnet sich durch Finalität, Unmittelbarkeit, Rechtsförmigkeit und seinen

Abs. 1 GG gefunden hat,[627] wurde auch die Fixierung auf gezielte, und damit auf einen bestimmten Adressaten gerichtete, rechtsförmige Maßnahmen des Staates für die Adressatentheorie übernommen.[628] Die Adressatentheorie bedeutet schon allein wegen ihres Namens eine Festlegung auf gezielte Eingriffe, während der konsequente Rückgriff auf Grundrechte, wie er oben beschrieben wurde, den gleichen Grundansatz unter Verwendung des modernen Eingriffsbegriffes für andere Fallkonstellationen ausbaut.[629] Prinzipiell besteht daher auch eine Verwandtschaft mit der Literaturströmung, die auf eine faktische Betroffenheit abstellen wollte: Dort wird letztlich der Grundsatz der Freiheit von ungesetzlichem Zwang auf jegliche Belastungen auch außerhalb des Bereichs des gezielten Hoheitsaktes ausgeweitet, die als Betroffenheit in eigenen Angelegenheiten gelten können.

---

imperativen Charakter aus. Der Staat greift herkömmlich mit Rechtsbefehl und formalisiertem Zwang in die Grundrechte der Bürger ein." Zum klassischen Eingriffsbegriff und insbesondere dazu, dass es eine gefestigte herrschende Meinung zum Eingriffsbegriff vor 1949 gar nicht gab A. *Köpfler,* Bedeutung, S. 83 m.w.N.; ausführlich *T. Koch,* Grundrechtsschutz, S. 18 ff.

[627] *M. Cornils* in: Isensee/Kirchhof, HStR Bd. 7, § 168 Rn. 4; *B. Grzeszick* in: Maunz/Dürig, Art. 20 (VI. Verfassungsgrundsätze des Abs. 3) Rn. 78; *W. Löwer,* DVBl. 1981, 528, 530; *A. Wiese,* Beteiligung, S. 141; *M. Zuleeg,* DVBl. 1976, 509, 514. Dass die Wurzeln weiter Wirkung zeigen, wird deutlich bspw. an den Formulierungen bei *H. Bethge* in: Depenheuer u.a., FS Isensee, S. 619; ebenso bei *K. F. Gärditz* in: ders., VwGO, § 42 Rn. 74; ähnlich *C. Hillgruber* in: Isensee/Kirchhof, HStR Bd. 9, § 200 Rn. 38: Art. 2 Abs. 1 GG als Verbürgung der allgemeinen Freiheit des status negativus – was auf *Jellinek* (hiesige Fn. 624) Bezug nimmt; vgl. auch BVerfG, Urt. v. 08.01.1959, Az.: 1 BvR 425/52, BVerfGE 9, 83–89 juris Rn. 25: Art. 2 Abs. 1 GG gewähre den „Anspruch, durch die Staatsgewalt nicht mit einem Nachteil belastet zu werden, der nicht in der verfassungsmäßigen Ordnung begründet ist"; zur Rspr. des BVerfG *W. Krebs* in: Erichsen/Hoppe/von Mutius, FS Menger, S. 202 – interessant sind in im Zusammenhang mit der Rspr. die dazu konträren Ausführungen von *U. Ramsauer,* AöR 111 (1986), 502, 512, weil er eine Freiheit von ungesetzlichem Zwang postuliert, die er gerade nicht aus den Grundrechten herleiten will. Vgl. auch *R. Wahl/P. Schütz* in: Schoch/Schneider/Bier, VwGO, § 42 Abs. 2 Rn. 48: Bei finaler belastender Beschwer sind alle Rechtmäßigkeitsanforderungen Schutznormen (was auf eine Freiheit von gesetzeswidrigem Zwang durch Art. 2 Abs. 1 GG hinausläuft, auch wenn die Autoren a.a.O. eine Gleichsetzung ablehnen).

Insofern a.A., als der allgemeine Vorbehalt des Gesetzes aus dem Rechtsstaatsprinzip (verstanden als Rechtsfigur mit der „herkömmliche[n] Anwendungsbreite, die ‚Eingriffe in Freiheit und Eigentum'" umfasst), „von der normativen Grundaussage und dem Normadressaten her mit den Gesetzesvorbehalten der Grundrechte im Ansatz nichts gemein" habe *M. Sachs* in: ders., Grundgesetz, Art. 20 Rn. 113 f.; anders *H. Hofmann* in: Schmidt-Bleibtreu/ders./Henneke, GG, Art. 20 Rn. 69, der eine Entwicklung der Wesentlichkeitstheorie aus dem Vorbehalt des Gesetzes in der Tradition der Gewährleistung von Freiheit und Eigentum feststellt; ähnlich *B. Grzeszick* in: Maunz/Dürig, GG, Art. 20 (VI. Verfassungsgrundsätze des Abs. 3) Rn. 78: „die weiten Begriffe von Freiheit und Eigentum" seien durch das Verfassungsrecht, insbesondere die Entwicklung der Grundrechte, „eingeholt" worden; a.a.O. Rn. 82: Hinsichtlich subjektiver öffentlicher Rechte „grundrechtliches Fundament" in Art. 2 Abs. 1 GG. Vgl. zum Verhältnis zwischen Vorbehalt des Gesetzes und Art. 2 Abs. 1 GG auch unten Kapitel 4, Fn. 236 S. 298.

[628] Betrachtet man nicht allein den Rechtsschutz von Adressaten, dann ergibt sich nach *T. Koch,* Grundrechtsschutz, S. 42 aber, dass im Hinblick auf die Gewährung von Rechtsschutz für Drittbetroffene „unter Geltung des Grundgesetzes teilweise größere Zurückhaltung geübt worden ist, als dies in früherer Zeit der Fall war".

[629] *U. Ramsauer,* AöR 111 (1986), 502, 506; vgl. auch *M. Zuleeg,* DVBl. 1976, 509, 514 f.

Die Adressatentheorie zu akzeptieren, aber den konsequenten Rückgriff auf Grundrechte abzulehnen, kann im Hinblick auf die weite Verbreitung des modernen Eingriffsbegriffes[630] als inkonsistenter methodischer Unterschied bei Adressat und Nicht-Adressat aufgefasst werden,[631] der durch die historische Erklärung inhaltlich auch nicht plausibler wird. Die Differenzierung folgt allerdings dem Bedürfnis, der oben beschriebenen, allgemein akzeptierten Ausrichtung der Verwaltungsprozessordnungen auf Individualrechtsschutz[632] gerecht zu werden. Die Adressatentheorie kann nämlich nicht einfach unter Aufgabe des engen Eingriffsverständnisses auf sämtliche Fälle des Art. 2 Abs. 1 GG übertragen werden, da dann Probleme entstünden, die aus der Zwischenstellung des subjektiven Rechts im Verwaltungsprozessrechts zwischen materiellem und Prozessrecht[633] resultieren:[634] Einerseits soll die Rechtsfigur des Rechtsreflexes erhalten bleiben können und es soll insbesondere nicht bei jeder beliebigen, subjektiven Beeinträchtigung eine Klage möglich sein;[635] es erscheint kontraintuitiv, für eine Verletzung des Art. 2 Abs. 1 GG beispielsweise – um ein abgelegenes Extrembeispiel zu nennen – eine psychische Beeinträchtigung durch eine verfehlte Außenpolitik ausreichen zu lassen.[636] Andererseits ist auf materiell-rechtlicher Ebene mit einem weitreichenden Grundrecht aus Art. 2 Abs. 1 GG[637] in Verbindung mit einem weiten Eingriffsverständnis umzugehen. Aus einem umfassenden Rechtfertigungszwang aus Art. 2 Abs. 1 GG für staatliche Maßnahmen würde, wenn Art. 19 Abs. 4 GG ernst

---

[630] Hinsichtlich Art. 2 Abs. 1 GG etwa *M. Cornils* in: Isensee/Kirchhof, HStR Bd. 7, § 168 Rn. 16; *T. Koch*, Grundrechtsschutz, S. 20: Eine Beschränkung auf den klassischen Eingriffsbegriff werde „nicht explizit vertreten", der allerdings auf S. 225 konstatiert, die Rspr. orientiere sich gleichwohl an dem „Leitbild" des imperativen Rechtsakts („zwangsgleiche Wirkung"); vgl. *A. Köpfler*, Bedeutung, S. 84 ff., der allerdings darauf hinweist, „Von einem erweiterten Eingriffsbegriff mit klar umrissenen Konturen [sei] sowohl die Rechtsprechung als auch die Literatur weit entfernt." (S. 85).

[631] *W. Henke*, Recht, S. 67: „merkwürdige Inkonsequenz der herrschenden Auffassung vom subjektiven öffentlichen Recht".

[632] Vgl. oben Kapitel 3, A. I., insb. Fn. 13, S. 149.

[633] Wie die Schutznormtheorie hat auch die Adressatentheorie an dieser Zwischenstellung Teil, zur Schutznormtheorie oben unter II. 2. c), S. 211 bei Fn. 393; vgl. auch oben II. 2. d) cc) (3) bei Fn. 490, S. 226.

[634] Es handelt sich um die gleichen Probleme, mit denen die Ansätze, die in allen Bereichen konsequent auf Grundrechte oder auf eine faktische Betroffenheit abstellen, konfrontiert werden. Diese haben, wie oben gezeigt, auf diese Schwierigkeiten mit der Einführung zusätzlicher normativer Eingrenzungen reagiert, die letztlich ganz ähnlich zu den Beschränkungen, die mit der Schutznormtheorie einhergehen, sind (dazu oben II. 3. b) und c), ab S. 236).

[635] Vgl. auch zum Problem der Verschiebung des Machtverhältnis zwischen der Judikative und den anderen Staatsgewalten, II. 3. b) bei Fn. 569, S. 241.

[636] Das Beispiel ist von *J. Pietzcker* in: Depenheuer u. a., FS Isensee, S. 584 übernommen; weitere solcher Beispiele bei *D. Murswiek* in: Sachs, GG, Art. 2 Rn. 80, wo auch das Schutzzollbeispiel auftaucht, vgl. oben bei Fn. 194, S. 177, Fn. 168, S. 172 und Fn. 491, S. 226 f.

[637] *M. Cornils* in: Isensee/Kirchhof, HStR Bd. 7, § 168 Rn. 37: „Art. 2 Abs. 1 GG garantiert nach herrschender Auffassung [...] Verhaltensentscheidungsfreiheit in schlechthin allumfassender Weite und Offenheit".

genommen wird, eben auch eine umfassende Klagemöglichkeit, die in der Konsequenz zu einem allgemeinen Gesetzesvollziehungsanspruch führen würde.[638]

Eine restriktive Auslegung des Art. 2 Abs. 1 GG mit der Folge, dass Art. 2 Abs. 1 GG lediglich in Adressatenkonstellationen einen unbeschränkten Schutz gewährt, ist, wenn an einer grundsätzlichen Orientierung am Individualrechtsschutz festgehalten werden soll, der einzig denkbare Ausweg[639] aus diesem Spannungsverhältnis, der von Rechtsprechung und Literatur auch auf verschiedene Weise zu gehen versucht wird.[640] Eine restriktive Auslegung nur mit Hinweis auf die prozessrechtliche Lage ist zwar unter Umständen wenig überzeugungskräftig.[641] Auch eine Begründung der Beschränkung des Ansatzes auf den Adressaten mit dem Argument, der Adressat befinde sich aufgrund der finalen Richtung einer staatlichen Maßnahme in einer herausgehobenen Stellung, wie sie Voraussetzung für Rechte bzw. Rechtsschutz ist,[642] ist lediglich vom Ergebnis her konstruiert.

Für eine Einschränkung des Art. 2 Abs. 1 GG lassen sich drei konstruktive Ansatzpunkte finden: Erstens kann der Schutzbereich entgegen der Tradition des BVerfG[643] weniger umfassend interpretiert werden.[644] Zweitens lässt sich durch einen restriktiven Eingriffsbegriff die Bandbreite der von Art. 2 Abs. 1 GG erfassten staatlichen Akte und dadurch mittelbar die Personengruppe, die Rechtsverstöße rügen kann, eingrenzen. Das ist entweder durch einen spezifisch auf die allgemeine Handlungsfreiheit ausgerichteten, engeren Eingriffsbegriff möglich,[645] oder durch den

---

[638] Vgl. *M. Cornils* in: Isensee/Kirchhof, HStR Bd. 7, § 168 Rn. 44; *W. Krebs* in: Erichsen/ Hoppe/von Mutius, FS Menger, S. 205; vgl. *R. Stober* in: Wolff/Bachof/ders./Kluth, Verwaltungsrecht Bd. 1, § 43 Rn. 36; zur verfassungsrechtlichen Konsequenz, dass letztlich auch immer das BVerfG angerufen werden könnte, *H. Bethge* in: Depenheuer u. a., FS Isensee, S. 629.

[639] Der Vorschlag, die prozessuale Durchsetzbarkeit von Rechten einzuschränken (vgl. *M. Cornils* in: Isensee/Kirchhof, HStR Bd. 7, § 168 Rn. 44), ist vor dem Hintergrund des Art. 19 Abs. 4 GG wenig überzeugungskräftig.

[640] *T. Koch*, Grundrechtsschutz, S. 230; vgl. zum Ganzen auch *H. Bethge* in: Depenheuer u. a., FS Isensee, S. 621, S. 627.

[641] Vgl. *M. Cornils* in: Isensee/Kirchhof, HStR Bd. 7, § 168 Rn. 44 dort. Fn. 182 a. E.; dazu oben Kapitel 3, B. II. 2. c), S. 210; vgl. den alternativen Begründungsansatz bei *T. Koch*, Grundrechtsschutz, S. 235: Das Risiko, „das mit Existenz und Agieren des Staates notwendig verknüpft ist", könne nicht immer als Auslöser rechtfertigungsbedürftiger Vorgänge angesehen werden.

[642] Oben Kapitel 3, B. I. 3. e) aa), S. 173 und Kapitel 3, B. II. 2. d) cc) (3), S. 222.

[643] BVerfG, Urt. v. 16.01.1957, Az.: 1 BvR 253/56, BVerfGE 6, 32–45 (Elfes); BVerfG, Beschl. v. 06.06.1989, Az.: 1 BvR 921/85, BVerfGE 80, 137–170 (Reiten im Walde); zur Rspr. des BVerfG *M. Cornils* in: Isensee/Kirchhof, HStR Bd. 7, § 168 Rn. 1.

[644] In der Literatur gibt es Stimmen gegen die Rspr. des BVerfG, die Art. 2 Abs. 1 GG nur einen engeren Schutzbereich zuerkennen wollen, vgl. *A. Köpfler*, Bedeutung, S. 53 ff. m. vielen Nachw., insb. zu jüngeren Autoren in Fn. 2; vgl. auch *T. Koch*, Grundrechtsschutz, S. 102 ff., der selbst aber dem BVerfG zustimmt (S. 104).

[645] *C. Hillgruber* in: Isensee/Kirchhof, HStR Bd. 9, § 200 Rn. 78: Eingriff in Art. 2 Abs. 1 GG nur durch eine „zielgerichtete, die Verhaltensfreiheit unmittelbar von Rechts wegen beschränkende Maßnahme" des Staates (Begründung für einen Eingriffsbegriff, der sich von Grundrecht zu Grundrecht unterscheidet in Rn. 76 f.); *D. Murswiek* in: Sachs, GG, Art. 2 Rn. 83: Eingriff

Versuch, mit Kriterien wie der Schwere der Beeinträchtigung, Finalität oder einer Abgrenzung nach Individualität der Betroffenheit wertend bestimmte Auswirkungen staatlicher Maßnahmen vom Grundrechtsschutz auszunehmen.[646] Und drittens kann auf Rechtfertigungsebene angesetzt werden, indem nicht nur eine staatliche Maßnahme materiell durch ein Gesetz gerechtfertigt werden kann, sondern auch eine vom Gesetz angeordnete (bzw. in das Gesetz hineingelesene) Unmöglichkeit der Berufung auf einen Rechtsverstoß.[647] Die Beschränkung der Adressatentheorie auf Adressatenkonstellationen stellt im Prinzip nichts anderes als eine Lösung über einen restriktiveren Eingriffsbegriff dar, indem die Berufung auf Art. 2 Abs. 1 GG zunächst ausschließlich den Adressaten und nicht etwa lediglich faktisch Betroffenen ermöglicht wird.[648] Die Rechtsprechung blendet zwar nicht Art. 2 Abs. 1 GG abseits von Adressatenkonstellationen völlig aus, stellt jedoch auch bei Grundrechtsbezug vorrangig auf das einfach Gesetz ab[649] und versteht Art. 2 Abs. 1 GG keinesfalls so, dass jeglicher ungesetzlicher Zwang, also jede Rechtswidrigkeit, zum Erfolg der Klage führt, sondern beschränkt den Schutz von Nicht-Adressaten – wenn die Wirkung der staatlichen Handlung nicht intendiert ist –[650] auf Eingriffe mit Mindestintensität[651] bzw. verweist mit der Formel, nur bei Verletzung rechtlich geschützter Interessen oder bei Bestehen einer vom Gesetz etablierten Beziehung könne Art. 2 Abs. 1 GG verletzt sein, wieder auf das einfache Recht.[652]

---

muss „final" erfolgen; dagegen etwa *M. Cornils* in: Isensee/Kirchhof, HStR Bd. 7, § 168 Rn. 73 und *A. Köpfler,* Bedeutung, S. 97 ff., der den Streit, ob bei Art. 2 Abs. 1 GG ein restriktiverer Eingriffbegriff zu wählen ist, auf S. 93 ff. m. w. N. darstellt.

[646] Vgl. *M. Cornils* in: Isensee/Kirchhof, HStR Bd. 7, § 168 Rn. 76, der dem Kriterium der Schwere der Beeinträchtigung aufgeschlossen gegenüber steht, die Finalität oder Intentionalität der Maßnahme aber für irrelevant erklärt; vgl. zu diesen Kriterien auch *A. Köpfler,* Bedeutung, S. 85 ff. m.N. aus Rspr. und Lit.; dazu auch *T. Koch,* Grundrechtsschutz, S. 229 ff., insb. S. 252 ff.

[647] So die Lösung bei *Köpfler,* Bedeutung, passim., vgl. dazu Fn. 574, S. 241. Dem inhaltlich widersprechend (mit etwas dünner Begründung) *R. Wernsmann,* DV 2003, 67, 88 f.: Es bestehe kein Kollisions-, sondern ein Konkurrenzverhältnis zwischen einfachem Recht und Grundrechten; nicht drittschützende Normen regelten keine Einschränkungen der Grundrechte.

[648] Vgl. *W. Krebs* in: Erichsen/Hoppe/von Mutius, FS Menger, S. 205, der die Differenzierung zwischen Adressaten und Nicht-Adressaten (a. a. O. S. 203 f.) damit erklärt, dass die Grundrechte primär vor rechtlichem Betroffensein schützen und i. Ü. der Gesetzgeber den Grundrechtsschutz mit Schutznormen ausgestaltet (a. a. O. S. 206); vgl. *J. Pietzcker* in: Depenheuer u. a., FS Isensee, S. 585, dessen Vorschlag darauf hinausläuft, der allgemeinen Handlungsfreiheit keine Bedeutung über die Adressatentheorie hinaus zuzuerkennen.

[649] Bspw. (in Bezug auf Art. 12 GG) ausdrücklich BVerwG, Urt. v. 06.04.2000, Az.: 3 C 6/99, juris Rn. 19, Rn. 21; hierzu *R. Wernsmann,* DV 2003, 67, 85 ff.

[650] Dass bei Finalität einer Beeinträchtigung der Grundrechtsschutz regelmäßig bejaht wird, schildert *T. Koch,* Grundrechtsschutz, S. 253 m.N.

[651] *T. Koch,* Grundrechtsschutz, S. 231 ff. m.N.; Nachw. auch in Fn. 652; zur Beschränkung auf schwere und unerträgliche oder willkürliche Eingriffe auch oben Fn. 560 und unten Fn. 657.

[652] Vgl. etwa BVerwG, Urt. v. 29.07.1977, Az.: IV C 51.75, BVerwGE 54, 211–225, juris Rn. 34 f.; BVerwG, Urt. v. 22.05.1980, Az.: 3 C 2/80, BVerwGE 60, 154–162, juris Rn. 47 f., Rn. 51. *E. Gassner,* DÖV 1981, 615, 619 (der noch mehr Nachweise aufführt) ist zuzustimmen, dass der Verweis auf das einfache Recht inkonsistent ist; dem ebenfalls zustimmend *A. Köpfler,* Bedeutung, S. 153; weitere, gleichsinnige Rspr. wird bei *T. Koch,* Grundrechtsschutz, S. 9 ff. erläutert.

Auf diese Weise koexistieren in der Praxis der ein einfachgesetzliches subjektives Recht überflüssig machende[653] Ansatz der Freiheit von ungesetzlichem Zwang, wie er auch von Jellinek vertreten wurde,[654] in Adressatenkonstellationen, und in allen anderen[655] Fällen auf das einfache Recht abstellende Ansätze, allen voran die durch Bühler[656] mitgeprägte Schutznormtheorie.[657] Durch die Integration des Prinzips der Freiheit von ungesetzlichem Zwang in Art. 2 Abs. 1 GG arrangiert es sich nur scheinbar mit der Schutznormtheorie, indem mit Art. 2 Abs. 1 GG ebenfalls auf ein subjektives Recht abgestellt wird.[658] Im Kern besteht zwischen beiden ein Widerspruch,[659] was die Quelle der Antwort auf die Frage, ob sich jemand auf eine Rechtsnorm berufen kann, und den Umfang der Möglichkeit zur Berufung auf Rechtsverstöße betrifft; das ist ein wesentlicher Grund dafür, dass beide in verschiedenen Bereichen zur Anwendung kommen.[660]

III. Zwischenfazit

Das subjektive Recht ist ein zentrales Element des Verwaltungsprozessrechts. Es ist von unklarer Struktur, und es besteht kein echter Konsens über seine konstitutiven Eigenschaften. So, wie es in den Formulierungen verwaltungsprozessualer Normen wie § 42 Abs. 2 VwGO auftaucht, steht es im Spannungsverhältnis

---

[653] *M. Zuleeg,* DVBl. 1976, 509, 514.

[654] *G. Jellinek,* System, S. 103 f.

[655] Sofern nicht bspw. die Kontrasttheorie als ein ebenfalls alternativer und gleichwertiger Ansatz anerkannt wird, dazu oben Kapitel 3, B. II. 1., S. 202, insb. Fn. 338.

[656] *O. Bühler,* Rechte, S. 224.

[657] Die Erweiterung dieses Dualismus durch das direkte Zurückgreifen auf die speziellen Freiheitsgrundrechte als Schutznormen bei schweren und unerträglichen Grundrechtsverletzungen, also im Ausnahmefall trotz bestehender, nicht-drittschützender einfachgesetzlicher Regelungen (bspw. im Baurecht beim Nachbarschutz unter dem Stichwort „grobe Mißgriffe", vgl. etwa BVerwG, Urt. v. 13.06.1969, Az.: IV C 234.65, BVerwGE 32, 173, juris Rn. 18) wurde durch die Rechtsprechung wieder zurückgedrängt, dazu *H. Dreier,* DV 2003, 67, 118 ff.; vgl. auch oben Fn. 560.
Bei vollständigem Fehlen einer gesetzlichen Regelung wird ebenfalls ein Rückgriff auf Grundrechte praktiziert, was sich aber in einem etwas anderen Problemkreis bewegt, weil sich dort nicht die Frage stellt, ob statt auf Grundrechte lieber auf das einfache Gesetz abzustellen ist und auch eher die inhaltliche Regelung und nicht so sehr die Frage des Rechtsschutzes das Problem darstellt (vgl. auch Fn. 566, S. 240).

[658] Der Vorwurf, bei der Adressatentheorie würden „die Voraussetzungen des subjektiven öffentlichen Rechts niemals geprüft" (*W. Henke,* Recht, S. 67), ist insofern vordergründig unberechtigt, inhaltlich hat er wegen der Unvereinbarkeit der Ansätze einen wahren Kern.

[659] Von einem Widerspruch geht auch *M. Zuleeg,* DVBl. 1976, 509, 515, aus.

[660] Dazu, dass die Schutznormtheorie primär in Drittschutzkonstellationen herangezogen wird, schon oben bei Fn. 332, S. 202. Nach dem bisher Gesagten konzentriert sich nicht die Schutznormtheorie auf Drittschutzkonstellationen, sondern es ist eher die Adressatentheorie, die aufgrund ihrer Einfachheit und Weite zwar die Schutznormtheorie in der praktischen Anwendung verdrängt, aber eben wegen dieser Weite auf Adressatenfälle beschränkt wird und daher die Drittschutzfälle für die Schutznormtheorie quasi übrig lässt.

zwischen materiellem und Prozessrecht. Einzig die Normativität des subjektiven Rechts scheint einigermaßen gesichert zu sein, während selbst häufig wiederkehrende Elemente der Beschreibung wie eine herausgehobene Stellung unter den Rechtssubjekten und die gerichtliche Durchsetzbarkeit immer wieder angezweifelt werden. Das subjektive Recht dient im Verwaltungsprozessrecht als Platzhalter für die Wertungsfrage, ob sich jemand auf eine bestimmte Norm auch im Gerichtsverfahren berufen können soll.

Dass im Rahmen der Auslegung verwaltungsprozessualer Normen verbreitet nur auf subjektive öffentliche Rechte bzw. solche, die im öffentlichen Recht normiert sind, abgestellt wird, ist nur mit der historischen Entwicklung zu erklären[661] und findet im Wortlaut der Prozessrechtsnormen keine Stütze. Überzeugender ist es, unter § 42 Abs. 2 VwGO und ähnliche Prozessrechtsnormen alle subjektiven Rechte zu fassen. Zur Lösung der mit der Formulierung „in seinen Rechten verletzt" verbundenen Wertungsfrage ist den Normen der verwaltungsrechtlichen Prozessordnungen nicht viel mehr zu entnehmen, als dass Popularklagen ausgeschlossen sind, das heißt Klagen nur in begrenztem Umfang möglich sein sollen. Deswegen besteht eine Tendenz zur Kasuistik in diesem Bereich. Da die Struktur des subjektiven Rechts bislang im Dunkeln geblieben ist, konzentrieren sich Rechtswissenschaft und vor allem Praxis auf das Auffinden von Rechten im Sinne der Normen des Verwaltungsprozessrechts, die subjektive Rechte als Tatbestandsvoraussetzung enthalten. Leitlinien zur Ermittlung subjektiver Rechte bieten die Schutznormtheorie und die Adressatentheorie, die jedoch unterschiedliche Anwendungsbereiche haben.

Auch wenn im Rahmen der Schutznormtheorie die Einflüsse der Interessentheorie mit dem Willens- bzw. Rechtsmachtkriterium unterschiedlich vermischt und ergänzt werden, wird vor allem die Formulierung, eine Norm müsse „auch Individualinteressen zu dienen bestimmt" sein, immer wieder gebraucht. Hinter dem Problem zu bestimmen, ob ein Gesetz einem Individualinteresse zu dienen bestimmt ist, versteckt sich jedoch in der Regel nur die Frage, ob es „sinnvoll" ist, die Einhaltung der Vorschrift durch den Kläger gerichtlich überprüfen zu lassen – also die mit dem subjektiven Recht ausgedrückte Wertungsfrage. Aufgrund der Schwierigkeiten, unter anderem was die mangelnde Abgrenzbarkeit von Allge-

---

[661] *O. Bachof* in: GS W. Jellinek, S. 292 stellt fest: „Was die besonderen Schwierigkeiten des subjektiven öffentlichen Rechts betrifft, so beruhen sie zum großen Teil auf der Belastung dieses Begriffs mit historischen Vorstellungen, denen zufolge nur bestimmte Arten der im öffentlichen Recht begründeten subjektiven Rechte als subjektive öffentliche Rechte ,anerkannt' werden."

Die Orientierung an diesen historischen Vorstellungen geht wahrscheinlich auf die schon immer bestehenden Unklarheiten über den Begriff der subjektiven öffentlichen Rechte zurück: Die Orientierung an überlieferten Fallgruppen verspricht mehr Sicherheit, als die von starken Meinungsverschiedenheiten und unterschiedlichen philosophischen Ansätzen geprägten Versuche, das subjektive Recht zu definieren.

Zum Ganzen auch noch unten Kapitel 4, B. III. 2., S. 282 und B. IV. 7., S. 304.

meininteresse und Individualinteresse betrifft, stellt sich die Schutznormtheorie weniger als einheitliche Theorie, sondern eher als kasuistische Sammlung verschiedener Kriterien zur Lösung der Wertungsfrage, ob sich jemand auf eine Norm des einfachen Rechts berufen können soll, dar. Diese Kriterien werden in unterschiedlichen Fällen unterschiedlich angewendet; so wird vor allem im Baurecht auf die Zahl der Betroffenen abgestellt, während in anderen Bereichen eher die Schwere der Betroffenheit, etwa durch Umwelteinwirkungen, eine Rolle spielt.[662]

Hier verschmilzt die Schutznormtheorie teilweise mit alternativen Ansätzen. So bewirkte die Kritik, dass Grundrechte nicht ausreichend berücksichtigt würden, eine weitgehende Orientierung an Grundrechten auch bei Anwendung der Schutznormtheorie. Die grundrechtskonforme Auslegung wurde in den „Kanon von Methoden und Regeln",[663] den die Schutznormtheorie bildet, mit aufgenommen. Daran zeigt sich auch die prinzipielle Nähe der Schutznormtheorie zu den anerkannten Regeln der Gesetzesauslegung. Alternative Ansätze zur Schutznormtheorie, die darauf hinausgelaufen wären, faktisch die Adressatentheorie auf alle Fallkonstellationen auszuweiten, haben sich dagegen nicht durchgesetzt.

Für die Konstellation Staat gegen Staat ist zu erwarten, dass allgemein gehaltene Aussagen letztlich keinen großen praktischen Mehrwert bieten, da hinsichtlich der Möglichkeit der Rechtsdurchsetzung auch in der Beziehung zwischen Bürger und Staat eher ein Flickenteppich der Kasuistik vorherrscht. Es ist unwahrscheinlich, dass es einfache Antworten auf die Frage gibt, ob sich ein Teil des Staates im verwaltungsgerichtlichen Verfahren auf bestimmte Rechtsnormen berufen kann, wenn diese Frage auch im Verhältnis zwischen Bürger und Staat hochproblematisch ist. Jedoch lassen sich aufgrund der Vielfältigkeit des Begriffes des subjektiven Rechts und seiner Erscheinungsformen auch die Streitigkeiten zwischen Teilen des Staates in das System der verwaltungsrechtlichen Prozessrechtsordnungen integrieren,[664] wie das in der Praxis auch längst geschieht. Welche Besonderheiten dabei allerdings zu beachten sind, soll im Folgenden genauer beleuchtet werden.

---

[662] Zu weiteren Anhaltspunkten, die in bestimmten Fällen herangezogen werden, oben II. 2. d) ee), S. 232.

[663] *E. Schmidt-Aßmann/W. Schenke* in: Schoch/Schneider/Bier, VwGO, Einl. Rn. 20.

[664] Ähnlich (für den Anwendungsfall der Bundestreue) *H. Bauer,* Bundestreue, S. 288 f.

Kapitel 4

Das subjektive Recht
im Verhältnis Staat gegen Staat

Nachdem das subjektive Recht im letzten Kapitel allgemein beschrieben wurde, ist es an der Zeit, die subjektiven Rechte in ihrer Zuordnung zu Verwaltungseinheiten, wie sie bei Prozesskonstellationen im Verhältnis Staat gegen Staat eine Rolle spielen, genauer zu analysieren. Wie bereits oben beschrieben, spielt das subjektive Recht im Sinne des § 42 Abs. 2 VwGO für die Zulässigkeit verwaltungsgerichtlicher Klagen eine besondere Rolle.[1] Gegen eine Anerkennung von Rechten des Staates werden Argumente auf mehreren Stufen vorgebracht: Verschiedentlich wird behauptet, der Staat bzw. einzelne seiner Teile könnten prinzipiell überhaupt keine Rechte innehaben (dazu A.). Auch ist die Ansicht verbreitet, dem Staat könnten keine Rechte aus dem öffentlichen Recht zugeordnet werden und der Begriff des subjektiven öffentlichen Rechts sei für Rechte des Bürgers gegen den Staat reserviert (dazu B.). Es gibt also eine ganze Kaskade von Argumenten gegen Rechte des Staates,[2] mit denen umzugehen ist, bevor die Frage geklärt werden kann, welche Teile des Staates Rechte haben können (dazu C.), wie solche Rechte zu erkennen sind (dazu D.), wie weit sie reichen (vgl. E.) und welche Rechte es beispielsweise gibt (dazu F.).

A. Der Staat als Rechtsinhaber –
Zweifel an einer Selbstverständlichkeit

Der Staat ist ein besonderes Rechtssubjekt, schon alleine deswegen, weil es sich nicht um ein einheitliches, sondern um eine Vielzahl von Rechtssubjekten handelt.[3] Dass es überhaupt Teile des Staates gibt, die Rechtssubjekte sein können – auf diese mittlerweile als Selbstverständlichkeit verstandene Tatsache wurde

---

[1] Kapitel 3, A. I., S. 147.

[2] Die Frage, ob das Hierarchieprinzip Rechte des Staates ausschließt, wird erst unter D. III. 1., S. 366 erörtert, denn es handelt sich hier um einen Aspekt, der auch Rechte in bestimmten Bereichen ausschließen könnte (etwa im Inneren juristischer Personen, wo die beamtenrechtliche Gehorsamspflicht und das Weisungsrecht eine große Rolle spielen), sodass er bei der Ermittlung von Rechten unter Umständen im Einzelfall zu berücksichtigen sein kann. Es ist daher passend, ihn daraufhin zu untersuchen, ob er im Rahmen der Auslegung von Rechtsnormen, die ein Recht enthalten könnten, zu beachten ist, und deswegen wird unter A. und B. nicht separat auf die Verwaltungshierarchie eingegangen.

[3] Dazu oben Kapitel 1, C. I., S. 30.

bereits oben hingewiesen.[4] Wie ebenfalls oben beschrieben, verhinderte die Vorstellung von einem impermeablen, einheitlichen und übermächtigen Staat lange Zeit die Anerkennung von Rechten des Staates außerhalb seiner Rolle als Fiskus. Das Verständnis vom Staat hat sich aber grundlegend gewandelt.[5] Trotzdem wirken diese historischen Einflüsse bis heute nach.[6] Letzteres äußert sich zum Beispiel darin, dass bestimmten Teilen der Verwaltung immer noch prinzipiell die Fähigkeit abgesprochen wird, Rechte inne zu haben, und zwar partiell unter Verwendung von Formulierungen, die – wenn sie konsequent umgesetzt werden würden – Rechte des Staates insgesamt ausschließen (dazu I.). Die allgemeine Skepsis gegenüber Rechten des Staates wirkt sich nicht nur hinsichtlich verschiedener Teile der Verwaltung unterschiedlich aus, sondern variiert auch je nach Art des Rechts (dazu II.).

I. Problem der Ablehnung von Rechten des Staates aufgrund pauschaler Aussagen

In Kapitel 2 wurden bereits die recht starken, gegenüber Streitigkeiten zwischen Teilen des Staates skeptischen Strömungen in der Literatur des Verwaltungsrechts beschrieben. Parallel zu diesen[7] gibt es eine im Verwaltungsrecht ab und zu – oft jedoch im Gesamtkontext abgeschwächt – aufgegriffene Formulierung, dass der Staat oder seine Behörden nur Kompetenzen hätten, aber keine Rechte.[8] Auch

---

[4] Kapitel 2, B. II. 1., S. 81; vgl. auch die sehr ausführliche Begründung der Möglichkeit des Staates, Rechte inne zu haben bei *W. Roth,* Organstreitigkeiten, S. 462 ff.: Er entkräftet dort die Argumente, dass juristische Personen und insbesondere Teile des Staates keine Interessen verfolgen und damit auch keine Rechte haben könnten (S. 464 ff., insb. 468 ff.), dass Teile des Staates nur Gemeinwohlinteressen und keine Partikularinteressen verfolgten (S. 474 ff., dazu hier bereits unter Kapitel 2, C. II. 1. a), S. 106 ff. und unten A. I. 3., S. 264), dass Teile des Staates nicht auf Rechte verzichten könnten, obwohl dies ein unabdingbares Merkmal von Rechten sei (S. 480 ff.) und dass die Ausübung subjektiver Rechte mit einer gewissen Willkür verbunden sei, die Teilen des Staates nicht zustehe (S. 482 ff.). Da Rechte des Staates positiv normiert sind und die grundsätzliche Fähigkeit, überhaupt irgendwelche Rechte inne zu haben, daher selbstverständlich ist, wird auf diese Aspekte hier nicht näher eingegangen, soweit es sich nicht um Argumente handelt, die auch in neuerer Zeit häufiger auftauchen.

[5] Zum Wandel des Staatsbildes im Hinblick auf den Fiskus Kapitel 2, B. II. 1., S. 81 ff.; zur historischen Entwicklung der subjektiven öffentlichen Rechte unten B. III. 2. bei Fn. 152 ff., S. 284 f., B. IV., S. 289.

[6] Bspw. Indem sie eine Fokussierung des Begriffs des subjektiven öffentlichen Rechts als Recht des Bürgers gegen den Staat verursachen, dazu unten B. III. 2., bei Fn. 173, S. 287.

[7] Zu der geschichtlichen Verwurzelung einer Ablehnung gegenüber Rechten des Staates allgemein auch *W. Roth,* Organstreitigkeiten, S. 461 f.: Da der Begriff des subjektiven Rechts aus dem Zivilrecht stammt (dazu oben Kapitel 3 bei Fn. 283, S. 193 f.), sei eine Ablösung des Begriffes aus der Beschränkung auf das Verhältnis zwischen Bürgern jeweils immer nur unter Widerständen möglich gewesen.

[8] *K. Doehring* in: D. Merten/R. Morsey (Hrsg.), 30 Jahre Grundgesetz, Berlin 1979, S. 134: „die Staatsgewalt hat keine Rechte, sondern Kompetenzen" – als Argument, a. a. O. auf S. 133 f. harsche Kritik an jeder Drittwirkung der Grundrechte (!) zu üben; vgl. VG Düsseldorf, Urt. v.

sollen Rechte von Teilen des Staates deswegen unmöglich sein, weil sie die gesetzliche Kompetenzordnung konterkarierten. Und schließlich wird eine Ablehnung von Rechten des Staates teilweise damit begründet, dass er nur das Allgemeinwohl, nicht aber individuelle Interessen verfolge.[9] Alle diese pauschalen Aussagen sind abzulehnen, wie im Folgenden aufgezeigt werden soll.

1. Keine Gegenüberstellung von Rechten und Kompetenzen

Während die Aussage, Behörden könnten keine Rechte haben, sondern nur Kompetenzen,[10] nicht explizit Rechte des Staates allgemein ausschließt, wäre die Äußerung, der Staat insgesamt könne keine Rechte haben, sondern nur Kompetenzen,[11] so pauschal, dass sie ohne Rückgriff auf die Fiskustheorie[12] vor dem Hintergrund der weithin anerkannten Privatrechtsfähigkeit juristischer Personen des öffentlichen Rechts nicht mehr plausibel ist. Die Gegenüberstellung von Rechten und Kompetenzen und die dadurch erzeugte Suggestion eines Ausschließlichkeitsverhältnisses[13] wohnt aber all diesen Formulierungen inne. Dabei wird nicht

---

25.06.2002, Az.: 17 K 9880/98, juris, Rn. 39: „Juristische Personen des öffentlichen Rechts können sich nicht auf Grundrechte stützen, da sie keine Rechte, sondern Kompetenzen wahrnehmen." – das bezieht sich aber im Urteil nur auf die Grundrechtsfähigkeit. Auf Organe bezogen und mit einer Trennung von Außen- und Innenrechtskreis (dazu Kapitel 2, D., S. 135) argumentierend *W. Löwer* in: Isensee/Kirchhof, HStR Bd. 3, § 70 Rn. 8 f.

Aus der älteren (ein grundsätzliches Verbot eines Insichprozesses wird noch als Axiom verwendet, dazu oben Kapitel 2, B. I. 4., S. 64 ff.) Rspr. des BVerwG: BVerwG, Urt. v. 14.02.1969, Az.: IV C 215.65, BVerwGE 31, 263, juris Rn. 16: Behörden „haben Kompetenzen, aber keine eigenen Rechte" – diese Aussage bezieht sich aber mehr darauf, dass Rechte eher dem Rechtsträger zustehen sollen, denn Gemeinden werden in der Entscheidung explizit Rechte zugestanden; die genannte Entscheidung des BVerwG von 1969 wird noch 2003 von OVG Lüneburg, Urt. v. 20.03.2003, Az.: 7 KS 4179/01, juris Rn. 28 zitiert.

[9] Vgl. etwa *M. Ruffert*, DÖV 1998, 897, 898 f.; zum damit zusammenhängenden Einwand (speziell im Zusammenhang mit dem Begriff subjektives öffentliches Recht), diese könnten nur Rechte des Bürgers gegen den Staat bezeichnen, weil sie (ausschließlich) Individualität und Personalität gewährleisteten, unten Kapitel 4., B. IV. 6., S. 300.

[10] Siehe oben Fn. 8; zum österreichischen Recht *C. Grabenwarter* in: 16. ÖJT Bd. I/1, S. 147 f.; zur Frage, welche Teile juristischer Personen subjektive Rechte inne haben können unten C. I. 2., ab S. 318.

[11] Solche Zweifel meldet *M. Oldiges*, NVwZ 1989, 737, 739 an; weitere Nachw. in Fn. 8; zum österreichischen Recht *C. Grabenwarter* in: 16. ÖJT Bd. I/1, S. 135 – vgl. auch ebd. S. 145 f.: Auch Gebietskörperschaften sollen keine „echten" Rechte haben, außer sie handeln „als Träger von Privatrechten" (zur Fiskustheorie, die veraltet ist, Kapitel 2, B. II. 1. bei Fn. 205 ff., S. 83) – allerdings begründet er dies mit einer Gegenüberstellung von öffentlichen und privaten Interessen (a. a. O., S. 133, 135), dazu oben Kapitel 2, C. II. 1., S. 106, dass diese sich nicht trennen lassen: Kapitel 3, B. II. 2. d) cc) (2), S. 218.

[12] Zur Fiskustheorie Kapitel 2, B. II. 1. bei Fn. 194 ff., S. 82.

[13] Ganz explizit *J. Isensee* in: HStR Bd. 6, § 133 Rn. 84 f., der dies mit einer Gegenüberstellung von staatlicher und gesellschaftlicher Sphäre verknüpft (dazu unten IV. 5., S. 299). Davon, dass sich Rechte und Kompetenzen zumindest im Grundsatz ausschließen, geht auch *A. Wiese*, Beteiligung, S. 69, S. 70 f., S. 153 aus.

nur ausgedrückt, dass sich aus Kompetenzen keine Rechte herleiten ließen,[14] sondern auch, dass das Innehaben von Kompetenzen ein Grund ist, der jeweiligen Verwaltungseinheit insgesamt die Fähigkeit abzusprechen, Rechte haben zu können. Daran, dass juristischen Personen des öffentlichen Rechts Rechte aus dem Privatrecht zustehen können,[15] zeigt sich jedoch nicht nur wie erwähnt, dass Teile des Staates überhaupt Rechte inne haben können, sondern auch, dass allein die gleichzeitige Zuordnung von Kompetenzen kein Grund zur Ablehnung von Rechten sein kann, denn auch juristische Personen haben Kompetenzen. Recht und Kompetenz sind quasi traditionell in der juristischen Person des öffentlichen Rechts vereint, denn der Grund dafür, dem Staat die Eigenschaft als juristische Person zuzuschreiben, ist gerade, einen Anknüpfungspunkt für Rechte zu haben.[16] Nicht umsonst ist bei juristischen Personen des öffentlichen Rechts von „Vollrechtsfähigkeit" die Rede.[17] An der Rechtsfähigkeit juristischer Personen des öffentlichen Rechts ist daher zu erkennen, dass sich das Innehaben von Rechten und Kompetenzen nicht gegenseitig ausschließt.

Die Diskussion wird jedoch dadurch erschwert, dass nicht ganz klar ist, was unter dem Begriff Kompetenz zu verstehen ist.[18] Das liegt unter anderem daran, dass es sich dabei um einen Begriff handelt, der in der Gesetzessprache nur selten aufgegriffen wird. Zum Beispiel ist im Grundgesetz nur an einer einzigen Stelle und eher beiläufig explizit von „Kompetenzen" die Rede.[19] Einerseits werden als Kompetenzen die Befugnisse eines Teils des Staates bezeichnet,[20] andererseits aber auch die ihm zugewiesenen Aufgaben.[21] Das ist angesichts der häufig vertretenen These, dass von einer Aufgabe nicht auf die Befugnis geschlossen werden darf,[22] ein sehr erheblicher Unterschied. Zum Teil wird der Begriff Kompetenz

---

[14] Dazu unten Kapitel 4, F. V., S. 406.

[15] Zu weiteren Einwänden gegen die Annahme, dass juristische Personen des öffentlichen Rechts Rechte inne haben können, ausführlich *W. Roth,* Organstreitigkeiten, S. 462 ff.

[16] Dazu schon oben Kapitel 2, B. II. 1., S. 81.

[17] Vgl. zum Begriff der Vollrechtsfähigkeit noch kritisch C. I. 2. b), S. 322.

[18] *H. Bauer,* Bundestreue, S. 286; *W. Hoppe/M. Schulte,* Planfeststellungsverfahren, S. 40: Der „Begriff der Kompetenz [sei] ein äußerst ‚schillernder' Terminus".

[19] *W. Hoppe/M. Schulte,* Planfeststellungsverfahren, S. 38: Das Grundgesetz verwende den Begriff überhaupt nicht – das hat sich mittlerweile geändert, siehe Art. 109 Abs. 3 S. 5 GG (eingefügt durch G. v. 29.07.2009, BGBl. I S. 2248, 2249), sehr aussagekräftig ist diese Erwähnung jedoch nicht.

[20] *W. Roth,* Organstreitigkeiten, S. 44: Kompetenz als „Komplex sämtlicher funktioneller Merkmale eines institutionell eingerichteten Organs, das heißt die Gesamtheit seiner Entscheidungs- und Mitwirkungsbefugnisse".

[21] *H.-H. Becker-Birck,* Insichprozess, S. 50; *E. Rasch,* VerwArch 50 (1959) 1, 3: Kompetenz als die „von den Organisationen zu erfüllenden Aufgaben" im Gegensatz zu Befugnissen und Pflichten der Organisationen, die als Zuständigkeiten zusammengefasst sind.
Vgl. zu verschiedenen Definitionen auch *H. Bauer,* Bundestreue, S. 286 f. und *W. Hoppe/ M. Schulte,* Planfeststellungsverfahren, S. 38 ff. m.N.

[22] *J. Isensee* in: ders./Kirchhof, HStR Bd. 4, § 73 Rn. 21 f.

auch eher als Zuständigkeit verstanden.[23] Schon durch diese Unklarheit wird deutlich, dass die pauschale Gegenüberstellung von Rechten und Kompetenzen nicht in der Struktur von Kompetenzen selbst liegen kann. Ohne Klarheit darüber zu haben, was mit dem Begriff Kompetenz gemeint ist, kann auch nicht erklärt werden, warum sie Rechte ausschließt. Können aber nicht die Eigenschaften der Kompetenzen der Grund für den Ausschluss von Rechten sein, ist die Gegenüberstellung von Rechten und Kompetenzen überflüssig, weil sie nichts erklärt oder begründet.

Der Staat handelt hoheitlich im Rahmen seiner Kompetenzen, und das stellt auch ein prägendes Merkmal des Staates dar – trotzdem kann er Rechte inne haben und die Erfüllung von Aufgaben auch mithilfe der Ausübung von Rechten bewerkstelligen. Im Kontext des Art. 93 Abs. 1 Nr. 1 GG wird von einigen Autoren anerkannt, dass die Kompetenzen, um die dort gestritten wird und denen das Grundgesetz selbst die Bezeichnung „Rechte" gibt, auch als subjektive Rechte bezeichnet werden können.[24] Die pauschale Ablehnung von Rechten des Staates aufgrund einer Gegenüberstellung von Rechten und Kompetenzen ist dagegen allein der historischen Überlieferung und dem Nachwirken konstitutionalistischer Staatsvorstellungen zuzuschreiben.[25]

Für die Annahme, dass Kompetenzen des Staates das Innehaben von Rechten nur hinsichtlich bestimmter Teile oder bestimmter Rechte ausschließen,[26] gibt es

---

[23] *J. Isensee* in: ders./Kirchhof, HStR Bd. 4, § 73 Rn. 19: Kompetenz „bestimmt, welche Organisationseinheit, gegebenenfalls auch welches Organ handeln darf" und „setzt eine Staatsaufgabe voraus."

[24] *S. Detterbeck* in: Sachs, GG, Art. 93 Rn. 41: „Wenngleich es sich dabei nicht um individuelle Rechte handelt, sondern um Kompetenzen und Statusfragen, spricht nichts gegen ihre Qualifizierung als subjektive Rechte"; *J. Wieland* in: H. Dreier, GG Bd. 3, Art. 93 Rn. 50; BVerfG, Urt. v. 07.03.1953, Az.: 2 BvE 4/52, BVerfGE 2, 143, juris Rn. 30: Es sei gerechtfertigt, mit dem Grundgesetz von ‚Rechten' der Staatsorgane zu sprechen" (wenn auch nicht, sie mit Privatrechten gleichzusetzen). Das BVerfG spricht regelmäßig ohne Einschränkungen von Rechten, etwa BVerfG, Urt. v. 08.06.1982, Az.: 2 BvE 2/82, BVerfGE 60, 374, juris Rn. 23, BVerfG, Urt. v. 25.08.2005, Az.: 2 BvE 4/05, 2 BvE 7/05, BVerfGE 114, 121, juris Rn. 120.
A.A: *A. Hopfauf* in: Schmidt-Bleibtreu/Hofmann/Henneke, GG, Art. 93 Rn. 213; *W. Löwer* in: Isensee/Kirchhof, HStR Bd. 3, § 70 Rn. 8 f.
Differenzierend *T. Maunz* in: ders./Dürig, GG, Art. 93 Rn. 10; angesichts der Meinungsverschiedenheiten schreibt *A. Voßkuhle* in: v. Mangoldt/Klein/Starck, GG Bd. 3., Art. 93 Rn. 98, dass „die Vorstellung einer einheitlichen Staatsperson brüchig geworden" sei.
Zum Problem weiterführend unten B. II., insb. bei Fn. 97, S. 274.

[25] Zur geschichtlichen Einordnung *H. Bauer,* Bundestreue, S. 283, der auch Autoren aufzählt, die im Konstitutionalismus nicht dieser Gegenüberstellung anhingen (dazu, dass geschichtliche Entwicklungen hier nur vereinfacht dargestellt werden können, noch unten Fn. 140, S. 282); *H. Bethge* in: Maunz/Schmidt-Bleibtreu/Klein/ders., BVerfGG, § 63 Rn. 7 bezeichnet die „Antithetik von objektiver Kompetenz und subjektivem öffentlichen Recht" als „antiquiert".
Zum Wandel des Bildes vom Staat vertiefend im Folgenden unter B. IV., ab S. 289.

[26] Darauf läuft im Ergebnis die Ansicht von *Grabenwarter* (Fn. 11, S. 260 – vgl. a. a. O. S. 147 f. einerseits und S. 136 andererseits – hinaus, selbst wenn die Rechtspositionen bspw. der Gemeinden nicht als subjektive Rechte bezeichnet werden.

keinen Grund. Eine Differenzierung, nach der das Innehaben von Kompetenzen die Fähigkeit, Rechte zu haben nur bei Teilen des Staates ausschließt, die keine juristischen Personen sind, ist durch keinen Gesichtspunkt gerechtfertigt:[27] Wäre dies so, wäre der eigentliche Grund für die fehlende Fähigkeit, Rechte zu haben, nicht das Innehaben von Kompetenzen, sondern die fehlende Eigenschaft, juristische Person zu sein. Zwar üben juristische Personen ihre Kompetenzen nicht selbst aus, sondern regelmäßig durch Behörden. Das ist aber keine Besonderheit nur der juristischen Personen, weil Behörden ebenfalls nicht selbst handeln können, sondern nur die dort tätigen Personen. Kompetenzen werden also weder durch juristische Personen, noch durch Behörden selbst ausgeübt.[28] Wenn Behörden also wirklich nicht fähig wären, Rechte inne zu haben,[29] dann wäre jedenfalls die Aussage, dass sie nur Kompetenzen haben, in keiner Hinsicht eine stichhaltige Begründung dafür.

2. Keine Absorption von Rechten des Staates durch Kompetenzen

Denkbar wäre es jedoch, dass dort, wo einem Teil der Verwaltung bestimmte Kompetenzen zur Entscheidung zugeordnet sind, keine Rechte anderer Teile, denen besondere öffentliche Belange zugeordnet sind, bestehen können, weil das Geltendmachen von Rechten des einen Teils gegen die Entscheidung des zuständigen anderen Teils der Verwaltung dessen Entscheidungsmacht untergraben könnte. Das würde bedeuten, dass die Kompetenz des zuständigen Teils ein Recht des unzuständigen Teils der Verwaltung ausschließt oder zumindest im konkreten Fall absorbiert. Als Beispiel: Eine im Rahmen einer Planfeststellung getroffene Entscheidung könnte dann aufgrund von Rechten anderer Teile des Staates aus Prinzip nicht angefochten werden.

Gegen eine Inkompatibilität von Rechten und Kompetenzen spricht beispielsweise die Existenz der gesetzlichen Regelungen der §§ 102 ff. SGB X. Es handelt sich um Normen, die dazu dienen, (negative) Kompetenzkonflikte mittels Einräumung von Rechten zwischen Hoheitsträgern zu regeln und zu beseitigen.[30] Die

---

[27] Vgl. auch *F. E. Schnapp*, Amtsrecht, S. 212: „Gibt es also keine apriorischen Sperren gegen eine Zuerkennung subjektiver Rechte an ‚künstliche‘ Funktionsträger, dann wird man auch den Trennschnitt nicht pauschalierend zwischen bestimmten Kategorien von organisatorischen Einheiten verlaufen lassen können".

[28] Zu Fragen der Zurechnung von Amtswalterhandlungen noch unten C. II., S. 327 und C. III. 1., S. 341.

[29] Dazu noch unten C. I. 2., S. 318 ff. – aufgrund der Relativität der Rechtsfähigkeit kann die Aussage, Behörden könnten keine Rechte haben, so allgemein nicht getroffen werden.

[30] Vgl. *P. Becker* in: Hauck/Noftz, SGB, SGB X Bd. 2, Loseblatt, Berlin, Stand: Aug. 2016, vor §§ 102–114, Rn. 1 f.: Koordinierung der Verwaltungsträger, die durch Kompetenzüberschneidungen notwendig wird, durch die Regelungen der §§ 102 ff. SGB X, „kompetenzielle[r] Aspekt des gegliederten Systems wird auf seiner Finanzierungsebene mit den Regelungen über die Erstattungsansprüche der Leistungsträger untereinander erfasst"; vgl. *D. Weber* in: Rolfs/Giesen/Kreikebohm/Udsching, BeckOK Sozialrecht, § 102 SGB X Rn. 23: § 102 SGB X anwendbar bei ungeklärter Zuständigkeit, a. a. O. Rn. 24: „Kompetenzkonflikt".

Rechte des einen Hoheitsträgers können sogar „Sanktionscharakter" gegenüber dem anderen Hoheitsträger haben.[31] Es ist also hier durch das Gesetz vorgesehen, dass Konflikte nicht allein über die Zuweisung von Zuständigkeiten, sondern auch über subjektive Rechte in Form von Geldleistungsansprüchen gelöst werden.

Auch im Bereich der Planfeststellungsverfahren führt die Konzentrationswirkung nicht dazu, dass vom Gesetz eingeräumte Rechte von Teilen der Verwaltung durch die Entscheidungskompetenz der Planfeststellungsbehörde verdrängt werden, wie das BVerwG entschieden hat: „Wo aber – wie bei der Gemeinde – eigene Rechte [...] bestehen, werden sie durch die [...] Konzentrationswirkung des Planfeststellungsverfahrens [...] nicht beseitigt. Die [...] Konzentration bewirkt vielmehr nur eine Zuständigkeitskonzentration, nicht jedoch einen Rechtsverlust da, wo wirklich Rechte in Frage stehen."[32] Das BVerwG drückt hier zwei Inhalte aus: Gemeinden können eigene Rechte haben,[33] und diese können auch in verwaltungsgerichtlichen Verfahren trotz der Kompetenzordnung geltend gemacht werden.

3. Keine Beschränkung auf die Verfolgung des Allgemeinwohls

Teilweise wird mit dem Hinweis, der Staat und seine Teile verfolgten nur das Allgemeininteresse, aber keine Individualinteressen, eine Zuordnung von Rechten zu diesen mit Skepsis gesehen.[34] Wie bereits oben beschrieben, existiert aber kein feststehendes Allgemeininteresse, sondern es besteht eine Interessenpluralität innerhalb der Verwaltung.[35] Schon der Begriff des Allgemeininteresses impliziert ein Bild der Einheit der Verwaltung konstitutionalistischer Prägung, das längst überholt ist.[36] Außerdem birgt allein der Begriff des Interesses selbst erhebliche

---

[31] *E. Roos* in: von Wulffen/Schütze, SGB X, 8. Auflage München 2014, § 102 Rn. 3 m.w.N.

[32] BVerwG, Urt. v. 14.02.1969, Az.: IV C 215.65, BVerwGE 31, 263, juris Rn. 16. BVerwG, Urt. v. 14.04.1989, Az.: 4 C 31.88, BVerwGE 82, 17–24, Rn. 14ff. trifft keine entgegenstehenden Aussagen: Dort ging es nicht um Rechte, sondern um die Frage, ob nicht zu Rechten verdichtete abwägungserhebliche Belange durch den betreffenden Teil des Staates geltend gemacht werden können, was das BVerwG verneint hat, weil diese Belange der zur Planfeststellung berufenen Stelle zugeordnet seien.
Zu weiterer Rspr. siehe unten Fn. 870, S. 405.

[33] Vgl. auch die in Fn. 78 zit. Urt. des BVerfG. Rechte von Gemeinden, die in Planfeststellungsverfahren geltend gemacht werden können, sind bspw. das zivilrechtliche Eigentum (vgl. *H. Sodan* in: ders./Ziekow, VwGO, § 42 Rn. 429) oder die kommunale Planungshoheit (*H. Sodan*, a.a.O., Rn. 430f.). Vgl. zu Rechten von Gemeinden auch unten F.I., S. 394 und IV., S. 405.

[34] Etwa bei *W. Krebs* in: Erichsen/Hoppe/von Mutius, FS Menger, S. 209 und *M. Ruffert*, DÖV 1998, 897, 898f.; weitere Nachweise bei *W. Roth*, Organstreitigkeiten, S. 465 dort. Fn. 14; vgl. BVerwG, Urt. v. 06.10.1964, Az.: V C 58.63, BVerwGE 19, 269, juris Rn. 15.

[35] Kapitel 2, C.II.1., S. 106.

[36] Dazu, dass der Begriff des Allgemeinwohls ein Kampfbegriff des Konstitutionalismus war, mit dem die Macht des Monarchen gesichert werden sollte, Kapitel 2, B.II.1.a), Fn. 344, S. 107; vgl. auch Kapitel 3, bei Fn. 441, S. 219.

Schwierigkeiten,[37] sodass er durch seine Ungenauigkeit kaum geeignet ist, bestimmte Zuordnungssubjekte von vornherein als Interessenträger auszuschließen. Auch die Individualität oder Subjektivität der Interessen des Staates kann nicht mit dem Argument abgelehnt werden, dass dieser öffentliche Interessen oder das Allgemeinwohl verfolgt: Es ist notwendig, zwischen der Verortung von Rechten in einem Rechtsgebiet und der Motivation ihrer Ausübung zu unterscheiden.[38] Auch Rechte können so ausgeübt werden, dass sie – indem sie zur Verfolgung bestimmter, gesetzlich hervorgehobener öffentlicher Interessen geltend gemacht werden – zur Verwirklichung des Allgemeininteresses (verstanden als die in einem Prozess gefundene, bestmögliche Lösung) beitragen. Darüber hinaus können juristische Personen des öffentlichen Rechts schließlich ebenfalls Rechte des Privatrechts haben – dass sie diese nur zur Förderung öffentlicher Interessen einsetzen dürfen, steht dem nicht entgegen. Die Pflicht von Verwaltungseinheiten, ihre Tätigkeit auf die Förderung bestimmter öffentlicher Belange auszurichten, schließt also die Möglichkeit, Rechte inne zu haben, nicht aus.

Auch ist die umfassende Bindung an Recht und Gesetz im Sinne des Art. 20 Abs. 3 GG nicht so zu verstehen, dass durch eine Pflicht zur Beachtung aller Rechtsvorschriften eine Art Gemeinwohlbindung aller Teile der Verwaltung bestünde, die Rechte von Verwaltungseinheiten als sinnlos oder kontraproduktiv erscheinen lässt. Denn es ist schon faktisch aufgrund der Vielzahl von Interessen und Gesetzen, die sie schützen, wie oben beschrieben[39] gar nicht möglich, dass jede Verwaltungseinheit selbst einen Ausgleich aller Interessen vornimmt.[40] Deswegen gibt es schließlich die Zuständigkeitsordnung, ohne die der Staat nicht funktionieren könnte.[41] Und innerhalb dieser Aufteilung von Interessen auf unterschiedliche Verwaltungsträger, der oben herausgearbeiteten Interessenpluralität in der Verwaltung,[42] ist es auch möglich, dass öffentliche Interessen gegen andere Teile der Verwaltung mit Hilfe von subjektiven Rechten zur Geltung gebracht werden.[43]

4. Möglichkeit der Erfüllung aller Voraussetzungen für eine Rechtsinhaberschaft

In Kapitel 3 wurde erläutert, dass das subjektive Recht, wenn es als Tatbestandsvoraussetzung in den Normen des Verwaltungsprozessrechts vorkommt, als ein Platzhalter für die Wertungsfrage angesehen werden kann, ob sich jemand auf eine

---

[37] Vgl. oben Kapitel 3, B.I.3.d), S. 169.

[38] Ausführlich zur Notwendigkeit der Trennung zwischen den Kategorien öffentliche oder private Rechte und Ausübung im öffentlichen oder privaten Interesse *W. Roth*, Organstreitigkeiten, S. 469 ff.; vgl. unten Kapitel 4, B.IV.2., S. 293.

[39] Kapitel 2, C.II.1.b), S. 111.

[40] Dazu insbesondere *W. Brohm*, VVDStRL 30 (1971), 245, 293 m. Nachw.

[41] *H.H. Rupp*, Grundfragen, S. 48f.; *F.E. Schnapp*, Amtsrecht, S. 164.

[42] Kapitel 2, C.II.1., S. 106.

[43] Ähnlich *W. Roth*, Organstreitigkeiten, S. 478f.

Rechtsnorm berufen können soll. Aufgrund der Offenheit des Begriffs des subjektiven Rechts sowie aufgrund der Ungewissheit über seine nicht vollständig klaren und in immer anderen Nuancen erscheinenden Wesenselemente ist es nicht möglich, Rechte des Staates pauschal auszuschließen.[44] Aber auch die verschiedenen Strukturmerkmale, die für das subjektive Recht diskutiert werden,[45] sprechen allesamt nicht gegen eine Rechtsinhaberschaft des Staates. Ein Interesse kann einem Teil des Staates genauso zugeordnet sein wie das Element der Willensmacht.

Wenn das Interesse, das aufgrund der Dominanz der Interessentheorie im Rahmen der genaueren Beschreibung des subjektiven Rechts eine wichtige Stellung einnimmt, als individualpsychologische Gegebenheit angesehen würde, könnten allerdings die als apersonal anzusehenden[46] Teile des Staates in der Tat keine Individualinteressen haben.[47] Rechte des Staates wären dann ausgeschlossen. Genauso könnte Teilen des Staates auch unterstellt werden, sie könnten keinen (individualpsychologisch verstandenen) Willen haben. Dagegen spricht jedoch, dass dann auch juristische Personen des Privatrechts keine Rechte inne haben könnten, weil ihnen genauso die Fähigkeit fehlt, einen Willen und ein Interesse wie ein Mensch zu haben. Eine solche enge Betrachtungsweise der Struktur subjektiver Rechte kann also in unserer Rechtsordnung, in der auch juristische Personen allgemein Rechte inne haben können, nicht konsequent verfolgt werden.[48] Dann kann aber auch nicht mit diesem Argument Teilen des Staates die Inhaberschaft von Rechten versagt werden. Selbst wenn bei juristischen Personen des Privatrechts mit den hinter der Organisation stehenden natürlichen Personen argumentiert wird:[49] Ein solcher Durchgriff ist auch schon bei juristischen Personen des öffentlichen Rechts versucht worden.[50] Vor allem aber geht es bei der Bestimmung von Individualinteressen nach dem verbreiteten Verständnis von der Schutznormtheorie gerade um solche Interessen, die dem klagenden Rechtssubjekt selbst zugeordnet sind und nicht irgendwelchen dahinterstehenden Dritten. Bei juristischen Personen des Privatrechts dann im Rahmen der Schutznormtheorie auf einen Durchgriff abzustellen, wäre in hohem Maße widersprüchlich.

---

[44] Schon oben Kapitel 3, B.I.5., S. 200; vgl. auch oben Kapitel 3, B.III., S. 255.

[45] Oben Kapitel 3, B.I.3., S. 162.

[46] Dass die Rolle als Teil des Staates von der Rolle als Bürger gedanklich zu trennen ist: Kapitel 4, C.II.2.a), S. 332.

[47] W. Löwer, VerwArch 68 (1977), 327, 339f. (der sich auch gegen Rechte des Staates ausspricht); F.E. Schnapp, VerwArch 78 (1987), 407, 423. Vgl. (zur Schutznormtheorie) auch H. Bauer, DVBl. 1986, 208, 217 mit entgegengesetzten Schlussfolgerungen als Löwer.

[48] Im Ergebnis auch D. Lorenz, AöR 93 (1968), 308, 319f.; gegen diese individualpsychologische Betrachtungsweise auch W. Roth, Organstreitigkeiten, S. 466ff. Dazu, dass auch das subjektive öffentliche Recht nicht pauschal nur für die Individualität und Personalität von Bürgern gewährleistet ist, unten Kapitel 4, B.IV.6., S. 300.

[49] Zum Für und Wider von Durchgriffsargumenten unten Kapitel 4, B.IV.6., insb. Fn. 268f., S. 303.

[50] W. Leisner, Verwaltung, S. 223. Ein solcher Durchgriff erklärt außerdem nicht die Differenz zu Rechten aus dem Zivilrecht, die Teilen des Staates, wenn sie juristische Personen sind, unbestritten zustehen können, siehe Kapitel 2, B.II.1., S. 81; vgl. auch Kapitel 4, C.I.1., S. 313.

Auch die wichtigen Merkmale der Zuordnung und Individualität können bei Teilen des Staates erfüllt sein, wie sie auch bei nicht menschlich-individuellen Rechtssubjekten des Privatrechts als gegeben angesehen werden. Solange sich ein Teil des Staates als Organisation identifizieren und abgrenzen lässt, lassen sich auch Interessen eindeutig zuordnen.[51] Auch dass Teile des Staates eine Rechtsmacht haben können, wenn sie im Sinne einer gerichtlichen Durchsetzbarkeit – für viele das einzig greifbare Merkmal des subjektiven Rechts –[52] verstanden wird, leuchtet durch eine Parallele zu Organisationen des Privatrechts ein und bestätigt sich schon dadurch, dass Streitigkeiten im Verhältnis Staat gegen Staat vor Gericht vielfach stattfinden.

5. Schlussfolgerung – mangelnde Plausibilität genereller Aussagen

Es gibt also keinen allgemeinen Grundsatz, dass Rechte und Kompetenzen in irgendeinem Ausschlussverhältnis stünden. Dass der Staat mit Kompetenzen ausgestattet ist, hindert nicht, ihm auch Rechte zuzuschreiben. Auch können Rechte von Teilen des Staates nicht mit der pauschalen Formel, der Staat verfolge nur Allgemeininteressen, ausgeschlossen werden. Der Begriff des subjektiven Rechts im Sinne der Prozessrechtsordnungen ist ein sehr offener Begriff, der keine festen Konturen hat und unter den sich daher auch Rechtspositionen des Staates fassen lassen. Nicht, ob der Staat überhaupt Rechte haben kann, ist zweifelhaft,[53] sondern die Fragestellung verschiebt sich dahin, zu bestimmen, welche Rechte es sind, und welchen Teilen des Staates sie zustehen können.[54]

Ein Hauptproblem pauschaler Aussagen zu Rechten des Staates ist aber auch, dass sie vielfach mit der bestehenden Rechtslage nicht übereinstimmen.[55] Wenn juristische Personen des öffentlichen Rechts unbestritten subjektive Rechte aus dem Privatrecht inne haben, kann eine Ablehnung von Rechten, ohne auf (vermeintliche) Unterschiede zwischen Rechten aus dem öffentlichen Recht und dem Privatrecht einzugehen, nicht überzeugen. Wenn auf eine Verfolgung des Allgemeinwohls und damit auf Staatsvorstellungen des Konstitutionalismus abgestellt[56]

---

[51] Zur Zuordnung von Interessen zu Teilen des Staates schon oben Kapitel 2, C. II. 1. b), S. 111. Zur Rechtsfähigkeit von Teilen der Verwaltung unten C. I., ab S. 312. Auf völkerrechtlicher Ebene wird sogar „der Staat" insgesamt trotz seiner Vielschichtigkeit als abgrenzbares Rechtssubjekt betrachtet.

[52] Oben Kapitel 3, B. I. 3. f) cc), S. 183.

[53] So auch *W. Roth,* Organstreitigkeiten, S. 484, der auf S. 462 ff. noch dem Einwand entgegentritt, Teile des Staates könnten keine Interessen verfolgen (dazu hies. Kapitel 2, C. II., S. 104) sowie den (als weniger gewichtig einzustufenden) Einwand der fehlenden Verzichtbarkeit subjektiver Rechte des Staates entkräftet (dazu schon oben Kapitel 3, Fn. 215, S. 181) – zur Trennung von Inhaberschaft und Ausübung eines Rechtes hies. Kapitel 4, B. IV. 2., S. 293.

[54] Vgl. *H. Bauer,* DVBl. 1986, 208 ff.; *K. F. Röhl/H. C. Röhl,* Rechtslehre, S. 378; *W.-R. Schenke* in: Kopp/Schenke, VwGO, § 43 Rn. 11.

[55] Zu Rechten des Staates aus dem öffentlichen Recht noch unten Kapitel 4, B. I., S. 271.

[56] Zum Zusammenhang von Allgemeinwohl und Konstitutionalismus vgl. Kapitel 2, Fn. 329, S. 106, Fn. 344, S. 107 und Kapitel 3, B. II. 2. d) cc) (2), S. 218 ff., dort insb. Fn. 447, S. 220.

und die Interessenpluralität der Verwaltung, die Zuordnung von Belangen zu verschiedensten Verwaltungseinheiten (vgl. § 4 Abs. 1 S. 1 BauGB)[57] und die Existenz verschiedener Rechte von Teilen des Staates – auch aus dem öffentlichen Recht –[58] ausgeblendet wird, dann wird klar, dass mit der grundsätzlichen Ablehnung subjektiver Rechte von Teilen des Staates nur ein vermeintlicher Regelfall bzw. ein vermeintlich geltendes Prinzip postuliert wird. In Wirklichkeit enthält die Rechtsordnung unter dem Grundgesetz – wie bereits in Kapitel 2 dargelegt – differenzierte Wertungen, die es nicht erlauben, subjektive Rechte des Staates im Grundsatz abzulehnen. Dem entsprechend machen auch in der Praxis laufend Verwaltungseinheiten Rechte vor Verwaltungsgerichten geltend.[59]

Wenn also pauschale Aussagen über Rechte des Staates das Problem von Inkonsistenzen bergen, ist eine Differenzierung notwendig. Eine solche Differenzierung kann am besten gelingen, wenn nicht nach bestimmten Gruppen von Rechten oder bestimmten Typen von Rechtssubjekten unterschieden wird, sondern die Frage, ob sich der klagende Teil der Verwaltung auf eine Rechtsnorm berufen kann, auf Basis der Auslegung der jeweiligen einzelnen Norm beantwortet wird. Auch Fallgruppen bergen die Gefahr, bestimmte Wertungen, die im Einzelfall gar nicht zutreffen mögen, zu verabsolutieren. Denn ob einem Rechtssubjekt ein Recht zusteht, ist, wie bereits mehrfach angesprochen,[60] keine Frage primär des Prozessrechts, sondern des materiellen Rechts, in dessen Rahmen nach einem subjektiven Recht gesucht wird.

II. Entwicklung von Rechten des Staates in historisch gewachsenen Fallgruppen

Wie bereits oben[61] geschildert, wird der Notwendigkeit zur Differenzierung im Problemkreis, wer Inhaber von Rechten sein kann, jedoch meist gerade durch die Bildung verschiedener Fallgruppen Rechnung getragen. Wie die Entwicklung der Zulässigkeit von Streitigkeiten zwischen Teilen der Verwaltung insgesamt, wird nämlich auch die Zuordnung von Rechten zu Teilen des Staates aus dem historischen Kontext heraus durch einen Bruch gekennzeichnet, der zwischen der Kategorie der juristischen Person des öffentlichen Rechts und den Teilen der Verwaltung verläuft, die keine sogenannte Vollrechtsfähigkeit besitzen.[62] Dieser Unterschied ist nicht nur durch die Vorstellung von der Verwaltung als einheitlichem, impermeablem Gebilde bedingt, sondern auch durch eine Ausrichtung und

---

[57] Dazu ausführlich oben Kapitel 2, C. II., S. 104.

[58] Dazu unten unter B. I., S. 271.

[59] Vgl. etwa oben Kapitel 1, B. II. Fn. 31, 32 und 33, S. 25.

[60] Etwa oben unter Kapitel 3, B. II. 2. c), S. 210 bei Fn. 393, Kapitel 3, B. II. 2. d) cc) (3), bei Fn. 490, S. 226, Kapitel 3, B. II. 2. e), S. 233.

[61] In Kapitel 2, B., S. 52.

[62] Dazu schon oben Kapitel 2, B. III. 1., S. 92.

Orientierung der Begriffe Rechtsfähigkeit und insbesondere Vollrechtsfähigkeit an subjektiven Rechten des Privatrechts. Dadurch lässt sich eine weitere Trennlinie erkennen, nämlich zwischen den subjektiven öffentlichen Rechten, die herkömmlich Teilen des Staates definitionsgemäß grundsätzlich abgesprochen wurden,[63] und subjektiven Rechten aus dem Privatrecht. Diesen tradierten Bruchstellen lässt sich bei der Darstellung von Streitigkeiten zwischen Teilen der Verwaltung auch heute nicht ausweichen.

Was sich bei der Betrachtung der Entwicklung des sogenannten verwaltungsrechtlichen Organstreits gezeigt hat,[64] lässt sich auch auf die Fähigkeit von Teilen des Staates, Rechte zu haben, übertragen: Ohne explizit die Grundhaltung aufzugeben, Streitigkeiten zwischen Teilen des Staates seien eigentlich unzulässig und Rechte von Teilen des Staates gegen andere Teile könne es nicht geben, wurden nach und nach verschiedene Ausnahmen in bestimmten Bereichen anerkannt. Es ergibt sich ein Raster von zumindest aus der historischen Entwicklung heraus als unterschiedlich problematisch angesehenen Kombinationen aus der Art des Rechts (Rechte des Privatrechts – subjektive öffentliche Rechte) und des Rechtsträgers (Juristische Person des öffentlichen Rechts – sonstige Teile der Verwaltung): Juristische Personen des öffentlichen Rechts können Rechte aus dem Privatrecht inne haben,[65] subjektive öffentliche Rechte aber nur, wenn diese nicht als Rechte des Bürgers gegen den Staat definiert werden.[66] Sonstigen, nicht vollrechtsfähigen Teilen der Verwaltung können, da sie keine Rechte aus dem Privatrecht haben können, nur solche aus dem öffentlichen Recht zustehen, wobei hier traditionell eine Stellung als Kontrastorgan gefordert wird.[67] Die Skepsis gegenüber der Zuordnung von Rechten zu Teilen des Staates[68] ist innerhalb dieses Rasters an zwei Polen festzumachen: Einerseits bei der Ausrichtung des subjektiven öffentlichen Rechts als Recht des Bürgers gegen den Staat,[69] andererseits bei der Ablehnung, anderen Untergliederungen als juristischen Personen des öffentlichen Rechts überhaupt Rechte zuzuerkennen,[70] die unter anderem auch im Ausnahmecharakter der Kontrasttheorie fortwirkt.[71]

---

[63] Dazu noch unten, Kapitel 4, B. III. 2., S. 282.

[64] Oben Kapitel 2, B. I. 5. c), S. 75.

[65] Vgl. schon oben Kapitel 2, B. II. 1., S. 81.

[66] Wie das jedoch sehr verbreitet getan wird, vgl. oben Kapitel 3, B. I. 4. b), S. 192 ff.

[67] Zur Kontrasttheorie oben Kapitel 2, B. I. 5. a), S. 69.

[68] Vgl. zu Streitigkeiten zwischen Teilen des Staates allgemein oben Kapitel 2, B., S. 52.

[69] Näher dazu sogleich unter B.

[70] Näher dazu unter C., S. 310. Vgl. *R. Stober* in: Wolff/Bachof/Stober/Kluth, Verwaltungsrecht Bd. 1, § 41 Rn. 12: Obwohl der Ausdruck subjektives öffentliches Recht „in der Regel den Berechtigungen der Zivilpersonen vorbehalten wird", seien subjektive öffentliche Rechte zwischen Rechtsträgern denkbar, grds. nicht aber innerhalb eines Rechtsträgers – vgl. auch dortige Rn. 15.

[71] Zur Kontrasttheorie oben Kapitel 2, B. I. 6. bei Fn. 174, S. 78.
Eine Mischung aus Negierung, selbstverständlicher Anerkennung und Nichtbeachtung von Rechten des Staates konstatiert auch *H. Bauer,* DVBl. 1986, 208, 208 f.

Diese geschichtlich gewachsene Komplexität ist aber in Frage zu stellen: Wenn es – wie hier herausgearbeitet –[72] eine sehr offene Wertungsfrage ist, ob sich jemand auf die Verletzung einer Rechtsnorm berufen können soll, warum sollten dann bei unterschiedlichen Teilen der Verwaltung unterschiedliche Wertungskriterien anzusetzen sein? Wird die Erkenntnis berücksichtigt, dass statt pauschaler Aussagen eine Differenzierung im Einzelfall nötig ist, haben Fallgruppen nur dann eine Berechtigung, wenn sie der Systematisierung vorhandener Gesichtspunkte dienlich sind, die berechtigte Kriterien für oder gegen das Vorliegen von subjektiven Rechten darstellen. In dieser Hinsicht müssen die herkömmlichen Fallgruppen kritisch untersucht werden. Bereits oben wurde herausgearbeitet, dass die aus dem Konstitutionalismus stammenden Grundsätze der Einheit und Impermeabilität der Verwaltung, sowie eine strikte Hierarchie und eine Orientierung an einem absolut verstandenen Gemeinwohl keine brauchbaren Wertungsgesichtspunkte sind, schon gar nicht, wenn sie inkonsequent nur auf bestimmte Teile der Verwaltung angewendet werden.[73] Welchen Teilen der Verwaltung welche Rechte zustehen können, ist also eine Frage, die genauerer Erläuterung bedarf. Im Folgenden soll daher mit Fokus auf die gerade erwähnten Pole der Skepsis gegenüber Rechten des Staates gezeigt werden, dass Verwaltungseinheiten auch Rechte aus dem öffentlichen Recht haben (B.) und warum auch Teilen des Staates, die keine juristischen Personen sind, solche Rechte zustehen können (C.).

B. Rechte des Staates aus dem öffentlichen Recht

Die Tendenzen, Rechte des Staates abzulehnen, zeigen sich besonders auf dem Gebiet des öffentlichen Rechts. Subjektive Rechte des Staates werden zumeist nur dann wirklich unproblematisch anerkannt, wenn es sich um Rechte des Privatrechts handelt, die juristischen Personen des öffentlichen Rechts zustehen. Bei Rechten aus dem öffentlichen Recht[74] drückt sich die Skepsis gegenüber Streitigkeiten zwischen Teilen des Staates vor allem in der gewählten Terminologie aus, die zu einer Verkomplizierung der Prozesskonstellation Staat gegen Staat beiträgt. Der Begriff subjektives öffentliches Recht wird nämlich für die Rechtspositionen des Staates im Allgemeinen nicht verwendet. Subjektive öffentliche Rechte des Staates sind genau dann ein Widerspruch in sich, wenn subjektive öffentliche Rechte als Rechte des Bürgers gegen den Staat definiert werden. Ob diese Definition zutrifft oder ob der Begriff des subjektiven öffentlichen Rechts einfach gemäß der intuitiven Wortbedeutung zur Bezeichnung von Rechten aus dem öffentlichen Recht ohne Rücksicht auf das jeweilige Rechtssubjekt herangezogen werden kann,

---

[72] Vgl. oben: Kapitel 3, B. I. 3. g), S. 187.

[73] Dazu oben Kapitel 2, insb. zusammenfassend E., S. 143.

[74] Dazu, dass die Gründe für eine fehlende Akzeptanz von subjektiven Rechten aus dem öffentlichen Recht in „allgemeinen Grundsätzen des öffentlichen Rechts" liegen müssten, *W. Roth*, Organstreitigkeiten, S. 463.

wurde in Kapitel 3 weitgehend offen gelassen[75] und soll nun im Folgenden geklärt werden.[76] Abgesehen davon werden allerdings Rechte des Staates, etwa bei Kommunalverfassungsstreitigkeiten, häufig nicht einmal als echte Rechte (selbst ohne die Attribute subjektiv und öffentlich) anerkannt. Die Haltung, Teilen des Staates subjektive Rechte aus dem öffentlichen Recht aus Prinzip abzusprechen, überzeugt – wie die folgenden Ausführungen zeigen werden – allerdings nicht.

I. Existenz in gesetzlichen Regelungen

Ein bereits für sich gesehen schlagendes Argument ist, dass subjektive Rechte des Staates heute auch im öffentlichen Recht vielfach positiv normiert sind, nicht zuletzt auf verfassungsrechtlicher Ebene in Art. 28 Abs. 2 GG.[77] Das BVerfG hat zur Stellung von Gemeinden geäußert, diese seien „selbst ein Teil des Staates, in dessen Aufbau sie integriert und innerhalb dessen sie mit eigenen Rechten ausgestattet sind"[78] – und damit Rechte für diesen Teil des Staates anerkannt. Auch die Rechte, die Organe bei Streitigkeiten nach Art. 93 Abs. 1 Nr. 1 GG geltend machen, werden teilweise als subjektive Rechte anerkannt.[79] Alle diese Rechte stehen Teilen des Staates zu.

Speziell zu Art. 28 Abs. 2 GG lässt sich nicht einwenden, dass die Norm auch bestimmte objektive Regelungsinhalte hat.[80] Den kommunalen Gebietskörperschaften werden durch die Norm subjektive Rechte,[81] insbesondere im Sinne des

---

[75] Kapitel 3, B.I.4.b), S. 192.

[76] Unter B.V. bei Fn. 292, S. 308. Im Folgenden wird zunächst die damit zusammenhängende Frage, ob Teile des Staates Rechte aus dem öffentlichen Recht inne haben können, erläutert. An der genannten Stelle kann dann daraus die Schlussfolgerung gezogen werden, dass unter subjektiven öffentlichen Rechten einfach Rechte aus dem öffentlichen Recht zu verstehen sind.

[77] Dass Art. 28 Abs. 2 GG ein subjektives Recht enthält, ist laut *F. E. Schnapp*, Amtsrecht, S. 211 „klargestellt". Vgl. zur Rechtslage in Österreich: *C. Grabenwarter* in: 16. ÖJT Bd. I/1, S. 133.
Vgl. *W. Hoppe/M. Schulte,* Rechtsschutz, S. 44 f. m.N., die Art. 30 GG als eine Vorschrift betrachten, die subjektive Rechte der Länder normiert.
Insofern ist auch die Behauptung bei *A. Wiese,* Beteiligung, S. 115, der Zugang von Trägern öffentlicher Gewalt zu Verwaltungsrechtsschutz erfolge nicht in Konkretisierung verfassungsrechtlicher Vorgaben, zumindest teilweise sachlich nicht richtig.

[78] BVerfG, Beschl. v. 19.11.2002, Az.: 2 BvR 329/97, BVerfGE 107, 1, juris Rn. 43; BVerfG, Beschl. v. 19.11.2014, Az.: 2 BvL 2/13, BVerfGE 138, 1, juris Rn. 52 m.w.N.

[79] Oben Fn. 24, S. 262.

[80] Vgl. *H. Dreier* in: ders., GG Bd. 2, Art. 28 Rn. 90 ff.: neben „subjektive[r] Rechtsstellungsgarantie" auch „institutionelle Rechtssubjektsgarantie", „objektive Rechtsinstitutionsgarantie".

[81] *M. Nierhaus* in: Sachs, GG, Art. 28 Rn. 40: kein Grundrecht oder grundrechtsgleiches Recht, aber neben Einrichtungsgarantie auch subjektive Rechte; schon 1964 *K. Obermayer* in: J. Mang/T. Maunz/F. Mayer/ders., Staats- u. Verwaltungsrecht, 2. Aufl., S. 307; ausführlich *W.-R. Schenke* in: Brüning/Suerbaum, Vermessung, S. 80 ff.

§ 42 Abs. 2 VwGO, zugestanden,[82] die im Verwaltungsprozess die Klagebefugnis begründen können.[83] Dies macht schon der Wortlaut des Art. 28 Abs. 2 GG klar, der in Satz 1 von „Recht" und in Satz 2 von „Recht der Selbstverwaltung" spricht. Dass Art. 28 Abs. 2 GG subjektive Rechte der kommunalen Gebietskörperschaften normiert, ist daher auch sehr weitgehend anerkannt.[84] Ob Art. 28 Abs. 2 GG selbst als Recht gesehen oder die Formulierung gewählt wird, dass aus Art. 28 Abs. 2 GG Rechte folgen, ist dabei ohne Belang.

Aussagen, dass es sich bei der sogenannten Kommunalverfassungsbeschwerde nach Art. 93 Abs. 1 Nr. 4b GG nicht um einen Rechtsbehelf handele, mit dem die kommunale Gebietskörperschaft eigene Rechte geltend macht, sondern um eine Art der Normenkontrolle,[85] bei der es „um die Bewahrung der institutionellen Garantie der kommunalen Selbstverwaltung" gehe,[86] passen dagegen nicht zu der weitgehend einhelligen Einordnung des Art. 28 Abs. 2 GG als Recht im Sinne des § 42 Abs. 2 VwGO. Es liegt vielmehr nahe, den Wortlaut des Art. 93 Abs. 1 Nr. 4b GG, „Verfassungsbeschwerden von Gemeinden und Gemeindeverbänden wegen Verletzung des Rechts auf Selbstverwaltung nach Artikel 28", ernst zu nehmen. Auch im BVerfGG ist die Regelung zur Kommunalverfassungsbeschwerde in die §§ 90 ff. BVerfGG integriert und damit zusammen mit der Verfassungsbeschwerde, bei der Bürger ihre Rechte geltend machen, geregelt. Lediglich die Beschränkung des Antragsgegenstandes auf Gesetze deutet auf eine Normenkontrolle hin. Jedoch ändert dies nichts daran, dass die kommunalen Gebietskörperschaften mit der Kommunalverfassungsbeschwerde ihre ihnen von der Verfassung verliehenen Rechte geltend machen. Die Zurückhaltung, den Art. 93 Abs. 1 Nr. 4b GG

---

[82] *H. Dreier* in: ders., GG Bd. 2, Art. 28 Rn. 94 m. w. N. in Fn. 448; *V. Mehde* in: Maunz/Dürig, GG, Art. 28 Abs. 2 Rn. 46 m. w. N.; *K. F. Gärditz* in: ders., VwGO, § 42 Rn. 100; BVerwG, Urt. v. 16.12.1988, Az.: 4 C 40/86, BVerwGE 81, 95, juris Rn. 43 ff.; BVerwG, Urt v. 27.03.1992, Az.: 7 C 18/91, BVerwGE 90, 96, juris Rn. 17: „durch Art. 28 Abs. 2 Satz 1 GG geschützte[s] Selbstverwaltungsrecht" gleichwertig neben dem privatrechtlichen Eigentum bei der Prüfung des § 42 Abs. 2 VwGO genannt; BVerwG, Urt. v. 30.08.1993, Az.: 7 A 14/93, NVwZ 1994, 371, 371: „kein[..] Anspruch auf Aufhebung des Planfeststellungsbeschlusses, weil eine Verletzung ihrer Rechte, insbesondere ihres verfassungsrechtlich gewährleisteten Selbstverwaltungsrechts nach Art. 28 II GG, nicht erkennbar ist"; BVerwG, Urt. v. 21.03.1996, Az.: 4 C 26/94, BVerwGE 100, 388, juris Rn. 22: Planungshoheit als „nach Art. 28 Abs. 2 Satz 1 GG geschützte[s] Recht". Vgl. auch die in Fn. 78, S. 271 und Fn. 32, S. 264 zit. Rspr.

[83] BVerwG, Urt. v. 14.02.1969, Az.: IV C 215.65, BVerwGE 31, 263–274, juris Rn. 14; speziell zu Klagen gegen Planfeststellungsbeschlüsse *W. Hoppe/M. Schulte,* Planfeststellungsverfahren, S. 30 f. m. umfangr. N. aus der Rspr.

[84] Vgl. die Nachw. in Fn. 81 bis 83; vgl. dazu auch oben Kapitel 2, B. II. 2. a), S. 86.

[85] *A. Voßkuhle* in: v. Mangoldt/Klein/Starck, GG Bd. 3., Art. 93 Rn. 196: „Normenkontrolle mit gegenständlich begrenzter Antragsbefugnis"; *J. Wieland* in: H. Dreier, GG Bd. 3, Art. 93 Rn. 87; *A. Hopfauf* in: Schmidt-Bleibtreu/Hofmann/Henneke, GG, Art. 93 Rn. 553: „Verfahren sui generis", allerdings mit inhaltlicher Tendenz zur Normenkontrolle.

[86] *A. Hopfauf* in: Schmidt-Bleibtreu/Hofmann/Henneke, GG, Art. 93 Rn. 552; in die entgegengesetzte Richtung *W. Meyer* in: v. Münch/Kunig, Grundgesetz Bd. 2, 6. Aufl. München 2012, Art. 93 Rn. 61, der allerdings dem Namen des Rechtsbehelfs keinen großen Stellenwert beimisst.

in seiner Formulierung ernst zu nehmen,[87] ist nur damit zu erklären, dass Rechtsbehelfe von Teilen des Staates von einem nicht transparent gemachten Grundsatz aus kritisch gesehen werden. Es drängt sich der Verdacht auf, dass es sich dabei um die oben in Kapitel 2 dargestellten Nachwirkungen der konstitutionalistischen Staatslehre handelt. Es wird, entgegen dem geschriebenen Wortlaut, eine Distanz zur Verfassungsbeschwerde aufgebaut, bei der mit den Grundrechten Rechte der Bürger gegen den Staat geltend gemacht werden,[88] um die im Normtext angelegten Parallelen und die Tatsache, dass hier Rechte aus dem öffentlichen Recht durch einen Teil des Staates geltend gemacht werden, in den Hintergrund zu drängen.

Letztlich lässt sich die Behauptung, dem Staat könnten keine Rechte aus dem öffentlichen Recht zustehen, vor allem deswegen nicht halten, weil Rechte aus dem öffentlichen Recht von Teilen des Staates gegen andere Teile auch anderswo gesetzlich normiert sind, etwa in den zum öffentlichen Recht zählenden §§ 102 ff. SGB X, § 8 VwVfG, § 2 Abs. 2 BauGB[89] oder § 36 Abs. 1 S. 1 BauGB.[90]

Wird als Prämisse akzeptiert, dass Rechte des Staates aus dem öffentlichen Recht bereits aufgrund gesetzlicher Normierung vorhanden sind, kann eine weitere Erkenntnis abgeleitet werden: Durch das tatsächliche Vorhandensein von subjektiven Rechten des Staates sowohl aus dem Zivil- als auch aus dem öffentlichen Recht drängt sich die These auf, dass sich subjektive Rechte aus dem öffentlichen und dem Zivilrecht in ihrer Grundstruktur gleichen.[91]

II. Ablehnung von Rechten des Staates durch Terminologie

Wenn Rechte aus dem öffentlichen Recht prinzipiell nur solche des Bürgers gegen den Staat sein könnten, dann würde das auch bedeuten, dass der „Innenraum" des Staates bzw. der juristischen Personen des öffentlichen Rechts einen im Hinblick auf Rechte impermeablen Bereich bilden würde. Wird aber anerkannt, dass

---

[87] A. *Hopfauf* in: Schmidt-Bleibtreu/Hofmann/Henneke, GG, Art. 93 Rn. 552: „Der Begriff ‚Verfassungsbeschwerde' ist missverständlich".

[88] Bei A. *Hopfauf* in: Schmidt-Bleibtreu/Hofmann/Henneke, GG, Art. 93 Rn. 552 besonders spürbar.

[89] Dazu, dass § 2 Abs. 2 BauGB ein Recht i.S.d. § 47 Abs. 2 VwGO verleiht, U. *Battis* in: ders./Krautzberger/Löhr, BauGB, § 2 Rn. 24.

[90] Weitere – z.T. aber auf etwas höherem Abstraktionsniveau angesiedelte – Bsp. bei H. *Bauer*, DVBl. 1986, 208, 214; vgl. auch A. *Wiese*, Beteiligung, S. 168. S. 170 ff. (terminologisch nicht ganz stringent, wenn einerseits von einem „Recht" (S. 170) und andererseits von einer analogen Anwendung des § 42 Abs. 2 VwGO (S. 171) die Rede ist, vgl. auch Kapitel 2, Fn. 164, S. 76); für Österreich: M. *Pöschl* in: 16. ÖJT Bd. I/2, S. 8.

[91] Die Frage, ob Besonderheiten subjektiver Rechte aus dem öffentlichen Recht eine unterschiedliche Struktur von privaten und öffentlichen Rechten bedingen, wurde oben aufgeworfen (Kapitel 3, B.I.4.b), S. 192); vgl. zur fehlenden Erkennbarkeit von strukturellen Unterschieden auch unten Kapitel 4, B.IV.4., S. 296.

auch der Innenraum des Staates von öffentlich-rechtlichen Regeln durchzogen ist,[92] ist es nur ein kleiner Schritt, auch die Möglichkeit von Rechten des Staates – innerhalb juristischer Personen zwangsläufig aus dem öffentlichen Recht – zu akzeptieren. Dass dieser Schritt häufig nur zögerlich getan wird, ist wiederum ein Anzeichen, dass die Impermeabilitätstheorie durchaus noch Nachwirkungen hat und sich die Einsicht der rechtlichen Durchdringung auch des „Innenbereichs" des Staates noch nicht in letzter Konsequenz durchgesetzt hat. Diese Nachwirkungen der Impermeabilitätstheorie äußern sich, wie bereits angedeutet, insbesondere in terminologischen Fragen.

1. Charakterisierung der Rechte des Staates als „Quasi-Rechte"

Von denjenigen, die eine ablehnende Haltung gegenüber subjektiven Rechten des Staates haben, wird nämlich hinsichtlich allgemein anerkannter Rechtspositionen, die auch in der Praxis schon unzählige Male Teilen des Staates zugestanden wurden, ein begrifflicher Kniff angewandt: Rechtspositionen, die anerkanntermaßen Teilen des Staates zum Erfolg einer Klage verhelfen, werden nicht als subjektive Rechte bezeichnet, sondern als Rechtspositionen sui generis, die dann zumindest terminologisch nicht viel mit dem verwaltungsprozessualen Normalfall der subjektiven öffentlichen Rechte der Bürger gegen den Staat gemeinsam haben. Verwaltungsprozessual wirksame Rechtspositionen des Staates ausnahmsweise anzunehmen, steht dann unter einem stark erhöhten Rechtfertigungszwang, allein durch die Begriffsbildung, ohne dass die inhaltlichen Wertungsleitlinien für diese Zurückhaltung[93] direkt offen gelegt würden.

Die eben beschriebene Tendenz, die Kommunalverfassungsbeschwerde nach Art. 93 Abs. 1 Nr. 4b GG zumindest terminologisch[94] von der Charakterisierung als einer Streitigkeit um Rechte wegzurücken,[95] ist nur eine Ausprägung dieses Vorgehens unter mehreren und keine Ausnahme.[96] Auch der verfassungsrechtliche Organstreit nach Art. 93 Abs. 1 Nr. 1 GG wurde – wie H. Bethge es ausgedrückt hat – „in der nachdämmernden Vorstellungswelt der Impermeabilitätstheorie noch lange als bloßer gesetzgeberischer Kunstgriff zur Erzielung einer zweckmäßigen Staatsorganisation (dis)qualifiziert".[97] Während die Vorstellung, dass die Rechte

---

[92] Zur Impermeabilitätstheorie oben Kapitel 2, B.I.2., S. 56.

[93] Zu der Bedeutung von Wertungen Kapitel 2, A., S. 48.

[94] Vgl. F.E. Schnapp, Amtsrecht, S. 100f.

[95] Kapitel 4, B.I., S. 271; so auch (explizit auf O. Mayer verweisend) W.-R. Schenke in: Brüning/Suerbaum, Vermessung, S. 83f.

[96] Zur Diskussion in Österreich um die Frage, ob und welche im Gesetz als Rechte bezeichneten Rechtspositionen tatsächlich Rechte darstellen, C. Grabenwarter in: 16. ÖJT Bd. I/1, S. 136ff. (der selbst skeptisch gegenüber Rechten des Staates ist).

[97] H. Bethge, DVBl. 1980, 308, 310. Die von Bethge abgelehnte Richtung vertritt E. Klein in: E. Benda/ders., Verfassungsprozessrecht, Rn. 990 (S. 398f.): Begriffswahl „Rechte" des Gesetzes als „falsa demonstratio".

zwischen den durch das Grundgesetz zum Streit befähigten Organen und Organteilen in vermeintlich nicht vorhandenen Rechtsbeziehungen nur fingiert werden, inzwischen verbreitet angezweifelt wird,[98] ist vor allem[99] im Bereich der verwaltungsrechtlichen Organstreitigkeiten immer noch überwiegend von Quasi-Rechten, wehrfähigen Rechtspositionen oder rechtlich geschützten Interessen statt von subjektiven Rechten die Rede.[100]

So wird etwa in Kommentaren zu § 42 Abs. 2 VwGO verbreitet zwischen subjektiven Rechten im engeren und im weiteren Sinn unterschieden, und es werden neben subjektiven Rechten im engeren Sinn auch noch andere Erscheinungen wie rechtlich geschützte Interessen, „organschaftliche[..] Rechte u[nd] vergleichbare ‚wehrfähige' Rechtspositionen"[101] zu den „Rechten" im Sinne des § 42 Abs. 2 VwGO und ähnlicher Prozessrechtsnormen gezählt. Diese Doppelbelegung des Begriffs „Rechte" verwundert umso mehr, als das subjektive Recht verbreitet auch als vor Gericht durchsetzbare Rechtsposition[102] oder als rechtlich geschütztes Interesse[103] definiert wird: Erstere Beschreibung träfe auf alle genannten Phänomene

---

[98] *H. Bethge* in: Maunz/Schmidt-Bleibtreu/Klein/ders., BVerfGG, § 63 Rn. 7; *ders.*, DVBl. 1980, 308, 310: „im Verfassungsprozeßrecht überwunden", vgl. die Nachweise, auch zur a.A., in Fn. 24, S. 262; sich nicht festlegend schon BVerfG, Urt. v. 07.03.1953, Az.: 2 BvE 4/52, BVerfGE 2, 143–181, juris Rn. 30: Bei Organstreitigkeiten trete „notwendig eine gewisse Subjektivierung der verfassungsrechtlichen Beziehungen ein, die es rechtfertigt, mit dem Grundgesetz von ‚Rechten' der Staatsorgane zu sprechen", die „allerdings nicht den subjektiven Privatrechten gleichzusetzen" seien.

[99] Vgl. *A. Wiese,* Beteiligung, S. 102, S. 119; vgl. aich a.a.O. S. 73: Art. 28 Abs. 2 GG als „wehrfähige subjektive Rechtsstellung" (explizit gegen die Bezeichnung von Rechten des Staates als subjektive öffentliche Rechte auch a.a.O. S. 87f.). Zur Eigenschaft des Art. 28 Abs. 2 GG als Recht hier bereits oben Kapitel 4, B.I., S. 271.

[100] Eine Unterscheidung zwischen subjektiven öffentlichen Rechten, „organschaftlichen Rechten" und anderen Rechten i.S.d. § 42 Abs. 2 VwGO nehmen bspw. *R. Wahl/P. Schütz* in: Schoch/Schneider/Bier, VwGO, § 42 Abs. 2, Rn. 92f. vor; ähnlich *K.F. Gärditz* in: ders., VwGO, § 42 Rn. 53. Dagegen und für die Bezeichnung von Organrechten als subjektive Rechte ausführlich *W. Roth,* Organstreitigkeiten, S. 485 ff.

[101] *W.-R. Schenke/R.P. Schenke* in: Kopp/Schenke, § 42 Rn. 78, 80 (dass diese Rechtspositionen nicht als subjektive Rechte bezeichnet werden, verwundert vor dem Hintergrund der dortigen Ausführungen bei § 43 Rn. 11); vgl. auch *E. Gassner,* DÖV 1981, 615, 615f.: „Neben den historischen subjektiven öffentlichen Rechten werden darunter auch die rechtlich geschützten Interessen verstanden." (m.N.) – die Unterscheidung nach dem Alter der Rechtspositionen überzeugt allein deshalb nicht, weil das subjektive öffentliche Recht (auch aus dem Blickwinkel von 1981) keinesfalls gegenüber der Interessentheorie als „historisch" bezeichnet werden kann, denn das subjektive öffentliche Recht wurde wesentlich von *Bühler* mitgeprägt (oben bei Fn. 102, S. 162), der dabei eine auch auf Interessen abstellende Formel etablierte (Def. im Wortlaut in Fn. 104, S. 163), sodass es nicht so ist, dass ein Interessenschutz erst später zum subjektiven öffentlichen Recht hinzu trat.

[102] Vgl. oben Kapitel 3, B.I.3.f)cc), S. 183.

[103] Vgl. *M. Reiling,* DÖV 2004, 181, 182; *E. Schmidt-Aßmann* in: Maunz/Dürig, GG, Art. 19 Abs. 4 Rn. 119; so schon *R. von Jhering,* Geist, Teil 3 Bd. 1, S. 339; weitere Nachw. bei *W. Roth,* Organstreitigkeiten, S. 345 Fn. 95; auf dieser Annahme beruht auch die Schutznormtheorie (mithilfe derer herausgefunden werden können soll, ob ein Interesse auch durch eine Norm rechtlich geschützt ist bzw. sein soll), zu dieser Kapitel 3, B.II.2., S. 203; auch bei

zu, ganz gleich ob Rechte im engeren oder weiteren Sinn, sodass die Differenzierung im Rahmen des § 42 Abs. 2 VwGO überflüssig erscheint; im Rahmen der letzteren Definition wäre eine Identität von Rechten und rechtlich geschützten Interessen hergestellt, die doch nach der Differenzierung eigentlich keine subjektiven Rechte sein sollen. Für eine Unterscheidung reicht es hier anscheinend nicht, den Rechten von Teilen des Staates die Eigenschaft als subjektive öffentliche Rechte abzuerkennen, weil es sich nicht um Rechte von Bürgern gegen den Staat handelt,[104] sondern es wird vermieden, die organschaftlichen Rechte überhaupt als subjektive Rechte zu bezeichnen. Beim verwaltungsrechtlichen Organstreit wird vereinzelt sogar negiert, dass überhaupt um Rechte im Sinne des § 42 Abs. 2 VwGO gestritten werde,[105] und die Vorschrift nur analog herangezogen.[106]

2. Differenzierung ohne praktische Auswirkungen

Da häufig klare Kriterien der Unterscheidung zwischen subjektiven Rechten und anderen von § 42 Abs. 2 VwGO erfassten Positionen, also Rechten im weiteren Sinne, nicht ersichtlich sind, fragt sich, wo der Nutzen dieser Unterscheidung liegen soll. In der praktischen Rechtsanwendung hat die terminologische Differenzierung von subjektiven Rechten und bloß rechtsähnlichen Positionen jedenfalls keine Auswirkungen.[107] Denn die Rechtspositionen der Teile des Staates sind in ihrer Wirkung den subjektiven öffentlichen Rechten ohnehin gleich gestellt, weil sie als von § 42 Abs. 2 VwGO[108] erfasst und vor Gericht durchsetzbar anerkannt werden.[109] Ein Grund[110] für die Entstehung einer Unterscheidung zwischen sub-

---

Integration der Rechtsmacht als Begriffsmerkmal in die Definition des subjektiven Rechts erschließt sich der Unterschied zwischen „echten" subjektiven Rechten und sonstigen wehrfähigen Rechtspositionen nicht, da eine Rechtsmacht in Form der Durchsetzbarkeit auch bei Letzteren gegeben wäre.

[104] Dazu unter III., S. 280.

[105] Gegen die Behauptung von *H. H. Rupp,* Grundfragen, S. 99 f., dass Verwaltungseinheiten, die Organe sind, keine Rechte haben könnten, wendet sich *F. E. Schnapp,* Amtsrecht, S. 99 f.; nicht schlüssig ist die Ansicht von *Rupp* auch, weil letztlich auch juristische Personen für den Staat in einem allgemeineren Sinn handeln, jedenfalls wenn man juristische Personen der mittelbaren Staatsverwaltung betrachtet, und diese aber unstreitig Rechte haben können (ähnlich *Schnapp,* a. a. O., S. 101).

[106] Nachw. in Fn. 164 in Kapitel 2, S. 76.

[107] Nur insofern ist *A. Wiese,* Beteiligung, S. 88 (vgl. auch S. 97) zuzustimmen.

[108] Zumindest analog (Kapitel 2, Fn. 164, S. 76), meist aber direkt angewandt. Darüber hinaus führt eine Analogie auch nicht zu anderen Ergebnissen als eine direkte Anwendung.

[109] Dass die Wirkung gleich ist, wird deutlich etwa bei *W.-R. Schenke/R. P. Schenke* in: Kopp/Schenke, § 42 Rn. 78, 80 oder bei *R. Wahl/P. Schütz* in: Schoch/Schneider/Bier, VwGO, § 42 Abs. 2 Rn. 91.

[110] Ein weiterer ist sicherlich, dass Unklarheit herrscht, ob es die innerhalb einer Ermessensentscheidung abzuwägenden Belange sind, die subjektive Rechte vermitteln, oder gesetzliche Vorschriften, die ihre Beachtung vorschreiben und die Grenzen des Ermessens bestimmen – für Letzteres zu Recht *T. Schmidt-Kötters* in: Posser/Wolff, BeckOK VwGO, § 42 Rn. 145.

jektiven Rechten und rechtlich geschützten Interessen könnte darin liegen, dass im Konstitutionalismus subjektive Rechte aus Ermessensnormen abgelehnt wurden[111] und man dann später Rechte aus solchen Normen bzw. Rechte auf Einhaltung der Grenzen des Ermessens aus Tradition nicht als subjektive Rechte bezeichnen wollte, sondern die neue Bezeichnung „rechtlich geschützte Interessen" einführte, sie aber in der Sache mit den bereits anerkannten subjektiven Rechten gleichsetzte.[112] Aufgrund dieser Entwicklung ist eine dritte Kategorie von Rechten neben den subjektiven öffentlichen Rechten (als Rechte der Bürger gegen den Staat) und den Rechten aus dem Privatrecht entstanden. Ähnliches ist auch mit den Organrechten beim ebenfalls erst spät anerkannten verwaltungsrechtlichen Organstreit[113] geschehen, die teilweise als „quasi-Rechte" oder „wehrfähige Rechtspositionen" bezeichnet werden, um die Bezeichnung dieser vor Gericht durchsetzungsfähigen Rechtspositionen als subjektive Rechte zu vermeiden. Mangels praktischer Auswirkungen einer Unterscheidung von subjektiven öffentlichen Rechten und Rechten im weiteren Sinn kann diese nämlich nur den Zweck haben, trotz der Austragung von Streitigkeiten zwischen Teilen der Verwaltung die Behauptung aufrecht erhalten zu können, dass Teile des Staates allgemein keine subjektiven Rechte inne haben können[114] bzw. Rechte des Staates vor der Sichtweise eines impermeablen Staates[115] als Ausnahmeerscheinung zu rechtfertigen.[116] Das wird vor allem beim Kommunalverfassungsstreit deutlich, der als Ausnahme vom – damals als grundsätzlich unzulässig behandelten – Insichprozess konstruiert wurde.[117]

---

[111] Zum Ausschluss subjektiver Rechte auf Basis ermessenseinräumender Rechtssätze dient die Formulierung des zwingenden Rechtssatzes bei *Bühler* (Def. im Wortlaut in Kapitel 3, Fn. 104, S. 163); vgl. dazu *H. Bauer,* Grundlagen, S. 78.

[112] Nicht umsonst wird in der Entscheidung BVerwG, Urt. v. 21.10.1986, Az.: 1 C 44/84, NJW 1987, 856 – auf die solche Stimmen verweisen, die neben subjektiven Rechten andere Rechtspositionen bei § 42 Abs. 2 VwGO anerkennen (vgl. *W.-R. Schenke/R. P. Schenke* in: Kopp/Schenke, § 42 Rn. 78) – betont, was heute selbstverständlich (vgl. oben Kapitel 3, B. I. 3. b), S. 165) ist: Dass „die Rechtsordnung für die Nachprüfung rechtliche[..] Maßstäbe auch hinsichtlich des Ermessens aufstellt und durch die Ablehnung rechtlich geschützte Interessen des Einbürgerungsbewerbers verletzt sein können" (NJW 1987, 856, 857; i. Ü. erwähnt das Urteil „rechtlich geschützte Interessen" nur im Schutznormzusammenhang).

[113] Zum verwaltungsrechtlichen Organstreit schon oben Kapitel 2, B. I. 5., S. 69.

[114] Vgl. etwa *K. F. Röhl/H. C. Röhl,* Rechtslehre, S. 378, die dies als „herrschende Auffassung" bezeichnen (selbst aber anderer Meinung sind) – wobei die Autoren zumindest in ihrer Formulierung nicht hinreichend die in der Literatur verbreitete Trennung zwischen subjektiven Rechten allgemein und subjektiven öffentlichen Rechten beachten.

[115] Dazu oben Kapitel 2, B. I. 2., S. 56.

[116] Hier liegt auch die Verbindung zwischen der Frage, ob Rechtspositionen des Staates als subjektive Rechte anzusehen sind, und der Thematik, ob diese Rechtspositionen auch als subjektive *öffentliche* Rechte bezeichnet werden können: Der Grund für die Abneigung, Rechtspositionen des Staates als subjektive Rechte zu bezeichnen, ist der gleiche, wie der für die Begrenzung subjektiver öffentlicher Rechte auf Rechte des Bürgers gegen den Staat, dazu unten Kapitel 4, B. III. 2. und B. IV., S. 282.

[117] Dazu oben Kapitel 2, B. I. 5. b), S. 71.

Vor dem Hintergrund der Unklarheit des Begriffs des subjektiven Rechts ist der vehemente Widerstand dagegen, faktisch als subjektive Rechte behandelte Rechtspositionen als solche zu bezeichnen, zwar einerseits verwunderlich. Andererseits ist dieser fehlende Mut, gerichtlich durchsetzbare Rechtspositionen als subjektive Rechte zu bezeichnen, damit erklärbar, dass bei einem strukturell unklaren Begriff die allgemein anerkannten Beispiele für den Umriss der Rechtsfigur enorm wichtig sind und eine starke Ausuferung schnell zu noch mehr Unklarheit über das Wesen dieser Rechtsfigur führen würde. Mit anderen Worten: Eine Anerkennung zu vieler Rechtspositionen als subjektive Rechte verstärkt theoretisch die Unsicherheit, was ein subjektives Recht genau ist.[118] Allerdings stellt sich die Frage, ob die erheblichen Unsicherheiten hinsichtlich der Struktur des subjektiven Rechts angesichts des oben über das subjektive Recht Zusammengetragenen[119] überhaupt verstärkt werden können. Zudem wird die Unklarheit auch nicht geringer, wenn neben die subjektiven Rechte Rechtspositionen gestellt werden, die in ihren Wirkungen gleich sind und deren Struktur ebenfalls nicht klar ist, sodass zusätzliche Unsicherheiten bei der Abgrenzung entstehen. Und überdies verschieben sich die Probleme nur: von der Frage, was ein subjektives Recht ausmacht, zu der Frage, was unter der Bezeichnung „seinen Rechten" in § 42 Abs. 2 VwGO und ähnlichen Prozessrechtsnormen zu verstehen bzw. was ein subjektives Recht im weiteren Sinne ist; es bleibt trotz der terminologischen Differenzierung offen, was beispielsweise eine Klagebefugnis begründen kann und vor Gericht durchsetzbar ist. Die terminologische Unterscheidung ist also historisch erklärbar, aber eben nutzlos.

3. Vorteile einer terminologischen Vereinfachung

Indem jedoch trotz vielfacher praktischer Anerkennung von Rechten des Staates diese Terminologie beibehalten wird, konserviert sie ohne praktische Notwendigkeit die überholte Vorstellung von einem Staat, in dem Interessenmonismus und rechtliche Impermeabilität bestimmende Strukturprinzipien sind.[120] Zusätzlich fraglich wird die differenzierende Benennung von Rechtspositionen einiger Teile des Staates, wenn bei anderen Teilen des Staates in Rechtsprechung und Literatur unbefangen von Rechten die Rede ist, wie bei Art. 28 Abs. 2 GG – zu dieser Norm ist weithin nichts von „Quasi-Rechten" oder „rechtsähnlichen Positionen" etc. zu lesen.[121]

---

[118] Mit genau diesem Argument lehnt *A. Wiese,* Beteiligung, S. 87 f. die Übertragung der Bezeichnung subjektives öffentliches Recht auf Rechte des Staates ab.

[119] Vgl. insb. Kapitel 3, B. I. 2. bei Fn. 49, S. 155.

[120] Dazu, speziell für den Kommunalverfassungsstreit, wo die Kontrasttheorie als Ausnahme ebenfalls dazu beiträgt, die Grundannahme der Unzulässigkeit von Streitigkeiten innerhalb juristischer Personen zu verfestigen, Kapitel 2, B. I. 5. c), S. 75.

[121] Nachw. in Fn. 81 bis 83 (oben Kapitel 4, B. I., S. 271); zum BVerfG vgl. auch die oben mit Fn. 78 wörtl. zitierte Formulierung; dazu, dass auch die Unterscheidung zwischen juristischen Personen und anderen Untergliederungen des Staates keine Rechtfertigung darstellt, unten C. I. 2. a), S. 318.

Die additive Zuordnung von Rechtspositionen bei § 42 Abs. 2 VwGO neben die hergebrachten subjektiven Rechte wird allerdings zumindest inzwischen teilweise auch abgelehnt.[122] Dafür sprechen gute Gründe: Es ist kein struktureller Unterschied zwischen den verschiedenen Kategorien der Rechte im weiteren Sinne, die unter § 42 Abs. 2 VwGO fallen sollen, erkennbar – sie unterscheiden sich nur hinsichtlich des Rechtsträgers. Und ganz gleich ob das subjektive Recht als Platzhalter für Wertungsfragen, als Rechtsmacht oder als rechtlich geschütztes Interesse angesehen wird: immer lassen sich alle genannten Arten von Rechtspositionen als subjektive Rechte einordnen. Nicht zuletzt ergeben sich aus der Differenzierung keine Unterschiede, da alle subjektiven Rechte „im engeren Sinne" wie subjektive Rechte „im weiteren Sinne" behandelt werden.

Ist aber keine praktische Notwendigkeit gegeben, Rechten des Staates die Bezeichnung als subjektive Rechte abzusprechen, spricht der Vorteil einer klaren, einfachen dogmatischen Begriffsbildung dafür, die unnötige Differenzierung aufzugeben.[123] Auch das BVerwG bringt mitunter Teile des Staates und subjektive Rechte terminologisch zusammen.[124] Dass es sich beim betreffenden Rechtssubjekt um einen Teil des Staates handelt, ist dort zu berücksichtigen, wo dieser Umstand relevant ist und eventuell auftretende Besonderheiten auch praktische Wirkungen zeitigen können: Etwa bei der Frage, ob eine Norm im Einzelfall auch wirklich ein subjektives Recht enthält, oder bei den verschiedenen Sachentscheidungsvoraussetzungen einer verwaltungsgerichtlichen Klage – jedenfalls nicht bei der bloßen Benennung einer Rechtsposition.[125]

---

[122] Vgl. *M. Happ* in: Eyermann, VwGO, § 42 Rn. 84. Schon *G. Kisker*, JuS 1975, 704, 706 f. stellt fest, subjektive Rechte innerhalb einer juristischen Person bestünden trotz verbreiteter Ablehnung längst (bemerkenswert, weil der Autor wesentlich zur Etablierung von Organstreitigkeiten durch die Kontrasttheorie beigetragen hat, vgl. Kapitel 2, Fn. 131, S. 69); *W. Roth*, Organstreitigkeiten, passim., etwa S. 484, S. 539 – ausführliche Begründung, dass es sich bei Organrechten um subjektive Rechte handelt a. a. O. auf S. 485 ff.; zu einem ähnlichen Befund wie hier (keine rechtlich geschützten Interessen neben subjektiven Rechten, da keine praktische Bedeutung einer Unterscheidung) kommt *M. Reiling*, DÖV 2004, 181, 182; vgl. auch *R. Wahl/P. Schütz* in: Schoch/Schneider/Bier, VwGO, § 42 Abs. 2 Rn. 44, die Ablehnung einer Differenzierung bezieht sich dort allerdings nur auf die rechtlich geschützten Interessen, nicht auf organschaftliche Rechte, vgl. hies. Fn. 100.

[123] Die Aussage bei *A. Wiese*, Beteiligung, S. 88, für Rechte des Staates müsse „nicht auf neue Begrifflichkeiten des subjektiv öffentlichen Rechts zurückgegriffen werden", stellt die Dinge daher auf den Kopf (s. a. die hiesigen Ausführungen unter III. 2., ab S. 282). Zum Postulat der größtmöglichen Einfachheit dogmatischer Überlegungen bzw. gedanklicher Strukturen allgemein *W. Roth*, Organstreitigkeiten, S. 440, S. 502 f.; zum „Grundsatz, wissenschaftliche Theorie so sparsam und einfach wie möglich zu halten" (Ockham's Razor) *K. F. Röhl/ H. C. Röhl*, Rechtslehre, S. 14.

[124] Bspw. BVerwG, Urt. v. 02.12.2015, Az.: 10 C 18.14, DÖV 2016, 490, Rn. 17 (wörtl. Zit. Kapitel 3, A. I. Fn. 25, S. 150).

[125] Vgl. *F. E. Schnapp*, Amtsrecht, S. 100 f., wo betont wird, dass eine Deklaration von Klagemöglichkeiten vermittelnden Rechtspositionen als nicht-Rechte „die Diskussion in das Terminologische abdrängt" – weigere „man sich, die Bezeichnung ‚subjektives Recht' zuzuerkennen, dann argumentiert man allein noch begriffs- statt sachbezogen."; vgl. auch a. a. O., S. 211.

III. Subjektive öffentliche Rechte des Staates

Auf der Erkenntnis aufbauend, dass Teile des Staates die Fähigkeit haben können, allgemein Rechte aus dem öffentlichen Recht inne zu haben, die auch als solche zu bezeichnen sind, kann das subjektive öffentliche Recht im Speziellen – ein traditioneller und feststehender Begriff im Verwaltungsrecht – kritisch beleuchtet werden. Auf die eine Seite des „eigenartige[n] Nebeneinander[s]" von im öffentlichen Recht geregelten Rechten des Staates und subjektiven öffentlichen Rechten[126] wurde mit dem Blick auf die Rechte des Staates, die subjektive Rechte und keine Quasi-Rechte darstellen, eben eingegangen. Auf dessen anderer Seite steht der Begriff des subjektiven öffentlichen Rechts, das – wie bereits oben angesprochen – sehr verbreitet nicht lediglich – wie es die Bezeichnung subjektives öffentliches Recht intuitiv nahelegen würde – als im öffentlichen Recht geregeltes subjektives Recht charakterisiert wird, sondern als Recht des Bürgers gegen den Staat.[127]

1. Bedeutung des subjektiven öffentlichen Rechts für Streitigkeiten im Verhältnis Staat gegen Staat

Das subjektive öffentliche Recht hat für die Entwicklung des Rechtsstaates eine große historische Bedeutung, da es dem Bürger die Möglichkeit einräumte, sich gegen Akte des Staates zur Wehr zu setzen. Das subjektive öffentliche Recht im Allgemeinen hatte vor allem zu der Zeit eine große Bedeutung, als verfassungsrechtlichen Grundrechten im Speziellen zumindest im Verwaltungsrecht noch eine sehr geringe Bedeutung zukam.[128] Dieses Verhältnis hat sich allerdings umgekehrt, da die Grundrechte mit ihrem weitgehend lückenlosen Schutzsystem die Aufgabe der Abwehrrechte gegen den Staat übernommen haben und daher hinsichtlich dieser Funktion kein wirklicher Bedarf mehr für einen Rückgriff auf das allgemeine subjektive öffentliche Recht besteht.[129] Einfachrechtliche subjektive Rechte haben heute vielfach eher die Funktion, Klagemöglichkeiten einzuschränken.[130]

Verwaltungsgerichtlicher Rechtsschutz für Teile des Staates steht und fällt allerdings nicht mit der Bezeichnung der Rechtspositionen von Teilen des Staates als subjektive öffentliche Rechte. Ist der Schritt getan, die Rechtspositionen des Staates als subjektive Rechte im Sinne des § 42 Abs. 2 VwGO und anderer Pro-

---

[126] Formulierung bei *J. Schapp*, Recht, S. 154, der auf S. 154 ff. diese Aufteilung – ausführlich begründet – kritisiert.

[127] Vgl. oben Kapitel 3, B. I. 4. b), S. 192; Nachweise in Fn. 288, S. 194.

[128] *H. Bauer*, Grundlagen, S. 96 f.; nicht umsonst wurde die Gewerbefreiheit zuerst einfachrechtlich (in der Gewerbeordnung für den Norddeutschen Bund) garantiert, vgl. *G. Kahl* in: Landmann/Rohmer, GewO, § 1 Rn. 1 f.

[129] Zum Verhältnis zwischen Grundrechten und einfachem Recht auch oben Kapitel 3, B. II. 3. b), S. 236.

[130] Dazu Kapitel 3, B. I. 2. d), S. 159 und B. II. 2. c), S. 210, sowie unten Kapitel 4, B. IV. 5., S. 299.

zessrechtsnormen anzuerkennen, müsste dem Begriff des subjektiven öffentlichen Rechts grundsätzlich keine Beachtung mehr geschenkt werden. Ob auch Rechtspositionen des Staates mit dem Namen subjektives öffentliches Recht bedacht werden können, wäre dann nämlich ohne praktische Auswirkungen.[131]

Es wird allerdings auch vertreten, dass nur subjektive öffentliche Rechte eine Klagebefugnis, etwa nach § 42 Abs. 2 VwGO, begründen können.[132] In Kombination mit dieser Ansicht würde eine Beschränkung des Begriffes der subjektiven öffentlichen Rechte auf Rechte des Bürgers gegen den Staat dazu führen, dass die Möglichkeit von Teilen des Staates, Rechte inne zu haben, im Verwaltungsprozess so gut wie bedeutungslos wäre: Wenn ausschließlich subjektive öffentliche Rechte unter § 42 Abs. 2 VwGO fielen und solche subjektiven öffentlichen Rechte nur Rechte des Bürgers gegen den Staat sein könnten, dann wäre es unmöglich, dass auch der Staat jemals im Sinne des § 42 Abs. 2 VwGO klagebefugt wäre. Da es aber – trotz überwiegend nicht vorhandener Beschäftigung mit subjektiven öffentlichen Rechte von Teilen des Staates vor allem in der Literatur –[133] vielfältige Konstellationen gibt, in denen ein verwaltungsgerichtlicher Streit zwischen Teilen der Verwaltung anerkannt ist,[134] wird erkennbar, dass diese Einschränkungen nicht stimmig sind.

Wenn die weithin anerkannten Streitigkeiten zwischen Teilen des Staates nicht unerklärlich bleiben sollen, muss die einseitige Orientierung auf Rechtsschutz des Bürgers gegen den Staat aufgegeben werden. Das kann auf mehrere Arten geschehen: Die konservativste Variante wäre, § 42 Abs. 2 VwGO und ähnliche Prozessrechtsnormen weiterhin auf subjektive öffentliche Rechte in Form von Rechten des Bürgers gegen den Staat zu beschränken und das Verwaltungsprozessrecht nur analog auf Streitigkeiten im Verhältnis Staat gegen Staat anzuwenden.[135] Das

---

[131] Abgesehen von den Wirkungen des Art. 19 Abs. 4 GG: Wird das subjektive öffentliche Recht mit der von dieser Verfassungsnorm erfassten Rechten gleichgesetzt (dazu noch unten bei Fn. 227, S. 296), könnte bspw. eine verfassungskonforme Auslegung im Hinblick auf Art. 19 Abs. 4 GG nur bei subjektiven öffentlichen Rechten geschehen – was allerdings auch keinen Unterschied bedeuten würde, da Art. 19 Abs. 4 GG unabhängig von der Bezeichnung der erfassten Rechte ohnehin nur zu Gunsten der Bürger gilt.

[132] Bspw. *U. Ramsauer,* AöR 111 (1986), 502, 503; primär auf subjektive öffentliche Rechte i. S. v. Rechten des Bürgers gegen den Staat stellen auch *H. Sodan* in: ders./Ziekow, VwGO, § 42 Rn. 382 und *H. v. Nicolai* in: Redeker/von Oertzen, VwGO, § 42 Rn. 51 ab; vgl. zu der – davon zu trennenden – These, dass nur Rechte aus dem öffentlichen Recht solche i. S. d. § 42 Abs. 2 VwGO sein können Kapitel 3, B. I. 4. d) ab S. 196 (dort Fn. 297 und 302).

[133] Vgl. *H. Bauer,* DVBl. 1986, 208, 208; vgl. bspw. *H. Maurer,* A. Verwaltungsrecht, § 8 Rn. 1 f., der sich ausdrücklich auf die Erörterung nur subjektiver Rechte der Bürger beschränkt.

[134] Bspw. bei Klagen benachbarter Gemeinden gegen Bebauungspläne aufgrund der Verletzung des kommunalen Abstimmungsgebotes etc.; vgl. auch BVerwG, Urt. v. 14.02.1969, Az.: IV C 215.65, BVerwGE 31, 263–274, juris Rn. 14 (Art. 28 Abs. 2 GG); im Bereich der Streitigkeiten zwischen anderen Teilen der Verwaltung als juristischen Personen etwa auch bei verwaltungsrechtlichen Organstreitigkeiten; vgl. auch die oben unter Kapitel 1, A. I. wiedergegebenen Fallbeispiele.

[135] Das wird bei verwaltungsrechtlichen Organstreitigkeiten vereinzelt vorgeschlagen, vgl. Kapitel 2, Fn. 164, S. 76.

wird aber, wie oben beschrieben, nirgends konsequent durchgehalten, denn Rechte juristischer Personen des öffentlichen Rechts werden in der Regel eben nicht „Quasi-Rechte" genannt.[136] Alternativ müsste entweder die mit dem Wortlaut ohnehin nicht übereinstimmende Beschränkung von § 42 Abs. 2 VwGO und ähnlicher Prozessrechtsnormen auf subjektive öffentliche Rechte[137] oder die Fixierung des Begriffs subjektive öffentliche Rechte auf Rechte des Bürgers gegen den Staat aufgegeben werden. Möglich – und auch richtig – ist des weiteren, die beiden letzteren Positionen zu kombinieren.

Dass die Öffnung des Begriffs subjektives öffentliches Recht für alle Rechtspositionen aus dem öffentlichen Recht – so würde der Ausdruck auch verstanden, wenn er unbefangen gelesen würde –[138] überzeugend ist, soll nachfolgend begründet werden. Denn obwohl hier bereits befürwortet wird, im Verwaltungsprozessrecht auf alle subjektiven Rechte zurückzugreifen, ganz gleich aus welchem Rechtsgebiet sie stammen und wer oder was der Rechtsträger ist,[139] lässt sich durch die Ablösung eines verengten Begriffsverständnisses hinsichtlich des subjektiven öffentlichen Rechts eine begriffliche Vereinfachung erreichen. Darüber hinaus kann am Beispiel des subjektiven öffentlichen Rechts exzellent dargelegt werden, wie stark überholte Vorstellungen von der Beschaffenheit des Staates die rechtliche Struktur oder zumindest die Terminologie des verwaltungsgerichtlichen Rechtsschutzes bestimmen und verkomplizieren.

2. Subjektive öffentliche Rechte ursprünglich als Rechte gegen den Staat

Traditionell wird als besonderes Merkmal des subjektiven öffentlichen Rechts gegenüber dem subjektiven Recht im Allgemeinen angenommen, dass Ersteres nur Rechte von Bürgern gegen den Staat umfasst. Dieses Abgrenzungsmerkmal schlägt sich allerdings nicht in der Bezeichnung als subjektives öffentliches Recht nieder. Die Abgrenzung ist nur aus der Geschichte heraus,[140] vor dem Hintergrund der Entstehung des subjektiven öffentlichen Rechts, zu verstehen.[141]

---

[136] Kapitel 4, B.II. bei Fn. 121, S. 278.

[137] Dazu schon oben Kapitel 3, B.I.4.d), S. 196.

[138] Vgl. *C. Grabenwarter* in: 16. ÖJT Bd. I/1, S. 133: Da der Staat der Rechtsordnung unterworfen ist, „wäre an der Fähigkeit des Staates, Träger von subjektiven öffentlichen Rechten zu sein, nicht zu zweifeln."

[139] Oben Kapitel 3, B.I.4.d), S. 196, Kapitel 4, B. (ab S. 270) bis hierher.

[140] Allerdings überlappen sich einzelne der hier dargestellten Phasen in der Geschichte, und zum selben Zeitpunkt vertraten damals wie heute unterschiedliche Autoren kontroverse Meinungen (vgl. etwa entgegen der damals wohl h.M. *L. Richter,* AöR 47 (1925), 1, 22 ff.); Die Entwicklung wird hier nur ganz grob dargestellt.

[141] Prägnant *G. Ress* in: FS Antoniolli, S. 107: „Der Begriff des subjektiven öffentlichen Rechts [...], hat seinen Platz in einer der konstitutionellen Staatstheorie verhafteten Konzeption des Verhältnisses von Staat und Gesellschaft."; *O. Bachof* in: GS W. Jellinek, S. 292: „Was

Während im Mittelalter ein System aus Rechten und Gegenrechten zwischen Herrschern und Beherrschten bestand, diesbezüglich aber schon mangels Unterscheidung zwischen öffentlichem Recht und Privatrecht nicht von subjektiven öffentlichen Rechten gesprochen werden kann,[142] bewirkte der ab dem Absolutismus zu den grundlegenden Staatsvorstellungen gehörende Gedanke der Souveränität, dass Rechte des Fürsten gegenüber seinen Untertanen im Prinzip überflüssig wurden, weil dieser ohnehin eine absolute Macht ausübte.[143] Der Begriff des subjektiven öffentlichen Rechts hingegen fand erst Mitte des 19. Jahrhunderts Verbreitung.[144]

Die erste grundlegende Voraussetzung dafür war, dass sich das öffentliche Recht als vom Zivilrecht getrenntes Rechtsgebiet herausbildete.[145] Aufgrund der Etablierung des Modells des Staates als juristischer Person[146] wurde dieser, und nicht der Herrscher, Verpflichteter der subjektiven öffentlichen Rechte.[147] In der Zeit der Entstehung des subjektiven öffentlichen Rechts hielt sich aber die Vorstellung von der Machtvollkommenheit des Staates,[148] sodass es kein Wunder ist, dass es als einseitiges Phänomen etabliert wurde – als Antwort auf „die Frage, wie man gegenüber dem Staat recht haben und zu seinem Recht kommen kann".[149] Während jedoch die

---

die besonderen Schwierigkeiten des subjektiven öffentlichen Rechts betrifft, so beruhen sie zum großen Teil auf der Belastung dieses Begriffs mit historischen Vorstellungen, [...]"; ähnlich *J. Masing,* Mobilisierung, S. 56.

[142] *H. Bauer,* Grundlagen, S. 24, zu dem damaligen System aus Rechten und Pflichten ausf. a. a. O. S. 30 f.

[143] *W. Henke,* Recht, S. 9 ff.; vgl. *H. Bauer,* Grundlagen, 34 f.; vgl. dort S. 24 f. zu anderen Gründen, warum sich vor und im Absolutismus das subjektive öffentliche Recht im heutigen Sinn nicht hat ausbilden können; hierzu muss noch angemerkt werden, dass bestimmte Konzepte natürlich auch über die jeweiligen Epochen hinaus gewirkt haben können (vgl. auch S. 32 f. bei *Bauer*), wie bspw. das Konzept der staatlichen Souveränität auch im Konstitutionalismus eine wichtige Rolle spielte, andererseits aber im Absolutismus Rechte der Untertanen nicht völlig verdrängt wurden (vgl. etwa S. 41 bei *Bauer*).

[144] Vgl. *O. Bühler,* Rechte, S. 1, der auf *G. Jellinek* und *O. Mayer* verweist; zur Geschichte des subjektiven öffentlichen Rechts in Österreich *C. Grabenwarter* in: 16. ÖJT Bd. I/1, S. 7 ff.; vgl. *W. Henke,* Recht, S. 27 f., der *C. F. Gerber* mit seiner 1852 erschienenen Schrift „Über öffentliche Rechte" als Schöpfer des Begriffs nennt.

[145] *H. Bauer,* Grundlagen, S. 44; zur Entstehung des heutigen öffentlichen Rechtes *M. Stolleis,* Geschichte Bd. 2, S. 51 f.; vgl. aber *W. Henke,* Recht, S. 12 ff., insb. S. 17, und S. 26, der die Trennung von Privatrecht und öffentlichem Recht im Wege der Beseitigung der alten Privilegien und ihrer Ersetzung durch Gewerbefreiheit und Gewerbepolizeirecht als etwas beschreibt, was zunächst Rechte – und damit Klagemöglichkeiten – der Bürger beseitigt hatte. Vgl. zur Trennung von öffentlichem und Zivilrecht auch *A. Wiese,* Beteiligung, S. 12 f.

[146] Dazu schon oben Kapitel 1, C. I., bei Fn. 63, S. 31.

[147] *H. Bauer,* Grundlagen, S. 48.

[148] Vgl. dazu auch *H. H. Rupp,* Grundfragen, S. 104: Dass man im Konstitutionalismus sich „den hoheitlich handelnden Staat nicht als Gewaltunterworfenen seiner eigenen Rechtsordnung [...] vorzustellen vermochte", sei „eine Fortsetzung absolutistischer Gedankengänge" gewesen.

[149] Formulierung bei *W. Henke,* Recht, S. 9; *J. Masing,* Mobilisierung, S. 62; vgl. auch *O. Mayer,* Deutsches Verwaltungsrecht Bd. 1, S. 107: „[...] ein Recht dem Staate gegenüber, dem die öffentliche Gewalt gehört, ein subjektives öffentliches Recht"; wie die Vorstellung von der Machtvollkommenheit des Staates das subjektive öffentliche Recht in seiner Entstehungszeit prägte, schildert auch *J. Schapp,* Recht, S. 147 f.

früheren iura quaesita, die wohlerworbenen Rechte gegenüber dem Monarchen,[150] noch ein Gegenrecht gegenüber allen Arten staatlicher Machtausübung darstellten, waren die subjektiven öffentlichen Rechte innerhalb der staatlich gesetzten Rechtsordnung beheimatet und damit lediglich ein Mittel, die Gesetzmäßigkeit des staatlichen Handelns, also das Einhalten der durch den Staat selbst gesetzten Regeln, einfordern zu können.[151] Da der – allmächtige – Staat die Gesetze, die auch die subjektiven Rechte beinhalten (Stichwort: Normativität der subjektiven Rechte), jederzeit ändern und zumindest damit jederzeit seine Handlungsmöglichkeiten auch über bestehende Rechte hinaus erweitern konnte, herrschte die Vorstellung, dass es keiner subjektiven öffentlichen Rechte des Staates bedürfe, ja solche begrenzten subjektiven Rechte des Staates gar nicht existieren könnten.[152]

Die Entwicklung der subjektiven öffentlichen Rechte kennzeichnet damit ein bemerkenswerter Wandel: Wurden Rechte der Untertanen gegenüber dem Staat zwischenzeitlich negiert, weil der allmächtige Staat diese Rechte auch ad hoc wieder beseitigen, die Berechtigten also im Grunde nichts verlangen konnten, sollte später[153] die gleiche Machtvollkommenheit des Staates dazu führen, dass er selbst nicht in der Lage sei, Rechte innezuhaben.[154] Die Macht kennzeichnet, insbesondere in

---

[150] Dazu bspw. *A. Wiese,* Beteiligung, S. 7 f. Zur Entstehung der subjektiven öffentlichen Rechte allgemein, auch in Abgrenzung zu den iura quaesita, *H. Bauer,* Grundlagen, S. 37 (vgl. auch S. 34); *W. Henke,* Recht, S. 26 f.; *J. Masing,* Mobilisierung, S. 56 ff.

[151] Vgl. *W. Henke,* Recht, S. 29; vgl. auch *J. Schapp,* Recht, S. 152 ff., der diesen Aspekt stark betont.

[152] *H. Bauer,* Grundlagen, S. 50 f.; vgl. *O. Mayer,* Deutsches Verwaltungsrecht Bd. 1, S. 104 ff.: „Von Rechten des Staates ist ungemein viel die Rede. […] Allein ein richtiges Verständnis der Allmacht des Staates wird in ihr eher ein Hindernis sehen für solche Aufzählung in Scheidemünze. Das subjektive Recht ist immer etwas Begrenztes; beim Staat aber schlägt das dahinter stehende Unbegrenzte immer durch." (Zitat S. 104); wobei nach *H. Bauer,* DVBl. 1986, 208, 209 f. m. w. N. Stimmen, die auch Rechte des Staates thematisierten, noch weit bis in das 20. Jh. zu finden sind; gegen *Mayer* etwa *L. Richter,* AöR 47 (1925), 1, 22 ff.

[153] Nachdem zwischenzeitlich subjektive Rechte sowohl der Bürger als auch des Staates anerkannt wurden, etwa bei *G. Jellinek,* System, passim., etwa S. 193 ff. (dazu *A. Wiese,* Beteiligung, S. 19); vgl. aber auch *J. Masing,* Mobilisierung, S. 63: Schon *G. Jellinek* habe das subjektive öffentliche Recht „begrifflich auf den Punkt" und „endgültig zur Anerkennung" gebracht – diese Ansicht berücksichtigt wohl nicht hinreichend, dass es auch nach *G. Jellinek* noch tiefgreifende Entwicklungen gegeben hat, sodass seine Ausführungen eher als ein Vorläufer späterer Lehren anzusehen sind.

[154] Erstere Position vertrat *C. Bornhak,* preußisches Staatsrecht, Bd. 1, Freiburg i. B. 1888, S. 268: „[…] subjektive Rechte des einzelnen Individuums gegen den Staat […] sind begrifflich undenkbar. Der Zustand der unbedingten Unterthänigkeit unter die Herrschaft der Staatsgewalt kann nimmermehr die Quelle subjektiver Berechtigungen des Unterthanen sein." (vgl. auch S. 285 der 2. Aufl. Breslau 1911); letztere Position vertrat *O. Mayer* (Fn. 152). Zu *O. Mayer A. Wiese,* Beteiligung, S. 22; zu beiden Positionen weitere Nachweise bei *Wiese,* S. 18.

Vgl. *H. Bauer,* Grundlagen, S. 49 f.; allerdings gab es auch bis in die Weimarer Zeit Stimmen, die Rechte des Staates anerkannten, etwa *W. Jellinek,* Verwaltungsrecht, S. 203 – vgl. dazu Fn. 140; dazu *H. Bauer,* DVBl. 1986, 208, 208 f.; vgl. auch ausf. und m. w. N. *J. Masing,* Mobilisierung, S. 56 ff., der die Entwicklung des subjektiven öffentlichen Rechts mit der Überwindung der iura quaesita in Zusammenhang bringt.

Form des Gewaltmonopols, heute noch das Wesen des Staates,[155] aber beide Ansichten korrespondieren auch mit dem Prinzip der Einheit des Staates; eines Staates, der dem Bürger in einem allgemeinen Gewaltverhältnis gegenübersteht[156] und in dem es keine dem Bürger zu Gute kommende wechselseitige Kontrolle zwischen Teilen des Staates und keine ihm dienende Teilung der Macht gibt.[157] Rechte von Teilen des Staates gegen andere Teile sind in einem solchen Staat überflüssig, ja sogar kontraproduktiv. Dieses Konzept des Staates entspricht allerdings, wie oben ausführlich dargelegt wurde,[158] nicht mehr der Realität des Grundgesetzes: Durch die Pluralität des Staates können seine Teile sich gegenseitig kontrollieren und Rechte gegenüber anderen Teilen gewähren, beachten und durchsetzen.[159] Zur Zeit der Entstehung des subjektiven öffentlichen Rechts war es jedoch ausschließlich zunächst als Herrschaftsrecht gegenüber dem Bürger und später als Recht des Bürgers gegen den Staat vorstellbar.

Neben der Annahme der Souveränität, der Machtvollkommenheit und Einheit des Staates war noch ein zweiter Faktor prägend für die Entwicklung des subjektiven öffentlichen Rechts ab dem 19. Jahrhundert, nämlich das Drängen des Bürgertums zu mehr Liberalität und Rechtsstaatlichkeit, nach einer Trennung von Staat und Gesellschaft. Subjektive Rechte gegenüber dem Staat, die allen gleichermaßen zustehen (und nicht wie die hergebrachten Privilegien Einzelnen verliehen werden), sind ein Kennzeichen des liberalen Rechtsstaates.[160] Die Ausrichtung der subjektiven öffentlichen Rechte an der Trennung zwischen Staat und Gesellschaft im Sinne der „Kantsche[n] Lehre von der Abgrenzung von Freiheitssphären durch das Recht"[161] bewirkte ebenfalls, dass das subjektive öffentliche Recht nur als Position des Bürgers aufgefasst wurde, die ihn vor Übergriffen des Staates schützen sollte.[162]

---

[155] Differenzierend hierzu *J. Schapp*, Recht, S. 144ff., insb. S. 156: Die Macht des Staates sei als Grundstein einer Struktur des subjektiven öffentlichen Rechtes nicht brauchbar – die Ausführungen *Schapps* sind aber wohl nicht so zu verstehen, dass eine gewisse faktische Machtstellung des Staates überhaupt ignoriert werden soll; diese wird vom Grundgesetz durch die Existenz der Grundrechte akzeptiert und ist auch für die Gesellschaft auch notwendig (staatliches Gewaltmonopol, zu diesem oben Kapitel 3, in Fn. 443 (vgl. auch Fn. 445), S. 219 und 220).

[156] Zur Entstehung dieses Subjektionsverhältnisses *A. Wiese*, Beteiligung, S. 13.

[157] Vgl. *K. F. Röhl/H. C. Röhl*, Rechtslehre, S. 373.

[158] Vgl. Kapitel 2, B.I.3., ab S. 60 und C.II., ab S. 104 – Stichwort: Pluralität statt Einheit der Verwaltung und des Staates.

[159] Ebenso ist die Vorstellung eines allgemeinen Gewaltverhältnisses zwischen Staat und Bürger überholt, was die subjektiven Rechte auf beiden Seiten in den Vordergrund rückt. Vgl. dazu *W. Henke*, DÖV 1980, 621, 624 und hier Kapitel 3, B.II.2.d)cc)(2), bei Fn. 443 und 445, S. 219 und 220 sowie unten IV.1., S. 290.

[160] *G. Ress* in: FS Antoniolli, S. 131, mit dem Hinweis, dass absolute, nationalsozialistische und sozialistische Staaten i.d.R. solchen Rechten gegenüber eher ablehnend eingestellt sind.

[161] Dazu schon oben Kapitel 3, B.I.3.f)aa), ab S. 180.

[162] *W. Henke*, DÖV 1980, 621, 623; zur Rolle subjektiver öffentlicher Rechte allgemein und zur heute nicht immer als absolut gesehenen Trennung zwischen Staat und Gesellschaft *J. Krüper*, Gemeinwohl, S. 229ff. mit zahlr. Nachw. – *Krüper* scheint allerdings keine Konsequenzen

Und noch ein dritter Umstand förderte die Entwicklung des subjektiven öffentlichen Rechts als Recht des Bürgers gegen den Staat: Das subjektive öffentliche Recht entwickelte sich nach dem Vorbild des Privatrechts[163] und wurde auch deswegen als Instrument verstanden, individuelle, quasi private, Interessen durchzusetzen, während „das öffentliche Interesse weiterhin eine Angelegenheit der Exekutive, dem Einfluss des Bürgers also entzogen" blieb.[164] Eine Gleichsetzung von individuellen bzw. subjektiven und privaten Interessen,[165] die durch die Gegenüberstellung mit dem Begriff des als absolut verstandenen, durch den Staat verfolgten Allgemeinwohls[166] bedingt war, führte dazu, dass subjektive Rechte auch im öffentlichen Recht den Anstrich von etwas Privatem, nur den Bürgern Zuzuordnendem, erhielten.[167]

Da das heutige öffentliche Recht sich gerade in dieser Zeit emanzipierte, lag folglich in diesem Rechtsgebiet der Fokus auf Rechten der Bürger gegen den Staat. Auf der anderen Seite wurden rechtliche Binnenbeziehungen mit der Impermeabilitätstheorie abgelehnt[168] und der Staat als eine dem Bürger übermächtig gegenübertretende Einheit gedacht, sodass für Rechte zwischen Teilen des Staates auch gar kein Raum mehr bleiben konnte und subjektive öffentliche Rechte notwendigerweise als Rechte der Bürger gegen den Staat entstehen bzw. zu solchen werden[169] mussten. In der Entstehungszeit des subjektiven öffentlichen Rechts war also die Aussage, subjektive öffentliche Rechte seien solche, die im öffentlichen Recht geregelt sind, genauso zutreffend wie die, dass es sich dabei um Rechte des Bürgers gegen den Staat handelt, weil sich beides weitgehend deckte. Es wurde aber damals nicht generell angenommen, dass die Beschränkung auf Rechte des Bürgers gegen den Staat dem subjektiven öffentlichen Recht begrifflich eigen war, sondern erst O. Mayer hat diese Ausrichtung geprägt.[170]

---

aus seinen Zweifeln an der Trennung zu ziehen, vgl. Fn. 177; dazu, dass aufgrund der Funktion der subjektiven Rechte im Konstitutionalismus als Rechte der Bürger gegen den Staat auch der Bezug zum Rechtsschutz verankert wurde *J. Masing,* Mobilisierung, S. 65.

[163] Kapitel 3, B.I.4.b), Fn. 283, S. 193.

[164] *M. Pöschl* in: 16. ÖJT Bd. I/2, S. 6f.

[165] Dazu kritisch *W. Roth,* Organstreitigkeiten, S. 469 ff.

[166] Dazu, dass es ein bestimmtes Allgemeinwohl nicht gibt, oben Kapitel 3, B.II.2.d)cc)(2), S. 218; dazu, dass das Allgemeinwohl auch ein begriffliches Mittel war, um Machtansprüche des Monarchen durchzusetzen, *P. Häberle,* Interesse, S. 69 (vgl. oben Kapitel 3 Fn. 447, S. 220).

[167] Vgl. *M. Pöschl* in: 16. ÖJT Bd. I/2, S. 6f.

[168] Dazu oben Kapitel 2, B.I.2., S. 56.

[169] Darauf, dass die zeitlichen Abläufe hier nur vergröbert dargestellt werden können, wurde oben in Fn. 140 S. 282 schon hingewiesen. Es gab immer verschiedene Meinungen nebeneinander, so wendet sich *W. Jellinek,* Verwaltungsrecht, S. 203 explizit gegen *O. Mayer* (die dritte Auflage von *Jellineks* Werk, aus der hier (im Nachdruck 1966) zitiert wird, stammt von 1931, als *Otto Mayers* prägendes (Fn. 191, S. 290) „Deutsches Verwaltungsrecht" schon seit mehr als 30 Jahren erschienen war): „Nur für die Rechte des Staates begegnet man wieder Leugnern [...]" (ausführlicher zitiert bei *A. Wiese,* Beteiligung, S. 33, wobei die Entwicklung auch dort vereinfacht dargestellt ist).

[170] Vgl. *G. Jellinek,* System S. 193 ff. Genau deswegen, weil die Ablehnung von Rechten des Staates nicht selbstverständlich war, wendete sich *O. Mayer,* Deutsches Verwaltungsrecht

Es ist also kein Wunder, dass subjektive öffentliche Rechte historisch als Rechte des Bürgers gegen den Staat angesehen wurden, ohne dass sich das in der Bezeichnung widerspiegelte: Es waren einfach keine anderen Rechte aus dem öffentlichen Recht anerkannt als diejenigen der Bürger gegen den Staat, bzw. es waren nur diese von Interesse. Die Fixierung des Begriffs subjektives öffentliches Recht auf Rechte des Bürgers gegen den Staat ist also nur historisch, mit den Staatsvorstellungen des 19. Jahrhunderts, zu erklären. Nicht umsonst bestimmte Bühler in seiner auch heute noch zumindest in Teilen für maßgeblich gehaltenen[171] Definition das subjektive öffentliche Recht als eine „Stellung des Untertanen", also einer Person, die der Staatsmacht vollkommen unterworfen ist.[172]

Diese tradierten Vorstellungen wirken bis heute nach.[173] So wie die Fiskustheorie und das allgemeine Gewaltverhältnis auch unter der Geltung des Grundgesetzes nur langsam aufgegeben wurden und sich die Vorstellung von der Einheit der Verwaltung hartnäckig hält,[174] wirken die eigentlich längst aufgegebenen Annahmen der konstitutionalistischen Staatslehre auch im Hinblick auf die subjektiven öffentlichen Rechte fort:[175] Diese werden verbreitet nur als Rechte der Bürger gegen den Staat anerkannt[176] oder zumindest nur als solche thematisch behandelt,[177]

Bd. 1, S. 106 f. so vehement gegen die Ansicht „da und dort ein subjektives öffentliches Recht des Staates anzuerkennen" – aber selbst *O. Mayer* leitet die Ausrichtung auf Rechte des Bürgers gegen den Staat nicht irgendwie aus dem Begriff her, sondern weil er subjektive öffentliche Rechte des Staates aufgrund von dessen Allmacht für unmöglich hielt (a. a. O.).

[171] Vgl. oben Kapitel 3, B. I. 3. a), S. 162 – allerdings wird der Untertan zumeist sprachlich durch den Bürger ersetzt, wenn *Bühlers* Definition übernommen wird (vgl. *A. Wiese*, Beteiligung, S. 66 m. w. N.).

[172] *O. Bühler*, Rechte, S. 224, Def. oben in Kapitel 3, Fn. 104, S. 163 wörtlich wiedergegeben.

[173] Vgl. *H. Bauer*, DVBl. 1986, 208, 208 f. m. w. N.; *P. Häberle*, Interesse, S. 69 (oben Kapitel 3 Fn. 447, S. 220); zum Nachwirken des allgemeinen Gewaltverhältnisses *W. Henke*, DÖV 1980, 621, 624; sehr ausführlich *J. Schapp*, Recht, S. 18, S. 144 ff.: Dieser bemängelt, dass bei *G. Jellinek*, *H. H. Rupp* und *W. Henke* der Gedanke der Souveränität des Staates immer noch eine Hauptrolle spiele.

[174] Zur Fiskustheorie oben Kapitel 2, B. II. 1., ab S. 81 m. Nachw.; zum Grundsatz der Einheit der Verwaltung oben Kapitel 2, B. I. 3., S. 60 m. Nachw.; zum allgemeinen Gewaltverhältnis Kapitel 3, bei Fn. 444, S. 219 m. Nachw. – vgl. auch *R. Gröschner* in: Isensee/Kirchhof, HStR Bd. 2, § 23 Rn. 54: „So plausibel der Gedanke sein müsste, daß die freiheitliche Ordnung der Republik eine Staatsstruktur voraussetzt, in der es keine höheren Rechte mehr gibt, keine ‚Kompetenzpräsumtion' zugunsten des Monarchen und kein Urrecht auf Gehorsam, so schwer hat sich die traditionell subordinationsrechtlich strukturierte Dogmatik des deutschen Staats- und Verwaltungsrechts mit der Gewöhnung an diesen Gedanken doch getan."

[175] So auch *H. Bauer*, DVBl. 1986, 208, 215.

[176] Nachw. oben Kapitel 3 Fn. 288, S. 194.

[177] Deutlich bei *M. Herdegen* in: Heckmann/Meßerschmidt, Gegenwartsfragen, S. 165: „Der Begriff des subjektiv-öffentlichen Rechts, welches dem Schutz der individuellen Freiheitssphäre dient, setzt Subordination des Einzelnen unter staatliche Gewalt und den Gehorsamsanspruch des positiven Rechts unmittelbar voraus."; vom Gedanken der Trennung zwischen Staat und Gesellschaft her implizit *J. Krüper*, Gemeinwohl, etwa S. 279 f. – vgl. auch a. a. O. S. 224, wo subjektive Rechte und objektive Rechte als zwar korrespondierende, aber getrennte

etwa im Zusammenhang mit Art. 19 Abs. 4 GG.[178] Dass das trotz des Impulses durch das Grundgesetz hin zu gravierenden Umwälzungen noch der Fall ist, liegt daran, dass sich nach den Erfahrungen des Nationalsozialismus vor allem im Hinblick auf die Grundrechtsauslegung alles um das „Menschenbild des Grundgesetzes" drehte und die Beziehung zwischen Staat und Bürger – nachvollziehbar – viel Raum einnahm,[179] im Übrigen – also auch im Bereich der Beziehungen zwischen Teilen des Staates – aber stark an das traditionelle Verwaltungsrecht des 19. Jahrhunderts angeknüpft wurde.[180]

3. Abweichende Stimmen in der Literatur

Der davon abweichende Vorschlag, auch Rechte des Staates als subjektive öffentliche Rechte zu bezeichnen, ist nicht neu. In der verwaltungsprozessrechtlichen Literatur gab und gibt es immer wieder Autoren, die eine Beschränkung des subjektiven öffentlichen Rechts auf Rechte des Bürgers gegen den Staat ablehnen.[181] Die Rechtsprechung hingegen spricht in der Regel von „Rechten" und ordnet sie so ein, dass sie ein Klagerecht begründen, äußert sich aber mangels Entscheidungsrelevanz nicht zur Problematik der subjektiven öffentlichen Rechte.[182]

Verschiedene Gründe haben Autoren dazu bewegt, bei Rechten des Staates von subjektiven öffentlichen Rechten zu sprechen: Die Einbindung des Staates als gleichberechtigtes Gegenüber in das rechtliche Gesamtsystem,[183] die Annahme, dass öffentliches und Privatrecht strukturell nicht verschieden sind und die All-

---

Bereiche dargestellt (vgl. demgegenüber oben Kapitel 3, B.I.3.b), S. 165: Normativität der subjektiven Rechte) und jeweils Gesellschaft und Staat zugeordnet werden (vgl. dazu Fn. 162, S. 285); als Prämisse unausgesprochen auch bei *G. Ress* in: FS Antoniolli, passim., etwa S. 131 und *H.H. Rupp*, Grundfragen, S. 146 ff.; vgl. dazu auch *H. Bauer*, Grundlagen, S. 16: Mit dem subjektiven öffentlichen Recht würden „regelmäßig die subjektiven Rechte des Bürgers gegen den Staat angesprochen."

[178] Etwa bei *E. Schmidt-Aßmann* in: Maunz/Dürig, GG, Art. 19 Abs. 4 Rn. 116 ff.; vgl. auch *E. Schmidt-Aßmann/W. Schenke* in: Schoch/Schneider/Bier, VwGO, Einl. Rn. 18, wo ebenfalls das subjektive Recht (i.S.d. VwGO) mit Art. 19 Abs. 4 GG in Verbindung gebracht wird; zu Art. 19 Abs. 4 GG noch unten Kapitel 4, B.IV.3., S. 295.

[179] Dazu *R. Wahl*, Herausforderungen, S. 20, insb. S. 22, 23: „kopernikanische Wende" durch das „Menschenbild der Rechtssubjektivität".

[180] Dazu oben Kapitel 2, A.II. bei Fn. 17, S. 52 und nachfolgend IV.1.

[181] Außer bei den in den folgenden Fn. genannten wird auch bei *K.F. Gärditz* in: ders., VwGO, § 42 Rn. 53 das subjektive öffentliche Recht anders als herkömmlich definiert: „Den Anforderungen des § 42 Abs. 2 genügen nur subjektiv-*öffentliche* Rechte, also subjektive Rechte, die auf einer Norm des Öffentlichen Rechts beruhen, sprich: einen Träger öffentlicher Gewalt als Sonderrecht im Sinne der modifizierten Subjektstheorie [...] verpflichten." (Hervorh. i.O.).

[182] Vgl. etwa die Nachw. zur Rspr. in den Fn. 78, S. 271, Fn. 32, S. 264, Fn. 83, S. 272, Fn. 82, S. 272, Fn. 124, S. 279 und Fn. 134, S. 281.

[183] Grob zusammengefasst die Position von *J. Schapp*, Recht, S. 155 ff.

macht des Staates Rechte nicht ausschließt,[184] eine genauere Analyse der historischen Entwicklung des subjektiven öffentlichen Rechts[185] und die Notwendigkeit der Trennung der Attribute subjektiv, objektiv, öffentlich und privat bei Interessen und Rechten.[186] Als Grund angeführt wird auch die Erkenntnis, dass es kein „allgemeines Gewaltverhältnis im Sinne einer vorrechtlichen Unterworfenheit des Bürgers unter den Staat unter dem Grundgesetz" gibt, sondern „das Recht vielmehr die Konfliktentscheidung auch zwischen staatlichen Befugnissen und Individualinteressen darstellt".[187] Überall ist der Gedanke zentral, dass die Beschränkung des Begriffs subjektives öffentliches Recht auf Rechte der Bürger gegen den Staat historisch durch bestimmte Vorstellungen vom Wesen des Staates bedingt ist, die heute weitgehend obsolet sind (dazu mehr sogleich unter IV.1.).

IV. Begründung: Wandel des Bildes vom Staat und des subjektiven öffentlichen Rechts

Wie soeben beschrieben wurde der Begriff des subjektiven öffentlichen Rechts ursprünglich schlicht für Rechte aus dem öffentlichen Recht gebraucht.[188] Allein deswegen ist es nicht überzeugend, dem Staat zu attestieren, solche Rechte könnten ihm nicht zugewiesen sein, weil subjektive öffentliche Rechte solche des Bürgers gegen den Staat seien – insbesondere angesichts der verbreitet als selbstverständlich anerkannten Inhaberschaft bestimmter Rechtspositionen aus dem öffentlichen Recht. Im Übrigen sprechen jedenfalls die überwiegenden Gründe dafür, Rechte des Staates, sofern sie im öffentlichen Recht geregelt sind, auch subjektive öffentliche Rechte zu nennen. Diese Gründe sind ebenso Argumente für die prinzipielle Fähigkeit des Staates, Rechte aus dem öffentlichen Recht inne haben zu können, wie für die Annahme, dass der Begriff subjektives öffentliches Recht letztlich nichts anderes bezeichnet als subjektive Rechte aus dem öffentlichen Recht. Beide Fragen sind aus historischer Perspektive nämlich letztlich zwei Seiten einer Medaille.

---

[184] *L. Richter,* AöR 47 (1925), 1 ff. (strukturelle Parallelität von öffentlichem und Privatrecht S. 5 ff., subjektive öffentliche Rechte auch für den Staat S. 22 ff.).

[185] *H. Bauer,* DVBl. 1986, 208, 208 ff. – dort spielt auch die Rechtsverhältnistheorie eine entscheidende Rolle, a. a. O. S. 215 ff.; vgl. auch *W.-R. Schenke* in: Kopp/Schenke, VwGO, § 43 Rn. 11.

[186] *W. Roth,* Organstreitigkeiten, S. 468 ff.; *Roth* kritisiert auch den herkömmlichen Begriff des subjektiven Rechts (a. a. O., S. 347 ff.) und ordnet Organrechte als echte subjektive Rechte ein (a. a. O. S. 539); eine historische Herleitung spielt ebenfalls eine Rolle (a. a. O. S. 461 f.).

[187] *A. Scherzberg* in: Ehlers/Pünder, A. Verwaltungsrecht, § 12 Rn. 27.

[188] Kapitel 4, B. III. 2., S. 282.

1. Nochmals: Bild vom Staat als monolithischem Block veraltet

Die Festlegung des Begriffs subjektives öffentliches Recht auf Rechte des Bürgers gegen den Staat und die daraus folgende Zögerlichkeit, subjektive Rechte des Staates insgesamt anzuerkennen,[189] geschweige denn diese als subjektive öffentliche Rechte zu bezeichnen, kann wie beschrieben[190] nicht mit einer bruchfreien Tradition gerechtfertigt werden. Die Beschränkung des subjektiven öffentlichen Rechts auf Rechte der Bürger gegen den Staat ist nicht durch eine lineare historische Entwicklung vorgegeben, sondern wurde im Wesentlichen durch Otto Mayer geprägt[191] – bis in das 20. Jahrhundert hinein wurden auch subjektive öffentliche Rechte des Staates in der Literatur erörtert.[192] Bei O. Mayer, der mit seinem Werk „Deutsches Verwaltungsrecht" dieses Rechtsgebiet prägte,[193] spielten wie erwähnt die Allmacht des Staates und das allgemeine Gewaltverhältnis eine maßgebliche Rolle für die Ablehnung subjektiver Rechte des Staates.[194]

Die Zurückhaltung gegenüber Rechten des Staates aus dem öffentlichen Recht ist jedoch genauso wie die Staatsvorstellungen des Konstitutionalismus, auf denen sie beruht, als veraltet anzusehen:[195] Im Gegensatz zur Konzeption der einheitlichen Verwaltung aus der Machtvollkommenheit des Monarchen heraus[196] bewirkt die heute bestehende Aufteilung von Staatsmacht auf viele Ebenen,[197] dass sowohl der Bürger als auch Teile des Staates selbst als Rechtssubjekte zu betrachten sind,[198]

---

[189] Es gibt Stimmen, die es als „herrschende Auffassung" bezeichnen, dass der Staat nicht Inhaber subjektiver Rechte sein kann, etwa *K. F. Röhl/H. C. Röhl,* Rechtslehre, S. 378, die diese Auffassung selbst aber kritisch beleuchten.

[190] Vgl. oben bei Fn. 170, S. 286.

[191] *H. Bauer,* DVBl. 1986, 208, 209 ff. – *Bauer* nennt als Autoren, die zeitlich vor *Mayer* über subjektive öffentliche Rechte des Staates schrieben *C. F. v. Gerber, G. Jellinek* und *R. Thoma* (S. 209 f., je m.N. und wörtl. Zitaten); zu *O. Mayer* schon oben Fn. 149, Fn. 152 (S. 283 und 284) m. einschlägigen wörtl. Zitaten.

[192] Vgl. die Nachw. in Fn. 153 und Fn. 154, S. 284 sowie Fn. 169, S. 286 und Fn. 170, S. 286; *H. Bauer,* DVBl. 1986, 208, 209 f.

[193] Zur Wirkkraft *Otto Mayers* etwa *H. H. Rupp,* Grundfragen, S. 1 und oben Kapitel 3, Fn. 360, S. 207.

[194] Nachw. Fn. 152, S. 284; dazu *H. Bauer,* DVBl. 1986, 208, 211.

[195] Vgl. zum Ganzen insbesondere *J. Schapp,* Recht, S. 152 ff. und auch *W.-R. Schenke* in: Kopp/Schenke, VwGO, § 43 Rn. 11.

[196] Dazu bereits oben Kapitel 4, B. III. 2. bei Fn. 158, S. 285.

[197] Dazu oben Kapitel 1, C. I., S. 30 und Kapitel 2, C. II. 1. b), S. 111.

[198] Dass die Aufteilung der Staatsgewalt auf viele Träger ein wichtiger Aspekt für die Fähigkeit des Staates ist, Rechte inne zu haben, betonen auch *K. F. Röhl/H. C. Röhl,* Rechtslehre, S. 378, die im Übrigen der Meinung sind, schon aus dem Rechtsstaat folge, „dass der Staat sich nicht auf ein allgemeines Gewaltverhältnis berufen kann, sondern für jede Leistung, die er seinen Bürgern abverlangt, und für jeden Eingriff, dessen Duldung er von ihnen fordert, einen Rechtstitel benötigt." Diese Konstruktion subjektiver Rechte beruht teilweise aber auch auf dem besonderen Verständnis der Autoren vom subjektiven Recht. Sie ist außerdem letztlich wieder aus dem Prinzip der Freiheit von gesetzeswidrigem Zwang hergeleitet, was den Effekt hat, dass diese bei *J. Schapp,* Recht, S. 152 ff. als anachronistisch eingestufte und jedenfalls für Rechte des Staates nicht brauchbare Konzeption nicht überwunden wird.

die ihre Konflikte auch gerichtlich, unter Berufung auf subjektive Rechte, austragen können.[199] Das Instrument zur Austragung von Rechtsstreitigkeiten, wie sie zwischen Rechtssubjekten in einer rechtlich – auch öffentlich-rechtlich – verfassten Beziehung (die Impermeabilitätstheorie hat keine Existenzberechtigung mehr[200]) fast zwangsläufig entstehen, sind subjektive Rechte, und zwar in der Regel auf beiden Seiten. Dass der Staat besonderen Bindungen im Rahmen seiner Tätigkeit unterliegt, hindert die Annahme, dass auch er subjektive Rechte aus dem öffentlichen Recht haben kann, nicht.[201] Insbesondere (aber nicht nur) dann, wenn die Beziehung zwischen Staat und Bürger sowie zwischen Teilen des Staates – etwa juristischen Personen des öffentlichen Rechts –[202] als Rechtsverhältnis verstanden wird, ist es fast eine Selbstverständlichkeit, dass es dort „wechselseitige Rechte und Pflichten", also auch Rechte auf Seiten des Staates, geben muss.[203]

An der herkömmlichen Orientierung des „Begriff[s] des subjektiven öffentlichen Rechts [...] an dem Rechtsschutzsystem der Abwehr ungesetzlichen Zwangs und des Anspruchs auf eine staatliche Leistung",[204] die mit subjektiven Rechten des Staates unvereinbar ist, ausnahmslos festzuhalten, widerspricht jedenfalls der Tatsache, dass es auch zwischen Bürger und Staat kein allgemeines Gewaltverhältnis im Sinne eines vorrechtlichen Urrechts auf Gehorsam gibt.[205] Die Möglichkeit des Staates, mittels Verwaltungsakt und Verwaltungszwang Ansprüche selbst zu vollstrecken, schließt die Annahme subjektiver Rechte des Staates nicht aus,[206] und zwar schon deswegen, weil auch die Selbstvollstreckung von Rechten diese zunächst einmal voraussetzt.[207] Im Innehaben subjektiver Rechte bereits auf einer Seite drückt sich sowohl eine rechtliche Normierung der Beziehung als auch eine gewisse Stellung der Rechtssubjekte im Verhältnis zwischen ihnen aus, die mit der jeweiligen (aktiven und passiven) Rechtssubjektivität ein gemeinsames, in ge-

---

[199] Siehe oben Fn. 159, S. 285.

[200] Oben Kapitel 2, B. I. 2., S. 56.

[201] *W. Henke,* DÖV 1980, 621, 623; vgl. auch zum Verhältnis von subjektivem Recht und Kompetenz oben Kapitel 4, A. I. 1. und 2., ab S. 260.

[202] Zu sonstigen Untergliederungen des Staates noch unten C. I. 2., S. 318.

[203] *H. Bauer,* DVBl. 1986, 208, 217; *W. Henke,* DÖV 1980, 621, 623; nicht aus der Perspektive der Rechtsverhältnislehre *K. F. Röhl/H. C. Röhl,* Rechtslehre, S. 378: „Subjektive Rechte des Staates sind im Grunde eine Selbstverständlichkeit, über die sich nur selten zu reden lohnt, [...]".

[204] Wörtl. Zitat von *J. Schapp,* Recht, S. 155.

[205] Nachw. oben Kapitel 3, B. II. 2. d) cc) (2), in 445, S. 220. Damit wird das von der Frage nach dem allgemeinen Gewaltverhältnis zu trennende Gewaltmonopol des Staates nicht negiert (oben Kapitel 3 Fn. 443, S. 219 und Kapitel 4, Fn. 155, S. 285). Das staatliche Gewaltmonopol steht aber der Existenz von Rechten nicht entgegen, sondern betrifft ihre Durchsetzung, denn bspw. Bürger können trotz staatlichem Gewaltmonopol auch Rechte haben.

[206] *J. Schapp,* Recht, S. 158 ff.

[207] Im Übrigen vollstreckt der Staat, wenn er in seiner Gesamtheit betrachtet wird, aufgrund des Gewaltmonopols fast alle Rechte, auch die des Zivilrechts – Rechte des Zivilrechts werden dem Staat aber wie selbstverständlich zugesprochen.

wissem Sinne gleichordnendes Merkmal[208] enthält. Wird als prägendes Merkmal des subjektiven Rechts die prozessuale Durchsetzbarkeit anerkannt,[209] wird die Gleichordnung deutlich: Vor Gericht stehen sich beide Teile aus Prinzip gleichgeordnet gegenüber – sei es auch aufgrund tatsächlicher Machtungleichgewichte nur fingiert, um den rechtlichen Konflikt rechtsstaatlich entscheiden zu können. Eine echte Konfliktentscheidung ist nämlich nur dann möglich, wenn beide Konfliktpartner im Gesamtsystem der rechtlichen Regelungen gleichermaßen integriert sind. Diese gleichordnende Integration bedeutet, dass auch der Staat, maßgeblicher Akteur im öffentlichen Recht, subjektive öffentliche Rechte inne haben können muss, denn beide Aspekte, rechtliche Normierung und gleichwertige Stellung als Konfliktpartner, sind heute zwischen Bürger und Staat und unter verschiedenen Teilen des Staates die Regel. Die Kritik etwa von O. Bachof gegen die Abschaffung des allgemeinen Gewaltverhältnisses,[210] mindestens soweit sie sich gegen ein Ignorieren der tatsächlichen Überlegenheit des Staates wendet, ist durchaus verständlich. Allerdings bedingt das Rechtsstaatsprinzip, dass diese Überlegenheit sich eben gerade nicht in rechtlichen Verhältnissen niederschlägt, also kein rechtliches Prinzip eines allgemeinen Gewaltverhältnisses anzuerkennen ist.

Genauso wie der Bürger dem Staat nicht in einem allgemeinen Gewaltverhältnis mit vorrechtlichem Gehorsamsanspruch gegenübersteht, ist auch der Staat kein impermeables, einheitliches Gebilde ohne die Möglichkeit rechtlicher Beziehungen im Inneren.[211] Deswegen gibt es zwischen Rechten des Staates und Rechten der Bürger keinen strukturellen Unterschied, der durch die besondere Bezeichnung subjektives öffentliches Recht gekennzeichnet werden müsste. Der Innenbereich hat seine Impermeabilität konsequent verloren, sodass auch hier Unterschiede zwischen Beziehungen innerhalb des Staates und Verhältnissen zwischen Teilen des Staates und Bürgern weggefallen sind.

Die Veränderungen des Bildes vom Staat, unter anderem durch das Grundgesetz, sprechen daher dafür, als subjektive öffentliche Rechte wieder alle Rechte

---

[208] *J. Schapp*, Recht, S. 153 geht davon aus, „daß das Recht selbst sich auf Staat und Bürger als Gleichgeordnete bezieht.". Dieser Gedanke taucht auch bei *W.-R. Schenke* in: Kopp/Schenke, VwGO, §43 Rn. 11 auf. Eine völlige Gleichordnung nur aufgrund von beiderseitiger Rechtssubjektivität soll hier allerdings nicht behauptet werden – die Grundrechte etwa gelten primär als *Abwehrrechte gegen den Staat* (vgl. *R. Poscher,* Grundrechte als Abwehrrechte: Reflexive Regelung rechtlich geordneter Freiheit, Tübingen 2003, passim., etwa S. 42 ff.) und wären sicher nicht nötig, wenn der Bürger dem Staat in jeder Hinsicht ebenbürtig wäre.

[209] Dazu oben Kapitel 3, B. I. 3. f) cc), S. 183; jedenfalls kommt es für den in dieser Arbeit behandelten Themenbereich nur auf die Perspektive des Gerichtsprozesses an.

[210] *O. Bachof,* VVDStRL 45 (1986), S. 259 f. (Aussprache), bereits oben in Kapitel 3 Fn. 443, S. 219 wörtl. zitiert (dort auch zur fehlenden Differenzierung zwischen Gewaltverhältnis und Gewaltmonopol).

[211] Dazu schon oben Kapitel 2, B. I. 2., S. 56; vgl. auch die Verweise in Fn. 174, S. 287 auf die einschlägigen Ausführungen weiter oben.

anzusehen, die im öffentlichen Recht geregelt sind. Auch der Faktor, dass im Konstitutionalismus zeitweise schlicht keine Rechtspositionen im öffentlichen Recht anerkannt waren, die Teilen des Staates zustehen könnten, weswegen die Rechte aus dem öffentlichen Recht automatisch solche der Bürger waren, ist weggefallen.[212] So wie die Tendenz dahin geht, durch die wachsende Zahl von Verbandsklagerechten den Bürger zu einem „Organ" staatlicher Rechtmäßigkeitskontrolle zu machen, werden auch subjektive Rechte zum Instrument der Durchsetzung staatlicher, öffentlicher Interessen.[213] Das betrifft insbesondere Rechte des Staates aus dem öffentlichen Recht, die der gegenseitigen Kontrolle von Teilen des Staates untereinander dienen. Die aus einem größeren Zeitrahmen heraus betrachtet wachsende Anerkennung öffentlich-rechtlicher Rechtspositionen von Teilen des Staates, sei es teilweise auch unter anderer Bezeichnung als der des subjektiven (öffentlichen) Rechts,[214] zeigt den Wandel, der sich in der Rechtswirklichkeit längst vollzieht. Demgegenüber zu behaupten, Klagerechte des Staates würden einer gewandelten Funktion des Verwaltungsprozessrechts weg von der objektiven Rechtmäßigkeitskontrolle hin zu subjektivem Rechtsschutz der Bürger widersprechen,[215] hieße, diese Entwicklung zu ignorieren.[216]

Die Faktoren, die zu der Beschränkung des Begriffs subjektives öffentliches Recht geführt haben, sind also weggefallen und sprechen deswegen nicht mehr dagegen, die ursprüngliche Bedeutung des Begriffs subjektives öffentliches Recht (also: Recht aus dem öffentlichen Recht), wieder ernst zu nehmen und die Einschränkung auf Rechte des Bürgers gegen den Staat als Relikt der Anschauungen vergangener Epochen fallen zu lassen. Eine solche Anerkennung von subjektiven öffentlichen Rechten des Staates ist weder ein Beitrag zur Verwässerung oder Abschaffung dieser Rechtsfigur noch eine unzulässige Rechtsfortbildung.[217]

2. Unterscheidung von Rechtsausübung und Rechtsinhaberschaft

Die Möglichkeit, Rechte aus dem öffentlichen Recht inne zu haben, wird nicht durch öffentlich-rechtliche Beschränkungen, denen die Teile des Staates unterliegen und die sich auf die Ausübung von Rechten auswirken können, eingeengt. Dieser Aspekt ist von der eben verneinten Frage, ob eine etwaige staatliche Allmacht und die Fähigkeit der zwangsweisen Durchsetzung aller eigenen Rechte gegen eine Rechtsträgerschaft des Staates spricht, zu unterscheiden. Der Staat unterliegt

---

[212] Vgl. oben, Kapitel 4, B. I., S. 271.

[213] *M. Pöschl* in: 16. ÖJT Bd. I/2, S. 8.

[214] Vgl. etwa oben Kapitel 2, B. I. 5. a), S. 69 (Zulassung verwaltungsrechtlicher Organstreitigkeiten mit dem Argument der Notwendigkeit gegenseitiger Kontrolle).

[215] *W. Löwer,* VerwArch 68 (1977), 327, 338 f.

[216] Zu Rechten, die dem Staat zustehen, schon oben Kapitel 4, B. I., S. 271.

[217] In diese Richtung aber *A. Wiese,* Beteiligung, S. 96 f., (ohne Erwähnung der historischen Perspektive an dieser Stelle). Zu den Thesen *Wieses* vgl. insb. unten Kapitel 6 bei Fn. 32, S. 462.

– vor allem durch das Grundgesetz – einer Vielzahl von rechtlichen Bindungen, die
unter anderem seine Machtausübung rechtlich beschränken.

Die Rechtsfähigkeit muss jedoch von der Art und Weise der Ausübung der
Rechte unterschieden werden: Unterliegt ein Rechtssubjekt bestimmten rechtlichen Pflichten, führt das dazu, dass Rechte eventuell nur auf eine bestimmte
Weise oder mit einem bestimmten Ziel ausgeübt werden dürfen, aber nicht dazu,
dass die Rechtsfähigkeit eingeschränkt ist.[218] Dass das im Hinblick auf subjektive Rechte des Staates aus dem öffentlichen Recht so sein muss, zeigt sich auch
bei einem Vergleich mit dem Privatrecht: Die Bindung etwa an Grundrechte nach
Art. 1 Abs. 3 GG gilt auch bei privatrechtlichem Handeln,[219] und die Fiskustheorie gilt, wie erwähnt,[220] zu Recht als aufgegeben. Haben der Staat bzw. seine Teile
also subjektive Rechte aus dem Privatrecht, können sie sie auch dort nur den öffentlich-rechtlichen Bindungen gemäß ausüben. Diese Bindungen führen aber
nicht dazu, dass etwa davon gesprochen würde, Teile des Staates könnten (bestimmte) Rechte aus dem Privatrecht nicht inne haben. Für Rechte aus dem öffentlichen Recht lässt sich dies übertragen,[221] denn zumindest juristische Personen
des öffentlichen Rechts werden nach Überwindung der Fiskustheorie im Hinblick
auf Rechte aus dem öffentlichen und privaten Recht grundsätzlich nicht mehr ungleich behandelt.[222] Es leuchtet nicht ein, subjektive Rechte aus dem öffentlichen
Recht aufgrund öffentlich-rechtlicher Beschränkungen bei ihrer Ausübung zu ver-

---

[218] Dazu W. Roth, Organstreitigkeiten, S. 483.

[219] P. Badura, Staatsrecht, 6. Aufl., München 2015, S. 118: „Die neuere, heute als überwiegend bezeichnete Lehre bindet die in Privatrechtsform handelnde öffentliche Verwaltung
durchgehend, [...] an die Grundrechte."; wobei insbesondere eine Grundrechtsbindung bei sog.
fiskalischen Hilfsgeschäften zur Bedarfsdeckung str. ist, aber verbreitet bejaht wird (A. Wiese,
Beteiligung, S. 58: Grundrechtsbindung „nach überwiegender Auffassung befürwortet"), bspw.
M. Goldhammer, JuS 2014, 891, 892 f. (ohne Erwähnung der Gegenansicht); ebenso W. Höfling
in: Sachs, GG, Art. 1 Rn. 106 ff., der allerdings u. a. darauf hinweist, dass der BGH eine Grundrechtsbindung bei Bedarfsdeckungsgeschäften der Verwaltung ablehne; vgl. auch C. Starck in:
v. Mangoldt/Klein/ders., GG Bd. 1, Art. 1 Rn. 229; gegen eine Herausnahme unternehmeri-
scher Betätigung des Staates aus der Grundrechtsbindung W. Krebs in: Isensee/Kirchhof, HStR
Bd. 5, § 108 Rn. 12; zur „Fiskalgeltung der Grundrechte" ausführlich H.-D. Horn, Verwaltung,
S. 109 ff., insb. dort. Fn. 90 m.N. – In dem Begriff fiskalische Hilfsgeschäfte steckt noch die
Vorstellung des Fiskus als neben dem hoheitlich handelnden Staat stehendem Gebilde. Diese
ist aber nicht nur wegen der (allerdings noch streitigen) Grundrechtsbindung, sondern auch vor
dem Hintergrund einer umfangreichen Bindung bspw. an vergaberechtliche und haushaltsrecht-
liche Regelungen nicht mehr einleuchtend.
      Siehe auch BVerfG, Beschl. v. 19.07.2016, Az.: 2 BvR 470/08, juris Rn. 24 ff.: Umfassende
Bindung an Grundrechte abhängig „weder von der Organisationsform [...] noch von der Hand-
lungsform" (Rn. 26). Hier ist allerdings noch einiges im Fluss: Dazu, dass Art. 19 Abs. 4 GG
im Vergaberecht nicht einschlägig sein soll, A. Wiese, Beteiligung, S. 77.

[220] Vgl. oben Kapitel 2, B. II. 1. bei Fn. 204 ff., S. 83.

[221] Rechte des Staates trotz der rechtlichen Bindungen, denen dieser unterliegt, nimmt auch
W. Henke, DÖV 1980, 621, 623 an.

[222] Vgl. dazu unten Kapitel 4, C. I. 1., S. 313.

neinen, wenn diese Restriktionen nicht die selben Auswirkungen auf Rechte des Privatrechts haben.

3. Beschränkung auf Rechte der Bürger ohne praktische Bedeutung

Wie bereits für subjektive Rechte allgemein dargelegt, ist es überflüssig, eine Bezeichnung für Rechtspositionen des Staates zu wählen, die von der üblichen Bezeichnung für Rechte abweicht, wenn sich dadurch am Schluss keine Unterschiede ergeben.[223] Das lässt sich auch auf das subjektive öffentliche Recht im Speziellen übertragen. Der Begriff subjektives öffentliches Recht ist ohne Bedeutung, wenn auch sonstige Rechtspositionen vor Gericht in der gleichen Weise geltend gemacht werden können wie subjektive öffentliche Rechte. Allein zur Bezeichnung von Rechten der Bürger gegen den Staat muss der Begriff jedenfalls nicht für diese reserviert werden, zumal sich die Restriktion in ihm auch begrifflich nicht widerspiegelt.

Bedeutung könnte der Begriff subjektives öffentliches Recht noch im Rahmen des Art. 19 Abs. 4 GG entfalten und die von dieser Norm erfassten Rechte bezeichnen. Entsprechend wird das subjektive öffentliche Recht auch regelmäßig mit Art. 19 Abs. 4 GG in Zusammenhang gebracht.[224] Art. 19 Abs. 4 GG kann seinem Wortlaut und seiner Zielrichtung nach nur Rechte des Bürgers gegen den Staat umfassen, und es wird bereits aus dem Zusammenhang, in den Art. 19 Abs. 4 GG gestellt ist, deutlich, dass es sich bei den dort gemeinten Rechten um solche der Bürger gegen den Staat handelt. Ein enger Begriff des subjektiven öffentlichen Rechts trägt also auch dort nichts weiter zur Sache bei, weil seine Beschränkung auf Rechte des Bürgers nur eine Selbstverständlichkeit ausdrücken würde.

Hinzu kommt noch, dass sich auch nach dem hergebrachten Begriffsverständnis subjektives öffentliches Recht und Recht im Sinne des Art. 19 Abs. 4 GG nicht unbedingt decken. Nur Rechte des Bürgers gegen den Staat als von Art. 19 Abs. 4 GG umfasst anzusehen, ist zutreffend;[225] außer subjektiven öffentlichen Rechten keine weiteren Rechte als von Art. 19 Abs. 4 GG erfasst anzuerkennen, ist allerdings nicht zwingend. Denn der Begriff subjektive öffentliche Rechte kommt in Art. 19

---

[223] Oben Kapitel 4, B. II., S. 273.

[224] Vgl. die Behandlung des subjektiven Rechts im Rahmen des Art. 19 Abs. 4 GG bei *E. Schmidt-Aßmann* in: Maunz/Dürig, GG, Art. 19 Abs. 4 Rn. 116 ff.; vgl. auch *E. Schmidt-Aßmann/W. Schenke* in: Schoch/Schneider/Bier, VwGO, Einl. Rn. 18, wo ebenfalls das subjektive Recht (i. S. d. VwGO) mit Art. 19 Abs. 4 GG in Verbindung gebracht wird; ähnlich bei *A. Wiese,* Beteiligung, S. 64, S. 66 und S. 101, wobei *Wiese* auf S. 101 einräumt, dass Art. 19 Abs. 4 GG nur Mindestgarantien regelt, und darüber hinausgehenden Rechtsschutz nicht verbietet; vgl. zu Art. 19 Abs. 4 GG auch Fn. 241, S. 299.

[225] Nach *A. Wiese,* Beteiligung, S. 69 ff. ist das streitig, wobei *Wiese* der Ansicht zustimmt, dass Art. 19 Abs. 4 GG nur zu Gunsten von Grundrechtsberechtigten gilt. *A. Scherzberg* in: Ehlers/Pünder, A. Verwaltungsrecht, § 12 Rn. 27: Darüber herrsche Einigkeit.

Abs. 4 GG überhaupt nicht vor, sondern es ist wieder nur von „seinen Rechten" die Rede.[226] Außerdem wird die Gleichsetzung von subjektiven öffentlichen Rechten und Rechten im Sinne des Art. 19 Abs. 4 GG ohnehin nicht durchgehalten, weil auch andere Rechte, die nicht als subjektive öffentliche Rechte bezeichnet werden, wie etwa privatrechtliche Rechtspositionen, von Art. 19 Abs. 4 GG erfasst sind.[227]

Auch die praktische Überflüssigkeit der speziellen Bezeichnung von Rechten des Bürgers gegen den Staat spricht also dafür, zu dem Bedeutungsinhalt des Begriffs subjektives öffentliches Recht zurückzukehren, nach dem er einfach Rechte aus dem öffentlichen Recht bezeichnet. Den Bürgern würde damit kein Stück ihrer Rechte genommen.

4. Unklarheit der Struktur des subjektiven öffentlichen Rechts

Daneben gibt es aber noch weitere Gründe, um die Beschränkung des Begriffs subjektives öffentliches Recht auf Rechte des Bürgers gegen den Staat aufzugeben. So lassen sich zum Beispiel keine strukturellen Merkmale der subjektiven öffentlichen Rechte im herkömmlichen Sinne, also der Rechte des Bürgers gegen den Staat, nachweisen, die eine Abgrenzung gegenüber den Rechtspositionen des Staates rechtfertigen würden.

Das Verhältnis zwischen den Polen staatliche Macht, natürliche Freiheit, Rechte des Bürgers und Rechte des Staates ist relativ ungeklärt, zumindest stark problematisch. Es handelt sich hier um den selben Problemkreis wie bei der Frage, ob absolute Rechte bzw. Freiheitsrechte als subjektive Rechte angesehen werden können, oder ob erst durch Hinzutreten weiterer Umstände Rechte entstehen,[228] und ob es neben Rechten auf fremdes Verhalten auch Rechte auf eigenes Verhalten geben kann[229] oder ob dabei nicht ein Teil der Rechte gewissermaßen von der falschen Seite aus betrachtet wird.[230] Mit diesem Problemkreis korrespondieren die Fragen, ob der Mensch eine natürliche Freiheit besitzt oder ob dem Bürger lediglich vom Staat innerhalb der Rechtsordnung Rechte verliehen wurden,[231] und ob der Staat in

---

[226] Das wird häufig, wie bspw. bei *A. Wiese,* Beteiligung, S. 101 (die in dieser Frage schwerpunktmäßig *E. Schmidt-Aßmann* [vgl. Fn. 224] zitiert), nicht beachtet.

[227] *C. Enders* in: Epping/Hillgruber, BeckOK GG, Art. 19 Rn. 62: „nach überkommener Auffassung [...] auch Privatrechtspositionen" m. w. N.

[228] Vgl. dazu schon oben Kapitel 3, B. I. 3. c), S. 167, sowie Kapitel 3, B. I. 3. f) bb), S. 181; speziell für Verwaltungsakte ausf. *W. Henke* in: FS Weber, S. 505 ff.

[229] Vgl. etwa die Einteilung bei *E. Schulev-Steindl,* Rechte, S. 17 ff. einerseits und S. 79 ff. andererseits.

[230] Der Einwand von *W. Henke,* Recht, S. 1 dagegen, dass „[d]ie Frage nach dem subjektiven öffentlichen Recht [...] traditionellerweise nicht in der Form gestellt [werde]: welches sind meine Rechte gegenüber der Verwaltung?, sondern in der Form: welchen Schutz genieße ich gegen Übergriffe der Verwaltung?" geht in diese Richtung.

[231] Vgl. etwa *R. Dubischar,* Grundbegriffe, S. 36 f.: Recht als Grenze der Freiheiten der Menschen (i. S. *Kants*), die nicht unbegrenzt sein können; vgl. *E. Schulev-Steindl,* Rechte, S. 80

diese Positionen nur aufgrund besonderer Rechte eingreifen darf,[232] sowie welche Rolle dabei das Gesetz spielt.[233] Hinzu kommt die Frage, welche Rolle die Beziehungen zwischen Privaten im öffentlichen Recht spielen.[234]

Wie unentschieden die Rechtsordnung unter dem Grundgesetz im Hinblick auf diese Fragen heute noch ist, zeigt sich, wenn die Funktionen von Grundrechten und Vorbehalt des Gesetzes in Beziehung gesetzt werden: Die Grundrechte bilden ein System der Gegenrechte gegen den sonst unbeschränkt agieren-können-den Staat, während der im Rechtsstaatsprinzip enthaltene Vorbehalt des Gesetzes dem Staat grundsätzlich flächendeckend die Schranke der Gesetzmäßigkeit seines Handelns auferlegt. Die allgemeine Handlungsfreiheit nach Art. 2 Abs. 1 GG passt daher auch eigentlich nicht in das System der Grundrechte, weil sie als Grundrecht zwar strukturell ein nur punktuell wirkendes Abwehrrecht ist, aber im Ergebnis flächendeckend gegen alle staatlichen Einwirkungen schützen kann – jedoch

---

m. w. N.: Es sei str., ob es Freiheitsrechte angesichts der natürlichen Freiheit überhaupt geben kann; vgl. auch a. a. O. S. 98 ff. – es bleibt dort allerdings unklar, worin der Unterschied zwischen einer Handlungsfreiheit aufgrund fehlender Regelung und aufgrund Erlaubnis sein soll, weil der Staat diese Freiheit doch in beiden Fällen aufheben kann; vgl. *R. Stober* in: Wolff/Bachof/Stober/Kluth, Verwaltungsrecht Bd. 1, § 43 Rn. 4: „Die verwaltungsrechtlichen Berechtigungen auf Grund der Freiheitsrechte sind nur die rechtliche Bestätigung vorrechtlicher Fähigkeiten."; zum gleichen Problem schon *W. Jellinek,* Verwaltungsrecht, S. 200.

[232] Vgl. *J. Schapp*, Recht, S. 152 ff., der kritisiert, dass „staatliche Interessenverfolgung […] auf das Moment des Zwangs reduziert" worden sei und der als Lösung die Trennung „zwischen Verfolgung der öffentlichen Interessen durch den Staat und rechtlicher Entscheidung über diese Interessen" vorschlägt, wodurch die Interessenwahrnehmung des Staates als Rechtsausübung erscheinen würde und nicht mehr als hoheitliche Ausübung von Macht; anders *E. Schulev-Steindl,* Rechte, S. 85 f.: subjektive Rechte als rechtliche Umsetzung der natürlichen Freiheit eines Menschen, die aber durch Subjektion unter den Staat aufgehoben wird, weswegen Freiheitsrechte bzw. Rechte auf eigenes Verhalten möglich sind (als „Regelungsverzicht") – diese Überlegungen sind trotz der allgemein-rechtstheoretischen Zielsetzung sichtbar auf Grundrechte gemünzt.

[233] Vgl. dazu die Konzeption bei *W. Henke,* Recht, S. 50 ff., insb. S. 52: Subjektive Rechte können danach nur bei Gesetzesüberschreitungen gegeben sein („si excessit, …"), weil das staatliche Recht die widerstreitenden Interessen verbindlich ausgleicht – problematisch an dieser Überlegung ist allerdings, dass die Grundrechte, die dem einfachen Recht vorgehen, in den meisten Fällen eben noch keinen eindeutigen Ausgleich zwischen Belangen verschiedener Bürger enthalten („Anspruchsoffenheit der Grundrechte", vgl. *R. Stober* in: Wolff/Bachof/Stober/Kluth, Verwaltungsrecht Bd. 1, § 43 Rn. 25); vgl. zum Problem auch *J. Schapp,* Recht, S. 157 f.

[234] Zu dem Problem, dass die Betrachtung nur der Beziehung des Bürgers zum Staat die oft zentralen Konflikte der Bürger untereinander unzulässigerweise ausblendet *M. Schmidt-Preuß,* Privatinteressen, S. 205 ff., S. 706; Lösungsvorschlag dort insb. auf S. 425 ff. und S. 708 ff.: Bei „multipolaren Konfliktlagen" (vgl. etwa S. 706) schlägt *Schmidt-Preuß* vor, vorhandene gesetzliche Regelungen als „tatbestandliche Austarierung der kollidierenden Privatinteressen" (S. 708) anzusehen, wobei aber „Pflichtsubjekt […] stets der Staat" bleibe (S. 710), wodurch ein Dreiecksverhältnis entsteht (vgl. zu *Schmidt-Preuß* auch oben Kapitel 3, B. II. 2. d) dd), ab S. 229 bei der Behandlung der Schutznormtheorie) – diese Vorschläge beziehen sich aber – dem Ziel der Ersetzung der Schutznormtheorie entsprechend – eher auf die praktische Ermittlung von Rechten, also die Entwicklung von Kriterien zur Wertungsfrage, ob geklagt werden kann, und weniger auf die Struktur des subjektiven Rechts an sich.

nur unter einfachem Gesetzesvorbehalt.[235] Entsprechend ist das genaue Verhältnis von Vorbehalt des Gesetzes und Grundrecht auf allgemeine Handlungsfreiheit umstritten.[236]

Allein aus der Benennung der ungelösten und umstrittenen Probleme, die sich im Hinblick auf die subjektiven öffentlichen Rechte stellen, ergibt sich, dass – genau wie im Übrigen im Bereich des subjektiven Rechts – kein so einheitliches Meinungsbild zu ihrer Struktur erkennbar ist,[237] dass es möglich wäre, darauf zu schließen, dass subjektive öffentliche Rechte – quasi ihrer Natur nach – nur als Rechte eines Bürgers gegen den Staat bestehen können. Insofern strahlen nicht nur die Unsicherheiten des subjektiven Rechts im Allgemeinen auf den Begriff des subjektiven öffentlichen Rechts ab, sondern es verhindern auch die besonderen Vagheiten des subjektiven öffentlichen Rechts selbst, die aus seinen Funktionen im öffentlichen Recht heraus bestehen, eine Erklärung, warum solche nur zugunsten von Bürgern gegenüber dem Staat bestehen können sollten. Das Bild des subjektiven öffentlichen Rechts allein als Mittel der Abwehr obrigkeitlichen Zwanges, wie es im Konstitutionalismus vorherrschte, ist jedenfalls, wie bereits oben dargestellt, veraltet.[238] Es lässt sich darum auch kein struktureller Unterschied

---

[235] Vgl. zum Verhältnis von Vorbehalt des Gesetzes und Art. 2 Abs. 1 GG schon oben Kapitel 3, B. II. 4., insb. Fn. 627, S. 251; die Überlegungen zum Verhältnis von Grundrechten und Gesetzesvorbehalt tendierten im 19. Jh. teilweise dazu, dass erstere für überflüssig gehalten wurden, vgl. *H. Bauer,* Grundlagen, S. 64 f., S. 68.

[236] Vgl. *B. Grzeszick* in: Maunz/Dürig, GG, Art. 20 (VI. Verfassungsgrundsätze des Abs. 3), Rn. 82: weitgehende Gleichsetzung von Art. 2 Abs. 1 GG mit dem Vorbehalt des Gesetzes; *H. Schulze-Fielitz* in: Dreier, GG Bd. 2, Art. 20 (Rechtsstaat) Rn. 106: Grundrechtsvorbehalte als „spezielle[..] Ausprägungen" des Vorbehaltes des Gesetzes; *K.-P. Sommermann* in: v. Mangoldt/Klein/Starck, GG Bd. 2, Art. 20 Abs. 3 Rn. 277: Im Bereich des (wegen Art. 2 Abs. 1 GG lückenlosen) Grundrechtsschutzes ergebe sich „das Erfordernis einer gesetzlichen Ermächtigung […] unmittelbar aus den Grundrechtsbestimmungen selbst"; andererseits: *S. Huster/J. Rux* in: Epping/Hillgruber, BeckOK GG, Art. 20 Rn. 172.1: Vorbehalt des Gesetzes „von den grundrechtlichen Gesetzesvorbehalten zu unterscheiden"; *M. Sachs* in: ders., GG, Art. 20 Rn. 113: „Der Vorbehalt des Gesetzes hat von der normativen Grundaussage und dem Normadressaten her mit den Gesetzesvorbehalten der Grundrechte im Ansatz nichts gemein."; vgl. zum Verhältnis zwischen Freiheit von ungesetzlichem Zwang und Grundrechten oben Kapitel 3, Fn. 627, S. 251.
Das problematische Verhältnis zwischen Grundrechten und Gesetzesvorbehalt wird durch die Wesentlichkeitslehre des BVerfG nicht aufgelöst, in der pragmatisch die Elemente des Grundrechtsschutzes und des Rechtsstaatsprinzips (Vorbehalt des Gesetzes) sowie des Demokratieprinzips einfach kumuliert werden (kritisch zur Wesentlichkeitslehre aufgrund der Unklarheiten *E. Schmidt-Aßmann* in: Isensee/Kirchhof, HStR Bd. 2, § 26 Rn. 64 f.).

[237] Vgl. *W. Henke,* Recht, S. 67: „keine allgemeingültige Konzeption des subjektiven öffentlichen Rechts". Das hat Tradition, stellte doch bereits *G. Jellinek,* System, S. 5 fest: „Nichts steht nämlich weniger fest, als der Begriff des subjektiven öffentlichen Rechtes selbst."

[238] Oben IV.1. bei Fn. 204, S. 291. Es liegt der Verdacht nahe, dass die hier dargestellten Unklarheiten hinsichtlich der Struktur des subjektiven Rechts im öffentlichen Recht aus dem Konflikt der Sichtweise *Otto Mayers,* die immer noch nachwirkt, mit den Strukturen der modernen Verwaltung herrühren.

zwischen subjektiven öffentlichen Rechten und Rechten des Zivilrechts in dieser Hinsicht erkennen.

5. Auch rechtsschutzbegrenzende Funktion statt Abgrenzung der Sphären von Staat und Gesellschaft

In besonderem Maße zeigt der eingetretene Funktionswandel subjektiver öffentlicher Rechte, dass es sich hierbei nicht zwangsläufig um Abwehrrechte des Bürgers gegen den Staat handeln muss. Zwar haben die Grundrechte auch heute noch die Aufgabe, den Bürger vor dem Staat zu schützen, jedoch wird vom subjektiven öffentlichen Recht im Allgemeinen, wie bereits beschrieben, zum Teil auch angenommen, dass es die Funktion habe, Rechtsschutzmöglichkeiten zu beschränken.[239] Denn wird das subjektive Recht als Platzhalter für die Wertungsfragen der jeweiligen Norm, deren Tatbestandsmerkmal es ist, betrachtet, ist zu erkennen, dass das subjektive Recht in Vorschriften wie § 42 Abs. 2 VwGO auch die Funktion der Einschränkung von Klagemöglichkeiten hat, weil diese Normen sonst keine Wirkung und damit keinen Sinn hätten. Aufgrund der Generalklauseln wäre der Zugang zu Rechtsschutz nämlich sehr weitgehend gegeben, wodurch § 42 Abs. 2 VwGO etc. als einschränkende Voraussetzungen fungieren[240] – nicht umsonst wird immer wieder die Formel gebraucht, § 42 Abs. 2 VwGO würde Popularklagen ausschließen.[241]

Das betrifft auch die subjektiven öffentlichen Rechte, die damit zumindest in Teilen nicht mehr nur Abwehrrechte gegen den Staat sind und damit ihre alte Funktion partiell verloren haben: Die Stellung des Bürgers im Staat ist nicht mehr nur eine, die ausschließlich auf Abgrenzung angelegt ist.[242] Zwar entspricht es der liberalistischen Tendenz zur Entstehungszeit des subjektiven öffentlichen Rechts, dieses als Mittel zur Trennung der Sphären von Staat und Gesellschaft zu begreifen.[243] Schon die Trennbarkeit von Staat und Gesellschaft wird unter Geltung des Grund-

---

[239] Vgl. oben Kapitel 3, B. I. 2. d), S. 159 und B. I. 3. g) bb)., S. 188 – Nachw. in Fn. 80 und 81; vgl. auch oben Kapitel 3, B. II. 2. d) cc) (1), S. 217 bei Fn. 434, S. 218.

[240] Im Fall der Klagebefugnis als Sachentscheidungsvoraussetzung, vgl. dazu oben Kapitel 1, D. II. 2., S. 43.

[241] BVerwG, Urt. v. 06.10.1964, Az.: V C 58.63, BVerwGE 19, 269, juris Rn. 15. Bemerkenswert ist der dort enthaltene Widerspruch: „Die Vorschrift des § 42 Abs. 2 VwGO bedeutet in erster Linie eine Konkretisierung der Rechtsschutzgarantie des Art. 19 Abs. 4 GG und dient dazu, die Popularklage auszuschließen." Art. 19 Abs. 4 GG dient eben nicht dazu, Popularklagen auszuschließen, sondern soll Rechtsschutz gerade garantieren. Zum Verhältnis des subjektiven öffentlichen Rechts und Art. 19 Abs. 4 GG hier bei Fn. 178, S. 288 und bei Fn. 224, S. 295.

[242] Vgl. *W. Henke* in: FS Weber, S. 495 ff.: „Der Einzelne ist nicht mehr die autonome Persönlichkeit, die in erster Linie eines vom Recht gesicherten autonomen Freiheitsraumes bedarf [...]" (Zitat S. 497), vgl. auch a. a. O., S. 499 f.

[243] Oben bei Fn. 160, S. 285; vgl. Kapitel 3, B. I. 3. f) aa), S. 180.

gesetzes jedoch angezweifelt.[244] In der Rechtsordnung des Grundgesetzes werden jedenfalls bereits grundsätzlich alle Bürger als frei und gleich angesehen, was aber nicht durch das subjektive öffentliche Recht allgemein, sondern entscheidend durch die Grundrechte bewirkt wird.[245] Aufgrund der praktischen Unmöglichkeit jedoch, Rechtsschutz für alle hinsichtlich jeder beliebigen Gesetzesverletzung zu gewähren, muss der Zugang zu Rechtsschutz begrenzt werden.[246] Darüber hinaus regelt das öffentliche Recht insgesamt nicht bloß die Beziehungen zwischen Staat und Bürgern, sondern hat mehrere Funktionen, wie etwa auch Konflikte unter den Bürgern auszugleichen.[247] Es gewährleistet auch nicht mehr nur Personalität und Individualität, wie sogleich dargelegt wird.[248]

Das subjektive öffentliche Recht kann daher nicht mehr in seiner Gesamtheit lediglich ein Abwehrrecht des Bürgers gegen den Staat sein. Hat das subjektive Recht in der Geschichte die Funktion gehabt, bürgerliche Freiheiten zu verleihen und Untertanen vom Staat zu emanzipieren, werden heute die weitreichenden und konfligierenden Freiheiten der Bürger mit seiner Hilfe auch beschränkt und Klagemöglichkeiten ausgeschlossen; es hat also seine Funktion entscheidend geändert.[249] Daher kann das subjektive öffentliche Recht auch ein Mittel in einem von Rechtsregeln durchdrungenen Staat sein, Konflikte, die innerhalb dieses Staates entstehen,[250] aufzulösen.[251]

6. Nicht ausschließlich Gewährleistung von Personalität und Individualität

Explizit gegen eine Öffnung des Begriffs subjektives öffentliches Recht für Rechtspositionen des Staates wenden sich jedoch etwa Rainer Wahl und Peter Schütz, die diesen Begriff „den Rechtspositionen des Bürgers gegen den Staat" mit dem Argument vorbehalten möchten, er solle „seiner materiellen Ausrichtung auf die Gewährleistung von Individualität und Personalität nicht zugunsten einer rein formal-technischen Begriffsbestimmung entkleidet werden".[252]

---

[244] Ausführlich *C. Möllers,* Staat, S. 297 ff.

[245] Dazu, dass die Grundrechte die Funktion der Abwehrrechte gegen den Staat übernommen haben, schon oben B. III. 1., S. 280.

[246] *G. Roellecke,* AöR 114 (1989), 589, 596; vgl. auch oben Kapitel 3, B. I. 2. d), S. 159.

[247] *M. Schmidt-Preuß,* Privatinteressen, passim., insb. S. 130 ff.

[248] B. IV. 6., S. 300.

[249] Vgl. zu der veränderten Funktion des subjektiven öffentlichen Rechtes (die hinsichtlich der Schutznormtheorie diskutiert wird) *S. König,* Drittschutz, S. 106 m. w. N.

[250] Dazu oben Kapitel 2, E., S. 143.

[251] *F. Hufen,* Verwaltungsprozessrecht, § 14 Rn. 94: Es sei eine „überholte[..] Vorstellung, nur vom Staat getrennte ‚gesellschaftliche' Subjekte könnten Träger subjektiver Rechte sein."

[252] *R. Wahl/P. Schütz* in: Schoch/Schneider/Bier, VwGO, § 42 Abs. 2 Rn. 103. Bemerkenswert ist allerdings der in der gleichen Randnummer geäußerte Satz: „Ansprüche, die dem Staat kraft öffentlichen Rechts zustehen, kann dieser – unter gewissen Voraussetzungen – als Rechte i. S. des § 42 Abs. 2 mit der allgemeinen Leistungsklage verfolgen". Zwar wird der Zusammen-

Die Prämisse, dass alle subjektiven öffentlichen Rechte – selbst wenn darunter nur im öffentlichen Recht geregelte Rechte der Bürger gegen den Staat zu verstehen wären – ausschließlich Individualität und Personalität gewährleisten, trifft aber nicht zu.[253] Zwar ist der Zweck insbesondere der Grundrechte prinzipiell der Schutz des Individuums, es ist aber nicht die ausschließliche Funktion aller gemeinhin als subjektive öffentliche Rechte anerkannten Rechte. Wie oben gezeigt, ist der Begriff des subjektiven Rechts im Allgemeinen stark rechtsphilosophisch aufgeladen, die Gewährleistung von Freiheit und Individualität kann aber nur als ein Aspekt unter mehreren gesehen werden.[254] Die Entstehung des öffentlichen Rechts ist vom Liberalismus geprägt, und deswegen lag und liegt ein Fokus auf Rechten der Bürger gegen den Staat,[255] aber die Struktur auch des subjektiven öffentlichen Rechts im Speziellen hat sich, wie oben beschrieben, nicht so klar herausgebildet, dass eine Festlegung auf Rechte der Bürger gegen den Staat aus sachlichen Gesichtspunkten begriffsnotwendig erscheint.[256] Und das heißt, dass es keine strukturelle Ausrichtung auf Individualität und Personalität von Menschen enthält.

Dass das subjektive öffentliche Recht nicht mehr allein auf Gewährleistung von Individualität und Personalität durch Abgrenzung vom Staat ausgerichtet ist, zeigt sich auch im Hinblick auf die kritischen Stimmen, die sich mit diesem Aspekt

---

hang zwischen Klagebefugnis und Klageart nicht ganz klar (wo doch so gut wie alle Klagearten eine Klagebefugnis erfordern), es scheint aber ausgedrückt zu werden, dass eine Anfechtungsklage ohne subjektive öffentliche Rechte nicht in Betracht kommt, eine allgemeine Leistungsklage aber schon. Abgesehen davon, dass Anfechtungsklagen kommunaler Selbstverwaltungskörperschaften akzeptiert sind (*J. Pietzcker* in: Schoch/Schneider/Bier, VwGO, § 42 Abs. 1 Rn. 56), ist es nicht überzeugend, die Aussage an der Klagebefugnis der Anfechtungsklage nach § 42 Abs. 2 VwGO festzumachen – angesichts dessen, dass die allgemeine Leistungsklage ebenfalls genau die gleiche Voraussetzung hat. Außerdem wird die oben angesprochene Frage ganz deutlich, welchen Sinn eine spezielle Bezeichnung hat, wenn sie keine Wirkungen zeitigt, weil die Klagebefugnis mit oder ohne die Benennung einer Rechtsposition als subjektives öffentliches Recht gegeben ist.
Auf die „Abgrenzung von Willens- und Handlungssphären", die bei Behörden und Organen nicht gegeben sei, bezieht sich *E.-W. Böckenförde* in: FS H. J. Wolff, S. 302 f.; ebenfalls auf die Gewährleistung von „Personalität und Individualität" stellt *E. Schmidt-Aßmann* in: Maunz/Dürig, GG, Art. 19 Abs. 4 Rn. 117 ab; vgl. auch *A. Scherzberg* in: Ehlers/Pünder, A. Verwaltungsrecht, § 12 Rn. 6; ähnlich *R. Stober* in: Wolff/Bachof/Stober/Kluth, Verwaltungsrecht Bd. 1, § 43 Rn. 1. In diese Richtung auch *A. Wiese*, Beteiligung, S. 87 f. (auch S. 70 f.) – passend zur Verengung des Begriffes „Individualrechtsschutz" auf Rechtsschutz für Bürger statt Rechtsschutz aufgrund subjektiver Rechte, (a. a. O. auf S. 62 f. angedeutet, obwohl die zum Beleg zitierten Normen ihrem Wortlaut nach auf subjektive Rechte allgemein Bezug nehmen), vgl. auch a. a. O. S. 67.

[253] Vgl. auch *W.-R. Schenke* in: Brüning/Suerbaum, Vermessung, S. 82: Die Auffassung, „mit dem Rechtsinstitut des subjektiven Rechts verbänden sich Freiheit und Belieben des Rechtsinhabers" sei „auf das subjektive öffentliche Recht [...] nicht übertragbar" und sei „sogar im Zivilrecht [...] längst überwunden".

[254] Oben Kapitel 3, B. I. 2. c), S. 158.

[255] Oben Kapitel 4, B. III. 2., S. 282.

[256] Zu den strukturellen Unklarheiten des subjektiven öffentlichen Rechts oben Kapitel 4, B. IV. 4., S. 296.

der Schutznormtheorie[257] und den Begriffen Allgemeininteresse und Individualinteresse[258] auseinandersetzen. Die Erkenntnis, dass eine Trennlinie zwischen privaten und öffentlichen Interessen nur schwer zu ziehen ist[259] und dass der Staat
auch private, kollidierende Interessen ausgleicht,[260] ist das Ergebnis einer veränderten Wahrnehmung der Stellung des Staates gegenüber den Bürgern. Dass die Position des Bürgers nicht mehr nur auf Abgrenzung gerichtet ist, schlägt auch zurück
auf die Fähigkeit des Staates, Rechte inne zu haben: Während Bühler noch auf
die Abgrenzung zwischen Allgemeininteressen und Individualinteressen zurückgreifen konnte,[261] weil sie dem Bild des Staates im Konstitutionalismus entsprach,
kann eine Ablehnung von Rechten des Staates nun nicht mehr damit gerechtfertigt
werden, dass Rechte nur auf Basis von Individualinteressen im Sinne von Interessen natürlicher Personen bestehen können.[262] Da die Grenze zwischen Allgemein-
und Individualinteressen schwer zu ziehen ist, liegt es nahe, nicht auszuschließen,
dass auch öffentliche Belange – solche, die Teilen des Staates zugewiesen sind –[263]
durch subjektive öffentliche Rechte geschützt sein können.[264] Im Gegenteil: Das
Allgemeininteresse kann nicht nur dadurch befördert werden, dass bestimmte private Belange durch Rechte geschützt sind, die von Bürgern geltend gemacht werden, sondern gerade auch dadurch, dass öffentliche Belange mit subjektiven Rechten gesichert sind, die Teile des Staates ausüben.[265]

Dass aber subjektive öffentliche Rechte auch nach dem hergebrachten Begriffsverständnis nicht immer nur Personalität und Individualität von Bürgern gewähr-

---

[257] Vgl. die Ergebnisse in Kapitel 3, B. II. 2. d) cc) (2), S. 218. und (4), S. 227.

[258] Dazu oben Kapitel 2, C. II. 1. a), S. 106.

[259] Umfangreiche Nachweise in Kapitel 3, B. II. 2. d) cc) (2) Fn. 448, S. 220.

[260] Dazu oben Kapitel 3, B. II. 2. d) dd), S. 229.

[261] Zur Formel *Bühlers* oben Kapitel 3, B. I. 3. a), S. 162 – die Definition *Bühlers* ist oben in
Kapitel 3, Fn. 104, S. 163 wörtlich wiedergegeben.

[262] Dazu ausführlich auch *W. Roth*, Organstreitigkeiten, S. 464 f., 466 ff.

Vgl. aber bspw. *W. Krebs* in: Erichsen/Hoppe/von Mutius, FS Menger, S. 209, der primär
auf menschliche Interessen abstellt, „aggregierte Individualinteressen" verfolgenden Organisationen subjektive öffentliche Rechte zugestehen will, eine solche Verfolgung aggregierter Individualinteressen aber bei Verfolgung von „Allgemeininteressen" verneint (dazu, dass auch von
Teilen des Staates verfolgte Allgemeininteressen aggregierte Individualinteressen sind, oben
Kapitel 3, B. II. 2. d) cc) (2) bei Fn. 450, S. 221); vgl. *E. Schmidt-Aßmann* in: Maunz/Dürig,
GG, Art. 19 Abs. 4 Rn. 117, der trotz der Aussage: „Das heute herrschende ‚osmotische Modell' einer Zuordnung von Gesellschaft und Staat mag zwar zu vielfachen Verschränkungen privater und öffentlicher Rollen und Interessen führen [...]. Das alles verlangt zwar, die Grenzen
des subjektiven Rechts gegebenenfalls weiter zu fassen." – weiterhin auf die Funktion des subjektiven Rechts auf Gewährleistung von „Personalität und Individualität" abstellt.

[263] Vgl. oben Kapitel 2, C. II. 1. b), S. 111.

[264] Grundsätzlich gegen die Bedingung *privater* Interessen als Voraussetzung für Rechte und
stattdessen auf das Adjektiv *subjektiv* abstellend, das auch zu juristischen Personen des öffentlichen Rechts passt: *W. Roth*, Organstreitigkeiten, S. 469 ff.

[265] *W. Roth*, Organstreitigkeiten, S. 474 ff., S. 480; insofern ist auch die von *W. Loschelder* in:
Isensee/Kirchhof, HStR Bd. 5, § 107 Rn. 108 f. aufgebaute Gegenüberstellung von objektivem
Prinzip des Amtes und subjektivem Prinzip der Freiheit kritisch zu sehen.

leisten, die Rechtsinhaber sind, kann etwa an den Grundrechten aufgezeigt werden. Zwar können subjektive öffentliche Rechte nicht mit Grundrechten gleichgesetzt werden, sondern Grundrechte stellen nur einen Typ von subjektiven öffentlichen Rechten dar – was manchmal in Vergessenheit zu geraten scheint, beispielsweise wenn subjektive öffentliche Rechte pauschal mit dem grundgesetzlichen Menschenbild in Verbindung gebracht werden.[266] Die bestehenden Unschärfen, die gegen eine ausschließliche Ausrichtung von subjektiven öffentlichen Rechten auf Rechte der Bürger gegen den Staat sprechen, werden aber bereits am Beispiel derjenigen Grundrechte deutlich, die ausnahmsweise Teilen des Staates zustehen können. Zwar kann auch bei den Grundrechten, die im Rahmen der „Ausnahmetrias" Rundfunkanstalten, Kirchen und Universitäten zuerkannt werden,[267] die individuelle Freiheit der Mitglieder bzw. Nutzer, deren Grundrechtsausübung diese Institutionen dienen, in den Vordergrund gestellt werden.[268] Das ändert aber nichts daran, dass letztlich überindividuelle, im Fall der Rundfunkanstalten und Universitäten als Teile des Staates zu betrachtende Organisationen die jeweiligen Interessen geltend machen und Rechte ausüben, und das zum Teil sogar unabhängig vom Willen der einzelnen Mitglieder oder Nutzer, wie das insbesondere bei den Rundfunkanstalten deutlich wird. Die Grundrechtsausübung durch diese Organisationen erscheint als teils staatliche, immer zumindest überindividuelle Wahrnehmung aggregierter Individualinteressen, wobei die originär individuellen Grundrechte der Mitglieder bzw. Nutzer wohlgemerkt erhalten bleiben.[269] Es besteht eine deutliche Parallele zur sonstigen Wahrnehmung öffentlicher Interessen durch Teile des Staates, wenn öffentliche Interessen als aggregierte Individualinteressen verstanden werden, deren Verfolgung „der öffentlichen Verwaltung als Auftrag überantwortet wird",[270] wie das – wie bereits oben beschrieben –[271] zu Recht verbreitet getan wird. Dass öffentliche Interessen Teilen des Staates durchaus selbst zugeordnet sind und diese sie nicht lediglich für die Allgemeinheit oder die Bürger wahrnehmen, lässt sich auch daran erkennen, dass im sogenannten verwaltungsrechtlichen

---

[266] Vgl. etwa *E. Schmidt-Aßmann* in: Maunz/Dürig, GG, Art. 19 Abs. 4 Rn. 117. Sogar hinsichtlich aller Rechte: *E. Schmidt-Aßmann/W. Schenk* in: Schoch/Schneider/Bier, VwGO, Einl. Rn. 18. Vgl. auch *A. Wiese,* Beteiligung, S. 67, S. 70 (starke Verknüpfung mit den Grundrechten a.a.O. S. 88f.). Der Begriff des subjektiven öffentlichen Rechtes ist jedoch, wie bereits erläutert, wesentlich älter als das Grundgesetz.

[267] Dazu ausf. *P.M. Huber* in: v. Mangoldt/Klein/Starck, GG Bd. 1, Art. 19 Abs. 3 Rn. 254ff.; *H. Hofmann* in: Schmidt-Bleibtreu/ders./Henneke, GG, Art. 19 Rn. 23 m.N. aus der Rspr.

[268] Etwa bei *B. Remmert* in: Maunz/Dürig, GG, Art. 19 Abs. 3 Rn. 49ff.; auch *W. Rüfner* in: Isensee/Kirchhof, HStR Bd. 9, § 196 Rn. 119; die These des „Durchgriffs" auf die Menschen hinter einer Organisation ist aber bekanntlich grundsätzlich umstritten, ablehnend etwa *M. Sachs* in: ders., GG, Art. 19 Rn. 10, speziell für juristische Personen des öffentlichen Rechts a.a.O. Rn. 90.

[269] Vgl. auch *M. Sachs* in: ders., GG, Art. 19 Rn. 90, der einem „„Durchgriff[..]' […] auf die die Organisation tragenden Menschen" bei juristischen Personen des öffentlichen Rechtes kritisch gegenübersteht.

[270] *M. Reiling,* DÖV 2004, 181, 186f.

[271] Kapitel 3, B.II.2.d)cc)(2), S. 218, insb. bei Fn. 450, S. 221.

Organstreit das öffentliche Interesse an der Funktionsfähigkeit der Organisation als eigenes Interesse ihrer Teile angesehen wird.[272]

Darüber hinaus ist auch zu fragen, inwieweit die Ausübung von subjektiven öffentlichen Rechten durch manche privaten Organisationen – denen das Innehaben subjektiver öffentlicher Rechte überwiegend nicht abgesprochen wird – noch Ausdruck von Freiheit und Individualität ist,[273] da abhängig von der Größe der Organisation, etwa bei multinationalen Konzernen, das im Vergleich zu den Interessen der Anteilseigner regelmäßig im Vordergrund stehende Eigeninteresse des Konzerns ebenfalls stark überindividuell geprägt ist. Es bleibt jedenfalls die Frage unbeantwortet, inwiefern sich Rechte des Staates aus dem öffentlichen Recht und subjektive öffentliche Rechte im Rahmen der Ausnahmetrias – oder solche multinationaler Konzerne – im Hinblick gerade auf Personalität und Individualität unterscheiden – auch weil letztlich alle Rechte, als Bestandteil der Rechtsordnung, die die Beziehungen von Menschen regelt,[274] am Ende Menschen zu Gute kommen, ganz gleich ob subjektiv öffentlich oder nicht.

Insofern gibt es sogar Grundrechte, die in manchen Fällen – obwohl Grundrechte als subjektive öffentliche Rechte „par excellence"[275] anerkannt sind – nicht primär Individualität und Personalität ihrer Rechtsträger schützen. Die historisch, das heißt vom Bild des Bürgers im Staat des 19. Jahrhunderts vorgeprägte, Überzeugung, dass subjektive öffentliche Rechte ausschließlich in dieser Funktion vorkommen und daher nur dem Bürger gegen den Staat zustehen können, sollte allein dadurch zu erschüttern sein.

7. Zwischenergebnis: Subjektives öffentliches Recht als subjektives Recht

Das Zögern, bei einer faktischen Anerkennung einer Position als Recht auch vom subjektiven (oder subjektiven öffentlichen) Recht zu sprechen, hat seine Wurzeln auch in der Unklarheit des Begriffes des subjektiven Rechts.[276] Wie oben beschrieben, lässt sich über das subjektive Recht im Allgemeinen, zumindest an dieser Stelle, trotz einer Vielzahl von Definitions- und Beschreibungsvorschlägen nicht

---

[272] Vgl. *H.-U. Erichsen* in: ders./Hoppe/von Mutius, FS Menger, S. 228: „[...] zur eigenständigen Wahrnehmung übertragen"; dazu, dass sich die Ansicht nicht durchgesetzt hat, die Organe würden nur das Organisationsinteresse und kein eigenes Interesse verteidigen, noch unten C. II. 1. bei Fn. 421 f., S. 329.

[273] Zu juristischen Personen und Individualinteressen *W. Roth,* Organstreitigkeiten, S. 467 f.

[274] Vgl. *B. Rüthers/C. Fischer/A. Birk,* Rechtstheorie, 7. Aufl., München 2013, Rn. 72 ff.

[275] *M. Schmidt-Preuß* in: Depenheuer u. a., FS Isensee, S. 602; vgl. auch die Nachw. in Kapitel 3, Fn. 544, S. 237.

[276] Vgl. dazu auch *H. Bauer,* DVBl. 1986, 208, 216: Wenn faktisch als subjektive öffentliche Rechte behandelte Rechtspositionen nicht vom Begriff des subjektiven öffentlichen Rechts erfasst werden, sei dieser Begriff zu überdenken.

viel mehr sagen, als dass es ein Platzhalter für die Wertungsfragen ist, die eine Norm enthält, die das subjektive Recht als Tatbestandsmerkmal verwendet. Das subjektive Recht im Allgemeinen hat sich daher in der bisherigen Analyse als wenig greifbar – und damit stark vom Kontext, in dem es steht und von seiner Funktion her geprägt – herausgestellt.[277] Die Offenheit des Begriffs subjektives Recht ermöglicht es, viele verschiedene Rechtspositionen darunter zu fassen – auch Rechte des Staates.[278]

Im Verwaltungsprozessrecht konkretisiert sich das Wertungsproblem, für das das Tatbestandsmerkmal „seinen Rechten" steht, in der Regel an der Frage, ob sich der Kläger im Einzelfall auf die Verletzung einer bestimmten Norm berufen können soll oder nicht. Dabei hat das subjektive Recht im Verwaltungsrecht eine nicht unerhebliche Wandlung durchgemacht: Diente es im Konstitutionalismus noch dazu, Rechtsschutz gegen den übermächtigen Staat zu ermöglichen und Sphären der Freiheit der Bürger vom Staat zu schaffen, hat es im modernen Staat, wo durch das Grundgesetz Rechtsschutz gegen den Staat fast selbstverständlich ist, auch die Aufgabe, Rechtsschutzmöglichkeiten zu beschränken, um angesichts eines als lückenlos gedachten Grundrechtsschutzes Grenzen für die Anfechtung staatlicher Entscheidungen durch Bürger zu ziehen.[279] Der Staat steht den Bürgern nicht mehr als übermächtiger monolithischer Block gegenüber, sondern ist selbst plural und verfolgt verschiedene Interessen.[280] Das konstitutionalistische Staatsbild ist überholt, sodass sich auch das Verständnis des subjektiven Rechts, wie es von den verwaltungsrechtlichen Prozessordnungen angesprochen wird, nicht an diesem orientieren sollte.[281] Jedenfalls trifft die Prämisse, subjektive Rechte, die im öffentlichen Recht normiert sind, gewährleisteten ausschließlich Individualität und Personalität von Bürgern,[282] nicht – oder zumindest nicht mehr – zu.

---

[277] Oben Kapitel 3, B. I. 3. g), S. 187.

[278] Anders etwa *E.-W. Böckenförde* in: FS H. J. Wolff, S. 302 ff., allerdings nur mit Argumenten, denen hier bereits entgegengetreten wurde.

[279] Vgl. zu der Problematik oben Kapitel 3, B. II. 3. b), S. 236, insb. bei Fn. 554, S. 238. Insofern ist Grundrechtsschutz auch nicht lückenlos: Solange an dem Dogma festgehalten wird, dass es keine Popularklagen gibt, kann nicht jeder Bürger alle staatlichen Entscheidungen angreifen, nur weil er sich von ihnen in einem Interesse betroffen wähnt. Es werden durch Restriktionen bei Schutzbereich und Eingriff Grenzen für Grundrechte eingezogen, die auch als Lücke im Grundrechtsschutz aus Sicht dessen, der sich gegen staatliche Maßnahmen wehren will, verstanden werden können. Die Frage, wer sich wann auf Grundrechte berufen kann, kann nicht mit einem bloßen Hinweis auf eine Lückenlosigkeit des Grundrechtsschutzes beantwortet werden, sondern es sind andere Maßstäbe zu suchen.

[280] Dazu oben Kapitel 2, C. II., S. 104.

[281] Vgl. *R. Bartlsperger* in: Baumeister/Roth/Ruthig, FS Schenke, S. 23 ff., S. 41, der bemängelt, dass zu viel der dem Grundgesetz widersprechenden konstitutionellen Staatsrechtslehre heute noch nachwirkt – zu *Bartlsperger* schon Kapitel 3, B. II. 3. c), S. 242; siehe *O. Bachof* in: GS W. Jellinek, S. 292 (wörtl. zit. in Kapitel 3, Fn. 661, S. 256).

[282] Dazu kommt noch, dass eine Gewährleistung von Individualität und Personalität auch den Rechten aus dem Zivilrecht zugesprochen wird, vgl. *A. Scherzberg* in: Ehlers/Pünder, A. Verwaltungsrecht, § 12 Rn. 27 m.N. – daraus folgt, dass es sich bei der vermeintlichen Gewährleistung von Individualität und Personalität gar nicht um eine Besonderheit des subjektiven öffent-

Was auf den ersten Blick als historischer Wandel erscheint, lässt sich auf einen konstanten Nenner zurückführen: Besonderheiten des subjektiven öffentlichen Rechts traten und treten immer im Zusammenhang mit derjenigen Funktion auf, in die es gestellt wurde und wird. Insofern liegt das Besondere am subjektiven öffentlichen Recht in der speziellen Funktion, die es im öffentlichen Recht erfüllt – oder besser gesagt: in den jeweiligen Funktionen. Vom jeweiligen Funktionszusammenhang abhängig zu sein ist kein Charakteristikum des subjektiven öffentlichen Rechts gegenüber dem subjektiven Recht im Allgemeinen, sondern Ausdruck der fehlenden Beschreibbarkeit, die allen subjektiven Rechten gemeinsam eigen ist, und die dazu führt, dass subjektive Rechte als Platzhalter für kaum vorstrukturierte Wertungsfragen erscheinen. Von diesem Blickwinkel aus betrachtet ist die Struktur von subjektiven öffentlichen Rechten und solchen des Privatrechts sogar gleich[283] – was nicht verwundert, weil erstere sich nach dem Vorbild der letzteren entwickelt haben.[284] Dann ist aber auch kein Grund ersichtlich, warum zumindest die juristischen Personen des öffentlichen Rechts, deren kennzeichnende Eigenschaft es ist, Rechte aus dem Privatrecht inne haben zu können,[285] nicht fähig sein sollten, subjektive öffentliche Rechte zu haben.

---

lichen Rechts handelt – wodurch ein Wertungswiderspruch entsteht, weil einerseits einige Teile des Staates unproblematisch Rechte aus dem Privatrecht inne haben können, subjektive öffentliche Rechte des Staates aber mit dem Argument der Existenz einer Eigenschaft, die auch jene Rechte haben sollen, abgelehnt werden.

[283] Grundsätzlich strukturelle Unterschiede negierend schon *L. Richter,* AöR 47 (1925), 1, 31: Subjektive öffentliches Rechte heben „sich dadurch hervor, daß sie einem Träger öffentlicher Gewalt als Berechtigtem zustehen oder gegen einen Träger öffentlicher Gewalt als Verpflichteten gerichtet sind."; vgl. *E. Schulev-Steindl,* Rechte, S. 163 ff. (vgl. auch S. 7 f.).; vgl. *W. Henke,* Recht, der einerseits Unterschiede aufzeichnet (S. 17 f., S. 8, S. 29 – etwa dahingehend, dass der Wandel von der „actio" zum materiellen Recht lediglich im Privatrecht vollzogen worden sei), andererseits für eine Angleichung plädiert (S. 55), die er mit strukturellen Übereinstimmungen begründet (etwa S. 121, S. 141); *W. Henke,* DÖV 1980, 621, 623: Das „öffentliche[..] Rechtsverhältnis[..]" sei „in seiner Grundstruktur […] dem privaten gleich."; *ders.* in: FS Weber, S. 495 ff.: Die umfangreich gezogenen Parallelen zum BGB gingen ins Leere, würde man nicht von einer strukturellen Gleichheit der subjektiven Rechte in den Rechtsgebieten ausgehen; *W. Roth,* Organstreitigkeiten, S. 344: Nach „allgemeiner Ansicht" sei der Begriff des subjektiven Rechts im öffentlichen und im Privatrecht derselbe; vgl. auch dort Fn. 90: Mit der Aufgabe der Versuche, das öffentliche vom Privatrecht mittels materieller Kriterien abgrenzen zu wollen, sei auch eine Abgrenzung der subjektiven öffentlichen Rechte anders als durch die Charakterisierung des Rechtssatzes, in dem das Recht normiert ist, überholt.
Vgl. aber auch etwa *S. König,* Drittschutz, S. 113, der von einer unterschiedlichen Bedeutung der subjektiven Rechte in den Rechtsgebieten ausgeht: Im Zivilrecht diene der Begriff „nur der systematischen Erfassung bereits vorgefundener Anspruchspositionen", im öffentlichen Recht dazu, „Rechte zu schaffen, die bisher (positivrechtlich) gar nicht vorhanden waren".

[284] Vgl. oben Kapitel 3, B. I. 4. b), Fn. 283, S. 193.

[285] Dazu schon oben Kapitel 2, B. II. 1., S. 81 und unten Kapitel 4, C. I. 1., S. 313.

V. Zwischenfazit und Schlussfolgerungen

Das subjektive Recht als Tatbestandsmerkmal verwaltungsrechtlicher Prozessrechtsnormen wird oft aus einer historischen Perspektive heraus interpretiert und verengend ausschließlich mit subjektiven öffentlichen Rechten identifiziert.[286] Subjektive öffentliche Rechte sind im Zuge der Trennung von öffentlichem und Privatrecht im heutigen Sinne[287] neben den inzwischen weitgehend untergegangenen und früher vor ordentlichen Gerichten geltend zu machenden iura quaesita als Abwehrrechte gegen den Staat entstanden, und auch die verwaltungsrechtlichen Prozessordnungen sind in erster Linie auf den Rechtsschutz des Bürgers gegen den Staat ausgelegt.[288] Der Staat konnte aus dem damaligen Blickwinkel keine Rechte aus dem öffentlichen Recht haben, die für gerichtlichen Rechtsschutz eine Rolle gespielt hätten.[289] Alle relevanten subjektiven öffentlichen Rechte waren Rechte der Bürger gegen den Staat. Zwischen Teilen des Staates konnten schon aufgrund des Impermeabilitätsdogmas keine Rechte bestehen.

Als dann aber später zusätzlich anderen Rechten, auch solchen von Teilen des Staates, eine Relevanz für das Verwaltungsprozessrecht zuerkannt wurde, wurden diese vorsichtig unter anderer Bezeichnung als der des subjektiven Rechts quasi additiv beigeordnet, sodass neben als solchen bezeichneten Rechten auch andere Phänomene bzw. Rechte im weiteren Sinne die tatbestandlichen Voraussetzungen von § 42 Abs. 2 VwGO und ähnlichen Prozessrechtsnormen erfüllten. Dadurch hat jedoch der Begriff des subjektiven öffentlichen Rechts in seiner auf Rechte des Bürgers gegen den Staat beschränkten Bedeutung seine praktische Relevanz im Verwaltungsprozessrecht verloren, da es nur noch auf den Begriff des Rechts im Sinne der Prozessrechtsnormen ankommt. Das Nebeneinander von subjektiven öffentlichen Rechten der Bürger und rechtsähnlichen Rechtspositionen sowie quasi-Rechten des Staates mutet seltsam an, da „normale" im öffentlichen Recht geregelte subjektive Rechte daneben im Grunde nicht existent sind.

Da allen Rechtspositionen letztlich die gleichen Wirkungen zukommen, handelt es sich bei der Frage, ob Rechte des Staates existieren, die als solche oder sogar als subjektive öffentliche Rechte bezeichnet werden können, im Kern um eine ter-

---

[286] Eine überflüssige Beschränkung liegt auch dann vor, wenn das subjektive öffentliche Recht als Recht aus dem öffentlichen Recht verstanden wird, weil es schon vom Wortlaut her überzeugender ist, anzunehmen, dass Rechte aus dem Privatrecht ebenfalls von § 42 Abs. 2 VwGO und ähnlichen Prozessrechtsnormen erfasst sein können, vgl. Kapitel 3, B. I. 4. d), S. 196.

[287] *M. Stolleis*, Geschichte Bd. 2, S. 51 f.: Ausprägung des modernen Begriffs vom öffentlichen Recht als Rechtsgebiet nach dem alten römischen Vorbild nach 1800.

[288] Vgl. oben Kapitel 1, D. III., S. 45; Kapitel 3 Fn. 290, S. 195.

[289] Außer den insoweit eine h. M. prägenden *Otto Mayer* gab es wiederholt jedoch auch andere Stimmen, die durchaus Rechte des Staates für möglich hielten (vgl. den Hinweis in Fn. 140, S. 282). Diese waren aber aufgrund der angenommenen besonderen, von der monarchischen Tradition geprägten Stellung des Staates jedenfalls nicht für verwaltungsgerichtlichen Rechtsschutz relevant.

minologische Frage.[290] Die unterschiedliche Benennung praktisch gleichartiger Rechtspositionen trägt aber zu einer Verkomplizierung im Verwaltungsrecht ohne irgendeinen Gewinn bei – sie zeigt lediglich ein Verharren in alten Denkmustern und Strukturen. Denn die prinzipielle Ablehnung von Rechten des Staates bzw. seiner Teile hatte auch in der Vergangenheit nichts mit der Natur des subjektiven Rechts zu tun, das – wie in Kapitel 3 gezeigt – eine sehr unklare Struktur hat, sondern war durch die Staatsvorstellungen des Konstitutionalismus und die Stellung des Bürgers im Staat zu dieser Zeit geprägt. Die Faktoren, welche die Entwicklung des subjektiven öffentlichen Rechts ausschließlich als Abwehrrecht des Bürgers gegen den Staat bedingt haben, sind weggefallen. Es besteht kein identifizierbarer in der Struktur des subjektiven öffentlichen Rechts liegender Grund für eine Beschränkung der subjektiven öffentlichen Rechte auf die Funktion des Schutzes des Bürgers gegen den Staat. Es erweist sich die simple und weiter oben[291] als naheliegend beschriebene Charakterisierung als richtig, dass das konstante Öffentliche am subjektiven öffentlichen Recht ist, im öffentlichen Recht normiert zu sein.[292] Subjektive öffentliche Rechte dagegen verengt nur als Rechte des Bürgers gegen den Staat anzusehen bedeutet, sich nicht vom Staatsbild des Konstitutionalismus und der durch dieses beschränkten Funktion der subjektiven Rechte zu lösen.[293] Denn durch eine Negierung von Rechten zwischen Teilen des Staates – und auch durch die Verweigerung einer sonst üblichen Bezeichnung für diese – wird nur die Impermeabilitätstheorie auf der Ebene der subjektiven Rechte – zumindest terminologisch – fortgeführt. Statt den – im Grunde überflüssigen – Begriff subjektives öffentliches Recht zu verwenden, werden jedoch trotzdem im Folgenden, um Missverständnisse auszuschließen, solche Rechte vorwiegend als Rechte aus dem öffentlichen Recht bezeichnet.

Die vielfache Anerkennung von Rechtspositionen des Staates zeigt ganz praktisch auf, dass sich die Verhältnisse auf diesem Gebiet stark gewandelt haben. Dagegen haben die Grundrechte gegenüber sonstigen öffentlich-rechtlichen Rechten eine herausragende Bedeutung erlangt, und es ist bereits von einem „Dualismus

---

[290] Ähnlich *K. F. Röhl/H. C. Röhl*, Rechtslehre, S. 379; anders aber bei Organrechten *R. Wahl/ P. Schütz* in: Schoch/Schneider/Bier, VwGO, § 42 Abs. 2 Rn. 92: Die Autoren gehen anders als hier davon aus, dass subjektive öffentliche Rechte nur Rechte des Bürgers sein können, sodass sich mit einer Umbenennung der Charakter des Rechts aus ihrer Sicht vollkommen ändern würde, weil das Recht aus ihrer Sicht dann dem Amtswalter selbst zugeordnet wäre – hier ist aber mit der Benennung von Rechten des Staates als subjektive öffentliche Rechte nicht gemeint, dass diese den Organwaltern selbst zustehen sollen (dazu unten Kapitel 4, C. II. 2. a), S. 332), sodass es sich letztlich doch nur um eine terminologische Frage handelt.

[291] Kapitel 3, B. I. 4. b), S. 192.

[292] Vgl. *K. F. Gärditz* in: ders., VwGO, § 42 Rn. 53; *M. Happ* in: Eyermann, VwGO, § 42 Rn. 83: „[…] das subjektiv-öffentliche Recht […], also ein subjektives Recht kraft einer Norm des öffentlichen Rechts"; vgl. schon die Formulierung bei *W. Jellinek,* Verwaltungsrecht, S. 201: Das subjektive öffentliche Recht als „eine dem öffentlichen Rechte angehörige Willensmacht, die dem Willensträger in seinem eigenen Interesse verliehen ist."

[293] Vgl. *H. Bauer,* DVBl. 1986, 208, 210 ff., S. 215; ähnlich kritisch *J. Schapp*, Recht, S. 154 ff.; *A. Scherzberg* in: Ehlers/Pünder, A. Verwaltungsrecht, § 12 Rn. 27.

von Grundrechtslehre und Lehre vom subjektiven öffentlichen Recht" die Rede,[294] obwohl Grundrechte als subjektive öffentliche Rechte „par excellence" anerkannt sind.[295] Die Grundrechte sind zu demjenigen rechtlichen Phänomen geworden, das heute im Wesentlichen[296] Personalität und Individualität des Bürgers schützt. Dass das subjektive öffentliche Recht im Allgemeinen im 19. Jahrhundert eine Schlüsselstellung für die Emanzipation des Bürgers vom Staat spielte, kann auch damit zu erklären sein, dass Grundrechte im Speziellen in Deutschland vor Geltung des Grundgesetzes noch nicht so etabliert und wirkmächtig waren.[297]

Eine grundsätzlich einheitliche Einstufung aller Rechtspositionen, sowohl des privaten als auch des öffentlichen Rechts – ungeachtet, ob sie privaten oder öffentlich-rechtlichen Rechtspersonen zustehen – im Rahmen des § 42 Abs. 2 VwGO und ähnlicher Prozessrechtsnormen, hat nicht zuletzt das Argument der Einfachheit und leichteren Nachvollziehbarkeit auf ihrer Seite. Es ist eben einfach inkonsequent, zum Beispiel im Rahmen von Organstreitigkeiten Teilen des Staates Rechtsschutz zu ermöglichen, die dahinter stehenden Positionen aber nicht „Rechte" zu nennen – obwohl es doch „Rechts-"schutz heißt. Ebenso ist es inkonsequent, einigen Teilen des Staates Rechte zuzuerkennen, das aber bei anderen Verwaltungseinheiten aus dem Grunde, dass es sich um Teile des Staates handelt, für ausgeschlossen zu halten. Wenn Rechtspositionen, wie etwa in Art. 93 Abs. 1 Nr. 1 GG, sogar vom Gesetz als „Rechte" bezeichnet werden, erscheint es heute mehr als konstruiert, von einer bloßen „falsa demonstratio" auszugehen,[298] denn „eine solche Sichtweise [stellt] die Dinge auf den Kopf."[299]

Der Umstand, dass der Staat bei der Ausübung von Rechten Bindungen unterliegt, die bei Bürgern nicht bestehen, spricht nicht gegen die Zuerkennung von Rechten zu Teilen des Staates. Keinen Einfluss auf die prinzipielle Möglichkeit der Inhaberschaft subjektiver öffentlicher Rechte hat auch die Tatsache, dass Teilen des Staates manche Rechte, wie etwa die Grundrechte, unter Umständen eben doch nicht zustehen,[300] da ähnliche Einschränkungen auch beispielsweise für juristische Personen des Privatrechts gelten.[301] Und auch bei natürlichen Personen

---

[294] *H. Bauer,* DVBl. 1986, 208, 212.

[295] *M. Schmidt-Preuß* in: Depenheuer u. a., FS Isensee, S. 602; vgl. auch die Nachw. in Kapitel 3, Fn. 544, S. 237.

[296] Zu Ausnahmen oben B. IV. 6., S. 300. In die Richtung, dass Individualität und Personalität vor allem durch die Grundrechte gewährleistet werden, auch *A. Wiese,* Beteiligung, S. 67.

[297] Zur Bedeutung von Grundrechten in der Weimarer Republik etwa *M. Herdegen* in: Maunz/Dürig, GG, Art. 1 Rn. 7.

[298] So aber *E. Klein* in: E. Benda/ders., Verfassungsprozessrecht, Rn. 990 (S. 399).

[299] *F. E. Schnapp,* Amtsrecht, S. 211

[300] Dazu unten Kapitel 4, D. III. 2., S. 372.

[301] Vgl. *O. Bachof,* AöR 83 (1958), 208, 263; *H. Maurer,* A.Verwaltungsrecht, § 21 Rn. 5; zu nennen sind etwa manche Grundrechte, wie Art. 1 Abs. 1 GG, die juristischen Personen des Privatrechtes ebenfalls nicht inne haben können; vgl. *B. Remmert* in: Maunz/Dürig, GG, Art. 19 Abs. 3 Rn. 101: Art. 2 Abs. 2 GG, Art. 6 GG etc. Vgl. dazu auch noch unten bei Fn. 368, S. 320.

muss genau differenziert werden zwischen der Frage, ob eine Fähigkeit vorliegt, Rechte inne zu haben,[302] und der tatsächlichen Zuweisung von Rechten, wie etwa Drittschutzkonstellationen beispielsweise im Baunachbarrecht zeigen. Die terminologische Vereinfachung, bei Rechten des Staates von subjektiven öffentlichen Rechten zu sprechen, entbindet nicht von der auch in anderen Fällen bestehenden Notwendigkeit, genau zu prüfen, ob dem Kläger ein bestimmtes Recht auch tatsächlich zusteht, und führt nicht dazu, dass der Staat alle denkbaren Arten von Rechten auch immer inne hat.

Für die oben geschilderten Fallbeispiele[303] bedeutet das: Der Begriff der „Rechte" in § 42 Abs. 2 VwGO ist nicht auf subjektive öffentliche Rechte im Sinne von Rechten der Bürger gegen den Staat beschränkt. Die verwaltungsprozessrechtlichen Normen verlangen ohnehin nur das Vorliegen subjektiver Rechte im Allgemeinen.[304] Subjektive öffentliche Rechte lassen sich aber außerdem am besten schlicht als Rechte charakterisieren, die im öffentlichen Recht geregelt sind. Für die Konstruktion rechtsähnlicher Phänomene neben den subjektiven Rechten gibt es keinen Bedarf. Es spricht also nichts dagegen, Teilen des Staates die Möglichkeit der Verteidigung von subjektiven öffentlichen Rechten – also von Rechten, die im öffentlichen Recht geregelt sind – in Verwaltungsprozessen grundsätzlich zuzusprechen.[305] Eine Notwendigkeit zu einer im Vergleich mit Rechten aus dem Privatrecht abweichenden Wertung ist insoweit für Rechte aus dem öffentlichen Recht nicht (mehr) erkennbar. Es ist also in den Fallbeispielen zu untersuchen, ob und welche subjektiven Rechte den klagenden Teilen des Staates zustehen.

C. Teile des Staates als Rechtssubjekte

Neben der Frage, ob Teile des Staates überhaupt Rechte und ob sie solche aus dem öffentlichen Recht haben können, ist auch problematisch, welchen Teilen des Staates Rechte zustehen können, denn wie erwähnt werden heute in Wissenschaft und Praxis für unterschiedliche Fallgruppen ganz unterschiedliche Wertungen getroffen: Akzeptiert sind Rechte juristischer Personen des öffentlichen Rechts; Rechte sonstiger Untergliederungen werden nach wie vor kritisch gesehen.[306] Ob eine solche unterschiedliche Beurteilung im Hinblick auf subjektive

---

[302] Zum Begriff der Rechtsfähigkeit noch ausführlich unten C.I.2.a) und b), S. 318 und 322.

[303] Kapitel 1, A., S. 19.

[304] Oben Kapitel 3, B.I.4.d) ab S. 196.

[305] Für subjektive öffentliche Rechte des Staates auch *H. Bauer,* DVBl. 1986, 208, 214 m. w. N. in Fn. 69; Rechte im Rahmen des Art. 93 Abs. 1 Nr. 1 GG bezeichnet auch *H. Bethge* in: Maunz/Schmidt-Bleibtreu/Klein/ders., BVerfGG, § 63 Rn. 7 als subjektive öffentliche Recht; mangelnde Unterschiede im Ergebnis sieht auch *J.-A. Trésoret,* Geltendmachung, S. 52f., die allerdings (ohne ersichtlichen Grund) trotzdem nicht vom Organrecht als „subjektives öffentliches Recht" sprechen will (a. a. O. S. 54).

[306] Dazu einleitend Kapitel 4, A.II., S. 268.

Rechte je nach Art des Teils des Staates gerechtfertigt ist, erscheint jedoch schon auf Grundlage der bisherigen Ausführungen als zweifelhaft. In Kapitel 2 wurde bereits herausgearbeitet, dass Prozesse zwischen Teilen juristischer Personen nicht grundsätzlich unzulässig sind und der verwaltungsrechtliche Organstreit nicht aus übergeordneten Wertungsgesichtspunkten im Hinblick auf Streitigkeiten innerhalb juristischer Personen des öffentlichen Rechts als absolute Ausnahmeerscheinung angesehen werden kann.[307] Offen gelassen wurde allerdings die nun zu klärende Frage, inwiefern Teile juristischer Personen Rechte inne haben können.[308]

Das Problem, wem Rechte zugeordnet werden können, wird allgemein unter dem Begriff „Rechtsfähigkeit" behandelt.[309] Daneben wird auch der Begriff der Rechtssubjektivität verwendet, wobei die Abgrenzung im Einzelnen häufig sehr unklar ist,[310] weswegen hier bevorzugt das Wort Rechtsfähigkeit mit der nahelie-

---

[307] Oben Kapitel 2, B.I., S. 53.

[308] Siehe oben Kapitel 2, B.III.3., S. 93.

[309] Etwa *H. Maurer*, A. Verwaltungsrecht, § 21 Rn. 2 ff.

[310] Diese Unklarheiten entstehen durch eine nicht immer transparent gemachte Unterscheidung von Recht innerhalb und außerhalb juristischer Personen (dazu, dass die Kategorien Innenrecht und Außenrecht eigentlich relativ sind Kapitel 2, D.III., S. 139). Rechtsfähigkeit wird bevorzugt juristischen Personen nach außen zugeschrieben (vgl. die ersichtlich auf natürliche und juristische Personen zugeschnittene Definition bei *M. Müller* in: Wolff/Bachof/Stober/Kluth, Verwaltungsrecht Bd. 1, § 32 Rn. 7: „Rechtsfähigkeit ist die rechtsordnungsgemäße Fähigkeit eines Menschen oder einer Organisation, in einem System von Rechtssätzen im Verhältnis zu anderen Träger von Pflichten und Rechten, dh Endsubjekt rechtstechnischer Zuordnung zu sein."), während Rechtssubjektivität eher Teilen juristischer Personen zuerkannt wird (vgl. die Definition bei *M. Müller*, a.a.O., Rn. 6: Rechtssubjektivität „ist die Eigenschaft eines Menschen oder eines anderen sozialen Substrats, Zuordnungssubjekt mindestens eines Rechtssatzes zu sein.", wobei darunter auch die [transitorische] Wahrnehmung fremder Rechte falle). Unklar ist die Unterscheidung deswegen, weil sich Rechtssubjektivität und Teilrechtsfähigkeit überlappen und nicht nach allen Definitionen die Rechtsfähigkeit lediglich die Fähigkeit ist, irgendein Recht zu haben (das ist schließlich meist im Wesentlichen durch den Begriff der Rechtssubjektivität abgedeckt), sondern erst eine gewisse Anzahl an potenziellen Rechten erreicht sein muss (vgl. zu Rechtssubjektivität und Rechtsfähigkeit auch *O. Bachof*, AöR 83 [1958], 208, 259 ff.; *F.E. Schnapp*, Amtsrecht, S. 140 f.).
Darüber hinaus werden Rechtspersönlichkeit bzw. Rechtsfähigkeit und Rechtssubjektivität auch nicht einheitlich verstanden (vgl. etwa zu *M. Müller* abweichend *W. Roth*, Organstreitigkeiten, S. 505 ff. [Rechtssubjekt ist nur, wer selbst Inhaber eines subjektiven Rechts ist] und wieder a.A. *H. Becker-Birck*, Insichprozess, S. 34 f. [Rechtssubjektivität ausschließlich bei transitorischem Handeln als Organ, sonst Teil- oder Vollrechtsfähigkeit]; nochmal anders *E.-W. Böckenförde* in: FS H.J. Wolff, S. 304: „Teil-Rechtsfähigkeit [Rechtssubjektivität]").
Hier spiegelt sich ein ähnliches Problem wider, wie bei der Bezeichnung von Rechten des Staates als subjektive Rechte, vgl. oben B.II., S. 273: Weil Teilen des Staates, die keine juristischen Personen sein, früher überhaupt keine Rechte zugestanden wurden, hat man sich schwer getan, deren Fähigkeit, Rechte inne zu haben, Rechtsfähigkeit zu nennen. Deswegen wurde für die Fähigkeit dieser Teile des Staates, Rechte inne zu haben, der Begriff der Rechtssubjektivität zusätzlich geschaffen (mit der Erweiterung der für Organe typischen, transitorischen Wahrnehmung von Rechten – was die gesamte Terminologie extrem verkompliziert und ihr gleichzeitig viel von ihrer Aussagekraft nimmt).

genden Bedeutung verwendet wird, Rechte inne haben zu können.[311] Für die verwaltungsrechtlichen Prozesskonstellationen, in denen sich Teile der Verwaltung gegenüber stehen, wäre aber die Konzentration der Überlegungen allein auf die Frage der bloßen Rechtsfähigkeit zu kurz gegriffen. Denn das Problem des Anknüpfungspunktes für Rechte von Teilen des Staates hat immer zwei Dimensionen: Einerseits (dazu sogleich I.) stellt sich natürlich die Frage, ob die Beteiligten und insbesondere der Kläger überhaupt Träger von Rechten und Pflichten sein können. Denn wie bereits oben erläutert, hängt der Erfolg einer verwaltungsgerichtlichen Klage ganz entscheidend davon ab, ob der Kläger ein subjektives Recht auf seiner Seite hat;[312] dafür muss er überhaupt die Fähigkeit besitzen, ein solches Recht inne zu haben. Andererseits aber birgt eine Konzentration auf diese Eigenschaft die Gefahr, die Frage auszublenden, in welcher Eigenschaft bzw. in welcher Rolle ein Teil der Verwaltung auftritt und welche der Rollen demnach für eine Anknüpfung von Rechten relevant ist (dazu II., ab S. 332). Plastisch tritt dieses Problem immer dann hervor, wenn ein bestimmter Teil der Verwaltung, ein Amt,[313] nur von einer natürlichen Person, dem Amtswalter, ausgefüllt wird, wie das etwa im Bereich der Kommunalverfassungsstreitigkeiten bei Gemeinde- bzw. Stadtratsmitgliedern der Fall ist. Denn dann stellt sich die Frage, wessen Rechte geltend gemacht werden: die der natürlichen Person oder die des Organs.[314] Aber auch wenn festgestellt ist, dass der Anknüpfungspunkt nicht die Privatperson ist, die das Amt ausfüllt, stellt sich immer die Frage, ob das Organ selbst oder die juristische Person der Anknüpfungspunkt für ein Recht ist.[315]

I. Anknüpfung an Organisationseinheiten – Rechtsfähigkeit

Dem Wortsinn nach bildet die Rechtsfähigkeit eine Grundvoraussetzung ab, um überhaupt klagebefugt sein zu können.[316] Es kann jedoch nicht einfach mit den Attributen rechtsfähig und nicht rechtsfähig eine Trennlinie zwischen juristischen Personen des öffentlichen Rechts und ihren Teilen gezogen werden. Beispiels-

---

[311] Zur Definition der Rechtsfähigkeit *H. Maurer*, A. Verwaltungsrecht, § 21 Rn. 4: „Rechtsfähig ist, wer Zuordnungssubjekt von Rechtsnormen […] und damit Träger von Rechten und Pflichten sein kann."; der hier weggelassene Zusatz „=Außenrechtssätze" der Definition *Maurers* ist jedoch kritisch zu sehen, weil Rechte auch im sogenannten „Innenbereich" bestehen können, dazu unten C. I. 2., S. 318 und zu *Maurer* insb. Fn. 441, S. 331.
   Vgl. auch Fn. 310; Definition ohne den Zusatz „Außenrechtssätze" bei *E. Forsthoff*, Verwaltungsrecht Bd. 1, S. 485.
[312] Zur Bedeutung des subjektiven Rechtes im Verwaltungsprozess allgemein oben Kapitel 3, A. I., S. 147, dort insb. Fn. 1; vgl. speziell zu Streitigkeiten innerhalb juristischer Personen Kapitel 2, B. I. 4. bei Fn. 117, S. 67.
[313] Zu dem Begriff des Amtes oben Kapitel 1, C. II. bei Fn. 91, S. 35.
[314] Dazu unten II. 2., S. 332.
[315] Dazu unten II. 1., S. 328.
[316] Zur Sachentscheidungsvoraussetzung der Beteiligtenfähigkeit noch unten unter Kapitel 5, B., S. 415. Zur Interdependenz von Sachentscheidungsvoraussetzungen Kapitel 5, A., S. 414.

weise im Rahmen sogenannter verwaltungsrechtlicher Organstreitigkeiten wird klar, dass auch diese Teile der Verwaltung Rechte inne haben können. Ob die Differenzierung mit den Begriffen Vollrechtsfähigkeit und Teilrechtsfähigkeit[317] genauer wird, bleibt aufgrund der Relativität der Rechtsfähigkeit zweifelhaft.

1. Juristische Person des öffentlichen Rechts: Mehr als Fiskus

Nicht in Zweifel gezogen wird die Rechtsfähigkeit der juristischen Personen. Sie dienen für den Begriff der Rechtsfähigkeit als Prototypen. Im oben beschriebenen Raster aus den Kombinationsmöglichkeiten der Arten der Rechtsinhaber und Rechte[318] spielt die Fähigkeit zur Inhaberschaft von Rechten aus dem Privatrecht eine besondere Rolle. Sie macht juristische Personen des öffentlichen Rechts zu „vollrechtsfähigen" Teilen der Verwaltung und ist, wie oben schon erläutert,[319] historisch gesehen der Ursprung ihrer Rechtsfähigkeit. Einerseits sind die juristischen Personen des öffentlichen Rechts zwar nicht überwiegend um ihrer Privatrechtsfähigkeit willen geschaffen worden: Die Anerkennung des Staates an sich als einheitliche Rechtsperson zur Integration des Monarchen in den Staatsaufbau[320] geschah zu einer Zeit, als der Fiskus – zunächst als Kasse des Monarchen entstanden –[321] ein etabliertes Institut war, hatte also eher politische und öffentlich-rechtliche Gründe.[322] Auch die Bildung bzw. Anerkennung juristischer Personen des öffentlichen Rechts der mittelbaren Staatsverwaltung hatte eher den Grund, gesellschaftliche Strömungen zu kanalisieren, als Anknüpfungspunkte für zivilrechtliche Rechtsbeziehungen zu schaffen, denn Städte mit eigener Stadtkasse gab es schon im Mittelalter.[323]

Andererseits entwickelten sich die juristischen Personen des öffentlichen Rechts eben im Wesentlichen aus Vorformen, deren Kennzeichen eine zivilrechtliche Rechtsfähigkeit war, denn die zivilrechtliche Rechtsfähigkeit war sowohl dem (Gesamt-)Staat als juristischer Person, der den Fiskus in sich aufnahm,[324] als auch den Satelliten der staatlichen Verwaltung, deren Vorläufern teils ebenfalls zivilrecht-

---

[317] Damit operiert etwa *H. Maurer*, A. Verwaltungsrecht, § 21 Rn. 6.

[318] Unter Kapitel 4., A.II, S. 268.

[319] Zur Entstehung der Rechtsfähigkeit im Privatrecht schon oben Kapitel 2, B.II.1., S. 81.

[320] Dazu m.N. oben Kapitel 1, C.I., S. 30.

[321] *M. Stolleis*, Geschichte Bd. 2, S. 107: Die Trennung zwischen Staatsfinanzen und Privatschatulle der Herrscher entwickelte sich in der Zeit bis ca. 1800.

[322] Vgl. *F.E. Schnapp*, Amtsrecht, S. 35 f.; differenzierend *M. Stolleis*, Geschichte Bd. 2, S. 108: Der Staat sei zunächst nur als Rechtsperson auf dem Gebiet des Privatrechts verstanden worden (jedenfalls durch *Savigny*), allerdings schon vor *Albrecht* (zu diesem Kapitel 1, Fn 63, S. 31) – was aber mit der Tatsache zusammenhängt, dass der Staat insoweit als Fiskus agierte, und der Fiskus wie erwähnt schon vor der öffentlich-rechtlichen Anerkennung des Staates als Rechtsperson existierte.

[323] Dazu oben Kapitel 2, C.II.3.a), S. 121.

[324] Oben Kapitel 2, B.II.1., S. 81.

liche Handlungsfähigkeit selbstverständlich zukam, zu eigen.[325] Außerdem wäre eine Verselbständigung von Verwaltungseinheiten zu einem gewissen Grad auch genauso gut außerhalb der Rechtsform der juristischen Person möglich, sodass die zivilrechtliche Rechtsfähigkeit als ein wesentliches Merkmal der juristischen Person erscheint.[326] Deswegen wird bei einer rechtlichen Selbständigkeit eines Teils des Staates in Form der juristischen Person des öffentlichen Rechts die zivilrechtliche – also insbesondere finanzielle und eigentumsrechtliche – Selbständigkeit als wesentlicher Faktor mitgedacht.[327] Die Eigenschaft juristischer Personen des öffentlichen Rechts, Anknüpfungspunkt für Vermögen im zivilrechtlichen Sinn zu sein – für Rechte wie zivilrechtliches Eigentum sowie Forderungen und andere Ansprüche – bleibt ihr vielleicht wichtigstes Kennzeichen, auch wenn an einer vollen Zivilrechtsfähigkeit von Teilen des Staates im Hinblick auf sogenannte ultravires-Rechtsgeschäfte immer wieder gezweifelt wurde.[328] Legt der Gesetzgeber fest, ein Teil der Verwaltungsorganisation sei rechtsfähig[329] bzw. habe als eine juristische Person des öffentlichen Rechts zu gelten,[330] dann hat er – zumindest auch –[331]

---

[325] *J. W. Winterfeld,* Grenzen, S. 132 ff.; zur Entstehung der juristischen Personen der mittelbaren Staatsverwaltung oben Kapitel 2, C. II. 3. a), S. 121.

[326] *B.-O. Bryde,* VVDStRL 46 (1987), 182, 194: „Nur wenig verallgemeinernd kann man sagen, daß es zu fast allen Typen rechtsfähiger verselbständigter Verwaltungseinheiten Parallelerscheinungen ohne (Voll-)Rechtsfähigkeit innerhalb der unmittelbaren Bundes- und Landesverwaltung gibt."; dazu, dass es eine allgemeine öffentlich-rechtliche Rechtsfähigkeit nicht gibt, unten Kapitel 4, C. I. 2. a), S. 318.

[327] Nach *W. Kluth* in: Wolff/Bachof/Stober/Kluth, Verwaltungsrecht Bd. 2, § 82 Rn. 17 ist diese Eigenschaft besonders wichtig, da es darum gehe „sicherzustellen, dass nur solche Funktionssubjekte, die über eine entsprechende wirtschaftliche Basis und verantwortliche Leitung verfügen, eigenständig am Rechtsverkehr teilnehmen können [...]"; vgl. auch oben Kapitel 2 bei Fn. 210, S. 84.

[328] Zu diesen Zweifeln *S. Storr,* Staat, S. 467 ff. m.N.; diese beziehen sich vorrangig darauf, ob sich der Staat wirtschaftlich wie ein Privater betätigen kann und darf; dazu auch *J. W. Winterfeld,* Grenzen, S. 89 ff., S. 155 ff. (S. 101: Lehre von der privatrechtlichen Teilrechtsfähigkeit als „rechtspolitisches Postulat [...], nicht aber als Ausprägung des geltenden Rechts"), zu den historischen Hintergründen einer solchen ultra-vires-Lehre *ders.,* a.a.O., S. 15 ff. Zu solchen Zweifeln zählt auch die Skepsis gegenüber der Fähigkeit von Krankenkassen zur Kreditaufnahme (zu diesem Problem *S. Rixen* in: FS F.E. Schnapp, S. 531 ff.), wobei hier die Fähigkeit von der Befugnis zur Aufnahme von Krediten zu unterscheiden ist: Letzteres ist nicht zwingend ein Problem der Rechtsfähigkeit.

[329] Bspw. § 2 Abs. 1 S. 2 Hs. 1 Hochschulgesetz (HSG) Schleswig-Holstein; ein typisches, wenn auch abgelegenes Bsp. ist § 1 Abs. 1 S. 1 des BIG-Gesetzes (über die Errichtung des Berliner Instituts für Gesundheitsforschung [...] vom 09.04.2015, Berl.GVBl. 71 Nr. 6, S. 70).

[330] Wie bei Gemeinden, denen als Gebietskörperschaften (vgl. etwa Art. 1 S. 1 BayGO, § 1 Abs. 2 GO NRW, § Abs. 2 Nds.KomVG) diese Eigenschaft anhaftet, oder Universitäten (die in Bayern ebenfalls Körperschaften des öffentlichen Rechtes sind, vgl. Art. 11 Abs. 1 S. 1 BayHSchG, ebenso grds. in Schleswig-Holstein, § 2 Abs. 1 S. 2 Hs. 1 HSG).

Vgl. dazu auch oben Kapitel 1, C. I., S. 30 ff.; weitere Bsp. dort in Fn. 70 ff.

[331] Zu weiteren Gründen der Schaffung einer eigenständigen juristischen Person *W. Krebs* in: Isensee/Kirchhof, HStR Bd. 5, § 108 Rn. 23; die Privatrechtsfähigkeit dient aber meist auch diesen anderen Zwecken, vgl. *H. Maurer,* A. Verwaltungsrecht, § 21 Rn. 8: „Die rechtliche Verselbständigung ermöglicht ihnen eine eigenverantwortliche Verwaltung."

genau diese Eigenschaft im Blick.[332] Die Eigenschaft juristischer Personen des öffentlichen Rechts, zivilrechtliche Rechte inne haben und am regulären Zivilrechtsverkehr teilnehmen zu können, ist als Erbe der Fiskustheorie nicht weiter problematisch.[333]

Die Selbstverständlichkeit, mit der juristische Personen des öffentlichen Rechts als „vollrechtsfähige" Rechtspersonen subjektive Rechte aus dem Zivilrecht inne haben,[334] darf aber nicht darüber hinwegtäuschen, dass auch diese Teile des Staates öffentlich-rechtlichen Bindungen bei der Rechtsausübung unterliegen, also mit Rechtspersonen des Zivilrechts nicht in allen Belangen gleichzusetzen sind.[335] Es ist auch nicht relevant, ob der Staat „als Staat" oder „als Privater" Rechte geltend macht, weil es einen vom Staat unabhängigen Fiskus nicht gibt.[336] Der Staat unterliegt in allen Bereichen, auch den klassisch als fiskalische Betätigung bezeichneten,[337] verfassungsrechtlichen Bindungen wie der Grundrechtsbindung des Grundgesetzes.[338] Der Staat ist Staat, ganz gleich welche Rechte aus welchem Rechtsgebiet er geltend macht; es gibt ihn nicht als „gewöhnliche[n] Privatmann".[339]

Soweit zu Rechten aus dem Privatrecht. Vom Attribut der „Vollrechtsfähigkeit" ausgehend, das juristischen Personen des öffentlichen Rechts häufig zugeordnet wird,[340] liegt jedenfalls der Schluss nahe, dass auch subjektive Rechte aus dem

---

[332] Vgl. O. Bachof, AöR 83 (1958), 208, 266; M. Müller in: Wolff/Bachof/Stober/Kluth, Verwaltungsrecht Bd. 1, § 34 Rn. 7; J. W. Winterfeld, Grenzen, S. 138.

[333] W. Krebs in: Isensee/Kirchhof, HStR Bd. 5, § 108 Rn. 41; vgl. jedoch auch Fn. 328.

[334] Vgl. dazu auch oben Kapitel 2, B. II. 1., S. 81.

[335] Dass die juristische Person des öffentlichen Rechts nicht alle Merkmale der juristischen Person des Privatrechts übernommen habe, betont J. Burmeister, VVDStRL 45 (1986), 258 (Aussprache): „Ein staatlicher Kompetenzträger ist niemals vollrechtsfähig. Die Rechtsfähigkeit von staatlichen Kompetenzträgern ist Ausfluß ihrer Kompetenzinhaberschaft, gegenständlich durch diese beschränkt und qualitativ durch diese bestimmt; eine davon abgespaltene privatrechtliche Teil- oder Vollrechtsfähigkeit ist nicht existent, ja rechtskonstruktiv nicht einmal denkbar." – allerdings ist eine gedankliche Trennung zwischen Rechtsinhaberschaft und öffentlich-rechtlicher Gebundenheit der Ausübung der Rechte (vgl. oben B. IV. 2., S. 293) angebracht – im Hinblick auf die bloße Fähigkeit zur Inhaberschaft von Rechten aus dem Privatrecht ist eine Gleichstellung geschehen.

[336] Zur Überwindung der Fiskustheorie schon oben Kapitel 2, B. II. 1. bei Fn. 205 ff., S. 83.

[337] Dazu etwa A. Wiese, Beteiligung, S. 57. Der Satz „Fiskalisches Handeln erfolgt stets in privatrechtlicher Form." ist hierbei aber eigentlich falsch herum formuliert: Er sagt aus, dass alles privatrechtliche Handeln als fiskalisch bezeichnet wird – weiter als bis zu dieser Begrifflichkeit folgt Wiese der Fiskustheorie nicht (jedoch ohne dies explizit zu thematisieren).

[338] Zahlreiche Nachw. (auch dazu, dass diese Position noch str. ist), oben in Fn. 219, S. 294.

[339] Formulierung (zur Beschreibung einer historischen Entwicklung) bei O. Mayer, Verwaltungsrecht Bd. 1, S. 51; vgl. aber a. a. O. S. 119 ff.: Der Fiskus sei keine eigene Rechtsperson, sondern „einfach der Widerschein davon, daß der Staat der guten Ordnung halber sein eigenes Untertanenrecht auf sich selber angewendet haben will."

[340] Vgl. H. Maurer, A. Verwaltungsrecht, § 21 Rn. 6, wo die Vollrechtsfähigkeit quasi mit der juristischen Person des öffentlichen Rechtes gleich gesetzt wird; vgl. auch Wolff/Bachof/Stober/Kluth, Verwaltungsrecht Bd. 1, § 32 Rn. 8. – bei den Begriffen der Vollrechtsfähigkeit und der Teilrechtsfähigkeit besteht die Gefahr einer nicht exakten Verwendung, bspw. wurde früher auch vertreten, Hoheitsträger seien niemals vollrechtsfähig (dazu a. a. O. Rn. 10 m. w. N. sowie

öffentlichen Recht genauso selbstverständlich juristischen Personen des öffentlichen Rechts zugeordnet sein können[341] wie solche aus dem privaten Recht, denn sonst läge eine „Teilrechtsfähigkeit" vor.[342] Der bloße Begriff der „Vollrechtsfähigkeit" stellt aber kein Argument dafür dar, dem Staat auch Rechte aus dem öffentlichen Recht zuzuerkennen, weil es eine solche Vollrechtsfähigkeit – wie noch zu zeigen ist – im öffentlichen Recht nicht gibt.[343] Rechte juristischer Personen aus dem öffentlichen Recht sind ihnen zugeordnet, weil und soweit es die Norm, die das Recht enthält, bestimmt. Aber ein kategorischer Ausschluss juristischer Personen des öffentlichen Rechts von Rechten aus dem öffentlichen Recht würde auch die unter anderem durch die umfassende Bindung an das Grundgesetz bewirkte vollständige Verschmelzung von Fiskus und juristischer Person des öffentlichen Rechts ignorieren. Die juristische Person wurde aus dem Konzept der als ein Punkt im Rechtssystem gedachten natürlichen Person[344] abgeleitet[345] und die Fiskustheorie wurde aufgegeben. Hinsichtlich der Fähigkeit, Rechte inne zu haben, kann also auch die juristische Person des öffentlichen Rechts als eine Einheit anzusehen sein, der ebenso wie einer natürlichen Person Rechte aus dem öffentlichen Recht zugeordnet sein können[346] – auch wenn das keine öffentlich-rechtliche „Vollrechtsfähigkeit" bedeutet.[347] Juristischen Personen grundsätzlich die Fähigkeit abzusprechen, Rechte aus dem öffentlichen Recht inne zu haben und gerichtlich durchzusetzen, hieße, im Zeitalter der Fiskustheorie[348] stecken zu bleiben. Bei Streit um öffentlich-rechtliche Geldansprüche von Teilen des Staates unterein-

---

unten hiesige Fn. 370, S. 320, vgl. auch Fn. 335), weil sie z.B. keine Grundrechte inne haben können, was wohl ein anderes Verständnis von Teil- und Vollrechtsfähigkeit ausdrückt; seinen Ursprung hat dieses Potential für Ungenauigkeiten in der Relativität der Rechtsfähigkeit (vgl. unten I.2.a), S. 318ff.) sowie in der zögerlichen Verwendung des Begriffs Rechtsfähigkeit insgesamt (dazu oben Fn. 310, S. 311).

[341] Nach W. Roth, Organstreitigkeiten, S. 484 bestehen „in Einklang mit der herrschenden Meinung keine Bedenken [...], auch Körperschaften, Anstalten und Stiftungen des öffentlichen Rechtes als Inhaber subjektiver öffentlicher Rechte anzuerkennen." (m.w.N. in dort. Fn. 95).

[342] Zur Teilrechtsfähigkeit H. Maurer, A. Verwaltungsrecht, § 21 Rn. 6; dazu auch noch unter C.I.2.a), S. 318.

[343] Dazu sogleich Kapitel 4, C.I.2.a), S. 318. und b), S. 322.

[344] Nicht selten heißt es aber (in Abkehr von naturrechtlichen Ansätzen) auch, die natürliche Person sei ebenfalls eine juristische Person, weil auch bei natürlichen Personen die Fähigkeit, Rechte inne zu haben, nur durch das Recht verliehen sei, etwa F.E. Schnapp, VerwArch 78 (1987), 407, 424 m.w.N.; ausführliche Begründung bei W. Roth, Organstreitigkeiten, S. 508ff.

[345] Das wird bspw. bei O. Mayer, Deutsches Verwaltungsrecht Bd. 2, S. 322f. deutlich.

[346] Davon schien auch das BVerwG schon 1969 auszugehen, vgl. BVerwG, Urt. v. 14.02.1969, Az.: IV C 215.65, BVerwGE 31, 263–274, juris Rn. 14: Nebeneinanderbestehen der Möglichkeit der Verletzung vermögensrechtlicher und „nicht nur im (fiskalischen) Kosteninteresse oder in privaten Rechten der Gemeinde" begründeter Interessen, die nach Art. 28 Abs. 2 GG geschützt seien; vgl. auch VGH Kassel, Urt. v. 15.11.1991, Az.: 7 UE 3372/88, juris Rn. 19: Bund als (privatrechtlicher) Gewässereigentümer kann öffentlich-rechtlich geregelter Kostenerstattungspflicht (für Gefahrbeseitigung) unterliegen, die auch ihm gegenüber vom Land per Leistungsbescheid gefordert werden kann.

[347] Dazu sogleich Kapitel 4, C.I.2.a), S. 318.

[348] Zur Überwindung der Fiskustheorie schon oben Kapitel 2, B.II.1. bei Fn. 205ff., S. 83.

ander wird im Übrigen auch in der Praxis in der Regel kaum ein Wort darüber verloren, dass es sich um eine besondere Sachverhaltskonstellation handelt, sondern so verfahren, als ob ein Privater beteiligt wäre.[349] Das kann zwar daran liegen, dass öffentlich-rechtliche Geldansprüche privatrechtlichen Ansprüchen sachlich sehr nahe stehen;[350] das ändert aber nichts daran, dass juristischen Personen des öffentlichen Rechts zustehende Rechte aus dem öffentlichen Recht damit als Selbstverständlichkeit betrachtet werden.

Auch vor dem Hintergrund der Akzeptanz der verwaltungsrechtlichen Organstreitigkeiten zeigt sich, dass juristische Personen des öffentlichen Rechts mehr sind als nur ein Fiskus, und auch Inhaber subjektiver Rechte aus dem öffentlichen Recht sein können müssen. Denn es wäre nicht einsehbar, warum sogenannte Organrechte – die im öffentlichen Recht normiert und nach verbreiteter Ansicht zwar anscheinend minderer Güte, aber trotzdem „wehrfähig"[351] nach § 42 Abs. 2 VwGO und damit im Endeffekt mit genau den gleichen Wirkungen wie subjektive öffentliche Rechte ausgestattet sind – ausgerechnet den Teilen der Verwaltung zustehen sollten, die keine juristischen Personen sind, während diese trotz „Vollrechtsfähigkeit" bei im öffentlichen Recht normierten Rechten außen vor bleiben. Mit einer Singularität ihrer „Kontrastrolle" ist eine Sonderstellung von Organen der mittelbaren Staatsverwaltung, wie oben gezeigt, jedenfalls nicht zu erklären.[352]

Mit der Anerkennung der Eigenschaft juristischer Personen, einheitlicher Anknüpfungspunkt für alle Rechte zu sein, korrespondiert es, das subjektive öffentliche Recht, wie oben vorgeschlagen, nicht mehr nur als Recht des Bürgers gegen den Staat zu sehen, weil prinzipiell anerkannt wird, dass der Staat Rechte nicht nur aus dem Privatrecht, sondern auch aus dem öffentlichen Recht haben kann. Wie die „Rechtsfähigkeit" jedoch konkret durch Rechtssätze zugewiesen wird, unterscheidet sich allerdings von öffentlichem zu Zivilrecht; dazu sogleich.[353]

---

[349] Vgl. bspw. VGH München, Urt. v. 10.12.2015, Az.: 4 B 15.1831 (juris), wo jedenfalls die Rechtsqualität der Positionen nicht angezweifelt und von einer Anfechtungsklage ausgegangen wird.

[350] Dazu auch noch unten bei Fn. 391, S. 323.

[351] W.-R. Schenke/R. P. Schenke in: Kopp/Schenke, VwGO, § 42 Rn. 80: „sonstige ‚wehrfähige' Rechtspositionen".

[352] Gegen eine prinzipielle Sonderrolle verwaltungsrechtlicher Organstreitigkeiten schon oben Kapitel 2, B. I. 5. c), S. 75 und insbesondere Kapitel 2, C. II. 2., S. 115; dagegen grundsätzliche Unterschiede feststellend W. Roth, Organstreitigkeiten, S. 484, der schreibt, die Frage, „in welchem Umfang einem Träger öffentlicher Gewalt tatsächlich ein subjektives Recht zusteht" werfe „gänzlich verschiedene Probleme" auf, als der verwaltungsrechtliche Organstreit – jedoch begründet ders. a. a. O., S. 484 ff. ausführlich, warum sog. Organrechte als normale subjektive Rechte angesehen werden sollten und stellt damit selbst eine Parallelität her.

[353] Kapitel 4, C. I. 2. b), S. 322.

2. Rechtsfähigkeit sonstiger Untergliederungen des Staates

Bereits im 2. Kapitel wurde herausgearbeitet, dass es zwischen verwaltungsprozessrechtlichen Konstellationen mit juristischen Personen des öffentlichen Rechts
als Beteiligten und solchen mit sonstigen Teilen der Verwaltung keine grundsätzlichen methodischen Unterschiede gibt, sondern die normale Prüfung der Sachentscheidungsvoraussetzungen und insbesondere die Suche nach einem subjektiven
Recht entscheidend ist.[354] Offen gelassen wurde jedoch, wie zustimmungsfähig der
Satz ist: „Prinzipiell stehen Behörden untereinander subjektiv-öffentliche Rechte
nicht zu."[355] Ebenfalls noch nicht geklärt wurde, ob das oben gefundene Ergebnis,
dass es keine grundsätzlichen Unterschiede in der Herangehensweise bei der Prüfung der Zulässigkeit verwaltungsgerichtlicher Streitigkeiten gibt, aufgrund einer
grundsätzlich fehlenden Eignung anderer Teile der Verwaltung als juristischer Personen des öffentlichen Rechts, Rechte inne zu haben, relativiert werden muss.

Deshalb soll nun im Folgenden die Fähigkeit zur Inhaberschaft von Rechten von
Teilen des Staates, die keine juristischen Personen sind, die also Teile juristischer
Personen des öffentlichen Rechts darstellen, näher untersucht werden. Es wird sich
zeigen, dass auch diesen die Fähigkeit, Rechte inne zu haben, zukommen kann.
Teile des Staates, die keine juristischen Person sind, können trotz fehlender „Vollrechtsfähigkeit" Rechte inne haben, allerdings nur aus dem öffentlichen und nicht
auch aus dem Zivilrecht.

a) Relativität der Rechtsfähigkeit

Ausgehend von den Begrifflichkeiten der natürlichen Person und der juristischen Person, denen jeweils eine umfassende Rechtsfähigkeit zukommt, kann der
Eindruck entstehen, es handele sich dabei um eine Gegenüberstellung und es gäbe
keine anderen Rechtssubjekte oder Organisationseinheiten, denen die Rechtsordnung Rechte zuerkennt.[356] Das Konzept der Rechtsfähigkeit hat schon auf den ersten Blick seinen Ursprung in der naturrechtlichen Interpretation der Stellung des
Menschen in der Rechtsordnung.[357] Das ist indes zumindest kein vollständiges
Bild. Außer der Betrachtung juristischer Personen führen noch andere Überlegungen zu dem Ergebnis, dass die Rechtsfähigkeit etwas ist, das durch die Rechts-

---

[354] Kapitel 2, B. III., S. 91 f.

[355] W. Löwer, VerwArch 68 (1977), 327, 339 m.N., der diese Ansicht als „herrschende Lehre"
bezeichnet; ähnlich H. H. Rupp, Grundfragen, S. 99 (gegen den verwaltungsrechtlichen Organstreit).

[356] W. Roth, Organstreitigkeiten, S. 507 f. (vgl. zum Folgenden, a. a. O. S. 507 ff., wo Roth
ähnlich wie hier argumentiert).

[357] Vgl. H. G. Bamberger in: ders./Roth, BeckOK BGB, § 1 Rn. 4; dazu ausführlich F. Fabricius, Relativität S. 37 ff., S. 54, der den Ursprung des Begriffs der Rechtsfähigkeit Kant,
den Begriff selbst Thibaut zuschreibt (zur Verknüpfung von Handlungs- und Rechtsfähigkeit
a. a. O., S. 31 ff.). Vgl. aber auch Fn. 344, S. 316.

ordnung maßgeblich bestimmt wird: So war die Frage, ob und welche Rechte ihr zukommen konnten, bereits in der Antike häufig davon abhängig, welchen Geschlechts eine Person und ob sie Sklave, Fremder oder Bürger war. Und auch heute zeigt sich an Grenzfällen, beispielsweise Rechten von Nascituri[358] und Nondum Concepti sowie – je nach dazu vertretener Ansicht –[359] postmortalen Persönlichkeitsrechten nicht nur, dass die Rechtsfähigkeit etwas rechtlich Geregeltes ist, sondern auch, dass § 1 BGB[360] nur eine Grundregel ist, von der durch andere Rechtsnormen, etwa durch einfache Zuerkennung von speziellen Rechten, abgewichen werden kann[361] und dass eine Fähigkeit, Rechte inne zu haben, durch solche Normen auch implizit verliehen sein kann.[362] Die Stimmen, die aus einer anthropozentrischen Sichtweise heraus von einer unteilbaren und universalen Rechtsfähigkeit ausgingen,[363] wurden in den Hintergrund gedrängt.

Im Umgang mit dem Phänomen einer rechtlich geregelten, je nach Rechtssubjekt auch abgestuften[364] Rechtsfähigkeit ist häufig der Begriff der Teilrechtsfähigkeit anzutreffen, mit dem ausgedrückt wird, dass ein Rechtssubjekt nicht die „volle" Rechtsfähigkeit hat, aber trotzdem in bestimmten Bereichen Rechte haben kann.[365] Dieser Begriff steht aber von zwei Seiten unter Kritik:[366] Erstens erscheint eine Unterscheidung zwischen Voll- und Teilrechtsfähigkeit wenig sinnvoll, denn es gibt streng genommen keine Vollrechtsfähigkeit[367] – jedenfalls nicht eine sol-

---

[358] Dazu ausführlich *F. Fabricius,* Relativität, S. 5 ff., S. 111 ff. (allerdings naturgemäß ohne die inzwischen eingetretenen Entwicklungen).

[359] *J. Schmitt* in: F.J. Säcker, MüKo BGB Bd. 1, § 1 Rn. 51 ff., Rn. 55: „postmortale[..] Teilrechtsfähigkeit des Verstorbenen".

[360] § 1 BGB: „Die Rechtsfähigkeit des Menschen beginnt mit der Vollendung der Geburt."

[361] Eine beschränkte Rechtsfähigkeit neben der vollen Rechtsfähigkeit war früher aber umstritten, vgl. *F. Fabricius,* Relativität, S. 6 ff. (hinsichtlich des Nasciturus), S. 21 ff. (hinsichtlich des nicht rechtsfähigen Vereins).

[362] Sehr ausführlich *W. Roth,* Organstreitigkeiten, S. 508 ff.

[363] Dazu *F. Fabricius,* Relativität, S. 21, S. 49.

[364] *W. Krebs* in: Isensee/Kirchhof, HStR Bd. 5, § 108 Rn. 18: Rechtsfähigkeit sei „ein gradueller Begriff mit vielen Abstufungen"; *F.E. Schnapp,* Öffentliche Verwaltung und privatrechtliche Handlungsformen, DÖV 1990, 826, 828 weist darauf hin, dass eine Differenzierung hinsichtlich verschiedener Stufen von Rechtsfähigkeit keine neue Erkenntnis ist und verweist auf *„Bernatzik, Laband, Kelsen* und *Hans J. Wolff".*

[365] Ausführlich *O. Bachof,* AöR 83 (1958), 208, 263 ff.; *F. Fabricius,* Relativität, S. 59 ff. (Anerkennung der Begriffe Vollrechtsfähigkeit und Teilrechtsfähigkeit, trotz der von ihm erkannten Relativität der Rechtsfähigkeit, a.a.O., S. 61); in der Lehrbuchliteratur operieren mit dem Begriff Teilrechtsfähigkeit etwa *Wolff/Bachof/Stober/Kluth,* Verwaltungsrecht Bd. 1, § 32 Rn. 8 f. und *H. Maurer,* A. Verwaltungsrecht, § 21 Rn. 6; hinsichtlich des Menschen: *H.G. Bamberger* in: ders./Roth, BeckOK BGB, § 1 Rn. 26 ff.; *J. Schmitt* in: F.J. Säcker, MüKo BGB Bd. 1, § 1 Rn. 55.

[366] Zu beiden Aspekten *M. Jestaedt* in: Hoffmann-Riem/Schmidt-Aßmann/Voßkuhle, Grundlagen Bd. 1, § 14 Rn. 21.

[367] *H. Bethge* in: Maunz/Schmidt-Bleibtreu/Klein/ders., BVerfGG, § 90 Rn. 134: Begriff der Vollrechtsfähigkeit stelle „ohnehin nur eine Fiktion oder ein Phantom dar."; Nachweise auch bei *F. Fabricius,* Relativität, S. 25; *W. Hoppe,* Organstreitigkeiten, S. 166; *W. Kluth* in: H.J. Wolff/O. Bachof/R. Stober, Verwaltungsrecht Bd. 3, § 87 Rn. 20: „Aus diesem Grunde

che von juristischen Personen. Auch die „vollrechtsfähigen" juristischen Personen sind nicht in dem Sinne vollrechtsfähig, dass ihnen jede Art von Rechten zustehen könnte.[368] Eine Unterscheidung zwischen Teil- und Vollrechtsfähigkeit bringt daher keinen Nutzen, unabhängig davon ob das Wort „vollrechtsfähig" vermieden wird, wie das früher zumindest für juristische Personen des öffentlichen Rechts zum Teil vertreten wurde,[369] oder ob ihm nur nicht die Bedeutung beigemessen wird, ein Ausdruck für die Möglichkeit zur Inhaberschaft ausnahmslos aller Rechte zu sein.[370] In letzterem Fall ist nämlich die Vollrechtsfähigkeit im Prinzip auch nur eine Teilrechtsfähigkeit, sodass besonders deutlich wird, dass eine Unterscheidung vom Prinzip her überflüssig ist.[371] Der zweite Kritikpunkt an der Unterscheidung ist die Schwäche der Kategorie der Teilrechtsfähigkeit, die in einer Unschärfe des Bildes von einem Teilbereich besteht, da auch das Innehaben von nur einem einzigen Recht zu einer Fähigkeit, Rechte inne zu haben, führen kann.[372]

Sehr häufig wird daher ein graduelles Konzept zur Beschreibung der Fähigkeit, Rechte inne zu haben, genutzt: die „Relativität der Rechtsfähigkeit".[373] Sie beruht auf der Erkenntnis, dass die Eigenschaft der Rechtsfähigkeit einer Person und vor allem einer Organisationseinheit nicht a priori anhaftet, sondern von einer recht-

---

wird in der Literatur seit den grundlegenden Arbeiten von Bachof und Fabricius darauf hingewiesen, dass es im Grunde nur eine Teilrechtsfähigkeit geben kann"; *W. Roth*, Organstreitigkeiten, S. 516 ff. m. w. N. in dort. Fn. 134; *F. E. Schnapp*, Amtsrecht, S. 81; explizit auch für natürliche Personen *S. Storr*, Staat, S. 468; schon *H. J. Wolff*, Organschaft Bd. 1, S. 202.

[368] Vgl. *H. Maurer*, A. Verwaltungsrecht, § 21 Rn. 5; das betrifft nicht nur juristische Personen des öffentlichen Rechtes, die überwiegend keine Grundrechte haben können, sondern auch solche des Privatrechts, denen etwa manche Grundrechte, wie Art. 1 Abs. 1 GG, ebenfalls nicht zustehen können; vgl. *B. Remmert* in: Maunz/Dürig, GG, Art. 19 Abs. 3 Rn. 101: Art. 2 Abs. 2 GG, Art. 6 GG etc.; weitere Beispiele aus dem Zivilrecht bei *F. Fabricius*, Relativität, S. 23 f. Vgl. auch schon oben Fn. 301, S. 309.

[369] *J. Burmeister*, VVDStRL 45 (1986), 258 (Aussprache) (wörtl. zitiert in hiesiger Fn. 335, S. 315).

[370] *O. Bachof*, AöR 83 (1958), 208, 263 f.: Vollrechtsfähigkeit heiße „nicht die Innehabung aller denkbaren Rechte und Pflichten".

[371] Ähnlich *W. Kluth* in: Wolff/Bachof/Stober/Kluth, Verwaltungsrecht Bd. 2, § 82 Rn. 16.

[372] *W. Hoppe*, Organstreitigkeiten, S. 167. Dazu, dass die Begriffe teilrechtsfähig und vollrechtsfähig unscharf sind, auch oben Fn. 340, S. 315.

[373] *E.-W. Böckenförde* in: FS H. J. Wolff, S. 304 (vgl. auch S. 282); *W. Hoppe*, Organstreitigkeiten, S. 166 ff.: „Relativität der Rechtssubjektivität" m. w. N.; *M. Jestaedt* in: Hoffmann-Riem/Schmidt-Aßmann/Voßkuhle, Grundlagen Bd. 1, § 14 Rn. 21 f: „quantitativ unterschiedliche Akkumulation von Rechtsfähigkeit" (Rn. 21); *D. Lorenz*, AöR 93 (1968), 308, 316; *S. Rixen* in: FS F. E. Schnapp, S. 531 f.; *W. Roth*, Organstreitigkeiten, S. 517 m. w. N. in dort. Fn. 136; etwas anders benutzt den Begriff *F. Fabricius*, Relativität S. 43, da er die Relativität der Rechtsfähigkeit durch Anknüpfung an die Handlungsfähigkeit konstruiert – man könne „die Rechtsfähigkeit relativieren [...], je nach dem Handlungsvermögen des Subjekts"; vgl. auch *J. Isensee* in: ders./Kirchhof, HStR Bd. 9, § 199 Rn. 23 f.: „Relativität der Grundrechtsfähigkeit"; *W. Kluth* in: Wolff/Bachof/Stober/Kluth, Verwaltungsrecht Bd. 2, § 82 Rn. 21: „begrenzte Rechtsfähigkeit"; *H. H. Rupp*, Grundfragen, S. 82 ff. betont eher die „Pflichtfähigkeit".

lichen Zuschreibung abhängt.[374] Der Umfang der Rechtsfähigkeit ergibt sich dabei aus den Rechtsnormen, welche diese Eigenschaft regeln.[375] Damit ist nicht gemeint, dass die Rechtsfähigkeit unbedingt, das heißt in jedem Fall, von der Zuweisung von konkreten Rechten, also der tatsächlichen Inhaberschaft abhängt. Die Zuweisung von Rechten kann einerseits durch eine Rechtsnorm für einen bestimmten Bereich allgemein und unabhängig vom Bestehen konkreter Rechte geregelt sein, andererseits wird jedoch auch durch die Zuweisung eines konkreten Rechts implizit die Fähigkeit, das Recht auch inne haben zu können, mitgeregelt. Letzteres ist ein zwingender Schluss: Daraus, dass Teilen der Verwaltung Rechte durch ein Gesetz[376] zugewiesen werden, ergibt sich, dass sie irgendwie auch rechtsfähig sein müssen.[377]

Relativität der Rechtsfähigkeit – in gradueller Weise – besagt also, dass eine Rechtsfähigkeit schon dann vorliegt, wenn jemandem oder etwas nur ein einziges Recht zugeordnet werden kann, während es keine Inhaber von Rechten gibt, denen alle denkbaren Rechte zustehen können.

Relativität der Rechtsfähigkeit kann aber auch noch in einem anderen Sinn verstanden werden: Eine solche wird auch in der Hinsicht angenommen, dass Rechte nicht in jedem rechtlichen Verhältnis bestehen müssen. So kann es Teile des Staates geben, denen nur bestimmte Rechte gegenüber anderen Teilen des Staates zustehen und die aber keine eigenen Rechte gegenüber Bürgern haben.[378] Auch solche Rechte, die nur in bestimmten Beziehungen wirken – wie das bei vielen Rechten, etwa Forderungsrechten im Zivilrecht, der Fall ist – sind als subjektive Rechte anzuerkennen, sodass auch eine nur relative Rechtsfähigkeit, beispielsweise nur im Bereich zwischen Teilen einer einzigen juristischen Person, kein Hinderungsgrund ist, solche Rechte als subjektive Rechte anzuerkennen.[379] Insofern können, wie noch genauer zu erläutern sein wird,[380] Verwaltungseinheiten, die in bestimmten rechtlichen Beziehungen als Organe fungieren, in anderen Beziehungen ohne weiteres eigene subjektive Rechte inne haben.[381]

---

[374] *C. Möllers,* Staat, S. 155 f.; *W. Roth,* Organstreitigkeiten, S. 508; *F. E. Schnapp,* Amtsrecht, S. 80 m. w. N., S. 139 ff.; *S. Storr,* Staat, S. 468; vgl. auch oben Fn. 344, S. 316.

[375] *F. Fabricius,* Relativität S. 52: „Inhalt und Umfang der Rechtsfähigkeit des einzelnen Subjekts können nur induktiv aus den einzelnen Rechtssätzen gewonnen werden."

[376] Dazu näher unten Kapitel 4, D. II., S. 357.

[377] Vgl. *F. E. Schnapp,* Amtsrecht, S. 81, S. 140.

[378] *D. Lorenz,* AöR 93 (1968), 308, 317.

[379] *W. Roth,* Organstreitigkeiten, S. 492.

[380] Insb. dazu, dass die Bezeichnung „verwaltungsrechtlicher Organstreit" streng genommen nicht korrekt ist, unten C. II. 1., S. 328.

[381] Ausführlich *F. E. Schnapp,* Amtsrecht, S. 97.

b) Rechtsfähigkeit im Zivilrecht

Das wirft jedoch die Frage auf, wie diejenigen Rechtsnormen zu verstehen sind, die bestimmten Personen Rechtsfähigkeit zuschreiben, etwa § 1 BGB oder beispielsweise § 2 Abs. 1 S. 2 Hs. 1 Hochschulgesetz (HSG) Schleswig-Holstein[382] und § 1 Abs. 1 S. 1 des Gesetzes über die Errichtung des Berliner Instituts für Gesundheitsforschung,[383] und welcher Unterschied sich zu Teilen der Verwaltung ergibt, die keine juristischen Personen sind und denen nicht durch das Gesetz eine „generelle" Rechtsfähigkeit zuerkannt wurde. Hat die Anordnung der (Voll-) Rechtsfähigkeit durch ein Gesetz etwa überhaupt keine Auswirkungen und ist von einer „Relativität der Juristischen Person überhaupt"[384] auszugehen? Die Antwort auf diese Frage liegt in den strukturellen Unterschieden der Zuweisung von Rechtsfähigkeit hinsichtlich des Zivil- und öffentlichen Rechts[385] – was nicht mit der Herkunft der Norm, die eine Rechtsfähigkeit anordnet, aus dem Rechtsgebiet des Zivil- oder öffentlichen Rechts zu verwechseln ist, denn auch eine öffentlich-rechtliche Norm kann die zivilrechtliche Rechtsfähigkeit begründen.

Juristische Personen des öffentlichen Rechts haben durchaus jeweils unterschiedliche rechtliche Fähigkeiten, und es sind nicht immer alle Aspekte einer Verwaltungsträgerschaft wie beispielsweise Vermögensfähigkeit, Haftungsfähigkeit, Parteifähigkeit, Prozessführungsbefugnis, Haushaltsfähigkeit und Dienstherrenfähigkeit gleich stark ausgeprägt.[386] Wie oben bereits dargestellt, ist jedoch die Fähigkeit, Rechte aus dem Privatrecht inne zu haben – einschließlich deren prozessualer Verteidigung – der Kernaspekt, der allen juristischen Personen eigen ist, auch denen des öffentlichen Rechts.[387] Weist das Gesetz also einer Organisation Rechtsfähigkeit zu, ist keine Vollrechtsfähigkeit im Sinne einer unbeschränkten Fähigkeit, Rechte inne zu haben, sondern „die zivilrechtliche Rechtsfähigkeit, d. h. die Rechtssubjektivität im vermögensrechtlichen, haftungsrechtlichen und zivilprozessualen Bereich" gemeint.[388] Dass nicht nur die zivilrechtliche Rechts-

---

[382] Neufassung vom 05.02.2016, S.-H. GVBl. 2016 Nr. 2 S. 39–75, „Mit Ausnahme der Universität zu Lübeck sind sie rechtsfähige Körperschaften des öffentlichen Rechts ohne Gebietshoheit mit dem Recht der Selbstverwaltung."

[383] Vom 09.04.2015, Berl.GVBl. 71 Nr. 6, S. 70, „Mit Inkrafttreten dieses Gesetzes wird das ‚Berliner Institut für Gesundheitsforschung' (BIG) als rechtsfähige Körperschaft des öffentlichen Rechts mit Sitz in Berlin errichtet.", vgl. schon oben Fn. 329, S. 314.

[384] *F. E. Schnapp*, Amtsrecht, S. 81.

[385] Vgl. zu diesen Unterschieden auch *S. Storr*, Staat, S. 468.

[386] *M. Jestaedt* in: Hoffmann-Riem/Schmidt-Aßmann/Voßkuhle, Grundlagen Bd. 1, § 14 Rn. 23; Rechtsfähigkeit und Dienstherrenfähigkeit gehen nicht unbedingt einher, vgl. *J. Ipsen*, A. Verwaltungsrecht, Rn. 207.

[387] Oben I.1., S. 313.

[388] Wörtl. Zit.: *E.-W. Böckenförde* in: FS H.J. Wolff, S. 304; *O. Bachof*, AöR 83 (1958), 208, 266ff. (S. 266: „Wenn das Gesetz einer Einheit „Rechtsfähigkeit" zuerkennt, so ist damit zunächst einmal stets die privatrechtliche Vollrechtsfähigkeit gemeint."); *W. Kluth* in: H.J. Wolff/O. Bachof/R. Stober, Verwaltungsrecht, Bd. 3, § 87 Rn. 20: Der „Begriff der Rechtsfähigkeit oder Voll-Rechtsfähigkeit bezieht sich traditionell auf die Fähigkeit zur Teilnahme

fähigkeit allgemein, sondern gerade auch der haftungsrechtliche Aspekt – der mit der Regelung unter anderem in § 839 BGB immer noch stark zivilrechtlich gefärbt ist – in diesem Zusammenhang genannt wird, hat historische Gründe und ist dem Ursprung der juristischen Person des öffentlichen Rechts aus dem Fiskus, der zeitweise vor allem die Funktion als Haftungssubjekt hatte, geschuldet.[389] Für Staatshaftung ist noch heute meist der Rechtsweg zu den ordentlichen Gerichten gegeben, ein Relikt der Fiskustheorie, das immer noch besteht.[390] Die Fähigkeit, Rechte aus dem öffentlichen Recht inne zu haben, die reine Zahlungs- bzw. Geldleistungsansprüche sind, und Verpflichteter solcher Ansprüche zu sein, ist ebenfalls mit der Eigenschaft, juristische Person zu sein verknüpft, weil die Erfüllung dieser Ansprüche die zivilrechtliche Vermögensfähigkeit, also die Fähigkeit des Innehabens von Vermögen bzw. Geldmitteln, voraussetzt. Solche öffentlich-rechtlichen Geldleistungsansprüche nehmen also eine besondere Zwischenstellung zwischen Zivil- und öffentlichem Recht ein.[391]

Die Zuweisung von allgemeiner Rechtsfähigkeit durch besondere Rechtsnormen meint, auch bei öffentlich-rechtlichen Normen, die eine Rechtsfähigkeit anordnen, eine rechtliche Zuweisung von Rechtsfähigkeit im Zivilrecht, die in strukturellem Gegensatz zur Rechtsfähigkeit im öffentlichen Recht steht: Im Zivilrecht wird die Frage der Rechtsfähigkeit als allgemeines Problem aus den Normen, die Berechtigungen verleihen, ausgelagert. Beispielsweise beschäftigt sich § 1 BGB separat mit der Rechtsfähigkeit. Vor allem enthalten die Normen des Zivilrechts selten eine Bestimmung, wem welche Rechte zustehen bzw. welchen Rechtspersonen sie zustehen können, sondern es wird eben bei Forderungen, absoluten Rechten etc. an die allgemeine zivilrechtliche Rechtsfähigkeit angeknüpft und es werden alle rechtsfähigen Rechtssubjekte gleich behandelt. Die Vorstellung von einer dem Rechtssubjekt als Eigenschaft anhaftenden Fähigkeit, Rechte inne zu haben, ist also eine zivilrechtliche. Und genauso muss auch eine gesetzliche Anordnung der Rechtsfähigkeit von juristischen Personen des öffentlichen Rechts verstanden werden: nämlich dieser Vorstellung entsprechend die zivilrechtliche Rechtsfähigkeit zu verleihen.

Dagegen gibt es keine allgemeine Rechtsfähigkeit auf dem Gebiet des öffentlichen Rechts,[392] weil die verschiedenen Rechtsträger ganz verschiedene Rechte

---

am Privatrechtsverkehr"; *ders.* in: Wolff/Bachof/Stober/Kluth, Verwaltungsrecht Bd. 2, § 82 Rn. 16: Darin bestehe „weitgehende Übereinstimmung"; *W. Krebs* in: Isensee/Kirchhof, HStR Bd. 5, § 108 Rn. 26: „Die sogenannte Vollrechtsfähigkeit meint oft nur die Rechtssubjektivität im vermögensrechtlichen, haftungsrechtlichen und prozessualen Bereich."; *J. W. Winterfeld,* Grenzen, S. 138 f.: „Rechtsfähigkeit als zivilrechtliche Kategorie"; a. A. *W. Roth,* Organstreitigkeiten, S. 517 dort. Fn. 137.

[389] Dazu oben Kapitel 2, B. II. 1., S. 81, und Kapitel 4, C. I. 1., S. 313; vgl. dazu vor allem die oben bereits zitierten Ausführungen von *O. Mayer,* Verwaltungsrecht Bd. 1, S. 52 f.

[390] *J. W. Winterfeld,* Grenzen, S. 141.

[391] Vgl. auch oben bei Fn. 350, S. 317.

[392] *O. Bachof,* AöR 83 (1958), 208, 267; *J. Isensee* in: ders./Kirchhof, HStR Bd. 9, § 199 Rn. 21: „Kriterium der Rechtsfähigkeit [...] wenig unterscheidungskräftig [...]. Vollends gilt

haben bzw. nicht haben können, was sich schon im Vergleich von natürlicher und juristischer Personen an der Verfassungsnorm des Art. 19 Abs. 3 GG zeigt: Juristische Personen sind im Hinblick auf Grundrechte nicht im Sinne einer allgemeinen (Voll-)Rechtsfähigkeit den natürlichen Personen gleich gestellt. Auch Deutschengrundrechte stehen eben grundsätzlich[393] nur Deutschen zu. Es gibt keine Anknüpfung an eine allgemeine Rechtsfähigkeit im öffentlichen Recht. Und deswegen lässt sich für dieses Rechtsgebiet aus einer gesetzlich angeordneten Rechtsfähigkeit auch nichts ableiten: weder aus der gegebenen noch aus der fehlenden „generellen" Rechtsfähigkeit.

Die zivilrechtliche Denkweise einer Rechtsfähigkeit als vorgegebener, dem Rechtsträger anhaftender Eigenschaft lässt sich also nicht in das öffentliche Recht übertragen,[394] sondern es muss aus der Norm, die ein Recht enthalten könnte, ermittelt werden, wem sie ein Recht verleihen soll. Insofern bestehen hier zwei verschiedene Systeme der Zuweisung von Rechtsfähigkeit: Die zivilrechtliche wird mit einer generellen Norm zugewiesen, und in der Tradition der Fiskustheorie wird der betreffende Teil des Staates in der Fähigkeit, Rechte inne zu haben, einem Bürger gleich gestellt. Die Fähigkeit, Rechte des öffentlichen Rechts inne zu haben, folgt direkt aus der Zuweisung solcher Rechte; in der Tradition der Schutznormtheorie jeweils individuell auf Grundlage des jeweiligen Rechtssatzes, der das Recht enthält.

Auch Teile des Staates, die keine juristischen Personen sind, können also Rechte inne haben, wenn ihnen solche zugewiesen sind. Im Zivilrecht jedoch besteht eine Rechtsfähigkeit nicht ohne gesonderte gesetzliche Anordnung für Teile des Staates, die keine juristischen Personen sind – und damit haben diese auch nicht die Fähigkeit, am Privatrechtsverkehr teilzunehmen.

---

das im öffentlichen Recht, das von einer kompetenzbegrenzten Teilrechtsfähigkeit als Regel ausgeht."; zweifelnd an einer „öffentlich-rechtliche[n] Vollrechtsfähigkeit" auch *W. Krebs* in: Isensee/Kirchhof, HStR Bd. 5, § 108 Rn. 41; a. A. *J. W. Winterfeld*, Grenzen, S. 150.

Die Aussage, dass es keine allgemeine Rechtsfähigkeit auf dem Gebiet des öffentlichen Rechts gibt, entfaltet ihre volle Überzeugungskraft wohl erst seit Geltung des Grundgesetzes, da im Konstitutionalismus Rechte aus dem öffentlichen Recht grds. solche der Bürger gegen den Staat waren (oben B. III. 2., S. 282) und insbesondere prinzipiell nur natürlichen Personen zustanden (vgl. zur Neuerung des GG, auch juristischen Personen Grundrechte zu gewähren *J. Isensee* in: ders./Kirchhof, HStR Bd. 9, § 199 Rn. 1) und deswegen die Rechtsfähigkeit der natürlichen Person in Form des Bürgers als Referenz herangezogen werden konnte.

Vgl. dazu, dass die Interessenpluralität in der Verwaltung, die auch innerhalb der Grenzen juristischer Personen herrscht, gegen eine Annahme der ausschließlichen Zuordnung öffentlicher Interessen zu juristischen Personen spricht, oben Kapitel 2, C. II. 3. b), S. 122.

[393] Probleme ergeben sich etwa bei EU-Ausländern, das hat für die hiesigen Fragen aber keine Relevanz.

[394] Vgl. *E. Forsthoff*, Verwaltungsrecht Bd. 1, S. 180 f.

3. Zwischenergebnis und Schlussfolgerungen

Es wurde herausgearbeitet, dass aufgrund der Relativität der Rechtsfähigkeit Rechte aus dem öffentlichen Recht an jede Art von Verwaltungseinheit angeknüpft sein können. Bereits oben wurde beschrieben, dass Rechte des Staates auch im öffentlichen Recht normiert sein können, und dass Rechtspositionen aus dem öffentlichen Recht, die Teilen des Staates zustehen, auch als subjektive Rechte im Sinne des § 42 Abs. 2 VwGO und ähnlicher Prozessrechtsnormen, ja sogar als subjektive öffentliche Rechte bezeichnet werden können.[395] Hier schließt sich nun der Kreis zu den Ausführungen in Kapitel 2, wo beschrieben wurde, dass der verwaltungsrechtliche Organstreit nicht die Sonderrolle einnimmt, welche die Kontrasttheorie ihm zuschreibt, sondern dass eine Interessenpluralität in der gesamten Verwaltung herrscht und Streitigkeiten zwischen Teilen der Verwaltung, denen öffentliche Belange zur Wahrnehmung übertragen sind, theoretisch überall entstehen können. Auch auf der Ebene der Suche nach Rechten ist zumindest im öffentlichen Recht aufgrund der Relativität der Rechtsfähigkeit kein Teil der Verwaltung von vornherein von Rechten aus dem öffentlichen Recht kategorisch ausgeschlossen. Berechtigt ist eine Fokussierung auf die Unterscheidungen zwischen Rechten aus dem öffentlichen Recht und solchen des Zivilrechts sowie zwischen Rechten juristischer Personen und deren Teilen im Sinne des oben beschriebenen Rasters[396] nur hinsichtlich der Tatsache, dass nur juristische Personen des öffentlichen Rechts Rechte aus dem Zivilrecht haben können. Rechtsfähigkeit im Sinne der Fähigkeit, überhaupt Rechte haben zu können, kann jedoch allen Verwaltungseinheiten zu Teil werden. Daher können auch die Rechte, die in einem sogenannten Organstreit geltend gemacht werden, als das, was sie sind bezeichnet werden: nämlich als subjektive Rechte aus dem öffentlichen Recht.[397]

Auf der anderen Seite zeigt sich auf Ebene der Suche nach Rechten, dass die Eigenschaft juristischer Personen des öffentlichen Rechts, „rechtsfähig" zu sein, für den Verwaltungsprozess dann keine Rolle spielt, wenn es um Fälle geht, in denen sie keine Rechte aus dem Zivilrecht geltend machen. Dann ist die Eigenschaft, juristische Person zu sein, kein Baustein für das Vorliegen von Rechten bzw. einer Klagebefugnis, da die sogenannte „Vollrechtsfähigkeit" der juristischen Person hinsichtlich des öffentlichen Rechts zumindest bei Streitigkeiten zwischen Teilen des Staates keine Auswirkungen hat.[398] Die Problematik bei Klagen juristischer Personen des öffentlichen Rechts, dass auch tatsächlich ein Recht existieren muss, das geltend gemacht werden kann, darf also, wie oben bereits angedeutet, keines-

---

[395] Oben Kapitel 4, B. ab S. 270.

[396] Kapitel 4, A. II., S. 268.

[397] Ähnlich wie hier auch *W. Roth,* Organstreitigkeiten, S. 540.

[398] Dazu, dass bei Rechtsbeziehungen zwischen Bürger und Staat (historisch gewachsen) immer nur Rechte zwischen Rechtssubjekten mit Rechtspersönlichkeit bestehen und Teile juristischer Personen in diesem Verhältnis als Organe erscheinen unten E. II. 4., S. 388.

falls unterschätzt werden.[399] Es stellt sich hier die gleiche Frage wie bei Streitig-keiten innerhalb juristischer Personen einschließlich des verwaltungsrechtlichen Organstreits: Hat der klagende Teil des Staates ein subjektives Recht, das er gel-tend machen kann?

Allerdings gibt es einen wesentlichen Unterschied zwischen juristischen Per-sonen und anderen Arten von Teilen des Staates: Juristischen Personen kommt normalerweise die sogenannte „Zurechnungsendsubjektivität" zu, während Teile der juristischen Personen oft nur als Organe für diese tätig werden, was bedeutet, dass sie auch Rechte ausüben, die ihnen selbst nicht zustehen – dazu sogleich.[400] Und noch ein Unterschied zwischen juristischen Personen und anderen Verwal-tungseinheiten besteht: Der Grad rechtlicher Normierung im Inneren juristischer Personen ist viel geringer als in Beziehungen zwischen solchen, sodass dort Kon-flikte öfter nur durch hierarchische Strukturen gelöst werden und Rechte für Teile von juristischen Personen in geringerer Häufigkeit auftreten – auch darauf wird noch zurückzukommen sein.[401] Der Gesetzgeber wäre jedoch nicht gehindert, Rechtspositionen für jede beliebige Verwaltungseinheit zu schaffen. Vom Grund-satz her sind Rechte zwischen allen Arten von Teilen der Verwaltung möglich. Da-mit kann die oben offen gelassene Frage, ob sich eine grundsätzliche Abneigung gegen Rechte im Inneren juristischer Personen des öffentlichen Rechts nur als Nachwirkung konstitutionalistischer Staatsvorstellungen begreifen lässt, oder ob Teilen juristischer Personen wirklich prinzipiell keine Rechte zustehen können,[402] beantwortet werden: Mit *Schnapp* lässt sich sagen, „[d]ie Scheu davor, auch nur im Grundsatz anzuerkennen, daß [...] Organe und Ämter Rechtsfähigkeit und folg-lich Rechte und Pflichten haben *können*, läßt sich [...] aus einem unterschwel-ligen Fortwirken von Impermeabilitätsvorstellungen erklären".[403] Die mangelnde isolierte Anordnung einer „Vollrechtsfähigkeit" von Organen, die an einem ver-waltungsrechtlichen Organstreit beteiligt sind, ist – weil sie nur zivilrechtlich wir-ken würde – jedenfalls keine Rechtfertigung, den Begriff subjektives Recht nicht zu benutzen.[404] Wie im 3. Kapitel herausgearbeitet wurde, ist das subjektive Recht ein sehr offenes und unklares Phänomen, das zwischen Prozessrecht und materiel-lem Recht steht und einen Platzhalter für Wertungsfragen darstellt[405] – nämlich für die Frage, ob sich ein Rechtssubjekt auf die Verletzung einer bestimmten Rechts-norm berufen können soll.[406] Deswegen ergeben sich aus seiner Struktur (genau

---

[399] Kapitel 2, B. II. 2., S. 85.

[400] Kapitel 4, C. II. 1., S. 328.

[401] Kapitel 4, D. III. 1., ab S. 366.

[402] Oben Kapitel 2, B. III. 3., S. 93.

[403] *F. E. Schnapp*, Amtsrecht, S. 143 (Hervorh. i. O.).

[404] Zur Frage der Bezeichnung von Rechten des Staates schon oben Kapitel 4, B. II., S. 273.

[405] Oben Kapitel 3, B. I. 3. g), S. 187.

[406] Diese Frage wird auch von der Schutznormtheorie aufgegriffen und umschrieben, zu die-ser oben Kapitel 3, B. II. 2. e), S. 233; die Schutznormtheorie bildet gleichzeitig ein Sammel-becken für unterschiedliche Ansätze und Wertungskriterien, um die hinter dem subjektiven Recht stehenden Wertungsfragen zu lösen.

wie für Teile des Staates insgesamt) keine Anhaltspunkte, ausgerechnet Verwaltungseinheiten, die keine juristischen Personen des öffentlichen Rechts sind, von der Möglichkeit, Rechte inne zu haben, auszuschließen.[407] Gerade aus der Tatsache, dass der Begriff des subjektiven Rechts vieldeutig und unklar ist,[408] lässt sich folgern, dass aus ihm selbst heraus jedenfalls keine Ableitungen möglich sind, die eine prinzipiell unterschiedliche Behandlung von juristischen Personen und anderen Teilen der Verwaltung rechtfertigen würden.[409] Aufgrund der dargelegten Relativität der Rechtsfähigkeit können daher insgesamt aus der Tatsache, dass eine Verwaltungseinheit keine juristische Person ist, für das öffentliche Recht keine Schlüsse gezogen werden. Die meisten Argumente dagegen, dass Teile des Staates Rechte haben können, nähren sich daher in der Regel auch nur aus der Eigenschaft, Staat zu sein,[410] und erlauben ebenfalls keine solche Differenzierung. Wie oben bereits angeklungen, ist es keine Frage der Einordnung in eine bestimmte Kategorie von Fallgruppen, sondern der Zuordnung eines Rechts im Einzelfall, ob eine Klage eines Teils des Staates vor einem Verwaltungsgericht Erfolg haben kann.[411] Eine Rechtsfähigkeit erlangt eine Verwaltungseinheit automatisch mit der Zuweisung von Rechten aus den öffentlichen Recht.

II. Anknüpfung an bestimmte Rolle und Funktion

Das Recht muss dem Teil des Staates aber auch in dieser Rolle zugeordnet sein. Zum einen ist zu beachten, dass Organe in dieser Funktion Rechte immer nur für die Organisation geltend machen, der sie angehören (dazu 1). Zum anderen können Rechte auch den Amtswaltern als natürlicher Person und dadurch nicht in ihrer „Rolle"[412] als Teil des Staates zustehen. Dann handelt es sich nicht um eine Konstellation Staat gegen Staat (dazu 2.).

---

[407] Vgl. dazu mit besonderem Bezug auf das Interesse *F. E. Schnapp*, VerwArch 78 (1987), 407, 424 ff.; a. A. *W. Krebs* in: Erichsen/Hoppe/von Mutius, FS Menger, S. 208 (mit dem Argument auf S. 209, dass Teile des Staates nur Allgemeininteressen verfolgen, dazu oben Kapitel 4, A. I. 3., S. 264).

[408] Das konzediert auch *F. E. Schnapp*, VerwArch 78 (1987), 407, 422, auch wenn er gegen die Qualifizierung von „Organrechten" als subjektive Rechte ist.

[409] Ähnlich wie hier auch *W. Hoppe*, Organstreitigkeiten, S. 177 ff. (der auf S. 181 ff. der Impermeabilitätstheorie nahe Argumente entkräftet und sich auf S. 184 ff. damit beschäftigt, ob Individualinteressen auch Teilen von Organisationen zukommen können, und dies (anders als das hier getan wird, dazu oben Kapitel 2, C. II. 2., S. 115) verneint, aber trotzdem subjektive Rechte von Organen bejaht).

[410] Vgl. die oben in Kapitel 4, A. I., ab S. 259 und Kapitel 4, B. IV., ab S. 289 behandelten Argumente.

[411] Kapitel 2, B. III. 3., S. 93.

[412] Den Begriff verwendet *F. E. Schnapp*, Amtsrecht, S. 84 mit Verweis darauf, dass er „Gemeingut der Soziologie" sei (dort. Fn. 7).

1. Keine Rechte als Organ

Für § 42 Abs. 2 VwGO und ähnliche Prozessrechtsnormen kommt es ganz entscheidend darauf an, dass das geltend gemachte Recht dem jeweiligen klagenden Teil der Verwaltung selbst zusteht. Für Teile von Organisationen wie dem Staat ergibt sich dabei die Besonderheit, dass sie als Organe möglicherweise nur Rechte der Organisation geltend machen, der sie angehören.

Da jede Organisation nur durch Menschen handeln kann,[413] muss deren Handeln der Organisation zugerechnet werden können. Diese Zurechnung[414] ist immer mehrstufig. Sie lässt sich auf der niedrigsten Ebene durch das Beamtenrecht bewerkstelligen, das die einzelnen Amtswalter zur Wahrnehmung der Angelegenheiten des Staates in ihrer Rolle als Teil des Staates verpflichtet,[415] auf allen weiteren Ebenen über den Begriff des Organs selbst, zu dem schon oben etwas ausgeführt wurde.[416] Diese Ebenen der Zurechnung sind deswegen zu trennen, weil der Begriff des Organs keiner ist, der einen Menschen bezeichnet, sondern eine Funktionseinheit, die für eine andere handelt. Er ist ein Zurechnungsbegriff, der relativ verstanden werden muss, wie bereits in Kapitel 1 angesprochen.[417] Die Bezeichnung Organ steht nicht für einen feststehenden Teil der Verwaltung und bezeichnet auch nicht einzelne Amtswalter. Beispielsweise handelt aus Sicht eines Bürgers der Gemeinde- oder Stadtrat für die juristische Person Gemeinde oder Stadt, ohne dass das Organ in diesem Falle durch eine natürliche Person gebildet würde. Aus Sicht eines Bürgers handelt eine Behörde eines Staates für diesen, das heißt sie ist Organ des Staates; für die Behörde wiederum handelt das jeweilige Amt, das damit Organ der Behörde ist. Ist ein Teil der Verwaltung für die Organisation tätig, dann macht er keine eigenen Rechte geltend, sondern solche der Organisation, und sie stehen nicht dem Teil der Verwaltung selbst zu.[418]

Rechte von Teilen juristischer Personen könnten also dadurch ausgeschlossen sein, dass Organe stets nur für diese handeln und ihnen Berechtigungen genauso wie Kompetenzen stets nur „transitorisch"[419] zustehen, sie sie also nicht selbst für

---

[413] *W. Kluth* in: Wolff/Bachof/Stober/Kluth, Verwaltungsrecht Bd. 2, § 82 Rn. 12; *W. Roth,* Organstreitigkeiten, S. 21 ff.; dazu, dass das Recht zwischen Bürgern und Staat und das Verwaltungsorganisationsrecht zwangsläufig einen Schnittpunkt haben müssen schon oben Kapitel 2, bei Fn. 556, S. 137.

[414] *W. Roth,* Organstreitigkeiten, S. 24 f. spricht hier von „Anrechnung" statt von „Zurechnung".

[415] Vgl. dazu oben die Nachw. in Kapitel 2, Fn. 556, S. 137. Zur Trennung zwischen der Rolle als Teil des Staates und der natürlichen Person sogleich 2. a), S. 332.

[416] Zur Organtheorie, die *H. J. Wolff* zugeschrieben wird (vgl. *E.-W. Böckenförde* in: FS H. J. Wolff, S. 270), bereits oben Kapitel 1, C. II. bei Fn. 86, S. 34; vgl. auch Kapitel 2, B. III. 5. bei Fn. 257, S. 94.

[417] Kapitel 1, C. II., S. 34.

[418] Das betont *M. Oldiges,* NVwZ 1987, 737, 743. Leider geht er von einem rein statischen Organbegriff aus (dazu mehr sogleich bei Fn. 426).

[419] Den Begriff verwendet *W. Kluth* in: Wolff/Bachof/Stober/Kluth, Verwaltungsrecht Bd. 2, § 82 Rn. 27 und verweist dabei auf *H. J. Wolff,* Organschaft Bd. 1, S. 146 ff., wo der Begriff zwar nicht genannt, aber das Prinzip entwickelt wird. Ähnlich *W. Roth,* Organstreitigkeiten, S. 27 f.

sich geltend machen können.[420] Das würde aber verwaltungsgerichtliche Organstreitigkeiten, deren Zulässigkeit allgemeiner Konsens ist, unmöglich machen, wenn nicht auch dort alle Berechtigungen und Verpflichtungen als solche angesehen werden, die im Endeffekt der juristischen Person zustehen, wie das von Hoppe vorgeschlagen wurde.[421] Seine Ansicht konnte sich aber nicht durchsetzen: Nach der weit überwiegenden Ansicht werden den Teilen kommunaler Gebietskörperschaften und anderer juristischer Personen die Rechtspositionen selbst zugerechnet.[422] Die Zuweisung von Rechten zu Teilen einer Organisation und eine transitorische Wahrnehmung von Rechten für diese schließen sich also nur im Falle eines ganz konkreten Rechts aus, können aber im Übrigen parallel nebeneinander bestehen: Wenn ein bestimmtes Recht beispielsweise einer juristischen Person zugeordnet ist und ein Organ es lediglich für diese geltend macht, kann ein anderes Recht dagegen demselben Teil der juristischen Person, der ansonsten für sie als Organ handelt, selbst zustehen.[423] Gerade weil beides parallel vorkommen kann, greift auch der Einwand gegen Rechte von Teilen des Staates, die staatliche Machtausübung würde aufgeteilt und dadurch gelähmt, nicht durch: Ob der Verwaltungseinheit Rechte selbst zustehen oder ob sie sie nur für die Organisation geltend macht, ist regelmäßig eine Frage der betrachteten Relation,[424] denn es werden nicht automatisch alle Zuständigkeiten und Befugnisse, welche die Verwaltungseinheit für die Organisation ausübt, zu subjektiven Rechten.[425] Welche Rechte in welcher Relation welchen Verwaltungseinheiten zugeordnet sind, bestimmt maßgeblich der Gesetzgeber.

Weil der Organbegriff einen relativen Zurechnungsbegriff darstellt und nicht statisch ist,[426] beschränkt sich die beschriebene Unterscheidung zwischen Inhaberschaft und transitorischer Wahrnehmung von Rechten nicht auf das Verhältnis zwischen juristischen Personen und ihren Teilen derart, dass nur für juristische Personen irgendwelche Organe auftreten könnten. Beispielsweise handeln für eine

---

[420] Zum „Einwand der ausschließlich transitorischen Berechtigung" ausführlich *W. Roth*, Organstreitigkeiten, S. 500 ff.

[421] *W. Hoppe*, Organstreitigkeiten, S. 196 f.

[422] Etwa *M. Happ* in: Eyermann, VwGO, § 42 Rn. 142; *W.-R. Schenke/R. P. Schenke* in: Kopp/ Schenke, § 42 Rn. 80; *R. Wahl/P. Schütz* in: Schoch/Schneider/Bier, VwGO, § 42 Abs. 2 Rn. 92; zu den Gründen dafür, dass sich das Modell von *Hoppe* nicht durchgesetzt hat *W. Roth*, Organstreitigkeiten, S. 500 ff. – als ein Gegenargument gegen das Modell *Hoppes* wird seine Kompliziertheit angeführt, vgl. *H. Bethge*, DVBl. 1980, 309, 311; dazu auch *E.-W. Böckenförde* in: FS H. J. Wolff, S. 279 Fn. 34: „Das verstehe, wer kann."
Vgl. auch Kapitel 4, Fn. 763, S. 387.

[423] Vgl. *H.-U. Erichsen* in: ders./Hoppe/von Mutius, FS Menger, S. 228: wehrfähige Innenrechtsposition dann, „wenn die mit ihr verbundene Zuständigkeit dem innerorganisatorischen Funktionssubjekt als Endsubjekt, mithin zur eigenständigen Wahrnehmung übertragen ist."; schon bei *H. J. Wolff*, Organschaft Bd. 2, S. 278 f. wird zwischen Berechtigungen der juristischen Person und des Organs unterschieden.

[424] Zum Ganzen *W. Roth*, Organstreitigkeiten, S. 486 ff.

[425] Zum Verhältnis von Recht und Kompetenz unten F. V., S. 406.

[426] Dazu auch oben Kapitel 1, C. II., S. 34.

Behörde nachgeordnete Funktionseinheiten (Ämter, die durch einzelne Amtswalter ausgefüllt werden), und auch ein Mitglied eines Gemeinde- bzw. Stadtrates könnte als Organ des Rates versuchen, Rechte des Gremiums für dieses geltend zu machen.[427] Juristische Personen sind also nicht immer der Endpunkt einer Zurechnung von Rechten[428] – das wäre auch für das öffentliche Recht unter der oben herausgearbeiteten Prämisse, dass besonderes Kennzeichen juristischer Personen nur deren Rechtsfähigkeit in privatrechtlicher Hinsicht ist und vor dem Hintergrund der Relativität der Rechtsfähigkeit, nicht stimmig.[429] Teilweise wird es daher auch für möglich gehalten, beispielsweise kommunale Gebietskörperschaften, die in ihrer Eigenschaft als juristische Personen eigene Rechte haben können, als Organe anzusehen, wenn sie Staatsaufgaben erfüllen.[430]

Außerdem ist zu beachten, dass zwischen einem Teil der Verwaltung und seiner Funktion als Organ zu trennen ist: In der Eigenschaft als Organ kann der Teil der Verwaltung niemals eigene Rechte haben, weil er dann definitionsgemäß für die Organisation tätig ist. Ein Teil der Verwaltung, der auch Organfunktionen erfüllt, kann also nur dann subjektive Rechte haben, wenn er gerade nicht in der Funktion als Organ auftritt.[431] Macht er eigene Rechte gerichtlich geltend, dann streitet er nicht in der Funktion als Organ, sondern als selbständige Verwaltungseinheit, und zwar für sich selbst und die eigenen, gesetzlich zugewiesenen Interessen und nicht für die übergeordnete Organisation.[432] Insofern ist die – allerdings allgemein anerkannte – Terminologie „verwaltungsrechtlicher Organstreit" nicht korrekt.[433]

Es ist also genau zu unterscheiden, welchem Teil der Verwaltung welche Rechte in welcher Funktion zustehen. Die Stellung als Organ schließt jedoch nicht prinzipiell aus, dass einem Teil der Verwaltung selbst, außerhalb dieser Funktion, Rechte zustehen,[434] wie am sogenannten verwaltungsrechtlichen Organstreit zu erkennen ist. Das korrespondiert mit der oben getroffenen Aussage, dass eine Interessenbündelung innerhalb der Verwaltung nicht nur durch juristische Personen, sondern

---

[427] Er könnte zwar auch in Prozessstandschaft handeln, das ist hier aber nicht gemeint. Für einen Gemeinde- oder Stadtrat müssen in der Regel irgendwelche Organe handeln, weil er als solcher kann überhaupt nicht handeln kann. Es muss letztlich eine natürliche Person für ihn in Erscheinung treten, außer wenn sich eine Rechtsfolge unmittelbar durch eine Abstimmung bewerkstelligen lässt. Das ist aber bei der Einreichung einer Klage nicht der Fall.

[428] *O. Bachof,* AöR 83 (1958), 208, 257.

[429] *E.-W. Böckenförde* in: FS H. J. Wolff, S. 305.

[430] Vgl. dazu etwa *H. H. Rupp,* Grundfragen, S. 101 ff.

[431] *H.-U. Erichsen* in: ders./Hoppe/von Mutius, FS Menger, S. 216: „Vielmehr müßte insoweit von denjenigen Funktionssubjekten, die im Außenverhältnis Organqualität haben, gesprochen werden."; *H. H. Rupp,* Grundfragen, S. 89.

[432] Dazu, dass Organen, wenn sie nicht in dieser Rolle auftreten, auch eigene Belange zugewiesen sein können, schon oben Kapitel 2, C. II. 2., S. 115.

[433] Bei *D. Ehlers/J.-P. Schneider* in: Schoch/Schneider/Bier, VwGO, § 40 Rn. 125 wird daher vorgeschlagen, von „Innenrechtsstreitigkeiten" zu sprechen. Das zieht allerdings alle Nachteile nach sich, die mit dem darin vorkommenden Begriff des „Innenrechts" verbunden sind, dazu oben Kapitel 2, D., S. 135.

[434] *F. E. Schnapp,* Amtsrecht, S. 97.

auch durch andere Arten von Organisationseinheiten geschieht:[435] Auch anderen Organisationsformen als juristischen Personen können Rechte derart zugewiesen sein, dass mit ihnen einem öffentlichen Belang bzw. einem öffentlichen Interesse zur Geltung verholfen werden kann.[436] Es muss immer unterschieden werden, welche Ebene betrachtet wird, denn auch innerhalb bestimmter Teile der Verwaltung kann eine Interessenpluralität herrschen, indem bestimmte Belange weiterer Untergliederungen zugeordnet sind und sich ein „Organisationswohl" im Sinne eines auf die Organisation beschränkten Allgemeininteresses erst aus dem Zusammenwirken der Untergliederungen ergibt.[437] Was sich jedoch innerhalb einer Unterorganisation als Recht eines ihrer Teile gegen einen anderen darstellt, kann auf höherer Ebene, das heißt in einer anderen Rechtsrelation, auch bedeutungslos sein.[438]

Das hier beschriebene Verständnis des Organbegriffs fügt sich passend in die sonstigen bisherigen Erkenntnisse dieser Arbeit ein. Mit der Relativität der Rechtsfähigkeit und der Interessenpluralität in der gesamten Verwaltung korrespondiert auch die „Relativität der Organschaft"[439] in dem Sinne, dass Teile des Staates, die Organe sind, auch in anderer Funktion auftreten und selbst Rechte in bestimmten Rechtsverhältnissen inne haben können. Damit, dass der Organbegriff nicht auf bestimmte Verwaltungsstrukturen fixiert ist, hängt auch die bereits oben beschriebene Relativität der Einteilung von Innenrecht und Außenrecht zusammen:[440] Denn zu behaupten, ein subjektives (öffentliches) Recht sei eine „Erscheinung des Außenbereichs"[441] ist dann richtig, wenn „außen" als über eine Verwaltungseinheit, die Rechte inne hat, hinausgehend definiert wird[442] und die Bezeichnung „innen" für Verhältnisse zwischen Organen in dieser Eigenschaft verwendet wird. Dann ist jedoch das Abstellen auf die Kategorien Innen und Außen sinnentleert, da direkt auf die (fehlende) Organfunktion und damit letztlich auf das Vorliegen eigener Rechte abgestellt werden kann. Deswegen und aus der Skepsis gegenüber Rechten von Teilen juristischer Personen heraus wird häufig die Relativität der Organfunktion missachtet und – teilweise unausgesprochen – die Trennung der Kate-

---

[435] Oben Kapitel 2, C. II. 3. b), S. 122; vgl. auch *W. Krebs* in: Isensee/Kirchhof, HStR Bd. 5, § 108 Rn. 25 ff.: Verselbständigte Verwaltungseinheiten sind auch andere als juristische Personen des öffentlichen Rechts.

[436] Vgl. *Bachof*, AöR 83 (1958), 208, 257.

[437] *H.-U. Erichsen* in: ders./Hoppe/von Mutius, FS Menger, S. 227 f.; *W. Roth*, Organstreitigkeiten, S. 498 f. (wörtl. zit. von *Roth*); dazu schon oben Kapitel 2, C. II. 2., S. 115; zum „Allgemeininteresse" Kapitel 2, C. II. 1. a), S. 106 und Kapitel 3, B. II. 2. d) cc) (2), S. 218.

[438] Darauf weisen *J. Greim/F. Michl*, NVwZ 2013, 775, 777 hin.

[439] Begriff bei *F. E. Schnapp*, Amtsrecht, S. 101.

[440] Kapitel 2, D. III., S. 139.

[441] *H.-U. Erichsen* in: ders./Hoppe/von Mutius, FS Menger, S. 226; ähnlich in der Definition von *H. Maurer*, A. Verwaltungsrecht, § 21 Rn. 4: „Rechtsfähig ist, wer Zuordnungssubjekt von Rechtsnormen (=Außenrechtssätze […]) […] sein kann." (zu dessen Definition schon oben Fn. 311 S. 312).

[442] Eine solche Definition des Außenrechtskreises anhand des Vorhandenseins von Rechten ist vor allem bei § 35 S. 1 VwVfG nicht unüblich; zum Zusammenhang zwischen dem Merkmal der Außenwirkung und Rechten unten Kapitel 5, C. (insb. II., III., IV.), ab S. 418.

gorien Innen und Außen statt anhand von Rechten anhand der Grenzen der juristischen Person vorgenommen.[443] Die damit verbundene uneinheitliche Handhabung der Kriterien, nach denen in Innen und Außen unterteilt wird,[444] und der Zirkelschluss, der dadurch entsteht, wenn ein Innenbereich dann angenommen wird, falls „Innenrechte" vorliegen,[445] sind am besten zu umgehen, indem die Unterscheidung zwischen Innen- und Außenrecht, die schon in Kapitel 2 insgesamt als problematisch eingestuft wurde,[446] möglichst vermieden wird.

2. Rechte in der Rolle als Teil des Staates

Ein Recht muss einer Verwaltungseinheit auch als solcher zustehen (dazu a)). Werden die Rollen Organ und Organwalter unterschieden, ist fraglich, wo die Trennlinie zu ziehen ist, was am Beispiel der beamtenrechtlichen Weisungen besonders gut zu demonstrieren ist, denn deren Wirkung erstreckt sich fast zwangsläufig auch auf die private Sphäre eines Beamten (dazu b)).

a) Unterschiedliche Rollen: Amtswalter und Teil des Staates

Tritt im Verwaltungsprozess die natürliche Person auf, die ein Amt ausfüllt, ist es möglich, dass sie eigene, private Rechte gegenüber dem Staat aus dem Dienstverhältnis geltend macht. Eine Prozesskonstellation Staat gegen Staat läge dann nicht vor.[447] Das Problem kann nur dann auftreten, wenn nur eine Person eine Funktionseinheit des Staates ausfüllt, also bei einem Amt als kleinster Funktionseinheit des Staates.[448]

Die Notwendigkeit der Trennung von Funktion als Verwaltungseinheit und privater Lebenssphäre, also zwischen Organ und Organwalter, die bereits H. J. Wolff durchführte,[449] ist auf abstrakter Ebene mit dem Gedanken der Überindividualität von Organisationen sowie der Kontinuität des Amtes bzw. der Verwaltungsfunk-

---

[443] Zu den Kriterien, nach denen die Grenzziehung stattfindet Kapitel 2, D. III., S. 139 und Kapitel 5, C. III., IV. ab S. 423.

[444] Dazu, dass die Grenzziehung nicht einheitlich vorgenommen wird, Kapitel 2, D. III., S. 139.

[445] Siehe dazu Kapitel 2, D. III., S. 139 und unten Kapitel 5, C. IV., S. 424.

[446] Oben Kapitel 2, D., S. 135.

[447] Für sogenannte verwaltungsrechtliche Organstreitigkeiten W. *Roth*, Organstreitigkeiten, S. 75 f, S. 89 f.; eine Parallele zwischen Beamtenrecht und Organstreit zeichnet F. E. *Schnapp*, Amtsrecht, S. 212.

[448] Zum Amt oben Kapitel 1, C. II., S. 34; eine umfangreiche Begründung, dass mittelbare und unmittelbare Staatsverwaltung an dieser Stelle parallel zu behandeln sind, geben jeweils S. *Barth*, Rechte, S. 114 ff. und J.-A. *Trésoret*, Geltendmachung, S. 101 ff.

[449] H. J. *Wolff*, Organschaft Bd. 2, S. 228 f., vgl. auch a. a. O., S. 230 ff.; diese Leistung würdigt E.-W. *Böckenförde* in: FS H. J. Wolff, S. 269, 270; der Gedanke der Trennung von Amtswalter und Amt war allerdings schon bspw. bei G. *Jellinek*, System, S. 81 vorhanden.

tion – unabhängig vom jeweiligen Menschen – zu begründen.[450] Dahinter steht das Spannungsverhältnis, das jeder Organisation eigen ist:[451] Der Staat kann, obwohl er ein apersonales Gebilde ist, nicht ohne Menschen handeln. Bereits oben wurde erklärt, dass das Recht, das den Staat gegenüber den Bürgern bindet, auch einen Schnittpunkt mit demjenigen Recht haben muss, das das Verhalten der für den Staat tätigen Menschen steuert.[452] Die für den Staat tätigen Menschen dürfen nicht in ihrem Eigeninteresse handeln, sondern müssen die Zwecke der Organisation verwirklichen, weil letztere sonst nicht funktionieren könnte. Andererseits sind sie notwendig durch die Persönlichkeit ihrer Handlungen immer auch selbst involviert. Das Erfordernis der Neutralität und Überindividualität steht also mit der Unmöglichkeit, ohne Menschen zu handeln, in Konflikt. Ganz praktisch notwendig ist die Trennung beispielsweise, um zu ermitteln, in welchen Fällen – das heißt in welcher Rolle – sich ein Mensch, der für den Staat tätig wird, beispielsweise auf Grundrechte berufen kann,[453] und wann Handlungen, die im Dienst vorgenommen wurden, dem Staat nicht zurechenbar sind.[454] Wurde in der Vergangenheit versucht, diesen Konflikt mit Hilfe des besonderen Gewaltverhältnisses, also einer weitgehenden Integration des Beamten in die staatliche Sphäre, die auch eine Berufung auf Grundrechte ausschloss, zu entschärfen,[455] ist er mit der Anerkennung insbesondere von Grundrechten von für den Staat tätigen Menschen erst so richtig ausgebrochen.[456] Eine Person kann sich zwar nicht teilen, aber in verschiedenen Rollen agieren, in denen sie auch unterschiedlichen rechtlichen Bindungen unterliegen kann. Weisungsrecht und Gehorsamspflicht bei Beamten sowie die Hierarchie in der Verwaltung insgesamt sind Elemente der (wie erläutert notwendigen) Eingebundenheit in die staatliche Organisation,[457] eigene Rechte dagegen häufig Zeichen der physischen Eigenständigkeit des Amtswalters, die auch rechtliche Beachtung erfordert. Umso schwerer ist es, die Rechte des Amtes als Teil des Staates von denen des Bürgers, der dem Staat in dieser Rolle gegenübersteht und eigene Rechte wie Vergütungsansprüche oder Grundrechte einfordert, zu trennen.[458]

---

[450] W. Roth, Organstreitigkeiten, S. 22 ff.

[451] Dieses beschreibt auch F. E. Schnapp, Amtsrecht, S. 84.

[452] Kapitel 2, bei Fn. 556, S. 137; F. E. Schnapp, Amtsrecht, S. 152 betont, dass das nicht bedeutet, dass alle Rechtsnormen sich an natürliche Personen richten müssen, sondern dass auch „apersonale Institutionen" Anknüpfungspunkte für Rechtssätze sein können; er bezeichnet das Abstellen allein auf die Menschen als rechtselementare Betrachtungsweise, vergleicht diese mit einer rechtstechnischen Betrachtungsweise und kritisiert ersteres Vorgehen (a. a. O., S. 142 f.).

[453] Vgl. W. Rüfner in: Isensee/Kirchhof, HStR Bd. 9, § 196 Rn. 129.

[454] W. Roth, Organstreitigkeiten, S. 25: Auch im Dienst könne eine dienstfremde Handlung vorgenommen werden.

[455] Vgl. F. E. Schnapp, Amtsrecht, S. 24 f.

[456] Zur Aufgabe der Figur der besonderen Gewaltverhältnisse schon schon oben Kapitel 2, B. I. 2. bei Fn. 59, S. 58.

[457] Dazu oben Kapitel 2, C. III. 2., S. 126.

[458] K. Lange in: Baumeister/Roth/Ruthig, FS Schenke, S. 959: „Erhebliche Schwierigkeiten"; H. H. Rupp, Grundfragen, S. 77: „Trennungslinie zwischen Dienst- und Organwalterverhältnis mag oftmals nicht einfach zu ziehen sein". Nicht ganz klar werden die Unterscheidungen bei

Probleme tauchen vor allem im Kommunalrecht auf, wo diese Rollen teilweise nicht präzise unterschieden werden[459] und beispielsweise diskutiert wird, Gemeinderatsmitgliedern in dieser Funktion Grundrechte zuzusprechen.[460] Auch an der teilweisen terminologischen Einordnung von Streitigkeiten, in denen Rechte der Privatperson geltend gemacht werden, als verwaltungsrechtliche Organstreitigkeiten zeigt sich mangelnde Sensibilität für die Unterscheidung.[461] Werden dagegen Rechte des Teils des Staates zumindest sprachlich pauschal der natürlichen Person zugesprochen, sodass der Eindruck entsteht, diese stünden ihr in der Rolle als Bürger zu,[462] und wird dadurch die Rolle als Teil des Staates völlig in den Hintergrund gedrängt, schlägt das Pendel in die entgegengesetzte Richtung aus. Bei solchen Äußerungen sind noch die gegenläufigen Tendenzen zu spüren, die im Konstitutionalismus vorherrschten, als die Rollen kaum getrennt wurden und die Person als Gesamtheit betrachtet wurde. Dieser Dualismus beinhaltete auf der einen Seite die vollständige Integration des Beamten in den einheitlichen Staatsapparat der unmittelbaren Staatsverwaltung,[463] durch die er im besonderen Gewaltverhältnis kaum mehr als Privater wahrgenommen wurde. Auf der anderen Seite steht aufgrund der Einbeziehung gesellschaftlicher Interessen in der Selbstverwaltung durch Beteiligung der Bürger als solche (und nicht als echte staatliche Organe) die Betrachtung des Funktionsträgers, der seine Eigenschaft als Bürger auch dann behält, wenn er an der Verwaltung mitwirkt.[464] Zumindest heute ist jedoch zu berücksichtigen, dass beide angesprochenen Bereiche der Verwaltung gleichermaßen aus Hoheitsträgern bestehen, die im Sinne des Grundgesetzes Staatsgewalt ausüben und dass eine Trennung zwischen der Rolle als Bürger und der Eigenschaft

---

J.-A. Trésoret, Geltendmachung, S. 8 ff. Das liegt größtenteils am Abstellen auf eine Unterscheidung von Innen- und Außenbereich und zwischen Inter- und Intraorganstreitigkeiten, die ein statisches Verständnis des Organbegriffs widerspiegeln – erst später, a. a. O. S. 88 f. werden die Vorschläge klar zustimmungsfähig; vgl. auch unten Fn. 495, S. 339.

[459] Dazu etwa *T. Rottenwallner*, VerwArch 105 (2014), 212, 237 f. Greifbar wird das Problem der Trennung der Rollen bspw. in BVerwG, Beschl. v. 12.02.1988, Az.: 7 B 123/87, NVwZ 1988, 837, insb. juris Rn. 6 – das BVerwG äußert sich nicht zum Verhältnis von kommunalrechtlichem Rederecht und grundrechtlicher Meinungsfreiheit und trennt nicht, durch welche Regelung welches davon eingeschränkt wird, obwohl das angezeigt erscheint.

[460] Bei *J.-A. Trésoret*, Geltendmachung, S. 48 f., die allerdings im Ergebnis die Rollen trennt; nach herrschender Ansicht kommt es nicht in Betracht, Grundrechte einem Teil des Staates in dieser Rolle zuzusprechen, so *S. Barth*, Rechte, S. 140; *T. Rottenwallner*, VerwArch 105 (2014), 212, 231.

[461] Dazu ebenfalls kritisch *W. Roth*, Organstreitigkeiten, S. 58 ff. mit umfangr. Nachw.

[462] Erkennbar etwa bei *W.-R. Schenke/R. P. Schenke* in: Kopp/Schenke, VwGO, § 42 Rn. 80, in der Formulierung, nach § 42 Abs. 2 VwGO könnten „organschaftliche[..] Rechte u vergleichbare ‚wehrfähige' Rechtspositionen, die einer natürlichen oder juristischen Person [...] von der Rechtsordnung zur Wahrung eigener persönlicher oder ‚funktionaler' Interessen zuerkannt sind", geltend gemacht werden. Insb. der Verweis auf die natürliche Person lässt zweifeln, ob eine Unterscheidung von Rollen durchgeführt wird.

[463] Zum besonderen Gewaltverhältnis oben, insb. Kapitel 2, B. I. 2. bei Fn. 59, S. 58 und C. III. 2., S. 126.

[464] Zur Einbeziehung gesellschaftlicher Interessen in der mittelbaren Staatsverwaltung oben Kapitel 2 bei Fn. 23, S. 53 und Kapitel 2, C. II. 3. a), S. 121.

als Teil des Staates, wie erwähnt, schon aufgrund der Grundrechte der Amtsträger zwingend ist. Es soll nicht gesagt sein, dass etwa Gemeinderäte oder Bürgermeister keine eigenen Rechte in ihrer Eigenschaft als Bürger und Grundrechtsträger vor Gericht geltend machen könnten, etwa im Falle des allgemeinen Persönlichkeitsrechts bei der Aufzeichnung von Gemeinderatssitzungen.[465] Jedoch geht es deutlich zu weit, die Bedeutung des verwaltungsrechtlichen Organstreits als Streit zwischen zwei Teilen des Staates dadurch herunterzuspielen, dass behauptet wird, ein „großer Teil der von den Verwaltungsgerichten als (Organ-)Streitverfahren [...] eingestuften Klageverfahren stellen überhaupt keine *Organ*klagen, sondern *Organwalter*klagen dar", also einen Großteil der Fälle als solche von Bürgen gegen den Staat auszuweisen.[466]

Als Beispiel kann das Rederecht eines Gemeinde- oder Stadtratsmitglieds dienen: Dieses Recht steht ihm als Teil des Staates zu, und in dieser Eigenschaft kann es sich nicht auf Art. 5 Abs. 1 S. 1 GG berufen.[467] Das Rederecht also als grundrechtlich „verstärkt" anzusehen, ginge fehl. Denn die Meinungsfreiheit steht dem Stadtratsmitglied nur in seiner Rolle als Privatperson zu, in der es aber ähnlichen oder sogar noch stärkeren Restriktionen unterliegt, wie Zuhörer einer Sitzung. Es kann zwar geltend gemacht werden, aber eben nur als Recht, als Bürger seine Meinung frei äußern zu können. Ob das in einer Gemeinde- oder Stadtratssitzung in großem Umfang der Fall sein kann, erscheint höchst zweifelhaft. Welche Rechte einem Menschen in welcher Rolle zugeordnet sind, kann mit einer Faustregel abgeschätzt werden: Entsprechend den zum Beamtenrecht vertretenen Lösungen[468] wird auch im Kommunalrecht häufig das Recht auf das Amt oder am Amt, also Rechte, die den Status selbst betreffen, dem persönlichen Rechtskreis zugeordnet, während Rechte, die der Funktion als Gemeinderatsmitglied etc. dienen, solche des apersonalen Teils des Staates sein sollen.[469]

---

[465] Zu diesem Problem bspw. *M. Bauer/T. Böhle/G. Ecker*, Bayerische Kommunalgesetze, Art. 52 GO Rn. 8; weitere Bsp. zur Geltendmachung von Grundrechten m.N. aus der Rspr. bei *J.-A. Trésoret*, Geltendmachung, S. 1, S. 5, S. 16 ff., die auch schildert, dass die Rspr. hier nicht einheitlich ist (a. a. O. S. 35). Verschiedene Grundrechte prüft auch BayVerfGH, Beschl. v. 23.07.1984, Az.: 15-VII-83, BayVBl. 1984, 621 ff.

[466] *H.-J. Papier*, DÖV 1980, 292, 297 – dessen Skepsis gegenüber Rechten von Teilen des Staates und gegenüber dem verwaltungsrechtlichen Organstreit (ohne bundesgesetzliche Regelung) insgesamt hängt mit dieser Zuordnung von Rechten an Privatpersonen zusammen: Verwaltungsrechtliche Organstreitigkeiten als solche von Bürgern gegen den Staat zu definieren, führt dazu, sie überhaupt widerspruchsfrei ermöglichen bzw. erklären zu können, indem die Rechte, die eigentlich der Verwaltungseinheit zustehen, auf den Bürger abgeschoben werden. Eine Vielzahl an Beispielen für Rechte, die dem Amtswalter und solchen, die dem Teil des Staates als solchem zustehen, führt *W. Roth*, Organstreitigkeiten, S. 75 ff. auf.

[467] Dazu *W. Roth*, Organstreitigkeiten, S. 659 ff., der allerdings einen Schutz durch Art. 5 GG in etwas zu undifferenzierter Weise ablehnt: Es wird nicht erklärt, warum ein Mitglied eines Gemeinderates seine Rechte aus Art. 5 GG gewissermaßen an der Tür zum Sitzungssaal abgibt.

[468] Dazu sogleich unter b).

[469] *W. Roth*, Organstreitigkeiten, S. 76 ff.; *F. E. Schnapp*, Amtsrecht, S. 212.

Die Trennung verschiedener Rollen, die ein Mensch ausfüllt, darf nicht mit einer Unterscheidung verwechselt werden, nach der der Staat bzw. einer seiner apersonalen Teile entweder „als Staat" oder „als Privater" Rechte geltend macht. Der Staat und seine Untergliederungen können nur einheitlich und nicht im Sinne einer (abgeschwächten) Fiskustheorie verstanden werden, wie bereits erläutert wurde[470] – und zwar auch dann nicht, wenn der Staat sich privatrechtlicher Handlungsformen bedient.

b) Art. 2 Abs. 1 GG bei Weisungen an Beamte

Die Trennung zwischen den Rollen als Teil des Staates und als Bürger ist im Beamtenrecht, vor allem im Hinblick auf beamtenrechtliche Weisungen,[471] Konsens.[472] Vielfach wird nach *Ule* in ein „Grundverhältnis" und ein „Betriebsverhältnis"[473] bzw. nach „amtlichen (fachlichen) und dienstlichen (persönlichen) Weisungen"[474] unterschieden.[475] Gerade anhand der Weisungen im Beamtenverhältnis[476] zeigt sich aber, dass aufgrund des oben beschriebenen Spannungsverhältnisses, das daraus resultiert, dass der notwendig apersonale Staat immer nur durch Menschen handeln kann, eine Trennlinie nur schwer gezogen werden kann. Denn im Hinblick auf die Weite des Schutzbereiches des Art. 2 Abs. 1 GG erscheint es zweifelhaft, ob es tatsächlich Weisungen gibt, die nicht die persönliche Sphäre eines Amtswal-

---

[470] Zur Fiskustheorie und zu deren Überwindung Kapitel 2, B. II. 1., S. 81; dass es den Staat nicht als gewöhnlichen Privatmann gibt: Kapitel 4, C. I. 1., S. 313.

[471] Zu Weisungen schon oben Kapitel 2, C. III., S. 124.

[472] *H.-U. Erichsen* in: ders./Hoppe/von Mutius, FS Menger, S. 216 f.; dass sich eine herrschende Meinung dahingehend herausgebildet hat stellt *S. Barth*, Rechte, S. 82 ff. ausführlich dar.

Sowohl *S. Barth*, Rechte, S. 142 ff. als auch *J.-A. Trésoret*, Geltendmachung, S. 71 ff. plädieren dafür, dies auch auf Funktionsträger in der mittelbaren Staatsverwaltung zu übertragen.

[473] *C. H. Ule*, VVDStRL 15 (1956), 133, 152 (vgl. auch S. 150: „eingeschränkter Rechtsschutz" [...] „im besonderen Gewaltverhältnis"). Die Unterscheidung rechnen *H. H. Rupp*, Grundfragen, S. 81 und *F. E. Schnapp*, Amtsrecht, S. 119 *Ule* zu – letzterer steht der Unterscheidung allerdings kritisch gegenüber, da keine Loslösung vom allgemeinen Gewaltverhältnis erfolgte und „nur eine Teilfolge der Impermeabilitätslehre korrigiert" sei (wörtl. Zit. S. 125).

[474] *U. Battis*, BBG, § 63 Rn. 11 m.w.N, wobei dieser in Rn. 12 anmerkt, die „Differenzierung nach amtlichen und dienstlichen Weisungen stimmt nur i. d. R. überein mit der Unscharfen Unterscheidung von Grund- und Betriebsverhältnis" – hier macht sich die Schwierigkeit bemerkbar, eine Trennlinie zu ziehen.

[475] *F. E. Schnapp*, Amtsrecht, S. 128 ff. unterscheidet Dienstverhältnis, Amtswalterverhältnis und Organverhältnis, wobei ein Unterschied zwischen den ersten beiden „nicht immer einfach auszumachen" (S. 129) sei, sodass es auch hier bei zwei wesentlichen Rollen bleibt.

[476] Dieses Abgrenzungsproblem lässt sich auf alle Regelungen übertragen, die sich an einen Teil der Verwaltung richten, dessen Funktion nur von einer einzigen Person ausgefüllt wird und ist nicht auf Weisungen beschränkt, da auch bspw. gesetzliche Regelungen, die den organisationsinternen Ablauf regeln, einen Organwalter in seiner persönlichen Sphäre einschränken können (vgl. Fn. 465, S. 335); das Problem wurde oben in Kapitel 2, Fn. 180, S. 79 schon angedeutet.

ters rechtlich betreffen. Der Beamte ist nämlich im Hinblick auf eine an ihn gerichtete Weisung stets Adressat, und eine Anweisung, die ihn zu einem Verhalten verpflichtet, stellt immer eine Belastung dar.[477] Zwar wird die Adressatentheorie[478] in der Regel schon von ihrer Formulierung her auf belastende Verwaltungsakte beschränkt.[479] Wird allerdings auf Grundlage eines Eingriffs in Rechte bestimmt, ob ein Verwaltungsakt vorliegt,[480] ist diese Einschränkung zirkulär: Das Recht, in das eingegriffen werden soll, ist nach der Adressatentheorie gerade Art. 2 Abs. 1 GG, ein weiteres Recht muss nicht geltend gemacht werden. Durch die frühere Fixierung auf das Staat-Bürger-Verhältnis im herkömmlichen Sinn, unter Ausblendung der Tatsache, dass auch Beamte Bürger sind und Grundrechte haben können,[481] wirkte sich diese Zirkularität nicht aus: Damals wurde die Freiheit von ungesetzlichem Zwang[482] nur den Bürgern gewährt, die dem Staat wie einem monolithischen Block gegenüberstanden, und nicht den in ihm als Funktionsträger integrierten Beamten. Da diesen heute allerdings auch Grundrechte wie Art. 2 Abs. 1 GG zustehen, müssten sie eigentlich auch in ihrer allgemeinen Handlungsfreiheit geschützt sein. Das hieße, dass sie jede beamtenrechtliche Weisung vor Gericht unter Berufung auf ihre Rechte aus Art. 2 Abs. 1 GG angreifen können müssten.

Dennoch ist es anerkannt, dass kein Rechtsschutz gegen solche Weisungen und andere Maßnahmen möglich ist, welche die Beamten nicht persönlich betreffen.[483] Es wird nämlich befürchtet, der Amtswalter könnte dann jede Rechtswidrigkeit einer Weisung gerichtlich geltend machen, und zwar auch solche Rechtsverstöße, die sich nur zu Lasten der letztlich von der vorzunehmenden Handlung betroffenen Bürger auswirken, und so seine Ansicht über die gebotene Vorgehensweise entgegen der Weisungsgebundenheit nach § 35 BeamtStG, § 36 Abs. 2 S. 3 BeamtStG durchsetzen.[484] Die Schwierigkeit liegt jedoch zum einen darin, abstrakt zu beschreiben, wann eine persönliche Betroffenheit vorliegt, und zum anderen, dieses Ergebnis vor dem Hintergrund des Art. 2 Abs. 1 GG zu rechtfertigen. Das Problem ähnelt dem Spannungsverhältnis zwischen der Weite des Art. 2 Abs. 1 GG und der Unmöglichkeit, Drittschutz über Art. 2 Abs. 1 GG zu gewähren und gleichzeitig

---

[477] Vgl. *F.E. Schnapp*, Amtsrecht, S. 150.

[478] Zur Adressatentheorie oben Kapitel 3, B.II.4., S. 249.

[479] Vgl. etwa *R. Wahl/P. Schütz* in: Schoch/Schneider/Bier, VwGO, § 42 Abs. 2 Rn. 48; dazu *A. Köpfler*, Bedeutung, S. 111 f. mit umfangr. N.

[480] So etwa *P. Kunig* in: Schoch, B. Verwaltungsrecht, Kap. 6 Rn. 186; dazu noch unten Kapitel 5, C., S. 418.

[481] Zum besonderen Gewaltverhältnis oben Kapitel 2, C.III.2., S. 126.

[482] Zum Zusammenhang von Art. 2 Abs. 1 GG und der Freiheit von ungesetzlichem Zwang oben Kapitel 3, B.II.4., Fn. 627, S. 251.

[483] Vgl. etwa *W. Roth*, Organstreitigkeiten, S. 226: „Ausschluss der gerichtlichen Überprüfbarkeit hierarchischer Weisungen" als „unangefochtene[s] Ergebnis"; *F.E. Schnapp*, Amtsrecht, S. 145 ff. mit der Darstellung verschiedener Nuancen in der Argumentation bei verschiedenen Autoren.

[484] Auch Nachteile für die Funktionsfähigkeit der Verwaltung werden befürchtet, so *W. Roth*, Organstreitigkeiten, S. 226.

Popularklagen auszuschließen. Letztlich geht es darum, bei nur geringfügigen[485] bzw. mittelbaren Belastungen oder in anderen Fällen, in denen dies geboten erscheint, den Beamten die Klage zu verwehren. Es soll verhindert werden, dass vor Gericht beispielsweise über die Rechtmäßigkeit einer Weisung gestritten wird, die dazu führt, dass ein Beamter seine Mittagspause anders als sonst verbringen muss. Die Lösung, eine Art Einwilligung in Einschränkungen des Art. 2 Abs. 1 GG durch den Beamten anzunehmen, da er sich freiwillig bereit erklärt hat, die Funktion als Amtswalter zu übernehmen und Eingriffe in Art. 2 Abs. 1 GG zu dulden, ist stark kritisiert worden.[486] Sie reanimiert mit dem schon im Konstitutionalismus herangezogenen Grundsatz volenti non fit iniuria das besondere Gewaltverhältnis,[487] es sei denn, die Einwilligung wird auf solche Weisungen und Maßnahmen beschränkt, welche die Beamten nur im normalen Rahmen belasten. Das lässt sich aber nur schwer konstruieren.

Eine andere Lösung ist, als Adressaten einer Weisung nicht immer die Beamten als Ganze zu sehen, sondern bei fachlichen Weisungen eine Zielrichtung auf den apersonalen Teil des Staates anzunehmen und eine Wirkung auf den Amtswalter als Person nur als Nebeneffekt zu qualifizieren.[488] Dann erscheint der Amtswalter in seiner Rolle als Bürger nicht als Adressat, und die oben geschilderten Ansätze zur Einschränkung der Weite des Art. 2 Abs. 1 GG in Drittschutzfällen[489] können zur Anwendung kommen. Letztlich ist es auch hier ohne Relevanz, ob beispielsweise die Klagebefugnis deswegen verneint wird, weil der Schutzbereich eines Grundrechts nicht gegeben ist, oder ob sie aufgrund der offensichtlichen Rechtfertigung des Eingriffs abgelehnt wird. Als Rechtsgrundlage für einen Eingriff, der den Amtswalter in seiner persönlichen Sphäre nur unwesentlich tangiert, kann die allgemeine Amtswahrnehmungspflicht nach § 35 S. 2 BeamtStG genügen,[490] auch wenn die Norm sehr unbestimmt ist. Für sogenannte „gemischte" Weisungen, wie einer Umsetzung Folge zu leisten oder einen Ortswechsel der Behörde mitzuvollziehen, die erheblich stärkere Konsequenzen für die persönliche Sphäre des Amts-

---

[485] Kritisch gegenüber dem Abstellen auf die Schwere einer Rechtsverletzung im Sinne einer Umschlagstheorie *F. E. Schnapp*, Amtsrecht, S. 120.

[486] *J.-A. Trésoret*, Geltendmachung, S. 73: Über die Ablehnung dieses Arguments bestehe „weitestgehende Einigkeit".

[487] *F. E. Schnapp*, Amtsrecht, S. 51 f.

[488] So bei *F. E. Schnapp*, Amtsrecht, S. 153 f.: Fachliche Weisungen treffen den Amtswalter persönlich „durch das Amt hindurch" im Wege der Amtswahrnehmungspflicht; nur die Amtswahrnehmungspflicht ist persönlich („ob" der Tätigkeit in einem Amt), nicht aber eine einzelne Weisung im Rahmen eines bestimmten Amtes („wie" der Tätigkeit in einem weiteren Sinne, nämlich auf das gesamte konkrete Amt bezogen).

[489] Oben Kapitel 3, B. II. 4., S. 249; *F. E. Schnapp*, Amtsrecht, S. 157 präferiert eine Lösung über die Ebene der Rechtfertigung, indem er die beamtenrechtlichen Normen und insbesondere die Amtswahrnehmungspflicht als Schranken für die allgemeine Handlungsfreiheit aus Art. 2 Abs. 1 GG heranzieht.

[490] *F. E. Schnapp*, Amtsrecht, S. 157, zum Grad der rechtlichen Regelung der Pflichten eines Beamten a. a. O., S. 130 f.

walters haben, wurde beispielsweise § 62 Abs. 2 BBG geschaffen.[491] Die Wirkungen, die sich als Nebeneffekte einer amtsadressierten Weisung in der persönlichen Sphäre des Amtswalters zeigen, können mit den beamtenrechtlichen Vorschriften als Schranken gerechtfertigt werden,[492] und zwar in einer Weise, dass – anders als bei der Adressatentheorie bzw. beim Recht auf Freiheit von ungesetzlichem Zwang, sondern wie bei der Verletzung von Rechten ansonsten – nicht jede Rechtswidrigkeit zum Erfolg einer Klage gegen die Weisung führt, sondern nur eine mit der Rechtsverletzung in spezifischem Zusammenhang stehende Rechtswidrigkeit. Die Rollen des Amtswalters in persönlicher Eigenschaft und das Amt in der Funktion als Teil des Staates zu trennen und bei einer Adressierung an Letzteres mangels Grundrechtsberechtigung des Amtes (als Teil des Staates) von der Adressatentheorie abzurücken, erscheint plausibel. Eine völlig bruchfreie Lösung für die Rechtswirkungen auf den Amtswalter in der Rolle eines Bürgers wird sich nicht finden lassen, solange die genaue Reichweite des Art. 2 Abs. 1 GG, der jedenfalls zu begrenzen ist,[493] nicht geklärt ist. Dass der Amtswalter sich jedoch nicht auf Verstöße gegen Recht berufen kann, das im Verhältnis zwischen Staat und Bürger gilt, kann zusätzlich mit den Zweifeln an der Geltung dieses Rechts im Verhältnis zwischen Amtswalter und Staat[494] argumentativ untermauert werden.

Was das Problem betrifft zu bestimmen, wann eine Weisung die persönliche Sphäre des Amtswalters so betrifft, dass er sich gerichtlich dagegen wehren können soll – bzw. wann ein hinreichender Zusammenhang zwischen Rechtswidrigkeit einer Weisung und der Beeinträchtigung der Rechte des Beamten besteht –, so ist eine Abgrenzung nur schwer abstrakt zu beschreiben.[495] Eine Unterscheidung danach, ob es sich um Angelegenheiten handelt, die „der Betroffene nach Dienstschluß und Feierabend hinter sich lassen kann",[496] ist schon deswegen problematisch, weil an Beamte nach § 33 Abs. 1 S. 2, Abs. 2 BeamStG ganzheitliche Anforderungen gestellt werden und außerdem beispielsweise die Grenzen von „Privatleben" und „soziale[m] Ansehen"[497] auch von unterschiedlichen Menschen unterschiedlich erlebt werden.

Es handelt sich bei der Abgrenzung zwischen Grundverhältnis und Betriebsverhältnis um eine Wertungsfrage, die hauptsächlich durch die Analyse des Inhalts

---

[491] *U. Battis*, BBG, § 62 Rn. 7.

[492] *F.E. Schnapp*, Amtsrecht, S. 157 f.: Handelt es sich um eine amtliche Weisung, habe das die „Konsequenz, daß in diesem Fall das Amt eine grundrechtsbegrenzende Wirkung entfaltet" (S. 158).

[493] Dazu schon oben Kapitel 3, B. II. 4., S. 249.

[494] Vgl. *F.E. Schnapp*, Amtsrecht, S. 180; dazu schon oben Kapitel 2, C. III. 2. Fn. 474, S. 126.

[495] *P. Kunig* in: Schoch, B. Verwaltungsrecht, Kap. 6 Rn. 185: Ob die individuelle Rechtssphäre betroffen sei, sei „in der Sache das Hauptproblem im Bereich der Beamtenklagen"; ähnlich *W. Roth*, Organstreitigkeiten, S. 221; Schwierigkeiten schildert *F.E. Schnapp*, Amtsrecht, S. 156.

[496] *W. Roth*, Organstreitigkeiten, S. 223.

[497] Das sind nach *W. Roth*, Organstreitigkeiten, S. 223 Bereiche, bei denen die Überschreitung ihrer Grenze zu einer Berührung der persönlichen Sphäre führt.

der Weisung zu lösen ist, ähnlich wie die Ermittlung von Rechten im Rahmen der Schutznormtheorie.[498] Fälle, in denen der Schutzbereich spezieller Grundrechte eröffnet ist,[499] sind sicherlich unter die Kategorie der Regelung des Grundverhältnisses zu fassen. Zweifelsfälle hat die Rechtsprechung, ähnlich wie bei der Ermittlung subjektiver Rechte in Drittschutzfällen, durch die Ordnung der Kasuistik mit Hilfe von Fallgruppen wie der Versetzung oder Umsetzung im beamtenrechtlichen Verhältnis zu bewältigen versucht.[500] Als ein Kriterium der Abgrenzung wurde in der Literatur beispielsweise vorgeschlagen, die Auswirkungen einer Maßnahme danach zu untersuchen, ob sie den Amtswalter auch noch bei zeitweiser oder dauerhafter Beendigung seiner Amtsausübung treffen.[501] Ein alleiniges Abstellen auf ein Rechtsschutzbedürfnis, das heißt auf die Folgen einer Weisung in der persönlichen Sphäre des Amtswalters, birgt jedoch die Gefahr einer gewissen Beliebigkeit durch eine petitio principii,[502] da es gerade die Ausgangsfrage ist, wann der Amtswalter in rechtsverletzender Weise betroffen ist. Aber auch die Zielrichtung der Weisung kann jedenfalls nicht als alleiniges Abgrenzungskriterium zwischen privater und amtlicher Sphäre dienen.[503] Das zeigt die Ausnahme von der Folgepflicht bei Weisungen zu strafbarem oder ordnungswidrigem Verhalten nach § 35 Abs. 2 S. 3 BeamtStG, der den Zweck hat, den Amtswalter in seiner persönlichen Verantwortung zu entlasten.[504] Diese Norm begünstigt den Amtswalter klar auf privater Ebene, obwohl eine Weisung, die strafbares Verhalten gebietet, in der Regel nur deswegen ergangen sein wird, um die entsprechenden Wirkungen gegenüber dem Bürger hervorzurufen,[505] und nicht um den Amtswalter in seiner persönlichen Sphäre zu treffen, indem er in die Falle der strafbaren Handlung geschickt wird. In gesetzlich nicht geregelten Fällen auf die Zielrichtung abzustellen, und einen Schutz gegen nicht gezielte Beeinträchtigungen zu verweigern, würde einen Wertungswiderspruch dazu darstellen.

---

[498] Dazu oben Kapitel 3, B. II. 2. b), S. 208.

[499] Bspw. zur Gewissensfreiheit BVerwG, Urt. v. 29.06.1999, Az.: 1 D 104/97, BVerwGE 113, 361–367 juris Rn. 13 ff.

[500] Zur Umsetzung und Versetzung bspw. *P. Kunig* in: Schoch, B. Verwaltungsrecht, Kap. 6 Rn. 115 f.; zur Umsetzung auch *W. Roth*, Organstreitigkeiten, S. 224; *J. Schachel* in: Schütz/Maiwald, Beamtenrecht des Bundes und der Länder, Stand: 402. EL Juli 2016, § 35 BeamtStG Rn. 10.

[501] *J.-A. Trésoret*, Geltendmachung, S. 91 f. speziell im Hinblick auf Organe von Selbstverwaltungskörperschaften.

[502] *F. E. Schnapp*, Amtsrecht, S. 121.

[503] Hier zeigen sich deutlich Parallelen zur Suche nach Rechten: Auch dort ist die Intention kein allein geeignetes Mittel zum Auffinden von Rechten (Kapitel 3, B. II. 2. d) aa), S. 212), ebensowenig wie das Abstellen lediglich auf eine faktische Betroffenheit (Kapitel 3, B. II. 3. c), S. 242).

[504] Dazu auch noch unten D. III. 1., S. 366.

[505] Dazu *F. E. Schnapp*, Amtsrecht, S. 170; dass die Remonstrationspflicht außerhalb der Fälle von straf- und ordnungswidrigem Verhalten keine grundrechtliche Basis hat, legt *W. Loschelder* in: Isensee/Kirchhof, HStR Bd. 5, § 107 Rn. 100 ausführlich dar; eine weitere Begründung, warum die Zielrichtung der Weisung nicht entscheidend sein kann, liefert *W. Roth*, Organstreitigkeiten, S. 221 f.

Am ehesten ist das Abgrenzungsproblem durch einen Mix verschiedener Kriterien zu lösen.[506] Wird hinsichtlich der Reichweite des Art. 2 Abs. 1 GG die Lösungsmöglichkeit bevorzugt, Rechte des Amtswalters aus seiner persönlichen Sphäre auch bei einer Zugehörigkeit der Weisung zum Betriebsverhältnis als immer einschlägig, nur eben in diesen Fällen den Eingriff als offensichtlich gerechtfertigt (und damit beispielsweise § 42 Abs. 2 VwGO als nicht gegeben) anzusehen, kann auch eine Interessenabwägung zu Hilfe genommen werden: Ergibt diese, dass Interessen des Amtswalters in seiner Rolle als Privater nur schwach tangiert werden, während für die Weisung berechtigte staatliche Interessen vorliegen, kann mit gutem Grund von einer Weisung im Betriebsverhältnis (aufgrund einer offensichtlichen Rechtfertigung des Eingriffs in Art. 2 Abs. 1 GG) ausgegangen werden. Weil jedoch in allen Fällen, auch bei Maßnahmen im Grundverhältnis, eine Interessenabwägung vorgenommen werden muss – bei der Prüfung, ob Art. 2 Abs. 1 GG der Weisung entgegensteht, zumindest immer eine Verhältnismäßigkeitsprüfung – verliert die Unterscheidung zwischen Grundverhältnis und Betriebsverhältnis, wenn sie ebenfalls durch eine Abwägung getroffen wird, an Bedeutung, was aber im Hinblick auf die generell sehr schwierige Trennbarkeit von Grund- und Betriebsverhältnis – etwa im Falle der bereits erwähnten „gemischten" Weisungen,[507] die zwar im Betriebsverhältnis ergehen, aber trotzdem den Amtswalter in seiner persönlichen Sphäre betreffen – nicht überraschend ist.

Aus dem dargestellten Problem kann abgeleitet werden, dass eine Trennung zwischen der persönlichen Sphäre des Amtswalters und dem Amt, das einen Teil des Staates darstellt, im Einzelfall schwierig sein kann, sie aber letztlich nicht unmöglich ist. Die Notwendigkeit einer Unterscheidung zwischen Rechten des Teils des Staates in dieser Rolle und den persönlichen Rechten des Amtswalters entfällt durch die beschriebenen Schwierigkeiten nicht.

III. Zwischenergebnis und Schlussfolgerungen für die Fallbeispiele

Anknüpfungspunkt für subjektive Rechte im Sinne der verwaltungsrechtlichen Prozessnormen können also viele Arten von Verwaltungseinheiten sein.

1. Unterscheidung von Rollen und Funktionen: Zurechnungskette

Wird im Gesetz ein Teil des Staates als rechtsfähig bezeichnet, ist damit die zivilrechtliche Rechtsfähigkeit gemeint, da es nur dort eine abstrakte Rechtsfähigkeit gibt. So genannte nicht rechtsfähige Teile der Verwaltung wie etwa Teile juristischer

---

[506] Zu weiteren Abgrenzungsmöglichkeiten *F. E. Schnapp*, Amtsrecht, S. 148 ff.

[507] Oben bei Fn. 491, S. 339; zu den „gemischten Weisungen" auch *F. E. Schnapp*, Amtsrecht, S. 158.

Personen können daher keine Rechte aus dem Zivilrecht inne haben. Eine „Vollrechtsfähigkeit" gibt es dagegen nicht. Ganz besonders im öffentlichen Recht herrscht eine eine Relativität der Rechtsfähigkeit, das heißt, durch die Zuweisung eines Rechts wird implizit mitgeregelt, dass hinsichtlich dieses Rechts eine Rechtsfähigkeit besteht. Für das öffentliche Recht bestimmen die Rechtsnormen also im Einzelfall, wer in welchem Verhältnis rechtsfähig sein und Rechte inne haben soll.

Viele Teile der Organisation, die der Staat darstellt, erfüllen die Funktion von Organen – anders könnte der Staat auch nicht existieren. Auch Rechte, die einer Organisationseinheit zustehen, müssen durch Organe ausgeübt werden, wenn die Organisationseinheit selbst nicht handlungsfähig ist. Da allerdings der Begriff des Organs eine bestimmte Funktion bezeichnet und keine bestimmten Teile der Verwaltung, ist auch dieser Begriff ein relativer Begriff. Befindet sich ein Teil des Staates nicht in der Funktion als Organ, können ihm auch Rechte zustehen, er kann selbst Zurechnungsendsubjekt des Rechts sein. Diese Relativität des Organbegriffs korrespondiert mit der Relativität der Rechtsfähigkeit und der Relativität der Einteilung von Innen- und Außenbereich bzw. Innen- und Außenrecht. Diese Konzepte erklären gemeinsam mit der Interessenpluralität, die sich in der gesamten Verwaltung erkennen lässt und innerhalb deren eine Interessenbündelung nicht ausschließlich durch juristische Personen geschieht, warum auch Teile juristischer Personen des öffentlichen Rechts subjektive Rechte aus dem öffentlichen Recht haben können.[508]

Der Staat kann letztlich immer nur durch Menschen handeln. Diese verlieren ihre Eigenschaft als Bürger nicht und können mit dem Staat auch in dieser Eigenschaft in Beziehung treten. Die Rollen des Amtes als Teil des Staates und des Amtswalters als natürlicher Person sind also zu trennen, trotz aller Schwierigkeiten, diese Unterscheidung im Einzelfall zu treffen. Die Frage der Abgrenzung zwischen amtlicher und dienstlicher (also persönlicher) Rolle lässt sich in den Problemkontext der allgemeinen Handlungsfreiheit einordnen und stellt sich damit als eine Frage der Reichweite des Art. 2 Abs. 1 GG dar, ähnlich wie die Ermittlung der Reichweite subjektiver Rechte von Bürgern allgemein.

Es ergibt sich dadurch eine „Zurechnungskette",[509] an deren Beginn der Organwalter als Privatperson steht, der ein Amt als kleinste Teileinheit des Staates ausfüllt, das wiederum als Organ für eine andere Verwaltungseinheit handeln kann. Da der Organbegriff relativ ist, kann auch ein Organ für eine Verwaltungseinheit

---

[508] Auch das Allgemeinwohl, das keine feststehende Größe sein kann (dazu oben Kapitel 2, C. II. 1. a), S. 106), kann als relatives „Organisationswohl" verstanden werden, das durch einen Ausgleich der in der Organisation vertretenen Interessen gebildet wird. Vgl. dazu W. Roth, Verwaltungsrechtliche Organstreitigkeiten, S. 478 f.: Was sich aus Sicht einer Gesamtorganisation als Partikularinteresse darstellt, kann aus der Perspektive einer Untergliederung als „Allgemeininteresse" anzusehen sein.

[509] F.E. Schnapp, Amtsrecht, S. 94; W. Roth, Organstreitigkeiten, S. 25: „doppelte Anrechnung".

handeln, das in einer anderen Relation ebenfalls nur ein Organ ist, wie etwa im Falle eines Beamten einer Behörde, die wiederum Organ einer juristischen Person ist.[510] Am Ende der Zurechnungskette steht häufig eine juristische Person, jedoch nicht immer, weil auch andere Teile des Staates Rechte inne haben können.[511]

Bemerkenswert ist übrigens, dass Rechtspositionen aus dem öffentlichen Recht von Teilen juristischer Personen des Staates ohne Problematisierung ihrer Herkunft aus diesem Rechtsgebiet – abgesehen von der Terminologie – anerkannt sind, während subjektive Rechte des Staates im Hinblick auf juristische Personen ihren Ursprung eher im Zivilrecht haben.[512] Das kann damit erklärt werden, dass bei den Amtswaltern der kommunalen Gebietskörperschaften stark die Privatperson, die sich in der Kommunalpolitik engagiert und gesellschaftliche Gruppierungen vertritt, in den Blick genommen wurde.[513] Mit dieser Zentrierung auf den Bürger rückten die Rechtspositionen der Teile der Selbstverwaltungskörperschaften in Fällen sogenannter Organstreitigkeiten weit genug in die Nähe der subjektiven öffentlichen Rechte und deren klassischer Funktion, die Gesellschaft und das Individuum vom Staat abzugrenzen und in eine Abwehrstellung zu ihm zu bringen. Eine Akzeptanz dieser Rechtspositionen könnte auf diese Weise erleichtert worden sein, auch wenn eine solche Verbindung nicht explizit gezogen wurde, sondern im Gegenteil die Bezeichnung subjektive Rechte für die Rechtspositionen verweigert wurde.[514] Solche Parallelen zwischen sogenannten Organrechten und Rechten von Bürgern zu ziehen, berücksichtigt zwar nicht hinreichend die notwendige Unterscheidung der Rollen Privatperson und Teil des Staates, erklärt aber die Ungenauigkeit, mit der diese im Bereich der sogenannten Organstreitigkeiten teilweise getroffen wird.[515]

2. Ermittlung des Rechts durch Auslegung der Norm

Letztlich ist es entscheidend zu ermitteln, wem in welchem Verhältnis Rechte zustehen, also ob eine Rechtsnorm einem Teil des Staates selbst die Fähigkeit verleiht, ihre Einhaltung vor Gericht einzufordern, oder ob es in der Funktion als Organ oder ob der Mensch in der Rolle als privater Bürger angesprochen wird. Der

---

[510] Sehr gut zu beobachten etwa bei der Vertretung eines Bundeslandes im Verwaltungsprozess, wenn Behörden nicht verklagt werden können und die handelnde Behörde das Landratsamt als Staatsbehörde war (hier am Bsp. Bayern): Nach § 62 Abs. 3 VwGO, Art. 15 S. 1 Alt. 1 AGVwGO wird der Freistaat durch die Ausgangsbehörde Landratsamt vertreten, diese wiederum (solange die Vertretung nicht übertragen wird, Art. 37 Abs. 4 LKrO) von ihrem Behördenleiter, nach Art. 37 Abs. 6 LKrO dem Landrat.

[511] Insofern ungenau die Ausführungen von *F. E. Schnapp*, Amtsrecht, S. 94.

[512] Dazu oben Kapitel 2, B. II. 1., S. 81 und Kapitel 4, C. I. 1., S. 313.

[513] Zur Rolle der mittelbaren Staatsverwaltung, gesellschaftliche Strömungen zu kanalisieren, oben Kapitel 2, C. II. 3. a), S. 121.

[514] Dazu oben Kapitel 4, B. II. 1., S. 274.

[515] Dazu schon oben C. II. 2. a), S. 332.

Begriff des verwaltungsrechtlichen Organstreits verdeckt diese Unterscheidungen auf zweierlei Weise: Erstens werden teilweise auch solche Streitigkeiten, die nur persönliche Rechte des Amtswalters betreffen, so genannt.[516] Zweitens kann ein Organ in dieser Funktion keine eigenen Rechte geltend machen, weil „Organ" ein Zurechnungsbegriff ist.

Es ergibt sich also ein Bild, das dem bei der Ermittlung von subjektiven Rechten allgemein ähnelt: Nicht die Einordnung in irgendwelche Fallgruppen ist entscheidend, sondern die Auslegung einer Norm im Einzelfall danach, ob sie es dem betreffenden Teil des Staates ermöglicht, sich (erstens) selbst (und zweitens) in der Rolle als Teil des Staates im konkreten Rechtsverhältnis auf ihre Einhaltung berufen zu können. Die verbreitete Einteilung in „Interorganstreit" und „Intraorganstreit"[517] ist aufgrund der Relativität von Innen- und Außenbereich von Teilen des Staates und der Relativität des Organbegriffes eher verwirrend als nützlich. Zu betonen wie wichtig es ist, die Norm, die ein Recht enthalten könnte, im Einzelfall auszulegen, ist angesichts des bisher zum subjektiven Recht Gesagten und des Versuchs, darzustellen, dass auch Rechte des Staates ganz normale subjektive Rechte sind, zwangsläufig.

3. Ableitungen für die Fallbeispiele:
Problem der Personenidentität

Für das erste Fallbeispiel,[518] in dem sich der Freistaat Bayern gegen eine denkmalschutzrechtliche Genehmigung wandte, lässt sich die Schlussfolgerung treffen, dass auch der Freistaat Bayern ein Recht aus der öffentlich-rechtlichen Norm haben kann, die eine Beeinträchtigung des Erscheinungsbildes des Denkmals möglicherweise verbietet,[519] denn seine Rechtsfähigkeit beschränkt sich nicht etwa auf den Bereich des Zivilrechts. Vielmehr ist die betreffende Norm dahingehend zu untersuchen, ob sich auch der Freistaat als Eigentümer eines Denkmals vor Gericht auf die Norm berufen können soll.[520]

Im zweiten Fallbeispiel[521] bejahte das Bundesverwaltungsgericht entgegen der Vorinstanz eine Klagebefugnis nach § 42 Abs. 2 VwGO. Als verletztes Recht nahm es das zivilrechtliche Eigentum an dem Grundstück an.[522] Unabhängig davon, dass der angegriffene Bescheid nicht mehr das Eigentum, sondern die Auskehrung des

---

[516] Dies bemängelt *H.-J. Papier*, DÖV 1980, 292, 297 m. w. N.; dagegen auch *W. Roth*, Organstreitigkeiten, S. 75 ff.

[517] Häufig gebrauchte Unterscheidung; sogar noch weitergehend bei *W. Roth*, Organstreitigkeiten, S. 50 ff.; *J.-A. Trésoret*, Geltendmachung, S. 3 m. w. N.; *A. Wiese*, Beteiligung, S. 153.

[518] Oben Kapitel 1, A. I., S. 19.

[519] Art. 6 Abs. 2 S. 2 DSchG i. V. m. Art. 6 Abs. 1 S. 2 DSchG.

[520] Dazu noch D., S. 355. Der Fall wird unten in Kapitel 6, C. I., S. 456 aufgelöst.

[521] Oben Kapitel 1, A. II., S. 20.

[522] BVerwG, Urt. v. 28.03.1996, Az.: 7 C 35/95, BVerwGE 101, 47–51, juris Rn. 8 f.

Erlöses zum Gegenstand hatte,[523] stellen sich hier Fragen hinsichtlich der Fähigkeit, die geltend gemachten Rechte inne zu haben, auf die das Bundesverwaltungsgericht in seiner Urteilsbegründung nicht einging, sondern denen es eher auswich. Wie bereits beschrieben, sah das Gericht im Tatbestand die „Stadt – Rechtsamt –" als Klägerin und die „Stadt – Amt zur Regelung offener Vermögensfragen –" als Beklagte an.[524] In den Urteilsgründen ist allerdings nur noch von der „klagende[n] Stadt" die Rede und die nur noch „in der Sache streitenden Ämter" werden als „unselbständige Organisationseinheiten des als Behörde handelnden Oberbürgermeisters der Stadt" bezeichnet.[525] Dadurch ergibt sich nirgends eindeutig, ob jeweils die Stadt selbst als kommunale Gebietskörperschaft oder die jeweilige Untergliederung der Stadt gemeint ist.

In dem Fall ging es darum, dass die Stadt – Rechtsamt – einen von ihr – Amt zur Regelung offener Vermögensfragen – erlassenen Bescheid anfechten wollte, der die Stadt in ihrem Eigentum bzw. in ihrem Vermögen betrifft. Beide Arten von Rechten kann nur die Stadt selbst als juristische Person inne haben und vor Gericht geltend machen, weil nur juristische Personen vermögensfähig sind, nicht aber die genannten Ämter, sodass nur die Stadt als solche Klägerin sein kann. Etwas anderes ergibt sich auch nicht, falls auf die in Art. 28 Abs. 2 GG garantierte Finanzhoheit abgestellt würde: Auch dieses Recht steht nur der Stadt als solcher zu.[526] Ein Abstellen auf die juristische Person Stadt in der Rolle von Klägerin und Beklagter würde jedoch dazu führen, dass diese gegen sich selbst einen Prozess führt und Rechte gegen sich selbst geltend macht.[527] Das erscheint deswegen problematisch, weil es zweifelhaft ist, ob Rechte gegen sich selbst überhaupt existieren können. Das wäre aber für den Erfolg der Klage notwendig, denn außer in gesetzlich normierten Ausnahmefällen muss ein subjektives Recht im Verwaltungsprozess bei fast allen Klagearten geltend gemacht werden.[528]

Oft ist zwar die Aussage zu finden, ein Insichprozess sei nicht mehr generell ausgeschlossen – was der heute herrschenden Meinung entsprechen dürfte.[529] Meist ist aber nicht ganz klar, was mit dem Begriff Insichprozess genau gemeint wird: Er könnte einen Streit innerhalb einer juristischen Person oder einen Streit,

---

[523] Das macht für die hier diskutierten Fragen keinen Unterschied, da auch die Vermögensfähigkeit (selbst bei öffentlich-rechtlichen Geldansprüchen, dazu oben bei Fn. 350, S. 317 und Fn. 391, S. 323) an die allgemeine zivilrechtliche Rechtsfähigkeit gekoppelt ist, die nur die Stadt als juristische Person insgesamt besitzt.

[524] BVerwG, Urt. v. 28.03.1996, Az.: 7 C 35/95, BVerwGE 101, 47–51, juris Rn. 3.

[525] A. a. O., juris Rn. 8 und 10.

[526] V. Mehde in: Maunz/Dürig, GG, Art. 28 Abs. 2 Rn. 47.

[527] Zu solchen Fallkonstellationen auch U. Stelkens in: Stelkens/Bonk/Sachs, VwVfG, § 35 Rn. 190, der im Wesentlichen die bestehende Rechtsprechung zusammenfasst; vgl. zu dieser auch unten Kapitel 5, D. II., S. 435. Vgl. auch Kapitel 4, E. III., S. 392 und Kapitel 6, C. II., S. 461.

[528] Dazu oben Kapitel 3, A. I., S. 147.

[529] Oben Kapitel 2, B. I. 4., ab S. 64.

bei dem ein Rechtssubjekt Rechte gegen sich selbst geltend macht, bezeichnen,[530] was nicht dasselbe ist. Dass die Formulierung „Insichprozess" in so unterschiedlichen Zusammenhängen benutzt wird und nicht klar ist, welche Bedeutung sie hat, hängt damit zusammen, dass die Relativität der Rechtsfähigkeit und der Kategorien Innen und Außen meist nicht hinreichend berücksichtigt wird.[531] Aufgrund der Unklarheit über die Bedeutung des Begriffs kann aus der Aussage, ein Insichprozess sei nicht per se unzulässig, kaum eine Erkenntnis gewonnen werden. Die Zulassung eines „Insichprozesses" impliziert aber aufgrund der Ambiguität diese Begriffes nicht zwangsläufig, dass es Rechte eines Rechtssubjekts gegen sich selbst geben kann. Das BVerwG hat in der schon in Kapitel 2 zitierten Entscheidung, in der es den Insichprozess als solchen zugelassen hat, dies damit begründet, dass „mit Rücksicht auf ihre Gliederung in verschiedene Organe [...] der Einheitlichkeit der Willensbildung in der Körperschaft Grenzen gesetzt" seien.[532] In der Sache hat es damit Insichprozesse nicht deswegen anerkannt, weil es möglich sein soll, Rechte gegen sich selbst inne zu haben und vor Gericht geltend machen zu können, sondern weil auch innerhalb einer juristischen Person Streitigkeiten entstehen können, die vor Gericht austragbar sind, und entsprechende Rechte auch innerhalb der früher als Einheit angesehenen juristischen Personen existieren.[533] Ein Gerichtsprozess eines Rechteinhabers gegen sich selbst, wie ihn etwa das Modell von Hoppe für den verwaltungsrechtlichen Organstreit impliziert, wird eben gerade überwiegend nicht befürwortet.[534]

Rechte gegen sich selbst sind allerdings nicht durch einen allgemeinen Rechtsgrundsatz generell ausgeschlossen. Im Zivilrecht gibt es zwar den Grundsatz der Konfusion (und der Konsolidation),[535] allein eine Konfusionslage führt jedoch nicht automatisch zum Erlöschen eines Anspruchs; das Erlöschen ist „keine logische Notwendigkeit".[536] Allerdings ist allgemein anerkannt, dass das Erlöschen dann eintritt, wenn das subjektive Recht überflüssig ist, es also darauf ankommt,

---

[530] Zu verschiedenen Arten von Insichtprozessen *H.-H. Becker-Birck,* Insichprozess, S. 11 ff. Zur Wandlung des Begriffes Insichprozess und dazu, dass häufig verschiedene Fallgruppen unter diese Bezeichnung gefasst werden, Kapitel 2, B.I.4., S. 64.

[531] Zur Relativität der Kategorien Innen und Außen Kapitel 2, D.III., S. 139 und zur Relativität der Rechtsfähigkeit Kapitel 4, C.I.2.a), S. 318.

[532] BVerwG, Urt. v. 21.06.1974, Az.: IV C 17.72, BVerwGE 45, 207, juris Rn. 18. Zu dieser Entscheidung Kapitel 2, B.I.4., ab S. 64.

[533] Vgl. auch *D. Krausnick* in: Gärditz, VwGO, § 63 Rn. 13; *W.-R. Schenke* in: Kopp/Schenke, § 63 Rn. 7.

[534] Oben Fn. 422, S. 329; vgl. dazu auch *D. Ehlers/J.-P. Schneider* in: Schoch/Schneider/Bier, VwGO, § 40 Rn. 93 f.: Es müsse ein Interessengegensatz gegeben sein, der nur bei „Personenverschiedenheit" gegeben sei, sonst liege keine „Streitigkeit" i.S.d. § 40 Abs. 1 S. 1 VwGO vor.

[535] Dazu etwa *W. Fikentscher/A. Heinemann,* Schuldrecht, 10. Aufl. Berlin/Boston 2006, Rn. 344.

[536] *K. Larenz,* Lehrbuch des Schuldrechts Bd. 1: Allgemeiner Teil, 14. Aufl. München 1987, § 19 I b (S. 270).

„ob es Sinn macht, die Forderung aufrechtzuerhalten oder nicht".[537] Rechte gegen sich selbst sind also nur dann möglich, wenn sie noch eine Relevanz besitzen, etwa „wenn Rechte anderer im Spiel sind."[538] Dieses Prinzip lässt sich auch auf das öffentliche Recht übertragen, dem der Gedanke der Konfusion nicht fremd ist, wird doch die fehlende Grundrechtsberechtigung von Teilen des Staates[539] teilweise mit einem sogenannten „Konfusionsargument" begründet[540] – auch wenn sich dieser Gedanke im öffentlichen Recht von der Konfusion im Zivilrecht im Detail unterscheidet. Insbesondere sprechen aber mehrere Ansätze, die der Beschreibung der Struktur des subjektiven Rechts dienen, gegen eine Existenz von Rechten, die für niemanden anderes als den Rechtsinhaber von Bedeutung sind.[541] Eine Ablehnung solcher Rechte erscheint besonders dann zwingend, wenn das Recht insgesamt als Mittel zur Abgrenzung von Willens- und Interessensphären gesehen, aber auch wenn der Aspekt der Rechtsmacht eines subjektiven Rechts betont wird,[542] denn nur über einen anderen kann eine solche Rechtsmacht ausgeübt werden. Über die Beschränkung der Existenz von Rechten auf Relationen zwischen verschiedenen Rechtssubjekten kommt auch das Zweiparteienprinzip in das Prozessrecht, weil es sinnvollerweise einen Beteiligten geben muss, der ein Recht inne hat, und einen anderen, gegen den er dieses durchsetzen möchte.[543] Rechte sind genau wie Gerichtsprozesse Mittel der Lösung von Interessenkonflikten, die dort nicht entstehen können, wo in einem bestimmten Verhältnis etwas als Einheit angesehen wird. Sollen bei einem Recht Inhaber und Verpflichteter identisch sein, kann ein solcher Konflikt nicht entstehen, ein Recht ist nicht möglich.[544] Im vom Bundesverwal-

---

[537] *J. M. Bosak,* Konfusion, JA 2009, 596, 597; ähnlich *D. Looschelders,* Schuldrecht: Allgemeiner Teil, 13. Aufl. München 2015, Rn. 395b.
Deswegen spricht auch im Fall des VGH Mannheim, Urt. v. 08.11.1989, Az.: 11 S 320/89, VBlBW 1990, 192–195, juris Rn. 19 einiges dafür, davon auszugehen, dass das dort geltend gemachte Recht besteht: Es wurde lediglich in Prozessstandschaft für eine Bürgerin geltend gemacht.
[538] *H. Brox/W.-D. Walker,* Allgemeines Schuldrecht, 40. Aufl. München 2016, § 17 Rn. 7.
[539] Oben Kapitel 3, Fn. 576, S. 242 und insb. unten Kapitel 4, D. III. 2., S. 372.
[540] Dazu *H. Dreier* in: ders., GG Bd. 1, Art. 19 Abs. 3 Rn. 59, der es aber als „haltlos" bezeichnet; *M. Goldhammer,* JuS 2014, 891, 894 mit kritischer Note; *C.* Grabenwarter in: Maunz/Dürig, GG, Art. 5 Rn. 38; *H. de Wall* in: Friauf/Höfling, GG, Art. 19 Abs. 3 Rn. 84.
[541] Zu diesen oben Kapitel 3, B. I. 3., ab S. 162.
[542] Vgl. oben Kapitel 3, B. I. 3. f) aa), S. 180; vgl. auch *E.-W. Böckenförde* in: FS H. J. Wolff, S. 302 f. (vgl. oben Fn. 252, S. 300): Allerdings bezieht er sich auf eine Unmöglichkeit, dass Behörden eigenständige Willenszentren bilden, während hier die Unmöglichkeit gemeint ist, bei einem in einem bestimmten Verhältnis als Einheit zu sehenden Gebilde verschiedene „Willen" zu haben.
[543] Vgl. dazu *E. Schulev-Steindl,* Rechte, S. 57; *W. Henke,* Recht, S. 50.
[544] Das steht auch nicht im Widerspruch zu der in Kapitel 2 gefundenen Erkenntnis, dass es keinen Grundsatz der Einheit der Verwaltung gibt und auch innerhalb juristischer Personen eine Interessenpluralität anzuerkennen ist: Es macht einen Unterschied zu sagen, dass innerhalb juristischer Personen keine Rechte bestehen können oder zu vertreten, dass Berechtigter und Verpflichteter nicht identisch sein können. Letzteres schließt nicht aus, dass in bestimmten Verhältnissen als Einheit anzusehende Organisationen in anderen Verhältnissen eben keine Einheit sind, sondern ihre Teile Rechte gegeneinander haben können. Ordnet man aber ein Recht einem

tungsgericht entschiedenen, zweiten Fallbeispiel[545] war zwar die Beigeladene beteiligt, die der angefochtene Bescheid begünstigte, mit dem die Auskehr des Erlöses angeordnet wurde. Jedoch ist es trotzdem sinnlos anzunehmen, die Stadt habe sich selbst mit dem Erlass des Bescheides derart geschädigt, dass sie sich in ihren Vermögens- oder Eigentumsrechten selbst verletzt habe, was das Bundesverwaltungsgericht mit der Ablehnung des Rechtsschutzbedürfnisses im Ergebnis auch anerkannt hat.[546]

Soll dennoch eine Klagebefugnis konstruiert werden, bliebe noch die Möglichkeit, die Stadt als juristische Person insgesamt als Klägerin anzusehen, die ihre Vermögens- bzw. Eigentumsrechte gegen das Amt zur Regelung offener Vermögensfragen – als selbständig zu betrachtende Verwaltungseinheit – geltend macht. Das ist die Variante, für die es am wenigsten Anhaltspunkte gibt, dass das Bundesverwaltungsgericht von ihr ausgeht. Inhaltlich gesehen ist es allerdings schon fraglich, ob die Verwaltungseinheit Amt zur Regelung offener Vermögensfragen, das einen Teil der Stadtverwaltung darstellt, überhaupt in dem betreffenden Verhältnis als selbständige Einheit angesehen werden kann, bringt doch die Beigeladene als Bürgerin die Perspektive der Verhältnisse zwischen juristischen Personen in den Prozess hinein,[547] sodass es sich nicht um eine reine Streitigkeit innerhalb einer juristischen Person handelt. Das Amt zur Regelung offener Vermögensfragen stellt sich auch nicht als verlängerter Arm des Freistaates als eine selbständige Einheit dar, denn es ist zwar grundsätzlich an fachliche Weisungen der Staatsbehörde Landesamt zur Regelung offener Vermögensfragen gebunden, dennoch ist es in die Verwaltungsorganisation der Stadt komplett integriert.[548] Die Weisungen ergehen auch nicht gegenüber dem Amt selbst, sondern gegenüber der Stadt.[549] Darüber hinaus erinnert die Lösung, die Klage als Klage der Stadt gegen das Amt zur Regelung offener Vermögensfragen anzusehen, doch stark an die aufgegebene Fiskustheorie,[550] indem die Stadt als Privatrechtssubjekt sich gegen die hoheitliche Entscheidung eines ihrer Teile wehrt.

Die Frage, ob ein Rechtssubjekt Rechte gegen sich selbst haben kann, mag auch anders gesehen werden können, vor allem aufgrund der Unklarheiten, die das subjektive Recht im Allgemeinen aufwirft. Dann ist jedoch das Rechtsschutzbedürfnis zu prüfen, von dessen Fehlen das Bundesverwaltungsgericht im Fallbeispiel aus-

---

Träger zu, so ist dieser in Beziehung zum Verpflichteten als Einheit zu sehen, sonst müsste das Recht einem Teil des Rechtsträgers zugeordnet sein und die Gesamtorganisation wäre gerade nicht mehr der Träger des Rechtes.

[545] BVerwG, Urt. v. 28.03.1996, Az.: 7 C 35/95, BVerwGE 101, 47–51.

[546] BVerwG, Urt. v. 28.03.1996, Az.: 7 C 35/95, BVerwGE 101, 47–51, juris Rn. 10.

[547] Dazu, dass die juristische Person im Verhältnis zwischen Staat und Bürger eine hohe Bedeutung hat, weil sie diesem ein haftungsfähiges Subjekt gegenüberstellt, oben Kapitel 2, B. II. 1. bei Fn. 210, S. 84 und Kapitel 2, D. II. bei Fn. 558, S. 138.

[548] BVerwG, Urt. v. 28.03.1996, Az.: 7 C 35/95, BVerwGE 101, 47–51, juris Rn. 10.

[549] Dazu auch noch unten Kapitel 5, D. II. bei Fn. 127, S. 436.

[550] Zur Fiskustheorie und deren Aufgabe Kapitel 2, B. II. 1., S. 81; dass es den Staat nicht als gewöhnlichen Privatmann gibt: Kapitel 4, C. I. 1., S. 313.

ging.[551] Obwohl das Rechtsschutzbedürfnis erst unten eingehend behandelt wird,[552] soll hier eines vorweg genommen werden: Abgesehen davon, dass genau zu untersuchen ist, ob die Verwaltungseinheit aktuell noch die Möglichkeit hat, die eigenen Rechte zu wahren,[553] kann das Ergebnis der fehlenden Zulässigkeit der Klage bei Personenidentität tatsächlich häufig auch durch ein fehlendes Rechtsschutzbedürfnis gerechtfertigt werden,[554] denn die Verwaltungseinheit ist häufig selbst in der Lage, eigene Fehler zu korrigieren. Dafür muss sie nicht das Gericht anrufen. Selbst wenn sich damit im Ergebnis eine Übereinstimmung mit der Entscheidung des Bundesverwaltungsgerichts ergibt, zeigen doch die knappen und teils vagen Ausführungen in den Urteilsgründen, wie groß die Unsicherheit bei der Frage, ob und welche Rechte Teile juristischer Personen inne haben können, in der Praxis ist. Es bleibt aber festzuhalten: Das Rechtsamt als solches kann jedenfalls nicht Inhaber der geltend gemachten Vermögens- bzw. Eigentumsrechte gewesen sein.

IV. Kosten beim verwaltungsrechtlichen Organstreit

Wenn Teile juristischer Personen Rechte im Verwaltungsprozess – wie beim sogenannten verwaltungsrechtlichen Organstreit – selbst geltend machen können, aber nicht die Fähigkeit haben, Inhaber von Vermögen zu sein und daher auch keine Geldansprüche gegen sie bestehen können,[555] weil sie nie in der Lage wären, sie zu erfüllen, dann führt das in dem Moment zu Widersprüchen, in dem solche nicht vermögensfähigen Verwaltungseinheiten als Beteiligte Kosten für ein Gerichtsverfahren zu tragen haben. Für eine konsequente Theorie über Rechte des Staates ist diese Frage die Nagelprobe. Um es aber vorauszuschicken: Das Problem tritt beispielsweise bei Kommunalverfassungsstreitigkeiten fast immer auf und bietet offensichtlich überwiegend keinen Anlass, solche Gerichtsprozesse als prinzipiell unzulässig anzusehen. Wem die Kosten aufzuerlegen sind, ist allerdings umstritten.[556]

Es gibt mehrere theoretische Möglichkeiten für die Auferlegung von Kosten nach einem Streit zwischen Teilen einer juristischen Person: Die Kosten könnten (1.) der natürlichen Person, die ein Amt ausfüllt, als Privatperson auferlegt werden, oder auch (2.) der Verwaltungseinheit selbst, die um ihre Rechte gestritten hatte.

---

[551] BVerwG, Urt. v. 28.03.1996, Az.: 7 C 35/95, BVerwGE 101, 47–51, juris Rn. 10.

[552] Kapitel 5, D., S. 427.

[553] Dazu unten Kapitel 5, D. III. 3., S. 446.

[554] Auch, weil die Grenzen der Voraussetzungen der Klagebefugnis und des Rechtsschutzbedürfnisses zusammenhängen. Zum Rechtsschutzbedürfnis unten Kapitel 5, D., S. 427, zur Interdependenz von Sachentscheidungsvoraussetzungen allgemein unten Kapitel 5, A. S. 414.

[555] Dazu oben Kapitel 4, C. I. 2. b), S. 322. Zur Zwischenstellung von öffentlich-rechtlichen Geldleistungsansprüchen, und dass auch diese nur zwischen juristischen Personen bestehen können oben Fn. 350, S. 317 und Fn. 391, S. 323.

[556] So explizit W. Roth, Organstreitigkeiten, S. 992 (mit einer Diskussion verschiedener Ansichten im Anschluss).

Letzteres lässt sich in zwei Varianten konstruieren: Wird der Teil der juristischen Person, der als Beteiligter im Prozess unterlag, konsequent als nicht vermögensfähig angesehen, laufen die Ansprüche einfach ins Leere. Aus Prozessrechtsnormen wie den §§ 154 ff. VwGO könnte aber auch eine kostenrechtliche Rechtsfähigkeit im vermögensrechtlichen Bereich hergeleitet werden. Und schließlich wäre es möglich, (3.) dem vermögensfähigen Rechtsträger, dem die im Prozess beteiligte Verwaltungseinheit angehört, die Kosten direkt aufzuerlegen.

1. Keine Kostentragung durch den Amtswalter als Privatperson

Der natürlichen Person, die ein Amt ausfüllt, die Kosten als Bürger aufzuerlegen würde dazu führen, dass sie diese aus ihrem Privatvermögen begleichen müsste. Das würde der oben beschriebenen Notwendigkeit der Trennung zwischen dem Amtswalter in der Rolle als Bürger und dem Amt als Teil des Staates[557] widersprechen. Außerdem entstünden Wertungswidersprüche bei sogenannten Kollegialorganen wie Gemeinde- und Stadtratsversammlungen: Ein direkter Durchgriff auf die natürlichen Personen wäre zwar nicht undenkbar, sondern könnte beispielsweise mit einer Gesamtschuldnerschaft bewerkstelligt werden. Jedoch würden dann auch solche Mitglieder eines Gemeinderates, die gegen eine Klage gestimmt haben – das heißt, ohne für die Klage Veranlassung gegeben zu haben – für die Kosten mit ihrem Privatvermögen (!) haften[558] – und hinsichtlich möglicherweise gegebener (aber an weitere Voraussetzungen geknüpfter) Schadensersatzansprüche unter anderem das Insolvenzrisiko hinsichtlich der anderen Privaten tragen.

Tritt im Prozess ein Teil des Staates als solcher auf, wäre es prinzipiell nicht stimmig, dem Amtswalter dafür Kosten aufzuerlegen, denn eigentlich staatliches Handeln[559] würde plötzlich als privat behandelt.[560] Zwar kann, beispielsweise wenn

---

[557] Dazu oben C. II. 2. a), S. 332.

[558] Das führt zu Recht das VG Darmstadt, Urt. v. 11.03.1999, Az.: 3 E 1866–97 (3), NVwZ-RR 1999, 702, 703 als Gegenargument an.

[559] Bei einem Handeln eines Teils des Staates tritt auch nicht der bei *W. Neumann* in: Sodan/Ziekow, VwGO, § 154 Rn. 28 f. geschilderte Fall ein, dass der vermeintlich Beteiligte gar nicht beteiligtenfähig ist, sodass die Kosten der Person, die die Klage eingelegt hat, zur Last fallen (zur Beteiligtenfähigkeit noch unten Kapitel 5, B., S. 415 – machen Teile des Staates Rechte geltend, sind sie auch beteiligtenfähig).

[560] *C. M. Jeromin/R. Praml* in: Gärditz, VwGO, vor § 154 Rn. 8: „systemwidrig."; insofern uneingeschränkt zustimmungswürdig ist die Unterscheidung des OVG Koblenz, Urt. v. 19.05.1987, Az.: 7 A 90/86, NVwZ 1987, 1105.
Dagegen sind im Ausgangsverfahren, das dem Beschl. des VGH München v. 20.11.2015, Az.: 4 ZB 15.1510 (juris) zu Grunde lag, offensichtlich dem Kläger die Kosten als Privatperson auferlegt worden. Ähnlich geht OVG Lüneburg, Urt. v. 29.09.2015, Az.: 10 LB 25/14, NdsVBl. 2016, 43–45, juris Rn. 40 f. davon aus, dass Kosten in einem Kommunalverfassungsstreit zunächst vom Amtswalter persönlich zu tragen sind – zuzustimmen ist der Entscheidung a. a. O. jedoch insoweit, als anklingt, dass Kosten durch den Staat nur von diesem zu tragen sind, falls der Amtswalter in seiner Rolle als Teil des Staates gehandelt hat.

eine Klage trotz offensichtlich fehlender Erfolgsaussichten mutwillig verfolgt wurde, unter Umständen für eine fehlerhafte Amtsführung nach Beamtenrecht Ersatz vom Amtswalter als Privatperson verlangt werden, sodass dieser schließlich in wirtschaftlicher Hinsicht die Kosten tragen muss. Ein solcher Anspruch würde nach den dienstrechtlichen Vorschriften aber nur dem Dienstherren zustehen, also grundsätzlich einer juristischen Person des öffentlichen Rechts. Der Anspruch muss zudem erst geltend gemacht werden und ist an weitere Voraussetzungen geknüpft, die nicht einfach durch eine direkte Auferlegung der Kosten unterlaufen werden dürfen. Eine Kostentragung durch den Amtswalter aus seinem Privatvermögen, die sich direkt aus einer gerichtlichen Entscheidung ergibt, bei deren Zustandekommen der Unterliegende in seiner Rolle als Teil des Staates beteiligt war, scheidet also aus. Etwas anderes ergibt sich aber dann, wenn die Beteiligten Rechte als Privatpersonen geltend gemacht haben, etwa Ansprüche auf Vergütung für Tätigkeiten als kommunale Mandatsträger oder ihr allgemeines Persönlichkeitsrecht: Dann handelten sie in der Rolle als Privatperson und haben auch als solche die Kosten selbst zu tragen.[561]

Die Frage, ob die Klage eines Teils des Staates in dieser Eigenschaft durch den Amtswalter mutwillig erhoben wurde[562] – was Ersatzansprüche des Staates auslösen könnte –, ist nicht im Streitverfahren bei der Kostengrundentscheidung zu untersuchen.[563] Denn Erstattungsansprüche gegen die Amtswalter sind wie erwähnt dienstrechtlicher Natur und in einem entsprechenden gesonderten Verfahren geltend zu machen.[564]

Es ist aber auch keine überzeugende Lösung, die Kosten einem Beteiligten aufzuerlegen und durch das Unterlassen einer genauen Bezeichnung die Frage, in welcher Rolle etwa ein Bürgermeister oder ein Gemeinderatsmitglied die Kosten zu tragen haben, einfach offen zu lassen[565] – und damit die inhaltliche Entscheidung auf das Kostenfestsetzungsverfahren und die Urkundsbeamten abzuschieben. Denn wenn hinsichtlich der Kosten nicht klar ist, wer genau am Verfahren beteiligt war, dann ist das auch hinsichtlich der Gerichtsentscheidung im Übrigen problematisch. Die Notwendigkeit der Trennung zwischen Amtswalter und Amt und die Unterscheidung zwischen den verschiedenen Pflichtenkreisen be-

---

[561] OVG Koblenz, Urt. v. 19.05.1987, Az.: 7 A 90/86, NVwZ 1987, 1105; OVG Lüneburg, Urt. v. 29.09.2015, Az.: 10 LB 25/14, KommJur 2016, 98–100, juris Rn. 38 – dann sind auch keine Erstattungsansprüche möglich.
Dazu, dass dann aber keine Streitigkeit im Verhältnis Staat gegen Staat mehr vorliegt, schon oben C. II. 2. a), S. 332.

[562] Dazu etwa *K. Füßer/M. Buchen*, LKV 2010, 495, 496; *W. Roth*, Organstreitigkeiten, S. 996 ff.

[563] So aber OVG Bremen, Beschl. v. 31.05.1990, Az.: 1 B 18/90, NVwZ 1990, 1195–1197, juris Rn. 17; VG Darmstadt, Urt. v. 11.03.1999, Az.: 3 E 1866–97 (3), NVwZ-RR 1999, 702, 703; dagegen auch *K. Füßer/M. Buchen*, LKV 2010, 495, 497.

[564] *C. M. Jeromin/R. Praml* in: Gärditz, VwGO, vor § 154 Rn. 8.

[565] So aber *S. Olbertz* in: Schoch/Schneider/Bier, VwGO, Vorb. § 154 Rn. 13 mit Nachweisen aus der Rspr.; gegen diese Lösung auch *C. M. Jeromin/R. Praml* in: Gärditz, VwGO, vor § 154 Rn. 8.

trifft die gesamte Gerichtsentscheidung einheitlich. Wenn sie aber in der Hauptsache klar durchgeführt wurde, können auch hinsichtlich der Kosten keine Fragen offen bleiben.

2. Keine Kostentragung nicht vermögensfähiger Teile des Staates

Dieser Gedanke leitet auch diejenigen, die für eine Kostentragung durch den unterliegenden Teil des Staates in dieser Rolle plädieren: Nur gegen einen am Prozess Beteiligten könne eine Kostenentscheidung ergehen.[566] Den Teil des Staates, der Beteiligter war, selbst als zur Kostentragung verpflichtet zu betrachten,[567] ist eine Auslegung, die sehr streng am formalen System des Prozesskostenrechts orientiert ist.

Wird es gleichzeitig als gegeben angesehen, dass nur juristische Personen vermögensfähig sind und sonstige Teile des Staates nur Rechte aus dem öffentlichen Recht, wie beispielsweise sogenannte Organrechte, geltend machen und nur solche Rechte gegen sie gerichtet sein können,[568] dann könnten Erstattungsansprüche des Verfahrensgegners gar nicht entstehen bzw. sie wären nutzlos, weil ein Beteiligter, der nicht vermögensfähig ist, solche Kostenforderungen überhaupt nicht begleichen kann. Es ist nämlich keineswegs so dass, weil „das Organ als solches ebenso wie das Teilorgan kein Vermögen besitzt […] dann die hinter dem Organ stehenden Personen die Kosten selbst tragen" müssten,[569] denn aufgrund der Trennung der Rollen kann es hier keinen Automatismus geben.[570] Die Ansprüche, die gegen einen Organwalter als Privatperson aufgrund seiner Amtsführung entstehen, sind wie bereits oben geschildert[571] dienstrechtlicher Natur und stehen dem Dienstherrn, einer juristischen Person, zu – nicht dem Verfahrensgegner. Wären die Kostenerstattungsansprüche jedoch einfach derart gegen die nicht vermögensfähige Verwaltungseinheit gerichtet, dass diese ins Leere laufen und obsiegende Beteiligte keinen Kostenersatz bekommen, so würde das dem Grundgedanken des Kostenrechts zuwiderlaufen, dass nach dem „Unterliegensprinzip" die Kosten demjenigen zur Last fallen, der sie mit einer Prozesshandlung verursacht hat.[572]

---

[566] H. Bethge in: Mann/Püttner, HkWP, § 28 Rn. 72; W. Roth, Organstreitigkeiten, S. 993; für die Lösung plädiert auch W. Neumann in: Sodan/Ziekow, VwGO, § 154 Rn. 30.

[567] So auch BVerwG, Beschl. v. 02.06.2014, Az.: 8 B 98/13, juris Rn. 11 (dazu noch Fn. 581).

[568] Oben Kapitel 4, C.I.2.b), S. 322; ebenso K. Lange in: Baumeister/Roth/Ruthig, FS Schenke, S. 973.

[569] VG Darmstadt, Urt. v. 11.03.1999, Az.: 3 E 1866–97 (3), NVwZ-RR 1999, 702, 703 – zum mit dem Begriff des Teilorgans zu Tage tretenden, hier kritisierten statischen Organbegriff oben Kapitel 1, C.II., S. 34 und Kapitel 4, C.II.1., S. 328; siehe auch W. Roth, Organstreitigkeiten, S. 995.

[570] Ebenso K. Lange in: Baumeister/Roth/Ruthig, FS Schenke, S. 973.

[571] Oben 1., S. 350.

[572] J. Bader in: ders. u. a., VwGO, § 154 Rn. 1: „Verursacherprinzip"; C. M. Jeromin/R. Praml in: Gärditz, VwGO, § 154 Rn. 1: „Veranlasserprinzip"; S. Olbertz in: Schoch/Schneider/Bier, VwGO, § 154 Rn. 1; W.-R. Schenke in: Kopp/Schenke, VwGO, § 154 Rn. 1a.

Deswegen wird auch vertreten, dass einer Beteiligtenfähigkeit automatisch auch eine Kostentragungsfähigkeit entspreche.[573] Dem Gedanken der Relativität der Rechtsfähigkeit[574] folgend soll sich eine Rechtsfähigkeit in kostenrechtlicher Hinsicht direkt aus Prozessrechtsnormen wie den §§ 154 ff. VwGO ergeben, die gleichzeitig mit der Kostenlast auch eine dahingehende Fähigkeit regelten, entsprechende Rechte und Pflichten zu haben.[575] Eine solche Rechtsfähigkeit kann nicht als generelle Vermögensfähigkeit interpretiert werden, sondern nur als partielle Rechtsfähigkeit in diesem Bereich, weil sonst das Innehaben jedes vor Gericht durchsetzbaren Rechts eine generelle Vermögensfähigkeit bedeuten würde, sodass alle Verwaltungseinheiten, denen irgendein subjektives Recht zusteht, in zivilrechtlicher Hinsicht „vollrechtsfähig" wären. Das ist durch den Regelungsumfang des Prozesskostenrechts aber nicht gedeckt. Die Fähigkeit, Forderungsrechte inne zu haben und Verpflichteter solcher Rechte zu sein, soll sich dementsprechend auch nur auf solche Ansprüche erstrecken, die für die Kostenabwicklung notwendig sind.[576] Dazu gehört jedoch auch ein Anspruch des nicht rechtsfähigen Teils der Verwaltung gegen die juristische Person, der er angehört, auf Erstattung der Kosten.[577] Denn ohne diesen wäre das Organ aufgrund Vermögenslosigkeit gar nicht in der Lage, der Kostentragungspflicht nachzukommen. Die Herleitung dieses Anspruches ist umstritten.[578]

Diese Ansicht verkennt allerdings, dass die Normen des Prozesskostenrechts höchstens die unmittelbaren Kostenrechte auf Aktiv- und Passivseite regeln. Wollte die unterliegende nicht rechtsfähige Verwaltungseinheit den prozessualen Kostenanspruch freiwillig erfüllen, indem sie den Kostenerstattungsanspruch gegen die juristische Person geltend macht und das Geld dann an den Prozessgegner weiterleitet, würde das an der mangelnden allgemeinen Vermögensfähigkeit scheitern. Wer keine Kasse hat, kann auch nichts auszahlen.[579] Die Erfüllung der Ansprüche

---

[573] W. Roth, Organstreitigkeiten, S. 994.

[574] Oben Kapitel 4, C. I. 2. a), S. 318.

[575] So W. Roth, Organstreitigkeiten, S. 993 f.

[576] Vgl. W. Roth, Organstreitigkeiten, S. 993 f.

[577] H. Bethge in: Mann/Püttner, HkWP, § 28 Rn. 72. Zu diesem Anspruch W. Roth, Organstreitigkeiten, S. 994 ff.

[578] Dazu K. Füßer/M. Buchen, LKV 2010, 495, 496; K. Lange in: Baumeister/Roth/Ruthig, FS Schenke, S. 972 f. nennt m.N.: öffentlich-rechtlicher Erstattungsanspruch, Anspruch aus „den dem jeweiligen Funktionsträger kommunalverfassungsrechtlich zugewiesenen Aufgaben und Kompetenzen als Ausfluss seiner Organstellung", Anspruch aus Mitgliedschaftsrecht des einzelnen Gemeinderats, Anspruch aus „Normen über den Auslagenersatzanspruch ehrenamtlich Tätiger" (dabei ist teilweise zweifelhaft, ob die oben unter 1., S. 350 angesprochene Trennung der Rollen immer beachtet wird – genau genommen wären wohl in verschiedenen Fällen verschiedene Anspruchsgrundlagen heranzuziehen). Vgl. auch W. Roth, Organstreitigkeiten, S. 995 f.

[579] So im Ergebnis auch K. Lange in: Baumeister/Roth/Ruthig, FS Schenke, S. 973. Im Sonderfall, dass eine Verwaltungseinheit zwar nicht rechtsfähig ist, aber einen Haushaltstitel hat, kann nach W. Roth, Organstreitigkeiten, S. 999 aber nichts anderes gelten. Außer dem bei Roth genannten Argument ist auch zu bedenken, dass ein Haushaltstitel noch keine eigene Kasse ist: Der Anspruch würde auch in diesem Fall durch die juristische Person erfüllt.

kann das Organ also gar nicht selbst bewirken. Da sich dieser enge und bereits oben beschriebene Zusammenhang zwischen der allgemeinen Fähigkeit, Vermögensrechte inne zu haben und der Fähigkeit, Verpflichteter von Geldansprüchen zu sein, nicht auflösen lässt, kann eine auf das Kostenrecht beschränkte Vermögensfähigkeit nicht konstruiert werden.

3. Kostentragung durch eine vermögensfähige Verwaltungseinheit

Hat eine Verwaltungseinheit kein eigenes Vermögen und sind die Kosten wie beschrieben nicht dem Amtswalter als Privatperson aufzuerlegen, ist es im Ergebnis zwingend, dass der vermögensfähige Rechtsträger, dem die im Gerichtsverfahren unterlegene Verwaltungseinheit angehört, die Kosten zu tragen hat. Entsprechend wird auch sehr häufig die Gemeinde oder die sonstige juristische Person, deren Teil die unterlegene Verwaltungseinheit ist, für kostenpflichtig gehalten.[580]

Dann ist es fraglich, warum ein Umweg über die Kostenpflicht der am Prozess beteiligten nicht vermögensfähigen Verwaltungseinheit gegangen werden sollte.[581] Die Ansicht, die nur am Prozess Beteiligten Kosten auferlegen will (das aber im Ergebnis nicht schafft, weil sie den Erstattungsanspruch gegen die juristische Person zu Hilfe nehmen muss), orientiert sich formal zwar wie gesagt stark am System des Kostenrechts. Beispielsweise § 154 VwGO regelt aber nicht, der unterliegende Beteiligte habe die Kosten zu tragen, sondern spricht vom „unterliegende[n] Teil". Es lässt sich also argumentieren, der Wortlaut lasse auch eine Auslegung zu, aus der eine Kostenpflicht der vermögensfähigen Organisation, der die sich streitende Verwaltungseinheit angehört, resultiert. Schließlich wurden die verwaltungsrechtlichen Organstreitigkeiten auch insgesamt zugelassen, obwohl die Verwaltungsprozessordnungen nicht für Streitigkeiten innerhalb juristischer Personen ausgelegt wurden[582] – eine gewisse Flexibilität der Auslegung der Prozessrechtsnormen wurde dabei schon immer in Kauf genommen.[583] Im Nachgang dessen ist

---

[580] Die Kostentragung durch die „Körperschaft, der das Organ [...] angehört" (zumindest im Regelfall) wird als „überwiegende Rechtsprechung" (m.N.) bezeichnet bei VG Darmstadt, Urt. v. 11.03.1999, Az.: 3 E 1866–97 (3), NVwZ-RR 1999, 702, 703. Dafür auch *A. Gern,* Kommunalrecht, Rn. 799. Dazu auch *K. Lange* in: Baumeister/Roth/Ruthig, FS Schenke, S. 972 m.w.N, der dieses Ergebnis ebenfalls favorisiert.

[581] Das BVerwG, Beschl. v. 02.06.2014, Az.: 8 B 98/13, juris Rn. 11 ist zwar der Ansicht, „dass die §§ 154 ff. VwGO nicht erlauben, die Kosten eines Innenrechtsstreits zwischen zwei Gemeindeorganen der am Prozess nicht beteiligten Gemeinde selbst aufzuerlegen", begründet dies aber nicht weiter.

[582] Oben Kapitel 1, D.III., S. 45.

[583] Vgl. zur Überwindung von „Friktionen des Organstreits mit den Regelungen der Verwaltungsgerichtsordnung" *W. Krebs* in: Isensee/Kirchhof, HStR Bd. 5, § 108 Rn. 59. Dazu, dass der verwaltungsrechtliche Organstreit zunächst rein ergebnisorientiert Zugelassen wurde Kapitel 2, B.I.5.a), S. 69.

es nur ein kleiner Schritt, das Kostenrecht so zu interpretieren, dass die Kostenpflicht nicht nur wirtschaftlich, sondern auch formal die juristische Person trifft.

Die Begründung dafür, der vermögensfähigen Organisation, der die unterliegende Verwaltungseinheit angehört, die Kosten aufzuerlegen, darf aber jedenfalls nicht sein, dass das sogenannte Organstreitverfahren ohnehin in erster Linie den Belangen dieser Organisation gedient habe.[584] Denn in einem sogenannten verwaltungsrechtlichen Organstreit machen die Beteiligten durch eigene Rechte geschützte eigene Interessen geltend.[585] Dass die vermögensfähige Verwaltungseinheit, der sie angehören, die Kosten tragen muss, liegt nur daran, dass sie dies nicht selbst tun können und im vermögensrechtlichen Bereich nur die juristische Person handlungsfähig ist.[586]

Im Ergebnis erscheint es am überzeugendsten, die vermögensfähige Verwaltungseinheit, der die unterlegene Verwaltungseinheit angehört, als prozesskostenpflichtig anzusehen.[587] Auf Grundlage der dienstrechtlichen Normen können eventuell gegen den Amtswalter als Privatperson in einem separaten Verfahren Ersatzansprüche wegen fehlerhafter Dienstführung geltend gemacht werden.

D. Ermittlung von Rechten des Staates aus dem öffentlichen Recht

Nachdem in dieser Arbeit bisher erörtert wurde, welche Wertungen allgemein bei Streitigkeiten in der Konstellation Staat gegen Staat eine Rolle spielen, was ein subjektives Recht im Sinne der verwaltungsrechtlichen Prozessordnungen ist und wie es bestimmt wird, sowie welche Teile des Staates fähig sind, überhaupt Rechte inne zu haben, geht es nun um die Zusammenführung dieser Ergebnisse, um zu zeigen, wie sich Rechte des Staates ermitteln lassen.

Da sich gezeigt hat, dass pauschale Aussagen zu Rechten des Staates häufig nicht zielführend sind (dazu auch noch I.), ist mit der Aussage, dass der Staat grundsätzlich Rechte haben kann, noch nicht viel gewonnen. Rechte aus dem Privatrecht können nach dem bisher Gesagten nur juristischen Personen zustehen;[588] dass diese privatrechtsfähig sind, ist aber kaum umstritten.[589] Ob und welche

---

[584] Dazu W. *Roth,* Organstreitigkeiten, S. 992 f. m. N.

[585] Dazu, dass sich die Ansicht nicht durchgesetzt hat, dass im verwaltungsrechtlichen Organstreit nur Rechte der Organisation geltend gemacht würden, oben C. II. 1. bei Fn. 422, S. 329.

[586] Demgemäß ist auch schon die Rede gewesen von einem „allgemeinen staatsrechtlichen Grundsatz, daß jede öffentlichrechtliche Körperschaft die Ausgaben zu tragen hat, die sich aus der Wahrnehmung ihrer Aufgaben durch ihre Organe ergeben", wozu auch Gerichtsverfahren gehören, die Verwaltungseinheiten für sich selbst führen (OVG Koblenz, Urt. v. 19.05.1987, Az.: 7 A 90/86, NVwZ 1987, 1105).

[587] *K. Lange* in: Baumeister/Roth/Ruthig, FS Schenke, S. 973.

[588] Dazu Kapitel 4, C. I. 2. b), S. 322.

[589] Dazu schon oben Kapitel 2, B. II. 1., S. 81; zu Zweifeln Kapitel 4, C. I. 1., Fn. 328, S. 314.

Rechte aus dem Zivilrecht juristischen Personen zustehen, wirft in der Regel lediglich spezifische Probleme aus dem Zivilrecht auf. Jedoch können Teilen des Staates auch Rechte aus dem öffentlichen Recht zustehen[590] – auch Teilen des Staates, die keine juristischen Personen sind. Die Frage, wie solche Rechte zu ermitteln sind, stellt sich in zweierlei Hinsicht: Nicht nur, ob die Norm ein Recht beinhaltet, sondern auch ob sie dem konkreten Teil des Staates (in dieser Eigenschaft) das Recht verleiht, ist fraglich. Ausgangspunkt für die Suche nach Rechten ist die Rechtsnorm, die ein Recht enthalten könnte, weswegen es nahe liegt, zumindest die grundlegende Herangehensweise der Schutznormtheorie auf die Konstellation Staat gegen Staat zu übertragen (dazu II.). Es kommt in jedem Fall entscheidend auf die Wertungskriterien an, die im Einzelfall anzulegen sind, wenn sich die Frage stellt, ob sich ein Teil des Staates auf eine bestimmte Norm vor Gericht berufen können soll (dazu III.).

I. Keine grundsätzlich unterschiedlichen Wertungen aufgrund von Fallgruppen

Pauschale Aussagen und eine stereotype Fallgruppenbildung sind dabei allerdings, wie bereits angedeutet,[591] zu vermeiden, weil aufgrund der Relativität der Rechtsfähigkeit und der Relativität der Organeigenschaft jeder Verwaltungseinheit gesetzlich Rechte zum Schutz bestimmter Belange bzw. Interessen zugewiesen sein können. Es kommt, wie bereits herausgearbeitet, hinsichtlich der Ermittlung von Rechten aus dem öffentlichen Recht darauf an, im Einzelfall aus einer Norm zu entnehmen, ob sich der betreffende Teil der Verwaltung auf sie berufen können soll: Das Vorliegen subjektiver Rechte ist eine Frage des materiellen Rechts im Einzelfall.[592] Eine Differenzierung nach Fallgruppen kann nur dort sinnvoll sein, wo sich zwischen ihnen Unterschiede ergeben, die das Ansetzen unterschiedlicher Wertungskriterien rechtfertigen.

Denn eine Einteilung in Fallgruppen wie Streitigkeiten innerhalb und Streitigkeiten zwischen juristischen Personen darf nicht zur Anwendung unterschiedlicher Wertungskriterien führen, sondern rechtliche Kriterien müssen universell gelten. Fallgruppen können im Gegenteil nur dadurch entstehen, dass ausgeschlossen werden kann, dass bestimmte Wertungen in bestimmten Fällen greifen oder wenn sicher ist, dass sie nur dort greifen. Das heißt, nicht Fallgruppen führen zu unter-

---

[590] Oben Kapitel 4, B., S. 270.

[591] Vgl. oben Kapitel 4, C.I.3., S. 325 und C.III.2., S. 343; zu den historischen Hintergründen der Fallgruppenbildung im Bereich der Streitigkeiten zwischen Teilen des Staates oben Kapitel 2, B., S. 52 und Kapitel 4, A.II., S. 268. Zur Notwendigkeit der Konzentration auf die Wertungsfrage als Kern beim subjektiven Recht allgemein Kapitel 3, B.I.5., S. 200.

[592] Zur Notwendigkeit der Differenzierung im Einzelfall Kapitel 4, A.I.5., S. 267; zur Bedeutung des materiellen Rechts Kapitel 3, B.II.2.c), S. 210 bei Fn. 393, sowie Kapitel 3, B.II.2.d)cc)(3), bei Fn. 490, S. 226 und Kapitel 3, B.II.2.e), S. 233.

schiedlichen Wertungen, sondern Wertungskriterien führen zu Fallgruppen. Wenn in einer Fallgruppe ein Kriterium nicht relevant sein kann, kann das nur an dem Kriterium selbst liegen. Dem entsprechend wurde bereits in Kapitel 2 kritisiert, dass Streitigkeiten innerhalb von juristischen Personen des öffentlichen Rechts grundlegend anders betrachtet werden als Streitigkeiten zwischen juristischen Personen, obwohl die dazu führenden Wertungsgesichtspunkte wie der Grundsatz der Einheit der Verwaltung längst überholt sind und darüber hinaus konsequenterweise auch bei allen Streitigkeiten im Verhältnis Staat gegen Staat gleichermaßen angewendet werden müssten. Vorzugswürdig ist dagegen eine Differenzierung im konkreten Einzelfall mit homogenen Wertungskriterien, welche für alle Fallgestaltungen gelten, und welche die Besonderheiten bestimmter Konstellationen da berücksichtigen, wo sie auch wirklich auftreten.

II. Auslegung des objektiven Rechts

Oben wurde beschrieben, dass es eine doppelte Auslegungsfrage ist, ob eine Klagebefugnis vorliegt – oder sonst das Tatbestandsmerkmal einer Prozessrechtsnorm, das das Vorliegen eines eigenen subjektiven Rechts erfordert, gegeben ist –: Nämlich was unter „seinen Rechten" im Sinne von § 42 Abs. 2 VwGO und anderen Vorschriften des Verwaltungsprozessrechts zu verstehen ist und ob die Auslegung des materiellen Rechts ergibt, dass es ein solches Recht gewährt.[593] Bei der Ermittlung subjektiver Rechte des Staates ergeben sich allerdings die oben in Kapitel 3 allgemein geschilderten Probleme: Weil das subjektive Recht bislang nicht eindeutig definiert werden konnte, kann auch nicht unter Verwendung einer solchen Definition im konkreten Fall festgestellt werden, ob ein subjektives Recht im Sinne der verwaltungsrechtlichen Prozessrechtsnormen vorliegt.[594] Andererseits ist es aufgrund der Offenheit des Begriffs des subjektiven Rechts nicht ausgeschlossen, dass verschiedenste Teile des Staates subjektive Rechte – auch solche aus dem öffentlichen Recht – haben können.[595]

Es kommt also darauf an, Rechte mithilfe bestimmter Regeln zu ermitteln, also Kriterien zu finden, um die Wertungsfrage aufzulösen, die hinter dem subjektiven Recht steht.[596] Das kann auch bei subjektiven Rechten des Staates nicht anders sein. Die Basis aller subjektiven Rechte ist eine Norm des objektiven Rechts, wie oben schon unter dem Stichwort der Normativität der subjektiven Rechte erläutert wurde.[597]

---

[593] Dazu oben Kapitel 3, B. bei Fn. 36, S. 153.

[594] Also ob sich ein Teil des Staates auf eine bestimmte Rechtsnorm berufen können soll. Zur der Unterscheidung zwischen Definition des subjektiven Rechts und Auslegungsregeln zu dessen Ermittlung schon oben Kapitel 3, B. I. 2. b), S. 156.

[595] Oben (zusammenfassend) B. IV. 7., S. 304.

[596] Vgl. Kapitel 3, B. I. 2. b), S. 156.

[597] Oben Kapitel 3, B. I. 3. b), S. 165 (vgl. auch B. I. 1., S. 153).

1. Keine Adressatentheorie und kein Recht
bei faktischer Betroffenheit

Auch die Antwort auf die Frage, ob ein Teil der Verwaltung die Einhaltung der Rechtsnorm gerichtlich durchsetzen kann, muss sich aus der Rechtsnorm selbst entnehmen lassen.[598] Denn die oben erläuterten Alternativen zur Schutznormtheorie, die diesbezüglich einen modifizierten Ansatz verfolgen,[599] sind unabhängig von ihrer jeweiligen Überzeugungskraft jedenfalls nicht auf Streitigkeiten zwischen Teilen des Staates anwendbar, wie im Folgenden aufgezeigt werden soll.

Die Adressatentheorie beruht, wie beschrieben, nach herrschender Meinung im Kern darauf, dass belastende Verwaltungsakte immer einen Eingriff in Art. 2 Abs. 1 GG darstellen. Da Teile des Staates aber in der Regel keine Grundrechte haben[600] und niemals Rechte aus Art. 2 Abs. 1 GG herleiten können, fallen Streitigkeiten zwischen Teilen des Staates nicht in den Anwendungsbereich der Adressatentheorie.[601] Das Verhältnis von allgemeiner Handlungsfreiheit, dem Vorbehalt des Gesetzes und dem hergebrachten Grundsatz der Freiheit von ungesetzlichem Zwang ist zwar umstritten.[602] Aber auch wenn isoliert auf den Vorbehalt des Gesetzes oder die Freiheit von ungesetzlichem Zwang abgestellt würde, könnte das nicht dazu führen, dass es möglich wäre, Inhalte der Adressatentheorie auf die Konstellation Staat gegen Staat zu übertragen. Der hergebrachte Grundsatz des Schutzes von Freiheit und Eigentum galt schon im Konstitutionalismus nur zu Gunsten der Bürger und ist heute grundrechtlich fundiert,[603] sodass sich Teile des Staates nicht auf ihn berufen können.[604] Allgemeine verfassungsrechtliche Grundsätze, die auf ein Recht des Unterlassens gesetzwidrigen Zwanges hinauslaufen, sind aufgrund ihrer Entstehung im Konstitutionalismus auf das Verhältnis zwischen Staat und Bürger ausgerichtet, was durch ihre grundrechtliche Verankerung fixiert wurde. Der Staat kann von diesen Grundsätzen nicht profitieren. Selbst wenn das beim Vorbehalt des Gesetzes anders gesehen würde, führt dieser nicht dazu, dass sich

---

[598] So im Ergebnis auch *A. Wiese,* Beteiligung, passim., etwa S. 88, S. 97 und S. 121.

[599] Zur faktischen Betroffenheit und zum direkten Rückgriff auf Grundrechte oben Kapitel 3, B. II. 3., S. 234 und zur Adressatentheorie 4., S. 249.

[600] Dazu unten Kapitel 4, D. III. 2., S. 372.

[601] *A. Wiese,* Beteiligung, S. 142 (mit zumindest sprachlich von der hiesigen Argumentation abweichender Begründung). Das könnte einen Anstoß geben, über die Überzeugungskraft der Adressatentheorie insgesamt nachzudenken, denn belastende Verwaltungsakte können, bspw. in Form von rechtsaufsichtlichen Verfügungen, auch Teile des Staates treffen.

[602] Vgl. oben Kapitel 4, Fn. 236, S. 298 und Kapitel 3, Fn. 627, S. 251.

[603] *B. Grzeszick* in: Maunz/Dürig, GG, Art. 20 (VI. Verfassungsgrundsätze des Abs. 3) Rn. 78: „die weiten Begriffe von Freiheit und Eigentum" seien durch das Verfassungsrecht, insbesondere die Entwicklung der Grundrechte, „eingeholt" worden. Vgl. auch die in vorheriger Fn. 602 genannten Stellen. Selbst wenn eine noch existierende eigenständige Substanz des Schutzes von Freiheit und Eigentum unabhängig von den Grundrechten gesehen würde, könnten sich Teile des Staates jedenfalls nicht darauf berufen.

[604] Vgl. für einen Spezialfall unten Fn. 741, S. 383.

ein Rechtssubjekt auf jegliche Rechtsverletzungen berufen kann.[605] Würde der Vorbehalt des Gesetzes derart weit verstanden, dass – wie im Anwendungsbereich der Adressatentheorie auch bzw. wie bei den Grundrechten – alle, auch beispielsweise rein formelle, Anforderungen an eine staatliche Maßnahme eingehalten werden müssten, so könnte die in Drittschutzkonstellationen übliche Beschränkung des Rechtsschutzes auf bestimmte Fehler durch die Anforderung, dass eigene Rechte verletzt sein müssen, im Bürger-Staat-Verhältnis nicht aufrechterhalten werden.[606] Der Vorbehalt des Gesetzes kann also jedenfalls nicht dazu führen, dass sich Teile des Staates unabhängig von der Auslegung einer verletzten konkreten Norm auf einen Verstoß gegen sie berufen können, selbst wenn er auch als eigenständiger Grundsatz Teilen des Staates zu Gute käme.[607] Es kann daher aus den genannten Prinzipien keine Möglichkeit für Teile des Staates hergeleitet werden, sich ähnlich wie bei der Adressatentheorie auf Rechtsverletzungen unabhängig davon zu berufen, ob der Rechtsverstoß derart in einem Zusammenhang mit dem geltend gemachten Recht steht, dass die verletzte Rechtsnorm auch diejenige ist, die das Recht verleiht.[608]

Auch die Lehre, die eine Klagebefugnis direkt aus einer faktischen Betroffenheit herleitet, ist völlig auf das Bürger-Staat-Verhältnis ausgerichtet.[609] Das ist übrigens ein Zeichen, dass sie vollständig in der Tradition des Konstitutionalismus steht,[610] wo Rechtsschutz ebenfalls immer nur als Mittel des Bürgers gegen den Staat angesehen wurde.

---

[605] Dazu auch noch näher unter Kapitel 4, E. I., S. 381.

[606] Hier ergeben sich die gleichen Schwierigkeiten, wegen denen die Adressatentheorie auf die Konstellation eines Adressaten eines belastenden Verwaltungsaktes beschränkt wird (oben Kapitel 3, B. II. 4., S. 249). Dass der allgemeine Vorbehalt des Gesetzes in gleicher Weise nicht zu einer Überprüfung aller Verwaltungsentscheidungen in jeglicher Hinsicht führen kann – was man als Einschränkung verstehen könnte – ist ein Hinweis, dass er etwas sein könnte, das inzwischen in den übrigen Normen des GG aufgegangen ist (nächste Fn. 607).

[607] Letzteres kann hier offen bleiben. Zweifelhaft ist schon, ob es einen allgemeinen Vorbehalt des Gesetzes (der im Grundgesetz nicht explizit geregelt ist) abseits der grundgesetzlichen Gesetzesvorbehalte, etwa bei den Grundrechten, überhaupt gibt (zur Notwendigkeit, den allgemeinen Vorbehalt des Gesetzes zumindest eng an den Normen des GG orientiert zu ermitteln, *B. Grzeszick* in: Maunz/Dürig, GG, Art. 20 (VI. Verfassungsgrundsätze des Abs. 3) Rn. 80).

[608] Vgl. demgegenüber aber BVerwG, Urt. v. 20.11.2008, Az.: 7 C 10/08, BVerwGE 132, 261–276, juris Rn. 26, wo damit argumentiert wird, die klagende Stadt sei keine Drittbetroffene, sondern Adressatin. Hier ist aber das Verhältnis zu den vorherigen Aussagen, die eher auf eine Herleitung des subjektiven Rechtes aus § 35 Nr. 3 BBergG schließen lassen, unklar. Zu der Entscheidung noch unten F. I., S. 394.

[609] Zu dieser Ansicht oben Kapitel 3, B. II. 3. c), S. 242. Dass sie völlig auf die Beziehung zwischen Staat und Bürger fixiert ist, wird an vielen Punkten deutlich, etwa an der Heranziehung von Art. 19 Abs. 4 GG und der konstanten Nennung des „Einzelnen" (*R. Bartlsperger* in: Baumeister/Roth/Ruthig, FS Schenke, S. 38, S. 40f.). Vgl. *W. Henke*, Recht, passim., schon S. 1.

[610] Vgl. *W. Henke*, Recht, S. 39, der explizit an die historischen Gegebenheiten (a. a. O., S. 20ff.) anknüpfen will; dass insb. *Henke* sich nicht ganz von den Prinzipien des Konstitutionalismus gelöst habe, bemängelt *J. Schapp*, Recht, S. 18, S. 144 ff. (vgl. oben Fn. 173, S. 287).

Es bleibt also zur Ermittlung von Rechten des Staates nur, die Schutznormtheorie heranzuziehen oder einen Sonderweg für Rechte des Staates zu gehen. Ein Sonderweg sollte aber nur dann beschritten werden, wenn die Schutznormtheorie für Rechte des Staates nicht herangezogen werden kann.[611] Es bietet sich an, im Verwaltungsrecht grundsätzlich die Schutznormtheorie zur Ermittlung subjektiver Rechte heranzuziehen,[612] weil diese von Bühler als Definition des subjektiven Rechts entwickelt wurde und daher dem Begriff des subjektiven Rechts besonders nahe steht.[613] Sie ist, durch ihre grundsätzliche Ausrichtung auf die Auslegung der Rechtsnorm, mit dem als doppelte Auslegungsfrage charakterisierten subjektiven Recht aufs engste verwandt[614] und kommt daher dem Ideal, das subjektive Recht erst zu definieren und aus dieser Definition Folgerungen zu ziehen, am nächsten.[615]

2. Übertragbarkeit der Schutznormtheorie auf Konstellationen Staat gegen Staat

Es müssen jedoch Zweifel an der Übertragbarkeit der Schutznormtheorie auf Konstellationen, in denen Teile des Staates gegeneinander streiten, ausgeräumt werden.[616] Da die Schutznormtheorie wie oben beschrieben im Konstitutionalismus entstand, orientiert sich auch ihre Formulierung an dem Verhältnis, in dem damals aufgrund der These von der Impermeabilität und Einheit der Verwaltung Rechtsschutz im öffentlichen Recht diskutiert wurde: dem Verhältnis zwischen Bürger und Staat.[617] Zwar wurde der von Bühler in seiner Definition des subjektiven

---

[611] Zum Postulat, Gedankengebäude einfach zu halten, wenn das ohne Verlust möglich ist, oben Fn. 123, S. 279.

[612] Dies schlägt A. *Wiese*, Beteiligung, S. 143 vor – insofern etwas widersprüchlich, als sie sich an anderer Stelle gegen eine Übertragung der Definition *Bühlers* auf Rechte des Staates wendet (dazu unten Fn. 616).

[613] Zur Entwicklung der Schutznormtheorie oben Kapitel 3, B. II. 2., insb. a), ab S. 203; zur Trennung zwischen Definition des subjektiven Rechts und Regeln zu seiner Ermittlung oben Kapitel 3, B. I. 2. b), S. 156.

[614] Zu dieser Charakterisierung des subjektiven Rechtes oben Kapitel 3, B. bei Fn. 36, S. 153. Die Schutznormtheorie vermeidet es lediglich, eine genaue Definition des subjektiven Rechtes liefern zu müssen (die sich auch bisher nicht finden ließ), ist aber ansonsten auf die Auslegung des materiellen Rechtes fixiert – es wird also mindestens die (operable) Hälfte der doppelten Auslegungsfrage in Angriff genommen (dazu auch sogleich bei Fn. 631).

[615] Siehe oben Kapitel 3, B. I. 2. b), S. 156.

[616] Gegen eine Übertragung der Definition *Bühlers* auf Rechte des Staates A. *Wiese*, Beteiligung, S. 87, die allerdings durch die Fixierung auf die natürliche Person bedingt ist (zu subjektiven öffentlichen Rechten und dass auch Rechte des Staates so bezeichnet werden können oben Kapitel 4, B., ab S. 270). Letztlich ist aber auch *Wiese* dafür, „die durch den Gesetzgeber erlassenen Normen dahin gehend zu überprüfen, welchem Rechtssubjekt sie welche Rechtspositionen zuordnen." (a.a.O. S. 88, vgl. auch S. 97, S. 119ff., S. 145, S. 165). Soweit (wie a.a.O. auf S. 203) *Wiese* explizit auf die Schutznormtheorie abstellt, ergibt sich ein Widerspruch, diese anwenden, aber solche Rechte nicht als subjektive öffentliche Rechte bezeichnen zu wollen.

[617] Dazu auch oben Kapitel 4, B. III. 2., S. 282.

Rechts erwähnte „Untertan" inzwischen durch den „Bürger" ersetzt,[618] Letzterer kommt aber immer noch teilweise in den Formulierungen zur Schutznormtheorie vor.[619] Die Schutznormtheorie scheint daher nach wie vor eine Theorie zum Auffinden von Rechten des Bürgers gegen den Staat zu sein.[620] Dementsprechend wurde in der Literatur bereits (in Bezug auf Rechte im verwaltungsrechtlichen Organstreit) bezweifelt, dass sich Rechte des Staates genauso herleiten lassen wie solche des Bürgers.[621] Vor allem das Wort „Individualinteresse", das in den gängigen Formulierungen der Schutznormtheorie enthalten ist,[622] scheint der Anwendung der Schutznormtheorie entgegenzustehen.[623] Wenn „Individualinteresse" als Gegensatz zu „Allgemeininteresse" verstanden wird, dann scheint das eine dem Bürger, das andere dem Staat zugeordnet zu sein.[624]

Gegen diese hergebrachten Kategorisierungen wurden allerdings im Verlauf der Arbeit bereits etliche Argumente angeführt: Erstens ist zwar jeder Teil des Staates als apersonal anzusehen;[625] das schließt aber das Innehaben von Individualinteressen nicht aus. Denn wie bereits oben zum subjektiven Recht allgemein angemerkt, kann das Individualinteresse nicht als individualpsychologische Gegebenheit angesehen werden,[626] sonst wäre es unmöglich, dass juristische Personen des Privatrechts Rechte haben oder sich in typischen Konstellationen, in denen die Schutznormtheorie angewendet wird, auf solche berufen können. Wäre also ein Nachbar im Baurecht eine juristische Person, müsste ihr die Berufung auf Abstandsvorschriften verwehrt werden – und doch wird dies allgemein nicht so gesehen. Mit dem Argument der fehlenden Fähigkeit, menschliche Interessen zu haben, kann also eine Anwendung der Schutznormtheorie auf Teile des Staates nicht begründet werden. Auch sind Interessen, die Verwaltungseinheiten zugewiesen werden, nicht weniger individuell als diejenigen großer Kapitalgesellschaften, die auch von der

---

[618] A. *Wiese,* Beteiligung, S. 66 m. w. N.

[619] Vgl. oben bei Fn. 171, S. 287; zu Formulierungen der Schutznormtheorie oben Kapitel 3, B. I. 3. a), etwa Fn. 105, S. 163; zum subjektiven öffentlichen Recht als Recht des „Untertanen" schon oben Kapitel 4, B. III. 2. bei Fn. 172, S. 287.

[620] Diese Fixierung auf das Staat-Bürger-Verhältnis kritisiert auch *M. Schmidt-Preuß,* Privatinteressen, S. 193 ff.

[621] *F. E. Schnapp,* VerwArch 78 (1987), 407, 421 ff. m. N.

[622] Mit Nachw. oben Kapitel 3, B. II. 2., S. 203.

[623] Vgl. *W. Löwer,* VerwArch 68 (1977), 327, 339 f. (auch gegen Rechte des Staates überhaupt); anders als *Löwer* will *H. Bauer,* DVBl. 1986, 208, 217 Abstand von der Formulierung „Individualinteresse" nehmen, weil diese nicht zu Rechten des Staates passt. Vgl. auch *F. E. Schnapp,* VerwArch 78 (1987), 407, 423.

[624] In diese Richtung vor 50 Jahren BVerwG, Urt. v. 06.10.1964, Az.: V C 58.63, BVerwGE 19, 269, juris Rn. 15: Das Interesse des klagenden Teils des Staates an der Einhaltung einer Rechtsnorm sei „kein Individualinteresse im Sinne eines positiven subjektiven öffentlichen Rechts. Es ist vielmehr identisch mit dem Interesse der Allgemeinheit an der Wahrung dieser gesetzlichen Bestimmung."

[625] Dass die Rolle als Teil des Staates von der Rolle als Bürger gedanklich zu trennen ist: Kapitel 4, C. II. 2. a), S. 332.

[626] Oben Kapitel 4, A. I. 4., S. 265.

Schutznormtheorie profitieren.[627] Zweitens kann auch die Gegenüberstellung von Allgemeininteresse und Individualinteresse in einem engen Sinn nicht aufrecht erhalten werden. Sie ist ein Relikt des Konstitutionalismus und berücksichtigt nicht, dass es kein feststehendes Gemeinwohl gibt und die Verwaltung keinen monolithischen Block darstellt, sondern in ihr selbst eine Interessenpluralität herrscht.[628] Das Gemeinwohl, verstanden als in einem bestimmten Verfahren ermittelte bestmögliche Lösung von Interessenkonflikten, kann auch durch Rechte des Staates befördert werden.[629] Und drittens ergäbe eine Einteilung in Individualinteressen und Allgemeininteressen dann einen Zirkelschluss, wenn damit lediglich eine Unterscheidung von öffentlichen Interessen, also solchen, die durch Teile des Staates verfolgt werden, und Privatinteressen, die Bürgern zugeordnet sind, gemeint ist.[630] Dann würde allein aus der Zuordnung der Interessen darauf geschlossen, ob sie vor Gericht durchgesetzt werden können, ohne eine weitere Begründung dafür anzuführen. Kurzum: Alles, was dafür spricht, nicht lediglich die Rechte des Bürgers gegen den Staat als subjektive öffentliche Rechte anzusehen, sondern Rechte aus dem öffentlichen Recht auch Teilen des Staates zuzugestehen, spricht auch gegen eine Beschränkung der Schutznormtheorie auf das Bürger-Staat-Verhältnis.

Hinter der hergebrachten Formulierung, dass eine Norm zumindest auch Individualinteressen zu dienen bestimmt sein muss, steht – wenn die geschichtlich gewachsene sprachliche Fixierung auf den Bürger weggelassen wird – die Frage, ob eine Norm den Interessen des Rechtssubjekts, das als Kläger auftritt, zu dienen bestimmt ist. Dahinter verbirgt sich, wie bereits oben erläutert, nichts anderes als eine Reformulierung der Wertungsfrage, die mit dem Tatbestandsmerkmal „in seinen Rechten verletzt" im Sinne der verwaltungsrechtlichen Prozessrechtsnormen bereits ausgedrückt ist – einschließlich der Festlegung des Ausgangspunktes, dass die Auslegung des betreffenden Rechtssatzes entscheidend ist.[631] Wird die Schutznormtheorie als ein „Kanon von Methoden und Regeln",[632] als eine Sammlung verschiedener Kriterien zur Lösung dieser Auslegungsfrage verstanden, rückt die Formulierung „Individualinteresse" in den Hintergrund, weil es im Kern nicht darum geht, ein menschliches Individualinteresse zu identifizieren oder zu bewerten,[633] sondern darum, mit dem Bestand an Argumentationsinstrumenten die Wertungsfrage zu lösen, ob sich ein Rechtssubjekt auf eine Rechtsnorm berufen können soll. Denn wie dargestellt kann das Individualinteresse im Rahmen der Schutznormtheorie mit Rücksicht auf die Rechte juristischer Personen

---

[627] Dazu schon oben B.IV.6., S. 300.

[628] Zur Gegenüberstellung von Allgemeinwohl und Individualinteresse oben Kapitel 3, B.II.2.d)cc)(2), S. 218 sowie Kapitel 4, A.I.3., S. 264; zur Interessenpluralität Kapitel 2, C.II., S. 104.

[629] Dazu oben Kapitel 4, B.IV.6., S. 300, insb. bei Fn. 265, S. 302.

[630] Dazu, dass die Begriffe Allgemeininteressen, öffentliche Interessen, Privatinteressen und Individualinteressen getrennt werden müssen, W. *Roth,* Organstreitigkeiten, S. 469 ff.

[631] Kapitel 3, B.II.2.e), S. 233.

[632] *E. Schmidt-Aßmann/W. Schenke* in: Schoch/Schneider/Bier, VwGO, Einl. Rn. 20.

[633] Zum ganzen oben Kapitel 3, B.II.2.d)cc), insb. (2), ab S. 216.

in Drittschutzkonstellationen keinesfalls streng als Interesse von Menschen angesehen werden. Darüber hinaus erscheint eine Trennbarkeit von Allgemeininteressen und Individualinteressen nicht ohne weiteres möglich.[634] Da die Formulierung der Abgrenzung von Allgemein- und Individualinteressen nur vordergründig auf eine qualitative Bewertung von Interessen abstellt, das aber praktisch auch im Staat-Bürger-Verhältnis nicht konsequent umgesetzt wird,[635] kann sie auch der Anwendung der Schutznormtheorie in der Konstellation Staat gegen Staat nicht entgegenstehen, selbst wenn Interessen, die Teilen der Verwaltung zustehen, qualitativ andersartig wären, als solche der Bürger. Das Individualinteresse im Sinne der Schutznormtheorie ist im Grunde kein menschliches Interesse, sondern ein „Einzelinteresse", ein einem Rechtssubjekt zugeordnetes Interesse.[636] Interessen sind Teilen der Verwaltung aber aufgrund der Interessenpluralität in der Verwaltung vielfältig zugeordnet,[637] sodass auch die Schutznormtheorie zur Ermittlung von Rechten des Staates heranziehbar ist, bzw. Begründungsansätze, die in ihr gesammelt sind, auch auf Konstellationen im Verhältnis Staat gegen Staat übertragbar sind.[638]

Das wird umso deutlicher, je genauer die Funktionsweise der Begründungselemente der Schutznormtheorie analysiert wird. Wie oben bereits ausführlich erläutert, stellt beispielsweise die Formulierung, die vordergründig die Trennung von Allgemeininteressen und Individualinteressen verlangt, im Kern nur auf eine Einstufung von Interessen als im Prozess berücksichtigungsfähig ab und läuft auf eine Bewertung hinaus, ob eine Wahrnehmung des Interesses durch den Kläger als sinnvoll anzusehen ist.[639] Werden die in Kapitel 2 geschilderten, obsoleten Wertungen der Impermeabilität und Einheit der Verwaltung beiseite gelassen, nach denen es generell nicht sinnvoll sein kann, wenn sich Teile des Staates in einem „Behördenkrieg" streiten, und nach denen alle Teile des Staates nur ein feststehendes Gemeinwohl verfolgen, dann spricht auch nichts gegen Streitigkeiten zwischen Teilen des Staates, weil auch solche sinnvoll sein können, wie allein der sogenannte verwaltungsrechtliche Organstreit zeigt. Dass bei solchen Streitigkeiten um subjektive Rechte gestritten wird, ergibt sich unter der Prämisse eines praktischen Bedürfnisses für die Zulassung der sogenannten Organstreitigkeiten[640] also zwanglos

---

[634] Oben Kapitel 3, B. II. 2. d) cc) (2), S. 218.

[635] Kapitel 3, B. II. 2. d) cc) (3), S. 222.

[636] BSG, Urt. v. 28.04.1967, Az.: 3 RK 26/63, NJW 1968, 1109, juris Rn. 26: Dort wird es für möglich gehalten, dass eine Handwerkskammer „Individualinteressen" hat, die rechtlich geschützt sind. Vgl. dazu auch Kapitel 2, Fn. 223, S. 86.

[637] Dazu oben Kapitel 2, C. II. 1. b), S. 111.

[638] Vgl. oben Kapitel 2 Fn. 390, S. 114 f., insb. das wörtl. Zit. von M. Ruffert, DÖV 1998, 897, 900 f., der eine Parallele zwischen Schutznormtheorie und gesetzlicher Aufgabenzuweisung zieht. Faktisch eine Übertragung der Schutznormtheorie nimmt auch F. E. Schnapp, Amtsrecht, S. 216 vor.

[639] Siehe nochmals Kapitel 3, B. II. 2. d) cc) (4) S. 227.

[640] Dazu oben Kapitel 2, B. I. 5. a), S. 69.

bereits aus dem Mechanismus, der eigentlich hinter der Formulierung der Trennung von Allgemein- und Individualinteressen steht.

Formulierungen, welche die Schutznormtheorie auf das Verhältnis zwischen Bürger und Staat begrenzen, sind dagegen lediglich Ausdruck der Tatsache, dass zum Zeitpunkt der Entwicklung der Schutznormtheorie Rechte des Staates aus dem öffentlichen Recht als inexistent betrachtet wurden. Die Schutznormtheorie muss also nach den bisherigen Erkenntnissen für eine Anwendung auch in der Konstellation Staat gegen Staat allenfalls sprachlich, nicht aber inhaltlich angepasst werden. Dementsprechend wurde in der Literatur bereits geäußert, dass die Schutznormtheorie in Konstellationen Staat gegen Staat anwendbar sei.[641] Kann der Staat subjektive Rechte aus dem öffentlichen Recht haben, lassen sie sich auch mit Hilfe der Schutznormtheorie finden.

Für einen Sonderweg bei der Ermittlung von Rechten des Staates gibt es daher keinen Bedarf. Ganz gleich, ob die Bezeichnung „Schutznormtheorie" gewählt wird oder nicht: Zur Ermittlung von Rechten des Staates ist es notwendig, die jeweilige Norm auszulegen, um die Frage zu klären, ob ein bestimmter Teil des Staates sich auf sie berufen können soll. Das ist dann der Fall, wenn sie bestimmten, identifizierbaren Belangen, die einem Rechtssubjekt zugeordnet werden können und die der klagenden Verwaltungseinheit auch zugeordnet sind, zu dienen bestimmt ist. Das hat in erster Linie mit Hilfe der herkömmlichen Auslegungsmethoden zu erfolgen. Dabei ist besonderes Augenmerk darauf zu legen, ob sich ein bestimmter Teil des Staates auch in dieser Rolle selbst auf die Norm berufen können soll, oder ob der Teil des Staates in der konkreten Situation nur in der Funktion als Organ oder ob in Wirklichkeit ein Bürger in dieser Rolle durch die Norm angesprochen ist. Bei der Auslegung können Argumentationslinien helfen, die im Rahmen der Schutznormtheorie auch im Staat-Bürger-Verhältnis herangezogen werden, wie etwa Intention, Schutzwürdigkeit und Individualität (letzteres im Sinne einer eindeutigen Zuordnung nur zu dem betreffenden Teil des Staates).[642] Am Ende geht es aber auch bei der Ermittlung von Rechten des Staates darum, die Bewertung des Gesetzgebers zu ermitteln, hinsichtlich welcher Entscheidungen von Teilen der Verwaltung gegen andere Teile sinnvollerweise die Möglichkeit bestehen soll, sie noch einmal gerichtlich überprüfen zu lassen.[643]

---

[641] *M. Zuleeg*, DVBl. 1976, 509, 518, allerdings eher beiläufig und ohne spezifische Begründung: *Zuleeg* sieht gerade die Konstellation Staat gegen Staat, aufgrund des von ihm befürworteten direkten Rückgriffs auf Grundrechte im Übrigen (oben Kapitel 3, B. II. 3. b), S. 236), als verbliebenen Anwendungsfall für die Schutznormtheorie.

[642] Dazu schon oben Kapitel 3, B. II. 2. d) aa), bb). und cc) ab S. 212.

[643] Vgl. oben Kapitel 3, B. II. 2. e), S. 233.

III. Kriterien zur Ermittlung von Rechten des Staates

Wird derart der Grundgedanke der Schutznormtheorie übernommen, kann es dennoch sein, dass verschiedene Modifikationen in Betracht gezogen werden müssen. Denn aus dem „Kanon von Methoden und Regeln"[644] werden auch im Bereich der Streitigkeiten von Bürgern gegen den Staat nicht immer alle Begründungselemente herangezogen. Und es erscheint möglich, dass eventuell vorhandene konstellationsspezifische Argumente bei Streitigkeiten im Verhältnis zwischen Teilen des Staates neu aufzunehmen sind. Würden sich solche Besonderheiten als grundlegende Modifikation der Schutznormtheorie herausstellen, wäre es sogar überflüssig, von einer Übertragung der Schutznormtheorie zu sprechen.

Zu den in der Konstellation Staat gegen Staat relevanten Wertungskriterien wurde jedoch in Kapitel 2 (S. 47 ff.) schon einiges ausgeführt. Wäre ein normativer Grundsatz der Einheit der Verwaltung zu beachten, würden alle Teile des Staates nur ein feststehendes Gemeinwohlziel verfolgen, gäbe es eine feststehende Trennung in „Innenrecht" und „Außenrecht" beziehungsweise sogar eine rechtliche Impermeabilität des Staates oder seiner juristischen Personen oder würden andere Gesichtspunkte des Staatsaufbaus Streitigkeiten im Verhältnis Staat gegen Staat beschränken, müssten diese, sofern sie nicht ohnehin zur Unmöglichkeit solcher Streitigkeiten führen, im Rahmen der Schutznormtheorie beachtet werden. Bereits oben wurde allerdings gezeigt, dass diese Gesichtspunkte zumindest bei Streitigkeiten im Verhältnis zwischen juristischen Personen in der Praxis ohnehin keine Rolle spielen. Darüber hinaus können sie durch die gesetzliche Anordnung von Rechten für Teile des Staates leicht überspielt werden. Überlegungen hinsichtlich Funktionsfähigkeit des Staates, Demokratieprinzip und Gewaltmonopol könnten zwar bei der Auslegung von Rechtsnormen, die Rechte enthalten können, in systematisch-teleologischer Hinsicht eine Rolle spielen. Bei Rechten juristischer Personen des öffentlichen Rechts werden diese Aspekte aber ebenfalls nicht diskutiert. Und im Bereich der sogenannten verwaltungsrechtlichen Organstreitigkeiten hat gerade das Funktionsfähigkeitsargument in der Vergangenheit dazu geführt, Rechte in solchen Konstellationen anzuerkennen. Die genannten Wertungsgesichtspunkte können also, wie oben bereits erörtert, nicht herhalten, um gegen die Annahme subjektiver Rechte des Staates zu argumentieren – auch nicht im Einzelfall.

Offen gelassen wurde hingegen noch das Verhältnis zwischen dem Hierarchieprinzip und subjektiven Rechten (dazu 1.), wobei sich hier ebenfalls feststellen lassen wird, dass auch im Einzelfall in der Regel mit einer Einbindung in eine Hierarchie nicht gegen das Vorliegen von Rechten argumentiert werden kann. Die einzige notwendige Anpassung der Schutznormlehre für Streitigkeiten zwischen Teilen des Staates ist, dass nicht auf Grundrechte zurückgegriffen werden kann, weil dem Staat Grundrechte nicht zustehen (2.). Damit wird die Anpassungsfähigkeit der

---

[644] *E. Schmidt-Aßmann/W. Schenke* in: Schoch/Schneider/Bier, VwGO, Einl. Rn. 20.

Schutznormlehre nicht überstrapaziert. Die Herangehensweisen im Rahmen der traditionell gebildeten Fallgruppen von Streitigkeiten innerhalb und außerhalb juristischer Personen unterscheiden sich nicht grundsätzlich (3.). Es ist möglich, von einem Schutz gesetzlich geschützter, einer Verwaltungseinheit zugeordneter Belange auf subjektive Rechte dieser Verwaltungseinheit zu schließen (4.).

1. Hierarchieprinzip nicht als Kriterium zu berücksichtigen

Oben wurde beschrieben, dass vor der Entstehung subjektiver öffentlicher Rechte zunächst angenommen wurde, die Machtfülle des absolutistischen Herrschers stehe im Prinzip Rechten der Bürger gegen den Staat entgegen.[645] In gleicher Weise könnte das Hierarchieprinzip in der Verwaltung[646] verstanden werden: Ist ein Teil der Verwaltung dem anderen hierarchisch unterworfen, kann es keine Rechte mehr geben, weil der weisungsbefugte Teil die volle Kontrolle über den weisungsgebundenen Teil hat. Aber auch weitere Überlegungen sprechen gegen eine Existenz von Rechten von Teilen des Staates, wo eine Hierarchie besteht:[647] Das Hierarchieprinzip ist ein Instrument zur Beherrschung der Spezialisierung und Differenzierung in der Verwaltung;[648] eine Interessenpluralität drückt sich also nicht zwangsläufig nur durch subjektive Rechte der Teile der Verwaltung aus. Da das Hierarchieprinzip ein Mittel zur Konfliktlösung darstellt,[649] scheinen keine ungelösten Streitigkeiten zu verbleiben und die Hierarchie scheint daher auch keinen Raum zu lassen, in dem subjektive Rechte noch zur Austragung von Streitigkeiten herangezogen werden könnten.[650] Dieser Eindruck wird insbesondere im Beamtenverhältnis durch die Regeln über die Remonstration in § 36 Abs. 2 BeamtStG verstärkt, der, wenn er als abschließend verstanden wird, gegenüber Weisungen nur die dort geregelten Abwehrmaßnahmen zulässt und damit Rechte gerade auszuschließen scheint.[651] Wird also eine Norm betrachtet, auf die sich ein Teil des Staates berufen möchte, der in eine Hierarchie eingebunden ist, erscheint es auf Grundlage dieser Überlegungen angezeigt, die Norm im Zusammenhang mit den Normen

---

[645] Oben Kapitel 4, bei Fn. 143, S. 283. Selbst wenn diese Einschätzung stark vereinfachend ist (bspw. gab es die iura quaesita), ändert das nichts an dem, was hier im Folgenden gezeigt werden soll.

[646] Dazu oben Kapitel 2, C. III., S. 124.

[647] Vgl. auch A. *Herbert*, DÖV 1994, 108, 111: „Einigkeit" herrsche darin, dass ein Verhältnis der „Über-/Unterordnung" oder wenn Behörden „derselben Aufsichtsinstanz unterstehen" Rechte ausschlössen; vgl. auch W. *Loschelder* in: Isensee/Kirchhof, HStR Bd. 5, § 107 Rn. 107 – zu der dort zu Grunde gelegten, aber in ihren Folgerungen noch viel weitergehenden Gegenüberstellung von staatlicher und gesellschaftlicher Sphäre schon oben Kapitel 4 bei Fn. 265, S. 302.

[648] W. *Loschelder* in: Isensee/Kirchhof, HStR Bd. 5, § 107 Rn. 6.

[649] Kapitel 2, C. III. 1., S. 124.

[650] In diese Richtung bspw. H.-H. *Becker-Birck*, Insichprozess, S. 76.

[651] C. H. *Ule*, VVdStRL 15 (1956), 133, 156 zu § 3 Abs. 2 BBG a. F.

zu sehen, welche die Hierarchie konstituieren, und aus systematischen Gründen ein Recht tendenziell abzulehnen.

Überzeugender ist es allerdings, Rechte auch parallel zu Systemen der Hierarchie zu akzeptieren. Allein dass sich im Konstitutionalismus trotz der vollen Akzeptanz des allgemeinen Gewaltverhältnisses[652] subjektive öffentliche Rechte der „Untertanen" entwickeln konnten,[653] ist ein Indiz, dass ein Unterwerfungs- bzw. Kontrollverhältnis nicht aus Prinzip Rechten des jeweils in die Hierarchie eingebundenen Rechtssubjekts entgegensteht. Aber auch ohne die Parallele zu historischen Entwicklungen ergibt sich, dass die Hierarchie in der Verwaltung Rechte nicht ausschließt. Oben wurde bereits dargelegt, dass das Hierarchieprinzip sowohl in seiner beamtenrechtlichen Ausprägung, als auch auch ansonsten, zwar ein zentrales Bauprinzip der Exekutive ist, Weisungen aber nur ein Mittel zur extranormativen Füllung von Lücken zwischen den formellgesetzlichen Normen darstellen. Ebenso wurde erläutert, dass das Hierarchieprinzip kein durchgängiger Grundsatz ist, sondern vielfältig durchbrochen wird.[654]

a) Weisungen und Rechte: Unterschiedliche Ebenen

Nachdem inzwischen das subjektive Recht als in jedem Fall auf dem Gesetz beruhend charakterisiert wurde (unter dem Stichwort Normativität des subjektiven Rechts),[655] wird erkennbar, dass Weisungen und subjektive Rechte auf unterschiedlichen Ebenen existieren. Wo ein Recht in einem Rechtssatz normiert ist, gibt es – um im Bild für das Verhältnis zwischen Weisungshierarchie und formellen Rechtsnormen zu bleiben – keine Lücke im Gesetz mehr, die das System beamtenrechtlicher Weisungen auffüllen könnte. Der Gesetzgeber kann nicht gehindert sein, einer Verwaltungseinheit trotz deren Bindung an Weisungen Rechte zu gewähren. Aufgrund der Bindung der Exekutive an das Gesetz (Art. 20 Abs. 3 GG) geht zumindest im Organisationsrecht das formelle Gesetz den extranormativen Weisungen vor.[656] Das letztlich ebenfalls organisationsrechtlich fundierte

---

[652] Oben Kapitel 3 bei Fn. 443, Fn. 445, S. 220.

[653] Zur Entwicklung subjektiver öffentlicher Rechte im Konstitutionalismus oben Kapitel 4, B. III. 2., S. 282 – noch heute enthält die Subordinationstheorie zur Trennung von öffentlichem und Privatrecht die Formulierung „Über- bzw. Unterordnungsverhältnis" (Bspw. *D. Ehlers/ J.-P. Schneider* in: Schoch/Schneider/Bier, VwGO, § 40 Rn. 220), welches aber Rechte der Bürger nicht ausschließt.

[654] Zum Ganzen oben Kapitel 2, C. III., ab S. 124.

[655] Vgl. oben Kapitel 3, B. I. 1., S. 153 und 3. b), S. 165.

[656] Zur vom hier diskutierten Problem zu trennenden Frage, ob Rechtsnormen, die das Verhältnis zwischen Bürger und Staat regeln, beamtenrechtlichen Weisungen vorgehen, oben Kapitel 2, bei Fn. 474, S. 126. Es handelt sich bei letzterer um die Frage, ob die Normen des Rechts, das zwischen Bürgern und Staat gilt, die jeweilige Verwaltungseinheit überhaupt direkt binden. Das ist jedenfalls bei Organisationsrecht, das sich an die Verwaltungseinheit richtet, der Fall.

Hierarchieverhältnis selbst[657] kann nicht seinerseits subjektiven Rechten vorgehen, denn es ist ein allgemeines Verhältnis aus Gehorsamspflicht und Weisungsbefugnis, das nur durch die hierarchischen Weisungen konkretisiert wird und von daher keine inhaltlichen Vorgaben enthalten kann, die Rechte ausschließen. Dort, wo Rechte einer Verwaltungseinheit gesetzlich geregelt sind, ist daher kein Raum mehr für eine Regelung durch hierarchische Weisungen, weil die Lücke im System der die Verwaltungseinheit bindenden formellgesetzlichen Regelungen beseitigt wird, die sonst durch die Hierarchie ausgefüllt wird.

Im Bereich innerhalb juristischer Personen, wo beamtenrechtliche Weisungen eine wichtige Rolle spielen, steht dem nicht die Existenz des ebenfalls gesetzlich geregelten Remonstrationsverfahrens entgegen, weil dieses Verfahren wie die Weisung eine Erscheinung ist, die nicht auf der selben Ebene wie subjektive Rechte besteht. Das Ziel des Remonstrationsverfahrens ist nur eine disziplinar- und haftungsrechtliche Entlastung des Amtswalters, es hat „keine Rechtsschutzersatzfunktion".[658] Es wirkt auf persönlicher Ebene, also für den Amtswalter als Privatperson, der Nachteile für sich in seiner persönlichen Sphäre befürchtet, wenn er aufgrund von Weisungen zu einer seiner Meinung nach fehlerhaften Amtsführung gedrängt wird. Wenn Rechte dagegen Teilen des Staates in dieser Eigenschaft zustehen, dann berechtigen sie diesen in einer ganz anderen Rolle, nämlich gerade nicht auf persönlicher Ebene. Bei etwas, von dem ein Amtswalter in seiner persönlichen Sphäre entlastet werden soll, kann nicht davon ausgegangen werden, dass es Rechte in der Rolle eines Teils der Verwaltung ausschließt. Mit anderen Worten, es ist die oben beschriebene notwendige Trennung zwischen dem Amtswalter als Bürger und dem Amt als Teil des Staates zu beachten.[659]

Es muss also einen anderen Grund geben, warum dort, wo die Koordination der Verwaltungsorganisation fast ausschließlich durch Weisungen und ähnliche nicht als Rechtsnormen zu qualifizierende Instrumente bewerkstelligt wird – hauptsächlich in den unteren Verästelungen der Verwaltungsorganisation –, keine Rechte von Teilen des Staates zu finden sind. Das lässt sich damit erklären, dass es dort eben keine Rechtsnormen des Organisationsrechts gibt, die Rechte enthalten könnten. Ist eine Verwaltungseinheit im Gesetz nirgends erwähnt, sondern nur die übergeordnete Organisation, der sie angehört, dann folgt daraus zwingend, dass ersterer auch keine Rechte gesetzlich zugewiesen sind. Auch hier ist übrigens genau zu unterscheiden: Beamtenrechtliche Regelungen, welche die Amtswalter in ihrer privaten Rolle und nicht in ihrer Rolle als konkrete, apersonale Verwaltungseinheit ansprechen, sind nicht geeignet, Rechte für die Verwaltungseinheit zu normieren. Durch eine extranormative Aufteilung von Aufgaben und Zuständigkeiten sind Rechte der einzelnen Teile der Verwaltung also ausgeschlossen. Durch solche Lücken wird, wie oben bereits beschrieben, eine Impermeabilität der Verwaltung

---

[657] Das von den jeweiligen Weisungen gedanklich getrennt werden kann.
[658] *F.E. Schnapp*, Amtsrecht, S. 124.
[659] Kapitel 4, C. II. 2. a), S. 332.

auf niedriger Ebene konserviert, was aber nicht heißt, dass nicht der Gesetzgeber regelnd eingreifen und Rechte normieren könnte. Die Wertungen sind hier keine grundsätzlich anderen als in anderen Bereichen der Verwaltung. Das wird schon daran deutlich, dass sowohl das Hierarchieprinzip als auch Rechte von Teilen des Staates Mittel zur Konfliktlösung innerhalb einer Verwaltung sind, die von Interessenpluralität geprägt ist: Der Gesetzgeber könnte Interessen, die er für schutzwürdig hält, auch in streng hierarchisch organisierten Teilen der Verwaltung mit Hilfe von Rechten von Teilen der Verwaltung Nachdruck verleihen.

Weisungen gibt es aber nicht nur auf den untersten Ebenen der Verwaltung, wo regelmäßig keine gesetzliche Regelung der Strukturen vorhanden ist. Anhand von Weisungen gegenüber juristischen Personen lässt sich besonders gut zeigen, dass die Weisungshierarchie Rechte von Teilen des Staates nicht aus irgendeinem rechtlichen Prinzip heraus ausschließt. Obwohl nämlich beispielsweise kommunale Gebietskörperschaften zumindest der Rechtsaufsicht unterliegen, stehen ihnen aus Art. 28 Abs. 2 GG Rechte zu,[660] die sie sogar (aber nicht nur) gegen Weisungen in diesem Verhältnis geltend machen können.[661] Darüber hinaus wird angenommen, dass auch fachaufsichtliche Weisungen Gemeinden in ihren kommunalen Selbstverwaltungsrechten verletzen können, wenn sie sich zum Beispiel auf der Ebene der Personal- oder Finanzplanung auswirken. Gemeinden können also dementsprechend auch gegen solche Weisungen gerichtlich vorgehen.[662] In Bayern wird Gemeinden bei fachaufsichtlichen Weisungen eine Klagebefugnis aus Art. 109 Abs. 2 S. 1 GO, also sogar aus den Regelungen des Fachaufsichtsverhältnisses selbst, zugestanden.[663] Das zeigt, dass eine Weisungsgebundenheit keineswegs Rechte ausschließt. Vielmehr ist es umgekehrt so, dass eine uneingeschränkte Unterworfenheit unter Weisungen nur dort besteht, wo es keine Rechte gibt, weil die sonst Rechte normierenden gesetzlichen Regelungen nur dann die erwähnte Lücke für die Weisungen lassen.[664]

---

[660] Dass es sich hier um Rechte handelt, wurde oben erläutert, Kapitel 4, B. I., S. 271.

[661] Vgl. *A. Gern*, Kommunalrecht, Rn. 834. Zu einzelnen Ausprägungen der Berechtigung aus Art. 28 Abs. 2 GG *H. Dreier* in: ders., GG Bd. 2, Art. 28 Rn. 96.

[662] Siehe oben Kapitel 2, B. II. 2. b), Fn. 238 und 239, S. 89.

[663] *M. Bauer/T. Böhle/G. Ecker*, Bayerische Kommunalgesetze, Art. 109 GO Rn. 26; *J. Prandl/ H. Zimmermann/H. Büchner/M. Pahlke*, Kommunalrecht, Art. 120 GO Rn. 3; VGH München, Beschl. v. 31.10.1984, Az.: 11 B 83 A. 2869, BayVBl. 1985, 368.

[664] Hier ergibt sich eine Parallele zu den sogenannten Organrechten, bei denen Rechte aus einer Kontraststellung hergeleitet wurden, obwohl es genauso gut möglich ist zu sagen, dass diese Stellung nur aufgrund von Rechten überhaupt besteht (oben Kapitel 2, B. I. 5. a), S. 69): Ebenso dürfen hier nicht Ursache und Wirkung verwechselt werden, indem behauptet wird, dass das Hierarchieverhältnis Rechte ausschließt.

b) Effizienz der Hierarchie kein Ausschlussgrund für Rechte

Dass durch die Weisungshierarchie Streitigkeiten eventuell schneller als im Wege eines Gerichtsverfahren gelöst werden können, kann nicht als Argument gegen die Zuweisung von Rechten an Teile des Staates angeführt werden,[665] weil die Frage, wer entscheidet, für das Ergebnis einer Konfliktlösung sehr ausschlaggebend sein kann. Verwaltungseffizienz bedeutet nicht allein schnelles, sondern auch richtiges Verwaltungshandeln. Das Organisationsrecht hat zwar auch die Funktion, „mögliche Reibungsverluste innerhalb der Verwaltung zu minimieren"[666] – ob das allerdings durch eine strikte Weisungshierarchie oder durch subjektive Rechte mit einem System von „checks and balances"[667] wie im Bereich der kommunalen Gebietskörperschaften geschieht, ist dadurch nicht festgelegt und bleibt dem Gesetzgeber überlassen.

Formen und Abläufe innerhalb der Verwaltung können ähnlich sein, wie im Staat-Bürger-Verhältnis, und daher auch mit subjektiven Rechten organisiert bzw. bewerkstelligt werden. Die Verwaltung in Privatrechtsform ist schließlich ebenfalls akzeptiert. Ist im Gesetz ein Recht eines Teils des Staates normiert, dann kann davon ausgegangen werden, dass der Streit grundsätzlich auch durch eine neutrale Stelle entschieden werden soll. Kann der Teil des Staates allerdings im Einzelfall schneller das konkrete Rechtsschutzziel erreichen, indem die Verwaltungshierarchie genutzt wird, ist das eine Frage des Rechtsschutzbedürfnisses.[668]

c) Verhältnis zwischen Hierarchie und Rechten

Bereits in Kapitel 2 wurde erläutert, dass die Hierarchie in der Verwaltung nicht durchgängig besteht. Vom Grundgedanken der Hierarchie her müsste die gesamte Verwaltungsorganisation einer einzigen weisungsbefugten Spitze untergeordnet sein. Eine solche Hierarchie ist weder tatsächlich konsequent durchgehalten noch ein Idealbild, das es zu erreichen gilt; auf die Hierarchie kann aber auch nicht gänzlich verzichtet werden. Im Demokratieprinzip ist durch die Legitimationskette ein gewisser hierarchischer Aspekt angelegt.

Subjektive Rechte von Teilen des Staates können als Durchbrechungen der Hierarchie gesehen werden, weil eine rechtliche Normierung eines bestimmten organisationsrechtlichen Aspektes (nämlich dass ein Teil der Verwaltung bestimmte

---

[665] So aber bspw. *H.-H. Becker-Birck*, Insichprozess, S. 76; zu Funktionsfähigkeitsargumenten schon oben Kapitel 2, C. I., S. 95.

[666] *F. E. Schnapp*, Amtsrecht, S. 108.

[667] Vgl. oben Kapitel 2, Fn. 271, S. 96.

[668] Zum Rechtsschutzbedürfnis unten Kapitel 5, D. S. 427; vgl. auch oben die Ausführungen zum Insichprozess Kapitel 2, B. I. 4., S. 64 (insb. bei Fn. 127, S. 69), bei dem im Falle eines Streits innerhalb einer hierarchischen Organisation ebenfalls das Rechtsschutzbedürfnis als entscheidender Faktor anerkannt wird.

Interessen auch autonom gerichtlich durchsetzen kann) dazu führt, dass eine Weisungsgebundenheit in dieser Angelegenheit nicht bestehen kann. Subjektive Rechte und Hierarchie können aber auch als parallel nebeneinander existierend betrachtet werden, da dort, wo gesetzliche Regelungen bestehen (die für Rechte Voraussetzung sind), das Hierarchieprinzip von vornherein nicht Platz greifen kann. Letztlich ist das eine rein terminologische Frage. Denn auch wenn Rechte von Teilen des Staates als Durchbrechung der Hierarchie gesehen werden, so besteht kein echter Konflikt zwischen Hierarchie und Rechten: Bestehen Rechte, gehen sie als gesetzliche Regelung aufgrund des Vorrangs des Gesetzes (Art. 20 Abs. 3 GG) jeglichen Weisungen vor.

Die Befürchtung einer Auflösung der Staatlichkeit, die oft mit einer Einschränkung der Hierarchie verbunden wird,[669] ist jedenfalls aufgrund der Erfahrungen mit Gerichtsprozessen zwischen Teilen des Staates im Allgemeinen, wie oben bereits gezeigt, unbegründet,[670] und auch durch Rechte von Teilen des Staates im Besonderen wird die „Staatlichkeit des Rechtsstaates"[671] nicht angetastet: Da subjektive Rechte immer auf Rechtsnormen beruhen und in Verwaltungsprozessen nur die Rechtmäßigkeit von Verwaltungshandlungen überprüft wird, besteht immer – wie bei der Legitimationskette – letztlich eine Rückbindung an das Parlament,[672] denn es wird letztlich lediglich die Durchsetzung des von ihm erlassenen Gesetzes gefördert.[673] Insofern kann auch die gegenseitige Kontrolle von Verwaltungseinheiten untereinander durch die Ausübung von Rechten die Funktion der Hierarchie, „die Rechtmäßigkeit allen Verwaltungshandelns sicherzustellen",[674] zumindest teilweise übernehmen.

d) Zwischenergebnis

Aus der Interessenpluralität der Verwaltung entstehen Konflikte, die im Falle der Zuordnung von entsprechenden Rechten durch Rechtsnormen vor Gericht ausgetragen, ansonsten aber auch mit Mitteln der Weisungshierarchie gelöst werden können, wenn solche vorhanden sind. Da das Gesetz, zumindest wenn es sich direkt an bestimmte Verwaltungseinheiten richtet, Vorrang vor bloßen Weisungen hat, und die hierarchischen Weisungen nur Leerstellen im Gesetz ausfüllen, und

---

[669] Vor einer solchen warnt für den Fall zu weitreichender Autonomisierung *W. Loschelder* in: Isensee/Kirchhof, HStR Bd. 5, § 107 Rn. 17; zum „Behördenkrieg" auch schon Kapitel 2 bei Fn. 102, S. 65 und Fn. 266, S. 95. Vgl. auch oben Kapitel 2 bei Fn. 282, S. 97.

[670] Kapitel 2, C. I., S. 95.

[671] Formulierung bei *W. Loschelder* in: Isensee/Kirchhof, HStR Bd. 5, § 107 Rn. 17.

[672] Dem entsprechend betont auch *W. Loschelder* in: Isensee/Kirchhof, HStR Bd. 5, § 107 Rn. 55 f., dass bei der kommunalen Selbstverwaltung das Gesetz als Steuerungsinstrument eine große Rolle spielt.

[673] *J. Masing*, Mobilisierung, S. 181: „Subjektiver Rechtsschutz bedeutet immer die Durchsetzung auch objektiven Rechts."

[674] *W. Loschelder* in: Isensee/Kirchhof, HStR Bd. 5, § 107 Rn. 17.

weil Weisungen und Rechte auf verschiedenen Ebenen existieren, steht die Weisungshierarchie Rechten nicht entgegen.[675]

Der Gesetzgeber ist daher frei, Rechte zu verleihen, auch wenn der betreffende Teil der Verwaltung in einen hierarchischen Verwaltungsaufbau eingeglie-
dert ist. Das steht nicht im Widerspruch zum Demokratieprinzip und sonstigen
verfassungsrechtlichen Grundsätzen, für die das Hierarchieprinzip oft als notwendige Bedingung angesehen wird:[676] Auch die Verleihung von Rechten kann
ein Instrument sein, einen wesentlichen Zweck der Weisungshierarchie, nämlich
die Einhaltung der demokratisch zu Stande gekommenen Gesetze durch die Verwaltung, zu fördern.[677] Hier ist seit dem Ende des Konstitutionalismus ein Prinzi-
pienwandel eingetreten: War die Weisungshierarchie damals noch notwendig, die
Macht des Monarchen zu sichern, können heute Rechte innerhalb der Verwaltung
die Ziele, die nunmehr mit der Hierarchie verfolgt werden, nicht mehr prinzipiell
gefährden.[678]

Aus der Parallelität von Weisungshierarchie und subjektiven Rechten, dem Vorrang des Gesetzes und der Tatsache, dass das Gesetz – wenn es entsprechende Regelungen enthält – die nur Lücken füllende Weisungshierarchie verdrängt, ergibt
sich im Ergebnis, dass die Existenz einer Weisungshierarchie kein Aspekt ist, der
gegen die Annahme von subjektiven Rechten spricht. Daher kann die Eingebundenheit einer Verwaltungseinheit in eine Hierarchie kein Aspekt sein, der im Rahmen der Analyse, ob ein subjektives Recht in einer Rechtsnorm enthalten ist, eine
Rolle spielt.

2. Keine grundrechtliche Verstärkung

Teile des Staates können grundsätzlich nicht Inhaber von Grundrechten sein.[679]
Das betrifft auch die mittelbare Staatsverwaltung, was vom Bundesverfassungsgericht unter anderem in der „Sasbach"-Entscheidung klargestellt wurde.[680] Zwar

---

[675] A.A. *W. Krebs* in: Isensee/Kirchhof, HStR Bd. 5, § 108 Rn. 58 (die „rechtliche Eigenständigkeit" wird aber bei solchen Teilen des Staates, die Rechte haben, entscheidend durch diese
Rechte erzeugt bzw. abgesichert – letztlich läuft die knappe Argumentation *Krebs* auf die in Kapitel 2, B.I.5.b), S. 71 kritisierten Erwägungen hinaus).

[676] Vgl. *W. Loschelder* in: Isensee/Kirchhof, HStR Bd. 5, § 107 Rn 39f.

[677] Das ist im Europarecht ein anerkanntes Prinzip, vgl. ausführlich *J. Masing,* Mobilisierung,
S. 19 ff., 181 ff.; *W. Roth,* Organstreitigkeiten, S. 573 ff.

[678] Dazu schon oben Kapitel 2 bei Fn. 167, S. 77.

[679] *C. Enders* in: Epping/Hillgruber, BeckOK GG, Art. 19 Rn. 45; *B. Remmert* in: Maunz/Dü-
rig, GG, Art. 19 Abs. 3 Rn. 45; *W.-R. Schenke/R. P. Schenke* in: Kopp/Schenke, VwGO, § 42
Rn. 127. Schon oben Kapitel 3, Fn. 576, S. 242.

[680] BVerfG, Beschl. v. 08.07.1982, Az.: 2 BvR 1187/80, BVerfGE 61, 82–118, juris Rn. 66 ff.:
Gemeinden steht Art. 14 GG nicht zu. In der Literatur (etwa *W. Löwer,* VerwArch 68 [1977],
327, 330) wurde bisweilen geargwöhnt, eine Grundrechteberechtigung von Teilen des Staates
könnte aufgrund der fortschreitenden Normierung des „Innenbereichs" des Staates verstärkt

gibt es Ausnahmen: So können im Rahmen der „Ausnahmetrias" bestimmte Teile des Staates jeweils ein spezielles Grundrecht geltend machen[681] und die Rechtsprechung in Bayern erlaubt Gemeinden unter Umständen eine Berufung auf das bayerische Eigentumsgrundrecht aus Art. 103 BV.[682] Dass Teilen des Staates abgesehen von diesen Ausnahmen aber keine Grundrechte zugewiesen sind, dürfte als ganz herrschende Meinung zu bezeichnen sein.[683] Die Begründung dafür kann nicht lauten, dass juristische Personen des öffentlichen Rechts „keine Rechte, sondern Kompetenzen wahrnehmen",[684] sondern der Grund ist, dass sich alle juristischen Personen nur bei wesensmäßiger Anwendbarkeit im Sinne von Art. 19 Abs. 3 GG auf Grundrechte berufen können, und die Eigenschaft der Grundrechte als Abwehrrechte gegen den Staat einer Anwendung auf juristische Personen des öffentlichen Rechts regelmäßig entgegensteht.[685]

Die Folge davon ist, dass die sonst im Allgemeinen in die Schutznormtheorie aufgenommene Argumentation mit Grundrechten im Fall von Streitigkeiten zwischen Teilen des Staates nicht aufgegriffen werden kann. Erstens kann also eine Norm nicht grundrechtskonform so ausgelegt werden, dass sie den Inhalt hat, ein subjektives Recht zu gewähren, wie das bei Streitigkeiten zwischen Bürger und Staat zum Teil geboten ist.[686] Und zweitens ergeben sich auch Auswirkungen auf die Reichweite von Rechten, weil nicht wie beispielsweise im Anwendungsbereich der Adressatentheorie auf Basis eines einzelnen subjektiven Rechts auch solche Rechtsverstöße eines Aktes der Verwaltung geltend gemacht werden können, die nicht die Norm betreffen, die das subjektive Recht enthält.[687]

Trotzdem muss der Rechtsschutz innerhalb der staatlichen Organisation nicht auf dem Niveau des Konstitutionalismus zurückbleiben. Aufgrund einer Entwicklung im Verwaltungsrecht, die sich auch als „allgemeine Verrechtlichungs- und

---

diskutiert werden (zu einer allgemeinen Verrechtlichungs- und Subjektivierungstendenz sogleich bei Fn. 688, S. 374). Jedenfalls konnten sich solche Stimmen, die eine Grundrechtsberechtigung von Teilen des Staates fordern, nicht durchsetzen.

[681] Dazu schon oben Kapitel 4, B. IV. 6., insb. m. N. in Fn. 267, S. 303.

[682] Dazu BayVerfGH, Urt. v. 02.03.2001, Az.: Vf. 1-VII-99, VerfGHE BY 54, 1–6, juris Rn. 22 f. m. N.: Berufung auf Grundrechte bei fiskalischer Tätigkeit möglich, nicht jedoch bei hoheitlicher Tätigkeit (gegen eine solche Anwendung der Grundrechte auf den „Staatsfiskus" W. Löwer, VerwArch 68 (1977), 327, 351 m. N.; zur Fiskustheorie oben Kapitel 2, B. II. 1., S. 81).

[683] M. Sachs in: ders., GG, Art. 19 Rn. 92 m. w. N.: Rspr. des BVerfG habe „überwiegend Zustimmung gefunden".

[684] So aber VG Düsseldorf, Urt. v. 25.06.2002, Az.: 17 K 9880/98, juris, Rn. 39; zu einer solchen Gegenüberstellung von Rechten und Kompetenzen oben A. I. 1., S. 260.

[685] H. Dreier in: ders., GG Bd. 1, Art. 19 Abs. 3 Rn. 57; C. Enders in: Epping/Hillgruber, BeckOK GG, Art. 19 Rn. 45; H. de Wall in: Friauf/Höfling, GG, Art. 19 Abs. 3 Rn. 80; M. Sachs in: ders., GG, Art. 19 Rn. 89 ff.; differenzierend BayVerfGH, Urt. v. 02.03.2001, Az.: Vf. 1-VII-99, VerfGHE BY 54, 1–6. juris Rn. 22: Immer Prüfung im Einzelfall, ob Grundrecht wesensmäßig anwendbar ist.

[686] Oben Kapitel 3, B. II. 3. b), S. 236; vgl. auch unten Kapitel 4, F. II., S. 399.

[687] Dazu noch unten Kapitel 4, E. I., S. 381. Vgl. auch oben Kapitel 4, D., II. 1., S. 358.

Subjektivierungstendenz" charakterisieren lässt[688] und die zu einem schrittweisen Abschied von Impermeabilitätsvorstellungen geführt hat, gibt es eine Reihe von einfachrechtlichen Rechtsnormen, die Rechte von Teilen des Staates enthalten. Entsprechend ist in der Literatur zu lesen, statt auf Grundrechte könne in der Regel auf einfachgesetzliche Rechtsnormen zurückgegriffen werden.[689] Ein Überblick zu den Rechten, die Teilen des Staates zustehen können, soll unten unter F. ab S. 394 gegeben werden.

Festzuhalten ist jedenfalls, dass die Schutznormtheorie in Fällen von Streitigkeiten zwischen Teilen des Staates insoweit eine Modifikation erfahren muss, als dass die grundrechtskonforme Auslegung aus diesem Kanon der Methoden und Regeln nicht zur Anwendung kommen kann. Damit wird aber, wie oben bereits gesagt, die Anpassungsfähigkeit der Schutznormtheorie nicht zu stark herausgefordert.

3. Keine Sonderstellung von Organrechten aufgrund besonderer demokratischer Legitimation

Es kristallisiert sich heraus, dass kein Bedarf für einen Sonderweg bei der Bestimmung von Rechten des Staates abseits der Schutznormtheorie besteht. Erst recht nicht kann die Kontrasttheorie, die wie oben dargestellt viel zu eng und ohne Sachgrund bereichsspezifisch ist, als einzige mögliche Methode verstanden werden, Rechte des Staates zu identifizieren.[690] Das wäre sachlich nicht gerechtfertigt und würde dem oben kritisierten Fallgruppendenken entsprechen.[691] Es wurde bereits ausführlich dargestellt, dass der sogenannte verwaltungsrechtliche Organstreit nur deswegen als eine Ausnahme vom als unzulässig angesehenen Insichprozess konstruiert wurde, weil er auf diese Weise vor dem Hintergrund der herrschenden Skepsis gegenüber Streitigkeiten im Inneren juristischer Personen allgemein besser gerechtfertigt werden konnte,[692] dass aber im Hinblick auf die Interessenpluralität in der Verwaltung eine solche Ausnahmestellung nicht besonders plausibel ist.[693] An gleicher Stelle wurde erläutert, dass eine Abgrenzung zwischen Interessen, die auf Verfahrenssicherung gerichtet sind und die auch vor Gericht geltend gemacht werden können, und Interessen, die auf eine Veränderung des materiellen Ergebnisses zielen, nicht für eine Einteilung in verwaltungsrecht-

---

[688] So die Überschrift bei *W. Roth,* Organstreitigkeiten, S. 521 ff.; vgl. Kapitel 2, C. III. 4., insb. Fn. 521, S. 132; dazu, dass auch das subjektive Recht verstärkt als Mittel zur Durchsetzung der objektiven Rechtsordnung gesehen wird Kapitel 4, Fn. 213, S. 293. Eine „Versubjektivierung" sieht *A. Wiese,* Beteiligung, auch hinsichtlich Rechtspositionen des Staates, auch wenn sie (echte) subjektive Rechte des Staates ablehnt.

[689] *W.-R. Schenke/R. P. Schenke* in: Kopp/Schenke, VwGO, § 42 Rn. 127; dazu (und auch zu Art. 19 Abs. 4 GG) oben Kapitel 3, A. I., S. 147.

[690] Zur Kritik an der Kontrasttheorie oben Kapitel 2, B. I. 5., ab S. 69 und C. II. 2., S. 115.

[691] Soeben D. I., S. 356.

[692] Kapitel 2, B. I. 5. b) und c), ab S. 71.

[693] Kapitel 2, C. II. 2., S. 115.

liche Organstreitigkeiten und sonstige Streitigkeiten innerhalb juristischer Personen herangezogen werden kann: Erstens kann es auch abseits sogenannter verwaltungsrechtlicher Organstreitigkeiten Regelungen über das Verfahren zwischen verschiedenen Teilen des Staates geben, die dann auch Rechte enthalten können, und zweitens bleibt es generell dem Gesetzgeber überlassen, ob er Interessen materiell schützen oder nur das Verfahren mit Rechten absichern will. Bisher noch nicht diskutiert wurde allerdings die Frage, ob verwaltungsrechtliche Organstreitigkeiten vielleicht deswegen eine Sonderrolle einnehmen, weil die dort streitenden Teile der Verwaltung in der Regel durch Wahl mit Amtswaltern besetzt werden. Das legt nahe, dass Voraussetzung für Rechte des Staates eine besondere demokratische Legitimation der jeweiligen Verwaltungseinheit abseits der Legitimationskette ist.[694] Das würde bedeuten, dass die Schutznormtheorie sehr drastisch modifiziert werden müsste, weil letztlich einziger Anhaltspunkt für ein Recht diese besondere demokratische Legitimation wäre.[695] Die Frage wäre dann, ob eine Norm dem Schutz einer besonderen demokratischen Legitimation zu dienen bestimmt ist.

Auf den ersten Blick legt auch Art. 28 Abs. 2 GG einen solchen Schluss nahe: Die in die kommunalen Gebietskörperschaften hineingelegte besondere demokratische Legitimation wird, indem die kommunale Selbstverwaltung mit subjektiven Rechten bewehrt wird, geschützt. Ähnlich stellt sich die Situation im Bundesstaat dar, falls aus Art. 30 GG subjektive Rechte der Länder abgeleitet werden.[696] Bei näherer Betrachtung leuchtet jedoch nicht ein, warum dann neben den Verwaltungseinheiten, die direkt durch Wahl mit Amtswaltern besetzt werden, wie Bürgermeistern, Gemeinderäten oder auch Parlamenten noch zusätzlich die Gebietskörperschaften bzw. die Länder selbst Rechte haben sollen. Letzteres kann höchstens mittelbar mit der demokratischen Legitimation zusammenhängen. Vielmehr liegt die Vermutung näher, dass bei den genannten juristischen Personen bestimmte zur Wahrnehmung übertragene materielle Interessen der Grund für die Zuweisung von Rechten sind.

Auch die Tatsache, dass die Bundesregierung oder sogar ein Teil von ihr einen verfassungsrechtlichen Organstreit nach Art. 93 Abs. 1 Nr. 1 GG anstrengen kann,[697] zeigt, dass nicht ausschließlich Teile des Staates Rechte haben, die über eine unabgeleitete demokratische Legitimation verfügen – denn der Bundeskanzler wird nicht direkt, sondern vom Bundestag gewählt, und die Bundesminister werden auf Vorschlag des Bundeskanzlers ernannt.[698] Die Minister unterscheiden

---

[694] So *G. Christonakis,* Rechtsschutzinteresse, S. 237.

[695] Gegen die Sichtweise, dass das Demokratieprinzip Rechten des Staates prinzipiell entgegensteht, schon oben Kapitel 2, C. I. 2., S. 98.

[696] Dafür *W. Hoppe/M. Schulze,* Rechtsschutz, S. 44 ff. (subjektivrechtlicher Schutz der Kulturhoheit); dagegen *S. Korioth* in: Maunz/Dürig, GG, Art. 30 Rn. 24 (m. w. N. für beide A.).

[697] Zu den verschiedenen möglichen Konstellationen *T. Maunz* in: Maunz/Dürig, GG, Art. 93 Rn. 11.

[698] Art. 63 Abs. 1 GG, Art. 64 Abs. 1 GG.

sich hinsichtlich der demokratischen Legitimation von anderen Verwaltungseinheiten der unmittelbaren Staatsverwaltung nur in der Zahl der Glieder, die
sie innerhalb der Legitimationskette mit dem Parlament verbinden. Wird dem
Bundesrechnungshof zugestanden, einen Organstreit anzustrengen,[699] wird noch
deutlicher, dass die demokratische Legitimation nur ein Gesichtspunkt unter mehreren sein kann. Macht etwa die Bundesregierung gegen den Bundestag Rechte
geltend,[700] kann das kein Ausdruck der Verteidigung demokratischer Legitimation
sein. Nicht zuletzt haben Rechte wie §§ 102 ff. SGB X und § 8 VwVfG, die Ansprüche aus dem öffentlichen Recht finanzieller Natur zwischen Verwaltungseinheiten enthalten, nichts mit demokratischer Legitimation zu tun.

Der Schutz der Betätigungsmöglichkeit demokratisch besonders legitimierter
Teile der Verwaltung kann also ein Motiv des Gesetzgebers sein, Rechte zu verleihen. Es ist aber nicht das einzige. Die besondere demokratische Legitimation
eines Teils der Verwaltung ist also nur ein möglicher Aspekt, der innerhalb einer
teleologischen Auslegung der Norm, die ein Recht enthalten könnte, Berücksichtigung finden kann. Er geht in Richtung des auch sonst zuweilen herangezogegen
Schutzwürdigkeitskriteriums.[701] Damit ist dieser Aspekt in die Schutznormtheorie
integrierbar.

Wird der in der Kontrasttheorie enthaltene Aspekt der Abgrenzung von verwaltungsrechtlichen Organstreitigkeiten zu anderen Streitigkeiten im Verhältnis Staat
gegen Staat konsequent ausgespart, können auch ihre Argumentationsstrukturen in
die Begründungsmethoden der Schutznormtheorie integriert werden,[702] wenn die
Schutznormtheorie wie hier vorgeschlagen in ihrem Anwendungsbereich auf das
Verhältnis zwischen Teilen des Staates erweitert wird. Denn letztlich wird auch bei
der Kontrasttheorie gefragt, ob sich ein Teil des Staates auf eine bestimmte Regelung berufen können soll, und es werden auch hier Schutzwürdigkeits- und Zuord-
nungsgesichtspunkte[703] diskutiert.

4. Zwischenergebnis: Anwendung der allgemeinen Kriterien der Schutznormtheorie

Dass unterschiedliche Teile des Staates verschiedene Rechte haben können, wie
es bis hierhin beschrieben wurde, bedeutet nicht, dass alle Teile des Staates auch
Rechte haben. Das ist schon deswegen nicht der Fall, weil es für viele Verwal-

---

[699] Dafür *H. Kube* in: Maunz/Dürig, GG, Art. 114 Rn. 62.

[700] Zugegebenermaßen ist das eher ein hypothetisches Szenario, rechtlich wäre es aber von
der Konzeption des Grundgesetzes her möglich, vgl. *T. Maunz* in: Maunz/Dürig, GG, Art. 93
Rn. 11 – und die Sicht des Grundgesetzes ist hier entscheidend.

[701] Oben Kapitel 3, B. II. 2. d) bb)., S. 215.

[702] Dazu schon oben Kapitel 3, B. II. 1., S. 202.

[703] Zur Schutzwürdigkeit Kapitel 3, B. II. 2. d) bb)., S. 215, zu Zuordnungs- und Individuali-
sierungsfragen cc), S. 216. Vgl. unten Fn. 714, S. 378.

tungseinheiten gar keine gesetzlichen Regelungen gibt. Aber auch wo Rechtsnormen bestehen, muss im Einzelfall ermittelt werden, ob sich eine Verwaltungseinheit auf die Einhaltung einer Vorschrift berufen kann. Dabei kann die
grundsätzliche Vorgehensweise von der Schutznormtheorie übernommen beziehungsweise die Schutznormtheorie auf Konflikte zwischen Teilen des Staates angewendet werden: Die Rechtsnorm wird daraufhin untersucht, ob sie dem betreffenden Teil des Staates das Einfordern ihrer Einhaltung ermöglichen soll. Dabei
ist besonderes Augenmerk darauf zu richten, ob das fragliche Recht auch dem
Teil des Staates in dieser Eigenschaft zusteht, und ob genau dieser Teil des Staates
berechtigt ist und nicht etwa die Organisation, der er angehört und für die er unter Umständen bei der Ausübung des Rechts als Organ handeln würde. Die Suche
nach Rechten kann aber für alle Arten der Konstellation Staat gegen Staat einheitlich beschrieben werden – wie oben bereits dargestellt, ist auch bei Streitigkeiten
zwischen juristischen Personen das subjektive Recht der entscheidende Faktor.[704]

Aus der organisatorischen Differenzierung der Verwaltung und der Verteilung
von Interessen auf ihre verschiedenen Teile[705] folgt selbst unter Rückgriff auf die
Schutznormtheorie nicht automatisch, dass überall, wo Interessen einer Verwaltungseinheit zugeordnet sind, automatisch Rechte bestehen, sonst wäre beispielsweise jede Kompetenz auch ein Recht. Das zu behaupten, wäre zu pauschal, würde
dem Gedanken des § 42 Abs. 2 VwGO und ähnlicher Prozessrechtsnormen,
Rechtsschutzmöglichkeiten zu beschränken, widersprechen,[706] und wird überwiegend auch abgelehnt.[707] Aus einem Interessenschutz durch eine Norm folgt nicht
zwangsläufig ein subjektives Recht für einen Teil des Staates. Denn wie oben dargestellt gibt es für die Ermittlung subjektiver Rechte noch weitere Kriterien außer
dem bloßen Interesse.[708] Im Rahmen der Schutznormtheorie genügt es nicht, zu
ermitteln, ob einem Rechtssubjekt irgendwelche Interessen zugeordnet sind, sondern es wird auch eine Bewertung dieser Interessen vorgenommen[709] bzw. die gesetzliche Zuweisung genauer analysiert.[710]

Verschiedene Interessen sind jedenfalls in der Verwaltung vorhanden, und sie
sind unterschiedlichen Verwaltungseinheiten zugeordnet.[711] Für ein subjektives
Recht ist es aber auch relevant, ob es intendiert ist, dem Rechtssubjekt eine Berufungsmöglichkeit auf die Norm zu verschaffen – allerdings verweist dieser Aspekt
wie oben beschrieben auf die Ausgangsfrage zurück, die gerade zu lösen ist.[712]

---

[704] Oben Kapitel 2, B. II. 2. a) und b), S. 86 ff.

[705] Oben Kapitel 2, B. II. 1. und 2., S. 81 ff.

[706] Dazu oben Kapitel 3, B. II. 2. c), S. 210.

[707] Dazu unten F. V., S. 406.

[708] Kapitel 3, B. II., S. 202 ff.

[709] Kapitel 3, B. II. 2. d) cc) (1), S. 217.

[710] Kapitel 3, B. II. 2. d) cc) (4), S. 227.

[711] Kapitel 2, C. II. 1. b), S. 111. Zum Kriterium der Zuordnung oben Kapitel 3, B. I. 3. e),
S. 172 und zur herausgehobenen Betroffenheit Kapitel 3, B. II. 2. d) cc) (3), S. 222.

[712] Zur Intention Kapitel 3, B. II. 2. d) aa), S. 212.

Es kann jedenfalls aber nicht behauptet werden, dass es aufgrund eines Grundsatzes der Einheit der Verwaltung oder aufgrund ähnlicher Gesichtspunkte eine
Vermutung gegen eine Intention des Gesetzes gibt, Rechte zu verleihen.[713] Die
Schutzwürdigkeit von Belangen kann abgesehen von den Bedenken, die Schutzwürdigkeitsüberlegungen des Gesetzgebers könnten durch solche Überlegungen des Rechtsanwenders überspielt werden,[714] ebenfalls eine Rolle spielen.[715] Es
kommt auch darauf an, welcher Teil des Staates die Belange wahrnimmt und wie
dessen Stellung innerhalb der Verwaltungsorganisation aussieht. Dabei kann es
hilfreich sein zu fragen, welchen Sinn eine Rechtsnorm noch haben kann, wenn
der Teil der Verwaltung, dem das entsprechende Interesse zugeordnet ist, nicht dafür sorgen kann, dass sie befolgt wird.

Für die Abgrenzung von allgemeinen und der Verwaltungseinheit ganz individuell zugeordneten Belangen, die der Bestimmung von Individualinteressen der
Bürger entspricht, kann auf einer niedrigeren Abstraktionsebene auch die Ausschließlichkeit der Zuordnung eines Belangs als Anhaltspunkt betrachtet werden.
Wenn ein bestimmter Belang auch durch andere, etwa durch Bürger geltend gemacht werden kann, sodass sich dieser nicht als speziell der betreffenden Verwaltungseinheit zugeordnet darstellt, kann das gegen ein subjektives Recht sprechen.
Erscheint dagegen der Teil der Verwaltung als die Stelle, der ein bestimmtes Interesse zur Wahrnehmung übertragen ist, liegt die Annahme eines subjektiven Rechts
näher. Eine herausgehobene Betroffenheit einer Verwaltungseinheit in einem Belang kann ebenfalls ein Indiz für ein subjektives Recht sein.[716] Das kann zum Beispiel dann der Fall sein, wenn ein besonders demokratisch legitimierter Teil der
Verwaltung bei einem Verstoß gegen eine Norm besonders stark in seinen Mitwir-
kungsbefugnissen beeinträchtigt ist. Keine Rolle spielt nach alledem, wie bereits
beschrieben,[717] die Einbindung in eine Hierarchie.

Es zeigt sich, dass alle wesentlichen Kriterien, die innerhalb der Schutznormtheorie eine Rolle spielen, auch in Fällen von Streitigkeiten der Konstellation Staat
gegen Staat Anwendung finden können. Auch die Frage des Stellenwertes der historischen Auslegung stellt sich hier: Wird sehr stark auf den Willen des historischen Gesetzgebers abgestellt, kann bei vielen Rechtsnormen davon ausgegangen
werden, dass der Gesetzgeber genauso wie bei Erlass der VwGO[718] Streitigkeiten

---

[713] Das wurde in Kapitel 2 ab S. 47 ausführlich erläutert.

[714] Dazu oben Kapitel 3, B.II.2.d)bb), S. 215. Gerade die Schutzwürdigkeitsüberlegungen
– in Form des angenommenen praktischen Bedürfnisses für die Zulassung solcher Streitigkeiten – bei der Etablierung verwaltungsrechtlicher Organstreitigkeiten waren solche, die nicht aus
dem Gesetz abgeleitet wurden, dazu Kapitel 2, B.I.5.a), S. 69.

[715] Dass Teilen des Staates Rechte tatsächlich zugewiesen sind, zeigt, dass es nach der Konzeption des Gesetzes zum Schutz von Belangen nicht ausreicht, dass diese überhaupt einem
Teil des Staates zugewiesen sind, sondern dass es besonders schutzwürdige Belange gibt, die
dann als Rechte ausgestaltet sind.

[716] Kapitel 3, B.II.2.d)cc)(3), S. 222.

[717] Oben D.III.1., S. 366.

[718] Dazu oben Kapitel 1, D.III., insb. Fn. 162, S. 45.

zwischen Teilen des Staates nicht immer im Blick hatte. Selten wird sich allerdings den Gesetzesmaterialien entnehmen lassen, dass eine Norm gerade keine Rechte des Staates enthalten soll. Darüber hinaus ist die historische Auslegung nur eine Methode unter mehreren und spielt auch bei der Schutznormtheorie heutzutage nicht mehr die entscheidende Rolle.[719] Das Verhältnis zwischen historischer Auslegung und der Notwendigkeit einer Anpassung des Rechts an veränderte Gegebenheiten kann hier nicht erläutert werden.[720] Bei der Etablierung der sogenannten verwaltungsrechtlichen Organstreitigkeiten hat das Problem aber im Ergebnis auch keine große Rolle gespielt.

IV. Zusammenfassung

Nach der bisherigen Analyse sind subjektive Rechte von Teilen des Staates keine Fremdkörper in der Rechtsordnung. Sie entsprechen im Gegenteil sogar einer „allgemeine[n] Verrechtlichungs- und Subjektivierungstendenz".[721] Rechte von Teilen des Staates sind jeweils im Einzelfall auf Grundlage der Auslegung der Norm zu bestimmen, auf die sich die betreffende Verwaltungseinheit beruft. Können Teile des Staates subjektive Rechte inne haben, dann kann zu ihrer Ermittlung auch auf Instrumente zurückgegriffen werden, wie sie hinsichtlich der Rechte der Bürger zum Einsatz kommen. Teile des Staates sind allerdings grundsätzlich nicht grundrechtsberechtigt, sodass beispielsweise die Adressatentheorie oder andere auf verfassungsrechtlichen Freiheitsrechten der Bürger beruhende Schutzkonzepte nicht herangezogen werden können. Es bleibt also nur, die Schutznormtheorie, die sich auf das einfache Recht konzentriert – grundrechtliche Bezüge sind nicht essentiell für sie – inhaltlich zu übertragen. Dass das möglich ist, lässt sich insbesondere damit begründen, dass die Rechte des Staates wie oben beschrieben im Verwaltungsprozess die gleiche Wirkung zeigen wie solche der Bürger.[722] Zwar könnte nun der Einwand erhoben werden, durch eine Unanwendbarkeit der Adressatentheorie würden Unterschiede zwischen dem Staat und dem Bürger als Rechtsschutzsuchenden deutlich. Diese Unterschiede wirken sich aber lediglich an zwei Punkten aus: Die Adressatentheorie ist, wie oben beschrieben, eine Art Abkürzung, mit der aus einer grundrechtlichen Vermutung heraus eine Beeinträchtigung in Rechten mit weniger Argumentationsaufwand begründet werden kann.[723] Und zweitens ergibt sich eine andere Reichweite der Rügemöglichkeiten.[724] Es spricht aber nichts gegen eine Anwendung der Schutznormtheorie da, wo sonst die Adressatentheorie zum Einsatz käme, weil sie von allen Instrumenten zur Ermittlung von Rechten (aus ihrer historischen Genese heraus) einer Definition des

---

[719] Vgl. oben Kapitel 3, B.II.2.a), S. 205.

[720] Vgl. dazu etwa *K. F. Röhl/H. C. Röhl*, Rechtslehre, S. 628, 631 f.

[721] *W. Roth*, Organstreitigkeiten, S. 521 ff.; vgl. *R. Wahl*, Herausforderungen, S. 40 f.

[722] Kapitel 4, B.II., S. 273; vgl. auch Kapitel 4, B.IV.3., S. 295.

[723] Kapitel 3, B.II.4., S. 249.

[724] Dazu sogleich unten E.I., S. 381.

subjektiven Rechts am nächsten kommt und daher eine universelle Ausrichtung hat. Um beim Bild zu bleiben: Wenn die Abkürzung nicht zur Verfügung steht, kann auch der längere Weg genommen werden.

Die unübersichtliche Verflechtung von einfachem Recht und Grundrechten im Bereich der Klagebefugnis und bei Fragen der Rechtsverletzung hat also bei Streitigkeiten zwischen Teilen des Staates keine Relevanz. Es kommt darauf an, ob eine Norm selbst es zulässt, dass ein Teil des Staates sich auf sie beruft. Dagegen besteht in Prozessen, in denen sich Teile des Staates gegenüberstehen, die Gefahr, dass Rechte, die geltend gemacht werden, dem jeweiligen Kläger gar nicht selbst zustehen: weil sie nur der übergeordneten Organisation zugeordnet sind und der Kläger in dieser Beziehung nur als Organ handelt oder weil sie Rechte des Amtswalters in seiner Rolle als Privatperson sind. Hier muss regelmäßig genauer als bei Bürger-Staat-Konstellationen darauf geachtet werden, wem Rechte zustehen.[725] Teile des Staates können sich in jeglicher Hinsicht nur auf Rechtsnormen berufen, die ihnen selbst zugeordnete Belange schützen – Gemeinden können zum Beispiel nicht die Rechte ihrer Einwohner auf körperliche Unversehrtheit einfordern, sich also nicht auf diese Weise zum „Treuhänder" von Interessen machen, die ausschließlich solche ihrer Bürger sind.[726]

Aufgrund der Interessenpluralität in der Verwaltung, also der Tatsache, dass viele Teile der Verwaltung Sachwalter bestimmter Belange sind, können Rechte von Teilen des Staates überall zu finden sein, aber nur unter der Voraussetzung, dass gesetzliche Regelungen existieren – denn aufgrund der Normativität des subjektiven Rechts können nur sie Rechte enthalten. Das ist der Grund, warum Teile des Staates, die nur aufgrund von Stellenplänen, Weisungen und ähnlichen nichtgesetzlichen Einzelmaßnahmen organisiert sind, regelmäßig keine subjektiven Rechte haben. Bei Bürgern wäre in solchen Fällen ein Rückgriff auf Grundrechte möglich; Teile des Staates bleiben rechtlos, wenn der Gesetzgeber ihnen keine Rechte verleiht.[727] Die These, dass prinzipiell jeder Teil des Staates, auch ein einzelnes Amt in der hierarchisch organisierten unmittelbaren Staatsverwaltung, Rechte haben kann, ist vor allem vor dem Hintergrund der in Kapitel 2 geschilderten traditionellen Ablehnung von Rechtsstreitigkeiten in diesem Teil der Verwaltung

---

[725] Allerdings kann es sein, dass eine Klage des Teils einer Organisation in solchen Fällen als Klage der Organisation selbst auslegbar ist, wenn der Teil die Klage als Organ wirksam einlegen kann. Genauso kann eine Klage eines Amtswalters als eigene Klage des Bürgers anzusehen sein und umgekehrt. Normen wie §§ 86 Abs. 3, 88 VwGO bewirken, dass sich Fehler bei der Einreichung von Rechtsbehelfen in vielen Fällen im Ergebnis nicht auswirken.

[726] Dazu *J.-W. Kirchberg/M. Boll/P. Schütz*, NVwZ 2002, 550, 551 m.N. aus der Rspr. in dort. Fn. 13 ff. – die dort erwähnte Ausnahme aus BVerwG, Beschl. v. 21.01.1993, Az.: 4 B 206/92, NVwZ 1993, 884, 886 f., wo obiter dictum Gesundheitsgefahren für Nutzer einer kommunalen Kindertagesstätte als für Art. 28 Abs. 2 GG relevant erwogen wurden, zeigt, dass die Zuordnung der Interessen letztlich eine Wertungsfrage darstellt und hier das Kernproblem des subjektiven Rechts wiederkehrend auftritt. Siehe *A. Wiese*, Beteiligung, S. 149 f. m. w. N. auch für die Gegenansicht.

[727] Insofern ist *A. Wiese*, Beteiligung, S. 89 f. zuzustimmen.

zugegebenermaßen sehr weitgehend. Da aber im Bereich beamtenrechtlicher Hierarchien regelmäßig keine entsprechenden Gesetze existieren, die Rechte verleihen, wird das praktisch kaum relevant. Es handelt sich hierbei eher um ein theoretisches Gedankenspiel zur Überprüfung der Folgen, welche die hier unterbreiteten Vorschläge in letzter Konsequenz haben.

Ein Motiv zur Verleihung von subjektiven Rechten kann der Schutz der Funktion eines demokratisch besonders legitimierten Teils der Verwaltung sein – es ist aber nicht der einzige Gesichtspunkt, der im Rahmen einer Auslegung der Norm, die ein Recht enthalten könnte, eine Rolle spielen kann. Die Kontrasttheorie kann ebenfalls nicht den Anspruch erheben, allein zur Herleitung von Rechten des Staates geeignet zu sein. Wird eine Übertragung der Schutznormtheorie auf die Konstellation Staat gegen Staat sowohl inhaltlich als auch terminologisch akzeptiert, kann die Kontrasttheorie – ohne ihre in Kapitel 2 bemängelte Gegenüberstellung von sogenannten Organstreitigkeiten und sonstigen Prozessen zwischen Teilen des Staates – in die Schutznormtheorie integriert werden. Die gängigen Kriterien, die im Rahmen der Schutznormtheorie eine Rolle spielen, wie Zuordnung, Finalität des Interessenschutzes, Schutzwürdigkeit und herausgehobene Betroffenheit, können auch in Konstellationen Staat gegen Staat herangezogen werden.

E. Umfang und Adressaten der Rechte

Steht fest, dass ein Teil des Staates ein Recht hat, ist auch die Frage zu klären, gegen welchen anderen Teil des Staates sich dieses Recht richtet und welche Reichweite es hat, das heißt, in welchem Ausmaß die Einhaltung von objektivem Recht verlangt werden kann.

I. Reichweite von Rechten des Staates

Die Frage nach der Reichweite von Rechten des Staates stellt sich aufgrund des Unterschiedes, der zwischen den Rechten aus dem einfachen Recht, die mit Hilfe der Schutznormtheorie ermittelt wurden, und Grundrechten besteht: Durch die Elfes-Rechtsprechung des Bundesverfassungsgerichts[728] und ihre Implementation im Verwaltungsrecht, wonach nur die Einhaltung aller gesetzlichen Voraussetzungen einer belastenden Maßnahme den gezielten Eingriff in Grundrechte rechtfertigt, kann jeder Verstoß gegen eine Rechtsnorm, deren Einhaltung objektivrechtlich Voraussetzung für eine Maßnahme ist, vom Adressaten gerügt werden.[729] Wie oben beschrieben handelt es sich hierbei um die Integration eines Rechts auf

---

[728] BVerfG, Urt. v. 16.01.1957, Az.: 1 BvR 253/56, BVerfGE 6, 32–45.

[729] *H. Bethge* in: Depenheuer u. a., FS Isensee, S. 620: Das ist nicht auf Art. 2 Abs. 1 GG beschränkt, sondern gilt auch für Spezialgrundrechte. *R. Wahl/P. Schütz* in: Schoch/Schneider/Bier, VwGO, § 42 Abs. 2 Rn. 115 f.: „umfassende Subjektivierung im vertikalen Verhältnis".

Freiheit von ungesetzlichem Zwang in die Rechtsordnung des Grundgesetzes.[730] Mit der Schutznormtheorie ermittelte einfachgesetzliche Rechte haben hingegen grundsätzlich nur den Inhalt, dass verlangt werden kann, dass die jeweilige Rechtsnorm, die das Recht normiert, eingehalten wird – alle übrigen Verletzungen objektiven Rechts können nicht gerügt werden.

Grundrechte führen also in bestimmten Fällen (nämlich bei Eingriffen, welche die Merkmale des klassischen Eingriffsbegriffs erfüllen,[731] was beispielsweise bei Anwendung der Adressatentheorie immer der Fall ist) zu einer „Vollüberprüfung"[732] der angefochtenen Maßnahme vor Gericht. Auf den dahinter stehenden Gedanken der Freiheit von ungesetzlichem Zwang können sich Teile des Staates jedenfalls genausowenig berufen, wie auf Grundrechte.[733] Es stellt sich aber die Frage, ob aufgrund eines konkreten Rechts des Staates in dieser Weise die Einhaltung aller objektivrechtlichen Voraussetzungen für eine Maßnahme eines Teils des Staates gegenüber einem anderen Teil eingefordert werden kann.[734]

Wird die Schutznormtheorie auf Streitigkeiten im Verhältnis Staat gegen Staat angewendet, können auf diese Weise gefundene Rechte jedenfalls, wie bei anderen einfach-rechtlichen Rechten auch, grundsätzlich nicht automatisch zu einer gerichtlichen Vollüberprüfung staatlicher Maßnahmen führen.[735] Denn wenn eine Rechtsnorm ein bestimmtes Interesse schützt, kann dem nicht entnommen werden, dass der Berechtigte auch im Wege des Fordernkönnens der Einhaltung anderer Rechtsnormen geschützt werden soll, die weiteren Interessen dienen. Jede subjektive Rechte enthaltende Rechtsnormen schützt zunächst nur die materiellen Interessen, zu deren Schutz sie selbst erschaffen wurde – eigentlich eine Selbstverständlichkeit. Und so wird etwa in Bezug auf sogenannte Organrechte allgemein angenommen, dass sie kein Recht auf eine umfassend materiell rechtmäßige Entscheidung gewähren,[736] sondern nur die Einhaltung der konkreten Verfahrensregel verlangt werden kann. Grundrechte wie Art. 2 Abs. 1 GG[737] hingegen haben nach der Rechtsprechung des BVerfG auch den Zweck, Freiheit von ungesetzlichem

---

[730] Oben Kapitel 3, B. II. 4., insb. Fn. 627, S. 251.

[731] Oben Kapitel 3, B. II. 4., insb. Fn. 626, S. 250.

[732] Begriff etwa bei BVerwG, Beschl. v. 23.01.2015, Az.: 7 VR 6/14, NVwZ-RR 2015, 250, 251 m. w. N. (mit der Bedeutung: „von der enteignungsrechtlichen Vorwirkung Betroffener kann eine gerichtliche Überprüfung des Plans auf seine objektive Rechtmäßigkeit verlangen"); BVerwG, Beschl. v. 24.05.2012, Az.: 7 VR 4.12, ZUR 2012, 499, 500.

[733] Freiheit von ungesetzlichem Zwang: Kapitel 4, D. II. 1., S. 358; Grundrechte: Kapitel 4, D. III. 2., S. 372.

[734] Das halten *W.-R. Schenke/R. P. Schenke* in: Kopp/Schenke, § 42 Rn. 69 prinzipiell für möglich.

[735] Vgl. *W.-R. Schenke/R. P. Schenke* in: Kopp/Schenke, § 42 Rn. 127: Aufgrund der Verankerung der Rechte von Teilen des Staates im einfachen Recht kann die „prozessuale Hebelfunktion" von Grundrechten genutzt werden.

[736] Dazu *W. Roth,* Organstreitigkeiten, S. 493 ff. m. w. N.

[737] Nach *H. Bethge* in: Depenheuer u. a., FS Isensee, S. 620 ist das nicht auf Art. 2 Abs. 1 GG beschränkt, sondern gilt für alle Grundrechte.

Zwang zu gewähren und damit die Einhaltung von anderen Rechtsnormen, die verschiedensten Zwecken und nicht unbedingt denen des durch Art. 2 Abs. 1 GG Berechtigten dienen,[738] vor Gericht durchsetzbar zu machen. Die Gewährung eines Anspruchs auf Vollüberprüfung durch eine Norm wird deswegen teilweise auch „prozessuale Hebelfunktion" genannt.[739]

Die Auslegung einer Rechtsnorm kann also ergeben, dass wie bei den Grundrechten die Einhaltung des gesamten relevanten Normprogramms verlangt werden kann, also eine Vollüberprüfung möglich sein soll. Als Recht des Staates, das eine solche Vollüberprüfung ermöglichen könnte, kommt Art. 28 Abs. 2 GG in Betracht. Und so wurde in der Literatur auch befürwortet, aufgrund einer Nähe von Grundrechten wie Art. 14 GG und dem Recht auf kommunale Selbstverwaltung einen Vollüberprüfungsanspruch auch aus Art. 28 Abs. 2 GG herzuleiten.[740] Dagegen spricht aber, dass die Freiheit von ungesetzlichem Zwang, die hinter einer Aufnahme eines umfassenden Überprüfungsanspruchs in die Grundrechte steht, von ihrer Konzeption her nur den Bürgern zustehen kann und nicht dem Staat.[741] Das Bundesverwaltungsgericht hat gegen die Möglichkeit einer Vollüberprüfung aus Art. 28 Abs. 2 GG entschieden,[742] und auch die Rechtsprechung des Bundes-

---

[738] Anders die Konzeption von *R. Wahl/P. Schütz* in: Schoch/Schneider/Bier, VwGO, § 42 Abs. 2 Rn. 116: „Auch Organisations- und Verfahrensvorschriften [...] dienen danach grundsätzlich dem Schutze des Adressaten.", „Vermutung für den Schutznormcharakter des Normprogramms"; dagegen *H. Bethge* in: Depenheuer u.a., FS Isensee, S. 619 (bei dort. Fn. 80).

[739] *W.-R. Schenke/R.P. Schenke* in: Kopp/Schenke, § 42 Rn. 124.

[740] *J.-W. Kirchberg/M. Boll/P. Schütz*, NVwZ 2002, 550, 554 (jedenfalls bei „gewichtigen Eingriff[en]", S. 554 f.) – m. Nachw. aus der Lit. zu beiden A. Die Bedenken der Autoren a.a.O., eine Vollüberprüfung sei beim verfassungsrechtlichen Eigentum nur aus Art. 14 Abs. 3 GG herzuleiten, sind nicht auf Art. 14 GG beschränkt (dazu auch sogleich): Vielmehr ist die Herleitung der Rspr., aus Art. 14 Abs. 3 GG folge ein Recht auf eine Vollüberprüfung, ein Zeichen dafür, dass die Freiheit von ungesetzlichem Zwang in die Grundrechte allgemein integriert wurde.
Ausführlich leitet *W.-R. Schenke* in: Brüning/Suerbaum, Vermessung, S. 86 f. die Übertragbarkeit der Elfes-Rspr. des BVerfG auf Art. 28 Abs.2 GG her (aus der Eigenschaft als absolutes Recht, dazu hier kritisch Kapitel 4, E.II.1., S. 385); dazu auch *ders.*, Verwaltungsprozessrecht, 14. Aufl., Rn. 498a. Vgl. auch *A. Wiese*, Beteiligung, S. 147 m.w.N.
Zum einfachrechtlichen Eigentum unten F.I., S. 394.

[741] *H. Bethge* in: Depenheuer u.a., FS Isensee, S. 620: „Weil es sich um die Wahrung personaler Freiheit handelt, verbietet sich auch die Übertragung der Elfes-Konzeption auf den Schutz der Gemeinde." (dazu, dass die Funktion der Wahrung personaler Freiheit vom subjektiven öffentlichen Recht allgemein auf die Grundrechte übergegangen ist oben Kapitel 4, B.V., S. 307). Dazu, dass sich der Staat nicht auf die Freiheit von ungesetzlichem Zwang berufen kann Kapitel 4, D.II.1., S. 358.

[742] BVerwG, Beschl. v. 24.05.2012, Az.: 7 VR 4.12, ZUR 2012, 499, 500 mit Verweis auf BVerwG, Beschl. v. 05.11.2002, Az.: 9 VR 14/02, NVwZ 2003, 207–209, juris Rn. 17 (m.w.N.): Gemeinde kann „nicht unter Berufung auf ihre Planungshoheit oder ihre sonstigen Belange eine umfassende objektiv-rechtliche Planprüfung fordern". BVerwG, Urt. v. 11.01.2001, Az.: 4 A 12/99, NVwZ 2001, 1160–1163, juris Rn. 30; BVerwG, Urt. v. 26.02.1999, Az.: 4 A 47/96, NVwZ 2000, 560–565 juris Rn. 17. Der Verweis auf frühere eigene Entscheidungen beinhaltet insofern keine inhaltliche Begründung, als dass das BVerwG zuerst nur faktisch keine Vollüberprüfung vorgenommen hat, ohne dies herzuleiten (das in NVwZ 2000, 560,

verfassungsgerichtes tendiert in diese Richtung.[743] Eine solche Auslegung des Art. 28 Abs. 2 GG, bei der die Norm nur die kommunale Betätigung als solche schützt und keinen Vollüberprüfungsanspruch bietet, lässt sich nicht mit zwingenden Argumenten widerlegen.[744] Die Folge davon ist, dass Art. 28 Abs. 2 GG nur verletzt sein kann, wenn die staatliche Maßnahme inhaltlich die kommunale Selbstverwaltung unmöglich macht bzw. diese unverhältnismäßig erschwert oder ohne gesetzliche Grundlage beeinträchtigt,[745] dass aber keine formellen Fehler oder Verletzungen von Rechten Dritter gerügt werden können.

Eine Vollüberprüfung ist auch aufgrund von Rechten von Teilen des Staates möglich, wenn der Rechtsnorm, die das subjektive Recht enthält, dies zu entnehmen ist. Anders als bei Grundrechten wird dies jedoch für Rechte des Staates vor allem von der Rechtsprechung regelmäßig abgelehnt. Ein Beispiel, bei dem die Einhaltung von Anforderungen, die außerhalb der eigentlichen Rechtsnorm liegen, geltend gemacht werden kann, ist jedoch § 36 Abs. 1 S. 1 BauGB: Der Norm wird allgemein entnommen, dass auch materielle Verstöße gegen die §§ 31 und 33 bis 35 BauGB von der Gemeinde gerügt werden können und nicht allein eine fehlende Verfahrensbeteiligung.[746] Auch hier kann sich die Gemeinde nicht auf jegliche Fehler berufen, die zur objektiven Rechtswidrigkeit einer Baugenehmigung führen. § 36 Abs. 1 S. 1 BauGB ist aber ein gutes Beispiel, wie sich eine Erstreckung der Schutzwirkung bei näherer Betrachtung aus der Auslegung der Norm selbst ergibt.[747]

---

in Bezug genommene Urt. v. 21.03.1996, Az.: 4 C 26/94, BVerwGE 100, 388–396 äußert sich nicht ausdrücklich – in BVerwG, Beschl. v. 03.09.1997, Az.: 11 VR 20/96, juris Rn. 23 wird sogar explizit geäußert, die Frage bliebe dort offen –, sodass *J.-W. Kirchberg/M. Boll/P. Schütz,* NVwZ 2002, 550, 554 die Frage als höchstrichterlich noch ungeklärt ansehen). Später wird dann durch den Verweis auf die frühere faktische Handhabung bzw. Entscheidungen, in denen das Problem gar nicht diskutiert wurde, die Argumentation eingespart. Diese Vorgehensweise ist keine Ausnahme in der Rspr. des BVerwG, siehe unten Fn. 810, S. 396. Zustimmend zur Rspr. des BVerwG *A. Wiese,* Beteiligung, S. 181 ff. (allerdings mit der hier kritisierten Begründung mit Art. 14 Abs. 3 GG).

Zum einfachrechtlichen Eigentum, wo das BVerwG ähnlich entschieden hat, unten F. I., S. 394.

[743] Bspw. BVerfG, Kammerbeschl. v. 23.09.1994, Az.: 2 BvR 1547/85, NVwZ 1995, 370–371, juris Rn. 8; zur Rspr. des BVerfG *V. Mehde* in: Maunz/Dürig, GG, Art. 28 Abs. 2 Rn. 106.

[744] Zu Stimmen für und gegen die Übertragung der Elfes-Rspr. des BVerfG auf Art. 28 Abs. 2 GG auch *W.-R. Schenke* in: Brüning/Suerbaum, Vermessung, S. 78 f., der selbst dafür plädiert (insb. S. 86 f.) – vgl. aber a. a. O. S. 95: Seine Ansicht erscheine ihm lediglich „weit stimmiger" als der Gegenansatz.

[745] Zu den Maßstäben, die hier anzulegen sind, bspw. BVerfG, Beschl. v. 26.10.1994, Az.: 2 BvR 445/91, BVerfGE 91, 228–245, juris Rn. 31–40; BVerwG, Beschl. v. 14.09.2006, Az. 9 B 2/06, NVwZ 2006, 1404–1407, juris Rn. 6–8; zustimmend zu letzterer Entsch. *H. A. Wolff,* Recht auf kommunale Selbstverwaltung, JA 2007, 557–558.

[746] Dazu *O. Reidt* in: Battis/Krautzberger/Löhr, BauGB, § 36 Rn. 24 f.

[747] Anhaltspunkte für die Erstreckung des Schutzes sind, dass die entsprechenden Rechtsnormen in § 36 BauGB genannt werden und dass nach Sinn und Zweck des § 36 BauGB, die Planungshoheit zu schützen, gemeindliche Planungen verletzende Vorhaben auch zu verhindern sein müssen.

II. Der Staat als Verpflichteter

Subjektive Rechte können grundsätzlich nur bei Existenz eines Gegenübers bestehen.[748] Dass der Staat überhaupt Verpflichteter sein kann,[749] wird heute nicht mehr bezweifelt.[750] Speziell in Konstellationen Staat gegen Staat kann allerdings problematisch sein, gegen wen sich Rechte richten und welcher Teil des Staates das vor Gericht zu verklagende Gegenüber ist.[751]

1. Keine absoluten Rechte im öffentlichen Recht

Wichtig ist zu betonen, dass es im öffentlichen Recht keine absoluten, das heißt gegenüber allen anderen Rechtssubjekten geltenden, Rechte geben kann, weil im öffentlichen Recht nur eine relative Rechtsfähigkeit existiert.[752] Im Zivilrecht sind aufgrund des Konzepts der allgemein geregelten und vorgegebenen Rechtsfähigkeit die Rechtssubjekte, die absolute Rechte wie Eigentum zu achten haben, bestimmbar. Anders liegt es im öffentlichen Recht, denn schon die Rechtsfähigkeit ist je nach betrachteter Relation unterschiedlich gegeben, sodass Rechte gegenüber einem Teil des Staates in einer Beziehung bestehen, aus einem anderen Verhältnis betrachtet aber unmöglich sein können (beispielsweise weil in diesem Verhältnis der Teil des Staates lediglich als Organ handelt). Das steht dem Konzept eines absoluten Rechts entgegen. Selbst die Grundrechte, die als besonders umfassend angesehen werden, gelten weit überwiegend nur gegenüber dem Staat und sind damit relativ. Rechtsnormen des öffentlichen Rechts beinhalten Rechte nur in bestimmten Beziehungen, machen also die Einhaltung von objektivem Recht nur gegen ein bestimmtes Gegenüber gerichtlich erzwingbar, und es ist immer notwendig, im Wege der Auslegung zu klären, welche Rechtssubjekte Adressaten eines Rechts sind.[753]

---

[748] *W. Henke,* Recht, S. 50. Dies betont auch *E. Schulev-Steindl,* Rechte, S. 57. Vgl. dazu, auch zu Ausnahmen, oben Kapitel 4, C. III. 3., S. 344.

[749] Zu Zweifeln daran aus historischer Perspektive oben Kapitel 4, B. III. 2., bei Fn. 143, S. 283. Zweifel daran können sich z. B. ergeben, wenn die Rechtsordnung als Zwangsordnung verstanden wird, dazu *E. Schulev-Steindl,* Rechte, S. 47 f. – gegen die dortige Argumentation lässt sich aber anführen, dass Rechte gegen den Staat auch unter der Prämisse der Rechtsordnung als Zwangsordnung dann bestehen können, wenn man von Gewaltenteilung und organisatorischer Diversität im Staat ausgeht, also die im Konstitutionalismus verbreitete Staatsvorstellung von ungeteilter Souveränität hinter sich lässt.

[750] Schon allein deswegen, weil die für die Rechtsordnung des GG essentiellen Grundrechte solche gegenüber dem Staat sind, dazu *M. Sachs* in: K. Stern, Staatsrecht III/1, S. 530 ff. m. w. N.

[751] Passivlegitimation und passive Prozessführungsbefugnis sind nicht dasselbe, überschneiden sich aber im Regelfall, dazu die in Fn. 755 aufgeführten Nachw.

[752] Zur Relativität der Rechtsfähigkeit oben Kapitel 4, C. I. 2. a), S. 318.

[753] Auch *H. H. Rupp,* Grundfragen, S. 15, S. 18 betont (in anderem Zusammenhang), dass im öffentlichen Recht die Differenzierung nach dem jeweils betrachteten Verhältnis eine entscheidende Rolle spielt.

2. § 78 VwGO als Ausdruck des Rechtsträgerprinzips

Da der Verwaltungsprozess ein kontradiktorisches Verfahren ist,[754] hat auch die Frage, gegen wen sich Rechte richten, eine hohe Relevanz: Grundsätzlich ist – aus Gründen der Logik – wie im Zivilrecht derjenige zu verklagen, gegen den sich ein Recht richtet, da es ihm gegenüber durchgesetzt werden soll. Zweifel an dieser einfachen Grundregel können sich aber aufgrund des § 78 VwGO ergeben, der eine explizite Regelung trifft, gegen wen sich eine Klage zu richten hat. Der Streit, ob diese Norm die Prozessführungsbefugnis oder die Passivlegitimation regelt, was bedeutsam für die Zuordnung der Norm als Zulässigkeits- oder Begründetheitsvoraussetzung sein soll,[755] ist für die sich hier stellenden Fragen weniger relevant, zumal die Diskussion stark auf die klassische Konstellation ausgerichtet ist, in der der Staat gegenüber dem Bürger einen Verwaltungsakt erlässt oder unterlässt. Letzteres ist dadurch bedingt, dass § 78 VwGO auf andere Klagen als Anfechtungs- und Verpflichtungsklagen nicht unbedingt anwendbar ist.[756]

Interessanter als der Streit, ob es sich um eine Zulässigkeits- oder Begründetheitsvoraussetzung handelt, ist die dahinter stehende Frage, was genau das Rechtsträgerprinzip besagt, von dem es heißt, dass es in § 78 Abs. 1 Nr. 1 Hs. 1 VwGO geregelt ist[757] beziehungsweise dass es in dieser Norm zum Ausdruck kommt.[758] Bei isolierter Betrachtung des § 78 Abs. 1 VwGO ist das Rechtsträgerprinzip nichts anderes als das Gegenstück zum Behördenprinzip: Nach § 78 Abs. 1 Nr. 2 VwGO kann, sofern Landesrecht dies bestimmt, auch eine Behörde verklagt werden, auch wenn die Pflichten aus den eingeklagten Rechten eigentlich ihren Rechtsträger treffen und die Behörde nur als Organ für ihn handelt. Demnach könnte § 78 Abs. 1 Nr. 1 Hs. 1 VwGO als Bestätigung der Grundregel verstanden werden, dass eine Klage immer nur gegen denjenigen gerichtet werden kann, gegen den sich auch das geltend gemachte Recht richtet.

3. Verpflichtete sogenannter Organrechte

Problematisch wird dies aber genau dann, wenn sich Rechte gegen Teile des Staates richten, die keine juristischen Personen des öffentlichen Rechts sind. Werden die Ausführungen zur Relativität der Rechtsfähigkeit oben[759] spiegelbildlich

---

[754] *M. Redeker* in: ders./von Oertzen, VwGO, § 63 Rn. 1. Das gilt ausweislich § 47 Abs. 2 S. 2 VwGO auch für die Normenkontrolle (vgl. auch *J. Ziekow* in: Sodan/ders., VwGO, § 47 Rn. 38: „Konzeption der Normenkontrolle als kontradiktorisches Verfahren".

[755] Dazu ausführlich *M. Brenner* in: Sodan/Ziekow, VwGO, § 78 Rn. 2 ff.; *M. Happ* in: Eyermann, VwGO, § 78 Rn. 1 f.; *D. Krausnick* in: Gärditz, VwGO, § 78 Rn. 11 ff.; *C. Meissner* in: Schoch/Schneider/Bier, VwGO, § 78 Rn. 5; *A. Wiese*, Beteiligung, S. 228 ff. m. N.

[756] *D. Krausnick* in: Gärditz, VwGO, § 78 Rn. 3 ff. Dazu auch *A. Wiese*, Beteiligung, S. 232 ff.

[757] *M. Brenner* in: Sodan/Ziekow, VwGO, § 78 Rn. 7, 18.

[758] *D. Krausnick* in: Gärditz, VwGO, § 78 Rn. 16.

[759] Kapitel 4, C. I. 2. a), S. 318.

auf die Fähigkeit übertragen, Adressat von Rechten zu sein, erscheint es denkbar, als Adressaten von Rechten außer juristischen Personen des öffentlichen Rechts auch andere Teile des Staates anzusehen. Ist einer Norm zu entnehmen, dass sie ein Recht eines Teils der Verwaltung gegen einen anderen Teil regelt, der keine juristische Person ist, wird die Pflichtenfähigkeit (das heißt, die Rechtsfähigkeit in passiver Hinsicht) durch sie mitgeregelt.[760]

Beim verfassungsrechtlichen Organstreit nach dem Grundgesetz ist anerkannt, dass das „verfassungsrechtliche[..] Rechtsverhältnis"[761] nicht zwischen einem klagenden Bundesorgan und der Bundesrepublik Deutschland besteht, sondern dass sich Rechte des einen Organs gegen das andere Organ richten und dass deswegen die Beteiligten auf beiden Seiten die Bundesorgane bzw. deren Teile selbst sind.[762] Ebenso wird überwiegend auch beim sogenannten verwaltungsrechtlichen Organstreit die Pflicht als Kehrseite des Rechts nicht der Organisation, sondern dem (anderen) Teil der juristischen Person selbst zugeordnet.[763] Das lässt sich wie folgt herleiten: Wird beispielsweise allein der Bereich innerhalb einer juristischen Person betrachtet, befinden sich die Teile dieser juristischen Person in der Regel nicht in der Rolle von Organen, sondern haben eigene Rechtsbeziehungen untereinander, wodurch auch keiner der Teile für die Organisation handeln, letztere also auch nicht in Beziehung zu den Teilen treten kann.[764] Ist der eine Teil selbst berechtigt – die Ansicht, alle Rechte und Pflichten seien nur der Organisation zuzuordnen, hat sich wie oben beschrieben nicht durchgesetzt –,[765] dann wäre es außerdem inkonsequent, auf der Seite der Passivlegitimation keinen Gleichlauf zu erzeugen.

---

[760] Dass eine Norm, die ein Recht enthält, auch immer implizit mitregelt, wem gegenüber es besteht, betont auch *E. Schulev-Steindl*, Rechte, S. 57.

[761] *T. Maunz* in: Maunz/Dürig, GG, Art. 93 Rn. 14; das subjektive Recht sieht auch *E. Schulev-Steindl*, Rechte, S. 57 als Verhältnis zwischen zwei Rechtssubjekten.

[762] Deswegen ist in § 63 BVerfGG auch geregelt, dass nur diese Antragsgegner sein können; vgl. zu einem Sonderfall (Verhältnis der Rechte von Organen und Organteilen) BVerfG, Beschl. v. 09.04.2013, Az.: 2 BvE 10/12, BVerfGE 133, 273–276: Das Gericht mahnt hier zu Recht an, es müsse genau unterschieden werden, ob Rechte gegen den Bundestag oder gegen Fraktionen bestehen.

[763] *M. Burgi*, Kommunalrecht, § 14 Rn. 12 a.E.: „Der richtige Klagegegner ist nicht nach § 78 VwGO […] zu ermitteln […]. Auch das […] allgemeine Rechtsträgerprinzip ist nicht anwendbar, weil es ja gerade nicht um die Rechte und Pflichten des Rechtsträgers Gemeinde, sondern um die Rechte und Pflichten von deren Organen geht."; *A. Gern*, Kommunalrecht, Rn. 798: Nach „neuerer Auffassung" sei das Organ selbst passivlegitimiert; *W. Roth*, Organstreitigkeiten, S. 936ff.: „mittlerweile ganz überwiegend anerkannte Auffassung […], daß die Klage gegen das Organ oder Organteil zu richten ist, welches nach der Behauptung des Klägers das geltend gemachte Organrecht verletzt hat." m.N.; schon BVerwG, Beschl. v. 07.03.1980, Az.: 7 B 58/79, Buchh. 310 § 40 VwGO Nr. 179, juris Rn. 8; VGH Mannheim, Urt. v. 12.02.1990, Az.: 1 S 588/89, NvwZ-RR 1990, 369–371, juris Rn. 22.

[764] So grob zusammengefasst die Herleitung bei *H.-U. Erichsen* in: ders./Hoppe/von Mutius, FS Menger, S. 216.

[765] Oben bei Fn. 421, S. 329.

4. Weite Auslegung des § 78 Abs. 1 Nr. 1 Hs. 1 VwGO geboten

Die davon abweichende Ansicht, die im sogenannten verwaltungsrechtlichen Organstreit nur die Organisation, also beispielsweise die Gemeinde, als richtige Beklagte ansehen will,[766] geht dagegen auf eine zu enge Interpretation des § 78 Abs. 1 Nr. 1 Hs. 1 VwGO beziehungsweise auf ein falsches Verständnis des Rechtsträgerprinzips zurück.[767] Gerade vor dem Hintergrund eines Vergleichs mit verfassungsrechtlichen Organstreitigkeiten, bei denen die Organe selbst prozessbeteiligt sind, erscheint eine hiervon abweichende Konstruktion beim verwaltungsrechtlichen Organstreit als unpassend. Als Beklagte immer die juristische Person anzusehen, ließe sich auf zwei Arten begründen: Entweder müsste in § 78 Abs. 1 Nr. 1 Hs. 1 VwGO beziehungsweise in das Rechtsträgerprinzip[768] eine Abweichung vom Grundprinzip hineinkonstruiert werden, wonach jeweils derjenige verklagt werden muss, der durch ein Recht verpflichtet wird.[769] Oder es müsste angenommen werden, dass der in § 78 Abs. 1 Nr. 1 Hs. 1 VwGO ausgedrückte Rechtsgedanke eine Regelung der materiellen Rechtslage bewirkt, sodass sogenannte Organrechte die Organisation verpflichten, obwohl ihre Teile berechtigt sind. Gegen Letzteres sprechen die Bedenken hinsichtlich der Gesetzgebungskompetenz des Bundesgesetzgebers, auf Grundlage des Art. 74 Abs. 1 Nr. 1 VwGO auch Aspekte des materiellen Landesverwaltungsrechts wie die passive Sachlegitimation von Rechten (beispielsweise in den Gemeinde- und Landkreisordnungen) zu regeln, die auch gegen die Ansicht, § 78 Abs. 1 Nr. 1 Hs. 1 VwGO regele die Passivlegitimation, vorgebracht werden.[770] In jedem Fall aber ist eine Interpretation des Rechtsträgerprinzips, die dazu führt, dass immer die jeweilige juristische Person verklagt werden muss, zumindest hinsichtlich der damit implizierten Wertungen

---

[766] Diese Ansicht ist vor allem in Bayern verbreitet. Etwa *U. Becker* in: Becker/Heckmann/Kempen/Manssen, Ö. Recht, 2. Teil – Kommunalrecht, Rn. 279. VGH München, Urt. v. 14.11.1984, Az.: 4 B 83 A.1860, BayVBl. 1985, 339, 339: „Richtige Beklagte ist die Stadt als kommunale Körperschaft, der der Beschluß des Stadtrates über die Verhängung des Ordnungsgeldes auch dann zuzurechnen wäre, wenn es sich um eine Maßnahme des Innenbereichs handeln würde"; VGH München, Urt. v. 07.10.1983, Az.: 4 B 83 A.1179, BayVBl. 1984, 77, 77: „Klarzustellen ist, daß sich die Klage gegen den Bezirk als die kommunale Körperschaft richtet, deren Organisation in Frage steht [...]" m. w. N. aus der eigenen Rspr.

[767] Undifferenziert wirkt auch das Verständnis des Rechtsträgerprinzips, wie es bei *A. Wiese,* Beteiligung, S. 228 hervortritt: Hier ist davon die Rede, dass eine Klage nicht gegen die Behörde, sondern ihren „Träger" gerichtet sein muss: Dass es darum geht, gegen wen sich ein Recht richtet, wird hier nicht deutlich.

[768] Bei sogenannten verwaltungsrechtlichen Organstreitigkeiten wird verbreitet angenommen, dass dort nicht die Klagearten Anfechtungsklage und Verpflichtungsklage einschlägig seien, (dazu noch unten Kapitel 5, C., S. 418), sodass § 78 VwGO hier auch gar nicht einschlägig wäre.

[769] Was auf eine Art gesetzliche passive Prozessstandschaft (ähnlich wie in § 78 Abs. 1 Nr. 2 VwGO, wenn das Recht der juristischen Person zusteht) hinausliefe: Dann, wenn keine juristische Person Inhaber des Rechts ist, muss nicht der Inhaber des Rechts, sondern die Organisation, deren Teil der Inhaber ist, verklagt werden.

[770] *C. Meissner* in: Schoch/Schneider/Bier, VwGO, § 78 Rn. 13.

konträr zu der oben beschriebenen Relativität der Rechtsfähigkeit. Der Begriff Rechtsträger bedeutet nichts anderes, als dass es sich um ein Rechtssubjekt handelt, das fähig ist, Rechte als Zurechnungsendsubjekt inne zu haben. Dass verbreitet mit dem Begriff Rechtsträger nur juristische Personen gemeint werden, beruht auf einer Nichtbeachtung der Relativität der Organschaft.[771] Nur wenn die juristische Person als impermeables Gebilde angesehen wird, sind alle ihre Teile nur Organe und allein sie ist der Träger aller Rechte. Das entspricht aber, wie in Kapitel 2 ausführlich dargestellt, spätestens seit Einführung verwaltungsrechtlicher Organstreitigkeiten nicht mehr den Tatsachen. Rechtsträgerschaft im Sinne des § 78 Abs. 1 Nr. 1 VwGO als „Vollrechtsfähigkeit", also als Fähigkeit, Rechte des Zivilrechts inne zu haben, zu interpretieren, ergibt keinen Sinn, weil es sich um eine Norm des Verwaltungsprozessrechts handelt.

In Bezug auf die Passivseite eines Rechts ist Rechtsträger das Rechtssubjekt, das in der betreffenden Rechtsbeziehung auch Rechte inne hätte, würde es selbst Rechte geltend machen. Und das kann bei jeder Art von Verwaltungseinheit der Fall sein, nicht nur bei juristischen Personen.[772] Rechtsträgerprinzip kann daher nur bedeuten, dass eine Verwaltungseinheit, die nur als Organ handelt, nicht selbst Beklagte sein soll (wie es bei § 78 Abs. 1 Nr. 2 VwGO der Fall ist), sondern die Organisation, für die sie handelt. Ist aber ein Recht gegen die Verwaltungseinheit selbst gerichtet, kann auch nach dem Rechtsträgerprinzip nur gelten, dass sie selbst die richtige Beklagte ist. Mit dem Rechtsträgerprinzip wird also berücksichtigt, dass Teile des Staates auch als bloße Organe auftreten. Insofern stellt es den oben erwähnten, konsequent erscheinenden Gleichlauf zwischen Aktiv- und Passivlegitimation her, und genau diesen Zweck verfolgt auch § 78 Abs. 1 Nr. 1 Hs. 1 VwGO.

§ 78 VwGO geht seinem Wortlaut nach aber davon aus, dass Rechtsträger nur der „Bund, das Land oder die Körperschaft" sein können. Das liegt daran, dass die Norm wie viele Normen der VwGO nur im Hinblick auf Streitigkeiten zwischen Bürger und Staat geschaffen wurde.[773] Die Norm nimmt, wohl um nicht lediglich Formulierungen zu verwenden, die Selbstverständlichkeiten ausdrücken (richtiger Beklagter ist der, gegen den sich das geltend gemachte Recht richtet), auf die typischen Rechtsträger Bezug, die bei Klagen des Bürgers regelmäßig vorkommen. Die Beschreibung der Rechtsträger ist aber weder exakt noch abschließend, sodass andere Rechtssubjekte nicht ausgeschlossen werden: Anstalten und Stiftungen sind nämlich auch nicht im Wortlaut aufgeführt, es ist aber völlig anerkannt, dass sie als Klagegegner zu akzeptieren sind.[774] Die VwGO selbst erlaubt in § 61 Nr. 2 VwGO, dass auch Rechtssubjekte, die keine juristischen Personen

---

[771] Dazu Kapitel 4, C. II. 1., S. 328.

[772] Oben Kapitel 4, C. I. 2. a), S. 318.

[773] Dazu oben Kapitel 1, D. III., insb. Fn. 162, S. 45.

[774] *M. Happ* in: Eyermann, VwGO, § 78 Rn. 13; *D. Krausnick* in: Gärditz, VwGO, § 78 Rn. 23: „Gerade aus dem Zusammenhang dieser Vorschriften [Anm.: Zusammenspiel von § 78 vwGO und § 52 Nr. 2 VwGO] ergibt sich jedoch, dass die möglichen Rechtsträger in § 78 nicht abschließend genannt sind."

sind, am Verwaltungsprozess beteiligt sein können. Daraus ist zu folgern, dass solche Rechtssubjekte auch verklagt werden können. Aus diesen Gründen kann § 78 Abs. 1 Nr. 1 Hs. 1 VwGO – und damit auch das Rechtsträgerprinzip –[775] so interpretiert werden, dass richtiger Beklagter der sein soll, gegen den sich das geltend gemachte Recht richtet, und der Kreis der möglichen Rechtsträger im Sinne des Rechtsträgerprinzips nicht auf juristische Personen beschränkt ist.[776]

Selbst wenn dem in § 78 Abs. 1 Nr. 1 Hs. 1 VwGO ausgedrückten Gedanken darüber hinaus ein eigenständiger Regelungsgehalt im Sinne einer Zuweisung auf Passivseite zu entnehmen sein sollte, dann letztlich höchstens der, dass sich Rechte von Bürgern gegen den Staat immer gegen eine juristische Person richten und deren Teile im Verhältnis zum Bürger nur als Organe erscheinen.[777] Beziehungen zwischen dem Bürger und dem Staat wären demnach immer solche zwischen Rechtssubjekten mit Rechtspersönlichkeit. Dass unabhängig davon im Bürger-Staat-Verhältnis Teile juristischer Personen regelmäßig nur als Organe erscheinen und Rechte und Pflichten den juristischen Personen zugeordnet sind, ist der bereits erwähnten Tatsache geschuldet, dass diese für die Bürger einen haftungsfähigen Ansprechpartner bilden.[778] Einerseits ist diese Ausrichtung der Beziehung zwischen Bürger und Staat auf juristische Personen ein Überbleibsel aus der Zeit, als Rechte nur vor ordentlichen Gerichten geltend gemacht werden konnten und dies nur dann möglich war, wenn ein privatrechtsfähiges Gegenüber wie die Privatschatulle des Monarchen oder der Fiskus vorhanden waren.[779] Genau gegen diese Ausrichtung auf die zivilrechtliche Seite der juristischen Person des

---

[775] § 78 VwGO beschreibt das allgemeine Rechtsträgerprinzip unter der Verwendung der Formulierung „Verwaltungsakt", also auf die Anfechtungs- und Verpflichtungsklage bezogen aus.

[776] So im Erg. auch: *M. Funke-Kaiser* in: Bader u. a., VwGO, § 78 Rn. 8: Gegen wen das Recht gerichtet ist, kann auch passivlegitimiert sein; *D. Krausnick* in: Gärditz, VwGO, § 78 Rn. 23: Kreis der möglichen Rechtsträger ähnlich weit wie Kreis der Beteiligtenfähigen aus § 61 VwGO; *C. Meissner* in: Schoch/Schneider/Bier, VwGO, § 78 Rn. 31: Richtiger Beklagter ist, wer selbst verpflichtet ist, die Verpflichtung zu erfüllen und nicht nur Organfunktion hat, auch bspw. Fachbereiche einer Universität.

BVerwG, Urt. v. 11.02.1999, Az.: 2 C 28/98, BVerwGE 108, 274–280, juris Rn. 16: „Gemäß § 78 Abs. 1 Nr. 1 VwGO [...] ist die Klage gegen den Bund, das Land oder die Körperschaft zu richten. Der Körperschaft gleichzustellen sind Einrichtungen, die zwar keine juristische Person, aber nach gesetzlichen Vorschriften fähig sind, am verwaltungsgerichtlichen Verfahren beteiligt zu sein."

[777] Auch das ist jedoch nicht besonders überzeugend, weil für eine solche gespaltene Auslegung keine Anhaltspunkte in der Norm zu finden sind (zur gespaltenen Auslegung noch unten Kapitel 4, F. II., S. 399).

[778] Oben Kapitel 2, B. II. 1., insb. bei Fn. 210, S. 84. Dazu auch Kapitel 4, C. I. 1., S. 313.

[779] Dazu oben Kapitel 2, B. II. 1., insb. bei Fn. 196, S. 82. Dazu, dass historische Zusammenhänge hier nur vergröbernd dargestellt werden können, schon oben Kapitel 4, B. III. 2., Fn. 140, S. 282. Vgl. *G. Jellinek*, System, S. 81, der davon spricht, dass Anspruchsgegner immer nur die Organe des Staates sein könnten: „Wie der Staat nur durch das Medium von Organen handeln kann, so kann er auch nur durch das Medium von Organen verpflichtet werden." – die Organtheorie war zu dieser Zeit allerdings noch nicht so ausdifferenziert, und ob *Jellinek* eine Zurechnungsendsubjektivität meint, wird hier nicht klar.

öffentlichen Rechts wandte sich schon O. Mayer,[780] und in diesem Punkt besteht eine Verbindung zwischen ihm und der Kritik E.-W. Böckenfördes an der Ausrichtung auf die juristische Person im Verwaltungsrecht allgemein.[781] Andererseits ist die juristische Person, wie die Diskussion um § 78 VwGO nur beispielhaft zeigt, tief im Verwaltungsrecht verwurzelt, und es gibt bisher keine ernsthafte Alternative, die Beziehungen zum Bürger zu ordnen.[782] Bei Streitigkeiten zwischen Teilen des Staates, die keine juristischen Personen sind, kann die Figur der juristischen Person aber nicht dieselbe herausgehobene Bedeutung haben, weil sie nichts zur Ordnung der Rechtsbeziehungen beiträgt. Sie führt im Gegenteil nur zu deren Verkomplizierung, was der Grund für die Ablehnung des Hoppe'schen Modells für den Organstreit war.[783] Außerdem ist eine konsequente Orientierung ausschließlich an der juristischen Person bei Streitigkeiten zwischen Teilen des Staates, die selbst keine juristischen Personen sind, eben auch nicht auf allgemeine Akzeptanz gestoßen.[784]

5. Zwischenergebnis

Im Ergebnis ist festzuhalten, dass der in § 78 Abs. 1 Nr. 1 Hs. 1 VwGO ausgedrückte Gedanke nicht der Austragung von Streitigkeiten zwischen zwei Teilen der Verwaltung, die keine juristischen Personen darstellen, entgegensteht. Es ist die Verwaltungseinheit zu verklagen, gegen die sich das Recht inhaltlich richtet. Dass das auch bei sogenannten verwaltungsrechtlichen Organstreitigkeiten der Fall ist, liegt nicht daran, dass das Rechtsträgerprinzip dort nicht anwendbar wäre.[785] Es kommt auch im Kern nicht darauf an, ob begrifflich ein solcher Organstreit

---

[780] *O. Mayer,* Verwaltungsrecht Bd. 1, S. 52 f.: „Es gehört wenigstens mehr guter Wille dazu, als der Jurist haben darf, um auch dem Befehl so einfach eine ‚vermögensrechtliche Seite' abzugewinnen und ihm eine gleichzeitige Unterwerfung des Befehlenden unter das Zivilrecht anzuhängen. Die alte Fiskuslehre allein hat es möglich gemacht, ohne Nachteil des vernünftigen Denkens solche zivilrechtlichen Wirkungen unmittelbar mit obrigkeitlichen Akten zu verknüpfen. [...] Der Staat legt mit seiner obrigkeitlichen Gewalt dem Einzelnen ein besonderes Opfer auf, und der Fiskus wird kraft zivilrechtlichen Rechtssatzes dem Betroffenen die angemessene Vergütung schuldig, auf welche er vor dem Zivilgerichte verklagt werden kann. [...] Nichts leichter freilich, als die[se] Grundidee [...] wissenschaftlich zu bekämpfen." (dass sich *Mayer* hier im Kern auch gegen den Grundsatz „dulde und liquidiere" wendet: oben Kapitel 2 Fn. 201, S. 83). Mayer stellt hier einen Zusammenhang zwischen einer strikten Fiskustheorie (die eine Ausrichtung auf die zivil-, d.h. vermögensrechtliche Seite der juristischen Person des öffentlichen Rechtes bewirkt hat) und diesem Grundsatz her.

[781] *E.-W. Böckenförde* in: FS H.J. Wolff, passim. (S. 287 ff., S. 305); *Böckenförde* sieht gerade in der zivilrechtlichen Ausrichtung den Sinn der juristischen Person des öffentlichen Rechts, a.a.O. S. 304 f., was letztlich eine Abschwächung der Bedeutung der juristischen Person bedeutet.

[782] Vgl. *F.E. Schnapp,* Amtsrecht, S. 106 (schon oben mit wörtl. Zit. Kapitel 2, B.II.1., Fn. 210, S. 84).

[783] Oben Fn. 422, S. 329.

[784] Oben Kapitel 4, C.II.1. bei Fn. 422, S. 329.

[785] So aber *M. Burgi,* Kommunalrecht, § 14 Rn. 12 (wörtl. Zit. oben Fn. 763).

vorliegt.[786] Entscheidend ist, gegen wen sich das Recht letztlich richtet – das ist auch der Kern des Rechtsträgerprinzips. Streiten Teile des Staates um eigene Rechte, wie das häufig bei als Organstreit bezeichneten Fällen vorkommt, sind diese Rechte in der Regel auch gegen die Teile der Organisation selbst gerichtet. Diese sind damit auch richtige Beklagte, was – wie dargestellt – auch der überwiegenden Meinung entspricht.

Angemerkt sei noch, dass eine Falschbezeichnung – also die Benennung der Körperschaft oder sonstigen juristischen Person als Beklagter – entsprechend § 78 Abs. 1 Nr. 1 Hs. 2 VwGO, der seinem Wortlaut nach nur den umgekehrten Fall regelt, unschädlich ist. In der Praxis dürften sich also die hier geschilderten Fragestellungen kaum auswirken,[787] solange die Gerichte entsprechende Fehler erkennen und korrigieren.

III. Richtung von Rechten bei Fachaufsicht

Bei Streitigkeiten, in denen die Rechte und Pflichten Teilen von juristischen Personen des öffentlichen Rechts zuzuordnen sind, hat es sich weitgehend durchgesetzt, diese auch als Prozessbeteiligte zu sehen.[788] Die ablehnende Haltung demgegenüber beruht auf einer historisch überlieferten,[789] aber sachlich nicht begründeten, zu starken Fixierung auf die juristische Person. Trotz dieser starken Orientierung an der juristischen Person des öffentlichen Rechts im deutschen Verwaltungsrecht[790] kommt es andererseits vor, dass es zugelassen wird, dass Streitigkeiten zwischen zwei juristischen Personen in das Innere einer der juristischen Personen des öffentlichen Rechts getragen werden. Das kann zu problematischen Fallkonstellationen führen, in denen ein Recht dann in Wirklichkeit der juristischen Person zusteht, sich aber ihre Teile streiten.[791] Die Schwierigkeiten entstehen dann, wenn die Frage „wer gegen wen", also die genaue Auslegung der Rechtsnormen, welche die in Betracht kommenden Rechte normieren, auf die Frage hin, wem sie zustehen

---

[786] So aber *M. Funke-Kaiser* in: Bader u. a., VwGO, § 78 Rn. 9 – wahrscheinlich meinen die Autoren aber das hier dargestellte, nämlich dass die „Organe" selbst richtige Beklagte sind, wenn um eigene Rechte gestritten wird, weil sich diese Rechte i.d.R. an die „Organe" selbst richten.

[787] Einzig die Verbindung des Problems zur Frage, ob sich sogenannte Organrechte auch gegen Rechtssubjekte außerhalb der juristischen Person, der sie angehören, richten, kann praktisch relevant werden, dazu unten F. III., S. 401.

[788] Grundsätzlich oben Kapitel 4, C. II. 1. bei Fn. 422, S. 329; dazu soeben E. II. 3., S. 386, zur a. A. dort Fn. 766, S. 388.

[789] Zur Bedeutung der Figur der juristischen Person für die Impermeabilitätstheorie oben Kapitel 2, B. Fn. 22, S. 52.

[790] Zur Rolle der juristischen Person bspw. auch oben Kapitel 1, C. II., Fn. 83 f., S. 34 und Kapitel 2, B. II. 1., insb. Fn. 216, S. 85.

[791] Zum Insichprozess schon oben Kapitel 2, B. I. 4., zu Unsicherheiten bei einer Klage gegen sich selbst dort insb. bei Fn. 120, S. 67. Zu Fragen der Personenidentität schon oben Kapitel 4, C. III. 3., insb. Fn. 537, S. 347.

und gegen wen sie sich richten, vernachlässigt wird. Beispiele sind Fälle, in denen eine juristische Person des öffentlichen Rechts in bestimmten Fachbereichen, die intern von gesonderten und faktisch sehr unabhängig arbeitenden Verwaltungseinheiten bearbeitet werden, an Weisungen anderer juristischer Personen gebunden sind. Die Rechtsprechung tendiert dann zum Teil dazu, die Bindung zum Anlass zu nehmen, die Austragung des Streites innerhalb der juristischen Personen bzw. zwischen der juristischen Person und sich selbst zuzulassen.[792]

Das ist zu kritisieren: Weisungen übergeordneter juristischer Personen richten sich auch im Falle der Fachaufsicht an die untergeordneten juristischen Personen selbst.[793] Was aber viel schwerer wiegt, jedoch damit zusammenhängt, ist, dass nicht berücksichtigt wird, in welchem Verhältnis Rechte verletzt werden. Nicht durch eine Entscheidung einer Verwaltungseinheit, die gegenüber ihr selbst nachteilige Wirkungen hat, wird sie in Rechten verletzt – sondern durch die Anordnung der übergeordneten Verwaltungseinheit, die sie dazu verpflichtet.[794] Die Rechte der juristischen Person richten sich nicht gegen die eigenen Organe – allein aus dem Grund, weil sie als Organe anzusehen sind, die für die juristische Person handeln, denn das ist auch bei übertragenen Aufgaben der Fall. Streitigkeiten, die durch die Weisungen von übergeordneten Behörden entstehen, sind deshalb in diesem Verhältnis auszutragen, in dem auch die entsprechenden Rechte und Pflichten zugeordnet sind. Wurde eine Anfechtung im Aufsichtsverhältnis versäumt, kann das nicht im Inneren der juristischen Person nachgeholt werden, wenn – wie zumeist – entsprechende Rechte nicht bestehen oder zumindest das Rechtsschutzbedürfnis fehlt.[795]

Das zeigt, wie wichtig es ist, in jedem einzelnen Fall zu analysieren, wem Rechte zustehen, gegen wen sie sich richten und welche Reichweite sie haben, das heißt, welchen Kontrollumfang sie ermöglichen.

---

[792] Bspw. VGH Mannheim, Urt. v. 08.11.1989, Az.: 11 S 320/89, VBlBW 1990, 192–195, juris Rn. 19 (vom BVerwG aufgehoben, dazu schon oben Fn. 537, S. 347 und Kapitel 5, D. II., S. 435 – dort auch zur ebenfalls einschlägigen Entscheidung VGH München, Urt. v. 21.12.2004, Az.: 8 B 03.1404, BayVBl. 2005, 405–409, juris Rn. 22 ff., insb. Rn. 40). Vgl. auch (die Zulässigkeit der Klage aber letztlich ablehnend) OVG Münster, Urt. v. 14.05.1992, Az.: 10 A 279/98, NVwZ-RR 1993, 123–135, juris Rn. 43 ff. (dazu Kapitel 2, Fn. 576 f., S. 140 f.). Vgl. VG Aachen, Urt. v. 15.06.2005, Az.: 3 K 2042/03, ÖffBauR 2005, 118–119, juris Rn. 27 (Kritik an dieser Entscheidung unten Kapitel 5, Fn. 127, S. 436).
Auch das zweite Fallbeispiel (Kapitel 1, A. II., S. 20) zählt zu dieser Fallgestaltung.
[793] Insoweit zustimmungswürdig *H.-H. Becker-Birck,* Insichprozess, S. 71.
[794] Das wird insb. bei OVG Münster, Urt. v. 14.05.1992, Az.: 10 A 279/98, NVwZ-RR 1993, 123–135, juris Rn. 43 ff. nicht hinreichend deutlich.
[795] Vgl. dazu schon oben Kapitel 4, C. III. 3. Zum Rechtsschutzbedürfnis Kapitel 5, D., insb. II., S. 435.

F. Untersuchung ausgewählter Rechte

Gerade weil die Ermittlung von Rechten von Teilen des Staates eine Frage der Auslegung einzelner Normen ist, ist es wichtig, Beispiele zu erläutern, um letztlich nicht auf abstrakter Ebene stehen zu bleiben. Die Beispiele sollen, entsprechend der Ankündigung, für die Praxis Rechtsanwendungshilfen zu geben,[796] Hinweise zur Lösung von Einzelfällen bieten, aber gleichzeitig auch der weiteren Plausibilisierung der bisherigen Ausführungen dienen.

I. Zivilrechtliches Eigentum

Ein Recht, das Teilen des Staates zustehen kann, ist das Eigentum an beweglichen Sachen und Immobilien, wie es im Zivilrecht geregelt ist.[797] Jedoch kann Eigentum wie alle Rechtspositionen aus dem Zivilrecht nur juristischen Personen zustehen[798] – als Teil des Staates und nicht als Fiskus.[799] Das hier entscheidende Problem ist weniger, ob einem Teil des Staates Eigentum zusteht, denn hier stellen sich keine anderen Fragen als solche des Zivilrechts, und in dieser Beziehung ist der Staat den Bürgern weitgehend gleich gestellt. Die im hiesigen Zusammenhang interessantere Frage ist vielmehr, ob der Staat das zivilrechtliche Eigentum im Verwaltungsprozess auch geltend machen kann. Das wiederum hängt davon ab, welche Rolle das einfachrechtliche Eigentum im Verwaltungsprozess spielt. Denn der Staat kann nicht wie ein Bürger Art. 14 Abs. 1 S. 1 Alt. 1 GG geltend machen, der es in Prozesskonstellationen Bürger-Staat meist überflüssig werden lässt, über die Rolle des einfachrechtlichen Eigentums im Verwaltungsprozess nachzudenken.[800] Es kommt daher bei Streitigkeiten zwischen Teilen des Staates ganz auf das zivilrechtliche Eigentum an, das sich jedenfalls in seiner rechtlichen Wirkung von den Schutzwirkungen, die Art. 14 GG bietet, unterscheidet.[801] Das zivilrechtliche Eigentum wird regelmäßig auf zweierlei Weise im Verwaltungsprozess relevant: als Belang in einer Abwägung oder innerhalb einer Norm, die einem Eigentümer Rechte verleiht[802] – die Möglichkeit, Eigentum im Verwaltungsprozess geltend zu

---

[796] Oben Kapitel 1, B. II., S. 25.

[797] Wie oben beschrieben (Kapitel 4, C. I. 1., S. 313; vgl. auch Kapitel 2, B. II. 1., S. 81) ist das genau der Zweck von juristischen Personen des öffentlichen Rechts: Sie sind der Anknüpfungspunkt für Rechte aus dem Zivilrecht.

[798] Kapitel 4, C. I. 2. b), S. 322.

[799] Dazu oben Kapitel 4, C. I. 1., S. 313. Zur Überwindung der Fiskustheorie auch oben Kapitel 2 bei Fn. 206, S. 83. Vgl. auch Kapitel 4, C. II. 2. a) bei Fn. 470, S. 336.

[800] Vgl. *A. Wiese*, Beteiligung, S. 123.

[801] Zur unterschiedlichen Struktur des einfachrechtlichen und des verfassungsrechtlichen Eigentums *H.-H. Rupp*, Grundfragen, S. 223 ff; *F. J. Säcker* in: ders. u. a., MüKo BGB Bd. 6, § 903 BGB Rn. 16 ff.; *J. Schapp*, Recht, S. 13, S. 164 ff.

[802] Viele Beispiele aus der Rspr. zu diesen Fallgestaltungen finden sich bei *A. Wiese*, Beteiligung, S. 189 ff.

machen, beschränkt sich aber nicht auf diese Fälle.[803] Die Unsicherheiten über die Rolle des zivilrechtlichen Eigentums im Verwaltungsprozess sind wohl ein Erbe der Fiskustheorie, nach der zivilrechtliche Beziehungen zum Bürger rein privatrechtlicher Natur waren und zivilrechtliche Rechte daher auch nur vor ordentlichen Gerichten geltend gemacht werden konnten.

Dass der Staat zivilrechtliches Eigentum im Prozess überhaupt geltend machen kann, ließe sich sehr leicht verneinen: Würden unter „seinen Rechten" im Sinne des § 42 Abs. 2 VwGO mit einer starken Strömung in der Kommentarliteratur nur „subjektive öffentliche Rechte" verstanden und Rechte aus dem Zivilrecht jedenfalls ausgeschlossen,[804] dann wäre es für Teile des Staates unmöglich, sich auf solche zu berufen.[805] Teile des Staates könnten zwar subjektive Rechte aus dem Zivilrecht haben, diese hätten aber nur zivilrechtliche Relevanz, was sehr an die Fiskustheorie erinnert. Völlig entgegengesetzt dazu lässt sich in Urteilsbegründungen des BVerwG lesen, auch Teile des Staates könnten sich „ebenso wie private" Eigentümer im Verwaltungsprozess auf ihr Eigentum stützen.[806] In der Literatur wurde noch weitergehend gefolgert, durch die Möglichkeit, sich auf einfachrechtliches Eigentum zu berufen, sei der Staat dem Bürger gleichgestellt und genieße „damit mittelbar den Schutz des Art. 14 GG, soweit es nicht [...] Sonderregelungen gibt."[807]

Beide denkbaren Extrempositionen sind nach dem bisher Erläuterten nicht überzeugend. Und das BVerwG ist auch nicht derart weit gegangen, den Staat trotz fehlender Berufungsmöglichkeit auf Grundrechte dem Bürger gleich zu stellen.[808] Wie oben beschrieben enthält der Wortlaut des § 42 Abs. 2 VwGO und ähnlicher

---

[803] A.A.A. *Wiese,* Beteiligung, S. 125. In anderen Fällen als denen, in denen das einfachrechtliche Eigentum als Bezugspunkt in einer öffentlich-rechtlichen Norm genannt wird, wird es sich zwar oft nicht um eine öffentlich-rechtliche Streitigkeit im Sinne des § 40 VwGO handeln – was aber nicht bedeutet, dass nicht auch öffentlich-rechtliche Streitigkeiten um privatrechtliches Eigentum vorkommen könnten (das Fallbeispiel 2 ist entgegen der Ansicht von *A. Wiese,* Beteiligung, S. 213 ff. der beste Beweis dafür), denn eine Verknüpfung von § 42 Abs. 2 VwGO und § 40 Abs. 1 S. 1 VwGO gibt es nicht (siehe oben Kapitel 3, B.I.4.d), S. 196).

[804] Dazu schon oben Kapitel 3, B.I.4.d) – Nachw. in Fn. 302, S. 197.

[805] Genau diesen Schluss zieht *A. Wiese,* Beteiligung, S. 188.

[806] Formulierung bei BVerwG, Urt. v. 27.03.1992, Az.: 7 C 18/91, BVerwGE 90, 96–103, juris Rn. 23 (im Planfeststellungsbereich liegendes Grundstück einer Gemeinde, das nicht der Erfüllung öffentlicher Aufgaben dient); BVerwG, Urt. v. 29.01.1991, Az.: 4 C 51/89, BVerwGE 87, 332–392, juris Rn. 445 („Flughafen München II", Grundstück, auf dem kommunale Einrichtung betrieben wird); vgl. auch BVerwG, Urt. v. 21.03.1996, Az.: 4 C 26/94, BVerwGE 100, 388–396, juris Rn. 20; BVerwG, Urt. v. 30.05.1984, Az.: 4 C 58/81, BVerwGE 69, 256–278, juris Rn. 33.
BVerwG, Urt. v. 28.03.1996, Az.: 7 C 35/95, BVerwGE 101, 47–51, juris Rn. 8 (Fallbeispiel oben, Kapitel 1, A.II., S. 20): „ebenso wie jedes andere private Eigentum" (auch BVerwG, Urt. v. 29.10.1996, Az.: 7 C 48/96, juris Rn. 7). Zum Umfang, in dem das BVerwG eine solche Berufung auf zivilrechtliches Eigentum zugelassen hat Fn. 808.

[807] *W. Rüfner* in: Isensee/Kirchhof, HStR Bd. 9, § 196 Rn. 116 m.N.

[808] BVerwG, Urt. v. 21.03.1996, Az.: 4 C 26/94, BVerwGE 100, 388–396, juris Rn. 21.

Prozessrechtsnormen keine Beschränkung auf bestimmte Rechte, und es ist nicht plausibel, eine Geltendmachung von Rechten des Zivilrechts im Verwaltungsprozess auszuschließen.[809] Das BVerwG begründet seine Ansicht zwar kaum,[810] liegt aber im Ergebnis auf dieser Linie.[811] Dies könnte als Ausdruck eines „Trend[s] in der Verwaltungspraxis, dem die Wissenschaft folgt," hin „zu einer Relativierung der Teilung der Rechtsordnung in öffentliches und privates Recht"[812] gedeutet werden, aber eben auch als Überwindung von Nachwirkungen der Fiskustheorie.[813]

---

[809] Kapitel 3, B. I. 4. d), S. 196.

[810] Vgl. etwa zur Frage, ob eine Gemeinde Eigentum geltend machen kann: bejahend BVerwG, Urt. v. 29.01.1991, Az.: 4 C 51/89, BVerwGE 87, 332, 391 (juris Rn. 445), wo das Gericht auf eine „ständige Rspr." rekurriert und nur ein einziges vorhergehendes Urteil, nämlich BVerwG, Urt. v. 30.05.1984, Az.: 4 C 58.81, BVerwGE 69, 256, 261 (vgl. juris Rn. 33) zitiert (vgl. hiesige Fn. 806, Fn. 822). Dort geht es aber um den Schutz durch eine Spezialnorm und es wird ebenfalls auf eine „ständige Rspr." rekurriert sowie auf frühere Rspr. verwiesen, in der eine Möglichkeit der Berufung einer Gemeinde auf das privatrechtliche Eigentum nicht begründet wird, sondern das Problem z. T. sogar offen gelassen wird (offen gelassen bei BVerwG, Urt. v. 21.05.1976, Az.: IV C 38/74, BVerwGE 51, 6–15, juris Rn. 44 – dort wird vor allem auch auf Rechte aus der Erfüllung öffentlicher Aufgaben und nicht lediglich aufgrund zivilrechtlichen Eigentums Bezug genommen). Diese Vorgehensweise ist keine Ausnahme in der Rspr. des BVerwG, siehe oben Fn. 742, S. 383.
Ebenso begründungsarm aber auch die Literatur: *W.-R. Schenke*, Verwaltungsprozessrecht, Rn. 498a (S. 158) statuiert, dass die Tatsache, dass juristische Personen des öffentlichen Rechts sich nicht auf Art. 14 GG stützen könnten, „selbstverständlich" – mehr wird zur Begründung nicht angeführt – einfachgesetzlichen Eigentumsschutz nicht ausschließe.

[811] BVerwG, Urt. v. 28.03.1996, Az.: 7 C 35/95, BVerwGE 101, 47–51, juris Rn. 8. Im Urteil des BVerwG vom 20.08.1996, Az.: 7 C 5.96, Rn. 9 (wortlautgleich bspw. Urt. v. 03.09.1996, Az.: 7 C 38.96) ist bereits davon die Rede, es sei „in ständiger Rechtsprechung anerkannt, daß gemeindliches Eigentum entsprechend seiner einfachrechtlich bestimmten Gestalt ebenso wie jedes andere private Eigentum geschützt ist" – ohne auf Art. 28 Abs. 2 GG einzugehen und ohne dass es eine öffentlich-rechtliche Norm gäbe, innerhalb derer das Eigentum geltend gemacht würde, was der Aussage eine neue Dimension verleiht. Nachw. auch in Fn. 806, Fn. 808. Weitere Nachweise auch bei *A. Wiese*, Beteiligung, S. 199 ff., dort. Fn. 118 ff. (die selbst jedoch a. A. ist, vgl. a. a. O. S. 213 ff.). Der nur im erstgenannten Urteil angeführte Hinweis, ohne gerichtlichen Schutz wie bei einem verfassungsrechtlich geschützten Eigentumsrecht könne „schwerlich davon die Rede sein, daß den Gemeinden überhaupt ‚Eigentum' zukommen kann" ist allerdings kritisch zu sehen: Die Wehrfähigkeit des Eigentums könnte sich theoretisch auch auf das Zivilrecht beschränken. Die Durchsetzbarkeit des Eigentums kann im öffentlichen Recht nach dessen Maßgaben beschränkt sein (vgl. dazu auch die weiterführenden Hinweise in Fn. 801, S. 394). Die überzeugende Begründung ist wie bereits dargestellt, dass § 42 Abs. 2 VwGO und ähnliche Prozessrechtsnormen eben keine solchen Einschränkungen vorsehen.
Nicht überzeugend ist dagegen die Interpretation von *A. Wiese,* Beteiligung, S. 188 ff., das BVerwG habe sich im Sinne der von ihr vorgebrachten Transformationsthese geäußert (sonst wäre ihre Kritik am BVerwG auf S. 214 ff. auch nicht notwendig). Vgl. dazu unten Kapitel 6, bei Fn. 33, S. 463.

[812] *S. Storr,* Staat, S. 472 m.N.

[813] Beides hängt im Übrigen zusammen: Die Fiskustheorie entstand gerade deswegen, um überhaupt einen Rechtsstreit mit dem Staat zu ermöglichen (dazu Kapitel 2, B. II. 1., S. 81), und knüpfte an die bestehende, ordentliche Gerichtsbarkeit an. Indem mehr und mehr die Verwaltungsgerichtsbarkeit für Streitigkeiten mit dem Staat zuständig wird, aber (vielleicht noch)

Andererseits hat aber die Tatsache, dass Teile des Staates sich nicht auf Art. 14 GG berufen können, auch Folgen, sodass der Staat dem Bürger nicht gleichgestellt ist: Nur die Grundrechte ermöglichen es, mit der Rüge eines Rechts auch eine Vollüberprüfung des vor Gericht angegriffenen Aktes zu erreichen.[814] Das Eigentum ist zwar ein absolutes Recht, aber Beeinträchtigungen stehen ohne die grundrechtliche Verstärkung durch Art. 14 GG nicht unter einem umfassenden Rechtfertigungsvorbehalt.[815] Das heißt, es muss ein enger Zusammenhang zwischen dem Gesetzesverstoß und der Beeinträchtigung des Eigentumsrechts bestehen.[816] Die vom BVerwG herangezogene Begründung, Art. 14 Abs. 3 S. 1 GG, der eine „umfassende gerichtliche Überprüfung" ermögliche, stehe aufgrund seiner grundrechtlichen Verankerung Teilen des Staates (in dem Fall der Gemeinde) nicht zu,[817] ist ein Ausdruck der allgemeinen Beschränkung der Gewährleistung von Freiheit von ungesetzlichem Zwang auf Bürger. Eine „prozessuale Hebelfunktion"[818] hat nur Art. 14 GG, nicht aber das einfachrechtliche Eigentum – außer eine solche Hebelfunktion ist durch eine spezialgesetzliche Norm, auf die sich der Teil des Staates (zum Beispiel als Eigentümer) berufen kann, angeordnet.[819]

Die Folge davon ist, dass sich ein Teil des Staates beispielsweise im Planfeststellungsverfahren zwar innerhalb der allgemein für eine solche gerichtliche Überprüfung geltenden Regeln darauf berufen kann, die Tatsache, dass sein Eigentum durch den Plan beeinträchtigt wird, sei nicht (richtig) abgewogen worden. Aber er kann nicht die fehlende oder unzureichende Berücksichtigung anderer Belange geltend machen.[820] Außerdem soll das Eigentum eines Teils des Staates in

---

nicht alle Rechte und Pflichten, die den Staat betreffen, öffentlich-rechtlicher Natur sind, kommt es zu einer Verwischung der Grenzen der Rechtsgebiete.

[814] Oben Kapitel 4, E.I., S. 381.

[815] BVerwG, Urt. v. 11.01.2001, Az.: 4 A 12/99, NVwZ 2001, 1160–1163, juris Rn. 26; *J.-W. Kirchberg/M. Boll/P. Schütz*, NVwZ 2002, 550, 551 m.w.N. aus der Rspr.

[816] Dass also eine rechtliche Beziehung im Sinne einer Zurechnung von Rechtsverstoß und beeinträchtigtem Recht bestehen muss, dürfte für viele Streitfragen, wie sie (unabhängig von der Konstellation Staat gegen Staat) bei *J. v. Abedyll* in: Bader u.a., VwGO, § 42 Rn. 74 beschrieben werden, die Lösung sein: Dass sich der Mieter oder ein aus einem dinglichen Wohnrecht Berechtigter nicht gegen Baurechtsverstöße wenden können soll, liegt also nicht daran, dass er sich auf Rechte aus dem Zivilrecht generell nicht berufen könnte, sondern kann besser damit begründet werden, dass ein rechtlicher Zusammenhang zwischen verletzter Norm und beeinträchtigtem Recht nicht besteht (in diese Richtung auch *H.H. Rupp*, Grundfragen, S. 14).

[817] BVerwG, Urt. v. 11.01.2001, Az.: 4 A 12/99, NVwZ 2001, 1160–1163, juris Rn. 26; BVerwG, Urt. v. 21.03.1996, Az.: 4 C 26/94, BVerwGE 100, 388–396, juris Rn. 21.

[818] Oben E.I., S. 381.

[819] Davon ging BVerwG, Urt. v. 20.11.2008, Az.: 7 C 10/08, BVerwGE 132, 261–276, juris Rn. 23 f. im Hinblick auf § 35 Nr. 3 BBergG aus – dazu sogleich.

[820] So BVerwG, Urt. v. 21.03.1996, Az.: 4 C 26/94, BVerwGE 100, 388–396, juris Rn. 21: Die Gemeinde, deren Eigentum betroffen ist, kann nicht die fehlende Berücksichtigung von Umweltbelangen geltend machen; so auch BVerwG, Beschl. v. 15.04.1999, Az.: 4 VR 18/98, 4 A 45/98, NVwZ-RR 1999, 554–556, juris Rn. 6: Der Verweis auf den „Schutz gemeindlicher Interessen" steht hier aber in einem etwas missverständlichen Zusammenhang, weil das

einer Abwägung leichter überwindbar sein.[821] Das ist aber eher eine Frage des Einzelfalles.

Nimmt eine Rechtsnorm Bezug auf das zivilrechtliche Eigentum und lassen sich aus dieser Norm Rechte herleiten, wie beispielsweise bei baunachbarrechtlichen Abstandsvorschriften, dann gelten die Schutzwirkungen dieser Normen allerdings genauso für Teile des Staates, die Eigentümer sind.[822] Ob die Begründung dafür ist, dass solche Normen die subjektiven Rechte selbst regeln und damit das Eigentum nur für die Zuweisung dieser Rechte eine Rolle spielt,[823] oder ob sie das einfachrechtliche Eigentum ausgestalten, kann dabei dahingestellt bleiben,[824] denn selbst wenn die zweite Alternative als zutreffend angesehen wird, verlangen solche Vorschriften in der Regel nur, dass der potentiell Berechtigte ein Eigentümer in zivilrechtlicher Hinsicht ist und nicht, dass er sich auch auf Art. 14 GG berufen kann.

Es ist allerdings genau zu analysieren, ob eine im Bürger-Staat-Verhältnis anerkannte Schutzwirkung aus einer Norm hergeleitet werden und damit auch auf Konstellationen Staat gegen Staat übertragen werden kann, oder ob es sich dabei um Schutzwirkungen aus Art. 14 GG handelt. Das BVerwG hat es einer Stadt zugestanden, sich auf § 35 Nr. 3 BBergG zu berufen, nach dessen Wortlaut für eine Genehmigung die Voraussetzung aufgestellt wird, „Gründe des Allgemeinwohls" müssten die genehmigte Tätigkeit „erfordern".[825] Das BVerwG argumentierte, aufgrund des zu Art. 14 Abs. 3 S. 1 GG ähnlichen Wortlautes sei durch den Gesetzgeber eine einfachrechtliche Konkretisierung des Eigentumsgrundrechts beabsichtigt gewesen.[826] Weil das BVerwG auch vorher schon die Vollüberprüfung allein am Wortlaut des Art. 14 Abs. 3 S. 1 GG festmachte,[827] übertrug es dies auf den ähnlich lautenden § 35 Nr. 3 BBergG.[828] Bei näherer Betrachtung scheint es aber nicht ganz überzeugend anzunehmen, dass § 35 Nr. 3 BBergG die Funktion hat, die gesamte Schutzwirkung der Grundrechte in das einfache Recht zu übertragen. Das

---

BVerwG in anderen Entscheidungen zu Recht genau trennt, ob das einfachrechtliche Eigentum oder die kommunale Selbstverwaltungshoheit geltend gemacht wird.

[821] *J.-W. Kirchberg/M. Boll/P. Schütz*, NVwZ 2002, 550, 551 m.w.N. aus der Rspr.: „Das Gewicht der lediglich einfachrechtlichen Eigentumsposition ist dabei wegen des fehlenden verfassungsrechtlichen Schutzes eher gering und im Rahmen der Abwägung leichter zu überwinden."

[822] So auch *A. Wiese*, Beteiligung, S. 165. BVerwG, Urt. v. 20.11.2008, Az.: 7 C 10/08, BVerwGE 132, 261–276, juris Rn. 23; vgl. BVerwG, Urt. v. 30.05.1984, Az.: 4 C 58/81, BVerwGE 69, 256–278, juris Rn. 33 (hinsichtlich § 9 Abs. 2 LuftVG a.F. – der Inhalt dieser Norm ist heute allgemein für alle Planfeststellungsverfahren in § 74 Abs. 2 S. 2 VwVfG geregelt – m.w.N. aus der eigenen Rspr.); vgl auch VGH Kassel, Urt. v. 15.11.1991, Az.: 7 UE 3372/88, insb. juris Rn. 20 (gegen den Bund als Eigentümer eines Gewässers kann ein Zahlungsanspruch des Landes nach Wasserrecht bestehen); weitere Bsp. bei *H. Sodan* in: ders./Ziekow, VwGO, § 42 Rn. 429.

[823] Zu Rechten, die sich aus einfachrechtlichen Rechtsnormen des öffentlichen Rechts herleiten, auch noch unten F. II., S. 399.

[824] Diese Thematik ist auch bei *H. H. Rupp,* Grundfragen, S. 223 ff. angesprochen.

[825] BVerwG, Urt. v. 20.11.2008, Az.: 7 C 10/08, BVerwGE 132, 261–276, juris Rn. 23 f.

[826] A.a.O. Rn. 15.

[827] Dazu die in Fn. 820 genannten Entscheidungen des BVerwG m.w.N.

[828] A.a.O. Rn. 24.

kann eigentlich nur dann angenommen werden, wenn Art. 14 Abs. 3 S. 1 GG isoliert als Grund für eine Vollüberprüfung angesehen wird. Es ist aber wie hier dargestellt davon auszugehen, dass die nur dem Bürger zustehende Freiheit von ungesetzlichem Zwang den wahren Grund für den umfassenden Überprüfungsanspruch
darstellt[829] und Art. 14 Abs. 3 S. 1 GG höchstens dessen textlicher Anknüpfungspunkt ist. Das erscheint vor allem dadurch plausibel, dass auch andere Grundrechte
eine vollständige Überprüfung einer angefochtenen Behördenentscheidung ermöglichen. Dadurch überwiegen die Zweifel, dass die Freiheit von ungesetzlichem
Zwang auch Inhalt des § 35 Nr. 3 BBergG sein soll, trotz des ähnlichen Wortlautes.
Es werden nur die materiellen Anforderungen des Eigentumsgrundrechts mit Übernahme des Wortlautes übernommen, um materiell grundgesetzkonforme Lösungen
zu generieren. Der Regelungsinhalt der Freiheit von ungesetzlichem Zwang, der
den Rechtsschutz betrifft, bleibt den Grundrechten, die es als allgemeines Prinzip
und nicht wegen des Wortlautes des Art. 14 Abs. 3 GG enthalten, vorbehalten.[830]

II. Rechte aus drittschützenden Normen

Da vom Bürger in Adressatenfällen auch objektives Recht gerügt werden kann,
wird die Frage, ob eine Norm den Zweck hat, einem Rechtssubjekt ein subjektives Recht zu verleihen, im Bürger-Staat-Verhältnis nur in Drittschutzfällen relevant.[831] Genau in solchen Fällen kann aber auch ein Teil des Staates Dritter sein,
wodurch sich – wie etwa im ersten Fallbeispiel –[832] die Frage stellt, ob anerkannt
drittschützende Normen auch Teile des Staates begünstigen. Obwohl es auch ge-
meinde- und nachbargemeindeschützende Spezialvorschriften gibt,[833] ist die Gemeinde z. B. im Baurecht auch als möglicher regulärer Nachbar akzeptiert,[834] was
angesichts der Orientierung am dinglichen Eigentum[835] im Baurecht nach dem bisher Gesagten nicht verwundert.[836]

---

[829] Oben E.I., S. 381.

[830] Mit einer gespaltenen Auslegung, wie sogleich unter II. erläutert, hat das allerdings nichts
zu tun: Nach der hier befürworteten Lösung lässt sich ein Anspruch auf Vollüberprüfung überhaupt nicht aus § 35 Nr. 3 BBergG herleiten (genausowenig wie subjektive Rechte insgesamt),
weder zu Gunsten des Staates, noch zu Gunsten des Bürgers. Vgl. auch unten Fn. 841, S. 401.

[831] Dazu bspw. oben Kapitel 3, B.I.2.b), bei Fn. 60, S. 157.

[832] Zu diesem Kapitel 1, A.I., S. 19; zur Lösung des Problems am konkreten Fall unten Kapitel 6, C.I.2.a), S. 459.

[833] *J. Kirchmeier* in: Ferner/Kröninger/Aschke, BauGB, vor §§ 29–38 Rn. 136.

[834] *K. Schlotterbeck,* Nachbarschutz im anlagenbezogenen Immissionsschutzrecht, NJW
1991, 2669, 2670 f.; *J. Kirchmeier* in: Ferner/Kröninger/Aschke, BauGB, vor §§ 29–38 Rn. 87
weist allerdings darauf hin, dass der Nachbarbegriff je nach betrachteter Norm variieren kann.
Für Rechte von Teilen des Staates, wenn eine Norm den Nachbarn explizit im Tatbestand erwähnt *A. Wiese,* Beteiligung, S. 165.

[835] *J. Kirchmeier* in: Ferner/Kröninger/Aschke, BauGB, vor §§ 29–38 Rn. 87.

[836] *J. Kirchmeier* in: Ferner/Kröninger/Aschke, BauGB, vor §§ 29–38 Rn. 136: „Soweit die Gemeinde Grundeigentümerin ist, hat sie die gleiche Rechtsposition wie Personen des Privatrechts
auch, […]"; ähnlich *O. Reidt* in: Battis/Krautzberger/Löhr, BauGB, vor §§ 29 bis 38 Rn. 28.

Allerdings kann eine Norm, die Drittschutz für Bürger gewährt, theoretisch auch so ausgelegt werden, dass sie nur bestimmten Rechtssubjekten, konkret: nur Bürgern, Rechte verleiht. Denn die Fiskustheorie kann nicht herangezogen werden, um den Staat argumentativ mit dem Bürger völlig gleich zu stellen, und es ist eine Frage der Auslegung der betreffenden Norm im Einzelfall, wer sich in welchen Fällen im Gerichtsprozess auf sie berufen kann.[837] Insbesondere dann, wenn eine Norm eine nachbarschützende Wirkung aufgrund einer grundrechtskonformen Auslegung entfaltet, im Baurecht etwa im Hinblick auf Art. 14 GG, stellt sich die Frage, ob auch ein Teil des Staates genauso wie ein Bürger von dieser grundrechtskonformen Auslegung profitieren kann, obwohl ihm Grundrechte nicht zustehen können. Weil der Wortlaut der drittschützenden Norm in der Regel keinen Anknüpfungspunkt für eine Differenzierung zwischen Staat und Bürger bietet, stellt sich das Problem der gespaltenen Auslegung. Eine solches Problem tritt auch hinsichtlich der europarechtskonformen Auslegung auf, wo sich oft die Frage stellt, ob überschießende Regelungen trotz Nichtanwendbarkeit einer Richtlinie im konkreten Fall richtlinienkonform ausgelegt werden sollen. Im Europarecht geht die Tendenz dahin, eine gespaltene Auslegung zu verneinen bzw. aufgrund des einheitlichen Wortlauts eine Vermutung für eine einheitliche Auslegung aufzustellen, die nur durch andere Auslegungsgesichtspunkte wie den erklärten Willen des Gesetzgebers widerlegt werden kann.[838] Eine Vermutung für eine einheitliche Auslegung ist auch plausibel: Je kleinteiliger eine Differenzierung ist, die innerhalb einer Auslegung einer Norm vorgenommen wird, desto größer wird der Begründungsaufwand: So wäre es (um ein Extrembeispiel zu nennen) unmöglich, aus einer Norm herzuleiten, dass sie Drittschutz in Fällen gewährt, in denen eine Person aus dem Ort A klagt, aber nicht drittschützend ist, wenn eine Person aus

---

[837] Für eine weitgehende Differenzierung: *J. Kirchmeier* in: Ferner/Kröninger/Aschke, BauGB, vor §§ 29–38 Rn. 88: „Nicht nur die Frage nach dem Ob des Nachbarrechtsschutzes ist zu beantworten, sondern auch die nach der Schutzabsicht und der Schutzwirkung. Bei der zweiten Frage geht es darum, ob das Tatbestandsmerkmal schlechthin, generell oder partiell und wenn partiell für welche typisierten Fallgestaltungen nachbarschützend ist sowie um die Bestimmung, wer Nachbar iSd Tatbestandsmerkmals ist".

[838] *M. Habersack/C. Mayer* in: Riesenhuber, Europäische Methodenlehre: Handbuch für Ausbildung und Praxis, Berlin 2006, § 15 Rn. 39 – Nachweise für die Ansicht, dass eine einheitliche Auslegung generell geboten sei a. a. O. Rn. 36 dort. Fn. 88; S. *Lorenz,* NJW 2013, 207, 208; eine gespaltene Auslegung lehnt G. *Wagner,* Der Verbrauchsgüterkauf in den Händen des EuGH: Überzogener Verbraucherschutz oder ökonomische Rationalität?, ZeuP 2016, 87, 117 f. aus prinzipiellen Erwägungen m. w. N. ab.

Zu einer entgegengesetzten Entscheidung des BGH S. *Augenhofer* in: Gsell/Krüger/Lorenz/ Mayer, beck-online.Großkommentar, § 474 BGB (Stand: 20.06.2016) Rn. 25 ff. – dazu auch S. *Lorenz,* NJW 2013, 207, 208, der es bei einer überraschenden Entscheidung des EuGH durchaus für denkbar hält, die Vermutung aus einer historischen Auslegung heraus als widerlegt anzusehen und dem BGH damit, anders als *Augenhofer,* zustimmt. Der Fall, in dem der BGH entschied, lag aber insoweit etwas anders, als im deutschen Recht der Drittschutz für den Bürger nicht für die Fachgerichte und den einfachen Gesetzgeber völlig überraschend durch das BVerfG etabliert wird. Anhaltspunkte, dass der Gesetzgeber etwa des BauGB bestimmte Rechtsnormen bewusst nicht als drittschützend konzipiert hat, gibt es gerade nicht.

B Kläger ist – solange die Norm die Differenzierung nicht in ihrem Wortlaut trägt. Bereits die Frage, ob genügend Anhaltspunkte für irgendeinen Drittschutz in Wortlaut und Systematik der entsprechenden Vorschriften erkennbar sind, lässt sich oft schwer beantworten.[839] Es erscheint daher kaum möglich, in eine Norm auch noch eine Beschränkung des Drittschutzes auf bestimmte Fälle hineinzuinterpretieren, etwa auf solche Fälle, in denen Bürger Rechte gegen den Staat geltend machen.[840]

Es wird in solchen Fällen regelmäßig auf den Adressatenkreis der Norm ankommen, ob eine Differenzierung gerechtfertigt ist: Dienen (wie im Baurecht) Normen dem Schutz des benachbarten Eigentümers, dann lässt sich aufgrund dieser Schutzrichtung – auch wenn die Drittschutzwirkung nur auf einer verfassungskonformen Auslegung beruht – zu Gunsten von Inhabern des einfachrechtlichen Eigentums, an das die Norm anknüpft, die aber nicht von Art. 14 GG profitieren können, der Drittschutz nicht verneinen. Teile des Staates können daher ganz überwiegend von als drittschützend anerkannten Normen des einfachen Rechts profitieren.[841]

III. Sogenannte „Organrechte"

Zu den Rechten, die Teilen des Staates zustehen können, zählen sogenannte „Organrechte". An diesem Begriff lässt sich jedoch einiges kritisieren. Genau genommen ist diese Bezeichnung nicht korrekt, da ein Teil des Staates nicht in seiner Rolle als Organ eigene Rechte haben kann, sondern nur dann, wenn er gerade nicht in der Rolle des Organs agiert.[842] Auch handelt es sich nicht um „Quasi-Rechte" oder rechtsähnliche Positionen, wie der Begriff suggerieren könnte, sondern um subjektive Rechte von Teilen des Staates.[843] Und nicht zuletzt sind Organrechte nicht zwangsläufig schon aufgrund der Begrifflichkeit innerhalb der mittelbaren Staatsverwaltung beheimatet, wie das oft angenommen wird, auch wenn sie dort gehäuft auftreten. Denn auch Behörden sind Organe, und eine Kontrastierung von Behörden und Organen berücksichtigt die Relativität des Organbegriffes nicht hinreichend.[844] Die Kontraststellung zwischen Organen beruht gerade darauf, dass sie

---

[839] Kapitel 3, B. I. 5., bei Fn. 329, S. 201.

[840] Im Ergebnis a. A. A. *Wiese,* Beteiligung, S. 89, S. 166, ohne jedoch auf das Problem der gespaltenen Auslegung näher einzugehen.

[841] Das widerspricht nicht den Ausführungen oben unter I., S. 394: Dort wird angezweifelt, dass § 35 Nr. 3 BBergG überhaupt selbst drittschützend ist. Wird aber in diesem Punkt der Argumentation des BVerwG gefolgt, dann ist diese im Hinblick auf die Übertragung des Drittschutzes auf Teile des Staates konsequent und ihr ist zuzustimmen.

[842] Schon oben Kapitel 4, C. II. 1. bei Fn. 433, S. 330.

[843] Dazu oben Kapitel 4, B. II., S. 273.

[844] Zum Verhältnis der Begriffe Behörde und Organ schon Kapitel 1, C. II., S. 34. Zur Kontrastierung der Begriffe Organ und Behörden Kapitel 2, B. I. 5. b), ab S. 71. Zur Relativität des Organbegriffes Kapitel 4, C. II. 1., S. 328 und III. 1., S. 341.

Rechte haben und ist ohne sie nicht denkbar, sodass eine Ableitung von Rechten aus einer Stellung als Kontrastorgan zirkulär wäre.[845] So gesehen ist der Begriff Organrechte überflüssig und nur ein Relikt der Kontrasttheorie, die aufgrund einer prinzipiellen Skepsis gegenüber Rechten des Staates den verwaltungsrechtlichen Organstreit als Besonderheit und Ausnahme darstellen will.[846] Er ist außerdem ein Produkt einer ausschließlich fallgruppenbezogenen Betrachtung der Prozesskonstellation Staat gegen Staat.[847]

Einige Punkte, auf die bei der Ermittlung aller Rechte zu achten ist, spielen aber bei sogenannten Organrechten gehäuft eine besonders wichtige Rolle: Teile der Verwaltung, die in anderer Funktion als Organ für eine Gesamtorganisation handeln, sind häufig solche, die nur mit einem Amtswalter besetzt sind. Insofern ist bei sogenannten Organrechten ganz besonders darauf zu achten, wem in welcher Rolle ein Recht gegenüber welchem anderen Teil der Verwaltung zusteht. Rechte des Staates liegen dann nicht vor, wenn die geltend gemachten Rechte aus der privaten Sphäre des Amtswalters stammen, wie das beispielsweise bei Vergütungsansprüchen oder dem allgemeinen Persönlichkeitsrecht der Fall ist.[848] Rechte von Teilen einer Organisation müssen gerade diesem Teil zustehen und nicht der Organisation selbst.[849]

Problematisch ist auch, gegenüber welchen Teilen des Staates die sogenannten Organrechte geltend gemacht werden können. Wenn eine juristische Person des öffentlichen Rechts mit anderen Personen in Beziehung steht, kann es sein, dass sich Teile der juristischen Person des öffentlichen Rechts dadurch in ihren Rechten verletzt sehen. Wenn zum Beispiel die Rechtsaufsicht eine Verfügung gegenüber der Stadt bzw. Gemeinde erlässt, könnte der Stadt- bzw. Gemeinderat versuchen, selbst eine verwaltungsgerichtliche Klage gegen diese Verfügung einzulegen. Voraussetzung für den Erfolg einer solchen Klage ist ein subjektives Recht, das dem Gemeinderat gegen die Rechtsaufsicht zusteht. In der Rechtsprechung wurden solche „kommunalverfassungsrechtliche[n] Drittanfechtung[en]" zugelassen.[850] Das OVG Münster hielt ein Stadtratsmitglied, dem durch eine rechtsaufsichtliche Verfügung ein Recht genommen wurde, das es durch einen Beschluss des Stadtrates zur Änderung der eigenen Geschäftsordnung erhalten sollte, für gegen die aufsichtliche Verfügung klagebefugt.[851] Der VGH München bejahte eine Klagebefugnis eines Bürgermeisters gegen eine rechtsaufsichtliche Verfügung, die ihn dazu

---

[845] Dazu oben Kapitel 2, E., S. 143.

[846] Dazu oben Kapitel 2, B.I.5.b) und c), ab S. 71.

[847] Zu dieser herkömmlichen Fallgruppenbildung schon oben Kapitel 4, A.II., S. 268; vgl. auch Kapitel 2, B., S. 52. Zur Kritik an diesem Fallgruppendenken Kapitel 4, D.I., S. 351.

[848] Dazu oben Kapitel 4, C.II.2.a), S. 332 und auch C.IV.1. bei Fn. 561, S. 351 je m.N.

[849] Oben Kapitel 4, C.II.1., S. 328.

[850] Dazu *J. Greim/F. Michl*, NVwZ 2013, 775, 775 ff.

[851] OVG Münster, Urt. v. 30.03.2004, Az.: 15 A 2360/02, NVwZ-RR 2004, 674–678, juris Rn. 24 ff.

verpflichtete, eine Stadtratssitzung einzuberufen.[852] Beide Entscheidungen wurden damit begründet, Rechte könnten nicht nur „solche des Außenrechtskreises zwischen Rechtsträgern" sein, sondern „durch Auslegung der jeweils einschlägigen innerorganisatorischen Norm" könnten sich auch „wehrfähige Innenrechtspositionen [...], die einem Organ oder Organteil eines Rechtsträgers zur eigenständigen Wahrnehmung zugewiesen sind," ergeben.[853] Das ist zutreffend, stimmt mit der These der Relativität der Rechtsfähigkeit überein[854] und ist aufgrund der langen Zeitspanne, innerhalb derer sogenannte verwaltungsrechtliche Organstreitigkeiten schon allgemein als zulässig angesehen werden, inzwischen auch eine Selbstverständlichkeit. Nicht begründet haben die beiden Gerichte jedoch, warum die herangezogenen Rechtsnormen das jeweilige Recht gerade gegen die Beklagten verleihen.

Das OVG Münster stellte lediglich fest, in seinen Rechten verletzt könne auch „ein Dritter sein, in dessen Rechte durch eine kommunalaufsichtsrechtliche Ersatzvornahmeverfügung eingegriffen wird."[855] Es bezieht sich lediglich auf den Umstand, dass es auch Rechte Dritter geben kann, begründet aber nicht, warum ein Recht des Stadtratsmitglieds gerade gegenüber der Rechtsaufsicht besteht. Im Gegenteil stellt das OVG Münster völlig konträr zur letztlich nicht ausdrücklich geäußerten Annahme, dass das Recht aus der Geschäftsordnung auch gegenüber der Rechtsaufsicht geltend gemacht werden kann, fest, die Vorschriften der Geschäftsordnung würden „sich dadurch auszeichnen, dass sie als innerorganisatorische Normen nur Binnenrechtsbeziehungen regeln, [...]".[856] Wenn aber eine Norm nur zwischen bestimmten Rechtssubjekten überhaupt Wirkung entfaltet, dann kann sie aufgrund der Normativität der subjektiven Rechte[857] auch keine Rechte gegenüber anderen Rechtssubjekten enthalten. Der VGH München begründet ebenfalls nicht, warum das Recht des ersten Bürgermeisters aus Art. 46 Abs. 2 BayGO,[858] Sitzungen des Stadtrates einzuberufen, gerade gegenüber der Rechtsaufsicht besteht.[859] Letztlich scheinen die beiden Gerichte davon auszugehen, dass die im Gerichtsverfahren herangezogenen Rechte absolut, also gegenüber jedem beliebigen Teil des Staates, gelten. Wie oben erläutert kann es jedoch im öffentlichen Recht

---

[852] VGH München, Beschl. v. 20.10.2011, Az.: 4 CS 11.1927, BayVBl. 2012, 340–341, juris Rn. 5.

[853] OVG Münster, Urt. v. 30.03.2004, Az.: 15 A 2360/02, NVwZ-RR 2004, 674–678, Rn. 29; vom VGH München, Beschl. v. 20.10.2011, Az.: 4 CS 11.1927, BayVBl. 2012, 340–341, in Rn. 5 wörtlich zitiert.

[854] Vgl. insb. oben Kapitel 4, C. I. 2. a), S. 318.

[855] A. a. O., Rn. 27.

[856] OVG Münster, Urt. v. 30.03.2004, Az.: 15 A 2360/02, NVwZ-RR 2004, 674–678, juris Rn. 33.

[857] Dazu oben Kapitel 3, B. I. 3. b), S. 165.

[858] Art. 46 Abs. 2 BayGO: „Der erste Bürgermeister bereitet die Beratungsgegenstände vor. Er beruft den Gemeinderat unter Angabe der Tagesordnung mit angemessener Frist ein, erstmals unverzüglich nach Beginn der Wahlzeit. [...]".

[859] A. a. O., Rn. 5 – wobei es in dieser Entscheidung auf die Antragsbefugnis auch nicht ankam, weil der Antrag unbegründet war.

keine absoluten Rechte geben, und es ist immer notwendig, durch Auslegung der Rechtsnorm zu klären, gegen wen sich das Recht richtet.[860]

Dass eine Norm einer Geschäftsordnung, die bestimmten Ratsmitgliedern Rechte verleiht, solche Rechte nicht lediglich gegenüber dem Rat (oder höchstens der Körperschaft[861]), sondern auch gegenüber der Rechtsaufsicht gewährt, liegt nicht nur aufgrund der Zweckbestimmung einer Geschäftsordnung fern, sondern es ist auch zweifelhaft, ob die Rechtsnorm, die zum Erlass einer Geschäftsordnung ermächtigt, die Kreation solcher über den Funktionskreis einer Geschäftsordnung hinausgehender Rechte überhaupt ermöglicht. Das Recht und die Pflicht des Bürgermeisters, Sitzungen einzuberufen, besteht gegenüber den an der Sitzung Beteiligten.[862]

Dass die beispielhaft angeführten Rechte nur gegen Rechtssubjekte innerhalb der Organisation Gemeinde wirken, liegt aber nicht daran, dass es einen abgeschlossenen Innenbereich innerhalb juristischer Personen gäbe, wodurch nur die Gemeinde insgesamt mit anderen juristischen Personen in Beziehung treten kann,[863] sondern es ist schlicht die Auslegung der betreffenden Rechtsnormen, die ergibt, dass die Rechte dem Zweck des Gesetzes nach in bestimmten Beziehungen bestehen. Es wäre möglich, dass Gesetze geschaffen werden, die auch über die Grenzen juristischer Personen hinweg Rechte von Teilen juristischer Personen gegen andere juristische Personen (und umgekehrt) verleihen.[864] Aus der historischen Tradition der Orientierung an der juristischen Person heraus wurde das aber,

---

[860] Oben E. II. 1., S. 385. Ein Recht kann sich auch gegen mehrere Rechtssubjekte richten, nur muss das der betreffenden Rechtsnorm auch entnehmbar sein.

[861] Selbst hier ergeben sich Zweifel: Immerhin hat das OVG Münster selbst eine in der Geschäftsordnung geregelte finanzielle Zuwendung als nicht rechtmäßig angesehen (a. a. O., Rn. 51 ff.). Die finanziellen Beziehungen zwischen Ratsmitgliedern und der Gemeinde hat es als abschließend durch die Gemeindeordnung geregelt angesehen, sodass eine Regelung in der Geschäftsordnung nicht in Betracht komme. Es ließe sich auch argumentieren, dass die Beziehungen zwischen Ratsmitglied und Gemeinde (auch bei fehlender Regelung in der GO) gar nicht in der Geschäftsordnung geregelt werden können, weil diese nur Regelungen für die Beziehungen zwischen dem Rat selbst und den Ratsmitgliedern enthalten kann (bspw. in Bayern ist geregelt [Art. 45 Abs. 1 BayGO], dass sich der Gemeinderat [selbst] eine Geschäftsordnung gibt, nicht der Gemeinde).

[862] Zu den selben Ergebnissen kommen trotz eines anderen Begründungsansatzes *J. Greim/ F. Michl*, NVwZ 2013, 775, 777 f. Die Autoren betrachten die Angelegenheit weniger von der Seite des Berechtigten aus, fragen also nicht danach, wem gegenüber eine Norm ein Recht verleiht, sondern gehen davon aus, ein Rechtseingriff könne per se nicht durch einen Außenstehenden erfolgen (insofern ist dem OVG Münster und dem VGH München zuzustimmen, von einem Rechtseingriff könne prinzipiell auch ein „Dritter" betroffen sein [Fn. 853]).

[863] In diese Richtung aber (trotz ansonsten zustimmungsfähiger Ansätze und vor allem gleichem Ergebnis wie hier) *J. Greim/F. Michl*, NVwZ 2013, 775, 777 f. Gegen eine Wirkung außerhalb der jeweiligen juristischen Person auch *A. Wiese*, Beteiligung, S. 154.

[864] Bei Streitigkeiten zwischen Teilen des Staates braucht die Überlegung, dass dem Bürger ein haftungsfähiges Rechtssubjekt zur Verfügung gestellt werden muss, wie sie bei Streitigkeiten des Bürgers gegen den Staat angestellt wird, ausweislich der allgemein akzeptierten Zulassung verwaltungsrechtlicher Organstreitigkeiten nicht berücksichtigt zu werden (dazu oben Kapitel 2, D. II., S. 136).

soweit ersichtlich, (noch) nicht getan, weil die Gesetzgeber offenbar vom Grund-
modell ausgehen, dass die juristische Person das Rechtssubjekt im Verhältnis zwischen Personen ist und ihre Teile dort nur als Organ und nicht selbst als ihr eigenes Zurechnungsendsubjekt handeln.

Festzuhalten bleibt, dass auch der Adressat eines Rechts durch Auslegung der
Norm, die das Recht enthält, zu ermitteln ist[865] und dass gerade bei sogenannten
Organrechten Schwierigkeiten sowohl bei der Zuordnung des Rechts auf Aktiv-
seite, als auch auf Passivseite entstehen können.

IV. Selbstverwaltungsrechte aus Art. 28 Abs. 2 GG

Dass Art. 28 Abs. 2 GG ein subjektives Recht für kommunale Selbstverwaltungskörperschaften enthält, wurde oben bereits erläutert.[866] Dieses Recht ist von
„allen staatlichen Stellen, die der Bindung durch das Grundgesetz unterliegen",
zu achten.[867] Es hat daher einen sehr weiten Adressatenkreis, der sich mit dem der
Grundrechte deckt.[868] Es ist „allgemein anerkannt", dass Gemeinden gegen Planfeststellungen auf Grundlage des Art. 28 Abs. 2 GG Rechtsschutzmöglichkeiten
zustehen.[869] Neben dem dinglichen Eigentum, das Gemeinden im Bereich einer
Planfeststellung geltend machen können, ist die kommunale Planungshoheit ein in
Gerichtsverfahren oft geltend gemachtes Recht.[870]

Träger des Rechts aus Art. 28 Abs. 2 GG ist allerdings nur die juristische Person, sodass ihre Teile das Recht nicht für sich selbst geltend machen können.[871]
Wie bereits oben geklärt, beinhaltet das Recht auf kommunale Selbstverwaltung
keinen Anspruch auf eine Vollüberprüfung, sodass nicht jeder Rechtsverstoß im
Zusammenhang mit der Verkürzung des Schutzbereiches gerügt werden kann. Es
kann nur die Verletzung solcher Rechtsnormen geltend gemacht werden, welche

---

[865] Das haben weder das OVG Münster und der VGH München, noch *J. Greim/F. Michl* konsequent befolgt. Dass die Auslegung der betreffenden Rechtsnorm entscheidend ist, ergibt sich
schon daraus, dass das Vorliegen eines subjektiven Rechts überhaupt im Wege der Auslegung
einer Rechtsnorm ermittelt werden muss – und damit folglich auch dessen Inhalt und Zuordnung.

[866] Kapitel 4, B. I., S. 271.

[867] *V. Mehde* in: Maunz/Dürig, GG, Art. 28 Abs. 2 Rn. 48 – der das (wie das hier befürwor-
wird) einer am Wortlaut der Norm orientierten Auslegung entnimmt.

[868] *V. Mehde* in: Maunz/Dürig, GG, Art. 28 Abs. 2 Rn. 48. Das Recht auf kommunale Selbstverwaltung wirkt aber, wie die Grundrechte, nicht absolut.

[869] *W. Hoppe/M. Schulte,* Planfeststellungsverfahren, S. 30 f. m.N. aus der Rspr.

[870] Vgl. dazu schon Kapitel 2, B. II. 2. a), S. 86. Aus der oben bei der Erörterung des Eigen-
tums (I., S. 394) schon genannten Rechtsprechung z.B. BVerwG, Urt. v. 21.03.1996, Az.: 4
C 26/94, BVerwGE 100, 388–396, juris Rn. 22 ff.; BVerwG, Urt. v. 27.03.1992, Az.: 7 C 18/91,
BVerwGE 90, 96–103, juris Rn. 17, Rn. 20 f.
Vgl. zu Art. 28 Abs. 2 GG, auch im Vergleich mit Art. 14 GG *A. Wiese,* Beteiligung,
S. 167 ff., sowie S. 217 ff.

[871] *V. Mehde* in: Maunz/Dürig, GG, Art. 28 Abs. 2 Rn. 47.

die kommunale Selbstverwaltungsgarantie ausgestalten bzw. es können nur solche Rechtsverstöße gerügt werden, durch die unmittelbar die kommunale Selbstverwaltung unmöglich gemacht oder in unverhältnismäßiger Weise oder ohne gesetzliche Grundlage erschwert wird.[872]

V. Rechte neben Kompetenzen

Bereits oben wurde versucht, die Behauptung zu entkräften, das Innehaben von Kompetenzen eines Teils des Staates schließe die Zuordnung von Rechten zum selben Teil des Staates aus.[873] Eine weitergehende Frage lautet, ob Kompetenzen selbst Rechte darstellen können. Sie ist in der Literatur umstritten.[874]

Hinter der Ablehnung, Rechte aus Kompetenzen herzuleiten, steht häufig eine generelle Abneigung gegen Rechte des Staates insgesamt oder zumindest dagegen, sie als subjektive Rechte zu bezeichnen. Außerdem äußert sich in ihr die Sorge, dass in der Folge der Anerkennung von Kompetenzen – ganz gleich, ob darunter Aufgaben, Befugnisse oder Zuständigkeiten verstanden werden –[875] als Rechte, entgegen der herkömmlichen Praxis, alle denkbaren Kompetenzen zu gerichtlich einklagbaren Rechten erklärt würden – was, so die Befürchtung, in einem die Verwaltung lähmenden Behördenkrieg enden könnte.[876] Es handelt sich dabei also ausschließlich um Gründe, die im Verlauf der bisherigen Ausführungen schon hin-

---

[872] Dazu ausführlich Kapitel 4, E. I., S. 381.

[873] Kapitel 4, A. I. 1., S. 260.

[874] Ablehnend: *E. Klein* in: E. Benda/ders., Verfassungsprozessrecht, Rn. 990 (S. 399); *E.-W. Böckenförde* in: FS H. J. Wolff, S. 303: „prinzipielle Andersartigkeit organisatorischer und organschaftlicher Befugnisse gegenüber subjektiven Rechten"; *E. Forsthoff*, Verwaltungsrecht Bd. 1, S. 452; *W. Krebs* in: Erichsen/Hoppe/von Mutius, FS Menger, S. 209 (zu diesem schon oben Fn. 262, S. 302); *W. Löwer* in: Isensee/Kirchhof, HStR Bd. 3, § 70 Rn. 9: Kompetenzen sind Wahrnehmungszuständigkeiten, „Als solche sind diese weder verrückbar noch verzichtbar und insofern eben keine subjektiven Rechte."; *E. Rasch*, VerwArch 50 (1959) 1, 5; *R. Stober* in: Wolff/Bachof/Stober/Kluth, Verwaltungsrecht, Bd. 1, § 41 Rn. 9, Rn. 12; *R. Wahl/P. Schütz* in: Schoch/Schneider/Bier, VwGO, § 42 Abs. 2 Rn. 103; grds. ablehnend *H. J. Wolff*, Organschaft Bd. 2, S. 275, aber mit der Einschränkung auf S. 279, dass Berechtigungen innerhalb einer Organisation (wenn sie nicht in der Eigenschaft als Organ wahrgenommen werden) durchaus als „relative subjektive Rechte und Pflichten" bezeichnet werden könnten.
Dafür: *H. Bethge* in: Maunz/Schmidt-Bleibtreu/Klein/Bethge, BVerfGG, § 63 Rn. 7 (für die im Verfassungsorganstreit geltend gemachten Rechte); *K. F. Gärditz* in: ders., VwGO, § 42 Rn. 53 („[…] sofern die Rechtsordnung einzelnen Rechtsträgern oder deren Organen verselbstständigte Rechtspositionen einräumt, die im Konfliktfall auch gegenüber anderen Hoheitsträgern durchsetzbar sein sollen."); *P. Lerche* in: FS Knöpfle, S. 172 (bei einer „Mindestselbständigkeit"); *F. E. Schnapp*, Amtsrecht, S. 211, 215; *E. Schulev-Steindl*, Rechte, S. 118 (aus stark rechtstheoretisch orientierter Sicht).

[875] Zur Unklarheit des Begriffes Kompetenz schon oben Kapitel 4, A. I. 1., S. 260.

[876] Wahrnehmbar etwa bei *E.-W. Böckenförde* in: FS H. J. Wolff, S. 303; deutlich auch bei *A. Wiese*, Beteiligung, S. 86 f. i. V. m. S. 87 f. vgl. dazu auch *H. Bethge*, DVBl. 1980, 309, 312.

reichend erörtert wurden.[877] Auffällig ist insbesondere der Widerspruch, der sich bei einer kategorischen Ablehnung der Herleitung von Rechten aus Kompetenznormen zur Existenz der sogenannten Organstreitigkeiten auftut,[878] bei denen gerade gegen Kompetenzverletzungen gerichtlich vorgegangen wird. Und selbst wenn Art. 28 Abs. 2 S. 1 GG nicht selbst als Kompetenznorm angesehen wird, verleiht die Norm Rechte auf Ausübung von Kompetenzen.[879]

Für einen Zusammenhang zwischen Kompetenz und Recht spricht, dass außer der Gewährung von Rechten für Teile der Verwaltung besonders die Zuteilung von Aufgaben, Befugnissen und Zuständigkeiten dazu führt, dass spezielle Belange bestimmten Verwaltungseinheiten zugeordnet sind.[880] Die Kompetenzordnung etabliert also maßgeblich die Interessenpluralität in der Verwaltung. Wird die Schutznormtheorie auf die Konstellation Staat gegen Staat übertragen, führt das wegen der strukturellen Parallelität der Zuweisung von Kompetenzen und der Zuweisung von Rechten[881] dazu, dass die kompetenzielle Verankerung von Belangen als Ausgangspunkt für die Argumentation zur Annahme eines subjektiven Rechts des Teils des Staates dienen kann.[882] Andererseits ist anerkannt, dass nicht

---

[877] Bspw. zur Behauptung der generellen Unmöglichkeit von Rechten des Staates Kapitel 4, A.I., S. 259. Zur Abneigung, Rechte des Staates als solche zu bezeichnen B.II., S. 273. Zum „Behördenkrieg" Kapitel 2 bei Fn. 102, S. 65 und bei Fn. 266, S. 95.
Zum ebenfalls manchmal aufgegriffenen Verzichtbarkeitsargument schon oben Kapitel 3, Fn. 215, S. 181. Zum Einwand, subjektiven Rechten von Organen stünde entgegen, dass diese immer nur das Organisationswohl verfolgten *W. Roth,* Organstreitigkeiten, S. 498 ff. (vgl. schon oben Fn. 437, S. 331).

[878] Bemerkenswert daher auch *E. Forsthoff,* Verwaltungsrecht Bd. 1, S. 452: „Die Zuweisung einer Kompetenz bedeutet in keiner Weise die Verleihung eines subjektiven öffentlichen Rechts." – in dort. Fn. 1 wird erst auf *G. Jellinek* verwiesen, dann aber trotz der absoluten Formulierung der Aussage eine Einschränkung gemacht: „Das gilt jedoch nicht für die Verfassungsgerichtsbarkeit" (das Argument, es handele „sich hier um Besonderheiten der Verfassungsgerichtsbarkeit, die auf die Verwaltungsbehörden und ihre Rechtsbeziehungen untereinander nicht übertragen werden dürfen" [a.a.O.] ist vor dem Hintergrund der Etablierung verwaltungsrechtlicher Organstreitigkeiten, also genau der Übertragung auf Verwaltungseinheiten, ebenfalls bemerkenswert).

[879] Vgl. zu den beiden Funktionen bspw. *H.-G. Henneke* in: Schmidt-Bleibtreu/Hofmann/ Henneke, GG, Art. 28 Rn. 43 ff., 51. Zur Eigenschaft des Art. 28 Abs. 2 GG als Norm, die Rechte verleiht schon oben B.I., S. 271.

[880] Die Gewährung von Rechten führt jedoch bei der Suche nach Rechten im Sinne der Schutznormtheorie naturgemäß nicht weiter, weil sich die Argumentation im Kreis drehen würde (vgl. zu diesem Henne-Ei-Problem schon oben Kapitel 2, B.I.6., S. 76) – die Kompetenzverteilung ist daher der für die Suche nach Rechten entscheidende Baustein der Interessenpluralität.

[881] *M. Ruffert,* DÖV 1998, 897, 900 f.: „Indem das Organisationsrecht die Berücksichtigung und Wahrnehmung bestimmter Interessen einzelner Ressorts zuweist, bewältigt es die rechtliche Einbindung dieser Interessen in ähnlicher Weise, wie nach der überkommenen Schutznormlehre rechtlich geschützte Interessen einzelnen Rechtssubjekten als subjektiv-öffentliche Rechte zugewiesen werden."; vgl. oben Kapitel 2, Fn. 390, S. 114.

[882] Ähnlich schon *D. Lorenz,* AöR 93 (1968), 308, 320 f. Vgl. umgekehrt argumentierend BVerwG, Urt. v. 06.03.1986, Az.: 5 C 36/82, BVerwGE 74, 84–95, Rn. 15: Rechtsverletzung (Eingriff in Planungshoheit) wurde abgelehnt, weil die Zuständigkeit (für die Wegeplanung) in

jede Kompetenz auch ein Recht enthält. Würden aus der Zuweisung bestimmter Interessen an eine Verwaltungseinheit automatisch Rechte erwachsen, dann wäre – weil alle Teile der Verwaltung letztlich irgendwelche materiellen Zwecke verfolgen –[883] jedoch so gut wie jede entsprechende Kompetenzzuweisung mit der Einräumung von subjektiven Rechten verbunden. Es kann also keinen Automatismus geben: Aus einer gesetzlich zugewiesenen Aufgabe, einer Befugnis oder Zuständigkeit folgt nicht zwangsläufig, dass eine Beeinträchtigung der damit verbundenen Tätigkeit vor Gericht gerügt werden kann.[884] Die Einhaltung der gesetzlichen Zuständigkeitsordnung wird nicht primär dadurch sicher gestellt, dass jeder Teil des Staates bei einem Übergriff eines anderen Teils in den eigenen Zuständigkeitsbereich klagen kann, sondern durch die Amtswahrnehmungspflicht eines jeden Amtswalters, der gegebenenfalls mit dienstrechtlichen Mitteln dazu angehalten wird, nur den Aufgabenkreis seines eigenen Amtes wahrzunehmen.[885] Rechte entstehen nicht aus der Zuweisung von Kompetenzen, sondern neben ihr:[886] Es ist eine Frage der Auslegung der konkreten Norm, ob neben der Zuweisung von Kompetenzen auch die Zuweisung eines subjektiven Rechts bezweckt ist.[887] Eine Norm kann auch mehrere Regelungsinhalte haben, also eine Kompetenz und ein Recht oder mehrere Rechte (etwa gegenüber verschiedenen Rechtssubjekten) zuweisen.

Es ist auch hier zu beachten, dass es im öffentlichen Recht keine absoluten Rechte gibt, die gegenüber allen wirken,[888] dass also auch Rechte, die im Zusammenhang mit der Zuweisung einer Kompetenz eingeräumt werden, nur gegenüber ganz bestimmten Rechtssubjekten geltend gemacht werden können.[889] So muss das Verhältnis zu den Bürgern, zwischen einzelnen Teilen einer Organisation und zwischen einer Organisation und ihren Teilen jeweils getrennt betrachtet werden. Ist in einem dieser Verhältnisse durch eine Norm kein Recht geregelt, schließt das nicht aus, dass die selbe Norm Rechte gegenüber anderen Teilen der Verwaltung verleiht. Das steht, wenn auch meist nicht so klar ausgedrückt, hinter Einteilungen, die beispielsweise zwischen dem Recht „aus der", „auf die" und

---

diesem Fall gar nicht bei der Gemeinde lag; a. A. *W. Roth,* Organstreitigkeiten, S. 620: „Zu welchem materiellen Verwaltungszweck es [Anm.: ein Organ oder Organteil] seine Kompetenzen hat, ist für die Subjektivierungsfrage irrelevant." – *Roth* orientiert sich hier sichtlich am verwaltungsrechtlichen Organstreit, wo eine Zuweisung von materiellen Interessen i. d. R. nicht vorkommt, weil die Interessen nicht durch Gesetz vordefiniert sind (dazu oben Kapitel 2, C. II. 2., S. 115).

[883] *W. Roth,* Organstreitigkeiten, S. 619.

[884] *H. Bethge,* DVBl. 1980, 309, 312.

[885] *F. E. Schnapp,* Amtsrecht, S. 214 f.

[886] *F. E. Schnapp,* Amtsrecht, S. 215.

[887] *H. Bethge,* DVBl. 1980, 309, 312 f.: Ob ein subjektives Recht in einer Kompetenznorm geregelt ist, lasse „sich nicht generalklauselartig festlegen", sondern „nur von Fall zu Fall bestimmen".

[888] Dazu oben Kapitel 4, E. II. 1., S. 385.

[889] *W. Roth,* Organstreitigkeiten, S. 492.

„an der" Kompetenz unterscheiden:[890] Beispielsweise steht eine Kompetenz zwar einem Teil einer Organisation zu, wird aber im Verhältnis zum Bürger in der Regel für die übergeordnete juristische Person ausgeübt.[891] Ein Recht, das in Verbindung mit dieser Kompetenz steht, wird in diesem Verhältnis regelmäßig ebenfalls nur der juristischen Person als solcher zustehen. Nichts anderes ist damit gemeint, wenn ein „Recht aus der Kompetenz" verneint wird.[892] Es ist, um ein weiteres Beispiel zu nennen, auch anerkannt, dass es kein Recht „auf" eine bestimmte Kompetenz gibt, dass also Organisationsentscheidungen auch wieder geändert oder zurückgenommen werden können, ohne dass ein Recht auf eine einmal zugewiesene Kompetenz bestünde.[893] Gegen den Gesetzgeber richten sich also Rechte, die im Zusammenhang mit der Zuteilung von Kompetenzen verliehen wurden, in der Regel nicht. Ausnahme ist hier jedoch Art. 28 Abs. 2 GG, dem entnommen wird, dass er gerade ein Recht auf ganz bestimmte Kompetenzen (zum Beispiel Planungshoheit, Finanzhoheit, etc.) gewährleistet. Allein dadurch wird deutlich, dass sich Verallgemeinerungen auf diesem Gebiet verbieten.[894] So sind Rechte aus Art. 28 Abs. 2 GG weitgehend anerkannt,[895] während das BVerwG ähnliche Folgerungen aus Art. 30 GG gerade nicht gezogen hat.[896]

Für Rechte von Teilen des Staates ist jedenfalls eine Kompetenz nicht in dem Sinne Voraussetzung, dass die Zuständigkeit eines anderen Teils des Staates für eine Entscheidung Rechte ausschließt: Wie bereits oben beschrieben, ist die Ablehnung von Rechten eines Teils des Staates mit der Begründung, im betreffenden Bereich sei ein anderer Teil des Staates zur abschließenden Entscheidung befugt, nicht überzeugend.[897] Rechte sind auch dazu da, die Entscheidung des eigentlich

---

[890] *W. Roth,* Organstreitigkeiten, S. 487 ff. m. w. N. für ähnliche Einteilungen in dort. Fn. 8. *H. J. Wolff,* Organschaft Bd. 2, S. 276 ff.

[891] *H. J. Wolff,* Organschaft Bd. 2, S. 275.

[892] Deutlich bei *W. Roth,* Organstreitigkeiten, S. 488.

[893] *W. Roth,* Organstreitigkeiten, S. 489 m. w. N. in dort. Fn. 14; schon *H. J. Wolff,* Organschaft Bd. 2, S. 275: Organe hätten „keinen Anspruch auf Bestand ihrer Kompetenzen". Art. 28 Abs. 2 GG kann zwar einen solchen Bestand von Kompetenzen gewährleisten, jedoch handelt es sich um einen Spezialfall, weil hier eine dritte Norm die Abschaffung bestimmter Kompetenznormen verhindert.

[894] Deswegen wäre es auch ein Missverständnis, aus einer Kategorisierung von Rechten „aus der", „auf die" und „an der" Kompetenz (vgl. *W. Roth,* Organstreitigkeiten, S. 491 f.; ähnliche Einteilung schon bei *H. J. Wolff,* Organschaft Bd. 2, S. 276 ff.) zu folgern, ein Recht an der Kompetenz bestünde bei allen Kompetenzzuweisungen.

[895] Oben Kapitel 4, B. I., S. 271.

[896] Vgl. BVerwG, Urt. v. 07.01.1992, Az.: 7 B 153.91, NvwZ-RR 1992, 457–458, Rn. 4 (dort wird Art. 30 GG nicht zitiert, mit der Formulierung „‚Kulturhoheit' des Landes" kann aber nur diese Norm gemeint sein. Zu dieser Frage und insb. zu Rspr. des BVerfG *S. Korioth* in: Maunz/ Dürig, GG, Art. 30 Rn. 24. Entgegengesetzter Ansicht sind *W. Hoppe/M. Schulte,* Planfeststellungsverfahren, S. 44 ff.

[897] Dazu schon oben Kapitel 4, A. I. 2., S. 263. So argumentiert allerdings BVerwG, Urt. v. 07.01.1992, Az.: 7 B 153.91, NvwZ-RR 1992, 457–458, Rn. 4 a. E.; vgl. auch die zusätzliche Kritik bei *W. Hoppe/M. Schulte,* Planfeststellungsverfahren, S. 32 f., S. 35 ff. aus kompetenzrechtlichem Blickwinkel.

Zuständigen gerichtlich zu Fall bringen zu können. Mit dem Argument der Zuständigkeitskonzentration wird lediglich die Frage, ob eine Kompetenznorm auch ein Recht verleihen kann, umgangen, indem vorausgesetzt wird, ohne die Kompetenz könne kein Recht vorliegen. Das würde aber voraussetzen, dass Kompetenz und Recht untrennbar miteinander verbunden sind. Wie gezeigt, kann beides jedoch unabhängig voneinander vorliegen, selbst bei Regelung in der selben Norm. Gemeinden wird schließlich auch zugestanden, in Planfeststellungsverfahren gegenüber dem zuständigen Teil der Verwaltung ihre Rechte geltend zu machen.[898]

Festzuhalten bleibt, dass es eine Frage der jeweiligen Rechtsnorm im Einzelfall ist, ob sie subjektive Rechte verleiht, und dass die Tatsache, dass eine Kompetenz in der Norm geregelt ist, nicht ausschließt, dass sie auch ein subjektives Recht enthält. Andererseits gibt es auch Kompetenzen, die nicht von subjektiven Rechten flankiert werden. Es kommt zusätzlich vor allem darauf an, welches rechtliche Verhältnis betrachtet wird. Die einschlägigen Rechtssätze sind jeweils „einzeln auf die Lösung zu befragen".[899] Die kommunale Selbstverwaltungsgarantie und häufig auch Rechte, die im Rahmen von sogenannten Organstreitigkeiten geltend gemacht werden, sind jedenfalls solche auf Beachtung der Kompetenz durch andere Teile des Staates.[900]

VI. Verfahrensrechte

Auch der Inhalt eines Rechts muss differenziert betrachtet werden. Es kann beispielsweise inhaltlich auf eine bestimmte Entscheidung gerichtet sein, oder aber auch nur auf die Beteiligung in einem Verfahren.[901] Dementsprechend wird im Bereich sogenannter verwaltungsrechtlicher Organstreitigkeiten, wo mangels vordefinierter materieller Interessen der Teile der Verwaltung nur um Kompetenzen und Verfahrensrechte gestritten wird, häufig betont, dass die entsprechenden Rechte keinen Anspruch auf eine bestimmte materielle oder auch nur rechtmäßige Entscheidung gewähren,[902] was eigentlich eine Selbstverständlichkeit ist. Denn wie im Verwaltungsrecht insgesamt besteht auch bei Streitigkeiten zwischen Teilen des Staates keine Vermutung aufgrund eines Verfahrensrechts für ein dahinterstehendes materielles Recht.[903] Auch die Frage, ob ein Recht auf Beteiligung eines Teils der Verwaltung ein absolutes Verfahrensrecht ist, also eine fehlende Beteiligung an einem Verfahren als solche gerügt werden kann, oder ob eine fehlende,

---

[898] Vgl. oben F. I., S. 394 und IV., S. 405.

[899] *F. E. Schnapp*, Amtsrecht, S. 144.

[900] *F. E. Schnapp*, Amtsrecht, S. 215.

[901] Bereits oben, Kapitel 2, C. II. 2., S. 115 wurde dargestellt, dass beides bei Rechten des Staates denkbar ist.

[902] Etwa *W. Roth*, Organstreitigkeiten, S. 493 m. w. N.
In einer anderen Konstellation (Gemeinde/Planfeststellung) auch BVerwG, Urt. v. 16.12.1988, Az.: 4 C 40/86, BVerwGE 81, 95–111, juris Rn. 42.

[903] *E. Schmidt-Aßmann* in: Maunz/Dürig, GG, Art. 19 Abs. 4 Rn. 151 m. w. N.

eigentlich vorgesehene Beteiligung nur bei Geltendmachung materieller Rechte zur gerichtlichen Anfechtbarkeit einer Entscheidung führt, ist kein spezifisches Problem der Konstellation Staat gegen Staat.[904] Sowohl absolute als auch relative Verfahrensrechte können Teilen des Staates aber zustehen.[905]

Selbst wenn diese Fragen nicht spezifisch für Prozesskonstellationen Staat gegen Staat sind, sind sie gleichwohl zu bedenken – auch hier müssen sich die Antworten aus der Auslegung der Norm ergeben, die das jeweilige Recht enthält, denn nur diese kann Inhalt und Reichweite eines Rechts bestimmen.

G. Zusammenfassung

Die oben in Kapitel 2 beschrieben Vorbehalte gegenüber Streitigkeiten in der Konstellation Staat gegen Staat bewirken eine Ablehnung von Rechten des Staates in Form einer abgestuften Kaskade: Gelegentlich wird sogar angezweifelt, dass der Staat überhaupt Rechte haben könne. Selbst wenn er vor Gericht durchsetzbare Rechtspositionen habe, könnten diese nicht als Rechte bezeichnet werden. Jedenfalls werden Rechte des Staates aber überwiegend als Ausnahmeerscheinung dargestellt. Die Unklarheit über die Struktur des subjektiven Rechts erlaubt es jedoch nicht, Teile des Staates von einer Rechtsfähigkeit auszuschließen. Auch wenn die Definitionsversuche zum subjektiven Recht häufig um eine Herausgehobenheit des Rechtssubjekts – beim Bürger um seine Stellung in der Gesellschaft – kreisen,[906] so ist das kein Grund, Rechte des Staates und seiner Teile abzulehnen,

---

[904] Dazu ausführlich *R. Wahl/P. Schütz* in: Schoch/Schneider/Bier, VwGO, § 42 Abs. 2 Rn. 72 ff.; *A. Scherzberg* in: Ehlers/Pünder, A. Verwaltungsrecht, § 12 Rn. 24 ff. § 44a VwGO setzt der Geltendmachung von Verfahrensrechten gewisse Grenzen – die Frage, ob ein Verfahrensfehler getrennt von der Anfechtung der endgültigen Entscheidung geltend gemacht werden kann, ist jedoch von der Frage zu trennen, ob ein bloßer Verfahrensfehler genügt, diesen behördlichen Akt zu Fall zu bringen (das wird bei *A. Scherzberg* in: Ehlers/Pünder, A. Verwaltungsrecht, § 12 Rn. 24 zumindest nicht richtig deutlich).
Nach BVerwG, Beschl. v. 15.10.1992, Az.: 7 B 99/91, 7 ER 301/91, NJW 1992, 256–257, juris Rn. 3 ist grundsätzlich von einem relativen Verfahrensrecht auszugehen und sind absolute Verfahrensrechte die Ausnahme. Die Begründung a. a. O., „die Vorschriften über [..]eine Beteiligung gewähren […] im allgemeinen Schutz allein im Hinblick auf die bestmögliche Verwirklichung [der] dem Beteiligungsrecht zugrundeliegenden materiellrechtlichen Rechtsposition" tritt insoweit in Widerspruch mit der These, dass von Verfahrensrechten nicht auf dahinterstehende materielle Rechtspositionen geschlossen werden dürfe, weil hier dann doch ein unlösbarer Zusammenhang konstruiert wird. Dazu, dass die Rspr. des BVerwG zur Frage, ob vom Verfahrensrecht auf ein materielles Recht geschlossen werden kann, in der Vergangenheit schwankte, *H. Bauer,* AöR 113 (1988), 582, 600 f.
Zur Bedeutung absoluter Verfahrensrechte gerade im Europarecht *A. K. Mangold/R. Wahl,* DV 2015, 1, 10.
[905] Als absolutes Verfahrensrecht ist bspw. § 36 BauGB anerkannt (*A. Scherzberg* in: Ehlers/ Pünder, A. Verwaltungsrecht, § 12 Rn. 25, dazu auch *M. Möstl,* Der Rückbau des § 36 BauGB schreitet voran, BayVBl. 2007, 129, 129).
[906] Dazu zusammenfassend schon oben Kapitel 3, B. I. 5., S. 200.

weil nicht nur in der Gesellschaft, sondern auch innerhalb des Staates eine Interessenpluralität herrscht, Belange bestimmten Teilen der Verwaltung zugeordnet
sind und eine Begrenzung des Rechtsschutzes durch eine Differenzierung etwa
nach dem Grad der Betroffenheit des Belangs auch hinsichtlich des Staates gelingen kann. So wie juristische Personen des Privatrechts alle Voraussetzungen erfüllen, um Rechte inne haben zu können, ist das auch bei Teilen des Staates der
Fall. Und wenn einklagbare Rechtspositionen vorhanden sind, können sie auch
als Rechte bezeichnet werden. Auch das Verhältnis zwischen Rechten und Kompetenzen ist kein Ausschließlichkeitsverhältnis; zu Recht wird diese Gegenüberstellung als „fruchtlos[..]" bezeichnet.[907] Eine Gesetzesnorm kann parallel Rechte
und Kompetenzen regeln. Rechte des Staates sind auch im Bereich des öffentlichen Rechts geregelt. Unter den Terminus subjektives öffentliches Recht nur
solche Rechte zu fassen, die Bürger gegen den Staat haben, ist Ausdruck einer
Orientierung des Rechtsschutzes an diesem Verhältnis, wie sie für den Konstitutionalismus typisch war. Wird allerdings anerkannt, dass die damals vorherrschenden
Leitgedanken von Impermeabilität und Einheit der Verwaltung sowie der rechtlichen Allmacht des Staates nicht mehr zeitgemäß sind, kann diese Beschränkung
des Begriffsinhaltes, die sich in der Formulierung nicht widerspiegelt, fallen gelassen werden.

Aufgrund der Relativität der Rechtsfähigkeit im öffentlichen Recht und der Relativität der Organschaft ist es möglich, dass auch Untergliederungen des Staates,
die keine juristischen Personen sind, Rechte inne haben, was sich in der allgemein
anerkannten, prinzipiellen Zulässigkeit des sogenannten verwaltungsrechtlichen
Organstreits widerspiegelt. Die sogenannte „Vollrechtsfähigkeit" juristischer Personen des öffentlichen Rechts spielt lediglich im Zivilrecht eine Rolle. Da die Bün-
delung von Interessen nicht ausschließlich durch juristische Personen geschieht,
sondern es historisch bedingt ist, welche Interessen durch welche Art von Verwaltungseinheit wahrgenommen werden,[908] gibt es auch keine Wertungsgesichtspunkte, die generell gegen eine Zuerkennung von subjektiven Rechten zu Teilen
von juristischen Personen sprechen. Den Teilen juristischer Personen des öffentlichen Rechts abseits sogenannter Organstreitigkeiten die Möglichkeit, Rechte inne
zu haben, aus Prinzip abzusprechen, setzt nur die Vorstellungen des Konstitutionalismus vom Beamten als „Glied der Verwaltung" und „Rad im Anstaltsgetriebe"
und der Verwaltung als Einheit, die auf ein gleichrichtendes Allgemeininteresse
eingeschworen ist, fort.[909] Bei der Suche nach Rechten des Staates ist lediglich zu
beachten, dass Teile des Staates auch als Organ für diesen auftreten können, was
zur Folge hat, dass die wahrgenommenen Rechte und Pflichten im Sinne einer Zurechnungsendsubjektivität der Organisation und nicht dem Organ selbst zustehen.
Es kommt hier wesentlich darauf an, welches rechtliche Verhältnis betrachtet wird:

---

[907] *H. Bethge*, DVBl. 1980, 309, 312: „fruchtlose Antithetik von subjektivem Recht und öffentlicher Funktion".
[908] Kapitel 2, C. II. 3. b), S. 122.
[909] *F. E. Schnapp*, Amtsrecht, S. 82.

Ein Teil der Verwaltung, der Organ ist, kann in einer anderen rechtlichen Beziehung selbst Rechtssubjekt sein. Es ist auch möglich, dass ein Amtswalter nicht in der Rolle als Teil des Staates, sondern für sich selbst privat handelt. Aus der Tradition heraus sind für Behörden der unmittelbaren Staatsverwaltung, die auch als „eigentliche[..] Kernzelle staatlicher Verwaltungstätigkeit"[910] bezeichnet werden, gemeinhin eigene Rechte nicht normiert – das wäre allerdings möglich.[911] Eine in der Verwaltung bestehende Hierarchie schließt Rechte nicht aus.

Ob ein Recht vorliegt, wem es zusteht, gegen wen es sich richtet und welchen Inhalt es hat, ist keine Frage bestimmter Fallgruppen, sondern immer eine Frage der Auslegung der konkreten Norm. Grundrechte stehen dem Staat allerdings nicht zu und die Adressatentheorie ist auf ihn ebenfalls nicht anwendbar. Wird die Schutznormtheorie als „Kanon von Methoden und Regeln"[912] zur Ermittlung von subjektiven Rechten verstanden, kann sie auch auf die Konstellation Staat gegen Staat übertragen werden. Das heißt, es können Begründungselemente der Schutznormtheorie verwendet werden.

---

[910] *D. Lorenz,* AöR 93 (1968), 308, 317.

[911] § 402 der Abgabenordnung ist bspw. sogar mit „Allgemeine Rechte und Pflichten der Finanzbehörde" überschrieben.

[912] *E. Schmidt-Aßmann/W. Schenke* in: Schoch/Schneider/Bier, VwGO, Einl. Rn. 20.

Kapitel 5

Übrige Sachentscheidungsvoraussetzungen

Das subjektive Recht ist, wie bereits dargestellt, ein zentrales Element des Verwaltungsprozesses, insbesondere im Rahmen der Klagebefugnis.[1] Es spielt aber auch eine Rolle für die weiteren Sachentscheidungsvoraussetzungen, die im Rahmen eines Prozesses in der Konstellation Staat gegen Staat ebenfalls gegeben sein müssen. Nach einer näheren Erörterung des Zusammenhangs zwischen den einzelnen Sachentscheidungsvoraussetzung werden das Rechtsschutzbedürfnis, die Klageart sowie die Beteiligten- und Prozessfähigkeit auf typische Probleme der Konstellation Staat gegen Staat untersucht.

A. Interdependenz von Sachentscheidungsvoraussetzungen

Oben wurde bereits erläutert, dass im Rahmen der Entwicklung des sogenannten verwaltungsrechtlichen Organstreits das subjektive Recht eine immer größere Bedeutung erlangte und schließlich als entscheidend für die Zulässigkeit eines innerorganisatorischen Rechtsstreits angesehen wurde; weitere Voraussetzungen neben Klagebefugnis und Rechtsverletzung wurden als vermeintliche Nebensächlichkeiten in den Hintergrund gedrängt.[2] In diesem thematischen Zusammenhang taucht auch der Begriff der „Interdependenz" bestimmter Sachentscheidungsvoraussetzungen auf.[3] Diese Interdependenz wird häufig zwischen der Klagebefugnis und anderen Voraussetzungen angenommen: Besteht ein subjektives Recht, ist die Klage in der Regel zulässig.[4]

Wird das subjektive Recht im Wesentlichen durch seine gerichtliche Durchsetzbarkeit definiert, ist der Zusammenhang verschiedener Sachentscheidungsvoraussetzungen auch zwingend: Eine Rechtsposition kann nur dann als allgemein gerichtlich durchsetzbar (und damit als subjektives Recht) bezeichnet werden, wenn es keine weiteren Voraussetzungen gibt, die in einem Großteil der Fälle die Durch-

---

[1] Oben Kapitel 3, A.I., S. 147.
[2] Oben Kapitel 2, B.I.5.a) und b) (S. 69 ff.) insb. bei Fn. 137 und Fn. 158.
[3] A. *Herbert*, DÖV 1994, 108, 110.
[4] Vgl. dazu auch die Ausführungen in Kapitel 2, B.I.4. bei Fn. 121, S. 68: Konzentration auf die Klagebefugnis auch beim Insichprozess. Vgl. zu weiteren Interdependenzen, etwa zwischen Zuständigkeit und Klageart *D. Ehlers* in: Schoch/Schneider/Bier, VwGO, Vorb. § 40 Rn. 10; zur Interdependenz von Klageart und Rechtsschutzbedürfnis *V. Stein,* Sachentscheidungsvoraussetzung, S. 26 f.

setzbarkeit ausschließen. Weitere Sachentscheidungsvoraussetzungen, welche die Durchsetzung von Rechten verhindern, dürfen nur in Ausnahmefällen zur Verweigerung von Rechtsschutz führen. Das subjektive Recht wird zum Indiz für das Vorliegen der übrigen Voraussetzungen.

Andererseits können die übrigen Voraussetzungen für den Erfolg einer Klage, abgesehen von Klagebefugnis und Rechtsverletzung, auch nicht ignoriert werden. Wären alle Sachentscheidungsvoraussetzungen bei Vorliegen eine subjektiven Rechts zwangsläufig erfüllt, könnten sie als funktionslos anzusehen sein. Dann hätten sie nicht in die verwaltungsrechtlichen Prozessordnungen aufgenommen werden müssen. Die Gesetzesinterpretation darf aber nicht zu solchen Interdependenzen führen, dass der Sinn gesetzlicher Vorschriften komplett in Frage gestellt wird. Allerdings kann es auch Sachentscheidungsvoraussetzungen geben, die zwar keine weitergehenden Anforderungen enthalten als eine andere, aber dazu dienen, offensichtlich ungeeignete Fälle noch leichter auszusortieren: So ist, wie sogleich zu zeigen sein wird, die Beteiligtenfähigkeit bei gegebener Klagebefugnis immer vorhanden, nicht aber umgekehrt.[5] Die Voraussetzung der Beteiligtenfähigkeit hilft dabei, Klagen herauszufiltern, bei denen dem Kläger unter keinen Umständen überhaupt ein Recht zustehen kann, führt aber bei gegebener Klagebefugnis niemals zur Unzulässigkeit einer Klage.

Aufgrund des Zusammenhangs vieler Sachentscheidungsvoraussetzungen mit dem Vorliegen eines subjektiven Rechts können die nachfolgenden Ausführungen überwiegend knapp ausfallen. Denn die wesentlichen Fragen wurden bereits im Zusammenhang mit Rechten des Staates geklärt.

B. Beteiligten- und Prozessfähigkeit

Wie bereits oben geschildert, ist der Zweck der Sachentscheidungsvoraussetzungen Beteiligten- und Prozessfähigkeit, eine ordnungsgemäße Durchführung des Verfahrens zu gewährleisten sowie nicht prozessfähige Personen zu schützen.[6] Die Beteiligtenfähigkeit ist sehr stark mit dem subjektiven Recht verbunden. § 61 Nr. 1 VwGO zielt durch die Bezugnahme auf die natürliche und juristische Person auf die Rechtsfähigkeit, ebenso wie § 61 Nr. 2 VwGO auf die Eigenschaft abstellt, Träger von Rechten sein zu können. Allein § 61 Nr. 3 VwGO erlaubt, dass ein nicht selbst durch ein Recht berechtigter oder verpflichteter Teil des Staates Prozessbeteiligter ist, wobei in solchen Fällen eine (letztlich durch Landesgesetz angeordnete) Prozessstandschaft vorliegt.[7] Daraus ergibt sich Folgendes: Steht fest, dass einem Teil der Verwaltung das im Prozess geltend gemachte Recht selbst zukommt, dann ist er auch automatisch beteiligtenfähig. Hier wirkt sich die Relati-

---

[5] D. *Krausnick* in: Gärditz, VwGO, § 62 Rn. 4.
[6] Kapitel 1, D. II. 1., S. 41.
[7] W. *Bier* in: Schoch/Schneider/Bier, VwGO, § 61 Rn. 8.

vität der Rechtsfähigkeit im öffentlichen Recht aus, aufgrund derer mit einer Zuordnung eines Rechts auch die entsprechende Rechtsfähigkeit mit geregelt wird.[8] Dadurch kann von einer Klagebefugnis auf die Beteiligtenfähigkeit geschlossen werden.

Bei verwaltungsrechtlichen Organstreitigkeiten ist zwar umstritten, nach welcher Nummer und Alternative des § 61 VwGO eine Beteiligtenfähigkeit gegeben ist. Entsprechend dem Grundprinzip, dass ein rechtsfähiges Gebilde auch beteiligtenfähig ist, wird sie aber in jedem Fall, in dem Organrechte vorhanden sind, bejaht. Auf Teile des Staates, die keine juristischen Personen sind, passt der Wortlaut des § 61 Nr. 1 und 2 VwGO in keiner Variante auf den ersten Blick. Und so hat W. Roth für die Konstruktion der Beteiligtenfähigkeit im sogenannten Organstreit nicht weniger als vierzehn verschiedene Ansichten zur Begründung des allgemein konsentierten Ergebnisses gezählt.[9] Für die Praxis ist eine Entscheidung nicht notwendig. Es ist jedenfalls nicht überzeugend, § 61 Nr. 1 VwGO auf Verwaltungseinheiten, die keine juristischen Personen sind, anzuwenden. Schon gar nicht passend erscheint es, bei Teilen des Staates, die nur von einem einzigen Amtswalter ausgefüllt werden, § 61 Nr. 1 Alt. 1 VwGO (direkt oder analog) mit dem Hinweis heranzuziehen, im Prozess trete letztlich ohnehin eine natürliche Person (beispielsweise in Form des Bürgermeisters) auf.[10] Das würde die Notwendigkeit, die Rollen des Amtswalters als Privatperson und des Amtes als Teil des Staates zu trennen,[11] ignorieren. Streitet ein Teil des Staates vor Gericht, kann nicht einfach ein anderes Rechtssubjekt, nämlich ein Privater, als Beteiligter angesehen werden und umgekehrt. Die Beteiligtenfähigkeit im Falle einer gerichtlichen Geltendmachung privater Rechte in privater Rolle hilft bei Streitigkeiten in der Konstellation Staat gegen Staat nicht weiter. Es bleibt daher nur, auf § 61 Nr. 2 VwGO zurückzugreifen, der letztlich aussagt, dass Gebilde, die rechtsfähig sind, auch beteiligtenfähig sein sollen. Jedoch schränkt der Wortlaut der Norm die Art der Gebilde auf „Vereinigungen" ein, was auf einen freiwilligen und privaten Zusammenschluss schließen lässt[12] und deswegen nicht auf staatliche Organisationen passt. Das kann aber mit dem Argument überwunden werden, dass der Gesetzgeber eben – wie bereits mehrfach betont – bei Schaffung der VwGO in erster Linie Private als Kläger

---

[8] Dazu oben Kapitel 4, C. I. 2. a), S. 318.

[9] W. Roth, Organstreitigkeiten, S. 909. Zu verschiedenen Ansichten auch A. Wiese, Beteiligung, S. 131 ff.

[10] So aber J. Schmidt in: Eyermann, VwGO, § 61 Rn. 4 m. w. N.; ähnlich auch BVerwG, Beschl. v. 07.03.1980, Az.: 7 B 58/79, Buchh. 310 § 40 VwGO Nr. 179, juris Rn. 6 (das Gericht geht sichtlich nicht wirklich auf den Einwand ein, damit werde „die [überwundene] Identifizierung von Zuständigkeitskomplex und tatsächlich handelnder realer Person im prozessualen Bereich wieder ein"-geführt – es entsteht der Eindruck, das Gericht habe sich mit diesem aufgegriffenen Argument gar nicht intensiv auseinandergesetzt).
Dagegen wie hier D. Krausnick in: Gärditz, VwGO, § 61 Rn. 8.

[11] Dazu ausführlich oben Kapitel 4, C. II. 2. a), S. 332.

[12] W. Roth, Organstreitigkeiten, S. 916.

im Sinn hatte[13] und eigentlich jegliche Art von Organisation gemeint ist. Das allgemein anerkannte Ergebnis der Beteiligtenfähigkeit im sogenannten Organstreit
kann also auf Basis des § 61 Nr. 2 VwGO, jedenfalls durch eine Analogie, begründet werden.[14]

Interessanterweise ist die Beteiligtenfähigkeit dem Wortlaut des § 61 VwGO
nach auch hinsichtlich des Beklagten an der Frage ausgerichtet, ob dieser Rechte
inne haben kann. Das Gesetz geht also davon aus, dass Rechte und Pflichten in der
Regel wechselseitig bestehen. Sonst könnte es passieren, dass sich ein Recht gegen
ein nicht beteiligtenfähiges Gebilde richtet und dieses nicht verklagt werden kann.
Das entsprechende Recht würde nutzlos. Jedenfalls bei den sogenannten verwaltungsrechtlichen Organstreitigkeiten ist diese Wechselbezüglichkeit von Rechten
und Pflichten dadurch weitgehend anerkannt, dass sich, wie oben beschrieben, die
Ansicht durchgesetzt hat, dass auch auf der Passivseite immer die Verwaltungseinheit selbst, gegen die sich das Recht richtet, und nicht die juristische Person, der
sie angehört, beteiligt ist.[15]

Folgt also die Beteiligtenfähigkeit der Zuweisung von Rechten sowohl unter
dem Aspekt der Berechtigung als auch hinsichtlich der Verpflichtung, ist diese
Voraussetzung nur ein grobes Raster, das im Vergleich zum wichtigen Punkt der
Klagebefugnis in Konstellationen zwischen Teilen des Staates keine große Rolle
spielt. Alle wichtigen Fragen zur Fähigkeit von Teilen des Staates, Träger von
Rechten und Pflichten zu sein, wurden dementsprechend auch schon in Kapitel 4
erörtert.

Hinsichtlich der Prozessfähigkeit von Teilen des Staates kommt unter Berücksichtigung einer strikten Trennung von Amtswaltern als Privatpersonen und Ämtern als Teilen des Staates nur eine Anwendung des § 62 Abs. 3 VwGO in Betracht.
Die Norm wird dabei verbreitet nicht so verstanden, dass sie aufgrund ihrer Formulierung „Für Vereinigungen sowie für Behörden" andere Teile des Staates als Behörden nicht erfasst.[16] Sie trägt der Tatsache Rechnung, dass für (apersonale) Organisationen – also auch für Teile des Staates – letztlich immer Menschen handeln
müssen.[17] Welcher Mensch am Ende der Zurechnungskette[18] steht und daher für

---

[13] Insb. oben Kapitel 1, D. III., S. 45.

[14] So bspw. auch *D. Krausnick* in: Gärditz, VwGO, § 61 Rn. 18, der die Analogie allerdings
deswegen für notwendig hält, weil Organrechte keine Recht i. S. d. VwGO seien (dazu oben
Kapitel 4, B. ab S. 270); *W. Roth*, Organstreitigkeiten, S. 915 ff.; nach *A. Wiese*, Beteiligung,
S. 133 ist die analoge Anwendung des § 61 Nr. 2 VwGO „überwiegende Auffassung in der
Literatur".

[15] Dazu oben Kapitel 4, E. II. 3., S. 386.

[16] Vgl. *W. Bier* in: Schoch/Schneider/Bier, VwGO, § 62 Rn. 17: „Absatz 3 trifft insoweit
keine abschließende eigene Regelung, sondern zählt nur die Möglichkeiten auf, die nach näherer anderweitiger Regelung in Betracht kommen."; anders wohl *W. Roth*, Organstreitigkeiten,
S. 929, der § 62 Abs. 3 VwGO jedoch entsprechend anwenden will.

[17] Dazu schon oben Kapitel 4, C. II. 2. a), S. 332.

[18] Dazu oben Kapitel 4, C. III. 1., S. 341.

den Teil des Staates, der das Recht geltend macht oder gegen den sich das Recht richtet, vor Gericht auftritt, bestimmen jeweils die Regeln des Verwaltungsorganisationsrechts.[19] Da für alle Teile der Verwaltung entsprechende Regelungen vorhanden sind, kann es nicht vorkommen, dass eine Klage in der Konstellation Staat gegen Staat nur an einer fehlenden Prozessfähigkeit scheitert.[20]

C. Klageart

Streitigkeiten zwischen juristischen Personen des öffentlichen Rechts werden häufig auch bei der Klageart so behandelt, als ob Bürger beteiligt wären. Die Ermittlung der Klageart wird dadurch grundsätzlich nach den gleichen Regeln vorgenommen wie sonst auch.[21] Bei Streitigkeiten, in denen die Beteiligten keine juristischen Personen sind, ist es dagegen problematischer, welche Klageart zur Anwendung kommt. Es treten Schwierigkeiten auf, die nicht nur in der traditionellen Ausrichtung des Rechtsschutzes auf das Bürger-Staat-Verhältnis, sondern auch in der Relativität der Kategorien von Innen und Außen[22] begründet sind.[23] Eine Betrachtung, die nicht nur die sogenannten Organstreitigkeiten umfasst, sondern alle Streitigkeiten zwischen Teilen des Staates vergleicht, ist auch hier aufschlussreich.

I. Klagearten in der Konstellation Staat gegen Staat

Ob die Klagearten der VwGO lediglich als Schaltstelle zu betrachten sind, weil sie für unterschiedliche Situationen nur jeweils verschiedene zusätzliche Voraussetzungen für Rechtsschutz aufstellen, oder ob ein bestimmtes Rechtsschutzziel

---

[19] Zur Frage der Prozessvertretung durch einen Anwalt oder durch eigene Beschäftigte nach § 67 VwGO und zu kommunalen Vertretungsverboten (was Klagen des Staates insgesamt betrifft, aber keine für die Konstellation Staat gegen Staat spezifischen Fragen aufwirft) *A. Wiese*, Beteiligung, S. 135 ff.

[20] Selbstverständlich müssen Prozesshandlungen aber von der richtigen Person veranlasst worden sein. Das ist aber kein Aspekt der Prozessfähigkeit; zum Begriff der Prozesshandlungsvoraussetzung etwa *D. Ehlers* in: Schoch/Schneider/Bier, VwGO, Vorb. § 40 Rn. 13.
Eine Klage kann im Übrigen ohnehin nicht daran scheitern, dass ein Beklagter nicht ordnungsgemäß vertreten wird, weil dieser es sonst in der Hand hätte, die Klage scheitern zu lassen.

[21] Zu dieser Herangehensweise schon oben Kapitel 2, B. II., S. 80. Zur Ausnahme der Fachaufsichtsmaßnahme auch oben Kapitel 2, D. III., S. 139. Einen besonderen Fall stellt OVG Münster, Urt. v. 14.05.1992, Az.: 10 A 279/98, NVwZ-RR 1993, 123–135, insb. juris Rn. 43 ff. dar: Trotz fehlender Eigenschaft als fachaufsichtliche Weisung soll kein Verwaltungsakt vorliegen.

[22] Dazu schon oben Kapitel 2, D., S. 135.

[23] Häufig wird auch der Zuschnitt der VwGO auf Außenrechtsstreitigkeiten für die Schwierigkeiten Verantwortlich gemacht. Sehr umfassend führt *H. Bethge* in: Mann/Püttner, HkWP, § 28 Rn. 40 die in der Literatur genannten Gründe auf.

unter Umständen gar nicht zu erreichen sein könnte, wenn keine geeignete Klageart zur Verfügung steht, ist zumindest abseits des von Art. 19 Abs. 4 GG erfassten Bereiches[24] umstritten.[25] Allerdings wurde und wird entsprechend der bereits geschilderten Tendenz, der den Rechtspositionen ihrer Struktur nach innewohnenden gerichtlichen Durchsetzbarkeit auch zur Geltung zu verhelfen,[26] eine Klageart in der Regel für jedes Begehren, mit dem ein Recht eines Teils des Staates geltend gemacht wird, gefunden. Als verwaltungsrechtliche Organstreitigkeiten etabliert wurden, wurden die geschriebenen Klagearten der VwGO aufgrund der Annahme, dass diese in erster Linie auf den Rechtsschutz des Bürgers gegen den Staat zugeschnitten ist,[27] zwar als für Streitigkeiten zwischen Teilen der Verwaltung unpassend eingestuft. Es wurde aber dafür eine Klageart sui generis für einschlägig gehalten.[28]

Letzteres wird heute überwiegend abgelehnt,[29] sodass nunmehr auch geäußert wird, bei Erfüllung der entsprechenden Voraussetzungen stünden grundsätzlich alle Klagearten der verwaltungsrechtlichen Prozessordnungen für Streitigkeiten zwischen Teilen des Staates offen.[30] Aufgrund der historischen Verankerung des Verwaltungsakts im Staat-Bürger-Verhältnis[31] bleibt jedoch eine Anwendung der einen Verwaltungsakt voraussetzenden Klagearten, insbesondere der Anfechtungs- und Verpflichtungsklage, hochproblematisch und findet im Bereich der VwGO vor allem für sogenannte Organstreitigkeiten überwiegend keine Zustimmung,[32] wenn sich der Streit nicht zwischen einem Hoheitsträger und einem Amtswalter als Privatperson abspielt.[33] Zumeist wird bei sogenannten verwaltungsrechtlichen Or-

---

[24] Der sich, wie oben geklärt, nicht auf Streitigkeiten zwischen Teilen des Staates erstreckt (ausf. Nachw. Kapitel 3, Fn. 21, S. 150).

[25] Dafür, dass eine Klage bei Verletzung eines Rechtes immer möglich sein muss (auch bei Organstreitigkeiten) *W.-R. Schenke*, Verwaltungsprozessrecht, Rn. 174. Anders *P. Lerche* in: FS Knöpfle, S. 176: System der Klagearten der VwGO habe einen „aktionenrechtliche[n] Gehalt".

[26] Oben Kapitel 5, A., S. 414; Kapitel 2, B.I.5.a) und b) (S. 69 ff.) insb. bei Fn. 137 und Fn. 158.

[27] Dazu schon oben Kapitel 1, D. III., S. 45.

[28] *J. Pietzcker* in: Schoch/Schneider/Bier, VwGO, Vorb. § 42 Abs. 1 Rn. 18; dazu auch *P. Lerche* in: FS Knöpfle, S. 177.

[29] *D. Ehlers*, NVwZ 1990, 105, 106: „nur noch von einer Mindermeinung vertreten"; mit vielen Nachweisen *W. Roth*, Organstreitigkeiten, S. 947. Vgl. auch *A. Wiese*, Beteiligung, S. 153, die das aber nicht konsequent berücksichtigt (siehe a. a. O. S. 234).

[30] Für den sogenannten verwaltungsrechtlichen Organstreit: *J. Pietzcker* in: Schoch/Schneider/Bier, VwGO, Vorb. § 42 Abs. 1 Rn. 18 m. w. N. in dort. Fn. 55.

[31] Dazu und insb. zur historischen Entwicklung der Klagearten ausführlich *J. Pietzcker* in: Schoch/Schneider/Bier, VwGO, Vorb. § 42 Abs. 1 Rn. 9 ff.; vgl. auch die Verknüpfung von Klageart und subjektivem öffentlichem Recht bei *R. Wahl/P. Schütz* in: Schoch/Schneider/Bier, VwGO, § 42 Abs. 2 Rn. 103, dazu schon ausführlich Kapitel 4, Fn. 252 S. 300.

[32] *W. Roth*, Organstreitigkeiten, S. 946 m. zahlr. N. in dort. Fn. 3.

[33] *U. Stelkens* in: Stelkens/Bonk/Sachs, VwVfG, § 35 Rn. 193; zur Unterscheidung der Rollen schon oben Kapitel 4, C. II. 2., S. 332. Diese Unterscheidung scheint übrigens bei *K. Obermayer* in: J. Mang/T. Maunz/F. Mayer/ders., Staats- u. Verwaltungsrecht, 3. Aufl., S. 327 nicht konsequent beachtet.

ganstreitigkeiten je nach Fallkonstellation die allgemeine Leistungs- oder die Feststellungsklage für einschlägig gehalten.[34]

II. Rechtsbeeinträchtigung oder Kategorien Innen/Außen

Dass im Verhältnis zwischen Teilen des Staates, die keine juristischen Personen sind, kein Verwaltungsakt vorliegen könne, wird unterschiedlich begründet. Es soll an einer Behördeneigenschaft, einem Über-/Unterordnungsverhältnis oder an einer Außengerichtetheit im Sinne des § 35 VwVfG fehlen.[35] Letzteres ist der am stärksten vertretene Begründungsweg,[36] und diese Ergebnis wird häufig nur begrifflich daraus gefolgert, dass es bei einem sogenannten Innenrechtsstreit keine Außenwirkung geben könne.[37]

Auf Grundlage der oben bereits erläuterten Relativität der Kategorien Innen und Außen sowie ihrer fehlenden Trennschärfe[38] kann eine rein begriffliche Herleitung der fehlenden Außengerichtetheit aber nicht überzeugen. Aus Sicht eines Bürgers ist auch eine Streitigkeit beispielsweise zwischen einer Selbstverwaltungskörperschaft und der Rechtsaufsicht eine reine Innenstreitigkeit innerhalb der Verwaltung, und trotzdem wird hier die Anfechtungsklage für einschlägig gehalten.[39] Streitigkeiten zwischen Teilen einer juristischen Person sind für diese Teile keine Innenrechtsstreitigkeiten, weil sie sich um Rechte und Pflichten gegenüber einem anderen Rechtssubjekt drehen, auch wenn keine der Verwaltungseinheiten eine juristische Person ist.[40] Einen Verwaltungsakt bei sogenannten verwaltungsrechtlichen Organstreitigkeiten dagegen deswegen zu verneinen, weil keine Behörden handeln, ist nur auf die bereits kritisierte Gegenüberstellung von Behörden und Organen zurückzuführen, die nicht berücksichtigt, dass es sich hier nicht um

---

[34] *H. Bethge* in: Mann/Püttner, HkWP, § 28 Rn. 45 f.; so *D. Ehlers,* NVwZ 1990, 105, 106; *K. Lange* in: Baumeister/Roth/Ruthig, FS Schenke, S. 965: „h. M."; *W. Roth,* Organstreitigkeiten, S. 966 m. w. N.; *A. Wiese,* Beteiligung, S. 155 f.

[35] So *H. Bethge* in: Mann/Püttner, HkWP, § 28 Rn. 42 und *J. Pietzcker* in: Schoch/Schneider/Bier, VwGO, Vorb. § 42 Abs. 1 Rn. 18.

[36] *F. Hufen,* Verwaltungsprozessrecht, § 21 Rn. 10 bspw. führt nur diese Begründung auf (bezeichnet die Argumentation aber als nicht zwingend – in dem Sinne, dass er auch ein anderes Ergebnis für vertretbar hält).

[37] In diese Richtung *H. Bethge* in: Mann/Püttner, HkWP, § 28 Rn. 43; sehr deutlich bei *D. Ehlers,* NVwZ 1990, 105, 106; ähnlich *J. Pietzcker* in: Schoch/Schneider/Bier, VwGO, Vorb. § 42 Abs. 1 Rn. 18; vgl. *T. Rottenwallner,* VerwArch 2014, 212, 235 f.: Die Annahme einer Außenwirkung bei sogenannten Organstreitigkeiten sei eine „gesetzeswidrige Manipulation des Begriffs Verwaltungsakt" (S. 236), wobei eine wirkliche Begründung für diese Aussage fehlt und daher rein auf die Begrifflichkeit abgestellt wird.

[38] Dazu ausführlich Kapitel 2, D. ab S. 135.

[39] Dazu insb. Kapitel 2, Fn. 575, S. 140.

[40] Zur Relativität der Rechtsfähigkeit und zur Bedeutung der Vollrechtsfähigkeit (nur) im Zivilrecht oben Kapitel 4, C. I. 2., S. 318.

Gegenbegriffe handelt.[41] Im Rahmen des § 35 VwVfG wird außerdem die Behörde überwiegend als „Stelle, die Aufgaben der öffentlichen Verwaltung wahrnimmt" und damit gerade nicht im Hinblick auf eine besondere organisatorische Stellung, sondern im Hinblick auf die Tätigkeit definiert.[42] Teilweise werden Organe von Selbstverwaltungskörperschaften auch ausdrücklich als Behörden im Sinne des § 35 VwVfG genannt.[43] Zum angeblich fehlenden Über-/Unterordnungsverhältnis ist zu sagen, dass ein solches nicht direkt Tatbestandsvoraussetzung nach § 35 VwVfG für einen Verwaltungsakt ist. Eine gewisse Beziehung zu einem Über-/Unterordnungsverhältnis haben die Merkmale der Regelung und der Hoheitlichkeit der Maßnahme, diese Merkmale können aber schon dann bejaht werden,[44] wenn aufgrund einer gesetzlichen Regelung verbindlich Rechte beschränkt werden,[44] was auch im Verhältnis zwischen Teilen der Verwaltung[45] und auch innerhalb einer juristischen Person möglich ist.[46] So betrachtet, spielt die Frage der Rechtsverletzung die maßgebliche Rolle.

Aber auch wenn vorwiegend auf das Merkmal der Außenwirkung abgestellt wird, kommt das Problem der Verletzung von subjektiven Rechten ins Spiel. Da-

---

[41] Dazu oben Kapitel 2, B.I.5.b), S. 71; allgemein zu den Begriffen Behörde und Organ Kapitel 1, C.II., S. 34.

[42] Etwa *F. von Alemann/F. Scheffczyk* in: Bader/Ronellenfitsch, BeckOK VwVfG, § 35 Rn. 125 f.; zur Definition auch *U. Ramsauer* in: Kopp/ders., VwVfG, § 35 Rn. 65. Zu den Bedeutungen des Begriffs Behörde auch oben Kapitel 1, C.II., insb. Fn. 95, S. 35.
Selbst wenn der Begriff der Behörde in § 35 VwVfG so verstanden würde, dass damit nur Teile des Staates gemeint sind, die nach „außen" handeln, wird wieder lediglich auf die Kategorien von Innen und Außen rekurriert, was wieder zur Frage der Beeinträchtigung subjektiver Rechte führt (dazu sogleich).

[43] *F. von Alemann/F. Scheffczyk* in: Bader/Ronellenfitsch, BeckOK VwVfG, § 35 Rn. 125; *U. Ramsauer* in: Kopp/ders., VwVfG, § 35 Rn. 66.
Anders (differenzierend) *H.-G. Henneke* in: Knack/ders., VwVfG, § 35 Rn. 33 – wann allerdings Teile kommunaler Selbstverwaltungskörperschaften nicht „aufgrund ausdrücklicher gesetzlicher Bestimmungen namentlich in den Zuständigkeitsregelungen der Gemeinde- und Kreisordnungen funktionell verwaltend tätig" werden, ist nicht nachvollziehbar: Die Tätigkeit auch dieser Verwaltungseinheiten kann nur innerhalb der geltenden gesetzlichen Regelungen, insb. der Zuständigkeiten, geschehen. Die angesprochene (kommunal-)„verfassungsrechtliche[..] Ordnung" ist gerade eine solche „Zuständigkeitsregelung", die Gegenüberstellung dieser beiden Begriffe überzeugt vom hier vertretenen Standpunkt aus nicht.

[44] Vgl. zur Hoheitlichkeit *F. von Alemann/F. Scheffczyk* in: Bader/Ronellenfitsch, BeckOK VwVfG, § 35 Rn. 121: Für die Hoheitlichkeit bedürfe „es auch keiner Annahme eines allg. Über-/Unterordnungsverhältnisses".
Zur Regelung a.a.O. Rn. 141.

[45] Vgl. *V. Jungkind*, Verwaltungsakte, S. 30 ff. unter anderem mit dem überzeugenden Argument, dass auch im Staat-Bürger-Verhältnis kein Über-/Unterordnungsverhältnis im Sinne eines allgemeinen Gewaltverhältnisses mehr gegeben ist (dazu auch oben Kapitel 3 bei Fn. 443, Fn. 445, S. 219 und 220), wie es noch bei Entwicklung des Verwaltungsaktsbegriffs durch *O. Mayer* der Fall war.

[46] Für ein Über-/Unterordnungsverhältnis zwischen Bürgermeister und Gemeinderatsmitglied *K. Obermayer* in: J. Mang/T. Maunz/F. Mayer/ders., Staats- u. Verwaltungsrecht, 3. Aufl., S. 327 – den Ausführungen ist aber aus anderen Gründen nicht ganz zuzustimmen, vgl. etwa Fn. 33, S. 419.

her ist es bei konsequenter Anwendung der üblichen Kriterien nicht entscheidend, ob das Vorliegen eines Verwaltungsakts im Falle sogenannter verwaltungsrechtlicher Organstreitigkeiten insbesondere aufgrund eines besonderen Verständnisses des Merkmals der Außengerichtetheit in § 35 VwVfG abgelehnt wird – so wie das überwiegend auch geschieht. Wie bereits oben geschildert, scheint das Merkmal zunächst auf das Verhältnis zwischen Bürger und Staat hin konzipiert.[47] Ein Verwaltungsakt wird heute aber auch zwischen Teilen des Staates angenommen, wenn diese juristische Personen des öffentlichen Rechts sind, wobei nur vordergründig die Außenwirkung bei Überschreitung der Grenze einer juristischen Person angenommen wird.[48] Es wird vielmehr in diesen Fällen zur Bestimmung der Außenwirkung überwiegend auf den Eingriff in Rechte des Teils des Staates abgestellt, gegenüber dem eine Maßnahme erfolgt.[49] Diese Interdependenz zwischen Klagebefugnis und Klageart, die zur Gesetzesbegründung zu § 35 VwVfG in Widerspruch steht,[50] ist bei aufsichtsrechtlichen Konstellationen weitgehend akzeptiert – Kategorien wie Innen oder Außen spielen dort meist keine Rolle.[51]

Es zeigt sich, dass sich für eine Bestimmung der Verwaltungsakteigenschaft bei Streitigkeiten in der Konstellation Staat gegen Staat weder die Anknüpfung an ein zu eng verstandenes Merkmal „Behörde" noch die relativen Kategorien von Innen und Außen eignen, soweit nicht letztlich auf eine Rechtsbeeinträchtigung abgestellt wird. Jedenfalls ist kein Grund ersichtlich, die beiden Fallgruppen der Streitigkeiten innerhalb und zwischen juristischen Personen unterschiedlich zu behandeln. Es liegt deswegen nahe, in allen Fällen von Streitigkeiten zwischen Teilen des Staates auf das Kriterium der Rechtsbeeinträchtigung zurückzugreifen.

---

[47] Vgl. auch *K. Ritgen* in: Knack/Henneke, VwVfG, § 9 Rn. 12 f., Rn. 25 ff., der dort nur auf Bürger abstellt und das Themengebiet der Aufsicht über Selbstverwaltungskörperschaften ausspart.
Dazu auch *V. Jungkind*, Verwaltungsakte, S. 25, die feststellt, dass der Themenbereich der Verwaltungsakte gegen Hoheitsträger oft ausgeblendet wird (wie bei *Ritgen*).

[48] Vgl. *U. Stelkens* in: Stelkens/Bonk/Sachs, VwVfG, § 35 Rn. 180.

[49] Vgl. *V. Jungkind*, Verwaltungsakte, S. 36 f., S. 50 ff.; das zeigt sich vor allem dann, wenn fachaufsichtliche Weisungen nicht als Verwaltungsakte angesehen werden (dies bezeichnen *F. von Alemann/F. Scheffczyk* in: Bader/Ronellenfitsch, BeckOK VwVfG, § 35 Rn. 228 als „hM", *U. Stelkens* in: Stelkens/Bonk/Sachs, VwVfG, § 35 Rn. 181 als „wohl h.M.") – anders allerdings *J. Prandl/H. Zimmermann/H. Büchner/M. Pahlke*, Kommunalrecht, Art. 120 GO Rn. 3, die in der Frage der Außenwirkung konsequent auf die Eigenschaft als juristische Person abstellen; dazu auch Kapitel 2, D. III., S. 139.

[50] Begr. z. Gesetzesentw. der Bundesreg., BT.-Drs. 7/910 v. 18.07.1973, zu § 31 – heute § 35 – (S. 57): Mit der Definition des Verwaltungsaktes werde der Frage der Rechtsverletzung nicht vorgegriffen.

[51] Schon oben Kapitel 2, D. III., insb. Fn. 577, S. 141. Vgl. auch Kapitel 2, B. II. 2. b), insb. Fn. 234, S. 88.

III. Außenwirkung bei sogenannten Innenrechtsstreitigkeiten

Konsequent angewendet würde das aber heißen, dass auch bei sogenannten verwaltungsrechtlichen Organstreitigkeiten im Falle des Eingriffs in subjektive Rechte der entsprechenden Verwaltungseinheiten eine Außenwirkung und ein Verwaltungsakt vorliegen würden und damit eine Anfechtungsklage statthaft wäre[52] – zumindest dann, wenn sogenannte Organrechte wie hier als subjektive Rechte anerkannt werden.[53] Gelegentlich wird das auch ausdrücklich befürwortet.[54] Das hätte zur Folge, dass auch eine Klagefrist und die Durchführung eines Vorverfahrens Sachentscheidungsvoraussetzungen wären. Genau dies soll vermieden werden, indem die sogenannten Innenrechtsakte nicht als Verwaltungsakte anerkannt werden[55] – nur dass diese Intention selten ausdrücklich benannt wird. Aber nicht nur die prozessrechtlichen Folgen der Bejahung eines Verwaltungsaktes sind zu bedenken: Auch die Regelungen des Verwaltungsverfahrens nach § 9 ff. VwVfG wären anwendbar,[56] was in Konstellationen mit Teilen einer juristischen Person ebenfalls als unpassend angesehen wird.[57]

Bei Streitigkeiten zwischen Selbstverwaltungskörperschaften und ihrer Aufsicht und bei anderen Konstellationen, in denen ein Verwaltungsakt zwischen Teilen des Staates angenommen wird,[58] bestehen diese Bedenken aber offensichtlich nicht, was sicher auch damit zu erklären ist, dass dort Sonderregelungen zum Teil die allgemeinen Regelungen modifizieren,[59] und deswegen eher akzeptiert werden

---

[52] Vgl. *J. Pietzcker* in: Schoch/Schneider/Bier, VwGO, Vorb. § 42 Abs. 1 Rn. 18: „Wenn man erst einmal anerkennt, dass den subjektiven öffentlichen Rechten im Außenverhältnis gleichzustellende, subjektivrechtlich aufgeladene Kompetenzen im Innenbereich bestehen, dann müssen die Folgerungen auch bei den Klagearten gezogen werden. […] Man könnte daran denken, die Annäherung des Inter- oder Intraorganverhältnisses an das Außenverhältnis, die bei der Klagebefugnis vorgenommen wird, auch hierauf zu erstrecken und deshalb eine entsprechende Außenwirkung zu bejahen." – der dann aber aufgrund der Begrifflichkeiten Innen/Außen die Annahme eines Verwaltungsaktes doch ablehnt (dazu bei Fn. 37).

[53] Dazu Kapitel 4, B. II., S. 273 und IV., ab S. 289.

[54] In diese Richtung tendiert *F. Hufen*, Verwaltungsprozessrecht, § 21 Rn. 10. Ausdrücklich gegen die „hM" *W.-R. Schenke* in: ders./Schenke, Vorb. § 40 Rn. 7 und *ders.*, Verwaltungsprozessrecht, Rn. 228. VGH Kassel, Beschl. v. 23.11.1995, Az.: 6 TG 3539/95, NVwZ-RR 1996, 409–411, insb. juris Rn. 3 f., dazu kritisch *V. Jungkind*, Verwaltungsakte, S. 45 f.
  Weitere Nachweise bei *D. Ehlers*, NVwZ 1990, 105, 106 dort. Fn. 8 und *U. Stelkens* in: Stelkens/Bonk/Sachs, VwVfG, § 35 Rn. 191 dort. Fn. 959 f.

[55] So *F. Hufen*, Verwaltungsprozessrecht, § 21 Rn. 10; vgl. auch *K. Lange* in: Baumeister/Roth/Ruthig, FS Schenke, S. 966, der aber die Behauptung, „dass das Verhältnis kommunaler Organe untereinander sich vom Staat-Bürger-Verhältnis so sehr unterscheidet," dass Anfechtungs- und Verpflichtungsklage auf ersteres nicht anwendbar seien, nicht weiter begründet.

[56] Zu den Funktionen des Verwaltungsaktes *V. Jungkind*, Verwaltungsakte, S. 27.

[57] *P. Lerche* in: FS Knöpfle, S. 180 f., der zwar sogar Anfechtungs- und Verpflichtungsklage analog auf sogenannte Organstreitigkeiten anwenden, die Regelungen des VwVfG aber dort nicht zum Zuge kommen lassen will.

[58] Weiter Beispiele m.N. bei *V. Jungkind*, Verwaltungsakte, S. 21, S. 36, S. 46 f.

[59] Vgl. etwa die Art. 109 ff. der bayerischen Gemeindeordnung. In Art. 119 GO gibt es sogar eine (wegen Art. 15 AGVwGO allerdings nicht mehr relevante) Regelung für das Wider-

kann, dass im Übrigen Regelungen zur Anwendung kommen, die primär für das Bürger-Staat-Verhältnis geschaffen wurden. Jedoch wird zum Teil sogar bei einer Maßnahme eines Teils der Verwaltung, der gegenüber der juristischen Person Wirkung entfaltet, der er selbst angehört, eine Außenwirkung bejaht[60] – obwohl hier der Verwaltungsakt aus der Perspektive der juristischen Person rein intern bleibt. Dass hier sogar ein und das selbe Rechtssubjekt einen Verwaltungsakt gegen sich selbst erlässt, passt mit der Verneinung der Außenwirkung bei sogenannten Organstreitigkeiten, wo sich immerhin zwei Rechtssubjekte streiten, nicht ganz zusammen. In jedem Falle stellt es aber einen Widerspruch in sich dar, die Außengerichtetheit im Sinne des § 35 VwVfG in einigen Konstellationen danach zu bestimmen, ob Rechte beeinträchtigt werden, und in anderen Konstellationen auf eine andere Weise vorzugehen.

IV. Lösungsvarianten für die vorhandenen Widersprüche

Diese Widersprüche können nur dann ausgeräumt werden, wenn in einer der Fallgruppen ein Umdenken stattfindet: Entweder indem das Vorliegen eines Verwaltungsaktes konsequent von der Verletzung eines subjektiven Rechts abhängig gemacht wird[61] und auch bei verwaltungsrechtlichen Organstreitigkeiten Anfechtungs- und Verpflichtungsklagen bei Verletzung von sogenannten Organrechten akzeptiert werden – oder indem die Grenze zwischen Innen und Außen konsequent entlang der Linie Staat – Bürger oder entlang der Grenzen von juristischen Personen gezogen wird. Im Rahmen der zweiten Alternative müssten rechts- und fachaufsichtliche Verfügungen – anders als heute üblich – jeweils einheitlich eingeordnet werden.[62]

---

spruchsverfahren, was übrigens eindeutig erkennen lässt, dass der Gesetzgeber vom Vorliegen eines Verwaltungsakts ausgeht.

[60] *U. Stelkens* in: Stelkens/Bonk/Sachs, VwVfG, § 35 Rn. 190: Eine „Maßnahme[..] gegenüber eigenem Rechtsträger" kann Außenwirkung haben, „wenn eine vergleichbare Maßnahme auch gegenüber einem Privaten hätte ergehen können" m. w. N.; ähnlich *V. Jungkind,* Verwaltungsakte, S. 46 ff. Beispiel ist hier die Festsetzung eines Marktes, der von einer Gemeinde selbst veranstaltet wird, dazu schon oben Kapitel 2, D. II., Fn. 564, S. 139.

Auch die Ersetzung des gemeindlichen Einvernehmens wird als Verwaltungsakt betrachtet, vgl. etwa VGH München, Beschl. v. 27.10.2000, Az.: 1 ZS/CS 00.2727, DÖV 2001, 157–258, juris Rn. 7 – das setzt jedoch auch voraus, die Ersetzung als eigenständigen Verwaltungsakt neben der Baugenehmigung zu betrachten (was str. ist, dagegen *U. Graupeter,* Rechtsfolgen der rechtswidrigen Versagung des gemeindlichen Einvernehmens [...], ZfBR 2005, 432, 436).

[61] Vgl. auch *R. Wahl/P. Schütz* in: Schoch/Schneider/Bier, VwGO, § 42 Abs. 2 Rn. 103, die allerdings umgekehrt auf subjektive öffentliche Rechte (verstanden als Rechte von Bürgern gegen den Staat) abstellen, um zu begründen, dass der Staat seine Ansprüche (nur) mit allgemeinen Leistungsklagen geltend machen kann (und damit ebenfalls eine Verbindung zwischen Recht und Klageart voraussetzen); dazu schon ausführlich Kapitel 4, Fn. 252 S. 300.

[62] Zur üblichen Differenzierung, wonach grundsätzlich nur rechtsaufsichtliche Maßnahmen Verwaltungsakte darstellen, oben Kapitel 2, D. III., S. 139 sowie hier Fn. 49, S. 422; vgl. aber *J. Prandl/H. Zimmermann/H. Büchner/M. Pahlke,* Kommunalrecht, Art. 120 GO Rn. 3 m. N.:

Würde konsequent auf eine Rechtsbeeinträchtigung abgestellt, könnte das Kriterium der Außengerichtetheit in § 35 VwVfG auf den ersten Blick sinnentleert erscheinen.[63] Aufgrund der uneinheitlichen Handhabung in unterschiedlichen Fallkonstellationen und der Relativität der Kategorien Innen und Außen stellt sich dieses Merkmal aber ohnehin als bloßer „Blankettbegriff" dar,[64] in den je nach betrachteter Fallgruppe unterschiedliche Wertungen eingebracht werden. Genau das führt auch dazu, dass Streitigkeiten zwischen und innerhalb juristischer Personen des öffentlichen Rechts, wie beschrieben, mit unterschiedlichen Kriterien gelöst werden. Bei Streitigkeiten innerhalb einer juristischen Person gibt es die Tendenz, die oben in Kapitel 2 abgelehnten überlieferten Wertungsgesichtspunkte aus dem Konstitutionalismus wie Impermeabilität und Einheit der Verwaltung[65] einfließen zu lassen, was sich in der häufig oberflächlichen Analyse des Problems auf rein begrifflicher Ebene äußert. Die vermeintliche Ausnahmestellung, die den sogenannten verwaltungsrechtlichen Organstreitigkeiten verbreitet zugeschrieben wird,[66] wirkt sich hier genauso aus wie bei der Weigerung, sogenannte Organrechte als echte subjektive Rechte zu bezeichnen. Letzteres wird nun auch aufgrund der Beziehung zwischen Außenwirkung und Recht erklärbar: Um keine Außenbeziehung im traditionell so genannten Innenbereich zu konstruieren, wurde den „Organrechten" der Charakter als subjektive Rechte nicht zuerkannt. Der Begriff des Innenbereiches transportiert dabei – wie in Kapitel 2 bereits erläutert – die überholten Wertungen der Impermeabilität und Einheit der Verwaltung,[67] ohne das hinreichend transparent zu machen, und lässt die Relativität der Kategorien Innen und Außen völlig außer Acht. Die Außenwirkung damit zu verneinen, dass keine „Außenrechte" vorliegen, ist deswegen nichts anderes als der oben in Kapitel 2 bereits beschriebene Zirkelschluss in umgekehrter Richtung.[68]

Es sollte jedoch zu Gunsten einer Sachdiskussion eine Debatte über reine Begrifflichkeiten vermieden werden. Die Frage, die eigentlich zu stellen wäre, ist, inwiefern die Regelungen über Verwaltungsakte und Anfechtungsklagen auf Rechtsbeziehungen innerhalb einer juristischen Person des öffentlichen Rechts tatsächlich nicht passen[69] – vor allem vor dem Hintergrund, dass ihnen in anderen Verhältnissen, nämlich zwischen Verwaltungseinheiten, die juristische Personen

---

fachaufsichtliche Weisungen als Verwaltungsakte – das würde der letzten der hier beschriebenen Varianten entsprechen, wie in Fn. 49, S. 422 beschrieben, hat sich diese Ansicht aber nicht durchsetzen können.

[63] So jedenfalls *P. Lerche* in: FS Knöpfle, S. 179.

[64] *V. Jungkind,* Verwaltungsakte, S. 37; *U. Stelkens* in: Stelkens/Bonk/Sachs, VwVfG, § 35 Rn. 145.

[65] Dazu oben Kapitel 2, B. I., ab S. 53.

[66] Oben Kapitel 2, B. I. 5. b) und c), ab S. 71.

[67] Dazu Kapitel 2, D. I., S. 135.

[68] Siehe Kapitel 2, D. III., S. 139.

[69] Dass es die Funktion des Blankettbegriffs Außenwirkung sei, solche Überlegungen zu ermöglichen, betont *V. Jungkind,* Verwaltungsakte, S. 37.

darstellen, keine Bedenken begegnen. Gelegentlich wird darauf abgestellt, dass die Kompetenzen von „Organen" ein austariertes System bildeten, das durch das Institut der Bestandskraft nicht unterwandert werden dürfe[70] – allerdings müsste dieses Argument dann auch in Konstellationen der Aufsicht über Selbstverwaltungskörperschaften greifen, wo es aber ignoriert wird. Darüber hinaus kann es nicht überzeugen, weil auch die Rechte des Bürgers ein wichtiges Institut darstellen – trotzdem wird die Rechtssicherheit gegenüber Rechten der Bürger höher gewichtet, indem das Institut der Bestandskraft existiert. Es ist nicht einzusehen, warum die Rechte des Staates einen höheren Stellenwert haben sollten, als die der Bürger. Nur das würde es rechtfertigen, für Teile des Staates auf den Nachteil der Bestandskraft zu verzichten.

Die Vorschriften der Verwaltungsverfahrensgesetze sind zwar in erster Linie im Hinblick auf das Verhältnis zwischen Bürger und Staat geschaffen worden, aber das ist auch bei der VwGO der Fall. Die Verwaltungsverfahrensgesetze dienen insbesondere dazu, eine Rechtswahrung (durch die Bürger) zu ermöglichen.[71] Ist der Schritt getan, sogenannte Organrechte als echte Rechte zu betrachten,[72] spricht das dafür, die Regelungen des VwVfG auch auf Verhältnisse zwischen Teilen einer juristischen Person anzuwenden.[73] Ebenso sind Anfechtungs- und Verpflichtungsklage gerade dazu geschaffen worden, um subjektive Rechte durchzusetzen, weswegen es auch naheliegend scheint, eine Anwendung auf Streitigkeiten zwischen allen Arten von Teilen des Staates für möglich zu halten.[74]

In Anbetracht der Tatsache, dass Rechtsprechung und Literatur sich überwiegend einig sind und Verwaltungsakte innerhalb einer juristischen Person des öffentlichen Rechts in den meisten Fallkonstellationen ablehnen,[75] scheint diese Lösung aber zugegebenermaßen zumindest im Moment nicht praxistauglich zu sein. Für die Frage, ob überhaupt Rechtsschutz gewährt werden kann, ist die richtige

---

[70] *U. Stelkens* in: Stelkens/Bonk/Sachs, VwVfG, § 35 Rn. 191: „Die gesetzliche (ausgewogene) Kompetenzverteilung zwischen den einzelnen Organen eines Rechtsträgers, die die ‚Richtigkeit' der innerkörperschaftlichen Willensbildung gewährleisten soll, darf nicht durch bestandskräftig gewordene VA unterlaufen werden"; zustimmend *V. Jungkind,* Verwaltungsakte, S. 44.

[71] *U. Ramsauer* in: Kopp/ders., VwVfG, § 9 Rn. 3: Regelungen über das Verwaltungsverfahren dienen „vor allem der Wahrung und Durchsetzung der Rechte des Bürgers in einem rechtsstaatlich geordneten Verfahren."; ähnlich *K. Ritgen* in: Knack/Henneke, VwVfG, vor § 9 Rn. 25.

[72] Dazu oben Kapitel 4, B. II., S. 273.

[73] Vgl. *J. Pietzcker* in: Schoch/Schneider/Bier, VwGO, Vorb. § 42 Abs. 1 Rn. 18 (wörtl. Zit. oben Fn. 52, S. 423).

[74] Für eine Anwendung von Anfechtungs- und Verpflichtungsklage (im Wege der Analogie) bei verwaltungsrechtlichen Organstreitigkeiten auch *P. Lerche* in: FS Knöpfle, S. 180 ff.

[75] Dass „interne Abläufe innerhalb der Verwaltung" keine Verwaltungsverfahren mit dem Ergebnis eines Verwaltungsakts sein können: *U. Ramsauer* in: Kopp/ders., VwVfG, § 9 Rn. 1; ähnlich *K. Ritgen* in: Knack/Henneke, VwVfG, § 9 Rn. 25 ff.
Aus prozessrechtlicher Sicht: Nachw. schon in Fn. 32 f., S. 419.

Klageart in der Regel ohnehin sekundär.[76] Sich aber mit der momentan überwiegend verfolgten Lösung abzufinden hieße, das Merkmal der Außenwirkung als bloßen Blankettbegriff anzusehen, in den nach Belieben unterschiedliche Wertungen eingebracht werden können. Vor allem hieße es, die Diskrepanz zwischen den beiden Fallgruppen der Streitigkeiten zwischen juristischen Personen und der Streitigkeiten innerhalb einer juristischen Person zu akzeptieren, für die es keine überzeugende Rechtfertigung in Form der Heranziehung unterschiedlicher Kriterien gibt.

D. Rechtsschutzbedürfnis von Teilen des Staates

Das allgemeine Rechtsschutzbedürfnis ist eine Sachentscheidungsvoraussetzung, die häufig dann eine hervorgehobene Rolle spielt, wenn ein Fall als Insichprozess identifiziert wurde.[77] Aber auch für Konstellationen, in denen sich juristische Personen des öffentlichen Rechts gegenüberstehen, kann das Rechtsschutzbedürfnis Bedeutung erlangen, obwohl es nicht zu den Aspekten zählt, die in solchen Fällen häufiger angesprochen werden.[78] Lohnenswert ist auch hier insbesondere der Vergleich zwischen verschiedenen Fallgestaltungen der Streitigkeiten zwischen Teilen des Staates, der einige Widersprüche in der Handhabung des allgemeinen Rechtsschutzbedürfnisses offenbaren kann.

I. Voraussetzungen und Zusammenhang mit dem Insichprozess

Im Folgenden soll zunächst aufgezeigt werden, dass das allgemeine Rechtsschutzbedürfnis deswegen eine hervorgehobene Rolle beim Insichprozess spielen konnte, weil es ein Einfallstor für Wertungen bietet. Dabei wurde ihm in der Vergangenheit entsprechend der in Kapitel 2 geschilderten Tendenz, Gerichtsverfahren innerhalb einer juristischen Person des öffentlichen Rechts abzulehnen, teilweise eine zu große Bedeutung zuerkannt.

---

[76] Vor allem deswegen, weil eine Vollstreckung gegen Hoheitsträger in der Regel nicht notwendig ist und Feststellungsurteile von Teilen des Staates ganz regelmäßig freiwillig befolgt werden, wie das BVerwG zum Thema der Subsidiarität von Feststellungsklagen nach §43 Abs. 2 VwGO in st. Rspr. betont (BVerwG, Urt. v. 27.10.1970, Az.: VI C 8. 69, BVerwGE 36, 179–188, juris Rn. 12) – dazu *J. Pietzcker* in: Schoch/Schneider/Bier, VwGO, §43 Rn. 43.
  Jedoch können Details je nach vertretener Ansicht dennoch eine große Bedeutung haben, vgl. *J. Prandl/H. Zimmermann/H. Büchner/M. Pahlke*, Kommunalrecht, Art. 120 GO Rn. 3: Falls eine Anfechtungsklage nicht statthaft ist, habe ein Rechtsbehelf keine aufschiebende Wirkung, anders als bei fehlender Klagebefugnis.
[77] Oben Kapitel 2, B.I.4., S. 64.
[78] Vgl. oben Kapitel 2, B.II.2., S. 85.

1. Herleitung des allgemeinen Rechtsschutzbedürfnisses

Dass das allgemeine Rechtsschutzbedürfnis[79] eine Voraussetzung für die Zulässigkeit einer Klage bildet, ist trotz der Tatsache, dass es in keiner Prozessordnung ausdrücklich geregelt ist, zumindest im Verwaltungsrecht weithin anerkannt,[80] ohne dass der „Geltungsgrund" dieser Voraussetzung hinreichend geklärt wäre.[81] Ehlers beispielsweise bezweifelt, dass allein „Prozeßzwecke und Gesichtspunkte der Prozeßökonomie" die mit der Voraussetzung des allgemeinen Rechtsschutzbedürfnisses verbundene Einschränkung von Rechtsschutz rechtfertigen können.[82] Zweck des allgemeinen Rechtsschutzbedürfnisses ist wie bei allen Zulässigkeitsvoraussetzungen, Klagemöglichkeiten auszuschließen, unabhängig davon, ob das Anliegen in der Sache berechtigt ist.[83] Das allgemeine Rechtsschutzbedürfnis dient speziell der Schonung des Gegners und der staatlichen Ressource Justiz.[84]

---

[79] Teilweise wird diese Voraussetzung auch anders benannt, z.B. als Rechtsschutzinteresse, so *V. Stein,* Sachentscheidungsvoraussetzung, S. 14, (vgl. auch S. 18 ff.). *B. Stephan,* Rechtsschutzbedürfnis, S. 26 f. begründet ausführlich, warum der Begriff Rechtsschutzbedürfnis dem Begriff Rechtsschutzinteresse vorzuziehen sei.

[80] *D. Ehlers* in: Schoch/Schneider/Bier, VwGO, Vorb. § 40 Rn. 74; *W.-R. Schenke,* Verwaltungsprozessrecht, Rn. 560: „weitgehende Einigkeit"; *V. Stein,* Sachentscheidungsvoraussetzung, S. 14: „einhellig anerkannt", m. Nachw. S. 22 dort. Fn. 16; vgl. aber a.a.O. S. 20 f.: Im Zivilprozessrecht sei diese Voraussetzung deutlich umstrittener (m. zahlr. Nachw.). Zu Stimmen, die das Rechtsschutzbedürfnis auch im Verwaltungsrecht ablehnen *F. Hufen,* Verwaltungsprozessrecht, § 23 Rn. 10 a.E.

[81] *D. Ehlers* in: Schoch/Schneider/Bier, VwGO, Vorb. § 40 Rn. 75 (der vom „Geltungsgrund" spricht). Einzelne Herleitungsversuche analysiert *V. Stein,* Sachentscheidungsvoraussetzung, S. 34–49 m. w. N. kritisch.
Das allgemeine Rechtsschutzbedürfnis auf Art. 19 Abs. 4 GG zurückzuführen (so *F. Hufen,* Verwaltungsprozessrecht, § 23 Rn. 10; vgl. auch *G. Christonakis,* Rechtsschutzinteresse, S. 114 ff.) kann nicht überzeugen, da die Verfassungsnorm im Gegensatz zum Rechtsschutzbedürfnis (dazu sogleich) die Durchsetzung von Rechten nicht negativ ausschließt – auch dann nicht, wenn die Rechte nicht unter Art. 19 Abs. 4 GG fallen. Art. 19 Abs. 4 GG gewährleistet Rechtsschutz, schließt ihn aber nicht aus (dazu schon oben Kapitel 3, A. I., S. 147). Das allgemeine Rechtsschutzbedürfnis wie *Christonakis* als Art. 19 Abs. 4 GG immanente Einschränkung zu sehen (vgl. etwa a.a.O. S. 200 f.), überzeugt dann nicht, wenn begründet werden muss, warum nicht Klagen von Teilen des Staates (denen Art. 19 Abs. 4 GG nicht zusteht) aufgrund der behaupteten Kapazitätsengpässe der Rechtspflege komplett ausgeschlossen werden, bevor irgendeine Klage eines Bürgers mangels allgemeinen Rechtsschutzbedürfnisses abgelehnt wird (zumal *Christonakis* bei Kommunalverfassungsstreitigkeiten das Rechtsschutzinteresse sehr großzügig bejaht, a.a.O. S. 243 ff.).

[82] *D. Ehlers* in: Schoch/Schneider/Bier, VwGO, Vorb. § 40 Rn. 75. Genau aus solchen Grundsätzen leitet aber *W.-R. Schenke* in: ders./Schenke, Vorb. § 40 Rn. 30 diese Voraussetzung her: „aus dem [...] Gebot von Treu und Glauben [...], dem Verbot des Missbrauchs prozessualer Rechte [...] sowie dem [...] Grundsatz der Effizienz staatlichen Handelns"; ähnlich, aber knapper *J. v. Abedyll* in: Bader u.a., VwGO, vor §§ 40 Rn. 24 und *H. Sodan* in: ders./Ziekow, VwGO, § 42 Rn. 335.

[83] Kapitel 1, D. II. 2., S. 43.

[84] So auch *V. Stein,* Sachentscheidungsvoraussetzung, S. 29 f.

2. Rechtsschutzbedürfnis: Ausnahmen in Fallgruppen

Es gibt keine kurze allgemeine Definition für das allgemeine Rechtsschutzbedürfnis als Voraussetzung für Rechtsschutz, unter die sich Fälle subsumieren lassen würden.[85] Umschreibungen des allgemeinen Rechtsschutzbedürfnisses unter Zuhilfenahme des Begriffes Interesse[86] bewirken keine direkte Subsumierbarkeit, bringen es aber in einen Zusammenhang mit dem subjektiven Recht,[87] wo das Interesse eine zentrale Rolle spielt.[88] Gelegentlich wird auch geäußert, dass ein subjektives Recht das Vorliegen des allgemeinen Rechtsschutzbedürfnisses indiziere und es nur aufgrund besonderer Umstände ausnahmsweise entfalle,[89] sodass hier von einer weiteren Interdependenz von Sachentscheidungsvoraussetzungen gesprochen werden kann. Dieses Regel-Ausnahme-Verhältnis ist aber auch ohne Bezug auf das subjektive Recht anerkannt.[90] Inwieweit der Charakter des allgemeinen Rechtsschutzbedürfnisses als Ausnahmetatbestand durch die Ausrichtung des verwaltungsprozessualen Rechtsschutzes auf subjektive Rechte oder durch die Eigenschaften dieser Sachentscheidungsvoraussetzung selbst bedingt ist, bedarf hier keiner Klärung. Jedenfalls herrscht in Wissenschaft und Praxis eine große Übereinstimmung darin, dass die „Lehre vom Rechtsschutzbedürfnis […] auf ihrer praktischen wie theoretischen Seite eine Lehre der Ausnahmen" ist.[91] Es ist nicht klar zu bestimmen, was das Rechtsschutzbedürfnis ausmacht, sondern es lässt sich lediglich ausdrücken, wann es fehlt.[92] Aus diesem Grund wird beim allgemeinen Rechtsschutzbedürfnis mit Fallgruppen gearbeitet.[93]

In diesen Fallgruppen schlagen sich die Zwecke der Sachentscheidungsvoraussetzung allgemeines Rechtsschutzbedürfnis nieder, den Gegner oder die staatliche Ressource Justiz zu schonen,[94] selbst wenn ein subjektives Recht des Klägers be-

---

[85] Vgl. *G. Christonakis,* Rechtsschutzinteresse, S. 33; *V. Stein,* Sachentscheidungsvoraussetzung, S. 23: keine „exakte, aber dennoch kurze und handhabbare Definition dessen, was unter dem allgemeinen Rechtsschutzbedürfnis im Verwaltungsprozeß genau zu verstehen ist".

[86] Etwa *W.-R. Schenke* in: ders./Schenke, Vorb. § 40 Rn. 30; *H. Sodan* in: ders./Ziekow, VwGO, § 42 Rn. 335: „rechtsschutzwürdiges Interesse". Dazu auch m. w. N. *V. Stein,* Sachentscheidungsvoraussetzung, S. 23.

[87] Einen Zusammenhang zwischen subjektivem Recht und allgemeinem Rechtsschutzbedürfnis stellt auch *W.-R. Schenke* in: ders./Schenke, Vorb. § 40 Rn. 31 her.

[88] Dazu oben Kapitel 3, B.I.3.a), S. 162; vgl. zum Interesse selbst jedoch Kapitel 3, B.I.3.d), S. 169.

[89] Bspw. *W.-R. Schenke* in: ders./Schenke, Vorb. § 40 Rn. 37.

[90] *J. v. Abedyll* in: Bader u. a., VwGO, vor §§ 40 Rn. 24; *D. Ehlers* in: Schoch/Schneider/Bier, VwGO, Vorb. § 40 Rn. 80: Im Normalfall ist „grundsätzlich von dem Bestehen eines Rechtsschutzbedürfnisses auszugehen und dieses nur bei Vorliegen besonderer Umstände zu verneinen."; ähnlich *H. Sodan* in: ders./Ziekow, VwGO, § 42 Rn. 335.

[91] *B. Stephan,* Rechtsschutzbedürfnis, S. 28 m. w. N. Zustimmend *V. Stein,* Sachentscheidungsvoraussetzung, S. 24; vgl. auch *G. Christonakis,* Rechtsschutzinteresse, S. 39 f.

[92] *V. Stein,* Sachentscheidungsvoraussetzung, S. 24.

[93] Zu verschiedenen Einteilungen: *V. Stein,* Sachentscheidungsvoraussetzung, S. 24 ff., S. 30 f.

[94] *G. Christonakis,* Rechtsschutzinteresse, S. 38 f., wobei er die Schonung des Beklagten als „sekundär" bezeichnet.

steht. So wird ein allgemeines Rechtsschutzbedürfnis – positiv formuliert – in zwei Hauptfallgruppen dann bejaht, „wenn der Kläger wirklich der Hilfe des Gerichts bedarf" und „wenn die Inanspruchnahme des Rechtsschutzes nicht missbräuchlich ist".[95] Erstere Formulierung bezieht sich auf die Schonung der Ressource Justiz, letztere auf den Schutz des Prozessgegners, auch wenn sich diese Aspekte nie gänzlich trennen lassen, weil eine Wechselwirkung zwischen beiden existiert.

Problematisch ist allerdings, dass abgesehen von diesen beiden Hauptfallgruppen auch Voraussetzungen wie beispielsweise § 44a VwGO, die eigene Sachentscheidungsvoraussetzungen sein können, mit unter das allgemeine Rechtsschutzbedürfnis gefasst werden.[96] Ob dieses Vorgehen, das allgemeine Rechtsschutzbedürfnis als „Auffangbecken" möglicherweise selbständiger Sachentscheidungsvoraussetzungen zu nutzen, kritikwürdig ist,[97] kann hier dahinstehen. Denn für Streitigkeiten zwischen Teilen des Staates hat jedenfalls die Fallgruppe, die auf die Schonung der Ressource Justiz abzielt, in dem Sinne die größte Relevanz, als dass sich hier Probleme zeigen, die für die Konstellation Staat gegen Staat spezifisch sind. Hinsichtlich rechtsmissbräuchlichen Handelns oder vorbeugenden Rechtsschutzes ergeben sich im Grunde keine anderen Maßstäbe als bei Streitigkeiten zwischen Bürger und Staat auch. Interessant ist vielmehr die Frage, ob der klagende Teil des Staates keinen einfacheren, schnelleren bzw. effizienteren Weg hätte, sein Ziel zu erreichen.[98] Die Fallgruppe der Möglichkeit zur Erreichung des Ziels mit einfacheren Mitteln als dem angestrengten Prozess ist auch diejenige, die beim Insichprozess angesprochen wurde.[99]

---

[95] *F. Hufen,* Verwaltungsprozessrecht, § 23 Rn. 10. Die positive Formulierung kann allerdings nicht darüber hinwegtäuschen, dass es sich hier inhaltlich um die Beschreibung von Ausnahmefällen handelt.

[96] *V. Stein,* Sachentscheidungsvoraussetzung, S. 28. Zu solchen Voraussetzungen auch *W.-R. Schenke* in: ders./Schenke, Vorb. § 40 Rn. 32 und ders., Verwaltungsprozessrecht, Rn. 565 ff. Zur Abgrenzung von allgemeinem Rechtsschutzbedürfnis und § 44a VwGO differenziert *H. Sodan* in: ders./Ziekow, VwGO, § 42 Rn. 336 – vgl. auch die intensive Auseinandersetzung a. a. O. Rn. 340 ff. mit der isolierten Anfechtungsklage (in Verpflichtungssituationen) mit dem Ergebnis (Rn. 346), dass solche Klagen jedenfalls nicht am fehlenden allgemeinen Rechtsschutzbedürfnis scheiterten

[97] So jedenfalls *V. Stein,* Sachentscheidungsvoraussetzung, S. 28; kritisch, mit einigen weiteren Bsp., auch *B. Stephan,* Rechtsschutzbedürfnis, S. 51 ff.

[98] Zu dieser Fallgruppe allgemein *F. Hufen,* Verwaltungsprozessrecht, § 23 Rn. 12; *W.-R. Schenke* in: ders./Schenke, Vorb. § 40 Rn. 48 ff.; *H. Sodan* in: ders./Ziekow, VwGO, § 42 Rn. 349.
Sie stellt, neben der Fallgruppe der Nichterreichbarkeit des Ziels mit der angestrengten Klage, eine Unterfallgruppe der Schonung der Ressource Justiz dar (vgl. *V. Stein,* Sachentscheidungsvoraussetzung, S. 94 f.) – wobei insbesondere die Fallgruppe der Nichterreichbarkeit des Ziels auch Berührungen mit dem Zweck des Schutzes des Gegners hat.
Zum Problem der Verwirkung eines Rechts durch vorherige Einwilligung in die rechtsbeeinträchtigende Maßnahme („volenti non fit iniuria") *W. Roth,* Organstreitigkeiten, S. 983 ff.

[99] Dazu schon oben Kapitel 2, B. I. 4., S. 64.

3. Rechtsschutzbedürfnis als Wertungsfrage

Es lohnt daher zu ergründen, unter welchen Umständen eine Alternative zur verwaltungsgerichtlichen Klage als leichtere und effizientere Rechtsschutzmöglichkeit zu sehen ist. Diese Frage lässt sich in drei Teile untergliedern: Es ist erstens zu klären, welche Möglichkeiten es überhaupt neben der Klage gibt, um die Rechte des Klägers durchzusetzen. Die Alternative muss zweitens auch zu dem gleichen Ergebnis führen.[100] Und schließlich muss drittens das Ziel auf diesem Weg auch leichter zu erreichen sein. Es kann erhebliche Schwierigkeiten bergen, diese Voraussetzungen festzustellen: Ob ein alternatives Vorgehen zu dem gleichen Ergebnis führt wie eine Klage, hängt auch immer davon ab, ob der konkrete Klageantrag oder ein dahinter stehendes Fernziel (oder beides) in den Blick genommen wird. Die Frage, wie leicht es ist, einen alternativen Weg zu gehen, ist nicht nur im Hinblick auf den zu betreibenden Aufwand zu beurteilen, sondern es ist auch zu bedenken, dass eine niedrige Erfolgschance des alternativen Weges diesen als beschwerlich, weil nicht lohnenswert, erscheinen lassen kann. Außerdem stellt sich die Frage, ob Nachteile eines alternativen Weges durch Vorteile ausgeglichen werden dürfen, was in der Literatur teilweise explizit abgelehnt wird.[101]

Unabhängig von diesen Schwierigkeiten erinnert die abgestufte Folge von Teilfragen an eine Verhältnismäßigkeitsprüfung. Daneben bestehen weitere Gemeinsamkeiten: Mit der Verhältnismäßigkeitsprüfung wird regelmäßig untersucht, inwieweit ein staatliches Ziel, das mit der überprüften Maßnahme verfolgt wird, einen Eingriff in eine Rechtsposition rechtfertigen kann; es wird also ein Verhältnis hergestellt. Beim Rechtsschutzbedürfnis werden ebenfalls die Interessen des Prozessgegners, nicht in einen Prozess verwickelt zu werden, und des Staates, die Ressource Justiz sparsam zu verwenden, mit den Interessen des Rechtsschutzsuchenden in Bezug gestellt. In beiden Fällen herrscht ein Regel-Ausnahme-Verhältnis, denn der staatliche Eingriff ist genauso wie die Verweigerung des Rechtsschutzes nur ausnahmsweise möglich. Und genauso wie im Rahmen der Verhältnismäßigkeitsprüfung beim Punkt der Angemessenheit eine Güterabwägung stattfinden muss,[102] ist letztlich auch die Frage, ob eine Alternative einen effizienteren Weg darstellt, eine Wertungsfrage,[103] bei der die Relation zwischen dem Interesse des Rechtsschutzsuchenden und dem Schutzinteresse des Klagegegners bzw. dem öffentlichen Interesse an der Schonung der Ressource Justiz durchaus eine Rolle spielt.

Trotzdem findet jedoch keine völlig freie Abwägung statt, ob die öffentlichen Interessen an der Freihaltung der Ressource Justiz das Interesse an gerichtlichem

---

[100] *F. Hufen,* Verwaltungsprozessrecht, § 23 Rn. 12.

[101] *K. Rennert* in: Eyermann, VwGO, vor § 40 Rn. 12: „keine Kompensation kleinerer Nachteile durch größere Vorteile möglich".

[102] Dazu bspw. *B. Grzeszick* in: Maunz/Dürig, GG, Art. 20 (VII. Rechtsstaat) Rn. 117.

[103] Zur Relevanz von Wertungen bei der Lösung juristischer Probleme schon oben Kapitel 2, A. I., S. 48.

Rechtsschutz des Klägers überwiegen. Einerseits ist die Voraussetzung des allgemeinen Rechtsschutzbedürfnisses ein Korrektiv für den Einzelfall, andererseits müssen aber die entsprechenden Wertungsentscheidungen nach einheitlichen Kriterien getroffen werden. Mit dem Fokus auf den Vergleich verschiedener Lösungsvarianten hinsichtlich Kosten, Einfachheit, Schnelligkeit und Effizienz gibt es – wie bei den anderen Fallgruppen, in denen das allgemeine Rechtsschutzbedürfnis fehlt – einengende Kriterien, nach denen die Entscheidung zutreffen ist. Darüber hinaus muss die dem allgemeinen Rechtsschutzbedürfnis immanente Ausnahmestellung berücksichtigt werden, auch unabhängig von Art. 19 Abs. 4 GG, der wie bereits mehrfach erwähnt in Fällen, in denen sich Teile der Verwaltung gegenüberstehen, nicht herangezogen werden kann.[104] Aufgrund der Stellung des allgemeinen Rechtsschutzbedürfnisses als Ausnahme-[105] und Auffangtatbestand[106] wird in der Literatur verbreitet gefordert, Zweifel müssten sich zu Gunsten des Klägers auswirken.[107] Ein alternativer Weg müsse „eindeutig vorzugswürdig" sein.[108]

4. Rolle des Rechtsschutzbedürfnisses beim Insichprozess

Es liegt jedoch der bereits geäußerte Verdacht nahe, dass die Eigenschaft des allgemeinen Rechtsschutzbedürfnisses, Einfallstor für Wertungen zu sein, dazu geführt hat, dass die allgemeine Abneigung gegenüber Streitigkeiten zwischen Teilen einer juristischen Person bei der Beurteilung des allgemeinen Rechtsschutzbedürfnisses die Oberhand gewonnen hat[109] und dadurch die sonst im Staat-Bürger-Verhältnis angelegten Maßstäbe missachtet wurden. Wie erwähnt, wurde zur Ablehnung von Insichprozessen in der Vergangenheit gerade die Fallgruppe der Möglichkeit zur Erreichung des Ziels mit einfacheren Mitteln herangezogen. Es wurde davon ausgegangen, dass es einfacher sei, einen solchen Streit mit innerorganisatorischen Instrumenten beizulegen, als vor Gericht; aus einem vermeintlichen

---

[104] Ausf. Nachw. dazu, dass sich Teile des Staates nicht auf Art. 19 Abs. 4 GG berufen können: Kapitel 3, Fn. 21, S. 150.
    Zur Problematik, dass die Voraussetzung des allgemeinen Rechtsschutzbedürfnisses mit dem verfassungsrechtlichen, allgemeinen Justizgewährleistungsanspruch der Bürger kollidiert *V. Stein*, Sachentscheidungsvoraussetzung, S. 32 f.

[105] Oben bei Fn. 89 und Fn. 90, S. 429.

[106] *F. Hufen*, Verwaltungsprozessrecht, § 23 Rn. 11; *V. Stein*, Sachentscheidungsvoraussetzung, S. 29.

[107] *W. Roth*, Organstreitigkeiten, S. 978 ist der Meinung, dass es sich bei der „Verneinung des Rechtsschutzbedürfnisses um eine eng zu handhabende Ausnahme handelt, die nur in zweifelsfrei begründeten Fällen den Zugang zu einer nach den sonstigen Voraussetzungen zu beanspruchenden Sachentscheidung des Gerichts verwehren kann"; *W.-R. Schenke* in: ders./Schenke, Vorb. § 40 Rn. 38.

[108] *K. Rennert* in: Eyermann, VwGO, vor § 40 Rn. 12; vgl. auch VGH München, Urt. v. 21.12.2004, Az.: 8 B 03.1404, BayVBl. 2005, 405–409, juris Rn. 22.

[109] Bereits oben Kapitel 2, B. unter I., S. 53 ff.

Vorrang von verwaltungsinternen Korrekturmechanismen, welche die Verwaltungshierarchie zur Verfügung stellt, wurde also das Fehlen eines Rechtsschutzbedürfnisses abgeleitet.[110] Die Formulierung, dass ein Rechtsschutzbedürfnis (in der
Regel) „entfällt, wenn eine gemeinsame Spitze besteht, die Streitigkeiten entscheiden kann", ist auch heute nicht aus der (Kommentar-)Literatur verschwunden.[111]

Bei der Herausbildung dieses Satzes spielte die Vorstellung von Impermeabilität und Einheit der Verwaltung mutmaßlich eine große Rolle.[112] Diese Aspekte
sind grundsätzlich von der Existenz des Hierarchieprinzips zu trennen und mit
diesem nicht gleichzusetzen,[113] auch wenn es Zusammenhänge gibt, unter anderem weil eine ausgeprägte Hierarchie ein Baustein für die Einheit der Verwaltung
sein kann. Es wurde also zwar vordergründig, das heißt der Formulierung nach,
auf die Verwaltungshierarchie Bezug genommen, aber im Hintergrund der Ablehnung des allgemeinen Rechtsschutzbedürfnisses stand die Vorstellung von einem
impermeablen und einheitlichen Staatsgebilde. Aufgrund der häufigen, aber unausgesprochenen Beschränkung dieser Grundsätze auf den Innenraum juristischer
Personen[114] haben sich jedoch – was im Folgenden unter III. 1. näher aufgezeigt
werden soll – Widersprüche im Hinblick auf die Ablehnung des allgemeinen
Rechtsschutzbedürfnisses herausgebildet. Ähnlich wie beim Thema subjektive
Rechte des Staates zeugt die allgemein anerkannte Zulässigkeit von sogenannten verwaltungsrechtlichen Organstreitigkeiten und von Streitigkeiten zwischen
juristischen Personen des öffentlichen Rechts davon, dass weder eine Einbindung
in eine Hierarchie noch die Grundsätze der Impermeabilität und Einheit der Verwaltung das Rechtsschutzbedürfnis so kategorisch ausschließen, wie es die Aussage, eine gemeinsame Hierarchiespitze lasse das Rechtsschutzbedürfnis entfallen, impliziert.

Darüber hinaus kann die kategorische Ablehnung eines Rechtsschutzbedürfnisses bei Streitigkeiten zwischen Teilen des Staates auf Basis von Impermeabilität
und Einheit der Verwaltung auch sonst nicht überzeugen – und das nicht nur, weil

---

[110] Dazu schon oben Kapitel 2, B.I.4., S. 64. Vgl. dazu auch *H.-H. Becker-Birck,* Insichprozess, S. 72. Zur Hierarchie oben Kapitel 2, C.III., S. 124.

[111] Wörtl. zit. Formulierung bei *W.-R. Schenke* in: Kopp/Schenke, § 63 Rn. 7. Vgl. auch
A. Wiese, Beteiligung, S. 127 f., S. 159.

[112] Oben Kapitel 2, B.I.4., insb. Fn. 110, S. 66. Vgl. auch *H.-H. Becker-Birck,* Insichprozess,
S. 76: „Die Grundsätze der Über- und Unterordnung und der Einheit der Verwaltung lassen erkennen, daß ein Prozeß eines Verwaltungsrechtsträgers mit sich selbst oder einer seiner Behörden, zwischen Behörden eines Trägers öffentlicher Verwaltung oder zweier Verwaltungs-
rechtsträger in Auftragsangelegenheiten" bei Weisungsabhängigkeit oder wenn sie „einer
gemeinsamen Aufsichtsinstanz unterstehen", unzulässig ist. Es sei „die Aufgabe der vorgesetzten Behörde, den Streit anhand ihrer Aufsichtsbefugnisse zu schlichten." – zur gebotenen Trennung von Einheit der Verwaltung und Hierarchie sogleich.

[113] Zum Verhältnis zwischen Hierarchieprinzip und Einheit der Verwaltung schon oben Kapitel 2, C.III.4., S. 129.

[114] Siehe oben unter dem Stichwort: Einheit des jeweils zur Diskussion stehenden Verwaltungsträgers, Kapitel 2, B.III.2., Fn. 249, S. 92. Zu Begrenztheit der Hierarchie Kapitel 2,
C.III.4., S. 129.

diese Grundsätze als überholt anzusehen sind.[115] Aufgrund der Nachrangigkeit des allgemeinen Rechtsschutzbedürfnisses, das nur einen Auffangtatbestand bildet und Ausnahmen im Einzelfall ermöglicht, scheint es unangebracht, diese Voraussetzung zur Begründung einer kategorischen Ablehnung von Streitigkeiten im Innenbereich von juristischen Personen heranzuziehen. Mit anderen Worten: Wenn ein subjektives Recht zwischen Teilen des Staates existiert, ist es unstimmig, beim Rechtsschutzbedürfnis auf Wertungen zurückzugreifen, die eher gegen das Vorliegen von Rechten insgesamt sprechen.[116] Das betrifft zwar nur die Vorstellung von Impermeabilität und Einheit der Verwaltung und nicht die Verwaltungshierarchie allgemein,[117] denn nur Impermeabilität und Einheit der Verwaltung sind Gesichtspunkte, die nicht im Einzelfall, sondern generell gegen einen Prozess in der Konstellation Staat gegen Staat sprächen. Die Existenz der Verwaltungshierarchie dagegen schließt Rechte des Staates nicht prinzipiell aus[118] und lässt nur ausnahmsweise in besonderen Fällen das Rechtsschutzbedürfnis entfallen (dazu unten III. 2.). Deswegen ist es nicht ausgeschlossen, dass die Nutzung einer hierarchischen Struktur einen einfacheren Weg darstellt, um zum angestrebten Ziel zu gelangen, und es erscheint daher möglich, dass auf Grundlage der Verwaltungshierarchie ein Rechtsschutzbedürfnis ausgeschlossen ist – jedoch eben immer nur im Einzelfall. Alle darüber hinausgehenden Verabsolutierungen eines Ausschlusses des Rechtsschutzbedürfnisses durch die Verwaltungshierarchie, also bei Existenz einer gemeinsamen Verwaltungsspitze, entsprechen nicht der Struktur der Sachentscheidungsvoraussetzung Rechtsschutzbedürfnis.

Es ist daher zu untersuchen, inwieweit eine Einbindung in eine Hierarchie tatsächlich dazu führen kann, dass Teilen der Verwaltung ein leichterer Weg zur Erreichung ihres Rechtsschutzziels zur Verfügung steht. Wenn dies nur in einzelnen Ausnahmefällen so sein kann, ist das ein Beleg, dass die Aussage, das Rechtsschutzbedürfnis entfalle, wenn eine gemeinsame, zur Streitentscheidung zuständige Spitze existiert, nur einer unreflektierten Übernahme der überholten Grundsätze von Impermeabilität und Einheit der Verwaltung zuzuschreiben und damit abzulehnen ist.

---

[115] Zu diesen Grundsätzen ausführlich oben Kapitel 2, B. I. 2. und 3., ab S. 56.

[116] Zum Verhältnis zwischen der Möglichkeit aufsichtsbehördlichen Einschreitens, Klagebefugnis und Rechtsschutzbedürfnis auch *W. Roth,* Organstreitigkeiten, S. 628 f.; vgl. *R. Wahl/ P. Schütz* in: Schoch/Schneider/Bier, VwGO, § 42 Abs. 2 Rn. 102, wo das Vorliegen einer „gemeinsame[n] Entscheidungsspitze" als Argument gegen subjektive Rechte angeführt wird.

[117] Zum genauen Verhältnis zwischen Rechten und Hierarchieprinzip (kein Ausschlussverhältnis) oben Kapitel 4, D. III. 1., S. 366.

[118] Kapitel 4, D. III. 1., S. 366.

II. Uneinheitliche Kriterien der Rechtsprechung

Zumindest in der neueren Rechtsprechung wird meist nicht pauschal zum Ausdruck gebracht, dass jegliche Einbindung in eine Verwaltungshierarchie das Rechtsschutzbedürfnis entfallen ließe, wie das früher der Fall war und in der Kommentarliteratur teilweise noch immer ist.[119] Nach welchen Maßstäben allerdings zu beurteilen ist, wann eine Einbindung in eine Hierarchie das Rechtsschutzbedürfnis entfallen lässt – dafür lassen sich in der Rechtsprechung kaum einheitliche Leitlinien erkennen.

Der VGH Mannheim nahm in einer Urteilsbegründung beispielsweise zwar an, dass bei „Personenidentität" von Kläger und Beklagtem, also wenn eine Verwaltungseinheit gerichtlich ein Recht gegen sich selbst geltend macht,[120] „üblicherweise kein Rechtsschutzbedürfnis" bestehe, im konkreten Fall aber eine Ausnahme zu machen sei.[121] Dabei wurden jedoch Aspekte der Klagebefugnis und des Rechtsschutzbedürfnisses vermischt, ohne dies kenntlich zu machen, was seine Wurzel darin hat, dass nur mit dem Insichprozess als Schlagwort gearbeitet und nicht genau bestimmt wurde, welcher Teil der Verwaltung beteiligt ist – die juristische Person oder ein Teil von ihr.[122] Erst nach längeren Ausführungen kommt das Gericht dem Kern des Rechtsschutzbedürfnisses näher,[123] nämlich indem es fragt, ob eine verwaltungsinterne Klärung nicht ein leichterer Weg gewesen wäre. Das Gericht verneint eine solche Möglichkeit und stellt dabei aber leider wenig präzise auf eine „gemeinsame Spitze" ab, ohne ganz exakt zu unterscheiden, ob die in Frage kommenden Instrumente der Klärung des Streits dem Kläger selbst oder einem Dritten zustehen.[124] Um es vorweg zu nehmen: Abzustellen ist hier auf den Landkreis selbst, weil nicht um Rechte seiner Teile gestritten wird.[125] Das BVerwG hob diese Entscheidung auf, begründete dies allerdings damit, dass der Landrat für den Land-

---

[119] *W.-R. Schenke* in: Kopp/Schenke, § 63 Rn. 7. Vgl. auch *R. Wahl/P. Schütz* in: Schoch/Schneider/Bier, VwGO, § 42 Abs. 2, Rn. 102, wo allerdings die Möglichkeit der Verletzung in eigenen Rechten verneint wird, wenn eine „gemeinsame Entscheidungsspitze" vorhanden ist. Vgl. oben Kapitel 2, B. I. 4., S. 64.

[120] Dass das Recht für eine Bürgerin in Prozessstandschaft geltend gemacht wurde, ist als der maßgebliche Grund anzusehen, warum die Klage nicht schon an der Klagebefugnis scheitern muss, wie im zweiten Fallbeispiel, dazu oben Kapitel 4, C. III. 3., S. 344.

[121] VGH Mannheim, Urt. v. 08.11.1989, Az.: 11 S 320/89, VBlBW 1990, 192–195, juris Rn. 19.

[122] Zu entsprechenden Unsicherheiten bei einer Klage gegen sich selbst schon oben Kapitel 2, B. I. 4. bei Fn. 120, S. 67. Zu Fragen der Personenidentität schon oben Kapitel 4, C. III. 3., insb. Fn. 537, S. 347. Zur Kritik an der Entscheidung auch oben Kapitel 4, E. III., S. 392.

[123] Dazu, dass die Frage der vorherigen Vermeidung des Streites nicht das eigentliche Problem der einschlägigen Fallgruppe des allgemeinen Rechtsschutzbedürfnisses trifft, unten III.3., S. 446.

[124] A. a. O., juris Rn. 20. Dazu noch unten D. III.2., S. 440.

[125] Vgl. dazu auch *H.-H. Becker-Birck*, Insichprozess, S. 71.
Entscheidend ist außerdem nicht eine nicht mehr ergreifbare, vergangene Möglichkeit, sondern nur, ob eine aktuelle Alternativen zur Klage zur Verfügung steht, dazu unten III.3., S. 446.

kreis eine einheitliche Willensbildung vornehmen konnte[126] – verneinte also im Prinzip nur die Ausnahme, welche die Vorinstanz machen wollte. Abgesehen davon, dass weder der VGH Mannheim noch das BVerwG danach fragten, ob zum entscheidungserheblichen Zeitpunkt eine einfachere und effizientere Alternative zu verwaltungsgerichtlichem Rechtsschutz bestand – darauf wird unter III. 3. noch einzugehen sein –, ist hinsichtlich der Möglichkeiten zur Nutzung interner Hierarchien eher dem Letzteren zuzustimmen. Es erscheint zweifelhaft anzunehmen, der Landkreis könne seine Handlungen nicht durch eine einheitliche Willensbildung über den Landrat koordinieren, wenn er hinsichtlich einer Tätigkeit des Landkreises der Rechtsaufsicht des Landes und hinsichtlich einer anderen Tätigkeit der Fachaufsicht des Bundes untersteht, denn den Weisungen der Aufsicht ist der Landkreis in keinem Fall wehrlos ausgeliefert, sondern er könnte sich gerichtlich auch gegen fachaufsichtliche Verfügungen, die seine Rechte verletzen, wehren.[127] Der Landrat wurde im konkreten Fall also gerade nicht in zwei verschiedene Rollen gezwungen, von denen mindestens eine völlige Fremdbestimmung bedeutete.

Demgegenüber bejahte aber der Bayerische Verwaltungsgerichtshof in einem ähnlichen Fall, der sich innerhalb einer kreisfreien Stadt abspielte, das Rechtsschutzbedürfnis für eine Klage gegen eine von ihr selbst getroffene Entscheidung in einem straßen- und wegerechtlichen Enteignungsverfahren mit der Begründung, dass die Erfüllung des angefochtenen Bescheides keine laufende Angelegenheit sei und in die Zuständigkeit des Gemeinderats falle, während für den Erlass des Bescheides der Bürgermeister zuständig gewesen sei; ein Beanstandungsverfahren nach Art. 59 der bayerischen Gemeindeordnung sei im konkreten Fall nicht erfolgversprechend gewesen, sodass es keine Alternative zur Klage gegeben habe.[128]

---

[126] BVerwG, Urt. v. 06.11.1992, Az. 8 C 10/90, NJW 1992, 927, juris Rn. 15 – allerdings ging das BVerwG davon aus, dass „es sich beim Kläger und beim Beklagten um unselbständige Organisationseinheiten des Landratsamts" handelte und beim Landrat um eine „gemeinsame Behördenspitze". Ähnlich auch die Begründung zum zweiten Fallbeispiel (oben Kapitel 1, A. II., S. 20) in BVerwG, Urt. v. 28.03.1996, Az.: 7 C 35/95, BVerwGE 101, 47–51, juris Rn. 10.

[127] Zum Rechtsschutz gegen fachaufsichtliche Weisungen oben Kapitel 2, B. II. 2. b), Fn. 238 und Fn. 239, S. 89 und Kapitel 4, D. III. 1. a) bei Fn. 663, S. 369.
Die zu denen des VGH Mannheim recht ähnlichen Überlegungen des VG Aachen, Urt. v. 15.06.2005, Az.: 3 K 2042/03, ÖffBauR 2005, 118–119, juris Rn. 27, sind ebenso abzulehnen: Eine derartige Bindung in Form einer unanfechtbaren Weisung besteht nicht; das VG (das auch mit der Fiskustheorie argumentiert, zur Überwindung der Fiskustheorie auch oben Kapitel 2 bei Fn. 206, S. 83) beachtet nicht, in welcher Beziehung die Weisungen wirken, dazu oben Kapitel 4, E. III., S. 392.

[128] VGH München, Urt. v. 21.12.2004, Az.: 8 B 03.1404, BayVBl. 2005, 405–409, juris Rn. 22 ff., insb. Rn. 40. Hier wird jedoch nicht beachtet, dass die Rechte, um die gestritten wird, nicht solche des Stadtrates oder des Bürgermeisters sind, sondern dass es um Eigentum geht, das der Stadt selbst zusteht (dazu schon oben Kapitel 4, E. III., S. 392), sodass zumindest nicht ohne weitere Erläuterung darauf abgestellt werden sollte, ob eine „gemeinsame Spitze" (juris Rn. 22) oberhalb von Stadtrat und Bürgermeister entscheiden könnte. Zusätzlich ist zweifelhaft, ob ausgerechnet die Erfüllung eines an sie selbst gerichteten Bescheides, dessen Erlass für die Gemeinde eine laufende Angelegenheit darstellen soll, keine laufende Angelegenheit sein kann. Darin liegt ein Widerspruch.

Der VGH analysiert zumindest viel stärker als das BVerwG in der vorgenannten Entscheidung, inwieweit eine Konfliktbeilegung innerhalb der Verwaltung einen leichteren Weg zur Erreichung des Klageziels darstellt.

Völlig konträr zur Tendenz, sich auf die Suche nach einer gemeinsamen Spitze zu fokussieren, die den Streit entscheiden kann, bejahte das BVerwG das Rechtsschutzbedürfnis in einem Fall, in dem der Bund einen Bescheid angriff, der von einer Landesbehörde im Bereich der Auftragsverwaltung erlassen wurde, wobei die zuständige Landesbehörde vermittelt über die obersten Landesbehörden den Weisungen des Bundes unterstellt waren.[129] Obwohl eine Streitentscheidung durch die Spitze möglich gewesen wäre und das Weisungsrecht der Klägerin sogar selbst zustand, hielt das BVerwG die Nutzung dieser Möglichkeit nicht für den gegenüber einer Klage leichteren Weg, weil der Bund nicht unmittelbar, sondern nur über eine Weisungskette vermittelt auf die zuständige Verwaltungseinheit einwirken konnte und auch eine Klage eines Drittbetroffenen möglich war. Würden diese Maßstäbe verallgemeinert, wäre ein Rechtsschutzbedürfnis bei Streitigkeiten zwischen Teilen des Staates fast immer zu bejahen.

Viel strengere Maßstäbe als das BVerwG legte jüngst der Bayerische VGH an, als er äußerte, es bestehe die „Obliegenheit, sich vor der Einleitung einer Kommunalverfassungsstreitigkeit um eine rechtsaufsichtliche Klärung zu bemühen".[130] Zwar ging es hier um die Notwendigkeit entstandener Kosten und nicht um das Rechtsschutzbedürfnis – bemerkenswert ist die Entscheidung aber trotzdem, weil nach herrschender Meinung bei der Prüfung des allgemeinen Rechtsschutzbedürfnisses das Einschalten der Aufsicht nicht als leichterer Weg zum Ziel angesehen wird.[131]

Es wird deutlich, dass die hier aufgeführte neuere Rechtsprechung keiner Tendenz zur grundsätzlichen Ablehnung eines Rechtsschutzbedürfnisses bei Existenz einer Hierarchie folgt, aber dennoch nicht erkennbar verallgemeinerbare Kriterien entwickelt, wann ein gegenüber einer Klage leichterer Weg zum Rechtsschutzziel vorliegt. Teils wird noch auf die Existenz einer gemeinsamen übergeordneten Hierarchiespitze abgestellt,[132] teils wird dieser Aspekt nicht erwähnt.[133] Einerseits soll die Möglichkeit des Landrates, Fachabteilungen zu steuern, für einen Ausschluss des Rechtsschutzbedürfnisses genügen,[134] andererseits soll eine Weisungsbefugnis des Bundes im Rahmen der Bundesauftragsverwaltung dafür nicht ausreichen.[135]

---

[129] BVerwG, Urt. v. 12.12.2002, Az.: 7 C 22/02, ZOV 2003, 121–123, juris Rn. 17.

[130] VGH München, Beschl. v. 20.11.2015, Az.: 4 ZB 15.1510, juris Rn. 13.

[131] Dazu D. III. 1., insb. Fn. 146, S. 439.

[132] BVerwG, Urt. v. 06.11.1992, Az. 8 C 10/90, NJW 1992, 927, juris Rn. 15; VGH München, Urt. v. 21.12.2004, Az.: 8 B 03.1404, BayVBl. 2005, 405–409, juris Rn. 22.

[133] BVerwG, Urt. v. 12.12.2002, Az.: 7 C 22/02, ZOV 2003, 121–123.

[134] BVerwG, Urt. v. 06.11.1992, Az. 8 C 10/90, NJW 1992, 927, juris Rn. 15.

[135] BVerwG, Urt. v. 12.12.2002, Az.: 7 C 22/02, ZOV 2003, 121–123, juris Rn. 17.

Der Begriff des Insichprozesses, dessen Inhalt nicht immer ganz klar scheint,[136] spielt noch immer eine große Rolle,[137] was die Wertungen nicht nachvollziehbarer macht.

Das Rechtsschutzbedürfnis ist zwar eine Voraussetzung, die Klagemöglichkeiten nur im Einzelfall ausschließt.[138] Das entbindet aber, wie oben bereits dargelegt,[139] nicht von der Notwendigkeit, nach klaren, einheitlichen Kriterien vorzugehen. Eine solche einheitliche Linie ist in der Rechtsprechung zumindest in Bezug auf das Maß der hierarchischen Einbindung der betreffenden Verwaltungseinheiten nicht zu erkennen.

III. Einfacherer Weg bei Hierarchie: Differenzierung notwendig

Bei Existenz einer gemeinsamen Hierarchiespitze das Rechtsschutzbedürfnis generell zu verneinen, erscheint jedenfalls zu undifferenziert, und zwar in zweierlei Hinsicht. Fast alle Streitigkeiten zwischen Teilen des Staates wären dann ausgeschlossen (dazu 1.), was aber in Wissenschaft und Praxis prinzipiell anders gesehen wird. Außerdem sind auch nicht alle Mittel hierarchischer Organisation gleich effektiv, sodass nach den allgemeinen Maßstäben ein allgemeines Rechtsschutzbedürfnis nicht immer verneint werden kann (dazu 2.).

1. Streitigkeiten trotz Hierarchie anerkannt

Trotz der Tatsache, dass keine Hierarchie in der Verwaltung in Form einer lückenlosen Weisungsgebundenheit mit einer einzigen Spitze existiert,[140] sind hierarchische Strukturen in der Verwaltung fast ubiquitär. Das ist schon durch das Demokratieprinzip des Grundgesetzes bedingt.[141] Würde die Aussage, eine gemeinsame, zur Streitentscheidung befähigte Hierarchiespitze schließe gerichtliche Streitigkeiten aus, konsequent ernst genommen, würde das bedeuten, dass nur noch Streitigkeiten zwischen Bund und Ländern und mit besonderen, weisungsfreien Teilen der Verwaltung vor Gericht ausgetragen werden könnten. Klagen gegen

---

[136] Zu Unklarheiten des Begriffs Insichprozess, insbesondere seiner Wandelbarkeit, auch schon oben Kapitel 2, B.I.4., S. 64.

[137] Er wird oft ohne Notwendigkeit als Ausgangspunkt der Überlegungen verwendet (es könnte auch lediglich auf die Fallgruppe des einfacheren, effizienteren Weges zum Rechtsschutzziel abgestellt werden): BVerwG, Urt. v. 06.11.1992, Az. 8 C 10/90, NJW 1992, 927, juris Rn. 12; BVerwG, Urt. v. 28.03.1996, Az.: 7 C 35/95, BVerwGE 101, 47–51, juris Rn. 10; VGH München, Urt. v. 21.12.2004, Az.: 8 B 03.1404, BayVBl. 2005, 405–409, juris Rn. 22; VG Aachen, Urt. v. 15.06.2005, Az.: 3 K 2042/03, ÖffBauR 2005, 118–119, juris Rn. 23.

[138] Zur Funktion als Ausnahmetatbestand schon oben D.I.2., S. 429.

[139] Oben D.I.3., S. 431.

[140] Kapitel 2, C.III.4., S. 129.

[141] Vgl. auch oben Kapitel 2, C.I.1., S. 96.

kommunalaufsichtliche Maßnahmen wären ausnahmslos unzulässig und Art. 28 Abs. 2 GG wäre dadurch in großen Teilen seines Anwendungsbereichs nicht gerichtlich durchsetzbar. Aussagen mit dem Inhalt, dass jegliche Hierarchie der Verwaltung das Rechtsschutzbedürfnis ausschließt, scheitern daher an ihrem Widerspruch zur verwaltungsprozessualen Praxis.[142] Da, wie beschrieben, beispielsweise auch Rechtsverletzungen durch fachaufsichtliche Weisungen vor Gericht gerügt werden können,[143] ist auch kein grundsätzlicher Unterschied zwischen verschiedenen Arten der Hierarchie erkennbar – auch bei Konstellationen der Fachaufsicht wird ein Rechtsschutzbedürfnis im Ergebnis nicht pauschal verneint.

Auch bei Streitigkeiten zwischen Teilen einer kommunalen Verwaltungseinheit ist eine übergeordnete Instanz vorhanden, die Streitigkeiten verbindlich entscheiden kann, nämlich die Kommunalaufsicht. Trotzdem wird in diesen Fällen nicht angenommen, dass die Anrufung der Aufsicht einen leichteren Weg als die gerichtliche Klage darstellt, und das Rechtsschutzbedürfnis wird nicht verneint.[144] Wäre das anders, wären gerichtliche Streitigkeiten innerhalb einer juristischen Personen des öffentlichen Rechts zwar nicht unmöglich.[145] Weil letztlich jede Selbstverwaltungskörperschaft und auch jede andere juristische Person des öffentlichen Rechts der mittelbaren Staatsverwaltung irgendeiner Aufsicht unterliegt, würde aber in allen denkbaren Fällen sogenannter verwaltungsrechtlicher Organstreitigkeiten das Rechtsschutzbedürfnis fehlen, wenn nicht vor einer Klage die Aufsicht eingeschaltet wurde. Das Einschalten der Aufsicht nicht als einfachere und effizientere Alternative zur Klage zu bewerten, wird meist sehr knapp damit begründet, dass die Aufsicht Ermessen habe und kein Anspruch auf ein Einschreiten bestehe.[146]

Es wird dadurch deutlich, dass der Existenz einer Verwaltungshierarchie in manchen Fällen überhaupt keine große Beachtung geschenkt wird und diese jedenfalls nicht immer dazu führt, dass das Rechtsschutzbedürfnis verneint wird.

---

[142] Vgl. nur die oben unter D. II., S. 435 beschriebenen Entscheidungen.

[143] Dazu oben Kapitel 4, D. III. 1. a) bei Fn. 663, S. 369. Zur Fachaufsicht auch schon oben Kapitel 2, B. II. 2. b), S. 87.

[144] Dazu mit umfangr. N. *G. Christonakis,* Rechtsschutzinteresse, S. 240 ff.

[145] In diese Richtung aber *W.-R. Schenke* in: ders./Schenke, Vorb. § 40 Rn. 50, wo mit der prinzipiellen prozessualen Durchsetzbarkeit sogenannter Organrechte argumentiert wird.

[146] S. *Barth,* Rechte, S. 150, der *F. Hufen,* Verwaltungsprozessrecht, § 21 Rn. 22 wörtlich zitiert; *W.-R. Schenke* in: ders./Schenke, Vorb. § 40 Rn. 50; *F. Schoch,* Jura 2008, 826, 838 schreibt, darüber bestehe „Einigkeit".
Vgl. aber VGH München, Beschl. v. 20.11.2015, Az.: 4 ZB 15.1510, juris Rn. 13 – dort ging es jedoch darum, ob Kosten durch eine notwendige Rechtsverfolgung entstanden sind, d. h. die Frage, ob die Anrufung der Rechtsaufsicht ein leichterer Weg gewesen wäre, wurde nicht im Rahmen der Prüfung des Rechtsschutzbedürfnisses untersucht.

2. Variierende Möglichkeiten innerhalb einer Hierarchie

Wenn die Hierarchie in der Verwaltung also – entgegen gelegentlich auftretender anderslautender Formulierungen –[147] in der Praxis nicht als Grund für einen kategorischen Ausschluss des Rechtsschutzbedürfnisses dient, jedoch dennoch anerkanntermaßen die Möglichkeit zur Nutzung der Instrumente der Hierarchie im Einzelfall ein leichterer Weg sein kann,[148] dann sind zwangsläufig Kriterien für eine Differenzierung nötig, in welchen Fällen eine Klage ausgeschlossen wird und wann trotz Einbindung in eine Hierarchie keine effizientere Alternative zu einer Klage zur Verfügung steht. Es liegt nichts näher, als im Einzelfall zu analysieren, ob die jeweiligen Möglichkeiten, welche die hierarchische Organisation dem klagenden Teil der Verwaltung bietet, eine einfachere und effizientere Alternative zur Klage darstellen und dabei die beim Rechtsschutzbedürfnis allgemein verwendeten Kriterien anzulegen.

Eine Differenzierung setzt aber auch die Erkenntnis voraus, dass nicht jeder Teil der Verwaltung die gleichen Möglichkeiten zur Nutzung der Hierarchie hat. Die konkret gegebenen Alternativen zu einer Klage sind dadurch je nach Situation unterschiedlich effizient. Es gibt zwei grundsätzlich unterschiedliche Fallgestaltungen, nämlich dass die entsprechenden Instrumente der Hierarchie dem klagenden Teil der Verwaltung selbst zustehen (a)) oder dass eine dritte, übergeordnete Instanz hinzugezogen werden muss (b)).

a) Eigene Instrumente

Wenn ein Teil der Verwaltung dem anderen, gegen den sich ein Recht richtet, in der Art selbst übergeordnet ist, dass er weisungsbefugt ist oder sonstige Befugnisse der Aufsicht hat, spricht das grundsätzlich dafür, dass die Nutzung solcher Mittel einen leichteren Weg als die Geltendmachung des Rechts vor Gericht darstellt.[149] Eine Differenzierung danach, ob der übergeordnete Teil auf rechts- oder fachaufsichtliche Befugnisse oder sonstige Instrumente zurückgreifen kann, ist nicht notwendig. Denn selbst die schwächere Form der Überordnung, die Rechtsaufsicht, genügt, um Rechte durchzusetzen: Mit rechtsaufsichtlichen Maßnahmen können zwar nur Gesetzesverletzungen korrigiert werden, aber die Verletzung von Rechten setzt wie rechtsaufsichtliches Einschreiten ebenfalls einen Verstoß gegen

---

[147] Fn. 111, S. 433. Vgl. zur (meist aber nur verbalen) grundsätzlichen Ablehnung von Streitigkeiten im Bereich der Fachaufsicht (jedoch in der Regel unter Ablehnung der Existenz subjektiver Rechte, nicht des Rechtsschutzbedürfnisses) oben Kapitel 2, B. II. 2. b), insb. Fn. 233 bis Fn. 236, ab S. 88.

[148] Vgl. dazu bspw. die Rechtsprechung, die oben unter II., S. 435 erläutert wird.

[149] Für das Beispiel einer Klage eines Landes gegen eine Gemeinde *K. Rennert* in: Eyermann, VwGO, vor § 40 Rn. 13 mit Verweis auf VGH Mannheim, Beschl. v. 13.10.1992, Az.: 1 S 2223/92, NVwZ 1993, 393 (vgl. juris Rn. 3).

ein Gesetz voraus,[150] sodass alle subjektiven Rechte auch im Wege der Rechtsaufsicht durchgesetzt werden könnten.

Problematisch ist allerdings, welche Teile der Verwaltung dabei als Einheit anzusehen sind. Denn nur wenn Rechtsinhaber und übergeordnete Verwaltungseinheit sowie verpflichtete und untergeordnete Verwaltungseinheit jeweils identisch sind, kann davon gesprochen werden, dass die Rechte selbst oder durch eine Weisungskette vermittelt durch die entsprechende Verwaltungseinheit durchgesetzt werden können. Eine solche Analyse, wem das geltend gemachte Recht zusteht und welcher Verwaltungseinheit alternative Instrumente zur Klage zur Verfügung stehen, fehlte in den Gründen der oben aufgeführten Entscheidungen[151] leider fast völlig. Die Feststellung einer solchen Übereinstimmung erfordert eine genaue Auslegung der Rechtsnormen, die jeweils das Recht einerseits und die Aufsichts- oder Weisungsbefugnis andererseits normieren. Wenn ein Teil der Verwaltung ein Recht inne hat und Aufsichtsbefugnisse nur als Organ ausübt, kann nicht davon gesprochen werden, dass es der Rechtsverletzung selbst abhelfen kann. Da Rechte, welche die Grenzen juristischer Personen überschreiten, regelmäßig den juristischen Personen selbst zustehen und auch aufsichtsrechtliche Befugnisse für diese ausgeübt werden, ergibt sich hier aber regelmäßig die erforderliche Deckung.[152]

Ein Vorgehen als Aufsicht ist aber dann nicht als leichterer, effizienterer Weg anzusehen, wenn von vornherein klar ist, dass sich der andere Teil der Verwaltung gerichtlich gegen die aufsichtliche Maßnahme wehren wird; insofern kann kein vom Bürger-Staat-Verhältnis abweichender Maßstab angelegt werden.[153] Ebenfalls problematisch sind Fälle, in denen ein Teil der Verwaltung als Dritter gegen Verwaltungsmaßnahmen vorgehen will, die gegenüber anderen ergangen sind. Handelt es sich beispielsweise um einen an eine andere Rechtsperson adressierten begünstigenden Verwaltungsakt, den ein Teil des Staates als belasteter Dritter anfechten will, ist fraglich, ob die Nutzung rechts- oder fachaufsichtlicher Instrumente tatsächlich zum Ziel führen kann: Das ist nur dann der Fall, wenn eine Aufhebung des Verwaltungsaktes rechtlich möglich ist, also wenn die Voraussetzungen der §§ 48 f. VwVfG erfüllt sind.

Nicht nur Aufsichts- und Weisungsbefugnisse können einem Teil der Verwaltung zustehen. Eine Polizeipflichtigkeit von Hoheitsträgern – die allerdings im Einzel-

---

[150] Zum Zusammenhang zwischen subjektivem und objektiven Recht Kapitel 3, B. I. 1., S. 153 und B. I. 3. b), S. 165.

[151] Oben II., S. 435.

[152] Zu vermeintlichen kommunalrechtlichen Drittanfechtungsfällen schon oben Kapitel 4, F. III., S. 401. Dazu, dass es im öffentlichen Recht keine absoluten Rechte geben kann Kapitel 4, E. II. 1., S. 385.

[153] Zum Staat-Bürger-Verhältnis: *W.-R. Schenke* in: ders./Schenke, Vorb. § 40 Rn. 50 m.N. aus der Rspr.; auch *ders.*, Verwaltungsprozessrecht, Rn. 592; gegen die Auffassung der Rspr. (m.w.N.) allerdings *D. Ehlers* in: Schoch/Schneider/Bier, VwGO, Vorb. § 40 Rn. 85 und *K. Rennert* in: Eyermann, VwGO, vor § 40 Rn. 13.

nen hoch umstritten ist – vorausgesetzt,[154] können unter Umständen auch Rechts-
grundlagen, die sonst gegenüber dem Bürger bestehen, für Maßnahmen gegen andere Hoheitsträger genutzt werden, und das Einklagen von Rechten vor Gerichten
kann deswegen – was allerdings ebenfalls umstritten ist – überflüssig sein.[155] Ein
leichterer Weg zum Ziel kann im Erlass eines Verwaltungsakts allerdings dann
nicht zu sehen sein, wenn abzusehen ist, dass eine Vollstreckung gegen den anderen Teil der Verwaltung nötig sein wird, denn Verwaltungsakte gegen Hoheitsträger können wegen § 17 VwVG und entsprechender landesrechtlicher Normen[156]
häufig nicht vollstreckt werden. In solchen Fällen kann ein gerichtliches Urteil als
Titel zwingend erforderlich sein, falls es sich bei der angestrebten Entscheidung
um ein Leistungsurteil handelt.

b) Anrufung eines Teils der Verwaltung als Dritten

Noch deutlich differenzierter sind Situationen zu betrachten, in denen der
Teil der Verwaltung, dem das geltend gemachte Recht zusteht, nicht selbst durch
Instrumente der Hierarchie in einer übergeordneten Position erscheint, sondern
nur ein anderer Teil der Verwaltung als Dritter die Rechte des klagenden Teils
durchsetzen könnte. Hier ist zu vermeiden, Implikationen der Impermeabilitätstheorie zu übernehmen (dazu aa)). Die Frage, ob die Anrufung einer übergeordneten Instanz innerhalb der Verwaltung einen leichteren Weg zum mit der Klage
verfolgten Ziel darstellt, lässt sich wie oben beschrieben in drei Fragen untergli-
dern: Zunächst muss festgestellt werden, welche Alternativen zur Klage es gibt
und ob diese auch zum selben Ziel führen (zu beiden Fragen bb)). Weiterhin muss
die in Frage kommende Alternative zur Klage auch einfacher und effizienter sein,
als diese (unten cc)).

aa) Ausblenden der Einflüsse der Impermeabilitätstheorie

Grundsätzlich ist zu beachten, dass eine negative Entscheidung der angerufenen
übergeordneten Verwaltungseinheit das Rechtsschutzbedürfnis nicht entfallen las-

---

[154] Vgl. zu diesem Problem die Nachweise in Kapitel 1, Fn. 25, S. 24 und Kapitel 2,
Fn. 187, S. 81.

[155] Vgl. *K. Rennert* in: Eyermann, VwGO, vor § 40 Rn. 13: Der Klage einer Verwaltungseinheit kann das Rechtsschutzbedürfnis fehlen, wenn sie auch einen Bescheid erlassen könnte –
allerdings hat das BVerwG hier auch Ausnahmen zugelassen; solche Ausnahmen nicht befür-
wortend *W.-R. Schenke* in: ders./Schenke, Vorb. § 40 Rn. 50; dagegen, dass die Möglichkeit
zum Erlass eines Verwaltungsaktes das Rechtsschutzbedürfnis entfallen lässt *J. v. Abedyll* in:
Bader u. a., VwGO, vor §§ 40 Rn. 29; zum Problem ausführlich *V. Stein*, Sachentscheidungsvoraussetzung, S. 112 ff., der sich im Ergebnis gegen den Ausschluss des allgemeinen Rechtsschutzbedürfnisses bei Möglichkeit zum Erlass eines entsprechenden Verwaltungsakts ausspricht (S. 121).

[156] Bspw. Art. 29 Abs. 4 des bayerischen VwZVG.

sen kann, also höchstens der Versuch zur Einschaltung einer gemeinsamen übergeordneten Stelle als leichteres Mittel anzusehen ist. Denn Verwaltungseinheiten sind keine Gerichte, die mit Rechtskraft über das Bestehen oder Nichtbestehen von Rechten entscheiden könnten, auch wenn die beim Insichprozess gebrauchte Formulierung „gemeinsame Spitze [...], die im Streitfall für alle Bet[eiligten] verbindlich entscheiden kann"[157] das suggeriert – diese Formulierung ist ein Relikt des Impermeabilitätsdenkens, das gerichtliche Eingriffe in die Sphäre der als Einheit gedachten Verwaltung für unmöglich hält.[158]

Anders ist übrigens auch das vermeintliche Erfordernis, es müsse eine „gemeinsame" übergeordnete Instanz geben, nicht zu erklären. Es ist nicht zu erkennen, warum beispielsweise eine Kommunalaufsicht anders über die Ergreifung von Maßnahmen entscheiden sollte, wenn der Bund diese anregt, als wenn eine Nachbargemeinde den Anstoß gegeben hat. Im Übrigen wäre es auch – außer aus dem Gedanken der Impermeabilität und Einheit der Verwaltung heraus – nicht sachgerecht, ausgerechnet die Anrufung der nächsthöheren gemeinsamen Verwaltungseinheit zu fordern. Denn wegen der Aufteilung in Ressorts bildet manchmal erst die Regierung eine gemeinsame Spitze.[159] Aufgabe der Staatsleitung ist es jedoch nicht, jedes Einzelproblem selbst zu lösen, sondern die Grundlinien exekutivischen Handelns vorzugeben.[160] Und eine Konfliktlösung auf Regierungsebene in dem Sinne, dass einer untergeordneten Verwaltungseinheit zu ihrem vollen Recht verholfen wird, ist unter anderem aufgrund politischer Unwägbarkeiten[161] keineswegs sicher – in Koalitionsregierungen ist der Wille, den politischen Frieden zu wahren, unter Umständen stärker als der Drang zur unbedingten Durchsetzung von Rechtspositionen im Konflikt mit anderen Ressorts, oder die Arbeitsbelastung erlaubt keine intensive Befassung mit dem Problem. Andere Konfliktlösungsmöglichkeiten neben der internen Bereinigung auf nächsthöherer gemeinsamer Ebene scheinen daher sinnvoll, und ein Gerichtsverfahren kann hier aus sachlichen Gesichtspunkten sogar vorzuziehen sein. Die Befassung einer weit oben in der Hierarchie angesiedelten Verwaltungseinheit kann, wenn bestimmte Dienstwege eingehalten werden müssen, auch weniger schnell Erfolge zeitigen, als gerichtlicher Eilrechtsschutz. Zwar ist die potentielle Möglichkeit zur Kontrolle und zum Eingreifen in alltägliche Verwaltungsgeschäfte durch die Staatsregierung aus Gründen der demokratischen Legitimation notwendig,[162] das bedeutet aber nicht, dass

---

[157] *W.-R. Schenke* in: Kopp/Schenke, § 63 Rn. 7. Dazu schon oben Fn. 111, S. 433.

[158] Kritik zu Impermeabilität und Einheit der Verwaltung oben Kapitel 2, B.I.2. und 3., ab S. 56.

[159] Vgl. *W. Loschelder* in: Isensee/Kirchhof, HStR Bd. 5, § 107 Rn. 43: „grundsätzliche Steuerung und Koordination der Exekutive nicht dem Vollzug, sondern der Staatsleitung zuzurechnen".

[160] So auch *H. Geßler,* DÖV 1961, 891, 893.

[161] Dazu *W. Loschelder* in: Isensee/Kirchhof, HStR Bd. 5, § 107 Rn. 44.

[162] Zum Demokratieprinzip schon oben Kapitel 2, C.I.2., S. 98; auch Kapitel 2, C.III.4., S. 129.

ein Einschalten der höchsten Ebene mit dem Appell, diese möge ihre Möglichkeiten ausnutzen, automatisch ein leichterer Weg ist als gerichtlicher Rechtsschutz.

bb) Gleichwertigkeit der Alternative

Eine übergeordnete Verwaltungseinheit kann, auch wenn es sich dabei nicht um eine Staatsregierung handelt, in der Regel Maßnahmen treffen, die in ihrer Wirkung einer gerichtlichen Rechtsdurchsetzung gleich kommt. Das Argument, eine „Streitbereinigung durch eine weisungsgebundene Verwaltungsbehörde, statt durch ein unabhängiges Gericht, [könne] niemals ein vollwertiger Ersatz für gerichtlichen Schutz" sein,[163] überzeugt nicht. Denn sonst könnte nichts anderes als gerichtlicher Rechtsschutz eine einfachere Alternative zu einer Klage sein, weil selbstverständlich nur ein Gerichtsverfahren die Merkmale eines solchen erfüllt. Sinn der Voraussetzung, dass kein leichterer Weg zum Rechtsschutzziel besteht, ist es aber gerade, die Justiz zu entlasten. Anerkannte Fallgruppen fehlenden Rechtsschutzbedürfnisses bei außergerichtlichen Alternativen wie die Pflicht zur vorherigen Antragsstellung oder zur Ausnutzung eines bereits erlassenen Verwaltungsaktes[164] wären mit dieser Lösung nicht vereinbar. Es muss daher statt auf verfahrensorientierte Aspekte wie die Unabhängigkeit des Gerichts vielmehr auf das durch die Alternative faktisch bewirkbare Ergebnis ankommen. Auch bei Eingreifen einer übergeordneten Verwaltungsinstanz kann eine Entscheidung gefällt werden, die letztlich auch durchgesetzt werden kann. Für rechts- und fachaufsichtliche Maßnahmen bestehen je eigene Durchsetzungsinstrumente, und innerhalb einer beamtenrechtlichen Weisungshierarchie drohen bei Nichtbefolgung von Weisungen persönliche Konsequenzen für die Amtswalter. Hat also die Anrufung der übergeordneten Verwaltungsinstanz vollen Erfolg und wird die Durchsetzung auch tatsächlich betrieben, ergibt sich in der Regel das gleiche Ergebnis wie bei Erwirken einer gerichtlichen Entscheidung.

cc) Größere Effizienz der Alternative

Auf einem solchen Weg muss das Ziel aber im letzten Schritt auch leichter und schneller zu erreichen sein. Hier ergibt sich das Problem einzuschätzen, wie realis-

---

[163] So *G. Kisker,* Insichprozess, S. 42 mit Blick auf den Kommunalverfassungsstreit – deswegen spricht er auch nur von weisungsgebundenen Verwaltungseinheiten und nimmt die Staatsleitung nicht in den Blick; ähnlich *F. Schoch,* Jura 2008, 826, 838, soweit er auf die „Wertigkeit" des Gerichtsverfahrens abstellt. Darauf, dass dieses Argument für alle Streitigkeiten zwischen Teilen des Staates gelten müsste, geht allerdings keiner von beiden ein.

[164] Dazu *W.-R. Schenke,* Verwaltungsprozessrecht, Rn. 592. Im Gegensatz zur Frage, ob bei Möglichkeit des Erlasses eines Verwaltungsaktes das Rechtsschutzbedürfnis fehlt (dazu oben bei Fn. 155, S. 442), ist der Ausschluss eines Rechtsschutzbedürfnisses bei einem bereits erlassenen Verwaltungsakt weniger umstritten.

tisch ein Einschreiten einer übergeordneten Instanz innerhalb einer Verwaltungshierarchie ist. Nur wenn das Einschreiten des Dritten so wahrscheinlich ist wie Rechtsschutz durch ein Gericht, kann unter Umständen von einem effektiveren Weg zum Rechtsschutz gesprochen werden. Denn die gerichtliche Geltendmachung eines subjektiven Rechts kann nicht einfach durch die fernliegende Möglichkeit des Eingreifens Dritter ausgeschlossen werden.

Beim sogenannten verwaltungsrechtlichen Organstreit wird, wie oben schon erwähnt, das Einschalten der Kommunalaufsicht nicht als effizientere Alternative eingestuft und dieses Ergebnis damit begründet, dass die Entscheidung eine Ermessensentscheidung ist und kein Anspruch auf Einschreiten besteht.[165] Letztlich steckt dahinter das Argument, dass das Einschalten der Rechtsaufsicht kein leichterer Weg ist, weil die Wahrscheinlichkeit einer erfolgreichen Rechtsdurchsetzung nicht so hoch ist, wie bei einer gerichtlichen Klage. Außer dem Risiko, in der Sache nicht Recht zu haben oder nur eine Fehlentscheidung zu erhalten, das bei beiden Alternativen etwa gleich hoch ist, kommt noch die Hürde hinzu, die übergeordnete Verwaltungseinheit dazu zu bringen, von ihrem Ermessen Gebrauch zu machen. Da dies auch scheitern und der Kläger keinen Einfluss auf die Entscheidung nehmen kann, scheint es der leichtere, effizientere Weg zu sein, sofort Klage zu erheben. Diese Überlegung kann auf andere Fallgestaltungen abseits des sogenannten verwaltungsrechtlichen Organstreites übertragen werden, soweit kein Anspruch einer Verwaltungseinheit auf Einschreiten einer anderen Verwaltungseinheit besteht – solche Fälle dürften aber, wenn überhaupt existent, dann sehr selten sein. Es ergeben sich auch keine Besonderheiten, wenn es sich bei der angerufenen Verwaltungseinheit um eine solche handelt, die sowohl dem Rechtsinhaber als auch dem Verpflichtetem gemeinsam übergeordnet ist.

Für die Fälle der Anrufung einer übergeordneten Instanz lohnt es sich außerdem, Parallelen zu Bürger-Staat-Konstellationen zu ziehen. Dort ist bereits umstritten, ob es bei einer Leistungsklage eine Voraussetzung für ein Rechtsschutzbedürfnis sei, einen Antrag beim Verpflichteten selbst zu stellen, weil ein Antrag bei der zuständigen Behörde einen leichteren Weg zum Ziel darstelle,[166] oder ob eine sofortige Klage möglich sein muss, wie die Regelung des § 156 VwGO deutlich mache.[167]

---

[165] Oben III.1., insb. Fn. 146, S. 439. Vgl. auch *W.-R. Schenke*, Verwaltungsprozessrecht, Rn. 592.

[166] *F. Hufen*, Verwaltungsprozessrecht, § 23 Rn. 12; *K. Rennert* in: Eyermann, VwGO, vor § 40 Rn. 13 m.N. aus der Rspr.

[167] *D. Ehlers* in: Schoch/Schneider/Bier, VwGO, Vorb. § 40 Rn. 82: Aus § 156 VwGO ergebe sich, dass ein Antrag beim Prozessgegner keine zwingende Voraussetzung sein kann – das Argument ist angreifbar, weil die Norm nur voraussetzt, dass es überhaupt Fälle sofortigen Anerkenntnisses gibt, nicht dass diese auch bei allen Klagen bzw. bei Leistungsklagen auftreten können; wie *Ehlers* mit anderer Begründung *W.-R. Schenke*, Verwaltungsprozessrecht, Rn. 593 f.
Zum Streit m.w.N. auch *G. Christonakis*, Rechtsschutzinteresse, S. 202 ff. und *V. Stein*, Sachentscheidungsvoraussetzung, S. 98 f. (S. 99 ff. auch zu anderen Klagearten), der sich letztlich auf S. 107 ff. gegen eine allgemeine Voraussetzung eines vorherigen Antrages ausspricht, aber eine Ausnahme für die allgemeine Leistungsklage vorschlägt (S. 109 f.).

Es kann daraus, dass bereits dies umstritten ist, in einem erst-recht-Schluss gefolgert werden, dass die Anrufung eines Dritten, der eine Aufsichtsinstanz darstellt, nicht als leichtere Alternative anzusehen ist. Eine weitere Begründung dafür, dass keine dritte, übergeordnete Instanz herangezogen werden muss, ist, dass diesbezüglich die Regelungen des Widerspruchsverfahrens als abschließend betrachtet und Rückschlüsse aus dem Fehlen eines Widerspruchsverfahrens in den übrigen Fällen gezogen werden können.[168]

3. Zeitlicher Aspekt: Nur aktuelle Alternativen

Da nun herausgearbeitet ist, dass es auf die Analyse der Alternativen zum Rechtsschutz im Einzelfall ankommt, ist noch auf den zeitlichen Aspekt hinzuweisen: Es darf nicht vergessen werden, dass ein allgemeines Rechtsschutzbedürfnis nur dann zu verneinen ist, wenn aktuell ein leichterer Weg zum Ziel zur Verfügung steht[169] und nicht, wenn der Rechtsstreit lediglich von Anfang an hätte vermieden werden können – auch wenn das regelmäßig nicht ausgesprochen wird. Denn eine Alternative besteht wie dargelegt nur dann, wenn sie tatsächlich beschritten werden kann. Das heißt, sie muss im entscheidungsrelevanten Zeitpunkt auch noch existieren. Eine vorherige Vermeidbarkeit der Klage ohne aktuelle Alternative zu dieser kann nur dann zum Ausschluss der Klage führen, wenn sie sich aufgrund dieser Tatsache als rechtsmissbräuchlich darstellt, wofür weitere Voraussetzungen hinzukommen müssen.

Dieser zeitliche Aspekt wurde bei der Ablehnung des allgemeinen Rechtsschutzbedürfnisses unter Verwendung des Schlagwortes Insichprozess häufig nicht beachtet, denn die Möglichkeit zur Streitschlichtung innerhalb einer Organisation vor Erlass eines Aktes der Verwaltung wurde bereits als ausreichend angesehen.[170] In diesem vermeintlichen Detail macht sich die Wertung bemerkbar, bestimmte Teile der Verwaltung als impermeable Einheit zu sehen, denn offenbar aufgrund dieser Wertung wurde von der genauen Analyse einer Sachentscheidungsvoraus-

---

[168] Dazu, dass die Entscheidung, kein Widerspruchsverfahren vorauszusetzen, nicht umgangen werden darf *W.-R. Schenke,* Verwaltungsprozessrecht, Rn. 594; für einen solchen Umkehrschluss (außer für Fälle der allgemeinen Leistungsklage) *V. Stein,* Sachentscheidungsvoraussetzung, S. 106ff.

[169] Vgl. *F. Hufen,* Verwaltungsprozessrecht, § 23 Rn. 12: „Ausgeschlossen ist das Rechtsschutzbedürfnis dann, wenn der Kläger sein Ziel anders als durch die Klage leichter erreichen kann oder bereits erreicht hat." – nicht: erreichen konnte. Vgl. die Beispiele, die nur aktuelle Möglichkeiten enthalten, bei *G. Christonakis,* Rechtsschutzinteresse, S. 40ff. und *W.-R. Schenke* in: ders./Schenke, Vorb. § 40 Rn. 48ff. sowie bei *V. Stein,* Sachentscheidungsvoraussetzung, S. 94ff. – tatsächlich geäußert wird diese Annahme, von der alle stillschweigend auszugehen scheinen, allerdings nicht.

[170] Vgl. oben Kapitel 2, B.I.4., S. 64. Ähnlich leider auch BVerwG, Urt. v. 28.03.1996, Az.: 7 C 35/95, BVerwGE 101, 47–51, juris Rn. 10 (zweites Fallbeispiel, Kapitel 1, A.II., S. 20) und BVerwG, Urt. v. 06.11.1992, Az. 8 C 10/90, NJW 1992, 927, juris Rn. 15 (zu dieser Entscheidung oben D.II., S. 435).

setzung abgerückt.[171] Die Vermeidbarkeit des Streites im Vorhinein wurde angenommen, weil der Insichprozess in der einschlägigen Variante als durch die Hierarchie in der Verwaltung vermeidbar angesehen wurde.[172] Und die Vorstellung von einer impermeablen und einheitlichen Verwaltung ist wahrscheinlich unausgesprochen zu einem Äquivalent der Rechtsmissbräuchlichkeit geworden, die sonst bei einer bloßen vorherigen Vermeidbarkeit eines Rechtsstreites für einen Ausschluss des allgemeinen Rechtsschutzbedürfnisses hinzukommen müsste – nur dass diese Wertungen überhaupt nicht transparent gemacht wurden. Das ist übrigens ein sehr handgreifliches Beispiel für den eingangs vermuteten Einfluss der obsoleten Wertungen des Konstitutionalismus, die in Gerichtsentscheidungen unterschwellig einfließen und diese noch heute deutlich beeinflussen.[173]

4. Zwischenergebnis

Sowohl aus einer Übertragung der beim sogenannten verwaltungsrechtlichen Organstreit üblichen Wertungen als auch aus einem Vergleich mit dem Bürger-Staat-Verhältnis ergibt sich also, dass die Möglichkeit, einen Teil der Verwaltung einzuschalten, der die Rechte des klagenden Teils als dritter mit Instrumenten der Aufsichts- oder Weisungshierarchie verwirklichen könnte, keine einfachere und effizientere Alternative zur Klage darstellt und damit das Rechtsschutzbedürfnis nicht entfallen lässt.

Kann dagegen ein Teil der Verwaltung Instrumente der Verwaltungshierarchie selbst nutzen, um seine Rechte durchzusetzen, lässt das häufig das Rechtsschutzbedürfnis entfallen.[174] Allerdings ist das nicht automatisch der Fall, wenn die klagende Verwaltungseinheit der anderen Verwaltungseinheit übergeordnet ist, sondern es ist der konkrete Einzelfall darauf zu untersuchen, ob die Weisung auch möglich wäre und schneller und effizienter zum gleichen Ziel führen würde, wie die Klage.

IV. Fazit: Ausschluss im Einzelfall

Die Sachentscheidungsvoraussetzung des allgemeinen Rechtsschutzbedürfnisses verlangt eine Wertung, ob der Schutz des Prozessgegners und – insbesondere in der Fallgruppe der leichteren, effizienteren Alternative zur Klage, die in der Kon-

---

[171] Zur Rolle des Rechtsschutzbedürfnisses oben D. I. 4., S. 432. Zum Einfluss von Wertungen Kapitel 2, A., S. 48.

[172] Zu den verschiedenen Varianten der Beschreibung des Insichprozessses oben Kapitel 2, B. I. 4., S. 64.

[173] Dazu oben Kapitel 2, A., ab S. 48.

[174] Vgl. aber oben Fn. 129, S. 437 zu einem Fall, in dem das BVerwG anders entschieden hat.

stellation Staat gegen Staat am relevantesten ist – der Schutz der Ressource Justiz die Versagung von Rechtsschutz trotz des Vorliegens eines subjektiven Rechts rechtfertigen können. Das allgemeine Rechtsschutzbedürfnis ist eine Voraussetzung, die aus Ausnahmen besteht. Als einfachere, effizientere Alternative zur Klage ist nur der Weg anzusehen, der eindeutig vorzugswürdig ist. Daran ändert sich auch nichts, wenn eine Fallkonstellation als Insichprozess bezeichnet wird. Ein Rechtsschutzbedürfnis kann jedenfalls nicht pauschal wegen der Existenz einer gemeinsamen übergeordneten Spitze in der Verwaltungshierarchie verneint werden – solche Äußerungen sind nur mit der Vorstellung von einer impermeablen und einheitlichen Verwaltung zu erklären. Diese Anklänge an die Impermeabilitätstheorie hat die Rechtsprechung – zwar nicht vollständig hinsichtlich der Terminologie, aber inhaltlich – bereits überwunden.

Stattdessen ist nach den gleichen Kriterien wie bei Streitigkeiten zwischen Bürger und Staat im Einzelfall zu untersuchen, ob eine Alternative zur Klage existiert, sie die gleichen Wirkungen wie eine gerichtliche Entscheidung zeitigen würde sowie leichter und schneller zu verwirklichen wäre. Um letztere Frage zu beantworten, ist insbesondere anhand der konkreten tatsächlichen Umstände des Einzelfalles zu klären, wie realistisch die Umsetzung der Alternative erscheint und welche Erfolgschancen bestehen.[175] Eine Unterscheidung danach, ob der klagenden Verwaltungseinheit die Alternativen selbst zur Verfügung stehen oder ob eine andere Verwaltungseinheit als Dritte hinzugezogen werden müsste, kann einen ersten Anhaltspunkt dafür liefern: Kann die Verwaltungseinheit ihre Rechte selbst durchsetzen, spricht regelmäßig viel dafür, dass ein Rechtsschutzbedürfnis ausnahmsweise entfällt. Dagegen ist die Anrufung einer weiteren Verwaltungseinheit kein leichterer Weg zum Rechtsschutz, weil und soweit auf die Ausübung rechts- oder fachaufsichtlicher Befugnisse oder sonstiger Instrumente der Hierarchie kein Anspruch besteht.

Die sprachliche Fixierung auf das letztlich meist gar nicht angewendete Kriterium der gemeinsamen Hierarchiespitze sollte jedenfalls aufgegeben werden. Ebenso überflüssig ist es, bei Erörterung der Frage des Rechtsschutzbedürfnisses den Begriff des Insichprozesses zu nutzen, weil er inhaltlich unklar ist[176] und Wertungen transportiert, die weitgehend obsolet sind.

---

[175] Die Entscheidung BVerwG, Urt. v. 12.12.2002, Az.: 7 C 22/02, ZOV 2003, 121–123, juris Rn. 17 überzeugt mit einer solchen Analyse, ebenso wie (mit Einschränkungen, die sich jedenfalls nicht auf die Länge der Begründung beziehen) VGH München, Urt. v. 21.12.2004, Az.: 8 B 03.1404, BayVBl. 2005, 405–409, juris Rn. 23 ff.

[176] Die inhaltliche Unklarheit wird besonders deutlich an den oben unter II., S. 435 geschilderten Fällen der Rechtsprechung, soweit der Begriff Insichprozess dort auftaucht: Es wird nicht untersucht, ob ein Rechtssubjekt Rechte gegen sich selbst geltend macht, oder ob verschiedene Rechtssubjekte innerhalb einer juristischen Person streiten – es wird zum Teil nur der Begriff Insichprozess in den Raum geworfen, der die tatsächlichen Fragen vernebelt.

Kapitel 6

Schlussfolgerungen und Ausblick

Zum Abschluss der Arbeit sollen in einem kurzen Resümee die Hauptaspekte der Arbeit noch einmal hervorgehoben und zueinander in Verbindung gebracht werden. Um bei der folgenden Betrachtung jedoch nicht auf einer abstrakten Ebene stehen zu bleiben, wird sie anschließend durch einige allgemeine Hinweise für die praktische Bearbeitung von Fällen angereichert. Und insbesondere soll zum Schluss auch ein umfassender Lösungsvorschlag für die Fallbeispiele, die zu Beginn vorgetragen wurden, präsentiert werden.

A. Resümee

Relikte pauschaler Ablehnung von Streitigkeiten in der Konstellation Staat gegen Staat sind in Rechtsprechung und Literatur deutlich spürbar. Diese unterschwellig wirkenden Wertungen werden aber selten offen gelegt. Sie stammen aus der Zeit der Entstehung des modernen öffentlichen Rechts, das sich verstärkt dem Ideal eines liberalen Rechtsstaats verpflichtete und dementsprechend auf eine Abgrenzung der Bürger vom Staat und eine Abwehr ungesetzlichen Zwangs zielte.[1] Impermeabilität und Einheit prägten das Bild vom Staat, das allgemeine Gewaltverhältnis das Bild seiner Beziehung zum Bürger. Wenn heute zum Beispiel der Begriff des Insichprozesses gebraucht wird, der als Assoziation seine Unzulässigkeit schon in sich birgt, werden diese Vorstellungen weiter transportiert. Ohne Wahrnehmung des Gefühls, dass es sich beim Staat oder bei seinen juristischen Personen um abgeschlossene Strukturen handelt, die in die Kategorien von „Innen" und „Außen" einteilbar sind, wären viele Äußerungen – nicht nur im Zusammenhang mit dem Insichprozess – überhaupt nicht nachvollziehbar. Das gilt auch für die Kaskade der Ablehnung von Rechten des Staates, die von ihrer grundsätzlichen Negierung, über den kategorischen Ausschluss bestimmter Verwaltungseinheiten als Rechtsinhaber, bis zur terminologischen Differenzierung zwischen Rechten der Bürger und Rechtspositionen von Teilen des Staates, welche diesen Rechten völlig gleich gestellt sind, reicht.

In dieser Hinsicht, wie auch sonst bei Streitigkeiten zwischen Teilen des Staates, stellt das verbreitete Fallgruppendenken ein erhebliches Problem dar. Sogenannte verwaltungsrechtliche Organstreitigkeiten werden zum Beispiel als Ausnahmen

---

[1] Die Grundrechte haben in ihrer Abwehrdimension noch heute diese Richtung.

betrachtet, wodurch Vergleiche mit anderen Sachverhaltskonstellationen Staat gegen Staat gar nicht erst angestellt werden. Eine vergleichende Gesamtbetrachtung zeigt dementsprechend rasch Widersprüche auf: Der grundsätzlichen Skepsis gegenüber Rechten des Staates, etwa in Form einer Gegenüberstellung von Rechten und Kompetenzen, stehen die sogenannte Vollrechtsfähigkeit der juristischen Person, gesetzlich normierte Rechte von Teilen des Staates und die Existenz der sogenannten Organstreitigkeiten konträr gegenüber. Letztere bedeutet die in der Rechtspraxis regelmäßig auftretende gerichtliche Austragung von Streitigkeiten innerhalb einer juristischen Person, durch die auch die Relativität der Rechtsfähigkeit im öffentlichen Recht faktisch anerkannt wird. Diese Akzeptanz gerichtlich durchsetzbarer Rechtspositionen steht im Kontrast zu den terminologischen Ausweichmanövern, die durchgeführt werden, um die Rechte insbesondere von Teilen juristischer Personen nicht als solche bezeichnen zu müssen. Aufgrund der Relativität der Rechtsfähigkeit überzeugen auch die Implikationen nicht, die verbreitet der üblichen Fallgruppenbildung beigelegt werden: Zum Beispiel sind sogenannte verwaltungsrechtliche Organstreitigkeiten keine Ausnahmen, weil die betreffenden Verwaltungseinheiten eine besondere Art von Teilen der Verwaltung wären, die allein in einer Kontraststellung stünden, sondern diese können sich umgekehrt nur deswegen gegenseitig kontrollieren, weil ihnen entsprechende einklagbare Rechte zugewiesen sind.

Allerdings ist die fallgruppenabhängige Betrachtung teilweise auch nachvollziehbar, hat sie doch ihren Ursprung in einer Orientierung des deutschen Verwaltungsrechts an der juristischen Person als Ankerpunkt der Verwaltungsorganisation. Die Grundsätze der Impermeabilität und Einheit der Verwaltung sind durch die historische Gleichzeitigkeit ihrer Entstehung auch mit der juristischen Person verbunden. Dass der Staat als monolithischer Block gedacht wurde, der dem Bürger in einem allgemeinen Gewaltverhältnis gegenübersteht und gegen den er sich mit subjektiven öffentlichen Rechten zur Wehr setzen kann, hatte zur Voraussetzung, den Staat als juristische Person auf einen rechtlichen Anknüpfungspunkt zu konzentrieren. Die Orientierung an der juristischen Person im Verwaltungsrecht besteht aber auch noch heute und lässt sich nicht durch akademische Überlegungen wegdiskutieren, weil sich aufgrund der Wechselwirkungen zwischen Wissenschaft, Rechtsprechungspraxis und Gesetzgebung eine Art Henne-Ei-Problem ergibt, indem auch das Gesetz vielfach an juristische Personen anknüpft.[2] Um die Orientierung an der juristischen Person aufzugeben, müssten umfangreiche systemumwälzende Gesetzesänderungen vorgenommen werden.[3] Das sieht allerdings hinsichtlich der Frage, wer Inhaber von Rechten sein kann, schon anders aus. Die Legislative könnte bestimmten Teilen der Verwaltung, denen momentan weitgehend keine gerichtlich

---

[2] Dazu zählt auch das Grundgesetz. Die Bedeutung der Funktion der juristischen Person im GG für die Organisation des Bundesstaats betont *C. Möllers*, Staat, S. 162.

[3] Hier schließt sich der Kreis zu den Überlegungen hinsichtlich des „History-matters-Arguments" in Kapitel 2, A. II., S. 50.

durchsetzbaren Rechtspositionen zustehen, wie beispielsweise Behörden der unmittelbaren Staatsverwaltung, durch Gesetz – genauso wie juristischen Personen auch – Rechte verleihen.

Die grundsätzliche Orientierung an der juristischen Person im deutschen Verwaltungsrecht leidet an den Widersprüchen, die unter anderem durch ihren historischen Ursprung als Mittel zur Operabilität des Staat-Bürger-Verhältnisses bedingt sind. Diese Ausrichtung auf die Beziehungen zum Bürger wird nämlich nicht konsequent durchgehalten. Denn durch die Existenz verschiedener juristischer Personen des öffentlichen Rechts wird vom Konzept des impermeablen, dem Bürger als monolithischer Block gegenüberstehenden Staates abgewichen, was von Anfang an eine Schwachstelle dieser Konstruktion war, weil „der Staat" schon im Konstitutionalismus aus vielen juristischen Personen des öffentlichen Rechts bestand. Die Einheit der Verwaltung war deshalb schon von Anfang an durchbrochen und konnte nur als Einheit der jeweiligen juristischen Person bestehen. Und gerade durch die Eigenschaft der juristischen Person, Rechtsträger zu sein, wurden Streitigkeiten innerhalb der Verwaltung leicht möglich und erscheint die Verleihung von Rechten wie denjenigen aus Art. 28 Abs. 2 GG als selbstverständlich – die Fixierung auf die juristische Person erscheint aus diesem Blickwinkel von Anfang an paradox. Einen Innenbereich kategorisch von den Außenbeziehungen zu trennen, leuchtet aus historischer Perspektive ein, wenn dabei auf das Staat-Bürger-Verhältnis abgezielt wird, aber nicht mehr, wenn stattdessen auf eine lediglich historisch gewachsene und unsystematische Grenzziehung innerhalb der Verwaltung zurückgegriffen wird. Die im Hinblick auf den Bürger konstruierte Einheit und Impermeabilität des Staates war durch die Einteilung in verschiedene juristische Personen aufgeweicht und dadurch inkonsistent. Jegliche Ablehnung von Rechten von Teilen juristischer Personen des öffentlichen Rechts mit Argumenten aus dem Staat-Bürger-Verhältnis – die auch heute noch vorkommt – ist für diesen Widerspruch symptomatisch. Übrigens weicht auch die Herausbildung der juristischen Person des öffentlichen Rechts neben dem Fiskus, die der Entwicklung des öffentlichen Rechts als separatem Rechtsgebiet zuzuschreiben ist, vom Grundprinzip der einheitlichen juristischen Person ab. Vor dem Hintergrund der umfassenden Geltung der Grundrechte, welche die Spaltung zwischen Zivil- und öffentlichem Recht überbrückt, erscheint allerdings ohnehin jeder Anklang an eine Fiskustheorie heute als anachronistisch. Inzwischen ist im Gegenteil die zivilrechtliche Rechtsfähigkeit als die herausragende Eigenschaft der juristischen Person des öffentlichen Rechts anzusehen. Zu den beiden geschilderten, von Anfang an angelegten Durchbrechungen des Bildes vom Staat als einheitlicher juristischer Person – der Vielheit der juristischen Personen im Staat und ihrer Koexistenz mit dem Fiskus – kam im Laufe der Zeit noch eine weitere hinzu, die die Fixierung auf die juristische Person endgültig in Frage stellt: die Zulassung von Streitigkeiten innerhalb juristischer Personen des öffentlichen Rechts unter der Bezeichnung Insichprozess und insbesondere von sogenannten verwaltungsrechtlichen Organstreitigkeiten. Durch die dort etablierten Rechtssubjekte innerhalb juristischer Personen und die Relativität der Rechtsfähigkeit erscheint die Ausrichtung auf die juristische Person noch unstimmiger.

Ein Gegenentwurf zu Impermeabilität und Einheit der Verwaltung, der die geschilderten Einbrüche in das Konzept des Staates als einheitlicher juristischer Person stützen kann, ist die Interessenpluralität in der Verwaltung. Sie steht auch dem Modell eines einzigen als statisch verstandenen Gemeinwohls konstitutionalistischer Prägung entgegen. Sie fügt sich in ein stimmiges Gesamtkonzept mit der Relativität der Rechtsfähigkeit, der Relativität der Kategorien Innen und Außen sowie der Relativität der Organfunktion ein. Der Staat ist – auch wenn die Existenz der Grundrechte ihre Berechtigung hat – keine rein obrigkeitliche Veranstaltung mehr, und das Verwaltungsrecht ist nicht mehr rein auf eine Abschottung von Staat und Gesellschaft angelegt. Nicht nur, dass in Drittschutzkonstellationen Streitigkeiten zwischen Privaten über den Umlenkpunkt Verwaltung ausgetragen werden – es werden auch allgemein Konflikte aus der Gesellschaft in die Sphäre des Staates transportiert und dort unter anderem mit Hilfe von subjektiven Rechten ausgetragen. Im Rahmen dieser Interessenpluralität kann eine gesetzliche Zuordnung von identifizierbaren, das heißt abgrenzbaren öffentlichen Belangen zu Teilen des Staates in der Art, dass sie auch gerichtlich durchsetzbar sein sollen, erfolgen. Nicht anders als bei Konflikten zwischen Bürger und Staat wird auch bei gerichtlichen Streitigkeiten zwischen Teilen des Staates durch das Instrument der subjektiven Rechte bestimmten Interessen und Belangen zur Geltung verholfen und gleichzeitig das objektive Recht durchgesetzt. Das starre Modell des Verwaltungsrechts in der Prägung O. Mayers, in dem der Staat als allmächtiger, monolithischer Block durch Verwaltungsakt gegenüber den Bürgern Regelungen trifft, und diese sich dagegen unter Zuhilfenahme subjektiver öffentlicher Rechte wehren – mit seiner Verknüpfung von Verwaltungsakt, subjektivem Recht und Rechtsschutz – hat nicht nur im Bürger-Staat-Verhältnis, sondern wie erwähnt auch durch die Anerkennung von Streitigkeiten zwischen bestimmten Teilen des Staates zumindest Durchbrechungen erhalten. Wenn der Rechtsschutz zugunsten von Teilen des Staates nicht in dieses Schema passt, kann das Beharren auf diesem Modell also ganz prinzipiell nicht mehr als Argument gegen seine Gewährung angeführt werden. Die zumindest aufgrund des Demokratieprinzips notwendigen, aber unterschiedlich stark ausgeprägten hierarchischen Strukturen in der Verwaltung stehen Rechten von Teilen des Staates ebenfalls nicht entgegen. Zwar füllt insbesondere die beamtenrechtliche Weisungshierarchie Lücken, die durch das Fehlen gesetzlicher Normen im organisatorischen Bereich entstehen. Rechte können aber neben hierarchischen Strukturen bestehen, was an juristischen Personen der mittelbaren Staatsverwaltung deutlich wird, die zwar in eine Hierarchie in Form eines Aufsichtsverhältnisses eingebunden sind, aber trotzdem Rechte haben – sogar gegenüber der Aufsicht. Eine Einbindung in eine Hierarchie kann Rechtsschutz lediglich in bestimmten Einzelfällen ausschließen, was im Rahmen der Sachentscheidungsvoraussetzung allgemeines Rechtsschutzbedürfnis am besten berücksichtigt werden kann.

Zur Ermittlung subjektiver Rechte des Staates, die wie alle Rechte gesetzlich festgeschrieben sein müssen, kann auf die Inhalte der Schutznormlehre, die als Kanon von Methoden und Regeln zur Untersuchung von Rechtsnormen auf subjektive Rechte hin zu verstehen ist, zurückgegriffen werden. Die verbreitete Ausrichtung der Schutznormtheorie auf das Staat-Bürger-Verhältnis ist dagegen nur historisch zu erklären, weil bei ihrer Entstehung aufgrund der soeben geschilderten Grundannahmen angenommen wurde, dass nur Rechte der Bürger gegen den Staat in Betracht kommen. Dadurch wurde die Suche nach einem identifizierbaren, isoliert beschreibbaren Belang von vornherein auf private Interessen eingegrenzt. Der Formulierung nach wird ein „Individualinteresse" gefordert – diese Voraussetzung wirft aber schon bei Klagen des Bürgers gegen den Staat viele Fragen auf und wird im Rahmen der Schutznormtheorie häufig durch variierende andere Kriterien ergänzt oder sogar ersetzt. Genauso wie Teile des Staates subjektive Rechte inne haben können sind auch die in der Schutznormtheorie zusammengefassten Instrumente auf die Konstellation Staat gegen Staat übertragbar.

Am Ende bleibt noch die Frage zu beantworten: Haben Teile des Staates nur einen eingeschränkten Zugang zu verwaltungsgerichtlichem Rechtsschutz? Das ist insofern zu bejahen, als sich Teile des Staates prinzipiell nicht auf Grundrechte und auch nicht auf Art. 19 Abs. 4 GG berufen können – die Auswahl an Rechten, die geltend gemacht werden können, ist kleiner als die der Bürger. In vielen Bereichen – vor allem wo gesetzliche Regelungen fehlen und die Verwaltung stark durch Weisungen organisiert wird – sind auch überhaupt keine Rechte des Staates normiert. Außerdem ist auch der Prüfungsumfang für gerichtliche Entscheidungen in bestimmten Fällen geringer als bei Streitigkeiten zwischen Bürger und Staat, weil Teile des Staates immer nur die Verletzung subjektiver Rechte punktuell geltend machen und keine volle Überprüfung eines Rechtsaktes wie bei Anwendung der Adressatentheorie erreichen können – eine Einschränkung, mit der die Bürger nur in den meisten Drittschutzkonstellationen leben müssen. Und nicht zuletzt kann die Einbindung in ein Hierarchieverhältnis das Rechtsschutzbedürfnis ausschließen, und zwar dann, wenn dem klagenden Teil des Staates selbst Instrumente zur Verfügung stehen, die Rechtsverletzung abzustellen. Diese Einschränkungen sind allerdings geringer und vor allem weniger prinzipieller Natur, als das häufig, insbesondere in der Literatur, angenommen wird. Die Rechtsordnung ist heute insgesamt nicht mehr so auf den Rechtsschutz von Privatpersonen gegen den Staat beschränkt, wie das häufig unterschwellig suggeriert oder ausdrücklich postuliert wird. Ob ein Zugang zu Rechtsschutz besteht, legt allerdings – auch wenn methodische Schwierigkeiten nicht zu leugnen sind – primär der Gesetzgeber fest, indem er entsprechende subjektive Rechte normiert.

B. Hinweise für die juristische Praxis

Eine abschließende Anleitung zur Lösung praktischer Fälle zu erstellen, ist kaum möglich. Einige wichtige Erkenntnisse, die bei der Lösung praktischer Probleme besondere Relevanz haben, sollen allerdings – ohne Anspruch auf Vollständigkeit – noch einmal hervorgehoben werden.

(1) Schon bei der Lektüre einschlägiger Rechtsprechung und Literatur ist darauf zu achten, dass dort die historischen Wertungen, welche die Ausführungen oft entscheidend beeinflussen, sehr häufig nicht transparent gemacht werden. Begriffe wie „Insichprozess" und „Innenrechtsstreit" sind dafür symptomatisch. Solche Begriffe sollten möglichst auch vermieden und nicht wiederholt werden – insbesondere dann nicht, wenn sie, wie zumeist, nichts zur Lösung beitragen.

(2) Zentral für die Erfüllung der Sachentscheidungsvoraussetzungen und für den Erfolg einer Klage insgesamt ist das Vorliegen eines subjektiven Rechts. Ein solches kann dank der Relativität der Rechtsfähigkeit theoretisch jedem Teil der Verwaltung zustehen. Rechte im Sinne des § 42 Abs. 2 VwGO und ähnlicher verwaltungsprozessrechtlicher Normen sind nicht nur diejenigen aus dem öffentlichen Recht, sondern auch solche des Zivilrechts – wobei zu beachten ist, dass bei einem Streit um letztere der Verwaltungsrechtsweg u. U. ausgeschlossen sein kann. Rechte aus dem Zivilrecht können nur juristischen Personen des öffentlichen Rechts zustehen, nicht aber ihren Teilen.

(3) Ob das geltend gemachte Recht dem betreffenden Teil des Staates zusteht, ist durch Auslegung der Rechtsnorm, die das Recht enthalten könnte, zu ermitteln. Diese Auslegung muss ergeben, dass sich der klagende Teil des Staates auch vor Gericht auf die Norm berufen und ihre Einhaltung verlangen können soll. Dabei können die Grundgedanken und Instrumente der Schutznormtheorie – verstanden als Kanon von Methoden und Regeln zum Auffinden subjektiver Rechte – herangezogen werden, solange im Bewusstsein behalten wird, dass die Schutznormtheorie traditionell zumindest der Formulierung nach nur im Bürger-Staat-Verhältnis herangezogen wird. Die Interessenpluralität in der Verwaltung kann dabei die argumentative Munition für die Begründung einer Existenz von Rechten mit Hilfe der Schutznormtheorie liefern. Es sind aber auch spezifische Besonderheiten der Suche nach Rechten des Staates zu berücksichtigen, beispielsweise dass die Adressatentheorie für Teile des Staates nicht bemüht werden kann und dass sie nur selten eine „Vollüberprüfung" eines Rechtsaktes aufgrund einer einzelnen Rechtsverletzung verlangen können – das sind Auswirkungen der Tatsache, dass Teilen des Staates Grundrechte, außer in engen Ausnahmen, nicht zustehen.

(4) Es ist sehr wichtig, exakt zu klären, welcher Teil des Staates aus einer Rechtsnorm ein subjektives Recht ableiten kann, und gegen wen sich dieses Recht richtet, auch wenn solche Fragen in der Praxis teils sehr stark vernachlässigt werden. Die Richtung des subjektiven Rechts ist ebenfalls durch Auslegung der Norm zu ermitteln, die das Recht enthalten soll. Es darf nicht aus dem Blick geraten,

dass unterschiedliche rechtliche Beziehungen zwischen unterschiedlichen Rechtssubjekten auf mehreren Ebenen parallel bestehen können, was durch die Relativität der Rechtsfähigkeit und die Relativität der Organschaft bedingt ist. Die Geltung des subjektiven Rechts in der relevanten rechtlichen Beziehung muss herausgearbeitet werden. Es trägt auch zur Vereinfachung der Klärung von Rechtsstreitigkeiten bei, von Anfang an genau auf die Richtung von Rechten zu achten.[4]

Ist festgestellt, zwischen welchen Rechtssubjekten ein Recht wirkt, sind Streitigkeiten Staat gegen Staat auch zwischen dem jeweils berechtigten und verpflichteten Teil des Staates auszutragen – selbst wenn es sich dabei nicht um juristische Personen des öffentlichen Rechts handelt. Dem stehen insbesondere weder §§ 78, 61 und 62 VwGO noch andere Normen des Verwaltungsprozessrechts noch die Tatsache, dass die Kosten für einen solchen Prozess letztlich nur von vermögensfähigen Teilen des Staates getragen werden können, entgegen. Dagegen ist es nicht überzeugend, bei den sogenannten verwaltungsrechtlichen Organstreitigkeiten die juristische Person als Klagegegner anzusehen, weil das auf einer begrifflichen Verabsolutierung des Rechtsträgerprinzips beruht, die mit der Relativität der Rechtsfähigkeit und der Relativität der Organschaft nicht in Einklang zu bringen ist. Schon bei der Frage der ordnungsgemäßen Klageerhebung kann die Richtung der Rechte eine Rolle spielen: Wenn beispielsweise ein Gemeinde- oder Stadtrat klagt, dabei aber nur Rechte geltend macht, die allein der Gemeinde zustehen, muss er mit der Klage scheitern. Es kann nämlich weder die Klage des Rates Erfolg haben, da ihm das Recht nicht zusteht, noch kann die Klage als eine solche der Stadt ausgelegt werden, weil nur der Bürgermeister zur Vertretung nach außen berufen ist und der Rat in der Regel nicht selbständig Klagen für die Stadt erheben kann. Im Übrigen geht mit der Relativität der Rechtsfähigkeit im öffentlichen Recht auch die Abwesenheit absoluter Rechte aus diesem Rechtsgebiet einher, sodass auch Drittanfechtungsklagen gegen Aufsichtsakte regelmäßig unzulässig sind.

(5) Pauschale Überlegungen zum Rechtsschutzbedürfnis sind zu vermeiden, weil es sich dabei um ein Instrument handelt, mit dem lediglich im Einzelfall und ausnahmsweise Rechtsschutzmöglichkeiten ausgeschlossen werden können. Relevant ist vor allem die Fallgruppe der schnelleren, effizienteren Alternative zur Klage. Kann der Teil der Verwaltung das Ergebnis, das mit einer Klage angestrebt wird, selbst herbeiführen, entfällt das Rechtsschutzbedürfnis möglicherweise. Dabei ist jedoch nur auf aktuell verfügbare Alternativen einzugehen, denn die nicht genutzte Möglichkeit, eine gerichtliche Streitigkeit von Anfang an zu vermeiden, kann ein Rechtsschutzbedürfnis nur dann ausschließen, wenn sich die Klage daraufhin als rechtsmissbräuchlich erweist – dafür müssten aber noch weitere Anhaltspunkte gegeben sein.

---

[4] Vgl. nur die Ungewissheiten, die innerhalb der Entscheidungsgründe des BVerwG im zweiten Fallbeispiel bleiben, dazu Kapitel 4, C. III. 3., S. 344.

(6) Abgesehen von diesen Hinweisen zur Lösung der auftretenden Rechtsfragen soll ein weiterer praktischer, davon losgelöster Aspekt an dieser Stelle nicht unerwähnt bleiben: Am Besten ist es in der Regel, wenn gerichtliche Streitigkeiten ganz vermieden werden. Zu den Kosten, die ein Rechtsstreit verursacht, kann bei Streitigkeiten zwischen Teilen des Staates noch ein Ansehensverlust in der Öffentlichkeit hinzukommen, weil es auf Unverständnis stoßen kann, wenn die Verwaltung aus Sicht der Bürger als in sich zerstritten wahrgenommen wird. Die gerade in der Verwaltung vielfach bestehenden Möglichkeiten zu einer informellen Koordination sollten daher – insbesondere möglichst frühzeitig – genutzt werden, um Streitigkeiten in der Konstellation Staat gegen Staat zu vermeiden.

C. Lösungsvorschläge für die Fallbeispiele

Abschließend soll hier noch ein Vorschlag vorgebracht werden, wie die in Kapitel 1 eingeführten Fallbeispiele auf Basis der Erkenntnisse der Arbeit zu lösen sind.

I. Klage eines Bundeslands gegen eine denkmalschutzrechtliche Genehmigung einer kreisfreien Stadt

Im ersten Fallbeispiel wandte sich eine Behörde des Freistaates Bayern, die für die Verwaltung eines Baudenkmals zuständig ist, gegen eine Baugenehmigung der zuständigen kreisfreien Stadt an einen Dritten, welche die Erlaubnis im Sinne des Art. 6 Abs. 1 S. 2 BayDSchG einschloss, eine bauliche Anlage zu errichten, die sich auf das Erscheinungsbild des Denkmals auswirken konnte.[5]

1. Vorüberlegung: Richtung der Berechtigung und Verpflichtung

Nicht nur für die Prüfung der Klagebefugnis, sondern bereits um zu klären, wer idealerweise an dem Rechtsstreit beteiligt sein sollte, ist es notwendig, sich zu vergegenwärtigen, welcher Verwaltungseinheit welche geltend gemachten Rechte zustehen und gegen wen diese sich richten. Unter Umständen muss ein Klageantrag, der dem Wortlaut nach die falschen Beteiligten nennt, berichtigend ausgelegt werden.[6] Der Kläger machte hier ein Recht direkt aus Art. 6 Abs. 1 S. 2 BayDSchG in Verbindung mit Art. 6 Abs. 2 S. 2 BayDSchG geltend, ähnlich wie ein Bürger in einer Drittschutzkonstellation. Es stellt sich zunächst die Frage, ob sich aus den

---

[5] Oben Kapitel 1, A. I., S. 19.

[6] Vgl. §§ 86 Abs. 3, 88 VwGO, vgl. auch § 78 Abs. 1 Nr. 1 Hs. 2 VwGO. Auch das Hinwirken auf sachdienliche Prozesserklärungen kommt in Betracht.

genannten Normen überhaupt ein Recht entnehmen lässt, das heißt, ob sie überhaupt drittschützend sind. Das ist ein spezifisch denkmalschutzrechtliches Problem, das aber zur Frage hinführt, wen Art. 6 Abs. 1 S. 2 BayDSchG in Verbindung mit Art. 6 Abs. 2 S. 2 BayDSchG jeweils berechtigen und verpflichten kann.

a) Drittschutz aus Art. 6 BayDSchG

Im Denkmalschutzrecht gibt es nicht nur Pflichten, sondern auch Rechte.[7] Spätestens mit einer Entscheidung des Bundesverwaltungsgerichts aus dem Jahr 2009 hat sich die Ansicht durchgesetzt, dass es ein Abwehrrecht des Denkmaleigentümers gegen Beeinträchtigungen geben muss.[8] Interessant ist vor allem die Begründung des Bundesverwaltungsgerichts: Zumindest bei erheblichen Beeinträchtigungen[9] verstoße es gegen Art. 14 GG, wenn der durch das Denkmalschutzgesetz regelmäßig erheblich, insbesondere finanziell, belastete Denkmaleigentümer nicht – gewissermaßen im Gegenzug – auch ein Einschreiten des Staates gegen Beeinträchtigungen seines Denkmals durch Dritte verlangen und Erlaubnisse für das Denkmal beeinträchtigende Anlagen anfechten kann.[10]

Aus Art. 6 Abs. 1 S. 2 BayDSchG in Verbindung mit Art. 6 Abs. 2 S. 2 BayDSchG lässt sich also grundsätzlich ein subjektives Recht herleiten; die Normen verleihen Drittschutz.

b) Materiell Beteiligte am Rechtsstreit

Es stellt sich allerdings die Frage, wem ein solches Recht im Fallbeispiel zustünde. Eine Möglichkeit wäre anzunehmen, dass das Recht, sich gegen Beeinträchtigungen des Erscheinungsbildes des Denkmals zu wehren, der Behörde zusteht, welche die Verwaltung des Denkmals praktisch durchführt und bei welcher die diesbezüglichen Interessen gebündelt sind. Das wäre jedoch mit den bisherigen Erkenntnissen nicht zu vereinbaren: Im Verhältnis zwischen Teilen der juristischen Person Freistaat Bayern repräsentiert die Behörde, die das Denkmal verwaltet, die entsprechenden Interessen. In Beziehungen des Freistaates zu anderen Rechtssubjekten – das heißt: auch gegenüber der kreisfreien Stadt, welche die angefochtene Baugenehmigung erlassen hat – handelt sie jedoch als Organ. Alle ent-

---

[7] *D. J. Martin* in: Martin/Krautzberger, Denkmalschutz, Teil G Rn. 182 f. (S. 728).

[8] BVerwG, Urt. v. 21.04.2009, Az.: 4 C 3/08, BVerwGE 133, 347–357, insb. juris Rn. 6 ff. Ausführlich zur Entwicklung *J. N. Viebrock* in: Martin/Krautzberger, Denkmalschutz, Teil E Rn. 226 ff. (S. 546 f.).

[9] Hier wird Drittschutz von der Intensität der Beeinträchtigung abhängig gemacht, was zu einer Vermischung von Auslegung und Subsumtion einer Norm führt (zu diesem Problem bereits oben Kapitel 3, B. II. 2. d) cc) (3) bei Fn. 486, S. 226 und B. II. 3. c) bei Fn. 614, S. 248).

[10] BVerwG, Urt. v. 21.04.2009, Az.: 4 C 3/08, BVerwGE 133, 347–357, juris Rn. 8 ff., insb. Rn. 16.

sprechenden Rechte stehen in diesem Verhältnis dem Freistaat Bayern zu. Noch entscheidender ist jedoch, dass das Denkmalschutzrecht auf den Eigentümer ausgerichtet ist.[11] Auch Art. 6 Abs. 1 S. 2 BayDSchG in Verbindung mit Art. 6 Abs. 2 S. 2 BayDSchG begünstigen daher den Eigentümer eines Denkmals, indem das Erscheinungsbild seines Eigentums gegen Einwirkungen durch Dritte geschützt wird. Weil auch die öffentliche Hand als Denkmaleigentümer denkmalschutzrechtlich prinzipiell wie ein Privater behandelt wird,[12] macht der Kläger kein Recht geltend, das ihm aufgrund seiner Eigenschaft als Teil des Staates zusteht. Eigentümer eines mit einem Denkmal bebauten Grundstücks können aber nur vermögensfähige Verwaltungseinheiten, also juristische Personen des öffentlichen Rechts sein – nicht Behörden.

Die öffentlichen Interessen des Denkmalschutzes, die im Übrigen der kreisfreien Stadt (die auch Denkmalschutzbehörde ist) zugeordnet sind, dürfen ohnehin nicht mit den Eigentümerinteressen am Erhalt des Erscheinungsbildes des Denkmals verwechselt werden. Da die Verwaltung des Denkmals und auch das im Fallbeispiel geltend gemachte Interesse an einem unbeeinträchtigten Erscheinungsbild untrennbar mit dem zivilrechtlichen Eigentum am Denkmal zusammenhängen, dieses aber nur dem Freistaat Bayern als juristischer Person zugeordnet werden kann, kommt eine gerichtliche Geltendmachung der Einhaltung der denkmalschutzrechtlichen Norm durch die nicht vermögensfähige Behörde aus eigenem Recht nicht in Betracht.

2. Sachentscheidungsvoraussetzungen

Kläger ist daher der Freistaat Bayern und Beklagte ist die kreisfreie Stadt, welche die baurechtliche Genehmigung erlassen hat. Beide sind als juristische Personen nach § 61 Nr. 1 Alt. 2 VwGO beteiligtenfähig und werden gemäß § 62 Abs. 3 VwGO von den durch das Landesrecht bestimmten Organen vertreten. Für die Ermittlung der Klageart ist es in diesem Fallbeispiel nicht notwendig, auf die Überschreitung der Grenzen der juristischen Personen Stadt und Freistaat Bayern oder auf das Kriterium der Rechtsbeeinträchtigung abzustellen.[13] Das würde zwar jeweils ebenfalls zu der Schlussfolgerung führen, dass eine Anfechtungsklage statthafte Klageart ist. Jedoch handelt es sich bei der Baugenehmigung mit denkmalschutzrechtlicher Erlaubnis ohnehin um einen Verwaltungsakt im Sinne des Art. 35 S. 1 BayVwVfG, dessen Adressat der jeweilige Bauherr ist; auf diesen ist

---

[11] Vgl. bspw. Art. 4 Abs. 1 und Abs. 2 BayDSchG; vgl. *D. J. Martin* in: Martin/Krautzberger, Denkmalschutz, Teil B Rn. 69 ff. (S. 119 ff.) – das scheint so selbstverständlich, dass es selten ausgesprochen wird.

[12] Dazu *D. J. Martin* in: Martin/Krautzberger, Denkmalschutz, Teil G Rn. 13 (S. 671 f.). Vgl. aber zu dieser Aussage auch Kapitel 4, C. I. 1., S. 313: Das darf nicht im Sinne einer Fiskustheorie missverstanden werden.

[13] Zu diesen Abgrenzungsfragen oben Kapitel 5, C. IV., S. 424.

primär abzustellen. Jenen Verwaltungsakt hat der Freistaat Bayern mit einer Dritt-anfechtungsklage nach § 42 Abs. 1 Alt. 1 VwGO angefochten.

a) Klagebefugnis

Zentrale Voraussetzung der Zulässigkeitsprüfung ist, ob der Freistaat Bayern klagebefugt ist, das heißt, ob er auch wirklich eine Rechtsverletzung geltend ma-chen kann. Es stellt sich daher die Frage, ob sich auch der Staat vor Gericht auf Art. 6 Abs. 1 S. 2 BayDSchG in Verbindung mit Art. 6 Abs. 2 S. 2 BayDSchG berufen kann. Wie bereits erwähnt, zielt das Denkmalschutzrecht allgemein auf den Eigentümer. Dass der Freistaat Bayern das zivilrechtliche Eigentum an dem Grundstück inne hat, spricht daher dafür, ihm auch die Rechte, die damit ver-bunden sind, zuzugestehen. Juristische Personen des öffentlichen Rechts wer-den im Denkmalschutzrecht auch sonst meist genauso wie private Eigentümer be-handelt.[14] Das Problem daran ist jedoch, dass der Drittschutz insbesondere des Art. 6 BayDSchG mit grundrechtlichen Überlegungen gerechtfertigt wird und sich der Freistaat Bayern nicht auf Art. 14 GG berufen kann. Es kann also in diesem speziellen Drittschutzfall nicht einfach ohne Bedenken allein auf die Eigenschaft des Freistaates, zivilrechtlicher Eigentümer zu sein, zurückgegriffen werden, weil im Verhältnis zwischen Bürger und Staat gerade die Grundrechtsträgerschaft, speziell des Art. 14 GG, entscheidend wäre. An diesem Beispiel wird noch ein-mal deutlich, dass der Staat Eigentum nicht ebenso wie Private inne hat – es ist nicht möglich, ihn im Sinne der Fiskustheorie als den Bürgern völlig gleich ge-stellt anzusehen.[15]

Es tritt hier das bereits oben beschriebene Problem der gespaltenen Auslegung auf: Weil die Herleitung des Drittschutzes an bestimmte Eigenschaften des Rechts-subjekts – nämlich die Fähigkeit, Träger von Art. 14 GG zu sein – gebunden ist, droht eine gespaltene Auslegung ohne Anhaltspunkte im Wortlaut, bei der sich einige Rechtssubjekte auf die Norm berufen können und andere nicht.[16] Wie oben beschrieben ist es allerdings nicht überzeugend, einen einheitlichen Wortlaut je nach Fallkonstellation völlig verschieden auszulegen, wenn keine besonderen Um-stände dafür sprechen. Letzteres ist hier gerade nicht der Fall: Der Freistaat Bayern ist zivilrechtlicher Eigentümer und in dieser Eigenschaft in der gleichen Situation wie ein Bürger.

Da es nicht überzeugt, Art. 6 BayDSchG ohne Anhaltspunkte im Wortlaut hinsichtlich öffentlicher und privater Denkmaleigentümer unterschiedlich aus-

---

[14] D. J. Martin in: Martin/Krautzberger, Denkmalschutz, Teil G Rn. 13 (S. 671 f.).

[15] Vgl. aber BVerwG, Urt. v. 28.03.1996, Az.: 7 C 35/95, BVerwGE 101, 47–51, juris Rn. 8 (zweites Fallbeispiel, Kapitel 1, A.II., S. 20): „ebenso wie jedes andere private Eigentum"; dazu Kapitel 4, F.I., S. 394; Kapitel 4, C.I.1., S. 313.

[16] Dazu oben Kapitel 4, F.II., S. 399.

zulegen, kann sich also auch der Freistaat Bayern als Dritter auf Art. 6 Abs. 1 S. 2 BayDSchG in Verbindung mit Art. 6 Abs. 2 S. 2 BayDSchG berufen. Eine Klagebefugnis nach § 42 Abs. 2 VwGO liegt vor.

b) Allgemeines Rechtsschutzbedürfnis

Die Klage scheitert aber letztlich an der Sachentscheidungsvoraussetzung allgemeines Rechtsschutzbedürfnis. Da der Freistaat Bayern als Ganzes ein Recht gegen die kreisfreie Stadt geltend macht, gibt es einen leichteren und effizienteren Weg zum angestrebten Rechtsschutzziel, nämlich die Nutzung fachaufsichtlicher Instrumente. Nach Art. 11 Abs. 2 BayDSchG ist die höhere Denkmalschutzbehörde, welche die Fachaufsicht über die kreisfreie Stadt als untere Denkmalschutzbehörde hat,[17] die Regierung. Entsprechendes gilt auch für die Hierarchie der Bauaufsichtsbehörden.[18] Die Regierung ist eine sogenannte Mittelbehörde und als solche Teil des Freistaates Bayern. Für den Freistaat Bayern ist es daher leichter, durch eine fachaufsichtliche Weisung eine Rücknahme der aus seiner Sicht rechtswidrigen, weil seine Rechte verletzenden, Baugenehmigung mit denkmalschutzrechtlicher Erlaubnis durchzusetzen, falls die Voraussetzungen des Art. 48 BayVwVfG dafür erfüllt sind. Aufgrund der Klagefristen der VwGO kann davon ausgegangen werden, dass die Frist des Art. 48 Abs. 4 BayVwVfG eingehalten ist, wenn auch die Klage noch eingereicht werden konnte. Art. 48 Abs. 3 BayVwVfG gewährt nur Ansprüche auf den Ausgleich von Vermögensnachteilen, hindert aber die Rücknahme nicht.

Für die Mitarbeiter der Behörde, die für die Verwaltung des Denkmals zuständig sind, mag dieses Ergebnis unbefriedigend sein. Denn in der Praxis ist es schwer für sie, ihr Anliegen über die Ebene der Minister bis zur zuständigen Mittelbehörde Regierung zu tragen. Der Aufwand ist im Ergebnis aus Sicht der Behörde auch nicht geringer als in den oben beschriebenen Konstellationen, in denen eine Verwaltungseinheit nur die Möglichkeit hat, eine zunächst unbeteiligte Verwaltungseinheit als Aufsicht anzurufen.[19] Aus Sicht der Behörde ist es daher leichter, als Organ des Freistaates Bayern für diesen eine Klage anzustrengen,[20] als fachaufsichtliche Maßnahmen einleiten zu lassen. Indes kommt es eben nicht auf die Sicht der Behörde an, sondern auf die des Freistaats Bayern, dessen Organ die Behörde im relevanten rechtlichen Verhältnis ist, weil das Recht dem Freistaat zusteht. Letztlich wirkt sich hier die organisatorische Entscheidung des Gesetzgebers aus, die Verwaltung des Denkmals nicht als juristische Person mit eigener Rechtsfähigkeit auszustatten, sondern als Behörde in den Freistaat Bayern zu integrieren.

---

[17] Art. 11 Abs. 1 S. 1 BayDSchG, Art. 53 Abs. 1 S. 1 Var. 1 BayBO, Art. 9 Abs. 1 S. 1 BayGO.

[18] Art. 53 Abs. 1 S. 1 BayBO, Art. 9 Abs. 1 S. 1 BayGO.

[19] Oben Kapitel 5, D. III. 2. b) cc), S. 444.

[20] Sofern die Behörde aufgrund ihrer Organstellung überhaupt für den Freistaat Bayern rechtlich wirksam eine Klage einreichen kann – davon soll hier allerdings ausgegangen werden.

Alle Rechtspositionen, die an das zivilrechtliche Eigentum geknüpft sind – und das sind bei der Tätigkeit einer Verwaltung eines Grundstücks mit Gebäude alle – sind der juristischen Person des öffentlichen Rechts zugeordnet. An diesem Fallbeispiel wird deutlich, dass es einen in den Rechtsfiguren juristische Person und Organschaft gespeicherten kleinen Rest des Bildes von der Einheit der Verwaltung gibt, der als in den gesetzgeberischen Willen aufgenommen zu betrachten ist.[21] Der Freistaat Bayern wird, wenn er selbst eigene Rechte geltend macht, als Einheit gesehen, und daher ist die Perspektive dieser juristischen Person die relevante, sodass sich eine Deckung der Rechtsinhaberschaft mit der Möglichkeit zur Nutzung fachaufsichtlicher Instrumente ergibt.

3. Zwischenergebnis

Die Klage des Freistaats Bayern scheitert also trotz eines ihn schützenden Rechts aus Art. 6 DSchG am fehlenden Rechtsschutzbedürfnis, wenn und soweit eine Rücknahme nach Art. 48 BayVwVfG möglich ist, weil er auch durch fachaufsichtliche Maßnahmen erreichen kann, dass die Genehmigung zum Bau des Gebäudes, das das Erscheinungsbild des denkmalgeschützten Eigentums des Freistaates beeinträchtigt, beseitigt wird – indem er die kreisfreie Stadt anweist, den aus seiner Sicht rechtswidrigen Verwaltungsakt nach Art. 48 BayVwVfG zurückzunehmen.

II. Klage einer Stadt gegen sich selbst

Im zweiten Fallbeispiel klagte eine Stadt – Rechtsamt – gegen sich selbst – Amt zur Regelung offener Vermögensfragen – wegen eines an eine Dritte Person gerichteten Bescheids, mit dem sie zur Auskehr des Erlöses aus einem Grundstücksverkauf verpflichtet wurde.[22] Wie oben beschrieben nutzte das Bundesverwaltungsgericht, das den Fall entschieden hatte,[23] diese ungewöhnliche Bezeichnung der Beteiligten und legte sich damit für Tatbestand und Urteilsgründe nicht eindeutig fest, welche Verwaltungseinheiten Beteiligte sind: Die Stadt selbst oder die sich streitenden Ämter.[24]

Bereits in Kapitel 2 wurde festgehalten, dass dieser Fallkonstellation nicht mit der in der Literatur teilweise vorhandenen Skepsis begegnet werden darf, nur weil es sich um einen Streit innerhalb einer juristischen Person handelt, der kein

---

[21] Zu Widersprüchen in der Ausrichtung des deutschen Verwaltungsrechtes an der juristischen Person oben Kapitel 6, A., S. 449. Zum verwandten Problem der kommunalverfassungsrechtlichen Drittanfechtung Kapitel 4, F.III., S. 401.
[22] Siehe oben Kapitel 1, A.II., S. 20.
[23] BVerwG, Urt. v. 28.03.1996, Az.: 7 C 35/95, BVerwGE 101, 47–51.
[24] Dazu oben Kapitel 4, C.III.3., S. 344.

sogenannter verwaltungsrechtlicher Organstreit ist.[25] Das Bundesverwaltungsgericht allerdings hat trotz der Bejahung der Klagebefugnis in seiner Begründung
einen Schritt in diese Richtung getan, nämlich dort, wo nach der Feststellung, dass
das allgemeine Rechtsschutzbedürfnis fehle, wie beiläufig geäußert wird, es werde
mit dem Gerichtsverfahren ein „Insichprozeß" angestrebt.[26] Wie bereits ausführlich dargestellt transportiert dieser unklare Begriff eine Wertung der Unzulässigkeit.[27] Er trägt in der Urteilsbegründung des Gerichts auch nichts zur Klärung bei,
denn die Urteilsbegründung wäre ohne diesen Begriff genauso stringent wie mit
ihm gewesen.

Wie bereits beschrieben wird im zweiten Fallbeispiel ein Recht geltend gemacht, nicht im eigenen Vermögen belastet zu werden – das Bundesverwaltungsgericht ging von einer Eigentumsbeeinträchtigung aus –,[28] sodass als mögliche
Klägerin nur die Stadt selbst in Betracht kommt, weil nur sie als juristische Person des öffentlichen Rechts überhaupt vermögensfähig ist.[29] Ebenso wurde bereits die Lösung favorisiert, die Stadt auch als Beklagte anzusehen. Diese ist nach
§ 61 Nr. 1 Alt. 2 VwGO beteiligtenfähig und wird gemäß § 62 Abs. 3 VwGO in
Verbindung mit dem einschlägigen Landesrecht vom Oberbürgermeister der Stadt
vertreten. Da ein an die Beigeladene adressierter Verwaltungsakt angegriffen wird,
liegt gewissermaßen eine Drittanfechtungsklage vor, die in dieser Konstellation jedoch auch eine Eigenanfechtungsklage ist.

Es ist zweifelhaft, ob auch eine Klagebefugnis nach § 42 Abs. 2 VwGO gegeben ist. Daran, dass hier Rechte aus dem Zivilrecht – Eigentums- und Vermögensrechte – im Raum stehen, scheitert die Annahme einer Klagebefugnis jedenfalls
nicht, denn auch Rechtspositionen des Zivilrechts können, entgegen einiger anderslautender Äußerungen in der Kommentarliteratur, ebenso wie subjektive öffentliche Rechte vor Verwaltungsgerichten geltend gemacht werden.[30] Das sieht
im Ergebnis auch das BVerwG so.[31] Die entgegengesetzte Ansicht von A. Wiese
und ihre darauf aufbauende Kritik an den Urteilsgründen des BVerwG in dem
speziellen Fall, der dem hiesigen zweiten Fallbeispiel zu Grunde lag,[32] überzeugen dagegen nicht: Wiese interpretiert in frühere Rechtsprechung des BVerwG
ihre These hinein, dass einfachrechtliches Eigentum kein Recht im Sinne des § 42
Abs. 2 VwGO sei und nur bei zumindest mittelbarer Erwähnung in einer öffent-

---

[25] Kapitel 2, B.I.6., S. 76.

[26] BVerwG, Urt. v. 28.03.1996, Az.: 7 C 35/95, BVerwGE 101, 47–51, juris Rn. 10.

[27] Zur Konnotation der Unzulässigkeit Kapitel 2, B.I.4., S. 64 (vgl. auch Kapitel 1,
Fn. 113, S. 38); zur Unklarheit des Begriffes Insichprozess Kapitel 4, C.III.3., S. 344.

[28] BVerwG, Urt. v. 28.03.1996, Az.: 7 C 35/95, BVerwGE 101, 47–51, juris Rn. 8 f.; dem
folgt auch A. Wiese, Beteiligung, passim., etwa S. 213 ff. (ohne dies zu problematisieren, vgl.
auch a.a.O. S. 213: „Eigentum an einem Vermögenswert").

[29] Kapitel 4, C.III.3., S. 344.

[30] Dazu Kapitel 3, B.I.4.d), S. 196. Vgl. auch Kapitel 4, F.I., S. 394.

[31] BVerwG, Urt. v. 28.03.1996, Az.: 7 C 35/95, BVerwGE 101, 47–51, juris Rn. 8.

[32] Vgl. schon oben die Anmerkung in Kapitel 1, Fn. 24, S. 23.

lich-rechtlichen Norm berücksichtigt werden könne (Transformationsthese).[33] Das ist jedoch nicht nachvollziehbar: Aus den zitierten Entscheidungen ergibt sich zwar, dass das Eigentum häufig im Rahmen öffentlich-rechtlicher Normen berücksichtigt wurde, aber nicht, dass das BVerwG der Ansicht ist, dass dies notwendig so sein müsse. Die zur Urteilsbegründung des BVerwG im hiesigen zweiten Fallbeispiel kritische Argumentation Wieses gipfelt jedoch darin, dass dem Gericht mangels Transformationsnorm im konkreten Fall eine unzulässige richterliche Rechtsfortbildung vorgeworfen wird.[34] Dass das BVerwG im zu entscheidenden Fall das Eigentum einfach nur als Recht im Sinne des § 42 Abs. 2 VwGO angesehen haben und dass dies auf eine legitime Auslegung dieser prozessrechtlichen Norm zurückgehen könnte, scheint Wiese dagegen an dieser Stelle gar nicht mehr in Betracht zu ziehen.[35] Anders sind aber die Äußerungen des BVerwG, das einfachrechtliche Eigentum von Teilen des Staates sei „ebenso wie jedes andere private Eigentum" im Verwaltungsprozess geschützt,[36] und es sei „eine unzutreffenden Annahme, daß nur ein in den Schutzbereich des Art. 14 Abs. 1 GG fallendes Eigentumsrecht eine materiellrechtlich bedeutsame Rechtsposition vermittle",[37] kaum zu erklären.[38] Jedenfalls liegt es um einiges ferner, dem BVerwG stattdessen eine Rechtsfortbildung fernab des Gesetzes zu unterstellen. Der Vorwurf einer unzulässigen Rechtsfortbildung gegenüber dem BVerwG durch Wiese ist sehr bemerkenswert: Das für sie anscheinend unverrückbare Dogma, dass § 42 Abs. 2 VwGO nur Rechte aus dem öffentlichen und keine Rechte aus Zivilrecht

---

[33] A. *Wiese,* Beteiligung, S. 188 ff. (vgl. S. 188: „Auch wenn diese Differenzierung in der Rechtsprechung nicht immer dogmatisch genau herausgestellt worden ist […]"). Dazu schon oben Kapitel 4, Fn. 811, S. 396.

[34] A. *Wiese,* Beteiligung, S. 224 ff. Unklar bleibt vor allem, wie dieser Vorwurf damit zusammenpasst, dass *Wiese* den Insichprozess und den verwaltungsrechtlichen Organstreit akzeptiert (etwa a. a. O. S. 103, S. 107 f., insb. S. 152 ff.).

[35] A. *Wiese,* Beteiligung, S. 189 ff., insb. auch S. 214 f. Wohl deswegen, weil es ihrer eigenen Ansicht nicht entspricht, vgl. oben Kapitel 3, B. I. 4. d), Fn. 305 und 310, S. 197 f.

[36] BVerwG, Urt. v. 28.03.1996, Az.: 7 C 35/95, BVerwGE 101, 47–51, juris Rn. 8 (Fallbeispiel oben, Kapitel 1, A. II., S. 20); auch BVerwG, Urt. v. 29.10.1996, Az.: 7 C 48/96, juris Rn. 7. Vgl. oben Kapitel 4, Fn. 806, S. 395. Entsprechende Nachweise finden sich auch bei A. *Wiese,* Beteiligung, S. 199 Fn. 114 f., wörtl. Zit. ebd. S. 200.

[37] BVerwG vom 20.08.1996, Az.: 7 C 5.96, Rn. 9. Wortlautgleich bspw. BVerwG, Urt. v. 03.09.1996, Az.: 7 C 38.96, Rn. 7. Weitere Nachweise bei A. *Wiese,* Beteiligung, S. 200 dort. Fn. 1118, siehe auch a. a. O. S. 213 ff.

[38] Vgl. auch die Nachweise zur Rspr. des BVerwG oben Kapitel 4, Fn. 811, S. 396. *Wiese* äußert auch ausführlich Kritik am zweiten Begründungsstrang des BVerwG, in dem eine Klagebefugnis aus Normen des VermG hergeleitet wird (A. *Wiese,* Beteiligung, S. 201 ff.). Dass es sich hierbei nur um eine weitere Begründung handelt, wird in der Entscheidung BVerwG, Urt. v. 09.12.1996, Az.: 7 C 32.96, Rn. 10 deutlich: „Wegen dieses hier zusätzlich gegebenen Eigentumseingriffs ist die Klägerin ebenfalls klagebefugt." Ob die zur Ansicht des BVerwG in diesem Punkt kritischen Ausführungen *Wieses* überzeugend sind (bspw. S. 212: aus einer Zustellung folge keine Klagebefugnis – was zutrifft; nur fragt sich, ob sich die Pflicht zur Zustellung im Rahmen einer systematischen Auslegung nicht als Indiz für die Verleihung eines materiellen subjektiven Rechts deuten ließe), stellt eine Spezialfrage der Auslegung bestimmter Normen dar, die durch das BVerwG bereits geklärt wurde und kann hier dahinstehen.

umfasst, bei dem sie allem Anschein nach nicht davon ausgeht, dass das BVerwG ihm nicht gefolgt sein könnte, ist selbst eine Rechtsansicht, die in der VwGO, innerhalb deren Wortlaut stets nur von „seinen Rechten" und nicht von öffentlich-rechtlichen Rechten die Rede ist, keinerlei Anhaltspunkt findet.[39] Es kann also keine Rede davon sein, dass das BVerwG eine unzulässige richterliche Rechtsfortbildung vorgenommen hat, sondern das Gericht ist lediglich dem eigentlichen Wortlaut gefolgt. Vom Wortlaut weicht nur der ab, der in § 42 Abs. 2 VwGO und ähnlichen Prozessrechtsnormen das Tatbestandsmerkmal „aus dem öffentlichen Recht" erkennt, das dort nicht geregelt ist.

Da eine Personenidentität zwischen Klägerin und Beklagter besteht, stellt sich jedoch die bereits oben behandelte Frage, ob es überhaupt ein Recht gegen sich selbst geben kann, sich nicht im eigenen Vermögen zu schädigen.[40] Die Rechtsprechung des Bundesverwaltungsgerichts, Insichprozesse seien nicht per se unzulässig, steht jedenfalls der Annahme, die Stadt habe hier gar kein Recht, das sie geltend machen kann, nicht entgegen, da sich aus den Aussagen des Bundesverwaltungsgerichts entnehmen lässt, dass eher die Anerkennung der Rechtssubjektivität von Teilen juristischer Personen als die Zulassung von Prozessen, in denen ein Rechtssubjekt gegen sich selbst streitet, gemeint ist. Und unter Heranziehung der Grundgedanken der Konfusion und Konsolidation im Zivilrecht – die zumindest im Fallbeispiel aufgrund der Herkunft der geltend gemachten Rechtspositionen folgerichtig wäre – ergibt sich im vorliegenden Fall, dass das behauptete Recht gegen sich selbst nicht bestehen kann, weil es keine Anhaltspunkte dafür gibt, dass ein solches Recht gegen sich selbst eine über das Rechtssubjekt hinaus gehende Bedeutung hat.[41]

Selbst wenn aber mit dem Bundesverwaltungsgericht eine Klagebefugnis zu bejahen wäre, dann wäre jedenfalls zu prüfen, ob das allgemeine Rechtsschutzbedürfnis ausgeschlossen ist, wie es das Gericht auch getan hat. Der Ausschluss des allgemeinen Rechtsschutzbedürfnisses kann sich jedoch weder aus dem Begriff „Insichprozeß" noch daraus ergeben, dass der Streit einfacher „mit behördlichen Mitteln hätte beigelegt werden können".[42] Darüber hinaus hätte nicht auf den Oberbürgermeister, sondern auf die juristische Person Stadt, die am Rechtsstreit beteiligt ist, abgestellt werden müssen. Das allgemeine Rechtsschutzbedürfnis ist keine Voraussetzung, die automatisch entfällt, wenn sich ein Streit von vornherein hätte vermeiden lassen.[43] Daher ist es auch nicht relevant, ob der Oberbürgermeister als weisungsbefugte Stelle den Streit zwischen den Ämtern hätte beilegen können

---

[39] Dazu ausführlich oben Kapitel 3, B. I. 4., S. 191 ff.

[40] Zum Ganzen schon oben Kapitel 4, C. III. 3., S. 344.

[41] An dem erlassenen Bescheid hat zwar die Dritte, die durch die Erlösauskehr begünstigt ist, ein Interesse. Der Anspruch auf Erlösauskehr oder Rückzahlungsansprüche sind aber nicht identisch mit dem im Prozess geltend gemachten Recht, das sich nur auf das Eigentum bzw. auf das Vermögen allgemein bezieht.

[42] BVerwG, Urt. v. 28.03.1996, Az.: 7 C 35/95, BVerwGE 101, 47–51, juris Rn. 10.

[43] Oben Kapitel 5, D. III. 3., S. 446.

oder nicht. Eine schnellere, effizientere Alternative zur Klage wäre nur eine solche, durch die im Zeitpunkt, in dem die Klage dem entscheidenden Gericht vorlag, das Rechtsschutzziel der Klägerin Stadt erreicht werden konnte. Das Rechtsschutzziel der Klägerin war die Beseitigung des Bescheides, der die Beigeladene begünstigte. Ein immer noch ergreifbares Mittel zur Erreichung dieses Ziels wäre die Rücknahme des Bescheides – die Stadt ging von seiner Rechtswidrigkeit aus – nach § 48 VwVfG[44] gewesen. Ob diese Alternative auch tatsächlich zur Verfügung stand, hat das Bundesverwaltungsgericht allerdings nicht untersucht. Es sind insbesondere die Voraussetzungen des § 48 Abs. 2, Abs. 4 VwVfG zu prüfen, da der Bescheid über die Auskehr des Erlöses an die Beigeladene einen Geldleistungsverwaltungsakt darstellte. Über diese Voraussetzungen lässt sich auf Basis des veröffentlichten Tatbestandes nichts aussagen, sodass sich auch nicht sicher beurteilen lässt, ob das allgemeine Rechtsschutzbedürfnis gegeben ist. Zumindest falls der Erlös noch nicht ausgekehrt wurde und der Bescheid noch kein Jahr alt war, wäre ein Rechtsschutzbedürfnis wohl tatsächlich zu verneinen gewesen.

Die obiter dictum angedeutete Variante des Bundesverwaltungsgerichts, bei einer Weisung durch die Fachaufsicht abweichend von der gefundenen Lösung einen gerichtlichen Prozess gegen sich selbst zuzulassen,[45] ist ebenfalls nicht überzeugend. Denn wie für den oben bereits erwähnten älteren Fall des Bundesverwaltungsgerichts aus dem Jahr 1992[46] ausgeführt, treffen fachaufsichtliche Weisungen immer nur die juristische Person.[47] Sie vermögen keine Rechte eines Rechtssubjekts gegen sich selbst zu erzeugen. Sie binden die angewiesene juristische Person insgesamt, sodass darüber hinaus keine Aufspaltung in verschiedene Rollen bewirkt wird, die ein sonst ausgeschlossenes allgemeines Rechtsschutzbedürfnis wieder herstellen könnte. Entsprechend hat auch das Bundesverwaltungsgericht in seiner früheren Entscheidung die Weisungen der Fachaufsicht als irrelevant für die Zulässigkeit der Klage zwischen einem Landkreis – Amt für Wohngeld – und dem selben Landkreis – Kreissozialamt – erklärt.[48] Letztlich sind solche Streitigkeiten im Verhältnis zwischen der Stadt und der juristischen Person, welche die Fachaufsicht hat, zu lösen. Würde die Befolgung der fachaufsichtlichen Weisung eine Vermögensminderung bewirken, dann würde sie möglicherweise die in Art. 28 Abs. 2 GG garantierte kommunale Finanzhoheit der Stadt verletzen, sodass die Stadt sich gegen die Weisung auch gerichtlich wehren könnte.[49]

Das Fallbeispiel und die Entscheidung des Bundesverwaltungsgerichts machen deutlich, dass es unerlässlich ist, die Wertungen, die hinter den zur Lösung von Fällen angestellten Überlegungen stehen, transparent zu machen. Die auf den ersten

---

[44] In Sachsen i.V.m. § 1 SächsVwVfZG.

[45] BVerwG, Urt. v. 28.03.1996, Az.: 7 C 35/95, BVerwGE 101, 47–51 juris Rn. 10.

[46] BVerwG, Urt. v. 06.11.1992, Az. 8 C 10/90, NJW 1992, 927.

[47] Dazu oben Kapitel 5, D.II., S. 435.

[48] BVerwG, Urt. v. 06.11.1992, Az. 8 C 10/90, NJW 1992, 927, juris Rn. 16.

[49] Dazu oben Kapitel 2, B.II.2.b), bei Fn. 238, S. 89; vgl. auch Kapitel 4, D.III.1.a) bei Fn. 663, S. 369.

Blick unauffällige, fast beiläufige Bemerkung, es werde ein Insichprozess angestrebt, kündigt eine weitere Prüfung an, die unausgesprochen von den üblichen Maßstäben, die an das allgemeine Rechtsschutzbedürfnis zum Beispiel im Staat-Bürger-Verhältnis angelegt werden, abweicht. Obwohl Impermeabilität und Einheit der Verwaltung nicht erwähnt werden, werden mit dem Abstellen auf den Oberbürgermeister, der als Behördenspitze alle Streitigkeiten bereinigen könne, eben diese Wertungsgesichtspunkte herangezogen. Auf der anderen Seite wird obiter dictum derjenige Aspekt der Einheit der Verwaltung, der im geltenden Verwaltungsrecht fortbesteht – nämlich die juristische Person bzw. die Konzentration auf bestimmte Rechtssubjekte als Punkte der Anknüpfung für Rechte überhaupt, sowie die Rechtsfigur der (relativ zu sehenden) Organschaft – zurückgedrängt und die Stadtverwaltung in einen von Weisungen abhängigen und einen von Weisungen unabhängigen Teil aufgeteilt. Die Aussage, dass diese Widersprüche in der knappen Urteilsbegründung zu finden sind, ist kein Vorwurf – die Widersprüche sind wohl durch die viel beklagte allgemein fehlende rechtswissenschaftliche Durchdringung des sogenannten „Innenbereiches" des Staates bedingt.[50]

D. Ausblick

Was ist mit den Erkenntnissen dieser Arbeit nun gewonnen? Insbesondere an den Vorschlägen für die Lösung der Fallbeispiele wird deutlich, dass die in dieser Arbeit aufgestellten Thesen nicht etwa durchgehend zu völlig anderen Ergebnissen führen, als sie in der Rechtsprechung bereits gefunden werden. Dort ist außerdem aufgrund der Praxisrelevanz der Streitigkeiten Staat gegen Staat eine Entwicklung längst im vollen Gange. Was allerdings häufig fehlt, ist der Überblick über die gesamte Thematik und ein erkennbares System. Eine strukturiertere Herangehensweise ist am besten dadurch zu erreichen, dass die herkömmlichen Fallgruppen und auch die atypischen Fälle der Konstellation Staat gegen Staat weiter in die allgemeine Systematik des Verwaltungsprozessrechts integriert werden, worauf die hier gemachten Vorschläge hinauslaufen. Das ist möglich, weil hergebrachte Grundsätze wie beispielsweise Impermeabilität und Einheit der Verwaltung ihre Berechtigung weitgehend verloren haben und im Gegenzug andere Wertungen, wie die Interessenpluralität in der Verwaltung sowie die Relativität von Rechtsfähigkeit und Organschaft, zu berücksichtigen sind. Eine weitere Integration in das allgemeine Verwaltungsprozessrecht kann aber nur gelingen, indem unklare Begriffe vermieden werden, welche die obsoleten Wertungen in durch Sachgesichtspunkte nicht gerechtfertigter Weise noch transportieren – wie der des Insichprozesses, oder ohne genaue Angabe der betrachteten Relation unzweckmäßige Unterscheidungen, wie die von Innen und Außen. Dem Bürger wird jedenfalls durch eine Annäherung der verwaltungsprozessualen Konstellation Staat

---

[50] Zu dieser fehlenden rechtswissenschaftlichen Aufarbeitung schon oben Kapitel 1, B.I., S. 22.

gegen Staat an die Streitigkeiten im Bürger-Staat-Verhältnis nichts von seinen Rechtsschutzmöglichkeiten genommen.

Selbst wenn aber Folgerungen wie beispielsweise die, auch Rechte des Staates aus dem öffentlichen Recht als subjektive öffentliche Rechte zu bezeichnen – was ebenfalls eher eine Vereinfachung und Vereinheitlichung der Begriffe darstellt als zu anderen Ergebnissen führt –, nicht mitgetragen werden, bleibt doch zu wünschen, dass die entsprechenden Wertungen, die dahinter und hinter anderen Äußerungen zu Sachverhaltskonstellationen Staat gegen Staat stehen, in Zukunft transparenter gemacht werden. Die Rechtsprechung jedenfalls befindet sich in der Sache bereits in einer Entwicklung hin zu größerer Integration der Konstellation Staat gegen Staat in die allgemeine verwaltungsprozessuale Systematik, wie auch die Entscheidung des Bundesverwaltungsgerichts im zweiten Fallbeispiel zeigt[51] – diese Klage wäre wahrscheinlich in den 1960er Jahren mit viel weniger Begründungsaufwand als unzulässiger Insichprozess abgewiesen worden.[52] Ein größeres Bewusstsein für den gesamten Themenkomplex der Streitigkeiten Staat gegen Staat und zumindest die Offenlegung bislang nur unterschwellig transportierter Wertungen sind aber auch Voraussetzungen für eine weitere positive Entwicklung. Genau dies, so ist zu hoffen, konnte diese Arbeit – neben dem Versuch, für das Abschütteln historischer und weitgehend obsoleter Hintergrundannahmen zu werben – voranbringen.

Die Entwicklung der Rechtswissenschaft im Bereich der Rechtsverhältnisse zwischen Teilen des Staates ist im Vergleich zu derjenigen im Verhältnis zwischen Bürgern und Staat verlangsamt, da die Grundrechte, ansonsten bedeutende Triebfeder des Wandels im öffentlichen Recht, im erstgenannten Bereich nicht zur Verfügung stehen.[53] Aus diesem Nachholbedarf heraus bestehen Perspektiven für weitere Veränderungen. Kritisch für diese ist allerdings die Orientierung des deutschen Verwaltungsrechts an der juristischen Person des öffentlichen Rechts, zu der bereits einiges ausgeführt wurde.[54] Durch sie wurde die verbreitete Fallgruppenbildung im Bereich der Streitigkeiten zwischen Teilen des Staates befördert. Sie transportiert auch Reste der Vorstellung von Einheit und Impermeabilität der Verwaltung, kann dies aber aufgrund diverser Durchbrechungen nicht konsequent in das Verwaltungsrecht einbringen. Einerseits ist die Fixierung auf die juristische Person des öffentlichen Rechts eine mit anderen, längst überwundenen Elementen der konstitutionellen Staatsrechtslehre eng verbundene Erscheinung, andererseits hat sie im heutigen Verwaltungsrecht einen festen Platz,[55] trotz Relativität der Rechtsfähigkeit und anderer ihre Bedeutung schmälernder Argumentations-

---

[51] BVerwG, Urt. v. 28.03.1996, Az.: 7 C 35/95, BVerwGE 101, 47–51.

[52] Vgl. oben Kapitel 2, B.I.4., S. 64.

[53] Dazu schon oben Kapitel 1, B.III., S. 27.

[54] Oben Kapitel 6, A., S. 449.

[55] *E.-W. Böckenförde* in: FS H.J. Wolff, S. 288: „Für die Praxis muß es daher weiterhin bei dem Rettungsanker Juristische Person verbleiben."

linien.[56] Die Rechtsfigur der juristischen Person wird daher, wie bereits mehrfach erwähnt, auch kritisiert und eine stärkere Betrachtung des Staates als Organisation angeregt.[57] Bei strikter Geltung der Grundsätze der Einheit und Impermeabilität der Verwaltung wäre mit einer Fixierung des Verwaltungsrechts auf die juristische Person keine Inkonsistenz verbunden. Das Umdenken im Hinblick auf das Bild vom Staat war jedoch bereits von Beginn an in der Existenz verschiedener juristischer Personen des öffentlichen Rechts angelegt. Ob sich jedoch die beschriebenen Widersprüche, die – heute verstärkt – in der Orientierung an der juristischen Person liegen, durch eine Entwicklung hin zu einem entgegengesetzten Pol auflösen lassen, ob sich ein stimmiges Gesamtbild der Verhältnisse im Inneren der juristischen Personen des öffentlichen Rechts zeichnen lässt, und ob dafür die Rechtsfigur der juristischen Person für das öffentliche Recht aufgegeben werden müsste, ist nicht absehbar.[58] Perspektivisch ist der Blick jedoch von den Grenzen zwischen juristischen Personen weg zu richten.

---

[56] Wie etwa die Tatsache, dass auch der Bürger als eigentlich außenstehender die Zuständigkeitsverteilung innerhalb juristischer Personen beachten muss (dazu Kapitel 2, bei Fn. 557, S. 138), oder dass bezüglich der Zurechnung einer Kenntnis im Rahmen der §§ 48 f. VwVfG keinesfalls auf die juristische Person abgestellt wird (vgl. Kapitel 2 bei Fn. 92, S. 63). Vgl. auch *E.-W. Böckenförde* in: FS H. J. Wolff, S. 280.

[57] *E.-W. Böckenförde* in: FS H. J. Wolff, S. 287 ff., S. 292 ff.; zu dieser Kritik auch oben Kapitel 1, Fn. 83 f., S. 34.

[58] Da sich dort die Stärken des Staatsbegriffes zeigten, plädiert *C. Möllers,* Staat, S. 425 eher für eine Konzentration auf die juristische Person und die Beibehaltung dieser Kategorie (vgl., auch zur Kritik an *Böckenförde,* a. a. O. S. 159 ff.; vgl. das hiesige wörtl. Zit. in Kapitel 1, Fn. 61 S. 30).

Zusammenfassung

(Kapitel 1) A.[1] Streitigkeiten zwischen Teilen des Staates können in vielen verschiedenen Konstellationen auftreten, was bereits die eingangs geschilderten Fallbeispiele mit zwei atypischen Sachverhalten illustrieren. Es kann zwischen Streitigkeiten zwischen juristischen Personen des öffentlichen Rechts und solchen innerhalb einer juristischen Person unterschieden werden.

B. Verwaltungsprozessuale Streitigkeiten zwischen Teilen des Staates haben eine große praktische Bedeutung. Durch eine fallgruppenübergreifende Betrachtung, d. h. durch eine Überblicksperspektive, sind neue Erkenntnisse zu gewinnen. Zwischen den einzelnen Fallgruppen, die herkömmlich getrennt betrachtet werden, deuten sich Wertungswidersprüche an.

C. Mit Staat im Sinne dieser Arbeit ist die Vielzahl der juristischen Personen gemeint, die im Sinne des Grundgesetzes Hoheitsgewalt ausüben und an Grundrechte gebunden sind, sowie deren Teile, für die es unterschiedliche Bezeichnungen wie Verwaltungseinheit, Amt, Behörde und Organ gibt. Der Begriff Organ bezeichnet eine Funktion innerhalb einer Organisation und ist daher relativ, das heißt er trifft eine Aussage nur im Hinblick auf die jeweils betrachtete rechtliche Beziehung. Für eine statische Beschreibung oder Kategorisierung bestimmter Teile der Verwaltung ist er ungeeignet.

D. Sachentscheidungsvoraussetzungen verhindern eine Entscheidung in der Sache, begrenzen also den Zugang zu verwaltungsgerichtlichem Rechtsschutz. Sie stellen sicher, dass der Streit überhaupt mit den Mitteln des Verwaltungsprozessrechts geklärt werden kann, reduzieren aber auch die Zahl der Prozesse, was zu einer Schonung der Ressource Justiz und des Gegners führt. Auch bei Streitigkeiten zwischen Teilen des Staates sind die Sachentscheidungsvoraussetzungen der verwaltungsrechtlichen Prozessordnungen zu beachten und unvoreingenommen zu prüfen.

(Kapitel 2) A. Für eine vom Gesetz abgeleitete Lösung rechtlicher Probleme ist es insbesondere notwendig, Wertungsgesichtspunkte, die bei der Rechtsanwendung leitend waren, transparent zu machen. Darum hat die Analyse von Wertungsgesichtspunkten in dieser Arbeit einen hohen Stellenwert. Gerade in der Konstellation Staat gegen Staat spielen Wertungsgesichtspunkte, die ihren historischen Ursprung im deutschen Konstitutionalismus haben, ein große Rolle – sie

---

[1] Die Gliederung dieser Zusammenfassung der Problemstellungen und Ergebnisse folgt derjenigen der Arbeit.

führen teilweise zu einer gewissen Skepsis gegenüber Streitigkeiten zwischen Verwaltungseinheiten.

B. Diese Wertungsgesichtspunkte haben aber eine unterschiedliche Präsenz innerhalb der verschiedenen Fallgruppen von Streitigkeiten zwischen Teilen des Staates. Anders als Streitigkeiten zwischen juristischen Personen wird Streit innerhalb juristischer Personen häufig skeptisch gesehen.

I. Zwar gilt die Impermeabilitätstheorie, die allein dem Machterhalt des Monarchen gegenüber dem Parlament diente, als längst aufgegeben, sie hat jedoch als Vorstellung vom „Innenraum" des Staates noch Nachwirkungen. Ähnlich verhält es sich mit dem Grundsatz der Einheit der Verwaltung, der mitunter als Schlagwort ohne rechtswissenschaftlichen Nutzen gebraucht wurde, aber keinen bestimmbaren normativen Inhalt hat. Unter der Geltung des Grundgesetzes wurden anfangs Verwaltungsprozesse zwischen Teilen juristischer Personen noch pauschal als unzulässige Insichprozesse abgelehnt. Erst schrittweise wurden die einschlägigen Probleme den Sachentscheidungsvoraussetzungen Klagebefugnis und Rechtsschutzbedürfnis zugeordnet und nicht mehr direkt auf diffuse Grundsätze zurückgegriffen, ohne jedoch die aus den Staatsvorstellungen des Konstitutionalismus herrührende unterschwellige Ablehnung ganz abzustreifen. Aus diesem Grunde wurden die sogenannten verwaltungsrechtlichen Organstreitigkeiten, welche die Rechtsprechung zunächst aufgrund vorausgesetzter praktischer Notwendigkeiten etablierte, von der Literatur als Ausnahme vom – mit der Konnotation der Unzulässigkeit versehenen – Insichprozess angesehen, indem die sogenannten Organrechte aus einer Kontraststellung der beteiligten Verwaltungseinheiten abgeleitet wurden.

II. Streitigkeiten zwischen juristischen Personen scheinen dagegen in der Regel unproblematisch, wodurch entscheidende Fragen übersehen werden können. In der Tradition der Fiskustheorie werden juristische Personen des öffentlichen Rechts oft Bürgern gleich gestellt. Daran, dass jene nicht alle Rechte geltend machen können, die Bürgern zustehen – insbesondere keine Grundrechte – und an der Fallgruppe der Anfechtung fachaufsichtlicher Weisungen wird jedoch deutlich, dass eine Gleichsetzung mit Bürgern in Verwaltungsprozessen nicht statthaft ist.

III. Die allgemeine Akzeptanz von Streitigkeiten sowohl zwischen als auch innerhalb juristischer Personen des öffentlichen Rechts zeigt, dass Grundsätze wie Impermeabilität und Einheit der Verwaltung kein konsistentes argumentatives Fundament bieten können. Bei der rechtlichen Lösung von Fällen der Konstellation Staat gegen Staat kommt es nicht auf diffuse Grundsätze, sondern im Wesentlichen darauf an, ob der klagende Teil ein subjektives Recht geltend machen kann.

C. I. Hintergrund der Ablehnung von Streitigkeiten zwischen Teilen des Staates sind oft Befürchtungen, durch Streitigkeiten innerhalb der Verwaltung würde diese in ihrer Funktion gelähmt. Paradoxerweise wurde die Etablierung von sogenannten verwaltungsrechtlichen Organstreitigkeiten aber gerade mit einem praktischen Bedürfnis und damit letztlich mit dem Argument der besseren Funktionsfähigkeit der Selbstverwaltungskörperschaften gerechtfertigt. Da Streitigkeiten innerhalb der Verwaltung außerdem weder die Staatlichkeit noch das Gewaltmonopol des Staates gefährden noch mit dem Demokratie- oder Gewaltenteilungsprinzip unvereinbar sind – wie schon diverse Regelungen des Grundgesetzes zeigen, die Streitigkeiten zwischen Teilen des Staates ermöglichen –, kann die Ablehnung von Streitigkeiten zwischen Teilen des Staates mit einem Arbeitsfähigkeitsargument nur einer Übernahme des Bildes einer einheitlichen und impermeablen, ursprünglich strikt durch den Monarchen kontrollierten Verwaltung zugeschrieben werden. Im Übrigen sind auch die Kosten gerichtlicher Streitigkeiten zwischen Teilen des Staates kein Argument, das einen totalen Ausschluss rechtfertigen würde, u. a. weil den Kosten der Vorteil einer besseren Rechtsdurchsetzung gegenübersteht.

II. Statt Impermeabilität und Einheit der Verwaltung lässt sich heute eher eine Interessenpluralität innerhalb der Verwaltung erkennen, auf die schon allein die hochkomplexe Verwaltungsstruktur hindeutet. Mit ihr geht einher, dass es kein statisches Allgemeinwohl gibt, sondern nur den strukturierten Versuch, die bestmögliche Lösung von Interessenkonflikten zu finden. Auf dem Weg dorthin streiten innerhalb der Verwaltung verschiedene gegenläufige Interessen, die teilweise Verwaltungseinheiten als Sachwaltern einzelnen zugeordnet sind. Aus dieser Zuordnung heraus, die sich nicht auf bestimmte Organisationsformen beschränkt, entstehen Konflikte innerhalb der Verwaltung. Sogenannte verwaltungsrechtliche Organstreitigkeiten bilden hierbei keine besondere Ausnahme, genauso wenig wie Interessen allein bei juristischen Personen des öffentlichen Rechts gebündelt werden.

III. Ebenfalls ein zentrales Strukturelement der Verwaltung ist allerdings die Hierarchie. Sie ist genauso wie subjektive Rechte ein Mittel der Konfliktlösung. Als beamtenrechtliches Instrument ist sie sehr stark, in anderen Bezügen schwächer ausgeprägt. Eine sehr strikte und effektive Hierarchie entspricht dem Idealbild der Verwaltung, das im Konstitutionalismus geherrscht hat, weil sie die Einheitlichkeit der Verwaltung durch effektive Durchgriffsrechte des Monarchen als Spitze der Exekutive sicherstellt. Eine solche Hierarchie besteht aber unter dem Grundgesetz in der Verwaltung nicht mehr. Die Instrumente der Hierarchie füllen in der Regel nur Lücken im Gesetz auf, das nach Fortfall der Impermeabilitätstheorie nun auch im Inneren der Verwaltung existieren kann. Lücken im System der Rechtsnormen bestehen allerdings zwangsläufig noch heute, insbesondere weil Gesetze nicht jeden Einzelfall regeln können. Die Hierarchie in der Verwaltung ist zumindest heute kein völlig durchgängiges Prinzip, und es gibt keine solitäre höchste Spitze der Verwaltung – alleine deswegen, weil Bund und Länder nebeneinander existieren. Auch die Spezialisierung innerhalb der Verwaltung schwächt die Hierarchie. Deswegen kann die Hierarchie die Interessenpluralität in der Verwaltung nicht in dem Sinne ersticken, dass Streitigkeiten zwischen ihren Teilen ausgeschlossen wären.

D. Die Unterscheidung in einen Innen- und einen Außenrechtskreis, die auf die Impermeabilitätstheorie zurückgeht, transportiert deren Wertung teilweise, indem

sie abgeschlossene Bereiche bezeichnet, in denen – sonst wäre die Unterscheidung
überflüssig – andere Regeln gelten. Der Bedeutungsgehalt der Kategorien Innen
und Außen sowie deren Abgrenzung ist jedoch oft unklar. Sie ist daher kritisch zu
sehen. Häufig wird auch die Relativität der Unterscheidung zwischen Innen und
Außen nicht beachtet.

(Kapitel 3) A. Das subjektive Recht ist ein zentrales Element des Verwaltungsprozessrechts. Zwar können sich Teile des Staates nicht auf Art. 19 Abs. 4 GG berufen, jedoch müssen auch sie in aller Regel ein subjektives Recht geltend machen
können, wenn sie vor Gericht Erfolg haben wollen.

B. I. Das subjektive Recht zu definieren ist jedoch ein schwieriges Unterfangen.
Es unterscheidet sich jedenfalls vom bloß objektiven Recht. Einige Stimmen in
der Literatur gehen davon aus, dass dieser rechtsphilosophisch aufgeladene Begriff
überhaupt nicht definiert werden kann. Der Begriff des subjektiven Rechts ist am
besten in seinem jeweiligen Zusammenhang zu erfassen, hier im Zusammenhang
mit den verwaltungsrechtlichen Prozessordnungen. Die herrschende Meinung zur
Beschreibung des subjektiven Rechts ist die sogenannte Kombinationstheorie.
Schon ihr Name verrät allerdings, dass durch sie Meinungsverschiedenheiten eher
verdeckt werden als dass sie eine stringente Lösung bietet. Es gibt verschiedene
Merkmale, die unterschiedlichen Autoren zur Definition des subjektiven Rechts
dienen, von denen die Kombinationstheorie vor allem die Willens- oder Rechtsmacht und das (individuelle) Interesse betont. Daneben lassen sich aber auch die
Elemente zwingender Rechtssatz des objektiven Rechts, Begünstigung, Verhaltenspflicht auf der Passivseite, Zuordnung bzw. Zuweisungsgehalt, Individualität
und Abgrenzbarkeit, Finalität (im Sinne der Beabsichtigung z. B. des Interessenschutzes durch den Gesetzgeber) und insbesondere gerichtliche Durchsetzbarkeit
in Beschreibungen des subjektiven Rechts finden. Allen diesen Merkmalen ist gemeinsam, dass sich eine Relevanz für das subjektive Recht nicht abstreiten lässt,
aber an jedem von ihnen auch berechtigte Kritik geübt wird. Viele von ihnen hängen miteinander zusammen, viele führen auch zu Zirkelschlüssen. Das subjektive
Recht kann daher kaum als etwas gesehen werden, das mit einer juristischen Definition versehen werden kann, sondern es ist als Platzhalter für die Wertungsfragen zu begreifen, die sich hinter der Norm verbergen, die das subjektive Recht als
Tatbestandsmerkmal verwendet. Im Verwaltungsprozessrecht ist das die Frage,
ob sich ein Kläger auf eine bestimmte Norm berufen, das heißt ihre Einhaltung
in einem Gerichtsprozess erzwingen können soll. Da es sich beim Tatbestandsmerkmal subjektives Recht um einen Platzhalter für eine kaum vorstrukturierte
Wertungsfrage handelt, gibt es im Bereich der Klagebefugnis eine umfangreiche
Rechtsprechungskasuistik. Was jedoch eindeutig gesagt werden kann ist, dass § 42
Abs. 2 VwGO und ähnliche Normen des Verwaltungsprozessrechts mit ihrer Formulierung „seinen Rechten" alle Rechte meinen, also auch solche des Zivilrechts,
und eine Beschränkung auf Rechte aus dem öffentlichen Recht oder subjektive öffentliche Rechte des Bürgers weder aus dem Wortlaut noch sonst überzeugend her-
leitbar ist.

II. Da eine Definition, mit deren Hilfe unter das Tatbestandsmerkmal subjektives Recht subsumiert werden könnte, nicht zu ermitteln ist, beschränken sich Rechtsprechung und Literatur im Verwaltungsprozessrecht auf verschiedene Methoden und Regeln zum Auffinden subjektiver Rechte, die in unterschiedlichen Fallkonstellationen Anwendung finden. Aus historischen Gründen hat die Schutznormtheorie noch die größte Nähe zu einer Definition des subjektiven Rechts. Sie steht stark unter dem Einfluss der Interessentheorie. Es gibt jedoch keine ganz einheitliche Formulierung der Schutznormtheorie, und auch bei gleicher Formulierung wird ihr teilweise ein im Detail variierender Inhalt zugemessen. In ihr spiegeln sich zum Teil die Differenzen wider, die auch die Debatte um das subjektive Recht prägen. Trotz der immer wiederkehrenden Formulierung, eine Rechtsnorm müsse „zumindest auch Individualinteressen zu dienen bestimmt" sein, kann die Schutznormtheorie nur als ein Kanon von Methoden und Regeln angesehen werden, mit dem ein subjektives Recht gefunden werden kann. Wann nämlich eine Norm einem Individualinteresse zu dienen bestimmt ist, wird mit unterschiedlichen Kriterien bestimmt. Der Zweck vieler dieser Kriterien ist es, eine Begrenzung des Rechtsschutzes zu erreichen. Die Fragen nach der Intention eines tatsächlichen Interessenschutzes, nach der Schutzwürdigkeit eines Interesses sowie nach der Abgrenzung von Allgemeininteressen und Individualinteressen – die sich letztlich nicht überzeugend bewerkstelligen lässt – führen ebenso nur wieder zurück zur Ausgangsfrage, ob sich der Kläger auf eine Rechtsnorm berufen können soll, wie eine Lösung über die Begrenztheit des Kreises der Begünstigten. Alle diese Ansätze leiden an Widersprüchen, die aus der Zwischenstellung des Problems zwischen materiellem und Prozessrecht resultiert. Die Schutznormtheorie, die heute nur in Drittschutzkonstellationen herangezogen wird, hat letztlich als fallgruppenübergreifenden inhaltlichen Kern, dass die Frage, ob ein Recht in einer Norm enthalten ist, durch Auslegung dieser Norm zu beantworten ist.

Zu dieser Konzentration auf die Rechtsnorm gibt es allerdings auch Gegenentwürfe. So wurde vertreten, dass die Frage, ob sich jemand auf eine Rechtsverletzung berufen können soll, allein mit dem direkten Rückgriff auf Grundrechte zu beantworten sei. Im Hinblick auf die Weite der Grundrechte, insbesondere des Art. 2 Abs. 1 GG, wäre dann aber kaum zu erklären, wie § 42 Abs. 2 VwGO und ähnliche Prozessrechtsnormen noch Popular- und Interessentenklagen verhindern können sollen, wenn nicht ähnliche Abgrenzungskriterien hinsichtlich einer rechtlichen Betroffenheit von staatlichen Maßnahmen wie bei der Schutznormtheorie bemüht würden. Zudem berührt ein direkter Rückgriff auf Grundrechte das Gewaltenteilungsprinzip. Letztlich ist es nicht nötig, aufgrund der Grundrechte oder des Europarechts von der Schutznormtheorie abzurücken, weil sich diese Einflüsse durch eine systematische, europarechts- oder grundrechtskonforme Auslegung des einfachen Rechts in die Schutznormtheorie aufnehmen lassen. Alternativ zur Schutznormtheorie wurde auch vorgeschlagen, danach zu fragen, ob der Kläger faktisch in seinen eigenen Angelegenheiten betroffen ist. Auch hier stellen sich jedoch Fragen der Gewaltenteilung, und die Abgrenzungskriterien, wann jemand tatsächlich in seinen eigenen Angelegenheiten betroffen ist, ähneln den Kriterien der modernen Schutznormtheorie. Der direkte Rückgriff auf Grundrechte und der Ansatz, auf die faktische Betroffenheit abzustellen, sind sich letztlich ähnlich und gehen auf den hergebrachten Grundsatz der Freiheit von ungesetzlichem Zwang zurück. Verwirklicht werden sie außerhalb von Drittschutzkonstellationen durch die Adressatentheorie, die nach herrschender Meinung auf Art. 2 Abs. 1 GG zurückgreift. Im Bereich der Adressatentheorie ist der Rechtsschutz intensiver, weil auch die Verletzung allen objektiven Rechts durch einen Rechtsakt vom Adressaten gerügt werden kann. Es besteht ein Widerspruch zwischen den Grundlagen der Adressaten- und der Schutznormtheorie.

(Kapitel 4) A. Es gibt eine ganze Kaskade von Argumenten, die gegen eine Fähigkeit des Staates, Rechte inne zu haben, vorgebracht werden. Einige sprechen dem Staat überhaupt die Fähigkeit ab, Rechte zu haben, andere lehnen Rechte aus dem öffentlichen Recht ab, und schließlich wird der Begriff des subjektiven öffentlichen Rechts für Rechte der Bürger reserviert. Pauschale Begründungen wie diejenige, dass der Staat nur Kompetenzen, aber keine Rechte habe, oder dass der Staat nur das Allgemeinwohl und keine Individualinteressen verfolge, beruhen auf dem Bild des Staates, welches im Konstitutionalismus herrschte. Teile des Staates erfüllen aber alle Voraussetzungen, Rechte inne zu haben ebenso wie juristische Personen des Privatrechts. Andere Gegenargumente gegen Rechte von Teilen des Staates, die den selben Ursprung haben, beschränken sich auf bestimmte Fallgruppen bzw. werden nur zu diesen geäußert – je nach dem, ob es sich um Rechte des Zivilrechts oder um solche aus dem öffentlichen Recht handelt und ob der betreffende Teil des Staates eine juristische Person des öffentlichen Rechts ist oder ein Teil einer solchen.

B. Auf der Ebene der Rechte aus dem öffentlichen Recht macht sich die Ablehnung insbesondere in der Terminologie bemerkbar. Erstens wird der Begriff des subjektiven öffentlichen Rechts für Rechte des Bürgers reserviert, und zweitens werden Rechte des Staates oft nicht als subjektive Rechte, sondern nur als quasi-Rechte oder ähnliches bezeichnet. Dabei sind Rechte des Staates aus dem öffentlichen Recht – insbesondere in geschriebenen Normen des einfachen und des Verfassungsrechts – anerkannt. Werden Rechte des Staates aus dem Privatrecht anerkannt, ist nach dem Ende von Fiskus- und Impermeabilitätstheorie die Anerkennung von Rechten aus dem öffentlichen Recht ein kleiner Schritt. Eine terminologische Differenzierung in subjektive öffentliche Rechte und quasi-Rechte oder Rechte im weiteren Sinne, die in der Literatur zu § 42 Abs. 2 VwGO verbreitet ist, ist daher überflüssig und konserviert ohne praktische Notwendigkeit das Bild vom Innenbereich des Staates, in dem andere Regeln gelten, als das Recht im Übrigen aufstellt. Ebenso verhält es sich mit der Reservierung des Begriffs subjektives öffentliches Recht für Rechte des Bürgers gegen den Staat, die nur historisch zu erklären, jedoch veraltet ist. Rechtspositionen des Staates sind genauso gerichtlich durchsetzbar wie Rechte der Bürger. Die Struktur des subjektiven öffentlichen Rechts ist ebenso unklar wie die des subjektiven Rechts allgemein, sodass sich

keine Eigenschaft des subjektiven öffentlichen Rechts finden lässt, die eine Beschränkung des Kreises der Rechtsinhaber auf Bürger überzeugend rechtfertigen
würde. Statt nur die Funktion zu haben, die Sphären von Staat und Gesellschaft
abzugrenzen und Individualität und Personalität zu gewährleisten – was heute die
Aufgabe der Grundrechte ist –, sind subjektive öffentliche Rechte auch dazu da,
Rechtsschutzmöglichkeiten zu begrenzen und Konflikte unter Bürgern auszugleichen. Das subjektive öffentliche Recht sollte daher gemäß der verwendeten Formulierung als Recht, das im öffentlichen Recht geregelt ist, verstanden werden – ohne
die Beschränkung auf Rechte der Bürger. Dies würde vor allem der Einfachheit und
leichteren Nachvollziehbarkeit öffentlich-rechtlicher Dogmatik dienen.

C. Nicht nur juristische Personen des öffentlichen Rechts können Rechte inne
haben, sondern auch ihre Teile. Im öffentlichen Recht gibt es eine Relativität der
Rechtsfähigkeit, das heißt, eine Norm, die einer Verwaltungseinheit ein Recht zuschreibt, regelt inzident auch die Fähigkeit der Verwaltungseinheit, das Recht inne
zu haben, und bestimmt das rechtliche Verhältnis, in dem das Recht gilt. Für das
Zivilrecht dagegen wird die Rechtsfähigkeit in separaten Normen geregelt. Rechte
aus dem Privatrecht können also nur den vermögensfähigen Teilen des Staates, insbesondere juristischen Personen, zustehen. Im Einzelfall ist genau darauf zu achten, wem das Recht zusteht: dem Teil der Verwaltung selbst oder einer Organisation, für das er als Organ fungiert. Dass eine Verwaltungseinheit ein Organ ist,
heißt zwar nicht, dass sie nicht in einem anderen rechtlichen Verhältnis Rechte
inne haben kann, in dem sie nicht als Organ fungiert – auch die Organschaft ist
relativ. Aber als Organ übt eine Verwaltungseinheit keine eigenen Rechte, sondern nur solche der Organisation aus. Ebenso ist darauf zu achten, ob ein Recht
einem Teil des Staates oder aber der Privatperson, die ein Amt ausfüllt, zusteht.
Diese Frage stellt sich vor allem bei Teilen des Staates, die nur von einem Amtswalter ausgefüllt werden, und besonders bei Kommunalverfassungsstreitigkeiten
werden die Rollen häufig auch verwechselt. Eine Trennung kann jedoch im Einzelfall schwierig sein, wie das Problem der Anfechtung von Weisungen im Beamtenverhältnis zeigt. Für alle Handlungen, aber auch alle Rechte des Staates ergibt
sich eine Zurechnungskette: Für den Staat kann immer nur ein Mensch handeln,
der ein Amt ausfüllt, das unter Umständen als Organ für eine andere Verwaltungseinheit fungiert. Es können auch mehrere Organe hintereinander in solch einer Zurechnungskette stehen, an deren anderem Ende nicht zwangsläufig eine juristische
Person zu finden ist. Ob ein Recht einem Teil der Verwaltung selbst zusteht, oder
ob es in der relevanten rechtlichen Beziehung nur ein Organ ist oder ob das Recht
dem Amtswalter als Privatperson zusteht, ist durch Auslegung der das Recht ent-
haltenden Rechtsnorm festzustellen, und nicht etwa durch Zuordnung des Falles
zu Fallgruppen. Besonders problematisch ist es allerdings, wenn ein Recht von
einer Verwaltungseinheit gegen sich selbst geltend gemacht wird. Es spricht viel
dafür, ein entsprechendes Recht in Anlehnung an die zivilrechtlichen Grundsätze
der Konfusion und Konsolidation als nicht existent anzusehen, wenn es außerhalb
der Sphäre des klagenden Rechtssubjekts keine Bedeutung hat.

Problematisch an Gerichtsprozessen mit Beteiligung von Teilen des Staates, die
nicht vermögensfähig sind, ist die Frage der Prozesskosten, denn sie selbst können
keine Kosten tragen. Dem Amtswalter die Kosten aufzuerlegen, würde jedenfalls
der gebotenen Trennung der Rollen widersprechen – ein Regress kann nur nach
den dienstrechtlichen Regelungen geschehen, die nicht unterlaufen werden dürfen. Wirtschaftlich sind solche Kosten ohnehin zunächst von der juristischen Person zu tragen, deren Teil die im Prozess unterlegene Verwaltungseinheit ist, sodass
viel dafür spricht, § 154 VwGO und ähnliche Prozessrechtsnormen so auszulegen,
dass die juristische Person Kostenschuldnerin ist.

D. Bei der Ermittlung subjektiver Rechte von Teilen des Staates aus dem öffentlichen Recht ist nicht je nach Fallgruppe unterschiedlich vorzugehen, sondern die
jeweilige Rechtsnorm daraufhin auszulegen, ob und in welchem rechtlichen Verhältnis sie ein subjektives Recht enthält. Auf die Adressatentheorie, die Herleitung
von Rechten bei faktischer Betroffenheit oder auf andere auf dem Grundsatz der
Freiheit von ungesetzlichem Zwang beruhende Ansätze kann aber bei Streitigkeiten zwischen Teilen des Staates nicht zurückgegriffen werden. Ein Sonderweg bei
der Bestimmung von Rechten des Staates ist jedoch trotzdem nicht notwendig, weil
die Grundgedanken der Schutznormtheorie herangezogen werden können. Denn abgesehen von ihrer häufig auf Rechte der Bürger ausgerichteten Formulierung stellt
diese mit dem Begriff „Individualinteresse" auf identifizierbare Belange ab, wie sie
im Rahmen der Interessenpluralität in der Verwaltung auch Verwaltungseinheiten
zugewiesen sind. Diese sind nicht weniger individuell als solche großer Kapitalgesellschaften. Da die Schutznormtheorie aber einen offenen Kanon von Methoden
und Regeln darstellt, können besondere Wertungskriterien bei Streitigkeiten zwischen Teilen des Staates zu beachten und in die Schutznormtheorie zu integrieren
sein. Eine Weisungsgebundenheit gehört jedenfalls nicht zu den Aspekten, die eine
Rolle spielen müssen, weil Weisungen und subjektive Rechte auf unterschiedlichen
Ebenen existieren. Dagegen ist es eine Besonderheit bei Streitigkeiten zwischen
Teilen des Staates, dass nicht auf Grundrechte zurückgegriffen werden kann. In
sogenannten verwaltungsrechtlichen Organstreitigkeiten sind keine anderen Kriterien als in sonstigen Fällen von Streitigkeiten Staat gegen Staat anzulegen: Dass die
Rechte dort nur der Verfahrenssicherung dienen, ist keine Spezialität allein dieser
Fälle. Es ist eine Entscheidung des Gesetzgebers, wie er Interessen durch Rechte
schützen will. Auch die besondere demokratische Legitimation der Verwaltungseinheiten in diesem Bereich ist kein Grund, pauschal von einer Sonderstellung auszugehen – auch wenn eine besondere demokratische Legitimation von Verwaltungseinheiten durchaus ein Motiv des Gesetzgebers sein kann, Rechte zu verleihen.

Aus der Interessenpluralität der Verwaltung folgt jedoch nicht, dass unter Zuhilfenahme der Schutznormtheorie alle Teile der Verwaltung mannigfach Rechte
inne hätten. Abgesehen von den gerade beschriebenen Besonderheiten bei Teilen
des Staates sind auch die übrigen Kriterien der Schutznormtheorie anzuwenden –
es geht um die Bewertung von Interessen und die Frage, ob die Norm ausdrückt,
dass sich ein Teil des Staates auf sie berufen können soll. Beispielsweise können

und müssen Aspekte der Ausschließlichkeit der Zuordnung oder einer herausgehobenen Betroffenheit in einem Belang auch im Hinblick auf Teile des Staates geprüft werden. Die von einem Teil des Staates geltend gemachten Belange müssen ihm selbst zugeordnet sein: So können sich beispielsweise Gemeinden nicht zum Treuhänder der Rechte ihrer Einwohner aufschwingen.

E. Teile des Staates können, da sie sich nicht auf Grundrechte oder eine Freiheit von ungesetzlichem Zwang berufen können, nicht wie bei Anwendung der Adressatentheorie jeden Verstoß gegen objektives Recht rügen, wenn die angegriffene Maßnahme in ihre Rechte eingreift. Rechte aus dem öffentlichen Recht können nicht gegenüber allen denkbaren Rechtssubjekten bestehen – absolute Rechte gibt es im öffentlichen Recht nicht. Es ist daher immer auch genau zu untersuchen, gegen wen sich ein Recht richtet. Bei sogenannten verwaltungsrechtlichen Organstreitigkeiten sind das die Teile der juristischen Person. Deswegen wird überwiegend auch für richtig gehalten, diese zu verklagen und nicht etwa die juristische Person als Ganze, der die Beteiligten angehören. § 78 Abs. 1 Nr. 1 Hs. 1 VwGO und das Rechtsträgerprinzip stehen dem nicht entgegen, da diese lediglich aussagen, dass das Rechtssubjekt zu verklagen ist, gegen das sich das jeweilige Recht richtet. Die gegenteilige Ansicht beruht auf einer zu starken Fixierung auf die juristische Person des öffentlichen Rechts. Völlig entgegen dieser Tendenz kommt es aber auch immer wieder vor, dass nicht beachtet wird, dass Weisungen der Aufsicht von Selbstverwaltungskörperschaften diese als solche treffen und daher Rechte der Körperschaft sogar bei Bestehen einer Fachaufsicht nur von der Aufsicht, aber nicht von eigenen Organen, die fachaufsichtliche Weisungen umsetzen, verletzt werden kann. Die geltend gemachten Rechte richten sich nicht gegen die eigenen Organe. Daher ist der Streit im Verhältnis zwischen der juristischen Person und der Fachaufsicht auszutragen.

F. Juristische Personen des öffentlichen Rechts können sich im Verwaltungsprozess auf zivilrechtliches Eigentum berufen, auf Art. 14 GG aber nicht. Deswegen kann der Staat die prozessuale Hebelfunktion des Grundrechts nicht nutzen und sich beispielsweise in Planfeststellungsverfahren nur auf eine fehlende oder fehlerhafte Berücksichtigung seines Eigentums berufen, nicht aber die falsche Handhabung anderer Belange rügen. Nimmt allerdings eine ein Recht enthaltende Norm Bezug auf das zivilrechtliche Eigentum, kann sich regelmäßig auch eine juristische Person des öffentlichen Rechts auf sie berufen. Ermöglicht ein solches Recht eine Vollüberprüfung eines Rechtsaktes, gilt das auch zu Gunsten des Staates, jedoch nur, falls die Vollüberprüfung auch wirklich durch die einfachrechtliche Norm bewirkt wird. Nicht nur Rechtsnormen, die auf das Eigentum Bezug nehmen, sondern auch andere drittschützende Normen des Verwaltungsrechts berechtigen in der Regel auch Teile des Staates. Eine gespaltene Auslegung in der Art, dass sie nur Rechte für Bürger enthalten, ermöglichen meist weder der Wortlaut noch andere Anhaltspunkte.

Die Bezeichnung „Organrechte" für Rechte von Teilen bestimmter juristischer Personen ist genau genommen nicht korrekt, weil die Verwaltungseinheiten, soweit sie eigene Rechte haben, keine Organe sind. Sie transportiert darüber hinaus eine sachlich nicht gerechtfertigte Gegenüberstellung von Behörden und Organen. Kommunalverfassungsrechtliche Drittanfechtungen, bei denen Teile einer juristischen Person Rechte gegen außerhalb dieser stehende Rechtssubjekte geltend machen, sind kritisch zu sehen. Denn Rechte, welche diesen Teilen zustehen, entstammen dem öffentlichen Recht und können daher keine absoluten Rechte sein. Es ist auch den Rechtsnormen, die sie enthalten, regelmäßig nicht zu entnehmen, dass sie gegen Rechtssubjekte außerhalb der jeweiligen juristischen Person, der die durch die Rechte begünstigten Teile angehören, gelten sollen.

Aus Kompetenzen folgen nicht automatisch Rechte, aber Normen, die Kompetenzen enthalten, können parallel auch Rechte der jeweiligen Verwaltungseinheit regeln. Auch in dieser Beziehung ist genau zu ermitteln, gegen wen sich solche Rechte richten – die Richtung der Kompetenzen muss nicht zwingend mit derjenigen der Rechte übereinstimmen. Eine Kompetenz ist keine Voraussetzung für ein Recht eines Teils des Staates. Durch eine Kompetenzkonzentration bei einer Verwaltungseinheit wird ein Recht einer anderen nicht ausgeschlossen, weil es gerade die Funktion von Rechten ist, die Entscheidung der zuständigen Stelle zu Fall bringen zu können.

Rechte des Staates haben verschiedene Inhalte: Verfahrensrechte, die für sogenannte Organstreitigkeiten typisch sind, weil sich die relevanten materiellen Interessen dort häufig erst durch den politischen Betrieb manifestieren, gewähren keinen Anspruch auf eine bestimmte inhaltliche Entscheidung.

(Kapitel 5) A. Das subjektive Recht ist für die Klagebefugnis entscheidend. Es gibt aber auch eine Interdependenz von Sachentscheidungsvoraussetzungen: In der Regel sind subjektive Rechte auch einklagbar. Diese Interdependenz darf aber nicht so weit verstanden werden, dass die anderen Sachentscheidungsvoraussetzungen neben der Klagebefugnis überflüssig werden.

B. Hat jedoch ein Teil des Staates ein subjektives Recht, dann ist er auch beteiligtenfähig. Welche Normen des Prozessrechts genau dazu führen, ist für Teile juristischer Personen des öffentlichen Rechts umstritten. In der VwGO transportiert Nr. 2 des § 61 VwGO am ehesten den Regelungsinhalt, dass, wer ein Recht inne hat, auch beteiligtenfähig ist.

C. Grundsätzlich sind bei Streitigkeiten zwischen Teilen des Staates die allgemeinen Klagearten nach den allgemeinen Regeln anzuwenden. Allerdings wird bei sogenannten verwaltungsrechtlichen Organstreitigkeiten, also solchen, die sich innerhalb einer juristischen Person des öffentlichen Rechts abspielen, überwiegend je nach Fallkonstellation nur die allgemeine Leistungs- oder die Feststellungsklage für einschlägig gehalten, weil Verwaltungsakte innerhalb einer juristischen Person unmöglich seien. Bei Streitigkeiten zwischen juristischen Personen des öffentlichen Rechts wird jedoch ein Verwaltungsakt regelmäßig dann angenommen, wenn Rechte verletzt werden – würde dieses Kriterium konsequent auf alle Streitigkeiten in der Konstellation Staat gegen Staat angewendet, hieße das, dass auch bei sogenannten Organstreitigkeiten Anfechtungsklagen vorkommen könnten. Maßnahmen im sogenannten Innenbereich hätten Außenwirkung. Es werden also bei verschiedenen Fallgruppen von Streitigkeiten zwischen Teilen des Staates unterschiedliche Kriterien zur Lösung des gleichen Problems angelegt. Zusätzlich wird das Thema oft nur rein begrifflich mit den Schlagwörtern Innen und Außen behandelt. Die zu klärende Sachfrage ist aber, inwieweit die Regelungen über den Verwaltungsakt und die Anfechtungs- und Verpflichtungsklage auch Anwendung auf Akte von Teilen juristischer Personen und Streitigkeiten zwischen ihnen finden sollen. Warum beispielsweise die Bestandskraft von Verwaltungsakten zu Lasten des Bürgers bestehen soll, aber nicht zu Lasten bestimmter Teile der Verwaltung, ist nicht ersichtlich. Auch die übrigen Normzwecke der Regelungen über den Verwaltungsakt schließen – wenn sie mit Streitigkeiten zwischen juristischen Personen des öffentlichen Rechts nicht in Konflikt stehen – ihre Anwendung auf Teile juristischer Personen nicht aus.

D. Die Sachentscheidungsvoraussetzung allgemeines Rechtsschutzbedürfnis enthält Fallgruppen, in denen eine Klage ausnahmsweise unzulässig ist. Deren wichtigste für Streitigkeiten zwischen Teilen des Staates ist diejenige der leichteren und effizienteren Möglichkeit zur Erreichung des Rechtsschutzziels. Das allgemeine Rechtsschutzbedürfnis enthält eine Wertungsfrage, für die in der Fallgruppe der einfacheren und effizienteren Alternative Kriterien wie Kosten, Schnelligkeit und Effizienz existieren. Da es sich um ein Korrektiv im Einzelfall handelt, wird grundsätzlich angenommen, dass im Zweifel Rechtsschutz zu gewähren ist. Weil das Rechtsschutzbedürfnis aber ein Einfallstor für Wertungen ist, wurde es in der Vergangenheit auch benutzt, um Insichprozesse mit dem Argument auszuschließen, es bestehe immer eine gemeinsame Spitze in der Verwaltung, die den Konflikt einfacher beilegen könne. Eine solche kategorische Ablehnung, die in der Kommentarliteratur noch vereinzelt zu finden ist, passt jedoch nicht zum Ausnahme- und Einzelfallcharakter des allgemeinen Rechtsschutzbedürfnisses und fußt auf dem überholten Bild einer einheitlichen und impermeablen Verwaltung. Ein Rechtsschutzbedürfnis nur aufgrund der Existenz einer Hierarchie zu verneinen, würde der verwaltungsprozessualen Praxis, in der Streitigkeiten beispielsweise zwischen Selbstverwaltungskörperschaften und ihrer Aufsicht üblich sind, widersprechen. Es ist daher in jedem Einzelfall genau zu untersuchen, ob die Hierarchie durch den klagenden Teil der Verwaltung genutzt werden kann, um das Rechtsschutzziel leichter und effizienter zu erreichen. Wenn der Verwaltungseinheit solche Instrumente nicht selbst zustehen, das heißt, wenn Inhaber des geltend gemachten Rechts und einer Befugnis in der Hierarchie nicht identisch sind, kann die Anrufung eines anderen Teils der Verwaltung als Dritter nicht ohne Weiteres als einfachere Alternative zum Rechtsschutz angesehen werden. Sehr wichtig ist es darüber hinaus zu beachten, dass immer nur eine aktuelle, leichtere Alternative, also eine solche, die im entscheidungserheblichen Zeitpunkt noch zur Verfügung steht, das Rechtsschutzbedürfnis entfallen lassen kann. Das wurde von der Rechtsprechung vor allem in Fällen, die als Insichprozesse charakterisiert werden, missachtet, indem darauf abgestellt wurde, ob der Streit durch eine verwaltungsinterne Koordination hätte vermieden werden können. Hier hat – ohne dass dies transparent gemacht würde – die Vorstellung von Einheit und Impermeabilität der Verwaltung den Effekt, dass eine Schwelle für Rechtsschutz in der Konstellation Staat gegen Staat höher angesetzt wird als normal.

(Kapitel 6) A. Problematisch bei Streitigkeiten zwischen Teilen des Staates ist das verbreitete Fallgruppendenken. Die faktische Akzeptanz sogenannter verwaltungsrechtlicher Organstreitigkeiten steht im Kontrast zu den sprachlichen Ausweichmanövern, die zur Vermeidung der Anerkennung der dort geltend gemachten Rechtspositionen als subjektive Rechte unternommen werden. Die fallgruppenabhängige Betrachtung hat allerdings ihre Wurzeln in der Existenz der juristischen Person des öffentlichen Rechts, die ihrerseits tief im deutschen Verwaltungsrecht verankert ist. Die mit ihr zusammenhängenden Inkonsistenzen bestanden von Anfang an, weil der Staat auch im Konstitutionalismus nicht aus einer einzigen juristischen Person bestand. Vom Prinzip her ist die juristische Person des öffentlichen Rechts nur als Gegenüber für den Bürger gedacht – weil es aber mehrere von ihr gibt, kommt es dazu, dass sich auch Teile des Staates gegenüberstehen. Die Zulassung von Streitigkeiten in ihrem Inneren macht das Konzept der juristischen Person noch unstimmiger. Einbrüche in dieses Konzept bewirken auch die Interessenpluralität in der Verwaltung, die Relativität der Rechtsfähigkeit, die Relativität der Kategorien Innen und Außen sowie die Vorstellung eines Gemeinwohls als nicht statisch vorgegeben verstandene, sondern in einem Prozess zu erreichende Größe – die sich ihrerseits beinahe zu einem Gesamtbild fügen.

Der Rechtsschutz für Teile des Staates ist insofern eingeschränkt, als der Staat sich nicht auf Grundrechte berufen kann und auch der Umfang der bei einer Rechtsbeeinträchtigung rügefähigen Normen in bestimmten Fällen kleiner ist. Das Hierarchieverhältnis kann Rechtsschutz ausschließen, wenn die Verwaltungseinheit sie nutzen kann, um ihr Recht selbst durchzusetzen. Im Übrigen ist der Zugang zu verwaltungsgerichtlichem Rechtsschutz weniger – und vor allem weniger aus prinzipiellen Gründen – beschränkt, als in vielen Fallkonstellationen gemeinhin angenommen wird.

B. Eine pauschale Anleitung für Fälle zwischen Teilen des Staates kann nicht gegeben werden; zu beachten ist jedoch unter anderem, dass sich in Literatur und Rechtsprechung viele nicht transparent gemachte Wertungen verbergen und dass der Begriff Insichprozess und Kategorisierungen wie Innen und Außen zu vermeiden sind. Alle Teile der Verwaltung können prinzipiell Rechte haben. Die Frage, ob ein solches vorliegt, kann unter Heranziehung der Schutznormtheorie beantwortet werden. Es ist genau zu ermitteln, wem gegen wen ein Recht zusteht, und der Prozess muss zwischen diesen Beteiligten ausgetragen werden. Die Voraussetzung des allgemeinen Rechtsschutzbedürfnisses darf nicht für einen pauschalen Ausschluss von Streitigkeiten herangezogen werden.

C. Im ersten Fallbeispiel wird ein Recht aus Art. 6 BayDSchG geltend gemacht, das nur dem Eigentümer des mit dem Denkmal bebauten Grundstücks, also nur dem Freistaat Bayern zustehen kann. Es gibt keine Anhaltspunkte, dass diese als drittschützend anerkannte Norm nicht auch staatliche Eigentümer schützt, also eine gespaltene Auslegung geboten wäre. Jedoch kann der Freistaat Bayern durch fachaufsichtliche Maßnahmen die kreisfreie Stadt dazu bewegen, einen Rücknahmebescheid zu erlassen, wodurch das Rechtsschutzbedürfnis entfällt.

Im zweiten Fallbeispiel ist eine Personenidentität gegeben. Vermögensrechte kann nur die Stadt als solche geltend machen. Es gibt jedoch kein Recht gegen sich selbst, sich nicht im Vermögen zu schädigen; die Stadt ist nicht klagebefugt. Selbst wenn dem nicht gefolgt würde, könnte das Rechtsschutzbedürfnis dann ausgeschlossen sein, wenn die Stadt selbst noch einen Rücknahmebescheid für den im Gerichtsverfahren angegriffenen Verwaltungsakt erlassen könnte.

D. Die in dieser Arbeit gefundenen Erkenntnisse führen nicht zwangsläufig zu anderen Ergebnissen, als sie in der Praxis bereits gefunden werden. Allerdings können sie zu einer vereinfachten Lösung der sich stellenden Fragen bei Streitigkeiten zwischen Teilen des Staates sowie zu einer strukturierteren Herangehensweise durch die weitere Integration der Probleme in das Gefüge des Verwaltungsorganisations- und Verwaltungsprozessrechts führen. Es bleibt zu hoffen, dass verborgene Wertungen in Zukunft zumindest transparenter gemacht werden. Kritisch für eine weitere Entwicklung des Themenbereiches ist die Bedeutung der juristischen Person des öffentlichen Rechts: Perspektivisch muss die Fixierung des Blicks auf deren Grenzen noch weiter gelöst werden.

Literaturverzeichnis

Aufgenommen wurden nur Werke, die mehrmals zitiert sind.

Ackermann, Christian: Die Bedeutung der Rechtsprechung des Preußischen Oberverwaltungsgerichts zum Kommunalrecht für unsere heutige Dogmatik, Baden-Baden, 2012

Bachof, Otto: Begriff und Wesen des sozialen Rechtsstaates, VVdStRL 12 (1953), S. 37–79

Bachof, Otto: Reflexwirkungen und subjektive Rechte im öffentlichen Recht in: Otto Bachof/ Martin Drath/Otto Gönnenwein/Ernst Walz (Hrsg.), Forschungen und Berichte aus dem öffentlichen Recht – Gedächtnisschrift für Walter Jellinek, München 1955, S. 287–307

Bachof, Otto: Teilrechtsfähige Verbände des öffentlichen Rechts – Die Rechtsnatur der Technischen Ausschüsse des § 24 der Gewerbeordnung, AöR 83 (1958) S. 208–279

Bader, Johann/*Funke-Kaiser*, Michael/*von Abedyll*, Jörg/*Stuhlfauth*, Thomas: Verwaltungsgerichtsordnung, 6. Aufl., Heidelberg 2014

Bader, Johann/*Ronellenfitsch*, Michael: Beck'scher Onlinekommentar VwVfG mit VwVG und VwZG, München, Stand: 32. Edition 01.07.2016

Bamberger, Heinz Georg/*Roth*, Herbert (Hrsg.): Beck'scher Online-Kommentar BGB, München, Stand: 40. Edition 01.08.2016

Barbirz, Felix: Institutionelle Befangenheit – Eigeninteressen von Subjekten öffentlicher Verwaltung als Einfluss auf die Verwaltungsentscheidung, Baden-Baden 2010

Barth, Stefan: Subjektive Rechte von Gemeinderatsmitgliedern im Kommunalverfassungsstreit, Diss. Regensburg 1997

Bartlsperger, Richard: Subjektives öffentliches Recht und störungspräventive Baunachbarklage, DVBl. 1971, S. 723–732

Battis, Ulrich: Bundesbeamtengesetz, 4. Aufl., München 2009

Battis, Ulrich/*Krautzberger*, Michael/*Löhr*, Rolf-Peter (Begr.): Baugesetzbuch, 13. Aufl., München 2016

Bauer, Hartmut: Altes und Neues zur Schutznormtheorie, AöR 113 (1988), S. 582–631

Bauer, Hartmut: Die Bundestreue – Zugleich eine Beitrag zur Dogmatik des Bundesstaatsrechts und zur Rechtsverhältnislehre, Tübingen 1992

Bauer, Hartmut: Geschichtliche Grundlagen der Lehre vom subjektiven öffentlichen Recht, Berlin 1986

Bauer, Hartmut: Subjektive öffentliche Rechte des Staates – Zugleich ein Beitrag zur Lehre vom subjektiven öffentlichen Recht, DVBl. 1986, S. 208–219

Bauer, Martin/*Böhle*, Thomas/*Ecker*, Gerhard: Bayerische Kommunalgesetze, Loseblatt, München, Stand: 101. Ergänzungslieferung Juli 2015

Baumeister, Peter/*Roth*, Wolfgang/*Ruthig*, Josef (Hrsg.): Staat, Verwaltung und Rechtsschutz – Festschrift für Wolf-Rüdiger Schenke zum 70. Geburtstag, Berlin 2011

Becker, Ulrich/*Heckmann*, Dirk/*Kempen*, Bernhard/*Manssen*, Gerrit: Öffentliches Recht in Bayern – Verfassungsrecht, Kommunalrecht, Polizei- und Sicherheitsrecht, öffentliches Baurecht, 6. Aufl., München 2015

Becker-Birck, Hans-Henning: Der Insichprozess in der Verwaltungsgerichtsbarkeit, München 1966

Benda, Ernst (Begr.)/*Klein*, Eckart/*Klein*, Oliver: Verfassungsprozessrecht – Ein Lehr- und Handbuch, 3. Aufl., Heidelberg u. a. 2012

Berger, Ulrich G.: Grundfragen umweltrechtlicher Nachbarklagen – Zum verwaltungsrechtlichen Drittschutz im Bauplanungsrecht, Immissionsschutzrecht und Kernenergierecht, Köln u. a. 1982

Bethge, Herbert: Der Kommunalverfassungsstreit in: Thomas Mann/Günter Püttner, Handbuch der kommunalen Wissenschaft und Praxis, Bd. 1 – Grundlagen und Kommunalverfassung, 3. Aufl., Berlin u. a. 2007, S. 817–839

Bethge, Herbert: Grundfragen innerorganisationsrechtlichen Rechtsschutzes – Einige Bemerkungen zu aktuellen Kontroversen über den dogmatischen Standort des verwaltungsrechtlichen Organstreits, DVBl. 1980, S. 309–315.

Bettermann, Karl August: Das Verwaltungsverfahren, VVdStRL 17 (1958), S. 118–175

Bieback, Karl-Jürgen: Entwicklungsgeschichtliche und funktionale Aspekte der gegenwärtigen Bedeutung der Körperschaft des öffentlichen Rechts, in: Quaderni Fiorentini – per la storia del pensiero giuridico moderno, Bd. 11/12 (1982–83) – Itinerari moderni della persona giuridica, S. 859–913 [online abrufbar unter http://www.centropgm.unifi.it/quaderni/11/volume. pdf#page=861]

Böckenförde, Ernst-Wolfgang: Gesetz und Gesetzgebende Gewalt – Von den Anfängen der deutschen Staatsrechtslehre bis zur Höhe des staatsrechtlichen Positivismus, Berlin 1958

Böckenförde, Ernst-Wolfgang: Organ, Organisation, Juristische Person – Kritische Überlegungen zu den Grundbegriffen des staatlichen Organisationsrechts in: Christian-Friedrich Menger (Hrsg.), Fortschritte des Verwaltungsrechts – Festschrift für Hans J. Wolff zum 75. Geburtstag, München 1973, S. 269–305

Borowski, Martin: Die materielle und formelle Polizeipflicht von Hoheitsträgern, VerwArch 101 (2010), S. 58–85

Britz, Gabriele: Abschied vom Grundsatz fehlender Polizeipflicht von Hoheitsträgern, DÖV 2002, S. 891–899

Brohm, Winfried: Die Dogmatik des Verwaltungsrechts vor den Gegenwartsaufgaben der Verwaltung, VVdStRL 30 (1971), S. 245–306

Bryde, Brun-Otto: Die Einheit der Verwaltung als Rechtsproblem, VVdStRL 46 (1987), S. 181–216

Buchwald, Katja: Der verwaltungsgerichtliche Organstreit – Eine verwaltungsprozessuale und normtheoretische Studie, Berlin 1998

Bühler, Ottmar: Die subjektiven öffentlichen Rechte und ihr Schutz in der deutschen Verwaltungsrechtsprechung, Berlin u. a. 1914

Bull, Hans Peter/*Mehde*, Veith: Allgemeines Verwaltungsrecht mit Verwaltungslehre, 9. Aufl., Heidelberg 2015

Bülow, Oskar: Die Lehre von den Prozesseinreden und die Prozessvoraussetzungen, Neudruck der Ausgabe von 1868, Aalen 1969

Burgi, Martin: Kommunalrecht, 5. Aufl., München 2015

Burmeister, Joachim: Diskussionsbeitrag, VvdStRL 45 (1986), S. 256–258

Christonakis, Giorgos: Das verwaltungsprozessuale Rechtsschutzinteresse, Berlin 2004

Depenheuer, Otto/*Heintzen*, Markus/*Jestaedt*, Matthias/*Axer*, Peter (Hrsg.): Staat im Wort – Festschrift für Josef Isensee, Heidelberg 2007

Detterbeck, Steffen: Allgemeines Verwaltungsrecht – mit Verwaltungsprozessrecht, 14. Aufl., München 2016

Dreier, Horst: Grundgesetz, Bd. 1, 3. Aufl., Tübingen 2013; Bd. 2, 3. Aufl. 2015; Bd. 3, 2. Aufl. 2008

Dreier, Horst: Grundrechtsdurchgriff contra Gesetzesbindung? – Exemplarische Betrachtungen zum Verhältnis von Verfassungs- und Verwaltungsrecht anhand der Rechtsprechung des Bundesverwaltungsgerichts, DV 36 (2003), S. 105–136

Dubischar, Roland: Grundbegriffe des Rechts – Eine Einführung in die Rechtstheorie, Stuttgart 1968

Ehlers, Dirk: Die Klagearten und besonderen Sachentscheidungsvoraussetzungen im Kommunalverfassungsstreitverfahren, NVwZ 1990, S. 105–112

Ehlers, Dirk: Die Klagebefugnis nach deutschem, europäischem Gemeinschafts- und U.S.-amerikanischem Recht, VerwArch 84 (1993), S. 139–177

Ehlers, Dirk (Hrsg.)/*Erichsen*, Hans-Uwe (Begr.)/*Pünder*, Hermann (Hrsg.): Allgemeines Verwaltungsrecht, 15. Aufl., Berlin/Boston 2016; 12. Aufl., Berlin 2002 (15. Aufl. zitiert, falls nicht anders angegeben)

Elbel, Thomas: Wann sind Rechtsstreitigkeiten über Leistungsbeziehungen zwischen Beschaffungsbehörden und ihren Bedarfsträgern Insichprozesse?, DVBl. 2008, S. 432–437

Epping, Volker/*Hillgruber*, Christian (Hrsg.): Beck'scher Online-Kommentar Grundgesetz, München, Stand: 30. Edition 01.09.2016

Erichsen, Hans-Uwe/*Biermann*, Christian: Der Kommunalverfassungsstreit, Jura 1997, S. 157–162

Erichsen, Hans-Uwe/*Hoppe*, Werner/*von Mutius*, Albert (Hrsg.): System des verwaltungsgerichtlichen Rechtsschutzes – Festschrift für Christian-Friedrich Menger zum 70. Geburtstag, Köln u. a. 1985

Eyermann, Erich/*Fröhler*, Ludwig (Begr.): Verwaltungsgerichtsordnung, 14. Aufl., München 2014; 9. Aufl., München 1988 (14. Aufl. zitiert, soweit nicht anders angegeben)

Fabricius, Fritz: Relativität der Rechtsfähigkeit – Ein Beitrag zu Theorie und Praxis des privaten Personenrechts, München/Berlin 1963

Fehling, Michael/*Kastner*, Berthold/*Störmer*, Rainer (Hrsg.): Verwaltungsrecht – VwVfG VwGO Nebengesetze Handkommentar, 4. Aufl., Baden-Baden 2016

Feldmüller, Christian: Die Rechtsstellung fremder Staaten und sonstiger juristischer Personen des ausländischen öffentlichen Rechts im deutschen Verwaltungsprozeßrecht, Berlin 1999

Ferner, Hilmar/*Kröninger*, Holger/*Aschke*, Manfred (Hrsg.): Baugesetzbuch – mit Baunutzungsverordnung, 3. Aufl., Baden-Baden 2013

Forsthoff, Ernst: Lehrbuch des Verwaltungsrechts, Bd. 1, 10. Aufl., München 1973

Franz, Thorsten: Der Kommunalverfassungsstreit, Jura 2005, S. 156–161

Friauf, Karl Heinrich/*Höfling*, Wolfram (Hrsg.): Berliner Kommentar zum Grundgesetz, Loseblatt, Berlin, Stand: 49. Ergänzungslieferung 2016

Füßer, Klaus/*Buchen*, Matthias: Materieller Erstattungsanspruch gegen die Gemeinde bei Streit über den Fraktionsausschluss eines Gemeinderatsmitglieds?, Landes- und Kommunalverwaltung (LKV) 2010, S. 495–497

Gärditz, Klaus F. (Hrsg.): Verwaltungsgerichtsordnung (VwGO) mit Nebengesetzen, Köln 2013

Gassner, Erich: Anfechtungsrechte Dritter und ,Schutzgesetze', DÖV 1981, S. 615–621

Gern, Alfons: Deutsches Kommunalrecht, 3. Aufl., Baden-Baden 2003

Geßler, Heinz: Die Länder als Anfechtungskläger im verwaltungsgerichtlichen Verfahren nach dem Landbeschaffungsgesetz – Ein Beitrag zur Problematik des Insichprozesses, DÖV 1961, S. 891–895

Goldhammer, Michael: Grundrechtsberechtigung und -verpflichtung gemischtwirtschaftlicher Unternehmen, JuS 2014, S. 891–895

Grabenwarter, Christoph: Subjektive Rechte und Verwaltungsrecht in: Verhandlungen des sechzehnten österreichischen Juristentages Graz 2006, Bd. I/1, Wien 2006

Greim, Jeanine/*Michl*, Fabian: Kommunalverfassungsrechtliche Drittanfechtung?, NVwZ 2013, S. 775–779

Grimm, Jacob/*Grimm*, Wilhelm (Begr. und Bearb.): Deutsches Wörterbuch von Jacob und Wilhelm Grimm, dtv Bd. 10 = Bd. 4: H – juzen, fotomech. Nachdruck der Erstausg. 1877; dtv Bd. 14 = Bd. 8: R – Schiefe, fotomech. Nachdruck der Erstausg. 1893; dtv Bd. 17 = Bd. 10: Sprecher – Stehuhr, fotomech. Nachdruck der Erstausg. 1919; jew. bearb. von Moritz Heyne u. a., München 1989

Gröpl, Christoph: Staatsrecht I – Staatsgrundlagen Staatsorganisation Verfassungsprozess, 7. Aufl., München 2015

Häberle, Peter: Öffentliches Interesse als juristisches Problem – Eine Analyse von Gesetzgebung und Rechtsprechung, 2. Aufl., Berlin 2006

Haverkate, Görg: Die Einheit der Verwaltung als Rechtsproblem, VVdStRL 46 (1987), S. 217–258

Heckmann, Dirk/*Meßerschmidt*, Klaus (Hrsg.): Gegenwartsfragen des Öffentlichen Rechts – Bundesstaatliche Ordnung und europäische Integration, objektives Recht und subjektive Rechte, Information als Staatsfunktion, Berlin 1988

Heinrich, Manfred: Verwaltungsgerichtliche Streitigkeiten im Hochschulinnenbereich – Unter besonderer Berücksichtigung der Rechtslage in Nordrhein-Westfalen, Berlin 1975

Henke, Wilhelm: Das subjektive öffentliche Recht, Tübingen 1968

Henke, Wilhelm: Das subjektive Recht im System des öffentlichen Rechts – Ergänzungen und Korrekturen, DÖV 1980, S. 621–633

Henke, Wilhelm: Zur Lehre vom subjektiven öffentlichen Recht in: Hans Schneider/Volkmar Götz (Hrsg.), Im Dienst an Recht und Staat – Festschrift für Werner Weber zum 70. Geburtstag, Berlin 1974, S. 495–514

Herbert, Alexander: Die Klagebefugnis von Gremien – Ein Beitrag zur Diskussion des In-sich-Prozesses, DÖV 1994, S. 108–114

Hoffmann-Riem, Wolfgang/*Schmidt-Aßmann*, Eberhard/*Schuppert*, Gunnar Folke (Hrsg.): Reform des Allgemeinen Verwaltungsrechts – Grundfragen, Baden-Baden 1993

Hoffmann-Riem, Wolfgang/*Schmidt-Aßmann*, Eberhard/*Voßkuhle*, Andreas (Hrsg.): Grundlagen des Verwaltungsrechts, Bd. 1: Methoden Maßstäbe Aufgaben Organisation, 2. Aufl., München 2012; Bd. 3: Personal Finanzen Kontrolle Sanktionen Staatliche Einstandspflichten, 2. Aufl., München 2013

Hoppe, Werner: Organstreitigkeiten vor den Verwaltungs- und Sozialgerichten: Zum organisationsrechtlichen subjektiv-öffentlichen Recht innerhalb rechtsfähiger Verwaltungseinheiten, Siegburg 1970

Hoppe, Werner/*Schulte*, Martin: Rechtsschutz der Länder in Planfeststellungsverfahren des Bundes – dargestellt am Beispiel des Denkmalschutzes in Nordrhein-Westfalen, Köln 1993

Horn, Hans-Detlef: Die grundrechtsunmittelbare Verwaltung – Zur Dogmatik des Verhältnisses zwischen Gesetz, Verwaltung und Individuum unter dem Grundgesetz, Tübingen 1999

Hufen, Friedhelm: Verwaltungsprozessrecht, 9. Aufl., München 2013

Hug, Christian: Gemeindenachbarklagen im öffentlichen Baurecht – Interkommunaler Rechtsschutz im Bauleitplanungs- und Baugenehmigungsrecht nach den „Zweibrücken"- und „Mülheim-Kärlich"-Entscheidungen des Bundesverwaltungsgerichts und den BauGB-Novellen 2004 und 2007, Berlin 2008

Ipsen, Jörn: Allgemeines Verwaltungsrecht – Mit Grundzügen des Verwaltungsprozessrechts, 9. Aufl., München 2015

Ipsen, Jörn: Staatsrecht I – Staatsorganisationsrecht, 27. Aufl., München 2015

Isensee, Josef/*Kirchhof*, Paul (Hrsg.): Handbuch des Staatsrechts der Bundesrepublik Deutschland, 3. Aufl., Heidelberg u. a. 2003–2015

Jellinek, Georg: Allgemeine Staatslehre, 6. Nachdruck der 3. Aufl. von 1914, Darmstadt 1959

Jellinek, Georg: Gesetz und Verordnung – Staatsrechtliche Untersuchungen auf rechtsgeschichtlicher und rechtsvergleichender Grundlage, Neudruck der Ausgabe Freiburg 1887, Aalen 1964

Jellinek, Georg: System der subjektiven öffentlichen Rechte, 2. Aufl., Tübingen 1905

Jellinek, Walter: Verwaltungsrecht, Neudruck der 3. Aufl. Berlin 1931, Bad Homburg u. a. 1966

von Jhering, Rudolf: Geist des römischen Rechts auf den verschiedenen Stufen seiner Entwicklung, Teil 3 Bd. 1, Neudruck der 5. Aufl. Leipzig 1906, 9. Aufl. Aalen 1968

Jungkind, Vera: Verwaltungsakte zwischen Hoheitsträgern, Berlin 2008

Kahl, Wolfgang: Die Staatsaufsicht – Entstehung, Wandel und Neubestimmung unter besonderer Berücksichtigung der Aufsicht über die Gemeinden, Tübingen 2000

Kaser, Max/*Hackl*, Karl: Das römische Zivilprozessrecht, 2. Aufl., München 1996

Kasper, Franz: Das subjektive Recht – Begriffsbildung und Bedeutungsmehrheit, Karlsruhe 1967

Kelsen, Hans: Hauptprobleme der Staatsrechtslehre, entwickelt aus der Lehre vom Rechtssatze, fotomech. Neudruck der 2. Aufl. Tübingen 1923, Aalen 1960

Kirchberg, Josef-Walter/*Boll*, Michaela/*Schütz*, Peter: Der Rechtsschutz von Gemeinden in der Fachplanung, NVwZ 2002, S. 550–556

Kisker, Gunter: Insichprozess und Einheit der Verwaltung – Zur Frage der Zulässigkeit von Insichprozessen vor den Verwaltungsgerichten, Baden-Baden 1968

Kisker, Gunter: Organe als Inhaber subjektiver Rechte – BVerwGE 45, 207, JuS 1975, S. 704–710

Kissel, Otto Rudolf: 125 Jahre Reichsjustizgesetze, NJW 2004, 2872–2876

Kluth, Winfried (Hrsg.): Handbuch des Kammerrechts, 2. Aufl., Baden-Baden 2011

Knack, Hans-Joachim (Begr.)/*Henneke*, Hans-Günter (Hrsg.): Verwaltungsverfahrensgesetz, 10. Aufl., Köln 2014

Koch, Thorsten: Der Grundrechtsschutz des Drittbetroffenen – Zur Rekonstruktion der Grundrechte als Abwehrrechte, Tübingen 2000

König, Sigurd: Drittschutz – Der Rechtsschutz Drittbetroffener gegen Bau- und Anlagengenehmigungen im öffentlichen Baurecht, Immissionsschutzrecht und Atomrecht, Berlin 1993

Köpfler, Alexander: Die Bedeutung von Art. 2 Abs. 1 Grundgesetz im Verwaltungsprozess, Berlin 2008

Kopp, Ferdinand O. (Begr.)/*Ramsauer*, Ulrich/*Wysk*, Peter: Verwaltungsverfahrensgesetz, 17. Aufl., München 2016

Kopp, Ferdinand O. (Begr.)/*Schenke*, Wolf-Rüdiger (Begr. u. Hrsg.): Verwaltungsgerichtsordnung, 22. Aufl., München 2016

Krüger, Wolfgang/*Rauscher*, Thomas (Hrsg.): Münchener Kommentar zur Zivilprozessordnung – mit Gerichtsverfassungsgesetz und Nebengesetzen, Bd. 1, 4. Aufl., München 2013

Krüper, Julian: Gemeinwohl im Prozess – Elemente eines funktionalen subjektiven Rechts auf Umweltvorsorge, Berlin 2009

Kunig, Philipp: ,Dritte' und Nachbarn im Immissionsschutzrecht in: Peter Selmer/Ingo von Münch (Hrsg.), Gedächtnisschrift für Wolfgang Martens, Berlin/NewYork 1987, S. 599–618

Laband, Paul: Das Staatsrecht des Deutschen Reiches – In 4 Bänden, Bd. 2, Neudruck der 5. Aufl. Tübingen 1911, Aalen 1964

488   Literaturverzeichnis

von Landmann, Robert/*Rohmer*, Gustav (Begr.)/*Marcks*, Peter, u. a. (Hrsg.): Gewerbeordnung und ergänzende Vorschriften Loseblatt, München, Stand: 72. Ergänzungslieferung März 2016

Larenz, Karl: Allgemeiner Teil des deutschen bürgerlichen Rechts, 7. Aufl., München 1989 (in der 10. Aufl. M. Wolf/J. Neuner, Allgemeiner Teil des Bürgerlichen Rechts, siehe dort)

Larenz, Karl: Methodenlehre der Rechtswissenschaft, 5. Aufl., Berlin u. a. 1983

Larenz, Karl: Zur Struktur ‚subjektiver Rechte‘ in: Fritz Baur/Karl Larenz/Franz Wieacker, Beiträge zur europäischen Rechtsgeschichte und zum geltenden Zivilrecht – Festgabe für Johannes Sontis, München 1977, S. 129–148

Laubinger, Hans-Werner: Der öffentlich-rechtliche Unterlassungsanspruch, VerwArch 80 (1989), S. 261–301

Leisner, Walter: Die undefinierbare Verwaltung – Zerfall der vollziehenden Gewalt, Berlin 2002

Lerche, Peter: Strukturfragen des verwaltungsrechtlichen Organstreits in: Detlef Merten/Reiner Schmidt/Rupert Stettner (Hrsg.), Der Verwaltungsstaat im Wandel – Festschrift für Franz Knöpfle zum 70. Geburtstag, München 1996, S. 172–184

Lorenz, Dieter: Zur Problematik des verwaltungsgerichtlichen Insichprozesses, AöR 93 (1968), S. 308–340

Lorenz, Stephan: Aus- und Wiedereinbaukosten bei der kaufrechtlichen Nacherfüllung zwischen Unternehmern – Zu den Grenzen „richtlinienorientierter" Auslegung, NJW 2013, S. 207–209

Löwer, Wolfgang: Der Insichprozeß in der Verwaltungsgerichtsbarkeit, VerwArch 68 (1977), S. 327–360

Löwer, Wolfgang: Klagebefugnis und Kontrollumfang der richterlichen Planprüfung bei straßenrechtlichen Planfeststellungsbeschlüssen, DVBl. 1981, S. 528–535

Luhmann, Niklas: Zur Funktion der ‚subjektiven Rechte‘, Jahrbuch für Rechtssoziologie und Rechtstheorie (JbRSozRTh) 1 (1970), S. 321–330

Mang, Johann/*Maunz*, Theodor/*Mayer*, Franz/*Obermayer*, Klaus: Staats- und Verwaltungsrecht in Bayern, 3. Aufl. München 1968; 2. Aufl. München 1964

Mangold, Anna Katharina/*Wahl*, Rainer: Das europäisierte deutsche Rechtsschutzkonzept, DV 48 (2015), S. 1–28

von Mangoldt, Hermann (Begr.)/*Klein*, Friedrich/*Starck*, Christian (Hrsg.): Kommentar zum Grundgesetz, 6. Aufl., München 2010

Mann, Thomas/*Püttner*, Günter: Handbuch der kommunalen Wissenschaft und Praxis

Martens, Wolfgang: Öffentlich als Rechtsbegriff, Bad Homburg v.d.H. u. a. 1969

Martensen, Jürgen: Grundfälle zum Kommunalverfassungsstreit, JuS 1995, S. 1077–1080

Martin, Dieter J./*Krautzberger*, Michael (Hrsg.): Handbuch Denkmalschutz und Denkmalpflege – einschließlich Archäologie, 3. Aufl., München 2010

Masing, Johannes: Die Mobilisierung des Bürgers für die Durchsetzung des Rechts – Europäische Impulse für eine Revision der Lehre vom subjektiv-öffentlichen Recht, Berlin 1997

Maunz, Theodor/*Dürig*, Günter (Begr.): Grundgesetz, Loseblatt, München, Stand: 76. Ergänzungslieferung Dez. 2015

Maunz, Theodor (Begr.)/*Schmidt-Bleibtreu*, Bruno/*Klein*, Frank/*Bethge*, Herbert (Hrsg.): Bundesverfassungsgerichtsgesetz, Loseblatt, München, Stand: 48. Ergänzungslieferung Februar 2016

Maurer, Hartmut: Allgemeines Verwaltungsrecht, 18. Aufl., München 2011

Mayer, Otto: Deutsches Verwaltungsrecht, unveränderter Nachdruck der 1924 erschienenen 3. Aufl. in zwei Bänden, Berlin 1969

Menger, Christian-Friedrich: System des verwaltungsgerichtlichen Rechtsschutzes – Eine verwaltungsrechtliche und prozeßvergleichende Studie, Tübingen 1954

Menger, Christian-Friedrich: Zum baurechtlichen Nachbarschutz, VerwArch 69 (1978), S. 313–321

Meyer-Ladewig, Jens (Begr.)/*Keller*, Wolfgang/*Leitherer*, Stephan (Bearb.): Sozialgerichtsgesetz, 11. Aufl., München 2014

Möllers, Christoph: Staat als Argument, München 2000

Müller, Friedrich/*Christensen*, Ralph: Juristische Methodik, Bd. 1 – Grundlegung für die Arbeitsmethoden der Rechtspraxis, 11. Aufl., Berlin 2013,

Müller-Laube, Hans-Martin: Die Empfangszuständigkeit im Zivilrecht, Band 1 – Entfaltung eines Grundlagenbegriffs zur gewillkürten Annahmekompetenz bei der Durchführung privatrechtsbezogener Güterbewegungen, Berlin 1978

Musielak, Hans-Joachim/*Voit*, Wolfgang (Hrsg.): Zivilprozessordnung – mit Gerichtsverfassungsgesetz, 13. Aufl., München 2016

Oldiges, Martin: Einheit der Verwaltung als Rechtsproblem, NVwZ 1987, S. 737–744

Ossenbühl, Fritz: Umweltschutz und Gemeinwohl in der Rechtsordnung, Verwaltungsrundschau (VR) 1983, S. 301–308

Ossenbühl, Fritz/*Cornils*, Matthias: Staatshaftungsrecht, 6. Aufl., München 2013

Papier, Hans-Jürgen: Die verwaltungsgerichtliche Organklage – Ein Beitrag zum Arbeitskreis IX des 6. Deutschen Verwaltungsrichtertages, DÖV 1980, S. 292–299

Pfeifer, Wolfgang (Hrsg.): Etymologisches Wörterbuch des Deutschen, Berlin 1989

Pöschl, Magdalena: Subjektive Rechte und Verwaltungsrecht, in: Verhandlungen des sechzehnten Österreichischen Juristentages Graz 2006, Bd. I/2 – Öffentliches Recht Subjektive Rechte und Verwaltungsrecht, Wien 2008, S. 6–43

Posser, Herbert/*Wolff*, Heinrich A. (Hrsg.): Beck'scher Online-Kommentar VwGO, München, 38. Edition Stand: 01.07.2016

Prandl, Josef/*Zimmermann*, Hans (Begr.)/*Büchner*, Hermann/*Pahlke*, Michael: Kommunalrecht in Bayern, Loseblatt, Köln, Stand: 130. Ergänzungslieferung Mai 2016

Ramsauer, Ulrich: Die Dogmatik der subjektiven öffentlichen Rechte – Entwicklung und Bedeutung der Schutznormlehre, JuS 2012, S. 769–777

Ramsauer, Ulrich: Die Rolle der Grundrechte im System der subjektiven öffentlichen Rechte, AöR 111 (1986), S. 501–536

Rasch, Ernst: Die Behörde – Begriff Rechtsnatur Errichtung Einrichtung, VerwArch 50 (1959), S. 1–41

Redeker, Konrad/*von Oertzen*, Hans Joachim (Begr.): Verwaltungsgerichtsordnung, 16. Aufl., Stuttgart 2014

Reiling, Michael: Interesse als Rechtsbegriff? – Zur Fragwürdigkeit abstrakter Interessenqualifikation als Basis subjektiv-öffentlicher Rechte, DÖV 2004, S. 181–189

Ress, Georg: Das subjektive öffentliche Recht in: Felix Ermacora u. a., Allgemeines Verwaltungsrecht (Festschrift für Walter Antoniolli), Wien 1979, S. 105–132

Richter, Lutz: Das subjektive öffentliche Recht, AöR 47 (1925), S. 1–84

Rieger, Wolfgang: Qualifizierende und damit zugleich individualisierender Umstände als Voraussetzungen für eine drittschützende Wirkung des Rücksichtnahmegebots?, UPR 2015, S. 241–243

Rixen, Stephan: Die Rechtsfähigkeit im öffentlichen Recht als Problem der gesetzlichen Krankenversicherung in: Hermann Butzer/Markus Kaltenborn/Wolfgang Meyer (Hrsg.), Organisation und Verfahren im sozialen Rechtsstaat – Festschrift für Friedrich E. Schnapp zum 70. Geburtstag, Berlin 2008

Roellecke, Gerd: Subjektive Rechte und politische Planung, AöR 114 (1989), S. 589–607

Röhl, Klaus F./*Röhl*, Hans Christian: Allgemeine Rechtslehre – Ein Lehrbuch, 3. Aufl., Köln/München 2008

Rolfs, Christian/*Giesen*, Richard/*Kreikebohm*, Ralf/*Udsching*, Peter (Hrsg.): Beck'scher Online-Kommentar Sozialrecht, München, Stand: 41. Edition 01.04.2016

Roth, Wolfgang: Verwaltungsrechtliche Organstreitigkeiten – Das subjektive Recht im innerorganisatorischen Verwaltungsrechtskreis und seine verwaltungsgerichtliche Geltendmachung, Berlin 2001

Rottenwallner, Thomas: Der verwaltungsrechtliche Organstreit – Vom Sammelbegriff für eine Vielzahl von Einzeldogmatiken zu einer Gesamtdogmatik, VerwArch 105 (2014), S. 212–259

Ruffert, Matthias: Dogmatik und Praxis des subjektiv-öffentlichen Rechts unter dem Einfluß des Gemeinschaftsrechts, DVBl. 1998, S. 69–75

Ruffert, Matthias: Interessenausgleich im Verwaltungsorganisationsrecht, DÖV 1998, S. 897–907

Ruffert, Matthias: Verwaltungsrecht im europäischen Verwaltungsverbund, DV 48 (2005), S. 547–572

Rupp, Hans Heinrich: Grundfragen der heutigen Verwaltungsrechtslehre – Verwaltungsnorm und Verwaltungsrechtsverhältnis, 2. Aufl., Tübingen 1991

Rupp, Hans Heinrich: Kritische Bemerkungen zur Klagebefugnis im Verwaltungsprozeß, DVBl. 1982, S. 144–148

Sachs, Michael: Die Einheit der Verwaltung als Rechtsproblem, NJW 1987, S. 2338–2344

Sachs, Michael (Hrsg.): Grundgesetz, 7. Aufl., München 2014

Säcker, Franz Jürgen/*Rixecker*, Roland/*Oetker*, Hartmut/*Limperg*, Bettina (Gesamthrsg.): Münchener Kommentar zum Bürgerlichen Gesetzbuch, Bd. 1, 7. Aufl. München 2015 (hrsg. von F. J. Säcker); Bd. 6, 6. Aufl. 2013 (hrsg. von R. Gaier)

Sauer, Hans-Joachim: Die Reihenfolge der Prüfung von Zulässigkeit und Begründetheit einer Klage im Zivilprozess, Köln u. a. 1974

Schapp, Jan: Das subjektive Recht im Prozeß der Rechtsgewinnung, Berlin 1977

Schenke, Wolf-Rüdiger: Die Übertragbarkeit der Elfes-Dogmatik auf die kommunale Selbstverwaltungsgarantie in: Christoph Brüning/Joachim Suerbaum (Hrsg.), Die Vermessung der Staatlichkeit – Europäische Union – Bund – Länder – Gemeinden – Symposium zu Ehren von Rolf Grawert anlässlich seines 75. Geburtstages, Berlin 2013, S. 77–95

Schenke, Wolf-Rüdiger: Verwaltungsprozessrecht, 14. Aufl., Heidelberg u. a. 2014

Scheuner, Ulrich: Voraussetzungen und Form der Errichtung öffentlicher Körperschaften (außerhalb des Kommunalrechts) in: Hermann Conrad u. a. (Hrsg.), Gedächtnisschrift Hans Peters, Berlin u. a. 1967

Schlink, Bernhard: Die Amtshilfe – Ein Beitrag zu einer Lehre von der Gewaltenteilung in der Verwaltung, Berlin 1982

Schmidt-Bleibtreu, Bruno/*Klein*, Franz (Begr.)/*Hofmann*, Hans/*Henneke*, Hans-Günter (Hrsg.): Grundgesetz, 13. Aufl., Köln 2014

Schmidt-Preuß, Matthias: Kollidierende Privatinteressen im Verwaltungsrecht – Das subjektive öffentliche Recht im multipolaren Verwaltungsrechtsverhältnis, 2. Aufl., Berlin 2005

Schmidtchen, Dieter/*Bier*, Christoph: Die Kosten und der Nutzen der Justiz aus volkswirtschaftlicher Sicht in: Reinhard Bork, Thomas Eger, Hans-Bern Schäfer, Ökonomische Analyse des Verfahrensrechts – Beiträge zum XI. Travemünder Symposium zur ökonomischen Analyse des Rechts (26. bis 29. März 2008), Tübingen 2009

Schmitt Glaeser, Walter/*Horn*, Hans-Detlef: Verwaltungsprozeßrecht – Kurzlehrbuch mit Systematik zur Fallbearbeitung, 15. Aufl., Stuttgart u. a. 2000

Schnapp, Friedrich E.: Amtsrecht und Beamtenrecht – Eine Untersuchung über normative Strukturen des staatlichen Innenbereichs, Berlin 1977

Schnapp, Friedrich E.: Der Streit um die Sitzungsöffentlichkeit im Kommunalrecht – Zugleich ein Beitrag zum subjektiven öffentlichen Recht im organisatorischen Innenbereich, VerwArch 78 (1987), S. 407–458.

Schnapp, Friedrich E.: Dogmatische Überlegungen zu einer Theorie des Organisationsrechts, AöR 105 (1980), S. 243–278

Schoch, Friedrich (Hrsg.): Besonderes Verwaltungsrecht, 15. Aufl., Berlin/Boston 2013

Schoch, Friedrich: Der Kommunalverfassungsstreit im System des verwaltungsgerichtlichen Rechtsschutzes – OVG Koblenz, NVwZ 1985, 283, JuS 1987, 783–793

Schoch, Friedrich: Der verwaltungsgerichtliche Organstreit, Jura 2008, S. 826–838

Schoch, Friedrich/*Schneider*, Jens-Peter/*Bier*, Wolfgang (Hrsg.): Verwaltungsgerichtsordnung, Loseblatt, München, Stand: 30. Ergänzungslieferung Februar 2016

Schulev-Steindl, Eva: Subjektive Rechte – Eine rechtstheoretische und dogmatische Analyse am Beispiel des Verwaltungsrechts, Wien/New York 2008

Schuppert, Gunnar Folke: Die Einheit der Verwaltung als Rechtsproblem, DÖV 1987, S. 757–768

Sodan, Helge/*Ziekow*, Jan (Hrsg.): Verwaltungsgerichtsordnung, 4. Aufl., Baden-Baden 2014

Stein, Volker: Die Sachentscheidungsvoraussetzung des allgemeinen Rechtsschutzbedürfnisses im Verwaltungsprozeß, Berlin 2000

Stelkens, Paul/*Bonk*, Heinz Joachim/*Sachs*, Michael (Hrsg.): Verwaltungsverfahrensgesetz, 8. Aufl., München 2014

Stephan, Bodo: Das Rechtsschutzbedürfnis – Eine Gesamtdarstellung unter besonderer Berücksichtigung des Verfassungsprozesses, Berlin 1967

Stern, Klaus: Das Staatsrecht der Bundesrepublik Deutschland, Bd. 3 Halbbd. 1 – Grundlagen und Geschichte, nationaler und internationaler Grundrechtskonstitutionalismus, juristische Bedeutung der Grundrechte, Grundrechtsberechtigte, Grundrechtsverpflichtete, München 1988

Stolleis, Michael: Geschichte des öffentlichen Rechts in Deutschland, Bd. 2: Staatsrechtslehre und Verwaltungswissenschaft – 1800 - 1914, München 1992

Storr, Stefan: Der Staat als Unternehmer – Öffentliche Unternehmen in der Freiheits- und Gleichheitsdogmatik des nationalen Rechts und des Gemeinschaftsrechts, Tübingen 2001

Trésoret, Julie-Andrée: Die Geltendmachung von Grundrechten im verwaltungsinternen Organstreitverfahren – Am Beispiel des verwaltungsinternen kommunalen Organstreits, Saarbrücken 2011

Tsatsos, Dimitris Th.: Der verwaltungsrechtliche Organstreit – Zur Problematik verwaltungsgerichtlicher Auseinandersetzungen zwischen Organen einer Körperschaft des öffentlichen Rechts, Bad Homburg u. a. 1969

von Turegg, Kurt Egon: Anmerkung zu OVG Münster, Urt. v. 28.11.1952, Az.: VI A 480/52, NJW 1953, 1647

von Turegg, Kurt Egon: Insichprozesse – Beitrag zur Lehre von der Parteifähigkeit, DÖV 1953, S. 681–686

Uerpmann, Robert: Das öffentliche Interesse – Seine Bedeutung als Tatbestandsmerkmal und als dogmatischer Begriff, Tübingen 1999

Ule, Carl Hermann: Das besondere Gewaltverhältnis, VVdStRL 15 (1956), S. 133–182

von Unruh, Georg-Christoph: „Einheit der Verwaltung" – Betrachtungen über Möglichkeiten und Grenzen eines Organisationsmaßstabs, DVBl. 1979, S. 761–767

Vonlanthen, Albert: Zum rechtsphilosophischen Streit über das Wesen des subjektiven Rechts, Zürich 1964

Wahl, Rainer: Der Regelungsgehalt von Teilentscheidungen in mehrstufigen Planungsverfahren – Zugleich eine Auseinandersetzung mit dem Urteil des Bundesverwaltungsgerichts vom 22.3.1974, DÖV 1975, S. 373–380

Wahl, Rainer: Die doppelte Abhängigkeit des subjektiven öffentlichen Rechts, DVBl. 1996, S. 641–651

Wahl, Rainer: Herausforderungen und Antworten – Das öffentliche Recht der letzten fünf Jahrzehnte – Überarbeitete und erweiterte Fassung eines Vortrages, gehalten vor der Juristischen Gesellschaft zu Berlin am 12. Januar 2005, Berlin 2006

Wernsmann, Rainer: Klagearten und Klagebefugnis im Konkurrentenrechtsstreit, DV 36 (2003), S. 67–103

Wiese, Anja: Zur Beteiligung des Staates im Verwaltungsprozess, Frankfurt a. M., 2014

Winterfeld, Jörn W.: Grenzen des Handelns juristischer Personen des öffentlichen Rechts im Privatrechtsverkehr – Zur Lehre vom beschränkten Wirkungskreis öffentlich-rechtlicher Rechtssubjekte, Diss. Bonn 1986

Wolf, Ernst: Das Grundrecht der Freiheit der Wissenschaft – Ein Beitrag zu den anhängigen Verfassungsbeschwerden, WissR 3 (1970), S. 193–218

Wolf, Manfred/*Neuner*, Jörg: Allgemeiner Teil des bürgerlichen Rechts, 10. Aufl., München 2012

Wolff, Hans J.: Organschaft und juristische Person – Untersuchungen zur Rechtstheorie und zum öffentlichen Recht, Bd. 1: Juristische Person und Staatsperson, 1933; Bd. 2: Theorie der Vertretung, 1934; Neudruck Aalen 1968

Wolff, Hans J. (Begr.)/*Bachof*, Otto/*Stober*, Rolf/*Kluth*, Winfried: Verwaltungsrecht, Bd. 1, 12. Aufl., München 2007; Bd. 1, 9. Aufl. 1974 (12. Aufl. zitiert, falls nicht anders angegeben); Bd. 2, 7. Aufl. 2010; Bd. 3, 5. Aufl. 2004

Würtenberger, Thomas: Verwaltungsprozessrecht, 3. Aufl., München 2011

Zuleeg, Manfred: Hat das subjektive öffentliche Recht noch eine Daseinsberechtigung?, DVBl. 1976, S. 509–521

Sachverzeichnis